社　　会　　学　　译　　丛

社 会 问 题

SOCIAL PROBLEMS Fifth Edition

第5版

John J. Macionis

[美] 约翰 · J. 麦休尼斯 ◎ 著

向德平等 ◎ 译

中国人民大学出版社

·北京·

目　录

第 1 章

社会学：研究社会问题　1

第 2 章

贫困与财富　26

第 3 章

种族和民族不平等　54

第 4 章

性别不平等　82

第 5 章

老龄化和不平等　109

第 8 章

第 9 章

第 10 章

经济与政治 251

第 11 章

工作及工作场所 273

第 12 章

家庭生活　299

第 13 章

教育　320

第 14 章

城市生活　345

第 15 章

人口和全球不平等　367

第 16 章

技术与环境　390

第 17 章

战争与恐怖主义　409

栏目目录

社会焦点问题

全球视野下的社会问题

多样性：种族、阶级和性别

社会政策

个人故事

第1章 社会学：研究社会问题

1-3

学习目标：

- **记住**本章中用黑体字突出显示的关键术语的定义。
- **理解**个体经历的困难有多少源于更大社会的组织。
- 将社会学的想象力**运用**于许多日常问题和经验。
- 运用社会学的主要理论方法**分析**社会问题。
- 从各种政治立场**评价**社会问题及其解决方案。
- **设想**如何通过社会学的理解和政治使命感提高参与社会的能力。

4 问题的提出

——是什么导致了社会问题?

当人们把一个问题定义为有害的且认为问题需要改变时，社会问题就产生了。

——我们不是一直在处理同样的问题吗?

当今的大多数问题与几十年前公众关心的问题已大不相同。

——社会问题总是有害的吗?

许多对成千上万人有害的情况从未被定义为社会问题。

章节概述

本章通过对社会学的想象力的界定、对社会学理论的阐释，以及对社会学研究方法的呈现来介绍社会问题研究。你将了解人们的政治态度如何影响他们的主张，即什么问题应该被定义为社会问题，什么政策应该被确定为解决方案。你将获得描述和运用政治光谱中不同立场的能力。

当马科斯·约曼（Marcos Jorman）冲出公寓时，他已经迟到了。他跑下楼梯，手里拿着公文包，快速冲出公寓楼的旧木门，向栗子街北望去。真幸运！公共汽车就在离他只有半个街区的地方。在马科斯爬上车的一瞬间，公共汽车车门关闭了。他松了一口气，看见同事简（Jan）坐在公共汽车后排的座位上，于是坐在了她旁边。

“我刚收到桑德拉（Sandra）的短信，”简说，“所有人都被解雇了。公司要关闭我们的整个部门，把业务搬到国外去。”她低下头。“我该怎么办？我该怎么照顾我的孩子呢？”

马科斯打开了自己的手机。他也收到了来自同事的信息，他们已经到了公司，听到了这个坏消息。“哦，伙计，这是真的，”他轻声说，“我想我们会看看他们能给我们什么，我们不得不卷铺盖走人了。”

这是马科斯一生中最艰难的一天。他收到了这条消息——一封简短的、手动发送给每位员工的信——他耐着性子参加了一个简短的会议，收拾好自己的东西，在下午的早些时候回到了家中。他知道这家初创公司正与不断上升的成本和激烈的竞争做斗争。就在两个月前，新管理层刚刚开始“重组”和削减成本，结果做出了关闭业务的决定。

当想到现在已经失业时，马科斯感到虚弱，几乎要生病了。他知道时局艰难，他知道公司遇到了麻烦。但是，不知怎么的，他无法摆脱失业是由于他自己有缺点的想法，感觉就像他个人的失败。 5

这个故事可以被讲述数百万次，因为在过去三年重创美国经济的经济衰退中，数以百万计的人——包括那些从事建筑、销售、通信、管理和教学的人——失去了工作。

一、观察模式：社会学的想象力

- **运用**

生活在一个教导我们对发生在自己身上的任何事情（无论是好是坏）负责任的社会里，我们很容易理解马科斯对被解雇的反应。要是他在亚特兰大找到了另一份工作就好了，要是他听了他父亲的话留在学校就好了。我们都倾向于对自己的生活做个人化的理解，并常常因为我们的烦恼而自责。

然而，当我们运用**社会学的想象力**（sociological imagination）——*一种强调社会如何影响我们所拥有的经验和我们所做的选择的观点*时，情形就会改变。运用社会学的想象力，我们看到美国社会的运作——在这个案例中，是严重的国家衰退——导致了数百万人失业。这一事件改变了全美人民的生活，很难被看作一个简单的个人选择问题。

社会学（sociology）是*系统研究人类社会的科学*。**社会**（society）是指*生活在一定地域内、共享多种行为模式的人的集合体*。社会学家在研究社会时，他们关注的是**文化**（culture），即*一种生活方式，包括普遍的价值观（关于什么是*

好的和坏的)、信仰(关于什么是真的)和行为(人们每天做什么)。

虽然美国的文化模式是多种多样的，但一个广泛共享的价值观是个人主义的重要性，即无论好坏，人们都要为自己的生活负责。在马科斯·约曼的案例中，持个人主义价值观者往往会说:“他丢了工作，是因为他最初选择了一家刚起步的公司。”这是他自己的选择导致的结果。换句话说，我们的常识经常将个人问题定义为个人选择的结果，即使这些问题影响了数百万人。社会学家并不否认个体确实做出了选择，但他们更强调社会塑造着个体的生活。从社会学的角度来看，大规模失业可能是个人问题，但同时也是社会问题。

社会学的主要观点是，人们所面临的许多个人问题实际上是社会问题，其根源在于社会的运作。正如美国社会学家赖特·米尔斯（C. Wright Mills，1916—1963）所解释的那样，运用社会学的想象力可以帮助我们“提升水平”，并看到社会如何塑造我们的个人生活。第4页的“社会政策”栏目可以让你更深入地了解社会学是如何帮助你做到这一点的。

社会学的想象力通过要求我们以新的方式看待世界，赋予我们改变的力量。但社会学观点也可能令人不安。“社会问题”这门课程要求我们面对这样一个事实，即：我们的社区中有许多人失业，有许多人成为犯罪的受害者，并且在自己没有过错的情况下饿着肚子上床睡觉。就像2008年那样，当经济状况恶化时，数百万人突然发现他们失业了。即便是在“繁荣时期”，在这个富裕的国家，数以千万计的人（特别是妇女和儿童）仍然很贫穷。对社会问题的研究有助于我们更清楚地看到这些真相。它还鼓励我们在创造国家和世界的未来中发挥作用。

二、社会问题：基础要素

- **理解**

社会问题（social problem）*是一种破坏部分社会成员甚至所有社会成员幸福的状况，通常是具有争议性的公众问题*。根据这一定义，“状况”是任何一种至少有一部分人将之定义为麻烦的情形，如没有工作，没有足够的钱，生活在对犯罪的恐惧中，肥胖或者健康状况不佳，或者担心有毒废物填埋的影响。

这种“破坏幸福”的状况伤害了人们：要么直接危害他们，要么限制他们的选择。例如，贫困不仅使人们失去有营养的食物和安全的住房，还使人们丧失尊严，让他们处于被动、无助的困境中。

因为任何问题都会对我们人口的不同部分产生不同的影响，所以一个特定的社会问题很少对每个人都有害。随着近年来经济下滑，一些高管获得了巨额“奖金”，并分享了政府的“救助”金；一些公司（如沃尔玛，它以极低的价格销售商品）实际上经营得相当不错。即使是给年轻士兵带来死亡的战争，也给制造和销售武器的公司带来了财富，给掌握国家军队的军事领导人带来了更大的权力。因此，任何特定社会问题的全部后果很少是简单的或容易理解的。

社会问题会引发公众争议。有时一个社会问题（如2005年卡特里娜飓风和2011年日本地震及海啸之后成千上万人的痛苦遭遇）会让许多人感到不安。在其他情况下（如在墨西哥和世界其他地区爆发的猪流感），少数重要人物（研究人员、公共卫生官员和政府领导人）通过指出问题并采取措施来影响更大的社会群体（例如，储存和接种疫苗，以及严禁前往已报告感染的地区）。

（一）随时间推移的社会问题

美国最严重的社会问题是什么？答案取决于你什么时候问这个问题。如表1-1所示，公众对社会问题的看法随着时间的推移而改变。一项对1935年美国成年人的调查指出了当时国家面临的十大问题（Gallup，1935），我们可以与2012年完成的类似调查（Gallup，2012）进行比较。大萧条是20世纪30年代中期的主要问题，因为当时有多达25%的美国成年人失业。不足为奇的是，失业和经济不景气位居1935年十大问题的榜首。请注意，2012中最严重的几个社会问

社会政策　赖特·米尔斯：将个人问题转化为社会问题

6

我们所有人都在与自己的问题做斗争，这些问题可能包括失业、负债、失恋、吸毒酗酒、健康状况不佳或遭受暴力。当我们经历和感受这些问题时，有时是极度痛苦的。我们的问题是个人的，但赖特·米尔斯（1959）声称，此类“个人”问题的根源在于社会，往往涉及经济政治体系的运行方式。毕竟，我们的社会在正常运行时也垂青于某些人群：富人胜过穷人，白人胜过有色人种，中年人胜过年轻人和老年人。当人们把自己的问题看成个人问题时，他们所能做的就是以个人的方式应对自己的问题。这种孤立个人生活的方式使得人们难以看到社会运作的更大图景。最后，正如米尔斯所说的那样，人们感到生活是一系列的陷阱，他们无法克服遇到的困难（1959：3）。我们因为生活在一种个体主义的文化中，所以很快就会得出这样的结论：我们所经历的问题都是由我们自己的过错造成的。

理解社会问题的一种更准确、更有效的方法是认为社会塑造了我们的生活。运用社会学的想象力将个人困扰转化为社会问题，说明这些问题不仅影响着我们自己，同时也影响着无数像我们这样的人。这些知识给了我们力量，因为和其他人一起，我们可以改善我们的生活，打破我们的陷阱，就像我们开始改变社会一样。

你怎么看？

1. 根据米尔斯的定义，列举出三个可以被界定为社会问题的个人问题。
2. 你认为美国民众相信失业等问题是由个人选择不当或运气不好造成的吗？在最近的经济衰退中，这种情况是否发生了变化？请说明。
3. 你参加过寻求社会变革的运动吗？这场运动想要做什么？你加入的原因是什么？

题也指向经济疲软。

表 1-1　严重的社会问题（1935 年和 2012 年）

1935 年	2012 年
失业和经济不景气	经济
低效的政府	失业
战争伤亡	对政府不满
高税收	联邦预算赤字 / 联邦债务
政府过度介入	医疗质量和成本
劳动冲突	移民
农场条件差	缺钱
老年人养老金不足	教育
财富高度集中	道德伦理衰弱
饮酒	贫富差距

资料来源：Gallup（1935，2012）.

比较表格中的两列，我们发现虽然经济、失业、收入不平等和糟糕的政府这四个问题同时出现在两年的列表中，但大多数问题是不同的，这表明公众对社会问题的看法会随着时间而改变。当然，公众舆论一直在变化：如在 2011 年，美国排在榜首的问题包括贫困、战争、种族关系、企业腐败和社会文明缺失。

（二）社会建构主义方法

不同时期的人们将不同的问题定义为社会问题，这一事实表明了**社会建构**（social-constructionist approach）——*一种“当人们把某种状况定义为不受欢迎的并需要改变时，社会问题就产生了”的断言*的重要性。社会建构主义方法认为，不同人对社会问题的判断有所不同体现了社会问题的主观性。例如，虽然卫生官员说美国大多数成年人超重，但公众还没有将肥胖列入严重的社会问题清单。尽管客观事实是每年肥胖带来的疾病让美国成千上万的人付出了生命的代价，这个数字是在伊拉克或阿富汗战争中死亡的士兵数量的好几倍，但它仍未被视为社会问题。

图 1-1 说明了社会问题的主客观基础。框 A 中包括客观上非常有害的问题（美国每年大约

有 1 500 人被谋杀）和引起广泛关注的问题（民意调查显示大多数美国成年人对这种暴力犯罪感到担忧）[（National Opinion Research Center（NORC），2011：252]。框 B 中包含客观上来讲会造成更大的伤害（美国每年有近 3.4 万人死于汽车事故），但几乎没有人把它们视为社会问题的问题。当然，人们忽视高速公路上的高死亡率的一个原因是我们认为汽车对我们的
7 生活是必要的。框 C 中包含客观地说造成的伤害相对有限（只有几十人死于此类事件，实际上少于每年死于被蜜蜂叮咬的人数），但仍然被普遍视为严重问题的问题（Federal Bureau of Investigation，2011；National Highway Traffic Safety Administration，2011）。最后，框 D 中包括无数被认为无害，也不被认为是社会问题的事件。

随着时间的推移，问题可以从一个类别移动到另一个类别。例如，研究表明，驾驶汽车时使用手机每年会导致 100 多万起事故，并造成数千人死亡（Cohen & Graham，2003）。多年来，很少有人认为开车时使用手机（特别是发短信）是社会问题，但在 2012 年，加利福尼亚州、康涅狄格州、特拉华州、马里兰州、内华达州、新泽西州、纽约州、华盛顿州、俄勒冈州 9 个州以及哥伦比亚特区禁止在开车时使用手持式电话，现在共有 30 个州禁止新司机在开车时使用手机，有 35 个州禁止任何开车的人发短信——这表明开车时使用手机的问题正从框 B 被移动到框 A（Governors Highway Safety Association，2012）。

有些现在不被认为是社会问题的问题，在将来的某个时候，人们可能会对其有不同的看法。例如，几十年后，我们可能会发现，在年轻人中如此流行的 iPod，最终会导致数百万人的听力丧失（或许还会导致更高的交通事故率）。我们还可能会看到，iPod 在社交上把人们与周围环境隔离开来，最终会对所有人造成伤害。即使是全球变暖这样潜在的灾难性趋势，现在也只有小部分人将其定义为严重的社会问题。

认识到社会问题的主观和客观重要性可能不同，为更深层次的社会变革打开了大门。考虑一下这种奇怪的模式：在一个世纪以前，女性的社会地位远远低于男性是客观事实。1900 年，十个成年男性中有九个为获得收入而工作，而十个成年女性中有九个留在家里做家务和抚养孩子。女性甚至没有投票权。

尽管有些人谴责他们所看到的赤裸裸的社会不平等，但大多数人仍没有把这种情况定义为社会问题。为什么不呢？大多数人认为，女性和男性存在明显的生理差异，能力也存在差别。这样想的话，男性出去谋生似乎很自然，而女性在当时被认为是“弱者”，从而留在家里料理家务。客观上来说，社会上性别不平等状况是严重的。然而在主观上，当时它很少被定义为一个社会问题。

如今，女性和男性在社会上的平等程度远远超过 1900 年。美国对“性别问题”的认识实际上变得更深入。因为我们的文化标准已经发生了变化，人们现在认为两性基本上是一样的，所以我们期望男女在社会上是平等的。因此，即使是很小的性别不平等现象也被视为社会问题。

当我们审视社会问题时，重要的是要考虑客观事实和主观感受。这两个因素在社会问题的社会建构中起着重要的作用。

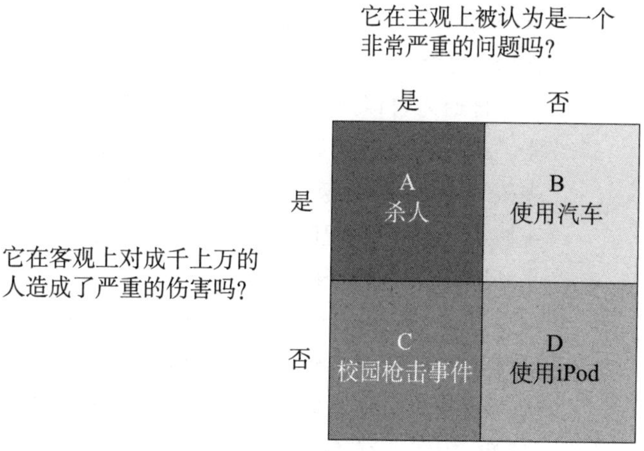

图 1-1　社会问题的客观和主观评价

注：该图显示出一些问题（如杀人）不仅是客观有害的，而且被广泛视为社会问题。但许多客观上有害的问题（汽车的使用每年导致近 3.4 万人死亡）并没有被视为严重的社会问题。同样，一些被视为严重的社会问题（如校园枪击事件）的问题实际上只对很少人造成了伤害。许多其他的问题（比如使用 iPod）现在看来并不是有害的，尽管对它们的看法在将来的某个时候可能会改变。

（三）宣示主张

早在 1981 年，美国疾病控制与预防中心（Centers for Disease Control and Prevention，CDC）就开始接到一种奇怪疾病导致死亡的报告。受害者大多是同性恋男性。这种疾病后来被称为“艾滋病”（AIDS）。之后的几年，尽管美国的病例数量攀升至数千例，媒体的报道却很有限，公众的抗议也很少。然而，到 1985 年，公众作为一个整体开始关注艾滋病的危险性，于是这种疾病被定义为一个严重的社会问题。是什么导致了这种情况的发生？对于任何被定义为社会问题的状况，人们——通常是少数人——首先宣称应该以这种方式定义问题。就艾滋病而言，大城市（特别是旧金山和纽约）的同性恋社区动员起来传播有关这种致命疾病所带来的危险的信息。

宣示主张（claims making）是*说服公众和重要的公务人员相信某一特定问题或情况应被定义为社会问题的过程*。当人们拒绝接受现状时，宣示主张的活动就开始了。宣示主张的第一步是制造争议，通过说服其他人现有情况是不可接受的来开启变革过程。随着人们确切地解释需要进行哪些更改，以及为何需要这些更改，宣示主张过程仍在继续。

普通人可以通过联合起来更有效地宣示主张。1980 年，因酒后驾车导致的汽车事故而失去孩子的女性联合起来组成了“反对酒后驾车母亲协会”。这个组织呼吁制定更严厉的法律，禁止酒后驾车，保障道路安全。

8 近几十年来，大学校园里的学生们声称许多女性是暴力的受害者，他们试图通过鼓励受害者大声疾呼来提高人们的意识。这项努力得到了“还我安宁夜”等全国性组织的协助。

大众传播媒介对于宣示主张的过程很重要。电视、广播、报纸和互联网可以向数千万人传递信息，并动员个人组建积极寻求变革的团体。对一个问题的媒体报道越多，呼吁变革的新闻越多，就越有可能将这个问题发展为社会问题。

宣示主张可能很快就会收到成效。在 2008 年经济陷入混乱之后，政府官员和公众很快将崩溃的银行系统和不断上升的失业率视为严重的社会问题。但在其他情况下，这一过程可能需要数年的时间。如前所述，尽管专家估计开车时使用手机会导致每年数千人死亡，但只有 9 个州通过了禁止这种行为的法律（Governors Highway Safety Association，2012）。

由于宣示主张引起了公众的注意，因此这很可能引起反对者的控诉，因为最具争议的问题往往涉及至少两个不同立场的主张。以堕胎为例，争论的其中一方声称堕胎是对未出生婴儿的错误杀害，另一方则声称堕胎是女性的权利，是一种应由女性自主做出的生育选择。政治权力在社会中如何发挥作用，往往涉及哪些问题应该被界定为社会问题和哪些问题不应被界定为社会问题的主张与反驳。

宣示主张成功的标志往往是立法的通过。相应的法案会明确指出，有些行为是错误的，同时承认政府有权反对它。近几十年来，针对跟踪和性骚扰的立法明确地将这些行为定义为社会问题，并允许刑事司法系统对侵犯者采取行动（Welch，Dawson，& Nierobisz，2002）。

（四）问题和社会运动

将一种状况转变为一种社会问题的宣示主张过程总是需要许多人的共同努力。**社会运动**（social movement）是指*在宣示主张过程中的一种组织化的努力，它试图通过影响人们思考问题的方式，从而鼓励或阻止社会变革*。在过去几十年里，社会运动在许多社会问题（包括艾滋病、性骚扰、家庭暴力和伊拉克战争等）的建构中发挥了关键作用。

通常，社会运动通过四个不同的阶段（如图 1-2 所示）努力将一种状况定义为一个社会问题（Blumer，1969；Mauss，1975；Tilly，1978）。

（1）兴起（emergence）。当人们（最初只有少数人）聚在一起，分享他们对现状的担忧，并开始宣称需要改变时，一场运动就开始了。例如，2011 年加拿大的一群活跃人士提议在纽约祖科蒂公园举行一次集会，这次集会的结果便是占领华尔街运动的开始。抗议者们关注到了日益严重的经济不平等、企业的贪婪，以及公司（尤其是华尔街的公司）对美国政府系统的巨大影响。

（2）聚集（coalescence）。当一个新组织开始进行集会、示威、公开信仰，以及政治游说时，运动的聚集就发生了。在纽约华尔街地区的“扎营”行动启动之后，类似的抗议活动蔓延到全美和其他国家的几十个城市。

（3）规范化（formalization）。随着社会运动成为政治舞台上的既定参与者，它们也开始变得规范化。虽然社会运动通常是从志愿者开始的，但在这一阶段，组织很可能会吸纳受过培训并有薪水的员工。占领华尔街运动吸引了许多志愿者，并在脸谱网和其他社交媒体上产生了强大的影响力。与此同时，还有一个问题是：它是否已经发展到一定的规范程度，足以使它在未来数年里仍将是政治舞台的一部分。但这场运动所传递的信息无疑已被民主党采纳（甚至连那些寻求共和党总统候选人提名的人也谈到了日益严重的经济不平等问题）。

（4）衰退（decline）。社会运动的开展并不能保证持续的成功，它可能会因为缺少资金、主张没能在公众中流行起来，或者是因为对立的组织比它更有说服力而走向衰退。占领华尔街运动的未来取决于公众对其信息的反应程度。与此同时，一场运动也可能因为非常成功而衰退。如果占领华尔街运动足够成功地改变了政治进程，它可能就不再有存在的必要了。

此外，成功达成一项目标的组织经常会更换其他目标并继续工作。女权主义运动的最初目标是让女性获得选举权，如今，继续提高女性在工作场所和其他领域的地位成为女权主义运动的新目标。最近，“反对酒后驾车母亲协会”将关切点从打击酒后驾车转移到反对另一项旨在将饮酒合法年龄从21岁降低到18岁的运动。

（五）社会问题：八点陈述

为了完成关于社会问题的基本讨论，我们需要谈谈社会学家如何定义和分析日常问题。以下八点陈述描述了社会学家是如何处理社会问题的。这些陈述总结了本节已经介绍的大部分内容，它们构成了本章后面内容的基础。

（1）社会问题是社会运行方式的结果。社会塑造着我们每个人的生活。由于美国文化强调个人主义，因此美国人倾向于认为人们对自己的生活负有责任。然而，正如赖特·米尔斯（1959）所指出的那样，社会学的观点告诉我们，社会问题与其说是由个人的缺陷造成的，不如说是由社会自身的运行造成的。例如，美国收入不平等的日益加剧并不是因为有些人比其他人工作更努力，而是因为公司的薪资政策和政府的税收政策使得收入分配越来越不平等。同样，严峻的经济形势意味着数百万人只能找到低工资的工作，或者根本找不到工作。换句话说，收入不平等和失业等问题的根源在于我们的经济和政治体系的运行方式。因此，矫治社会问题需要改变社会本身。

（2）社会问题不是由坏人造成的。这是第一个认定的反面。尤其是当一些人伤害了很多无辜的人，比如当伯纳德·麦道夫（Bernard Madoff）骗走了包括慈善机构在内的投资者约650亿美元的巨款时，我们认为这是坏人的恶行。法律要求我们作为个人对自己的行为负责。

但是，总的来说，指出“坏人”并不能很好地解释社会问题。的确，有些人犯下了伤害他人的严重罪行。但是犯罪率的高低并不取决于个人，而是取决于社会本身的组织结构。正如第6章（“犯罪、暴力和刑事司法系统”）所解释的，

9

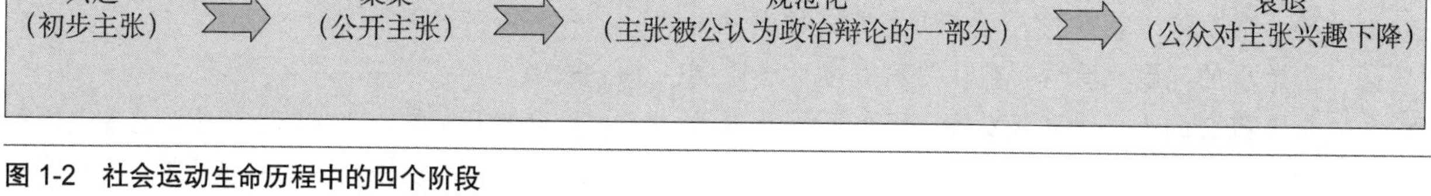

图1-2　社会运动生命历程中的四个阶段

注：社会运动通常会经历这四个阶段，这个过程的展开速度因运动而异。

我们雇用了多少警察、建造了多少监狱，我们的经济是否强劲，所有类别的人是否都能找到好工作，这些因素都可能影响犯罪率的高低。

（3）当人们把一种状况定义为有害的、需要改变的时候，社会问题就被建构起来了。无论这种状况的客观事实是什么，人们都必须把这种状况看成一个严重的社会问题。宣示主张是将某种状况定义为社会问题的过程。

（4）人们看待问题的方式不同。有些问题，比如近年来的高失业率，被普遍认为是严重的社会问题。但大多数问题是有争议的。例如，布什政府声称，在古巴关塔那摩监狱的相关行为对于控制对美国构成威胁的“敌方战斗人员”至关重要，但奥巴马政府已经表明了关闭监狱的意向（截至2012年年中，尚未采取行动），声称虐待囚犯违反了美国的道德原则，只会助长世界对美国的敌意。正如这个例子所暗示的，某个人所认为的“解决方案”可能是另一个人所认为的“问题”。

（5）问题的定义随时间而变化。公众对严重问题的看法随着时间的推移而改变。一个世纪以前，美国是一个很贫困的国家，当看到许多人住在农村的棚屋里或露宿街头时，人们认为这是正常的。但随着生活水平的提高，人们开始认为安全住房是一项基本权利，因此糟糕的住房和无家可归成了社会问题。从另一个角度来看，过去的一些社会问题在很大程度上消失了，但这不是因为这种情况已不复存在，而是因为人们不再认为它们是社会问题。例如，60年前的异族通婚在许多地方是违法的，并被广泛地定义为社会问题，然而，现在这种做法在全美各地都是合法的，多数人对此习以为常。

（6）问题既涉及客观事实，也涉及主观价值。今天，结过婚的人中有31%的人离过婚，但这是否意味着存在“离婚问题”？虽然事实重要，但对任何问题的主观认知也同样重要。重视传统家庭的人可能认为高离婚率是一个严重的问题。但另一些认为家庭生活会限制个人机会的人，尤其是女性，可能不同意这种观点。

10 **（7）许多但并非所有社会问题是可以解决的。**社会学家认为，改善社会是研究社会问题的好理由，许多社会问题即使不能完全消除，也肯定是可以减少的。例如在1960年，美国35%的老年男性和女性生活在贫困线以下，从那时起不断增加的社会保障福利和更多的养老金使得老年人的贫困率降低到了9%，大约只有过去的1/4。

然而，社会学家并不认为所有的社会问题都会得到解决。如前所述，对某些人来说是问题的情况对另一些人来说可能是有利的。有时候，那些既得利益者会有足够的能量减缓变革的步伐，甚至完全阻止变革的发生。

例如在2012年，美国仍然是唯一一个没有税收援助制度的工业国家，这个制度可以帮助每个人支付医疗费用。尽管有5 000万人没有医疗保险，但代表医生和保险公司利益的组织对政府资助的普惠型医疗服务的政治反对一直是改变现状的强大障碍。

即使是一些每个人都想要解决的问题，有时也无法得到解决。例如，虽然几乎每个人都希望找到治愈艾滋病的方法，但最终治愈这一疾病的研究突破可能还需要数年的时间。

（8）各种社会问题是相互关联的。因为社会问题根源于社会运行，所以很多社会问题是相互关联的，这意味着解决一个问题，如减少贫困儿童的数量，可能会帮助解决其他问题，比如高中辍学率高、吸毒和犯罪率高。同样，解决一个问题也可能会产生一个我们没有预料到的新问题。例如，19世纪末发明的汽车帮助人们更容易流动，但几十年后，汽车污染了空气，每年造成数万人（2009年近3.4万人）死亡。

这八个认定将帮助你从社会学的角度理解社会问题。在下一节中，我们将讨论另一个重要的观点：解决许多社会问题需要全球视角。

三、超越国界：全球视角

- **运用**

许多刚开始学社会学的学生很难想象贫困和饥饿状况在世界贫困地区会有多严重。全球视角框架中的社会问题要求你将整个世界想象成一个

11 **全球视野下的社会问题**

地球村：全球问题

只要想象一下整个地球被缩小到只有 1 000 人的“地球村”那么大，就很容易理解世界上 70 亿人中有很多人的生活是多么绝望了。地球村包括 603 名亚洲人（包括 193 名中华人民共和国公民）、150 名非洲人、106 名欧洲人、85 名拉丁美洲人、5 名澳大利亚和南太平洋居民，以及 50 名北美人（其中 45 人来自美国）[①]。

这个村庄是一个非常富裕的地方，有大量的商品和服务。然而，对几乎所有人来说，任何超出基本需求的东西都过于昂贵。这是因为经济的不平等：最富有的 1% 的村民的收入占村民总收入的 14%，最富有的 100 个村民（10%）的收入占村民总收入的一半以上。相比之下，最贫困的 200 个村民（20%）的收入仅占村民总收入的 1.2%，这意味着他们的钱即使加在一起也比村里最富有的人的钱还少。这些人每天都在挨饿，甚至连干净的饮用水都没有。他们几乎没有精力去工作，成为危及生命的疾病的受害者（Milanovic，2011）。

村民们吹嘘自己的学校，但他们中只有 67 人（6.7%）拥有大学学位，1/6 的成年人没有能力阅读或写作。

与美国等富裕国家相比，世界其他地方的健康水平、文盲和贫困等许多令人不安的问题要严重得多。事实上，世界上有一半的人每天的生活费不足 2 美元，远低于美国人所谓的“穷人”的生活水平。在第 15 章（“人口和全球不平等”）中详述的苦难的、严酷的现实，是我们在社会问题研究中运用全球视角看待问题的一个很好的理由（Milanovic，2011；Population Reference Bureau，2011；World Bank，2011；and UNESCO，2011）。

你怎么看？

1. 文中有任何事实让你感到惊讶吗？哪一个？为什么？
2. 作为一个生活在富裕国家的人，你认为自己有责任帮助贫困国家解决问题吗？说出原因。
3. 你能从我们这个经济不平等的世界中获益吗？你能指出社会不平等对你的伤害吗？举例说明。

拥有 1 000 人的村庄。

从全球视角来看，有些社会问题跨越了国界。例如，第 15 章（“人口和全球不平等”）解释说，地球人口不断增加的问题威胁到了地球上每个人的福祉。第 16 章（“技术与环境”）提供了另一个例子，展示了生活在富裕国家的人们是如何快速消耗地球资源，污染地球的空气和水的。

此外，全球视角表明生活的许多方面、挑战在不同地方可能会有很大不同。在美国等富裕国家，女性一般有一两个孩子。但是在像危地马拉这样的贫困国家，女性有 3 个孩子是正常的。在更贫困的国家，这个数字甚至更高：在肯尼亚，女性有 4 个孩子是很常见的；在尼日利亚，大约为 5 个；在阿富汗，大约为 6 个；而在尼日尔，几乎是 7 个。

四、分析社会问题：社会学理论

- **分析**

社会学家将各种事实运用于**理论**（theory）——*一种关于具体事实如何以及为什么相互关联的陈述*，并阐述了具体的原因和方法。理论的建构反过来又取决于**理论方法**（theoretical approach），即*用于指导理论和研究的对社会基本属性的假定*。下面将介绍该学科最广泛使用的理论模型：结构功能方法、社会冲突方法、女权主义方法和

① 此处各数字相加之和为 999，与上文提到的 1 000 人略有出入，系四舍五入所致。——译者注

符号互动方法。

（一）结构功能方法

结构功能方法（structural-functional approach）是*把社会看成一个由许多相互关联的部分组成的系统的理论框架*。社会学家把这个系统的主要部分描述为**社会制度**（social institutions），即*社会生活的主要领域或社会子系统，这些子系统是为了满足人类的基本需求而组织起来的*。例如，结构功能方法可以探索家庭如何成为一个照顾和抚养孩子的系统，学校如何为年轻人提供成人生活所需的技能，经济如何生产和分配物质产品，政治系统如何设定国家目标和优先事项，以及宗教如何赋予我们生活的目的和意义。

1. 早期结构功能方法：社会病理学问题

一个世纪前，结构功能方法把社会看作一个活的有机体。这种观点引出了一种*社会病理学理论*，即一种将社会问题视为社会正常运作中的一种干扰的模式，就像疾病扰乱人体运作一样。犯罪、逃学和婚前性行为都被视为威胁社会健康的病症（来自希腊语中的"疾病"）。

早期的结构功能主义者认为社会是好的和健康的，许多人很快就认为社会的病症一定是由坏人或弱者造成的。英国社会学家赫伯特·斯宾塞（Herbert Spencer，1820—1903）提出，贫困问题是人们缺乏工作能力和个人纪律的结果。斯宾塞的思想基于生物学家查尔斯·达尔文（Charles Darwin）的思想，达尔文在 1859 年发表了具有开创性意义的进化论。斯宾塞的"社会达尔文主义"认为富人是社会中最成功的成员，而穷人则是那些跟不上时代的成员。对斯宾塞来说，激烈的市场竞争对社会有利，因为它保证了"适者生存"。由于这个原因，斯宾塞反对社会福利计划，认为它对社会有害，把财富从他认为最有能力的人那里转移到他认为最弱的人那里。

毫无疑问，斯宾塞很受当时富有的实业家的欢迎。但社会学家逐渐开始反对斯宾塞，因为既没有科学证据表明富人和权贵比其他人更有价值，也没有证据表明竞争经济对每个人都有好处。社会达尔文主义在当今社会学家中鲜有人支持，尽管包括许多政治家在内的许多人仍然秉持社会达尔文主义的理念。

2. 芝加哥学派：社会解体问题

第二种结构功能方法——因为起源于芝加哥大学（美国第一个社会学系的所在地），所以通常被称为芝加哥学派——把问题与社会"解体"而非个人不足联系在一起（Park & Burgess，1970，orig. 1921）。*社会解体理论*认为，当社会因过快的社会变化而崩溃时，问题就产生了。

一个世纪前，随着数百万移民的到来，工业城市迅速发展，社会呈现一片混乱。传统的社区和家庭都在瓦解，学校人满为患，人们没有足够的住房，犯罪问题似乎正在失控。

为了应对这些问题，20 世纪二三十年代的许多芝加哥社会学家成为积极的改革者。他们支持在当地建立安置点，开始了教授移民英语的计划，在少数情况下甚至还竞选公职（Faris，1967）。

世界之窗 **全球视野下的女性生育** *12*

辛迪·洛克（Cindy Rucker），29 岁，就职于新奥尔良公立学校，最近正为了生第一个孩子而休假。

尽管只有 28 岁，但贝克特尼扎尔·卡恩（Baktnizar Kahn）已经有了 6 个孩子。在阿富汗，这是一种常见的模式。

世界各地人们的生活方式以及面临的挑战有很大的不同。如果你是一个生活在高收入国家的女性，你可能会有一两个孩子；但是如果你出生在非洲的低收入国家之一，那么你可能拥有 4 个、5 个，甚至 6 个孩子，你能指出造成这种全球差异的几个原因吗？

13 **3. 最近的结构功能方法：功能失调问题**

到了1950年左右，结构功能方法已经将其重点从行动主义转变为科学分析。然后，社会学家开始研究运动等模式的积极作用（或“正功能”），指出那些预期的和被广泛认可的功能（“显性功能”），以及其他非预期的和不太为人所知的功能（“潜功能”）。运动的一个显功能是提高身体素质，潜功能是增强个人努力的文化价值和个人成就。社会学家指出，社会模式也有消极的功能（“功能失调”），例如，校园体育运动的一个障碍就是成千上万的大学生运动员几乎没有时间学习。从这个角度来看，社会问题可以被看作各种社会模式的功能失调。

这些社会学家还指出，就像体育等“好”的东西会带来一些坏的后果一样，恐怖主义等“坏”的东西有时也会带来一些好结果。例如，2001年9月11日的恐怖袭击造成数千人丧生，但它也起到了团结全国力量打击恐怖主义的作用。同样，从最近的经济衰退中走出来的人们意识到大多数人可以用更少的钱生活。

- **评价**

尽管结构功能方法已经有一个多世纪的影响力，但近几十年来它的重要性有所下降。一方面，今天的许多社会学家对激进主义重新产生了兴趣，并回避了他们认为能够维护现状的“不干涉”方法。另一方面，通过将社会视为一个平稳运行的系统，结构功能方法很少关注基于种族、阶级和性别的社会分化。自20世纪60年代以来，人们更加关注第二个理论框架：社会冲突方法。

学习检验 结构功能方法是如何看待社会的？这种方法是如何从社会病理学、社会解体和功能失调的角度来解释社会问题的？

（二）社会冲突方法

社会冲突方法（social-conflict approach）是*一个将社会用不平等和冲突进行划分的理论框架*。一般来说，冲突理论认为，社会问题产生于我们的社会划分出“富人”和“穷人”这样一个事实。

1. 马克思主义理论：问题和阶级冲突

马克思主义理论，有时被称为“阶级冲突理论”，是在马克思阶级斗争理论指导下对社会问题的一种解释。马克思（Marx，1818—1883），一个在德国出生的思想家和社会活动家，他对新工业工厂的产量感到敬畏。然而马克思批评社会将大部分财富集中在少数人手中。他想知道：一个如此富有的社会怎么会有如此多的穷人呢？

马克思毕生致力于对资本主义的分析。他认为资本主义是一种经济体系，在这种体系中，企业由被称为“资本家”的人私有，而资本家经营企业是为了盈利。对马克思来说，社会问题是资本主义经济正常运行的必然结果。现代社会的工业技术生产出的产品足以满足每个人的需要，有能力结束人类的苦难。然而马克思观察到，允许这种技术在资本主义经济下运行意味着只有少数人能从高生产率中获益。资本主义不是一种为了满足人类需要而运行的制度，而是一种为拥有工厂和其他生产性财产的小部分人谋取利益的制度。因此，资本主义制度的正常运行造成了贫困等社会问题。

虽然马克思对现代社会持批判态度，但他对未来持乐观态度。他预言资本主义将带来自身的毁灭。马克思总结道，在这种经济体制下，富人会越来越富有，而穷人会越来越穷。他称之为“无产者”的工业工人在工厂里以低工资做苦工，同时面临着机器将夺走他们的工作的威胁。马克思确信，在对未来几乎没有希望的情况下，工人们将奋起、团结起来，结束这个压迫性的制度。

然而，正如第2章（“贫困与财富”）所解释的那样，这样的一场革命在工业资本主义国家尚未发生。但是马克思的追随者们仍然支持彻底的社会重组，认为这是解决大多数社会问题的最好方法。

2. 多元文化主义理论：种族和民族不平等问题

社会学家认为冲突不仅基于阶级的不同，还基于肤色和文化。社会在给人分级的过程中，重视肤色和文化背景。多元文化主义理论从种族和民族不平等的角度来解释社会问题。

美国和西半球其他地区丰富的社会多样性是 14
几个世纪移民的结果。每一个生活在美洲任何地方（从加拿大的北部到智利的南端）的人，要么是从其他地方移民到这里的，要么就是有这样的祖先。在美国，某些类别的人（尤其是白人盎格鲁－撒克逊新教徒）比其他人（尤其是有色人种）享有更高的社会地位。

1865 年，美国结束了几个世纪的奴隶制，这是赋予人民在法律面前更平等地位的重要一步。然而，正如第 3 章（“种族和民族不平等”）指出的那样，少数族裔今天仍然处于不利地位，面临着贫困、健康状况不佳、街头暴力等更高的风险和许多其他社会问题。此外，有些人的种族和民族偏见非常严重，他们认为少数族裔在其社区的存在是一个社会问题。

- **评价**

与结构功能方法的整体观形成鲜明对比的是，各种社会冲突方法现在主导着社会问题的研究。但是社会冲突方法也有局限性。

批评人士指责这种方法夸大了社会分化的严重性。他们指出，社会成员因为生活水平提高了，所以很少表现出对马克思主义阶级革命的兴趣。尽管仍有许多工作要做，但进展是实实在在的：在过去的一个世纪里，人们的生活水平提高了，非裔美国人和其他少数族裔人民的机会比过去多得多。

第二种批评是，社会冲突方法拒绝科学的客观性，而倾向于政治行动主义，这让人们对其某些主张的真实性产生了怀疑。马克思主义者和多元文化主义者回应说，他们的工作当然是政治性的，但在他们看来，任何理论方法，包括结构功能方法，都是政治性的。他们补充说，结构功能方法之所以没有受到带有偏见的批评，仅仅是因为它支持现状。

学习检验 社会冲突方法是如何看待社会的？陈述马克思主义理论和多元文化主义理论认为的社会问题产生的原因。

（三）女权主义方法

女权主义方法，又称“性别冲突”方法，是社会学中的另一种社会冲突方法。然而，随着社会学家的重要性日益增加，这种方法逐渐被当作一种独立的社会学方法。

女权主义（Feminism）是*一种追求男女社会平等的政治运动*。女权主义者声称，女性遭受贫困和许多其他社会问题的影响更大，因为社会把男性置于凌驾于女性之上的地位。*性别冲突理论*以男性对女性的支配地位来解释社会问题。

第 4 章（“性别不平等”）指出，尽管在过去的一个世纪里，女性和男性的社会地位变得更加平等，但全职女性的收入仍然只有全职男性的 77%（U.S. Census Bureau，2011）。近几十年来，越来越多的穷人是女性（尤其是单身女性）及其子女。同样重要的是，职业女性仍然集中在一些低收入的工作岗位上，且从童年到老年，女性都容易受到男性暴力的侵害。

- **评价**

与马克思主义理论和多元文化主义理论一样，女权主义方法也挑战了作为一个完整系统的社会结构功能观。近几十年来，女权主义方法在社会学中得到了广泛的支持，在社会问题分析中也得到了广泛的应用。但是与马克思主义理论和多元文化主义理论一样，这种社会冲突方法也有局限性。

就像指责马克思主义理论夸大了“阶级斗争”一样，批评者也认为女权主义方法夸大了性别差异的不平等程度。在过去的一个世纪里，女性在政治、工作和其他领域（如体育）的机会急剧增加。尽管不能否认性别不平等仍然是一个社 15
会现实，但批评者声称，女性（和其他少数族裔一样）已比过去拥有更多的机会。

对政治偏见的指责也遭到了批评人士的反对。女权主义方法明确追求社会变革，这一事实意味着这种方法显然是一种社会行动主义。正如马克思主义理论和多元文化主义理论的捍卫者们一样，女权主义方法的捍卫者们回应说，任何分析都是政治性的，因为它要么要求社会变革，要么不要求。

最后一种批评，既适用于结构功能方法，也适用于所有的社会冲突方法，即这些宏观层面的方法使用了缺失个人对世界的实际体验的普遍的概括。这种关注导致了另一种理论模型的发展：符号互动方法。

学习检验 女权主义方法是如何看待世界的？陈述女权主义方法如何理解社会问题。

（四）符号互动方法

更多地从人们如何体验世界的角度来描述社会的目标，构成了**符号互动方法**（symbolic-interaction approach）的基础。符号互动方法是*一种将社会视为个体相互作用的产物的理论框架*。我们可以通过问两个问题将这种方法应用于社会问题：人们是如何出现问题行为的？更一般地说，人们最初是如何将问题定义为社会问题的？

1. 学习理论：问题和社会环境

为什么住在这个社区的年轻人比住在另一个社区的年轻人更容易遇到麻烦呢？学习理论认为，人们会从周围的人那里学习态度和行为。这里的重点是没有人从一开始就打算成为窃贼、华尔街骗子、滥用毒品者或工业污染者；人们是在向别人学习技巧和态度的过程中逐渐地做出这种行为的。

纳内特·戴维斯（Nanette Davis，1980，2000）研究了30名妓女。通过对这些女性的采访，戴维斯发现没有人会单纯地决定进行性交易，而是出于各种原因——或者是为了应付孤独，或者是为了经济上的生存——而选择这样的生活。戴维斯发现，无论出于何种原因，她所研究的女性逐渐"流浪"到卖淫行业，通常要花数年时间来学习职业性工作者的技能、规范和态度。简而言之，人们一步一步地学习这些角色，最终使角色成为他们维持生计的方法和社会身份的一部分。

2. 标签理论：问题和社会定义

符号互动方法也探究了人们如何建构社会现实。标签理论认为，在任何特定情况下的现实都取决于人们如何定义它。例如，年轻人认为正常的饮酒狂欢可能会被大学辅导员贴上危险的酗酒标签。

"社交饮酒者"和"问题饮酒者"之间的区别通常取决于哪些观众在观看（父母对饮酒的态度与朋友的一样吗？），演员是谁（我们对男性喝酒和女性喝酒的态度一样吗？），行为发生的地点（在公园里喝酒和在酒吧里喝酒一样吗？），以及行为发生的时间（星期日早上喝酒与星期六晚上喝酒是不同的吗？）。很明显，当人们在社会上定义一个特定的情境时，许多因素在起作用。

- **评价**

符号互动方法增加了对社会问题的微观或"真实世界"的看法。但由于强调个体在认知上的差异，这种方法忽略了包括阶级和种族在内的社会结构对人们生活的影响程度。换句话说，指

理论运用

社会学的主要理论方法

	结构功能方法	社会冲突方法和女权主义方法	符号互动方法
分析层次	宏观	宏观	微观
社会的基本属性是什么？	社会是一个由相互联系的部分组成的系统，所有部分都有助于社会的运作。	社会冲突方法将社会视为一种不平等的制度，在这种制度下，某些人以牺牲他人利益为代价而获益。女权主义方法的做法凸显了男女之间的不平等。	通过社会互动，我们构建出可变且不断变化的现实。
我们如何理解问题？	社会基本上是好的；问题是由有缺陷的人、变化太快或功能失调造成的。	问题源于阶级（马克思主义理论）、性别（性别冲突理论和女权主义方法）和种族（多元文化主义理论）的不平等。	人们学习所有行为模式的态度和行为；这种方法探究了人们如何将情境定义为问题。

出卖淫既涉及学习也涉及标签是值得的，但我们不能忘记一个更广泛的问题，那就是男性主导着社会，并且首先会把女性推入性角色。

学习检验 符号互动方法是如何看待社会的？学习理论和标签理论如何帮助我们理解社会问题？

这就完成了对社会学主要理论方法的介绍。但是，社会学家不仅运用理论分析社会问题，而且通过研究来收集相关事实。我们接下来谈谈社会学家进行研究的方式。

16

五、发现事实：社会学研究

- **理解**

许多社会学家致力于研究社会问题的性质和原因，以使世界变得更美好。例如，芭芭拉·埃伦赖希（Barbara Ehrenreich，2001）花了数周的时间与佛罗里达州、缅因州和明尼苏达州的低薪工人一起工作，记录了这个国家的“工薪穷人”面临的诸多挑战。她发现，努力工作的意愿有时不足以让人摆脱贫困，全美数百万人都非常清楚这一点。

社会学家洛伊丝·本杰明（Lois Benjamin，1991）研究了种族偏见问题，即偏见是只针对穷人，还是也针对成功人士？在采访了100位美国最成功的非裔美国人之后，本杰明得出结论：成功人士也逃避不了种族偏见，即使是处在他们工作领域的顶端的黑人，在日常生活中也会遭遇种族歧视。

威廉·朱利叶斯·威尔逊（William Julius Wilson，1996a）对生活在芝加哥的穷人进行了研究，并对现有数据进行了收集和分析。他发现，多年生活在贫困中的人们面临着许多社会问题，包括失业、家庭不稳定，可能最糟糕的是失去希望。威尔逊发现，造成这种贫困的主要原因是芝加哥市中心的好工作消失了。

这些简短的描述只是全国数千名社会学家的研究的几个例子。以下简要介绍了埃伦赖希、本杰明、威尔逊和其他许多人研究社会问题的方法，以及使世界变得更美好的方法。

（一）研究方法

社会学家在调查社会问题时通常采用四种主要的研究方法：调查、田野调查、实验研究和二次分析。

1. 调查：问问题

最广泛使用的研究方法是**调查**（survey），这是*一种观察研究对象在问卷或采访中对问题做出反应的方法*。调查问卷是研究人员向调查对象提供的一系列回答项目。研究人员可以采取亲自发送问卷、通过邮件发送问卷，或者使用电子邮件发送问卷的方式。

无论你如何联系这些调查对象，一个项目的成功往往取决于你找到想调查的人的能力。比如如果你正在研究无家可归的人，那么识别并进行跟进调查可能很困难，因为很多人没有稳定的地址。另外，从病人的角度来研究医疗系统的研究人员不难在医院里找到病人，但获得他们的帮助并让他们完成一份问卷可能会很困难。

访谈是一种更个别化的调查方法，研究者与研究对象面对面地讨论一些问题。这种互动形式允许研究者通过后续问题来调查人们的意见。当然，访谈要花很多时间，这通常会限制人们以这种方式进行调查的人数。一种关于调查的合理看法是：问卷提供了获得更广泛的意见的机会，而访谈可以提供更深入的理解。

无论你是使用问卷调查形式还是使用访谈形式，成功调查的关键是选择一个代表更多人兴趣的样本。例如，研究人员试图通过对少数警察的研究来对一个城市的所有警察得出结论。为了让样本能够代表更大的人群，研究人员通常会使用不同的技术随机选择调查对象。

有时，研究人员会进行个案研究。在个案研究中，研究对象集中在一个个案上：一个人（比如离婚的母亲）、一个组织（大学或赌场）或一个事件（摇滚音乐会或飓风）。这种方法的优点是专注于单个案例可以提供更详细和更深入的理解。然而，由于这种策略只涉及一个案例，研究人员无法推广他们的研究成果。

2. 田野调查：参与

你是否曾进入过一个不熟悉的社区并观察

住在那里的人？如果你这样做过的话，那么你有一些**田野调查**（field research）（也称**参与观察**，participant observation），即*一种参与人们的日常生活并进行观察的研究方法*的经验。田野调查可能意味着调查一个特定的社区，以了解当地居民的问题和需求。伊莱贾·安德森（Elijah Anderson，1999）在研究费城一些贫困的非裔美国人社区的家庭时就采取了这种方法。安德森发现，尽管这些社区的大多数人有“体面”的价值观，但有些人已经开始接受安德森所说的“街道法则”。“这些人的家庭关系很弱，他们可能会使用毒品，尤其是男性，他们会为了自卫和获得他人的尊重而参与暴力事件。”

田野调查面临许多挑战。比如虽然研究人员能通过观察研究对象的真实环境而受益，但是安德森的研究表明，田野调查，尤其是对一个单独工作的研究者来说，是很危险的。此外，虽然这种研究方法对研究人员来说是有意义的，但需要花费通常一年或更多的时间以及很多的金钱。最后，田野调查人员必须平衡两种需求，一种是作为参与者（亲身参与到环境中）的需求，另一种是作为观察者（为了更客观地评估环境或情况而扮演更超然的角色）的需求。

3. 实验研究：寻找原因

为什么这个国家的监狱中有如此多的暴力行为？菲利普·津巴多（Philip Zimbardo）和他的同事用一个实验研究了这个问题。**实验研究**（experiment）是*一种在严格控制条件的基础上研究因果关系的研究方法*。与在“现实世界”任何地方进行的田野调查不同，大多数实验是在专门设计的实验室中进行的。在那里，研究人员改变一个变量，同时保持其他变量不变。比较最后的结果可以让他们识别出特定行为模式的具体原因。

为了调查监狱暴力的原因，津巴多在斯坦福大学的地下室里建造了一座人工监狱。他招募了一些男学生作为志愿者，然后让身体和精神上最健康的受试者分别扮演犯人和狱警。在“监狱”运作了几天之后，津巴多震惊地发现，在“监狱”栏杆两边的人都变得充满敌意和暴力。事实上，他们的攻击性是如此之强，以至于津巴多不得不终止了这项研究，以免有人受到严重伤害。

津巴多的研究强调了研究人员对他们的研究对象的安全和幸福所承担的责任。他的研究也指出了一个有趣的结论：是监狱系统本身，而不是囚犯或监狱中的任何个人问题，能够引发监狱暴力（Zimbardo，1972；Haney，Banks，& Zimbardo，1973）。

4. 二次分析：使用可用的数据

有时，研究社会问题所需要的只是去当地的图书馆，更容易的方法是通过网络找到有关社会学的大量信息。**二次分析**（secondary analysis）是*一种利用他人原始数据的研究方法*。简单来说，既然已经有了合适的数据，那么为什么还要去收集信息呢？

有些时候，数据容易找到并不意味着它是准确的。例如，很多在互联网上容易获取的信息具有误导性，其中一些信息是完全错误的。要尽可能仔细地了解来源：它是由一个声誉良好的组织收集的吗？这个组织有政治偏见吗？询问这些类型的问题并使用多个来源将提高你找到的数据的质量。

联邦政府是有关美国社会各方面的良好数据来源。美国人口普查局（U.S. Census Bureau）不断更新美国人口统计数据，包括人口统计、移民跟踪、健康状况评估，以及就业、收入、教育等方面的报告。其他政府机构也收集具体资料，例如，美国联邦调查局（Federal Bureau of Investigation）公布了美国犯罪的详细统计数据。

二次分析资料的获得通常是快速和容易的，但是这种方法也存在自己的局限。一个没有亲自收集数据的研究人员可能不会意识到任何偏见或错误，然而幸运的是，大多数政府数据的质量很高，而且有足够的材料来满足几乎所有研究人员的需要。

（二）真相、科学和政治 18

一旦社会学家掌握了数据，他们就必须决定如何处理这些数据。社会学家求助于科学来收集数据，科学可以帮助我们学习，但是不能替我们解决问题。比如说科学可以让我们了解有多少美国家庭是贫困的、他们为什么贫困，但是科学并不能告诉我们应该如何解决贫困问题。

社会焦点问题　社会问题研究：科学？政治？或者两者都有？

社会学家应该如何解决诸如贫困、家庭暴力和堕胎等重要的和有争议的问题？我们是否应该简单地去发现“事实”——报道正在发生的事情以及可能的原因——然后把问题和解决方案的政治决定留给其他人来制定？还是我们应该站出来，尝试积极地改变社会，让它变得更好？

社会学家长期以来一直在争论如何使科学和政治平衡。没有人比德国社会学家马克斯·韦伯（Max Weber，1864—1920）更关注这一问题了。韦伯督促他的同事关注事实，以使研究不受价值观影响。他知道，个人价值观让人们选择一个话题而不是另一个话题。但是韦伯坚持认为，一旦一个话题被选定进行研究，社会学家就应该在他们的工作中保持专业的客观性。这意味着，研究人员应该尽可能地控制自己的个人政治立场，以免扭曲结果。例如，在实践中，一个个人支持死刑的研究者必须接受任何结果，即使是证明死刑对谋杀率没有影响。对于韦伯来说，社会学家的主要目标应该是发现事实，而不是参与政治和推动变革。

然而，近几十年来，越来越多的社会学家持相反的观点。许多人认为，社会学家不仅有责任了解世界，而且有责任帮助遭受贫困和偏见的人们改善生活。这看起来好像在偏袒某一方——事实也的确如此。为了捍卫这种价值观，许多社会学家（尤其是那些使用社会冲突方法的社会学家）认为，“客观”研究是不可能的，因为无论我们使用什么理论，或者无论我们对世界说什么（或不说什么），我们最终都会采取某种立场（即使我们保持沉默）。如果这是真的，那么所有的知识都是政治性的，而试图保持中立本身就是一种政治立场，最终将倾向于维持现状。最后，韦伯观点的批评者说，所有的社会学家在他们研究的任何问题上都应该坚持自己的立场。这一思想的代表人物是卡尔·马克思，他在他的墓碑上写下了他对这场争论的看法：“哲学家们只是用不同的方式解释世界，问题在于改变世界。”

加入博客！

你认为研究人员可以保持客观中立吗？他们应该保持客观中立吗？老师呢？教授们是应该在课堂上保持客观中立的观点（正如马克斯·韦伯所坚持的那样），还是应该表达自己的政治价值观（正如卡尔·马克思所敦促的那样）？请来 MySocLab 加入社会学焦点博客，分享你的观点和经验，并了解其他人的想法。

当我们面对一个社会问题时，我们可以利用科学来收集事实，这代表了一种真相。但决定如何应对这个问题总是涉及另一种真相：我们的政治价值观。本页的“社会焦点问题”栏目更加关注社会问题研究中事实与价值观的关系。

（三）真相和统计

最后，简单介绍一下统计数据，研究人员在报告他们的发现时通常会包括这些数字结果。统计学用一种简单的方法来描述大量的主题，就像教授宣布一个班级的成员在期中考试中平均成绩是 90 分一样。

我们中有很多人认为统计是“事实”。我们常常被告知“数字不会撒谎”，但数字并不总是如此真实，原因有二。

第一，像所有的研究发现一样，数字必须被解释。班级考试的平均成绩可能是 90 分，但这是否意味着学生们学习努力，或者考试相当容易？同样，美国 2012 年初的失业率降至 9% 以下，有人认为失业率下降了，这是个好消息；但也有人看到 2012 年初的失业率几乎是 2007 年的两倍，认为这是个坏消息。

第二，社会组织、政治家甚至社会学家通常会给出一些支持某些倾向的统计数据。我们如何知道我们读到的统计数据是否是以一种误导的方式呈现的？没有简单的答案，但以下是让你成为一个更挑剔的读者的三点建议：

（1）检查研究人员如何定义他们的术语。人们如何定义术语会影响结果。即使是对穷人最细致的统计也会有很大的不同，这取决于每个研究者对贫困的定义。

（2）记住研究从不会完美。即使我们在如何定义贫困的问题上达成了一致，但计算数百万贫困的女人、男人和儿童的数量是一项非常艰巨的任务。无家可归的人尤其如此，因为很难联系到他们。在大多数情况下，研究人员最终低估了穷人，尤其是无家可归的人的数量。

（3）研究人员可能会“编造”数据。凶杀率的“急剧下降”到底是什么意思？“低失业率”指的是与什么相关的低失业率？有无数的选择和呈现统计数据的方法，研究人员经常以一种推进他们想要提出的论点的方式来呈现他们的数据。

阅读表格和图时要特别小心。图 1-3 中包含了显示美国失业率变化的三张图。这三张图都是根据美国政府的数据得出的。图（a）可能被命名为“失业率下降和上升！”，因为它提供的数据显示了失业率的下降和上升。图（b）使用相同的时间框架，但改变了比例，使失业率的折线变平，可被命名为“失业率保持稳定！”。图（c）在用有限的时间框架（短短四年时间）来显示从 2007 年开始的失业率上升。看着这幅图，我们可以宣布“失业率飙升！”。

理想的情况是，社会学家在他们的工作中力求准确、清晰和公正，并使用统计数据来传达信息，而不是误导读者。但是，要记住，研究人员必须对如何呈现他们的数据做出选择，你应该始终批判性地思考统计信息以及它是如何被呈现的，无论是在教科书中还是在其他地方。不要想当然地认为统计数据是绝对真实的。

六、回应社会问题：社会政策 19

- **评价**

社会如何回应社会问题？这个问题引出了**社会政策**（social policy），即*影响社会如何运作的正式策略*的话题。包括政府和大学在内的组织会通过制定社会政策来完成他们的工作并解决社会问题。社会学家在制定社会政策中起着重要作用。多年来，社会学家帮助指导国家的政策，处理学校种族隔离、贫困、色情、卫生保健、枪支管理、无家可归、种族歧视、家庭生活问题、性骚扰以及许多其他问题。

（一）政策评估

我们如何知道政策是否有效？要评价任何政

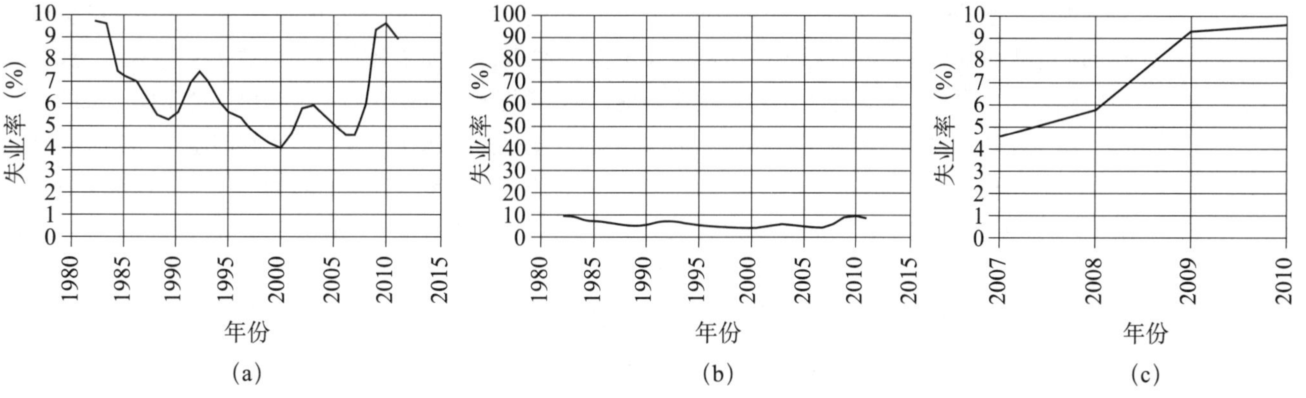

图 1-3　统计数据是假的吗？

注：包括社会学家在内的分析人士可以“编造”他们的数据，以鼓励读者得出不同的结论。这三个图基于相同的事实数据，但我们绘制每幅图的方式显示了不同的情况。图（a）中使用的比例给人的印象是失业率呈现出很大的波动性，随着时间的推移会下降或上升。图（b）改变比例使其变平，从而给人一种失业率变化不大的印象。图（c）只显示了 2007—2010 年的数据，给人的印象是失业率正在急剧上升。

资料来源：U.S. Department of Labor（2012）.

策，我们必须回答以下问题，而这些问题往往很难回答：

（1）我们如何衡量“成功”？衡量任何政策或计划是否成功的方法不止一种。例如对一个针对滥用毒品的年轻人的康复计划来说，“成功”是意味着这些完成计划的人要保持一年“不复吸”，五年“不复吸”，高中毕业率更高，还是找到工作？由于衡量一个政策或计划的成功或失败的方法有很多，因此研究人员在宣布一个特定的计划是成功还是失败之前，必须考察不止一种方法。

（2）政策或计划的成本是多少？我们生活在一个预算有限、优先事项相互竞争的世界，因此政策评估意味着权衡收益与成本。例如，可以通过增加资金的投入来改善学校条件，但是当地社区可能不支持提高房产税。

任何计划的成本都不仅涉及资金，还涉及伦理问题。比如，在公共街道上安装监控摄像头可以减少犯罪，至少迫使犯罪者在别处进行犯罪活动。然而，许多市民反对政府官员将他们的行动，包括逛过哪些商店和与谁交谈过记录在电脑文件中。简而言之，街头监控在减少犯罪方面可能是“成功的”，但由于剥夺人们的隐私，它可能会带来不可接受的代价。

（3）谁应该得到帮助？在评价一项社会政策时，另一个关键问题是，该政策应该针对谁来提供援助。为了消除贫困，机构是否应该与需要工作的成年人合作？是否应该给学校里的穷孩子提供一顿丰盛的早餐？是否应该为孕妇提供产前护理？所有这些可能都是有益的，但有限的预算要求机构做出选择。

本杰明·富兰克林（Benjamin Franklin）有句名言：“一分预防胜过一分治疗。”一般来说，干预越早，政策越成功，成本越低。比如，在孩子们陷入困境之前帮助他们，而不是等他们犯罪后再把他们送进监狱。

国家黑人儿童发展研究所的雪莉·迪恩（Sherry Deane）说，太多的项目开始得太晚了：“当问题发生后，我们花了太多的钱。例如，等到婴儿出生时体重很轻、孩子在学校成绩不及格、孩子在法律上遇到麻烦时才提供帮助，而不是进行产前保健、预防性保健和早期教育等早期投资。”（Goldman，1991：5）

（二）政策和文化

社会政策也受到文化价值观的影响，也就是说，社会以一种特定的方式对社会问题做出反应，并不一定是因为这种方法最便宜或最有效，而是因为根据社会文化，某种特定的反应似乎是“正确的事情”。

正如第 2 章（“贫困与财富”）所解释的，美国有 4 620 万穷人，其中许多人营养不良、住房不安全、几乎得不到医疗服务，贫困在这个国家持续存在，不是因为没有人知道如何消除它，保证最低收入的政策将很快解决这个问题。但是由于我们的文化强调自力更生，因此没有多少人支持被广泛批评为“施舍”的政策。在一种将人们定义为对他们的社会地位负责的文化的指引下，我们往往认为穷人“不值得”得到帮助。正如下一章详细描述的那样，1996 年国会和白宫在公众的广泛支持下改变了公共援助项目，使更少的人依赖政府的支持，正是这种文化价值观在发挥作用。

（三）政策和政治

人们喜欢的政策类型取决于他们的政治观点。持保守政治观点的人通常试图限制社会变革的范围。如果现有的社会被认为是好的，那么当问题出现时，它们一定是由坏的个体造成的。这就是为什么保守派倾向于将问题视为个人问题而非社会政策的问题。例如，如果问题是失业，那么保守派可能会建议帮助失业者接受更多的教育或学习新技能，以使他们对雇主更有吸引力。在采取一种让个人承担更多责任以照顾好自己的方法时，保守派人士还表示，社会基本上还是好的，最终会维持现状。

相比之下，持自由主义政治观点的人会看到社会组织本身的问题，并倾向于更大范围的社会变革。例如，失业是经济的反映。因此，为了解决失业问题，自由派寻求社会改革，比如加强反歧视法，扩大工会的权力，或者呼吁政府创造足够的就业机会，为有需要的人提供工作。

持激进左派观点的人寻求的政策，超越了自由派人士提出的改革范围。从他们的观点来看，社会问题的存在是因为整个系统在某些基本方面存在缺陷。例如，有人声称，用由政府控制的经济取代以市场为基础的资本主义经济，是解决失业率高和经济不平等加剧等问题的唯一真正答案。因为从定义上讲，激进的政策是在政治主流之外的，它们通常会引发强烈的反对。

我们讨论了政治态度如何使人们首先将某些情况定义为问题，再将某些政策和方案定义为解决这些问题的办法。

七、政治：提出问题并定义解决方案

- **评价**

前面叙述的社会建构主义方法对于探索政治观点如何指导人们定义社会问题和设计解决方案是有用的。让我们从政治光谱开始看。

（一）政治光谱

当我们形成对各种问题的态度时，就成了政治进程的一部分。社会科学家用一种叫作**政治光谱**（political spectrum）——*一个连续体，代表了从“左”到“右”的一系列政治态度*——的模型来衡量人们的观点。如表 1-2 所示，政治光谱上的态度从最左的一个极端到中间，再到最右的另一个极端。

表 1-2 的数据显示，27.8% 的人认为自己在某种程度上是自由的或者是偏左的（把第 1、2、3 点的数据加起来）；36.5% 的人认为自己是温和派（处于中间的第 4 点）；32.3% 的人认为自己在某种程度上是保守的或者是偏右的（把第 5、6、7 点的数据加在一起）。注意，只有小部分人认为自己持有所谓的激进观点，要么在最左边（连续体的第 1 点），要么在最右边（连续体的第 7 点）（NORC，2011：213）。

随着时间的推移，政治态度可能会转向左派（就像 20 世纪 60 年代那样）或右派（就像 20 世纪 80 年代那样）。巴拉克·奥巴马（Barack Obama）的当选标志着 2008 年再次转向左翼，而共和党在 2010 年大选中获得胜利标志着政治态度又一次向右派转变。但在任何时候，人们的政治思维总会有很大的变化。有些变化是地区性的，如马萨诸塞州和明尼苏达州几乎总是选举自由派候选人，而密西西比州和得克萨斯州通常会选举保守派候选人。同样地，一些种族，如非裔美国人和犹太人，历来倾向于自由主义立场；另一些人，如亚裔美国人，则倾向于更为保守的立场。

（二）保守派、自由派和激进派

“保守”“自由”“激进”等标签的真正含义是什么？通过阅读以下内容，将每个观点应用于各种问题，这三种概念的深层含义将变得显而易见。

“保守派”试图从过去寻找生活的指导。他们相信过去有着无数代人的智慧结晶，前人已经解决过我们今天面对的许多同样的问题。从保守

表 1-2　政治光谱：2010 年全美调查 20

调查问题：“最近我们听到了很多自由派和保守派人士的言论。我将向你们展示一个 7 点量表，在这个量表中，人们可能持有的政治观点从极端自由的 1 点到极端保守的 7 点。你会把自己放在什么位置上？”

1	2	3	4	5	6	7
极端自由	自由	略微自由	中间	略微保守	保守	极端保守
3.7%	12.7%	11.4%	36.5%	13.0%	15.4%	3.9%
（不知道 / 不回答 3.4%）						

资料来源：*General Social Surveys, 1972–2010: Cumulative Codebook* (Chicago: National Opinion Research Center, 2011: 213).

派的观点来看，一个“好”的社会尊重传统，并努力保存从先辈那里学到的东西。保守派对家庭和宗教有着特殊的兴趣，认为它们是传播传统道德的社会制度。保守派通常也试图限制政府的规模和范围，倾向于将大政府视为一个问题，因为它威胁到个人自由，削弱了人们对自身福祉的责任。

“自由派”对世界的看法不同。简而言之，自由派（源自拉丁文“自由”）认为，人们应该摆脱过去，自己决定如何生活。一个“好”的社会，从自由派的观点来看，是一个人们能够自己做出选择的社会。这要求社会对个人权利既要宽容又要尊重。它还要求各类人在基本权利和机会方面是平等的。因此，自由派对经济和政治有着特殊的兴趣，认为这些是分配财富和权力的社会机构。自由派通常寻求扩大政府的规模和范围。他们将大政府视为一种解决方案，因为它是减少不平等和在社会中进行其他可取变革的有效途径。

尽管自由派和保守派在某些重要方面存在分歧，但他们都接受现有的政治制度，至少在大多数方面如此。相反，持极端观点的人在社会中寻求更基本的改变，这就是“激进派”（源自拉丁文“根”一词）的态度，因为他们认为必须彻底改变这个体系。激进派在社会中发现了一些基本的缺陷，并认为这些缺陷导致了许多社会问题。对于激进的右派来说，大政府的发展是根本的缺陷，他们声称政府不应该参与我们生活的许多方面。在少数情况下，持这种观点的人会以“生存主义者”的身份离开社会，到偏远的地方生活。在激进的左派中，马克思主义者认为资本主义的经济制度创造了社会阶级，一个公正的社会只有在资本主义废除之后才能存在。同样，激进的女权主义者认为性别概念导致了父权制，以及男人对女人的控制力量。对他们来说，只有消除性别差异，公正的社会才能存在。

21 我们能把这些不同的世界观简单地归纳一下吗？它会是这样的：保守派谈论传统和保持社会在许多方面的运行方式的重要性；自由派认为有必要改革社会，使之变得更好；激进派谈论以一种全新的方式组织社会。

（三）社会问题

无论政治立场如何，人们思考的问题都可以被分为两类：社会问题和经济问题。**社会问题**（social issues）是*涉及人们应该如何生活的道德判断的政治辩论*。今天的一些主要社会问题包括女权主义、堕胎、移民、同性婚姻和死刑的使用。

1. 左倾

在社会问题上左倾的人被称为“社会自由派”。总的来说，社会自由派认为人们应该自由地选择自己的生活方式。实际上，社会自由派对各种“另类”的生活方式持宽容态度，例如支持为女性提供更多机会，支持堕胎争议中的“支持选择堕胎”一方，看好种族和民族多样性，欢迎移民来到美国，支持同性婚姻合法化。此外，社会自由派反对死刑，部分原因是在过去，各州更有可能处决非裔美国人而不是白人，更有可能处决穷人而不是富人，即使那些人被判处同样的罪行。

2. 右倾

在社会问题上右倾的人被称为“社会保守派”。社会保守派尊重传统价值观，并希望保护它们。社会保守派批评了他们在当今社会中所看到的太多需要容忍的现象，这些现象意味着道德水平的下降。社会保守派倾向于支持堕胎争议中的“反堕胎”一方。此外，他们关心的是控制这个国家的边界，既要维护法律，也要保护文化传统。社会保守派也支持传统家庭，在传统家庭中，男女角色和责任各不相同。社会保守派还支持将死刑作为对残忍犯罪行为的必要道德回应。

（四）经济问题

第二种问题涉及经济。**经济问题**（economic issues）是*关于社会如何分配物质资源的政治辩论*。这些争论通常集中在政府如何控制经济和减少收入差距上（第10章“经济与政治”探讨了这些问题）。

1. 左倾

总的来说，经济自由派（在经济问题上倾向于左派）倾向于政府对经济进行监管，以减少不平等。经济自由派声称，自由市场体系往往只对少数人有利，却伤害了其他人。出于这个原因，经济自由派支持强大的政府，其能够通过提高最低工资、对富人征收高税、利用税收收入为帮助普通家庭（尤其是穷人）的社会服务项目买单等政策来监管经济。

22 **2. 右倾**

相比之下，经济保守派（在经济问题上倾向于右派）则呼吁政府在经济中扮演更小的角色。在他们看来，应该由市场而不是政府官员设定工资水平。此外，保守派声称，个人和他们创办的企业（而不是政府机构）是扩大经济和创造对社会有益的财富的关键。政府对经济活动的监管只会限制经济自由，提高商业成本，最终阻碍经济增长。经济保守派支持降低税率，认为人们应该保留更多收入，然后用这笔钱投资和扩大经营，并为自己的幸福负责。

23 **建构社会问题 决定性时刻**

对行动的召唤：马丁·路德·金的信息

马丁·路德·金（Martin Luther King，Jr.，1929—1968）是美国历史上仅有的生日被定为国家假日的四个人之一（另外三个人分别是乔治·华盛顿、亚伯拉罕·林肯和克里斯托弗·哥伦布）。当庆祝马丁·路德·金的一生时，我们意识到我们的社会已经与种族不平等问题斗争了几个世纪，但这个问题仍然没有得到解决。

马丁·路德·金是在亚特兰大出生的，当时黑人和白人被严格的种族隔离制度隔离开来。马丁·路德·金在种族隔离的教室里接受教育，15 岁时高中毕业，然后像他的祖父和父亲一样，在一个传统的黑人学校（莫尔豪斯学院）获得了学士学位。

金也像他的祖父和父亲一样，立志成为一名牧师。他就读于宾夕法尼亚州的克洛泽神学院，在那里，他的白人同学选他担任毕业班的班长。他于 1951 年获得神学学位后继续在波士顿大学学习，1955 年波士顿大学授予他博士学位。

1954 年，金被任命为亚拉巴马州蒙哥马利市德克斯特大道浸信会的牧师。他很快成为社区领袖，不仅领导了他的教会，还领导了全美有色人种协进会（NAACP）的当地分会。蒙哥马利市和其他南部城市一样，仍存在种族隔离。有色人种被限制在他们自己的商业和社区中，并被要求单独坐在城市公共汽车的后面。金谴责种族隔离在道德上是错误的，并决定采取行动挑战现状。1955 年 12 月，他领导了一场非暴力的社会运动，后来被称为蒙哥马利公共汽车抵制运动。成千上万的人承诺，除非城市允许所有人平等地使用公共交通工具，否则他们将不再乘坐公共汽车。抵制活动持续了一年多，直到美国最高法院宣布公共交通的种族隔离违反宪法后才结束。

马丁·路德·金取得了巨大的胜利，但是持续的反对种族隔离的斗争对他来说并不容易。在争取种族平等的过程中，马丁·路德·金经常感受到公众和警察的敌意。他被逮捕了几十次，家也遭到了袭击，一些反对他的人甚至对他的生命进行威胁，但金始终坚持自己的信念。1957 年，他当选为南方基督教领袖会议的主席，成为全美民权运动的领袖。他的激进主义又持续了十年，最终他在华盛顿举行了民权游行。在美国，有超过 25 万人聚集在一起聆听了他著名的演讲《我有一个梦想》。

马丁·路德·金是一位伟大的国家和国际领袖，他是美国少数几个获得国家假日（每年一月的第三个星期一，临近马丁·路德·金的生日）作为纪念的人。但是，马丁·路德·金是第一个说出“不是伟大的人能完成伟大的事情，改变世界的力量是每个人都具有的”观点的人。金相信任何人都可以成为伟人，因为任何人都可以为他人服务。他不认为伟人必须有钱或受过良好教育。相反，他提醒我们，为了服务他人，任何人都需要的是帮助他人的意愿和一颗充满感恩的心。

马丁·路德·金的演讲邀请我们每一个人更多地了解我们的社会，认识到作为人类，我们的生活与世界上其他人的生活息息相关。让我们以马丁·路德·金为榜样，寻找一种至少能对另外一个人的生活产生积极影响的生活方式。参与进来！

（五）谁在想什么？

什么样的人可能在政治光谱的两端各占一席？社会地位是一个很好的预测因素，但事实证明，大多数人可能在一种问题上是自由的，而在另一种问题上是保守的。

社会地位高、受教育程度高、财富也高于平均水平的人，在社会问题上倾向于自由主义。但他们在经济问题上存在差异。也就是说，大多数受过高等教育的人能容忍生活方式的多样性（自由观点），但许多享有特权的人也会寻求保护自己的财富（保守观点），而其他人则支持减少经济不平等（自由观点）的进步政策。

受教育程度低和财富较少的人表现出不同的模式。他们通常在社会问题上持保守观点，在经济问题上持自由观点。在更传统的价值观中，他们更倾向于把道德问题看成明确的选择（对还是错），这是社会保守派的观点。与此同时，许多低收入人群支持政府制定的可能使他们受益的经济计划，这使他们在经济上更加自由。

我们大多数人同时持有自由和保守的态度。这种矛盾解释了为什么那么多人自称“温和派”“中间派”或“中间路线派”。

最后，男女的政治态度有什么区别吗？研究表明，如果女性和男性属于同一社会阶层，那么他们的政治态度大致相同。在通常被称为“女性问题”的堕胎问题上，男性实际上比女性更倾向于支持自由选择的立场。当被要求对“女性应能够出于任何原因而进行堕胎”的声明做出回应时，45% 的男性和 41% 的女性同意，而 55% 的男性和 59% 的女性不同意（NORC，2011）。

与此同时，政治分析人士指出，在投票方式上存在着“性别差异”，女性比男性更自由。对投票行为的调查显示，女性更倾向于投票给民主党候选人，而男性更倾向于支持共和党候选人。例如，在 2008 年的总统大选中，56% 的女性和 49% 的男性投票给了民主党候选人奥巴马。2012 年，女性再次支持奥巴马，而男性则更支持共和党的米特·罗姆尼（Mitt Romney）。总的来说，男人更关心国家安全（更多的是共和党的议题），女人更关心维持一个足够的社会“安全网”来帮助那些需要帮助的人（通常是民主党的议题）。

总结与展望

- **设想**

这一章提供了一些重要的信息，你将需要这些信息来理解这本书的其余部分。接下来的每一章都展示了与当前问题相关的研究成果。此外，各章还运用社会学的主要理论方法（结构功能方法、社会冲突方法、女权主义方法和符号互动方法）来解决这些问题。

记住这个关键事实：社会问题是由社会建构的。政治态度指导我们将什么定义为问题，以及我们可能支持哪些政策作为解决方案。认识到并尊重美国政治态度的多样性，本书并不认为所有人都会就问题或最佳解决方案达成一致。恰恰相反，人们会存在分歧。因此，剩下的章节呈现了不同的政治观点，解释了保守派、自由派和激进派倾向于将什么定义为社会问题，以及秉持每种观点的人声称我们应该为此做些什么。你很快就会发现，一个人所认为的解决方案往往是另一个人所认为的问题。

当你读完这本书的时候会有什么收获？你会知道在美国和世界各地，很多社会问题引起了政府官员和公众的注意。你也会熟悉社会学的理论方法并将其运用到解决新问题上。此外，你将牢牢掌握保守、自由和激进的社会观点，这样当你在未来遇到新问题时，你就能用这些政治观点来分析它们。当你成功地做到这一点时，你将成为这个国家政治进程的积极参与者。

最后，本章剩下的部分邀请人们参与政治辩论和政治行动。“建构社会问题决定性时刻”栏目提供了一个解释，即参与到国家的政治生活中去是多么容易、多么重要。接下来的每一章都描绘了美国或世界历史上的一个“决定性时刻”，一个人——通常是像你或我这样的“普通人”——决定采取行动，做出改变。这些例子对我们大家都有启发。

24 定义解决方案

这是谁的问题？

这一章解释了不同的政治态度会导致人们对问题的不同看法。并且，我们即使确实就某个问题达成了一致，也很可能将不同的行动方针定义为解决方案。今天，大多数美国人认为主要的问题是疲软的经济。通过下面的论述，我们可以看到解决问题的两种不同方法。

（1）我们越是倾向于左派，就越希望政府来管理经济和社会的其他方面。例如，声称“工作是一种权利”的活动表明，对工作的责任不在于个人，而在于政府，政府有责任确保每个人都有工作，就像每个人都有上学的权利或公民权一样。

25 （2）我们越是倾向于右派，就越希望人们为自己设定目标、解决经济问题。举例来说，声称工作是一种个人责任，意味着想要工作的人必须确保他们拥有必要的个人技能和抱负，以及对他们正在寻找的工作类型的充分培训。

提示：2008 年，保守的布什政府启动了一项有限的政府救助计划，试图稳定衰退的经济。2009 年，更为自由的奥巴马政府扩大了（对银行业的）政府监管，暂时接管了陷入困境的公司（包括几家汽车公司）。一般来说，自由派认为政府的行为是为了公众利益，他们相信“大企业”会造成经济不平等、偏袒富人。保守派倾向于支持自由市场，他们相信“大政府”会对个人自由和经济扩张构成威胁。至于个人责任，自由派人士认为，许多问题植根于社会，个人无法自己解决。在 2012 年的竞选活动中，奥巴马声称，人们常说“成功或失败与其说取决于谁更聪明，不如说取决于谁更努力”，但他认为每个人都应该努力工作，每个人都应该得到一个富有同情心的政府的帮助。米特·罗姆尼采取了更为保守的立场，他宣称，一个富有成效、自由的社会建立在市场体系之上，市场体系允许人们追求自己的梦想。他呼吁限制政府税收，因为它会阻碍投资和经济增长。

参与：应用和练习

1. 请解释以下贴在汽车保险杠上的标语是如何制造出来的：（a）“我们是百分之九十！”；（b）“枪不杀人，人杀人”；（c）“这是一个孩子，而不是一个选择”；（d）“上帝没有被拼写成共和党”；（e）“拒绝石油战争”。
2. 你可以使用结构功能方法、符号互动方法和社会冲突方法向穷人提出哪些问题？
3. 选择几个美国政客（尽量将国会议员包括在内），确认他们是属于保守派还是自由派。他们对同性恋权利、利用税收稳定经济、提高税收以减少收入不平等等社会和经济问题有何看法？国会里有激进的政客吗？
4. 解释人们的政治态度如何影响他们可能定义为社会问题的各种问题。例如，保守派或自由派是否将“传统家庭的解体”视为一个社会问题？为什么？保守派还是自由派更关心性别不平等？解释一下。

达标：可视化摘要 26

建构社会问题决定性时刻：

对行动的召唤：马丁·路德·金的信息

观察模式：社会学的想象力	
社会学是系统研究人类社会的科学。 • 社会学家赖特 · 米尔斯创造了“社会学的想象力”这个词，鼓励人们将自己的个人问题与社会的运作联系起来。	**社会学的想象力**：一种强调社会如何影响我们所拥有的经验和我们所做的选择的观点。 **社会学**：系统研究人类社会的科学。 **社会**：生活在一定地域内、共享多种行为模式的人的集合体。 **文化**：一种生活方式，包括普遍的价值观（关于什么是好的和坏的）、信仰（关于什么是真的）和行为（人们每天做什么）。

社会问题：基础要素	
社会问题是一种破坏部分社会成员甚至所有社会成员幸福的状况，通常是具有争议性的公众问题。 • 社会建构主义方法认为，当人们把某种状况定义为不受欢迎的并需要改变时，社会问题就产生了。 • 随着时间的推移，社会问题不断变化。 • 在任何特定时刻，任何社会问题的客观事实和主观感受可能相同或不同。 • 全球视角很重要，很多社会问题是跨越国界的。同样，许多问题在世界上的其他地方比在美国更严重。 **宣示主张**是说服公众和重要的公务人员相信某一特定问题或情况应被定义为社会问题的过程。由一群人提出的声明通常会引起其他群体的反对。 **社会运动**通常经历四个阶段： • 兴起。 • 聚集。 • 规范化。 • 衰退。	**社会问题**：一种破坏部分社会成员甚至所有社会成员幸福的状况，通常是具有争议性的公众问题。 **社会建构**：一种“当人们把某种状况定义为不受欢迎的并需要改变时，社会问题就产生了”的断言。 **宣示主张**：说服公众和重要的公务人员相信某一特定问题或情况应被定义为社会问题的过程。 **社会运动**：在宣示主张过程中的一种组织化的努力，它试图通过影响人们思考问题的方式，从而鼓励或阻止社会变革。

分析社会问题：社会学理论	
社会学家运用**理论**指导他们的研究和理论建设。主要的理论方法（结构功能方法、社会冲突方法、女权主义方法、符号互动方法）对各种社会问题提供了深刻的见解。 **宏观层面** **结构功能方法**将社会视为由许多不同部分组成的复杂系统。 • 早期的社会病理学理论认为社会问题是社会正常运转的障碍。 • 后来，社会解体理论将社会问题与快速变化的社会联系起来。 • 最近，结构功能方法从各种社会模式的功能失调的角度来看待社会问题。 **社会冲突方法**凸显了社会的不平等，包括基于阶级、民族和种族的不平等。 • 马克思主义理论将社会问题与资本主义经济体系的运行联系起来。 • 多元文化主义理论关注不同种族和民族之间的不平等所带来的问题。 **女权主义方法**强调了基于性别的社会不平等。 • 女权主义方法将社会问题与男性对女性的支配联系起来。	**理论**：一种关于具体事实如何以及为什么相互关联的陈述。 **理论方法**：指导理论和研究的对社会基本属性的假定。 **结构功能方法**：把社会看成一个由许多相互关联的部分组成的系统的理论框架。 **社会制度**：社会生活的主要领域或社会子系统，这些子系统是为了满足人类的基本需求而组织起来的。 **社会冲突方法**：一个将社会用不平等和冲突进行划分的理论框架。 **女权主义**：一种追求男女社会平等的政治运动。 **符号互动方法**：一种将社会视为个体相互作用的产物的理论框架。

微观层面 **符号互动方法**帮助我们理解人们如何在日常生活中看待社会问题。 • 学习理论将社会问题与从他人那里学习不良的技能和态度联系起来。 • 标签理论调查人们如何以及为何将某些行为定义为有问题的，而将其他行为定义为正常的。	

发现事实：社会学研究 27

社会学家可以使用各种方法来调查社会问题。 **调查**可以采取不同的形式： • 调查问卷是研究人员为了得到回答而向调查对象提供的一系列回答项目。 • 访谈是一种更个别化的调查方法，研究者与研究对象面对面地讨论一些问题。 • 个案研究侧重于一个人、一个组织或一个事件。 **田野调查**使研究人员能够长时间观察人们，同时参与他们的日常活动。 **实验研究**是在专门设计的实验室中进行的。研究人员在改变一个变量的同时保持其他变量不变，以确定特定行为模式的具体原因。 对现有数据进行**二次分析**可能是一种快速、简便的研究方法，但研究人员必须小心，不要依赖不正确或包含政治偏见的数据。	**调查**：一种观察研究对象在问卷或采访中对问题做出反应的方法。 **田野调查**：一种参与人们的日常生活并进行观察的研究方法。 **实验研究**：一种在严格控制条件的基础上研究因果关系的研究方法。 **二次分析**：一种利用他人原始数据的研究方法。

回应社会问题：社会政策

社会政策是指社会用来解决问题的策略。 • 社会根据社会政策的成功衡量方法、成本、目标人口是否代表社会问题的最佳解决方案来评估社会政策。 • 社会倾向于反映重要文化价值观的社会政策。 • 人们喜欢的政策类型取决于他们的政治观点。	**社会政策**：影响社会如何运作的正式策略。

政治：提出问题并定义解决方案

政治光谱是代表人们对社会问题和经济问题的态度的模型。 **保守派**声称，社会问题是由某些人的缺点或人们对生活的错误选择引起的。 • 保守派将家庭和宗教视为重要的社会制度，重视传承引导人们过上美好生活的道德传统。 **自由派**声称，社会问题是由社会运作引起的，包括社会不平等的模式，这种模式阻碍了各类人享有平等的机会。 • 自由派寻求改革，但不是彻底改变社会制度。 在**激进的左派**中，马克思主义者声称社会问题是资本主义经济体制运作的结果。 • 从这个角度来看，解决社会问题需要从经济方面开始对我们社会的制度进行彻底变革。 **激进的右派**声称，我们社会面临的最严重的问题是大政府的发展，它威胁到个人自由。 • 一些激进右派分子会以“生存主义者”的身份离开社会，到偏远的地方生活。	**政治光谱**：一个连续体，代表了从“左”到“右”的一系列政治态度。 **社会问题**：涉及人们应该如何生活的道德判断的政治辩论。 **经济问题**：关于社会如何分配物质资源的政治辩论。

第2章 贫困与财富

28–29

学习目标：

- **记住**本章中用黑体字突出显示的关键术语的定义。
- **理解**经济不平等程度对社会的影响。
- 将社会学的想象力**运用**于观察贫困与其他社会问题的联系。
- 运用社会学的主要理论方法**分析**收入和财富的区别。
- 从各种政治立场**评价**经济不平等。
- **设想**你将如何改变我们的社会以追求更大的社会正义。

30 **问题的提出**

——什么程度的经济不平等是合理的？

美国最富有的20%的家庭的收入几乎等同于剩下的80%的家庭的收入之和，最富有的5%的家庭占有了整个国家60%的财富。

——你认为美国社会变得日益平等了吗？

在过去的几十年中，收入不平等现象在美国更加严重了。

——美国有贫困现象吗？

2010年，美国有4 600万贫困人口。

章节概述

美国在收入和财富上有多不平等？这一章记载了美国经济不平等的程度，以及穷人和富人之间的生活差距。你将会看到由贫困造成的一系列问题——包括健康状况不良，不合标准的住房，以及政治疏离。你将会了解到美国历史上已经实行了——或仍未实行——哪些措施来帮助穷人。最后，你将运用理论来分析社会不平等问题，并学习到政治态度是如何引导群众提出并找到特有的解决方法的。

刚开学一周，虽然已是九月，但夏日一般的气温仍未显露一丝秋色。但是，玛蒂娜·雅各比（Martina Jacoby），一名纽约的大学生，感受到了空气中温度的变化。周一早上她醒得很早，她告诉室友，她决定逃课去华尔街祖柯蒂公园度过这一天。

雅各比去公园并不是因为温暖的天气。“上周六，”她解释道，“第一个示威者出现在公园里。他支着帐篷。我很兴奋我知道这些。周日晚上，我知道发生了重要事件。这些事让我下定决心去那里。”

31 周一一早，雅各比查收信息，知道了公园里聚集的人数越来越多。她拿上换洗衣物，离开寝室，骑着她的自行车穿过15个街区来到祖柯蒂公园。当她抵达时，公园里已经有了数百人，并仍在不断增加。雅各比加入了一个绘制标语的小组，一个小时后，他们在公园的一侧举起一块白色床单，上面写着：“我们是那99%。”

玛蒂娜·雅各比现在已经回到学校上课。但她仍经常说起在公园里参与“占领华尔街”运动的日子。在纽约、美国其他城市以及世界上的其他国家，数万群众聚集在一起发出呼吁，他们正面临着严重的社会问题：华尔街管理者过于贪婪，国家政治体系受到了过多的企业影响，以及，最重要的是，收入严重不平等。

“占领华尔街”运动让收入不平等被认定为美国主要的社会问题之一。实际上，根据社会学研究者的调查，目前美国贫富间矛盾的严重性已经超过了种族和移民问题（Morin，2012；Tavernise，2012）。

无论对“占领华尔街”运动持有什么样的观点，大家都会问的一个关键问题是：美国社会的收入分配是否公平？要回答这个问题，我们需要知道美国目前的经济不平等状况，这种不平等是怎么样以及为什么会不断增长的，并了解怎样的不平等程度能让民众感觉到“公平”。

本章考察了美国的贫富现象并对以上问题做出了解答。让我们首先来了解一些关于美国分配不平等的基本事实。

一、美国的经济不平等

- **理解**

不用社会学家特别指出我们也知道，一部分人比另一部分人富有。经济不平等的证据随处可见：镇上那些配备泳池、健身房的华丽独栋大房子与需要维修的小房子形成强烈对比；一些孩子穿着最新款的时装、吃着营养均衡的食物、定期做健康检查、到世界各地度假，而另一些孩子只能穿着旧衣服，吃不好，只有在受伤和生病时才去看急诊，并且几乎不外出度假。

以上只是**社会分层**（social stratification）——*一种将人根据上下层级分类的社会系统*——带来的一部分结果。分层产生了不同的**社会阶层**（social classes）——*在社会中具有相近的社会资源与机会的人群类别*。一个人出身于怎样的社会阶层会影响到其生命中的各种机会，包括他们能接受怎样的教育，他们会从事怎样的工作（或者说他们获得工作岗位的机会），甚至他们的寿命长短。社会分层是一个强力的系统，目前，只有很少一部分人意识到了美国的经济不平等的真实状况。让我们先从一些重要经济指标开始讲述。

（一）收入与财富的不平等

任何一个关于贫困的讨论都必须从收入不平等着眼。**收入**（income），即*工资、薪酬加上投资等带来的额外收入的总和*。美国政府数据显示，在2010年，中间阶层家庭——即中等收入家庭——的收入平均为60 395美元。

通过图2-1可以看出，美国收入最高的20%的家庭（收入至少114 000美元/年，平均为187 395美元/年）占据了总收入的47.8%。而在金字塔底部，收入最少的20%的家庭（收入在27 000美元/年以下，平均15 000美元/年）则占据总收入的3.8%。比较之下，我们可以看到高收入家庭的收入是低收入家庭的12倍以上。从另一个角度看，收入最高的20%的家庭的收入与剩下的80%的家庭的收入之和相当（U.S. Census Bureau，2011）。

图2-1左边的表格对美国收入分配给出了更详细的数据。前10%的家庭每年收入至少有150 000美元，前5%的家庭每年收入至少有200 000美元，而前1%的家庭每年收入则差不多有344 000美元。而在最顶部，那前1%的家庭中的前1/10的家庭的收入至少达1 434 000美元。这意味着，这极少部分的家庭在一年中赚的钱跟典型家庭一辈子赚的一样多。

从20世纪80年代开始，美国家庭收入不平等问题逐渐凸显。如图2-2所示，1980—2010年间，收入最高的20%的家庭的年收入（1980年属于此类的家庭至2010年时只剩下了一半）增加了51%（平均从124 069美元/年升至187 395美元/年）。在此期间，中等收入家庭的年收入则上升了不到15%。而收入最低的20%的家庭的年收入反而是下降的，2010年，他们的年平均收入比1980年减少了1 160美元。这表示大部分美国人的收入是有所增加的，但富的越富，

占总人口比例	家庭最低年收入
0.1%	$1 434 000
1%	$ 344 000
5%	$ 200 000
10%	$ 150 000
20%	$ 114 000
30%	$ 92 500
40%	$ 74 000
50%	$ 60 000
60%	$ 48 000
70%	$ 37 500
80%	$ 27 000
90%	$ 17 500
100%	>0

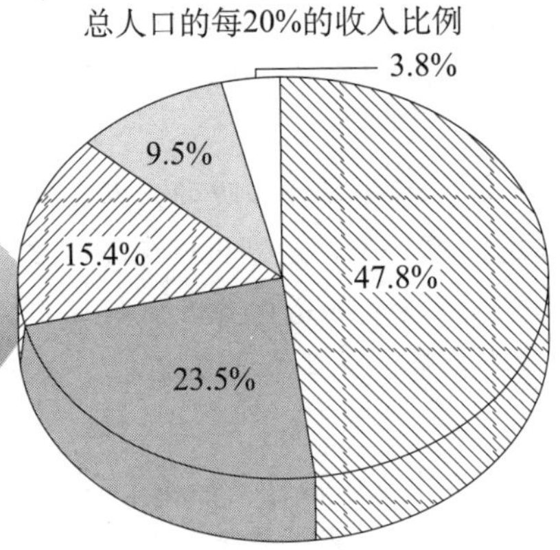

32

最富有的20%的家庭　第二富有的20%的家庭　第三富有的20%的家庭　第四富有的20%的家庭　最贫困的20%的家庭

图2-1　美国收入分配图

注：收入的分配是不平等的，收入最高的20%的家庭占据了总收入的47.8%，是最贫困的20%的家庭收入的12倍以上——最贫困的20%的家庭的收入仅占总收入的3.8%。

穷的越穷，且收入最低的那部分家庭甚至比 30 年前更贫困。根据政府数据，现在的收入不平等是近 50 年来最严重的（U.S. Census Bureau，2011）。人们对这种趋势怎么看？第 30 页的“社会焦点问题”栏目的内容提供了一些答案。

在美国，当提到财富时，经济不平等问题变得更加明显。**财富**（wealth），指*除去负债后的个人或家庭的总的经济资产价值*。财富不仅包括收入，还包括房产、车产、股票、债券、不动产和商业产品。图 2-3 表明美国最富有的 20% 家庭拥有总财富的 85%。最顶部——前 5%——的家庭拥有总财富的 62%。而前 1% 的超级富豪们掌控总财富的 35%。近来，收入税和遗产税的降低会将财富差距持续拉大（Keister，2000；Keister & Moller，2000；Bucks，2009；Wolff，2010）。

而前 20% 之后的 20% 的家庭则拥有总财富的 11%。这类人持有一些股票和债券，但更多的资产来自房、车及其他商业产品。再往下看，一般的美国家庭几乎没有什么财富。换句话说，大部分的普通家庭有一套房子和一些个人财产，但这些资产的价值只与他们的负债大致平衡。这个事实表明了大部分家庭只能靠薪水度日（月光族），没有足够的现金来应对紧急状况。换句话说，当任何突发的疾病或失业发生时，这些家庭就距离贫困不远了。

（二）加剧的经济不平等趋势

近几十年来，美国的经济不平等程度持续上升。事实上，从 1929 年开始，就在经济大萧条之前，这个国家的经济不平等已经到了前所未见的程度。如图 2-4 所示，20 世纪 20 年代，就在股票市场崩盘之前，最富有的 1% 人口的固定收入大致相当于国民总收入的 25%。

随着经济大萧条结束，美国的收入更趋近于平等化。如图 2-4 所示，在 20 世纪 70 年代，最富有的 1% 人口的收入仅占国民总收入的 10%。但到了 80 年代，这个趋势逆转了。最富有的 1% 的人口赚得越来越多，并于 2007 年（顶峰）达到了与经济大萧条之前不久同样的比例。

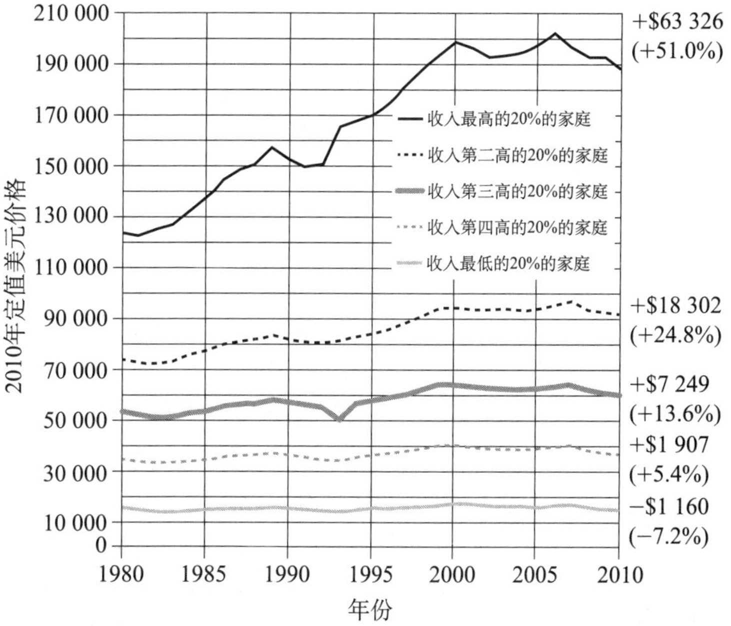

图 2-2　1980—2010 年美国家庭的年均净收入变化（以 2010 年价格标准，根据通货膨胀进行了调整）

注：收入最高的部分家庭比 1980 年时赚得更多，普通家庭的收入只有略微增长。而最贫困的家庭甚至比 1980 年时收入更低。

资料来源：U.S. Census Bureau（2011）.

34

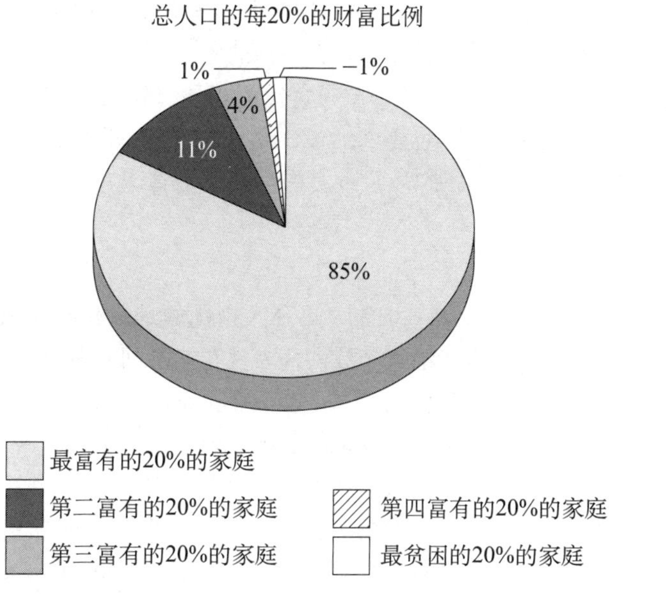

图 2-3　美国财富分配图

注：财富的分配比收入的分配更不平均。最富有的 20% 的家庭占有总财富的 85%，而最贫困的 20% 的家庭负债累累。

资料来源：根据沃尔夫（Wolff）的估计（2010）。

美国一直都强调竞争性的个人主义的生活方式。大多数的人相信他们能通过自己的天赋、能力和努力得到相应的回报。但是，如第 30 页“社会焦点问题”栏目中的内容所显示的，多数群众表示美国现在的经济差距过大（NORC，

社会焦点问题　日益加剧的经济不平等：何时成了一个社会问题？

33

在美国最贫困的社区，如肯塔基州的奥斯利县、得克萨斯州的布鲁克斯县、南卡罗来纳州的艾伦戴尔县，普通家庭一年只能赚到2万美元。而在富有的社区——如辛辛那提的格林威治村、佛罗里达州的朱庇特岛和伊利诺伊州的温内特卡，普通家庭一年赚的钱是前者的十倍。

在2010年，收入最高的前100名首席执行官（CEO）所得的平均补偿金超过了250万美元（比包括总统在内的白宫454位工作人员的年收入还高）。而那些收入最高的人——25位收入最高的华尔街基金投资人——平均收入为8 820万美元，比佛蒙特州全州用于公立学校教师的支出还多，且是国家总统收入的2 000倍（Creswell，2011；O'Toole，2011；U.S. Census Bureau，2011）。

在任何组织里，我们都可预料到领导者是收入最高的。但某些职位的领导比其他职位的领导赚得更多。如公立高中的校长比公立高中的教师收入高1.8倍。类似地，医院的CEO比医师收入平均高2.5倍。一所小型文理学院的主席比其教师的收入高4倍。而投资银行的CEO则比一般投资银行职员的收入高20倍。在前500强的企业里，CEO比一般的中层管理者收入高92倍。而那些前25名的对冲基金管理人比投资基金管理者的平均收入高2 800倍（比普通美国工人高2万倍）。

调查数据指明，有38%的美国成年人认为美国社会“分化出了两个群体，‘有钱的’和‘没钱的’”，还有58%的人反对这一观点（剩下的人表示无可奉告）。另一个问题是，有58%的人认为“大部分人只要努力就能获得成功”，而另外40%的人则不认同这一观点（剩下的人表示无可奉告）。这些数据证实了经济不平等尚未被广泛视为一个社会问题。但是另一个调查项目得出了不同的结果。有63%的人同意“美国的收入差距十分巨大”，20%的人表示不置可否，16%的人表示反对（1%的人表示无可奉告）。而当问起“少数的富人和大型企业拥有过大的权力”时，有77%的成年人的回应是赞同，而只有19%的人表示反对（剩下的人依旧表示无可奉告）（NORC，2011：2250，2270）。

加入博客！

你对此是怎么想的？你是否认为美国内部的经济差距巨大？政府是否应该缩小这一差距？为什么？请来MySocLab加入社会学焦点博客，分享你的观点和经验，并了解其他人的想法。

2011：2017）。更令人担忧的是，我们的调研发现，绝大多数人认为现在贫富间有着巨大矛盾，并且赞同“在这个国家里富的越富、穷的越穷”的观点（Kohut，2011；Morin，2012）。

收入不平等如今已被广泛视为一个社会问题。问题的一部分在于，许多人质疑那些高收入者是否值得如此高的收入。如电视名人玛莉丝卡·哈吉塔（Mariska Hargity，年收入1 000万美元）和杰·雷诺（Jay Leno，年收入3 000万美元），同样的还有运动员勒布朗·詹姆斯（LeBorn James，年收入5 300万美元）和弗洛伊德·梅威瑟（Floyd Mayweather，年收入8 500万美元），他们一年赚的钱几乎比我们一辈子赚的都多。但大部分人认为他们是值得这么高的收入的，因为他们吸引了大量的电视观众，并带来了高额的广告收益。当然，那些更知名的明星如约翰尼·德普（Johnny Depp）和碧昂丝（Beyonce）赚得更多（年收入接近1亿美元）。许多人可能已经接受这是我们预期的流行明星的收入水平。

但收入真的是天赋、能力和努力的有力表现吗？在2011年，纽约洋基队的亚历克斯·罗德里格斯（Alex Rodriguez）获得了棒球大联盟球员的最高收入——3 200万美元。这个数字几乎等于整个堪萨斯城皇家队——毋庸置疑，比起洋基队的最佳单人球员，皇家队球员更有天赋、更有能力和更努力——一个赛季的薪水支出。而可能是史上最佳棒球选手的洋基队传奇球手贝比·鲁斯（Babe Ruth），在他收入最多的赛季（1930年和1931年），其收入也只有8万美

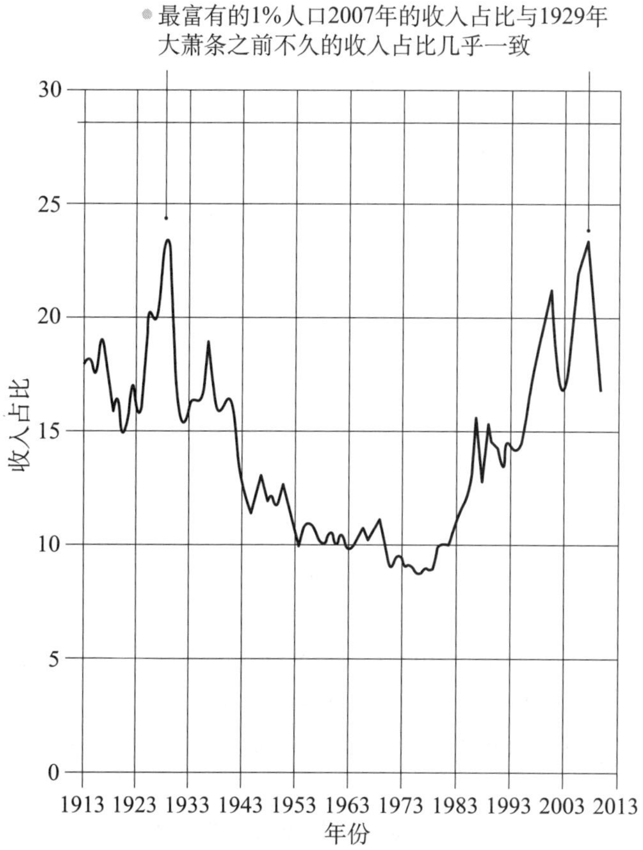

图 2-4　1913—2009 年最富有的 1% 人口的收入占比

注：1929 年，最富有的 1% 人口的收入几乎等于国民总收入的 25%。之后的几十年，最富有的 1% 人口的收入占比有所下降。但 1980 年之后，这个比例又开始上升，并在 2007 年攀升至 1929 年的高度。

资料来源：Saez & Piketty（2009）and Internal Revenue Service（2011）.

元（相当于现在的 120 万美元）。

“占领华尔街”运动唤起了那些大型公司高收入领导者的注意。2011 年，根据福布斯杂志数据，麦克森公司的CEO约翰·哈姆格伦（John Hammergren），作为收入最高的 CEO，包括薪水、奖金、股份和其他，年总收入达 1 亿 3 100 万美元。美国收入前十的 CEO 每人的平均年收入是 6 000 万美元。值得注意的是，虽然“占领华尔街”运动集中在华尔街，但这前十位中并没有华尔街的 CEO。

不断提高的 CEO 收入是经济不平等加剧的一个方面。1970 年，顶级 CEO 的补偿金是普通公司职员的 40 倍。而到了 2011 年，这一差距变成了 400 倍，且这一上升趋势并没有停止的迹象：2011 年，那些赚得最多的人的收入增长了 25%（Corporate Library，2011；Helman，2011；Roth，2011；U.S. Census Bureau，2011）。

支持者认为高薪水能够吸引更多有才能的人来领导岗位，帮助公司运营得更好，而反对者则认为公司发展并不只是 CEO 的成果——近年来那些给 CEO 支付最高薪水的公司一半以上是亏损的（Helman，2011；NORC，2011）。

而剩下的人呢？那些循规蹈矩、兢兢业业的人是否有成功的机会呢？付出努力的人能获得经济上的保障和社会地位这一观点正是“美国梦”的核心。在近几十年里，那些位列收入顶层的人收获巨大，而努力工作的人普遍苦苦支撑勉强谋生。随着薪水优渥的工作越来越难找，难怪那些相信其家庭能实现“美国梦”的人的比例越来越低——从 2001 年的 76% 降至 2010 年的 57%（Zogby，2010）。

（三）税收

税收是影响收入不平等的一项重要的政府政策。政府对我们的收入和支出征税主要有以下三个原因。第一，税不仅用以支付包括军队在内的政府职员的薪水，还支持各种公共福利项目，如公路、桥梁、学校建设等。第二，政府用税收来限制某些行为，如用高额的烟草税来提高烟草价格以限制吸烟行为。第三，也是对我们的讨论来说最重要的一点是，税收是减少经济不平等的一种方式。

政府减少经济不平等的最有效的方法就是征收**累进税**（progressive taxation）——*一种让税率随着收入的增长而增长的政策*。这种方法类似于现代版的罗宾汉，政府对富人收更多的税，并将税用于对穷人的帮助与福利。如表 2-1 所示，纳税申报最高的 1% 的人口（申报收入 343 927 美元及以上）需要付最高 24% 的联邦收入所得税

表 2-1　2009 年收入累进税

人口比例	纳税申报的调整后总收入	申报数量	平均税率（%）	占总税款比例（%）
前 0.1%	$1 432 890 及以上	137 982	24	17
前 1%	$343 927 及以上	1 379 822	24	37
前 5%	$154 643 及以上	6 899 110	20	59
前 10%	$112 124 及以上	13 798 220	18	70
前 25%	$66 193 及以上	34 495 551	15	87
前 50%	$32 396 及以上	68 991 102	13	98
后 50%	$32 395 及以下	68 991 101	2	2

资料来源：Internal Revenue Service（2011）.

（不包括联邦遗产税、州及地方税，以及所有消费税）。而前 10% 的人口（申报收入 112 124 美元及以上）则需要付 18% 的联邦收入所得税（不包括州及地方税，以及所有消费税）。而最底部的 50%（申报收入低于 32 395 美元）的人口仅需要支付 2% 的联邦收入所得税。一般来说，收入越低的家庭需要付的税率越低，得到的政府财政福利越多。算入所有的减免和优待政策后，美国有 7 500 万户居民（占总数的 45%）不需要缴纳任何联邦收入所得税（虽然他们大部分仍需要付工资税，以及一些州税和地方税）。

让我们来看金额而不是比例，所得税申报表反映出收入超过 343 822 美元的人口，平均缴纳 230 496 美元联邦收入所得税。纳税申报表垫底的 50%——那些收入低于 32 395 美元的人口，需缴纳的平均所得税为 283 美元。那些比贫困家庭收入高 60 倍的富裕家庭，比贫困家庭要多付 800 倍的联邦收入所得税。换句话说，对富人所收的税要比对穷人收的高 12 倍——这反映了累进税制在减少收入不平等过程中的作用（Internal Revenue Service，2011；Luhby，2011）。

在收入金字塔的最顶端的那些人每年的收入达到 140 万美元以上（平均高于 400 万美元），一般要缴纳大约 1 074 000 美元的联邦收入所得税（Internal Revenue Service，2011）。收入前 1% 的家庭缴纳的税款甚至超过了联邦收入所得税总税款的 1/3。而收入后 50% 的家庭上缴的税款只占总税款的 2%。这个对比让我们看到了减税和增税——尤其是对那些高收入家庭——带来的影响。

许多高收入家庭运用各种合法策略来降低他们应缴的所得税。例如，让公司延期发放薪水，或者做一些慈善来抵扣他们应缴纳的所得税额。那些高收入家庭的成员需要为任何一项遗产纳税，所以他们用年度赠礼和信托基金等方式来减少这部分税额。在 2012 年总统大选期间，很多人提到一些亿万富翁如沃伦·巴菲特（Warren Buffet）只需缴纳他年总收入的 17% 的所得税。这些顶级富翁的收入的最大来源并不是工资和薪水（这些项目需要被征收最高的税，达 35%），而是投资、“非劳动”所得和资本收益，而这些在 2010 年的税率是 15%。所以某一税率不是取决于赚了多少钱，而是取决于收入的来源（Johnston，2005；Moore & Anderson，2005；Ohlmacher，2011）。

并不是所有税都是累进制的。如汽油税有其他的收取方法。天然气税就是递减的，无论你开的是劳斯莱斯，还是一辆破旧的雪佛兰，每加一加仑天然气所付的税是一样多的。但如果把所有的税种都算在一起来看，美国的税收政策仍是累进制的，在一定程度上减少了收入不平等（这取决于税率）。不过，造成经济不平等加剧趋势的一个原因是，美国现在的税收政策并没有如 1980 年一般累进纳税。

二、富人与穷人：社会概况

- **运用**

我们讨论了许多关于美国经济不平等趋势上升的问题。比起前几十年，现在穷人与富人之间的差距在持续扩大。当然大部分家庭并不属于富人或者穷人的范畴。但为了加深我们对美国经济不平等程度的认识，并进一步了解这种经济地位所造成的区别，让我们现在来简单看看这两个极端——富人与穷人。

（一）富人

对于“富人”，并没有一个标准的定义。不过把家庭收入前 10% 的人分在此类，还是很有道理的。这意味着一个富有的家庭的收入，起码要在 15 万美元以上，平均收入则需达到 25 万美元 / 年。许多高收入者是成功的商人，其他一些是医生、律师和大学校长（尽管只有很少一部分是大学教授）。在他们的职业生涯中，有相当一部分人会成为百万富翁。在这个国家里，有将近 730 万的人拥有百万美元及以上的资产投资。如果你算上他们的房产价值，这个数字还会上升好几倍。

36 通常来说，富人住在宽敞而设备齐全的房子里，穿着高价的衣服，被周围的人视为成功人士。他们中很大一部分是项目决策人，包括那些公司和社区组织的董事会成员。而在这些精英人士的最顶端，我们可以看到一些熟悉的名字，如奥普拉・温弗瑞（Oprah Winfrey），电视界的最高收入者之一，同时也是一个成功的商人。奥巴马总统（2010 年年收入为 173 万美元）也许赚得没有奥普拉・温弗瑞（2010 年年收入为 290 万美元）多，但是他住在更大的房子里，并且有能影响世界的更大的权力。

一份评估显示，2011 年美国最富有的十个人的总财富超过 2 910 亿美元，相当于 1 100 万普通人的总收入——1 100 万相当于阿拉斯加、特拉华、夏威夷、艾奥瓦、堪萨斯、蒙大拿、佛蒙特和怀俄明等州的总人口数。这些年来，一直是比尔・盖茨占据首富之位，他是微软公司的创立者和最大股东，他的身家是 230 万普通人的总和——230 万相当于新墨西哥州的总人口数（Forbes，2011；U.S. Census Bureau，2011）。

哪类人更容易富有？普遍来讲，中年人由于工资较高和有多年的存款，因此会更富有。且男人通常比女人更富有。我们在第 4 章“性别不平等”中会提到具体细节。男人的收入普遍比女人高 30%。已婚人士比单身人士收入高，因为夫妻会有双份的收入，并且他们需要存钱来共同支撑他们的生活。最后，在美国，白人比其他有色人种收入更高。美国国家统计局（2011）的报告指出，65% 的白人家庭年收入高于 5 万美元。而只有 39% 的非裔家庭和拉美裔家庭的年收入超过了这个数字。

那我们是否应该将富人视为一个社会问题呢？一方面，这些富人都是成功人士，他们中有许多实现了自己的美国梦。可以理解，很多人认为这份成就是美好的。而另一方面，这个社会对机会和财富的分配如此不平均，把一部分人，也就是那些穷人抛在了后面。

（二）穷人

在这个拥有巨大财富的国家，仍有数以百万计的城乡居民靠他们微薄的收入勉强维持生计。在美国的每个角落，每一天都有百万以上的家庭，为了得到必要的食物、房租和保持健康而拼命挣扎着。一些贫困的家庭每天的生活跟那些在拉丁美洲、非洲和亚洲的低收入家庭相差无几（在第 15 章“人口和全球不平等”中，我们会对全球性的贫困和饥饿这一话题进行更详细的讨论）。

1. 贫困线

在美国到底有多少人属于穷人呢？1964 年，美国联邦政府发动了“向贫困宣战”计划，并划定了**贫困线**（poverty line），即*美国政府为了测量贫困而设立的一个收入标准。*年收入低于贫困线的家庭或者个人，就被认定为贫困，可享受政府提供的帮助。2010 年，美国有 4 600 万贫困人口，贫困率为 15.1%。这些人口的收入低于官方的贫困线，但这个收入不包括一些福利，如食物券、医疗补助和公共住房。

美国农业部将贫困线设定为年收入为维持基本营养饮食所需金额的三倍。每年，政府都会根据生活消费的变化来调整这个金额。在 2010 年，一个非农业的四口家庭的贫困线为 22 314 美元，不同规模家庭的贫困线请参见表 2-2。

美国政府运用的是绝对贫困线——直接与日

个人故事　贫困的现实：生活在边缘

住在印第安纳州里士满的扎克·帕金斯（Zach Perkins）知道在贫困线上的生活有多么艰难。在被解雇之前，他在附近的工厂里兢兢业业地做着修理校车的工作达七年之久。现在，在他的妻子桑迪·帕金斯（Sandy Perkins）去快餐店上班时，他要照看他们七岁大的双胞胎米歇尔和桑亚。桑迪每周工作48小时，勉强拿着最低工资——每小时7.5美元，一整年下来，她的收入是18 720美元。扎克每月靠做兼职能赚300美元，加上这一部分，整个家庭的年收入为22 320美元，刚好超过2010年官方制定的四口之家的贫困线22 314美元。

帕金斯一家每年的食物预算是6 000美元，占了他们总收入的1/3，平均每天16美元。在这个预算下，一家四口的三餐每餐只能花1.25美元。桑迪面带悲痛地说："你知道，这点钱还不够在我工作的汉堡王吃上一餐。"尽管这些钱足以购买低价食物（如意面、豆子、鸡蛋），但买不起健康的肉类和新鲜的蔬菜。

要保证他们的饮食预算，帕金斯一家要用15 000美元或者平均每月1 250美元满足其他的所有开销。一套简单够用的房子的月租金是600美元（全美的平均租金标准是750美元，他们很幸运地找到了一套低于这个金额的房子）。但他们仍需要付其他费用，包括天然气费、电费、水费等，这些每月需要200美元。桑迪需要开车上班，加上汽油费、保险费和他们那台旧本田车的维护费，每月又要再加上200美元的开销。至此，他们已经花费了1 000美元预算，剩下的250美元（每天大约8美元）要用来支付他们全家的衣服，全家人的医疗和牙科护理，洗衣机、电视机及其他家用电器的修理，孩子上学和孩子的玩具，以及其他生活用品的费用。

在这样的收入水平下，这个家庭几乎没有剩余的钱用于娱乐、保育或者孩子的音乐课。扎克和桑迪很高兴去年的天然气费下调了，但是随着经济状况的不景气，扎克很难找到一份新工作，而桑迪则害怕她会丢掉现有的工作。他们知道，如果他们的收入维持现有水平，那么将来让孩子读大学，或是买一套自己的房子几乎不可能。"我非常爱惜自己的衣服，"扎克打趣说，"等我买得起新的衣服的时候，这些款式也许又开始流行了。"

扎克知道做到量入为出有多么难，但他很坚定："我们家永远不需要施舍。"在房间的另一头，桑迪点头表示赞同。跟其他人一样，穷人也有自尊，即使他们付不起自己的账单。

在美国，贫困线附近的人们能否维持生活？很少能。他们即使小心翼翼地花每一分钱，也仍然需要一点运气：不能遇到各种预料外的开支——这意味着每个人都需要保持身体的健康。扎克也对"我能否确定自己可以生活下去"存疑。他低头看着地板："我想也许不能，但我知道一件事，我们必须试试。"

你怎么看？

1. 贫困线附近的家庭能否维持生活？为什么？
2. 哪些要素限制了贫困家庭的孩子获得成功？
3. 你会提出什么政策或项目来帮助这样的家庭？需要做些什么？

表 2-2　美国政府根据家庭规模制定的贫困线（2010 年）

家庭规模	家庭年收入
一人	$11 139
二人	$14 218
三人	$17 374
四人	$22 314
五人	$26 439
六人	$29 897
七人	$34 009
八人	$37 934
九人及以上	$45 220

资料来源：U.S. Census Bureau（2011）.

常饮食的支出挂钩。而相对的，欧洲政府则使用相对贫困线的标准——中等收入标准的60%。它们的区别何在？在美国，贫困被视为人们难以维持生计的生活状况，其他因素并没有被算进贫困率。在欧洲，人们更关注经济不平等程度，贫困被视为表现人们没有彻底参与进社会生活的相对状态。如果美国用欧洲的标准来划定贫困线，那么一个四口之家的贫困标准会上升为 36 000 美元，美国的贫困率则会上涨 2 倍以上。

我们的贫困线设定得如此之低，能让一个家庭轻松维持生计吗？许多分析人员指出这是十分困难的，为实现最低的经济保障，一个美国家庭的收入至少要比现有贫困线高 25%——这个数字更接近欧洲标准。因此，批评者们（很多正是穷人自己）表示政府应该提高贫困线，以加大对低收入人口的帮助。在他们看来，政府现有的划定标准是在淡化贫困问题，是对穷人的漠不关心（Ehrenreich，2001；Lichter & Crowyley，2002）。在第 34 页的“个人故事”栏目中，你将看到贫困线附近的家庭能在多大程度上满足基本生活需求。

2. 贫困差距

在美国，许多贫困家庭的收入远远低于贫困线。**贫困差距**（poverty gap）是指*穷人的实际收入与官方贫困线之间的差距*。近年来，贫困差距在不断扩大。

如“个人故事”栏目里帕金斯一家的故事所示，要靠贫困线所划定的收入维持生活是十分困难的。而在 2010 年，美国贫困家庭的平均收入为 10 654 美元，贫困差距高达 11 000 美元（U.S. Census Bureau，2011）。通俗来讲，贫困差距越大，贫困者面临的困难越多。

（三）哪些是穷人？更仔细观察

在 2010 年，联邦政府统计，美国有 4 620 万男性、女性、儿童是穷人——占美国人口总数的 15.1%。如图 2-5 所示，美国 1960 年的贫困率是 22%，在 70 年代中期这个数字下降至 12%，其后不断反复起伏。2008 年，经济衰退带来的失业让贫困率再度上升。

如你预想的一样，穷人与富人间存在着巨大差距。我们可以从年龄、种族、性别、家庭结构和居住地域等方面对其进行剖析。

1. 年龄

在年龄这一分类里，陷入贫困的概率最高的是儿童——占据了美国贫困人口的 36%。2010

38

多样性：种族、阶级和性别

美国：贫困儿童的乐土

美国是世界上最富有的国家之一。即便如此，在 18 岁以下的孩子中，每五个就有一个——共计 1 640 万处于贫困状态。从 1964 年的“向贫困宣战”计划实施开始，这个国家让超过 2/3 的成年公民摆脱了贫困（从 1966 年的 29% 降至 2010 年的 9%）。相比之下，儿童的贫困率却没有任何变化（1964 年为 23%，2010 年为 22%）。

你脑海中的贫困儿童是一种怎样的形象？刻板印象是一个非裔儿童，他与他需要依靠救济的年轻妈妈一起住在市中心区域。但事实上，64% 的贫困儿童是白人，且 57% 的贫困儿童并不住在市中心，而住在其他地区，如城郊和乡村地区。

为什么会有这么多贫困儿童？这是因为美国待遇优良的工作在不断减少。在市中心，许多工厂关闭了，在乡村，社区也在不断缩小，许多人很难找到一份好工作。保守主义者指出，家庭角色的瓦解是儿童贫困率上升的原因。他们指出，有 61% 的贫困儿童生活在单亲家庭，有 74% 的贫困儿童的监护人没有全职工作。

我们每个人都同意，无论这些孩子生活在哪里，陷入贫困的责任都不在他们自己。我们是否要继续默许他们所遭受的一切？这迫使我们在道义上给他们更多的关怀。这同时也有一些实际的理由：减轻儿童贫困的压迫，能帮助我们更轻松地解决一些可能出现的问题，如失业、吸毒和犯罪。

你怎么看？

1. 对高儿童贫困率的自由和保守的解释，你更赞同哪一个？为什么？
2. 很少有人认为孩子应该为自己的贫困负责。那么，为什么增加对有孩子的贫困家庭的援助项目没有得到更广泛的支持呢？
3. 在最近的经济衰退中，失业率迅速上升，你认为儿童贫困率发生了什么变化？为什么？

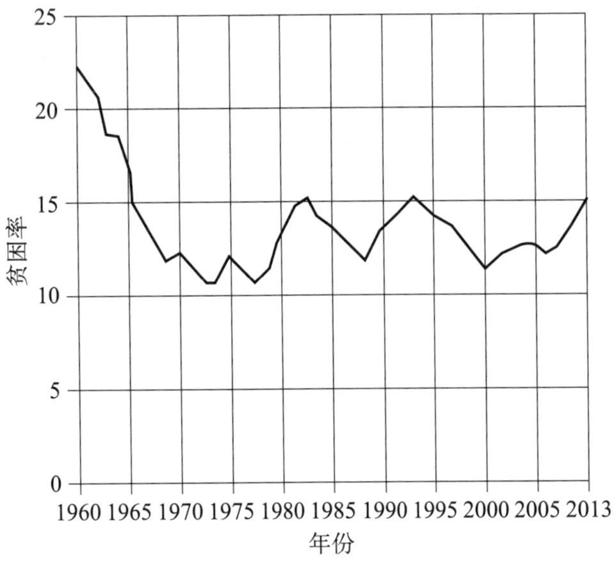

图 2-5　1960—2010 年的美国贫困率

注：1960—2010 年间，美国贫困率明显下降，之后一直维持在 10% 左右。

资料来源：U.S. Census Bereau（2011）.

年，有 1 640 万（22%）的 18 岁以下孩子生活在贫困家庭里。更严重的是，其中有 1/2 生活在收入不到贫困线一半的家庭（如收入低于 11 000 美元的四口之家）里。在 20 世纪，老年人更容易陷入贫困。而在今天，贫困带上了一副青春的面具，就如同第 35 页的“多样性：种族、阶级和性别”栏目里所说的一样。

2. 种族

在美国，非裔美国人和拉美裔美国人更容易陷入贫困。但在贫困人口里，白人比黑人更多，非拉美裔比拉美裔更多。

少数族裔的贫困率比白人高。在 2010 年，24.7% 的非裔美国人（1 070 万人）、26.6% 的拉美裔美国人（1 320 万人）和 12.1% 的亚裔美国人（170 万人）属于贫困人口，而非拉美裔的白人中的贫困率为 9.9%（1 960 万人）。因此，非裔美国人、拉美裔美国人和亚裔美国人更易陷入贫困。这也是为什么有一半以上的美国贫困人口处于这个不利的类别里。

3. 性别

同样，女性更易陷入贫困。58% 以上的贫困人口是女性，男性则占 42%。性别差距变得如此巨大，以至于社会学家用**女性贫困**（feminization of poverty）来代表现在*女性贫困人口的上升趋势*。1960 年，大多数贫困家庭里既有男性也有女性，而现在，52% 的贫困家庭由单身女性当家，仅有 10% 的贫困家庭由单身男性当家（U.S. Census Bureau，2011）。

4. 家庭结构

结婚有助于提高收入和财富，并能有效减少贫困风险。已婚者的贫困率为 6.2%，而单身男性和单身女性的贫困率则分别为 22.7% 和 16.8%（Zagorsky，2006；U.S. Census Bureau，2011）。

其中，单身母亲的贫困率更高，她们需要在家照顾孩子，无法外出工作。2010 年，单身母亲的贫困率为 41%。而少数族裔的单身母亲的贫困率还要更高：48% 的非裔单身母亲和 50% 的拉美裔单身母亲生活在贫困线以下。她们如果年龄还小，且没有完成高中学业，那么贫困几乎难以避免（U.S. Census Bureau，2011）。

显而易见，离婚会加大贫困概率，不仅对成人如此，对儿童而言更是如此。一项研究发现，一年内，有 1/8 离异家庭的孩子处于贫困状态。此外，事实表明，离婚后和母亲一起生活的孩子贫困的可能性更大（Furstenberg & Cherlin，1991）。

5. 居住地域

各个州的官方贫困率存在差距，从低的新罕布什尔州（6.6%）、康涅狄格州（8.3%）到高的密西西比州（22.7%）和路易斯安那州（21.6%）。从区域看，南部（16.9%）和西部（15.3%）的贫困率更高，其次是中西部（13.9%）和东北部（12.8%）。

许多人将贫困与市中心联系在一起。大部分穷人——跟大多数富人一样——生活在城市。但是，农村地区生活在贫困线以下的人口比例高于城市。贫困覆盖了阿巴拉契亚地区（包括西弗吉尼亚州和肯塔基州）、得克萨斯州和墨西哥的国境线沿线（那里住着许多新移民），还有部分在大平原地区和西南部（特别是美洲印第安人居住区）。在 2010 年，有 16.5% 的乡村人口处于贫困状态，相比较，有 14.9% 的城市人口处于贫困状态。更

39 **美国之窗**

美国各地的贫困

安娜·梅·彼得斯（Anna Mae Peters）住在密西西比州的尼塔尤马，她认识的几乎所有人的收入都在贫困线以下。

朱莉·加蓝（Julie Garland）住在辛辛那提的格林威治村，这里居民的收入很高，只有极少的贫困现象。

美国最贫困的县——阿巴拉契亚地区（它横跨南方腹地，沿墨西哥国境线，靠近西南四州交界地区和南北达科他），其贫困率是国家平均贫困率的两倍。你能提出几种造成这个分布的原因吗？

在 MySocLab 里找到你所在社区和县的贫困与富裕状况。

资料来源：U.S.Census Bureau（2012）.

详细地看，中心城市有 19.7% 的人口处于贫困状态，而城郊有 11.8% 的人口处于贫困状态（U.S. Census Bureau，2011）。为什么城郊在收入上表现出了优势？总的来说，在那些能提供更多的工作机会和教育机会的地方，贫困发生率最低。

（四）工薪家庭：更努力工作

与经济的抗争并不仅限于穷人。在近几十年里，“美国梦”——只要你努力就能获得有保障的和更好的生活的信念——为一些令人不安的现实所动摇。1970 年开始，许多家庭意识到他们即使比以前更加努力工作，仍被抛在了后面。近些年来严峻的经济形势更加重了这一抗争的程度。所以，我们并不惊讶在近期的一项调查中，相信能实现“美国梦”的家庭比例从 2001 年的 76% 下降至 2010 年的 57%（Zogby，2010）。

40 究竟发生了什么？当然，对一些家庭来说，他们的生活一直很艰难。但对大部分的工人来说，他们的收入几乎处于最低谷。在 1958—1974 年间，一个 50 岁上下、有全职工作的男性的收入上升了 65%（以 2010 年的货币来看，相当于从 29 716 美元涨至 48 979 美元），而 1974—2010 年间，这个工人的收入下跌了 7%，降至了 45 420 美元，他必须工作更长时间以支付上涨的食物费、房租、学费和医疗费。而在年轻工人中，前 20 年来他们的收入有轻微幅度的上升。一个主要原因是有超过一半的 18 ～ 24 岁的年轻人跟他们的父母一起生活。

造成收入减少或止步不前的根本原因我们将在第 11 章“工作及工作场所”中进行详细讨论。20 世纪大部分时间里，美国经济发展出了许多高收入的职业，如高收入的工厂工作取代了低收入的农场工作。但近些时候，大多数新职业是与服务业相关的工作，如销售、计算机信息录入、餐饮，它们比那些被取代的工厂工作薪水更低。

（五）有工作的穷人

芭芭拉·埃伦赖希——我们在第 1 章里认识了她——想亲身体验一下低薪水的工作。她告别舒适的生活，以作家的身份在佛罗里达州、缅因州和明尼苏达州度过了数月的时间。她假装求职，找了数份她能找到的工作并试图用这些工资生活，但她发现这十分困难。在旅程的最后，她解释道：

> 我在成长过程中听过无数次这样的话，它们都指向了努力工作是成功的秘诀：“努力就能成功。”“是努力让我们有了现在的成就。”但没有人说过，即使你以难以想象的强度工作，你仍可能被债务和贫困缠身。

在 2010 年，根据政府数据，14% 的贫困家庭有全职工作，每年至少工作 50 周，但他们的收入仍低于贫困线。其原因是这些工作——如埃伦赖希当过的服务员、旅馆清洁工、打折店的售货员——的薪水很少有超过联邦最低时薪 7.25 美元（2009 年）的。在这样的工资水平下，即使有一份全职工作，全年收入也仅有 15 000 美元，比四口之家的贫困标准还要低 6 000 美元（U.S. Census Bureau，2011）。

（六）无业穷人

许多贫困家庭没有稳定的工作收入。政府数据显示，在 2010 年，55% 的贫困家庭没有任何工作，另外 31% 的贫困家庭只有兼职工作（U.S. Census Bureau，2011）。

无业有许多原因，一些人有健康问题，一些人缺乏保有一份稳定工作的技术和自信。一些父母甚至负担不起育儿的费用，因为其花费超过了他们的薪水。还有其他很多人，面临的问题是缺少工作机会。美国大多数的市中心地区工作岗位稀少，同样，随着商店停业、工厂关门，那些乡村地区和小镇地区的工作岗位也在不断减少。在最近的经济衰退中，许多社区的失业率达到 15% 甚至 20%，这也意味着无业穷人数量的大幅上升。美国最大的房车生产地印第安纳州的埃尔克哈特就是一个例子，随着经济不景气造成的房车销售量下降，2009 年，这个镇的失业率达到了 20%（W.J. Wilson，1996a；O'Hare，2002；U.S. Department of Labor，2012）。

（七）下层阶级

贫困现象最严重的群体是**下层阶级**（underclass），指*生活在工作、教育机会稀缺的贫困高发区域的穷人*。而下层阶级集中生活在城中心的这一现象被称为*高度隔离*（hypersegregation）——他们被更广大的社会隔离开来，无法进入好学校、找到好工作。在这种情况下，他们生来贫困，成年后依旧贫困（Massey & Denton，1989；E. Anderson，1999）。

高度隔离同样发生在乡村地区，与城中心一样，下层阶级被隔绝在广阔的世界之外。纵观整个美国，每 7 个下层阶级中就有 1 个穷人，或者说穷人占美国人口总数的 1% ～ 2%。

对于那些属于下层阶级的人来说，面对的生活现实就是*长期性贫困*。但在美国，很多穷人并不属于下层阶级。用整体的眼光来看这个社会，*短期性贫困*更为普遍。十年中，有 1/4 的美国人落到贫困线以下，通常的原因是失业、疾病和离婚。当这些状况发生时，一个家庭在这一两年内可能处于贫困状态。

不管是短期的还是长期的，贫困都不是一个 41
只限于贫困自身的问题。相反，贫困带来的许多额外挑战都有待我们验证。

三、贫困带来的问题

- **运用**

由于没有足够的收入以支撑安全、有保障的生活，穷人们遭受着许多困境。下面我们将对贫困带来的六个问题进行近距离审视，这六个问题分别是：健康状况不良、不合标准的住房、无家可归、有限的教育、犯罪和惩罚，以及政治疏离。

（一）健康状况不良

收入与健康状况之间有着紧密的联系。大量事实证明"拥有财富等于拥有健康"。贫困和疾病问题总是同时出现。

好的营养是健康生活的基础。但很多穷人买不起营养均衡的食物。在 2010 年，15% 的美国家庭（40% 的贫困家庭）遇到了"食物无保障"问题。但穷人面临的生存挑战是获得足够的健康食物。此外，贫困带来的压力助长了吸烟、饮酒等现象，并加大了吸毒和暴力的发生概率。同样，当伤病来袭时，穷人没有足够的资源来对抗。有大约 1/3 的穷人因缺少健康保险而付不起医药费，所以他们无法及时寻求治疗。通常状况是当情况变得很严重时，他们才出现在急救室里——而如果更早治疗的话，病情会轻微许多（Center on Hunger and Poverty，2000；Nord，Andrews，& Carlson，2002；U.S. Census Bureau，2011）。

贫困带来的健康问题会伴随一生。在穷人中，婴儿夭折——婴儿在出生第一年死去——的风险是富人的两倍（Singh，2010）。而在极度贫困的人群中，新生儿死亡率与那些低收入国家，如尼日利亚、越南的不相上下。

收入也影响着成年人的健康状况。当被问及自身的健康状况时，家庭收入超过 75 000 美元的人中 79% 的人会称“极好”或“很好”，而家庭收入低于 35 000 美元的人中只有 52% 的人会给出同样的答案（Adams et al，2011）。

最后，穷人的寿命也更短。低收入人口在年轻时更易因为传染病、暴力，甚至自然灾害而死亡——卡特里娜飓风中的受害者几乎都是穷人。相反，大多数富人的死因是癌症和心脏病，且疾病多发生于晚年时期。因此，富人的平均寿命比穷人要长约 5 年，且这个“健康差距”从 1980 年开始增长了两倍（Congressional Budget Office，2008）。

（二）不合标准的住房

在美国，好的住房只提供给能负担得起的人。因此，留给穷人的只有刷着有害涂料的拥挤的房子——它们有着故障的管道、不足的供暖，甚至倒塌的墙壁和摇摇欲坠的天花板。在新奥尔良州，遭受了卡特里娜飓风灾害的穷人中，没有完备的管道和其他基础设施的比例是普通人的两倍（Bass，2005）。

近年来美国的低租金公寓在持续减少。因此许多贫困家庭需要花更多的钱在住房上，只能减少留给食物、衣服和其他需求的预算。在美国的大城市里，上万的穷人在住房保障项目的等待名单上（Alder & Malone，1996；Ehrenreich，2001）。

从 2007 年的住房危机开始，低收入和中等收入的人都在想方设法保住自己的住房。在经历了一些年的价格上涨后，美国目前的房价下跌剧烈，很多房子已经贬值一半以上。许多房子的价格已经低到抵押价格以下，许多户主停止了抵押付款，当银行取消了他们的赎回权时，他们只能离开房子。一些州，包括佛罗里达州、亚利桑那州和内华达州，遭遇了高于全美房屋失赎率 5 倍的全面性危机。美国近期的住房危机使许多家庭的财富贬值，并加大了人们拥有优质住房的难度。

（三）无家可归

近几十年来，穷人**无家可归**（homeless）——*因没有住所而主要住在街上的困境*——问题受到了很大的关注。研究者估算有 65 万流浪者全年无家可归，有 160 万人在一年中短期无家可归。

42

造成无家可归的原因有很多，不同的政治立场所强调的原因也不同。保守派指向个人原因，指出有 1/4 的流浪者存在精神障碍，有 1/3 的流浪者存在酗酒和滥用其他药物的行为。自由主义者则认为，比起个人的缺陷，贫困更是造成无家可归的原因。他们认为低薪水和住房短缺是主要问题。

绝大部分的无家可归者没有工作，但有 20% 的无家可归者称他们至少有一份兼职工作。他们的个人平均收入很低——大约每月 350 美元，整个家庭的收入则是大约每月 475 美元。显而易见，这些钱无法负担住房费用（U.S. Department of Housing and Urban Development，2011）。

（四）有限的教育

贫困家庭的孩子不像富人家庭的孩子一样能读完高中，因此，他们能上大学的概率很低，获得更高学位的机会更少。通常，那些教学质量不高的学校会把那些低收入家庭的孩子培养成能力不足的低收入成人。在美国前 50 大城市的公立学校中，只有 53% 的学生如期毕业。在这样的情况下，很明显，教育的缺失会导致贫困的代际传递。

即使同在学校，穷人与富人的孩子之间仍明显存在不同的经历和不平等的机会。许多学校使用了追踪表格，将学生分为升学类和就业类，追踪的目的是根据孩子的学习能力对其采取不同的教育方案。但是研究推断，校方经常仅因为家庭贫困就给学生贴上能力不足的标签，同时认为那些富有的孩子更有天赋。结果是富有的孩子得到了公立学校最好的教育，而那些贫困的孩子只能挤在拥挤且只有少量电脑的教室里，用着旧书，配备着最差的教师。

（五）犯罪和惩罚

如果你在电视上看过那些警察真人秀节目，那么你一定会觉得大多数犯罪者是穷人。谋杀、抢劫、盗窃、偷汽车——这些街头犯罪最受公众和各大媒体关注。如第 6 章（“犯罪、暴力和刑事司法系统”）中所解释的，当提到街头犯罪时——不管是作为罪犯，还是作为目击者——结论总是穷人比富人的出现率更高。富人同样会犯罪，但公众对富人犯的这些罪——偷税、证券欺诈、做虚假广告、行贿受贿和环境破坏等却不太关注，尽管这些罪对我们的社会总体危害更大。

社会对街头犯罪的关注意味着穷人更易被逮捕，关进监狱，面临刑罚。在司法行政系统里，他们只能依靠公设辩护律师或是法庭指定律师，这些律师通常超时工作且拿不到足额的薪水。而当富人——包括那些被认为造成了国家银行体系崩溃的华尔街高管们——遇到麻烦时，他们能支付得起请私人律师的费用，这些私人律师能雇用其他的专家来支持他们的辩护。这些优势不一定能帮他们摆脱罪名，但会降低他们被控告或被判定有罪的概率。

最后，那些服刑结束的人出狱后找工作会更加困难。就如同贫困的人更易遇到法律上的问题一样，犯罪也增加了那些低收入者终生贫困的概率（Western，2002）。

（六）政治疏离

当知道了穷人的生活有多么艰难后，你也许认为他们会在政治上很活跃，迫切地谋求改变。有时候穷人们会进行有组织的政治活动，但大多数穷人甚至不会去投票。在 2008 年总统选举中，收入超过 10 万美元的人中有 80% 参加了投票，而收入低于 1 万美元的人中只有一半参加了投票。这一现象暗示许多穷人感受到了自己被隔离在这个并不会保障他们利益的体系之外（Samuelson，2003；U.S. Census Bureau，2009）。

43 四、应对贫困：福利体系

- **理解**

所有高收入国家都依靠**社会福利项目**（social welfare programs），即*政府、私人组织或个人为那些被认为值得帮助的人或活动提供帮助的有组织的努力*来解决贫困问题。社会福利有许多形式。包括为失业人员提供的政府失业保险，为水灾受难者提供的红十字基金，或者是个人向他们被灾难摧毁了房屋的邻居伸出援手。总的来看，最大的福利计划，是由联邦政府和州政府实行的，它们有三个特点：

（1）社会福利项目的对象是那些值得帮助的人或活动。公众和领导们会辩论和讨论哪一类人或者活动是最值得帮助的。社会福利对象的划定是根据国内的政治气氛和政府能得到的有效资源来决定的。

（2）社会福利项目造福于大多数群众。社会福利项目不仅包括帮助贫困的家庭，还包括对农民的价格支持、石油耗损折让、减少房产税的抵押利息、退休金、退役军人优待和针对学生的低息贷款。近年来政府对通用汽车公司、克莱斯勒公司及许多金融公司的紧急救助就是大规模社会福利的例子。

（3）总而言之，社会福利在较小程度上减轻了经济不平等。为建立社会福利，政府用从富人那里征的税来帮助穷人，能帮助减轻经济不平等。但许多项目，如对企业的援助，仅仅会让富人得利。在“普通”收入民众中，政府每年投入 3 850 亿美元用于减少房产税的抵押利息，这一政策对那些拥有更大房子的富有民众来说更有利。而这一投入比政府对低收入民众的饮食救助高上十倍。

对福利持续的争论指明了一个艰难的现实：这个国家的民众希望自己是富有同情心的，但这个国家的文化又强调个人责任，这让很多人在帮助穷人时感到不自在。第 41 页的“社会政策”栏目对六种常见的关于公共救助的普遍猜想做出了评估。

（一）福利简史

在美国，社会扶贫有着很长且有争议的历史。下面的讨论表明福利政策有三个历史时期——殖民地时代、早期工业时代和大萧条后的现代，其中重点是 1996 年福利改革。

1. 殖民地时代

1600—1700 年间，早期移民来到美国，居住在小型社区里，努力在这个陌生而不确定的世

44

社会政策　不应得的救济？关于“福利”的真相

福利支票和食物券是否只是针对那些懒惰不愿工作的人的救济？事实是怎样的？让我们来评价一下六个关于公共救助的普遍猜想。

（1）“大多数福利用在了穷人身上。”不正确。如果纵观政府全部的福利政策，我们可以找到几百项用在那些收入水平处于富裕状态的人群身上的财政福利——现金转移支付或减税。例如，2008—2009 年，几乎所有的政府对银行的紧急救助都流入了富人的口袋。整体来看，只有不超过一半的紧急救助用在了穷人身上。

（2）“大多数收入救助用在了能工作的身体健全的人身上。”不正确。大多数接受政府资助的低收入群体是那些因年龄太大或太小而无法工作的群体。一些项目还帮助那些没有工作的父母，但这些资金主要还是用来帮助孩子，且这项政府项目只实行了一段时间。

（3）“只要接受了福利，就会永远有福利。”这一猜想在实行了 1996 年福利改革之后，有部分正确。1996 年之前，有一半的接受了抚养未成年子女家庭援助计划（AFDC）的家庭享受了四年及以上的帮助（包括一个五年期限的终生救济），但这一情况已不复存在。

（4）“大多数福利用于非裔和其他少数族裔身上。”勉强正确。非拉美裔白人收到了 48% 的食物券，非裔收到了 30%，拉美裔收到了 14%，亚裔和其他种族则收到了 8%。所有少数族裔加在一起得到了 52% 的救济资源。如我们刚才所解释的，少数族裔获得更多救助的原因是他们陷入贫困的风险更大。

（5）“福利鼓励单亲母亲生孩子。”不正确。单亲母亲抚养孩子的数量与是否接受福利资助无关。也有人提出一些单亲母亲通过福利资助来抚养孩子。这也许是正确的，但是单亲家庭的比重上升体现在各个收入水平人群中，在高收入国家也很明显。

（6）“福利欺诈是一个严重的国家问题。”不尽然。社会福利机构的员工们会告诉你会有少部分人通过此谋取利益，但绝大多数福利还是用在了真正需要帮助的人身上。

你怎么看？

1. 以上事实有让你感到惊讶的吗？哪一个？为什么？
2. 总体上看，你是会扩大福利政策，还是维持原状，抑或是缩小？请说明理由。
3. 你是否认为近期的经济萧条影响了人们对贫困和福利政策的看法？说明你的理由。

界里生存下去。那时每个人都很穷。家族成员和邻居间能快速地互相帮助。

即便如此，包括新英格兰的清教徒在内的殖民者们仍看不起穷人，认为贫困是道德缺失的表现。在殖民区，自由的人们歧视奴隶，认为他们是下等的、不配得到尊重的。在这个时期，政府也只能艰难维持，福利仅限定在家族、邻里的关系之内。

2. 早期工业时代

19 世纪 80 年代的工业革命之后，大量移民涌入美国城市。新的工业资本主义经济鼓励个人主义和自力更生。社会风向愈加倾向于个人为自己的社会地位负责，而对穷人的态度则变得更加消极。结果是，公众批判慈善是错误的政策，只能减少穷人对工作的需要，使他们变得懒惰。诸如救世军（成立于 1865 年）组织为穷人提供食物和住所，通过道德教育，加深了穷人是弱者且具有负面特征，需要改变自我的这一认识。

但并不是所有人都会对穷人抱以如此不近人情的看法。19 世纪 70 年代，科学慈善运动（确实可以说是社会学的雏形）开始了对穷人的研究：为什么他们会贫困，要如何帮助他们。研究者很快发现，大多数人贫困并不是因为懒惰，而是因为失业，或是身为孤儿、丧偶者、工厂事故的受害者，再或是由于工资太低而难以支撑家庭支出。简单地讲，科学慈善运动认为大多数贫困的问题并非因为穷人自身，而是因为这个社会的运作方式。

这一新思想指导了睦邻友好运动。社会服务所通常位于条件最差的贫民区，在那里，社会科学家和一些新思想的积极分子帮助新移民们在全新环境里定居下来。这一社会运动还试图影响公众的观点，以让社会对穷人抱有更多的同情心。

3. 20 世纪

20 世纪，数以百万计的移民涌入美国。东海岸大城市中贫困居民的增加导致公众对穷人的敌意上涨。数年后，第一次世界大战的爆发让大家对“外来者”的疑虑加剧，更加深了对穷人的敌视。在这样的环境下，对各种社会福利只有极少的公共支持。

1929 年，经济大萧条席卷美国。1/4 的人失去了工作，经济的突然衰败让百万家庭陷入贫困。银行倒闭，让民众的储蓄成为泡影，许多家庭失去了他们的农场，无家可归。在这样的情况下，将贫困的原因归结为个人的懒惰或“差人一等”已说不过去，美国社会开始视贫困为一种社会问题。

1933 年，富兰克林·罗斯福（Franklin Roosevelt）当选为总统，开始实行新政以帮助在大萧条中陷入贫困的民众。20 世纪 30 年代，联邦政府颁布了许多政策以对抗贫困，其中最重要的一项是社会保障。现在，这一项目是 4 380 万人——其中大部分是老年人——的月收入来源。

罗斯福的新政使经济状况得到缓和，第二次世界大战刺激了经济，结束了大萧条，公众的视线转移到其他问题上。到了 60 年代，研究者们重新探究了城市和乡村的贫困问题（Harrington, 1962），促使林登·约翰逊（Lyndon Johnson）在 1964 年提出“向贫困宣战”。第 43 页的“建构社会问题决定性时刻”栏目进一步阐释了两位总统是怎么推动美国社会面对贫困这一事实的。

45 回顾图 2-5，其表明了“向贫困宣战”的作用：官方贫困率从 60 年代的 22% 降至 70 年代前期的 11%。但到了 80 年代，国家的观点又开始针对社会福利项目。从里根执政开始，联邦政府缩减了各项扶持政策，认为福利政策会消减个人的积极性，导致对福利项目的“依赖”（跟一个世纪前一样）。

（二）1996年福利改革

20 世纪 90 年代前期，美国有 800 万家庭接受公共救助，救助总额达到每年 400 亿美元，平均每户 5 000 美元。其中最重要的政策是联邦政府资助有子女的贫穷母亲的项目——抚养未成年子女家庭援助计划（AFDC）。

福利体系的变化在 1992 年开始显现，比尔·克林顿（Bill Clinton）承诺“取消我们所知道的福利”。1994 年，民主党总统和共和党国会联合起来，进行了罗斯福时期后规模最大的福利改革。这次改革的目的如其名所示：个人责任和工作机会和解法（1996）。首先，帮助穷人的责任从联邦政府下移到州。旧的联邦项目 AFDC 停止了，以支持州级的项目“贫困家庭临时救助”（TANF）。新制度试图通过帮可劳动者找到工作或参加职业培训以提高穷人的“个人责任感”。此外，这个项目将家庭领取福利的时间限制为连续两年，其终身限制为五年。

福利改革的支持者们（大多数是保守派）称这个政策是成功的。他们指出，国家福利救济名单减少了一半，其中一半的人找到了工作，剩下的大部分人也或是入学，或是参加了职业培训。但批评者（主要是自由派）反对称，那些脱离福利救助的人所找到的工作也只是一些低薪工作，最终他们还要为收支平衡而苦恼。他们认为改革减少了扶贫救助，不足以减少贫困。

五、贫困理论

- **分析**

贫困是如何产生的？通过社会学主流理论对贫困的解读，我们可以找到一些答案。

（一）结构功能分析：一些贫困是不可避免的

第 1 章（“社会学：研究社会问题”）阐述了一系列用结构功能方法解释社会问题的方式。其中也提到了贫困为何存在。

1. 社会病理学理论：个人缺陷

一些早期社会学家支持“坏苹果”理论，认为贫困缘于个人缺陷。比如，赫伯特·斯宾塞提出社会达尔文主义，将社会视作一个充满竞争的竞技场，最有能力的人会变得富有，而没有能力的人则会陷入穷困。斯宾塞称这个竞争社会的行动机制为“适者生存”。

社会病理学理论也能在人类学家奥斯卡·刘易斯（Oscar Lewis）的研究中找到。刘易斯通过对圣胡安（波多黎各）、墨西哥城、纽约的贫民区的研究，质问为什么一些人世世代代都这么贫困。他的结论是：存在着**贫困文化**（culture of poverty），即*一种使贫困成为生活方式的文化模式*。刘易斯称这些人安于贫困、安于现状，并放弃了改善生活的希望。在这样的思想下，人们会开始酗酒、吸毒、犯罪、忽视家庭、放弃生命。他们的贫困文化也如此一代代承袭下去。

一个更近期的社会病理学理论是理查德·J. 赫恩施泰因和查尔斯·默里（Richard J. Herrnstein & Charles Murray，1994）提出的“钟形曲线理论”。他们认为，在整个 20 世纪，美国逐渐趋向**精英政治**（meritocracy），即*一种由个人能力和影响来决定个人社会地位的不平等体系*。在当今的信息时代，在工作和企业中，智力因素最大限度地影响着个人能力。因此，最富有的阶层将被那些最聪明的人占据，抛下那些不那么聪明的穷人们。赫恩施泰因和默里总结道，政府只能帮助穷人改善表面的困境——如赫伯特·斯宾塞在一个世纪前所说的，他们能力不足。

2. 社会解体理论：变化太多

19 世纪二三十年代，芝加哥大学的社会学家指出了贫困与**社会解组**（socialdisorganization）——*由快速的社会变化引起的社会秩序崩溃*——之间的联系。工业化工厂让数千万的人——中西部农村居民、阿巴拉契亚地区居民、南方棉带的非裔

46

建构社会问题 决定性时刻

美国社会“发现”贫困

在美国历史的第一个 100 年，大多数人没有什么财富，今天我们只能勉强想象那时普遍又极端的贫困。那时，大多数穷人接受了他们的处境，因为他们发现自己周围生活的都是同样贫困的人。

当工业革命爆发后，大多数人的生活水平显著上升，穷人与富人间的差距开始拉大。而那些在城市和乡村地区的依然贫困的人，只获得了公众一时的关注，这也许是因为许多穷人被那些较富裕的人视为“异类”（他们因刻板印象而被视为移民或原住民）。

但随着 1929 年经济大萧条的来临，所有社会阶层的人们都失去了他们之前所得的大多数生活保障。突然之间，人们开始视贫困为一个严重的社会问题。这得到了富兰克林·德拉诺·罗斯福的支持，他在 1932 年当选为美国总统。他指出：“有 1/3 的人口缺衣少食、营养不良。”随后颁布的经济政策“罗斯福新政”至关重要。工程进度管理署（WPA）的就业工程和社会保障项目通过社会“安全网”来解决贫困问题。

第二次世界大战结束之后，大萧条结束，美国迎来了经济繁荣时期。尽管美国变成了一个非常富有的国家，但城市和乡村地区仍存在着大量下层阶级的穷人。1963—1968 年在任的总统林登·约翰逊再次推动这个国家的发展，他在宣称政府会“向贫困宣战”时，将贫困界定为一个社会问题。他推动政府对贫困“直捣原因，而不是结果”。国会也开始实行一些过渡性政策，如针对低收入地区公立学校的第一联邦资金、学前启蒙和面向成年人的就业培训。

综上，比起其他领导人，罗斯福与约翰逊总统更直接地将贫困定义为社会问题，同时，将政府的力量用于解决贫困问题。

注：1933—1945 年间在任的总统富兰克林·德拉诺·罗斯福，建立了为美国民众提供社会“安全网”的社会保障和其他项目。之后，1963—1968 年间在任的总统林登·贝恩斯·约翰逊开展的全美范围内的“向贫困宣战”行动成功降低了贫困率。

美国人、欧洲移民——涌入北部和中西部那些高速发展的城市。

47 居民增长过快，导致城市的街区、学校、工厂难以承受，出现了大量拥挤的公寓楼、超过承受能力的教室和大量人竞争少量的工作岗位的情况。最终结果是贫困和相关社会问题的涌现。随着时间推移，我们只能寄希望于当地社区能处理这些不平衡状况，减少贫困问题。

近年来，大量移民，尤其是来自拉丁美洲的移民来到美国，造成了西南和西部的高贫困率，他们初来乍到，需要奋力找工作和住所。根据社会解体理论，我们可以期待大部分家庭能够改善他们的生活状况。

3. 现代功能理论：一定程度的不平等是有益的

1945 年，金斯利·戴维斯（Kingsley Davis）和威尔伯特·摩尔（Wilbert Moore）发出疑问："为什么不平等无处不在？"他们的结论是，不平等——尤其是人们从事不同工作所得报酬的差别——是有益于社会运转的。戴维斯和摩尔解释道，一些工作（如安保类）并不是特别重要，人人可以胜任，但另一些工作（如外科医生）需要过人的天资和大量的训练。

社会如何刺激人们发展他们的能力，去学习那些最重要的、需求最高的工作所需要的技能？只有给他们更大的回报，如更多的收入、权力和更高的声望。因此，将回报和工作的重要性联系起来是有益的。但这也造成了社会分层，一部分人拥有更多的社会资源。

另一位社会学家，赫尔伯特·甘斯（Herbert Gans，1971）有不同的观点，他认为不平等仅对富人有益。他认为，不平等的功能是确保有足够的愿意做任何工作的穷人，不管那些工作有多苦多累。除了穷人（他们人生中只有很少的选择余地）外，谁愿意干农活、捡垃圾或当清洁工？另外，穷人会买其他人不要的东西，比如，破败的房子、旧车、改造的家电、二手衣服。简单来说，甘斯认为贫困之所以存在，是因为有许多人能从中受益。

- **评价**

所有结构功能方法都有一个相同的关键论点：贫困是生活中自然、可预见的一部分，并能带来一些有益的结果。批判者——尤其是偏向自由派的人——对此存在异议，特别是在贫困缘于个人缺陷这一观点上。他们的观点是，贫困不是由于穷人自己，也非不可避免。贫困是由经济原因所致，包括失业、全职职工的薪水低。

为什么这些理论会流行呢？也许是因为把贫困归因到穷人身上，能转移人们对社会自身的问题的关注。另外，这些理论偏向富人和有权力的人——（根据这些理论）他们的一切都是理所应得的。

学习检验 认识三种结构功能方法，并对其关于贫困的解释进行简单阐述。

（二）符号互动分析：定义问题

符号互动方法强调问题和解决方式的社会结构。这一视角探明了社会成员如何建构对贫困的理解，同时是如何看待穷人的。

例如，旧结构功能方法的"个人缺陷"说仍在当今社会广泛传播，它认为贫困是穷人个人缺陷的反映，即认为穷人都缺乏足够的积极性或智力，或存在其他个人缺陷，导致他们社会地位的低下。在美国社会的个人主义文化下，并不奇怪如今仍有许多人把贫困的原因归结为穷人的个人缺陷，认为个人需要为自己的境遇负责。

威廉·瑞恩（William Ryan，1976）解释了 48
为何社会会认定贫困是穷人的问题。他称这一过程为**指责受害者**（blaming the victim），即*从受害者身上找社会问题发生的原因*。他指出，"指责受害者"分为下面四个简单阶段：

（1）找到一个你认为是社会问题的现象。所有社会问题都可以成为对象，现在，我们的焦点是贫困。

（2）判明那些遇到困难的人与他人的不同之处。显而易见，穷人并不如其他人穿得好，很多穷人甚至说不好英语。许多穷人只接受过一点教育。大多数穷人住在破旧的房子里，有时还会跟警察起冲突。这样的例子还有很多。

（3）将这些不同之处定义为问题的根源。"指责受害者"建立在这样的言论上："他们当然会穷！看看他们！听听他们说话！看他们住的地方！这样的人不穷才怪。这是他们活该。”

（4）试图通过改变受害者来解决问题，而不是改变这个更大的社会。思考一下，那些人，如果能穿得好、英文流利、生活在好街区，就不会是穷人了——简而言之，更像富人。

无论如何，如果我们平等地看待穷人，则会是一幅全新的景象。如今，穷人被视为一个个正在为生活奋斗的个体——时常还带有英雄主义色彩——抵抗着各种并非源自他们自身的困难。如果这样看待穷人，我们会看到，造成贫困的主要原因是这个社会，而不是那些穷人。

瑞恩提议比起对着穷人的破房子摇头，更应该质问美国政府为什么允许人们住在如此破败的房子里。举另一个例子，与其指责穷人的受教育程度低下，不如质问美国社会为什么存在这样能力不足的教育体系。

- **评价**

符号互动方法在阐明“贫困不仅仅与金钱有关”上是十分有用的——贫困也是一种意义的表现，或者说表现着人们是怎样认识更广大的世界的。不管我们将什么定义为问题，我们都能够通过身处其中的人或者更大的社会寻找到问题产生的原因，正如威廉·瑞恩建议的那样。我们也需要知道这个社会到底是如何以及为什么造成那么多穷人出现的。这些关注点让我们转向社会冲突方法。

学习检验 根据符号互动方法，解释“指责受害者”的过程。

（三）社会冲突分析：贫困能被消灭

社会冲突方法认为贫困并不是不可避免或自然存在的，而是一个我们社会需要解决的问题。同时，社会冲突方法也反对贫困缘于穷人个人缺陷的观点，相反，它将贫困归咎于社会本身的运作。

1. 马克思主义理论：贫困和资本主义

卡尔·马克思看到了工业革命为经济产业带来了多么大的增长。他指出，随着工业技术发展，在历史上，人类第一次有能力结束贫困。但马克思解释贫困并没有被彻底消除，这不是因为原材料的短缺，而是因为几乎全部的大额财富都出自由少数人掌握的工业资本经济。简言之，剩余财富的所有者变得有钱有势，而资本经济下的工人们，只能靠出卖自己的劳动力来换取无钱无势的生活。

马克思指出，这便是所谓的资本经济的*内部矛盾*：一个具有强大生产力却让大多数人处于贫困状态的体系。根据这一观察结果，马克思总结道，结束贫困的唯一方式是消除工业资本主义体系。因此，他尽其一生鼓励工人们团结力量推翻资本主义，建立一个财富分配更平等的体系（关于资本主义如何运转、社会主义与资本主义的不同之处的讨论，详见第 10 章“经济与政治”）。

在马克思去世后的 120 余年后，美国和其他一些高收入国家内部的各类民众的生活水平有了很大提高，这可以帮助解释为什么马克思预测的工人革命并未发生——至少目前没有。然而，如同本章之前所提到的，大量的财富仍被掌握在很少一部分人手中。同样重要的是，近年来经济不平等不断加剧，置美国的穷人们于不利之境。根据马克思的思想，尽管美国社会设法避免工人革命，但贫困仍是一个极大的现实问题。

2. 金钱之外：文化资本

更近期的社会冲突方法认为社会不平等不仅包括收入和财富不平等，还包括**文化资本**（culturecapital）——*能帮助人提高成功机会的技术、价值、态度和教育*——不平等。皮埃尔·布尔迪厄（Pierre Bourdieu）和让–克洛德·帕斯隆（Jean-Claude Passeron）（1977）声称出生在富裕家庭的青年人有更优渥的文化环境。他们在家庭和学校方面的优势能确保他们的成功。

然而，那些出生在低收入家庭的孩子则没有这些优势，也无法从相去甚远的少量文化资本中受益。在贫困家庭里，孩子通常较少受到双亲的关注（尤其是阅读等活动）；孩子很少有机会去发展个人能力和想象力，视野也十分有限；同时，这些孩子对自己的能力也缺乏自信。因此，低收入家庭的孩子在许多方面存在着不足。

3. 多元文化理论：贫困、种族与民族

社会冲突方法同样包括多元文化理论，它将贫困与种族和民族联系在一起。让我们来看看种族是如何影响收入的：2010 年，非拉美裔白人家庭的收入中位数为 68 961 美元；非裔家庭的收入中位数为 38 500 美元，仅为白人家庭的 56%；拉美裔家庭的收入中位数是 39 538 美元，仅为白人家庭的 57%。

49 如前文所说，非裔美国人（贫困率为 27.4%）和拉美裔美国人（26.6%）的贫困风险是非拉美裔白人的三倍（9.9%）。虽然亚裔和太平洋岛民的收入高于平均水平（2010 年为 75 486 美元），但也有 12.1% 的贫困率（仍比非拉美裔白人要高）。第 3 章“种族和民族不平等”中有更深层的讨论。

- **评价**

对早期的社会冲突方法的贡献来自卡尔·马克思，他称社会不平等包括资本经济中企业家和工人之间的斗争。更近期一些，社会冲突理论家们拓展了马克思的理论，指出造成社会不平等的因素不仅包括金钱和权力，还包括文化资本，以及种族和性别。

马克思质疑贫困是社会的一个常态部分——至少是资本主义经济的一部分——的观点。然而马克思主义理论的批评者们指出，马克思没有预见到资本主义社会能提高有工作的人口的生活水平，并能大幅度缓解贫困。事实上，现在人们的生活水平已大大高于马克思在世时期。

批评者们（从保守的观点出发）还质疑，难道富有和贫困完全没有反映在个人选择和天赋上吗？如果我们完全抛开个人对自己社会地位的责任，人们就会变成这个社会的消极受害者。社会冲突方法的批评者还说，当今这个精英社会——成就取决于个人的天赋和努力的社会——允许群众通过自己的天赋和努力取得成功。

最后，多元文化理论指出我们的社会导致少数民族和种族的人们有更大的概率陷入贫困。而批评者回应道，虽然种族间的社会差距还在，但非裔、拉美裔和其他种族的人们在社会活动中的参与度已有大幅度提高。在一个世纪之前，对非裔的种族隔离是由法律决定的，其他种族的人也没有投票权。而现在，这样公然的不平等现象已经不复存在。

学习检验 为什么马克思称贫困根植于资本主义经济体系中？文化是如何与金钱一样成为贫困的一个维度的？关于贫困，多元文化理论告诉了我们什么？

（四）女权主义分析：贫困和父权制

女权主义方法是社会冲突的一个重要方面，主要聚焦于社会中的性别不平等。**父权制**（patriarchy）——*一种男性占主导的社会结构模式*——催生了这一理论。实际上，父权制意味着，社会中，男性比女性享有更多的财富、声望和权力。而且，不论种族，女性的贫困率都比男性要高。

1. 贫困的女性化

我们已经描述过女性贫困率的上升趋势。一个主要原因是单亲女性的贫困风险很高。女性户主家庭（没有男性的家庭）的贫困率是 34%，是男性户主家庭的两倍。而已婚家庭的这一比例低至 6.2%。

让我们从另一角度看这个问题，在所有贫困家庭中，只有 10% 是单亲男性家庭，39% 是已婚夫妻家庭，而有 51% 是单亲女性家庭（U.S. Census Bureau，2011）。

相比几代之前，当今性别与贫困之间的联系更加紧密。1960 年，只有 1/4 的贫困家庭的户主是女性，这个数字到 2010 年增长了一倍。如何解释这个被社会学家称为女性贫困的趋势呢？一个原因是如今更多女性靠自己抚养孩子，单亲母亲挣钱养活自己和孩子是十分困难的。但如同女权主义者所见，贫困与性别间的潜在联系要素是，尽管越来越多的女性成为劳动力，但美国社会提供给男性的收入、财富、声望仍旧多于女性。就像第 4 章“性别不平等”中所给出的解释，我们社会把大多数高收入工作（如医生、飞行员、大学教授等）定义为“男性的工作”，且指望女性来填满那些相对低收入的岗位（如护士、空乘和文书工作）。

2. 交叉理论：多重不利 50

如果女性处于劣势，非裔和拉美裔也处于劣势，那么非裔、拉美裔的女性是否处于双重劣势的境地呢？这是**交叉理论**（intersection theory），

*即关于种族、阶级、性别间的交互影响导致了不同维度的不利结果的调查*关注的焦点。

要看不平等现象多重维度间的交互影响作用，先从种族和民族与不平等的关系开始。2010年，全职非拉美裔白人男性的收入中位数为54 192美元；非裔男性的收入中位数只有37 611美元，是白人男性的69%；拉美裔男性的收入中位数则为31 671美元，为白人男性的58%。

现在，让我们加上性别因素。与非裔男性相比，非裔女性（重申，这里只比较全职工作者）的收入中位数为33 987美元，是非裔男性的86%。而拉美裔女性的收入中位数为28 944美元，是拉美裔男性的91%。是性别导致了这一差距。

让我们把上述两点结合在一起看。非裔女性的收入中位数仅为非拉美裔白人男性的63%，拉美裔女性的收入中位数则仅为非拉美裔白人男性的53%。通过这一系列比较，我们能看到种族和性别不是单独起作用的，而是结合在一起让部分人群遭受双重的不利影响。

- **评价**

女权主义方法理论是社会冲突的一个类型，近几十年来影响很大。就如同马克思主义理论强调阶级间的不平等、多元文化理论揭示了种族间的不平等一样，女权主义方法则聚焦于性别间的不平等。此外，交叉理论结合了以上各种不平等，揭示了在结合阶级、种族、性别等元素的基础上，不平等是如何给一部分人带来双重不利影响的。

女权主义的批评者指出这一分析很少提到女性和少数群体地位近年来的改善状况。例如，一个世纪以前，仅有少数美国女性上班，并且她们没有投票权。虽然性别不平等依然存在，但性别的不同会影响人们的选择，尤其在家庭义务方面。即便如此，男性与女性间社会地位的差距确实在变小。

学习检验 女权主义方法是如何形容社会不平等的？从交叉理论中，我们能获得什么其他见解？

六、政治与贫困：提出问题并定义解决方案

- **评价**

我们该如何解释美国不平等现象的加剧？如

51 **理论运用** **贫困**

	结构功能方法	符号互动方法	社会冲突方法	女权主义方法
分析层次	宏观	微观	宏观	宏观
关于贫困的观点	早期社会病理学理论和之后的贫困文化理论认为导致贫困的原因是个人缺陷和贫困社区的文化。 社会解体理论将贫困和其他社会问题与社会的快速变迁联系在一起。 戴维斯和摩尔的理论解释了在社会分层过程中，一种吸引人才从事重要工作并鼓励他们努力的不平等回报体系。 甘斯指出不平等对富人来说是很重要的。	符号互动方法强调人们对贫困的理解。 瑞恩将对贫困的普遍看法描述为“指责受害者”，即将贫困的原因归结于穷人自身的态度及习惯。 对穷人一视同仁发扬了“是社会，而不是穷人自己应该对贫困负责”的观点。	马克思称贫困源自资本主义体制。 贫困不仅是缺少物质资源的问题，也是缺少文化资本的问题。 多元文化理论指出了非裔和拉美裔美国人中的高贫困率问题。	女权主义方法论证了社会地位与性别间的联系，认为女性的高贫困率与父权制有关。 交叉理论将多个维度的不平等联系在一起，解释了它们是如何造成多重劣势的。

何解释在这个世界上最富有的国家之一中仍然有4 600 万穷人？就如同这本书中出现的其他问题一样，关于贫困和富裕是有争议的。一些人认为收入不平等是不可避免的，甚至是对社会有好处的。而另一些人则高度批判收入不平等现象，认为贫困是一个亟待解决的国家性问题。让我们来看看保守派、自由派和激进派是怎么构建问题并解决问题的。

（一）保守派：个人责任

保守派（偏右派）指出，美国的大多数贫困是相对贫困。即，政府标准下的穷人只有一小部分接近绝对贫困，难以维持生计。根据一项研究，美国最穷的 5% 的人比世界上 60% 的人口的收入要高（Milanovic，2011）。

在美国，贫困的标准与这个富裕社会中政府官方认定的应得收入相联系。事实上，在官方标准下的穷人家庭中，有 1/3 拥有自己的房子，3/2 至少有一辆车，而几乎所有家庭都拥有电视与电脑（U.S. Census Bureau，2011）。根据保守派的说法，我们要记住 20 世纪以来生活水平的剧变，这似乎能合理说明我们的社会运行良好。

保守派欣赏自力更生，认为个人应为自己的幸福负责。他们称美国社会提供了很多的机会，而天赋和努力会给我们的生活带来回馈。社会中确实有一部分人继承了大笔财富，保守派认为家庭有权利将财富传给其后人。但大多数的成功人士——包括那些最富有的人——是那些刻苦学习多年、独立、努力工作的人（Stanley & Danko，1996）。

保守派的退役将军和前部长科林·鲍威尔（Colin Powell）回忆，他在尚年幼时便开始工作。他说他一向工作努力，努力学习在工作中能学到的一切。当掌握一项技能之后，他就开始学习另一项。他相信从父母那里学到的自律和决心是他成功的关键，让他走到了国家军队和政治领袖的高层位置。简言之，他认为，解决贫困的最有效方式是好好教育孩子个人责任的重要性，并告诫他们努力工作（Powell & Persico，1995）。

保守派认为，在市场体系中，个人要靠自身努力来获得个人自由和美好生活。而政府在其中——尤其是在对抗贫困中——的角色是什么呢？保守派相信个人需要为自己的社会地位负责，他们希望限制政府规模并且保持税额在一个较低的标准。大多数保守派支持通过福利项目来帮助那些虽然没犯错但陷入了贫困的人——那些残疾人、老年人和孩子。很多人同样认为政府应该帮助那些曾为国效力的退伍军人，应该为没有工作的任何人提供短期培训。保守派支持 1996 年福利改革，因为他们相信政府的保障不应该取代个人责任。相反，政府的福利政策会让穷人产生依赖，从而让贫困程度加剧（C. Murray，1984；Bennett，1995；Connerly，2000；Bork，2008）。

（二）自由派：社会责任

保守派认为强调个人责任是消除贫困的最有效方式。而自由派则认为，帮助穷人是每个人的责任。自由派表示，我们要从社会角度，而不是从穷人身上找贫困的原因。大多数穷人不是因为自己懒惰或做出了错误选择，而是因为社会运行的问题才陷入贫困。如第 11 章“工作及工作场所”中所解释的，大多数失业是因为经济衰败、公司合并、裁员或者是由公司将产业转移到海外而导致的工作岗位减少。此外，逐渐增长的经济不平等也使贫困加剧。

我们还可以在高贫困风险的特定人群中找到社会导致贫困的方式。比如，社会提供给女性的工作及赚钱机会比男性少，女性的工资比男性低，所以女性的贫困概率比男性高。

自由派将贫困定义为社会问题，并寻找解决 52
途径。他们反对保守派关于个人需要为自己的社会地位负责的言论。根据自由派的观点，虽然美国经济具有强大的生产力，但是分配不均。此外，许多人遭受着种族和其他歧视，这限制了他们接受良好教育和找到高薪工作的机会。一部分自由派的解决贫困的方法是要求颁布有力的法律以禁止教育和职场歧视。

另外，自由派支持为每一个人提供一些财政

保障的政府扶持政策——“社会安全网”。他们不考虑保守派对“依赖心理”的担心，认为扶持是必要的。他们指出，有数以百万计贫困人口——尤其是儿童——并不是因自身错误而致贫。自由派还支持对富人的高税收，以此来支持各类措施，并减轻经济不平等。因此，自由派主张对高收入家庭和个人增税。

自由派认为将税收用于社会福利能帮助大量贫困家庭摆脱贫困。目前的公共扶持福利太少——2009 年，一个典型的“福利家庭”每月只能得到 388.63 美元——这不足以帮助他们改善生活。此外，应该加大对有工作的贫困母亲的帮助力度，帮助她们在家附近找到一份更好的工作，帮助她们接受更好的医疗以使她们不会因为生病而旷工，或者帮助她们上夜校获得高中学历。

最后，自由派指出，仍有数以百万计的穷人未申请福利扶持。为什么？因为社会文化强调个人责任，寻求帮助被视为个人失败，是一种羞耻的行为。

（三）激进左派：变革系统

激进左派同意自由派的观点，认为贫困是社会的问题（Liazos，1982）。他们也同意自由派关于不能指望由穷人来改变自身处境的观点。但是他们不认可那些认为贫困根植于资本主义社会的政派。换句话说，贫富间的巨大差异是资本主义经济体系自然运转而产生的。激进左派指出了美国持续加剧的经济不平等现象，认为自由派支持的福利投入仅等于给一个绝症患者缠上绷带。

卡尔·马克思认定广泛的贫困是资本主义的内部矛盾之一。“矛盾”一词，意味着工业资本主义创造了大量财富，但生产资料仅被少数在生产力经济中获益的资本主义精英占有。相反，工薪家庭付出劳动只能获得很少的回报，而且随着时间推移，回报会越来越少。因此，在美国这样富有的社会中仍存在数以百万计的极度贫困人口。

激进左派认为，要解决贫困问题，需要用一种能减少不平等的更人性化的经济体系来替代资本主义经济体系。这个体系的目标不是满足少数人的贪欲，而是满足大多数人的需求。这样，激进左派得出结论：美国经济重组是解决经济不平等和贫困问题的方法。

53 **从左到右**

关于收入不平等的政治观点

	激进左派观点	自由派观点	保守派观点
问题是什么？	资本主义经济体系让大多数的国家财富聚集在少数人手里。	数以百万计的男人、女人、儿童收入过低，需要帮扶。	一部分“有价值的穷人”应该得到帮助，但社会福利政策会降低穷人工作的积极性并使他们产生依赖心理。
解决方案是什么？	资本主义经济体系需要得到彻底改变。	提高税收以支持政府帮扶政策，提高穷人收入。	给真正需要帮助的人提供短期的帮助，提高家庭和个人的能力。

参与讨论

1. 依次运用激进左派、自由派、保守派的观点来评价 1966 年福利改革。对不同政派来说，改革是有益的还是有害的？对谁有益或有害？为什么？
2. 近年来，许多分析者描述了国会的“梗阻”现象。保守派（多是共和党人）反对加税，而自由派（多是民主党人）反对减少福利项目（如医疗保险）的受益内容。你认为这是否是一个可以妥协的问题？解释你的看法。
3. 你觉得以上哪个政治立场对收入不平等的分析最有说服力？为什么？

总结与展望

- **设想**

本章描述了美国因收入、财富不平等而造成的贫富差距。部分人群——女人、儿童、有色人种——的致贫风险较高，而且经济条件较差的人面临着健康状况不良、居住条件不佳、受教育程度低、工作机会少和暴力犯罪率高等问题。

我们对未来能有怎样的期望？请记住一些正面的趋势。1960—2010年间，官方贫困率下跌了1/4，从美国总人口比例的22.4%降至15.1%。在老年人群体中，贫困率从33%降至9%，减少了2/3（U.S. Census Bureau，2011）。当然，近几年的经济衰退导致了各类人群的贫困率有所上升。

回顾图2-5，我们能发现美国贫困率最大的跌幅发生在1960—1970年间。之后，整体趋势略微上升。更麻烦的是，贫困风险最高的年龄类别是儿童：在美国，有22%的儿童处于贫困中，而在非裔和拉美裔儿童群体中，这个比例更高，分别为39%和35%。而未来最紧迫的问题也许是如何应对单亲母亲家庭这样的“新贫困”群体。而老年人群体中大幅下降的贫困率表明，如果公共支持到位，那么政府是能够缓解贫困的。问题是我们是否能像对待老年人一样，为孩子们提供服务。

在美国，关于贫困和富裕一直是有争议的，仍在加剧的不平等现象让这一争论愈演愈烈。保守派强调个人责任和强大家庭支持的重要性，指出未婚无职、未婚生子会导致大人和其子女的贫困率上升。自由派呼吁提高最低工资，加强儿童保障和职业培训，同时抗议职场对于女性和有色人种的歧视。他们还支持提高税收——尤其是对富人的税收，以此为穷人提供更好的福利，减轻经济不平等现象。

54 ## 定义解决方案

社会不平等是一个问题吗？

这是谁的问题？本章解释了人们理解社会不平等的方式取决于他们的政治态度。人们对待贫困与富裕的态度也取决于政治。从下面的陈述中，我们可以看到应对贫困与富裕的两种不同方式。

（1）有人曾高举“向富人征税”的牌子在街头游行。变得富裕构成解决方案还是社会问题？如果你倾向于自由派，你会支持哪种税收制度？如果你倾向于保守派呢？

55 （2）当你在纽约街头遇到在穷游中为筹措经费而在街边乞讨的年轻女孩时，你会有何反应？如果你倾向于自由派，那么你会如何看待这里的问题？应该如何解决？如果你倾向于保守派呢？

提示：自由派倾向于认为社会结构（包括阶级、性别和种族）给了一些人特权，而把其他人置于不利地位。从这个角度来看，一名年轻的无家可归的女性需要被帮助。捐钱是一种善举，但因为不平等是建立在社会组织方式的基础上的，所以真正的解决方案是改变社会本身。此外，捐钱可能是件好事，但只要这个年轻人四肢健全、身体健康，她就应该好好照顾自己（施舍只会鼓励更多的乞讨行为）。至于税收问题，保守派通常认为财富是个人才华和大量努力的产物：人们有权获得他们能赚到的钱。此外，自由派认为富裕和贫困是自由市场的孪生产物，政府应该对自由市场进行调整，向富人征税（累进税），为穷人提供更多（政府福利）。

参与：应用和练习

1. 我们听到很多人把美国称为“中产阶级社会”。基于你现在对这个国家里不平等现象的认识，你认为这种描述在多大程度上是准确的？提供具体的证据来支持你的立场。

2. 了解你所在地区的贫困程度。美国人口普查局的报告可从当地图书馆获得，你可以在互联网上找到人口普查数据，网址是 http://www.census.gov/datamap/www，也可以访问当地的社会服务机构以获得数据。
3. 你曾经做过低薪工作吗？如果没有，这是一个很好的机会来理解和感受“工作但贫穷”意味着什么。学校里或学校周边有很多低薪工作。不管你是否选择去做一份这样的工作，都请你计算出一个三口之家一个月的家庭预算，看看一份最低工资的工作（2012 年的标准是 7.25 美元）能让你在多大程度上支撑一个家庭。
4. 你倾向于支持民主党还是共和党？无论你支持哪一个，都可以访问其官方网站（http://www.dnc.org 或 http://www.rnc.org）来了解这个政党关于贫困、税收等问题的政策。在 2012 年大选中，每位主要总统候选人是如何设法解决经济不平等问题的？

达标：可视化摘要

56

建构社会问题决定性时刻

美国社会“发现”贫困

美国的经济不平等	
收入分配在美国是不平等的，最富有的 20% 的家庭，其收入占据了总收入的 47.8%，是收入最低的 20% 的家庭的 12 倍以上。 **财富**的分配更为不平等，最富有的 20% 的家庭占据了 85% 的私有财富，而最贫困的 20% 的家庭则负债累累。 最近的趋势是**收入不平等**不断加剧。最富有的 20% 的家庭获得越来越多的利益，而最贫困的 20% 的家庭则失去得更多。	**社会分层**：一种将人根据上下层级分类的社会系统。 **社会阶层**：在社会中具有相近的社会资源与机会的人群类别。 **收入**：工资、薪酬加上投资等带来的额外收入的总和。 **财富**：除去负债后的个人或家庭的总的经济资产价值。 **累进税**：一种让税率随着收入的增长而增长的政策。

富人与穷人：社会概况	
• 富裕家庭的收入，平均约为 25 万美元（其中有些家庭的收入高于平均水平数十倍）。年长者、白人和男性在富人中占据大多数。 • 政府将“贫困”定义为家庭收入低于**贫困线**的状况，贫困线被设定为年收入为维持基本营养饮食所需金额的三倍。在 2010 年，一个非农业的四口家庭的贫困线为 22 314 美元。 • 美国贫困家庭的平均收入比贫困线低 11 000 美元，存在“**贫困差距**”。 • 儿童、家庭妇女、少数族裔面临极高的贫困风险。 • 美国的儿童贫困率如今高达 22%。 • 社会学家所说的“**女性贫困**”指的是，长久以来女性占据了穷人的大部分（现在为 58%）。 • **下层阶级**是穷人中的一小部分，他们生活在贫困蔓延的农村地区或内陆城市，与整个社会隔绝。	**贫困线**：美国政府为了测量贫困而设立的一个收入标准。 **贫困差距**：穷人的实际收入与官方贫困线之间的差距。 **女性贫困**：女性贫困人口的上升趋势。 **下层阶级**：生活在工作、教育机会稀缺的贫困高发区域的穷人。

贫困带来的问题

贫困反映在生活的方方面面，穷人： ● 忍受更多疾病。 ● 接受更少的学校教育。 ● 经历更多失业和犯罪。 ● 更有可能面临住房不足或者无家可归的状况。 ● 更不可能投票。	**无家可归**：因没有住所而主要住在街上的困境。

57 ## 应对贫困：福利体系

在美国历史上，公众对穷人和对社会福利项目的态度各不相同。 ● 19 世纪末期的移民安置运动向贫困的移民伸出了援助之手，并试图使公众对穷人更有同情心。 ● 20 世纪 30 年代，富兰克林·罗斯福总统的新政是许多政府扶贫项目中的第一个，其中最重要的是社会保障。 ● 1964 年，林登·约翰逊总统宣布"向贫困宣战"，以解决美国贫困下层阶级日益增长的问题。 ● 1996 年福利改革将穷人从福利名单中剔除，转而支持其工作和上学。这项改革减少了领取救济金的人数，但在降低贫困率方面收效甚微。	**社会福利项目**：政府、私人组织或个人为那些被认为值得帮助的人或活动提供帮助的有组织的努力。

贫困理论

结构功能分析：一些贫困是不可避免的 **社会病理学理论**（包括斯宾塞的社会达尔文主义、刘易斯的贫困文化理论、赫恩施泰因和默里的钟形曲线理论）认为贫困主要是穷人自身缺陷的结果。 **社会解体理论**认为贫困是社会快速变化的结果，这使得社会无法满足所有成员的需求。 ● 更近期的结构功能方法包括戴维斯和摩尔的理论，该理论认为，社会利用不平等的报酬来吸引人才从事最重要的工作。 ● 赫尔伯特·甘斯认为穷人以各种各样的方式为非穷人服务，包括做其他人不愿意做的事情。 **符号互动分析：定义问题** 强调我们对贫困的社会建构性理解。一种常见的观点是"指责受害者"，这种观点声称贫困是由穷人自己造成的。 **社会冲突分析：贫困能被消灭** 卡尔·马克思声称，贫困是资本主义经济运行的结果。他相信工人阶级日益增加的苦难最终会导致人们推翻资本主义制度。 最近的社会冲突方法解释说，不平等不仅涉及金钱，而且涉及文化资本——技术、价值、态度和教育的优势——这些是穷人所不能获得的。 多元文化理论强调了非裔美国人和其他处于不利地位的种族和民族的人们是如何处于较高的贫困风险中的。 **女权主义分析：贫困和父权制** 女权主义理论将女性较高的贫困率与男性主导女性这一事实联系在一起。 交叉理论强调了这样一个事实：种族、阶级和性别不平等结合在一起，导致某些人群处于更大的劣势。	**贫困文化**：一种使贫困成为生活方式的文化模式。 **精英政治**：一种由个人能力和影响来决定个人社会地位的不平等体系。 **社会解组**：由快速的社会变化引起的社会秩序崩溃。 **指责受害者**：从受害者身上找社会问题发生的原因。 **文化资本**：能帮助人提高成功机会的技术、价值、态度和教育。 **父权制**：男性占主导的社会结构模式。 **交叉理论**：关于种族、阶级、性别间的交互影响导致了不同维度的不利结果的调查。

政治与贫困：提出问题并定义解决方案

保守派：个人责任

- 保守派认为，社会地位是个人责任的问题；人们可以利用美国社会提供的机会来摆脱贫困。
- 保守派声称，政府的社会福利项目往往会助长依赖性，从而使贫困问题更加严重。

自由派：社会责任

- 自由派认为，贫困是社会问题，主要缘于缺乏好的工作。
- 自由派将贫困视为社会的责任；他们支持政府的社会项目，以满足人们的需要。

激进左派：变革系统

- 激进左派认为，贫困是资本主义经济正常运行的结果，这使得资本主义精英从中受益。
- 激进左派认为，解决贫困问题需要对经济进行根本性的改革，使生产满足社会需求，而不是增加私人利润。

第3章 种族和民族不平等

58–59

学习目标：

- **记住**本章中用黑体字突出显示的关键术语的定义。
- **理解**种族和民族是一种社会建构。
- 将社会学的想象力**运用**于探索历史上多数群体和少数群体之间的互动模式。
- 运用社会学的主要理论方法**分析**当今美国多样化少数族裔的社会地位。
- 从多样化的政治立场**评价**种族和民族不平等。
- **设想**你将如何改变我们的社会，以追求更大的社会正义。

60 **问题的提出**

——什么是种族？它只和肤色有关吗？

种族涉及社会建构的范畴，它通常给予某些类别（相较其他类别）更多的优势。

——什么是少数族裔？只是那些人数较少的人群吗？

成为少数族裔主要与权力有关。因为要给予某些群体相较其他群体更多的权力和特权，所以社会建构出了少数族裔。

——偏见只是简单的个人想法吗？

偏见和歧视确实与个人态度有关，但同时也形塑了社会的运行。

章节概述

什么是种族？什么是民族？它们与社会不平等有什么关系？本章探索美国人口中多样的种族和民族的社会地位，描述美国历史中种族灭绝、种族隔离、同化和多元主义的实例。在本章我们将进行关于种族和民族不平等的理论分析，学会察觉人们的政治态度是如何引导他们建构某些“问题”，并且倾向于某些“解决方案”的。

“我很遗憾，如果这不是你所相信的或者你想听到的，”萨曼莎（Samantha）向她的表弟解释，他们正在吃意大利香肠披萨，“但是我认为在移民问题上这个国家不会有‘开放的大门’。”

“你在害怕什么？”贾斯汀（Justin）平静地回应。

“我什么也不怕，”萨曼莎的反应略带防备，“但是我确实认为移民在靠福利过活。他们在我们的教室里上课，他们抢走了美国人的工作。我们做了足够多的事情去照顾我们自己的人民，我们不需要拯救世界。”

移民问题是当今美国最热门的争论议题之一。伴随着每年数以百万计的移民进入这个国家，大多数人有理由对此有自己的看法。调查显示，超过70%的美国成年人关心移民问题，并且认为政府在处理这个问题上做得并不好。

61 有很多人担心移民问题，但也有很多人不太了解事实。比如，当被问及出生于其他国家的人占美国总人口的比例时，一个比较典型的回答是“39%”。事实上这个数字是13%，还不到39%的一半。大部分美国成年人也表示，他们认为大多数移民是非法移民。而实际上，在美国，出生于国外、没有法律文件的人在移民中的比例大约为30%（Harrell，2011；Pew Research Center，2011）。来美国寻找工作的移民们，不太可能取代其他劳动力的工作。在大部分情况下，移民们所从事的是别人不愿意干的那些又苦又累收入又低的工作。也有一些情况，比如工程方面许多收入较高的工人是移民，那是因为没有足够多的土生土长的熟练工人来做这些必要的工作。

美国是一个移民国家，是一个由移民建立的国家，记住这一点非常重要。每一个生活在美国的人都有来自世界其他地方的祖先。但是，正如开场的故事所揭示的，种族和民族差异不仅是美国力量的来源，同时也是紧张和冲突的种子。简而言之，种族和民族是社会不平等的重要维度。

种族和民族是许多被定义为社会问题的议题的基础。要理解为什么会这样，我们首先要回答一些基本的问题：什么是种族？种族和民族是如何影响我们的日常生活的？它们是如何介入社会不平等问题的？本章还将讨论一系列相关问题，如偏见和歧视、包括同化和隔离在内的互动模式，以及包括平权运动在内的政策。我们先从种族和民族的核心概念开始。

一、种族和民族

- **理解**

在美国和其他一些国家，种族和民族是社会认同的重要方面，正如它们是社会不平等的主要维度一样。但是，许多人并不十分了解种族和民族是什么。我们的第一步是澄清这些概念的含义。

（一）种族

种族（race）是*社会建构的一类人，他们具有共同的、被社会成员认为重要的生物学传播特征。*几百年来，社会根据肤色、头发质地、面部特征和体型把人类分为不同的类别。

种族与作为人类的资格并无关系。各地的人都来源于同一个生物学种——智人（拉丁词意为“会思考的人”），智人第一次出现在 25 万年前的非洲。从那时起，经过了几千代人，生活在世界不同地区的人之间产生了身体上的差异。生活在热带烈日下的人们，皮肤会因为一种叫“黑色素”的天然色素而变黑；生活在较冷的地区，人们的肤色则会比较浅。不同的社会对这些差异有不同的看法。

如果人们从未离开过他们的出生地，那么生活在世界上特定地理区域的所有人看起来都差不多。但是纵观历史，人类不断从一个地方迁徙到另一个地方，这种迁徙将携带我们身体特征的基因传播到了世界各地。

这种多样性在生活于世界“十字路口”地区，比如中东地区的人群中表现得尤为明显。此外，历史上与世隔绝的人们有许多共同的生理特征。比如，几乎所有居住在日本岛上的人都长着黑色的头发。

1. 种族是什么时候被发明的？

几个世纪前，全球贸易使世界上的人们有了更广泛的接触，对人类多样性的认识也有所提高。16 世纪末，欧洲人开始用“种族”这个词来给人分类。1800 年左右，欧洲的科学家将人分为三大类。他们创造了*高加索人*（指欧洲人和西亚人）这个词语，用来指代皮肤白皙、头发纤细的人；用*黑人*（源自拉丁语，意为黑色）这个词语，来指代生活在撒哈拉以南非洲地区的肤色较深、头发又粗又卷的人；用*蒙古人*（指亚洲的蒙古地区的人）这个词语，来指代皮肤呈黄色或棕色、眼睑上有明显褶皱的人。

2. 种族是真实的吗？

社会学家们很快指出，种族分类从正面角度来看，充其量是一种误导，但最糟糕的是，它们是一种割裂人类的有害方式。首先，从生物学角度来说，并没有一种纯粹的种族。事实上，*种族内*的遗传多样性比*种族间*的还要多。其次，因为人类在世界范围内的迁徙和繁殖，人类生理表征的多样性无处不在。比如，高加索人既有比较浅的肤色（在斯堪的纳维亚很普遍），又有比较深的肤色（在印度很普遍）。相似的，黑人也有较深肤色（在非洲很普遍）和较浅肤色（主要是澳大利亚的原著民）之分。

其他与种族有关的生理特征并不总是一致 *62*
的。比如，深色皮肤的人可能有卷曲的头发（在非洲很普遍），也可能有直发（在印度很常见）。这些都表明，从科学的观点来看，生理差异确实存在，但是种族分类并不能很好地描述人类的这种多样性。

3. 种族应当存在吗？

如果种族分类不能反映真实，那么为什么它还存在？一些社会学家认为，将人类分为不同的种族类别是一种简单的策略，一些人运用这个策略去支配另一些人（Bonilla-Silva，1999；Johnson，Rush，& Feagin，2000；Zuberi，2001）。也就是说，欧洲人在肤色上附加了一些文化特质，并以此将所谓的“正直理性的”欧洲人和“野兽般的”非洲人以及“狡猾的”亚洲人区分开来。简而言之，种族，就是人们所运用的一种社会工具，借助这种工具，人们把自己定义为比想要控制的那一类人更高级的人。通过将世界各地的人定义为不同的种族，欧洲殖民者把对他们的压迫正当化。北美人也做了相同的事情，他们把当地的原住民定义为欠缺人类特质的红色野蛮人，这样一来，杀掉他们、夺走他们的土地就是正当行为了。同样，当英国血统的人需要爱尔兰人和意大利移民从事低薪工作时，也把他们定义为不同的种族（Ignatiev，1995；Camara，2000；Brodkin，2007）。

在 20 世纪，许多位于南方的州的法律认为只要一个人有 1/32 的非洲血统（也就是说，有一个非裔美籍的曾曾曾祖父母），他就是“有色人种”。到了 1970 年，这样的“一滴血”法案被法院推翻，父母们被允许按照自己的意愿宣布孩子的种族（通常体现在出生证明上）。然而，即使在今天，大多数人仍然认为种族身份很重要。

4. 多种族人群

在美国，与以往任何时候相比，更多的人认同自己是多种族的。在最近的一项政府调查中，840 万美国人认为自己是多种族的——认同一个以上的种族身份（U.S. Census Bureau，2011）。

跨种族婚姻越来越普遍了，占美国当前所有婚姻的 7.5%。一个可以看到的结果是，多种族人群的官方出生数据在过去 20 年里增加了 2 倍，约占总出生人口的 6%（U.S. Census Bureau，2011）。随着时间的推移，美国的社会成员将会越来越难以用严格的种族分类来定义。

（二）民族

种族强调生物学特性，而民族则强调文化。**民族**（ethnicity）是*一种共享的文化遗产，通常涉及共同的祖先、语言和宗教*。正如美国是一个种族多元的社会，美国人口中也包含了数百个不同的民族分类。表 3-1 展示了这个国家种族和民族多样性的状况。

虽然种族和民族是不同的概念，但是有时候两者殊途同归。比如，韩裔美国人、美洲原住民和有着意大利或尼日利亚血统的人，这些群体不仅有一些共同的生理特征，也有一些共同的民族特征。

（三）移民

这个国家引人注目的种族和民族多样性是移民的产物。正如本章开篇所言，现在生活在北美的人都是其他地区的人的后裔。移民既是美国社会存在的一个重要原因，但同时也是引发一些冲突的源泉。正如你马上会看到的，冲突并不是什么新鲜事。

1. “大迁移”

历史学家们所称的“大迁移”（Great Immigration）始于 1865 年内战结束时，一直持续到 1914 年第一次世界大战爆发。在这一时期，新的工业工厂提供了很多就业机会，美国的工业化吸引了大约 2 500 万移民，这些移民乘船跨

表 3-1　美国的种族和民族分类（2010 年）

种族 / 民族类别	近似数量	占总人口比重（%）
拉美裔	50 810 213	16.4
墨西哥	32 929 683	10.6
波多黎各	4 691 890	1.5
古巴	1 873 585	0.6
其他拉美裔	11 315 055	3.7
非裔	40 357 516	13.0
尼日利亚	264 550	0.1
埃塞俄比亚	202 715	0.1
索马里	120 102	<
其他非裔	39 770 149	12.8
美洲原住民	2 553 566	0.8
美洲印第安人	2 075 554	0.7
阿拉斯加土著部落	120 819	<
其他原住民	357 193	0.1
亚裔或太平洋岛民	15 239 011	4.9
中国	3 456 912	1.1
印度	2 765 155	0.9
菲律宾	2 512 686	0.8
越南	1 625 365	0.5
韩国	1 456 076	0.5
日本	774 600	0.3
柬埔寨	264 080	0.1
其他亚裔或太平洋岛民	2 384 137	0.7
西印度裔	2 672 753	0.9
阿拉伯裔	1 698 570	0.5
非拉美欧洲裔	197 380 184	63.8
德国	47 911 129	15.5
爱尔兰	34 670 009	11.2
英国	25 927 345	8.4
意大利	17 250 211	5.6
波兰	9 569 207	3.1
法国	8 761 677	2.8
苏格兰	5 460 679	1.8
荷兰	4 645 906	1.5
挪威	4 470 081	1.4
两个或更多种族	8 398 368	2.7

注：拉美裔可能是任何种族的人。很多人属于不止一个民族类别。因此，数据总数超过 100%。

“<”表示少于 1% 的 1/10。

资料来源：U.S. Census Bureau，2011.

越大西洋，在东海岸的城市登陆，并寻找经济机会。1900 年，在生活在纽约市的人当中，有 80% 的人要么是本人出生于国外，要么是父辈出生于国外（Glaab & Brown，1967）。

2. 本土主义者和配额制

许多人对移民表示欢迎，但是一些被称为“本土主义者”的人并不然，他们反对高度移民（今天也是如此），担心这会危及占这个国家主流的英式文化。本土主义者的这种态度在 1900 年之后特别流行，在这期间大多数移民来自南欧和东欧，这些移民的肤色较深，也不说英语，信奉天主教、东正教或犹太教，而不是新教。

63 在本土主义者的压力下，20 世纪 20 年代，国会通过了包括《1924 年移民法》在内的一系列法律，减少了移民数量，并且建立了一种配额制，规定了世界各国可以移民至美国的人数。这些法律与始于 1929 年的经济萧条一起，使得移民数量减至涓滴。直到 20 世纪 60 年代中期，美国的移民数量一直保持低位。

3. 配额制的终结

1965 年，国会终止了配额制，这导致了另一波移民浪潮。这一次，移民的到来也引发了争议，这次的移民主要来自墨西哥和拉丁美洲的其他国家，以及菲律宾、韩国和其他亚洲国家。国会通过了《1986 年移民改革与控制法》，这是减少移民数量的又一次努力。该法禁止雇用非法移民，并威胁要对雇用非法移民的企业进行罚款。其本意是，如果移民们找不到工作，他们就不会来这里，但是许多移民伪造了文件，并且能够找到工作。此外，1986 年的法案赦免了已经生活在这个国家的近 300 万非法移民，这不仅使得这批人进入了美国的主流社会，也使得更多的人对跨越边境跃跃欲试（Gamboa，2003；Tumulty，2006）。

移民问题最令人瞩目的州当数加利福尼亚州，这个州的移民数量最多，移民总数逾千万，占州总人口的 27%。在这个州，44% 的人在家不说英语。1994 年，为了应对不断增加的非法移民，加利福尼亚州颁布了第 187 号提案，旨在通过切断非法进入美国的任何人在教育、医疗和食物券等方面的社会福利来减少非法移民。然而，这个法案最后被法院宣布违宪。这个法案确实减少了非法移民，但是也确实伤害了那些已经生活在加利福尼亚州的人们。

4. 当前的移民之争

在 20 世纪 90 年代，随着每年大约 100 万人进入美国，国会继续就移民问题进行辩论。与一个世纪前的“大移民”浪潮相比，这次移民潮的人数更多，是之前移民人数的 5 倍。2010 年，美国总人口约为 3.09 亿，其中约有 4 000 万（13%）出生于国外。大约有相同数量的人至少父母中的一个出生于国外（U.S. Census Bureau，2011）。

近几十年来，移民问题已经成为美国的一个重要问题，其焦点是非法移民问题。2000 年之后，每年大约有 50 万移民进入美国，非法移民的数量直到 2007 年经济疲软之后才有所下降。据最近的数据估计，每年大约有 15 万人非法穿越美墨边境进入美国。随着移民潮的衰退，非法移民的总数从巅峰时 2007 年的 1 200 万减少到了 2010 年的 1 100 万（Pew Research Center，2011）。

只有一小部分非法移民被美国警方拘留。跨越加利福尼亚州、亚利桑那州、新墨西哥以及得克萨斯州，绵延了近 2 000 英里①的南部边界线显然很难控制。目前，大部分边境没有任何围墙或是标识，国会已经就如何改善边境控制、如何应对在美国生活和工作的非法移民等各种问题的提案进行了辩论。第 59 页的“社会焦点问题”栏目会让我们更加深入地了解当前的移民问题。

（四）少数族裔

比起在自己的家乡，大多数来到美国的移民找到了更多的机会，但许多人也发现，他们的种族和民族使他们处于美国社会的边缘。社会学家用“**少数族裔**”（minority）这个词，指代*有某些生理或文化特征的群体，而这些特征被社会认定为劣势*。

1. 可见性 64

少数族裔通常有非常*明显可见的特征*，这些特征有的源于种族（很难改变的生理特征），有的源于民族（可以改变的诸如服装、口音等特

① 1 英里约为 1.6 千米。——译者注

社会焦点问题 容留还是驱逐？非法移民之争

穿越美国与墨西哥边境的移民数量达到了如此高的水平，以至于交通部门竖起了警示标志，提醒来往的司机注意在道路上奔跑或穿过道路的人。吸引人们来美国的主要因素是经济：美国的平均工资比墨西哥高5倍。

尽管在2007年之后，随着经济的疲软，来自墨西哥的移民数量有所下降，但近年来每年仍有15万来自墨西哥的合法移民，至少还有15万人非法越境。在所有的非法移民中，大约有62%来自墨西哥，26%来自其他拉丁美洲国家或加拿大，9%来自亚洲国家，剩下的3%来自非洲国家和其他地方。

庞大的移民（尤其是非法移民）规模，使得大多数美国人感到不安。2011年的一项公众调查显示，78%的美国成年人认为国家在控制边境方面做得不够，68%的美国成年人认为非法移民是一个非常严重的社会问题，应该引起奥巴马总统和国会的注意（Pew Research Center，2011，2012）。

尽管大多数人认为应该对非法移民采取措施，但对于国家究竟该采取何种应对措施，公众意见不一。保守派指出，非法入境是犯罪行为，许多持保守观点的人倾向于认为非法移民是应该被逮捕、惩罚或驱逐的罪犯。早在2005年，众议院就通过了一项这样的法案，但是从未成为法律。

这项法案从未被通过的一个原因是，大多数人认为试图逮捕1 100万非法移民是不现实的，即使他们都能被找到，也没有那么多的监狱可供使用。但是，保守主义立场赢得了广泛的支持——非法移民不应该被允许先于那些遵守法律规定、递交正式申请的人成为公民。然而，许多人和保守派有一样的担心，即非法移民使社区的教育和社会服务负担过重。也有人担心移民的民族差异会给美国文化带来巨变。这些担忧导致加利福尼亚州通过了“187号提案”，该提案禁止非法移民获得社会服务，随后这一提案被法院宣布违宪（Pew Research Center，2011）。

从社会政策的角度，保守派支持更加强硬的边境安全管理，支持遣返非法移民，或允许他们保留外来工人的身份，前提是他们要交罚款、为自己的收入缴税、学说英语，并且在寻求公民身份的队伍当中排在最后。

自由派同样支持边境控制，但对已经生活在这里的非法移民的接受度更高一些。他们指出，非法移民通过在美国的劳动为美国的经济做出了贡献，移民们经常从事我们国家其他人不愿意从事的工作，诸如农场、酒店、餐馆以及居家的低薪工作都是由移民完成的。自由派也提醒我们，如今有100万非法移民是儿童，根据宪法修正案第十四条规定，任何在美国出生的人都是美国公民，即使他们的父母是非法移民。随着时间的推移，大约有450万非法移民的孩子可以根据法律申请成为美国公民。调查显示，大多数自由派支持所有出生在美国土地上的孩子都是美国公民这一观点，然而大多数保守派并不支持将这一权利扩展至非法移民的孩子身上（Passel & Cohn，2011）。

自由派赞成赦免非法移民，并给予那些在这里工作并缴纳一定年限税款的非法移民公民身份。自由派选择这一立场，是希望把“生活在阴影中的”数百万男人、女人和孩子解放出来，这些人没有机会申请到社区大学的奖学金，甚至没法获得驾照；最严重的是，他们一直生活在恐惧当中，害怕他们自己或是其他的家庭成员被逮捕。

在关于移民问题的争辩中，极左立场是什么？激进左派分子反对把这个国家同世界上的其他国家隔离开来，支持给予所有已经生活在这里的移民合法身份和公民身份。他们声称，最重要的事情是减少美国和其他国家之间的不平等，在达成这一目标之前，将有数百万人前赴后继地来到这个国家，其中许多人冒着付出生命的代价的风险。

最后，移民之争的政治后果很容易对总统选举的结果产生影响。允许所有的移民拥有公民身份将会增加1 000万新选民。在2008年的总统大选中，拉美裔选民中有大约67%支持民主党候选人，大约31%支持共和党候选人。如果所有移民都有投票权，那么作为2012年大选民主党总统候选人的巴拉克·奥巴马就会拥有巨大的优势，几乎肯定会赢得连任。这是自由派想要给予拉美裔美国人公民身份的原因之一。与此同时，保守派也意识到了赢得人数最多的少数群体支持的重要性。

加入博客！

你是支持联邦现行的移民政策，还是希望看到变化？如果支持变革，你更倾向于哪些新政策？请来MySocLab加入社会学焦点博客，分享你的观点和经验，并了解其他人的想法。

征）。一个改变了自己明显可见性的特征的例子是来自日本的男性和女性。在美国，许多日裔美国人对自己的母语所知甚少，超过半数的日裔美国人选择了非日裔的配偶。因此，日裔美国人不再是一个民族群体，并且通过与其他背景的人结婚，他们作为一个种族群体也显得不那么独特了。少数族裔的融入能力既取决于其成员保持自己传统的欲望，也取决于其他人的接受意愿。比如，相较非裔美国人，白人对和日裔美国人通婚表现出了更强的意愿（U.S. Census Bureau，2011）。

65 **2. 权力**

少数族裔的第二个特征是处于*劣势*。少数族裔通常受教育程度较低，工作层次也较低，这意味着他们的贫困率较高。当然，并不是所有的少数族裔都处于劣势。换言之，尽管统计均值较低，但一些非裔、亚裔或拉美裔美国人还是享有相当高的社会地位。但是，即使是最成功的人也知道，在某些人眼里，他们的少数族裔身份会降低其所获得的成就（Benjamin，1991）。

3. 数量

大约有 36% 的美国人口属于少数族裔，这一比例仍在上升。在前 100 个最大的城市中，已经有 66 个城市的少数族裔人口占大多数。在夏威夷、加利福尼亚、新墨西哥和得克萨斯这四个州，以及哥伦比亚特区，少数族裔人口占大多数。其他州在未来几年内将加入这个名单。2012 年，新出生人口中少数族裔占大多数，这一现象首次出现。根据目前的趋势，分析人士预测，大约到 2042 年，少数族裔人口将会占据美国总人口的大多数（U.S. Census Bureau，2011）。

关于女性——无论是哪个种族或民族——是否应该被认作少数族裔这一问题，我们将在第 4 章（“性别不平等”）中予以讨论。

二、多数群体–少数群体的互动模式

- **运用**

多数群体和少数群体之间的互动呈现出从和平到致命的连续统。在研究这些互动时，社会学家使用了 4 种模型：种族灭绝、种族隔离、同化和多元主义。

（一）种族灭绝

种族灭绝（genocide）是指*一类人被其他人系统性屠杀*。种族灭绝相当于集体屠杀。即便如此，它在人类历史上也一再发生，并往往得到政府和人民的宽恕，有时甚至是鼓励。

大约始于 1500 年，西班牙人、葡萄牙人、英国人、法国人和荷兰人强行在南美和北美的土地上进行殖民扩张，导致了成千上万的原住民死亡。虽然大多数原住民死于欧洲人带来的、他们对其没有天然抵抗力的疾病，但是仍有许多原住民是被直接杀死的（Matthiessen，1984；Sale，1990）。

20 世纪 30 年代和 40 年代，阿道夫·希特勒（Adolf Hitler）和他的纳粹政府谋杀了 600 多万名被其定义为“劣等人”的人，包括同性恋者、残疾人和大多数欧洲犹太人。最近，在非洲的卢旺达，胡图族屠杀图西族，东欧的塞尔维亚人对克罗地亚人展开系统屠杀，非洲苏丹的达尔富尔地区也有数十万人被杀害。

（二）种族隔离

种族隔离（segregation）是指*对某类人进行身体和社会隔离*。有时候，少数群体会依据自己的意愿与世隔绝，就像阿米什人遵守宗教教令所做的那样。然而，在通常情况下，少数群体是被迫处于社会的边缘，不得不与世隔绝的。

美国的种族隔离始于奴隶制，之后，又扩展到旅馆、餐厅、学校、公共汽车和火车等领域。许多法庭判例已基本消除了法律意义上的种族隔离，但是，事实上的种族隔离依然很普遍，因为大多数的邻里社区、学校、医院，甚至是墓地仍然是以单一种族为主的。比如，底特律有 83% 的非裔美国人，而密歇根州的利沃尼亚有 90% 的白人分布于城市的边界上（Emerson，Yancey，& Chai，2001；Krysan，2002；U.S. Census Bureau，2011）。

紧张的隔离在许多城市都有发生。道格拉斯·梅西和南希·丹顿（Douglas Massey & Nancy Denton，1989）记录了非裔美国人的*超隔离*（hypersegregation），他们与自己社区之外的人几乎毫无联系。超隔离只会影响到一小部分贫困的白人，但是对居住在美国最大的25个城市中的约1/5的非裔美国人产生了影响（Wilkes & Iceland，2004）。

66 因为从定义上讲，少数群体几乎没有什么权力，所以他们挑战隔离不是一件容易的事情，甚至有可能是危险的。然而有时候，一个人的行动的确会带来不同。第62页的“建构社会问题决定性时刻”栏目描述了罗莎·帕克斯（Rosa Parks）的事迹，她发起了一场社会运动，终止了整个南部地区公共汽车和其他交通工具上的种族隔离。在某些情况下，少数群体模仿那些他们认为“更好”的人，以此来避开敌意并获得成功。然而更常见的状况是多数群体强迫少数群体做出改变。比如，截至2011年，31个州的立法机构将英语认定为官方语言。

少数群体的同化程度也取决于他生活的地 67
区。居住在俄亥俄州或是新罕布什尔州（在这些地方他们只占总人口的一小部分）的拉美裔美国人，比起居住在与墨西哥接壤的南得克萨斯州（这里的许多社区中说西班牙语的人占大多数）的拉美裔美国人，更有可能说英语。当然，无论住在哪里，总会有一些少数群体更加容易被同化。回顾过去的几十年，我们会看到，德裔和爱尔兰裔比意大利裔更容易融入，日裔被同化的程度也高于华裔和韩裔。

（三）同化

同化（assimilation）是*一个过程，在这个过程中，少数群体逐渐接受了主流的多数群体所持有的文化模式*。当少数群体，尤其是新移民被同化时，他们可能改变自己的着装风格，使用新的语言，改变他们的文化价值观，甚至信奉新的宗教。

许多人认为美国是一个大熔炉，有着不同生活方式的移民融合在一起形成了一种新的国际化生活方式。虽然这种形容有一定的道理，但是美国历史表明，少数群体是做出较多改变的一方，他们接受了相对更加强势的当地人的文化模式。

（四）多元主义

多元主义（pluralism）认为*所有种族和民族都应具有相同的社会地位*。多元主义代表这样一种情况，即没有少数群体处于劣势。美国在某种程度上是多元化的，至少在官方层面，所有人在法律上都具有平等的地位。但在现实中，对多样性的容忍（无论是多数群体还是少数群体）是有限的。正如上文所言，有31个州将英语认定为官方语言。另外，美国并不是真正的多元化国家，因为大多数少数群体的社会地位要低于白人、欧洲裔美国人等多数群体。

美国之窗　美国各地的语言多样性

爱尔维拉·马丁内斯（Elvira Martinez）住在得克萨斯州的萨帕塔县，在她居住的社区里，大约有3/4的人在家使用西班牙语。

杰弗里·斯蒂恩（Jeffrey Steen）住在俄亥俄州的亚当斯县，在他居住的社区里，几乎人人都说英语。

美国人口普查局报告称，在5岁以上的逾2.89亿美国总人口中，约有6 000万（占20.6%）在家里不说英语。在这之中，62%说西班牙语，15.7%使用亚洲语言（人口普查局列出了39种语言，每一种的偏好者都超过100 000人）。非英语使用者集中于美国的某些地区。你能解释这种情况吗？

资料来源：U.S. Census Bureau（2010）.

建构社会问题 决定性时刻

罗莎·帕克斯：对隔离说不

这件事发生得如此平常，以至于没有人知道历史正被创造。1955 年 12 月 1 日，罗莎·路易斯·帕克斯（Rosa Louise Parks），一位住在亚拉巴马州蒙哥马利市的年轻的非裔美国女性，刚刚结束了一天作为裁缝的辛苦工作。她太累了，太想回家了。她走到街上，坐上了一辆公共汽车。当时蒙哥马利市的法律规定，非裔美国人必须就坐于汽车后部为“有色人种”而设的座位上，帕克斯就坐在那儿。慢慢地，公共汽车上挤满了人。当公共汽车停下来接更多的白人乘客时，司机转过身来要求 4 名坐着的黑人给白人让座。有 3 个人照做了，而帕克斯拒绝了。

听到帕克斯的反应之后，司机把车停在了路边，叫来了一名警察，警察以违反城市隔离法的罪名逮捕了帕克斯。帕克斯出庭，被法官定罪并处以 14 美元的罚款。帕克斯的故事和对她的判决很快传遍了非裔美国人社区。在还没有手机和推特的年代，活动家们印刷了数千份传单到处分发，号召每一位非裔美国人周一不要乘坐公共汽车，以此表示对判决的抗议。“你可以在学校一整天。如果你工作，请乘坐出租车或是步行。但是，孩子们，大人们，请不要在周一乘坐公共汽车。周一，请远离公共汽车。”

一场社会运动就此展开。蒙哥马利市的非裔美国人成功地在那个周一、周二，以及之后的 382 天抵制了公共汽车！一年后，蒙哥马利市正式结束了公共汽车上的种族隔离。1964 年，美国最高法院宣布，禁止在全国任何地方的公共场所实行种族隔离。

在罗莎·帕克斯被捕的时候，法律将她视为问题。然而在其被捕之后的抵制公共汽车事件发生不久后，这一情况就发生了改变，种族隔离开始被视为问题。

罗莎·帕克斯在其余生成了追求正义的坚定意志的象征。当 2005 年去世时，她被称赞为美国现代公民权利运动之母，包括历任总统在内的国家领导人出席了她的葬礼。她将作为民权运动的领袖被铭记，同时，她也是人民——甚至是个人——改变世界的明证。

三、美国少数族裔的社会地位

- **分析**

美国是一个建立在种族和民族多样性基础上的国家。为了更好地理解当今的种族和民族不平等，了解一些较大少数族裔的历史是很重要的。以下部分简单介绍相关的历史概况。

（一）美洲原住民

美洲原住民（现在很多人更愿意被称为“美洲印第安人”）是第一批从亚洲穿越白令海峡来到北美洲的人的后代。数千年来，他们遍布整个半球，形成了数百个各具特色的社会，包括：阿拉斯加的阿留申人和爱斯基摩人；许多北美印第安人社会，包括切罗基人、祖尼人、苏族和易洛魁人；中美洲的阿兹特克人，以及南美洲的印加人。

1500 年，欧洲探险家和殖民者的到来带来 68
了长达几个世纪的冲突。一些欧洲人所谓的“为新大陆带来文明”，对当地原住民来说是对他们古老而又繁荣的文明的破坏。人数达数百万的当地原住民在欧洲人到来之后不断减少，到 1900 年仅剩 25 万人，被称为“消失的原住民”（Dobyns，1966；Tyler，1973）。

最初，美国政府把原住民群体视为独立国家，试图通过签订条约获得土地。但是很快，美国政府就使用强大的军事力量，来对付任何反抗的人。19 世纪 30 年代，士兵们强行将切罗基人和其他印第安人从美国东南部的家园赶出，数千人在后来被称为泪水之路的漫长流亡路上失去了生命。到 1850 年，东海岸的原住民已所剩无几。

1871 年，美国宣布美洲原住民归联邦政府管辖。从这一点来看，美国政府的目的是同化。这意味着要通过把他们迁移到保留地而使他们被重新塑造为“美国人”，在那里，他们被迫接受基督教取代他们的传统宗教，那里的学校教授孩子英语而非他们的祖先所使用的语言。

自从 1924 年获得完全公民身份以来，许多美洲原住民已被同化，他们会与其他背景的人通婚。然而许多美洲原住民仍然生活在贫困率相当高的保留地。正如表 3-2 所示，美洲原住民仍然处于劣势，他们的收入低于平均水平，贫困率高，大学毕业率低。

在过去的十年里，美洲原住民组织收到了大量的新入会申请，许多孩子在掌握本土语言方面比他们的父母表现得更好（Nagel，1996；Martin，1997）。美洲原住民成功地经营着各种各样的生意，一些部落利用保留地的合法自治权建造赌场。但是这些赌场带来的巨额利润实际上只让很少的一部分当地人富了起来，大多数的利润流向了非原住民的投资者（Raymond，2001；Bartlett & Steele，2002）。总而言之，尽管有一些很成功，但是大多数美洲原住民仍然处于严重的弱势地位，他们对于历史上来自白人的不公正对待有着深刻的感受。

（二）非裔美国人

非裔美国人的祖先是和第一批欧洲探险家一起到达美洲的。然而，当 1619 年一艘荷兰商船将 20 名非洲人送至弗吉尼亚州的詹姆斯敦为白人工作后，黑皮肤开始被视为从属地位的标志。1661 年，弗吉尼亚州颁布了第一部奴隶法。到 1776 年，也就是美国宣布从大不列颠独立的那一年，奴隶制在每个州都是合法的，非裔美国人在南方和北方都以奴隶的身份被奴役。

南方对奴隶的需求尤其高，因为南方的种植园需要大量的劳动力在棉花和烟草田地里耕作。为了满足这种对劳动力的需求，奴隶贩子（包括阿拉伯人、非洲人、欧洲人和北美人）用锁链把非洲人锁起来，在极为可怕的条件下横跨大西洋，在当时，这种运输是合法的。在 1808 年美国正式宣布奴隶贸易非法之前，50 万非洲人被以这种方式带到美国，将近 1 000 万非洲人以这种方式来到了美洲，包括南部和北部。请记住，这一总数仅仅代表了一半的非洲人——另一半人命丧于这残酷的路途中（Tannenbaum，1946；Franklin，1967；Sowell，1981）。

依据当时的法律和社会规范，奴隶主们可以 69
根据自己的意愿随意支配奴隶。对奴隶主来说，奴隶们既没有任何法律权利，也没有上学的机会。奴隶主们通常为了利润将男人、女人和孩子分开买卖，致使许多家庭支离破碎。

并非所有生活在美国的非洲后裔都是奴隶，大约有 100 万有色人种的自由民居住在北方和南方。他们中的大多数通过耕种小块土地、在城市里从事技术类工作，或者是经营商店和小生意谋生。

在一个通过《独立宣言》宣称“人人生而平等”“每个人都有权享有生命、自由和追求幸福”的国度，怎么会存在奴隶制呢？这个矛盾太明显了，必须解决。但美国社会并没有选择使所有人都获得真正的自由，而是选择认定非裔美国人并不属于人类。在 1857 年的德雷德·斯科特案中，美国最高法院正式支持了这样一种普遍的看法，即奴隶不属于公民，不享有美国法律所赋予的权利和保护（Lach，2002）。

在美国北方各州，工业的扩张使得奴隶制带来的经济价值越来越低，因此奴隶制逐渐式微；而在美国南方，农业经济依赖人力劳动，直到内战才使得奴隶制得以终结。1863 年 1 月 1 日，随着枪炮的轰鸣，亚伯拉罕·林肯总统颁布了《解放宣言》，宣布脱离南方联邦的地区废除奴隶制。在 1865 年战争结束时，国会通过宪法第十三条修正案，在全美各地禁止奴隶制。1868 年，宪法第十四条修正案推翻了德雷德·斯科特案的裁定，赋予所有在美国出生的人平等的公民权，

表 3-2　美洲原住民的社会地位（2010 年）

	家庭收入中位数	贫困人口比例	接受 4 年或以上大学教育的比例（25 岁及以上）
美国总人口	$60 395	15.1%	30.4%
美洲原住民	$39 664	23.7%	13.4%

资料来源：U.S. Census Bureau（2011）.

不论其是何种族。

但是，奴隶制的废除并不意味着种族歧视的终结。一些州马上颁布了所谓的“吉姆·克劳法”，禁止黑人投票和加入陪审团，并呼吁在火车、餐馆、酒店和其他公共场所实行隔离（Woodward，1974）。

第一次世界大战以后，国会关闭边境，限制移民进入，繁荣的工厂对劳动力的需求引发了“大迁移”，成千上万的有色人种从南方农村迁移至北方的工业化城市。这是非裔美国人取得巨大成就的时期，例如，哈莱姆文艺复兴（以纽约市非裔美国人聚居社区哈莱姆为中心）产生了诸如兰斯顿·休斯（Langston Hughes）这样的作家，艾灵顿公爵（Duke Ellington）和路易斯·阿姆斯特朗（Louis Armstrong）这样的音乐家。即便如此，在美国大多数的社区、学校和工作场所，种族隔离仍然是一种生活方式。

但是改变即将到来。1848 年，杜鲁门总统宣布结束美国军队的种族隔离。黑人法律学者，包括后来在美国最高法院任职 30 年的瑟古德·马歇尔（Thurgood Marshall，1908—1993），发起了对校园隔离的攻击，引发了 1954 年的*布朗诉托皮卡教育局案*（Brown v. Board of Education of Topeka）（堪萨斯州）。在这个具有里程碑意义的裁决中，最高法院驳回了在学校里所谓“隔离但平等”的教育黑人和白人孩子的做法。

一年以后，罗莎·帕克斯的英勇行为引发了亚拉巴马州蒙哥马利市的公共汽车抵制运动，公共交通工具上的隔离被废止。在接下来的十年里，联邦政府通过了《1964 年民权法案》（禁止就业和公共设施领域的隔离）、《1965 年投票权法案》（取缔阻止非裔美国人发出政治呼声的投票权附加条件），以及《1968 年民权法案》（取消住房方面的歧视与隔离）。这些法律终结了公众生活中的大多数法律歧视。

但是非裔美国人的抗争还远未结束，他们想要在美国社会获得充分的参与权利。非洲人后裔仍然处于劣势，表 3-3 所示数据支持了这一事实。非裔美国人家庭的收入仍然低于平均水平，贫困人口比例几乎是白人的 3 倍。尽管目前 85% 的非裔美国人完成了高中学业，但是大学毕业率远低于全美平均水平。

表 3-3　非裔美国人的社会地位（2010 年）

	家庭收入中位数	贫困人口比例	接受 4 年或以上大学教育的比例（25 岁及以上）
美国总人口	\$60 395	15.1%	30.4%
非裔美国人	\$38 500	27.4%	19.9%

资料来源：U.S. Census Bureau（2011）.

到 2010 年，40% 的非裔美国人家庭年收入超过 4.8 万美元，但大多数非裔美国人家庭仍然属于工人阶层，大约有 1/4 生活在贫困线以下。平均而言，非裔美国人家庭的收入是白人家庭的 56%，这一差距在最近几年有所增加。非裔美国人遭遇持续性经济困境的一个原因是他们的收入来源主要是城市中的工厂，而这些工厂已被从美国迁至劳动力成本更低的国家。工作机会的丧失解释了为什么黑人的失业率是白人的 2 倍，在许多城市的非裔美国青少年中，失业率超过了 40%（W.J.Wilson，1996a；R.A.Smith，2002；U.S. Census Bureau，2011；U.S. Department of Labor，2012）。 70

（三）亚裔美国人

亚裔美国人包括有历史联系的几十个亚洲民族。人数最多的来自中国（350 万）、印度（280 万）、菲律宾（250 万）、越南（160 万）、韩国（150 万）和日本（77.5 万）。亚裔美国人总数已经超过 1 500 万，约占美国总人口的 4.9%。随着拉美裔美国人口的增长，亚裔美国人的增长速度比其他任何少数族裔都要快——每个族群在 2000—2010 年都增长了 43%（U.S. Census Bureau，2011）。

来自中国和日本的移民潮始于 1849 年，当时加利福尼亚州的“淘金热”需要大量劳工。中国人回应了这一需求，在一代人中就有 10 万人来到北美，劳工中还有一小部分日本移民。白人欢迎任何廉价劳动力。

但是随着经济放缓，白人开始视亚裔移民为经济威胁，并很快给他们贴上“黄祸”的标签。在压力之下，立法机关和法院禁止亚裔从事某类工作。1882 年，联邦政府更进一步通过了《排华法案》，禁止来自中国的新移民。1908 年，一项针对日本人的类似法案被颁布。这些法律导致在美国的亚裔人口数量减少，因为大多数已经在美国的亚裔是男性，而种族敌意阻止了他们和非亚裔女性通婚。这些社会规范很快被赋予法律地位，从 1920 年开始，加利福尼亚州和其他州通过了禁止跨种族婚姻的法案。

许多亚裔定居在可以互相帮助的城市社区，唐人街很快在旧金山、纽约和其他大城市蓬勃发展起来，许多人在华人经营的餐馆、洗衣店和其他小生意里谋生。个体经营不仅在华人群体中很普遍，在所有难以找到好工作的少数族裔群体中都很普遍。

第二次世界大战给日裔美国人和华裔美国人带来了巨大的变化。太平洋战争始于日本偷袭美军夏威夷珍珠港海军基地，这次军事打击震惊了美国，许多人想知道日裔美国人会支持哪一方。日裔美国人始终忠于美国。但是基于对日本工业和军事实力的恐惧，加上种族敌意，罗斯福总统被迫颁布了 9066 号总统令，将所有有日本血统的人强行转移到远离海岸的偏远地区的军营。这一行政命令迫使十多万日裔美国人贱卖了自己的生意、住宅和农场。他们被带到军营，在武装士兵的监视下生活，直至 1944 年最高法院宣布这一迁移政策违宪。1988 年，国会承认这一行动是错误的，并象征性地补偿给了每一个集中营幸存者 2 万美元（Ewers，2008）。

由于中国和美国共同对抗日本，1943 年联邦政府结束了对中国移民的禁令，并给予了在美国之外出生的华裔美国人公民权。在第二次世界大战后的 1952 年，同样的政策拓展至在美国之外出生的日裔美国人。

在第二次世界大战后，许多华裔和日裔年轻人进入大学，他们认为多接受教育是成功的关键。到 20 世纪 80 年代，根植于文化中的对学习和努力工作的重视，使得亚裔美国人被称为“模范少数族裔”。

“模范少数族裔”这一称谓有些道理。正如表 3-4 所示，所有亚裔美国人的收入和受教育程度都高于平均水平，贫困人口比例接近或低于全美平均水平。但这种刻板印象也是误导，因为很多亚裔家庭在低收入的工作岗位上从事着长时间的繁重工作。此外，虽然大城市里的唐人街和小东京会为他们提供社会支持，但这同时也使得他们因囿于母语而丧失就业机会（Kinkead，1992；Gilbertson & Gurak，1993）。

如今，每年有大约 41% 的美国移民来自亚 *71*
洲。许多亚裔美国人，尤其是那些社会地位较高的亚裔美国人，已经广泛融入了美国的多元文化。比如，第三代和第四代的日裔美国人已经鲜有人居住在隔离社区了，具有日本血统的人和具有其他种族和民族背景的人通婚也很普遍。

但是，许多韩裔美国人却在效仿一个世纪以前的移民聚集而居，这在一定程度上是为了保护自己免受种族和民族歧视。虽然亚裔美国人的境遇比其他少数族裔稍好一些，但是针对亚裔美国人的偏见仍然非常强烈（Chua-Eoan，2000；Parrillo，2003）。许多亚裔美国人仍然处于社会边缘，与白人就像生活在两个完全不同的平行世界。

（四）拉美裔美国人

拉美裔美国人，也被称为拉丁裔美国人，是

表 3-4　亚裔美国人的社会地位（2010 年）

	家庭收入中位数	贫困人口比例	接受 4 年或以上大学教育的比例（25 岁及以上）
美国总人口	\$60 395	15.1%	30.4%
所有亚裔美国人	\$75 486	12.1%	50.3%
华裔美国人	\$77 926	13.9%	51.8%
日裔美国人	\$85 894	8.0%	47.4%
韩裔美国人	\$61 683	15.8%	52.9%
印度裔美国人	\$100 520	8.5%	70.8%

资料来源：U.S. Census Bureau（2011）.

指文化根源于中美洲、南美洲、加勒比海地区和西班牙等地的人们，因此，拉美裔文化有很多类型。2010 年美国人口普查局的表格显示，几乎任何种族的人都可以认定自己是拉美后裔。以种族而言，大约有一半的拉美裔美国人认为自己是白人，6% 的拉美裔美国人认为自己是多种族混血，4% 的拉美裔美国人认为自己是黑人，其他的拉美裔美国人多认为自己是墨西哥裔、波多黎各人或是其他国家的后裔（U.S. Census Bureau，2011）。

2010 年，在美国的拉美裔美国人的官方数据为 5 080 万，占美国总人口的 16.4%，是美国最大的少数族裔（超过了 4 030 万、占美国总人口 13% 的非裔美国人）。

许多拉美裔美国人居住在西南部，因为其中大约有 2/3（3 300 万）来自墨西哥，其次来自波多黎各（470 万）和古巴（190 万），来自其他国家的人数较少。总而言之，拉美裔美国人数量如此之巨，以至于西班牙语已经成为美国的非官方第二语言，他们为美国文化做出了巨大贡献。

许多墨西哥裔美国人在墨西哥战争（1846—1848）之后的几个世纪里，一直生活在美国宣称对其拥有主权的土地上，即现在的得克萨斯州、新墨西哥州、亚利桑那州、内华达州、犹他州、加利福尼亚州和科罗拉多州。这里还生活着一些为美国的高工资和更多的经济机会所吸引的新移民。

波多黎各被西班牙控制了大约 300 年，在 1898 年美西战争结束之后成为美国领土。自 1917 年以来，所有岛上的居民都是美国公民，尽管波多黎各是一个自由联邦而非一个州。除了波多黎各本岛之外，最大的波多黎各社区是纽约的西班牙哈姆莱区。自 1990 年起，随着大量人口迁至郊外和重返波多黎各，纽约的波多黎各人从 90 万减少至 2010 年的 70 万左右（Mazán，Torres，& Luecke，2008；U.S. Census Bureau，2011）。

1959 年菲德尔·卡斯特罗（Fidel Castro）当政之后，许多古巴人逃往美国，几十万男男女女中包括许多富裕的商人和专业人士。他们中的大多数定居在佛罗里达州的迈阿密，在那里他们建立了一个充满活力的古巴裔美国人社区。

表 3-5 显示，拉美裔美国人的社会地位低于 72
美国的平均水平，但是，不同类别的拉美裔美国人差异很大。最有优势的是古巴裔美国人，他们的收入和受教育程度更高；波多黎各人的收入居于中位，虽然最近的移民高中毕业率很低；墨西哥裔美国人相对来说处于低位，他们的家庭收入中位数略低于全美平均水平的 2/3。使墨西哥裔美国人处于这种劣势的原因之一是，他们中的许多人仍然只会说西班牙语，而不会使用英语，这一情况限制了他们的就业机会。

如今，虽然超过 1/3 的拉美裔美国人家庭的

表 3-5　拉美裔美国人的社会地位（2010 年）

	家庭收入中位数	贫困人口比例	接受 4 年或以上大学教育的比例（25 岁及以上）
美国总人口	$60 395	15.1%	30.4%
所有拉美裔美国人	$39 538	26.6%	14.1%
墨西哥裔美国人	$39 264	26.6%	9.4%
波多黎各人	$41 188	26.7%	16.2%
古巴裔美国人	$47 929	17.5%	23.4%

资料来源：U.S. Census Bureau（2011）.

美国之窗　拉美裔美国人、非裔美国人、亚裔美国人和阿拉伯裔美国人的聚集度

2010 年，拉美裔美国人占美国总人口的 16.4%，非裔美国人占 13%，亚裔美国人占 4.9%，阿拉伯裔美国人占 0.5%。在美国南部聚居的少数族裔远多于北部。但是这四类人群是聚居在相同的地区吗？

资料来源：U.S. Census Bureau（2010）.

年收入超过4.8万美元，但是他们依然面临很多挑战，包括教育问题，许多学校在教育母语为西班牙语的学生时表现并不好。第13章（“教育”）提到，16～24岁的拉美裔美国人中有18%没有获得高中文凭就辍学了。此外，文化差异——在某些情况下是肤色——仍然会引发敌意。

总的来说，拉美裔美国人是当前美国人口中最大的一个族群，是美国社会的重要组成部分。有超过2 000万拉美裔美国人有2012年大选的投票权（自2008年以来增加了200万），他们持续吸引着各政党领导人的注意。

73 （五）阿拉伯裔美国人

阿拉伯裔美国人是另一个规模不断壮大的少数族裔。与亚裔美国人和拉美裔美国人一样，他们的祖先也可以追溯到北非和中东的许多其他国家。然而需要记住的是，生活在被认为是阿拉伯世界的22个国家中的一些人并不是阿拉伯人。比如，非洲西北部的摩洛哥是柏柏尔人的家乡，正如中东的伊拉克是库尔德人的家乡。

虽然阿拉伯文化各具特色，但是都使用阿拉伯数字和语言，伊斯兰教是其占主导地位的宗教。再次强调，“阿拉伯”这个词指的是一个种族类别，而“穆斯林”这个词指的是伊斯兰教的追随者。生活在阿拉伯国家的大多数人是穆斯林，但也有一些人信奉基督教或其他宗教。更为复杂的是，世界上大多数穆斯林事实上生活在亚洲，而不是非洲或中东，并且他们不是阿拉伯人。

阿拉伯裔美国人在文化上是多元的。有一些阿拉伯裔美国人是穆斯林，有一些不是；有一些固守着家乡的传统，有一些则不然。与拉美裔和亚裔美国人一样，阿拉伯裔美国人有一些是新移民，有一些则已在美国生活了几十年甚至几代人。

据官方统计数据，美国有170万阿拉伯裔美国人，但由于许多人可能选择不透露自己的种族背景，因此实际数字可能是官方数字的两倍。如果是这样的话，阿拉伯裔美国人占到了美国总人口的1%。阿拉伯裔美国人中大多数祖籍黎巴嫩（占阿拉伯裔美国人的30%）、埃及（11%）和叙利亚（9%）。大多数阿拉伯裔美国人（67%）称自己来自一个民族国家，但是另外33%的阿拉伯裔美国人同时拥有阿拉伯和非阿拉伯血统（U.S. Census Bureau，2011）。

阿拉伯裔美国人所处的社会阶层各不相同。有一些是受过高等教育的专业人员，从事医师、工程师、教授等工作；也有一些是工人阶层，在工厂或建筑工地从事各种技术类工作；还有一些在餐馆、医院或其他地方从事服务类工作，或是在小型家族企业工作。如表3-6所示，虽然阿拉伯裔美国人家庭收入的中位数略高于全美平均水平（2010年的全美平均水平是60 395美元，阿拉伯裔美国家庭收入中位数是61 579美元），但是阿拉伯裔美国人有着高于全美平均水平的贫困率也是事实。阿拉伯裔美国人的受教育程度较高，25岁以上的人口中有约46%有大学学位，而在总人口中这个比例为约30%（U.S. Census Bureau，2011）。

美国的许多大城市，诸如纽约、芝加哥、洛杉矶、休斯敦和迪尔伯恩（密歇根州），有着庞大的阿拉伯裔美国人社区。即便如此，许多阿拉伯裔美国人还是选择淡化自己的种族，以此作为避免偏见和歧视的一种策略。许多针对美国和其他国家的恐怖袭击由阿拉伯人所为，这使得一些人将阿拉伯人与恐怖分子联系起来。这种态度是不公平的，因为它把少数人的个人行为归咎于一整类人。从2001年开始，阿拉伯裔美国人一直是大量仇恨犯罪的目标，他们中的许多人认为自己“被种族定性”，隐私和公民权利受到了威胁（Ali & Juarez，2003；Ali，Lipper，& Mack，2004；Hagopian，2004）。

表3-6　阿拉伯裔美国人的社会地位（2010年）

	家庭收入中位数	贫困人口比例	接受4年或以上大学教育的比例（25岁及以上）
美国总人口	\$60 395	15.1%	30.4%
阿拉伯裔美国人	\$61 579	19.6%	45.7%

资料来源：U.S. Census Bureau（2011）.

多样性：种族、阶级和性别

对种族和智力的态度 74

几乎每一年，国家研究项目“综合社会调查”（General Social Survey）中都会有这样一个部分，研究者在美国成年人中选取样本，要求其根据总体智力对种族和民族进行排名。研究者要求调查对象使用从 1（智力极低）到 7（智力极高）的量表进行打分。图 3-1 显示了每一类人群所得的平均分数。

显然，美国公众认为有一些种族和民族确实比其他种族和民族更加聪明。白人作为大多数，对自己智力的打分很高。然而请注意，在历史上受教育程度相较其他地区低的南方白人得到的分数较低。一个普遍的看法是，大多数少数族裔不那么聪明。犹太人是个例外，他们中的大多数是非南方的白人，并且受教育程度高于平均水平。亚裔美国人的排名也稍高于白人。调查数据显示，非裔美国人和拉美裔美国人的排名都比较靠后。

我们应该如何看待这些调查结果？几乎所有的科学家都同意，确实有一些个体比其他个体要聪明。但也有少数研究者认为，有一些种群先天就比较聪明。比如，理查德·赫恩施泰因和查尔斯·默里在回顾了关于智力的研究之后指出，白人（欧洲血统）的平均智商约为 100，东亚血统的人的平均智商为 103，非洲血统的人的平均智商为 90。

大多数社会科学家认为，像这样的测量差异是环境和文化因素的结果，而不是天生的。比如，托马斯·索维尔（Thomas Sowell）发现，20 世纪初来自波兰、立陶宛、意大利、希腊、中国和日本的移民在智力测试中的得分比美国人的平均分数低 10 ～ 15 分；如今，这些族群的智力测试分数都达到了平均分数甚至比平均分数更高。在意大利裔美国人中，平均智力测试得分在 50 年内上升了 10 分；在波兰裔和华裔美国人中，此分数上升了将近 20 分。

索维尔在非裔美国人中发现了类似模式。在智力测试中，居住在北方的黑人比居住在南方的黑人得分高出 10 分左右，这是生物学无法解释的差异。类似地，在 1940 年后从南方迁移到北方的非裔美国人在智力测试中表现得更好。

索维尔的结论是，文化模式是导致不同族群智力差异的主要原因。亚洲人在智力测试中得分较高，不是因为他们更聪明，而是因为他们的文化重视学习，鼓励卓越；非裔美国人得分较低，是因为受困于劣势地位，这削弱了他们的自信，阻碍其获得成功。

你怎么看？

1. 为什么美国成年人对不同种族和民族的智力有不同的评分？
2. 你认为所谓的“智商”是真实的吗？它是可以被公平合理地测量的吗？
3. 为什么智力测试很重要？你认为智力测试会助长不公平的偏见吗？为什么会？为什么不会？

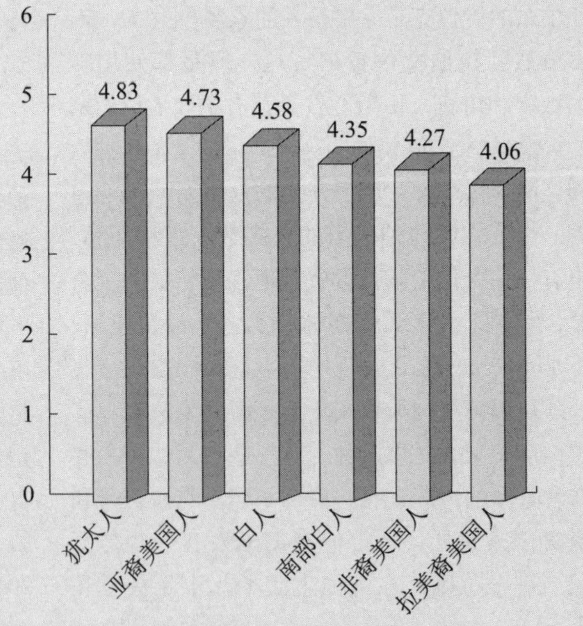

图 3-1 美国成年人是如何将智力同种族和民族联系起来的

资料来源：NORC（2011）.

四、偏见

- **运用**

正如前面的历史资料所示，所有的少数族裔都面临着**偏见**（prejudice）的问题，即*任何对整个族群僵化的、毫无根据的概括*。偏见是一种预先判定，是在和特定的人交往之前就已经形成的态度。由于这种态度不源自直接的经验，因此，偏见不仅是错误的，而且很难改变。

偏见既有积极的一面，也有消极的一面。积极的偏见使我们认定一些人（通常是和我们相似的人）更加优秀或聪明，消极的偏见则使我们认定跟我们不同的人不值得尊敬。无论是积极的还是消极的偏见，通常都涉及社会阶层、性别、宗教、年龄、性取向或政治取向。但是，可能没有一个维度能像种族和民族一样包含如此之多的偏见。第 68 页的“多样性：种族、阶级和性别”栏目使用国家调查数据揭示了人们对不同种族和民族人群的偏见。

（一）刻板印象

与偏见密切相关的一个概念是**刻板印象**（stereotype），即*针对某类族群中的每一个个体的夸张描述*。“stereo”这个词来源于希腊语，意为“坚固的”或是“牢固的”，表示一种通常和事实不相符合的严格的信念。对几乎每一个种族或民族，美国文化都包含刻板印象，通常是用负面词语去描述某一族群。“各付己账”（似乎荷兰人请客都要客人付钱一般）、“法国式接吻”、“俄罗斯轮盘”和“被骗”（意指吉卜赛人），这些词语传达了怎样的刻板印象？

75 对这个世界我们都有着自己的看法，以不同的方式把人们分为“好的”或“坏的”。依据实际经验对人进行分类概括是很合理的。但是种族或民族刻板印象更多是一个问题，因为它假定某一个类别的所有人都具有某种特质，就像一个白人认为所有的非裔美国人都不愿意工作，或是某有色人种认为每一个白人都对黑人怀有敌意。根据真实的个人经历形成某种对他人的评价是一回事，但是当我们直接把某个人放入一个类别，而无视其作为个体的特点时，刻板印象就会使人失去人性。

（二）种族主义

种族主义（racism）——*一种认为某个种族的所有人都不如其他种族的人有价值，甚至在生理上次于其他种族的人的断言*——是偏见中最严重的一个例子。在人类历史的发展过程中，世界各地的人都认为自己比那些被他们认为不如自己的人更加优越。

为什么种族主义如此普遍？因为声称一些人在生理上是低劣的，尽管这是完全错误的，但可以被用来证明他们在社会上也应是低人一等的。比如，欧洲人利用种族主义来支持他们对拉丁美洲、亚洲和非洲等地的野蛮殖民掠夺。当欧洲人谈及“白人的负担”时，他们声称自己更加优越，有义务帮助那些“低等”生物变得更像他们。

即使是在今天，美国仍有数百个仇恨团体继续声称少数族裔是劣等的。此外，在日常生活中，种族主义也以微妙的形式继续存在。

（三）测量偏见：社会距离量表

偏见形塑了我们的社会生活，它使我们更愿意亲近某些人和远离某些人。20 世纪早期，埃默里·鲍茄德斯（Emory Bogardus，1925）创制了*社会距离量表*（social distance scale），用以衡量美国高校学生中存在的偏见。鲍茄德斯询问学生们，他们愿意与所列出的 30 个种族和民族的人进行何种程度的互动。图 3-2 显示了鲍茄德斯所使用的 7 分量表。在一种极端情况下，当人们说某些族群应被禁止入境时（7 分），表现出了非常大的社会距离（高负面偏见）；在另一种极端情况下（极少或者没有负面偏见），人们表示会接受某些族群通过通婚成为家庭成员（1 分）（Bogardus，1925，1967；Owen，Elsner，& McFaul，1977）。

几十年前，鲍茄德斯发现，一方面，无论是什么种族和民族的学生，都对拉美裔、非裔、亚裔和土耳其裔美国人抱有偏见；他们愿意接受这些人成为同事，但不是邻居、朋友或家人。另一方面，他们更愿意接受英裔、苏格兰裔和加拿大裔，愿意接受他们通过通婚而成为家庭成员。

最近，文森特·帕瑞罗和克里斯托弗·多诺霍（Vincent Parrillo & Christopher Donoghue，2005）重复了社会距离研究，观察当今的学生对少数族裔的感受。（帕瑞罗和多诺霍舍弃了鲍茄德斯原始分类中的 7 类，包括亚美尼亚裔、捷克裔、芬兰裔、挪威裔、苏格兰裔、瑞典裔和土耳其裔，因为这些已不是主要少数族裔；他们增加了 9 个新类别，包括非裔、阿拉伯裔、古巴裔、多米尼加裔、海地裔、牙买加裔、穆斯林、波多黎各人和越南裔。这一变化可能使社会距离得分的差异更加明显。）他们有以下三个重要发现：

（1）现在的学生对所有少数族裔的接受度更高。从图 3-2 可以看出，1925 年和 1946 年社会距离量表的平均数（均值）为 2.14，1956 年降至 2.08，1966 年为 1.92，1977 年为 1.93，2001 年仅为 1.44。在最近的一项研究中，学生（其中 81% 为白人）对非裔美国人表现出了更高的接受度：这一族群的得分在 1925 年接近垫底，而在 2001 年则接近榜首。

（2）现在的学生认为不同少数族裔间的差异不大。在早期的研究中，学生们对一些族群表现出了较高的接受度（1 ～ 2 分），而对另一些族群的接受度不高（4 ～ 5 分）。在 2001 年的研究中，没有任何一个少数族裔的分数超过 1.94。

（3）2001 年的恐怖袭击可能增加了对阿拉伯裔的偏见。一项研究是在 2001 年“9·11”恐怖袭击之后的几周进行的。也许 19 名袭击者是阿拉伯裔这一事实，有助于解释为什么学生们对这些族群表达了最大的社会距离。即便如此，研究中没有一个学生说应当把阿拉伯裔拒于国门之外。而且，即使是现在的学生所给出的最具偏见的分数（阿拉伯裔的评价分数为 1.94），也比

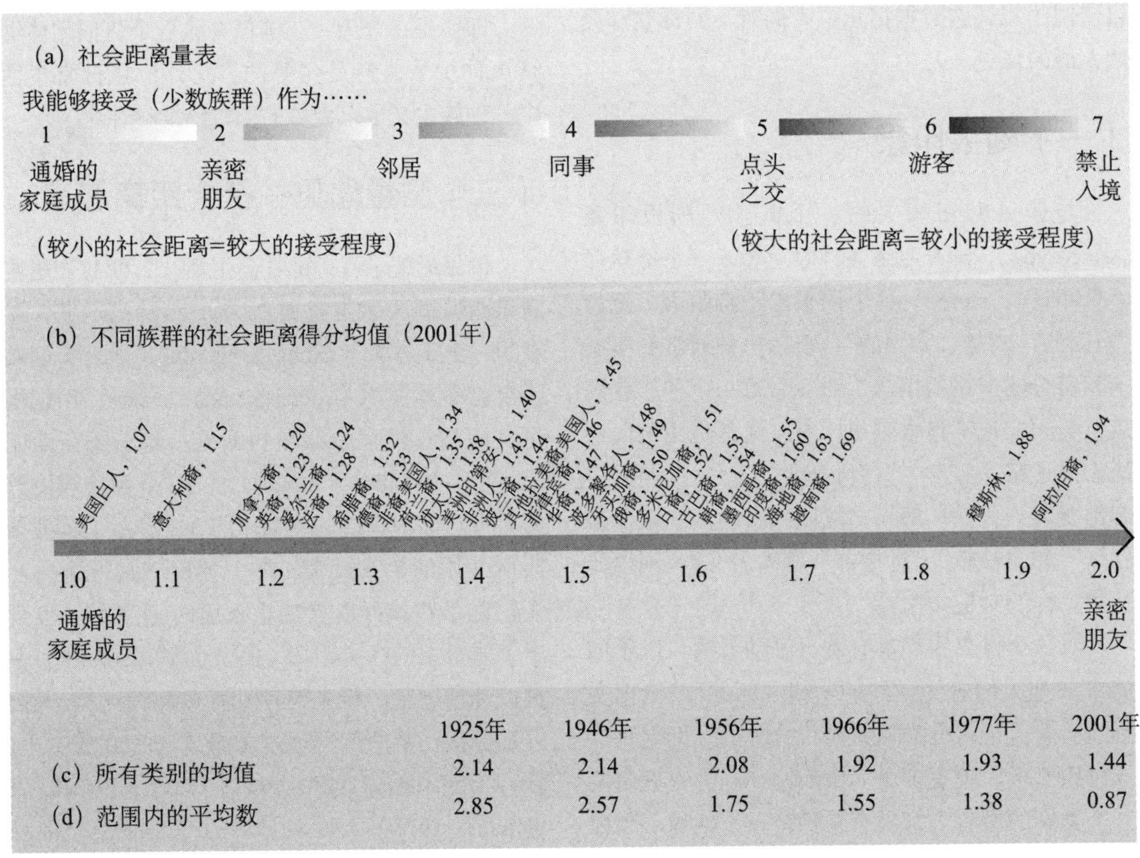

	1925年	1946年	1956年	1966年	1977年	2001年
(c) 所有类别的均值	2.14	2.14	2.08	1.92	1.93	1.44
(d) 范围内的平均数	2.85	2.57	1.75	1.55	1.38	0.87

图 3-2　鲍茄德斯社会距离量表

注：通过这种 7 分量表，鲍茄德斯他们证明了，人们确实对某些族群更加亲近。从这项研究刚刚开展的 1925 年到 2001 年间，平均社会距离从 2.14 降至 1.44，表明了大众对多样性宽容程度的提升。

资源来源：Parrillo & Donoghue（2005）.

1977年时学生对30个少数族裔中的18个表现得更加宽容。

（四）制度性种族主义：种族定性案例

以上研究属于个人态度层面的偏见，但是如果这些态度是普遍的，那么我们应该预期偏见是更加结构性的，也就是说偏见内含在社会本身的运作当中。这一观点是斯托克利·卡迈克尔和查尔斯·汉密尔顿（Stokely Carmichael & Charles Hamilton，1967）研究的基础，他们对**制度性种族主义**（institutional racism）做了如下界定：*在经济、学校、医院、军队和刑事司法系统等社会制度运作中起作用的种族主义*。每当种族引发任何社会制度对某一少数族裔产生不利影响时，制度性种族主义就在发挥作用。

76 种族定性——在这种情况下，警察或其他权力机构认定种族或民族本身就是可能有罪的标志——说明了制度性种族主义的运作。这不是某个警察认为诸如非裔美国人都是潜在的罪犯这样简单的偏见问题；制度性偏见是指当这种态度是警察部门的文化或政策的一部分时，警察通常会假定引起他们注意的黑人很可能在从事不法行为。如果警察普遍认定黑人比白人更具威胁，那么他们在遇到黑人的时候就更有可能快速掏出武器，这可能会引发悲剧。近年来，一些既没有携带武器，也没有任何犯罪行为的黑人被警察击毙，警方的行为很可能至少有一部分基于肤色。

挑战任何制度性种族主义都是很困难的。警察部门是社会权力机构的一部分，是为公共利益服务的。当制度性种族主义涉及一个权力很大的组织时，想要变革是很难的。

（五）偏见的原因

到底是什么导致了偏见的产生？研究者们指出了两个关键因素：个体的个性和社会结构本身。

1. 个性因素

T. W. 阿多诺（T. W. Adorno）和他的同事（1950）声称，具有*威权人格*（authoritarian personality）的人有着更强的偏见。这类人通常有很多敌意，严格遵守传统规范，把世界划分成“对的”和“错的”、“我们的”和“他们的”。是什么创造了这样一种人格？阿多诺认为是冷酷而苛刻的父母，这样的父母会让孩子充满不安和愤怒，尤其是当孩子们缺乏教育时。这样的孩子很少宽容别人，而且很容易直接向与自己不同的人发泄怒火。

2. 社会因素

偏见也来自社会结构本身。比如，*代罪羔羊理论*（scapegoat theory）认为，偏见来自那些对自己的生活失去控制的受挫人群（Dollard et al., 1939）。以得克萨斯州西南部的白人工薪阶层为例，他们可能因为自己的经济安全缺乏保障而感到焦虑和愤怒，但是他们会把这种愤怒发泄到哪里呢？他们可能会责怪他们的政治领袖、掌管他们社区的人，但是公开反对有权势的人是危险的。一个比较安全的目标是来自墨西哥的贫穷的非法移民，这些移民愿意从事任何工作，拿到的工资也比联邦最低工资还要低。代罪羔羊理论认为，人们会把敌意指向安全的、不那么强大的目标，比如非法移民或少数族裔。因为许多在社会上处于权力边缘的人是少数族裔，所以他们往往会沦为代罪羔羊，为那些并非由他们造成的麻烦承担责任。

文化理论（cultural theory）认为偏见是我们 77
的文化中固有的东西。这方面的一个例子是使用埃默里·鲍茄德斯的社会距离量表进行的相关研究，正如前文提到的。鲍茄德斯表明，我们中的大多数人有同样的偏见，偏爱一些类型的人而回避另一些类型的人。这些态度如此普遍的事实表明，与其说偏见是一种越轨个体的特征，不如说它是我们文化系统的一个常规组成部分。

（六）多元文化主义

有什么办法可以解决在我们的文化中根深蒂固的偏见吗？一个改变策略是**多元文化主义**（multiculturalism），指*承认美国的文化多样性并促进尊重所有文化传统的教育项目*。

多元文化主义者认为，首先，美国社会一直在淡化其文化多样性。学校教育一代又一代的孩子们，美国是一个文化“大熔炉”，这个熔炉将人类多样性融合在一起，形成了一种被称为“美国”的单一文化。然而，多元文化主义者指出，多样文化的“融合”程度比大多数人想象的要低。更准确地说，种族和民族已经形成了一种等级制度。在上层，欧洲人（尤其是英国人）代表着优秀的文化模式，他们见多识广、衣冠楚楚、举止得体。从这个角度来看，我们所说的同化，实际上是一个英国化的过程，移民试图表现得更像是享有特权的白人盎格鲁–萨克逊新教徒（white Anglo-Saxon Protestants，WASPs）。

此外，美国的制度，包括学校、法律和经济，以及占主导地位的宗教和家庭形式，都是按照西欧模式建立的。多元文化主义者将这种偏见称为**欧洲中心主义**（Eurocentrism），即*使用欧洲（尤其是英国）的文化标准来评价每个人的做法*。对于多元文化主义者来说，美国文化本身就是对这个国家里不同于主流模式的那些人的带有偏见的表达。多元文化主义要求我们重新思考我们的国家遗产，承认我们的成就不仅来自文化精英，也来自每一个种族和民族的人民。

尽管多元文化主义得到了强大的支持（尤其是在自由派中），因为它让少数族裔获得了更多的关注和权利，但也有些人（尤其是保守派）宣称这种做法淡化了我们的共同之处，从而分化了社会。在所有的美国货币上出现的拉丁短语“*E pluribus unum*”的字面意思为“合众为一”。因此，关于多元文化主义的争论实际上是关于我们应该在多大程度上强调国家认同，以及应该在多大程度上强调差异的争论。

五、歧视

- **运用**

歧视（discrimination）是一种区别对待，包括*对各种人的不平等待遇*。偏见是态度问题，而区别对待是行为问题。和偏见一样，区别对待既有可能是积极的，也有可能是消极的。当我们挑出那些工作特别优秀的人，或者当我们给家人或朋友提供特别帮助的时候，这是一种积极的区别对待；而当我们贬低他人，或者因为种族和民族而避开一整类人的时候，这是一种消极的区别对待，也就是歧视。

虽然很少会有人反对雇主雇用学历更高的（而不是学历低的）求职者，但是，如果雇主偏爱某一类人（比如基督徒）超过另一类人（比如犹太人），那么该怎么办呢？除非一个人的宗教信仰和工作有直接关系（比如一个教堂要雇用牧师），否则排除某一族群是完全错误的歧视，也违反了法律。

（一）制度性歧视

在存在偏见的情况下，一些歧视涉及个人的行为。比如，餐馆老板可能会拒绝招待黑皮肤的学生。几乎所有的人都会谴责这种歧视，在诸如餐馆等公共场合，这种行为是违法的。

制度性歧视（institutional discrimination）是指*内含在社会制度（包括经济制度、教育制度和法律制度）运作中的歧视*。制度性歧视的一个广为人知的例子是美国历史上对黑人儿童和白人儿童的区别对待，他们被安排在不同的学校。如前所述，直到1954年具有里程碑意义的布朗诉托皮卡教育局案，才成功推翻了“隔离但平等”的法案。但是这并不代表着这个国家种族隔离的终结：在布朗诉托皮卡教育局案之后的半个多世纪后，大多数孩子仍然坐在周围都是同一种族同学的教室里学习（Kozol，2005）。

（二）偏见与歧视：恶性循环 78

偏见与歧视互相加强，随着时间的推移维持着社会不平等。让我们从偏见如何导致歧视开始：如果有偏见的白人警察认定大多数非裔美国人是罪犯，他们就很可能会进行种族定性，拦截大量的黑人驾车者，并较迅速地在街上逮捕黑人公民。这种歧视，尤其是当其广泛传播或是制度化之后，会对非裔美国人过度定罪，使他们丧失工作机会，并增加他们在贫困、毒品和犯罪泛滥的社区生活的可能性。当人们看到少数族裔处于这样一种状况时，这种歧视又会引发新一轮的偏见。就这样，一圈又一圈的恶性循环伤害着少数族裔。

（三）平权法案：逆转歧视还是治愈偏见？

一种目的在于打破偏见和歧视的恶性循环的策略即**平权法案**（affirmative action），*指旨在提升过去受到偏见和歧视的少数族裔的社会地位的相关政策*。平权法案政策随时间而变化，而且会随着继续回应法院裁决而改变。

第二次世界大战之后，联邦政府通过了《退伍军人权利法案》，资助退伍军人接受教育，那些从未有机会进入大学的少数族裔因此能够入学接受教育。到 1960 年，大约 35 万非裔美国人在政府的帮助下获得了大学学位。然而，即使接受了教育，这些人也难以获得自己完全有资格承担的工作。肯尼迪政府由此得出结论，仅靠教育无法克服对有色人种根深蒂固的、制度性的偏见和歧视，因此其制定了一项平权政策，要求雇主们“广撒网”，甄别和雇用有资质的少数族裔应聘者。在接下来的几年里，雇主们雇用了成千上万的非裔美国人，给他们较好的工作，这使得黑人中产阶级得以建立，并且减少了种族偏见。

到了 20 世纪 70 年代，平权法案拓展至大学招生，许多政策采取了“配额制度”的形式，即雇主或大学为少数族裔留出一定的名额。受益于这项政策的人群也有所增加，包括妇女、拉美裔美国人、退伍军人，以及某些有身体残疾的人。

平权法案的扩张也引发了对这一政策的反对。1978 年，最高法院审理了*加利福尼亚大学董事会诉巴基案*，此案由艾伦·巴基（Allen Bakke）主诉，他是一名被加利福尼亚大学医学院拒绝入学的白人。医学院制定了一项政策，为非裔美国人、美洲原住民和拉美裔美国人预留了 16 个名额（在每 100 个入学者中）。最高法院宣布，这种严格的配额是非法的，但是大法官们确实支持把种族和民族作为录取学生或雇用员工的整体程序的一部分，这有利于增加在历史上长期被排除在外的少数族裔的代表性。

但是对平权法案的反对仍在持续。1995 年，加利福尼亚大学宣布，在做出任何涉及入学、聘用或授予商业合同的决定时，将不再考虑种族或性别因素。第二年，加利福尼亚州选民通过了 209 号提案，要求政府机构在不关注种族、民族或性别的情况下运行。华盛顿州也通过了类似提案。也是在 1996 年，联邦地方法院（在霍普伍德诉得克萨斯州案中）宣布，在得克萨斯州、路易斯安那州和密西西比州的公立学院和大学中，将不再考虑种族和性别因素。

为了寻求具有社会多样性的学生群体，许多学院和大学试图找到新的方法来应对这些新规定。比如在得克萨斯州，公立大学录取所有高中班级中前 10% 的学生，这一政策主要保证了来自非裔和拉美裔学校学生的入学名额。

2003 年，美国最高法院再次解决了关于平权法案的问题，案件涉及密歇根大学的招生政策。在本科招生过程中，代表数不足的少数族裔申请者获得了数值加分，这个加分被计入总分，并且反映到等级和大学理事会分数当中。最高法院驳回了这一积分制度，因为它太类似于已经被法院否决的种族配额制度。然而，法院也表示，学院和大学可以继续考虑申请者的种族，以创建一个种族多样的学生群体。在这一管理过程中，与其采用严格的积分制度，不如将种族看作考量每一位申请者的诸多变量中的一个。在这些判决中，法院肯定了构建种族多样化校园对国家的重要性，但同时也申明了每一位申请者都必须被视为一个独立平等的个体（Stout，2003）。

美国在平权运动这一议题上仍在继续努力。 *79*
大多数人同意，社会需要给每个种族和民族提供真正的机会；但是，平权运动到底是问题的一部分，还是解决方案的一部分，对此仍然存在分歧（Fineman & Lipper，2003；Kantrowitz & Wingert，2003；NORC，2007）。

六、种族和民族不平等理论

- **分析**

为什么在美国人口中，不同的种族和民族会有不平等的社会地位？下面的讨论将从社会结构功能、符号互动和社会冲突等取向中找到答案。

（一）结构功能分析：文化的重要性

结构功能方法非常强调文化对人类行为的引导。在某种程度上，不同的种族和民族有不同的文化取向，比如，对教育的重视程度有所不同，这些不同的文化取向有可能导致不平等的社会地位。

第 2 章介绍了奥斯卡·刘易斯（1966）关于“贫困文化”的观点。刘易斯对生活在圣胡安和纽约的波多黎各低收入人群进行研究，发现了一种被他称为“宿命论”的普遍的思维方式。这种思维使他们接受自己的境况，并且做出生活并不会更好的假设。在贫困的环境中成长，学会接受现实，年轻人们变得低自尊，缺乏远大理想，并且有一种无力感。随着时间的推移，他们在成年之后，也难以充分利用社会提供给他们的机会。

琼·阿尔本（Joan Albon）对美国的印第安人也提出了相似的观点，印第安人的传统文化倾向于合作和遵循传统，“与现代社会崇尚竞争和资本主义秩序的原则截然对立”（1971：387）。一些非裔美国人的同辈群体也被描述为有一种“对立的文化”，这种文化通过把在学校表现优秀称为“模仿白人”来阻止其成员追求卓越（Fordham & Ogbu，1992）。谢尔比·斯蒂尔（Shelby Steele，1990）补充，在这种环境中，一个成功的有色人种不论男女都可能会被指责为不是“真正的”非裔。

- **评价**

很少会有人怀疑文化在塑造我们的生活中所起的作用。但是，这一理论的批评者声称，聚焦文化就相当于要求人们对自己的劣势负责，第 2 章将这种情况描述为“指责受害者”。生活在美国这样的崇尚个人主义的社会，很容易将贫困归咎于弱势群体本身，但是，穷人们真的活该那样生活吗？批评者认为，如果弱势群体缺乏在境况好的人中间普遍存在的乐观与自信，这更多的是贫困的结果，而非他们地位低下的原因。

80 **学习检验** 结构功能方法如何解释某些群体的社会地位高于其他群体这一事实？

（二）符号互动分析：种族的个体意义

在美国奴隶制结束 40 年之后，先驱社会学家 W. E. B. 杜波依斯（W. E. B. Du Bois）出版了《黑人的灵魂》（*The Soul of Black Folk*）一书，分析了非裔美国人的社会地位。正如杜波依斯所见，虽然奴隶制已成云烟，然而大多数有色人种仍然像二等公民一样生活。

杜波依斯说，每当黑人和白人相遇时，种族气氛就弥漫在空气当中，他们彼此定义。从非裔美国人的视角来看，种族制造了一种“双重意识，一种总是用别人的眼睛看自己的感觉，用一种既轻蔑又怜悯的世界标准来衡量自己的灵魂”（2001：227，orig. 1903）。杜波依斯说，实际上美国社会用白人的标准来衡量其他人（包括非裔美国人），在日常社会中，种族在身份认定中起到很重要的作用，它定义和贬低任何有色人种。

在一个多世纪后的今天，种族继续形塑着人们的日常生活，不管他们是什么肤色。曼宁·马拉贝（Manning Marable）这样总结：“在我的记忆里，对我和我的家庭生活起根本性作用的特征，就是残酷的种族现实”（1995：1）。

- **评价**

符号互动方法研究我们在定义自己和评价他人的时候是如何使用肤色（或是民族、文化背景）因素的。简而言之，种族和民族是我们在日常生活中构建现实的重要组成部分。

同时，种族不仅是个人的理解，也是社会的重要组成部分，是社会分层的一个维度。这种观点引领我们至社会冲突视角。

学习检验 杜波依斯所讲的非裔美国人有一种“双重意识”，这是什么意思？

（三）社会冲突分析：不平等的结构

社会冲突方法认为，少数族裔的不平等地位反映了社会组织本身。和阶级一样，种族和民族也是社会不平等的重要维度。

1. 阶级的重要性

卡尔·马克思把社会不平等的根源追溯至社

会经济。正如第 2 章所解释的那样，马克思批判资本主义将财富和权力集中在少数精英手中。他解释说，资本主义精英认识到工人阶级的力量来源于其庞大的人数，故试图通过宣扬种族和民族差异来分裂工人。马克思和他的同事恩格斯指出，美国种族和民族的多样性正是其没有团结起来形成社会主义运动的主要原因。“移民”，马克思和恩格斯写道：

> 外来移民把工人分成两派：本地的和外国的，外国的又分为：(1) 爱尔兰人，(2) 德国人，(3) 许多小团体——捷克人、波兰人、意大利人、斯堪的那维亚人等等，他们只了解自己团体内的人。此外还有黑人。要从所有这些人中创立统一的党，需要特别强有力的推动（1959：458. orig. 1893）。

马克思和恩格斯希望不断增加的苦难最终会激励工人们团结起来形成一个充满活力的政治阶级。在某种程度上，这种情况已经发生了，许多工会和工人组织的成员既有黑人也有白人，既有盎格鲁人也有拉美裔美国人。然而，如同在世界的其他地方一样，种族和民族仍然分化着美国的劳动工人。

2. 多元文化理论

社会冲突方法也指出了文化的重要性。多元文化理论认为，美国文化为占主导地位的欧洲白人提供了特权，同时将种族和民族上的少数族裔推到了社会的边缘。

文化敌意塑造了美国的重大历史事件。1492 年，当克里斯托弗·哥伦布（Christopher Columbus）抵达巴哈马时，他遇到了美洲原住民，这些原住民在总体上是和善的。但可悲的是，这种和善使得更具竞争性和侵略性的欧洲人很容易利用他们。然而，在另一个文化偏见的例子里，我们的历史记录中有很多把欧洲人描述为具有英雄气概的探险者，而把美洲原住民描述为小偷和杀人犯（Matthiessen，1984；Sale，1990）。

正如杜波依斯所指出的，涉及种族和民族的偏见仍然是我们日常生活的一部分。举一个常见的例子，当人们谈及“古典音乐”的时候，通常只是指欧洲音乐，中国、印度和祖鲁人的作品则完全不被提及。文化偏见还导致我们把“族裔”一词用在任何非英语背景的人身上，甚至在谈及“白人和黑人”时，把占主导地位的群体放在前面（比如我们谈及“丈夫和妻子”）。

- **评价**

对社会冲突方法的一种批评是认为这种方法淡化了美国人的共同点。无论他们的肤色和文化背景如何，大多数人认同自己“美国人”的身份，他们一次又一次地团结在一起，在逆境中互相帮助，在顺境中赞美定义自己生活方式的个人自由原则。

第二种批评是，将少数族裔描绘成受害者，有可能使他们丧失对自己生活的责任感。没错，少数族裔确实面临着严重的障碍，但是我们也需要记住，人们可以选择如何生活，可以通过采取行动来提高社会地位，可以团结起来改善自己的社群。

最后一种批评是，社会冲突方法几乎忽略了 *81*
这个国家在应对社会多样性方面所取得的重大进展。随着时间的推移，美国社会在政治参与、公共教育以及法律面前的平等地位等方面越来越接近理想状态。因此，受过良好教育、政治活跃和富裕的少数族裔比例稳步上升。虽然还有很多不足，但是也有理由感到骄傲和乐观。非裔美国人巴拉克·奥巴马当选美国总统，无疑表明了种族的障碍已经不像以前了（West，2008）。

学习检验　马克思和恩格斯是如何解释像美国这样的资本主义社会里的种族和民族冲突的？多元文化理论对我们理解种族和民族不平等有何帮助？

七、政治、种族和民族：提出问题并定义解决方案

- **分析**

种族和民族不平等应该被定义为一个问题吗？如果是的话，应该怎么做呢？保守派、自由派以及激进左派都给出了自己的答案，以下对这些不同的答案进行介绍。

理论运用　种族和民族不平等

	结构功能方法	符号互动方法	社会冲突方法
分析层次	宏观	微观	宏观
关于种族和民族不平等的观点	结构功能方法重视文化对社会地位的影响。不同族裔的人群有不同的文化取向，这会影响到教育模式和成就。 刘易斯的贫困文化理论是一个例子，对低收入群体关于其处境的宿命论做出了理论解释。	符号互动方法聚焦于人们在日常生活中是如何体验社会的。种族和民族对我们评价自己和他人的方式产生影响。杜波依斯认为，许多人把种族看作社会认同的基本要素，这会使有色人种处于劣势。	社会冲突方法将种族、民族和阶级联系起来，它们都是社会分层的要素。 马克思和恩格斯认为，种族和民族分化了工人阶级。 多元文化理论宣称，我们的文化有一种欧洲偏见，这使得少数族裔被推至社会的边缘。
种族和民族差异对社会的影响	民族差异是文化性的，是认同的一个来源，对很多人来说是值得骄傲的。同时，传统或宿命论的文化取向对于某些族群的人来说也是其取得成就的障碍。	种族和民族在某种程度上成为贬低人类价值的主要因素，这样的社会结构与我们共同的人性背道而驰。	作为社会分层的要素，种族和民族是为精英阶级的利益服务的，对社会的运行是有害的。

（一）保守派：文化和努力很重要

保守派支持这样的观点，即所有人在法律面前应有平等的地位，每个人都应该有机会改善自己的生活。保守派相信，我们的社会，至少是在总体上，确实为所有的人都提供了这些便利，人们应该对自己的社会地位负责。

如果一些少数族裔更加成功，那么很有可能是文化差异在起作用。一般来说，不同的种族和民族的人对教育的重视程度不同，所渴望的工作类型不同，甚至对经济成功的重视程度也有所不同。比如，意大利裔美国人长期从事建筑业，爱尔兰裔美国人倾向于从事公共服务行业，犹太裔美国人长期主导服装行业，并且在许多行业有杰出代表，很多韩裔美国人经营零售业（Keister，2003）。虽然这种差异不会使任何人比其他人“更好”，但是在保守派看来，这也确实造成了社会不平等。

根据保守派的观点，社会地位应该反映人们的抱负、人们对教育的重视以及对努力工作的承诺。在我们这样的社会里，人们既是自由的，也是不平等的。保守派声称，在任何一个政府试图推行严格的社会平等的社会，都不会有什么个人自由。

保守派经常用保护个人自由这个理由来反对平权运动。他们认为，平权运动不是给每个人平等机会的有效途径，或者不是通往可以无视肤色的社会的路径，而是一种“群体偏好”系统。正如他们所看到的，平权运动在实践中大体是在“逆转歧视”，关注的不是个人的资质和表现，而是他们的种族、民族或性别。如果过去按照肤色来对待人是错误的，保守派会问，那么今天这种做法怎么会是正确的呢？

保守派补充，平权运动会因为质疑少数族裔的成就而损害其利益。比如，如果其他人认为你被大学录取不是因为你的能力和成就，而是因为你的肤色和民族背景，你会怎么想？ 82

最后，保守派指出，平权运动帮助的是最不需要帮助的那批少数族裔。大学校园和企业界的少数族裔在总体上已经富裕起来了；平权运动为那些最需要帮助的贫困少数族裔做得很少（Gilder，1980；C. Murray，1984；Sowell，1987，1990；Carter，1991；Steele，1990；B.L. Stone，2000）。

（二）自由派：社会和政府很重要

自由派声称，是诸如偏见和歧视等因素导致了不同种族和民族之间的社会不平等，而非文化差异。正因如此，自由派认为，并非所有的人都有同样的机会获得成功（如保守派所宣称的）。偏见和歧视仍然是我们社会运作方式的重要组成部分，在教育、军事、经济和国家司法系统中，制度性偏见仍然存在。

自由派承认不同族群之间可能存在着文化差异，但是，这些差异是社会不平等的*结果*而非*原因*。也就是说，那些被机会拒诸门外的人，无论是在城市还是在农村，都可能会对自己的境况产生绝望感。但是少数族裔并非问题本身，问题在于社会的权力和特权结构。

如果不平等在我们的社会中是根深蒂固的，那么我们就不能指望少数族裔通过个人的努力来改善整体的状况。因此，自由派重视政府的力量，支持减少种族和民族不平等的政策，包括反歧视法。这就是为什么自由派倾向于加大对少数族裔的资助。

这种对政府行动的呼吁也有助于解释为什么自由派支持平权运动。在他们看来，平权法案是修正历史上针对少数族裔的偏见和歧视的必要举措。今天的非裔美国人面临着两个世纪的奴隶制和另外一个半世纪的种族隔离的遗留问题。简而言之，在他们历史的大部分时间里，美国一直实行多数群体优先的政策，这也是造成白人的社会地位高于黑人和其他少数族裔的原因之一。出于这个原因，自由派认为少数族裔优先的政策不仅是公平的，而且是公平竞争的一个必要步骤。

自由派将平权法案视为一项对国家产生良好影响的政策。如果没有始于 20 世纪 60 年代的平权法案，少数族裔如今会是什么境况？毕竟，政府和企业的雇主们只是因为平权法案，才开始雇用大量的少数族裔和女性，这直接促进了非裔中产阶级的成长（Johnson，Rush，& Feagin，2000；Kantrowitz & Wingert，2003）。

（三）激进左派：需要根本性的变革

激进左派宣称，要结束种族和民族不平等，仅仅有诸如加大政府资助这样的自由派改革是不够的。追随马克思的理论，激进左派指出，只要资本主义仍然只把工人简单定义为劳动力的供给者，剥削和压迫就不会终结，而剥削和压迫既是基于阶级的，也是基于种族的。因此，激进左派主张，减少种族和民族不平等的唯一途径是动摇*所有*不平等的根源——资本主义本身（Liazos，1982）。

最近关于种族不平等的激进观点有所发展，关注重点不再是经济而变成了文化。今天的一些激进学者推断，要终结种族不平等，一个社会必须完全消除种族的概念。在他们看来，只要社会仍然承认种族的存在，种族就会起到分化作用，以牺牲一部分人为代价给另一部分人带来好处。

我们真的能把种族的概念抛至脑后吗？现在 83
看起来它是我们的常规思维习惯。随着时间的推移，也许吧。这样做肯定会是一个彻底的改变，因为废除种族需要对目前的以白人为主的权力结构进行基础性的改变。正如一群社会学家所言：

> 消除种族主义的一个有用之处在于，在美国的政治体系的基础上，解决白人种族主义在社会、经济和政治中的嵌入……因此，（我们）呼吁制定一项新的宪法公约，该公约将首次公正平等地代表所有的主要美国公民群体（Johnson，Rush，& Feagin，2000：101）。

关于这个公约，评论家们指出，代表各种人群的人们可能会考虑，如果这个国家开始以满足每个人的需求为目标，而不是只支持少数人的特权，那么社会制度会是什么样子。

总结与展望

- **设想**

对于大多数生活在低收入国家的人来说，日常生活由亲属群体、部落或传统来主导。相比而言，生活在高收入国家的人们更有可能突破传

从左到右　关于种族和民族不平等的政治观点

	激进左派观点	自由派观点	保守派观点
问题是什么？	显著的不平等和种族主义植根于美国社会的制度之中。	社会和经济不平等将少数族裔置于美国社会的边缘。	一些人可能对少数族裔持有偏见，但是所有的人都能够做出选择，并且必须为自己的社会地位负责。
解决方案是什么？	在经济、政治和其他社会制度中必须有根本性的变革来消除种族等级制度。	政府项目必须反对偏见和歧视，并给予少数族裔支持。	所有人都应该被作为独立个体来看待。少数族裔必须通过个人来克服文化劣势，实现更高的成就。

参与讨论

1. 思考以下陈述："在历史的发展进程中，美国已经逐渐接近无视肤色的理想社会。"你是否同意这样的陈述？为什么？保守派、自由派和激进左派对这个陈述会如何回应？
2. 奥巴马当选美国总统这件事，表明了在我们国家的生活中，种族的重要性发生了什么变化？你希望这个事件引发进一步的改变吗？请做出解释。
3. 你认为这三种政治取向哪一种更具说服力？为什么？

统，他们的生活是由个人选择、他们的天赋和努力，以及对于未来的希望主导的。这就是为什么我们社会的大多数成员认为根据出生时的特征，比如肤色或文化遗产来对人进行分类是错的。这也是为什么在现代社会，我们认为传统的、基于种族来把人分为不同等级是不公平的偏见和歧视。

随着时间的推移，美国的社会制度也在发生变化，更多地反映出现代的、个人主义的信仰。先是奴隶制被废除（1865 年）；不久之后，非裔美国人获得公民权（1868 年），然后是美洲原住民（1924 年）、华裔（1943 年）和日裔移民（1952 年）获得公民权。

但是正如本章所解释的，种族和民族不平等今天仍然在持续。少数族裔仍然承受着偏见和歧视的后果。这些有害的偏见不仅存在于个人的态度和行动中，也存在于社会本身的运行中。正因如此，本章所描述的不平等世代相传，许多拉美裔、非裔美国人和美洲原住民年轻人在贫困中长大。

1903 年，杜波依斯预测种族问题将会是 20 世纪的典型问题。他是对的。我们能否对 21 世纪做出同样的判断？未来 100 年的变化前景将会如何？我们已经选举了一位非裔美国人担任总统，这一事实对美国的未来意味着什么？

保守派对于种族问题的解决方案，相当于采取一系列"无视肤色"的态度：把人当作个体来看待，要求人们对自己的社会地位负责。自由派也认可"无视肤色"的长期目标，但是他们指出，要达到这一目标，政府必须采取行动（包括将各种种族和民族因素考虑在内的项目），保证所有族群的人都能够充分参与社会。激进左派提出了一个更大的挑战：种族主义在美国制度中是如此根深蒂固，不能指望善意的个人或是政府改革来创造公平竞争的环境，因此，制度必须得到根本变革，以确保对所有人的公平。

纵观历史，美国社会一直在讨论关于种族和民族不平等的问题。希望到 21 世纪末，我们能够找到一个使各族裔都满意的解决方案。

84 定义解决方案

日益增加的移民对于美国来说是个问题吗？

对许多人来说，这个问题的答案取决于移民是否合法，对每一个人来说，这个问题的答案则显示了其政治态度。面对目前的高移民程度，人们所认为应当采取的方案取决于其政治观点。请看下面的陈述，它们显示了对于这个议题的不同回应。

（1）你认为增加的移民是对我们生活的一种威胁，还是国家力量的来源？如果你更倾向于自由派，你可能支持给予那些尚在孩童时期就被父母带来美国的、没有合法身份的年轻人合法身份。从这种观点来看，为什么移民增强了国家力量？

85 *（2）每个人都应该遵守法律，你觉得呢？如果你更倾向于保守派，你可能会更为认同亚利桑那州的法律：2012 年由最高法院支持的这项法律，允许警察在存在合理怀疑的情况下，对因其他违法事件被扣留的人进行移民身份的检查。从保守派的观点来看，对国家的威胁可能会以怎样的形式发生？*

自由派将美国视为移民的产物。另外，他们把种族和民族多样性看作好的，并着力于增强对不同生活方式的兼容。移民作为新鲜血液，会为这个国家带来技术；他们努力工作，并缴纳赋税。保守派认为我们都是移民，但是日益增多的移民数量会带来太多的文化变化，这样的担心让许多保守派支持将英语作为国家的官方语言。此外，保守派指出法律的重要性，他们认为不应该允许成千上万的人通过非法入境来破坏法律。他们也认为，只有拥有合法身份的移民才有资格享受政府提供的诸如教育和医疗等福利。

参与：应用和练习

1. 利用学校图书馆和网络学习更多你所感兴趣的关于种族或民族的历史。这些人是什么时候来到美国的？他们面临着怎样的偏见和歧视？他们有什么特别的成就？他们现在的社会地位怎么样？
2. 这里有一个简单又有趣的小课题。在接下来的一周或两周看 10 个或 20 个小时的电视剧，记录下电视剧里演员的种族和他们所扮演的角色类型。虽然你的样本可能并不具有代表性，但也会让你对大众传播媒体中存在的种族刻板印象进行思考。
3. 美国人口普查局搜集了跨种族婚姻的数据：你可以在这个网站（http: //www.census.gov.）找到相关数据。从 1970 年开始，跨种族婚姻的数据是如何变化的？在跨种族婚姻里你能找到哪些有趣的模式？
4. 请做一个网络调查来研究，针对关于非法移民的国家政策，最近有哪些争论？尝试辨明关于这个议题的保守派和自由派观点。你能找到激进的主张吗？

达标：可视化摘要

建构社会问题决定性时刻

罗莎·帕克斯：对隔离说不

种族和民族

种族和民族	
• **种族**是社会建构的一类人，他们具有共同的、被社会成员认为重要的生物学传播特征。 • **民族**是一种共享的文化遗产，通常涉及共同的祖先、语言和宗教。 • 在美国，种族和民族都是不平等的重要维度。 美国的种族和民族多样性是来自其他国家的**移民**的产物。 “大迁移”（1865—1914 年）为 2 500 万人寻求到了经济机会。 • 本土主义者害怕高度移民会威胁到这个国家的英式文化，迫使国会在 20 世纪 20 年代通过了配额制。 • 国会于 1965 年终止了配额制，引发了又一波移民浪潮。 • 如今，非法移民议题是讨论的热点。 **少数族裔**是这样一群人： • 共享某些特征（生理的或文化的）。 • 遭受不利待遇（比如较差的教育和低薪工作）。	**种族**：社会建构的一类人，他们具有共同的、被社会成员认为重要的生物学传播特征。 **民族**：一种共享的文化遗产，通常涉及共同的祖先、语言和宗教。 **少数族裔**：有某些生理或文化特征的群体，而这些特征被社会认定为劣势。

多数群体 – 少数群体的互动模式

多数群体 – 少数群体的互动模式	
种族灭绝是指一类人被其他人系统性屠杀。欧洲人对美洲的殖民造成了成千上万原住民的死亡。 **种族隔离**是指对某类人进行身体和社会隔离。法律上的种族隔离在美国一直存在至 20 世纪 60 年代；事实上的隔离则延续至今。 **同化**是一个过程，在这个过程中，少数群体逐渐接受了主流的多数群体所持有的文化模式，诸如着装风格、语言、文化价值观甚至主流的宗教信仰。 **多元主义**宣称所有种族和民族虽然迥异，但是都应具有平等的社会地位。在美国，在法律上所有人都享有同等地位，但是，社会对于多样性的容忍程度是有限的。	**种族灭绝**：一类人被其他人系统性屠杀。 **种族隔离**：对某类人进行身体和社会隔离。 **同化**：一个过程，在这个过程中，少数群体逐渐接受了主流的多数群体所持有的文化模式。 **多元主义**：所有种族和民族都应具有相同的社会地位。

美国少数族裔的社会地位

美洲原住民在过去的将近 500 年的历史进程中，在欧洲人那里遭受了巨大的痛苦。甚至在今天，美洲原住民的社会地位仍然较低。

非裔美国人通过奴隶贸易被运至美国。尽管有所得，但非裔美国人总体上仍然处于劣势。

亚裔美国人在美国生活超过了一个世纪。虽然如今他们的社会地位处于平均水平甚至高于平均水平，但仍然遭受着偏见和歧视。

拉美裔美国人是共享相同文化遗产的多样群体。有一些群体，比如波多黎各人，社会地位很低；有一些群体，比如古巴裔美国人，状况好很多。

阿拉伯裔美国人有来自不同国家的祖先。像其他的少数族裔一样，他们也遭受着偏见和歧视。

偏见

偏见由对某些族群的人所产生的僵化的预先判定组成。

- **刻板印象**是一种夸张和不公平的描述。
- 对偏见的研究使用了*社会距离量表*，展示了美国大学生具有更高接受度的趋势。
- **种族主义**是对某些种族天生地优于其他种族的一种断言。种族主义在历史上常被用来证明某一类人的弱势地位是合理的。
- 研究者们把偏见同个人特质（*威权人格理论*）、社会结构（*代罪羔羊理论*）和信念模式（*文化理论*）联系起来。

偏见：任何对整个族群僵化的、毫无根据的概括。

刻板印象：针对某类族群中的每一个个体的夸张描述。

种族主义：一种认为某个种族的所有人都不如其他种族的人有价值，甚至在生理上次于其他种族的人的断言。

制度性种族主义：在经济、学校、医院、军队和刑事司法系统等社会制度运作中起作用的种族主义。

多元文化主义：承认美国的文化多样性并促进尊重所有文化传统的教育项目。

欧洲中心主义：使用欧洲（尤其是英国）的文化标准来评价每个人的做法。

歧视

歧视包括对待不同族群人们所采取的差异化行动。

- 例如：一个雇主拒绝考虑有听起来像是阿拉伯名字的人的工作申请。

制度性歧视是植根于经济、法律体系或其他社会制度的运行中的偏见。

- 例如：1954 年之前的美国法律要求黑人和白人的孩子进入不同的学校学习。

平权法案要求雇主和大学在做出雇佣和管理决策的时候考虑到种族因素。

- 自由派倾向于平权运动，认为其可以增加在历史上被排除在外的少数族裔的代表性，但是保守派批评这些政策是在反向歧视。

歧视：对各种人的不平等待遇。

制度性歧视：内含在社会制度（包括经济制度、教育制度和法律制度）运作中的歧视。

平权法案：旨在提升过去受到偏见和歧视的少数族裔的社会地位的相关政策。

种族和民族不平等理论

结构功能分析：文化的重要性

结构功能方法从文化价值的角度解释种族和民族不平等。

- 由奥斯卡·刘易斯提出的“贫困文化”理论宣称少数族裔的宿命论文化导致了其绝望感和低自尊。

符号互动分析：种族的个体意义

符号互动方法强调种族作为主导观念在我们的日常互动中是如何起作用的。

- 杜波依斯宣称美国社会是以白人为标准来衡量他人的，并以此来低估任何有色人种。

社会冲突分析：不平等的结构

社会冲突方法强调种族和民族不平等是如何植根于我们的社会结构的。

- 马克思理论认为精英阶级鼓励种族和民族分化，并以此作为削弱工人阶级力量的策略。
- 最近，多元文化理论注意到了美国文化对少数族裔产生偏见的方式。

政治、种族和民族：提出问题并定义解决方案

保守派：文化和努力很重要

- **保守派**认为文化模式，比如对教育的重视程度等，是造成种族和民族不平等的原因。
- 保守派宣称，个人应该为自己的社会地位负责；他们反对政府政策差异化地对待不同的族群。

自由派：社会和政府很重要

- **自由派**认为社会结构，包括制度性的歧视和偏见，是造成种族和民族不平等的原因。
- 自由派支持政府改革以提升平等，包括反歧视法的推行和平权运动。

激进左派：需要根本性的变革

- **激进左派**宣称资本主义是造成种族和民族不平等的根源。
- 激进左派号召对所有的美国社会制度（包括资本主义经济制度和政治制度）进行根本性变革，使各族群的利益都得到保障。

88-89

第4章 性别不平等

学习目标：

- **记住**本章中用黑体字突出显示的关键术语的定义。
- **理解**性别是社会分层的一个重要维度。
- 将社会学的想象力**运用**于探究性别如何与所有社会制度的运行产生关联。
- 运用社会学的主要理论方法**分析**性别分层。
- 从各种政治立场**评价**性别不平等。
- **设想**一个你如何改变我们的社会以追求更大的社会正义的愿景。

90 ## 问题的提出

——在美国社会中，男女是平等的吗？

在收入方面不平等，平均而言，女性的收入为男性的 77%。

——女性可以成为任何她想成为的人吗？

虽然今天的女性有更多的选择，但许多工作几乎完全由男性来完成。

——美丽仅仅是指长相好看吗？

女性对美丽非常关心，反而赋予了男性凌驾于她们之上的权力。

章节概述

什么是性别？性别如何作为社会不平等的一个维度几乎影响日常生活的各个方面？这一章记录了男女不同的社会地位。你将了解收入、家务、暴力，甚至是关于美的观念等是如何反映性别分层的。你将对性别不平等进行理论分析，并了解涉及性别的“问题”和“解决方案”如何反映人们的政治态度。

对珍妮特·诺尔（Janet Nore）来说，这是一个伟大的日子，她来到一所历史悠久的大学，来看她的女儿从世界上最著名的法学院之一毕业。对于她的女儿来说，那是长达三年的辛苦努力，对于珍妮特和她的丈夫汤姆（Tom）来说，那也是三年的艰难时光，因为他们要帮助女儿支付高昂的学费。但是当骄傲的父母看着他们的女儿走上舞台，获得她的法律学位时，珍妮特紧握着汤姆的手，他们对望，微笑着。他们知道这一切都是值得的。

珍妮特·诺尔本人就是一名律师，是第一批从这所大学获得法律学位的女性之一。当她和丈夫开车回家时，珍妮特指出自她毕业到现在40年来法律职业发生了多大的变化。那时，在美国的法学院里仅有极少数女性，她和其他女性感到在一个非常男性的世界里，她们是格格不入的。珍妮特回忆说，在一堂课上，她的一位教授看着她——教室里唯一的女性——问她如何才能证明她有能力接受一份律师的工作，要知道她正在从一个需要赚钱养家的男人那里抢走工作。

91 今天，很多情况改变了。有代表性的是，2012 届法学院毕业班有几乎跟男性一样多的女性。这些女性一直继续从事法律工作，这些工作完全就像她们的男同学所从事的工作一样充实和富有挑战性。但是，正如本章所解释的，男女之间仍然存在着很大的不平等。在法律界，只有47% 的一年级法律系学生是女性，同样，在这个国家的法学院里只有 30% 的终身教授和 20% 的院长是女性（American Bar Association，2010）。在美国劳动力的所有职业中，女性的收入仍然远远低于男性。此外，女性仍然面临工作场所中不当的性关注以及家庭暴力。为了了解当今女性和男性所面临的许多问题，我们从关注性别在社会运作中所起的重要作用开始。

一、什么是性别？

- **理解**

在世界各地的社会中，男性和女性的生活在许多重要的方面不尽相同。社会学家使用**性别**（gender）概念来描述这些差异，即*社会中与男性和女性联系在一起的个人特征和生活机会*。性在与**性**（sex）不同，性是指*女性和男性之间存在的生物学上的差异*。从生物学角度来讲，性在胚胎发育时就已经被决定了。正如第 7 章（“性”）解释的，具体的生理差异赋予了女性和男性繁殖能力。性别是一种社会建构的产物，它塑造着女性和男性的整个生活，影响着他们接受的教育、从事的工作种类，以及赚钱的多少。所有社会都把男性和女性定义为不同类型的人，在这一过程中产生了性别不平等。**性别分层**

(gender stratification)是*男女之间财富、权力、特权的不平等分配*。性别是社会不平等的一个重要维度，性别不平等几乎无处不在。

(一)父权制

在世界各地，我们发现了不同程度的**父权制**(patriarchy，字面上的意思是“父亲的规则”)，父权制是*一种男性主导女性的社会模式*。**母权制**(matriarchy)，是*一种女性主导男性的社会模式*，现在极为罕见。两个世纪前，北美的塞内卡(一个美国印第安民族)让女性负责提供大部分食物，反过来，塞内卡女性则要求男性在任何军事行动或制定其他重要决定时取得她们的许可。今天，摩梭人聚居在中国云南省，在那里，女性控制着大部分财产，她们可以选择自己的性伴侣，并对日常生活做出大多数决定(Arrighi，2001；E.B. Freedman，2002)。

有研究调查了世界各地的女性相对于男性的权力，结果发现了一种普遍的模式，即生活在贫困国家的女性比生活在高收入国家的女性相对于男性来说更弱势。

1. 关于父权制的一些解释

父权制只是男性体型更大的问题吗？根据政府健康数据，平均而言，男性比女性高9%，比女性重18%，比女性强壮20%(McDowell et al，2008)。然而，人们普遍注意到，在几乎每一次体能测试中，女性都正在追赶男性。此外，对于我们居住在洞穴的祖先来说，体力可能导致生存上的差异，但是在当今高科技社会，肌肉与成功没有什么关系。

父权制也没有反映出脑力的差异。在SAT考试中，年轻男性在数学和阅读测试中的表现要好于年轻女性，但在写作测试中，女性的表现要好于男性。总之，与性别相关的表现差异很小，科学家们没有发现具有相似社会背景的男性和女性在智力方面的总体差异(Tavris & Wade，2001；Lewin，2008；College Board，2011)。

另一种理论将父权制与男性更强的攻击性联系在一起，这基于男性的性激素水平更高(Goldberg，1974；Maccoby & Jacklin，1974；Popenoe，1993b；Udry，2000，2001)。第6章(“犯罪、暴力和刑事司法系统”)报告称大多数谋杀是年轻男性干的，他们通常有很高的睾酮水平。但并不是每个人都同意睾酮理论。芭芭拉·埃伦赖希(1999)反对道，人们发现男性荷尔蒙睾酮和女性荷尔蒙雌激素在两性中水平不同，而且科学家们还没有解释这些激素与攻击性行为的确切联系。

大多数社会学家否认任何行为都是人类生物学中的“固有”行为。相反，我们认为父权制和与性别相关的所有行为大多是社会的产物。简言之，无论生物力量怎样起作用，社会都可以而且确实塑造性别之间的社会差异。

2. 偏见和歧视

就像种族和民族一样，性别塑造了我们成为怎样的人。人们熟悉的陈旧观念将女性塑造成依赖、敏感和情绪化的，而把男性描述为独立、理性和竞争性的。请注意，与性别有关的陈旧观念通过在对立的术语中构造女性气质和男性气质来划分人。

世界之窗　全球视野中的女性权力

92

阿斯特丽德·布鲁格(Astrid Brügger)，19岁，住在挪威；像大多数成长在高收入国家的女孩一样，她享有大部分男性可以获得的权利和机会。

20岁的塞埃达·简(Saeeda Jan)，生活在阿富汗，一个限制女性权利和机会的低收入国家。

女性与男性的社会力量的对比在世界各地各不相同。一般来说，在高收入国家，女性与男性更接近于平等，而在低收入国家，男性对女性的生活有更多的控制权。男女在哪些国家最平等？答案是在荷兰、丹麦和瑞典。

资料来源：United Nations Development Programme (2011).

这种刻板印象忽视了这样一个事实，即大多数女性和男性在某些方面表现出混合特征，在某些方面更“女性化”，而在另一些方面则更“阳刚”。而且，表达情感的能力是否会让人变得不那么理性？事实上，性别陈旧观念并不能很好地描述真实的人。

93 相比我们所谓的“女性化”，我们的文化赋予我们所谓的“阳刚”更高的价值。例如，比起独立，有谁会更喜欢依赖？比起活跃，有谁会更喜欢被动？比起勇敢，有谁会更喜欢胆怯？把这些结合起来，性别刻板印象就构成了对女性的一种偏见。

在一个贬低女性价值的社会里，对女性的歧视很普遍也就不足为奇了。在过去几个世纪，美国社会把女性定义为“男性的财产”。女性必须尊重其父亲以及后来的丈夫的权威。在某种程度上，时代发生了改变：现在大部分美国成年人说他们会支持一位有资质的女性竞选总统（NORC，2011：393）。2008 年，希拉里·克林顿差点赢得她的政党总统候选人提名。到目前为止，美国历任总统都是男性。但即便如此，一名女性很可能在不久的将来领导这个国家。

（二）性别歧视问题

类似于第 3 章中讨论的种族主义，**性别歧视**（sexism）是*这样一种信念，认为一种性别天生优于另一种性别*。性别歧视通过宣称男人比女人“更好”，所以应该有权力驾驭她们来支持父权制。

性别歧视不仅涉及个人态度，还涉及社会制度的运行。正如以下部分所解释的那样，男性优越感内置于工作场所（男性经营大多数公司，女性从事大部分文书支持工作）、我们的政治体系（女性更有可能投票，但大多数当选的领导者是男性），甚至是宗教生活（虽然女性更经常参加宗教服务，但大多数宗教领袖是男性）中。

二、性别与社会制度

- **运用**

就像阶级、种族和民族一样，性别塑造了我们生活的每一个部分。如以下调查所述，性别的重要性在所有社会制度的运作中都可以看得到。让我们从家庭开始。

（一）性别与家庭

父母是否认为男孩比女孩更有价值？传统上，美国的父母更偏爱男孩而不是女孩——尽管近几十年来，这种偏见已经减弱。而在世界上很多贫困国家，对男孩的偏爱依然强烈。例如，在印度的农村地区，家庭可以从儿子的收入中受益，但他们必须支付嫁妆才能把女儿嫁出去。结果，许多孕妇支付超声检查费用以鉴别胎儿的性别，当发现怀着女孩后，很多孕妇请求堕胎。有时有些家庭甚至可能会杀死一个不受欢迎的新生女孩，即采取*杀害女婴*的做法。

在美国，性别影响着我们的婚姻经历。正如杰西·伯纳德（Jessie Bernard，1982）在她对传统婚姻的经典研究中所解释的那样，男人将婚姻视为为家庭提供经济支持的责任和做出关键决定的权力。在婚姻的女性版本中，女性为丈夫提供情感支持并抚养孩子，有时甚至达到几乎没有自我的程度。如果伯纳德是正确的，大多数婚姻是有利于男性的不平等伙伴关系，那么为什么女性似乎通常比男性表现出更大的对结婚的渴望？第 86 页“多样性：种族、阶级和性别”栏目仔细研究了这种奇怪的模式。

（二）性别与教育

当孩子们开始上学时，他们已经从书本中学到了很多关于社会性别的知识。儿童书籍过去充满了性别刻板印象，书上显示的女孩和妇女大部分在家中，而男孩和男人在家庭外做几乎所有事情。新的儿童书籍以更加平衡的方式呈现两性，尽管仍存在一些敌视女性的偏见（Purcell & Stewart，1990；F. Taylor，2003）。

那么学校本身呢？女性在学校教育方面取得了显著进步，特别是在大学阶段。事实上，大多数大学生是女性，所有副学士学位的 62% 和所有学士学位的 57% 是由她们获得的。即便如此，性别刻板印象仍然引导女性选择英语、教育、舞

多样性：种族、阶级和性别

婚姻：让生活变得更美好——但对谁来说呢？

在无数的新娘送礼会中，女性们送给新娘持家的礼物，来庆祝新娘即将到来的婚姻。但在单身派对上，情况却大不相同，在新郎专心致志于婚姻生活的约束和常规之前，男性们给新郎最后一次放纵的机会。我们在单身人士中发现了相同的模式：将无忧无虑的单身汉的正面形象与孤独的老处女[1]的消极形象进行对比。

从表面上看，我们的社会把婚姻作为一种解决女性问题，而不是男性问题的方法。但这是真的吗？研究表明，一般来说，婚姻对男人和女人都是有益的，不仅提高了个人幸福感，而且改善了健康状况，增强了性满意度，增加了收入（Waite & Gallagher，2000；Ohlemacher，2006）。

但正如杰西·伯纳德（Jessie Bernard，1982）所看到的，婚姻在某种程度上遵循了一种传统模式，即赋予一种性别超过另外一种性别的权力。结婚对男人来说是更好的交易，但它甚至可能对女人有害。伯纳德声称，对于男人来说，没有比拥有一个全心全意照顾他和保持一个有序的家的妻子更好的方法去获得一个健康、长寿、幸福的生活。也许这就是离婚的男人比离婚的女人更不快乐、更渴望再婚的原因。

但是，当婚姻将女性置于男性控制之下时，伯纳德继续说，妻子体验到的幸福感会降低，甚至可能有患抑郁症或其他人格障碍的风险。为什么？伯纳德解释说，问题的来源大体上说并不是婚姻，而是传统婚姻使男性占主导地位和让女性承担大部分家务的事实。

在过去，大多数婚姻是由男性掌控的不平等的关系。所以为什么女性总是那么渴望结婚？伯纳德解释说，当女性基本上被排除在劳动力队伍之外时，“嫁给男性”是女性获得经济安全的唯一途径。

然而，今天，女性有更多的经济机会和婚姻选择。这是更多夫妻更平等地分担责任，包括做家务的一个原因。正如伯纳德所看到的那样，摆脱传统的社会性别观念是让女性和男性更快乐、更健康的关键。

你怎么看？

1. 在过去的一个世纪里，越来越多女性进入劳动力市场。你认为这种趋势对婚姻有什么影响？
2. 在你看来，今天婚姻的哪些要素可以被称为“性别化”？为什么？
3. 评估你或你的父母的婚姻：（a）谁做决定，（b）谁赚取收入，以及（c）谁做家务。

蹈、戏剧或社会学等大学专业，同时推动男性学习物理学、经济学、数学、计算机科学和工程学（U.S. Department of Education，2011）。

女性在研究生教育方面也取得了进步。在2009年的美国，60%的硕士学位和52%的博士学位（包括60%的社会学博士学位）是由女性获得的。现在，女性在许多毕业生领域有很好的代表性，这些领域中过去几乎都是男性。例如，早在1970年，几乎没有女性获得工商管理硕士（M.B.A.）学位；而到了2009年，超过76 000名女性做到了，占所有工商管理硕士学位的45%（U.S. Department of Education，2011）。

94 但性别仍然起作用。在某些专业领域，男性略多于女性，51%的医学（医学博士）学位、54%的法学（法学学士和法学博士）学位、54%的牙科（口腔外科博士和牙科博士）学位由男性获得（U.S. Department of Education，2011）。

性别在运动场上的作用和在课堂上的作用是一样的。在过去的几十年里，课外运动是一个男性的世界，女性被期望观看而不是参与。1972年，国会通过了《教育法修正案》第九条，禁止在任何获得联邦资金资助的教育项目中进行性别歧视。近年来，高校也努力为女性和男性提供同等数量的体育活动。即便如此，男性仍能从薪酬较高的教练工作中获益，并拥有更大的观众群。总之，尽管联邦政策禁止性别偏见，但事实是只有很少数体育项目实现了两性平等。

（三）性别与大众传媒

美国大约有 3.12 亿台电视机，人们每天看电视的平均时间超过 4 个小时（Nielsen，2012），他们怀疑大众传媒在塑造我们如何思考和行动中的重要性。我们在电视上发现了关于性别的哪些信息？

当电视在 20 世纪 50 年代开始流行时，几乎所有主演角色都属于男性。直到近几十年，电视节目才开始以女性为中心人物。但我们仍然发现，相比男性，女性更少有机会饰演才华横溢的运动员、成功的高管、出色的侦探和熟练的外科医生。而且，女性扮演了许多辅助性的角色，如妻子、助手和秘书等。音乐视频也受到批评：大多数表演团体是男性团体，而且女性出现在舞台上，经常是因为她们的性吸引力。此外，今天的许多歌词强化了男性对女性的影响力。

即使是在电视明星中，男性的收入也通常比女性高。例如，在离开《好汉两个半》电视节目之前，查理·辛（Charlie Sheen）是收入最高的男电视演员，每集赚 87.5 万美元。电视明星中收入最高的女性是玛莉丝卡·哈吉塔（Mariska Hargitay），她在《法律秩序：特殊受害者小组》中每集赚 40 万美元。

那么大众传媒广告呢？在电视发展的早期，广告商在白天以女性为目标，因为很多女性是家庭主妇。事实上，因为大部分的商业广告是关于洗衣房和家务产品的，所以日间电视剧逐渐被称为“肥皂剧”。在电视和报纸杂志的广告中，即使在今天，大多数广告仍然使用女性模特来向女性推销如服装、化妆品、清洁产品、食物等产品，而使用男性模特来向男性推销如汽车、银行服务、旅行和酒精饮料产品。广告总是更有可能展现在办公室或崎岖的户外场景中的男性和在家中的女性。

广告中的性别偏见并不总是那么明显。仔细观察广告，你会发现他们经常把男人描绘成比女人更高的人，女人（但从来没有男人）经常躺在沙发和床上，或者像孩子一样坐在地板上。此外，男人的面部表情显示出能力和权威，而女人则笑、撅嘴或摆出孩子气的姿势。最后，男性在 95
广告中表现出来的特色是关注他们正在推销的产品；女性则不一样，她们在广告中表现出来的特色是关注男性（Goffman，1979；Cortese，1999）。

（四）性别与政治

父权制是关于权力的。由于父权制，女性在美国的政治历史中只发挥了微不足道的作用。如表 4-1 所示，第一位赢得美国国会选举的女性于 1917 年加入众议院，在这之前该机构已经存在了 128 年。1920 年，宪法的第十九条修正案通过是美国政治上的里程碑，修正案允许女性在全国选举中投票。

赢得投票权才使得女性进入了美国政治主流。在地方，现在有数千名女性担任镇长或市长，并成为全美其他管理委员会的成员。2011 年，大约 24% 的州议员是女性（比 1970 年的只有 4% 有所提高），50 位州长中有 6 位是女性（12%）。

在国家机构中，情况类似。2011 年，435 名众议院议员中有 73 名（17%）是女性，100 名参议员中有 17 名（17%）是女性（Center for American Woman and Politics，2011）。

在世界各地，模式大致相同：女性在全世界 188 个议会中仅占 20% 的席位。只有 18 个国家（约占所有国家的 10%）——其中包括瑞典和挪威——女性占议会成员的 1/3 以上（Inter-Parliamentary Union，2011）。

（五）性别与宗教

关于性别，宗教能教给我们什么？在一个针对美国成年人的全国调查中，当被问到他们倾向于把上帝看作母亲还是父亲时，6% 的人回答说，他们认为上帝更像“母亲”，2/3 的人——差不多是选择“母亲”的人的 11 倍——偏爱“父亲”，而其余 1/4 的人在这些术语中平等地想象上帝（NORC，2011：278）。

我们大多数人认为上帝是男性这一事实并不令人惊讶，因为社会赋予男性权力和特权。这可

① “老处女”这个词最初是指 19 世纪初在新英格兰纺织厂纺纱的女性。当时大部分在外工作的女性未婚。

能是所有西方宗教传统都把神描绘成男性形象的原因。保罗也许是早期基督教会最有影响力的领袖，他支持男性对女性的社会支配地位：

男人……是上帝的形象和荣耀；女人是男人的荣耀。因为男人不是女人造的，但是女人是男人造的。男人不是为女人而生的，但女人是为男人而生的。（I Corinthians11：7-9）

你们做妻子的，当顺服你们的丈夫，如同顺服主。因为丈夫是妻子的头，如同基督是教会的头……教会怎样顺服基督，妻子也要怎样凡事顺服丈夫。（Ephesians 5：22-24）

犹太教也有着悠久的支持男性社会力量的历史。东正教犹太男子的日常祈祷包括以下话语：

耶和华我们的神啊，宇宙的王啊，我是有福的。我生来不是外邦人。

耶和华我们的神啊，宇宙的王啊，我是有福的。我生来不是奴隶。

耶和华我们的神啊，宇宙的王啊，我是有福的。我生来不是女人。

近几十年来，美国更多的自由教派，包括圣公会和长老会，已经转向更大程度的性别平等。这种自由主义趋势不仅包括修订祈祷词、赞美诗，甚至《圣经》，以减少性别歧视语言，也包括对作为祭司和牧师的女性和男性的任命。并非所有宗教组织都有这种变革的精神。正统的犹太

表 4-1　美国女性中的政治“第一人”

1869 年	法律允许女性在怀俄明州投票
1872 年	第一位代表平等权利党竞选总统的女性（维多利亚·伍德霍尔）
1917 年	第一位当选为众议院议员的女性（蒙大拿州的珍妮特·兰金）
1924 年	第一位当选州长的女性（怀俄明州的奈莉·泰勒·罗斯和得克萨斯州的米里亚姆·A. 弗格森），她们都曾跟随她们的丈夫步入仕途；在一个主要政党的大会上，第一位在副总统候选人中被提名的女性（莉娜·琼斯·斯普林斯，民主党人）
1931 年	第一位在参议院任职的女性（阿肯色州的海蒂·卡拉韦）；在她丈夫去世后完成任期，并于 1932 年当选
1932 年	第一位在总统内阁任职的女性（弗朗西斯·珀金斯，富兰克林·罗斯福总统内阁的劳工部长）
1964 年	在一个重要政党的大会上，第一位在总统候选人中被提名的女性（玛格丽特·蔡斯·史密斯，共和党人）
1972 年	在主要政党的大会上，第一位被提名担任总统候选人的非裔美国女性（雪莉·奇肖尔姆，民主党人）
1981 年	第一位被美国最高法院任命的女性（桑德拉·戴·奥康纳）
1984 年	第一位成功获得副总统职位提名的女性（杰拉尔丁·费拉罗，民主党人）
1988 年	第一位连任三届的女性首席执行官（玛德琳·库宁，佛蒙特州州长）
1992 年	参议院（6 名）和众议院（48 名）的女性人数创纪录，以及（1）第一位非裔美国女性赢得美国参议院选举（伊利诺伊州的卡罗尔·莫斯利·布劳恩），（2）第一个州（加利福尼亚）出现两位女参议员（芭芭拉·鲍克瑟和戴安娜·费恩斯坦），（3）第一位波多黎各女性当选为众议院议员（纽约的妮迪亚）
1996 年	第一位被任命为国务秘书的女性（玛德琳·奥尔布赖特）
2000 年	第一位赢得当选政治职务的前“第一夫人”（来自纽约的参议员希拉里·罗德姆·克林顿）
2001 年	第一位担任国家安全顾问的女性（康多莉丝·赖斯）；第一位在总统内阁任职的亚裔美国女性（伊莱恩·赵，劳工部长）
2005 年	第一位被任命为国务卿的非裔美国女性（康多莉丝·赖斯）
2007 年	第一位众议院女议长（南希·佩洛西）；众议院（70 名）和参议院（16 名）女性人数创纪录
2008 年	女性首次在州立法机构中占据多数席位（新罕布什尔州）
2009 年	女性在众议院（73 名）和参议院（17 名）的人数又一次创纪录

教和罗马天主教等保留了传统的男性领导地位。但是在整个宗教界，一场生动的辩论围绕着父权制传统是代表神的意志还是仅仅反映过去的模式这一问题展开。

（六）性别与军事

自革命战争以来，女性一直是军队的一部分。第二次世界大战期间，当政府正式向两性开放军队时，女性只占武装部队的 2%。在 1991 年海湾战争期间，这一比例上升到近 7%，在这场战争中遇害的每 148 名士兵中有 5 名是女性。在 2011 年秋季，女性占美国驻伊拉克军事力量的 14%。2003 年 3 月至 2012 年 1 月间，伊拉克战争夺去了 110 名女兵的生命；另有 34 名女兵死于阿富汗战争，约占全美军事死亡人数的 2.5%（U.S. Department of Defense，2012）。

今天，几乎所有军事任务都向女性开放。但仍有阻力阻止扩大女性在军事中的作用。限制女性机会的传统解释是声称女性并不像男性那样强壮，尽管这种说法在现代化军队中的意义要小得多，高技术军队对肌肉力量的依赖程度越来越低。人们反对女性进入军队的真正原因与性别本身有关。许多人很难接受女性——我们的文化将其定义为养育者——被置于杀人和被杀的境地的想法。

（七）性别与工作

很多人仍然认为不同类型的工作要么是“男性的工作”，要么是“女性的工作”。事实上，一个世纪以前，在美国，大多数人认为女性根本不应该工作，至少不应该为了获得收入而工作。那时候，就像过去常说的那样，“一个女人的位置在家里”，并且在 1900 年，只有 1/5 的女性为获得收入而工作。图 4-1 中的数据显示，这一比例已经跃升至 3/5（58.6%），成年男性在劳动力市场的比例有所下降。如今，劳动力市场中大多数女性（67%）全职工作（U.S. Department of Labor，2011）。

是什么原因使劳动女性比例急剧上升？涉及的因素有很多。在 20 世纪初，大多数人生活在
农村地区，那里很少人有电器。当时，女性通常 97
会花很长时间做饭、打扫卫生、养育大家庭。今天的典型家庭有许多设备，包括洗衣机、吸尘器和微波炉，所有这些技术大大减少了家务劳动所需的时间，使女性和男性有更多的机会工作赚钱。

此外，今天的普通女性只有两个孩子，这个数字是一个世纪以前的典型数字的一半。有年幼的孩子也不能阻止今天的女性工作：60% 的有 6 岁以下的孩子的已婚女性在工作，71% 的有 6 ～ 17 岁的孩子的已婚女性在工作。从另一个角度来看，今天有 53% 的已婚夫妇双方均为获得收入而工作（U.S. Department of Labor，2011）。

尽管现在有更多的女性为薪酬而工作，但对她们开放的工作范围仍然有限，而且美国社会仍将大多数工作打上女性或男性的标签（Bellas & Coventry，2001；van der Lippe & van Dijk，2002）。被美国社会定义为“男性化”的工作涉及身体危险（如消防和警察工作）、体力和耐力（如建筑工作和卡车驾驶），以及领导角色（如神职人员、法官和企业高管）。被定义为“女性化”的工作包括支持职位（如秘书工作或医疗协助）或需要养育技能的职位（如儿童保育和教育幼儿）。即使在今天，一些被定义为“女性化”的工作仍几乎完全由女性完成，如表 4-2 所示。

96 **美国之窗** **美国各地女性的政治权力**

女性占美国成年人的一半以上。即便如此，在全美各州立法机构中，女性只占 24% 的席位。

在 MySocLab 中探索当地社区和美国各州在管理、商业和金融领域的女性比例。

资料来源：Center for American Women and Politics（2011）.

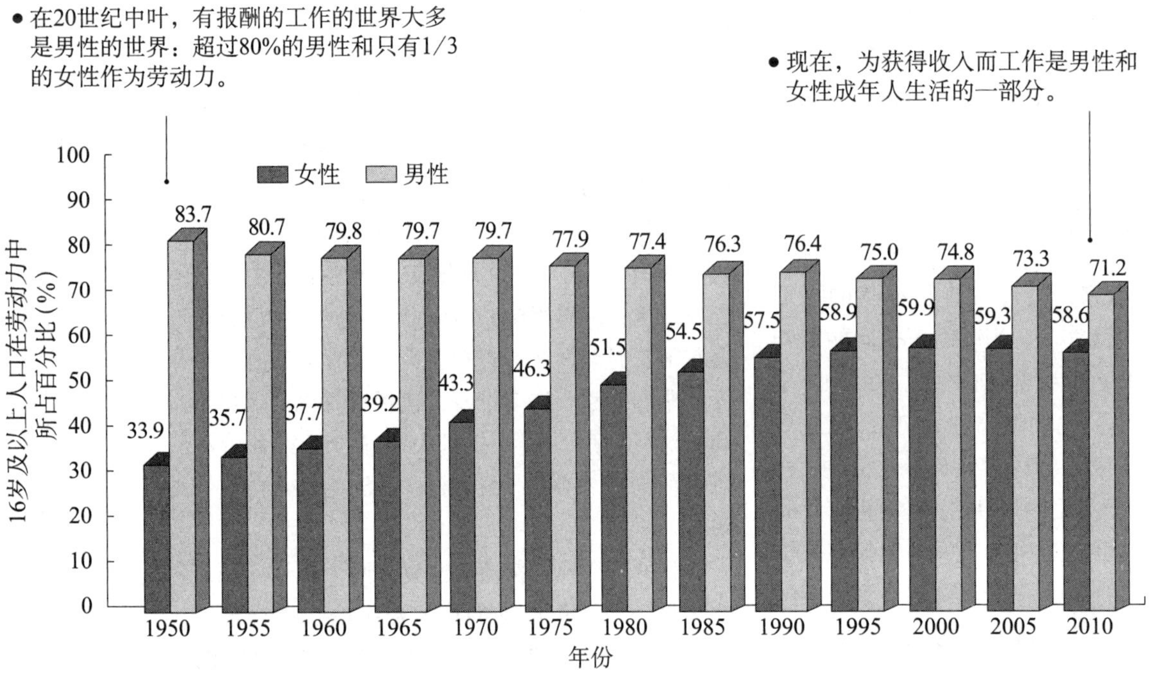

图 4-1　美国劳动力中的男性和女性

注：在过去的半个世纪里，男性在劳动力中所占的比例已经下降（随着男性退休更早，寿命更长）。而为获得收入而工作的女性的比例迅速上升。

资料来源：U.S. Department of Labor（2011）.

表 4-2　工作场所中的性别隔离：被定义为“女性化”的工作

工作	该工作中女性占比（%）
（1）牙科助理员	97.5
（2）幼儿园教师	97.0
（3）言语病理学家	96.3
（4）秘书或行政助理	96.1
（5）牙科卫生员	95.1
（6）幼儿工作者	94.7
（7）接待员或信息办事员	92.7
（8）文字处理工作者和打字员	92.5
（9）教学助理	92.4
（10）营养师和营养学家	92.3

资料来源：U.S. Department of Labor（2011）.

98 1963 的政府《同酬法案》和 1964 的《民权法案》第七条规定了性别歧视是违法的。这意味着雇主不能在雇用员工或设定工资时歧视男性或女性。但是性别不平等在美国社会根深蒂固；官员们每年都会调查数以千计的歧视投诉，一些人怀疑歧视案件的实际数量是远远高于这个数量的。第 91 页的“社会焦点问题”栏目会展示一个众所周知的案例，让你有机会表达自己的观点。

三、性别分层

- **理解**

如前所述，性别分层是男女之间财富、权力和特权的不平等分配。性别不平等是显而易见的，事实上，与男性相比，女性不仅收入更少，而且家务劳动责任更大。女性还要应对其他不利因素，包括高风险的家庭暴力和性骚扰。

（一）收入

收入是性别不平等的一个重要方面。就像你已经了解的，女性和男性从事着不同类型的工作，女性通常从事文职和服务工作，男性通常担任最高级和专业职位。可预测的结果是，女性和男性的薪酬水平不同。

在 2010 年，全职工作的男性薪酬中位数为 47 715 美元；全职工作的女性薪酬中位数为 36 931 美元，大约是男性收入的 77%。

收入中的性别差距意味着，女性或多或少地更有可能处于收入水平的低端。2010 年，24%

的全职女性的收入低于 25 000 美元，相比而言，仅有 15% 的全职男性的收入低于此数值。然而，对于高收入人群而言，性别模式正好相反：收入超过 10 万美元的男性是女性的两倍多（14% 对 6%）（U.S. Census Bureau，2011）。

大多数与男性同居的女性依赖于男性的收入。因此，在分居、离婚或伴侣死亡后，女性的收入可能会急剧下降。特别是当她有小孩时，失去伴侣的收入可能会导致她经济困难并增加她陷入贫困的风险。

在美国，为什么男性的收入远远超过女性？前面提到的第一个也是最大的一个原因是，男性和女性通常有不同类型的工作。第二个原因是，美国社会赋予女性抚养孩子的大部分责任。怀孕、分娩和抚养孩子的任务对女性的职业生涯的限制比男性更多。由于女性将更多时间用于家庭——有时会花更长的时间离开工作来抚养幼儿——男性最终会有更多的职场资历和职业发展机会。此外，一些有年幼子女或年迈父母的女性会选择一些虽然工资较低，但不会占用她们的晚上和周末

社会焦点问题　工作场所的性别歧视：猫头鹰连锁餐厅的论战

一家公司有权雇用任何它想雇用的人吗？这在 1991 年是一个问题，当时美国平等就业机会委员会（EEOC）决定以性别歧视为由起诉猫头鹰连锁餐厅。猫头鹰连锁餐厅区别于其他连锁餐厅之处，在于它的制度是雇用年轻有吸引力的女性，她们在服务顾客进餐时穿着贴身的低胸 T 恤衫和紧身短裤。当男性申请到那里工作时，餐厅的管理者——被批评人士称为“乳牛”——指出了这一制度，并拒绝了他们。

但一些被拒绝的男性认为这一制度是不公平的，于是他们联合 EEOC 一起起诉猫头鹰连锁餐厅存在性别歧视。该诉讼指向 1964 年的《民利法案》第六条，其中禁止进行基于种族、肤色、性别、宗教或民族血统的雇佣歧视。根据这项法律，一家公司不能只雇用女性，就像它不可以决定只雇用白人一样。但法律确实承认这条规则的例外，即涉及法律所称的“善意的职业资格”。这意味着，如果一家公司能够证明申请人的性别是执行所填写的工作的一个重要因素，那么雇用超过另一性别的人是被允许的。

我们能很容易想到特例起明显作用的情况。例如，寻找新老师的犹太教会会雇用一名犹太人，而不会考虑天主教徒或印度教徒。如果教派的宗教教义只允许聘用男人，那么它也会聘请一个男人受戒。但大多数情况并非如此明确。在一个很大的白人街区，一家百货公司不能只因管理层认为白人比有色人种更容易“适应”，而只招聘白人销售人员。

在像猫头鹰连锁餐厅这样的企业中，性别实际上是一种职业资格吗？裁决这个案子要求法院明确猫头鹰连锁餐厅真正在卖什么。如果我们把猫头鹰连锁餐厅定义为一家简简单单的餐馆，那么其招聘政策明显违反法律。但猫头鹰连锁餐厅声称顾客来到他们的餐馆，看到女性像女服务员一样在餐馆工作，就像他们吃饭一样平常。出于这个原因，猫头鹰连锁餐厅继续表示，只招聘女性（并且只招聘某些女性）应该在法律允许的范围内。

当案件于 1997 年被判决时，法院不同意猫头鹰连锁餐厅的说法——至少不完全同意——并且做出了一些妥协。因为猫头鹰连锁餐厅只针对一种性别提供就业机会并排除了另一种性别，法院认定该连锁餐厅犯了性别歧视罪，并对该连锁餐厅罚款 37.5 万美元。但法院还发现，猫头鹰连锁餐厅的业务不仅包括食品，还包括“为顾客提供替代的性娱乐”，这使得申请人的性别与公司的招聘相关。因此，法院最终允许猫头鹰连锁餐厅继续聘用有吸引力的女性做服务员，但前提是该连锁餐厅创造新的工作类别——例如主持人和调酒师——这将为男女都提供就业机会（Reiland，1998；Bernstein，2001）。

加入博客！

从何时开始，一个人的性别与从事的工作相关？例如，你是否同意法律规定的，学院不能合法地拒绝雇用男性来教授女性学习课程或者雇用女性来教授男性学习课程？你是否曾成为性别歧视的目标？请来 MySocLab 加入社会学焦点博客，分享你的观点和经验，并了解其他人的想法。

美国之窗　美国各地的收入性别差 99

南希·威利斯（Nancy Willis）在怀俄明州拉勒米当服务员，年收入不到 2 万美元。

凯伦·萨克斯（Karen Sachs）在国会议员的团队中工作，年收入超过 7 万美元。

在全美范围内，全职女性的收入约为可比较的男性的 77%。在有较强经济和更年轻人口的州（如佛罗里达州和得克萨斯州），性别收入差距较小；在有较弱的经济和更多老年人口的州（如西弗吉尼亚州和怀俄明州），性别收入差距较大。你认为为什么年龄在这种模式中起着重要作用？

资料来源：U.S. Department of Labor（2011）.

或要求她们远离家乡的工作。还有其他母亲（但很少是父亲）会选择这样一份工作：它在家附近，而且提供灵活的时间表，或提供托儿设施。更大的家庭责任意味着在 20 多岁和 30 多岁时，女性在职业生涯中落后于男性。一项研究发现，几乎一半从事竞争性工作的女性需要从工作中抽出时间来照顾年迈的父母（Hewlett & Luce，2005；Hewlett，2009）。校园中的女性也经历着角色冲突：一些研究证实，有至少一个孩子的年轻女教授比在同一领域的男教授获得终身教职的可能性要小（Shea，2002；Ceci & Williams，2011）。这样的研究显示了基于家庭的性别不平等的长期影响：即使男女两性一开始从事的工作完全相同，随着时间的推移，女性也通常会落后于男性同事。

更大的家庭责任意味着女性会在家庭中花更多的时间，甚至在重要的职业建设期退出劳动力市场。当重返工作岗位时，许多女性意识到仅仅是回到游戏中也比她们想象的要难。第 93 页的“个人故事”栏目对此做了进一步展示。

性别不平等的另一个原因是女性受到性别歧视。这意味着许多雇主总能想到办法给女性支付低于男性的费用。就业歧视是非法的，机会均等法减少了过去常见的公然双重标准。但更为微妙的歧视仍在继续，就像在一家公司的例子中，男性雇员被邀请去参加一个远郊会议，女性雇员被排除在外，因为该公司认为夜间独自开车出门对于女性来说太危险了（Benokraitis & Feagin，1995：85）。

今天，当一家公司希望填补一个最高职位时，可能没有人会站出来说“让我们推选一个男人”。但是，对女性的文化偏见影响了很多晋升决策。社会学家使用**玻璃天花板**（glass ceiling）这一术语来指代*有效阻碍女性获得组织最高职位的微妙歧视*。根据最近的一项调查，美国财富 500 强企业中只有 16 家由女性担任首席执行官（Catalyst，2011）。

（二）家务 100

正如父权制赋予男性对工作场所的控制一样，它也为女性分配了大部分家务。日本可能是所有高收入国家中父权制最严重的，女性承担几乎所有购物、烹饪、清洁和儿童保育工作。在已婚夫妇中，有两份收入在美国是常态，但女性仍然从事大部分家务劳动（或付钱让其他女性来做）。图 4-2 显示，人们做家务的数量取决于他们是单身还是已婚，是为获得收入而工作还是待业在家。但是，看看这些类别中的每一个，女性花在做家务上的时间都比男性要多——一个原因是家务有时被称为女性的“第二工作”（U.S. Department of Labor，2011）。

（三）对女性的暴力

也许与父权制有关的最严重问题是男性对女性的身体暴力。袭击、强奸甚至谋杀都很常见，许多社会学家将身体暴力视为男性统治女性的一个方面。

美国政府估计每年约有 120 万对女性的身体攻击事件发生，另外还有 304 720 起严重攻击和 169 370 次性侵犯，包括强奸和强奸未遂（U.S. Department of Justice，2011）。在校园里，在任何学年，政府估计有 3% 的女大学生是强奸或强奸未遂的受害者。在典型的五年制大学期间，大约20%的女性经历过这样的犯罪（U.S. Department of Justice，2011）。

暴力是一种犯罪，但是什么使它成为一种性别问题？首先，侵略性是我们对男性气质的文化定义的一部分。简而言之，“真正的男人”控制局面，这是男性犯下大多数暴力犯罪的原因之一（见第6章“犯罪、暴力和刑事司法系统”）。其次，许多人轻蔑地对待被父权制社会定义为“女性化”或低价值的任何事物（Goetting，1999；Herman，2001）。

性别暴力的范围从恼人的行为（比如男性对一名走在街上的女性吹口哨）到不想要的身体接触（比如将女性逼到宿舍走廊的角落或者在郊区的家里挥动愤怒的拳头等直接暴力）。在所有情况下，这些攻击并不像人们通常认为的那样与性有关，因为它们是男性权力对女性的展示。因

个人故事　生养孩子后：回到工作中

女性收入低于男性的一个主要原因是社会期望她们承担大部分家庭义务。想想凯瑟琳·斯特朗（Catherine Strong）的故事，她是一位受过良好教育的才华横溢的女性，曾在银行业工作，然后她从工作中抽出时间生下了孩子（Chaker & Stout，2004）。

凯瑟琳·斯特朗在椅子上紧张地坐着，因为在她面前的大桌子后面的那个女人正在读着手中的文件。她记得在她作为纽约市许多知名银行的投资官的那些年里，常常像这样坐在一张大桌子后面。她想到了她过去常常面试那些寻求晋升或渴望找到新工作的人。这似乎是很久以前的事了。现在轮到她寻找工作了，她已经寻求了一家大型搜索公司的帮助。

搜索公司的顾问浏览完了文件，抬起头，带着严肃的表情，开始说起来。她表示斯特朗有一个良好的教育背景——一所著名学校的学士学位，以及另一所大学的工商管理硕士学位。斯特朗的简历展示出其为几家大型银行工作多年，这也令人印象深刻。但是，顾问继续说，因为经济萧条，工作比以前更难找到。更重要的是，她继续说道，事实上，斯特朗已经差不多15年没有工作了。在竞争非常激烈的高级融资世界中，斯特朗找到任何与她曾经从事的工作相近的工作的可能性极小。

凯瑟琳·斯特朗是数百万离职生育并留在家抚养小孩的女性之一。起初，她预计可能会离开工作大约1年。但她发现抚养新生儿是一个很大的挑战，那时她第一胎生了两个小孩，并且她和她的丈夫知道他们很快就会再次成为父母。

像大多数女性一样，斯特朗并不后悔自己做出的选择，但也和大多数女性一样，她确实希望她的丈夫可以做更多的事情来分担养育子女的责任。她很快指出，当她停止工作后，全家人不得不依靠她丈夫的薪水来生活，而且他比以往任何时候都更努力。她一直认为，一旦孩子们进入青少年时期，她就可以回到曾经热爱的工作岗位了。但现在这个梦想似乎遥不可及。

虽然最近的经济衰退使得每个人都很难找到工作，但是，那些已经脱离劳动力市场的女性（礼貌的表达是“在你的简历中有间断”）经历着最艰难的时刻。她们的技能可能已退化甚至完全过时。许多女性具有和凯瑟琳·斯特朗一样令人沮丧的经历，她们了解自她们离开办公室以后，工作领域发生了多大的变化。此外，在这种情况下，大多数女性也认识到她们失去了大部分社交网络和人脉。

公司是否应该做更多的工作来与像斯特朗一样离开工作去抚养孩子的员工保持联系？公司（或整个社会）是否应该支持养育子女并希望重返工作岗位的女性？在听到她的顾问总结她的变化——“你必须现实，你不会找到你15年前离职时的那种工作。你需要迈出一大步”——时，凯瑟琳·斯特朗感到畏缩。我们的社会需要做得更多吗？

你怎么看？

1. 公司是否应该帮助像凯瑟琳·斯特朗这样尝试重返工作岗位的女性？它们会怎样帮忙？
2. 所有这些家庭中的父亲呢？他们应该做更多的事情来分担养育子女的责任吗？
3. 你或你认识的任何人曾经处在凯瑟琳的位置吗？她们经历了什么？

此，性暴力是性别分层的一个维度。

101 纵观统计数据，对女性来说，最危险的环境不是黑暗的小巷，而是光线充足的家庭——一个人们希望寻求和平与支持的地方（Smolowe，1994；Frias & Angel，2007）。

在包括美国在内的一些国家，家人会使用暴力来控制女性的行为。第 95 页的“全球视野下的社会问题”栏目讨论了切割女性生殖器官的戏剧性案例。

（四）性骚扰

性骚扰（sexual harassment）是指*不受欢迎的评论、手势或性接触*。美国社会从 20 世纪 80 年代才开始将性骚扰定义为社会问题。随着越来越多的人反对从性方面看待女性的传统男性做法，这个问题得到进一步关注。为什么？因为从性方面看待女性的男性不太可能在工作场所、校园或其他任何地方接受女性是与自己平等的人。同样重要的是，如果社会不将性骚扰定义为一个社会问题，那么处于权力地位的男性可以自由地强迫与他们所管理的女性发生性行为。调查显示，约有 3% 的女性声称自己在工作中受到过骚扰，大约 50% 的女性声称她们受到了不必要的性关注（NORC，2011：1508）。

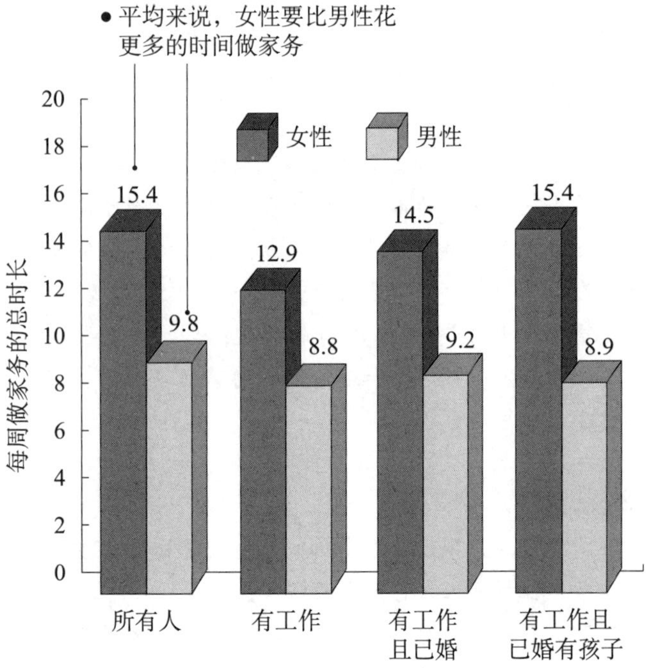

图 4-2　性别和家务

注：无论就业或家庭状况如何，女性都比男性做更多家务。

资料来源：U.S. Department of Labor（2011）.

性骚扰可能是公然和直接的：一名教授强迫学生与其发生性行为，并威胁如果她拒绝就会得到不好的成绩。这是一个明显的性骚扰补偿（拉丁语的意思是“一物换一物”）案件，法律规定这是对公民权利的侵犯。但性骚扰也可能涉及微妙的行为——性欺骗或色情笑话——有人甚至不把这些行为当作性骚扰。如果这种行为影响人们的工作，那么这种行为仍然是有害的。在这种情况下，冒犯者和被冒犯者可能会从不同的角度解释所讨论的行为。例如，一个男性可能会认为，对女同事外表的赞美只是一种表示友好的姿态，但一个女性可能会认为这种评论是妄想的和不专业的。

（五）性、美与生殖

父权制文化教导男性基于女性的性吸引力，而不是能力来评估女性。女性也可能学到这些规范。社会规范鼓励女孩和女人穿着修身的衣服和鞋子（无论她们是否感到舒适甚至安全），与男人调情并对他们体贴入微。

近年来，社会学家指出，美不仅指长得好，还事关权力和不平等。第 96 页的“多样性：种族、阶级和性别”栏目仔细研究了美对女性意味着什么。

我们的社会也在讨论谁应该控制两性繁殖。以往，医生和立法者（几乎都是男性）限制了女性接触节育技术的机会。在 20 世纪 60 年代以前，州法律甚至还控制了避孕套和其他节育设备的售卖。我们继续讨论谁应该做节育的决定：女性是否必须咨询医生才能获得节育设备？低于某一年龄的女性是否必须从父母那里获得许可？政府是否应该要求所有健康保险计划（包括那些正式反对节育的天主教组织）为所有女性提供节育产品和服务（Steinhauser，2012）？

堕胎可能是一种更具争议的做法。保守派认为堕胎是一个道德问题，并强调保护未出生的孩子的必要性。自由派——特别是女权主义者——将堕胎视为一种权利和选择的问题。反对者将是否继续怀孕的决定权放在男性——父亲、丈夫、医生和立法者——而不是其身体和生活会受到这一决定影响的女性手中。在自由派观点中，获得节育和安全堕胎的机会加强了女性对她们生活的选择权，包括她们的工作能力，并有助于减少性别不平等。

（六）女性：占人口多数的少数群体？

第 3 章（“种族和民族不平等”）将少数群体定义为在社会上处于不利地位的任何特殊类别人群。女性是少数群体吗？从数字上看，女性占美国人口的轻微多数（约 51%）。即便如此，在父权制社会中，女性也会遇到生理特征和处于不利地位的考验。

研究人员长期以来一直指出，大多数女性并不认为自己是少数群体（Hacker，1951；Lengermann & Wallace，1985）。对这一事实的一个解释是，许多女性根据种族、民族和阶级地位来判断她们的相对特权。另一个原因是，虽然女性没有与男性相同的权力，但我们的社会教导 102
女性应顺从男性，并且把丈夫的事业或者孩子的幸福视为比她们自己更重要的事情。

然而，女性可能会对这个问题有所了解，客观的事实是，作为一个群体，女性的收入、财富和权力确实比男性少。因此，将女性定义为少数群体是有道理的。

四、性别不平等理论

- **分析**

社会学的三个主要理论中的任意一个——结构功能方法、社会冲突方法和符号互动方法——都有助于我们理解性别不平等。正如你在前面的章节中所看到的，这些理论中的每一个都突出了不同的事实并得出了不同的结论。

全球视野下的社会问题

女性割礼：用暴力来控制女性

在东非国家埃塞俄比亚的一个贫困的家庭中，一个小女孩蜷缩在一张小床的角落里。只有 18 个月大的她很痛苦，而且不明白为什么。

她的痛苦是由阴蒂切除术——有时被错误地称为“女性割礼”——引起的，这意味着她的外阴蒂被切除了。在更极端的形式中，阴蒂被彻底切除，阴道被缝合至几乎完全关闭，直到女性的新婚之夜才被再次切开。

该手术——有时由医生执行，但通常由助产士或部落从业者执行，通常不进行麻醉——在埃塞俄比亚、尼日利亚、多哥、索马里、埃及以及非洲和中东的其他 30 个国家很常见。全世界有 1 亿多女孩接受了阴蒂切除术——现在被广泛地称为“切割女性生殖器官”。

这种所谓的医疗手术无关于治愈任何疾病或病症，而是控制女性的一种手段。在高度重男轻女的社会中，男性要求与他们结婚的女性是处女，而且要求妻子在此之后仍保持性忠诚。如果没有阴蒂，女性就会失去部分甚至全部感受性快感的能力。有些人认为，这种手术会使女性不可能变得性淫乱或不忠，且依照她们所在社会的规则，更有可能活下来。

在美国，虽然这个手术是非法的，但每年仍有数千名移民家庭的年轻女孩接受阴蒂切除术。事实上，一些移民母亲认为，一旦她们生活在美国，这种手术就更加有必要，因为在美国，女性拥有更多的性自由。

你怎么看？

1. 切割女性生殖器官的做法如何被用于控制女性的行为？
2. 在美国和其他地方，应采取哪些步骤消除这种行为？
3. 切割女性生殖器官是否属于虐待儿童的行为？阐释你的观点。

（一）结构功能分析：性别与互补性

根据结构功能主义方法，性别是社会关于女性和男性在某些方面存在差异的认知。在这种方法中，社会根据互补性来定义性别。换句话说，男性和女性被认为在重要方面存在差异；这些差异表明每种性别都有不同的作用；角色分化意味着每种性别的人都需要另一种性别的人；这种相互依存关系有助于将个人团结起来组成家庭；以家庭为基础的融合有助于将整个社会联系在一起。

这类理论中最著名的理论——角色互补理论是由塔尔科特·帕森斯（1942，1951，1954）发展起来的。要了解他的观点，从对性别的历史性回顾开始是有帮助的。

在人类早期，由于分别作为猎人和采集者，两性之间的生物差异非常重要。由于我们的远祖无法控制繁殖，因此女性经常怀孕，并花费她们生活的大部分时间来照顾孩子。因此，这些社会中的女性别无选择，只能围绕家庭建设自己的生活，在抚养孩子时收集植物。男性更大的体型和更强的力量，使他们负责狩猎和战争等任务，这些任务使他们从家庭中抽身。经过了很多代人，基于社会性别的劳动分工变得制度化，这意味着它融入了文化，并代代相传。

然而，到工业革命时期，基于性别的劳动分工变得越来越不必要了。社会设计出了有效的节育手段。正如第 7 章（“性”）所解释的那样，最早在 1850 年左右被制造出来的橡皮避孕套是一种相当可靠的避孕工具。工业技术也降低了在劳动力市场中体力的重要性，从而为女性提供了更多就业机会。

帕森斯声称，在人类历史进程中性别差异变小的历史趋势反映了另一种趋势——性别的生物学事实（包括体型和力量）变得越来越不重要。然而，帕森斯认为，现代社会仍然鼓励一些性别差异，因为它们有助于整合人们并帮助他们一起工作。具体而言，社会以互补的方式界定两性，这一点确保了男女需要家庭结合并从家庭结合中受益。在家庭中，女性仍然生育孩子，当然，她们也对家庭承担更多责任。相比之下，男性更多的是通过更好地参与劳动力市场，将家庭与更大的世界联系起来。

鉴于这种基于性别的专业化，社会指导父母

多样性：种族、阶级和性别

美丽：它究竟是什么？

美丽与好看的外表相关——有什么比这个更明显？但美也与性别和权力相关。

内奥米·沃尔夫（Naomi Wolf，1990）声称，我们关于美的文化观念使得男性处于有利位置。她说，女性学会以外表来衡量自己的个人重要性，这种做法阻碍了其他个人发展途径。此外，社会用于鼓励女性自我评判的标准是由价值数百万美元的时尚、化妆品和饮食行业创造的标准。这些标准（以花花公子“玩伴”或 100 磅[①]重的纽约时装模特的形式）与大多数女性的身体或生活的现实没什么关系。

此外，对美的关注教导女性试图取悦男性。对美的追求使女性对男性对她们的反应非常敏感，并鼓励她们将其他女性视作竞争对手而不是盟友。

总之，我们关于美的文化观念是维持父权制的有效策略。电视、杂志和报纸上针对女性的大量广告，不仅仅是关于女性应该购买和使用什么的内容。相反，它是关于女性应该怎么样的内容。沃尔夫指责，这种“美丽神话”的文化是一种对女性有害的性别偏见。

你怎么看？

1. 温莎公爵夫人曾经说过：“女人不能太富裕或太瘦。”这个建议是否同样适用于男性？为什么是或者为什么不是？
2. 第 9 章（“身心健康”）解释说，几乎所有患有饮食失调症的人都是女性。你认为为什么会出现这种情况？
3. 阅读这一栏目，你是会鼓励还是会不鼓励自己的女儿用传统的方式思考美？为什么？

① 1 镑约为 0.45 千克。——译者注

以不同方式抚养他们的儿子和女儿。帕森斯解释说，男性气质涉及一种*工具性*的取向，强调理 103 性、竞争、对目标的关注。女性气质涉及一种相反的*表达性*的取向：情绪响应、合作，以及对他人和人际关系的关注。

年轻人很快发现，看起来或表现得与男性气质或女性气质的社会标准有太大不同，可能会引起其他人的强烈反对。随着年龄的增长，男孩和女孩也会发现，未能展示正确的社会性别模式可能会导致其性吸引力下降。简而言之，社会教导男性偏爱具有女性气质的女性，正如它教导女性偏爱有男性气质的男性。最终结果是，男性和女性为一段关系带来了不同的元素，且互相需要。

- **评价**

50 年前，社会性别的结构功能方法具有相当大的影响力，但今天却远不如当时。为什么？因为“性别差异有助于社会运行”的功能主义论断，在今天的研究者们看来是支持传统性别角色的。当今许多社会学家将帕森斯所谓的“角色互补”解释为男性统治。

这种方法的第二个问题是，通过认为社会受益于关于性别的传统观念，结构功能方法忽略了这样一个事实：男性和女性可以并且确实以各种方式相互联系，这些方式不适用于任何规范。我们不能假设每个人都适合“工具性”或“表达性”类别。例如，今天的大多数人——包括男性和女性——在劳动力市场中扮演着“工具性”的角色，而在他们的人际关系中扮演着“表达性”的角色。

批评者提出的第三个问题是，功能性思维掩盖了由严格的性别模式造成的个人压力和社会冲突（Giele，1988）。他们争辩说，在日常生活中，我们可能会体会到性别的益处和害处。关于人们在生活中如何切实体验性别的讨论，使我们转向了符号互动方法。

学习检验 解释帕森斯是如何从互补性角度阐释性别的。这种模式如何帮助社会运行？

（二）符号互动分析：日常生活中的性别

符号互动方法提供了一种对性别的微观层面的分析，强调了个人在日常生活中如何体验性别。

1. 性别与个人行为

性别如何塑造日常行为？正如我们所看到的，性别涉及权力；更强大的人在如何表现上有更多选择。一般而言，我们的社会赋予男性更大的个人行为自由。例如，你会对使用粗言秽语的男人和做同样事情的女人，以同样的方式做出反应吗？同样，研究人员已经证明，在日常谈话中，男性倾向于打断他人，特别是女性；相比之下，女性更倾向于礼貌地倾听他人，特别是男性（Smith-Lovin & Brody，1989；Henley，Hamilton & Thorne，1992；Johnson，1994）。

同样的性别模式在面部表情中更明显。除了象征快乐之外，微笑还表达了尊重和对和平的渴望。因此，毫不奇怪，研究人员指出，女性比男性更倾向于微笑（Henley，Hamilton，& Thorne，1992）。

2. 性别与空间使用

一般模式是，拥有更多权力的人在日常活动中使用更多空间。例如，在教室里，教授可以在讲话时在房间里踱步，但学生应该留在座位上。因为男性有更大的社会权力，所以他们通常比女性使用更多的空间，无论男性是工作时在小组面前说话还是运动时在运动场边休息放松。

我们学会根据男人使用的空间大小（以“地盘”为标准）来判断男性气质，并且学习通过女 104 性使用的空间大小（以“精致”为标准）来判断女性气质。

此外，男性更大的权力给了他们更接近其他人的选择，甚至到了闯入我们所认为的“私人空间”的程度；而女性在这一点上必须更加小心，因为“接近男性”很可能被视为性引诱（Henley，Hamilton，& Thorne，1992）。

3. 性别与语言

最后，性别在我们使用的语言中起作用。在谈论令人骄傲的财产时，许多男性使用女性代词，就像当一个年轻人炫耀他的新车时，说：“她不是一个美女吗？”在这种情况下使用男性代词（“他不是一个美男吗？”）似乎错了。这反映了这样一个事实，即在父权文化中，男性控制女性，而不是女性控制男性。

人们的名字显示出相同的模式。在新婚夫妇中，传统做法是让女方使用其丈夫的姓氏。相反的模式——一个男人使用他的妻子的姓氏——非常罕见。虽然今天很少有人会说这个模式意味着这个男人实际上拥有这个女人，但这确实表明男人希望控制自己的妻子。

最后，请注意英语是如何趋向于使男性化的东西比女性化的东西有更高价值的。与男性相关的传统头衔 ——如国王和领主——具有积极意义，但与女性相关的相应头衔——如女王、女士和夫人——往往是负面的。

- **评价**

符号互动方法的优势在于将性别与真实的人联系起来，展示出性别如何在人们日常生活的熟悉维度中发挥作用。这种方法也表明性别是社会现实的重要组成部分。

与此同时，这一方法（以及所有其他微观方法）的局限性在于它忽视了性别作为一种社会结构的广泛重要性。我们现在转向社会冲突方法来研究性别不平等和性别冲突的广泛问题。

学习检验 指出性别指导日常互动模式的方式，包括人们可选择的范围、可使用的空间和语言。

（三）社会冲突分析：性别与不平等

社会冲突方法将焦点从将性别差异作为补充的功能主义的横向分析转变为将性别作为社会不平等维度的更为垂直的分析。冲突理论认为，性别在男性“富人”和女性“穷人”之间产生冲突，而不是促进社会融合。

弗里德里希·恩格斯（Friedrich Engels，1820—1895）——卡尔·马克思终身的朋友和合作者——将马克思关于阶级冲突的思想扩展至包含性别（Engels，1902，orig.1884）。恩格斯认为，同样的历史过程使男性处于对女性的支配地位，这一历史过程产生了一个精英主宰工人的统治阶级。

早期的狩猎和采集社会为女性和男性分配了不同的日常生活，但两性都为日常生活做出了重要贡献。也就是说，男性进行狩猎，女性采集提供大部分食物的植物。因此，正是因为这些技术简单的社会缺乏不同的阶级，所以他们接近于性别平等。

获得养殖动物和种植作物的能力为社会提供了剩余产品——超过人们生存所需的产品。一般来说，有些家庭获得了大部分剩余产品，而且当这种情况发生时，社会阶层就诞生了。一旦有些人比其他人拥有得更多，精英们就发展出私有财产的概念，作为一种控制他们所拥有的东西的策略。同样的过程也促使男性开始控制女性的生活。为什么？因为那些希望将自己的财富传递给儿子的人必须在财产私有的主张中充满信心，而且他们也必须确定自己的后代是谁。因此，有钱人将家庭作为一种控制财产和女性性欲的方式，女性要保持忠诚并养育男人的孩子。

恩格斯继续说，随着资本主义的兴起，父权制变得比以往任何时候都更强大，父权制采取男性主导的资产阶级的形式。简而言之，男性享有最大的财富和权力。此外，为了确保资本主义生产所需的不断扩大的市场，社会教导女性个人幸福在于婚姻，家庭生活是产品和服务的消费者。最后，因为资本主义迫使大多数男性在工厂工作数个小时，所以男性希望他们的妻子做所有的家 105
务。对于恩格斯来说，资本主义的双重问题在于在工厂中以低工资剥削男性，并且以零工资剥削在家的女性（K. Barry，1983；Jagger，1983；L. Vogel，1983）。

- **评价**

社会冲突方法展示了性别如何发展成社会分层的主要维度。 恩格斯的著作也突出了性别与阶级之间的密切联系。

但对于恩格斯的理论有一些批评意见。首先，一些家庭可能是父权制的，但它们履行抚养子女的重要任务。其次，虽然男性和女性的生活可能会有所不同，但不是每个人都将这些差异定义为不公正。换句话说，社会冲突方法最大限度地低估了女性和男性合作性地生活在一起而且足够幸福的程度。最后，一些人对恩格斯的资本主义是性别分层的核心这一论断提出了质疑。毕竟，父权制在某些社会主义国家（如古巴等）也很严重。

学习检验 根据弗里德里希·恩格斯的观点，父权制作为一种允许富人将财产传给子女的制度，如何与阶级差异一起出现？

（四）交叉理论：少数族裔女性的情况

近几十年来，一种新型的社会冲突方法发展出一种将性别不平等与基于种族和民族的不平等联系起来的理论。**交叉理论**是*对种族、阶级和性别如何相互作用，以及这种相互作用对某些类别的人制造的多种不利因素的分析*。

如果女性处于不利地位，且正如第3章（“种族和民族不平等”）所解释的那样，种族和民族上的少数群体也处于不利地位，那么少数族裔女性呢？她们是否处于双重不利地位？交叉理论声称答案是肯定的。

为了了解这是怎么回事，让我们来看看各类美国人口的平均收入的数据。2010年，全职工作的非拉美裔白人女性的平均收入为40 495美元。但全职工作的非裔美国女性的平均收入为32 332美元，大约是前者的80%，全职工作的拉美裔女性的平均收入为28 150美元，大约是非拉美裔白人女性的70%。因此，在女性中，种族和民族是一个不利因素。

然后是基于性别的劣势。在种族和民族类别中，我们看到，2010年，非裔美国女性的收入是非裔美国男性的88%，拉美裔美国女性的收入是拉美裔美国男性的89%。

结合这两个不平等的维度，非裔美国女性的收入是非拉美裔白人男性收入的62%，拉美裔美国女性的收入是非拉美裔白人男性收入的54%（U.S. Census Boureau，2011）。因此，性别与种族和民族的交叉影响确实会导致美国某些人口类别的更大劣势。

- **评价**

交叉理论是一种重要的新的社会冲突方法，值得人们探讨。通过使用收入数据，很容易看出，不平等的维度结合在一起，使得美国人口的特定类别面临着特殊的劣势。

与此同时，正如卡尔·马克思所说，了解一个问题自然是有价值的，然而，重点是改变社会以减少不平等。这种对变革的渴望将我们引向女权主义——一种旨在改变的性别研究。

学习检验 什么是交叉理论？它如何帮助我们理解社会不平等的各个方面的影响？

“理论运用”表格总结了每一种理论方法关于性别的观点。 106

五、女权主义

- **分析**

自20世纪60年代以来，女权主义在社会学中得到了极大的重视。正式定义的女权主义（feminism）是*一种寻求男女社会平等的政治运动*。因此，女权主义涉及理论和行动。

理论运用 **性别不平等**

	结构功能方法	符号互动方法	社会冲突方法
分析层次	宏观	微观	宏观
什么是性别？	正如帕森斯所解释的那样，性别是融合了女性和男性的思想和行动的互补模式，有助于将社会联系在一起。	性别是一种塑造男性和女性日常生活的意义体系；我们如何与他人互动，我们如何利用空间，甚至我们的语言都反映了性别。	性别是社会分层的一个维度，它以牺牲女性为代价使男性受益。恩格斯解释说，父权制的出现就是为了富有的男性能够把财产传给他们的儿子，并且帮助所有男人都在家外工作。
性别是一个问题吗？	性别不是问题：它是有作用的，因为它有助于社会的有序运行。	从个人的角度来看，性别可能是也可能不是问题；性别是我们每天经历的社会现实的基本要素。	性别是一个问题，特别是对于占人口一半的女性来说，她们因一个为男性提供财富和权力的系统而处于不利地位。正如交叉理论所解释的那样，某些类别的女性经历了特别大的劣势。

美国女权主义的历史可以追溯到超过150年前。该运动的第一波浪潮始于19世纪40年代，作为废除奴隶制的努力的衍生物。然后，卢克丽霞·莫特（Lucretia Mott，1793—1880）和伊丽莎白·卡迪·斯坦顿（Elizabeth Cady Stanton，1815—1902）看到了压迫有色人种的白人和压迫女性的男性之间存在的相似之处。“建构社会问题决定性时刻”栏目对此进行了更仔细的介绍。

（一）女权主义基础要素

女权主义有多个版本。但几乎所有的女权主义者都同意以下六个普遍的观点：

（1）性别的重要性。女权主义者声称，每个人的生活都是由性别塑造的。男性选择变得更有竞争力，就像女性选择顺服一样；这种行为与我们的社会如何定义男性和女性行为有很大关系。

（2）平等的重要性。美国社会赋予男性权力和特权，而女权主义者反对这个现状。因此，女权主义是理解和改变社会的努力。

女权主义者声称，每个人——女性和男性——都将从更大的性别平等中受益。显然，父权制限制了女性的发展和机会。并且，女性占了人口的一半。同时，男性也受到驱使他们寻求对他人的控制这一制度的影响，以及因自杀、暴力、事故、心脏病和其他与压力有关的疾病而死亡的高风险模式的影响。在很大程度上，心理学家所划分的A型人格——A型人格的特征为不耐烦、有野心和竞争力，但所有这些都增加了患心脏病的风险——与美国文化定义的男性行为的特征有很多相同之处（Ehrenreich，1983）。

（3）选择的重要性。女权主义者认为性别是一种社会建构，它提供给女性和男性一系列狭隘的机会。只有摒弃关于女性和男性“应该”选择的生活类型的传统观念，所有人才可以自由地为自己决定生活的方向。

（4）性自由的重要性。女权主义者声称女性有权控制自己的性取向和生殖。女权主义者支持广泛提供避孕信息和技术，反对对堕胎的法律限制。许多女权主义者也支持同性恋权利运动。正如一些女权主义者所看到的那样，女同性恋甚至比男同性恋者更容易成为偏见和歧视的目标，因为她们既违反了异性恋的规范，又违背了男性应该控制女性性欲的期望（Hadley，1996；Jackson & Scott，1996；Herman，2001；Armstrong，2002）。

建构社会问题决定性时刻

伊丽莎白·卡迪·斯坦顿：主张女性的平等权利

这可能很难想象，但就在几代人之前，美国的女性在法律上是二等公民。女性不能投票，不能拥有财产，也不能签订法律合同。女性赚钱的情况很少见，即使有少数女性能赚钱，她们也通常会将这些钱转交给丈夫或父亲。

那些联合起来反对白人奴役非裔美国人的人们很快就开始怀疑女性是否是男性的奴隶。伊丽莎白·卡迪·斯坦顿理解女性的二等地位，并决定对此采取行动。1848年，斯坦顿和她的朋友卢克丽霞·莫特在纽约塞尼卡福尔斯组织会议，开始了变革进程。

大约300名女性聚集在纽约州北部小镇的卫斯理教堂，听取更多关于“妇女权利”的信息。斯坦顿主持会议，质疑为什么女性与男性没有相同的权利和机会，包括投票权。即使是那些认为女性应该得到更多东西的人当中的许多人也被女性的政治声音应该与男性一样这样的建议震惊到了。斯坦顿的丈夫亨利嘀咕说，这一次，他的妻子走得太远。为了抗议，他骑马出城。

斯坦顿在她主持的历史性会议后的半个世纪，都没有看到她关于女性平等的梦想成真。但她帮助人们开启了一项确实起作用的社会运动。1920年——在斯坦顿去世后的第18年——女性终于获得了投票权。当然，即使在这次胜利之后，许多人也意识到仍有许多工作要做。毕竟，在许多其他方面，性别仍然不平等。结果是，女权主义运动的“第二次浪潮”一直延续至今，解决了工作不平等、家庭暴力和生殖权利等问题。

（5）反对父权制的行动主义。女权主义积极反对所有形式的性别歧视和性别不平等。在这个过程中的重要一步，正如女权主义者所看到的那样，是美国社会要肯定女性和男性在法律面前享有同等地位。这就是为什么，自女权主义于1923年首次提出以来，女权主义者一直支持将《平等权利修正案》（ERA）写入美国宪法的原因。《平等权利修正案》简明扼要地表示："法律上的权利平等不应被美国或任何国家因性别而否认或删节。"

（6）反对性别暴力的行动。如本章前面所述，许多社会学家认为对女性的暴力行为是一个紧迫的社会问题。女权主义者声称，强奸、性骚扰和家庭暴力等侵害女性的行为只有在社会将女性和男性置于同一水平时才能消除。

（二）女权主义的类型

所有女权主义者都同意刚才提到的总体目标，但她们支持通过不同途径来实现这些目标。一般来说，父权制问题有三种女权主义解决方案：自由女权主义、社会主义女权主义和激进女权主义（Jagger，1983；Phillips, 1987；Lindsay, 1994；Armstrong，2002；E.B. Freedman，2002）。

1. 自由女权主义

自由女权主义寻求一个所有人都被视为平等个体的社会，这样男女双方就可以自由发展自己
107 的才能以及追求自己的利益。自由女权主义是一种改革方法，意味着它在现有的社会制度中寻求变革。自由女权主义的目标是让女性享有与男性相同的权利、机会和回报。

《平等权利修正案》的通过是一个目标。在此之外，自由女权主义者支持通过法律来消除对女性的偏见和歧视。他们还支持诸如提供节育服务作为所有医疗保健的一部分、保障女工产假和增加工作场所儿童保育设施等政策，以便照顾幼儿的女性仍可以从事工作。

最后，自由女权主义者并不期望所有女性都具有相同的社会地位。个人才能和努力总会让一些人超越另一些人。自由女权主义者的立场是，社会不应仅仅因为性别而在人们的道路上设置障碍。简而言之，所有人都应该有基于才能和努力的机会，都应该被视为自由的个体。

2. 社会主义女权主义

在政治左派之后，其他女权主义者怀疑改革现有的社会制度是否足以结束父权制。社会主义女权主义的支持者声称，马克思主义阶级革命需要确保不仅对女性而且对所有人来说都是平等的。回想一下我们早些时候的讨论，恩格斯指出了资本主义私有财产中父权制的根源。也就是说，资本主义通过强迫她们做家务（恩格斯称之为"家庭奴隶制"）并进行低薪工作来压迫女性。如果没有足够的自给自足能力，女性就会依赖男性来维持经济安全。

从社会主义的角度来看，废除资本主义阶级制度意味着将经济生产从私有财产转变为集体事业。这一过程也意味着用集体生活安排来取代私
人家庭生活，在集体生活安排中，人们聚到一起 108
共同承担烹饪和儿童保育等任务。如果以这种方式分享工作，不仅不会有阶级，而且男性将不再支配女性。

总而言之，社会主义女权主义认为阶级革命对于性别革命来说是必要的。因此，当自由女权主义接受了美国社会的基本制度时，社会主义女权主义没有接受。从这个角度来看，只有通过消除历史上压迫全人类的更广泛的经济条件，才能实现女性的解放。

3. 激进女权主义

政治左派的第三个战略要求所有人做出最基本的改变。激进女权主义认为，父权制是建立在性别本身的概念之上的，因此，只有结束女性与男性之间的区别才会带来平等。

为什么？激进女权主义者开始于一个似乎令人惊讶的断言：性别的根源是允许女性生育的生理差异。换句话说，女性与男性一直不平等的主要原因是母性。从这个角度来看，家庭与其说是一种经济关系（如恩格斯和社会主义女权主义者所说的那样），倒不如说是一种制度化的异性恋形式，它通过要求女性生育和抚养子女来限制女性的生活，这就将女性限制在了家中。

但如果父权制问题植根于人类生物学，那么改变的希望是什么呢？直到最近，激进女权主义

者解释说，根本没有希望，因为社会几乎无法控制生殖。但现在情况已经有所改变。凭借当今的科学技术，我们对人口再生产有了更多的控制权，因此人们能够在传统的异性养育模式之外进行繁衍。例如，体外受精——通过手术提取女性的卵子，在玻璃器皿中人工授精，然后将其重新放入体内——在近几十年来已成为现实，成千上万的正常健康儿童是以这种方式出生的，表明异性恋和传统家庭都不再是繁衍人类物种所必需的（关于新生殖技术的更完整的讨论见第 12 章“家庭生活”）。

激进女权主义者所设想的未来比社会主义女权主义者想象的更具革命性。在这里，我们考虑的不仅是废除传统的家庭，还包括废除男女之间的所有差异，甚至是完全结束异性恋关系。

这会发生吗？如果确实会发生，那么社会制度将与我们今天所体验的有很大不同。经济和政治制度必须朝着社会平等的方向发展。家庭将采取新的形式，伴随抚养孩子的集体责任。一些观察家认为，为了限制成年人的生活被育儿任务定义的程度，儿童必须自己获得更大的权利和责任（Jagger，1983）。其他人将异性恋视为问题的一部分，他们声称要实现女性和男性的平等，需要对性本身进行新的思考。例如，安德里亚·德沃金（Andrea Dworkin，1987）认为，平等的社会应该放弃所有的性规范，包括目前那些反对手淫、同性恋行为和婚外性行为的规范。

最后，我们只能想象一个无性社会将会是什么样的。但对于许多女权主义者来说，这正是重点。无论我们是否同意这种观点，激进女权主义都帮助我们看到了性别的影响是如何渗入我们日常生活的各个方面的。

- **评价**

因为女权主义已经成为一个遍及美国的强大的社会运动，所以它是社会学的一支重要力量。女权主义的贡献在于展示性别如何影响我们生活的方方面面，并带来男女平等的更大变化。

像任何成功的社会运动一样，女权主义是有争议的。一些评论家声称，女权主义者过分关注女性与男性不平等的方式，忽略了女性取得的巨大进步以及她们现在享有的许多机会（Sommers，2003）。当然，有些男性反对女权主义，因为这种运动想要剥夺他们的权力和特权。但也有男性——也有女性——不同意这样的观点，即两性之间的所有差异都是不公正的和压迫性的。一些批评者声称，男女之间的差异，无论是生理的还是文化的，都为组织社会生活提供了有用的方法（这是前面提到的塔尔科特·帕森斯的观点）。其他人则认为，尽管女性可以赚取收入，但她们留在家中的选择对孩子的福祉起着至关重要的作用。其他人认为女权主义错误地试图否认男女之间的任何差异；相比之下，我们需要认识到女性的特殊优势并加强它们（Baydar & Brooks-Gunn，1991；Popenoe，1993a，Ehrenreich，1999）。

学习检验 女权主义关于性别的几个主张是什么？自由女权主义、社会主义女权主义和激进女权主义有何不同？

最后，一个人如何看待女权主义——或与性别有关的任何问题——是一个有关价值观和政治的问题。 109

我们现在来探讨政治如何塑造人们所定义的与性别相关的社会问题和解决方案。

六、政治与性别：提出问题并定义解决方案

- **评价**

根据《独立宣言》，“人人生而平等”。声称人民应该平等的声明能否得出性别不平等是一个问题的结论？ 如果不能，那么就像大多数历史学家所说的那样，我们的创始人并不打算在这个声明中包括女性。请记住，当时美国的所有政治领导人都是男性，女性没有发出政治声音。 但是，性别不平等问题从此引发了争议，人们对这个问题的看法因其政治立场而异。

第 104 页的“从左到右”表格总结了我们通过将三种政治观点应用于性别不平等问题所学到的知识。

（一）保守派：家庭的价值

虽然许多保守派对性别角色的变化持谨慎态度，但许多保守派接受并支持当今女性的更广泛的社会角色。大多数保守派认识到，今天的家庭依赖于妻子和丈夫的收入，许多保守派为民主党和共和党中越来越多的领导人是女性这一事实拍手称赞。

但是，许多保守派认为，性别平等的历史趋势在一定程度上导致了一个问题，即它会削弱家庭。在这种观点中，许多保守派同意塔尔科特·帕森斯的观点，他的结构功能方法将性别描述为一对互补的角色，鼓励男女互相依赖，并在共享家庭时联合起来。自 20 世纪 60 年代以来，随着女性进入大学，劳动力数量达到创纪录水平，离婚率上升，独居者人数增加，非婚生子女的比例上升（见第 12 章“家庭生活”）。

第二个重要问题涉及儿童照护。现在，大多数母亲像父亲一样进入了工作场所，那么，谁来照顾孩子？有证据表明，今天的孩子越来越少——有些人认为太少——得到成年人的关注。在双职工夫妻的时代，家庭生活往往是疲惫的男女之间的相互作用，只能留出很少的时间和精力给他们的孩子。没有人会怀疑，大多数父母在尽其所能地养育自己的子女，但保守派在流行的声明中看到，人们应该与孩子分享一点“有质量的时间”，以给孩子补偿。远离父母可能是儿童中包括贫困率、被逮捕率，甚至是自杀率呈上升趋势的原因（Popenoe，1993a；Blankenhorn，1995；U.S. Census Bureau，2011）。

虽然大多数保守派支持女性去工作，也愿意为担任国家领导职位的女性投票，但大多数保守派希望看到加强传统家庭的政府政策。根据保守派的说法，有时这意味着政府不会为人们做他们及其家人应该为自己做的事情。保守派通常支持例如鼓励人们结婚的税收优惠政策，他们认为这些政策会提高家庭在美国人生活中的重要性。此外，保守派鼓励所有女性和男性将其伴侣和子女放在首位。总而言之，保守派声称，人们——特别是父母——对如何生活的选择应该以对整个家庭最有利的方式为指导。

（二）自由派：追求平等

自由派指出，在《独立宣言》时期，美国的政治体系甚至没有将女性（或非裔美国人和许多其他少数族裔女性）定义为人类。在 2006 年的一次演讲中，巴拉克·奥巴马（他当时是美国参议员）称他曾遇见一位 105 岁的非裔美国女性，她出生在女性有权投票之前，那时候，有色人种从不奢望能出现在参议院，更不奢望担任美国总统。自由党公开支持这个国家为扩大女性和其他少数族裔的权利和机会所取得的缓慢而稳定的进步。

但自由派声称，在这项努力中，仍有许多工作要做。正如本章所示，在美国，大多数低收入工作仍由女性承担。此外，在获得投票权近 90 年后，2012 年美国的国家政治领导人中只有一小部分是女性——占众议院和参议院议员的 17%。看着这些数据，自由派得出的结论是，父权制在美国仍然存在，而性别不平等仍然是一个严重的社会问题。

自由派不同意保守派的性别平等的趋势削弱了家庭的主张。首先，正如自由派所看到的那样，保守派有一个怀旧的——和歪曲的——观点，这个观点认为家庭生活的某些“黄金时代”是围绕着 20 世纪 50 年代的愿景建立起来的。虽然电视节目如《把它留给海狸》赞美在那个时代留在家中的妈妈们，但我们是否应该得出大多数女性希望以这种方式生活的结论？此外，自由派认为近几十年来家庭发生变化，不是因为家庭衰落，而是因为大多数家庭需要两个成年人工作来维持生计（Stacey，1990）。

自由派声称，他们的观点是真正“以家庭为优先”的，因为他们为今天实际存在的各类家庭寻求政府支持。一个迫切的需要是能负担得起的儿童照护服务。自由派支持雇主和政府扩大儿童保育计划，如此女性就可以拥有与男性相同的职业机会。同样，自由派支持向所有人扩大医疗保健——他们认为可以满足男女和所有家庭的需求的一项政策——的覆盖范围。

其次，自由派认为，由于越来越多的女性进入劳动力市场，因此男性必须承担更多管理家庭

和照顾孩子的责任。自由派对保守派的主张回应道，提到职业女性会忽视她们的孩子，建议职业
110 男性承担更多的养育责任——并承担同样份额的家务劳动。

最后，自由派高度重视提高女性收入能力的政策。正如他们所看到的那样，执行法律以消除工作场所对女性的歧视是解决方案的一部分。此外，自由派支持平权行动（见第 3 章“种族和民族不平等”）作为一种有效的策略，以增加女性在某些工作机构中出现的可能性，例如在过去曾将她们排除在外的行政职位任职。

另外，美国经济长期以来仅仅因为某些工作主要是由女性完成的，而为这些工作设置较低的工资。例如，洗衣服的洗衣店工人（通常是女性）的工资低于运输衣服的洗衣店司机（大多数是男性），这表明美国文化认为“女性的工作”的价值低于“男性的工作”，即使这两种类型的工作所需要的教育水平、技能水平和努力程度大致相同。

为了对抗这种制度化的歧视形式，一些自由派支持一种同值同酬政策，即通过这种政策，女性和男性不仅会因做同样的工作而得到同样的报酬，而且会因做具有同样价值的不同工作而得到同样的报酬。换句话说，同值同酬政策的支持者声称可以用客观的标准来衡量不同工作的价值，并且指出，女性在同等价值的工作上比男性少赚 25%。尽管法院对这一政策进行了辩论，但美国——与英国和澳大利亚不同——还没有制定同值同酬法律（England，1992；Huffman，Velasco，& Bielby，1996；England，Hermsen，& Cotter，2000）。

自由主义者声称，所有这些促进性别平等的努力都得到了大多数美国成年人的支持。的确，调查数据显示，大多数美国成年人原则上支持男女享有平等权利（NORC，2011：582）。

（三）激进左派：变革制度

大多数支持女权主义的人认同其自由女权主义形式，在我们当前的社会制度范围内寻求更大程度的性别平等。但正如前文已经指出的那样，其他人认为需要进行更多基本的改变，在美国社会实现性别平等之前需要进行更根本的变革。

对某些人来说，根本变革的目标是家庭。例如，朱迪斯·斯黛茜（Judith Stacey，1990：269-270）指出：“‘家庭’不是‘停在这里’。我们也不应该希望如此。相反，我相信所有民主人士，无论他们的亲属关系如何，都应该努力加速家庭的消亡。”斯黛茜解释说，原因是家庭延续了基于阶级、种族和性别的不平等的传统形式。

家庭应该怎样改变？替代物是什么？大多数激进分子认为，至少必须对经济和政治制度进行基本改变。前面描述的社会主义女权主义者对性别不平等的解决方案，始于从资本主义经济向

从左到右

关于性别不平等的政治观点

	激进左派观点	自由派观点	保守派观点
问题是什么？	严重的性别不平等不仅存在于美国社会的制度中，而且存在于生育的生物学任务中。	虽然美国社会在实现男女平等方面迈出了一大步，但女性的社会地位仍然较低。	性别平等的趋势增加了收入，但削弱了家庭，降低了养育子女的重要性。
解决方案是什么？	经济、政治和家庭制度必须发生根本变化，以消除性别不平等。有些人认为，繁殖也必须改变，以使女性从生育中被解放出来。	政府计划（包括通过 ERA）可以消除偏见和歧视；平权行动将为女性打开更多的大门，同值同酬政策将减少男女之间的收入差距。	文化价值观应鼓励人们加强对婚姻伴侣和儿童的承诺。

参与讨论

1. 你能确定三种政治观点都同意的是什么吗？
2. 你认为从现在开始的一个世纪后，性别不平等程度是会比现在更高、与现在大致相同还是比现在更低？为什么？
3. 在这三项关于性别不平等的政治分析中，哪一项你觉得最有说服力？为什么？

社会主义经济的转变。这种转变将使人们能够有效地开展经济和家庭工作，减少阶级差别，使人们更加平等。最终的结果将不仅是一场远离阶级不平等的运动，而且是一场远离男权统治的运动，这种男权统治在历史上一直让女性处于从属地位。

激进女权主义提供了根除性别本身这一更为深远的视角。从这个角度来看，男女之间的完全平等有赖于将女性从其生育和养育的历史任务中解放出来。新的生殖技术使这种愿景在理论上成为可能。

总结与展望

- **设想**

想象一下，一位生活在 1850 年的美国——当时女权主义运动刚刚开始——的女性踏入时间机器，突然被传送到今天，并以社会的观察者的身份走出去。毫无疑问，她会惊讶地发现，大多数女性现在在为获得收入而工作，女性不仅能投票（占比略高于男性）并担任民选职务，而且在全美大学校园中的人数实际上超过了男性。

她可能会高兴地获悉，在今天的美国，很少有女性在分娩时死亡，这在她那个时代很常见。事实上，女性比以往任何时候都活得更健康，寿命更长——实际上比男性活得更长。我们来自过去的访客对电力一无所知，可能对大多数女性花一整天时间手动做家务习以为常。她会忆起一名普通女性大约有五个孩子，和现在的一两个孩子相去甚远。

鉴于这些巨大的变化，也许我们来自过去的访客会惊讶地发现女性的社会地位仍然存在争议。性别仍然是一个存在争议的话题，原因之一是我们的期望已经改变了。今天几乎没有人会接受女性应该留在家中这一持续了几个世纪的传统观念。但在许多重要方面，女性仍然与男性不平等。

保守派认为，强大的家庭和有效的养育方式取决于父母当中至少有一位花一天中的大部分时间在家与孩子在一起。自由派争辩道，大多数女性想要像男性那样追求职业生涯的机会。在你看来，男性应该怎样做？男性是否应该与女性分担工作和养育子女的责任？

从现在起的 150 年后，我们可能会在哪里？ 111
围绕性别不平等的争议会继续吗？答案似乎是肯定的。尽管两性之间的差距正在逐渐缩小，但女性的收入仍然低于男性。这种薪酬上的差异部分是因为许多人继续认为男女应该从事不同类型的工作。此外，许多人认为家庭责任更多地落在女性身上而不是男性身上。鉴于我们仍然存在这样的信念，在可预见的未来，女性似乎不会从事与男性完全相同的工作，赚跟男性一样多的钱，或与男性平等地分担家务。值得注意的是，两性平等还没有在世界上的任何地方实现。

与此同时，全球趋势是明确无误的，而且可能是不可阻挡的。女性越来越接近与男性平等，所有迹象都表明这种趋势将继续下去。

定义解决方案 112

大学体育中的性别不平等是一个问题吗？如果是，解决方案是什么？

男性在高校的体育运动中占据主导地位，就像他们在职业体育中一样。早在 1972 年，《民权法案》第九条就试图通过在体育项目中规定两性的平等机会，来消除大学体育中的性别不平等。但差不多 40 年后，性别平等仍似乎是一个遥远的目标——如果这是一个目标的话。请看下面的陈述，它显示了不平等的现实，并提出了明确的解决方案。

（1）亚拉巴马足球队和杜兰足球队的对决，吸引了近 10 万人，巨大的体育馆座无虚席。如果你更保守，那么你可能会认为人们应该自由地参加他们想要参加的活动；如果男人的运动能产生更多的利益和税收，那么它通常会被选择。但是，你如何使这一观点与《民权法案》第九条的要求相符合？

113 （2）两个一级女子篮球队在一个空无一人的舞台上对抗。如果你更偏向自由派，那么这会是性别不平等问题的明显证据——男性得到关注（他们的运动通常能赚到钱），女性被留下来作为啦啦队或只在少数人面前打球。《民权法案》第九条可能是一个良好的开端，但还需要做更多的事情。你会建议采取哪些额外的举措来解决这种性别不平等？

提示：在全美范围内，一个无可争辩的事实是，最大的人群为男性运动所吸引，特别是足球和篮球。这些运动也是收入最多，并为教练支付最高薪水的运动。例如，亚拉巴马足球项目2011年赚了超过1.2亿美元，足球教练一年收入约500万美元。你越左倾，你就越会支持政府监管，这将使女性和男性的运动机会相同。你越右倾，你就越会支持允许市场（即人们自己）决定人们希望花钱看什么体育项目；你也越会支持大学从男性篮球和足球那里赚到数百万美元，从而提供资金去支持其他“非盈利”体育（包括女性的和男性的）的发展。

参与：应用和练习

1. 带着性别视角在校园里走走，确定由男性或女性主导的空间（建筑物、房间、活动）。哪种性别控制更多空间？
2. 逛逛当地书店或超市的杂志架，浏览针对女性的流行杂志。封面上有什么图像？杂志会将哪些主题——故事、特写和照片——定义为“女性问题”？
3. 确定你所在社区或校园中处理暴力侵害女性行为的组织，并访问其办公室。它的目标是什么？它采用什么策略来实现这些目标？
4. 流行的音乐是否包含对女性的偏见？至少听两种音乐（说唱、嘻哈、摇滚、乡村等），看看你能找到的有关女性和男性的生活目标和相对力量的信息。

114
达标：可视化摘要

建构社会问题决定性时刻

伊丽莎白·卡迪·斯坦顿：主张女性的平等权利

什么是性别？	
性是女性和男性之间存在的生物学上的差异。 ● 在胚胎受孕的那一刻性就被确定了。 **性别**是指社会中与男性和女性联系在一起的个人特征和生活机会，创造了“女性化”和“男性化”的文化概念。 ● 性别是社会分层的一个方面。 **父权制**是一种男性主导女性的社会模式。 ● 几乎所有社会都表现出某种程度的父权制。 ● **性别刻板印象**是对女性的一种偏见，它贬低了被社会定义为“女性化”的东西。 ● **性别歧视**是这样一种信念，认为一种性别天生优于另一种性别。	**性别：**社会中与男性和女性联系在一起的个人特征和生活机会。 **性：**女性和男性之间存在的生物学上的差异。 **性别分层：**男女之间财富、权力、特权的不平等分配。 **父权制：**一种男性主导女性的社会模式。 **母权制：**一种女性主导男性的社会模式。 **性别歧视：**这样一种信念，认为一种性别天生优于另一种性别。

性别与社会制度

家庭

- 在世界各地的贫困国家，父母对儿子的重视程度高于女儿，鼓励选择性堕胎，在某些情况下还有杀害女婴的行为。
- 在美国，性别塑造了人们对婚姻的体验，这种婚姻往往是一种有利于男性的不平等伙伴关系。

教育

- 性别刻板印象使女性远离那些被认为“男性化”的学习领域（如工程学和物理学）。
- 尽管大学体育中存在针对性别偏见的政策，但男性体育运动通常会获得更多资金和公众关注。

大众传媒

- 从历史上看，电视和电影主要把女性塑造为支持性的角色。
- 广告通过推销特定产品（如清洁产品）给女性和推销其他东西（如汽车和银行服务）给男性来强化性别刻板印象。

政治

- 在全世界 188 个议会中，女性只占 20% 的席位。
- 在美国，直到 1920 年女性才被允许参加全国选举。
- 2008 年，女性入选国会的人数创纪录。

宗教

- 传统宗教只允许男人成为领导者。
- 许多宗教著作教导女性服从男性的社会支配地位。

军事

- 直到最近，女性不像男性那样强壮的说法仍让军方禁止女性从事某些任务。
- 女性占美国驻伊军事力量的 14%。

工作

- 许多人仍将某些工作视为“女性的工作”，而将其他工作视为“男性的工作”。
- 虽然工作场所的性别歧视是非法的，但官员们每年都会调查数以千计的歧视投诉。

性别分层

115

收入是性别不平等的一个重要维度。

- 在美国，全职女性的收入仅是全职男性的 77%。
- 抚养孩子的职责往往会导致女性在职业发展方面落后于男性同事。

尽管近年来女性参加工作的数量创纪录，但**家务**仍主要由女性承担。

对女性的暴力在美国和全世界都是一个严重的问题。美国政府机构每年会收到 150 万份无性别攻击报告和 169 000 起针对女性的性侵犯报告。

性骚扰在 20 世纪 80 年代被定义为社会问题；大约 50% 的受访女性称在工作场所受到了不必要的性关注。

我们**关于性和美的想法**会产生给予男性超过女性的权力这一后果。生殖也是一个重要问题，因为控制生殖使女性有在家庭以外工作的自由。

玻璃天花板：有效阻碍女性获得组织最高职位的微妙歧视。

性骚扰：不受欢迎的评论、手势或性接触。

性别不平等理论

结构功能分析：性别与互补性 **结构功能方法**从男女关系、家庭创建和社会整合的互补角色来看待性别。 ● 在传统社会中，女性生育子女，主要负责家务；男性通过参与劳动力市场将家庭与更大的世界相连接。 ● 随着对生殖更严格的控制，现代社会性别分层程度降低。 **符号互动分析：日常生活中的性别** **符号互动方法**强调性别如何影响人们在日常生活中的行为。 ● 性别涉及社会力量：我们的社会赋予男性更大的个人行为自由，并允许他们使用比女性更多的空间。 ● 语言也反映了男性的社会支配地位。 **社会冲突分析：性别与不平等** **社会冲突方法**认为性别是社会不平等的一个维度，男性比女性拥有更多的财富、权力和特权。 ● 恩格斯将性别分层与男性将财产传给儿子的愿望联系在一起。 ● 资本主义的兴起迫使人们在工厂里长时间工作，从而推动了父权制的发展；家务和抚养孩子的负担落到了女性身上。	**交叉理论**：对种族、阶级和性别如何相互作用，以及这种相互作用对某些类别的人制造的多种不利因素的分析。

女权主义

女权主义是社会学中一种重要的社会冲突方法。 ● 自由女权主义在现有的制度安排中寻求变革。 ● 社会主义女权主义遵循马克思主义原则，将性别平等与更广泛的阶级革命联系起来。 ● 激进女权主义要求消除性别本身，支持通过使用新的生殖技术把女性从生育中解放出来。	**女权主义**：一种寻求男女社会平等的政治运动。

政治与性别：提出问题并定义解决方案

保守派：家庭的价值
- **保守派**非常重视传统家庭。
- 保守派认为性别平等的趋势是一个问题。他们说这种趋势削弱了家庭，降低了养育子女的重要性，他们声称，当父母双方在家庭以外工作时，孩子可能会受苦。

自由派：追求平等
- **自由派**反对性别不平等，因为它限制了女性的收入能力，阻碍了女性担任领导职务。
- 自由派希望政府通过消除性别歧视、增加女性的经济机会，以及提供人们负担得起的儿童照护服务来提高妇女的社会地位。

激进左派：变革制度
- **激进左派**声称，性别分层在当前的社会制度中根深蒂固。
- 激进左派认为，实现性别平等的目标需要经济制度、政治制度和家庭生活的根本性变革。社会主义将允许女性和男性为了各自的利益协同工作。

第5章 老龄化和不平等

116–117

学习目标：

- **记住**本章中用黑体字突出显示的关键术语的定义。
- **理解**老龄化是社会分层的一个重要方面。
- 将社会学的想象力**运用**于理解老龄化的进程以及为什么老年人在美国人口中所占的比例越来越大。
- 运用社会学的主要理论方法**分析**年龄分层。
- 从各种政治立场**评价**年龄分层。
- **设想**你将如何改变我们的社会以追求更大的社会正义。

——你认识很多老年人吗？

老年人的数量增长很快，到2025年，65岁以上的老年人的数量将超过年龄为13～24岁的年轻人。

——老年人得到了应有的尊重吗？

美国每年至少有100万老年人遭受某种形式的虐待，很多施暴者是其家庭成员。

——使用医疗技术延长寿命是件好事吗？

可以算是。但是由于大多数死亡是在决定停止医疗救治之后出现的，因此人们必须面对决定何时结束生命的责任。

本章概述

变“老”是什么意思？这一章描述了65岁及以上人口的增长，它被称为“美国的老龄化”，你将了解到老年人面临的诸多挑战，从社会孤立的经历到生活在困苦中，再到对赤裸裸的虐待的恐惧。在这一过程中，我们可以清楚地看到，变老的生活过程也是社会分层的一个维度。你将对与年龄相关的不平等进行理论分析，并且学习将某些议题定义为“问题”的过程，以及将某些项目和政策定义为“解决方案”的过程是如何反映人们的政治态度的。

维罗纳·维卡（Verona Vacca）和她的三个朋友开车行驶在马里兰州的高速公路上。她是开车的那个人。今天是周三，维卡开车送她的三个老年朋友去当地的购物中心购物和买杂货。她笑着解释：我是她们指定的司机，其他三个人都不太能适应开车了。另外三位都是80岁出头的老年人，她们很高兴能够坐车去购物中心。维卡说，每周提供三次这种“出租车服务”有助于她保持年轻。在她这个年纪，她的健康状况还不错，她住在郊区一栋小的两层小楼里。

有时人们会问她为什么她的心态如此年轻，她通常回答：长寿的秘诀是她从不抽烟，只喝一点酒，并且控制体重。她的女儿卡罗拉谈到这个的时候说，长寿同样也因为对生活的积极态度。卡罗拉说：她的眼睛里有一盏灯，充满活力、敏锐和好奇心。它们在她的脸上散发着光芒。

119 在美国，越来越多的人能够活到80岁、90岁甚至更大年龄。他们中的很多人，就像维卡一样，很满意自己的生活。

但并不是所有人都觉得变老是人生的快乐时光，正如这一章所阐述的，我们社会中的老年人们，面临着许多挑战，包括社会隔离、偏见和种族歧视、贫困率上升，有时甚至是直接的暴力。此外，老年人必须正视这样一个现实：他们的生活即将结束。

一、变老

- **理解**

老年是**生命历程**——*人们度过一生所经历的社会建构阶段*——的最后一个阶段。在我们的文化中，公认的人生阶段包括童年、青春期、成年和老年。最后一个阶段则是**老年学**——*致力于研究老龄化和老年人的学科*——研究的重点。我们倾向于认为，这些在人生前半段发生的身体、精神以及社会的缓慢变化叫作成长。但是到40岁左右，社会成员开始以消极的方式定义衰老的过程，好像人们开始向下成长。人到中年后，体力下降，头发变白或者脱落，皮肤逐渐变得皱巴巴。这些年龄较大的男性和女性更容易受伤，且伤口不容易愈合。此外，在老年人中，疾病更加常见，感觉（视觉、味觉、听觉和嗅觉）变得不再敏锐。人们随着年龄的增长而慢下来的想法是有道理的。与30岁的人相比，75岁的人的身体新陈代谢已经减缓了1/6，心脏和肾脏功能减少了1/3，呼吸能力下降了一半。

老年人可能会因为流感而感染严重疾病，而年轻人一两天就会痊愈。老年人还患有很多慢性疾病，如关节炎，虽然不会危及生命，但通常会引起疼痛，使日常生活变得困难。最严重的是，癌症、中风或者心脏病等的发生概率会随着年龄的增长而增加。

就健康状况而言，老年人会因一些重要方面不同而有所不同。人们的收入水平越高，健康状况会越好，因为他们有更多的钱用于安全住房、良好的营养和高质量的医疗保健。幸福感也反映了每个人都可以拥有的生活方式和个人选择：诸如经常锻炼、不吸烟、节制喝酒等因素都有助于任何年龄的人保持健康。

（一）工业化和老龄化

生命历程是由“社会构建的”，因为变老并不仅仅是生物的变化问题。从文化角度如何定义人生的这个阶段对人们的晚年生活有很大影响。

1. 前工业社会：老年人作为社会精英

在传统农村社会，人们大多从事农业生产，生活方式变化缓慢。因为年龄最大的人获得的知识仍然很有价值，所以年轻人认为年长者是睿智的，应该受到尊重。此外，年龄最大的人（通常是最年长的男人）拥有最多的土地，年龄不仅给他带来了智慧，也给他带来了大量的财富和权力。由于这些原因，前工业社会采取**老年人统治**（gerontocracy）的形式。老年人统治是*一种赋予社会最年长的成员最多的财富、权力和声望的社会制度*。

在农业社会，老年人通常保持社会活跃性，工作并领导家庭直到他们的身体无法继续这些活动。此时，老年人可以指望在孩子的照料下度过他们的余生。在许多社会中，年轻人倾向于以一种被称为“祖先崇拜”的宗教模式来关注和尊重老年人，甚至在老一代人去世后也是如此。

2. 工业社会：老年人作为社会问题

工业革命使每个人的生活水平得到了很大的提高，但是同时也改变了年龄分层，降低了老年人的社会权力和威望。这种变化之所以发生，是因为工业技术加快了文化变革的速度，促使人们，尤其是年轻人，将老年人的知识和技能视为过时的和不重要的。

在前工业社会，人们用“长者”这个词来表示对老年人的尊重。相比之下，现代工业社会的成员则称老年人为“老人”，这个词更具消极的含义。所以，在我们这样的社会里，许多年轻人把老年人看作社会问题的一部分，这样说并不离谱。

工业化也给家庭关系带来了变化，影响了几代人。例如在过去的几个世纪里，家庭成员一起在农场工作，年轻人向老年人学习。在19世纪，随着工业的兴起，高工资的诱惑使得年轻人离开农村前往城市。在新的工业经济中，年轻人不再需要依靠他们的长辈找工作，或从长辈那获取关于如何生活的指导。同样重要的是，随着许多年轻的男性和女性离开他们年迈的父母前往日益发展的城市打拼，生活在贫困中的老年人口比例开始上升。

随着20世纪的到来，面临严重贫困的老年人数量稳步增加，一些老年人最终住进了比监狱还糟糕的救济院。

幸运的是，随着时代的发展，美国老年人的经济状况开始好转，最终，救济院被关闭，部分原因是人们发起了一场社会运动，要求更好地对待老年人。

1935年，联邦政府通过了《社会保障法》，规定每月为每个超过一定年龄（目前是65岁）的人提供养老金。这是一个里程碑，除了提供所需的收入外，这个项目还象征着美国社会对老年人值得支持和帮助这一观点的认同。大约到1970年，老年人的平均收入和财富开始提高，贫困率开始下降到美国社会的平均水平（Powell，Branco，& Williamson，1996；U.S. Census Bureau，2011）。

但正如他们所说的，金钱并不是一切。现在的老年人经济上已经变得更好了，但是仍然感觉被当今青年文化贬低。大众传媒通常更关注青年人的生活、时尚和态度，显得老年人过时且毫无价值（Kosterlitz，1997；Wise，1997）。

并不是所有的工业化国家对待老年人都如此严厉。日本作为一个尊重老年人至今有几个世纪历史的国家受到注目。但是，即便在日本，老年人也面临着挑战，正如第112页的“全球视野下的社会问题”栏目所阐述的那样。

（二）预期寿命

预期寿命（life expectancy）是*一个国家人口的平均寿命*。在人类历史进程中，预期寿命发生了巨大的变化。在最早的狩猎和采集的社会中，

120 **全球视野下的社会问题**

黄金时代会失去光彩吗？日本日益加剧的老龄化

72 岁的小崎太三（Taizo Komurasaki）在恐怖的第二次世界大战期间长大，后来他上了大学，在一家贸易公司找到了工作，并在那里度过了他的整个职业生涯。60 岁时他退休了，开始领取养老金，并期待着后 20 年或者更长时间衣食无忧。

但他的黄金岁月已经失去了一些光彩。即使在经济危机之前，他的养老金每月也只有 1 625 美元（每年 19 500 美元）——这不足以让他在这个世界上生活成本最高的国家舒适地活下去。更糟糕的是，从 1990 年左右起，开始恶化的经济衰退使得日本的企业和政府被迫在很长时间内削减养老金。

削减养老金的压力越来越大的另一个原因是日本 65 岁以上人口的增长速度比世界上任何其他国家的都要快。2012 年，日本超过 65 岁的老年人人口占总人口的 24%，而在美国，这一比例为 13%；预计到 2025 年，日本的这一比例要达到 30% 左右（美国 18%）。

日本老年人口比例增长快速的主要原因是出生率低。日本的出生率已经下降了很多，到 2050 年，日本的人口总数预计将下降 20%。每个人都明白，这意味着越来越少的工人支付资金来向退休人员提供养老金。

在日本有个悠久的传统，要求孩子（尤其是女儿）照顾年迈的父母，但是经济困难让大多数夫妻怀疑自己是否有能力供养年迈的父母。

而且，如今的大多数日本夫妻生活在狭小的公寓里，没有多少空间留给其他人。除此之外，随着越来越多的日本女性走入职场，她们照顾老年人的时间和精力也越来越少。

时代变迁的一个标志是如今日本人正在建造曾经不为人知的设施——养老院。随着老年人寿命越来越长，养老金越来越少，而且随着家庭发现他们对年迈父母的赡养费越来越少，反对将父母安置在养老院的文化禁忌开始被打破。

你怎么看？

1. 在日本和美国，领取养老金的退休老年人的数量超过了支付该资金的年轻人的数量，你认为该如何应对未来的金融危机？
2. 家庭在照顾长者方面有什么责任？
3. 你认为经济衰退对美国老年人的生活有什么影响？

大多数人死于童年，活到 30 岁的人就被认为到了高龄。如今，世界上最贫困的国家（大多数位于非洲）的预期寿命可能低至 50 岁（Population
121 Reference Bureau，2011）。

在营养、保健和医疗条件比较好的高收入条件下，预期寿命要长得多。在美国出生的男性的预期寿命为 76 岁，而女性的预期寿命为 81 岁（Murphy et al.，2012）。

当然，几乎每个人都认为寿命的延长是好事，因为我们都对长寿感兴趣。但是这一趋势也意味着社会必须满足越来越多老年人的需求。正如上文提到的，这种延长在美国尤其明显。

二、美国的老龄化

- **运用**

当美国于 1776 年获得独立时，它在各个方面都非常年轻。其 16 岁以下的人口占总人口的一半左右，并且很少有人能活到 60 岁。尽管我们熟悉白发苍苍的开国元勋们的形象，但按照今天的标准，殖民时期的伟大领袖实际上都很年轻。美国第一任总统乔治·华盛顿在独立战争中指挥军队时，才只有 40 岁；托马斯·杰斐逊完成《独立宣言》时也只有 33 岁。

到 1900 年，美国大约有 300 万人年龄达到或超过 65 岁，但是仅占总人口的 4%。如图 5-1 所示，到 1950 年这一比例翻了一番，到 2020 年这一比例再翻一番，美国老年人口数量达到 5 500 万。在老年人口迅速增长的趋势下，美国年轻人的数量基本保持不变，其结果就是社会学家所说的“美国的老龄化”。

图 5-1 显示，预计到 2040 年，美国 65 岁及以上人口比例将达到 20%。结果就是我们所有人与老年人的接触将比以往任何时候都要多，当然，与老年人的接触程度在很大程度上取决于我

们生活的国家。

美国的一些地区老年人口占比比较大，特别是美国中部地区，从北达科他州和明尼苏达州到得克萨斯州。

老年人：多样化的人口

社会学家进行了许多研究以帮助我们了解美国老年人口的需求和问题。数据表明，社会中老年人是相当多样化的。

1. 三个级别的“老”

在预期寿命不断增长的时代，老年人之间的差异之一就是年龄本身。研究人员将老年人分为三类，大多数 65 ～ 74 岁的人——年轻的老年人——独立生活，身体健康。75 ～ 84 岁的人——年长的老年人——正在变老，需要更多的支持来应对那些不平等待遇。85 岁以上的老年人——最年长的老年人——最需要别人的帮助。在这三种类型的老年人中，年龄最大的老年人口增长最快，从 1900 年占美国总人口的 0.1% 上升到 2010 年的 2%（相当于 1900 年的 20 倍）。 *122*

2. 阶级、种族、民族和性别

社会不平等塑造着各个年龄段的人的生活。

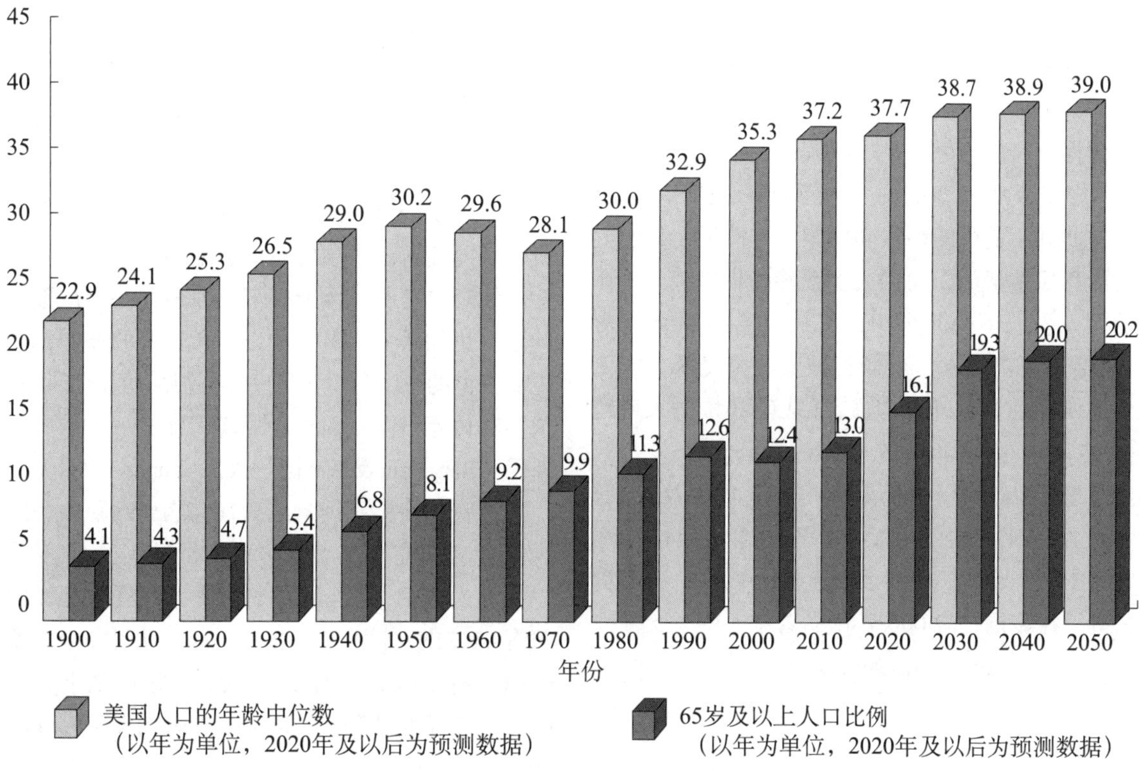

图 5-1　美国社会的老龄化

注：美国人口普查局调查显示，预计到 2040 年，65 岁及以上的美国人口将占美国总人口的 20% 左右；到那时，近一半的人口将超过 40 岁。

美国之窗

美国各地老年人口分布

常识建议老年人生活在阳光地带，享受南方和西南的温暖气候。尽管佛罗里达州 65 岁及以上的人口比例不高，但事实证明，大多数老年人口比例高的区域在中西部。你认为出现这种模式的原因是什么？提示：美国哪些地区的年轻人为了找工作而离开了本地？老年人口存在于你们当地社区以及美国各州。

经济比较宽裕的老年人，尤其是较为年轻的老年人，他们对于住在哪里以及如何生活可以有更多的选择。对于这些幸运的人，旅行给他们提供了冒险以及学习的机会。一些富裕的老年人在退休之后搬到如佛罗里达州、亚利桑那州或者其他阳光地带享受温和的天气以及合理的生活成本。

但是这些是特例，不具有普遍性。只有 1/20 的老年人会搬去阳光地带，为什么呢？许多老年人（尤其是那些有健康问题的老年人）希望与家人待在一起。但是对于大多数老年人来说，钱是主要原因：他们仅仅是因为承担不起费用。

老年人口同样有种族和民族多样性，其中的少数族裔面临着所有少数族裔都会面临的大多数挑战——平均收入较低、偏见和歧视。

请记住，美国的老年人口并不像年轻人口那样多样化。原因之一是少数族裔的平均寿命不如白人长，例如非裔美国人的预期寿命比白人少 4 年。此外，美国的种族和民族多样性很大程度上是由移民造成的，而且大多数移民是年轻人。在美国 5 岁以下的儿童中，大约 49% 是少数族裔（包括非裔美国人、亚裔美国人、拉美裔美国人
123 和美洲原住民）。但少数族裔只有 20% 的人口超过 65 岁也是事实（U.S. Census Bureau）。

老年人多样性的最后一个方面涉及性别。女性往往比男性活得长。女性占总人口的大部分（51%），而在 65 岁及以上的人口中，女性占 57%。在美国，52 000 名百岁老年人中，女性占 84%（U.S. Census Bureau）。

三、老龄化问题

- **运用**

人们在生活的各个阶段都面临着变化，但大多数老年人表示，老年阶段的变化是他们面临的最大挑战。尽管总体上老年人的身体状况比“羸弱的老人”的刻板印象要好，但大多数老年人还是花了大量的时间和金钱来改善他们的健康状况。许多老年人忍受着各种病痛的折磨。几乎每个人迟早都要接受的残酷现实是他们不得不在日常生活方面依靠别人。此外，随着家人和朋友的相继去世，老年人同样面临着孤独感，他们知道自己的生命即将结束。现在，我们来详细看一下老年人在社会中面临的共同问题。

（一）社会隔离

在任何年龄，独处都会引起孤独、焦虑和抑郁。但是在人生的各个阶段中，最有可能使人经历社会隔离的是老年阶段。退休使得老年人切断了一个与社会联系的重要通道。随着年龄的增长，健康状况的下降限制了他们四处走动的能力，而青年文化则促使人们持消极刻板的印象看待老年人，如认为老年人是病态的、过时的或者脱节的，这些可能会阻碍其他人与老年人的交流。

此外，随着时间的推移，朋友、邻居和家庭成员的相继死亡，使老年人的世界变得越来越小。你应该了解如果跟你很亲近的人去世，你会有多么痛苦。很少有人能承受亲密朋友或者配偶去世所带来的痛苦。一项针对失去配偶的老年男性和女性的研究发现，3/4 的人认为孤独是一个严重的问题。正如研究人员长期以来所记录的那样，在配偶去世的几个月里，另一方有很高的死亡风险，很多时候是自杀，而社会隔离无疑是一个重要的原因（Benjamin & Wallis，1963；Lund，1989）。

让我们将性别因素纳入社会隔离问题中，因为社会隔离在老年女性中更为常见。在 65 岁及以上的人群中，72% 的男性和妻子住在一起，而只有 42% 的女性和丈夫住在一起。从另一个角度来看，有 19% 的老年男性独居，相比之下，有 40% 的老年女性独居（Federal Interagency Forum，2011）。

社会隔离的另一个原因是鳏夫比寡妇更容易再婚。男人有更好的机会去寻找另一个伴侣。因为在美国文化中，年长男人与年轻女人的搭配比年长女人和年轻男人的搭配更能让人接受。

老年人可以在哪里寻求支持和陪伴呢？许多老年人把社区服务视为社会交往的主要渠道。但对大多数老年人来说，家庭是主要的支持后盾。几乎一半的老年人至少有一个成年子女，他们住的地方距离老年人住的地方的车程不超过 20 分钟。据研究员说，一般照料者是 50 岁左右、已婚、为收入而工作的女性。她们除了履行对雇主

以及丈夫的责任外，一般每周还要花费将近20个小时照顾年迈的父母（Rimer，1998；AARP Public Policy Institute，2009）。

（二）退休

工业化使社会生产力显著提高，不再需要人人都去工作。结果就是使年幼的孩子免于连续工作。事实上，工业社会的成员们都认为雇用童工是错误的行为，他们希望儿童把大部分时间花在学校里。对应地，老年人也开始远离劳动。因此，老年人面临退休是很常见的现象，这样他们可以在剩余的时间里做他们想做的事情。

当年轻人想到未来时，大多数人会想象他们在65岁左右退休，这个年龄已经和退休联系在一起了。早在1950年，美国人通常在68岁退休；然而，到了2005年，美国退休年龄的中位数已经降至61岁。

在过去的几年里，经济衰退扭转了这一趋势。经济进一步疲软使得一些公司对许多年长的员工采取了减薪或者取消部分（甚至是全部）养老金或退休基金的措施。因此，更多的男性和女性仍然留在职场中工作更长时间。到2010年，美国男性工人的退休年龄已经回升到65.5岁，女性工人的退休年龄回升到64.8岁。在经济不稳定的社会中，人们对放弃带薪工作持谨慎态度，可能根本不会退休，或者会小步逐渐退休，这种模式被称为*阶段性退休*（Gendell，2008；Kadlec，
124 2002；U.S. Census Bureau，2010；OECD，2011）。

即使距离退休还有几十年的时间，提前为这种转变做些计划也是可行的。显然存足够的钱养老是一个重要的问题。但由于工作也是个人满足感和社会联系的一个来源，因此人们必须考虑如何用其他可以获得相同个人利益的活动来替代工作。当然，令人满意的退休生活并不是只有一种形式。有些人渴望投身到全新的活动中，有些人则更愿意花更多时间与子女和孙辈在一起，还有些人喜欢简单地坐下来放松一下。然而，在几乎所有的情况下，人们在退休后能做什么和不能做什么将取决于健康和财政情况（Neugarten，1996；Gall，Evans，& Howard，1997；Pitt，2009）。

雇主可以在成功的退休生活中起作用——通过允许人们一步步地退休来完成这种过渡。例如，学院和大学可以允许即将退休的教授减轻他们的教学负担，也可以给退休教授提供支持，让他们进行研究、参加专业会议等。许多学院和大学通过让那些退休人员保留一些特权以帮助这些老年人。许多学校授予退休教师“名誉教授”的头衔，这样他们能保住自己的教职工地位。许多学校还允许退休人员继续使用电子邮件和健身房，甚至可能会为其保留一个校园停车位，但大多数雇主并没有这么乐于助人。在当今公司纷纷裁员的时代，一些公司会让年长者（通常是高收入者）直接离职。这种被迫退休通常是最大的挑战。

政府的退休政策是什么呢？回到20世纪30年代的美国，政府将退休年龄定为65岁，这基本是当时人们的平均寿命。但是今天，根据平均年龄，人们的寿命要比那时长19年。1987年，国会通过了一项法案，承认了预期寿命的延长趋势并在1994年的立法中逐步取消了强制性的退休政策。严格的退休政策只适用于少数职业，如飞行员，他们必须在65岁退休（Bosworth & Burtless，1998；Wyatt，2000）。

在所有高收入国家中，我们可以预见近期的推迟退休趋势将会持续下去。首先，较低的出生率意味着欧洲国家和日本的劳动力人口数量减少。为了经济增长，人们将不得不花更多的时间在职场工作。其次，由于人口老龄化，养老金的成本不断上升，可能会超过现有资源。最后，随着预期寿命的延长，人们在职场中度过的时间将会越来越长。目前在美国，人们可以在62岁时领取养老金，尽管直到66岁时才能领取全额福利（到2026年，这个年龄将会再往后推迟1年）。为了在未来的几十年里控制政府支出，无论是在美国还是在其他高收入国家，政府很有可能会继续推迟退休（*The Economist*，2011）。

（三）年龄歧视

不论是工作的还是退休的老年人，都会发现其他人会仅仅因为年龄而看低他们。**年龄歧视**（ageism）是*针对老年人的偏见和歧视*（Butler，1975，1994；E. Cohen，2001）。像种族歧视和性别歧视一样，年龄歧视也会对身体特征进行定义。在这种情况下，头发花白，皮肤皱巴巴，或者其他年

龄增长迹象，都会被作为一个人不那么有价值的证据。当然，年龄歧视揭示了这样一个事实：许多老年人为了减少衰老对他们外貌和行为的影响，会求助于肉毒杆菌和伟哥等药物，甚至去做整容手术。

因为女性更容易被外表左右，所以年龄歧视对她们来说是一个更大的问题。但是，任何人把老年人描述成守旧的、狭隘的甚至年迈的，他们
125 都贬低了老年人的人生价值。

1. 基于年龄的偏见

年龄歧视包括偏见：对老年人的负面判断。这种偏见可能是公然的，如雇主更喜欢雇用年轻人而忽视年长者。偏见也可以是间接的、微妙的，但它同样会伤害到老年人，比如医生认为疾病仅仅是由病人的年龄引起的，如本页的“个人故事”栏目中的情形。

针对老年人的偏见可能采取刻板印象的形式——基本都是消极的——把老年人描绘成“容易生病的、衰老的、无用的、性无能的、丑陋的、孤立的、贫穷的或者令人厌恶的”（Palmore，1998：30-31）。这种刻板印象是错误的。因为大多数的老年人并不是这样的。在65岁及以上的老年人中，有88%的人生活健康、独立，只有不到4%的人有健康问题，只能住进养老院。大多数老年人和年轻人一样工作努力、有效率，而且大多数雇主认为年长的工人更忠诚和值得信赖。同样重要的是，大多数老年男性和女性可以拥有和谐的性关系。

2. 基于年龄的歧视

偏见常常导致不公平的待遇或者歧视。所以早在1967年，美国国会通过了《就业年龄歧视法案》，禁止雇主因为年龄歧视他人。因为美国劳动力的平均年龄正在增加——2010年有6 600万工人（占总数的43%）年龄在45岁或以上——针对年龄歧视的投诉数量也正在增加。2011年，美国平等就业机会委员会收到了超过2.3万条涉及年龄歧视的投诉，相比2006年增加了42%。

老年人并不是唯一经历年龄歧视的人群。事实上年龄歧视问题在中年工人中更为普遍。数据显示，一般抱怨年龄歧视的多是40多岁的人，而不是60多岁的人。

无论受害者的年龄是多少岁，年龄歧视都是非法的。但是这条法律很难执行，因为被拒绝的人都不知道为什么被拒绝。此外，即使对年长者伤害最大，公司仍然可以合法地解雇薪水更高的员工，而更青睐薪水低的员工（Palmore，1998；Labaton，2000）。

3. 大众传媒中的年龄歧视

想想那些你在电视和电影中看到的老年女性和男性，你的第一想法很可能是：这样的人并不

个人故事　老龄化是一种病吗？

一位75岁的曾经喜欢跳方块舞的男子，突然左膝一阵剧痛。他去看医生，想找出问题所在。医生询问了他的年龄，给他的膝盖做了个简单的检查，便说：“我没有发现你的膝盖有什么明显的问题，一定是由于年纪大了。”那人请医生解释，医生开始跟他阐述关于衰老的各种理论，以及衰老如何影响膝盖。最后医生问道：“现在你明白了吗？”男子回答：“不，我不认为是这样的，我的右膝盖和我的左膝盖一样健康，不会给我带来问题。”

医学社会家艾德蒙·帕尔莫（Erdman Palmore，1998：29）讲这个故事是为了说明年龄歧视的微妙形式。如果这个病人仅有25岁，医生可能就会立即要求进行X光检查或者其他检查，以找出引起疼痛的原因。但是对于老年患者，医生有时候会表现出一种微妙的年龄歧视，就好像衰老本身就是一种疾病一样。这种回应并不是好的医学实践，而是一种年龄偏见。

你怎么看？

1. 如果人们随着年龄的增长患上了更多的疾病，那么将衰老作为一种疾病有什么错呢？
2. 你能指出年龄歧视的其他不明显形式吗？与年龄有关的刻板印象又如何呢？
3. 你认为什么是解决年龄偏见问题的好办法？

多。当老年人出现在屏幕上时，他们的形象往往是千篇一律的。例如在奥斯卡获奖影片《为黛西小姐开车》中，杰西卡·坦迪（Jessica Tandy）扮演了一个无法应对变化的孤独老妇人。

但这一模式更适用于女性而非男性。老男人在荧幕中出现的频率要高得多。想想哈里森·福特（Harrison Ford）、肖恩·康纳利（Sean Connery）和克林特·伊斯特伍德（Clint Eastwood）扮演的很多角色——他们通常出现在荧幕上（或荧幕外），与比他们年轻一半的女子对戏。29 岁的女演员玛丽·麦考马克（Mary McCormack）兴奋地回忆起和克林特·伊斯特伍德演对手戏的情景，当时他的年龄是她的两倍多。她解释说，虽然她只和他演过一场戏，是和他亲热，但她发现他当时 68 岁，非常性感。同时她也推测，在她 68 岁时，如果与 29 岁的男演员对戏，肯定不太可能听到他对别人吹嘘曾经和她一起拍过戏。

同样，种族也会影响大众传媒中老年人的形象。在大众传媒上出现的老年人更有可能是白人。电视和电影中的非裔美国人通常都是年轻人；当那些少数族裔年龄超过 65 岁时，他们上镜的次数也会越来越少。

（四）虐待老年人

直到 20 世纪 80 年代，随着老年人的政治权利提升，美国社会才开始正式把虐待老年人定义为一个社会问题。虐待老年人是一系列的行为，包括从被动忽视到主动的言语和情感虐待，再到威胁生命的身体暴力。据专家估计，在 65 岁及以上的人中，每年有 100 万～ 200 万老年人（在老年人中大约占 5%）
126 遭受虐待，其中 1/3 涉及严重的危及生命的虐待。

根据联邦政府的说法，在所有虐待老年人的案件中，有一半是对无自理能力的老年人的忽视。剩下的一半是一系列的伤害行为，包括身体或心理虐待（很少有性虐待），不正当地窃取老年人的钱财，或者不公平地剥夺一些其他财产（Tompson，1998；National Center on Elder Abuse，2006）。

和其他形式的家庭暴力一样，虐待老年人的行为通常不会被发现，原因很简单，受害者害怕说出来。他们担心，如果说出来，那么虐待者将更加残暴地虐待他们或者更加频繁地虐待他们。由于这个原因，分析人员估计，实际只有 15% 的虐待案例被报道了出来（Barnett，Miller-Perrin，& Perrin，1997；National Center on Elder Abuse，2006）。

什么会导致一个人忽视或者虐待老年人呢？一个重要的模式就是，许多施虐者曾经是受害者。这种虐待的恶性循环可以用简单的术语来解释：那些在自己生活中经历过虐待的人（通常是儿童）很可能会在照顾年迈的父母或者其他人时重新塑造这种模式。

虐待家庭成员的人常常面临其他挑战。他们可能对酒精或者其他药物上瘾；他们可能有情感问题；或者他们可能遭受过虐待。经济上的不确定性给许多人的生活带来了压力，这只会让照顾者的生活变得更加困难。但是每个人都可能碰到各种工作、照顾小孩以及照顾老年人方面的需求，这些压力可能会导致照顾者失控，然后采取虐待行为。

虐待也可能发生在机构中，例如护理机构。有时这个问题是由削减开支造成的。例如，养老院所有者可能会通过聘用更少的员工或者经验更少的员工以获得更大的利润。因此，超负荷工作的工作人员最终会忽视病人。换句话说，就像家庭成员一样，这些员工在无法满足病人要求时，可能会陷入绝望，从而引发虐待。第 118 页的“社会政策”栏目描述了美国政府对养老院虐待的调查情况。

（五）日益增长的照料需求

美国 65 岁及以上的人口比例正在上升。但只有不到一半的老年人会住进养老院或者其他护理机构。因此，越来越多的老年人护理将由生活中的其他人提供。社会学家感兴趣的是**照料**（caregiving），即*家庭成员、其他亲属或者朋友对老年人进行的非正式且无报酬的照顾*。

在美国和其他高收入国家，现在的中年人是“三明治一代”，他们花在照顾年迈父母上的时间可能跟抚养年幼孩子一样多。在大多数情况下，照顾老年人的一般是特定的家庭成员，大多数是女性，通常是妻子、女儿或者儿媳。

大多数照料工作由一个人负责，这意味着对 127
其时间和精力需求巨大。大多数看护者同时要考虑其他家庭成员——当然还有他们自己的需求。此外，3/4 的看护者有工作。在通常情况下，看

社会政策　养老院虐待：应该做些什么？

很少有人会不认同社会上年长者应该受到应有的公平对待。然而调查显示，超过 91% 的养老院在最近一年中至少有一些违反联邦健康和安全规范的案例。大约 17% 的养老院存在缺陷，对入住者造成实际伤害或者即时危险。

大多数的护理机构为老年人们提供了良好的护理条件。但是普遍的糟糕的照看方式使得政府不得不深入调查。调查结果则非常令人不安。

国家委员会的一个证人是莱斯利·奥莉维亚（Leslie Olivia），她一直在家里照顾年迈的母亲。当无法支撑母亲需要的照料时，她将母亲送到了一家养老院。刚搬进去的那几个月，她发现母亲身上有淤伤、褥疮和骨盆骨折。有时服务人员会故意将盘子留在床尾她母亲够不着的地方。没有足够的营养，她母亲很快就瘦了。莱斯利非常担心，将她母亲换到了另外一家养老院。但是问题依旧存在。她母亲很快因褥疮和严重脱水而身体虚弱。

她又换了一家养老院。在最后这个养老院，工作人员打来电话跟她说了一个令人震惊的消息：她的母亲因为吃东西窒息而死。考虑到之前发生的事情，她不确定是不是应该相信他们。很快她得知，母亲死的时候被插上了一根喂食管。显然，这是虐待行为。

这个令人不安的事实是特例吗？在他们的调查中，国会官员听到了很多这样的信息，根据家庭成员以及家庭护理人员的证词，得出结论：虐待老年人发生的频率要比我们想象中高得多。同样重要的是，这种行为通常会被掩盖。

现有的证据证明，虐待老年人的情况尤其可能发生在人手不足、员工没有薪水和缺乏培训的场所。由此可知，社会中有数以万计的老年人正在遭受不必要的苦难，许多老年人正处于危险当中。

你怎么看？

1. 为什么公众不关心这些虐待问题？
2. 养老院要怎么改变运作方式以预防莱斯利母亲的事件发生？
3. 你认为示例描述的问题的解决方案是什么？解释一下。

护者会在一天的工作之外提供几个小时的帮助（Himes，2001；AARP Policy Institute，2009）。

（六）贫困

2010 年，在 65 岁及以上的人口中，约有 9% 的人——大约 350 万的老年人——生活在贫困线以下。这一数字与几代人之前相比有了戏剧性的变化：1965 年，美国老年贫困率接近 30%（U.S. Census Bureau，2011）。

是什么促使了老年贫困率的降低呢？主要的原因是现在老年人能够享受到退休福利，尤其是生活费用自动调整的社会保障制度。老年贫困率的降低是一个成功的案例，它表明通过有效的政策，社会问题可以得到改善。当然，我们还有更多的工作要做。

请记住，政府的贫困统计数据不包括相对较少的缺乏自理能力的老年人，他们大多数是穷人。同时值得注意的是，老年人的贫困线低于其他人的贫困线（2010 年，65 岁及以上的人的贫困线为 10 458 美元，65 岁以下的人的贫困线为 11 344 美元）。这两个原因都促使老年贫困率下降。基于以上原因，官方公布的老年人贫困率呈现出一幅比预期更积极的图景（U.S. Census Bureau，2011）。

（七）年龄分层

年龄分层（age stratification）是指*社会中各个年龄范畴的社会不平等*。正如前文所述，在前工业社会中，老年人比年轻人拥有更多的财富和权力。在现代工业社会，情况则恰恰相反。

图 5-2 显示了美国人口按年龄分类的平均收入和贫困率。在美国社会中，随着年龄的增长，人们获得的教育、经验以及收入也会增加。这种趋势一直持续到中年，收入在 50 岁时达到顶峰。然后随着年龄的继续增长和步入老年，这一趋势反过来了，收入会不断下降。贫困率则显示为相反模式。贫困率最高的是 24 岁以下的儿童和年

轻人。相比之下，在 65 ～ 74 岁的人群中，这一比例降至 8.1%。之后，随着年龄增加，贫困率上升。但是即便如此，65 岁及以上的所有人的贫困率仅为 9%，远低于全美 15% 的贫困率。

1. 住房

2010—2020年，美国老年人口增长近1 500万，85 岁及以上人口增长将近 100 万。根据政策制定者和社会服务提供者的说法，美国即将没有足够的房子供人们居住（U.S. Census Bureau，2008）。

在美国，不论老少，都认为有一栋房子是获得独立和幸福生活的关键。现在大约有 90% 的老年男性和 80% 的老年女性单独或者与配偶一起生活。大约 80% 的老年人拥有自己的房子，大多数人没有抵押贷款。即便如此，年龄较大者仍然必须纳税并支付公共设施费用、保险费和房屋维护费。这些都可能使老年人“资产丰富但收入贫乏”（Kontos，1998；Federal Interagency Forum，2011；U.S. Census Bureau，2010，2011）。

大多数老年人更喜欢原地养老，即住在工作和抚养孩子的时候一直居住的房子里。只有 15% 的老年人住在专门给老年人设计的房子里。随着年龄的增长，身体上的变化（包括力量丧失、反应变慢，以及视力减弱）需要对家庭住房进行安全改造，比如在厕所、浴室附近增加扶手或者额外的照明。一般来说，在老年人居住的房子里，楼梯对他们来说是一个挑战。

正如我们所料，老年人拥有的房子要比他们本身还“老”。它们需要维护和维修，缺乏隔热层，需要改进供暖和空调系统。这类住房问题在有较高贫困风险的老年人群体，如非裔美国人、
128 女性、农村和市中心居民中尤为常见。

如果不是新房，发生事故或者受伤的风险就会上升。例如，在危险的楼梯上摔倒可能会导致髋关节骨折，使原本健康的人在医院或者护理机构中度过很长时间。试图在通风不良的房屋内使用加热器会增加火灾或因窒息而死的风险。联邦医疗保险等政府项目为一些非医疗设备，比如淋浴和浴缸的安全座椅买单，但是许多老年人不知道联邦政府的项目可以帮助他们的住房更加安全（Manheimer，1994；U.S. Department of Housing and Urban O-V Development，2011）。

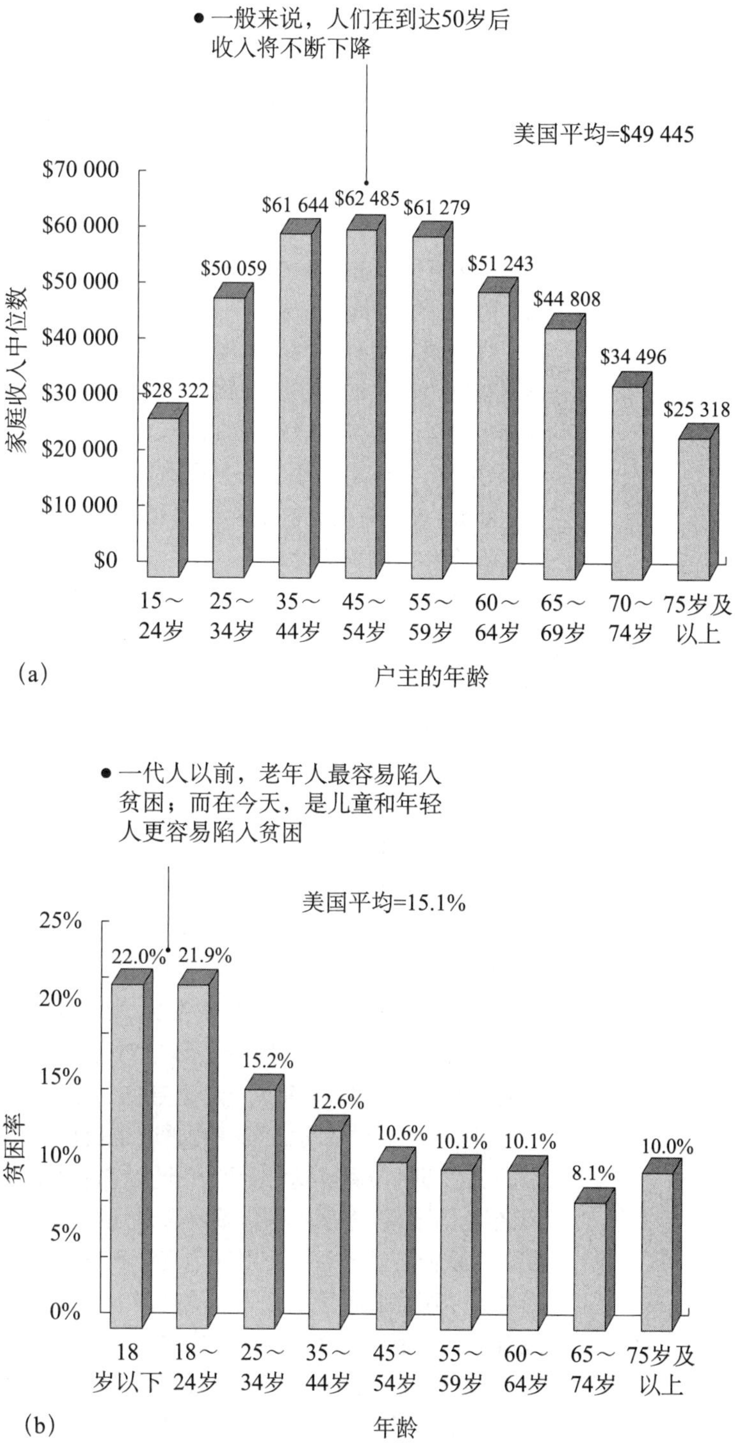

图 5-2　美国家庭收入与贫困率（按年龄分类，2010）

注：从（a）部分我们看到，家庭收入中位数在整个人生历程中通常会增加，在 50 岁左右达到顶峰，而随着人们进入老年而下降。(b) 部分显示了贫困率随着年龄的增长而下降，在 65 ～ 74 岁达到最低点，而在 75 岁及以上的人群中上升。

对老年人来说，购物和服务是另一个重要的问题。位于郊区的社区通常没有公共汽车或者其他形式的交通工具，因此在该地区活动需要使用汽车。然而许多老年人已经不再开车了。他们会觉得杂货店、商店、教堂和娱乐设施都是遥不可及的。

芭芭拉·迈尔霍夫（Barbara Myerhoff）在对南加利福尼亚州一个日渐衰落的社区进行的一项经典研究中发现，老年人最想要的是保持独立。但是对于那些患有关节炎或者视力下降的老年人来说，穿衣、购物、做饭和打扫房间并不容易。迈尔霍夫发现，社区附近没有大型的商场，使得居民们必须乘坐公交汽车去购物中心购物。但是这种车又有很高的台阶，使得年纪较大的老年人无法使用轮式购物车。这就是日常生活中的挑战。夜晚则是另一回事，对犯罪的恐惧让老年人只能待在家里。

2. 老年人的住房计划

在美国各地，有数以千计的退休社区提供舒适、便捷的公寓，提供现场医疗保健服务，以及提供清洁、餐饮和交通服务。但在这样的一个社区中生活成本很高，通常每月要花费几千美元在公寓和饭菜上。此外，许多这样的设施要求居民预付高达25万美元的费用。很明显，如此高的成本使得这种类型的住房在老年人群中使用率不高。

为了让收入较低的人拥有安全、便捷的住房，联邦政府为老年人提供基于个人需求的出租房。在400万套公共住房中，老年人占了1/3。1990年，国会通过了《国家可支付住房法案》，为体弱多病的老年人提供额外的住房资金，以应对超过85岁的老年人越来越多，老年人口迅速增加的趋势。

《国家可支付住房法案》的通过也提供了所谓的反向抵押贷款，这种金融安排允许符合条件的老年人以住房净值抵押借款的每月还款额。他们可以按照自己的意愿使用这笔现金——用于家居维修、医疗或者家政服务。最终当老年人去世或者搬到其他地方之后，这笔贷款将从房屋出售所得款中扣除。许多老年人不喜欢用最重要的金融资产来抵押贷款，尽管这是一种可以将房屋价值转化为日常生活所需现金的策略。最后，面对高昂的住房成本和即将到来的收入下降，许多老年人会通过合租来削减开支。大约11%的美国老年人与亲戚或者不相干的成年人一起生活
129（U.S. Census Bureau，2011）。

（八）医疗保健

随着人们变老，他们需要更多的医疗照顾。自1965年以来，联邦政府通过医疗保险向老年人提供医疗救助，这是一个为65岁及以上人群支付医疗和其他费用的项目。对于有医疗保险的人来说，这个项目支付的费用大约是医疗和长期护理总费用的一半（Kaiser Family Foundation）。在2003年，国会在医疗保险中增加了免费支付处方药的项目。

在美国，医疗费用一直稳步增加。为了帮助支付政府医疗保险未涵盖的医疗费用，约58%的老年人购买了私人医疗保险。即使有了这些额外的保险，许多老年人仍然面临着支付账单的困难。如今，65岁及以上人群在医疗保健方面的支出占全年的10%左右。

随着人们年龄的增长和健康水平的下降，医疗保健费用急剧增加。对于那些必须搬到护理机构的人来说，费用尤其高。尽管只有4%的老年人在老年阶段的所有时间都住在养老院里，但几乎有一半的老年人会在某个时候住在那里。在这里，联邦医疗保险和私人医疗保险通常只支付部分费用，其余的费用许多人承担不起（Fetto，2003；Federal Interagency Forum，2010）。

（九）死亡与濒死

我们迟早都要面对死亡。变老的最重要的挑战之一就是面对生命的终结。

人们对于死亡和濒死的看法是由文化决定的。在低收入国家，人们学会接受死亡是日常生活的一部分。许多婴儿在出生时就已死亡，事故和疾病造成的死亡人数如此之多，以至于十几岁之前的死亡率超过出生率的一半。由于医务人员少，而且与人们离得很远，家人在生病时通常互相照顾，因此，低收入国家的人们在死亡时通常有家人和朋友的陪伴。

然而，现在社会对健康有了更大的控制，一般由专业人士负责。这个系统将死亡和濒死从日常生活中移除。你见过一个人死吗？对我们大多数人来说，答案是否定的，因为在医学专家的陪伴下，死者的家人和朋友会被带出房间。即使在

医院里，停尸房对病人和访客来说也是很隐蔽的（Aries，1974；F.R.Lee，2002）。

在我们的社会中，土葬或者火葬准备遗体的工作不是由家庭成员，而是由专业的殡葬师完成的。我们处理死亡的仪式大多不在家庭中进行，而在殡葬机构中进行。

总之，美国文化把死亡当作一个应当回避的话题，然而一场新的社会运动，以年长者为先导，试图将死亡和濒死带回大众视野，提出了一些我们现在正在研究的重要问题。

1. 安乐死和死亡的权利

由于医疗技术的进步，以及人们收入的增加（可以为老年人提供好的营养和更安全的住房），人们的寿命比过去长得多。然而，我们不仅延长了生命，还将死亡从一个事件转变为一个决定。
130 换句话说，越来越多的死亡是由有意决定停止延长生命的治疗造成的。近几十年来，一场死亡权利运动发展起来，它提出这样一种观念：应该由濒死的人——而不是医生和医院工作人员——来决定他们自己于何时何地死亡以及如何死亡（Morris，1997；Ogden，2001）。死亡权利运动声称，患有绝症的人应该被允许指导如何死亡，如果他们自己同意，那么也可以请求他人来协助死亡。这项政策被称为**安乐死**（euthanasia），即*帮助患有不治之症的人死亡*。

安乐死有两种形式。*被动安乐死*是指医生结束对绝症病人的治疗，比如关掉呼吸机或者其他维持生命的设备。被动安乐死被立法者普遍接受，并且广泛实施。越来越多的人希望能够被动安乐死。今天，美国 29% 的成年人和 54% 的 65 岁及以上人群立有*遗嘱*，阐明他们在面对死亡但已不能开口讲话的情况下，希望进行和不希望进行的治疗（Pew Research Center，2009）。

相比之下，*主动安乐死*指内科医生或者其他人主动促使死亡的发生。例如医生可能会给一个濒死之人注射致命的注射剂，以使他无痛苦地死去。

主动和被动安乐死的中间立场是*医生协助自杀*。也就是说，病人要求医生帮助他自杀，医生会给病人开合法的药方，然后医生不会再做别的动作，病人则是那个决定是否自杀，以及于何时何地自杀的人。

2. 荷兰的安乐死

自 1981 年以来，荷兰一直允许在特定的情况下实施安乐死。根据荷兰的法律，病人在没有康复希望，正在遭受疾病的痛苦，且了解所有可用的医疗方案的情况下可以要求安乐死。如果条件都满足，一个人可能会请求医生的帮助。而医生在采取行动之前，必须与另一名医生商量（Tagliabue，2008；Reuters，2010）。荷兰当局报告称每年约有 2 000 人在医生的帮助下死亡。因为许多病例从未被报道，所以实际数字可能是这个的两倍。

大多数荷兰人支持主动安乐死，然而有证据表明，医生并不总是遵循规则。批评家们指出，有些荷兰医生会帮助那些因疾病而不能明确表明自己想要死亡的人死亡。在这种情况下，医生认为这符合患者的最佳利益，通常不会向政府报告（Gillon，1999；Barr，2004）。尽管如此，但这项政策仍然得到了大多数荷兰人的支持。此外，近年来，比利时、卢森堡、瑞士和德国也颁布了类似的法律，其他国家也在讨论主动安乐死。

3. 美国的安乐死

在美国，关于安乐死的讨论还在继续，人们有的支持安乐死，有的反对。1997 年美国最高法院裁定宪法中没有明确规定死亡的权利。这一决定减缓了死亡权利运动的发展，这一运动主要寻求主动安乐死的合法化，以及支持医生协助自杀的发展。然而，俄勒冈州的公投推动了医生协助自杀的发展，多数选民支持于 1997 年生效的有尊严地死亡的法案。这项法律允许医生帮助那些被判活不到 6 个月的病人死去。在俄勒冈州，在医生帮助下的自杀病例仍然很少——12 年来大约有 525 例。2008 年，华盛顿也颁布了一项允许医生协助自杀的法律（Leff，2008；State of Oregon，2011）。

死亡权利运动仍然存在争议。支持者声称大多数人想拥有选择何时以及如何死去的权利，很多人欢迎医生来帮助其无痛地死亡。反对者反驳说，有些病人寻求快速死亡不是因为痛苦或者绝症，而是因为悲伤、抑郁。调查显示，在美国，有 2/3 的人确实支持那些患有绝症的人接受医生的帮助从而体面地死亡，但公众担心的是那些厌倦

建构社会问题决定性时刻

“善终”：西塞莉·桑德斯和临终关怀

在工业革命最激烈的时候，住在伦敦这样的城市并不容易。

贫困和疾病非常常见。大多数人在一个到处是流浪汉的世界里活动。面对这么多生活问题，为什么有人会花时间去考虑那些即将死去的人呢？

西塞莉·桑德斯（Cicely Saunders，1918—2005）是在伦敦长大的，她是一名护士和医师。她的一生也经受过疾病的困扰，并一直被帮助他人的愿望激励着。桑德斯在医院为病人服务多年，她认为疾病不仅是一种医学或者生物学事件，对她来说，生病也是一种社会体验。因此，她把她的工作变成了我们所说的医疗社会工作者。

1948 年，桑德斯开始为一个病人提供服务，这个病人是第二次世界大战期间从波兰逃到伦敦的难民，他对桑德斯的人生来说是一个非常特殊的人。虽然两人的关系非常亲密，但他们的私人关系注定会因为这个男人死于癌症而结束。他们在一起度过的时间里，谈到濒死之人通常无法从医院得到他们想要的东西，毕竟，医院是为了治疗疾病而建立的。

桑德斯总结说，一旦人们即将死亡，他们就有特殊的需要，从而需要一种新型的护理中心来满足这种需要。这个想法发展出临终关怀的理念，在这里，人们可以找到方法来减少自己的痛苦和得到人文关怀，从而在最后的时光里尽可能舒适安宁。此外，桑德斯从她的病人那里学到了，濒死之人需要外界帮助来正视他们的恐惧和为他们的生命画上句号。临终关怀的愿景可以被概括为姑息治疗，它包括帮助处理临终之人的症状，并对他们的身体、情感、社会和精神需求做出回应。

随着各种想法汇聚在一起，桑德斯也完成了她的医学培训。1967 年，桑德斯在伦敦创立了圣克里斯托弗临终关怀中心，这是第一家完全致力于临终关怀的机构。美国的第一家临终关怀医院设立于 20 世纪 70 年代。今天，这个国家每年有超过 150 万人接受临终关怀，占死亡人数的 42%。

1979 年，英国女王伊丽莎白二世看到了桑德斯的努力，授予其骑士称号。在余下的时间里，桑德斯收到了许多赞扬和奖励。她改变了医学领域和公众对死亡的看法。

生活的人同时也会因此死去（NORC，2011：416）。

死亡权利运动的批评者仍然担心，俄勒冈州和华盛顿颁布的法律将会造成一个“滑坡”，在未来，这个国家将会有越来越多的协助自杀。但是，比如我们如何能确定要求结束生命的请求不是由病人的抑郁引起的呢？家庭成员可能渴望继承一笔遗产，或者希望避免高额的医疗费用，这难道不可能迫使年迈或者生病的父母做出死亡的决定吗？我们怎么能确定医疗保险公司不会介入，从而鼓励主动安乐死呢？医疗保险公司知道，如果病人选择结束自己的生命，而不是继续接受几个月的昂贵治疗，那么它们将获得更大的利润。最后，穷人呢？贫困的病人或者那些没有医疗保险的人难道不会因为想要节省一些资金而选择安乐死吗？简而言之，批评者声称很难为安乐死制定明确的道德准则，甚至更难防止虐待（Kleinman，1997）。

虽然到目前为止，在俄勒冈州和华盛顿发生的为数不多的医生协助自杀事件并没有证实会出现上述“滑坡”，但是随着老龄化的加剧、医疗费用的增加，关于安乐死的争议还会继续。 131

4. 临终关怀

另一个影响死亡模式的发展是越来越多的人接受**临终关怀**（hospice），即*一种类似家庭的关怀，为临终者及其家人提供身体和精神上的安慰*。美国第一家临终关怀机构于 20 世纪 70 年代开业。上面的“建构社会问题决定性时刻”栏目描述了桑德斯的工作，她帮助发起了临终关怀运动。如今，每年都有超过 5 000 个临终关怀组织照顾超过 150 万人。不像在医院里，医务工作者致力于挽救人们的生命和健康，临终关怀组织旨在帮助人们舒适和有尊严地死去。一些临终关怀组织在濒死之人的最后日子里，帮助他们经营家庭，更常见的情况是，工作人员去濒死之人的家庭中帮助其和其家人。

这种发展反映了一个事实：许多人希望避开医院那种缺乏人情味、管制严格的环境。例如，这里的工作人员会和医生以及家属一起确认

社会焦点问题　一个临终关怀志愿者："我得到的比我给予的还要多"

"不，我并不害怕死亡，"金补充道，"但话说回来，死亡的并不是我。"金是一位中年女性，住在俄亥俄州中部的一个小镇上。她是一名按摩师，女儿已经成年。几年前，她丈夫得了不治之症，她在家里照顾了他一年。这让她不能外出工作，消耗了她所有的精力和时间。金作为临终关怀志愿者已超过8年时间，帮助了150多人走向生命尽头。她分享了她的一些经历：

当我接到志愿者主管的电话时，志愿者生涯就开始了。他们给我找了一个病人，我打电话到他家，开始了第一次访问。我做了很多事情：帮病人洗澡，做午餐；给他的配偶一个小时的休息时间；给他的家庭成员一个离开家出去办事、透气的机会。在这种情况下，人们很快就会互相了解，一些关于死亡的故事把所有游戏和伪装都揭开了，差不多将近一个月的时间，我就成了这个家里的一员。

我不是说这个工作很容易做，并不容易，有时候非常艰难。有些家庭并不喜欢家里有陌生人。有一次，甚至有个孩子在偷濒死母亲的药品。随着死亡的临近，事情变得非常紧张，问题是大多数人从来没有如此近距离地接触过死亡。他们需要有人来告诉他们应该期待什么，如何提供帮助，什么时候该放下。

放下，这才是最重要的 。对大多数人来说，让所爱的人死去是非常困难的，人们想做的第一件事就是与死亡做斗争。但是当它即将发生时，继续紧抓不放则会让濒死之人非常痛苦。

事实上，真正与死亡斗争的人不会使用临终关怀，他们会把濒死之人送到医院，通过接受各种治疗来延长生命。当无可挽救时，医院会给你开一些致命药物，这些药物会让你死得很平静。但是这也非常昂贵。临终关怀的方法更加自然，就像让自己的身体主动关闭。我们使用药物仅仅是为了阻止疼痛。自然死亡持续几个小时，在生命的尽头，一个濒死之人每次呼吸持续2～3分钟，但其实我已经在那里待了五六个小时。这正是关怀中心的工作人员需要做的，告诉人们发生了什么，应该如何做。通常，医生或者护士也会在场。我们是向导。当人临终前，有句话我们会告诉他：不要做一些事情，待在那里。最重要的事情是和濒死之人及其家庭成员在一起，帮助他们理解和接受即将到来的死亡。

我知道每个人都在讨论死亡的权利，我们试图远离医生协助自杀的争论。但你知道吗？在现实中，医生和家庭成员通常会谈论是否使用和何时使用药物，以结束死亡。无论你是在医院还是在临终关怀中心，抑或是在病人家中，死亡都是需要一个决定的。

我很高兴当我丈夫死亡时我在他身边，我多么希望几年前我父亲去世时能有我这样的人在场。我知道我的工作能给人带来益处，但我得到的比我付出的更多。

加入博客！

1. 你曾经经历过身边的人去世吗？你曾经做过临终关怀志愿者吗？
2. 你会去做吗？你认为我们的社会将死亡作为生命经历的一个自然阶段吗？请来MySocLab加入社会学焦点博客，分享你的观点和经验，并了解其他人的想法。

濒死之人是否舒适，并会采取必要的药物控制疼痛——不是试图延长生命，而是尽可能让他们舒适。本页上方的"社会焦点问题"栏目描述了一
132 个在中西部城镇的临终关怀志愿者的故事。

四、老龄化和不平等理论

• **分析**

社会学理论有助于理解与老龄化相关的许多挑战。下面将介绍结构功能方法、符号互动方法、社会冲突方法和女权主义方法，这些方法有助于解释本章提出的许多问题。

（一）结构功能分析：脱离的需要

结构功能方法强调了社会模式帮助社会顺利运作的方式。面对现实，所有人都会变老并最终走向死亡。社会必须找到一个把老年人从工作中脱离出来，也就是将他们的职场角色和其他责任传递给年轻人的方式。脱离是一种确保老年人不

会影响重要任务的执行的策略。

退休是当老年人无法胜任职责时将他们从生产角色中解放出来的主要策略。退休发生在技术先进、瞬息万变的社会中，因为许多老员工缺乏最新的知识和与时俱进的技能。相比之下，年轻人可以从最新的培训中获益。从形式上讲，**脱离理论**（disengagement theory）是指*现代社会在人们年老时将他们从责任岗位上移开，从而保证社*
133 *会有序运行的理念*。

脱离对整个社会是有作用的。它也为那些辛苦工作多年的老年人提供了休息、放松、旅行，以及与家人共度更多时光的机会（Cumming & Henry，1961；Voltz，2000）。

- **评价**

脱离理论为社会提供了一种确保其运行的策略，即使它的个体成员最终会变老和逝去。老年人逐渐脱离可能是功能性的，或者对整个社会是必要的，但是正如批评者所指出的，放弃一份工作或者责任对老年人来说并不总是好的消息。

许多人喜欢自己的工作，大多数人指望工作带来必需的收入。因此该理论的批评者认为，老年人脱离会付出重要的个人代价，包括失去收入、失去在他人眼中的社会地位，以及面临社会孤立的风险。人们在老年时期保持活跃和参与社会活动的需要把我们导向了符号互动方法。

学习检验 陈述脱离理论的基本思想。你对其有什么批评？

（二）符号互动分析：保持活跃

符号互动方法关注的是人们在日常生活中构建的意义。随着老年人退出一些活动，尤其是那些具有体能挑战的活动，大多数人试图找到新的事情去做。例如，许多老年人从有偿的工作中退出，去扩展他们的业余爱好，去旅行，去做志愿者。寻找新的活动尤其重要，因为在美国，65岁及以上的人仍然可以过平均9年以上的青年人的生活（Robinson，Werner，& Godbey，1997；Smart，2001；Arias，2011）。

研究人员发现，老年人的个人满意度取决于他们是否持续参加社会活动。**活跃理论**（activity
134 theory）是指*老年人通过保持高水平的社会活动参与来提高个人满意度的理念*。这个理论也提醒我们，老年人和任何其他年龄段的人一样，是多样化的，有不同的需求、能力和兴趣。出于这个原因，单一的脱离理论并不适用于所有人，我们也不应该期望那些退休老年人都同意参加他们可能最喜欢的活动。

- **评价**

活跃理论有助于我们谨记老年人多样化的能力、需求和兴趣。但是它忽略了一个事实，那就是至少有一些老年人，在身体上不能应对繁忙的日程安排。即使是健康的老年人，在某些情况下也没有太多的选择。例如在接受护理过程中，许多老年人很希望变得活跃，但同时他们也发现娱乐机会有限。许多低收入者也面临着对如何生活的有限的选择。简而言之，在不同方面处于不利地位的老年人并不能够随心所欲地生活。这种关注引出了社会冲突方法。

学习检验 陈述活跃理论的基本思想。你对其有什么批评？

（三）社会冲突分析：年龄与不平等

社会冲突方法关注年龄分层，指出美国社会限制老年人的机会和资源的方式。总的来说，社会给予中年人最大的权力和特权。正如之前所说，社会倾向于用消极的词语定义老年人，这种模式导致了对老年人的偏见和歧视。虽然法律禁止工作场所的年龄歧视，但公司仍然喜欢雇用年轻的员工。同样，法律禁止老员工的被动退休，但公司仍然急于用年轻人取代老员工。因为年轻人工资较低，所以这样能降低成本。简而言之，分析人士得出结论，资本主义社会把老年人变为二等公民，以此作为增加利润的手段。此外，社会通常用个人创造的经济价值来衡量这个人的价值，而最终退出有偿工作的老年人很有可能被定义为无价值（Atchley，1982；Phillipson，1982）。

- **评价**

年龄是社会分层的一个重要维度，我们可以得知它与其他不平等方面，包括阶级、种族和性别是相互结合的。社会冲突方法关注一些老年人的相对劣势，但忽视了全局：平均而言，近几十年给老年人带来了主要的经济收益。在美国，老年贫困率——甚至是 75 岁及以上的老年人的贫困率——实际上远远低于整个美国社会贫困率的平均水平。

此外，如今的老年人有很大的政治影响力，因为他们大多数人会进行投票。在 2008 年总统选举中，65 岁及以上的选民中有 70.3% 投了票，而 18 ～ 24 岁的选民只有 48.5% 投了票（U.S. Census Bureau，2009）。的确，一些老年人生活在贫困中，许多老年人遭遇了偏见和歧视。但批评家也指出，这个年龄分层系统很好地满足了老龄化的需要。

（四）女权主义分析：性别的重要性

女权主义方法是社会冲突方法的一个重要方面，引导人们注意到性别在理解老龄化方面的重要性。衰老的挑战迟早会影响到每个人——至少是那些幸运地活到老年的人。然而，从女权主义者的观点来看，有些人在年老时会比其他人面临更大的劣势。的确，虽然女性的预期寿命比男性长，但是女性在整个人生过程中面临的由性别分层带来的不利影响并没有随着她们步入老年而消失。相反，影响可能会更大。在所有全职工作的成年人中，女性的收入是男性的 77%。现在让我们仔细地看一下这种差距是如何随着年龄发生变化的。在年龄为 25 ～ 44 岁的年轻人中，性别收入差距较小，女性全职工人的收入是男性的 81%。在年龄为 45 ～ 64 岁的年长者中，性别收入差距更大，女性全职工人的收入仅为男性的 73%。最后，在 65 岁及以上的人群（可能在工作也可能没在工作）中，性别收入差距略有增加，女性的收入是男性的 71%。

如何解释老年女性面临更大的劣势？首先，女权主义者提醒我们，女性比男性更有可能从事低技能的服务工作，这些职位通常提供较低的薪水和较少的养老金及其他福利。其次，美国社会的性别分层将家庭责任定义为女性的工作，这使得女性更难加入（并继续留在）有偿职场。最后，如今的老年女性成长的时代是一个比现在性别分化更为严重的时代——那个时代的社会规则既使得许多女性远离了校园，也使她们无法从事很多类型的工作。教育程度的降低和职业机会的减少，使得如今的老年女性收入降低。

在未来的岁月里，随着越来越多的女性从大学毕业，以及职场歧视的减少，老年女性和男性的收入差距可能会缩小，但是只要性别歧视一直存在，女性就会一直遭受歧视，这意味着在老年时期，女性仍然会比男性过得艰难（Neugarten，1996；U.S. Census Bureau，2011）。

正如老年女性比老年男性面临更大的挑战一样，老年女性中某些类别的女性面临着更为巨大的挑战。交叉理论解释说，一些老年女性也会因为种族或者民族的原因面临额外的偏见和机会缺乏。

图 5-3 对比了美国各类别老年人口的贫困率。在 65 岁及以上的非拉美裔白人中，女性的贫困率远高于男性（8.3% 对 5.0%）。然而，非裔美国女性和拉美裔美国女性的贫困率更高（20.5% 和 20.9%）（U.S. Census Bureau，2011）。简而言之，交叉理论帮助我们了解到，涉及性别、种族和民族的社会分层是如何结合在一起影响老年人的生活的。

- **评价**

女权主义方法是社会学中日益重要的一种社会认同方法。性别分层在生命过程中的各个阶段都起作用，因为要了解美国老年人口的社会地

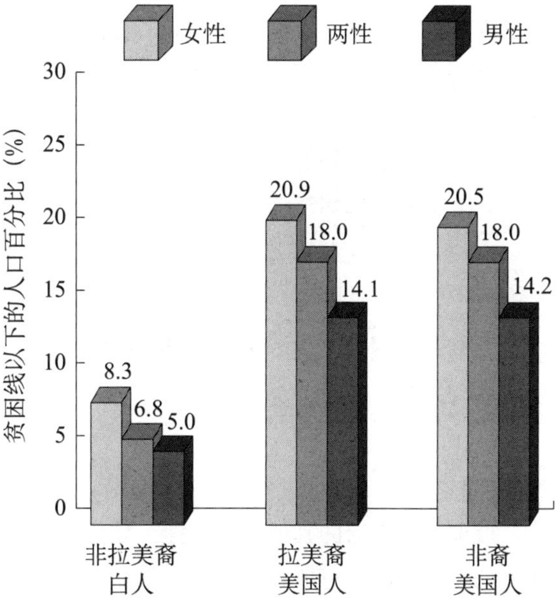

图5-3　按种族、民族和性别分列的美国65岁及以上人口的贫困率（2010年）

注：在 65 岁及以上人群中，拉美裔美国人和非裔美国人陷入贫困的概率是非拉美裔白人的两倍。在每一类中，老年女性都比老年男性更容易陷入贫困。

资料来源：U.S. Census Bureau（2011）.

理论运用　老龄化和不平等

	结构功能方法	符号互动方法	社会冲突方法	女权主义方法
分析层次	宏观	微观	宏观	宏观
我们如何理解衰老?	结构功能方法支持脱离理论，脱离理论认为现代社会通过使人们在年老时脱离责任岗位而顺利运行。那么衰老就意味着丧失扮演重要角色的能力。	符号互动方法支持活跃理论，活跃理论认为保持高水平的社会活动参与能让老年人提高个人满意度。老龄化是一个过渡时期，在这段时间里，人们从一些活动中脱离，开始新的活动。	社会冲突方法聚焦年龄分层。社会给中年人最大的权力和特权，尽管有禁止年龄歧视的法律，但大多数雇主仍偏爱低薪水的年轻人。	女权主义方法指出了性别分层对于老龄化的重要性，告诉我们各种不平等方面结合在一起，使某些类别的人处于更不利的地位。
年龄是问题吗?	衰老是不可避免的，它迟早会使人们丧失能力。脱离避免了人们在晚年无法履行好职责的问题。	根据一个人的能力、兴趣和欲望，保持活跃可以减少老龄化问题。	老龄化的很多问题是由社会利润导向造成的，该导向贬低了经济产出较少的人的价值。	老龄化问题对于女性以及生命中面临更多社会问题的其他不利群体来说更加严重。

位，就必须考虑性别因素。交叉理论也将注意力引向了种族和民族，它们还将继续影响老年
135 生活。

批评家们提醒我们，尽管老年女性相比老年男性处于不利地位，但他们的收入差距在慢慢变小。当今天的年轻人年老时，我们应该期待男女社会地位更加平等。

学习检验　女权主义方法告诉了我们关于老龄化的哪些内容？我们从交叉理论中了解到哪些额外的见解？

“理论运用”表格总结了每种理论方法告诉我们的关于老龄化和不平等的信息。

五、政治和老龄化：提出问题并定义解决方案

- **评价**

就像社会生活的其他领域一样，如何看待老年人的社会问题，将取决于个人的政治态度。现在我们来看看政治如何影响我们对老龄化具体问题的评估。第127页的“从左到右”表格总结了每种政治观点——从激进左派到保守派——定义的年龄问题以及解决方案。我们从保守派开始看起。

（一）保守派：更多的家庭责任

保守派认为，一个健康的社会建立起来不是依靠一个照顾每个人（以牺牲个人自由为代价）的政府，而是依靠人们能够照顾自己的坚固的家庭。社会群体中的大部分关怀发生在家庭中。保守派也宣称，美国社会中的家庭正在慢慢变弱。他们认为，在一个崇尚独立和自由的时代，家庭成员互相关照的系统正在瓦解。这种家庭人口减少的趋势尤为麻烦，因为老年人口正在增加，关怀比任何时候都更被需要。保守派认为家庭的衰弱是老年人面临的一系列社会问题，包括社会隔离、虐待老年人和贫困产生的原因。

今天男女寿命越来越长，这是个好消息，但这同样也意味着抚养着幼儿的家庭不得不照顾年迈的父母。正如保守派认为的，这是应该的。但是，保守派同样认为，要面对这些挑战，我们必须摒弃以自我为中心的文化，因为这种文化让更多年轻人不愿意承担更多家庭责任。在这一点上，保守派反对女权主义者的观点，认为女权主义鼓励女性
把家庭生活看得不如职场重要（Sommers，2003）。 136

另一个重要的保守观点是个人责任，包括对未来的规划。保守派认为，所有年龄阶段的人都应该通过储蓄和投资计划提前规划自己的晚年生活，有一个长期的有规律的储蓄计划，这样人们就能最大限度地为晚年提供资源。

这一切都符合保守派对有限政府的渴望。几乎所有保守派都支持社会保障制度，尽管他们指出，除非进行改革，否则当前的社会保障制度将在 2035 年将资金耗尽。近年来，支持市场解决方案而非政府项目的保守派主张，鼓励人们将部分资金投资于私人项目，以获得更多回报。尽管这种社会改革是由布什政府尝试实施的，但是在经济崩溃之后，它在政治上变得不太可能。而共和党和民主党在 2003 年确实联合起来，支持扩大医疗保险范围，以帮助支付处方药的费用。

总的来说，保守派指出了不断飙升的联邦赤字，并声称我们需要控制政府用于其他社会项目的支出。在 2012 年总统大选中，共和党候选人提议，在不影响今天的老年人的情况下，通过提高退休年龄来获得充分的社会保障福利，从而控制用于老年人的支出。这些老年人会很乐意参与投票。另外一种策略也得到了保守派的支持，那就是限制甚至切断针对富裕老年人的政府福利。在这个过程中，随着年长者数量增加，更多的钱会被给予那些最需要的人。

（二）自由派：更多的政府援助

在自由派看来，在美国有许多与老龄化相关的严重问题。自由派反对保守派那种基本上要求个人和家庭自己解决问题的观点。自由派指出，许多老年人，尤其是那些一生都遭受偏见和歧视的人，根本没有机会去赚钱养活自己并安度晚年。

自由派还提醒我们，如今的许多家庭依靠配偶的收入来满足自己的需求。那么，我们怎么能指望普通家庭同时照料他们年迈的父母呢？此外，疲软的经济已经严重地影响了工薪家庭，实际上大多数家庭照顾自己都有困难，更何况还要照顾老年人。最后，许多年轻人（尤其是女性）在工作一天后疲惫地回到家中，还要同时满足自己和孩子的需求，我们真的要指望他们分出精力去照顾老年人吗？

很少有老年人想要依靠他们的孩子，的确，许多老年人最大的恐惧是成为孩子的负担。自由派认为，为了帮助老年人保持独立，解决办法不是限制老年人的社会活动，而是扩大这些项目的规模。政府计划将医疗保险覆盖到所有人，计划让更多的人拥有负担得起的住房，扩充公共交通使其更为广泛，对老年人更友好——这些都是可以显著提高老年人和他们的孩子的生活质量的“解决方案”。自由派声称，在经济日益不平等的年代，政府必须通过对收入最高的人征税来增加收入，并为其他所有人提供更广泛的安全保障。

（三）激进左派：资本主义和老年人

激进左派更关注基于阶级、种族和性别的

从左到右　关于老龄化的政治观点

	激进左派观点	自由派观点	保守派观点
问题是什么？	年龄分层是美国资本主义经济造成的显著的社会不平等的一个维度。	基于对年龄的偏见和歧视，老年人面临更高的贫困风险。年龄劣势有时还会与阶级、种族和性别劣势交叉。	虽然有些老年人很穷，但总的来说，老年人并没有面临很多社会问题。在美国，老年人比过去更加富裕，寿命更长。
解决方案是什么？	用社会主义制度取代资本主义经济制度，将结束贬低生产率较低的人的行为。政府必须为每个年龄层的人提供福利。	政府计划（包括社会保障和禁止年龄歧视的法律）对于满足日益增长的老龄人口的需求至关重要。	自力更生的文化会鼓励大多数人自己养老，家庭应该在必要时给予支持，政府项目是最后的手段。

参与讨论

1. 在激进左派、自由派和保守派看来，美国在多大程度上面临年长者弱势？每种政治立场认同哪些与老年人有关的问题？
2. 与基于性别、种族和阶级的不平等相比，你认为基于年龄的不平等有多严重？提供具体事实支持你的观点。
3. 在这三种关于衰老和不平等的分析中，你认为哪一种最有说服力？为什么？

不平等，而不是年龄分层。但史蒂文·斯皮策（Steven Spitzer，1980）提出了一个关于衰老的激进分析。继卡尔·马克思后，斯皮策认为资本主义社会对利润的关注高于一切。出于这个原因，资本主义文化贬低任何经济产出率低的人。从某种程度上说，老年人因不工作——依赖养老金和其他福利生活——而被视为社会上代价昂贵的负担。理解资本主义文化有助于我们理解为什么人们通常用消极的方式看待老年人，并将他们推向社会的边缘。

从激进左派的观点来看，解决年龄歧视和其他不平等问题的根本途径是采取激进的步骤，以一种平等看待每个人并满足所有人需要的经济体制替代资本主义经济。简而言之，激进左派认为社会主义经济能够削弱各个维度（包括年龄分层）的不平等。 137

总结与展望

- **设想**

这一章阐述了老年人面临着许多问题，包括偏见和歧视、社会隔离、贫困和住房不足。从历史上看，工业革命虽然提高了每个人的生活水平，但也降低了老年成员相对于年轻人的社会地位。

考虑到目前的趋势，我们对未来有什么期待？

展望未来，也许最需要牢记的事实是，美国老年人口的比例正在稳步上升。他们是人口的一部分，组织良好，政治上也非常活跃。如前文所述，65 岁及以上的人口比 18 ～ 24 岁的人口更有可能投票（2008 年，有 70% 的老年人投票，有 49% 的年轻人投票）。因此，大多数政客密切关注老年人及其相关问题就不足为奇了。

老年人的政治影响力也可以从他们不断改善的经济状况中看出。的确，随着人们步入老年，收入下降，贫困风险增加。然而，与 50 年前相比，现在整个老年人群体的贫困率（2010 年为 9%）低于美国整个社会的贫困率（15%），且远低于年轻人的贫困率（22%）。

不过我们仍有理由感到担忧，未来对老年人最大的考验可能是社会保障制度。看起来好像很简单：工作中的人向系统付钱，退休的人领取福利。但是美国老年人口的迅速增加正前所未有地挑战着社会保障制度。在 1950 年，每 6 个人负担 1 个退休者，但预测显示，到 2050 年，每 2 个人就要负担 1 个退休者。多数分析人士认为，目前的保障体系在 2050 年之前就会破产，社会保障的力量对非裔美国人和拉美裔美国人来说尤为重要，他们在老年时的收入比非拉美裔白人少得多。困难在于确保所有老年人的财政安全，而不给年轻人带来不公平的负担。

当政府官员讨论社会保障的未来时，一些批评者——尤其是保守派——指向了很多富裕的老年人。他们认为解决方案是削减未来对这些富裕老年人的社会保障福利，同时让人们建立私人投资账户。自由派声称，必须有更多的税收收入流入社会保障体系，以维持现有体系的运作。激进左派主张对经济和政治体制进行改革，使每个人都更加平等，减少对年龄的关注。

大多数老年人对社会分配给年长成员多少资源的争论非常感兴趣，并积极参与政治生活。当然在未来的几十年里，更年轻的大多数人——他们将成为未来的年长者——将决定需要哪些改变来改善他们的生活。

138 定义解决方案

你年老时支持帮助你是谁的责任？

这一章解释了 65 岁及以上人群普遍面临着收入下降的问题。尽管与年轻人相比，老年人总体上生活得不错，但大多数人的生活预算有限，甚至面临着更高的生活和医疗成本。对社会应该如何满足老年人的需求的认知依旧反映了人们的政治态度。下面的陈述展示了两种解决方案。

（1）早在 1935 年，美国社会就决定政府应该为老年人的经济安全提供一些解决方案。当罗斯福总统签署《社会保障法案》作为他“新政”的基石时，他建立了由年轻工人提供资金的老年养老金体系。现在，随着老年人口（享受福利）与年轻人口（支付资金）的比值不断上升，社会保障系统需要更多的资金——这个问题可以通过提高社会保障税或者取消对富裕老年人的社会保障福利来解决。但是，政府应该保证每个人的基本
139 经济安全的观点仍然得到自由派的强烈支持。

（2）你不应该对自己负责吗？如果你比较保守，你很可能会认为在老年阶段（或者任何时候）满足自己的需求是自己的责任。我们希望人们能从家庭成员那里得到支持和帮助。但是，从这个角度来看，老年经济保障的解决方案在于个人理财和有计划的储蓄，并且越早开始越好。

提示：每个幸运的能活到老年的人都将面临支付住房、食物和医疗费用的挑战。社会正在努力解决的问题是我们如何应对这一挑战。总的来说，保守派认为个人应该为自己负责。从这个角度来看，人们必须通过工作和有系统、有计划的退休储蓄来确保满足他们老年时的需求。自由派声称，自力更生对于富裕的人来说很好，但是对那些没有赚到足够的钱或者养老金或福利被削减的低收入的人又有什么意义呢？他们认为，以政府为中心的做法是最好的。在这个问题上，你认为是应该保守还是应该自由取决于，你认为高收入人群应该在多大程度上为低收入人群提供帮助。

参与：应用和练习

1. 跟一个没有在美国长大的人交流一下，咨询一下他们的文化认为人生阶段有几个，对儿童和老年人的认识与美国人有什么不同。
2. 访问你所在社区或者学校附近的一家老年中心，咨询一下关于老龄化的一些社会问题。为什么不一周去老年中心做一次志愿者呢？这是一个了解老年人的很好的机会。你的努力会丰富你的人生经历。
3. 问一下你的祖父母或者其他你认识的老年人变老的经历。他们描述的变老的过程中的快乐和悲伤的事情是什么？关于退休，他们可以教会你什么？
4. 尽管现在人们对死亡和濒死有了更多的关注，但这个话题仍然是一个社会禁忌。你所在的学校有接触死亡和濒死的学科吗？在你居住的社区有临终关怀中心这样的机构吗？如果有，联系一下，了解其业务范围。

达标：可视化摘要 140

建构社会问题决定性时刻

“善终”：西塞莉·桑德斯和临终关怀

变老	
生命历程是指人们度过一生所经历的社会建构阶段。 **老年学**是致力于研究老龄化和老年人的学科。 **老龄化**是生活中的一个生物学事实，但变老的经历和人们如何定义“老”为社会所塑造。 • 前工业社会给老年人提供了最多的财富和权力。 • 工业社会则赋予老年人较低的社会地位。	**生命历程**：人们度过一生所经历的社会建构阶段。 **老年学**：致力于研究老龄化和老年人的学科。 **老年人统治**：一种赋予社会最年长的成员最多的财富、权力和声望的社会制度。 **预期寿命**：一个国家人口的平均寿命。

美国的老龄化

美国的老龄化是指 65 岁及以上的人口比例增加。
- 65 ~ 74 岁的人——年轻的老年人——通常很活跃，身体健康。
- 75 ~ 84 岁的老年人会遇到更多的与健康有关的问题，需要更多的帮助。

老龄化问题

社会隔离通常发生在老年人退休后或者配偶去世后。
- 在年长女性中，社会隔离更为常见，她们通常比丈夫活得更久。

在工业化社会中，**退休**是一种选择，因为生产力经济意味着并不是每个人都必须工作。
- 企业裁员往往导致年长者、收入较高者被迫退休。
- 近年来经济保障的减少让许多人发现自己在经济上无力退休。

年龄歧视是针对老年人的偏见和歧视。
- 年龄歧视不仅包括刻板印象，还包括在就业和住房方面的歧视。
- 大众传媒中的年龄歧视将老年男女塑造成消极的、刻板的角色。

虐待老年人包括从被动忽视到主动的言语、情感和身体虐待，直到20世纪80年代才被认为是一个严重的社会问题。
- 每年有 100 万～ 200 万老年人遭受虐待，施虐者包括家庭成员和慈善机构里的看护人。
- 伴随着美国 65 岁及以上的人口稳步增长，对照料的需求渐长。
- 如今的中年人是“三明治一代”，他们会花和养育孩子同样多的时间照顾年迈的父母。

由于退休福利和社会保障的改善，老年人的**贫困率**比 50 年前有所降低。
- 2010 年，65 岁及以上人口中有 9% 生活在政府的贫困线以下。
- 在社会中，人们的平均收入从中年开始上升，在 50 岁左右达到顶峰，随着人们步入老年开始下降。

对许多老年人来说，安全、方便和负担得起的**住房**是令人担忧的问题。
- 美国缺乏足够的合适住房来满足不断增长的老年人口的需求。

医疗保障费用的上升对所有类型的美国人来说都是一个越来越令人担忧的问题，但对老年人的影响最大、最紧迫。
- 政府保障项目，比如医疗保险项目只覆盖医疗和养老院的部分费用。

面对**死亡和濒死**的现实，是变老的一个重要挑战。
- 医疗技术的进步延长了生命，使死亡变成了一个决定。濒死之人决定何时死亡的权利是安乐死和医生协助自杀的核心问题。

年龄歧视：针对老年人的偏见和歧视。
照料：家庭成员、其他亲属或者朋友对老年人进行的非正式且无报酬的照顾。
年龄分层：社会中各个年龄范畴的社会不平等。
安乐死：帮助患有不治之症的人死亡。
临终关怀：一种类似家庭的关怀，为临终者及其家人提供身体和精神上的安慰。

老龄化和不平等理论

结构功能分析：脱离的需要 **结构功能方法**强调了社会模式帮助社会顺利运作的方式。 • **脱离理论**认为社会必须把老年人从重要角色中分离出去，把责任传递到下一代。 **符号互动分析：保持活跃** 该方法关注人们在日常生活中找到生活的意义。 • **活跃理论**表明参与许多社会活动的老年人对生活的满意度更高。 **社会冲突分析：年龄与不平等** 该方法强调年龄是社会分层的一个重要维度。 • 现代社会对老年人的定义是消极的，导致了偏见和歧视。 **女权主义分析：性别的重要性** 该方法关注性别对老年人的重要影响。 • **交叉理论**阐述，年龄较大的女性和其他少数族裔，不仅受到年龄歧视的影响，而且受到性别歧视和种族歧视的影响，这些人面临多重不利影响。	**脱离理论**：现代社会在人们年老时将他们从责任岗位上移开，从而保证社会有序运行的理念。 **活跃理论**：老年人通过保持高水平的社会活动参与来提高个人满意度的理念。

政治和老龄化：提出问题并定义解决方案

保守派：更多的家庭责任
- **保守派**指出文化模式，例如对教育的重要性的看法，是种族和民族不平等的原因。
- 保守派声称个人应该对自己的社会地位负责；他们反对政府区别对待不同类别的人的政策。

自由派：更多的政府援助
- **自由派**指出社会组成，包括制度偏见和歧视，是种族和民族不平等的原因。
- 自由派支持政府改革以促进平等，包括执行反歧视法和平权法案。

激进左派：资本主义和老年人
- **激进左派**批评资本主义对效率和利润的强调，认为这就是许多人看不起不再有经济效益的老年人的原因。
- 激进左派认为，解决老年人的贫困和其他问题的方法是为了所有人的利益创造一个更为平等的社会。

第6章

142–143 # 犯罪、暴力和刑事司法系统

学习目标：

- **记住**本章中用黑体字突出显示的关键术语的定义。
- **理解**美国的犯罪模式和趋势。
- 将社会学的想象力**运用**于观察为什么有些暴力被定义为社会问题，而有些不会。
- 运用社会学的主要理论方法**分析**犯罪和暴力行为。
- 从各种政治立场**评价**犯罪的原因。
- **设想**一个你将如何改变我们的社会以追求更大的社会正义的愿景。

144 **问题的提出**

——犯罪离你远吗？

尽管犯罪率呈下降趋势，但美国每年仍有 1 000 万严重的罪行被记录在案，并且实际数字可能是这一数字的 3 倍。

——暴力总是错误的吗？

我们的社会把一些暴力定义为社会问题，但同时我们也将暴力作为解决问题的一种方法。

——我们的刑事司法制度能保证每个被指控犯罪的人都得到公正的审判吗？

超过 95% 的被指控犯罪的人从未接受过审判，而是通过辩诉交易被判刑。

章节概述

最严重的犯罪类型是什么？本章将追踪暴力犯罪和财产犯罪的趋势。你不仅将了解到哪些类型的人可能会被作为“街头罪犯”逮捕，还将认识到，因“街头犯罪”而被逮捕的人与那些涉及“有组织的犯罪”和“公司犯罪”的人有何不同。本章还将探讨暴力在我们社会的范围，并解释为什么暴力有时被定义为有害的，有时被定义为有用的。你将对犯罪和暴力进行理论分析，并理解惩罚的主要理由。最后，你将了解人们的政治态度如何引导他们将涉及犯罪的某些事件定义为“问题”，将特定的政策定义为“解决方案”。

“你是自己辞职还是要我们解雇你？”话音未落，坐在桌子旁的奥马尔·桑顿（Omar Thornton）便在恐惧和愤怒中僵住了。桑顿当司机的那家啤酒分销公司的经理怒视着他，公司的其他行政人员静静地站在旁边。

经理让桑顿参加纪律听证会，然后给每个人看了一段由私家侦探拍摄的视频，视频显示桑顿从卡车上卸下啤酒，据说要私自转售。坐在他身边的工会代表没有提供什么有用的辩解。

沉默了一分钟后，桑顿悄悄地从椅子上站起来，走进了午餐室，员工们在那里存放他们的私人物品。他打开他的午餐盒拿出两把手枪。当他从门口走回来时，他开枪击中了经理、工会代表和几位公司行政人员。然后，他开始步行穿过大楼，沿着走廊径直经过一位坐轮椅的女人，但是之后，他进入仓库又射杀了一名在叉车上的工人。

然后，射击结束，大楼里鸦雀无声。在几分钟的恐怖袭击中，桑顿枪击了 10 人，其中 8 人死亡。然后他拿出手机打电话给 911，告诉接线员他在一个“充满种族主义的地方”工作，但他已经“处理了这个问题”。在最后一次绝望的行动中，他把枪对准了自己。

在接下来的几天里，警察试图发现为什么一个 34 岁的男子对其他人和他自己做出如此致命的暴力行为。正如桑顿的家人所解释的，公司经理和桑顿之间的冲突在最近几天变得更加激烈。经理声称桑顿从卡车上偷东西。作为非裔美国人的桑顿声称自己被一个有种族偏见的白人经理骚扰，经理决定把他赶出公司（Singer & Christoffersen，2010；Singer & Scolforo，2010）。

在美国，几乎每个星期都会有这种类型的事件出现在大众传媒上。虽然每个事件的细节不尽相同，但这些事件总伴随着痛苦和磨难，也伴随着人们对这种事件是如何发生的疑问，更伴随着无法愈合的伤痛。然而，显而易见的是，我们生活在一个存在大量犯罪和致命暴力的社会。本章考察了美国的犯罪问题，提出了以下问题：什么是犯罪，犯罪的发生率，以及罪犯是谁。特别值得关注的是暴力问题，包括在公众中引起如此多恐惧的暴力犯罪。最后，我们将考察我们社会的刑事司法系统如何对违法行为做出反应，并将评估这个系统如何有效地回应犯罪问题。让我们首先定义几个重要的术语。 145

一、规范、法律和犯罪

● **理解**

所有的社会都会制定规则来定义人们应该做什么和不应该做什么。**规范**（norms）是*社会指导其成员行为的规则和期望*。许多日常规范是非正式的，比方说，有时人们仅需要做一个口头评论或挑起眉毛就能够促使人们达成一致。更严格的规范是**法律**（law），即*一种通过社会政治制度正式建立的规范*。大多数法律是由立法机关（如美国国会）制定的，也有一些法律是通过行政命令（来自市长、州长或国家总统）和国际条约来制定的。

一个社会的法律包括民法和刑法。*民法*（civil law）界定了涉及个人和企业的法律权利和关系。例如，当一场车祸促使一个人起诉另一个人以获得损失或损害赔偿时，民法就发挥作用了。*刑法*（criminal law）规定了每个人维护公共秩序的责任。被发现醉酒驾车的司机可能会因犯罪行为而被逮捕。因此，民法涉及损失或损害，及其相应的财务清算，而违反刑法的人将被指控犯罪进而遭到逮捕和监禁。

犯罪（crime）指*违反联邦、州或地方政府制定的刑法的行为*。联邦法律适用于美国各地，州和地方法律适用于更明确的地区或司法管辖区。犯罪可分为两大类。**轻罪**（misdemeanor）是*一种较轻的罪行，可判处一年以下的监禁*。**重罪**（felony）是*一种更严重的罪行，可判处至少一年监禁*。

在美国的法律体系下，犯罪通常不只是一种行为，也包括意图（尚未采取行动）。在判断一个人是否犯罪的时候，法院不仅要确定一个人做了什么，还要确定这个人的意图，也就是这个人想做什么。例如，法院可以用多种方法对杀人行为进行分类，从自卫（某人行为有致命杀伤力，但目的只是逃避严重的受伤或死亡）到一级谋杀案（某人计划并实施杀害另一个人）。

二、犯罪：问题范围

● 理解

调查显示，美国大多数人认为犯罪是一个严重的问题（NORC，2011）。每年，警方记录1 000万起严重罪行。在一生中的某个时刻，几乎生活在美国的每个人都会成为犯罪的受害者（Federal Bureau of Investigation，2011）。因为犯罪是如此普遍，以及在大众传媒上被广泛报道，所以在这个国家，人们普遍害怕犯罪。事实上，对犯罪的恐惧本身就是一个社会问题，因为它限制了人们做的事情和去的地方。例如，1/3 的美国成年人说他们害怕独自在自己的社区里行走（NORC，2011：426）。

（一）犯罪统计数据 146

全美各地的警察部门定期向联邦调查局报告，并形成了一本汇编——《美国的犯罪：统一犯罪报告》（UCR）。报告包括两类严重罪行的数据。第一类是**财产犯罪**（crime against property，或曰侵害财产罪），即*偷窃属于他人的财产的犯罪*。财产犯罪包括入室盗窃、盗窃、机动车盗窃和纵火。第二类是**暴力犯罪**（crime against persons，或曰危害人身罪），即*涉及暴力或用暴力威胁他人的犯罪*。暴力犯罪包括谋杀和过失杀人罪、严重伤害、强奸和抢劫。表 6-1 定义了所有这些严重罪行。

UCR 的数据当然是有用的，但我们要谨慎看待这些统计数据。有两个理由：第一，UCR 仅包括警方已知的罪行。但是有多少犯罪从未被报告？为了回答这个问题，联邦调查局开展了一年一度的全美犯罪受害调查。研究人员随机抽取了一组美国人样本，问他们是否在过去的一年中遭受过严重的犯罪。调查结果与官方犯罪报告的对比显示，大约只有 50% 的暴力犯罪和 40% 的财产犯罪被报告给警方。实际上，完整的统计数据显示，每年实际发生的犯罪可能多达 2 000 万起（U.S. Department of Justice，2011）。

第二，UCR 收集的统计数据是“街头犯罪”，而不是“精英犯罪”，后者包括商业欺诈、内幕交易、腐败、价格垄断和倾倒有毒废物等。精英犯罪更有可能是富人犯下的罪行，通常是由公司高管犯下的。当我们把这些缺点综合在一起时，我们发现UCR不仅低估了街头犯罪的实际程度，而且由于对街头犯罪的关注，它对典型犯罪所描绘出的图景是有偏见的。

表 6-1　在《美国的犯罪：统一犯罪报告》中的严重罪行

财产犯罪	
入室盗窃	非法进入建筑物进行严重犯罪或偷窃
盗窃	非法获取、携带、引导或夺走属于他人的财产
机动车盗窃	盗窃或企图盗窃机动车
纵火	任何故意或恶意地燃烧或企图烧毁他人的个人财产
暴力犯罪	
谋杀和过失杀人罪	故意（因过失）杀害另一个人
严重伤害	一个人对另一个人的非法攻击，以造成严重的身体伤害
强奸	违背女性的意愿强制与她发生性行为
抢劫	通过武力或暴力威胁或将受害者置于恐惧中，抢走或试图从照料者或看护者手中抢走任何有价值的东西

资料来源：U.S. Department of Justice（2011）.

（二）暴力犯罪：模式和趋势

暴力犯罪，即针对人的犯罪，只占所有犯罪的12%；财产犯罪占剩下的88%。换句话说，财产犯罪的犯罪率大约是针对人的暴力犯罪的7倍（U.S. Department of Justice，2011）。图6-1显示了暴力犯罪和财产犯罪的犯罪率（每10万人报告的犯罪数量）。1960—1990年，暴力犯罪率稳步上升。在那之后，这一趋势开始下降。（在1960年之后，财产犯罪率也有所上升，20世纪80年代初出现下滑，2010年进一步下降。）什么原因导致犯罪率下降？研究者指出了一些因素，包括20世纪90年代的经济繁荣（尽管利率在最近的经济衰退中继续下降）。此外，犯罪率的下降趋势反映了可卡因使用的减少、更多警察的雇佣，以及对犯罪更加严厉的判决（K.Johnson，2000；Liptak，2008；Antlfinger，2009）。我们现在转而仔细研究UCR所涵盖的每项犯罪的
147 趋势。

1. 谋杀

2010年，警方记录了14 748起谋杀案，这意味着平均来说，在美国每36分钟就会发生1起谋杀案①。然而，回顾过去，美国的谋杀率自1993年以来一直在下降，现在它的水平与1960年时差不多（U.S. Department of Justice，2011）。

联邦调查局还追踪了被“清除”的谋杀率，这意味着警方逮捕了某个犯罪嫌疑人，不管那个人后来是否被发现真的有罪。2010年，警方逮捕了所有已报告的谋杀案中的65%的人（U.S. Department of Justice，2011）。

大多数谋杀受害者是男性（2010年是77%）。非裔美国人（大约占美国总人口的13%）的被谋杀风险尤其高；美国联邦调查局报道50%的谋杀受害者是黑人，47%的谋杀受害者是白人，其余的是其他种族。统计数据还显示，谋杀是一种“内部犯罪”，这意味着罪犯和受害者通常属于同一种族。90%的涉及非裔美国人受害者的谋杀案，被捕的嫌疑犯也是非裔美国人；这一模式也适用于84%的涉及白人受害者的谋杀案（U.S. Department of Justice，2011）。

联邦调查局的数据显示，在所有可以确定受害者与罪犯关系的谋杀案中，78%的受害者认识罪犯。此外，在25%的谋杀案中，受害者与罪犯实际上是有关系的。当受害者是女性时，受害者与罪犯之间尤其可能有关系：37.5%的女性受害者被丈夫或男友杀害，但只有2.4%的男性受害者被妻子或女友杀害（U.S. Department of Justice，2011）。

许多谋杀案也包括一段罪犯跟踪受害者的历史（Lowney & Best，1995）。**跟踪**（stalking）被定义为*某人违背受害者的意愿，不断试图建立或重新建立一段关系*。一项研究发现，大约340万

① 大多数阅读这类时间数据的人最终会对犯罪过度恐惧。平均来说，每36分钟就会发生一起谋杀案，但这并不是针对一个社区，而是针对整个美国。使用时间数据最好的方法是进行比较，这能公平地审视哪些类型的犯罪在多大程度上比其他类型的犯罪更常见。

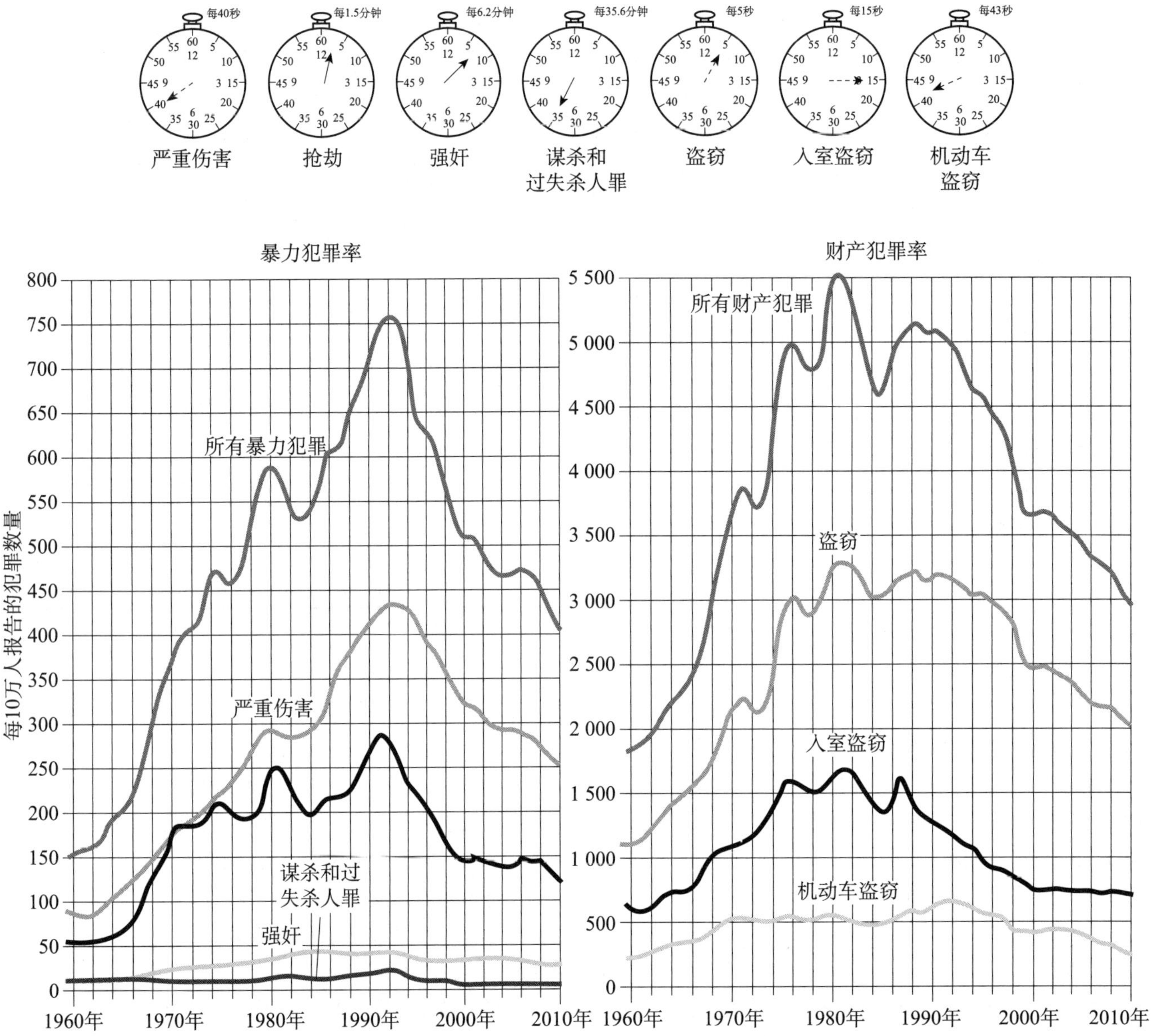

图 6-1　暴力犯罪和财产犯罪的犯罪率

注：这个图显示了 1960—2010 年间各种暴力犯罪和财产犯罪的犯罪率，在图的顶部显示的“犯罪时钟”是描述犯罪率的另一种方式。

资料来源：Federal Bureau of Investigation（2011）.

人表示他们在过去的一年中被跟踪，并且在某些案件中跟踪行为持续了五年或更长时间。大约 80% 的受害者是女性；男性（在大多数案件中系名人）通常被陌生人跟踪，但女性通常被认识的人跟踪——在大多数案件中，被前夫或前男友跟踪。大多数跟踪者会威胁受害者，一些跟踪者会破坏财产、伤害或杀死宠物，还有一些跟踪者最终会实施致命的暴力活动（U.S. Department of Justice，2009）。第 137 页的“个人故事”栏目更深入地探讨了跟踪行为是如何被定义为一个严重的社会问题的。 149

2. 强奸

2010 年，联邦调查局记录在案的发生在美国的强奸案有 84 767 起，相当于每 6 分钟 1 起。在被报告的强奸案中，只有 24% 的案件警方逮捕了嫌疑人，尽管大多数袭击者认识受害者。逮

个人故事　跟踪：社会问题的建构

你是否曾感到恐惧，知道自己处于危险之中，却没有人能帮助你？这是一个叫达琳·伍德伯里（Darlene Woodbury）的女人的经历。这是一个关于犯罪和暴力的故事，也解释了美国社会是如何定义社会问题的。

达琳·伍德伯里和理查德（Richard）在一起住了两年。最初，他们的关系很好；伍德伯里发现理查德既有魅力也很善良。但渐渐地理查德变了，他很快就试图控制她的所有活动，当伍德伯里有一丁点儿让他不高兴时，他就会勃然大怒。

伍德伯里很快就担心自己的安全并且搬了出去，她和亲戚住在一起并且尽力避开理查德。但她的离开只激起了理查德的愤怒。他反复跟踪她，并威胁她如果不回来就会伤害她。伍德伯里打电话给警察，解释发生了什么事。但警方回应说，除非理查德真的采取暴力行动，否则他们无法逮捕他。

威胁还在持续。伍德伯里一次又一次地报警。但警方一直坚持理查德没有违反任何法律。简而言之，警方声称只要理查德“光说不做”，他们就什么事都做不了。

就像你能猜到的那样，故事的结局很糟糕。有一天，理查德给伍德伯里打电话，说他要离开这个小镇，想从她那里拿些东西。伍德伯里感到如释重负，同意在姑姑的房子前和理查德见面。当理查德到了的时候，她走到街上递给他一个盒子。突然，他勃然大怒。伍德伯里转身往房子里跑。理查德发动了他的厢式货车，开过马路，飞驰过草坪，撞倒伍德伯里，把她撞到房子上。她的家人惊恐地看着房子上的砖块滚下来落在她的尸体周围。

这起谋杀案发生在1980年，当时没有法律允许警察保护像伍德伯里这样的人。但是，在全美发生了类似案件之后，关注家庭暴力的人们走到一起，声称法律应该保护我们现在称为“跟踪”的受害者。这场社会运动最终建构了一个新的社会问题。1990年，这场运动第一次取得成功，当时活动人士说服加利福尼亚州的立法者通过了美国第一部反跟踪法。

美国各地的人们都在为将跟踪行为定义为社会问题而努力。几年内，美国所有50个州都颁布了类似的法律。今天，跟踪的受害者可以得到警察的保护，并且法庭命令像理查德这样的人远离受害者，否则就会面临牢狱之苦（Tjaden，1997；Tjaden & Thoennes，1998；U.S. Department of Justice，2009）。

你怎么看？

1. 这个故事表明社会是如何建构社会问题的？建构过程中的关键步骤是什么？
2. 你认为为什么在1990年以前美国没有这种法律？
3. 你能想出其他以这种方式建构的社会问题吗？解释一下。

捕率低的一个原因是一些女性所经历的恐惧和羞耻使她们不愿意报案。职业院校及大学在教育男女学生认识“约会强奸”——罪犯和受害者互相认识的性侵犯——方面做出了努力，鼓励了更多受害者挺身而出。即便如此，在全美范围内，只有大约35%的被强奸女性向警方报案。

联邦调查局的统计数据既不包括强奸未遂，也不包括在未使用武力的情况下与未成年人（通常是18岁以下的人）发生性行为——这种犯罪被称为*法定强奸罪*（statutory rape）。此外，政府的强奸统计数据没有反映出对男性的性攻击，尽管一些研究人员发现男性强奸受害者遭受的身体伤害比女性受害者更大。政府将对男性的性攻击归入严重伤害或其他性侵犯（U.S. Department of Justice，2011）。第139页的“社会焦点问题”栏目将进一步探讨男性监狱中的强奸问题。

3. 严重伤害

严重伤害是最常见的犯罪，占暴力犯罪的62%。尽管在1991年之后，美国的犯罪率呈下降趋势，但警方在2010年记录了778 901起严重伤害事件，相当于每40秒就有1起。在被报告的案件中，有52%的罪犯被逮捕。严重伤害是一种非常男性化的犯罪：大多数受害者和罪犯是年轻男性（U.S. Department of Justice，2011）。

4. 抢劫

抢劫包括偷窃和威胁他人，这种行为既是财产犯罪又是暴力犯罪。2010 年，美国发生了 367 832 起抢劫案，相当于每 90 秒就会发生 1 起。自 1991 年以来，抢劫率总体呈下降趋势。

因为受害者通常不认识抢劫他们的人，所以在所有的暴力犯罪中，抢劫最不可能导致逮捕：2010 年，警方只侦破了 31% 的抢劫案。同样，几乎所有的罪犯都是男性，而且大多数年龄在 25 岁以下。种族也是导致抢劫的一个因素：2010 年，55% 的被捕者是非裔美国人，43% 的被捕者是白人，剩下的 2% 则属于其他种族（U.S. Department of Justice，2011）。

（三）财产犯罪：模式和趋势

2010 年，美国各地的执法机构记录了 910 万起财产犯罪案件，是暴力犯罪案件数量的 7 倍。在全美范围内，财产犯罪案件每 3 秒钟就会发生 1 起，每年损失 160 亿美元（U.S. Department of Justice，2011）。

在大多数财产犯罪案件中，受害者从未见过罪犯。这就是警方相比于在被报告的暴力犯罪中逮捕了 44% 罪犯，而在被报告的财产犯罪中只逮捕了 18% 罪犯的原因之一（U.S. Department of Justice，2011）。以下各部分将简要介绍财产犯罪的类型。

1. 入室盗窃

即使是在入室盗窃率下降了十年之后，2010 年仍有超过 200 万起入室盗窃案。这意味着每 15 秒就有 1 起，并且每年的财产损失超过 45 亿美元（每起入室盗窃案的平均损失约为 2 100 美元）。

2010 年，警方侦破了 11% 的被报告的入室盗窃案。在被捕的犯罪嫌疑人中，85% 是男性，并且 58% 的人年龄在 25 岁以下（U.S. Department of Justice，2011）。

2. 盗窃

盗窃包括常见的偷窃形式，比如商店行窃、扒窃口袋、抢夺钱包、从机动车辆中获取财产，以及自行车盗窃。与入室盗窃不同，这类案件不涉及“破门而入”，罪犯通常在公共场所犯罪，并且不使用武力或暴力。

盗窃是美国联邦调查局最常见的严重罪行，占犯罪总数的 60%。2010 年，美国联邦调查局报道了 620 万起盗窃案，意味着平均每 5 秒就有 1 起这样的犯罪。即使在最近的下降趋势之后，2010 年的盗窃率也几乎是 1960 年的两倍。2010 年，全美范围内此类犯罪造成的财产损失为 61 亿美元（平均每起盗窃案的损失为 988 美元）。

2010 年，执法机构侦破了 16% 的盗窃案。在被逮捕的犯罪嫌疑人中，男性比例稍高（56%），其余的是女性（44%）（U.S. Department of Justice，2011）。 150

3. 机动车盗窃

如前所述，最近美国的犯罪率呈下降趋势。然而，尽管犯罪率下降了，但被盗窃的机动车数量——包括偷窃汽车、卡车、公共汽车、摩托车和雪地机动车等——2010 年仍然超过 750 000 辆。在全美范围内，每 43 秒钟就有 1 起机动车盗窃案发生。美国联邦调查局估计，2010 年此类犯罪造成的财产损失为 45 亿美元（平均每起机动车盗窃案的损失为 6 152 美元）。

2010 年，警方仅侦破了 7.5% 的机动车盗窃案。在被逮捕的罪犯中，超过 50% 的人年龄在 25 岁以下，83% 是男性（U.S. Department of Justice，2011）。

4. 纵火

警方和火灾调查员会确定一场可疑的火灾是否是由纵火造成的。美国联邦调查局没有整个国家的纵火数据，但一些研究显示，每年有数百万起纵火案发生，近年来纵火率一直保持稳定。美国联邦调查局报道，纵火案的平均损失约为 17 600 美元，比其他类型的财产犯罪的损失要大得多。

2010 年，警方侦破了 20% 的纵火案。同样，在被逮捕的犯罪嫌疑人中，83% 是男性，并且 61% 的人年龄在 25 岁以下（U.S. Department of Justice，2011）。

社会焦点问题　强奸：挥之不去的记忆

大卫·皮特曼（David Pittman）第一次入狱是在18岁，当时他因为抢劫便利店而入狱。大卫是个大个子（6英尺2英寸高，180磅重[①]），刚进入监狱时他以为自己可以照顾好自己。但他错了。大卫在等待审判的时候被关进拘留所，几天之内就被反复轮奸。他感到羞愧无力，满腔怒火。18年后——他再次回到拘留所——他和其他经历过同样折磨的人一起加入了一个治疗小组。下面的叙述基于他在互联网上发布的故事，希望它可以帮助其他人。

监狱生活是如此消极和压抑，以致囚犯们在任何地方都找不到缓解孤独和绝望的机会。有些人认为成为一个施虐者比成为一个受害者要好。对他们来说，生存和支配就是一切。他们通过支配和羞辱别人而获得快乐。但是受害者则会受到持续终生的创伤。

当我进拘留所的时候，我的“坦克”里有20个人，被分成了两个10人的“舱”。每个舱有5个铺位，它们中间有一间休息室。我在拘留所的第一个晚上，三个男人走近了我。两个人跟我的体型差不多，第三个比我轻20磅，矮6英寸。他们问我是为什么进来的。我告诉了他们。最壮的那个人问我是否曾经被强奸。我说：“没有，并且我不想被强奸。”他说：“我们要强奸你。”我吓得魂不附体。我挥拳打向他，但是他挡住了我的拳头，他的伙伴把我撞倒在地。他们抓住我的头发，把我的头砸向地面，把我打昏了。当我醒来的时候，我正趴在地上。他们把我的裤子拉下来，把我的腿分开。两个人分别坐在我一条腿上，最壮的那个人趴在我的背上。他通过扇我耳光叫醒了我。他说：“我想让你感受到这个。”当我完全清醒的时候，他强奸了我。我一生中从未感觉如此痛苦。我试图逃走，但是没有用。他似乎永远都不会离开。当他结束后，他和另一个人交换了位置。在这个人结束后，第三个人又强奸了我。当他们结束的时候，他们把我锁了起来，争论是否要杀了我。他们问我是否要去告密。我知道如果我说会，他们就会杀了我。所以我说：“不会。”他们威胁我说，如果我去告密就会杀了我。我认为我的人生完蛋了。

我的内心完全麻木了。我不知道该做些什么。我的父亲总是教导我要自己处理自己的问题。海军新兵训练营强化了这点认识。我来自另一个州，在加利福尼亚我一个人都不认识。我被吓坏了，心里充满了羞愧。我别无选择，只好闭嘴。我吓得瘫倒在地。

那个晚上，那三个男人又一次来到我的铺位。我现在是他们的“性爱娃娃”，反抗不会有什么好处。他们只会比以前更狠地打我一顿。我就像一个机器人。我按他们说的做了。我没有考虑，我只是做了。活下去总比被杀好。之后，其他的男人开始在晚上叫醒我，要求发生性行为。我在拘留所里成为一个性用具。我只是为了避免挨打做了被吩咐的事，我想我最好把事情做到最好，尽最大力量去忍受，直到我接受审判，被判有罪并被送进了监狱。

在监狱里，我一有机会就和别人打架，惹上了很多麻烦。在我出狱后，我在街上也一样糟糕。我再也不会成为任何人的“性爱娃娃”了。今天我要为杀死一个威胁我的家伙而活。现在，我身高6英尺2英寸，体重250磅。现在，我是一个举重运动员，与一些最卑微的家伙一起跑步。我的朋友都不会相信我曾经是一个“性爱娃娃”。在拘留所的那段经历已经过去18年了。

强奸是一种可怕的行为，不管是对男人还是对女人。我知道那种无助、羞耻、内疚、自我怀疑、自责和恐惧的感觉。但对于我来说，最害怕的是自己认识的人可能知道这件事情。在某些方面，男性强奸比女性强奸更糟糕，因为男性没有可以交谈的对象。甚至当我试图告诉我妻子我的经历时，她也会嘲笑我。大多数男性把所有的事情埋在心里，这只会催生愤怒。男性强奸可能导致酗酒和药物滥用，也可能导致那些威胁男性强奸受害者的男性被谋杀。

加入博客！

为什么你认为我们的社会在打击监狱强奸问题上做得很少？你会如何解决监狱强奸的问题？请来MySocLab加入社会学焦点博客，分享你的观点和经验，并了解其他人的想法。

资料来源：Adapted from Pittman（2001）with permission of Stop Prisoner Rape，Inc.

① 1英尺约等于0.304 8米，1英寸约等于0.025 4米。——译者注

151 三、“街头犯罪”：谁是罪犯?

● 运用

通过美国联邦调查局的数据，我们可以依据年龄、性别、社会阶层、种族和民族等因素“大致描述”典型的街头罪犯。请记住，这一描述不是基于法定判决，而是基于警方提供的逮捕数据。

（一）年龄

对于所有的犯罪行为，被捕和年龄之间有着很强的联系。暴力犯罪和财产犯罪的被逮捕率在十几岁的年龄段是最高的，并且随着人们步入中年，被逮捕率会稳步下降。在美国，年龄为15～24岁的人只占总人口的14%，但在2010年，他们占暴力犯罪被捕人数的39%，占财产犯罪被捕人数的48%（U.S. Department of Justice，2011）。

（二）性别

男性约占总人口的一半，但在2010年因财产犯罪而被捕的人中，男性占62%。这意味着警方以财产犯罪逮捕男性的次数几乎是逮捕女性次数的两倍。对于暴力犯罪，性别更为重要：在所有被捕的人中，男性占80%，是女性的4倍。

女性更常出现在某些特定犯罪的逮捕数据中，包括盗窃（44%的被捕者是女性）、诈骗（42%的被捕者是女性）、贪污（51%的被捕者是女性）、青少年离家出走（56%的被捕者是女性）和卖淫（69%的被捕者是女性）。此外，对于所有严重的犯罪，性别差距正在缩小：2001—2010年间，被捕者中女性的人数增加了10.5%，男性的人数减少了7%。

（三）社会阶层

因为没有衡量一个人的社会阶层的简单标准，所以美国联邦调查局没有追踪那些因严重犯罪而被捕的人的阶层身份。但社会学研究表明，大多数因街头犯罪而被逮捕的人是社会地位较低的人（Thornberry & Farnsworth，1982；Wolfgang，Thornberry，& Figlio，1987；Reiman，1998）。

在许多低收入社区，犯罪和暴力是严重的问题。但重要的是，要记住大多数住在这些社区的人是遵守法律的。社会学家以利亚·安德森（Philadelphia Anderson，1994，2002）在费城进行了实地调研，他发现市中心的社区里主要居住着体面、勤劳的家庭。这些社区的犯罪率可能很高，但大多数犯罪是由少数的惯犯犯下的。

阶级和犯罪之间的联系取决于我们所谈论的犯罪类型。如果我们不仅考虑街头犯罪，还考虑像伯纳德·马多夫（Bernard Madoff）这样的“投资顾问”从个人和组织中窃取数百亿美元的犯罪类型，我们对“常见罪犯”的描述就会突然包含更多的富人。 152

（四）种族和民族

种族和民族都与犯罪率有关。在财产犯罪方

美国之窗　美国各地暴力犯罪的风险

萨姆·皮尔逊（Sam Pearson），住在北达科他州伦维尔县，他出门时很少锁门。

瑟奇·舒曼（Serge Shuman），住在北卡罗来纳州梅克伦堡县，因为知道很多人遭到犯罪的侵害，所以他避免在晚上外出。

在大多数地方，遭受暴力犯罪的风险低于全美平均水平，这表明暴力犯罪集中在美国的某些特定地区。你能解释一下这个模式吗?

在MySocLab上探索你所在的社区和整个美国的入狱人口的比例。

资料来源：CAP Index，Inc.（2011）.

面，白人占全部被捕人数的68%，非裔美国人占29%。在暴力犯罪方面，白人占全部被捕人数的59%，非裔美国人占38%。就实际数字而言，大多数“街头犯罪”逮捕涉及白人嫌疑人。但是根据他们占人口的比例（约为13%），其实非裔美国人比白人更容易被逮捕（U.S. Department of Justice，2011）。在美国的非裔美国人面临一个严重的问题：黑人男性入狱的可能性是白人男性的6倍（U.S. Department of Justice，2011）。事实上，一项研究发现，20多岁的黑人中有1/3要么在监狱里，要么在缓刑（在判决后的一段时间内接受法庭监督）期间，要么在假释（在出狱后接受法庭监督）期间（Mauer，1999）。

为什么种族在犯罪中扮演如此重要的角色？首先，也是最重要的是，非裔美国人的贫困率很高。超过1/3的黑人儿童是在贫困中长大的，而白人儿童的此比例是1/8（U.S. Census Bureau，2011）。对一些人来说，对未来缺乏希望导致了对警察的敌意和对“体制”的不信任。因此，一些年轻人采用了以利亚·安德森所称的“街头法则”，认可犯罪和暴力是在他们眼中危险的社会里面生存的一种方式。

有色人种被逮捕率高的第二个原因与第一个原因密切相关：更多的警察在贫困的社区里巡逻，那里有大量的非裔美国人。基于种族和阶级的偏见促使人们仅仅基于肤色就怀疑黑人的犯罪行为（第3章“种族和民族不平等”中讨论的种族刻板印象的实践）。研究表明，这种偏见导致警察逮捕非裔美国人比逮捕白人更快（Reiman，1998；Chiricos，McEntire，& Gertz，2001；Quilliam & Pager，2001）。

第三个连接种族和逮捕的因素涉及家庭模式。73%的黑人儿童是在单亲母亲家庭中长大的，而此类白人儿童比例是29%。单亲母亲或父亲很少有时间照看孩子。单亲母亲通常收入较低的事实增加了家庭压力。因为这些原因，在没有父亲的贫困家庭长大的孩子更有可能犯罪（Piquero，MacDonald，& Parker，2002；Martin et al.，2009）。

再一次，当考虑到所有这些将犯罪与种族联系起来的模式时，请记住，街头犯罪是警察可能逮捕低收入者的犯罪行为。当我们调查白领、公司和有组织的犯罪时，典型罪犯的图景发生了戏剧性的变化，被逮捕者中包括了更多的白人。

最后一种种族模式是亚裔美国人在街头犯罪统计中的代表性不足。2010年，亚裔美国人占美国总人口的3.7%，但其仅占被捕人数的1.2%。这种较低的犯罪率是由于较高的收入水平以及对家庭、纪律和荣誉的强烈的文化强调，这些因素倾向于抑制犯罪行为。

四、犯罪问题的其他维度

- **运用**

尽管街头犯罪受到了美国公众最大的关注，但也有许多其他类型的犯罪。以下部分讨论了青少年犯罪、仇恨犯罪、白领犯罪、公司犯罪、有组织的犯罪和无受害人的犯罪等问题。

（一）青少年犯罪

逮捕率表明年轻人在美国犯罪问题中扮演了重要角色。**青少年犯罪**（juvenile delinquency）是*年轻人违反法律的行为*（在定义“青少年”时，确切年龄在各州之间不同，但通常是指18岁以下的人）。一个年轻人违反刑法的任何行为都可能导致法院宣判这个人是罪犯。此外，一些法律——例如要求上学的宵禁和逃学法规——只适用于未成年人，不适用于成年人。有关因犯罪而被捕的未成年人的案件的审理在少年法庭进行，法庭的重点是帮助未成年人改过自新，而不是简单地惩罚他们。

同样地，当刑罚适用于未成年人案件时，刑期通常只延长至法定成年年龄（通常为18～21岁）。此外，罪犯通常被关押在少年拘留所而不是成人监狱。这里的假设是，相比于年龄较大的罪犯，年轻人更容易被改造。因此，青少年司法系统的目标是既保护社区，又为青少年罪犯争取最大利益。

然而，当一个年轻人被指控犯有严重罪行，如抢劫或谋杀时，行政官员可能会决定以成人的罪名指控他。在这种情况下，犯罪嫌疑人在成人法庭受审，以成人的身份被判刑，被关在少年拘留所直到成年，然后被转到成人监狱服刑。

过去，美国法院也曾判处年轻人死刑。但是在 2005 年，美国最高法院裁定，那些在 18 岁以下的罪犯，无论他们犯了什么罪，都不能被判处
153 死刑。

（二）仇恨犯罪

我们所谓的*仇恨犯罪*直到 20 世纪 80 年代中期才被定义，当时民权组织成功地领导各州的民权运动，通过法律来定义这一新的犯罪类型（Jenness & Grattet，2001）。到 2011 年，美国 45 个州和美国联邦政府已经通过法令，规定如果犯罪行为符合仇恨犯罪的标准，将对罪犯处以额外的惩罚。根据美国联邦调查局的说法，**仇恨犯罪**（hate crime）是*一种针对个人、财产或社会的犯罪行为，其动机是罪犯对种族、宗教、残疾、性取向、民族或国籍的偏见*。

1990 年，美国国会通过了《反仇恨犯罪法》，要求美国司法部长从执法机构收集有关由偏见导致犯罪的数据。2010 年，美国政府记录了约 6 600 起仇恨犯罪。如图 6-2 所示，被记录在案的仇恨犯罪中只有不到一半（47.3%）涉及种族偏见（U.S. Department of Justice，2011）。

很多——甚至是大多数——仇恨犯罪没有被报告。一个原因是，一些警察组织不记录或提交仇恨犯罪数据。除此之外，许多受害者——尤其是男同性恋者和女同性恋者——不愿意报告他们的受害情况。由于这些原因，仇恨犯罪的问题肯定比官方统计数字显示的要严重。

对于有多重劣势的人，如有色人种中的同性恋者来说，他们成为仇恨犯罪的受害者的比例尤其高。即便如此，仇恨犯罪可能伤害任何人：政府报告说，2010 年，18% 基于种族的仇恨犯罪是针对白人的（U.S. Department of Justice，2011）。

《反仇恨犯罪法》仍然存在争议。批评者认为，由于攻击等行为已经违法，因此没有必要制定专门的《反仇恨犯罪法》。此外，因为这样的法律是以惩罚人们对他人的态度为最终目的的，所以批评者认为这样的法律是政府向“思想警察”的方向迈出的一步，不仅试图控制人们所做的事情，还试图控制人们的想法（A.Sullivan，2002）。《反仇恨犯罪法》的支持者则反驳说，政府必须采取额外的措施，来保护那些经常成为敌意和暴力目标的人。他们认为，由于仇恨犯罪不仅伤害了一个受害者，还激怒了整个社区，因此应该采取更严厉的惩罚措施。

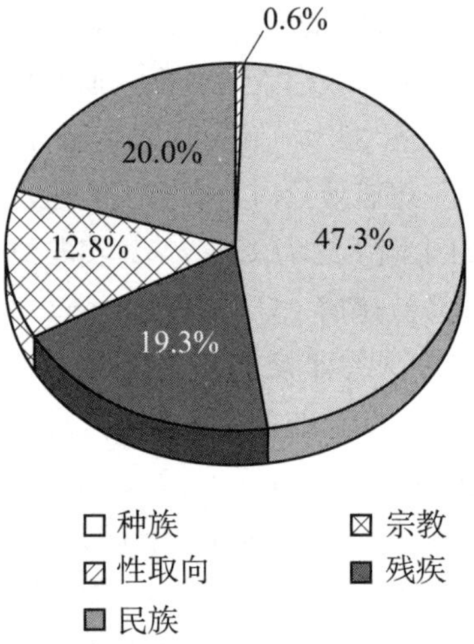

图 6-2　带有偏见动机的犯罪（2010 年）

注：尽管仇恨犯罪的动机各不相同，但约有一半的仇恨犯罪涉及种族偏见。

资料来源：Federal Bureau of Investigation（2011）.

（三）白领犯罪

如果你在电视上看警察的“真人秀”节目，很容易就会认为每个被逮捕的罪犯都是穷人。但是，另一些犯罪通常涉及那些生活条件更好的人。**白领犯罪**（white-collar crime）指的是*社会地位较高的人在其工作或日常商业活动中进行的非法活动*。白领犯罪通常发生在银行和公司里，而且罪犯经常是社区中的重要成员。与街头犯罪相比，白领犯罪被更好地描述为“制服下的犯罪”。伯纳德·马多夫一案为白领犯罪提供了一个很好的例子，他在骗走投资者 600 多亿美元后被判处犯有多项罪行。

埃德温·萨瑟兰（Edwin Sutherland，1940）开创了对白领犯罪的研究，他指出犯罪包括从欺诈（利用虚假信息获取资金）到内幕交易（把不对外开放的公司信息作为个人买卖股票的依据）

再到贪污（非法从雇主那里拿钱），这种犯罪的发生比人们想象的普遍得多。

萨瑟兰指出，公众通常很少关注白领犯罪。他解释说，从历史上看，白领犯罪是在民事法庭而不是刑事法庭审理的。这意味着被指控的人可能必须支付赔偿金，但可免于被贴上罪犯的标签，并且几乎肯定不会进监狱。在当今世界，我们都很清楚华尔街的高管做了坏事——包括违法的事——但是他们从来没有面对过法官或陪审团。研究证实，白领罪犯通常逍遥法外，因此即使是那些在刑事法庭被判有罪的人也不会被判入狱。例如，在美国地区法院系统中，只有 47% 的贪污犯被判入狱；其余的人被判缓刑或罚款（U.S. Department of Justice，2010）。然而，2008 年金融危机爆发后出现的企业丑闻已让公众意识到白领犯罪的危险和危害。近年来，几十名企业高管和投资公司行政人员被判长期监禁。例如，2012 年，一名联邦法官判处拉杰·拉贾拉特南（Raj Rajaratnam）11 年监禁，他被判犯有证券欺诈罪和共谋罪。同样地，李·B. 法卡斯（Lee B. Farkas）在住房和抵押贷款丑闻中被判犯有欺诈罪，他被判处 30 年有期徒刑。一些另外的涉及华尔街富人和权贵的案件目前正在通过法庭审理（2012 年）。

（四）公司犯罪

商业犯罪不仅涉及在公司内部工作的人的行为，也涉及公司自身的政策和行为。**公司犯罪**（corporate crime）是*公司或代表其行事的人做出*
154 *的非法行为*。公司犯罪的一个例子是重大疏忽：故意制造有缺陷的或危险的产品。在 20 世纪 70 年代的一个著名案例中，福特汽车公司一款叫“斑马”（Pinto）的小汽车，存在追尾碰撞下油箱破裂，导致爆炸和火灾的风险。当人们都知道了这一安全隐患，并且确实发生了致命的事故之后，福特汽车公司仍然拒绝下令召回汽车，理由是尽管召回汽车可以挽救生命，但是为之后的事故进行法律赔偿的成本更低。最终，诉讼和公众强烈抗议迫使福特汽车公司进行了召回，不久之后“斑马”就停产了（Kitman，2003）。

有时，白领犯罪（个人行为）和公司犯罪（整个公司实施的政策）之间的界限并不明确。尤其是当白领犯罪发生在公司高层领导者身上时。安然公司谎报利润和亏损以提高股价，最终在 2001 年被迫宣布破产，19 名前高管随后认罪或被判有罪。这些被定罪的高管可以被视为白领罪犯，但安然公司的整体崩溃也是一起公司犯罪案件。

公司犯罪在美国造成的损失高达数千亿美元。仅安然公司一案的损失就超过了 500 亿美元。当然，2008 年银行系统崩溃所造成的损失要大得多，最终导致政府“紧急救援”了超过 1 万亿美元。对大多数人来说，他们很难完全理解这么高的数字。但显而易见，白领犯罪和公司犯罪的成本远远高于本章先前描述的所有财产犯罪的成本。在经济损失方面，白领犯罪和公司犯罪是这个国家犯罪问题的核心（Reiman，1998；Lavella，2002；CBS News，2006）。

（五）有组织的犯罪

有组织的犯罪（organized crime）是*一种提供非法商品和服务的交易*。这种交易通过出售许多人们想要但违反法律的商品和服务——包括赌博、性和毒品——以获利。

美国有组织的犯罪的数量在禁酒令时期（1919—1933 年）迅速增加，当时联邦政府宣布禁止在美国各地生产和销售含酒精的饮料。禁酒令使得黑手党——也被称作 *La Cosa Nostra*（意大利语“我们的东西”）——通过非法生产和向热切的公众出售酒来获取财富和权力。随着财富的聚积，犯罪团伙——涵盖了几乎所有种族的人——通常通过对敌对帮派成员使用暴力以及恐吓执法官员来保护自己的利益。

甚至在禁酒令结束后，有组织的犯罪成员仍然继续牟取巨额利润，他们的交易从出售酒转变为贩卖毒品。黑手党“家族”成为巨大的企业，其利润可与合法企业相媲美。

随着有组织的犯罪的财富和权力的增长，美国国会在 1970 年通过了《反诈骗腐败组织集团犯罪法》（RICO）。这部法律赋予警察没收赌博、卖淫、放高利贷或贩卖毒品等犯罪活动中使用的汽车、船只、房屋等财物的权力。

从那以后的十年里，随着全球经济的发展，有组织的犯罪在规模上已成为跨国犯罪。本页的“全球视野下的社会问题”栏目可以让我们更好地理解这一现象。

（六）无受害人的犯罪

无受害人的犯罪（victimless crimes）是*只直接伤害犯罪者的犯罪行为*。无受害人的犯罪有时被称为公共秩序犯罪，包括赌博、卖淫、公共场所醉酒、吸毒和流浪。这些活动是违法的，因为它们违反了传统的规范和价值观，尽管从事这些活动的人可能并不认为它们是错误的。然而，无受害人的犯罪还是可以并且确实造成了一些危害。例如，很大一部分妓女是嫖客或皮条客暴力的受害者。同样，许多嫖客也染上了性传播疾病，并将其传染给自己的妻子或其他人。

对无受害人的犯罪的法律规定在各地有所不同。在美国尽管有 15 个州有赌场，29 个州在印第安人保留地有赌场，13 个州有赛马场赌场，但在大多数地方，赌博是违法的（American Gaming Association，2011）。除了内华达州乡村地区以外，卖淫在各个地方都是违法的。购买和拥有大麻在大多数地方是违法的，尽管在东海岸和西海岸的一些社区是合法的。此外，16 个州颁布了关于医用大麻的法律，允许在医生的监督下购买和使用大麻（NCSL，2011）。但是，在将这些活动视为违法的地方，针对无受害人的犯罪的法律执行是不一致的，各地通常采取偶尔镇压的形式来应对此类犯罪。

全球视野下的社会问题　有组织的犯罪：遍布全球

155

每个人都听说过公司“走向全球”，大公司发展为“跨国公司”，在世界各地做生意。有组织的犯罪也走向了全球，牟取巨额利润，这是早期在布鲁克林区、纽约或芝加哥南部地区敲诈勒索的人所无法想象的。

今天，有组织的犯罪最赚钱的业务是毒品走私，它能赚到足够的资金，最大的贩毒团伙的头目甚至比一个国家更富有。仅仅是可卡因在美国的销售就为哥伦比亚的贩毒集团带来了 250 亿美元的收入。毒品不是有组织的犯罪的唯一业务。犯罪团伙还非法复制和销售 CD 和 DVD、出售武器、走私非法移民、杀人牟利，甚至进行恐怖主义活动。

如俄罗斯*黑手党*通过遍布全球的武器销售、汽车盗窃、毒品贩卖、洗钱、身份盗用和奴役人类等活动来牟利。自 1991 年苏联解体以来，俄罗斯犯罪组织通过与世界各地的其他犯罪组织结成伙伴关系而不断扩张。

所有这些组织都在美国开展业务。仅仅是非法复制书籍、软件、视频和 CD，就使美国的合法企业每年损失数十亿美元的销售额。更令人担忧的是，2009 年，墨西哥发生了与毒品有关的暴力事件，夺走了该国近 8 000 人的生命，并开始蔓延到美国。巨大的经济损失加上日益严重的暴力事件——把这些全部放在一起，你就会明白为什么一些研究者声称全球有组织的犯罪是对美国安全的威胁（Valdez，1997；Padgett，2008，2011）。

你怎么看？

1. 犯罪组织是满足了公众的某些需求，还是对美国构成了真正的威胁？为什么？
2. 美国应该在国内外采取什么行动来打击有组织的犯罪？
3. 美国政府声明有组织的犯罪可能导致墨西哥政府垮台。美国有控制墨西哥毒品贸易的合法权益吗？我们能做什么？

五、暴力

- **运用**

暴力（violence）是*造成人身伤害或财产损失的行为*。本章描述了一些刑事暴力案件，包括所有危害人身的罪行——谋杀、强奸、抢劫和严重伤害。

但是暴力也经常以不违反法律的形式在日常生活中扮演重要角色。我们喜欢的许多运动（如橄榄球运动）很暴力，一些直播的娱乐节目（如世界摔跤联合会直播）以及许多电影和电子游戏都是如此。

因此，暴力既可能是犯罪，也可能不是犯罪，人们既可能把暴力定义为社会问题，也可能不。我们中的许多人认为有些暴力行为是非常正常的，甚至是可取的。例如，民意调查显示，大部分美国人支持将战争作为必要的暴力形式，并且大多数人也支持将死刑（本身就是一种致命的暴力行为）作为对某些犯有严重罪行的人的正当惩罚。当然，暴力电影和暴力运动的流行也是毋庸置疑的。

（一）暴力是社会问题吗？

那么暴力是何时成为一个社会问题的呢？一个初步的答案是，暴力是否成为一个社会问题，在某种程度上取决于人们以哪种方式定义它。换句话说，暴力是否是一个社会问题与暴力行为本身的关系很小，更多地与我们如何定义暴力行为有关。但是我们如何确定一些暴力案件是否是社会问题呢？在决定如何定义暴力问题时，人们通常考虑四个基本要素：

（1）行为者的行为意图是什么？一场车祸是暴力的，但在大多数情况下，人们认为这个事件是一个意外，而且司机不希望它发生。我们倾向于原谅我们认为是无意识造成的暴力行为。除此之外，故意撞倒行人的司机几乎肯定不会得到公众的同情，而且几乎肯定会面临刑事诉讼。

（2）暴力是符合还是违反社会规范和价值观？许多运动虽然是暴力的，但不被视为社会问题。正如社会学家哈利·爱德华兹（Harry Edwards，2000）所解释的，橄榄球运动就像徒手格斗一样暴力，会造成包括脊髓损伤和脑损伤在内的人身伤害。即便如此，球迷们还是渴望看到两支球队之间的致命对抗。为什么会这样？正如爱德华所解释的，橄榄球运动是一种民族仪式，维护着美国的文化价值观，即竞争力、韧性和男子气概。

（3）暴力是支持还是威胁社会秩序？橄榄球运动可能是暴力的，但它支撑了我们的生活方式。橄榄球运动也是一大产业。因此，大多数人庆祝而不是谴责这种暴力运动。除此之外，对涉及军事人员或者校园女生联谊会和兄弟会的欺凌事件通常会扰乱一个组织的运作，并且如果被当局发现，很可能会导致纪律处分。 156

（4）暴力是由政府批准的还是违抗政府的？一般来说，人们接受某些暴力，例如战争、死刑，以及警察特警队的行动，因为它们都是政府批准的行动。我们大多数人认为这些暴力是为了我们的利益，或者是出于其他好的原因。一方面，一般来说，人们普遍支持**制度暴力**（institutional violence），即*由政府代表的按法律规定实施的暴力*。事实上，大多数人认为一定程度的暴力对于维持社会运作实际上是很必要的，无论是用来制裁罪犯还是对抗外敌以保卫我们的国家。但这并不意味着警察或军事人员的暴力行为始终都是合法的，正如对警察的暴行或美国士兵故意杀害无辜平民的指控给我们的提醒。但是当实施“制度”时，大多数人似乎接受了大量的暴力行为。

另一方面，人们普遍谴责**反制度暴力**（anti-institutional violence），即*针对政府的违反法律的暴力行为*。2001年世界贸易中心和五角大楼遇袭后，反恐战争变得越来越重要，这让我们将任何针对美国政府或美国公民的暴力行为都定义为严重的社会问题。在美国，虽然大多数人对“9·11”事件的反制度暴力感到愤怒，但他们也支持美国在阿富汗和伊拉克采取军事行动的制度暴力。当然，人们会对正义的和非正义的暴力的认知产生分歧。例如，反战运动努力改变国民对伊拉克和阿富汗驻军的看法，声称对其他国家的暴力行为是不正义的。

随着时间的推移，社会成员就暴力的正确和错误使用展开辩论。在这个过程中，社会开始定义新的社会问题。“建构社会问题决定性时刻”栏目解释了美国如何将一种类型的暴力——我们现在称其为“虐待儿童”——定义为一个严重的社会问题。

（二）严重的犯罪暴力：大规模屠杀和连环杀人

某些类型的暴力几乎总是被定义为社会问题。严重的犯罪暴力的两个例子是大规模屠杀和连环杀人。

1. 大规模屠杀

本章开篇的故事——2010 年发生在康涅狄格州的一家企业中的枪击事件夺走了 8 个人的生命——是**大规模屠杀**（mass murder）的一个例子。大规模屠杀是指*在同一时间和地点故意地、非法地杀害 4 个及以上的人*。

这种类型的犯罪暴力在美国是非常常见的，大众传媒每年都会报道一些大规模屠杀案。大规模屠杀案的数量在 20 世纪 90 年代增加了，全美有十多所公立学校发生了致命的枪击事件。最严重的是 1999 年，在科罗拉多州利特尔顿的哥伦拜恩高中有 13 人被枪杀。大规模屠杀不仅发生在学校里，而且正如本章开头的故事所描述的那样，发生在工作场所，不满的员工会向他们认为冤枉了他们的人发泄他们的愤怒。

大规模屠杀也可能发生在家里。例如，2009 年，格雷厄姆·特罗耶（Graham Troyer）的妻子宣布打算和他离婚。他的反应是用步枪杀死了自己的五个孩子。然后他寻找他的妻子，但是由于没有找到她，他就把枪对准了自己。大规模屠杀也可能在有恐怖主义特征的公共场所发生。2011 年，一个心理失常的年轻人在图森购物中心枪击了 19 人（包括议员加布里埃尔·吉福兹在内），其中 6 人死亡。同年，在一个更致命的事件中，一名挪威男子在奥斯陆市对无辜的人进行了两次

建构社会问题决定性时刻　美国社会发现虐待儿童行为

1958 年，C. 亨利·肯普（C. Henry Kempe）在科罗拉多丹佛医院担任医生。肯普每天都为孩子们治疗割伤和骨折等伤。在急诊室工作了几年，检查了数千张 X 光片后，肯普开始怀疑孩子们的一些伤是否真的像父母所说是“意外”造成的。肯普怀疑造成这些伤的真正原因是家庭暴力。

当时，“虐待儿童”的概念并不存在。人们认为父母既有权利也有义务照顾他们的孩子，包括当他们觉得有必要时惩罚他们的孩子。在人们家里发生的私事是家庭问题，而不是公共问题。

肯普决定尝试改变这种看法。为了保护孩子们不受家庭暴力的伤害，肯普成立了医院的第一个“儿童保护小组”，这是一个训练有素的小组，负责调查和评估孩子们受的伤，并确定哪些可能是家庭暴力的结果。三年后，他在一份报告中声称，针对儿童的蓄意暴力程度高得惊人，这让美国人注意到了一个新的社会问题，他将这个问题定义为“受虐儿童综合征”。

家庭暴力显然对儿童的身体造成伤害。肯普接着解释说，暴力还会导致心理伤害——包括自我形象差和患抑郁症的风险提高——这使得受伤的孩子很难建立起信任关系。

肯普的研究促使美国社会将针对儿童的暴力从私人的家庭问题重新定义为社会问题。到 1966 年，美国的每个州都通过了一项法律，规定虐待儿童是一种犯罪行为，并要求医务人员向当局报告疑似病例。由于这些法律，2010 年医务人员报告了大约 290 万例病例，约 70 万例被确认为严重病例，其中 1 530 例致死。肯普不仅改变了儿童的生活，而且为美国社会打好了基础，在之后的岁月里，美国社会逐渐把另外两种类型的暴力定性为社会问题：对妇女的暴力和对老年人的暴力（Kempe et al.，1962；U.S. Department of Health and Human Services，2011）。

多亏了肯普医生，今天的医务人员会定期检查医疗数据，以查明虐待儿童的病例。

袭击。首先，他引爆了一枚汽车炸弹，造成8人死亡，然后他装扮成警察，在附近的乡村地区射杀了69人。

在大多数年份里，美国大规模屠杀的死亡人数约为50人。这意味着大规模屠杀只占一年内所有谋杀案的0.2%（2010年，共发生了14 748起谋杀案）（U.S. Department of Justice，2011）。但是，大规模屠杀的案件受到公众的高度关注，一个原因是它们在大众传媒上被广泛报道。同样重要的是，大多数大规模屠杀发生在企业、学校和家庭中，人们原以为自己在这些地方不会受到暴力侵害。

大规模屠杀的凶手有什么共同之处？这些罪犯几乎都是男人。学校枪击事件通常涉及年轻人——学生或前学生——他们经历过同龄人的拒绝。在工作场所发生的大规模屠杀通常涉及男性雇员或前雇员，他们中的大多数人对不公正感到非常愤怒，并且其中许多人滥用酒精或其他药物。家庭中的大规模屠杀通常涉及那些被配偶或其他家庭成员拒绝的男人，他们的情绪很激动。大规模屠杀的凶手是持有枪支的人，并且许多被发现拥有很多武器（R.M. Holmes & S.T. Holmes，
157 1993；Hill，2009）。

2. 连环杀人

另一种引起公众高度关注的谋杀是**连环杀人**（serial murder），即*一名罪犯在一段时间内接连杀害几个人*。通常，一个连环杀手会在杀害一个人后等待一个星期或一个月再杀人。然而，随着时间的推移，死亡人数——伴随着公众的恐惧——越来越多。例如，德里克·托德·李（Derrick Todd Lee）被捕，并被指控在路易斯安那州谋杀了5名女性。这场谋杀使巴吞鲁日地区的女性恐惧了一年多（Deslatte，2003）。

许多被定罪的连环杀手杀害了更多的人。泰德·邦迪（Ted Bundy）在20世纪70年代杀害了多达30名女性。他不是第一个被确认的连环杀手，但是他屡次犯罪，促使美国社会将连环杀人定性为一种严重的犯罪暴力行为。邦迪在1989年因罪行被处决。约翰·韦恩·盖西（John Wayne Gacy）因杀害33名年轻男子而被判有罪，在1994年被处决。杰夫瑞·达莫（Jeffrey Dahmer）被判犯15项谋杀罪，后来在1994年的一次监狱暴力袭击中死亡。在20世纪80年代，加里·里奇韦（Gary Ridgeway）进行了一场杀戮狂欢，涉及至少48名受害者。2006年，罗伯特·查尔斯·布朗恩（Robert Charles Browne）因一起谋杀案被判终身监禁，他承认他还是另外47起谋杀案的凶手，这使得布朗恩成为迄今为止最致命的连环杀手（Sarche，2006）。 158

连环杀手可能是所有致命的罪犯中最著名的，虚构的杀手例如“食人狂魔”汉尼拔·莱克特已经让数百万的电影观众兴奋不已了。这类案件占据了新闻头条，但要记住，连环杀手只占所有杀人犯的一小部分。

我们对连环杀手了解多少？他们几乎都是男性。大多数人是精神病患者，患有精神障碍，这扭曲了他们对现实的感觉，剥夺了他们同情他人的能力。一些连环杀手声称听到或收到了催促他们杀死某些特定类别的人，比如妓女或男同性恋者的声音或信息。另一些连环杀手有一种不可抗拒的欲望，他们想要控制别人，把别人置于恐惧之中，从而获得巨大的快乐。还有一些连环杀手无法控制自己的愤怒，于是他们暴力地攻击任何可能挡住他们去路的人。最后，与那些犯下单起谋杀案的人相比，大多数连环杀手年龄更大。这些暴力罪犯攻击男性和女性的可能性一样大（P.Jenkins，1994；R.M.Holmes & S.T.Holmes，1998；Warf & Waddell，2002）。

（三）大众传媒与暴力

大众传媒——广播、电视、电影和互联网——对人们，尤其是年轻人看待周围世界的方式有巨大影响。在我们的社会中，大多数暴力行为没有单一的原因，但许多人怀疑大众传媒是否可能是问题的一部分。

这种关注的基础是当今大众传媒中含有大量的暴力内容。美国典型的年轻人每天花费大约七个半小时在大众传媒上，并且很多电视节目——甚至是卡通节目——充斥着暴力。研究者估计，在一年的时间里，一个儿童能见到大约12 000种暴力行为（Groves，1997；Rideout，Foehr，&

Roberts，2010）。

一般来说，电影比电视节目更暴力。电影中高水平的暴力内容促使美国医学协会宣布大众传媒对我们的健康有害（AMA，1997）。美国医学协会报告称，3/4 的美国成年人说他们因为暴力程度高而关掉电视或走出电影院。另一项调查发现，2/3 的父母“非常担心”孩子在大众传媒上看到暴力内容。更糟糕的是，这项研究发现，使用暴力的角色通常既不会受到惩罚，也不会表现出任何悔恨（Rideout，2007）。

观看暴力内容会让人们出现暴力行为吗？答案很可能是肯定的。研究得出的结论是，儿童观看的媒体暴力内容越多，参与的暴力游戏越多，长大后就越有可能诉诸暴力。此外，一些暴力罪犯声称，他们试图将在暴力电影中看到的行为表现出来（Gibbs & Roche，1999；Ritter，2003；Federal Communication Commission，2007）。

在大众传媒上观看暴力内容，实际上可能会使人们鼓起勇气变得更加暴力。但或许更严重的担忧是，大众传媒最终可能使我们所有人对暴力麻木。换言之，生活在大众传媒的暴力文化中，我们变得对暴力习以为常，以致故意伤害对方的想法不再困扰我们（Sege & Dietz，1994；Groves，1997；Kromar & Valkenburg，1999）。

（四）贫困与暴力

暴力也和贫困有关。低收入人群在日常生活中承担着巨大的压力，他们通常要面对营养不良、学校教育有限、住房不合标准以及工作机会缺乏等问题。基于这个原因，一些研究者认为，贫困本身应该被定义为一种暴力，一种伤害了美国数千万人的暴力。因此，低收入人群在暴力犯罪的罪犯和受害者中都占很高的比例就不足为奇了（Reiman，1998；Parler & Pruitt，2000；Hannon，2005）。

尽管有这些事实，但大多数的贫困家庭在日常生活中没有犯罪或变得暴力。的确，贫困的社区比富裕的社区有更高的暴力犯罪率，但是大多数暴力犯罪是少数惯犯所为。

（五）青年帮派与暴力活动

造成暴力的另一个因素——尤其是在美国大城市的贫困社区里——是**青年帮派**（youth gangs），即*相互认同并有特定领地的年轻人团体*。当然，并不是所有的帮派都是暴力的。事实上，并不是所有的年轻人团体都被称为“帮派”。我们倾向于把中产阶级年轻人团体称为“俱乐部”，把贫困阶级年轻人团体称为“帮派”，而不管他们的成员如何行动。 159

最近一项政府研究调查了 3 500 个城市，发现了超过 28 000 个青年帮派，其中包括 731 000 个成员（U.S. Department of Justice，2011）。这些帮派包括从非暴力的社会团体到有时在地盘上发生冲突的团体，再到全面从事毒品交易、抢劫、敲诈勒索甚至谋杀的犯罪组织。

谁可能加入暴力帮派？典型的成员来自一个犯罪率高、吸毒率高、工作机会少的地区的贫困的单亲家庭。许多帮派成员在自己的家里经历过暴力事件。许多年轻人在帮派中寻找机会、保护和在其他地方找不到的积极的自我形象（Zimring，1998；Hixon，1999）。

一些低收入社区发展出一种“街头文化”，这种文化教导年轻人，让人们远离你的唯一方式就是你坚韧和迅速地战斗。在这样的环境下，年轻人——尤其是男性——了解到暴力可以是避免成为受害者的一种策略（E. Anderson，1994，2002）。

大约在 1990 年以后，帮派暴力的水平和总体犯罪率都有所下降。然而，在 2002 年以后，大城市里的帮派暴力事件再次增加，2009 年有 1 017 起与帮派有关的凶杀案。警方报告称，超过 96% 的与帮派有关的凶杀案发生在大城市和城郊。一些死者是流弹的无辜受害者（U.S. Office of Juvenile Justice and Delinquency Prevention，2011）。

（六）药物与暴力

酒精和其他药物的使用也助长了暴力。一项政府研究发现，超过 60% 的因暴力犯罪入狱的人表示，他们在犯罪时受到毒品、酒精的影响（U.S. Bureau of Justice Statistics，2004）。另一项研究基于对 10 个主要城市的被控嫌疑犯的尿液检测，研究报告称大多数嫌疑犯的尿液的非法毒品检测呈阳性：调查结果从华盛顿特区的 52%，

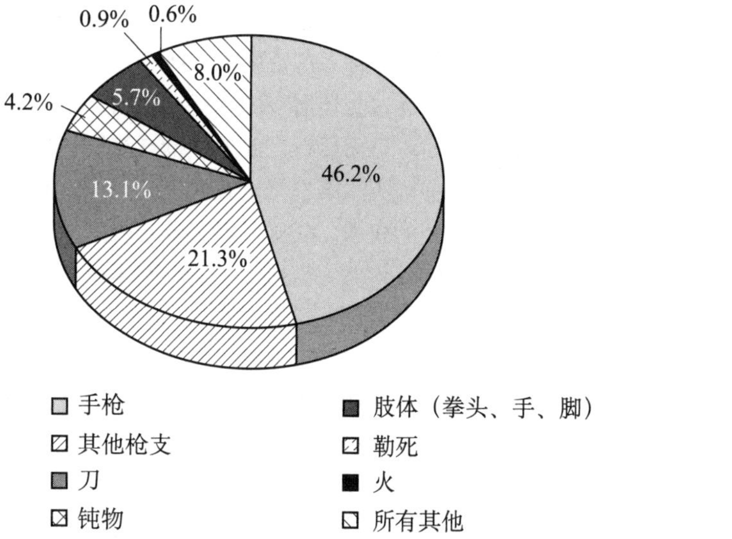

图 6-3　谋杀使用的武器类型

注：2/3 的谋杀案涉及枪支。使用手枪的谋杀案几乎和使用所有其他武器的谋杀案的总和一样多。

资料来源：Federal Bureau of Investigation（2011）.

攀升到芝加哥的 83%（U.S. Office of National Drug Control Policy，2011）。此外，许多研究证实，酒精和其他药物在大多数家庭暴力案件中发挥了重要作用（Gelles，1997；Kantor & Jasinski，1998）。

毒品通过扭曲判断和减少压抑来鼓励暴力。当一个已经倾向于用暴力行为来应对挫折和压力的人使用毒品时，“自我迷失”的概率就会增加（Gelles & Straus，1988；Gelles，1997）。此外，一些药物会使人上瘾，引起人们强烈的欲望，以致人们在寻求快感时可能会变得暴力。在这个过程中，滥用药物的人很可能会让身边的人处于危险之中，比如他们的孩子可能会遭到忽视或暴力。以这种方式，毒品可能创造出一个暴力循环，从一代人扩散到下一代人。

（七）枪支与暴力

最后，许多人把美国社会的高暴力犯罪率归咎于枪支容易获得。美国大约有 2.83 亿支枪，它们足够武装每个 12 岁以上的人。从另一个角度来看，大约 31% 的美国家庭有一支或更多支枪。谋杀案中约 40% 的武器是手枪，这是谋杀案中最常用的枪支类型（NORC，2011；Brady Campaign，2012）。图 6-3 显示，2010 年，46.2% 的谋杀案是使用手枪进行的。这一事实表明，控制枪支可能会降低致命暴力的发生率。原因很简单，如果没有枪支，那么一场争斗最终可能不会致命。

由于这些枪支中的许多落入了罪犯手中——甚至是好奇的儿童手中——因此许多人（尤其是自由主义者）将枪支所有权定义为一个严重的社会问题。他们指出，许多在工作场所开枪——本章开篇故事中所描述的犯罪类型——的罪犯，在枪支商店轻易地购买到了他们使用的武器。

因此，解决枪支和暴力问题的办法是制定法律，使枪支更难获得。通过限制枪支的使用，美国的暴力事件虽然可能不会消失，但它的致命性会大大降低。枪支管制的支持者也支持通过法律，要求枪支所有者使用扳机锁使枪支更难使用。此外，他们支持禁止使用军用突击步枪和高容量弹夹。2011 年，一名枪手枪击了议员加布里埃尔·吉福兹，他使用的是一把带有弹夹的手枪，装了 33 发子弹，这使他有足够的火力阻止任何人解除他的武装，直到 19 人被枪杀。 160

枪支管制的支持者指出如加拿大等国家，政府对枪支持有进行了严格限制（加拿大只有 100 万支手枪，而美国有超过 9 000 万支手枪）。虽然这里没有简单的方法来评估因果关系，但是加拿大的枪杀率是美国的 1/6（Statistics Canada，2011）。在美国，不仅枪支更容易获得，而且大多数州允许公民携带隐蔽的手枪。

并不是所有人都认为枪支是问题的一部分。枪支管制的反对者指出，最高法院最近的几项决定重申了宪法赋予的持枪权利，同时也推翻了华盛顿特区的法律——芝加哥禁止人们在私人住宅中放置枪支。枪支管制的反对者指出，像 1993 年的《布莱迪法案》这样的枪支管制法律规定，任何想购买枪支的人都必须等到背景调查完成后才能购买，这类法律对于防止枪支落入窃贼或购买枪支的犯罪分子手中毫无作用。流行的保险杠贴纸中正蕴含着这种观点，上面写着：“如果拥有枪支是违法的，那么只有歹徒将拥有枪支。”

一些枪支管制的反对者更进一步，认为拥有

枪支实际上是暴力问题的解决方法的一部分。为什么呢？他们声称，广泛的枪支所有权有助于减少犯罪，因为这会让潜在的罪犯在闯入民宅或抢劫商店之前三思而后行。此外，枪支管制的反对者指出，美国宪法第二修正案保证公民“持有和携带武器”的权利。从这一点来看，政府管制枪支所有权的任何努力都违反了这一基本权利，威胁着人们的个人自由。

但是，美国一半以上的谋杀案不涉及枪支的事实表明，致命的暴力事件有很多原因，要解决这个问题，需要复杂的解决方案。

人们将继续争论枪支所有权是一个问题还是一个解决方案。但显然，在打击暴力犯罪的运动中，枪支政策并没有提供灵丹妙药。毕竟，如图 6-3 所示，美国 1/3 的谋杀案根本不涉及枪支。美国每年被持刀者杀害的人数是加拿大被各种武器杀害的人数的 3 倍（Lott，2000；Statistics Canada，2011；U.S. Department of Justice，2011）。

161

六、刑事司法系统

- **运用**

刑事司法系统（criminal justice system）是*社会为了执行法律，对正当程序，包括警察、法院和惩罚的使用*。以下部分调查了美国刑事司法系统的基本要素。

（一）正当程序

美国宪法要求美国社会使用*正当程序*（due process）来应对犯罪。简而言之，这意味着刑事司法系统必须在法律范围内运作。根据美国宪法，任何人都不能“在没有正当法律程序的情况下剥夺生命、自由或财产”。因此，被控犯罪的人有权自卫，有权与原告对质；如有需要，他们有权向法律顾问寻求援助，并在陪审团的参与下快速、公正、公开地接受审判；他们可以拒绝作证；他们不可以就同样的罪行被审判两次。此外，宪法还赋予所有人免除额外保释金的保护，并且如果他们被判有罪，宪法可以保护他们免受残酷的惩罚（Inciardi，2000）。

（二）警察

对犯罪的首次官方回应涉及警察。最新的统计数据显示，美国有 705 009 名警察（U.S. Department of Justice，2011）。但是，即使有这么多警察，也无法跟踪超过 3.1 亿人。因此，警察必须确定哪些情况严重到需要他们注意。

1. 警察自由裁量权

警察使用自由裁量权来决定是否介入任何情况。道格拉斯·史密斯（Douglas Smith，1987）和克里斯蒂·维舍尔（Christy Visher，1981）对美国 5 个城市的警察自由裁量权进行了研究，确定了指引警察决定是否进行逮捕的 6 个因素：

（1）犯罪有多严重？情况越严重，涉及的暴力或暴力的风险越多，警察决定逮捕的可能性就越大。

（2）受害者想要什么？如果受害者要求逮捕，那么警察更有可能这么做。

（3）嫌疑犯是否合作？警察更有可能逮捕不

美国之窗

美国各地的夹藏武器法

在只有四个州（阿拉斯加州、亚利桑那州、佛蒙特州、怀俄明州），任何人在没有许可证的情况下都可以携带隐蔽武器。只有两个州（伊利诺伊州、威斯康星州）的法律不允许这样做。另外，有十个州（被确认为“可签发”的州）在证明有特殊需要的情况下会签发隐匿持枪证。你看到了什么地域模式？你能解释一下这个模式吗？

资料来源：Brady Campaign（2012）and Legal Community Against Violence（2012）.

合作的嫌疑犯。

（4）嫌疑犯有犯罪记录吗？警察更有可能逮捕他们认识的曾被逮捕过的人。

（5）是否有旁观者？警察更有可能在有旁观者的情况下进行逮捕，这使得警察更能通过逮捕来控制局势。

（6）嫌疑犯的种族是什么？史密斯和维舍尔认为，在其他因素相同的情况下，警察逮捕非裔嫌疑犯和拉美裔嫌疑犯的可能性比逮捕白人嫌疑犯的更大。

2. 警察政策的变化

最近警察工作的两个变化导致了美国城市犯罪率的下降。第一，社区警务的实践让警察更容易被公众看到，因为一些警察从开车巡逻变为骑自行车或者步行巡逻。他们的想法是让警察了解当地社区，也让社区居民了解警察；警察和社区合作是减少犯罪的有效策略。

警察工作的第二个变化是零容忍政策，在这种政策下，警察对任何违法行为都做出回应，不管这种行为的危害有多小。例如，近年来，纽约警方开始就一些轻微的违法行为，包括乱穿马路和地铁逃票等行为进行罚款或逮捕。这种策略虽然有效，却引发了争议。支持者称这一政策阻止了犯罪的发生，因为如果人们意识到任何轻微违规行为都可能导致警察制止和搜查他们，那么他们就不太可能去冒携带非法武器的风险。批评者反驳说，零容忍政策鼓励警察去骚扰有轻微违规行为的守法公民，而不是集中精力解决重大犯罪
162 案件。

（三）法院

被捕并不意味着某人会成为罪犯。大约一半的被逮捕的嫌疑犯后来由于各种原因，包括缺乏证据被释放。另一半被逮捕的嫌疑犯被控犯罪，并通过刑事司法系统在法庭上受审。从理论上讲，美国的法院系统是一个*诉讼过程*，这意味着检察官对被告提出指控，被告的律师对这些指控进行辩护，法官或陪审团根据双方在此过程中提供的证据作出裁决。

根据我们在《法律与秩序》这样的节目中看到的情况，我们可以想象这种诉讼的过程是小心翼翼地进行的。但事实上，它很少被执行。大约 97% 的刑事案件是通过**辩诉交易**（plea bargaining）解决的。辩诉交易是*一种国家减少对被告的指控，以换取认罪答辩的谈判*。辩诉交易节省了审判的时间和费用，使法院能够集中精力处理最严重的案件。但一个高效的体系并不总是公正的，在处理低收入的被告时尤其如此。根据法律，政府必须向任何无力支付律师费的被告提供公共辩护律师。公共辩护律师通常是经验有限的年轻律师，工作量大且报酬过低。因此，公共辩护律师可能急于迅速解决案件，而不进行积极辩护。低收入的被告可能会觉得他们别无选择，只能进行辩诉交易（也被称为“抗辩”）。由于过度依赖辩诉交易，美国的刑事司法系统有时会违反正当程序，剥夺被告在证明有罪之前被推定为无罪的宪法审判权。

（四）惩罚

作为对违法行为的回应，刑事司法系统使用各种形式的惩罚：从罚款到监禁再到死刑。2010 年，美国有近 230 万人被监禁，几乎是 1980 年被监禁人数的 5 倍（U.S. Department of Justice，2011）。如图 6-4 所示，美国的监禁率比其他任何国家都高。

被监禁人数增加如此之多的一个原因是许多州颁布了严厉的量刑法。26 个州现在有“三振出局”的法律，要求对第三项重罪判处终身监禁。另一项增加被监禁人数的政策是对特定的严重罪行要求强制监禁。所有这些政策背后的想法是让那些犯下严重罪行的人——尤其是重复犯罪的人——离开街头。然而目前自由派和保守派都对这些法律持强烈的反对态度，自由派声称，这些法律导致了不公正的判决，许多罪犯被判处的被监禁时间比他们应得的更多。保守派声称，严厉的量刑法提高了监狱的运营成本，超出了政府承担的范围（Savage，2011）。

一个更大的问题是，犯罪问题是否可以通过监狱和其他形式的惩罚来解决？原则上，惩罚罪犯有四种理由：报复、威慑、改造和社会保护。

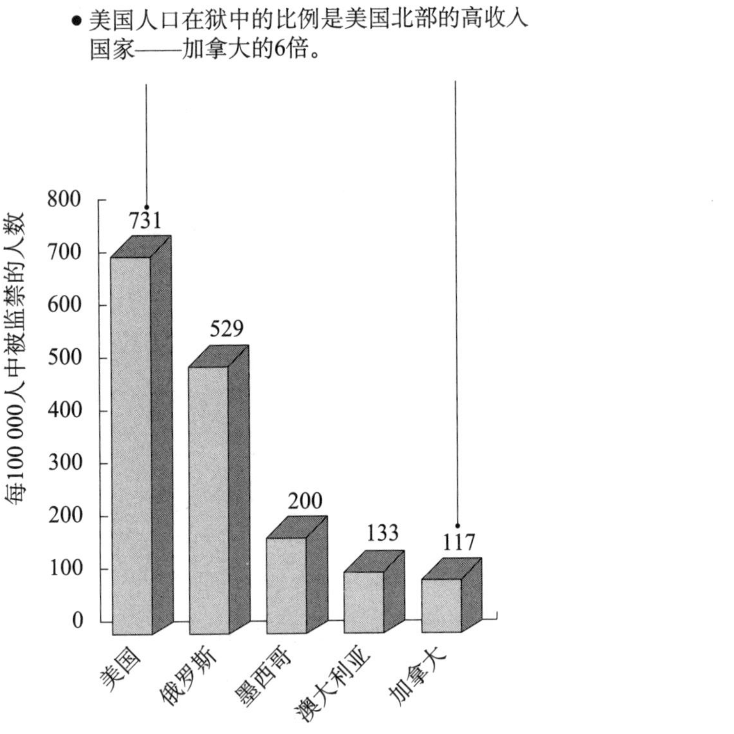

图 6-4 所选国家的监禁率

注：2010 年美国的监禁率是每 100 000 人中有 731 人。在世界上所有国家中，美国的监禁率最高。

*资料来源：*U.S. Department of Justice（2011）*和* Internation Centre for Prison Studies（2012）。

1. 报复

从历史的角度来看，最古老的惩罚理由是报复罪犯。**报复**（retribution）是*社会对罪犯施加的与罪犯所造成的痛苦相当的道德惩罚*。报复基于这样一种观点，当有人犯罪时，社会的道德秩序就会被打乱。但是道德平衡可以通过宣布罪犯有罪和强制惩罚罪犯来恢复。《圣经》中的“以眼还眼，以牙还牙”表达了这一正义与平衡的

163 愿景。

2. 威慑

惩罚的第二种理由是**威慑**（deterrence），即*用惩罚来阻止进一步犯罪*。威慑是一种更为现代的观念，出现于 18 世纪启蒙运动时期，当时人们开始把自己视为理性的决策者。如果社会确保惩罚的痛苦胜过犯罪的快乐，那么社会就创造了一种条件，使人们认识到“犯罪是没有好处的”，人们应该遵守规矩。

惩罚对个人罪犯具有特殊的威慑作用，他们在再次犯罪前会三思而后行。与此同时，惩罚通过让每个人知道违法者会发生什么来提供*普遍的威慑*。威慑的成功建立在人是理性的这一假设之上。基于这个原因，我们可能不会期待用惩罚去阻止所谓的“激情犯罪”。此外，当然，威慑要求人们认为大多数罪犯会被抓获——至少在财产犯罪方面，但这在今天的美国并没有实现。

3. 改造

惩罚的第三种理由是**改造**（rehabilitation），即*改变罪犯以防止将来的犯罪*。在 19 世纪，改造的观念伴随着社会科学出现。如果人们犯罪的首要原因是恶劣的环境，那么我们应该期待一个新的、更好的环境把他们改造成遵纪守法的公民。很容易理解为什么当时建造的监狱通常被称为*修正之家*或*改造之家*。

改造不同于报复和威慑之处在于它的积极特性：它试图帮助人们自我完善而不是让他们受到惩罚。改造在另一个方面也有所不同：报复和威慑需要惩罚与所犯罪行相符，但改造意味着根据特定罪犯的需要量身制定治疗方案。

4. 社会保护

惩罚的第四种理由是**社会保护**（societal protection），即*通过监禁或处决罪犯来保护公众*。在最近几十年里，美国以每周新建 1 000 个床位的速度建造监狱。看来，将 200 多万人关进监狱，必然会降低犯罪率。

5. 惩罚有用吗?

我们现在已经回顾了惩罚的四种理由。但问题仍然存在：惩罚能否有效地解决犯罪问题？惩罚是有效的吗？或者惩罚本身会创造出问题吗？答案远不清楚。

报复基于以下观点：惩罚犯罪可以加强公共道德。一些公众对惩罚的反应是认为正义正在被伸张。然而另一些人认为，惩罚——尤其是死刑——是无效的，并且只会使已经有太多暴力的社会更加残酷。

威慑也是有争议的。虽然常识表明惩罚会阻止犯罪，但是这个国家还是有比例很高的**犯罪累犯**（criminal recidivism），即*以前犯过罪的人后来又被判有罪*。一项政府研究报告显示，2004 年，有 43% 的被释放的囚犯在三年内因犯下新

罪或违反释放条件又回到了监狱（U.S. Bureau of Justice Statistics，2011）。犯罪累犯率高使人们对
164 监狱阻止进一步犯罪的想法产生了怀疑。

至于改造呢？同样，监狱可能会帮助一些罪犯“改过自新”。但是高犯罪累犯率表明，成功的改造是例外而不是惯例。一些批评家声称监狱实际上使犯罪问题变得更糟。以何种方式呢？首先，把罪犯和其他罪犯一起关进监狱里会鼓励他们彼此分享知识和技能，所以监狱并不是一个能改造任何人的地方。此外，“前科犯”的污名可能会让罪犯在出狱后更难找到一份好工作（Petersilia，1997；DeFina & Arvanites，2002）。

最后，惩罚可能会导致社会保护。人们普遍认同，在短期内，监狱人数的快速增长在降低犯罪率方面有作用。但随着我们庞大的监狱人口逐渐回归社会，这种模式能否长期存在，就不那么确定了（K.Johnson，2000）。

近年来，关于刑罚的最大争论集中在死刑上，美国是世界上为数不多的会将犯人处死的高收入国家之一。第 154 页的“社会政策”栏目更仔细地审视了无辜者被判死刑的风险。

（五）社区矫正

监狱使被定罪的罪犯远离街头。但有证据表明，监狱对大多数罪犯的改造作用并不大。

166 此外，监狱很昂贵：监禁一名囚犯的费用每年约为 30 000 美元（不包括一开始建造监狱的费用）。

监狱的替代性选择是**社区矫正**（community-based corrections），即*在社会上而不是在监狱里面进行矫正项目*。社区矫正有几个优点，包括成本较低，有助于减少监狱的过度拥挤，并且允许对被判有罪的罪犯进行监督，但罪犯不必像囚犯一样背负污名。然而，因为这种政策允许罪犯留在社区，所以一般只适用于那些被判轻罪的人，因为他们最有希望避免将来的犯罪行为。

1. 缓刑

社区矫正的一种形式是*缓刑*（probation），即一项在法院强制执行的条件下，让被判有罪的罪犯在社区内被定期监督的政策，这些条件可能包括参加咨询会、参加药物治疗项目、保持稳定的工作以及避免与已知的罪犯接触。如果缓刑犯错过与缓刑官员的定期会面，不遵守法院规定的其他条件，或者犯其他罪行，那么法院可以终止缓刑并将缓刑犯送进监狱。

2. 威慑性缓刑

另一项社区矫正政策是*威慑性缓刑*（shock probation）。在一个案例中，一名法官将一名被判有罪的罪犯判处长时间监禁，但随后法官下令，只有部分刑期将在监狱中执行，其余部分将被判缓刑。威慑性缓刑将监狱与缓刑相结合，目的是在不需要长期监禁的情况下，给罪犯留下深刻的印象。在某些情况下，威慑性缓刑的监禁部分发生在一个特殊的“新兵训练营”里，在那里，罪犯可能会花几个月的时间待在一种旨在教导纪律和尊重权威的军事环境中（Cole & Smith，2002）。

3. 假释

假释（parole）是一项将囚犯从监狱中释放出来，在当地社区的监督下继续服刑的政策。大多数囚犯在服刑一段时间后都有资格获得假释。那时，假释委员会会评估囚犯脱离困境的可能性；如果假释委员会批准假释，囚犯将被释放，监管法院会继续跟踪罪犯的行为直到刑期结束。如果罪犯违反假释条件或因另一项罪行而被逮捕，那么假释委员会可以撤销假释，并要求此人完成监狱服刑。在存在某些严重犯罪的情况下，法院可能会对罪犯判处规定时间的监禁，不得假释。

4. 缓刑和假释有用吗？

有关这些政策有效性的证据有好有坏。缓刑和假释的成本要低于把某人关进监狱，而且这些政策确实缓解了监狱的过度拥挤，在监狱中关押犯严重罪行的罪犯，同时对社区中罪行较轻的罪犯进行监控是有意义的。

缓刑和威慑性缓刑对某些人来说似乎是有效的。假释更有争议性，因为有很多人在假释后不久又因另一项罪行而被逮捕。出于这个原因，有些州已经完全放弃使用假释。然而这项政策仍然受到监狱官员的欢迎，因为被释放的机会鼓励了囚犯的良好行为。

社会政策　死刑：是问题还是解决方案？

2000年，伊利诺伊州州长乔治·瑞恩（George Ryan）发表了一项令人震惊的声明。他郑重宣告，他所在州将停止所有死刑，直到官员们确定没有无辜的人被处死。瑞恩有充分的理由担心：1987—2000年间，他所在州有13名死刑犯在法庭审查他们的案件并宣布他们无罪后被释放。瑞恩之前是死刑的长期支持者，但他后来开始同意这个观点：伊利诺伊州有“给无辜的人定罪并把他们关进死囚室的可耻记录”。2003年1月离任前，瑞恩州长将伊利诺伊州所有（167名）在死囚室的囚犯减刑为终身监禁。2011年，新州长帕特·奎因（Pat Quinn）在伊利诺伊州签署了一项禁止死刑的法律（Babwin，2003；Death Penalty Information Center，2010）。

从那以后，随着死刑法载入名册，争议已经蔓延到所有34个州。1977—2011年，全美有超过7 500人被法庭判处死刑，超过1 200人被执行死刑。与此同时，140人的死刑判决被法庭推翻，其中一些人最后被证明是无辜的。将罪犯判处死刑的趋势在下降，2011年有78人被判处死刑，低于2010年的110人和2000年的224人。实际被执行死刑的趋势也在下降，2011年有43人被执行死刑，低于2010年的46人和2000年的85人（U.S. Department of Justice，2011；Death Penalty Information Center，2012）。

当被问及是否支持在谋杀案中适用死刑时，63.5%的美国成年人表示支持，30.5%的美国成年人表示不支持（剩下的6%的美国成年人要么不能决定，要么没有意见）（NORC，2011：248）。死刑的支持者（通常是保守派）指出这种极端的惩罚方式很少被使用——只有2%的被判谋杀罪的人被执行了死刑——但是死刑是对最严重案件的必要回应。批评者（通常是自由派）反驳说，几乎没有证据表明死刑能阻止犯罪。甚至更重要的是，越来越多的证据表明，某些人——尤其是那些依靠公共辩护律师的穷人——可能会被判死刑，尽管他们是无辜的。此外，死刑案件的审判和上诉的成本极高，这给检察官带来了不去判决死刑的压力。鉴于其成本不断增加，其有效性受到怀疑，以及被证明错误可能会发生，问题仍然存在：死刑是解决方案还是问题？

你怎么看？

1. 陪审团会犯错的事实是否意味着不应该有死刑？死刑一旦被判，就不能被撤销吗？为什么？
2. 为被告提供公共辩护律师的政策是像预期的那样确保了所有人都能得到法律保护，还是意味着对穷人的“二等司法”？解释你的答案。
3. 作为陪审团的一员，你会愿意投票赞成死刑吗？为什么？

美国之窗　美国各地的死刑犯

在美国，34个州有允许死刑的法律。但有些州频繁应用这些法律，而有些州则不然。由于这个原因，几乎一半（46%）的死刑犯仅存在于三个州（佛罗里达州、得克萨斯州和加利福尼亚州）。对于那些判处大多数人死刑的州，你能看到什么区域模式？你能解释这种模式吗？

资料来源：U.S. Department of Justice（2011）.

七、解释犯罪：生物学和心理学理论

- **分析**

在考察了财产犯罪和暴力犯罪之后，我们现在转向一个基本问题：犯罪为什么会存在？在下面的部分，我们首先回顾生物学和心理学理论，然后转向社会学的解释。

（一）生理原因

19世纪，意大利医生切萨雷·隆布罗索（Cesare Lombroso，1911，orig.1876）提出罪犯和遵纪守法的人在生理上是不同的。隆布罗索系统地指出了监狱中男性所共有的几个显著身体特征：额头低，颌骨和颧骨突出，招风耳，身体多毛，并且手臂异常长。把这些特征综合在一起，隆布罗索总结出罪犯看起来有点像猿人。但是隆布罗索的工作是有缺陷的，他没有看到他在罪犯身上发现的身体特征在一般人群中也同样可能出现。

几十年后，威廉·谢尔顿（William Sheldon）考察了数百名年轻人——其中有些是罪犯，有些不是罪犯——的体型。谢尔顿发现，体型健壮的男人（他称这些男人为*体育型体质者*）比那些胖的、圆圆的人（*胖型体质者*）或瘦而结实的人（*瘦型体质者*）更有可能成为罪犯。后来谢尔顿和埃莉诺·格鲁克（Sheldon & Eleanor Glueck，1950）证实了这种模式。但是格鲁克提醒说，肌肉发达可能不是犯罪行为的原因。他们认为，一个更可能的解释是，肌肉发达的男孩会变得更加独立。随着与父母的情感距离越来越远，或许肌肉发达的男孩在成长过程中对其他人不那么敏感。格鲁克还指出，人们可能认为肌肉发达的男孩会表现得像恶霸一样，并以这种方式对待他们，从而创造出一个自我实现的预言，来解释较高比例的暴力和犯罪行为。

到了20世纪60年代，研究人员开始寻找遗传学与犯罪行为之间的联系。一项有趣的发现是，拥有额外Y染色体的男性（XYY，与正常的XY模式相比是一种罕见的模式）可能有更大的犯罪机会（L. Taylor，1984；LaFree，1998）。但是，还没有明确的证据表明犯罪与任何遗传特征有关。 167

- **评价**

生物学理论尚未能很好地解释犯罪行为。更有可能的是，基因和社会影响共同解释了某些类型的犯罪行为。一些研究表明，遗传因素（例如产生过多酶的基因缺陷）和环境因素（例如儿童早期虐待）都与犯罪和暴力有关（Lemonick，2003；Pinker，2003）。但是这种生物学方法的主要缺点是，大多数被判有罪的人就和我们普通人一样。

学习检验 描述研究人员试图将生物学特性与犯罪行为联系起来的方法。为什么得出生物学理论不能提供足够的犯罪行为依据的结论是公平的呢？

（二）心理原因

与生物学研究一样，对犯罪的心理学研究也集中在罪犯的个人特质上——在以下这个案例中，就是变态人格。沃尔特·雷克利斯和西蒙·狄尼兹（Walter Reckless & Simon Dinitz）依据一个男孩的道德良知程度来解释犯罪行为。这些研究人员首先要求教师找出12岁的男学生——他们中的一些在法律上遇到了麻烦，另一些没有遇到麻烦。然后，研究人员采访了所有的男孩和他们的母亲，试图评估男孩的个性以及他们如何与他人建立关系。他们发现，那些被老师认定为不会犯罪的男孩有更积极的自我形象和更强的良知。在实践中，“好男孩”坚持传统的规范和价值观，并且能够在不愤怒、不暴力的情况下处理好挫折。相比之下，那些“坏男孩”对传统规范和价值观的信念很弱，当他们感到挫败时，他们会做出愤怒的反应。

随着时间的流逝，相比“坏男孩”，“好男孩”与警察的接触少很多。由于所有这些男孩都生活在犯罪高发地区，因此，研究人员称其分析为犯罪遏制理论（Reckless，Dinitz & Murray，1956，1957；Dinitz，Scarpitti & Reckless，1962；

Reckless & Dinitz，1972；Reckless，1973）。

- **评价**

社会工作者和执法人员对心理学理论给予了极大的关注。他们普遍认为人格特质在鼓励或抑制犯罪行为方面起着一定的作用。一些暴力犯罪被认为是精神病患者犯下的，因为他们显然不感到内疚或羞耻，而且他们很少或根本不害怕惩罚（Herpertz & Sass，2000）。但正如生物学理论所说，这种方法的一个问题是，许多严重的犯罪是由正常的人犯下的（Vito & Holmes，1994）。第二个问题是，心理学理论关注的是个人，而忽视了为什么社会一开始就把一些人定义为打破规则的人。总之，要理解犯罪，我们需要转向社会学理论。

学习检验 解释“犯罪遏制理论”。为什么心理学方法只能提供对越轨行为的有限理解？

八、解释犯罪：社会学理论

- **分析**

我们采用社会学的方法来解释越轨，寻找社会组织本身产生犯罪的特定法律和模式的方法。下面的讨论应用社会学的主要理论方法来研究犯罪问题。

（一）结构功能分析：为什么社会产生犯罪

结构功能主义理论研究社会模式对社会有效运行的作用。这种方法从埃米尔·迪尔凯姆的经典著作开始，介绍了几种重要的犯罪理论。

1. 埃米尔·迪尔凯姆：犯罪的功能

埃米尔·迪尔凯姆（Emile Durkheim，1964a，orig.1895；1964b，orig.1893），早期最伟大的社会学家之一，指出犯罪无处不在。出于这个原因，他总结道犯罪一定通过某种方式对社会有
168 用。他接着指出了犯罪的四个功能：

（1）犯罪证实了一个社会的规范和价值观。人们如果对不好的东西没有相应的理解，就无法相信什么是好的。简而言之，社会只有意识到犯罪，才能维持道德感。

（2）认识犯罪可以帮助每个人厘清对错之间的界限。当一所大学判定一名学生作弊时，就是在教育校园里的每个人，在传统行为和不被容忍的行为之间划清界限。

（3）对犯罪的反应使人们团结在一起。当犯罪事件危害到社区时，所有人都有可能以一种共同的愤怒感团结在一起。

（4）犯罪促进社会变革。任何社区中的越轨行为都意味着对现状的替代。人们在一个时间点被谴责为错误的行为（无论是摇滚乐还是使用某种特定的药物）可能会在后来成为规范。

请注意，迪尔凯姆的理论不是问为什么有些人会犯罪，而是问为什么社会把某些行为定义为犯罪。这一见解帮助我们理解了前面提到的模式，即大多数被定义为罪犯的人是相当正常的。迪尔凯姆总结出犯罪是社会的产物，而不是个人的产物。此外，他认为犯罪是社会的一个正常和必要的部分。

2. 罗伯特·默顿：紧张理论

罗伯特·默顿（Robert Merton，1938，1968）认为犯罪是社会本身的产物。他的理论也有助于解释为什么违反规则会有不同的形式。默顿首先说明，我们的社会设定了某些目标（比如获得经济保障），但并不总是为每个人提供方法（包括学校教育和良好的工作）去实现这些目标。因此，默顿继续说，打破规则的模式首先取决于人们是否接受社会目标，其次取决于社会是否为人们提供了实现这些目标的机会。默顿确定了五个具体的结果（如图 6-5 所示）。

遵从（Conformity）可能存在于接受社会目标并且也必须通过常规手段达到目标的人群中。例如，那些为了经济成功而奋斗，愿意并且能够上大学，并为了成功努力工作的年轻人很可能是“遵从者”。但是，如果没有取得成功的合法手段怎么办？例如，在阿巴拉契亚地区贫困的乡村社区长大的孩子可能会在电视上看到富人，但是他们在当地找不到好的工作。渴望实现社会目标与几乎或根本没有实现目标的机会之间的紧张关系，将鼓励人们进行默顿所说的*创新*（innovation），即采用一些非常规的方法来实现

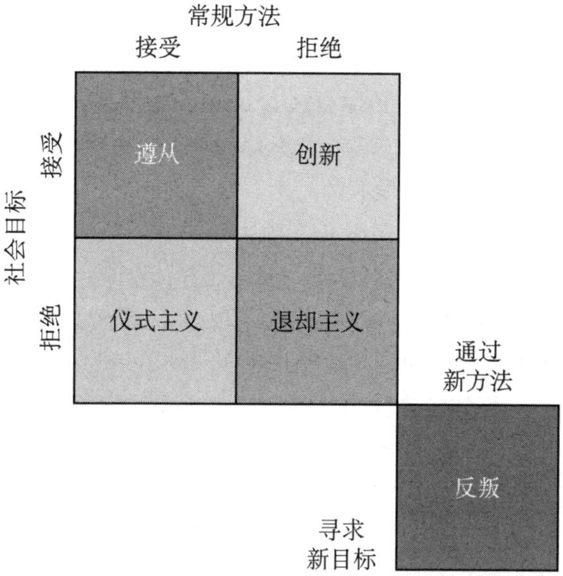

图 6-5 默顿的越轨应变理论

社会目标。我们可以理解为什么在美国阿巴拉契亚地区生活的一些有雄心但没有常规机会的人，会选择去种植大麻。人们会选择偷窃和其他财产犯罪也可以用这种方式解释。

对于那些放弃实现社会成功目标的想法的人来说，另一种选择是*仪式主义*（ritualism），即默顿所描述的几乎为规则所束缚的生活。以这种方式生活，即使从未获得过成功，也至少能获得一定程度的体面。一个"仪式主义者"——例如，当地的一个县职员从不翘班，吃午餐精确到只花45分钟，并且上班时从不打私人电话——永远不会变得富有，但他为"做正确的事"而自豪。

对缺乏机会的另一种反应是*退却主义*（ritualism），即放弃被认可的目标和合法的方法。实际上，"退却主义者"会"退出"社会。"退却主义者"包括一些酗酒者、吸毒者、街头游民和边远地区的生存主义者。

最后，*反叛*（retreatism）不仅包括拒绝常规目标和方法，还包括倡导一些全新的制度。"反叛者"不像"退却主义者"那样退出社会，而会提出一种关于怎样生活的新视野，如作为邪教或革命政治团体的成员展示他们的思想。

3. 理查德·克罗沃德和劳埃德·奥林：机会结构理论

理查德·克罗沃德和劳埃德·奥林（Richard Cloward & Lloyd Ohlin，1966）扩展了默顿的理论，提出一个人是否会转向越轨行为不仅取决于他是否获得合法机会（比如学校教育或工作），也取决于他是否获得*非法*机会（比如学习如何实施犯罪的机会）。换句话说，那些失去了传统机会的人，最终可能会从事犯罪活动，但这很有可能是由于他们有从事犯罪活动的资源和机会。简而言之，遵从和犯罪的模式很可能反映了克罗沃德和奥林所说的人们的*相对机会结构*。

一方面，对那些几乎没有机会上大学，但有机会通过卖淫或毒品交易赚钱的人来说，犯罪活动是很可能出现的结果。另一方面，那些失去合法和非法机会的人可能会通过暴力表达他们的挫败感。

4. 特拉维斯·赫尔斯奇：控制理论

或许这方面最著名的社会学理论是特拉维斯·赫尔斯奇（Travis Hirschi）的*控制理论*。赫尔斯奇认为，强烈的对他人的社会和情感依恋——也就是说，很好地融入社区——阻止人们从事犯罪活动（Hirschi，1969）。赫尔斯奇指出了四种影响犯罪可能性的社会关系： 169

（1）对他人的依恋，包括父母、老师、教练和朋友。

（2）对遵从的承诺，一种遵守规则很可能会得到回报的信念。

（3）参与常规活动，包括有一份工作、参与团体运动或加入宗教团体。

（4）相信文化规范和价值观的正确性，尊重权威人物，认为社会基本上是好的。

如果这四种社会关系是强大的，那么人们可能会抵制犯罪的诱惑。从某种程度上说，如果社会关系很弱，转向犯罪行为的风险就会上升。

- **评价**

结构功能方法的优点在于，正如迪尔凯姆所解释的那样，犯罪和其他形式的越轨行为对社会的运行有一些积极的影响。此外，正如默顿、克罗沃德和奥林，以及赫尔斯奇所解释的那样，犯罪行为不能仅仅通过观察个体来理解，而需要我们审视社会自身的组织结构。

与此同时，这些理论也有局限性。迪尔凯姆

关于犯罪是必要的说法可能是对的，但是需要多少犯罪呢？同样，按照默顿的理论，并不是每个人都以同样的方式定义成功，或同意对达到目的的正确和错误的方式的定义。克罗沃德和奥林的理论虽然解释了常见的犯罪形式，但似乎无法解释那些已经付出了很多努力的人从事“白领犯罪”。最后，尽管赫尔斯奇的理论得到了其他研究的支持（Langbein & Bess，2002），但它几乎没有谈及社会如何定义以及为何这样定义那些像罪犯一样违反法律而忽视别人的人。我们现在转向符号互动方法，它正好解决了这个问题。

学习检验 根据迪尔凯姆的说法，犯罪和其他形式的越轨行为对社会运行的四个功能是什么？

（二）符号互动分析：社会建构现实

符号互动方法探索人们如何在日常互动中建构现实。从这一点来看，人们学习犯罪或暴力行为的方式与人们学习其他事物的方式相同：是由个体从周围环境中习得的。此外，什么被定义为犯罪，谁被定义为罪犯，产生于一个高度变化的社会定义过程。

1. 埃德温·萨瑟兰：差异交往理论

埃德温·萨瑟兰（Edwin Sutherland，1940）指出，社会群体中存在着大量的学习，因此，一个人是否会走向遵从或越轨，取决于他与鼓励或反对常规行为的人的联系程度。这是萨瑟兰的*差异交往*理论。

研究高中生的研究人员发现，年轻人吸毒或性行为活跃，与他们的同辈群体鼓励这种活动之间存在联系。简而言之，同辈群体可以对年轻人产生强大的影响，鼓励常规行为或违法行为（Akers et al.，1979；Miller & Mathews，2001；Little & Rankin，2001）。

2. 霍华德·S. 贝克尔：标签理论

我们如何定义越轨行为？霍华德·S. 贝克尔（Howard S. Becker，1966：9）认为，行为是否被定义为越轨行为，取决于人们如何定义和回应这种行为。换句话说，“打破规则”的唯一真实定义是人们用哪种方式定义的行为。

标签理论（labeling theory）认为，*犯罪和其他形式的违规行为与其说是由人们的行为引起的，不如说是由其他人对这些行为的反应引起的*。换句话说，没有行为是绝对正确或绝对错误的。思考这个饮酒的案例：饮酒会让青少年陷入困境吗？答案取决于许多因素，包括：是否有人看到；如果有人看到，那么观察者如何定义它（考虑饮酒*何时*发生，*在哪里*发生，*谁*在饮酒）；观察者是否决定对此做些什么。

标签理论指出，“现实”的饮酒、性行为活跃，或拿走属于别人的东西，都是人们如何给这种行为贴上标签的问题。犯罪和其他类型的越轨行为仅仅是社会建构现实的要素，产生于一个高度可变的检测、定义和反应的过程。从贝克尔的观点来看，将犯罪与遵从区分开来的界限是很薄弱的，而且是不断变化的。

3. 埃德温·勒默特：初级越轨和次级越轨

埃德温·勒默特（Edwin Lemert，1951，1972）探索了个体是如何因别人给他们的行为贴上的标签而被改变的。首先，许多常见的违规行为——逃学、未成年人饮酒、吸毒——很少会引起别人的反应。勒默特称这些可能只有短暂意义的事件为*初级*越轨行为。 170

但是，如果其他人把这些违规行为定义为一件大事怎么办？人们可能会把尝试非法毒品的年轻人定义为“吸毒者”，并与他保持距离。或者，一个有恋爱关系的年轻女性可能会发现自己在学校被别人说成是“随便的”。这种反应常常激起困惑和愤怒，并可能产生长期的后果，比如失去朋友。被贴上消极标签的人可能会寻求那些更容易接受的人的陪伴——也许是那些因有同样的行为而经历拒绝的人。通过这种方式，其他人对初级越轨行为的反应可能会引起*次级*越轨行为，在这种越轨中，人开始改变，并基于这种越轨身份做出选择。

4. 欧文·戈夫曼：污名的力量

在成长过程中，我们经常听到人们说：“棍棒和石头可以打断骨头，但名字永远不会伤害你。”欧文·戈夫曼（Erving Goffman，1963）不同意这种说法。给某人贴上“罪犯”的标签是**污名**（stigma）——*一种从根本上改变一个人的自*

我概念和社会认同的强有力的负面社会标签——的一种形式。一旦被污名化，一个人就可能会发现朋友和合法的机会开始消失。在某些情况下，被他人污名化可能会让一个人走上社会学家所称的*越轨生涯*的道路，其特征是日益强化的越轨身份，以及日益严重的违规行为。

刑事诉讼是一种强有力的活动，会给一个人留下污名。在法庭上，当检察官展示证据时，这个人站在一群人面前，如果被判有罪，那么法官或陪审团很可能宣布这个人不适合留在社会中。这种“劣化仪式”所带来的污名可能很难被消除（Garfinkel，1956）。

- **评价**

符号互动方法有助于我们理解人们如何用正面的术语来定义某些犯罪行为，以及一些人最终如何被其他人定义为“罪犯”。在每一种情况下，犯罪的现实都是由社会建构的。

即便如此，对于确定一些行为——比如故意杀人——是严重的犯罪，人们没有什么异议。因此，标签理论被广泛应用于较轻的犯罪，例如药物使用或卖淫。另一个问题是，通过使犯罪看起来高度相关，符号互动方法忽略了一个事实，即某些类别的人总是处于被称为罪犯的较高风险中。这种担忧把我们带向了第三种理论方法——社会冲突方法。

学习检验 用一两句话说明标签理论的基本思想。初级越轨和次级越轨之间的区别是什么？

（三）社会冲突分析：犯罪和不平等

社会冲突方法强调了社会不平等如何塑造被定义为犯罪的人和物。法律是怎么制定的，哪个社区有警察巡逻，哪类人最终会被逮捕——所有这些都反映了谁有权力，谁没有权力。

1. 卡尔·马克思：阶级和犯罪

卡尔·马克思从阶级冲突的角度来理解社会问题。他解释说，在资本主义社会中，法律制度保护着资产阶级的财产。资本家仅通过“做生意”就能合法地获得财富，威胁资本家财富的普通人有可能被作为“普通罪犯”或“政治革命者”而被逮捕。此外，由于财富很少，工人阶级可能会仅仅为了生存而犯罪（Spitzer，1980）。

从马克思主义的观点来看，解决犯罪问题的方法是消除资本主义，建立一个更平等、符合每个人利益的体系（McClellan，1985；Vito & Holmes，1994）。

- **评价**

社会冲突方法声称刑事司法系统符合大部分群体的利益。在马克思主义理论中，法律和它的应用都很可能有利于资本主义精英（用今天的术语讲，是“百分之一”的人）的利益。

但是这种方法有局限性。首先，它几乎没有解释为什么有钱人会从事白领犯罪、公司犯罪和有组织的犯罪——有时会因为这样做而被关进监狱。其次，如果资本主义是犯罪的原因，那么为什么社会主义社会也会有那么多监狱呢？

学习检验 卡尔·马克思的分析对我们理解犯罪有什么帮助？

2. 女权主义分析：犯罪和性别

女权主义方法是社会冲突方法的另一个维度，近年来越来越重要。正如第 4 章（“性别不平等”）解释的那样，性别分层是男性比女性拥有更多财富、声望和权力的模式。女权主义者认为，性别分层在犯罪模式中也很明显。 171

女权主义者声称，美国社会将女性置于男性之下。在美国社会中，女性获得高薪工作和重要职位的机会更少。在某种层面上，作为“二等公民”，许多女性通过犯罪，包括欺诈、毒品交易和卖淫，来增加她们谋生的机会。为了支持她们的立场，女权主义者指出，当执法官员采取行动打击卖淫等犯罪行为时，相比于逮捕男性（嫖客也是违法的）来说，他们更可能逮捕女性（以卖淫为工作）（Daly & Chesney-Lind，1988；Simpson，1989；Jenness，1993）。在另一种层面上，在父权制的社会中，所有被定义为“女性化”的东西在某种程度上都不如被定义为“男性化”的东西重要。

一些女权主义者——尤其是那些支持卡尔·马克思思想的社会主义女权主义者——认为资本主义剥削了男人和女人，他们必须在挣扎中走向犯罪。此外，他们认为，解决犯罪问题必须消除资本主义。

- **评价**

正如马克思主义理论所理解的那样，犯罪模式是在阶级分化的社会中为精英的利益服务的，因此，女权主义方法把犯罪模式理解为在性别分化的社会中服务于男性的利益。

女权主义理论的另一个局限是，它很难解释如果美国社会是由男性主导的，那么为什么男性比女性更有可能入狱。女权主义者认为，女性犯罪率较低反映了这样一个事实，即女性比男性更容易受到社会的控制；此外，随着美国社会在性别方面变得越来越平等，男女的犯罪率也在趋同。

学习检验　女权主义方法对我们理解犯罪有什么帮助？

“理论运用”表格总结了每种理论方法对犯
172 罪问题的理解。

九、政治与犯罪：提出问题并定义解决方案

- **评价**

犯罪一直是公众关注的问题，但是，就像许多社会问题一样，人们如何看待犯罪问题、解决方案是什么取决于他们的政治观点。我们现在从保守派、自由派和激进左派的角度审视犯罪问题。

（一）保守派：犯罪、暴力和道德

保守派认为，要阻止人们出现暴力或犯罪行为，需要有效的社会控制。正如他们所看到的，最有效的控制方式是*良心*（consciend）——一个人内在的对错意识。出于这个原因，保守派强调当地社区的家庭、教堂、学校向年轻人传授道德价值观的重要性。从家庭中学习了尊重法律的年轻男女，获得了强烈宗教价值观的人，以及积极参与家庭活动的人，都不太可能惹上麻烦。

理论运用　　**犯罪和刑事司法系统**

	结构功能方法	符号互动方法	社会冲突方法	女权主义方法
分析层次	宏观	微观	宏观	宏观
什么是犯罪？	迪尔凯姆说，社会定义犯罪肯定了规范和价值观，明确了是非曲直，使人们团结起来，并鼓励社会变革。 默顿的紧张理论将各种类型的打破社会目标的规则与获得它们的方法联系起来。 克洛沃德和奥林的机会结构理论将犯罪与合法和不合法的机会联系起来。 赫尔斯奇的控制理论说明强大的社会关系会阻止犯罪。	萨瑟兰的差异交往理论将犯罪和暴力与学习模式联系起来。 标签理论声称打破规则产生于人们以这种方式定义某些行为。 勒默特解释了初级越轨如何导致次级越轨和越轨身份。 戈夫曼指出，越轨身份可能是一种强大的污名。	马克思认为法律制度是资本家保护自己财富的一种方式，罪犯是威胁资本主义的人。	女权主义者指出，性别不平等迫使贫困女性参与犯罪；在刑事司法系统的运作中，男性的力量是显而易见的。
谁犯了罪？	迪尔凯姆声称所有的社会都会创造犯罪。 默顿、克洛沃德和奥林，以及赫尔斯奇都指出，犯罪或多或少是有条件的。	这种方法声称任何人或任何事都可以被定义为越轨。所有的越轨都产生于部分人的高度变化的社会定义。	这种方法声称拥有较少社会权力的人——与资本家有关的工人——参与犯罪的风险更大。	在诸如卖淫的案例中，拥有较少权力的女性比那些拥有较多权力的男性更容易被逮捕。

保守派认为，犯罪率的上升始于 20 世纪 60 年代，是文化转向日益增长的放任主义的结果。他们声称，犯罪率上升是因为宗教价值观、传统和邻里关系的弱化。与此同时，双亲家庭比例开始下降。举个例子，保守派并不奇怪的是大多数因暴力犯罪而被捕的年轻人家里没有父亲居住。

保守派继续说，如果一些家庭无法以正确的价值观抚养孩子，那么社会别无选择，只能颁布更严厉的法律，采取更积极的政策，并施加更严厉的惩罚以控制犯罪和暴力。但是保守派质疑独立运作的刑事司法系统能否解决犯罪问题。控制犯罪的关键是，父母坚持教导孩子在一个充满犯罪与压力的世界中做出正确的选择。

（二）自由派：犯罪、暴力和工作

自由派认为大多数人想做正确的事，但许多人生活的环境给他们带来持续不断的压力，迫使他们违反法律。因此，正如自由派所看到的，犯罪和暴力是由不利的环境造成的，尤其是当生活被贫困扭曲的时候。美国数百万孩子出生在贫困家庭，上着不合格的学校，能找到的工作也很少。在这样的环境中，下述情形并不奇怪：一些年轻人失去希望，甚至采取一种“对立文化”拒绝权威人物，或者通过加入犯罪团伙来寻找某种意义上的重要性（E.Anderson，1994，2002）。简而言之，自由派同意保守派关于犯罪和暴力是严重的社会问题的观点，但他们不同意保守派认为的原因。

自由派也不同意保守派关于犯罪问题的解决方案。他们声称，美国的整个城市地区和许多乡村地区正在衰退，国家需要经济复兴。自由派认为，如果有工作的话，那么家庭会更强大，年轻人不会失去希望，更少的人会走上犯罪道路。作为证据，自由派指出 20 世纪 90 年代强大的经济是这十年犯罪率下降的主要原因。他们声称，同样的一类人在遭受贫困的时候也最容易犯罪——他们既是罪犯又是受害者。

最后，在美国社会能够为每个人提供足够的就业机会之前，自由派将刑事司法系统视为“旋转门”：没有合法机会的人会走向犯罪进入监狱；最终，他们会离开监狱并回归犯罪，因为他们找不到好工作。控制犯罪的关键在于让每个人都有机会通过工作获得成功。

（三）激进左派：犯罪和不平等

从激进左派的观点来看，美国社会的真正罪恶是巨大的经济不平等，这个巨大的差距在最近十年里不断拉大。在最近的经济衰退中，数百万人失去了工作，许多人甚至失去了家园，但这只是经济体系不能满足数千万人的需要的最新篇章。根据激进左派的观点，经济不安全是人们每天面临的真正暴力。人们如果诉诸犯罪，那就是因为没有其他办法来应对。 173

保守派称犯罪与单亲家庭有关，激进左派则认为这是在指责受害者。他们批判自由派只寻求改革措施，不承认经济不平等和就业机会的缺乏是资本主义制度的内在因素。激进左派看到了刑事司法系统的“强硬”政策——包括增加警察数量和建造更多监狱的提议——仅仅是压迫穷人和稳定不人道的体系的另一种方式。激进左派的解决方案是对经济和政治体制进行重组，建立平等的社会秩序，以实现真正的正义。

“从左到右”表格总结了关于犯罪问题及其解决方案的各种政治观点。

总结与展望

自从几千年前人们颁布了第一部法律以来，犯罪一直是人类故事的一部分。正如迪尔凯姆所解释的那样，尽管一些犯罪有助于社会运行，但几乎没有人会否认如今的高犯罪率是一个严重的社会问题。目前关于犯罪的争论不仅集中在街头犯罪（财产犯罪和暴力犯罪），还集中在白领犯罪、公司犯罪和仇恨犯罪。此外，有组织的犯罪现在在全球范围内蔓延。

未来的犯罪可能是什么？正如你所看到的，药物使用减少，警察增加，以及建造更多的监

从左到右　关于犯罪、暴力和刑事司法系统的政治观点

	激进左派观点	自由派观点	保守派观点
问题是什么？	资本主义的巨大经济不平等促进了下层阶级的犯罪活动，个体无法通过合法手段取得成功。刑事司法系统被用来维持秩序，保护资本家精英的利益。	缺少工作是迫使人们犯罪的主要因素，犯罪通常被作为生存和支撑家庭的手段。	社会道德秩序正在衰退。因为双亲家庭的减少、宗教价值观的弱化，以及大众传媒上的许多暴力，孩子没有被教导要负责任地行事。
解决方案是什么？	只有阶级差异不再存在，犯罪和暴力才能得到控制。美国社会真正的暴力是资本主义的压迫。因此，应该消除资本主义，建立更加公平的制度。	政府需要利用资源，而不是建造更多的监狱。政府应该在贫困的城市和乡村地区扩大经济机会，那里的人们迫切需要工作。	减少犯罪和暴力的一个最重要的步骤是在文化上强调加强家庭关系，以及加强良好教养。当犯罪发生时，更严厉地执法也是必要的。

参与讨论

1. 在联邦监狱中，大约 3/4 的人的成长没有父亲的陪伴。保守派如何解读这一事实？自由派和激进左派又如何解读它？
2. 在未来几十年里，不同政治派别的人会看到什么样的犯罪趋势？为你的预测提供理由。
3. 在这三种对犯罪和暴力的政治分析中，你认为哪一种最令人信服？为什么？

狱，在近几年降低了犯罪率，尽管美国经济已经陷入衰退。

政治也是犯罪争论的一部分。保守派指出有必要加强家庭联系，但具体怎么做还不是很清楚。自由派指出需要更多的工作岗位，然而犯罪率在最近的经济衰退中持续下降。激进派呼吁对经济体系进行彻底改革，尽管有些国家经济上比美国更平等，但其犯罪率仍然很高。

在可预见的未来里，犯罪控制的重担很可能仍然落在刑事司法系统的肩上。毫无疑问，在美国，最流行的解决犯罪问题的方法是“强硬起来”，这意味着增加更多的警察、更多的监狱和更严厉的刑罚来控制犯有严重罪行的人。公众舆论如此强大，以至于至今没有一个政治家愿冒“对犯罪软弱”的风险。然而，社会学的研究对刑事司法系统能够独立运作、解决犯罪问题的观点提出了质疑。

我们希望美国犯罪率的下降趋势能够继续下去。此外，人口专家告诉我们，在美国，从十几岁到二十几岁这一“高犯罪率年龄段”的人口比例在未来几十年将会下降。或许这一趋势将有助于控制犯罪——至少在美国社会发展出一种更有效的解决办法之前是如此。

174

定义解决方案

控制犯罪的最好的方法是什么？

正如这一章所解释的，尽管近几十年来犯罪率有所下降，但在美国的大部分地区，犯罪和暴力仍然是严重的社会问题。让我们浏览下面的陈述，看看两种不同的方法是如何去定义这些问题的解决方案的。

（1）自由派倾向于把犯罪和暴力视为经济问题，这是工作机会太少的结果，这让年轻人对自己在一个不公正的世界中取得成功的机会感到

绝望。

解决这些问题的办法在于提供经济机会，让年轻人有足够的“正当机会”，在成年后过着富裕、遵纪守法的生活。自由派指望政府制定有利于全体人民的经济政策，为年轻人提供就业辅
175 导，并确保每个人都能接受良好的教育。

（2）保守派倾向于认为犯罪和暴力是由贪婪，甚至可能是由一种侵略性的人性引起的。解决这些问题的办法在于社会提供约束。父母应该教育孩子关心他人、遵守法律，社区的所有成员都应该互相照顾。这种想法体现在1979年在纽约成立的非营利组织“守护天使”中。“守护天使”现在活跃在十几个城市，遍布世界各地，他们是志愿者，穿着独特的制服在社区巡逻，但不带武器。但与此同时，一名持枪的社区观察志愿者在2012年枪杀特雷冯·马丁的事件让公众对此类组织的支持有所下降。

提示：政治态度指导人们如何看待犯罪和暴力，并引导人们选择特定的解决方案。保守派的方法关注人本身——个人必须做出好的选择——并支持如强大的家庭和一体化的社区等解决方案。自由派甚至是激进左派的方法，把重点放在更大的经济体系上，为我们所有人都拥有机会奠定基础。从这个观点来看，一个和平的社会也必须是一个公正的社会，一个人人都有平等机会的社会。那么是关注个人和他们所做的选择，还是关注以平等的方式构建社会？你对这个重要问题的看法是什么？

参与：应用和练习

1. 对计算机犯罪这个不断发展的问题进行一些研究，包括身份盗窃。身份盗窃现在是一个多大的问题？分析家对未来的预测是什么？执法部门需要什么样的新政策来控制计算机犯罪？
2. 看看当地的执法机构（如当地或校园警察）是否会让你陪同执勤。请注意，警察对犯罪和执法的看法可能与你的不同。
3. 看几集电视节目《执法先锋》，它是如何刻画典型的罪犯的？这种刻画与你在这一章中学到的知识一致吗？为什么？
4. 心理学家菲利普·津巴多在斯坦福大学进行了一项著名的监狱研究（见第1章“社会学：研究社会问题”）。看看这项研究的报告（有一份报告在 http: //www.prisonexp.org 网站上）。这项关于监狱的研究得出了什么结论？

达标：可视化摘要 176

建构社会问题决定性时刻

美国社会发现虐待儿童行为

规范、法律和犯罪	
• 社会以**法律**的形式正式颁布一些**规范**。 • **犯罪**是一种违反刑法的行为，包括重罪和轻罪。	**规范：**社会指导其成员行为的规则和期望。 **法律：**一种通过社会政治制度正式建立的规范。 **犯罪：**违反联邦、州或地方政府制定的刑法的行为。 **轻罪：**一种较轻的罪行，可判处一年以下的监禁。 **重罪：**一种更严重的罪行，可判处至少一年监禁。

犯罪：问题范围	
暴力犯罪（或**危害人身罪**），包括谋杀、强奸、严重伤害和抢劫。 **因暴力犯罪被逮捕：** ● 15～24岁的年轻人：占所有被逮捕人数的39%。 ● 男性：占所有被逮捕人数的80%。 ● 白人：占所有被逮捕人数的59%。 **财产犯罪**（或**侵犯财产罪**）包括入室盗窃、盗窃、机动车盗窃和纵火。 **因财产犯罪被逮捕：** ● 15～24岁的年轻人：占所有被逮捕人数的48%。 ● 男性：占所有被逮捕人数的62%。 ● 白人：占所有被逮捕人数的68%。	**财产犯罪：**偷窃属于他人的财产的犯罪。 **暴力犯罪：**涉及暴力或用暴力威胁他人的犯罪。 **跟踪：**某人违背受害者的意愿，不断试图建立或重新建立一段关系。

犯罪问题的其他维度	
青少年犯罪 ● 青少年司法体系应寻求改革，而不是简单地惩罚违规者。 **仇恨犯罪** ● 45个州和联邦政府都制定了《反仇恨犯罪法》，对此类犯罪给予更严厉的惩罚。 **白领犯罪**和**公司犯罪** ● 一般来说，此类不法行为都是在民事法庭进行处理的，但最近的趋势是提起刑事诉讼。 **有组织的犯罪**在美国有着悠久的历史，在世界上的大部分地区蔓延。 **无受害人的犯罪**是只直接伤害犯罪者的犯罪行为。	**青少年犯罪：**年轻人违反法律的行为。 **仇恨犯罪：**一种针对个人、财产或社会的犯罪行为，其动机是罪犯对种族、宗教、残疾、性取向、民族或国籍的偏见。 **白领犯罪：**社会地位较高的人在其工作或日常商业活动中进行的非法活动。 **公司犯罪：**公司或代表其行事的人做出的非法行为。 **有组织的犯罪：**一种提供非法商品和服务的交易。 **无受害人的犯罪：**只直接伤害犯罪者的犯罪行为。

暴力	
暴力是造成人身伤害或财产损失的行为。人们是否将暴力视为问题取决于许多因素，包括： ● 行为者的行为意图； ● 该行为是否符合社会规范和价值观； ● 该行为是否威胁到社会秩序； ● 该行为是由政府批准的还是违抗政府的。 大多数**谋杀**是由男性罪犯用枪犯下的。在许多案例中，罪犯和受害者是同一种族。 ● **大规模屠杀**通常发生在家里、学校或工作场所等人们预期安全的地方。 ● 大多数**连环杀手**被认为患有精神疾病。	**暴力：**造成人身伤害或财产损失的行为。 **制度暴力：**由政府代表的按法律规定实施的暴力。 **反制度暴力：**针对政府的违反法律的暴力行为。 **大规模屠杀：**在同一时间和地点故意地、非法地杀害4个及以上的人。 **连环杀人：**一名罪犯在一段时间内接连杀害几个人。 **青年帮派：**相互认同并有特定领地的年轻人团体。

暴力的社会维度

研究表明**大众传媒**中的暴力提高了一些人做出致命暴力行为的风险，增加了许多人的攻击性，使我们所有人对暴力麻木。

贫困与暴力有关。营养不良、学校教育有限、住房不合标准以及工作机会缺乏都增加了人们日常生活中的压力。

政府研究表明，在美国有超过 28 000 个**青年帮派**。

在因暴力犯罪而入狱的罪犯中，超过 60% 的人声称他们在犯罪时受到了**毒品**、**酒精**的影响。

美国大约有 2.83 亿支**枪**。大约 31% 的美国家庭至少有一支枪。

刑事司法系统

警察是刑事司法系统中最明显的部分。警察使用自由裁量权评估情况，然后决定是否干预。

法院判定被指控犯罪的人是否无罪。虽然美国的法院系统是一个诉讼过程，但大多数案件是通过辩诉交易来解决的。

惩罚罪犯有四种理由：报复、威慑、改造和社会保护。

刑事司法系统：社会为了执行法律，对正当程序，包括警察、法院和惩罚的使用。

辩诉交易：一种国家减少对被告的指控，以换取认罪答辩的谈判。

报复：社会对罪犯施加的与罪犯所造成的痛苦相当的道德惩罚。

威慑：用惩罚来阻止进一步犯罪。

改造：改变罪犯以防止将来的犯罪。

社会保护：通过监禁或处决罪犯来保护公众。

犯罪累犯：以前犯过罪的人后来又被判有罪。

社区矫正：在社会上而不是在监狱里面进行矫正项目。

解释犯罪：社会学理论

结构功能分析：为什么社会产生犯罪

- 迪尔凯姆认为犯罪是社会运行的常见要素。
- 默顿、克罗沃德和奥林描述了机会在解释违反规则模式中的作用。
- 赫尔斯奇的控制理论认为社会关系在帮助一个人抵制违反法律的诱惑方面很重要。

符号互动分析：社会建构现实

- 萨瑟兰的差异交往理论表明，人们从群体中学习犯罪或非犯罪的态度。
- 标签理论认为，犯罪与其说是由人们的行为引起的，不如说是由其他人对这些行为的反应引起的。
- 勒默特区分了初级越轨和次级越轨。初级越轨可能只有短暂的意义，次级越轨指个人做出的选择强化了他们的越轨身份。
- 戈夫曼解释了被污名化为违规者可能会强化一个人的越轨身份。

标签理论：犯罪和其他形式的违规行为与其说是由人们的行为引起的，不如说是由其他人对这些行为的反应引起的。

污名：一种从根本上改变一个人的自我概念和社会认同的强有力的负面社会标签。

社会冲突分析：犯罪和不平等

- 马克思主义理论强调了资本家如何提供大多数财富和权力给一小部分精英，他们用刑事司法系统打击挑战这个体系的人。

女权主义分析：犯罪和性别

- 女权主义方法指出，男性主导的社会限制了女性的机会，迫使女性过上犯罪的生活。

政治与犯罪：提出问题并定义解决方案

保守派：犯罪、暴力和道德

保守派将犯罪率的上升归咎于社会日益增长的放任主义文化，以及传统价值观的衰落。

自由派：犯罪、暴力和工作

自由派认为犯罪是由一个有害的环境造成的，这个环境是贫困和缺乏工作的结果。人们犯罪是因为没有通过工作获得成功的机会。

激进左派：犯罪和不平等

激进左派指出，资本主义社会不公正、经济不平等是犯罪的原因。

第7章 性

178–179

学习目标：

- **记住**本章中用黑体字突出显示的关键术语的定义。
- **理解**性不仅是生物问题，也是文化问题。
- 将社会学的想象力**运用**于探讨为什么我们社会中很多争议性问题与性有关。
- 运用社会学的主要理论方法**分析**性的重要性。
- 从各种政治立场**评价**社会对性的规范。
- **设想**一个你将如何改变我们的社会以追求更大的社会正义的愿景。

180 **问题的提出**

——性为什么会成为社会问题的原因？

在美国历史的大部分时期，人们不怎么谈论性，而且大多数人认为除了已婚伴侣的性行为以外的任何性行为都是错误的。

——法律是否决定人们如何表达或不表达自己的性取向？

是的。例如，在美国历史的大部分时期，同性恋行为是违法的；即使在今天，在大多数州，同性伴侣仍然被剥夺结婚的权利。

——你知道性活动的所有危险吗？

性活动使人们面临感染超过50多种疾病，包括艾滋病的风险。

章节概述

什么是性？为什么性既是一个生物问题又是一个文化问题？本章将探讨美国历史进程中的性态度和性行为，包括性革命。社会越来越支持同性恋权利。本章还将探讨有争议性的与性相关的问题——色情、卖淫和堕胎。你将了解性传播疾病和高危性行为的主要类型。你将对性行为进行理论分析并且了解“问题”和解决问题的“方案”，及其反映的政治态度。

密苏里州的一个小镇——杰斐逊城的年轻人都在抱怨“没有什么可做的”。社会学家彼得·比尔曼（Peter Bearman）通过对杰斐逊高中的学生进行研究，发现他们有比较频繁的性行为。

一项针对832名高中生的调查显示，在过去的18个月，573（69%）人有过一段或多段“性和浪漫关系”。性传播疾病（STDs）的研究人员对每个性行为活跃者及其性伴侣进行了追踪调查，结果是：学生与性伴侣之间的联系比我们预
181
期的要多。事实上，一半的性行为活跃的学生（总共288人）通过其他性伙伴被“连接在一起”（Bearman，Moody，& Stovel，2004）。

像这样的性网络揭示了性传播疾病形成的途径，表明了性传播疾病是如何在短时间内扩散到更广的范围的。这项研究告诉我们，社会学研究能够帮助我们理解涉及性的社会问题的知识。本章探讨了许多性问题，不仅包括性传播疾病，还包括同性婚姻、卖淫和色情。让我们从一些基本定义开始。

一、什么是性？

- **理解**

性是一个根植于生物和文化的概念。为了更好地理解性的含义，我们需要从生物学和文化的视角审视这个概念。

（一）性：一个生物问题

性（Sex）是*男性和女性之间的生物性区别*。从生物学上来说，人类可以被分为男性和女性两种性别。他们具有不同的繁殖器官——*生殖器*——也被称为*第一性征*。此外，当每个性别的人成熟时，他们通常会显示出独特的身体特征，也被称为*第二性征*。例如，女性发育出乳房和更宽的臀部，男性发育出更多的肌肉和体毛。

“性”一词也指*与性欲以及繁殖相关的行为*。从生物学的角度来看，繁殖对物种的生存至关重要。对人类来说，女性提供卵子，通过性交，卵子与精子结合受精形成受精胚胎。胚胎包含23对匹配的染色体，这是生物学确定儿童性别和其他身体特征的代码。

（二）性：一个文化问题

社会学家指出，性行为与其他所有行为一样，都受到文化的影响。性本身是文化性的，性态度和性行为因人而异，也因社会而异。然而，共性在于，每个社会中都有一些重要的文化规范影响人们选择性伴侣。这些规范涉及*年龄*（例如，一些社会接受儿童性行为，但另外一些社会则将这种行为定义为严重的问题）、*婚姻状况*

（一些社会严格限制已婚伴侣的性行为，而另一些社会对各类行为都更宽容）和*伴侣的性别*（一旦涉及同性性行为，不同社会的态度就有很大的分歧）。在美国，对于性行为的历史规范倾向于让成年男女缔结婚姻并进行阴道性交。

事实上，在美国社会中，很多性行为不符合这个模式。人们在婚姻内外都有性行为，性行为也涉及同性和异性性伴侣，性行为包括肛交、阴道性交、口交，以及单独或互相手淫。此外，有些人受环境的影响，很少或者没有性生活（Laumann et al.，1994）。

二、美国的性态度

- **理解**

人们对性的看法和性行为随着国家历史的发展而不断变化。在殖民时代，欧洲定居者曾经没有有效的生育控制手段。因此，大多数社会有严格的规范，限定人们只能在婚后出于生育的目的而进行性行为。例如，新英格兰清教徒谴责婚外性行为（包括手淫）和任何不以生育为目的的性行为，认为这类性行为都是有罪的。他们相信，如果没有严格的规则来控制人们的行为，那么始终存在的性诱惑会导致意外怀孕、婚外性行为以及卖淫。

渐渐地，技术进步使得生育控制手段增多，这为人们的性行为提供了更多的选择。其他因素
182 也在增加性自由的趋势中发挥了作用。自 1920 年以后，数百万人从美国各地的农场和小城镇迁移到工业城市，许多年轻男女脱离了父母的控制，独立生活并在一起工作。这种迁移的结果是性自由程度的增加，这是这十年被称为“咆哮的 1920 年代”的原因之一。

第二次世界大战后，阿尔弗雷德·金赛（Alfred Kinsey）进行的涉及性的研究（1894—1956 年）是改变美国对性的看法的一个里程碑。对很多人来说，金赛非常值得注意，因为他正在调查的性行为没有被广泛讨论过，而且从未成为重大研究项目的焦点。“建构社会问题决定性时刻”栏目解释了金赛是如何改变全美人民的思维方式的。

（一）性革命

从性自由程度日益增长的“咆哮的 1920 年代”到 20 世纪 40 年代和 50 年代开创性的金赛研究，性态度在 20 世纪逐渐进化。到了 20 世纪 60 年代末——当时的年轻人拥抱一种自由的文化，这种文化可以被总结为“性、毒品和摇滚乐”——人们开始谈论“性革命”。

1960 年避孕药的问世，成为一个为性革命的发生奠定基础的技术因素。不像必须在性交时使用的避孕套和子宫帽，“口服避孕药”对于女性而言更加方便，可以让她们更容易做出发生性行为的决定。这个事实以及药丸的高效性，大大减少了异性恋性交和怀孕之间的联系。

图 7-1 证实，到了 20 世纪 60 年代，美国人对于性的态度变得更为自由和轻松。在 1933—1942 年出生（即在 1962 年之前达到 20 岁）的人中，只有 56% 的男性和 16% 的女性在他们 20

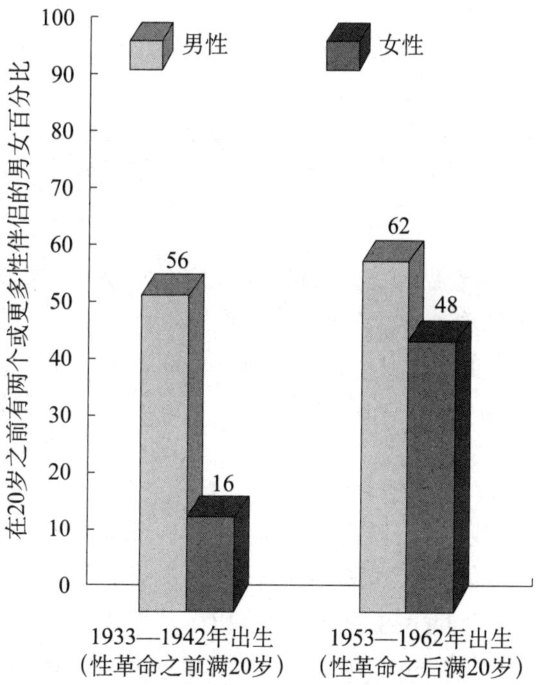

图 7-1　性革命：远离双重标准

注：相较于性革命之后的成年人（见右图），性革命之前的成年人（见左图）中只有较小的一部分在 20 岁时有两个及以上性伴侣。这种差异在女性中尤为突出。

资料来源：Laumann et al.，1994.

岁之前有两个及以上的性伴侣。但一代人之后，在1953—1962年出生的人中，调查显示有62%的男性和48%的女性在他们20岁之前有两个及以上性伴侣（Laumann et al.，1994：198）。

在更年轻的男女群体当中，这种差异相对较小，这一情况也暗示着美国社会在逐渐远离传统的*双重标准*，即男人声称能够享有性自由，而女性则被期望将性生活推迟到结婚之后，并在婚后永远保持对她们丈夫的性忠诚。

此外，在20世纪60年代，女性组织起来反对长期以来男性的统治。事实上，许多女权主义者认为对性的态度是以男性统治权力为核心的。凯特·米利特（Kate Millet，1970）总结了这个论点，认为性确乎与权力相关：只要男性认为女性仅仅是性生物，并且最终女性接受了这种对于自己的定义，男性就会占主导地位。"性别歧视"这个词出现并成为美国社会的一部分，从而建构出一个新的社会问题。

女权主义者也在其他方面挑战男性权力，如要求同工同酬，谴责色情，团结起来反对性暴力，包括强奸和乱伦。此外，女性要求获得避孕（在20世纪60年代以前，它在美国的一些州仍然是非法的）和堕胎（在1973年以前，它在美国各地都是非法的）的权利。简而言之，性革命呼吁只有一个人有权控制女性的身体，那就是女性自己。

（二）性反革命

要求获得更加自由的性表达和更强大的女性力量的运动得到了自由派的支持，但也引发了部分人的反对。到了20世纪70年代，一场性反革命拉开序幕。保守派呼吁回归传统的"家庭价值观"。正如保守派所看到的，这个国家需要的不是更多的自由，而是更强大的家庭和人们为自己的行为承担更多的责任。

对性革命的保守反应确实延缓了性自由的发展速度，但并没有使性自由走向倒退。自20世纪60年代以来，美国的大多数成年人同意人们应该自己决定是否以及与谁发生性行为的自由主义观点。在现实中，这种观念导致46%的年轻人（女性和男性的百分比相同）在高中的时候就发生了性行为（Wallis，2005；Centers for Disease Control and Prevention，2010）。更大限

建构社会问题
决定性时刻

阿尔弗雷德·金赛：公开谈论性

阿尔弗雷德·金赛做了一些没有其他研究者敢做的事情：他让人们谈论性。从今天的角度来看，这似乎并不是非常有争议。但在那个时期——60多年前——大多数人并不认为谈论性是礼貌的，更不用说对其进行科学研究了。

1942年，金赛在印第安纳大学创立了性研究所，在随后的几年里，他和十几位研究助理就性行为采访了超过11 000名男女。他的第一本书——《人类男性性行为》（Kinsey，Pomeroy，& Martin，1948）实际上是一个相当枯燥、科学的作品，但它的销售量超过50万册。第二本书——《人类女性性行为》（Kinsey et al.，1953）更加流行。显然，很多美国人对性的兴趣大于他们愿意承认的程度。

金赛的一些发现成为新闻头条，特别是他的结论：美国人的性观念远不像人们认为的那样传统。金赛的研究主题打破了那个时候的许多文化禁忌：研究显示，几乎有一半的女性被访者在婚前有过性行为，并且有1/3的男性表明，在婚姻当中，他们会与妻子之外的人发生性行为。

从科学的角度来看，金赛得出上述结论的方式存在一些缺陷。他想要找到愿意谈论性经历的人，但最终被访者中绝大部分是大学生和监狱里的囚犯。与此同时，实验忽视了年龄、农村与城市、贫困与富贵等因素的影响。因此，金赛的研究结果可能并不能代表全部美国人。除去上述研究缺陷，这项研究是美国国家历史上的一个标志性事件。金赛使得性不再是一个禁忌，并使之成为人们日常谈论的话题。

度的性自由现在已成为常态。然而很多涉及性行为的起诉仍然存在争议，下面所述的内容将对此
183 进行解释。

（三）持续的性革命：老年人

在过去十年中，伴随着那些在 20 世纪 60 年代开始性革命的男性和女性进入老年阶段，他们也将这一运动向前进一步推进。普遍的刻板印象是，性活跃和变老是不可能同时发生的。对于那些到了八九十岁的老年人来说，这种主张有一些道理。“尝试在 90 岁时发生性行为，”讽刺喜剧演员乔治·伯恩斯（George Burns）说，“就像是用软绳打弹珠。”

但正如避孕药的问世推动了 20 世纪 60 年代的性革命一样，另一些药物——这次是伟哥、艾力达和西力士——使“婴儿潮”这一代在年纪较大时也能保持性活跃。这些治疗勃起功能障碍（简称 ED）的药物，帮助健康的男性实现和保持勃起，使其在生命晚期进行性活动成为可能。

研究人员证实，大多数老年人进入老年期后仍保持积极的性行为。报告显示，在 65 ～ 74 岁的老年人中，85% 的男性和 62% 的女性仍然有性伴侣。在 75 ～ 85 岁的老年人当中，78% 的男性和 41% 的女性也是如此（Waite et al.，2009）。性别之间的差异反映了女性的预期寿命更长——大多数老年男性与配偶一起生活，但是大多数老年女性却没有。

将勃起功能障碍界定为一个新问题，对于制药公司而言是有利可图的。老年人中越来越多的人认为自己还应该进行性行为，其人数增长速度与治疗勃起功能障碍的药物的销量增速一样快。医生每年开出近 2 000 万张处方，相应的药物生产公司赚取了超过 15 亿美元。

好消息是，治疗勃起功能障碍的药物为数百万老年人延长了性活动的时间。研究者声称，性活动越多者，夫妻关系越密切，同样，他们的外表和行为也越年轻。与此同时，我们不应该认为“蓝色药丸”是一种能够抹去年龄影响的魔杖——比方说，没有哪个 75 岁的男性的性生活能像他十几岁或二十几岁时那样。另外，和其他任何药物一样，这些药物可能会导致副作用，包括头痛和持续性勃起痛苦。促进性行为的荷尔蒙水平随着年龄的增长而下降也是很正常的现象。这个事实提出了关于药物是否应当存在，制药企业是否应该在高利润的驱使下试图人为改变这一点的问题。

但根据这些男性药物的受欢迎程度可知，许 184
多老年男性对于药物的效果似乎很满意。鉴于高额的资金正在投入，制药公司正在努力为年长女性创造一种新的“粉红色药丸”这一点也不足为奇（Kotz，2008）。

三、性取向

- **运用**

性取向（sex orientation）指*一个人对他人的浪漫和感情上的吸引力*。受性取向影响，人会被同性、异性或男女两性吸引，或者对于性伙伴根本不感兴趣。

最常见且得到世界各地文化认可的性取向，是**异性恋**（heterosexuality，hetero 为希腊语，意思是“其他”），即*对另一性别的人的性吸引*。此外，在所有社会中，小部分但是很重要的一部分是**同性恋**（homosexuality，homo 为希腊语，意思是“同样”），是指*对具有相同性别的人的性吸引*。

大多数人倾向于认为异性恋和同性恋是相对的类型，可以将所有人都整齐地划入一类或另一类。但正如金赛发现的那样，很多人既是一定程度上的同性恋者也是一定程度上的异性恋者。另外，请记住，性吸引力与性行为不同。例如，虽然大多数人被同性吸引过，但只有一小部分人和同性发生过性行为。这个事实，可能很好地反映了文化规范的约束不鼓励同性之间的性关系。

金赛发现，性取向往往不明确提醒人们注意**双性恋**（bisexuality），即*对男女两性的性吸引力*的存在。女性和男性对于一些双性恋者具有同等的吸引力；对于另外一些双性恋者来说，其中一种性别的吸引力更强。也有很多双性恋者受到两种性别的吸引，但由于受到限制，他们只能与其中一种性别的人发生性行为。

最后，并非所有人都会经历性吸引。**无性恋**

（asexuality）是指*对任何性别的人都没有性吸引力*。在整个人口中，随着人们进入老年期，无性恋的程度会逐渐增加。我们现在仔细研究与同性恋有关的问题。

（一）同性恋

因为异性恋是文化规范，同性恋者（包括男同性恋者和女同性恋者）往往会被推到社会边缘。有些人认为同性恋是一个社会问题，因为这与他们的道德标准相冲突。这种态度的存在，是造成长期以来对男同性恋者和女同性恋者存在偏见和歧视的主要原因。

今天，随着人们对同性恋的接受程度越来越高，美国各州和联邦政府已经颁布法律，禁止在许多领域——包括工作和住房领域——存在基于性取向的歧视。2011 年，美国军方结束了对同性恋行为的历史禁令。但是，其他形式的歧视仍存在于法律之中。例如，许多宗教组织拒绝同性恋者担任领导者。此外，尽管支持同性婚姻的运动近年来获得了支持，但到 2012 年，除了八个州（马萨诸塞州、佛蒙特州、新罕布什尔州、康涅狄格州、艾奥瓦州、纽约州、华盛顿州和马里兰州）和哥伦比亚特区，同性婚姻仍然是违法的，其他几个州则正在讨论修改法律。

对于男同性恋和女同性恋的歧视同样存在于大学校园中。一份研究显示，1/3 的男同性恋者和女同性恋者在过去数年内受到过伤害（Rankin，2003）。

有时候，对男同性恋者和女同性恋者的敌意会导致暴力行为。据美国联邦调查局（FBI，2011）的记录，每年约发生 1 200 起针对同性恋的仇恨犯罪案，真正的数字肯定要高得多。其中很多暴力行为——包括殴打甚至谋杀——单纯针对性取向。根据国家反暴力联盟计划（National Coalition of Anti-Violence，2011），美国有超过 2 500 名女同性恋者和男同性恋者声称他们是 2010 年反同性恋暴力的受害者，以及几乎所有年轻的女同性恋者和男同性恋者都声称，在生活中的某些时刻，他们至少经历过口头辱骂。

美国有多少人口有同性恋倾向？这个问题很难回答，因为正如我们已经解释的，性取向不是一个可以截然区分的类别问题。因此，同性恋程度取决于你究竟是怎样定义这一术语的。

早在 1948 年，阿尔弗雷德·金赛就报道过，大多数女性和男性至少被一些同性吸引过。虽然大多数人不采取行动，但是也有很多人会采取行动——金赛估计有 1/3 的男性和 1/8 的女性在他们生活中的某些时刻，有过一种或多种同性恋行为，这往往发生在青春期。此外，金赛估计，有 4% 的男性和 2% 的女性完全是同性恋者。这意味着他们只有同性欲望，只从事同性性活动，并将自己视为男同性恋者或女同性恋者。 185

爱德华·劳曼（Edward Laumann）及其同事的研究（1994）为估算同性恋数量提供了更准确的数据。劳曼得出结论：2.8% 的男性和 1.4% 的女性（约为 600 万人）将自己定义为同性恋者或双性恋者。图 7-2 显示，在 15 ～ 44 岁年龄段的美国人中，约有 6% 的男性和 13% 的女性至少有过一些同性恋活动。同时，只有 1.7% 的男性和 1.1% 的女性将自己定义为同性恋者（Chandra et al.，2011）。

（二）是什么决定了性取向？

定义人们的性取向并不容易，性取向也是一个不容易解释的复杂因素。性取向受许多因素的影响，包括遗传、大脑结构、激素、生活经历和文化。并不令人意外的是，专家指出，文化和生物学因素两者都在性取向中发挥作用。

1. 文化因素

在早期历史时期，大多数社会没有给予性取向足够的重视。法国社会哲学家米歇尔·福柯（Michel Foucault，1990）指出，在大多数社会中，同性恋者并没有被作为一个具体的类别，直到 19 世纪末，科学家们才开始用这种方式定义他们。这并不是说人们在历史上没有同性恋经历，只是那时社会很少注意它。但是，一旦在社会中构建了“异性恋”和“同性恋”的类别，有同性恋经历的人开始被界定为“不同的人”，同时也成为偏见和歧视的目标。这种历史模式提供了证据，表明我们表达和体验性的方式是为文化所形塑的。

性行为也因文化而异。在西伯利亚的爱斯基摩人中，一个男人可能会扮演一个被称为*伯达奇*的角色，穿着和表现得像一个女人，做女人的工作，甚至嫁给另一个男人。在新几内亚的桑比亚，大多数男孩会参与一项与性有关的仪式，在这项仪式中，他们会为年长者口交，那里的人们认为摄入精液会增强男性气质。在墨西哥中部，有一个宗教传统认可神灵是兼具女性和男性特征的地区，当地文化不仅认可女性和男性，也承认 *muxes*（发音为“MOO-shays”）作为第三性别。*muxes* 是指穿着和行为都像女性的男性，他们有些只在特定的仪式场合这样，有些则一直保持这样的状态。仔细查看第 174 页的“多样性：种族、阶级和性别”栏目，世界各地的性表达如此多样化，表明性取向与社会本身有很大的关系（Herdt，1993；Blackwood & Wieringa，1999；Gave，2005；Lacey，2008；Rosenberg，2008）。

最后，一些社会学研究声称，性取向可能反映社会化的模式。一项关于异性双胞胎的研究发现，比起传统环境，人在性别中立的环境中，具有同性恋倾向的可能性程度更高（Bearman & Brückner, 2002）。

2. 生物学因素

文化可能在一定程度上塑造了社会对性的理解和认识，但就个人而言，大多数证据指向了性取向植根于人类生物学的结论。就像左、右撇子一样，性取向似乎在出生时就已基本固定。

神经生物学家西蒙 · 列维（Simon LeVay，1993）声称，性取向的关键存在于大脑中。列维研究了同性恋男子和异性恋男子的大脑，并注意到了他们的下丘脑（一种调节人体的大脑激素水平的器官）的差异。生物学家已确定激素水平——特别是男性的睾丸激素水平——影响性取向。他们声称大脑中的微小差异对于一个人的性取向起着重要作用（Grady，1992）。

基因以及激素可能会影响性取向。在对 44 对同性恋兄弟进行研究后，研究者发现，其中有 33 对在 X 染色体上具有某种特征（影响人类性行为的遗传特征之一）。一些研究者认为，这可能是“同性恋基因”的证据。研究者发现，这些同性恋兄弟的母系（X 染色体的来源）亲属当中的男同性恋者数量出乎意料的多（Hamer & Copeland，1994）。

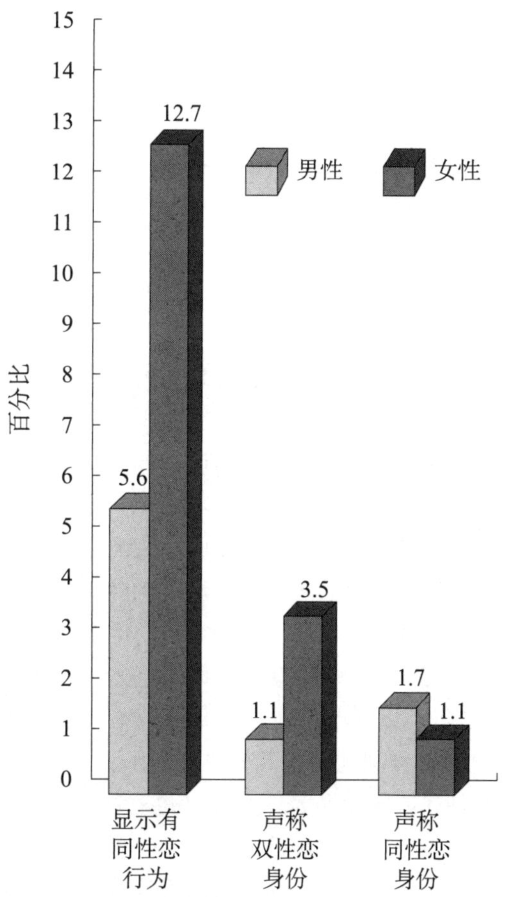

图 7-2　同性恋取向测量

注：对于同性恋取向定义的不同影响人们对同性恋数量的看法。

资料来源：Chandra et al.（2011）.

- **评价**

科学家仍在辩论性取向的文化和生物学原因。到目前为止，证据支持生物学在人们的性 186
取向中起着重要作用的结论（Weinrich，1987；Isay，1989；Angier，1992；Gelman，1992）。尽管生物学可能是性取向的关键，但请记住，许多人不能被简单地划分到“同性恋”或“异性恋”的类别当中。

性取向是由生物学因素还是文化因素导致的，为什么这一问题如此重要呢？原因是，如果性取向的原因是生物性的，同性恋与我们皮肤的颜色一样，是超出我们控制范围的，那么，同性恋者对性取向不再负责，如同在美国各地的非裔美国人一样，有权利免受歧视（Herek，1991；Schmalz，1993）。

多样性：种族、阶级和性别　女性、男性或者其他？墨西哥的变性人

亚历杭德罗·塔里多（Alejandro Taledo），16岁，站在瓦哈卡州的一个小镇朱西坦的角落。这个小镇位于墨西哥的中南部。亚历杭德罗·塔里多被她的朋友称为亚历克斯，她结束了卖花的一天，现在正与她的母亲等公共汽车回家吃饭。

你可能已经注意到了，亚历杭德罗通常是男孩的名字。事实上，他是一个在墨西哥出生的男孩。但几年前，亚历克斯决定，无论她的生理性别如何，她都觉得她是一个女孩，她决定根据自己的感受生活。

在这个社区，她并不孤单。朱西坦及周边地区由于景色美丽、黑色的陶器和当地的美味食物而众所周知，同时也有大量的男同性恋者、女同性恋者和变性人住在那里。这个事实可能会让很多认为墨西哥是传统国家的人大吃一惊，尤其是当谈到性别和性方面时。在墨西哥，有着男性控制女性生活的刻板印象，尤其是谈到性时。但是，就像大多数成见一样，这个观点遗漏了一些重要的事实。在全国范围内，墨西哥对于性取向问题正变得越来越宽容，在这个国家的首都墨西哥城内，同性关系现在是合法的。再也没有像朱西坦及其周边地区这样对多样的性取向如此包容的地方了。

在这个墨西哥地区，变性人被叫作“muxes”（发音为MOO-shay）。这个词以西班牙语“mujer”为基础，意思是“女人”。这意味着当地的文化不会把人整齐地分成“男性”和“女性”，而是认可第三性别。一些变性人穿着女性的衣服，几乎完全以女性化的方式生活。另外一些人仅仅只在特殊场合采用女性化的外观和行为。当地的最受欢迎的活动在每年的11月，会有超过2 000名变性人和他们的家庭参加，也包含“异装癖年”的庆祝。

人类学家告诉我们墨西哥中南部对变性人的接纳源于在西班牙人到来之前几个世纪以来存在的文化。那个时候，一个性别模糊的人被视为特别聪明、才华横溢的人。该地区的文化史包括阿兹特克神父和穿着衣服的玛雅神，这些神被认为既是男性又是女性。在16世纪，西班牙殖民者的到来和天主教会的影响降低了性别容忍度。但是直到今天，在朱西坦，一个人们仍然坚守传统的地区，许多人坚持说他们古老的萨巴特克语，而不是西班牙语，这些人在这个地区仍然十分接受混合性别身份。

因此，在朱西坦，变性人被尊重，被接受，甚至在特殊场合被祝福。变性人也很成功地在商业、教会，以及政治中担任领导角色。最重要的是，通常来讲，他们的朋友和家人都很接受他们。亚历杭德罗与她的父母和五个兄弟姐妹一起生活，并帮助她的母亲做家务以及在街上卖花。她的父亲，维克多·马蒂·吉蒙兹（Victor Martinez Jimenez），是当地一个只说萨巴特克语的建筑工人。但是他仍然把亚历杭德罗称为“他”并且说：“是上帝送他来的，我为什么要拒绝他？他帮了他的母亲很多忙。为什么我会生气？”亚历杭德罗的母亲罗莎·塔里多·维森特（Rosa Taledo Vicente）补充说：“每个家庭都觉得有一个同性恋儿子是一件幸事。当女儿们结婚离开家时，同性恋儿子能在他们父母晚年时提供照料。”（Gave，2005，Lacey，2008；Roseberg，2008）

你怎么看？

1. 你认为在多大程度上美国社会希望将男性和女性的穿着方式结合起来？解释你的观点。
2. 变性人是原本是男性的人。你认为在上述故事中，当地人对于穿着和举止像男性的女性的态度是怎样的？你认为她们会享受相同的包容度和支持吗？为什么？
3. 你自己如何看待第三性别身份？解释你的观点。

但考虑到医疗技术的快速发展，性取向的生物性基础也会导致危险。比如，如果有一天父母能够了解到他们未来的孩子将会是男同性恋者或女同性恋者，那么他们可能会决定堕胎；另一种可能性是医生会尝试开发手术技术，矫正性取向，“纠正”男同性恋者和女同性恋者的大脑中的意识（Zicklin，1992）。

学习检验　当前对于性取向起源的理解是什么？性取向是由生物原因还是社会原因决定的？为什么这一问题很重要？

（三）同性恋和公共政策

早在 1960 年，同性恋在美国被广泛认为是错误的。许多人认为这种性取向是一种疾病；甚至美国精神病学协会将同性恋列在精神障碍列表中。歧视男同性恋者和女同性恋者是常见的。公司、学校、政府机构和军队均拒绝雇用同性恋者。同样重要的是，员工经常会因为性取向被无缘无故解雇。考虑到这些严峻的环境因素，就能够很容易了解为什么大多数女同性恋者和男同性恋者除了几个亲密的朋友之外，不会让其余的人
187 知道他们的同性恋秘密。

之后，美国对同性恋的态度变得更为宽容。1973 年，美国精神病学协会将同性恋从精神障碍列表中撤除。公众对同性恋的态度也已经变得更加接受，如图 7-3 所示，1992 年以前，美国声称同性恋是错误的成年人超过 70%；到 2010 年，这一比例已降至 47%（NORC，2011：411）。这样的调查也显示出大部分人相信同性恋者应该拥有与其他人一样的工作机会和基本的公民权利。

2003 年，美国最高法院的法官们做出了一项具有里程碑意义的裁决（劳伦斯等人诉得克萨斯州一案），推翻了得克萨斯州禁止同性伴侣之间鸡奸（“非自然的性行为，尤其是肛交”）的法律。这项裁决废止了其他州已经成文的类似法律。在同性婚姻的问题上也有法律上的变化，我们现在谈谈这个问题。

（四）同性婚姻

2004 年，马萨诸塞州最高法院裁定同性恋者有权结婚。同性恋权利倡导者受到了马萨诸塞州决定的鼓舞，从那时起，又有 7 个州（佛蒙特州、艾奥瓦州、新罕布什尔州、康涅狄格州、纽约州、华盛顿州和马里兰州）以及哥伦比亚特区颁布法律允许同性婚姻。另外 8 个州，包括新泽西州、加利福尼亚州、俄勒冈州、内华达州、伊利诺伊州、特拉华州、罗得岛州和夏威夷州，认可“家庭伴侣关系”或“公民的联盟”，并为同性婚姻提供很多好处。此外，许多城市允许同性伴侣登记“家庭关系”以提供婚姻权利，包括家庭保健和继承权权利（National Conference of State Legislatures，2012）。

法律潮流正在转向支持同性婚姻。但与此同时，大多数州颁布了禁止同性恋者结婚的法律。总计有 36 个州通过了相关法律，规定本州内不承认同性婚姻，即使它们是在承认其合法的州内缔结的。这与联邦法律保持一致：婚姻辩护法案于 1996 年通过，允许任何州无视同性婚姻（不管它是在哪里缔结的）。2011 年，奥巴马政府宣布它将不再支持这项法律或在法庭上为其辩护。

成千上万的组织也实施了它们支持同性关系的政策。跨国商业公司——包括美国的主要汽车制造商、联邦政府和越来越多的高校——向同性婚姻者提供了与异性婚姻者相同的雇员福利。

世界上的许多地方，如荷兰、比利时、加拿大、南非、西班牙、挪威、瑞典、葡萄牙、冰岛和阿根廷，承认同性婚姻。另外 15 个国家，包括爱尔兰、法国、以色列和日本，承认同性伴侣关系或许多合法的男女同性恋已婚人士拥有的权利（Pew Research Center，2009）。

在美国，同性婚姻仍然存在争议。一般而言，自由派支持扩大同性婚姻的权利，而许多保守派反对这一趋势，声称在美国传统的婚姻观念中，婚姻的方式是一个男人和一个女人的结合（Thomas，2003；Pew Research Center，2010）。

调查问题：“关于两个同性成年人之间的性关系——你认为是总是错的，几乎总是错的，偶尔是错的，还是根本不是错的？”

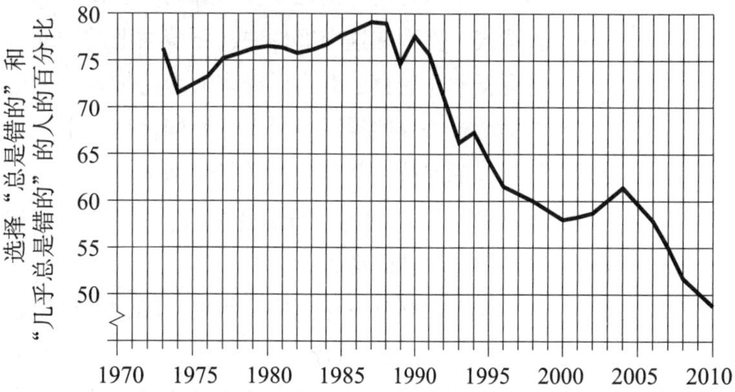

图 7-3　美国对于同性恋关系的态度（1973—2010）

注：自 20 世纪 90 年代早期以来，美国公众对于同性恋的接受度有了戏剧性的增长。在 2010 年，只有少部分美国成年人认为同性恋关系是错误的。

资料来源：NORC（2011：411）.

但有些保守派支持“家庭价值观”，也有些保守派支持同性婚姻，以及同性夫妻收养孩子的权利。这些保守派声称，因为家庭对人民有益，对社会有益，所以我们应该鼓励适合所有人的家庭，无论是异性家庭还是同性家庭（A.Sullivan，2002）。

（五）同性恋权利运动

最近男同性恋者和女同性恋者所获得的一些权益是几十年来支持同性恋权利运动的人努力的结果。第一个同性恋权利组织在1924年成立于芝加哥，但直到20世纪50年代，同性恋权利运动才得到广泛的公众关注（Chauncy，1994）。像所有社会运动一样，同性恋权利运动以一种特别的方式构建问题并定义解决方案。这一运动声称问题不在于同性恋者，而在于对同性恋者存在偏见和歧视的人。因此，解决方案是公众接受同性恋与异性恋是一样的。

早在20世纪60年代，尽管承认是同性恋者存在相当大的风险，但越来越多的女同性恋者和男同性恋者还是站了出来，要求被社会接受。转折发生在1969年6月27日，警察突袭了在纽约格林威治村的一家酒吧——石墙酒吧。那时，纽约警察通常会采取袭击同性恋酒吧的行动，逮捕顾客，记录他们的名字，最后以报纸报道来收场。通常这样的举措足以让参加同性恋俱乐部的人泄气。然而在这个案件中，石墙酒吧的赞助人公开抵制了警察的袭击。许多人纷纷加入在街道上的游行，这些男同性恋者和女同性恋者要求受到更好的对待，并与警察进行了两天的对峙。这个事件后来被称为“石墙骚乱”，为同性恋权利
188 运动增添了新的动力。

在石墙骚乱发生后的几年内，同性恋权利运动开始使用“**恐同症**”（homophobia）一词来描述*对男女同性恋者和双性恋者的厌恶*。这个概念强化了这样的观念：问题不出自同性恋者，而出自仅仅因为性取向而不接受别人的那些人。同性恋权利运动的成功是显而易见的，今天人们普遍谴责恐同症，并将其视为一个社会问题。

四、色情作品

- **运用**

色情作品（pornography）是指*旨在唤起性行为的文字或图像*。但是关于什么是和什么不是色情作品的精确定义几乎没有一致意见。首先，性材料有多种形式。*色情作品*包括裸体的艺术写真，虽然其不一定是与性相关的活动。其次，也有一些显示或描述裸体从而暗示性活动的*软色情作品*（soft-core pornograph）。最后，*硬色情作品*（hard-core pornography）包含了对性行为的明确描述和想象。

但是，什么时候性材料会越线成为违法的*淫秽内容*？考虑到在一个地方可接受和合法的事物，在另一个地方则可能是不被接受和违法的，美国最高法院允许社区将性材料作为淫秽内容而禁止，如果这些材料有碍于“社区体面”并且没有“履行社会价值”的话。但是，即使在一个社区，人们对于体面的标准也可能不一致。

人们很容易在美国随时获得色情材料。大多数人熟悉色情杂志、图书、电影和录像带，人们也可以通过电话购买色情服务。在过去十年中，互联网上成立了成千上万的网站，这些网站描绘了各种类型的性行为。色情产业的每年销售额高达五十亿，比一些国家的经济总收入还多。

（一）色情作品是一个社会问题吗？

色情作品对美国和整个世界来说都是大生意。但是，出售色情材料是一个社会问题吗？人们几乎普遍认为任何涉及18岁以下孩子的色情材料都是错误的，各地通过执行联邦和州法律来禁止创造、出售或拥有儿童色情制品。人们也普遍关注色情对成人的影响。正如你将看到的，各色各样的人出于各种原因反对色情作品。

1. 保守派：道德问题

保守派将性视为道德问题。他们把色情作品定义为一个社会问题，声称它威胁传统道德。他们说，色情作品会鼓励和增加淫秽行为。此外，色情作品削弱了社会道德结构，可能威胁婚姻和家庭的稳定。大约60%的美国成年人回应了保

守派的关注，声称“色情作品会导致道德崩溃”（NORC，2011：413）。简而言之，保守派坚持公共道德性，因此他们将色情作品视为一个社会问题。

2. 自由派：自由和权力问题

自由派对是否将色情作品定义为一个社会问题存在分歧。一些自由派认为人们选择阅读或查看什么内容是他们自己的事。因此，自由派并非声称色情作品一定是好的，只是想捍卫自由表达并支持个人的隐私权利。持这种观点的自由派人士一直在捍卫政府对艺术，包括很多人觉得违反了社会标准的艺术的资助。

虽然一些自由派以保卫自由为由保护色情作品，但越来越多的自由女权主义者反对色情作品，因为色情作品是对女性的贬低。他们将色情作品视为一个权力问题，认为很多露骨的色情材料将女性描绘为男性的玩物（Dworkin，1991；MacKinnon，2001）。

总之，许多自由派捍卫自由表达的权利，秉持人们有权选择他们想要的任何娱乐方式的观点。但在各种政治立场中，对色情作品的反对者越来越多。在这样的情况下，保守派（那些在道德层面上反对性暴露内容的人）加入了女权主义者（在政治层面上反对性暴露内容的人）反抗色

189 情的队伍中。

（二）色情作品和暴力

另一个普遍的担忧是色情作品促进暴力。早在1985年，罗纳德·里根（Ronald Reagan）总统就任命了总检察长委员会［通常被称为米斯委员会，以总检察长埃德温·米斯（Edwin Meese）的名字来命名］来调查人们对色情内容的反应。委员会（1986）的结论是，接触色情作品会引起性唤起，增加人们的性活动，鼓励男性更有攻击性，更容易接受强奸等暴力行为。此外，研究人员得出结论，涉及儿童的色情作品会促使一些男性与儿童发生性行为（一种被叫作*恋童癖*的犯罪）。批评人士对其中的一些结论提出质疑，但保守派普遍接受这一结论，自由派中也有一些人支持这一观点。全美调查数据证实，约有一半的美国成年人认为色情作品确实会鼓励人们实施强奸（NORC，2011：413）。

五、性骚扰

- **运用**

正如第6章（“犯罪、暴力和刑事司法系统”）所述，性暴力——从辱骂到强迫性行为——是一个对女性和男性都产生影响的问题。正如第178页的“社会焦点问题”栏目所解释的，有些人声称美国文化将性与暴力相连，这使得问题更加严重。

近年来，人们开始认识到另一种类型的性暴力——**性骚扰**，即*不受欢迎的评论、手势，或者由于性本能而引发的身体接触*。50年前，正如电视节目《疯狂的男人》所指出的——在广告公司工作的男性经常对从事秘书工作的女性采取一些动作——对女性的骚扰，在校园里，甚至在公共街道上都很常见。事实上，骚扰是我们生活方式的一部分，但当时很少有男性或女性将这种行为定义为一个问题。

20世纪60年代，随着女权主义运动的兴起，情况逐渐发生了变化。1964年，国会通过了《民权法案》，旨在保护非裔美国人免受就业歧视。女权主义运动成功地游说了拓展该法案，以保护那些不仅因种族，而且因性别而处于不利地位的人。因此，《民权法案》第七条禁止基于种族和性别的雇佣条款、条件和特权的歧视。1972年，国会通过了《教育法修正案》第九条，禁止接受联邦资金的机构存在性别歧视。

国会随后成立了平等就业机会委员会（EEOC），以调查有关种族或性别歧视的投诉。1976年，在*威廉姆斯诉萨克斯比案*（Williams v. Saxbe）中，联邦法院宣布性骚扰是一种非法的性犯罪行为。这一决定将性骚扰问题公之于众，并很快将其定义为一个严重的社会问题。

平等就业机会委员会承认两种类型的性骚扰。第一种类型的性骚扰是*交换条件*（quid pro quo，拉丁语，意思是“用一件事换另一件事”），即一个人把性方面的进展或对雇员以及其他下属

社会焦点问题　性和暴力由文化联系在一起

社会学家戴安娜·赫尔曼（Dianne Herman，2001）将美国文化的特质称为“强奸文化”。这意味着，美国人的生活方式将性与暴力联系起来，你能看出是怎样联系起来的吗？

首先，想想语言。普通的俚语如“Screw you（去你妈的）”，具有性和攻击性的含义。其次，大量媒体呈现了大量的涉及暴力和性行为的荧幕形象，比如英国特工詹姆斯·邦德（James Bond）。邦德所声称的“做一个真正的男人”是什么意思？答案可能是真正的男人可以很轻松地“挥动他的左轮手枪和他的阴茎”（Griffin，1971；Herman，2001：38）。对于詹姆斯·邦德，性和暴力是同一硬币的两面。

在某种程度上，这是一种“强奸文化”，赫尔曼总结道，美国人的生活方式鼓励性暴力问题的存在。因此，这个问题不是由“古怪的人”引起的，而是由那些很好地适应了将性和暴力等同起来的不健康的文化体系的正常男人引起的。总之，如果你将从小把性和攻击性联系起来的男性，与认为需要服从男性的女性联系起来，你就会明白为什么会有如此广泛的性暴力现象。

加入博客！

你是否同意赫尔曼说的美国的文化与男性气质、性以及暴力有联系？有多少俚语——比如“slam”和“bang”——被认为暗示了性行为和性暴力？如果你不同意赫尔曼，为什么呢？请来MySocLab加入社会学焦点博客，分享你的观点和经验，并了解其他人的想法。

的性要求作为一种雇佣条件。在这种情况下，老板可能会命令或暗示员工以迫使他们同意发生性行为，并承诺他们会得到晋升。第二种类型的性骚扰是更微妙的行为——包括讲性笑话、展示裸照、不恰当地赞美某人的美貌或者是不必要的身体接触——这样的冒犯者通常不被视为是有伤害性的。但法律不仅涉及冒犯者的意图，还涉及他们行为的影响。根据法律，如果该行为造成了*敌对的环境*，那么不论行为人的意图如何，该行为都可以被认为是性骚扰。这项法律的目的是保护那些努力工作的人不受性骚扰的侵害（U.S. Equal Employment Opportunity Commission，
190 2006）。

（一）谁骚扰谁？一个司法案例

在美国社会中，男性拥有多数权力，这一事实有助于解释为什么84%的骚扰者是骚扰女性的男性（U.S. Equal Employment Opportunity Commission，2012）。但并不是所有的骚扰都遵循这种模式。*在安卡雷诉桑道尔离岸服务公司案*（Oncale v. Sundowner Offshore Services，1998）中，美国最高法院指出，一个人可以被任何性别的人骚扰。在安卡雷案中，在男同事威胁要强奸他后，他向上司报告了这件事。由于公司没有对其报告做出回应，因此他辞去了工作，并对公司提起了诉讼。这个案例告诉我们，在某些情况下，男人会在性方面骚扰其他男人，只因为被骚扰者没有表现出骚扰者所认为的典型的“男性化”行为。在这种情况下，性骚扰是男性用来强迫他人遵从固有性别观念的一种控制形式（D. Lee，2000）。

（二）受害者受到伤害才算性骚扰吗？其他司法案例

性骚扰是否只有在受害者受到明显伤害时才存在？1998年，美国最高法院解决了这个问题。举一个例子，*在埃勒斯诉伯灵顿工业公司案*（Ellerth v. Burlington Industries）中，一名女性抱怨说，她的上司对她进行性威胁，声称她的工作是会变得轻松还是会变得困难，取决于她是否“松口”。尽管她拒绝了他的求爱，但她当时没有报案，也没有证据表明她的职业生涯受到了损害。然而不久后，她辞职并提起诉讼，声称她是性骚扰的受害者。

在另一起案件——*法拉格诉博卡拉顿市案*（Faragher v. Gity of Boca Raton）中，在佛罗里达州博卡拉顿市担任救生员的三名女性声称自己是性骚扰的受害者。多年来，主管们一直在制造充满敌意的工作环境，他们谈论性以及主动进行身体接触。他们的雇主——博卡拉顿市虽然制定了性骚扰政策，但没有人将这一政策告知女性。随后，这些女性提起诉讼，指控她们在工作中受到性骚扰。

在考虑这两起案件时，最高法院裁定，员工可能受到性骚扰，即使他们没有受到明显伤害，比如说失去晋升机会。法院还表示，当上司骚扰员工时，即使公司是不知情的，雇主仍负有责任，除非该公司能够证明公司内有一个广为宣传的性骚扰政策，公司员工知道这一政策但没有选择使用。

六、卖淫

- **运用**

性的文化理想包括两个人之间的友谊和亲热。因此，尽管**卖淫**，即*出售性服务*可能是“世界上最古老的职业”，但它一直存在争议。在美国，除了内华达州部分乡村地区外，出售和购买性服务都是违法的。

不管合法与否，卖淫都很普遍。在美国，妓女的数量目前没有准确的统计值，但国家调查显示，大约有 15% 的成年男性（女性只占一个非常小的比例）说他们至少有过一次购买性服务的经历（NORC，2011）。从全球角度看，卖淫在低收入国家最为普遍，在这些国家，女性的经济机会最为有限。

（一）卖淫者：简要描述

大多数卖淫者——许多人更愿意称自己为“性工作者”——是女性。但她们是一个多样化的群体，她们工作条件的好坏取决于她们的外表、年龄和社会阶级地位。

条件最好的妓女是应召女郎，她们通过发短信或打电话与客户约定地点。这些女性通常很年轻，很有魅力，受过良好的教育，而且薪水很高。大多数应召女郎独立工作，而不是为经理工作。许多应召女郎在网上或大城市报纸上的高级广告中宣传她们的服务。她们通常称自己为“陪护者”，这是一种礼貌的说法，表示她们能提供一个充满魅力的夜晚——不仅有亲切的交谈，而且通常包括需要额外付费的性服务。

条件不那么好的是在妓院或按摩院工作或提供大型“陪护服务”的妓女。这些女性是受雇的雇员，必须听从雇主的指示。此外，这些女性中的大多数将至少一半的收入交给了雇主。 191

妓女中条件最差且人数最多的是街头妓女。这些妓女在街上工作，为路过的嫖客提供性服务。街头妓女大多是下层阶级的女性，她们挣的钱最少。虽然这些女性中有一些是独立工作的，但她们通常会把自己的大部分收入交给照顾她们的经理或*皮条客*。由于几乎没有能力选择自己的客户，这些街头妓女面临暴力和其他虐待的风险很高，还会感染和传播性传播疾病。研究人员估计，大多数街头妓女有被强奸、乱伦或其他形式的性虐待的经历，并且通常可以追溯到其童年时代（Estes，2001；Williamson & Cluse-Tolar，2002）。

妓女通常提供顾客所要求的性服务。研究表明，最常见的性服务是口交，其次是阴道性交（Monto，2001）。

从事卖淫的男人的情况又是怎样的呢？大约 10% 的性工作者是男性，而且几乎所有的男性性工作者也向其他男性兜售性服务。他们也是一个多样化的群体，从高薪的“陪护者”到试图在街头日复一日地生存下去的年轻人（Boyer，1989；Strong & DeVault，1994）。

（二）卖淫被捕

虽然卖淫违反美国各地法律，但是执法是有选择性的。2010 年，因卖淫被捕的 5 万人当中约有 2/3 是女性；剩下的 1/3 是男性，包括男性性工作者和“嫖客”即男性客户（Federal Bureau of Investigation，2011）。

根据成立于 1973 年的性工作者权益组织

"放弃你老掉牙的理论"（Call Off Your Old Tired Ethics，COYOTE，2012）的说法，在因卖淫而被捕的女性中，足足有90%是社会地位较低的妓女，很少有地位高的应召女郎。种族因素也在其中有所体现：据该组织报道，尽管大多数妓女是白人，但大多数被捕者是非裔美国人。

警察和法院是否应该在涉及卖淫的案件中更加严厉？调查显示，大多数人认为，即使假设不存在健康风险，卖淫也是错误的（NORC，2011：999）。当然，健康风险是存在的，如传播包括艾滋病在内的性传播疾病的风险。此外，如果公众意识到这种生活方式往往伴随着暴力和滥用毒品，那么对卖淫的容忍度可能会更低。

最后，有一个国家在减少卖淫方面取得了成功。令人惊讶的是，这个国家的解决方案比你想象的要简单得多，正如本页的"全球视野下的社会问题"栏目所解释的那样。

（三）儿童卖淫 192

很少有人在涉及儿童时为卖淫辩护。世界上成千上万的儿童（主要是男孩）依旧在街头过着凄惨的生活，许多儿童靠卖淫生存。其中一些儿童努力为家庭提供收入，另一些儿童由于艾滋病或战争而成为孤儿。上述所有的儿童都非常贫穷（UNICEF，2006）。

东南亚国家泰国已成为全球性旅游业的中心

全球视野下的社会问题

瑞典的妓女和嫖客：到底是谁违反了法律？

在美国，性交易是违法的。这意味着，妓女在工作时违法。购买性服务也是违法的。这就意味着，当嫖客寻求性服务时，其也违反了法律。事实上，在所有涉及卖淫的逮捕中，警察所逮捕的大约90%是从事卖淫工作的女性。在通常情况下，警察只关注卖淫的女性，而不去管嫖客。这样的政策实际上定义了卖淫是由出售性服务的女性导致的。

瑞典对于减少卖淫采取了不同的方法。几十年来，卖淫在瑞典是合法的。然后，1999年，那个国家通过了一项新法律，规定卖淫是合法的，但是购买性服务是犯罪行为。正如瑞典的一个警察所说的那样："我们没有妓女的问题，我们遇到的问题是购买性服务的男性。"

瑞典政府的政策以女性理论为指导，声称卖淫是一种男性暴力侵害女性的行为。此外，瑞典政府解释说，只有当男性不在性方面剥削女性时，才能实现两性平等。至于女性，法律终止了对卖淫的女性的刑事诉讼，并给任何想停止卖淫工作的女性提供广泛的社会服务。

这项新政策的批评者声称，这项法律鼓励"为性行为而巡航"的男性迅速将女性送上汽车，这让女性没有机会评估任何可能的危险。此外，法律已经将大部分卖淫场所从可见的城市街道搬到了郊区，那里的女性可能更容易受到暴力侵害。但几乎每个人都同意，新法律的执行使得妓女的数量减少了一半，在首都斯德哥尔摩市，据估计，卖淫已经减少了80%。同样重要的是，在法律颁布之前，每年有成千上万的女性被带到这个国家当妓女；自法律生效以来，非法贩卖人口的案件数量已经减少到只有几起了。

总的来说，瑞典人认为他们的新法律在解决卖淫问题上起了很大的作用。相比之下，在美国，从事卖淫工作的女性经历了一次次旋转门般的"逮捕—重返街头工作"。瑞典在很大程度上结束了这个问题，用女性的视角（帮助女性摆脱卖淫和购买性服务的男性）取代了男性的视角（逮捕卖淫的女性）（Ritter，2008；Women's Justice Center，2009）。

你怎么看？

1. 瑞典的针对卖淫的政策如何？在建构和定义问题上，与美国有什么不同？
2. 你认为美国有可能会采用瑞典的这个政策吗？为什么会或者为什么不会？
3. 你会支持这样的改变吗？为什么支持或者为什么不支持？

之一，那里妓女的数量可能高达220 000人。在泰国首都曼谷的街道上，有难以计数的妓院和性爱表演，卖淫女性中有一半还没有度过她们的青春期（Renton，2005）。

为什么未成年妓女如此受欢迎？客户青睐未成年女性，是因为相信她们传播艾滋病的风险较小。但事实上，大约一半的曼谷妓女携带艾滋病病毒，所以嫖客感染的风险很高。其中许多女孩和成年女性还有其他性传播疾病，以及由多年的疏忽和虐待导致的疾病（Janus，1996；Renton，2005；U.S. Department of Justice，2007；UNAIDS，2011）。本页的“全球视野下的社会问题”栏目涉及儿童的性旅游问题，需要我们仔细研究。

全球视野下的社会问题

儿童和性旅游

“这次旅游，我和一个14岁的墨西哥女孩，还有一个15岁的哥伦比亚女孩发生了性关系。我在经济上帮助她们。如果她们没有和我发生性关系，那么她们可能没有足够的食物。”

这些话是一个刚从拉丁美洲度假回来的退休美国教师说的，在那里，他成了参与全球性旅游的一员。

在过去的50年里，去往世界各地旅游的人数增加了十倍。但这一趋势的一个黑暗面在于，来自高收入国家的男性旅游的主要目标是：前往低收入国家并与儿童发生性行为。这种趋势正在增加。

性旅游是一项大生意。虽然没有确切的数字，但在东南亚——包括马来西亚、菲律宾和泰国——大约10%的国内生产总值来自性旅游。近年来，性旅游在非洲、东欧和拉丁美洲有所增加。全世界大概有100万儿童在卖淫。

是什么导致了性旅游的发展？一个根本原因是贫困。性旅游在贫困的国家最普遍。在经济机会很少的情况下，家庭成员允许他们的孩子去工作，在许多情况下，让孩子去投奔承诺帮他们找到工作的“经纪人”。

性别分层也在这里起作用。大多数低收入国家是男尊女卑的，男孩比女孩受教育更多。这意味着那些需要钱的家庭除了送女儿去工作之外可能别无选择，而且许多人最终会选择从事性交易。

近年来性旅游增加的最后一个因素是互联网的普及。数以百万计的男性不仅会和儿童发生性行为，他们中的许多人还会分享他们的经验，在成千上万的网站上发布详细的信息，吸引更多的人加入这个群体。

从事卖淫工作的儿童的处境十分悲惨，可能令人震惊。据估计，大多数儿童每年会接待100～1 500个客户（数量较多的每天差不多有5个客户，并且全年工作）。这些儿童除了被迫发生性行为外，还会遭受来自客户和雇主的暴力，交易时也伴随着被警方逮捕的持续性恐惧，并且感染性传播疾病的风险很高。在作为妓女工作的数月内，大多数儿童变得沮丧、失去自尊，并将自己的情况视为绝境。吸毒甚至自杀都是常见的现象（U.S. Department of Justice，2012）。

为了应对不断增加的性旅游，很多国家呼吁停止儿童卖淫和全面打击整个性旅游业。但鉴于贫困在许多国家普遍存在，更不用说还存在警察的贪污腐败问题，因此大的改变很难发生。

你怎么看？

1. 许多参加性旅游的男人有他们自己的借口，正如我们在本文开头读到的那样。你能想办法劝阻高收入国家男性参加与儿童发生性关系的旅游吗？
2. 一些旅游者认为，我们在国内认可的社会规范不适用于外国，因此与儿童发生性行为在某种程度上是可以接受的。你是否认为世界各地的人都应该把性旅游看成一种“普遍的错误”？为什么？
3. 在美国，也有儿童卖淫。你是否听说过那些发生在卡车停车场和商业会议中的儿童卖淫现象？你如何解释像美国这样的高收入国家的这种普遍现象？

七、青少年怀孕

- **运用**

在美国，每年大约有 2 000 万少女和约 75 万年轻女性怀孕。她们中的大多数人没有计划怀孕，与她们发生性行为的年轻男性也同样如此。更严重的是，这些年轻人大多数还没有准备好承担为人父母的责任。如图 7-4 所示，美国青少年怀孕率远高于其他高收入国家。

好消息是，与几年前相比，青少年怀孕的比例要低得多。当时，文化规范导致人们在更年轻的时候结婚，大多数怀孕的青少年是年轻的妻子，她们已与丈夫组建了家庭。在 20 世纪 50 年代，对“私生子”的谴责也广泛存在，因此未婚夫妻在得知自己怀孕后很快就会结婚（所谓的奉子成婚，通常是在女方父亲的坚持下进行的）；或者女性会悄悄地离开，并在孩子出生后，把孩
193 子送人收养。在某些情况下，女性获得了堕胎的权利，虽然几乎在各地堕胎都是违法的。

如今，大多数怀孕的年轻女性没有结婚。在怀孕的少女中，很少有人急于结婚，也很少有人把孩子送人收养。研究者向我们展示了这样一幅图片：在所有怀孕的青少年中，15% 的人流产，27% 的人堕胎，大多数（58%）人留下了孩子（Ventura，2009；Guttmacher Institute，2010）。

近几十年来，十几岁女孩的怀孕率大幅下降，尽管事实上至少有一半的十几岁女孩和男孩有性行为。下降的主要原因几乎可以肯定是在性行为中增加了对避孕措施的使用。

对于女孩而言，意外怀孕的风险最大。她们虽然可能生理上已经成熟，但对生殖系统如何运作还没有很好的了解。这些女孩可能来自贫困家庭。与那些来自富裕家庭的女孩相比，这些女孩也更有可能抚养孩子。为什么？研究人员指出，大多数低收入家庭的男孩和女孩认为上大学和找到一份好工作是他们无法企及的。在我们近年来所经历的经济困难时期，情况更是如此。因此，有一个孩子——做父母——似乎是这些年轻人宣称自己已经成年的唯一途径。单亲妈妈在贫困的非裔美国人中尤为常见，她们遭受着贫困和种族主义双重劣势。在所有的种族和民族中，成为一个未婚少女母亲使得她们很难完成学业以及找到一份好工作，显著增加了她们持续贫困的可能性（Alan Guttmacher Institute，2002；Ventura et al.，2009）。

（一）青少年怀孕的费用

在理想情况下，为人父母给人带来巨大的快乐。但是对于年轻且贫困的男性和女性来说，无法承担的责任和经济压力使得为人父母可能是一场噩梦。许多人会向政府寻求帮助，美国每年为怀孕的青少年提供的援助、医疗和其他支持大约花费 110 亿美元（The National Campaign，2011）。

然而，最沉重的贫困负担却由那些对此一无所知的人——婴儿——承担。平均而言，贫困青少年所生的婴儿出生体重较低，出现身体和发育问题的风险较高。许多这样的婴儿面临着经常伴随贫困而来的生活挑战，包括营养不良、当地社区暴力、学校教育质量差，以及医疗保健不足。更糟糕的是，这些孩子中的大多数在没有父亲帮

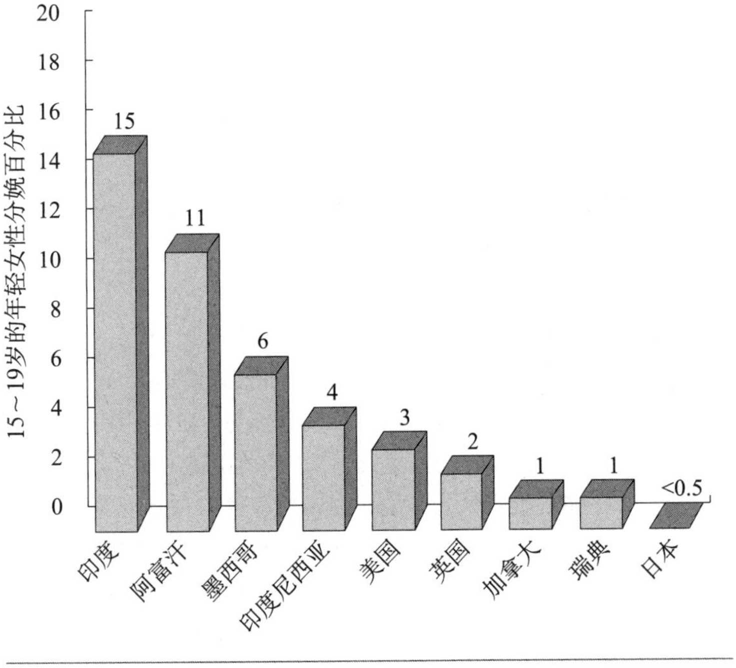

图 7-4　年轻女性分娩占比

注：15～19 岁的女性分娩所占比例在低收入国家比高收入国家要高得多。然而，在高收入国家中，美国脱颖而出，其年轻女性分娩的比例最高。

资料来源：Population Reference Bureau（2011）.

助的情况下面临着这些困难。不足为奇的是，这些孩子成为单亲父母的风险也更高。

（二）性教育：一个解决方案？

社会可以做些什么来减少不必要的少女怀孕？一个策略是转向学校。通过实施性教育计划教年轻人认识自己的身体是如何生长和变化的，以及这其中体现出的生物学特征，并解释如何通过使用生育控制手段或避免性行为而有效避孕。

如今，大多数公立学校开设了“性教育”课程，并且它已经成为课程体系的一部分。然而，这个项目仍然存在争议。批评人士（通常是保守派）指出，他们认为这是一种令人不安的模式：在过去 20 年里，随着越来越多的学校开展性教育项目，青少年的性活动水平有所上升。研究人员告诉我们，在高中的最后一年，46% 的高中生发生了性行为。尽管这些数据并不能清楚地表明性教育是这种变化的原因，但它们确实引起了人们的怀疑，即这个项目是问题的一部分（如保守派人士所声称的）还是解决方案的一部分（如自由派人士所声称的）。

性教育的支持者（通常是自由派）说，青少年怀孕的最大原因是无知。他们说，向年轻人传授避孕方法和接触性传播疾病的风险是很有意义的，因为许多年轻人在性方面很活跃。从这个角度来看，性教育是近期青少年意外怀孕率下降的主要原因。

也许没有什么性教育问题比在学校分发避孕套的政策更能引发激烈的争论。保守派声称，这项政策只会鼓励年轻人草率地从事性活动。自由派回应说，大多数年轻人总会以这种或那种方式进行性活动，所以重点是给予他们避免怀孕和感染性传播疾病所需要的东西（Alan Guttmacher Institute，2012；Ventura et al.，2009；Centers for Disease Control and Prevention，2011）。 *194*

八、堕胎

- **运用**

在与美国性问题有关的所有问题当中，最有争议的肯定是**堕胎**，即*故意终止怀孕*。在美国，每年大约有 120 万堕胎事件发生，这表示每三个胎儿中就会有一个被引产。接受堕胎的典型女性是从来没有生过孩子的 20 多岁的女性，这些女性中有 85% 未婚，其中 36% 的女性是白人，61% 的女性是非裔美国人或拉美裔美国人（Centers for Disease Control and Prevention，2009；Alan Guttmacher Institute，2011）。

（一）堕胎：回顾

追溯堕胎的历史，可以发现这种做法在古埃及人、古罗马人和古希腊人中很常见（Luker，1984；Tannahill，1992）。在美国，自殖民时代直到 19 世纪中期，助产士和其他传统从业者所提供的早期堕胎服务在各地都是合法的。这种情况在 1847 年开始改变，当时新成立的美国医学协会（AMA）要求取缔这一服务。美国医学协

美国之窗

美国各地青少年的怀孕率

在亚利桑那州图森市，18 岁的雷蒙娜·拉米雷斯（Ramona Ramirez）刚刚帮高中同学的孩子洗了个澡，他们中的很多人已经结婚生子。

在缅因州班戈的同样 18 岁的桑迪·约翰逊（Sandy Johnson）说，她高中时只有一两个女孩怀孕。

对于这个国家怀孕率高的地区，你能说些什么呢？你能解释一下这些模式吗？在 MySocLab 上探索你所在的当地社区和全美 15～17 岁青少年中已婚者的比例。

资料来源：Alan Guttmacher Institute（2010）.

会声称，医生是执行这一计划的最佳人选，很明显，美国医学协会正试图将助产士和其他传统从业者的堕胎业务从商业中摒弃。他们的努力是成功的。到 20 世纪初，这个国家的每个州都颁布了禁止堕胎的法律（Luker，1984）。

然而，这些新法律并没有终止堕胎的发生。有钱的女性可以找到愿意提供安全堕胎服务的医生。但对于贫困的女性来说，这是另一回事。她们要么否认意外怀孕，要么接受由无证医生提供的廉价堕胎服务，其结果有时是致命的。

到 20 世纪 60 年代，一场社会运动正在全美展开，旨在废除禁止堕胎的法律。1973 年，美国最高法院就*罗伊诉韦德案*（Roe v. Wade）和*多伊诉博尔顿案*（Doe v. Bolton）做出裁决，推翻了所有州的堕胎法。从那以后，“赞成选择”的人（通常是自由派）一直在争取让女性可以堕
195 胎。“反堕胎”人士（通常是保守派）也在努力限制堕胎，希望推翻最高法院的决定，再次使堕胎成为非法行为。

（二）今天的堕胎争议

自 1973 年以来，各种法律和法院判决限制了女性堕胎。例如，在 1977 年，国会通过了《海德修正案》，禁止使用医疗补助基金进行堕胎手术，除非这对挽救母亲的生命来说是必要的。1980 年，美国最高法院在*哈里斯诉麦克雷案*（Harris v. McRae）中裁定，州政府和联邦政府不需要用纳税人的钱为贫困女性提供堕胎服务。1989 年，最高法院支持一项州法律，禁止公职人员或公共设施提供堕胎服务，除非是为了挽救母亲的生命。在 1989 年的*韦伯斯特诉生殖健康服务案*（Webster v. Reproductive Health Sevices）中，法院还支持州法律，要求医生在堕胎前进行医学检查，以确定胎儿能否在体外存活。

1992 年，美国最高法院在*东南宾夕法尼亚等计划生育组织诉凯西案*（Planned Parenthood of Southeastern Pennsylvania v. Casey）中的判决再次确认，各州在制定堕胎政策方面有着广泛的共识。20 世纪 90 年代后期，国会曾两次提议禁止在怀孕后期进行所谓的部分生产堕胎，但克林顿总统否决了这两项议案。最后，到 2012 年，26 个州颁布了法律，要求未成年人在堕胎前获得父母中的一方或双方的同意。布什政府对堕胎权利的支持不如克林顿政府，2003 年，国会再次试图限制在怀孕晚期堕胎，但是并未通过这样的法律。2006 年，民主党对国会的控制有效地阻止了主张限制堕胎一方的努力。奥巴马政府于 2008 年上台，在 2012 年之前，对堕胎的权利没有任何改变。

尽管如此，公众在这个问题上仍然存在分歧。表 7-1 显示了在各种情况下支持堕胎的美国成年人的比例。尽管绝大多数人（83.2%）支持合法堕胎，但只有不到一半的人（41.9%）支持以任何原因合法堕胎（NORC，2011：397-399）。令人惊讶的是，支持堕胎的女性（54%）和男性（53%）的比例几乎相同。民主党（65%）比共和党（34%）更支持堕胎。此外，人们对堕胎的态度因种族和民族而异。例如，阿拉伯裔和意大利裔在这个问题上更加保守，只有 29% 的人支持以任何原因堕胎。在自由派的政治派别中，62% 的犹太裔美国人支持以任何原因堕胎（Zogby International，2001；Pew Research Center，2008：2011）。

表 7-1 美国人对于堕胎的态度

调查问题：在以下情况下，女性是否应该获得堕胎的合法权利	
	作出肯定回答的比例
“如果她的健康受到怀孕的严重威胁”	83.3%
“如果她因为强奸而怀孕”	77.0%
“如果胎儿极有可能有严重的缺陷”	71.9%
“如果她已婚，但是不想要更多的孩子”	45.8%
“如果她的家庭非常贫困，不能负担更多的孩子”	43.7%
“任何原因”	41.9 %
“如果她未婚，但是并不想和那位男士结婚”	40.9%

资料来源：NORC（2011：397-399）.

为什么堕胎争议如此激烈？因为从任何一方的观点来看，都有很多事情处于危险之中。反堕胎活动人士声称，堕胎无异于杀害未出生的孩子。在生死攸关的时刻，许多人不会放弃自己的信仰。然而，支持堕胎的积极分子也有理由坚定立场。在他们看来，合法堕胎是女性控制生育的关键，女性由此才能够控制她们的生活。只有能够避免意外怀孕所带来的后果的女性才有机会获得收入，并建立独立于男性的地位。简而言之，只要有法律禁止堕胎，女性就不太可能实现与男性间的社会平等（Simon，2003）。

九、性传播疾病

- 运用

性传播疾病（sexually transmitted diseases，STDs）是*通过性接触传播的疾病*。性传播疾病总共有 50 多种。大多数性传播疾病——包括淋病、梅毒和生殖器疱疹——的感染率在 20 世纪 60 年代的性革命中开始上升。到 20 世纪 80 年代，性传播疾病危险性的上升在鼓励反性革命方面起了一定作用，这在本章的前面已经描述过。下面的内容简要介绍几种常见的性传播疾病。

（一）淋病和梅毒

淋病和梅毒是人类最古老的疾病中的两种，是由典型的通过性活动传播的微生物引起的。如果得不到治疗，淋病可导致不孕，梅毒可导致失明、精神障碍甚至死亡。

2010 年，官方数据显示，美国有 243 500 例淋病和 13 000 例梅毒，尽管实际总数可能要高得多。官方数据显示，大多数病例涉及非拉美裔美国人（68%），非拉美裔白人（20%）、拉美裔美国人（10%）、亚裔美国人和美洲原住民（1%）（Centers for Disease Control and Prevention，2011）。

医生可以用青霉素等抗生素有效治疗淋病和梅毒。由于这个原因，这两种疾病都不被认为是当今美国的主要健康问题。

（二）生殖器疱疹

生殖器疱疹（单纯疱疹病毒，2 型）是一种至少感染了 2 500 万人，即大约 1/6（16%）的 14 ～ 49 岁的美国人的病毒。在 40 多岁的
人中，大约 1/4 的人被感染了各种生殖器疱疹 196
病毒。在这个年龄段中，非裔美国人的感染率（56%）比非拉美裔白人（21%）和拉美裔美国人（20%）高出两倍（Centers for Disease Control and Prevention，2010）。

虽然疱疹对人类健康的危害小于淋病和梅毒，但这是一种无法治愈的疾病。有些人在感染生殖器疱疹后完全没有任何症状，许多人没有意识到自己感染了病毒。然而，另一些人将会经历生殖器周期性的疼痛以及所伴随的发热和头痛。

一个严重的问题是生殖器疱疹活跃的女性可能会在阴道分娩过程中将疾病传染给婴儿，这对新生儿来说可能是致命的。因此，医生通常会建议这类女性通过剖宫产进行分娩手术。

（三）艾滋病

在所有的性传播疾病中，最严重的是*获得性免疫缺陷综合征*，即*艾滋病*（AIDS）。在 1981 年发现这种疾病后不久，医生们得出结论，这种疾病是无法治愈的，而且即使经过治疗，结果也总是致命的。艾滋病是由破坏人体免疫系统的人体免疫缺陷病毒引起的。艾滋病本身并不致命，但它使得感染者因无法抵御广泛的其他疾病而最终死亡。

1. 美国艾滋病问题的严重程度

美国政府官员记录了 2008 年在美国有 16 088 人死于艾滋病，官员也注意到 2009 年有 34 247 个新病例。虽然每年报告的病例数一直在减少，但官方统计数据显示美国有 1 108 611 名艾滋病病毒携带者，其中 594 496 人已经死亡（Centers for Disease Control and Prevention，2011）。

非拉美裔白人（占美国总人口的 64%）占艾滋病患者的 34%，非裔美国人（占美国总人口的 13%）占艾滋病患者的 44%。拉美裔美国人的感染率很高：占美国总人口的 16% 和艾滋病患者的 19%。简而言之，非裔美国人和拉美裔

美国人感染艾滋病的风险相对较高。这尤其适用于女性：患有此病的约80%的女性和儿童是非裔美国人或者拉美裔美国人。亚裔美国人和美洲原住民（约占美国总人口的6%）中只有约2%的艾滋病患者（Centers for Disease Control and Prevention，2011）。

2. 世界艾滋病问题的严重程度

在世界许多地区，艾滋病是一场医学灾难。全球的损失到底有多大？在世界各地，艾滋病病毒感染了大约3 300万人，其中250万年龄在15岁以下，而且这个数字还在继续增加。艾滋病病毒感染率最高的国家在撒哈拉以南非洲，占世界病例的68%。联合国称，在撒哈拉以南非洲的大部分地区，青少年感染艾滋病病毒的概率为50%。在这些地区，女孩比男孩面临更高的风险，因为与其他相关方式相比，艾滋病病毒更容易从男性传播到女性。

非洲仍然是艾滋病流行的中心。但印度和中国这两个超十亿人口的大国中感染率的上升，将会引起全球在未来十年中患艾滋病人数的激增（Whitelaw，2003；UNAIDS，2010）。

3. 艾滋病病毒如何传播

感染艾滋病病毒的人在一年甚至更长时间内不会出现任何症状。因此，大多数病毒携带者不知道自己的病情，可能会在不知不觉中传播疾病。5年内，1/3的感染者发展成艾滋病患者；1/2是在10年内发病的；而几乎所有的人都在20年之内发病了。

虽然艾滋病病毒具有传染性，但它并不具有蔓延性。即艾滋病病毒只在人与人之间通过少数特殊方式传播：血液、精液或母乳。它不能通过握手、拥抱、分享毛巾或餐具、在一起游泳，甚至咳嗽或打喷嚏传播。通过唾液（如在接吻中）传播病毒的风险也极低。一个大大降低风险的有效策略是男性在性活动中使用避孕套，但确保不感染艾滋病的唯一可靠方法是性节制或者只与未感染者发生性行为。 197

特定行为使人们感染艾滋病病毒的风险极高（Centers for Disease Control and Prevention，2010）：

（1）肛交。肛交是危险的，因为它会导致直肠出血，这使得艾滋病病毒很容易从一个人传播到另一个人。很多同性恋和双性恋男性有肛交的经历，这些人占2009年确诊病例的50%。

（2）共用针头。与其他人共用针头注射药物是一种高风险行为，因为使用者接触到了其他人的血液。静脉注射吸毒者占艾滋病患者的27%左右。出于这个原因，与静脉注射吸毒者的性行为也是一种高风险行为。在美国贫困人口中静脉注射吸毒的人口比例较高，使得艾滋病也成为弱势经济群体容易感染的一种疾病。

（3）使用药物。使用任何药物，包括酒精，都会让人更有可能患上任何性传播疾病，因为它影响人的判断。即使是了解风险的人，也可能在酒精或其他一些药物的影响下不负责任地行事。整个世界上通过异性恋接触感染艾滋病的人占2/3。

如图7-5所示，24%的美国艾滋病患者是通

世界之窗

全球视野下的艾滋病感染

帕克·马斯登（Parker Marsden）就读于明尼苏达州的一所小的学院；虽然他意识到了艾滋病的风险，但他不认识任何感染了艾滋病病毒的人。

穆科亚·萨雷尔马－毛努马（Mukoya Saarelma-Maunumaa）生活在纳米比亚，在那里，在一些农村地区，多达一半的人感染了艾滋病——他的父亲和两个表兄弟因感染艾滋病而去世。

撒哈拉沙漠以南非洲地区的国家的艾滋病病毒感染者占全球感染艾滋病病毒的人数的2/3。然而，目前亚洲是艾滋病病毒感染人数增长最快的地区，占全球病例的15%。在北美洲和南美洲，感染率相当低，这两个地区的病例占全球病例的9%。

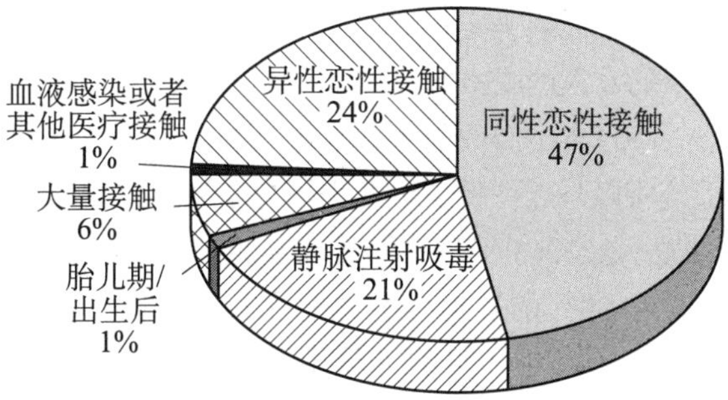

图 7-5 美国的艾滋病传播类型案例（2009）

注：几近一半的美国艾滋病患者是通过同性恋性接触而感染的，然而，还有很多其他的感染途径。

资料来源：Centers for Disease Control and Prevention（2011）.

过异性恋性接触感染的。感染风险随着性伴侣数量的增加而增加，特别是当他们属于高风险类别
198 中的一种时。

4. 对抗艾滋病

在 20 世纪 80 年代早期，同性恋社区是第一个呼吁关注艾滋病问题的。政府回应缓慢，也许是因为他们被认为是易受到艾滋病影响的男同性恋者。活跃分子要求政府提供更多资金用于艾滋病研究，以及为艾滋病患者提供更多社会服务。到了 20 世纪 80 年代中期，当这种流行病通过输血感染蔓延到异性恋人群中时，官员对此问题才更加关注，并对全美的血液供应进行艾滋病病毒筛查。

随着死亡人数的增加，男女同性恋社区聚集在一起开展推广计划以鼓励更安全的性行为，并解释什么是艾滋病病毒以及它是如何传播的。这些努力成功地使得男同性恋者减少了性伴侣的数量以及避免高风险性行为。

近年来，新的药物疗法延长了艾滋病病毒感染者的生命。抗逆转录病毒疗法改善了艾滋病病毒感染者的健康状况，还可以防止他们进一步传播病毒。随着这种治疗的成本下降，现在有更大比例的感染者可以接受治疗。尽管如此，高昂的治疗费用——其中一些没有被医疗保险覆盖——仍然是许多人无法承受的负担（Altman，2006；World Health Organization，2011）。

十、性理论

- **分析**

社会学理论可以帮助我们更完整地理解各种社会问题。以下部分运用社会学的三种主要理论方法来看待性行为。

（一）结构功能分析：控制性行为

也许性最重要的功能是人类的繁衍，这是我们物种生存的必要过程。但是控制性行为对社会组织来说也很重要，这就是为什么社会要求人们根据特定的规范选择伴侣和生育。为了明白为什么控制性行为是重要的，不妨想象一下人们一次又一次地与任何人发生性行为。如果这种情况真的发生，那么我们所知道的家庭将不复存在，人们将不再有亲情纽带。如果没有家庭，那么没有人会和别人有任何特殊的关系，而我们所知道的社会在很大程度上也会不复存在。

1. 乱伦和合法性

指导生育的一个重要规范是乱伦禁忌，这是每个社会都存在的一种规范，即禁止某些亲密家庭成员之间的性行为和生育行为。乱伦禁忌在世界各地都普遍存在，虽然在不同的社会里，乱伦禁忌确切包含哪些亲属是具有一定差异的。为什么乱伦禁忌的规范很重要？如果再次以血亲关系进行繁殖，那么社会关系会很快变得无可救药的混乱。例如，如果父亲和女儿发生性行为并生了一个儿子，那么这个男孩与他们之间的关系是什么呢？

同样地，支持合法的后代——也就是说，已婚夫妇所生的孩子——的传统的规范是确保孩子得到照顾，以及与亲生父母建立法律联系，包括继承权的一种手段。简而言之，结构功能方法有助于解释为什么不恰当的性关系——包括乱伦和“私生子”——在世界各地的社会中都被广泛视为社会问题。

2. 卖淫的功能

虽然某些性关系会导致社会问题，但有一些性问题可能并不完全是坏事。以卖淫为例。如本章前面所述，大多数人认为卖淫是一个问题，

因为它传播疾病并且剥削女性（NORC，2011）。但是金斯利·戴维斯（Kingsley Davis，1971）多年前指出，卖淫也表现出一些有用的、不太被注意的功能。

根据戴维斯的说法，卖淫是满足性需求的一种方式，能满足那些无法获得性机会的社会成员的性需求，这些社会成员包括士兵、旅行者，以及那些没有身体吸引力或者因太穷而无法吸引婚姻伴侣的人。此外，有些人偏爱卖淫，可能只是因为他们想要性但又不想承诺一段感情。一位分析师这样说：男人不为性付出；他们只为性付钱（Miracle，Miracle & Baumeister，2003：421）。

- **评价**

结构功能方法表明性行为在社会组织中发挥着重要作用，并帮助我们明白为什么社会总是关注谁
199 和谁一起繁殖。与此同时，现代技术已经将性与生殖分开，社会还需要像以前一样规范性行为吗？

结构功能方法有时会忽略性别。当金斯利·戴维斯写下卖淫为社会带来的好处时，他谈的是对一些男人的好处。这种方法的另一个局限是它忽视了美国性规范的多样性，以及性行为模式事实上是随着时间的推移而改变的。为了理解变化多样的性的特征，我们现在转向符号互动方法。

学习检验　应用结构功能方法解释为什么社会要控制性行为，特别是涉及再繁殖的时候。这种方法论的局限是什么？

（二）符号互动分析：定义性行为

符号互动方法强调了这样的事实，社会成员就像建构现实中的所有其他方面一样在社会上建构性。作为人类创造的产物，人们对性附加的意涵可能是完全不一样的。回顾历史，是一个了解人们对性的不同看法的好方式。

1. 童贞的含义

性含义变化的一个很好的例子就是人们对于*童贞*（即从未有过性行为的状态）的想法。在过去美国的大部分历史中，强大的文化规范要求人们——或者更确切地说，女人——在结婚前一直是处女。在现代节育方法被发明之前，童贞的规范是男人能够确定没有娶一个怀着另一个男人的孩子的女人的唯一方式。

一旦有了有效的节育措施，性就与生殖分开了，所以是否保持童贞几乎不再重要。一项研究表明，在1963年后十年中出生的人中，84%的男性和80%的女性表示他们在初婚时已不再有童贞。50年前，许多人将婚前性行为定义为一个社会问题；然而，在今天，这种性行为模式被广泛认为是一种常态（Laumann et al.，1994；NORC，2011）。

2. 习得的性角色：裸体舞女的例子

符号互动方法不仅指出了性规范随着时间和地点而有差异，也为了解人们如何学习和解释自己的性行为提供了见解。例如，女性是如何成为裸体舞者的？做这个工作的女性如何看待自己？

研究人员在对一个西南城市的40名裸体舞女的研究中发现，女性是渐进式地从事此类工作的，一步一步，就像人们进入任何其他行业一样（Thompson & Harrod，1999）。大多数女性解释说她们首次体验裸体舞蹈的经历很简单，通常是出于对其他人挑战的回应，并且在大多数情况下，就是喝了几杯酒而已。女性声称她们受到了对于她们的努力的鼓励，更重要的是，她们很快意识到她们可以通过跳舞赚到比其他“直接的”工作更多的钱。

这时，她们决定通过从事这种被许多人认为离经叛道的工作来获得部分或者全部收入。但大多数女性坚持认为自己没有做错任何事。她们的俱乐部帮助她们很好地看待自己，通过建立“只能看不能触碰”的严格要求，让她们能够认为自己是艺人，而不是妓女。此外，所有女性使用艺名，以保证顾客对她们的“现实世界”的身份一无所知。同样，大多数女性只告诉俱乐部以外的一小部分人她们的工作实际上是什么；其余的人，包括她们的父母会认为，她们只是“在夜总会工作”。

最后，几乎所有的裸体舞女都学会了将她们的工作视为有用的，并指出她们这种娱乐方式对任何人都没有伤害，且收入丰厚。裸体舞女们逐渐建立起一个保护她们并使她们的工作舒适的意义世界（Thompson & Harrod，1999）。

• **评价**

符号互动方法突出了人们怎样在日常生活中建构现实，这个过程适用于与其他形式的行为一样的性行为。虽然性行为的很多方面会随着时间的推移和地点的变化而变化，但是有一些模式是非常一致的，例如男性倾向于将女性贬低为性玩物。为了理解这种模式，我们转向社会冲突方法。

学习检验 通过符号互动方法对性问题的分
200 析，我们获得了什么见解？这种方法的局限是什么？

（三）社会冲突分析：女权主义方法和酷儿理论

如“理论运用”表格中总结的，社会冲突方法重点讲述社会不平等。遵循这种方法，女权主义方法强调性行为涉及女性和男性之间的不平等。同样，酷儿理论强调了同性恋者和异性恋者之间的不平等。

1. 女权主义方法：女性作为性目标

女权主义方法指出性行为在男性对女性的统治中扮演着重要角色。色情作品、卖淫，甚至是最高程度的跳裸体舞蹈的女性，她们扮演性角色的目标仅仅是取悦男性。如果男性重视女性主要只是为了她们的外表和顺从，那么女权主义者会问，两性是否能够在平等的条件下参与社会？大概不能，这正是性别平等运动的原因。性别平等运动有益于将工作场所中的性行为定义为社会问题，促使政府和公司制定反骚扰政策。

男性统治不仅包括不平等，还包括暴力。正如我们已经解释过的，美国文化将性与暴力结合在一起，比如“hitting on”（可译为打击、勾引等）这个短语既可以指性行为，也可以指身体暴力。正因如此，社会冲突方法——尤其是女权主义——对涉及性的传统模式提出了尖锐的批评。一些女权主义者完全拒绝与男性发生性行为，声称女人与男人上床就像奴隶与主人发生性行为一样（Dworkin，1987）。

2. 酷儿理论

社会学的最新发展是**酷儿理论**（*queer theory*），*是一种整体研究挑战美国社会的异性恋偏见的理论*。就像女权主义方法寻求女性和男性的平等地位一样，酷儿理论寻求平等地接受同性恋者和异性恋者。

女权主义把美国社会定性为是性别歧视的。酷儿理论声称，美国社会被**异性恋主义**（*heterosexism*）——*认为异性恋是一种常态，而*

理论运用 **性**

	结构功能方法	符号互动方法	社会冲突方法（女权主义方法和酷儿理论）
分析层次	宏观	微观	宏观
性行为的重要性	结构功能方法指出性行为对人类繁殖的重要性。但是社会必须控制性行为——必须控制繁殖的对象——以维护社会秩序。	符号互动方法解释：就像所有的社会模式一样，性涉及人们对性行为的意义赋予。性模式以及人们理解它们的方式随着地点和时间的变化而有所改变。性角色，包括参与有争议的行为，如裸体跳舞，是随着时间推移而习得的。	所有社会冲突方法都关注性行为是如何与社会不平等联系起来的。女权主义方法和酷儿理论都致力于使社会对性别和性取向的态度更加平等。
性是一个问题吗？	所有社会都利用乱伦禁忌以规范繁殖行为，防止与亲密家庭成员进行繁殖，以确保父母照顾孩子和确保后代的继承权利，许多社会也采纳“合法”生育的观念。	与性行为有关的含义随着时间的推移而变化。非童贞在过去被定义为一个问题，特别是对未婚女性来说，但是在今天，是否童贞并不是一个很重要的事情。为避免负面标签带来的困扰，那些参与有争议的涉及性的行为的人，比如裸体舞女，会培养保护自己利益和自尊的态度及行为。	女权主义理论认为性之所以成为问题，是因为它允许男性主宰女性。父权制导致了其他问题，如卖淫和色情作品，两者都涉及男性对女性的贬低。酷儿理论反对我们文化中的异性恋主义，并寻求人们对同性恋的接纳。

把任何不同于这一标准的人视为“酷儿”（queer）的偏见——扭曲了。美国社会的异性恋主义不仅谴责同性恋者，也谴责双性恋者、无性恋者和变性者，因为他们违反性别规范，甚至通过外科手术改变自己的性别。异性恋的标准在日常生活中是很常见的，比如当大众传媒赞美流行电影明星的“性感”时，他们几乎都是异性恋。1998 年，喜剧演员艾伦·德杰尼勒斯（Ellen DeGeneres）在她的电视节目中宣布“出柜”成为女同性恋者，引发了争议。然而，近年来，《摩登家庭》（*Modern Family*）等以公开的同性恋角色为特色的热门电视剧表明，人们的态度正在改变。

虽然歧视女性和非裔美国人是非法的，但是对性取向不同的人的偏见确实是很常见的，并且在大多数情况下，这些偏见是在法律允许的范围内的。比如童子军组织仍然排除表现得像“酷儿”的人。

- **评价**

女权主义方法和酷儿理论强调了性行为与各种社会不平等维度之间的紧密联系。但社会冲突方法的批评者指出，并不是每个人都认为性是一种力量问题。相反，大多数人会发现性行为加强了一个人与另一个人的联系。此外，各种社会冲突方法没有注意到美国社会已经采取了对女性、男女同性恋者的反歧视斗争，包括反歧视政策和反仇恨犯罪法。

学习检验 女权主义方法中关于性行为的见
201 解是什么？酷儿理论呢？这些理论方法的局限是什么？

十一、政治与性行为：提出问题并定义解决方案

- **评价**

在前面的章节中，我们已经了解到人们建构问题的方式，并且认识到人们所定义的解决方案也依赖于特定的政治价值观。这也适用于性行为。本部分从保守派、自由派和激进左派的角度探讨本章提出的问题。

（一）保守派：传统道德的价值

定义保守派观点的基本原则是，人们不应该为自私的欲望所引导，而应该遵循规定了正确与错误的道德原则。保守派认为，如果社会鼓励与“绅士”和“女士”相联系的传统方式，那么本章提到的大多数问题是可以避免的（Sommers，2003）。

许多保守派支持传统的规范，将性行为置于传统的婚姻关系中。出于这样的原因，保守派认为婚前性行为和婚外性行为不仅是社会问题，也可能导致其他问题，如青少年怀孕和传播性传播疾病。保守派还谴责卖淫和色情作品，不仅因为它们违反传统的体面标准，也因为它们会威胁婚姻。

保守派反对法律允许按需堕胎，因为这一政策赋予了一个人终结另一个无辜无助者——未出生的孩子——的生命的权力。为了避免每年有 120 万例意外怀孕发生，保守派提倡人们承担更多的性责任，这样一来，意外怀孕就会极少发生。

当然，保守派内部并不是对每个问题都能达成一致。同性恋就是一个很好的例子。一些保守派谴责同性恋是一种不道德的生活方式，同时他们反对同性婚姻，认为其违反传统，违反宗教保守派的看法，违背《圣经》经文。其他更温和的保守派认为性取向不能被当作道德问题，因为它并不是人们后天选择的结果。他们支持同性婚姻，认为无论家庭生活是由同性恋者还是由异性恋者组成的，都是对人们的生活有好处的。

总的来说，对于涉及性行为的社会问题，保守派的答案是建立强大的社会机构——包括教堂、学校，尤其是家庭。在年轻人面临来自同辈群体的压力时，这些机构能鼓励他们做正确的事而非做坏事。现在，保守派支持一些承诺强化家
庭的政策，比如更严格的儿童抚养法，法律也要 202
求任何年轻女性在堕胎时都要通知父母，政策允许父母离开工作岗位照顾家庭成员。保守派称，最重要的是，美国社会将从一项全国性的努力中获益良多，这项努力旨在确保尽可能多的孩子在一个有父亲和母亲的家庭中长大。

（二）自由派：性和个人选择

自由派强调的不是传统道德的重要性，而是个人自由的重要性。在自由派看来，所有人都应该可以自由选择如何表达自己的性态度，这使得对性态度的自由表达是宽容的。在性取向的问题上，自由派避免做出判断，避免武断地认为某一特定行为总是对的或总是错的；他们喜欢让个人自己决定他们希望如何行事。同样，自由派对婚前性行为也持宽容态度，只要参与其中的人足够成熟，有足够的知识做出负责任的选择。

自由派容忍的极限是某些人以伤害来威胁其他人。考虑到这一点，自由派将性暴力、艾滋病和青少年怀孕定义为社会问题。同样，尽管自由派捍卫言论自由，但许多人担心，色情作品和卖淫最终会伤害女性。

自由派指望政府来解决各种社会问题。学校可以带头向年轻人传授他们需要知道的知识，以便其对性做出负责任的选择。自由派期望刑事司法系统能保护女性免受家庭暴力和强奸的伤害。在他们看来，政府机构应该监督工作场所，确保公司保护员工不受性骚扰的伤害。自由派认为，只有政府提供大量资源，才有可能最终结束艾滋病的流行。

自由派认为个人应该为自己的行为负责，因此，自由派支持允许堕胎，并认为能够决定是否堕胎的只有女性自己。大多数自由派支持政府为堕胎提供资助，这样不管孕妇自己的支付能力如何，她们都有了做选择的机会。

（三）激进左派：寻找问题的根源

激进左派认为，在这一章中提出的问题——包括性取向、色情作品、性暴力和卖淫——属于社会不平等的维度。在他们看来，每个问题的产生都是因为某一类人对另一类人有支配权力。

激进女权主义者解释说，美国社会具有强烈的父权意识。由于男性权力深深植根于美国社会结构中，因此激进女权主义者怀疑改革的努力能否创造出一个男女平等的社会。所以，激进女权主义者寻求消除性别本身。正如第 4 章（“性别不平等”）所指出的，许多激进女权主义者认为，要做到这一点，社会必须挑战繁殖的生物学事实。他们认为，也许新的生殖技术将使女性从自古以来与生育的联系中解脱出来。

从短期来看，许多激进女权主义者鼓励女性共同努力，以实现政治目标，避免对男性的依赖。一些人甚至呼吁结束与男性的性联系，并为女同性恋者发出强力的呼声。毕竟，是女同性恋者挑战了美国社会的两大基本结构：她们以同性恋者的身份挑战异性恋的规范；她们以不与男性一起生活的方式挑战男性权力。

从左到右　关于性的政治观点

	激进左派观点	自由派观点	保守派观点
问题是什么？	男性统治女性就像异性恋控制其他性取向。	卖淫和色情作品伤害女性；青少年怀孕与贫困有关；性骚扰阻止人们正常工作。	婚前、婚外性行为和同性恋违背传统的是非原则；堕胎在道德上是错误的。
解决方案是什么？	因为性别歧视和异性恋主义在现有制度中根深蒂固，所以激进女权主义者提倡改变应以无性别社会为方向。 同样，酷儿理论认为实现所有性取向的人的平等需要对我们的文化进行根本改革。	政府必须打击卖淫和色情作品，以及工作场所的性骚扰，确保所有女性都可以选择堕胎，并追求治愈艾滋病。	家庭——最好有两个积极参与的父母——必须教导孩子传统美德，例如在性行为的自我约束方面的规则。家庭在这些方面做得越多，就越能够减少少女怀孕等问题和性传播疾病。

参与讨论

1. 在你看来，本章讨论的哪些问题是最严重的？为什么？
2. 总的来说，你认为涉及性行为的社会问题是正在好转还是正在恶化？哪个社会问题是这样的？为什么？
3. 你认为这三种政治取向中的哪一种更具说服力？为什么？

酷儿理论认为美国社会的特权是异性恋，同时美国社会将任何不符合那种常态的人称为“酷儿”。这种异性恋偏见是深刻的。酷儿理论声称，只有挑战我们生活方式的根源，才能产生一个平等的社会，才能使所有人在社会生活中都是平等的参与者。

第 191 页的“从左到右”的表格总结了三种政治视角对于与性有关的各个问题的看法。

总结与展望

- **设想**

你可能会得出这样的结论：一个世纪后，如果有什么事情不会发生太大变化，那么它一定是性。社会可能会在许多方面发生变化，但性似乎是人类经验中的一个稳定因素。

但真的是这样吗？这一章追溯了美国性行为和性态度的一些显著变化。从最早的欧洲移民所持的僵化的“性作为繁殖手段”的观点到对性革命的“一切皆有可能”的观点，关于性的观点绝
203 对不是一成不变的。

对性问题的定义也发生了明显的变化。在 20 世纪初，同性恋被认为是一个社会问题：没有人公开谈论它，许多人认为它是一种罪恶或疾病，同性恋行为几乎在美国所有地方都是违法的。随着同性恋权利运动的壮大，美国文化对性别多样性的容忍度越来越高。如今，公开地过同性恋生活是可能的，数百万人已证明了这一点。

几十年前，很少有人认为性骚扰是一个问题，因为他们接受了这样一种观点，即男人应该主要从性的角度来看待女人。随着女性在经济、政治上的进步，在美国，这样的想法已经为一种观念所取代，那就是女性和男性一样，应该以能力而不是外貌来评判。在过去的十年里，防止性骚扰的政策广泛实施，以寻求消除性在工作场所中的影响。

从现在开始，我们期待未来会发生什么变化？尽管争论仍在继续，但对同性恋的态度越来越宽容的趋势似乎肯定会持续下去。在短短几年的时间里（截至 2012 年），八个州和哥伦比亚特区决定允许同性恋者合法结婚；其他州也可能效仿。同样，结束艾滋病流行的努力已经扩大并显示出希望。随着时间的推移，这种在美国造成 100 多万人死亡的疾病终将得到控制。但是世界上的贫困国家呢？那里因艾滋病而死亡的人数预计将达到数亿人。在美国国内，关于堕胎的分歧将如何发展呢？可以肯定的是，这一争论将会继续下去。

性可能一直会是社会生活的一部分，但事物
越想要保持不变，就越要做出更多的改变。 204

定义解决方案

年轻人可以性活跃吗？

几乎每个人对这个问题都有自己的看法，哪怕只是因为性行为会导致一些问题，包括意外怀孕和感染性传播疾病。查看下面的陈述，可以看到用两种不同的方法来定义这些问题的解决方案。

（1）自由派认为意外怀孕和感染性传播疾病是严重的问题。但是他们声称问题不在于性本身，而在于缺乏对如何进行“安全性交”的理解。出于这个原因，自由派倾向于采取诸如性教育之类的解决方案，并使避孕套和其他避孕措施广泛使用。2012 年“避孕套之国”巡回赛期间，非洲人国民大会志愿者在加利福尼亚州奥克兰市
分发避孕套。这种方法的优点和缺点是什么？ 205

（2）保守派声称我们的社会对性行为变得太宽容。许多人赞成传统观念，即年轻人应该推迟到婚后才能有性行为。如果按照他们的标准，如意外怀孕和感染性传播疾病的问题就会非常罕

见。禁欲运动是一种保守的解决方案。它要求年轻女性佩戴象征着她们保证放弃性活动直到步入婚姻的“贞节戒指”。你认为这个解决方案的“优点”和“缺点”是什么？

提示：这两种方法显然都会在某种程度上“起作用”。与此同时，你会支持哪一个取决于你的政治态度。保守派认为，传统的道德价值观与个人责任相结合，对解决问题大有裨益。但是如果年轻人性行为活跃怎么办？自由派的方法假设年轻人会性活跃。自由派称，提供避孕套或其他避孕措施，以及性教育，将帮助年轻人做出更安全的选择。但这种方法几乎无法帮助年轻人了解是否应该进行性行为以及何时与某人进行性行为比较好。你在这个问题上的立场是什么？

参与：应用和练习

1. 几乎每个校园都有涉及本章讨论的性问题，包括同性恋权利、性暴力和堕胎的学生组织。找出哪些组织在你的校园里运作。它们是什么组织？它们的目标是什么？它们寻求什么变化？如何在政治上描述它们的特征？
2. 问你所在学校的学生服务工作人员有关校园性暴力的程度。了解你能从报道的犯罪比例以及协助和帮助受害者的政策和措施中学到什么。
3. 在图书馆和互联网上做一些研究，了解你所在州的过去和现在的法律权利，以及当地社区你感兴趣的一些与性有关的问题，比如卖淫、鸡奸、性暴力、跟踪或性骚扰。
4. 近年来，“勾搭”（hooking up）已成为一种在大学里有关性行为的一种模式。组织一堂课探讨人们对于“勾搭”的想法。为什么会出现这种模式？有什么问题？ 206

达标：可视化摘要

建构社会问题决定性时刻

阿尔弗雷德·金赛：公开谈论性

什么是性？	
性是**生物学**问题。 ● 女性和男性有不同的用于繁殖的器官以及不同的身体特征。 性是**文化**问题。 ● 对于性的态度和实践因地点不同而多样，并随着时间的推移而变化。	**性：**男性和女性之间的生物性区别。 **性取向：**一个人对他人的浪漫和感情上的吸引力。

美国的性态度
在美国的历史进程中，性态度发生了变化。 ● 在历史早期，殖民者认为性行为仅仅是为了繁殖。 ● 近几十年来，性变得更加成为亲密和个人乐趣的问题。 ● 从 20 世纪 60 年代开始的**性革命**鼓励人们更自由开放。 ● 到了 20 世纪 80 年代，出现了**性反革命**，反映了美国更加保守的政治以及对性传播疾病的恐惧。 ● 今天，性革命在老年人中持续存在，他们有时还会使用药物来治疗“勃起功能障碍”。

性取向

- 虽然所有社会的文化规范都是异性恋，但其他性取向——包括同性恋、双性恋和无性恋也被发现。
- 虽然性取向是一个文化问题，但大多数证据表明它植根于生物学。
- 自 20 世纪 50 年代以来，同性恋权利运动一直具有影响力。最近的成功是美国几个州宣布同性婚姻合法化。

异性恋：对另一性别的人的性吸引。
同性恋：对具有相同性别的人的性吸引。
双性恋：对男女两性的性吸引。
无性恋：对任何性别的人都没有性吸引力。
恐同症：对男女同性恋者和双性恋者的厌恶。

与性有关的社会问题

色情作品
- 色情内容包括导致性唤起的文字或图像。
- 保守派以道德为由反对色情作品；许多自由派人士反对色情作品对女性的贬低。
- 一些研究将男性观看色情内容与更高的侵略性和更大的暴力接受度联系起来。

性骚扰
- 近年来，性骚扰被定义为一个社会问题。
- 今天，法律保护人们免受性骚扰侵害，特别是在工作场所。
- 大多数但不是所有的性骚扰案件都涉及男人伤害女人。

卖淫
- 卖淫在美国长期存在。
- 执法通常针对的是妓女而不是嫖客，低收入的街头妓女而不是更富裕的应召女郎。
- 卖淫在亚洲以及世界上许多其他贫困地区的程度更加严重，那里的“性旅游”很普遍。

青少年怀孕
- 每年大约有 740 000 名美国青少年怀孕。
- 大多数怀孕的青少年没有结婚，而且大约一半决定留下孩子。
- 青少年，尤其是年轻贫困的女性所生的婴儿，成年时陷入贫困的风险很高。

207 **堕胎**
- 堕胎是美国最具争议的问题之一。
- 关于堕胎权的辩论不仅涉及意外怀孕也代表女性的社会权利。

性传播疾病
- 无保护的性活动传播了大约 50 种疾病，包括致命的艾滋病。
- 从全球的角度来看，艾滋病正在成为一个医疗灾难，特别是在非洲。

色情作品：旨在唤起性行为的文字或图像。
性骚扰：不受欢迎的评论、手势，或者由于性本能而引发的身体接触。
卖淫：出售性服务。
堕胎：故意终止怀孕。
性传播疾病：通过性接触传播的疾病。

性理论

结构功能分析：控制性行为 **结构功能方法**强调社会需要控制性行为。 • 乱伦禁忌和社会规范，有助于澄清社会关系和家庭成员之间的义务。 • 一些被广泛认为是不正当的性模式，比如卖淫，也可能有积极的功能，至少对男性而言。 **符号互动分析：定义性行为** **符号互动方法**强调了这一事实，一个社会的成员就像构建所有其他现实一样在社会上构建性。 • 性规范，例如那些涉及童贞的规范，经常随着时间的推移而变化，也通常因地而异。 • 人们学习性行为，他们对性的理解会影响他们思考自己的方式。 **社会冲突分析：女权主义方法和酷儿理论** **社会冲突方法**关注社会不平等。 • **女权主义方法**指出了性的很多方面反映了男性对女性的社会支配。 • **酷儿理论**声称在美国文化中，异性恋主义偏见侮辱了男同性恋者、女同性恋者、双性恋者、无性恋者和变性者。	**酷儿理论**：一种整体研究挑战美国社会的异性恋偏见的理论。 **异性恋主义**：认为异性恋是一种常态，而把任何不同于这一标准的人视为“酷儿”的偏见。

政治与性行为：提出问题并定义解决方案

保守派：传统道德的价值
- **保守派**认为性行为应该受到传统道德是非原则的指导。他们反对堕胎和婚前、婚外性行为，他们中的许多人谴责同性恋。
- 保守派强调双亲家庭对培养具有强烈价值观和自我控制能力的孩子的重要性。

自由派：性和个人选择
- **自由派**强调个人自由的重要性，认为所有人应该可以自由选择表达性的方式，只要他们的选择不会伤害他人。
- 自由派期待政府解决诸如此类的社会问题，如：家庭暴力、强奸、性骚扰和性传播疾病。

激进左派：寻找问题的根源
- **激进左派**指出了许多与性有关的社会问题的根源是不平等。
- 激进女权主义者和酷儿理论认为需要在美国社会中进行基本的改变，推进社会追求男女平等、男女同性恋者与异性恋者之间的平等。

第8章

208–209 # 酒精和其他药物

学习目标：

- **记住**本章中用黑体字突出显示的关键术语的定义。
- **理解**美国药物使用的模式和趋势。
- 将社会学的想象力**运用**于解释为什么某些药物的使用被定义为社会问题而其他药物没有。
- 运用社会学的主要理论方法**分析**药物的社会意义。
- 从各种政治立场**评价**药物管制的政策。
- **设想**一个你将如何改变我们的社会以追求更大的社会正义的愿景。

210 **问题的提出**

——为什么有些药物合法，有些药物非法？

这涉及许多原因，并且合法与非法的标准也会随时间而变。例如，直到 1903 年，可口可乐的售卖都是合法的，虽然当时其中掺入了微量可卡因；现如今卖酒是合法的，但在 1920—1933 年，售卖酒精类饮料在全美国都是非法的。

——学生喝酒有问题吗？

大多数大学行政人员表示了担忧。最近的一项调查显示，在过去一个月里，42% 的美国大学生酗酒。

——药物滥用真的是一种无受害人的犯罪吗？

每年，死于酒精、烟草和其他药物的人数都高于死于枪击案、车祸和艾滋病的人数。

章节概述

药物是什么？本章阐述了药物的主要类型以及某些药物合法而其他药物不合法的原因。你将了解到药物滥用与无家可归、犯罪、全球贫困等问题的关系；你将会评估政府用来应对非法药物使用的各种策略；你还会对药物的使用进行理论分析，了解涉及药物的“问题”和“解决方案”是如何反映人们的政治观点的。

沙拉·马克森（Sarah Markson），弗吉尼亚州汉普顿市的一个巡逻队队员，他在三月份的第一个周末工作格外繁忙。当时，流行乐队 Phish 正在汉普顿体育馆演出，约 75 000 名乐队粉丝参加了音乐会。马克森和其他 200 名同事一起负责音乐会工作，他们从体育馆开馆到粉丝离场都非常忙碌。

像这样的一场音乐会，对于警察来说最大的问题是什么？马克森的答案是毒品。警方因为藏毒、吸毒和贩毒等原因共逮捕了 194 人。到音乐会结束时，警方共没收了价值 100 多万美元的非法毒品，并从那些被指控从事非法毒品交易的人身上没收了 68 000 美元。对于那些结束了一周漫长的工作后想要放松的 Phish 乐队粉丝来说，毒品是一种消遣和休闲方法。但对沙拉·马克森以及他在汉普顿警察局的同事来说，毒品无疑是
211 一个社会问题（“Police Seize”，2009）。

在美国，各类药物都是流行文化的一部分。正如本章所解释的，全美成千上万的青年会在音乐会、家里甚至偶尔在工作中抽大麻。各年龄段的人都会滥用维柯丁、氧可酮等处方药以及他们从柜台买的几十种其他药物。在所有药物中，酒精是被使用得最广泛的，也是被滥用得最多的。

酒精和其他药物可能是快乐的源泉，在适当的剂量下，这些药物能促进身心健康。然而，药物也会伤害各个年龄段的人，造成事故甚至导致死亡。本章解释了药物是什么，药物如何起作用以及药物滥用的后果是什么。让我们从基本的定义开始。

一、药物是什么？

- **理解**

从广义上讲，**药物**（drug）是指*除了水和食物之外能影响大脑或身体的任何化学物质*（A. Goldstein，1994）。在整个人类历史中，人们使用过各种各样的自然物质来引起人体变化。此外，许多合成物质已经被列入可获得的药物名单中。现如今，大多数人会使用一些药物，例如从早上帮助他们清醒的咖啡中的咖啡因到晚上帮助他们缓解头痛的阿司匹林。

在大多数时候，药物会引起一些被人们认定为有益的变化。但也有 2/3 的美国成年人认为，药物问题是很严重的社会问题。当提到药物的不良方面时，人们会想到非法或危险药品，如可

卡因和海洛因（Gallup，2009）。还有其他药物，如大麻，一些人将其视为一个社会问题，另一些人将其视为一种无害药物，还有一些人认为其是一种可以作为有效治疗物的“解决方案”（Pew Research Center，2010）。

这些意见中的分歧指出了一个基本问题：这些药物何时以及为何被定义为好的或有害的？为了找到答案，我们首先需要探索药物和文化之间的联系。

（一）药物和文化

人们对某种特定药物的看法属于文化范畴，也就是说，人们的看法会因社会的变化而改变。例如，欧洲人已经饮酒几千年，但直到500年前，随着欧洲殖民统治者到达北美，美洲原住民才开始尝试葡萄酒或烈酒，在这之前，美洲社会是一个没有饮酒习惯的社会。结果，许多美洲原住民常常喝得太多，有时甚至酩酊大醉。基于这个原因，部落首领很快就把酒精定义为一个严重的社会问题（Mancall，1995；Unrau，1996）。

除此之外，几百年来，许多原住民一直把皮约特仙人掌作为他们宗教仪式的一部分。欧洲人从美洲原住民那里知道了皮约特仙人掌，而后一些欧洲人开始使用这种药物。但是由于没有经验，很多人很恐惧皮约特仙人掌所造成的幻觉，很快这种仙人掌就被判定为一种危险药物。

一直到现在，人们在看待药物的方式上仍存在文化差异。古柯，一种用来制造可卡因的植物，在南美的玻利维亚、秘鲁和哥伦比亚等国已经被种植了数千年，现在在那些国家，古柯已经合法化，当地农民（以及许多游客）会直接食用它或者用它来泡茶以获得“愉悦感”。但在美国，种植古柯、售卖或者私藏可卡因都是违法的，大多数美国人把这种药物看成是暴力和犯罪事件的起因（Léons & Sanabria，1997）。

在不同的社会中，人们对药物的定义不同，而这些定义又会随着时间推移而改变。在一个世纪以前，美国随处可见可卡因，但几乎没有人谈论国家的可卡因问题，像西格蒙德·弗洛伊德（Sigmund Freud）那样的名人会公开吸食可卡因，任何人也都可以在街角的药店驻足，享受一杯很受欢迎的可口可乐，这种饮料中的一种成分就是可卡因（Inciardi，1996；Léons & Sanabria，1997）。

（二）药物、种族和民族

人们如何定义药物也跟使用药物的种族有很大关系。在这里，我们将看到种族和种族划分在定义“药物问题”过程中的重要性。

一个世纪以前，在美国南部地区，许多白人害怕易获得的可卡因落入非裔美国人手里，因为担心黑人可能会犯罪或对白人施暴。1903年，亚特兰大的可口可乐公司就因为这种与种族有关的恐惧而停止在饮料中加入可卡因 。在随后的几年里，各州接二连三地宣布禁止使用可卡因（Goode，1993；Bertram et al.，1996）。

种族和民族也影响了公众对其他药物的看
法。19世纪，越来越多的移民涌入美国，带来 212
了他们的文化、梦想以及喜欢的药物。

随着移民人数的增加，人们逐渐将药物视为一个社会问题。1914年，美国国会通过了《哈里森法案》，这是一项限制可卡因和海洛因销售的全国性法律。到1919年，甚至连医生都不被允许开这些药物的处方。然后到1920年，全美开始注意到一种使用更为广泛的药物：酒精。

（三）改变对酒精的看法

酒精在美国有很长的历史，而民族在这个故事里扮演中心角色。在第一批登陆这片土地的欧洲人中，酒精（至少在适度消费期间）被定义为一种好的药物。但是到19世纪移民潮爆发时，人们对于酒精的看法开始变得消极。

为什么移民会影响公众对酒精的看法呢？答案就是那种常见的刻板印象：人们通常把移民跟酒精联系起来，例如，德国人都爱喝啤酒，爱尔兰人都爱喝威士忌，意大利人都爱喝葡萄酒。除此之外，移民本身也备受争议。简言之，对于每年涌入美国的100万移民，人们认为这个数量太大，移民饮酒带来了严重的社会问题（Pleck，1987；Unrau，1996）。

移民反对者不断增加（见第3章“种族和民族不平等”），并且这种不断增长的敌意也支持了禁酒运动，即一场想要禁止饮酒的社会运动的发展。1920 年，禁酒运动达到了其目标，美国国会通过了宪法第十八条修正案，该修正案宣布在美国制造和售卖酒精是非法的。这项禁令就是著名的禁酒令。

当然，许多人，包括那些在这个国家已经生活了几个世纪的人，很喜欢饮酒。因此，虽然禁酒令减少了酒精消费，但它永远无法终止酒精消费。除此之外，通过禁止合法供应酒精饮料，禁酒令使得酒价大幅上涨。由于非法卖酒可以赚很多钱，因此人们开始从加拿大走私酒。在整个北方城市，艾尔·卡彭（Al Capone）等臭名昭著的黑帮成员通过走私酒、在地下夜总会秘密地贩卖酒而发财致富。

其他一些人则通过自己在家动手蒸馏酒精开辟新的市场赚钱。混合饮料的流行始于人们发现他们不得不将难喝的（甚至是危险的）杜松子酒和其他味道浓烈的饮料混合在一起，以便能够饮用。当然，在南部的乡村地区，自制酒已经成为当地的传统，因为当地穷人们用藏在山上的蒸馏炉做出了玉米酒。

禁酒令一方面试图解决酒精问题，另一方面又造成了新的问题，即推动了有组织的犯罪，使得罪犯们获得了比以往任何时候都更多的财富和权力。随着时间的推移，公众逐渐意识到相对于作为一种解决方案，禁酒令更像是一个问题。1993 年，国会通过了第二十一条修正案，废除禁酒令，结束了这一失败的“伟大实验”。

二、药物使用的范围

- **运用**

目前药物使用的范围是什么？答案取决于你所谈论的药物。如果我们从广义上来定义药物，将阿司匹林和可卡因都包含在内，那么几乎所有美国人都是药物“使用者”。父母们给长牙的儿童服用止疼药，给过度活跃的学龄儿童服用利他林；大学生们通过服用抑制食欲的药物来控制体重；成年人服用抗抑郁药和镇静剂；老年人通过使用药物来维持性功能。在美国，大多数人会依赖药物来帮助他们清醒、保持警觉、放松、缓解疼痛以及入睡。

我们生活在一种“药物文化”中，这种说法并不离谱，并且大多数人并没有把这种类型的药物使用当成一种问题。人们对大多数药物的积极看法不仅反映了药物使用的广泛性，而且说明了大多数人认为这类药物让我们的生活变得更加美好。

当大部分美国人想到“药物问题”时，脑海里浮现的是*非法*药物的使用。2010 年，根据美国政府的调查，在过去的 30 天里超过 200 万人（约占 12 岁以上人口的 9%）至少使用过一次非法药物。图 8-1 提供了 1979—2010 年非法药物的使用趋势，以及酒精和烟草的使用情况，后两者是合法却又受到管制的。我们可以看到：自 1980 年以来，所有这些药物的使用比例都下降了。自 2000 年以来，酒精和大麻的使用比例有 213
所提高，致幻剂、可卡因和海洛因的使用比例持平，而吸烟的人口比例继续下降。

值得注意的是，酒精是这些药物中被使用得最广泛的，并且是大多数人声称在过去 30 天里使用过的唯一药物，23% 左右的成年人偶尔会吸烟。在非法药物中，大麻吸食者所占的比例要小一些（约 7%），可卡因、致幻剂（如 LSD）以及海洛因的使用者不到 1%（U.S. Department of Health and Human Services，2011）。

人们使用非法药物的可能性与年龄有关。据报道，非法药物使用的高峰期出现在青春期晚期和 20 岁出头这一年龄阶段，也就是刚好体会到人生自由的束缚的时间段。随着年龄的增长，人们开始承担越来越多的家庭和工作责任，非法药物的使用也就减少了。

（一）人们为什么使用药物？

人们出于各种原因使用合法的或非法的药物。以下可能是最常见的药物用途。

（1）治疗用途。有些药物有治疗作用，也就是说可以提供一些医疗方面的好处，比如控制癫痫发作，减少抑郁或者减轻痛苦。

（2）娱乐用途。人们使用许多药物是为了娱乐，例如，进餐时喝啤酒或葡萄酒可以让人感到更放松，甚至可以让食物尝起来更美味。

（3）精神或心理用途。药物可以改变人的意识，所以一些人使用药物是出于精神或心理上的原因。例如，美洲原住民用皮约特仙人掌来改变他们对周围世界的看法，加深他们的心灵体验。

（4）逃避用途。一些药物可以让人逃避现实生活，尤其是被大量服用的时候。许多正在遭受严重的生活苦难的人会用酒精或者药物来减轻生活的痛苦。

（5）社会融入用途。最终许多人可能会使用药物来融入社会，比如年轻人吸烟或老年人饮酒，他们的决定很大程度上受同辈群体的影响。

当然，这些因素很多时候是在同时起作用的。当人们和商业伙伴一起在餐厅用餐时，可能会喝一杯红酒来帮助自己放松（娱乐用途），同时喝一杯红酒也是同伴期望的（社会融入用途）。无论他们自己是否意识到，红酒都在改善他们的健康状况（治疗用途），因为据医生报告，每天喝少量红酒可以减少患心脏病的风险。

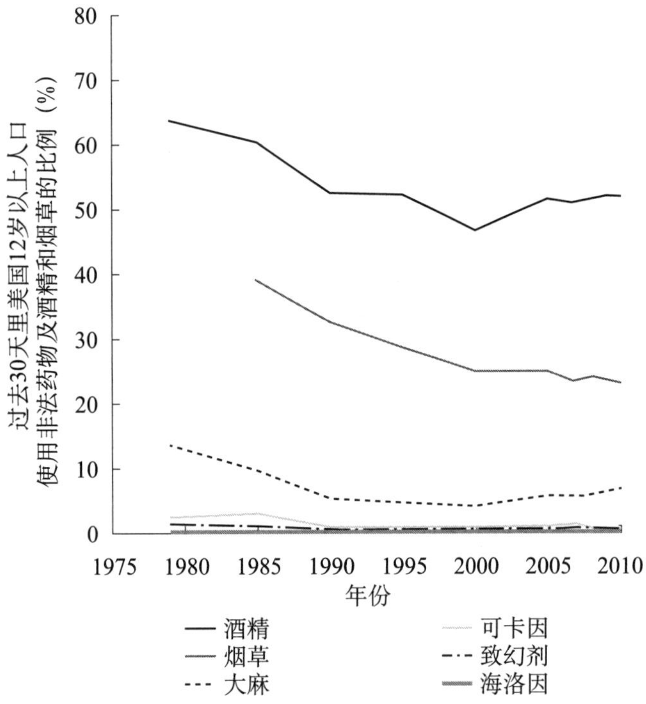

图 8-1：美国人的非法药物及酒精和烟草的使用情况（1979—2010 年）

注：在这里列举出来的最常见的药物是酒精，其次是烟草。从总体上来看，药物使用比例呈下降趋势，但在最近几年有回升现象。

资料来源：U.S. Department of Health and Human Services（2011）.

（二）正常使用和滥用

正常使用和滥用药物的界限是什么？在日常生活中，这两个术语标志着一个社会建构的边界，界限两边分别是典型的可接受行为和不可接受行为。

这里有一种方法可衡量二者之间的区别。许多人使用“药物滥用”这一术语来指代以违反可接受的医疗实践的方式来使用任何非法的或合法的药物（Abadinsky，1989）。在这种情况下，正常使用和滥用药物之间的区别基于法律和其他社会规范。

第二种区分正常使用和滥用药物的方法是把重点放在药物的效果上。从这个角度来看，在日常生活中正常使用药物的人身体机能运转良好，但滥用药物的人会遭受身体或精神方面的伤害（Weil & Rosen，1983；J. M. White，1991）。这意味着任何合法或非法的药物都可能被正常使用或滥用。毕竟，许多人吸少量大麻是不会造成伤害的，但对一个开车的人来说，几瓶酒就可能造成灾难性的后果（Goode，1993）。

当然，评估一种药物是否会造成危害并不总是很容易的。例如，一个经常吸食大麻的人可以愉快地度过一天，因此他相信这种做法不会造成个人危害。但是他的朋友们可能会摇头，因为他们注意到（或者从他们的观点来看）正常使用或*滥用*这种药物应该为他逃课、逃避其他日常义务甚至是遇到法律麻烦负责。 *214*

（三）成瘾和依赖性

另一个被广泛使用但没有被清楚理解的术语是**成瘾**（addiction），即*一种身体或心理上的药物渴望*。在 19 世纪，医生们首先开始使用这一术语。如果当人们停止用药时，会遭受身体上的痛苦（有时也被叫作脱瘾症状），那么医生们就认为他成瘾了。因吸食鸦片、可卡因而出现的脱瘾症状包括畏寒、发烧、腹泻、抽搐、恶心、呕吐、抽筋、疼痛等。

人们是否药物成瘾取决于很多因素，包括药物服用剂量和持续时间。成瘾的发生可能与个人的身心健康有关，因此不同的人对等量的药物的反应会不同。同时，药物也会影响人的大脑。药物使用会增加一种叫多巴胺的物质的含量，这会给服用者带来一种愉悦感（Begley，2001）。

最近几十年，健康卫生专家也开始使用**依赖性**（dependency）这一术语来描述药物使用的影响，这是*一种人体已经适应某种药物定期使用的状态*。一个已经有某种药物依赖性的人需要继续服用这种药物来保持身体舒适。产生药物依赖性的人有时会表现出某种药物使用习惯。如今，成瘾和依赖性这两个词已被广泛用于非法药物之外的东西。现在人们会在自己无法控制对某种东西（包括食物）的喜好时说上瘾或者产生依赖性（Goode，1993；Milkman & Sunderwirth，1995）。

三、药物种类

- **理解**

根据对大脑和身体的不同影响，药物被分为不同种类。这里我们简单地介绍六种药物：兴奋剂、抑制剂、致幻剂、大麻、类固醇和处方药。

（一）兴奋剂

兴奋剂（stimulants）是*能增强人的警惕性的药物，它通过振奋精神来改变人的情绪*。美国文化非常重视个人行动和成就，因此兴奋剂在美国被广泛使用。

1. 咖啡因

在美国，咖啡因可能是最流行的一种药物，许多产品，包括咖啡、茶、软饮料、巧克力和“保持警惕性”的药片里包含咖啡因。从长途卡车司机到将要考试的大学生再到上班前想要保持完全清醒的上班族，几乎每个人都依靠咖啡因来保持清醒。

2. 尼古丁

在美国以及世界上其他几乎任何地方，尼古丁都是合法的，但是这种兴奋剂是有毒的、高度致瘾的。

人们摄入尼古丁最常见的方式是吸烟，这一做法在第一次世界大战期间在美国男性中开始流行，当时武装部队免费给士兵发放烟草。从那时起，数百万人开始吸烟，20 年之后，随着患病率和死亡率的上升，吸烟对健康的危害越来越明显。但是在 20 世纪 60 年代之前，美国政府几乎没有采取任何行动阻止吸烟。当时，美国成年人的吸烟率为 45%，并且女性的吸烟率几乎和男性相同。

从那时起，人们就开始意识到吸烟会带来严重的健康问题。因此，成年人的吸烟率开始稳步下降，到 2010 年，只有 19% 的成年人（男性占 22%，女性占 17%）经常吸烟（Centers for Disease Control and Prevention，2012）。

全世界，约有 30% 的成年人吸烟。根据世界卫生组织（2011）的调查，全世界大约有 10 亿人吸烟，其中 80% 的人生活在中低收入国家。虽然美国的吸烟率呈下降趋势，但是全球的吸烟趋势是上升的，这引起了人们对人类健康的担忧（Stobbe，2008）。图 8-2 显示，在其他一些国家，大多数男性吸烟并且没有意识到吸烟对他们的心脏、肺部和其他器官造成的伤害。

在美国，吸烟是最大的且唯一可预防的死亡原因。每年，超过 440 000 人因吸烟而过早死亡，这一死亡数字不仅超过了酒精和所有非法药物致死人数的总和，也超过了自杀、他杀、车祸的死亡人数，甚至美国每年有 50 000 多人因二手烟而死亡（Centers for Disease Control and Prevention，2008，2010）。

1998 年，美国一些州提起诉讼，要求烟草公司赔偿因吸烟而对人们造成的伤害。烟草公司与这些州达成协议，在这项协议中，烟草公司要支付给烟民数十亿美元的医疗费用来免遭不断起诉。同时，协议还禁止针对青少年的烟草广告。即使这样，每天还是有许多青少年开始吸烟。由于人们普遍担忧美国医疗保健费用的上涨，因此努力降低吸烟率显得尤为紧迫。2009 年，为了进一步阻止烟草使用，奥巴马总统增加了一项对烟草业的政府限制。

在个人层面上，有一个明确的解决吸烟问题的方法：戒烟。尽管一些研究者警告，在青少年时期吸烟会永久性地损害肺部，但是在戒烟 10

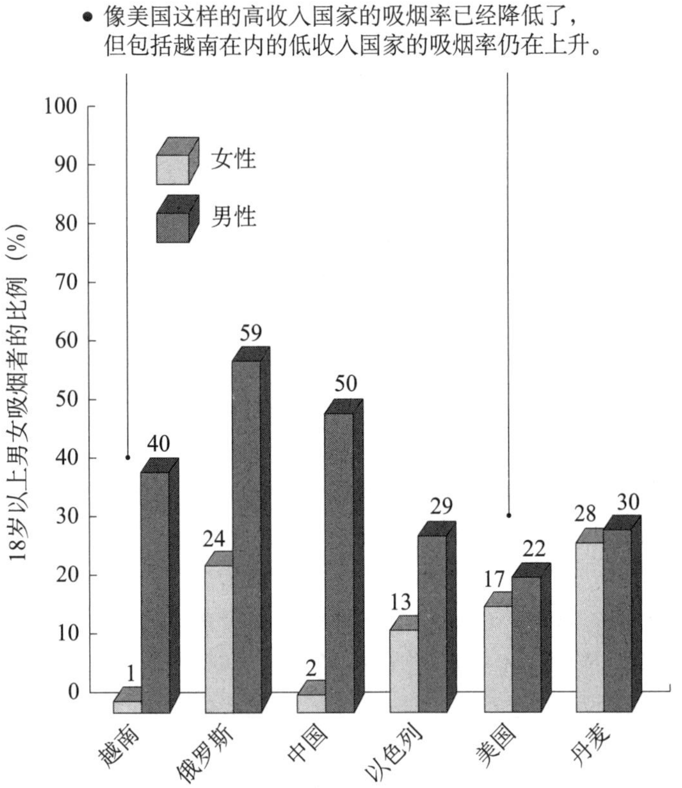

图 8-2　部分国家吸烟状况

注：世界上许多低收入国家的男性吸烟状况比美国还严重。同时，在这些重男轻女的国家中，性别规范限制了女性吸烟。

资料来源：Centers for Disease Control and Prevention（2012），and WorldHealth Organization（2011）.

年后，戒烟者的健康状况可以和从未吸过烟的人一样好（Recer，1999）。

3. 利他林和阿得拉

利他林（盐酸哌醋甲酯的商标名称）和阿得拉（右旋苯异丙胺和苯丙胺的结合物的商标名称）是医生可以开的常规处方药，可以被用来治疗儿童的多动症（ADHD）和注意力缺陷障碍症（ADD）——它们的症状是儿童过度活跃，难以或无法集中注意力在老师和其他成年人身上。

近年来，利他林和阿得拉的使用量在美国 215
急剧增长：所有 ADHD 药物的销售额从 2006 年的 40 亿美元增长到 2010 年的 72 亿美元。大约 8% 的大学生也用这种药物来治疗障碍症，还有 8% 的学生从有医生处方的人那里获得这种“学习药物”，用来帮助他们更有效地集中精力学习（U.S. Department of Health and Human Services，2006；National Institute of Mental Health，2007；Johnston et al.，2011）。

利他林和阿得拉的广泛使用引发了争议。包括药物公司和许多家长在内的药物捍卫者宣称这些药物可以帮助孩子在学校保持镇静，并专注于他们的学习。然而，批评者们认为不能用药物来控制年轻人。在反对广泛使用利他林的情况下，儿科医生劳伦斯·迪勒（Lawrence Diller，1998）声称，美国的家长们不必因自己过度工作或是过度关注孩子的成就水平而对孩子进行药物治疗。

4. 可卡因和快克

可卡因和快克都是非常有效的兴奋剂，可以通过提高血压和脉搏率来提升人的机敏性。这些药物既能帮助人们保持清醒、降低食欲，也会导致一些人焦虑不安甚至暴躁。

在 2010 年，12 岁以上的人中约 1.8% 的人（约 3% 的高中生）以某些形式使用过可卡因。可卡因是非常致瘾的、有害的甚至是致命的，因为

美国之窗

美国各地的吸烟状况

斯坦·奎利（Stan Querry）住在犹他州盐湖城附近的一个社区里，这个社区里主要是摩门教徒，基本没有人吸烟。

夏琳·伍德（Charlene Wood）住在肯塔基州卡莱尔市的一个低收入社区里，这里的大部分成年人吸烟。

吸烟率最高的州是西弗吉尼亚州（占 26.8%），这个州存在非常严重的失业和贫困问题。相反，有许多摩门教徒的犹他州是所有州中吸烟率最低的（占 9.1%）。从整个美国的吸烟状况你可以大体上得出什么结论？提示：在烟民很少的州，大多数人很关注健康。

资料来源：Centers for Disease Control and Prevention（2012）.

它会导致心脏病发作或中风。在美国，每年约3 500人死于使用可卡因。20世纪80年代，当可卡因成为许多年轻的城市精英（雅皮士）选择的药物时，它的人气达到巅峰。这种药物的流行度在90年代下降，但典型的可卡因使用者仍然很富有，这一事实挑战了人们对药物滥用者的刻板印象，即药物滥用者是穷困潦倒的（Johnston et al.，2011；U.S. Department of Health and Human Services，2011）。

快克是一种硬块状的可卡因，人们通常用烟斗来吸食。尽管大多数人认为快克比可卡因效果更强，更容易引发暴力，但研究表明这两种药物的作用差不多是相同的（Wren，1996；Gómez，1997）。

在20世纪80年代，快克在美国的大城市非常流行，这导致了犯罪率的急剧上升。20世纪90年代，因为粉末状可卡因的流行，快克的受
216 欢迎度下降。然而，根据专家估计，每年仍有约872 000人会使用快克，且美国黑人的使用量可能是白人的两倍（U.S. Department of Health and Human Services，2011）。

5. 安非他命

安非他命最早被用于治疗人格障碍和肥胖症，这类药物可以提升人的机敏性，使人产生兴奋感，同时会降低人的食欲和睡意。因为制作安非他命很容易，所以许多地下化学家从事这种暴利行业，售卖这些在大街上被称作“曲柄”“快快”“水晶”“暴走”“兴奋剂”或“冰毒”的药品。调查显示，警察认为甲基安非他命的使用是严重的药物问题，因为这种药物被墨西哥和美国的“超级实验室”大量生产。另一个值得关注的原因是安非他命的使用会促使人们进行其他严重的犯罪活动（Hananel，2006；Cave，2012）。

安非他命是继可卡因之后最受欢迎的非法兴奋剂，并且也是唯一一种女性和男性使用范围一样广的药物。官方数据统计，2010年约有100万人至少使用过一次安非他命，并且他们中约一半的人早在2002年就使用过。总之，超过1.3亿人（5%左右的成年人）声称他们曾在一生中的某个时间尝试安非他命。

很多人在医生的监督下开始服用安非他命，但其中的一些人最终会产生对这种药物的依赖

个人故事　我的生命已经消逝：一个安非他命使用者的故事

一个温暖的星期五晚上，在蒙大拿州的比林斯，皎洁的月光洒向大地，但25岁的詹妮弗·史密斯（Jennifer Smith）却不知道是白天还是黑夜。史密斯是安非他命或者说“曲柄”的使用者，她已经连续五天没有睡过觉了。

星期一晚上，她把三岁的女儿留在了一个朋友家，并承诺不久就会回来。但是她使用了安非他命，这使她兴奋到忘记时间、食物甚至是她的孩子。

现在她坐在一个酒吧的高脚凳上，大口大口地喝着波本威士忌，希望酒精可以使她冷静下来。她环顾四周试图找到她的男友，但她忘记了两天前她被他抛弃了的事实。她还想知道，为什么她的钱包里面竟然有一张儿童保障金的单子，她希望可以用那些钱来买更多的药物。

史密斯跟一个认识了好几年的男人聊了起来，这个男人看出来她已经失控了。她一边去拿剩下的酒一边支支吾吾地说着“安非他命会让你失去一切的”。

她已经失去了什么呢？金钱、男友、美貌、工作以及对未来的希望，最重要的是那个被她称为“小天使”的孩子。

她摇摇头说：“但是，我不害怕，我已经吸毒七年了，我已经习惯了失去一切。”（Kirn，1998）

你怎么看？

1. 你认为大家会同情詹妮弗·史密斯这样的女人吗？为什么？
2. 你会把史密斯看成坏人还是病人？为什么？
3. 这个女人的境况是个人问题还是社会问题？为什么？

性。当停止服用这类药物时，他们会有明显的脱瘾症状，如冷漠、抑郁、易怒和神志不清（U.S. Department of Health and Human Services，2011）。更严重的是，随着用量增加，安非他命会带来越来越高的焦虑、发热、出现幻觉和痉挛的风险，导致心脏骤停或呼吸停止，甚至造成死亡。第203页的“个人故事”栏目就描述了一个年轻女子在生活中使用安非他命的影响。

（二）抑制剂

抑制剂（depressants）是*能够减缓中枢神经系统运作的药物*。简而言之，抑制剂与兴奋剂的作用完全相反。

1. 止痛药

止痛药是一种抑制剂，它能够缓解疼痛。最广泛使用的止痛药包括为人所熟知的非处方止痛药，如阿司匹林、布洛芬以及醋氨酚（泰诺）。虽然这些药物可能会被滥用，但只要根据指示服用就不会造成太大问题（Goode，1993）。

更有可能带来问题的是天然麻醉剂或者鸦片剂，如鸦片，以及吗啡、可待因和海洛因等鸦片衍生物。所有这些药物都是高度致瘾的、危险的，因为它们有能力扰乱滥用者的生活。

海洛因是用来自罂粟植物种子荚的吗啡制成的。它可以合成哌替啶（即市场上交易的杜冷丁）。尽管多数人听过海洛因，但目前仅有小部分美国人（约0.1%）使用过。人们一旦注射、吸食海洛因，就会迅速产生愉悦感及睡意。由于其具有高度致瘾性，因此法律禁止出于任何目的使用海洛因。当成瘾者停止使用海洛因时，他们会产生非常强烈的渴望以及严重的脱瘾症状。另一个问题就是使用者永远无法确定海洛因的纯度，因此过量服用非常常见，这也是致命的（Leinwand，2001；U.S. Department of Health and Human Services，2011）。

2. 镇静剂、安眠药和酒精

另外两种可以对中枢神经系统产生强烈影响的抑制剂就是镇静剂和安眠药。这两种药都可以帮助人们放松，大剂量服用有助于入睡。镇静安眠药也包括司可巴比妥（速可眠）和苯巴比妥（鲁米娜）等巴比妥盐类，以及阿普唑仑（赞安诺）、地西泮（安定）、三唑仑（海乐神）等镇静剂。即使有医生处方，过度使用这些药物也是危险的，同时这些药物跟酒精或其他药物一起使用，还可能是致命的。

在美国，酒精是最常使用的抑制剂。图8-1曾指出，在12岁以上的人中，有一半左右的人（包括27%的高一学生和40%的高三学生）经常喝酒。对那些负责任的、适度饮酒的成年人来说，酒精不会导致任何问题。

但情况并非总是如此。在美国，超过40%的人因**酗酒**（alcoholism），即*嗜酒成瘾*而直接或间接地（通过一位密友或家人）受影响。据估计，7%左右的美国成年人（约1.8亿）对酒精上瘾或滥用酒精。从另一个角度来看，17%的男性和8%的女性在他们的生活中存在这样的问题（Centers for Disease Control and Prevention，2011；U.S. Department of Health and Human Services，2011）。

然而，每年仅有270万人求助与酒精相关的问题。许多人试图保持清醒，但是更多的人继续忍受着酗酒带来的问题，很多人每天面临着与酗酒者一起工作或生活的挑战。

除了尼古丁，酒精是合法非处方药中最容易使人上瘾的。分析人士指出，美国每年因酗酒产生的总费用（包括意外事故、旷工等所有事情）约2 250亿美元（Centers for Disease Control and Prevention，2011）。

在美国的职业学校和大学里，滥用酒精是一个非常严重的问题。政府部门研究发现，约42%的大学生在过去的一个月里至少曾酗酒狂欢（被研究者定义为男生至少连续喝五瓶，女生至少连续喝四瓶）一次。此外，约1/3的重度饮酒学生被列入“极端酗酒”范畴，即在过去一个月里有五次或更多次这样的饮酒事件发生。除此之外，约36%的学生在过去一个月里没有饮酒（U.S. Department of Health and Human Services，2011）。

研究人员估计，每年饮酒尤其是严重酗酒会导致1 800名学生死亡、600 000名学生受伤。此外，400 000名学生声称在饮酒后，他们会进行没有采取保护措施的性行为，这会导致意外怀孕和感染性传播疾病。最后，因为酒精会影响人的判断力，所以每年约有 100 000 起约会强奸案在酒精的作用下发生（Hingson et al.，2005；Hingson，2010）。

酒精的使用也跟其他犯罪有关：2010年，警察逮捕了约 443 000 名公开酗酒并扰乱社会治安者，以及 400 000 名违反国家或地方饮酒法的人。更严重的是，警察每年还会逮捕 110 万名酒后驾车的司机。警方记录显示，每年美国公路上机动车事故死亡人数约 34 000 人，其中 32% 左右与酒精有关。此外，33% 左右被判监禁的犯人称他们是在酒精的影响下犯罪的（National Highway Traffic Safety Administration，2010；Rand et al.，2010；Federal Bureau of Investigation，2011）。

最后，尽管偶尔喝酒精饮料有助于身体健康，但是酗酒是会伤及无辜的。饮酒不提供营养只提供热量，会导致体重增加，并且随着饮酒量的增多，酒精会损害人的心脏和肝脏。孕妇饮酒也会把未出生的孩子的健康置于危险之中（U.S. Department of Health and Human Services，2008）。

3. 抗精神病药

抗精神病药，如氟哌啶醇（氟哌丁苯），是一类强效药，医生把这类药开给患有精神分裂等
218 严重人格障碍的病人。

这些药物可以有效缓解精神病症状，如妄想、幻视和幻听。在医生指导下使用抗精神病药可以让成千上万个本来需要住院治疗的人独立生活。同时，如果使用过量，那么这些药物也是非常危险的（Goode，1993）。

（三）致幻剂

致幻剂通常是指使人产生幻觉的药丸类或胶囊类兴奋剂。在美国，最常见的致幻剂是麦角酸二乙基酰胺、皮约特仙人掌、麦司卡林、赛洛西宾、苯环己哌啶（简称 PCP，“天使粉”）和二亚甲基双氧苯丙胺（简称 MDMA，摇头丸）。据估计，8% 的年轻人到他们高中毕业时曾尝试过摇头丸（Johnston et al.，2011）。虽然 15% 左右的美国人在某种情况下尝试过致幻剂，但在过去一年，仅有 1.8% 的人使用过一次（U.S. Department of Health and Human Services，2011）。

虽然致幻剂是不致瘾的，但是它药效强大，可以快速提高脉搏率、升高血压、改变对时间和空间的感知。人们使用致幻剂的主要原因是它可以使人产生真切的幻觉，并且人们发现在最好的情况下服用致幻剂是令人愉快的，他们把这种体验描述为“知觉扩张”。但是这种药物也可能引发无端恐惧症，很多人觉得这种经历很可怕。事实上，当人们服用致幻类药物时，他们从不确定会有怎样的体验，不知道是会有一个“愉快的旅程”还是“糟糕的旅程”。也许最严重的是，致幻剂可能会有长期影响。使用这类药物的人也许会在数月或数年内不再服用的情况下体验到“幻觉重现”（即出乎意料的幻觉）。由于这些原因，致幻剂是危险的。过量使用致幻剂会使人体系统超负荷运转，导致精神病甚至死亡。

在美国，致幻剂的使用高峰出现在 20 世纪 60 年代。尽管如此，政府报告说较低且稳定的青少年致幻剂使用率在过去的数十年间增长了。这类药物的使用与种族也有关，白人的致幻剂使用者数量可能是非裔美国人和拉美裔美国人的两倍（U.S. Department of Health and Human Services，2011）。

（四）大麻

大麻叶和大麻制剂是两种被世界上大部分地区使用了几个世纪的大麻制品。如今，这两种药物占美国非法药物使用的 77%。

20 世纪 60 年代，这两种药物在美国受到了普遍欢迎。尽管在之后的几十年里，其总体流行度降低，但是在近几年，大麻在年轻人中的使用率却增加了。据估计，在 2010 年，约 6% 的高中生和约 4% 的大学生几乎每天都吸食大麻。图 8-1 曾显示，目前吸食大麻的美国成年人占 7%，但在过去某一时刻曾经使用过大麻的人占 42%（约 1.06 亿人）。最近几年，合成大麻（有时被称作“K2”或“香料”）在年轻人中很受欢迎（Leger，2011；U.S. Department of Health and Human Services，2011）。

人们吸食大麻或者食用一些带有大麻的食物，如“致幻”的大麻布朗尼或饼干。大麻能使人们产生兴奋感，帮助人们放松，同时有助于增

强人们的食欲。但大麻服用剂量过高，会使人疲劳、迷失自我、患上妄想症甚至是严重的精神病（U.S. Department of Health and Human Services，2008）。

几十年来，一项社会运动宣称大麻既不会使人上瘾也不会对人造成任何危害。它试图合法化大麻。大麻合法化的反对者则辩称这些药物的危害是真实的，尤其是当使用者开车时。目前，十五个州已经允许人们出于医疗目的并且在医生的监督下使用大麻。例如，许多人正在接受癌症或艾滋病的化疗，而大麻可以缓解化疗的副作用——恶心。作为扩大医用大麻运动的一部分，目前几家“大麻学院”提供对该行业的全方位指导。

十年前，公众舆论强烈反对合法化医用大麻；而今天，几乎3/4的美国成年人支持合法化医用大麻。总的来说，约一半公众支持将拥有少量大麻合法化，另一半公众反对。虽然公众略微倾向于保持大麻使用非法化，但是现在大多数人反对将大麻吸食者关进监狱的政策（Pew Research Center，2011）。

（五）类固醇

这类药物的全称是相当拗口的：合成代谢类固醇。尽管体育项目禁止使用类固醇，但是许多职业运动员和业余运动员仍会使用。具有代表性的是，为了避免被检测到，运动员们会周期性地使用类固醇，即使用几个星期或几个月后，在药物检测之前停用几个星期。调查显示，约2%的高三学生在过去某一时间里曾使用过类固醇。虽然90%的高三学生不支持使用类固醇，但超过1/4的高三学生称这些类固醇很容易获得
219 （Johnston et al.，2011）。

职业运动员使用类固醇的做法是众所周知的。2007年，美国参议院的一份报告指出，在职业棒球运动员中，类固醇的使用是非常普遍的，但这一问题被广泛忽视了。此外，该报告还呼吁更加频繁的药物检测和零容忍政策的执行（Nightengale，2007）。

使用类固醇虽然可以提高体力和运动能力，但也有明显的危害，包括痤疮、水肿、高血压和肝脏肿瘤。除此之外，男性使用类固醇会脱发、不孕不育和乳腺发育；女性使用类固醇会停经、长胡须、阴蒂肿大、声音低沉；年轻人使用类固醇会很快导致身体停止发育。最后，注射类固醇并共享针头的人很容易患上肝炎、艾滋病等疾病（U.S. Department of Health and Human Services，2005）。

（六）处方药

医生可以给病人开许多种药物，几乎每个人都会在某一时间段因为生病、受伤或心理问题而服用药物。但是在美国，处方药是一种药物问题，因为多达1 600万人滥用处方药，包括服用高出规定的剂量、混合用药或者在不需要服用时继续服用等。一些分析人士认为，滥用处方药是美国药物问题中增长最快的一部分。

许多人认为这些药物是安全的，因为它们是由医生开出、药房售卖的。但处方药是强效的，如果没有按照指示使用，它们就会对人造成严重的损害甚至使人死亡。事实上，由于过量服用处方药而死亡的美国人比死于过量使用可卡因和海洛因的总人数还多（Johnston et al.，2011；U.S. Department of Health and Human Services，2011）。

今天，滥用处方药是药物问题中增长最快的一部分。最近几年，依赖止痛药的人数已经在2010年上升到1 400万人。典型的滥用药物的人群可能在25岁左右或者更大一点。

在所有处方药中，最常被滥用的是止痛药（镇痛剂），如可待因、地西泮（安定），以及大学生常用的氧可酮（复方羟可酮或者奥施康定）和氢可酮（维柯丁）。不仅这些药物被广泛使用，而且人们对于这些止痛药的容忍度在增加，以致它们的服用剂量逐渐增大。虽然处方限制了这些药物的可获得量，但许多病人通过同时看不同的医生，并从每个医生那里获得相同药物的处方来获得更多药（U.S. Department of Health and Human Services，2011）。

这是我们对药物类型的简要调查，接下来我

们就来看一看药物在各种其他社会问题中扮演怎样的角色。

四、药物和其他社会问题

- **运用**

据政府估计，每年非法药物使用造成的直接费用——包括药物治疗费用和旷工成本——超过1 800亿美元（U.S. office of National Drug Control Policy，2011）；如果再加上与包括烟草和酒精在内的合法药物使用所导致的健康问题相关的损失，这一数字将会翻好几倍。但是非法药物使用还在许多其他方面危害了美国社会，如犯罪、贫困和无家可归等。我们首先来看一下药物和家庭生活问题之间的联系。

（一）家庭生活问题

药物在许多儿童忽视和家庭暴力事件中既是原因也是结果。尽管很难详细说明药物滥用的原因和影响，但是不可否认它与家庭生活问题密切相关。这是为什么呢？由于药物会降低人的控制力，影响人的判断力，因此暴力行为的风险会增加（Gelles & Straus，1988；Gelles，1997）。在一些极端例子中，比如第203页的“个人故事”栏目描述的滥用安非他命的詹妮弗·史密斯，父母对药物的渴望是如此强烈，以致他们会忽略或者伤害他们的孩子。

药物滥用问题很少只影响一个人。典型的是，一个药物滥用问题会涉及某个人以及他的父母、兄弟姐妹、配偶和孩子。一些嗜酒成瘾或者其他药物成瘾的人会把他们所有的工资花在他们渴望的药物上；还有一些人甚至不能保住工作。

药物滥用往往会引发一种叫**相互依赖**（codependency）的模式，即*一种能够帮助药物滥用者继续滥用药物的他人行为*。在短期内，这种模式使家庭成员们改变自己的行为去弥补药物滥用者的缺陷。相互依赖的家庭成员可能会通过尝试赚更多的钱、帮助做家务、隐藏事故证据、为耽误工作的药物滥用者找借口，甚至是为药物滥用者提供药物来保持和睦并度过一天。 220

杰奎琳（Jacqueline Wiseman，1991）对男性酗酒者的妻子们做了一项研究，并发现这些女性通常面临收入不确定、家庭暴力等各种问题。生活在有药物滥用者的家庭里的孩子可能会丧失信任别人的能力，因为这些药物滥用者们已经让他们失望了太多次。这种家庭的孩子往往会很快成长起来，接管那些不再由年长的药物滥用者负责的任务，在这一过程中，他们会牺牲自己的理想和需求。不必惊讶的是，在相互依赖的家庭境况下，许多年轻人会辍学、触犯法律，还有一些年轻人甚至最终也会滥用药物。通过这样一种方式，药物问题开始周期性循环。

（二）无家可归

许多人同意这样的观点，即使用药物，特别是酒精，在那些住在大街上的无家可归的人中是司空见惯的。研究证实这种说法有一些道理：60%左右的无家可归的男人和女人有严重的酗酒问题（U.S. office of National Drug Control Policy，2011）。

回忆一下第2章（“贫困与财富”），我们发现美国人无家可归一般是由于失业和负担不起住房。尽管美国文化促使人们认为每个人都应该对自己的社会地位负责，但许多个人和家庭并不是因为他们自己的过错才变得无家可归。当然也有一些人因为滥用毒品而无家可归，但事实往往相反：失去工作的人也失去了邻居、家人和朋友的支持，他们独自流落街头，可能会把酒精和其他药物当成一种慰藉或者逃避现实的手段。

药物和无家可归也会以另一种方式相互作用。到了20世纪60年代，医生开始使用安定类药物来控制精神病患者的症状，这种成功意味着受这方面问题困扰的人有理由期望独自生活了。因此，精神病院开始放这些精神病患者回家，条件是他们要定期去社区精神健康中心复诊。

但计划建立的精神健康中心只有不到一半被建立了起来，除此之外，许多被放回家的患者也不再接受治疗。最终，许多患者还是不能找到工作或负担得起住房。因此，很多精神病患者变得无家可归，还有一些精神病患者最终开始酗酒或者滥用其他药物（Weiss，Griffin，& Mirin，1992；Baum & Burnes，1993）。

（三）健康问题

每年医生会通过开处方药来治疗疾病，拯救无数的生命。同时，死于其他药物（包括烟草和酒精）使用的人数和死于枪支暴力、车祸和传染病的总人数一样多。诸如海洛因之类的药物会对人造成即时性伤害，损害人的大脑或其他重要器官。还有许多药物会造成长期性危害：例如，多年的酒精滥用会导致营养不良和肝损伤。同时也要记住，药物影响下的畸变判断会增加人们因事故或不安全的性行为而受伤或死亡的风险。

1. 产前接触药物

有些人在出生前就开始出现药物问题，他们的身体和健康问题都来源于出生前的药物接触，也就是说孕妇使用了药物。约 11% 的孕妇在孕期某段时间内饮酒，把她们的孩子置于危险之中；约 16% 的孕妇吸烟；约 4% 的孕妇使用大麻、可卡因和其他非法药物。结果，据估计，每年有 373 000 名婴儿在出生前就接触过一种或一种以上的有害药物（U.S. Department of Health and Human Services，2011）。

许多像这样使用药物的女性并不知道她们怀孕了，尤其是那些药物使用量很大导致经期不规律的女性。即使她们停止用药，一些药物损伤可能也已经造成了，因为胚胎的神经系统和主要器官在受孕后的两个月内开始发育（Gomby & Shiono，1991；Gómez，1997）。

孕期接触药物会增加孩子早产、出生体重过轻以及带有先天性缺陷的风险。这种孩子面临的长期问题包括发育迟缓、身体协调性和学习能力较差以及情绪问题。每年医院花费在照顾出生前接触过药物和酒精的儿童的费用超过 40 亿美元（Centers for Disease Control and Prevention，2011）。

2. 共享针头和艾滋病病毒传播

许多滥用药物者直接使用一次性注射器或皮下注射器将药物注射到静脉中，以这种方式注射，药物会产生迅速而强烈的反应。静脉注射药物使用者常常成群结队地注射，因此一些人就做出了共享针头的危险行为。

是什么让共享针头变得很危险？残留在针头上的血液可以传播导致艾滋病的艾滋病病毒。 221

更糟糕的是，一些女性（她们自己可能使用也可能不使用针管）用性交易换取药物，这会进一步增加艾滋病和其他性传播疾病传播的风险。

1994 年，美国疾病控制和预防中心的官员们提出了一种关于疾病传播的解决方案，即针头交换项目：当地的健康中心将使用过的皮下注射器换成新的。但是这一计划从未被接受，因为反对者们声称这一政策只会鼓励更多的药物滥用。许多当地卫生部门采取了另外一种替代性政策，即指导人们如何使用能杀死艾滋病病毒和其他危险病毒的消毒剂清洗使用过的针头。

（四）犯罪

制造、传播或持有非法药物本身就是一种犯罪。正如人们已经注意到的，像可卡因这样的非法药物以及像酒精这样的合法药物都与犯罪行为有关。据政府官方报道，约 3/4 的联邦监狱囚犯有药物滥用史，超过 60% 的暴力犯罪囚犯声称他们是在酒精或者其他药物的影响下犯罪的（Mumola & Karberg，2006；U.S. Office of National Drug Control Policy）。第 209 页的“社会焦点问题”栏目中的社会问题解释了酗酒是如何使一个大学生锒铛入狱并被判处缓刑的。

也不是所有人都同意这种药物导致犯罪的说法。一些人认为国家药物法令的强制执行加重了犯罪问题。现行法律通过限制药物供应提高了药物价格。高价格反过来又促使使用者犯罪，如通过卖淫或盗窃来获得买药的钱（U.S. Department of Justice，2012）。

由于高价药物能产生高额利润，因此人们可以从药物交易中获取收入，但这种机会可能会增加人们被关进监狱的风险，尤其是对那些没有机会获得成功的人来说。此外，当药物交易者面临无法由法庭解决的纠纷时，他们会通过暴力解决。在这个过程中他们不仅伤害了自己，也会伤

社会焦点问题 “你好，爸爸吗？是我，我在监狱里……”

喝酒可以使人度过一段美好时光，但是也可能扭曲判断，让人做出糟糕的决定，在杰米·鲍威尔（Jamie Powell）最近的经历中，这些情况都很明显地出现了。

杰米·鲍威尔将永远不会忘记深夜从警察局打给她父亲的那通电话。她原以为那个夜晚的那件事永不会发生，但它的确发生了，并改变了她的一生。

当杰米离开家，并在3月的一场雷暴雨中开车穿过洲际公路到达密歇根州立大学时，故事开始了。她是一名大三学生，迫不及待地想回到学校跟朋友们一起度过一个充满乐趣的夜晚，想跟他们一起观看校篮球队参加的全美大学生篮球锦标赛的电视转播。

一个小时左右，杰米到了她的复式公寓，与她的室友也是最好的朋友凯丽·阿诺德（Kelly Arnold）一起舒舒服服地坐在电视机前，很快就有十几个学生加入了她们。公寓里面充斥着噪声，散落着很多啤酒瓶和几个龙舌兰酒的瓶子。

杰米和凯丽还没有满20岁，因此从法律上来讲，她们的行为属于未成年人饮酒，而她们年长一点的朋友就是在向未成年人提供酒精。但是谁曾想过这样的事情呢？毕竟，就像杰米解释的，这里是大学，并不是“真实社会”。

当校篮球队赢得比赛时，几百个学生扔下空的啤酒罐，手里拿着酒冲出公寓，来到大街上欢呼。但这时候，杰米已经喝得很醉了，并开始滋事。她和凯丽两人爬到两名男性朋友的肩膀上，当这两人在人群中穿行时，她们高过其他人的头顶。

毫不奇怪，接近午夜时一些邻居抱怨太吵了。随后两辆警车到了，凯丽注意到几名警察在人群中做工作，试图让学生们冷静下来并回到宿舍。凯丽爬了下来，往下拽杰米的腿，并指着公寓有些急促地说：“冷静，杰米，该回去了！”然而，杰米依然情绪高涨。凯丽解释了接下来发生的事情：“我看见两名警察来到街上朝我们走来，我转向杰米再次让她冷静下来。但她拉开自己的衬衫，向每个人炫耀。突然一切就不再有趣了。”

警察已经看够了，一分钟后，一名警察抓住杰米，把她拉下来，并将她逮捕了。当一名警察抓住她的时候，另一名警察给她戴上了手铐。然后两名警察把她带走了。

杰米在英厄姆县监狱的一间拘留室里度过了那个夜晚的剩余时间，拘留室里有几张混凝土长椅和一个开放的洗手间。大约在凌晨两点的时候，她被允许使用电话，也就是在那个时候她给她父亲打了电话，他的父亲和母亲对这一消息的反应都不怎么好。

第二天早晨，她的父亲交了保证金，下午的时候她被释放了。每个人都在讨论前一天晚上3 000名学生在街上进行的所谓的“学生暴动”。报纸上说这一事件造成了几千美元的损失以及15名学生被捕。

开庭那天，杰米对扰乱社会治安和未成年人饮酒的行为提出无罪请求，她没有前科并雇用了一个私人律师为自己辩护。但是法官认为证据是明确的，认定她有罪，并判处她一年的缓刑。此外，法官还要求她除了上课之外都待在自己的公寓里，除非得到缓刑监督官的许可。法官命令她不再喝任何酒精类饮料，并一天两次用酒精测试仪来证明自己。她还被要求全天佩戴电子脚链以监控她的位置。

杰米·鲍威尔终于知道了大学生也是现实社会的一分子。现在，她会说所有人都得接受自己的行为的后果。她跟学校新生们进行交流，以帮助他们了解喝酒应酬是如何导致麻烦的。她多么希望在她刚进入大学时能收到这样的提示。

加入博客！

你认为大多数年轻人意识到了饮酒尤其是过量饮酒使他们处于危险之中的所有方式吗？你觉得在法律面前，这种事件中的大学生应比其他人受到更宽容的对待吗？请来MySocLab加入社会焦点博客，分享你的观点和经验，并了解其他人的想法。

资料来源：基于作者对“杰米·鲍威尔”（化名）的个人采访。

及无辜。最近几年，墨西哥药物交易的暴力水平急剧上升，自2006年以来，超过47 000人死于与药物相关的暴力事件。由于非法药物交易，现在墨西哥大部分地区的暴力事件比世界上任何地方都要多。墨西哥每年花费70亿美元打击非法药物活动，但药物贩卖集团每年能赚250亿美元，这使它们有钱招募和配备大量人力、贿赂警察和政府官员，甚至暗杀那些阻止他们获利的人。与药物相关的暴力事件同样也在美国发生（Padgett & Grillo，2008；Cave，2012）。

目前，1/5的州或地方监狱的罪犯以及半数以上联邦监狱的罪犯是因为药物而犯罪的（U.S. Department of Justice，2011）。在一定程度上，服刑期给人们打上了“罪犯”的烙印，使其不太可能在刑满释放后获得一份好工作，甚至那些非暴力犯罪但服过刑的人以后也更可能犯罪。

如果以上所有都是真的，那么一些药物的合法化可能会降低犯罪率吗？没有人知道确切的答案。这种政策有可能会减少街头犯罪，但同时也有可能带来一些其他问题，如交通事故、儿童忽视以及更糟糕的药物成瘾。

（五）全球贫困

在美国，非法药物使用和贫困密切相关，尽管难以区分谁是因谁是果。同样，全球贫困也与药物有关。

美国非法药物在全球经济中占据了很大份额，据估计，全球使用这些药物的人口高达2亿人，约占15～64岁人口的5%。但世界上生产的大部分药物流向了高收入国家，全球贫困国家的数百万人种植和制造走私到美国等富裕国家的药物，除此之外他们没有其他的经济来源。例如，阿富汗和亚洲其他低收入国家的鸦片被卖到美国、加拿大等富裕国家，墨西哥、古巴和中美洲地区种植的大麻被运往美国，南美洲山区生产的
222 可卡因流入北美和西欧地区（Moisse，2012）。

每年，美国人花在大麻、可卡因和海洛因等非法药物上的资金高达600亿美元。这一金额超过了世界12个国家的经济总产值。高收入国家人民的这种巨大需求意味着毒品可以成为低收入国家的最大输出物资及其民众的主要经济收入来源。例如，在玻利维亚，可卡因产出占其经济总产出的1/3、出口总额的3/4。在秘鲁，可卡因具有极大的经济价值，就如同大麻在墨西哥和阿富汗一样（Ramo，2001；U.S. Office of National Drug Control Policy，2011）。

（六）恐怖主义

在美国，国家药物管制政策办公室将药物使用和恐怖主义联系在一起，官方认为在美国国内买非法药物就是把钱送给国外的恐怖分子。更糟糕的是，恐怖分子可能用这些钱来对这个国家进行金融攻击。

在2001年9月11日恐怖袭击后的几年里，公众对恐怖主义的关注度仍然很高，但非法药物和恐怖主义之间的联系是真的吗？有证据表明，几乎一半的从事非法药物交易的组织直接参与了恐怖活动，例如，在阿富汗被禁止的鸦片是塔利班的主要收入来源。

恐怖主义和非法药物交易是有必然联系的。然而，批判者指出，大部分非法药物交易并不是恐怖分子进行的，并且大部分恐怖基金并非来自药物交易，因此，他们认为联邦政府为了阻止年轻人使用非法药物而夸大了恐怖主义和药物使用
之间的联系。 223

五、社会政策：应对药物问题

- **分析**

人们已经达成广泛共识，即药物使用与许多社会问题有关，但关于美国社会应该如何控制药物使用的共识却远没有达成。

（一）药物控制策略

一个简单的事实就是，在美国控制非法药物的数量是不容易的。一方面，这个国家有很多政治自由，限制了警察搜查和逮捕的权力；另一方面，较高的非法药物需求量创造了巨大的供应量。在接下来的部分，我们将更仔细地看一看四

种控制策略：禁止、起诉、教育和治疗。

1. 禁止

禁止（interdiction）意味着阻止药物越过美国边境线，并由缉毒机构、海关、边境巡逻队和美国军队开展相关工作。

但考虑一下这些部门面临着什么：美国有12 000英里的海岸线和7 500英里的陆地边界，每年约有200 000艘船只、600 000架飞机、2亿辆汽车和5亿人穿越边境线，并且所有这些过境行为都可能涉及非法药物。这个国家只要不严格控制过境人流量，就无法控制毒品的流通。

政府部门经过长期艰苦的工作才成功截获一小部分进入美国的毒品。没有人会怀疑，如果不努力控制边界，那么非法药物的流动量会更大。但禁止策略通过禁毒战争取得了一些成功这一评价非常公平。

2. 起诉

“把毒品贩子关到他们该去的监狱里去！”是美国流行的一种观念。但是要抓捕毒贩，做起来比说起来难太多。更重要的是，给警察更多阻止和搜查公民的权力可能会威胁到公民的基本自由。

除此之外，起诉毒贩的政策往往不公平地惩罚穷人和少数族裔。禁毒战争就是一个例子。20世纪80年代，美国国会通过了一项严厉的强制性判决法律，规定了与药物相关的罪行。保守派支持这样的法律，以阻止人们使用药物；而自由派声称这些法律中存在一种对少数族裔有害的偏见。

为什么？如表8-1所示，《联邦量刑指南》根据药物种类和数量规定了刑期。根据法律，私藏500克可卡因或仅28克快克会被判5年有期徒刑。白人和中产阶级更可能使用可卡因，而黑人和穷人更可能使用快克，因此，批评者们声称法律判决更可能判决后一种人。2010年，美国国会通过了《公平量刑法案》，该法案减少了在可卡因和快克的判决中的更大差距（以前私藏5克快克就会被判5年有期徒刑）。现行制度（即使是最新改革过的）的批评者们一直要求对交易粉末可卡因和快克的人判处相同的罪行（Meyer，2009；Cratty，2011）。

表8-1 《联邦量刑指南》

药物种类	5年有期徒刑、无假释	10年有期徒刑、无假释
致幻剂	1克	10克
大麻	100株或100千克	1 000株或1 000千克
快克	28克	280克
粉末可卡因	500克	5千克
海洛因	100克	1千克
甲基安非他命	5克	50克
苯环己哌啶（“天使粉”）	10克	100克

资料来源：United States Code, Title 21, Sec. 841（2010）.

3. 教育

第三种控制药物的策略是教育。不像起诉策略直接以使用非法药物者为目标，教育策略首先尽力阻止人们尝试非法药物，典型的是在学校和年轻人中开展的项目。

最普遍的药物教育计划是自1983年开始的抵制药物滥用教育（DARE）。这一计划在美国80%的小学以及其他43个国家开展，由警察向学生们讲述药物滥用的危害。

警方、学校管理者和父母在需要向年轻人传授非法药物知识方面达成了共识。然而，研究表明，抵制药物滥用教育等教育计划并没有对年轻人的药物使用状况产生太大影响。2001年，抵制药物滥用教育官方承认他们的项目并没有产生他们所预期的作用，并且他们准备开始一项新的交互式项目，旨在吸引那些更高年级的学生加入对药物使用的讨论（Glass，1997；Zernike，2001；Rosenbaum，2012）。

4. 治疗

另一种药物控制策略是帮助使用者，尤其是那些努力戒瘾的人，去除这种恶习。20世纪70年代初期，尼克松政府扩大了药物治疗项目，这一项目提供盐酸美沙酮——一种被用来治疗海洛因成瘾的海洛因合成物。实际上，美沙酮提供项目是用一种形式的上瘾取代另一种。一方面，政府可以调控美沙酮的含量，而从大街上买来的海 224
洛因的强度是不可知的，并且可能还掺杂着其他化学药品。另一方面，政府通过提供美沙酮，可以减少对海洛因的需求量。最后，美沙酮（最近有一种叫作叔丁啡的药物）提供项目还有一项好处就是，降低了药物使用者的犯罪参与度（Bowersox，1995；Cloud，1998；Hunt & Sun，1998）。

治疗策略不仅涉及药物，还包括咨询服务和群体支持（Cowley，2001）。没有其他组织比匿名戒酒互助会更能显示人们帮助那些药物上瘾者的力量了。“建构社会问题决定性时刻”栏目可以让大家了解比尔·威尔逊和他成立的组织。

匿名戒酒互助会等项目的成功证实了治疗策略在控制药物滥用方面的重要性，但治疗策略也有其限制性。一方面，没有足够的治疗方案来为每一个需要帮助的人服务。同样重要的是，这些方案可以帮助人们停止使用药物，但几乎不能改变一开始就把人们推向药物的环境，复发（重新使用药物）的风险帮助解释了匿名戒酒互助会的理念，即告诉其成员他们现在是、将来也会是必须用余生来积极控制酒瘾的酗酒者。最后一个问题是，尽管许多人声称支持对药物滥用者进行治疗的政策，但公众舆论总是倾向于起诉而不是治疗那些违法的人。

（二）禁毒战争

以上描述的所有策略——禁止、起诉、教育和治疗，在美国的药物政策中都有所反映，但美国的药物政策的重点主要集中在起诉——对使用者和交易者进行刑事处罚上。

这一重点出现在1968年，时任总统理查德·尼克松（Richard Nixon）把非法药物作为美国的头号公敌。他通过建立美国缉毒局（DEA）来支持他的政策，这一联邦禁毒组织试图阻止其他国家生产非法药物并致力于阻止毒品进入美国。该组织对搜查私人住宅和没收非法药物拥有广泛的警察权（U.S. Bureau of Justice Statistics，2002）。

建构社会问题决定性时刻

比尔·威尔逊：酗酒者可以学会保持清醒

比尔·威尔逊（Bill Wilson）是一名在纽约市工作的成功的股票经纪人，从许多方面来看，他生活幸福。但他有严重的饮酒问题，甚至严重到酒精使他的生活失去控制的地步，他需要一条出路。1935年，他研究出了一种解决自己问题的方法，也就是利用有相似经历的其他人的支持并树立新的个人价值观。

威尔逊将自己的计划发展成一个项目，即为那些嗜酒成瘾者提供强有力的援助。他成立了匿名戒酒互助会（AA）。他的想法很快就传遍了整个美国，并传到了国外。

如今，匿名戒酒互助会成为一个全球性组织，在美国拥有120万、58 000组成员，在全球拥有超过200万、10 800组成员。匿名戒酒互助会不仅帮助了许多人戒酒，还改变了其余人对嗜酒的看法。在一个世纪以前，大多数人认为酗酒者是屈服于饮酒诱惑的道德观念薄弱的人，因此，他们不值得被同情。匿名戒酒互助会把酗酒重新定义为一种疾病，一种既是身体的也是精神和灵魂的疾病。酗酒和其他疾病一样，是可以被治疗和治愈的。

匿名戒酒互助会是如何工作的？遭受酗酒痛苦的人出席例会，就可以轻易加入匿名戒酒互助会小组。在那里，他们会意识到自己不是一个人，酗酒也使得他人的生活失去控制。通常感到孤单的人也会感到无能为力。在匿名戒酒互助会，要应对酗酒问题的人可以从其他人身上获得力量，并开始在清醒的道路上前进。

尽管匿名戒酒互助会认为酗酒者可以学会拥有清醒的生活，但它也警告酗酒者，他们将永远是酗酒者。因此，匿名戒酒互助会成员从不会称自己为“前酗酒者”，相反，他们会说自己正在从酒瘾中恢复过来。

许多类似的组织，如嗜酒者家庭互助会（面向嗜酒者的朋友和家人）、父母嗜酒青少年互助会（面向父母嗜酒的青少年）、嗜酒者成年子女互助会（面向在嗜酒家庭长大的成年人）、匿名戒毒互助会（面向酒精之外的药物成瘾者）、匿名戒赌互助会以及大量帮助饮食障碍者的项目，都采纳了匿名戒酒互助会的理念。

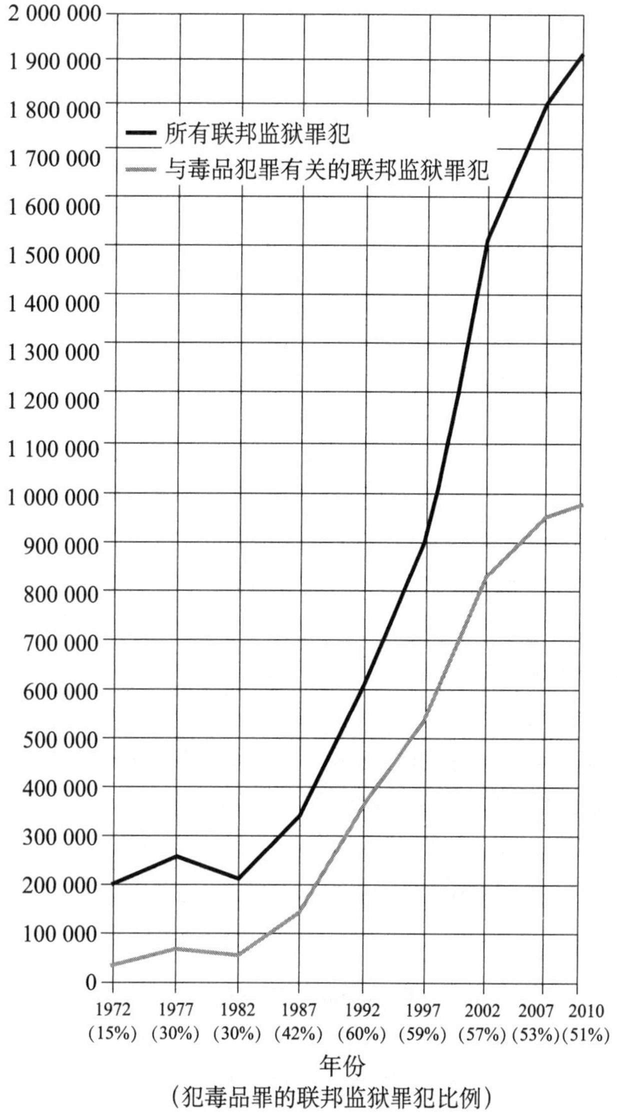

图 8-3　联邦监狱罪犯人数和毒品罪犯比例

注：1982 年以后，美国联邦监狱罪犯数量急剧增长（目前联邦、州和地方监狱罪犯的数量约为 230 万）。不断增长的毒品犯罪人数推高了总犯罪人数。

资料来源：U.S. Bureau of Justice Statistics（2008，2011）.

后两任总统［杰拉尔德·福特（Gerald Ford）和吉米·卡特（Jimmy Carter）］认为非法药物不是很严重的问题，并且相对较少提到这一问题。但 1980 年当选的罗纳德·里根（Ronald Reagan）总统又开始重新打击毒品。里根总统宣称毒品是一种重大的道德挑战。他敦促父母教育孩子们避免使用所有的非法药物，并用“对毒品说不”的口号来团结公众。在里根总统的两届任期内，联邦政府打击非法药物的预算增加了十倍（U.S. Department of Justice，1993）。除此之外，联邦政府采取了一项针对毒品罪犯的强制性监禁判决政策。结果如图 8-3 所示，被判犯毒品罪和被关进监狱的人数急剧增长。

另外，联邦官员设计了一种新的武器来打击毒品。而许多毒贩利用他们的巨额财富成功地摆脱了毒品指控并避免了定罪量刑。1984 年，美国国会颁布了一项新的法律，授权警察在毒贩被定罪之前没收他们的财产（Eldredge，1998）。法案的支持者们声称没收财产是一种使毒贩破产的有效方法，但批评者们回应说，这样的法律允许政府代理人在人们被定罪之前惩罚他们，更糟糕的是可能会伤害那些与毒品无关的无辜之人。详情见 214 页的“社会政策”栏目。

1989 年乔治·布什（George H.W. Bush）成为总统后，奖励了国家药物管制政策办公室——它当时由众所周知的“禁毒沙皇”威廉·班尼特（William Bennett）领导。对毒品采取强硬态度仍然是今天的要务。当时的公众舆论调查显示，2/3 的美国成年人认为非法药物是整个国家最严
225 重的社会问题（Bertram et al.，1996）。

1993 年比尔·克林顿（Bill Clinton）入主白宫后发生了一些变化。克林顿指出，一旦药物滥用者被从监狱中释放出来，他们很可能重拾旧习。因此，他要求在强制量刑政策中后退一步，并推动治疗策略成为处理非法药物的主要策略。

保守派指责克林顿对“毒品的态度很软”，在他承认他曾吸过（而不是猛吸）大麻之后，这一指责在公众的心中得到了强化。当克林顿政府的一名高级官员建议也许政府应该考虑合法化某些药物时，公众的反应是迅速而消极的。受到这种反应的刺激，克林顿在他剩余的总统任期内对毒品采取了更强硬的路线。不久后，每年超过 100 万人因毒品犯罪而被捕，这一数字几乎是十年前里根政府的两倍（U.S. Department of Justice，2000）。

乔治·布什总统任期内的时间都被 2001 年 9 月 11 日发生的恐怖袭击支配着，因此他无法集中精力控制非法药物。但布什政府仍在努力减少药物供应量，尤其是在玻利维亚种植的古柯（被用来制作可卡因）的供应量。布什政府还

社会政策　禁毒战争：是更安全的街道还是警察国家？

联邦探员搜查了75岁的玛丽·米勒（Mary Miller）的家。她从未用过非法药物。事实上，即使有人把毒品交给她，她也不知道如何接头。但玛丽·米勒有一个孙子，他曾在这儿住过一段时间，在那段时间里，他在家里卖软性毒品。当联邦探员意识到这个年轻人在贩卖毒品时，他们根据1984年国会通过的法律逮捕了他，并且查封了这个交易毒品的家。

这项法律的支持者说只有没收了毒贩的钱、汽车、船只和其他财产，警察才能使毒贩无法从事这项交易。但批评者反驳说，这项法律允许警察从那些在法庭上没有被定罪的人以及在被证明有罪之前应该被推定无罪的人身上拿走财产。

批评者还指出，在实践中，这项法律鼓励警察调查富人可能存在的毒品犯罪，甚至在犯罪证据薄弱时对财产进行扣押。例如，唐纳德·斯科特（Donald Scott），一位富有的61岁的老年人，他住在加利福尼亚州马里布一个价值500万美元、200英亩[①]的牧场里。1991年，有人告诉洛杉矶县治安部门，斯科特在他的牧场里种植大麻。这一消息是假的，之后的调查证明牧场里没有任何非法药物，但是在收到初步报告后，警察局就派了一队人来到这个牧场。清晨，30名重武装的警察包围了斯科特的牧场，他们敲了敲门，然后强行打开门冲了进去并与斯科特对峙，斯科特抱着他的妻子，手里拿着枪。在接下来的混战中，警察们开了两次枪，杀死了斯科特，但并没有在牧场里找到任何非法药物。之后，一项关于这一悲惨事件的调查表明“这次行动的目的之一就是期望没收那个价值500万美元的牧场以获取利益”（Blumenson，1998：6）。

你怎么看？

1. 1984年的扣押法是如何帮助公众的？它会以何种方式威胁人们基本的自由？
2. 这项法律是否有可能帮助那些生活在毒贩困扰下的贫困地区的人民？为什么？
3. 课堂讨论这项声明：“一个提供高度的人身自由的社会永远不可能摆脱毒品。”

继续把全民信赖的起诉策略作为主要的打击非法药物使用的策略。在布什总统执政期间，美国每年花费40多亿美元用来查获边境非法药物、取缔加利福尼亚州和其他地区的大麻农场，以及起诉和监禁罪犯（Alter，2001；Roosevelt，2001；Padgett，2002）。

奥巴马政府对非法药物使用采取了不同的政策。首先，联邦政府已经重新审查了毒品政策，目的是消除毒品犯罪量刑方面的种族差异。这一方向上的一个重要举措是，在2010年，对照粉末可卡因犯罪（一般涉及白种美国被告人）的量刑，改革了快克犯罪（一般涉及非裔美国被告人）的量刑。除此之外，奥巴马政府似乎转移了工作重心，从控制边境以减少毒品供应量转移到通过教育、医疗机构的早期干预和治疗项目来减少毒品需求量（Meyer，2009；Tierney，2009；Office of National Drug Control Policy，2012）。

（三）对比：合法化

从尼克松总统到奥巴马总统，联邦政府尝试通过刑事诉讼减少非法药物问题。这一方法的另一种选择就是至少不再将一些非法药物的使用定义为问题。遵循这种方法，这些药物将可以合法获得。

合法化（decriminalization）政策是指*消除目前对制造、销售和个人使用药物的刑事处罚*。这项政策的基础是相信一些非法药物不会对公众造成严重的危害。例如，目前一项国会议案提议废除联邦大麻法律。正如提案人巴尼·弗兰克（Barney Frank）所说，“立法禁止社会不希望起诉的行为是不明智的”（Govtrack.us，2011）。2011年，加利福尼亚州和其他十几个州废除了对拥有不到一盎司[①]大麻的刑事处罚。在这些州，违法者会受到小额罚款但不会留下任何犯罪记录。

① 1英亩约合0.405公顷。——译者注

公众对合法化的支持度取决于药物是否会成为问题，几乎没有人会期望海洛因这种硬性毒品可以合法获得，但45%的美国成年人支持将软性毒品大麻合法化。出于医疗目的将大麻合法化得到了75%左右的美国成年人的支持（NORC，2011：255；Pew Research Center for the People & the Press，2011）。

实际上，像大麻这样的毒品合法化将意味着人们对待它的方式可以和对待酒精、香烟一样，也就意味着政府不仅可以调控它的质量和税率，也可以禁止将其卖给儿童。支持者认为合法化有三个好处。第一，通过调控药物质量，政府可以降低“不良”药物带来的受伤或死亡的风险。第二，药物的成本会下降，因此使用者们无须通过犯罪来获得购买毒品的钱，并且毒贩暴力会随之消失。第三，美国社会将不再需要负担100多万人因为违反毒品法而被监禁的费用。

争论的另一方，也就是合法化的反对者们说，如果毒品普遍存在，想象一下人们可以像买香烟一样在街角的免下车窗口买到毒品，那么问题会变得非常严重。在他们看来，毒品合法化将会使贫困率、无家可归率、家庭问题的发生率迅速提高，更不必说车祸率了。这种意见导致小部分美国人反对大麻等毒品合法化（Pew Research
227 Center for the People & the Press，2011）。

如果许多药物的拥有和销售合法化，那么将会发生什么呢？答案并不简单，因为曾有两个国家尝试过这种政策，但结果大相径庭。

1. 苏黎世：合法化失败

20世纪70年代，人们开始聚集在瑞士首都——苏黎世，使用非法药物。到80年代中期，毒品活动已经成为这座城市的公共场所的一个焦点，这个地方很快变成了众所周知的“针园”。

然后艾滋病开始流行，苏黎世的领导者们担心吸毒者共用针头可能会引发一场健康噩梦。他们认为警察的镇压只会适得其反，因为这只会让整座城市的吸毒者们分散开来。然后，他们有了合法化的想法。只要吸毒者们待在公园里，为什么不让他们吸毒合法化呢？那样的话，健康中心的人认为他们可以监控吸毒者的行为。

因此，苏黎世开始了合法化试验。城市警察不再逮捕吸毒者，同时市卫生局还给他们提供海洛因、美沙酮、干净的针头和避孕套，以控制艾滋病的传播。

但这项计划的结果出人意料，整个瑞士及其他欧洲国家的吸毒者和毒贩都被吸引到这个公园，这远远超过了所有人的预期。到1990年，苏黎世政府每天发放8 000多支干净的针头。随着公园里的人越来越多，这项试验很明显失败了。这个公园完全被吸毒者们占领了，肆意破坏的行为已经超出控制，城市里的其他人都不敢靠近这个地方。

1992年2月，政府官员放弃并关闭了公园。苏黎世继续向有严重毒瘾问题的人提供小剂量的海洛因，但要求他们去诊所而不能在公共场所注射。2008年，瑞士选民通过了一项关于继续实行自由海洛因计划的全民公投，同时，他们还投票决定海洛因和大麻仍然非法（Huber，1994；Nadelmann，1995；Bruppacher，2008）。

2. 荷兰：合法化很有效

第二个例子发生在另一个欧洲国家——荷兰，在那里，一些毒品的合法化似乎比在苏黎世有用得多。1976年，荷兰政府颁布了一项毒品政策，允许咖啡店（大麻咖啡店）出售5克以内的软毒品，如大麻（但不允许出售海洛因等硬毒品）。顾客可以合法有序地购买并使用（但不能转售）这些毒品。2004年以后，考虑到空气净化的问题，购买大麻的顾客得到户外去吸食（Ministy of Health，Welfare and Sport，1998；van den Hurk，1999；Henderson，2003）。

几十年来，合法化政策似乎起作用了。荷兰的犯罪率没有激增，并且远远低于美国。此外，虽然许多人到荷兰吸大麻，但是荷兰青少年的大麻使用水平与美国大致相当。最重要的是，荷兰监狱并不像美国监狱一样充满毒品罪犯（Common Sense for Drug Policy，1999；MacCoun，2001；Bruppacher，2008）。

荷兰的案列是否表明合法化政策起作用了？不完全是。它所显示的是软毒品的合法化不会在荷兰引起一系列严重问题。这样的政策在其他国

① 1盎司约合28.35克。——译者注

228 家是否会奏效仍然是一个开放性问题。

根据合法化政策的支持者的说法，荷兰的经验表明关于合法化软毒品的最糟糕的担心可能被夸大了。

但合法化政策的反对者指出，最近官员们开始关注的趋势是，在阿姆斯特丹这样的城市，毒品和性产业正在蔓延。为了相应缩减毒品销售，阿姆斯特丹最近关闭了76家大麻咖啡店中的26家，并且现在只允许荷兰公民而不允许外国游客在那里购买毒品。阿姆斯特丹也有一个著名的红灯区，在那里，卖淫是合法的，与流行的大麻咖啡店结合到一起，毒品和性产业已经成长起来，并为大部分东欧犯罪集团所控制。

无论荷兰是否会继续缩减毒品销售，其对软毒品的许可方式都仍然不明确。但其他国家也在效仿荷兰合法化软毒品的做法。比利时已经将用于个人使用的大麻合法化了，公民可以自己种植大麻。丹麦的首都哥本哈根正在推进一项允许大麻咖啡馆存在的计划。在一半左右的欧洲国家里，个人使用大麻的刑事处罚被取消了或者强制执行力度大大减小了（Hoge，2002；Tandy，2009；Stanner，2011）。

六、与药物相关的社会问题理论

- **分析**

每一个社会学的主要理论方法都可以帮助理解与药物相关的社会问题。和前面几章一样，每一个理论方法都强调了不同的事实，并指向一个不同的结论。

（一）结构功能分析：管控药物使用

结构功能方法突出了药物对社会运行的作用。酒精等一些药物可以促进社会交往，例如和新邻居一起小酌一杯。其他药物，包括咖啡因、地西泮（安定）、盐酸哌甲酯（利他林），可以帮助人们满足现代生活中的日常需求。合法与非法药物都是经济活动的主要来源，它们能为成千上万的人提供就业机会和收入。

因为大部分药物一旦使用过量，就会伤害个人或破坏社会，因此社会建立起社会控制机制来调控药物的使用。总的来说，药物的破坏性影响越大，社会就越努力控制它的使用。传统上，家庭、学校和宗教在规范个人行为方面起着重要作用。在过去的一个世纪里，可能这些社会机构的功能逐渐弱化，使得人们缺少日常指导和生活意义，从而增加了药物使用。不管在何种情况下，如果家庭和宗教失去了一些针对个人的权力，医护人员和司法系统就会更多地承担起药物使用管制的重担。

- **评价**

结构功能方法认为药物对社会的有序运作既有帮助又有危害，但这一方法并没有明确如何精确评估某种特定药物的有帮助的范围。此外，结构功能方法有这样一种广泛的结构性观点，即我们几乎不了解个体理解药物的方式，而这恰恰是符号互动方法的焦点所在。

学习检验　运用结构功能方法，我们可以获得有关药物和药物使用的何种认识？这一方法的局限性是什么？

（二）符号互动分析：药物使用的意义

符号互动方法关注人们依附周围环境的不同意义。从这一点来看，一种药物既可以被一个社会的成员定义为神圣的宗教仪式的一部分，也可以被另一个社会的成员当作一种危险物质而禁止。在任何一个社会里，一种药物（例如美国的可卡因）可能在某一时间点是合法的，之后又是非法的。相反，一种曾被忽视的药物可能会变得流行（例如美国的烟草）或者曾被法律禁止的药物（例如荷兰的大麻）也可能成为合法的。

另一个问题是个人是如何开始使用药物的。人们不会凭空成为药物滥用者或吸毒者，而是都会经过一个习得的过程。以吸大麻为例，一个新手通常会在更有经验的人面前“放开”，这些更有经验的人会向他解释如何吸、吸的正确姿势以及如何享受这种“嗨”的体验（Becker，1966）。

- **评价**

符号互动方法强调了人们的所有行为，包括药物使用在内的不同意义。从这方面来看，我们可以理解为何人们在某一时间、地点对某种药物的看法不同于在另一时间、地点。但由于聚焦具体情境，这种分析方法缺少对更广泛、宏大视角的关注，尤其是与社会不平等相关的议题。而这种与社会权力有关的模式是社会冲突方法的核心。

学习检验 运用符号互动方法，我们可以获得有关药物和药物使用的何种认识？这一方法的局限性是什么？

（三）社会冲突分析：权力和药物使用

社会冲突方法从社会不平等角度来理解问题。纵观美国历史，官方已经禁止了那些无权者，尤其是少数族裔和移民所青睐的毒品。19世纪中叶，西海岸的白人禁止了鸦片；1900年左右，那些畏惧黑人的南部白人将可卡因定为非法药物。1920年，欧洲移民浪潮导致禁酒令产
229 生，直到1933年才被取消。

但是，强大的企业可以在法律的充分保护下出售暴利的药物，包括烟草和酒精，即使这两种药物每年导致的死亡人数比其他非法药物的总和还多。

社会冲突方法指出使用者的社会地位也与社会对非法药物使用的惩罚力度有很大关系。在早些时候，有人认为种族不平等在一定程度上可以解释为什么快克（非裔美国人和穷人青睐的一种较便宜的可卡因衍生物）使用者受到的刑罚比粉末可卡因（白人青睐的一种中产阶级药物）使用者更严厉。同样，在向朋友出售毒品的年轻人中，在街上做生意的贫困者会比在大学宿舍里做生意的富裕者更容易被逮捕（Mohamed & Fritvold，2011）。

- **评价**

社会冲突方法将毒品问题与社会不平等联系起来，这表明当禁毒法实施时，穷人们面临着最大风险。但它未能解释为什么穷人和富人一样广泛使用许多有害药物，如尼古丁和酒精。同样，酒精所造成的伤害，比如说交通事故，并不局限于某一阶层的人。

学习检验 运用社会冲突方法，我们可以获得有关药物和药物使用的何种认识？这一方法的一个局限性是什么？

“理论运用”表格总结了我们学习的每种理论方法。

理论运用 **酒精和其他药物**

	结构功能方法	符号互动方法	社会冲突方法
分析层次	宏观	微观	宏观
对药物使用的看法	结构功能方法直接关注不同药物使用的社会后果。包括咖啡因和酒精在内的一些促进社会交往的药物被视为有益的。另一些具有破坏性的药物，包括海洛因和快克被视为有害的。	符号互动方法解释了不同社会里药物及其使用的不同意义。药物的使用和其他行为一样，都是人们在不同的文化和社会情境中习得的。这种学习内容既包括药物使用技巧，也包括对待药物及其使用的态度。	社会冲突方法将社会的各种药物观点与社会权力和社会不平等联系起来。有实力的公司可以更自由地出售高利润的药物，而实力弱的公司就不得不受更多的法律控制。
药物使用是一个社会问题吗？	一旦被滥用，所有药物都会威胁社会秩序，因此社会必须规范药物使用。法律的实施是一项控制药物使用的重要策略。而家庭、宗教和学校应该帮助规范个人行为，以尽量减少药物相关问题。	药物使用是否被定义为一个社会问题取决于不同的情境。更广泛地说，被一个社会视为危险物质的药物可能被另一个社会当作神圣仪式的一部分。最后，任何社会对某种药物的看法都会随着时间推移而改变。	社会权力较少的少数族裔所青睐的药物更可能被定义为一个社会问题并被取缔。同样，相比社会地位高的人，社会地位较低的人通常会因为药物使用而受到更严厉的惩罚。

七、政治与药物：提出问题并定义解决方案

- 评价

理论方法可以帮助我们理解社会问题，但每个人对与药物相关的政策所采取的立场也是价值观和政治议题。本章的最后一节将解释政治是如何塑造人们对与药物相关的问题的看法，并引导人们倾向于选择特定解决方案的。

（一）保守派：只是说不

保守派在分析所有社会问题时，都强调道德观念在指导个人行为中的重要性。历史上，家庭、宗教和学校都是主要的道德教育主体。在保守派看来，由非常负责、投入的父母抚养的年轻人或者在有宗教信仰和充满爱心的老师指导下的年轻人通常能够抵制毒品带来的诱惑。

正如前几章所述，保守派认为，自 20 世纪 60 年代以来，家庭、宗教信仰和地方社区的弱化意味着美国社会的伦理道德教育水平也在下降。他们认为，在接下来的几十年里毒品使用量会上升，这种迹象表明，在道德层面上社会已经迷失了方向。父母们花在教育子女上的时间更少，宗教在社会中扮演的角色愈加不重要，学校
230 不再教授伦理道德。越来越多的年轻人活跃在大众传媒上，但这对他们的道德养成并没有什么帮助，因为这些媒体既可以批评药物使用也可以对其加以美化。总的来说，在我们现在的生活方式中，道德文化肯定越来越不重要，取而代之的是一种“怎么都行”的放纵和相对主义文化。正如保守派看到的那样，吸毒是一部分以自我为中心、以享乐为目的的人的生活方式，这些人对诸如责任、自我控制、尊重权威人物等较高尚的美德毫无理解和欣赏力。

保守派将药物使用定义为一种严重的社会问题，并认为这既是家庭弱化的原因也是其影响。药物使用也会助长犯罪、增加贫困、鼓励学生辍学，并助长许多其他社会问题。保守派对非法药物的出售、持有和使用的反应是支持严格立法、积极执法和严厉惩罚。而在最后，保守派警告说，政府只有这么做才能控制药物。父母应该承担主要的责任，他们必须让孩子学会在充满诱惑的世界里做出正确的道德选择。

（二）自由派：社会改革

当涉及人们应该如何生活的问题时，自由派支持给每个人很大的自由。自由派对保守派的道德论调表示不认同，他们认为保守派的观点似乎迫使每个人都进入传统的模式。

除此之外，保守派在解释社会问题时通常会求助于家庭和宗教，而自由派则转向经济。自由派宣称，吸毒是经济机会太少以及对生活绝望的产物，因此，自由派解决毒品问题的方式是增加经济机会和减少贫困，以减少初次求助于毒品的人数。

因为自由派看重个人选择和个人自由，所以他们对软性毒品持宽容的态度。以荷兰为例，一些人支持软性毒品合法化。一些自由派问，为什么大麻比烟草类的合法药物造成的危害小却是非法的呢？

然而一旦涉及硬性毒品，自由派就会支持严格执法，尤其是针对那些大的经销商。自由派认为，目前的法律判定成千上万的人有罪，但这些人并没有对任何人造成伤害，甚至都没有伤害到自己。自由派呼吁不要太强调警察、法庭和监狱，而要把更多的注意力放在儿童毒品教育方案和成人戒毒的治疗方案上。

（三）激进派：从社会边缘了解药物

不同的政治立场都参与到了全国性的药物辩论中。首先，让我们看一看激进右派的自由主义立场；然后，我们来考察一下激进左派的社会主义立场。

1. 激进右派：自由论者

在政治术语中，**自由论者**（libertarians）是指*支持最大限度的个人自由的人*。虽然一些人自称“自由论者”，但他们在许多问题上追随政治主流，大多数自由论者认为政府是对他们的核心价值——个人自由的最大威胁。因此，他们追求最小政府，以拥有最大限度的个人自由。鉴于

对个人自由的强调，自由论者反对政府管控毒品（以及几乎其他任何东西）。在他们看来，禁毒法就等同于一个政府试图限制个人如何选择生活的制度。许多自由论者认为政府的禁毒战争已经限制了公民自由，不仅限制了公民在自己身体里放什么的选择权，而且普遍允许监视、搜查和没收财产。简而言之，他们没有看到“毒品问题”，却看到了威胁每个人的“政府问题”。因此，自由论者走在合法化所有药物运动的最前沿（Trebach & Inciardi，1993）。

2. 激进左派：社会主义者

政治立场最左端的激进分子也反对现行禁毒法，但出于不同原因。从社会主义者的角度出发，禁毒法（像所有法律一样）反映了富人、社会有权者的利益并以其他所有人为执法目标。禁毒法给穷人，尤其是有色人种中的穷人定罪，使美国的监狱人满为患。为了在危机中维持社会稳定，政府把囚犯人数推到比历史上任何时候都要高的水平。因此，激进左派反对现行禁毒法。

但是废除现行禁毒法只是解决方案的一小部分。从激进左派的观点来看，社会本身需要被彻底重建。如果一个社会被建立在人人有机会和人人平等原则的基础上，那么激进左派认为吸毒的需求会大大降低。“从左到右”表格概括了有关毒品的不同政治观点。 231

从左到右　关于药物问题的政治观点

	激进左派（社会主义者）观点	自由派观点	保守派观点	激进右派（自由论者）观点
问题是什么？	禁毒法（像所有其他法律一样）反映了有权者的利益，并给穷人和少数族裔定罪。	药物滥用 / 吸毒是许多人被各种问题（如贫困和无权）折磨的症状之一。	药物滥用 / 吸毒是一种年轻人不良道德教育的表现。学校、宗教，尤其是家庭都应该培养孩子的道德价值观，这会让他们有抵制吸毒诱惑的力量。	政府利用警察权力进行逮捕、扣押财产并监视疑似吸毒者的生活，这威胁了公民的自由。
解决方案是什么？	社会的一次根本性重组，即将财富、权力和机会分给所有人，将有助于减少人们初次贩卖和使用毒品的情况的发生。	如果经济机会和社会公平增加，吸毒及药物滥用状况应该会减少。政府应该为成瘾的人提供治疗方案。	实施禁毒法是重要的，但积极的家庭教育是抵制毒品威胁的第一道防线。学校、教会和社区组织必须在教育孩子毒品的危害方面发挥作用。	大多数禁毒法，尤其是管控软毒品的法律应该被废除，作为向人们提供更大个人自由的第一步。

参与讨论

1. 如果你负责美国禁毒署的工作，你会制定什么新政策来解决这个问题？
2. 你认为不同的政治立场分别会支持本章所讨论的哪些药物控制策略（如禁止、起诉、教育和治疗）？
3. 你认为上述四种政治立场对药物及毒品问题的分析，哪一种最具说服力？为什么？

总结与展望

- **设想**

自从人们发现某些植物拥有改变人类行为和认知的力量后，药物就成为人类文化的一部分。正如社会依赖一些药物的积极作用一样，社会也会把其他药物定义为需要控制的问题。

毫无疑问，在未来的几十年里，什么是合法

与非法药物都将是有争议的。像海洛因和可卡因等药物将继续处于争论的旋涡中心；滥用酒精所造成的死亡人数处于一个更高水平，并几乎肯定会再攀高峰。关于药物滥用原因的争论也将继续下去，对此不同政治阵营有不同的主张。聚焦于道德价值的保守派将原因指向家庭破裂；以经济不平等为中心的自由派将原因指向缺少工作和贫困；激进派呼吁自由和摆脱政府控制（右派），以及实施经济体制的根本变革（左派）。

这些争论将改变美国的政策吗？在某些方面当然会，但美国普遍支持积极利用刑事司法系统，包括警察、法庭以及监狱，以打击毒品。尽管这一观点并没有得到社会学研究的支持，但它仍可能保持强劲势头。奥巴马政府已经发出信号，更支持对药物滥用者实施治疗战略而反对起诉战略，并且已经在这一方向上采取了一些措施。

一个充满希望的迹象是，大量研究表明，非法药物使用量会随着年龄增长而下降。在接下来的几十年里，随着美国人民平均年龄的增长，大多数非法药物的使用量有希望保持最近的下降趋势。但是，鉴于经济的不确定性以及家庭面临的经济保障困难，很难仅凭年龄就解决美国的药物问题。

232 ## 定义解决方案

你担心药物问题吗？

在所有人看来，至少某些药物是对人有害的，因此它们是一些社会问题的基础。但解决与药物使用相关的许多令人困扰的问题的最好方法是什么？请看下面关于解决方案的两种不同观点。

（1）在自由派看来，软毒品本身并没有国家所说的那么危险，因毒品犯罪而关押100万人的政策是不适当的。因此自由派支持宽松的大麻法，特别是合法化医用大麻，哥伦比亚的17个州已经实施了这一政策。你认为自由派观点的优
233 点和缺点是什么？

（2）在保守派看来，美国社会里存在太多使用非法药物的现象，这些药物削弱了个人的判断力，破坏了家庭和社区。当然，法律实施是保守派最后的政策，他们更愿意通过道德教育来引导个人行为。你认为保守派观点的优点和缺点是什么？

提示：正如我们在前面的章节中所看到的，保守派倾向于基于个人责任的解决方案（“只是说不”），而自由派则倾向于基于对美国法律体系进行结构性改革的解决方案。大麻合法化虽然可能会明显减少毒品犯罪的数量，但对大麻使用率的影响却不明确。抵制药物滥用教育等教育计划也是有争议的，部分原因是这些项目对儿童的影响尚未形成。激进右派的观点是什么？在他们看来，获得最大限度的自由是目标，与政府保持距离是实现这一目标的途径。你认为自由论者会支持（也许令人惊讶）这两种方法中的哪一种呢？为什么？

参与：应用和练习

1. 在你的校园里走一走并观察药物使用情况。人们吸烟的场所是怎样的？喝咖啡的呢？喝酒的呢？这些药物被使用的地点有何不同？这些让你对药物有了什么样的理解？
2. 上网搜索一下“旧香烟广告”，它们是如何说明抽烟的好处的？广告是如何利用医务人员来销售烟草的？如果有的话，烟草公司是如何描述吸烟的危害的？
3. 大部分社区有匿名戒酒互助会和匿名嗜酒者家庭互助会。查找当地电话号码簿，并查看匿名戒酒互助会成员的人数，同时询问一次公开的会议时间和地点。参与这次会议，然后与人们讨论匿名戒酒互助会是如何帮助他们从酒瘾中恢复或者帮助他们处理家庭成员上瘾的。
4. 去当地图书馆或者在网上查找你所在的州的你能够了解到的药物范围。在这个州的什么地方（例如，是乡村还是城市）毒品犯罪的被捕率更高？你能发现为什么吗？

达标：可视化摘要 234

建构社会问题决定性时刻

比尔·威尔逊：酗酒者可以学会保持清醒

药物是什么？	
药物是除了水和食物之外能影响大脑或身体的任何化学物质。 ● 纵观人类历史，药物已经成为社会的一部分。 药物和**文化** ● 随着时间的推移、社会的更迭，人们使用何种药物以及某种药物被定义为有帮助的或是有害的会发生变化。 ● 在美国，形成人们对待药物的态度的一个因素是围绕移民的争议；在过去，政府禁止了各类移民所青睐的药物。	**药物**：除了水和食物之外能影响大脑或身体的任何化学物质。

药物使用的范围	
● 9% 左右的 12 岁以上美国人目前至少使用一种非法药物。在最近几十年，药物使用呈下降趋势，但近几年又开始回升。 ● 人们使用药物的原因多种多样，包括治疗、娱乐、寻求精神或心理刺激、逃避现实以及社会融入。	**成瘾**：一种身体或心理上的药物渴望。 **依赖性**：一种人体已经适应某种药物定期使用的状态。

药物种类	
根据对身体和大脑的不同影响，药物被分为不同种类。 ● **兴奋剂**（如咖啡因、尼古丁、可卡因、安非他命）能使人产生警觉性并振奋精神。 ● **抑制剂**（如阿司匹林、安定、酒精）能抑制人的活力和疼痛感。 ● **致幻剂**（如麦角酸二乙基酰胺、皮约特仙人掌、摇头丸）能扭曲人的感官知觉。 ● **大麻**（例如玛利华纳、哈希什）能帮助人们放松并增强食欲。 ● **类固醇**能增强人的肌肉和力量。 ● 1 600 万人滥用**处方药**是美国药物问题的一部分。	**兴奋剂**：能增强人的警惕性的药物，它通过振奋精神来改变人的情绪。 **抑制剂**：能够减缓中枢神经系统运作的药物。 **酗酒**：嗜酒成瘾。

药物和其他社会问题	
家庭生活问题 ● 药物使用，尤其是药物成瘾，可能会导致家庭成员和朋友形成相互依赖模式。 ● 父母成瘾会伤害孩子，这些孩子更有可能使用药物、辍学以及陷入法律麻烦。 ● 药物在许多忽视儿童、家庭暴力的事件里发挥作用。 **无家可归** ● 药物特别是酒精的使用在无家可归者中很常见。 ● 尽管一些人因为滥用药物而无家可归，但另一些人则把药物和酒精当成逃避流落街头的困境的方式。 **健康问题** ● 药物滥用可能会损伤大脑、肝脏和其他重要器官，导致营养不良。 ● 孕期女性滥用药物会增加早产和先天畸形的发生概率。 ● 药物使用者容易通过共享针头传播艾滋病。 ● 研究表明，针头交换项目减少了艾滋病和其他疾病的传播，但批评者认为这种项目鼓励了非法药物的使用。 **犯罪** ● 据报告，大多数暴力罪犯是在酒精或其他药物的影响下实施犯罪行为的。	**相互依赖**：一种能够帮助药物滥用者继续滥用药物的他人行为。

235

- 毒品法使得毒品价格上涨，快克、粉末可卡因和海洛因的使用者不得不通过犯罪来供自己继续吸毒，因此这一法律助长了犯罪。
- 毒贩通常使用暴力来避免其他经销商的竞争，以保护自己的利益。

全球贫困

- 贫困国家的人们把种植和制造非法药物作为一种必要的收入来源。
- 美国人每年在非法药物上的花费高达 600 亿美元，这超过了世界上 12 个国家的经济总产值。

恐怖主义

- 恐怖组织可能会通过从事毒品交易来为恐怖活动筹集资金。

社会政策：应对药物问题

美国的四种控制非法药物的**策略**： ● 禁止——阻止毒品越过边境线。 ● 起诉——实施禁止毒品出售、持有或使用的法律。 ● 教育——尝试说服人们停止吸毒或从不吸毒的计划。 ● 治疗——帮助人们克服与药物相关的问题的计划。 **禁毒战争**已经导致美国因毒品犯罪而被关进监狱的人数迅速增长。目前毒品囚犯约占监狱总囚犯数的一半。 **合法化**作为一种消灭与毒品相关的社会问题的策略，已经在世界上许多国家取得了不同程度的成功。	**合法化**：消除目前对制造、销售和个人使用药物的刑事处罚。

与药物相关的社会问题理论

结构功能分析：管控药物使用

结构功能方法聚焦于药物对社会正常运转的影响。

- 社会依赖某些药物来促进社会交往，帮助人们满足在现代生活中的需求。
- 药物是经济活动的一个来源，可以给许多人提供就业机会和收入。
- 社会控制那些会造成危险后果的药物。

符号互动分析：药物使用的意义

符号互动方法强调了人们使用药物的不同意义。

- 一个社会或某一历史阶段认为有益的药物可能会在另一个社会或历史上的其他阶段被当作危险药物禁止。
- 人们学习药物使用的方式与学习其他行为的方式一样。

社会冲突分析：权力和药物使用

社会冲突方法聚焦于社会权力问题如何影响我们的毒品政策。

- 历史上，美国曾禁止移民和其他少数族裔所青睐的毒品。
- 使用非法药物被惩罚的程度反映了药物使用者的社会地位。

政治与药物：提出问题并定义解决方案

保守派：只是说不

- **保守派**把药物使用视为一种与传统家庭和宗教衰退有关的严重的社会问题。
- 保守派支持严格的毒品法，并鼓励家长对孩子进行道德教育。

自由派：社会改革

- 自由派宣称药物滥用是由于经济机会太少，这会导致人们丧失生活希望。
- 自由派支持扩大教育和治疗策略。

激进右派：自由论者

- **自由论者**，即激进右派，相信政府的禁毒战争减少了公民的自由。
- 自由论者反对所有的毒品法，试图扩大个人自由。

激进左派：社会主义者

- **社会主义者**，即激进左派，认为目前的毒品法倾向于给穷人定罪。
- 社会主义者呼吁改变美国基本经济以形成一个更为平等的社会，他们相信这个社会将会以较少的毒品需求为特征。

第9章
身心健康

236–237

学习目标：

- **记住**本章中用黑体字突出显示的关键术语的定义。
- **理解**世界各地及美国的健康和疾病模式。
- 将社会学的想象力**运用**于理解为什么健康是一个社会问题。
- 运用社会学的主要理论方法**分析**健康和医疗保健。
- 从各种政治立场**评价**医疗保健政策。
- **设想**一个你将如何改变我们的社会以追求更健康的身心的愿景。

——国家是否有尽全力去帮助人们支付医疗费用？

美国仍然是唯一一个没有为每个人支付医疗费用的政策的高收入国家。

——贫困伤害着人们，但是它会致人死亡吗？

在世界上的低收入国家中，1/4 的儿童不能存活到成年。

——精神疾病是一种罕见的疾病吗？

美国将近一半的成年人在他们的生活中有时会出现精神障碍症状。

章节概述

当我们比较高收入国家与低收入国家时，我们发现了哪些健康状况方面的差异？美国的富人与穷人呢？这一章探讨了健康问题的模式和人们如何支付医疗费用。你将了解不平等如何影响健康状况，也将了解到更多关于身体和精神疾病以及各种疾病和障碍的信息。你将对健康问题进行理论分析，并了解人们所认同的“问题”以及他们所赞成的“解决方案”如何反映其政治态度。

在美国谁是最容易被污名化的人？我们极有可能去躲避、贴标签以及害怕的是什么类型的人？过去，答案可能是同性恋者、残疾人，或者是有色人种和少数族裔的成员。

今天，越来越多的人对很多曾经被边缘化的人的接纳度在增加，但是对这类人——精神病患者的接纳度仍然较低。毫无疑问，大众传媒在其中发挥着作用。大家都会记得从《惊魂记》到《十三号星期五》再到《沉默的羔羊》这些电影中的“疯狂”和真正可怕的角色。这些电影之所以能吓到我们，恰恰是因为它们所表现出来的恐惧是深植于美国的文化当中的。超过一亿的人——几乎是美国成年人的一半——在他们一生中的某个时刻遭受着精神疾病的困扰。在 2010 年，20% 的成年人宣称他们患有某种精神疾病，
239 5%（1 140 万人）的成年人宣称他们患有严重的精神障碍（U.S. Department of Health and Human Services，2012）。鉴于这些人的数量之多，令人惊讶的是，大多数人对什么是精神疾病以及其原因知之甚少。

本章将探讨与精神和身体健康相关的问题。让我们从研究美国身体健康问题开始。我们也将看看世界上低收入国家的健康状况，在低收入国家中，因贫困而产生的疾病导致 1/4 的儿童在成年前死亡。然后我们将调查医疗保健制度，尤其关注各国人民如何支付医疗费用。再回到美国，我们将考虑为什么很多人声称美国的医疗保健制度处于危机之中。最后，我们将转向心理健康，解释什么是精神疾病、导致精神疾病的原因，以及为什么人们对于这个普遍性问题的了解很少。尽管健康问题在一定程度上是生物学和医学问题，但是社会引导我们如何将人们定义为“健康的”和“生病的”，并允许某一类人生来就比别人更“健康”。

一、健康和疾病：全球视角

- **理解**

我们许多人认为健康只是简单地意味着不生病。然而，世界卫生组织（1946：3）将**健康**（health）定义为*身体、精神和社会适应方面的完好状态*。换言之，就如疾病有等级划分一样，健康也有不同等级。环顾世界，我们看到人们健康水平的一个主要的预测因素是他们的收入。简而言之，健康水平预测的全球模式就是“财富带来健康”。

（一）高收入国家

总体来讲，生活在富裕国家（如北美和西欧）的人们远比生活在贫困国家的人们更健康。

衡量社会健康模式的一个重要指标是**婴儿死亡率**（infant mortality rate），即*每 1 000 名出生的婴儿不满周岁死亡的数量*。在世界上的富裕国家中，婴儿死亡率很低，通常每 1 000 名出生的婴儿中有 5 人死亡。这意味着婴儿第一年存活的可能性至少为 99.5%，因此婴儿死亡情况是非常罕见的。当它们确实发生时，人们认为它们既是意想不到的又是悲惨的。

衡量社会健康模式的另一个指标是人均预期寿命。**人均预期寿命**（life expectancy at birth）是*一个社会中人们可以预期存活的平均年数*。在美国，2010 年出生的男孩可以预期活到 76 岁，同年出生的女孩可以预期活到 81 岁。相反，在世界上最贫困的国家，预期寿命大约为 55 岁（Population Reference Bureau，2011；Murphy et al.，2012）。

一个社会的平均收入也与人们所面临的健康问题类型有很大关系。生活在富裕社会的人们通常在人到中年之前不会过于担心健康问题。在大多数情况下，他们活得足够长，可能会在老年时期，通常是在 75 岁以后，死于某种**慢性病**（chronic disease），即*一种长期发展的疾病*。慢性病包括心脏病、癌症以及中风。

在很多方面，富裕对人类健康状况的好处远远超过贫困。但是更高的生活水平本身也会带来一些健康风险。例如，美国人吃高脂肪的饮食；另外，多数人并不从事过多的体力活动。总之，这些因素有助于解释几乎 2/3 的美国成年人超重的事实。体重过高容易引发其他的健康问题，这有助于解释为什么在过去的十年中，心脏病（美国人口的主要死因）和糖尿病的发病率增加了 40% 以上（Centers for Disease Control and Prevention，2012；Murphy et al.，2012）。

（二）低收入国家

根据世界卫生组织（2008）统计，全世界有 10 亿人（即每六个人中有一个人）因贫困而患有严重的疾病。营养不良是导致人们——尤其是儿童——容易患病的一个重要因素。另外一个重要因素是缺乏安全的饮用水，它导致穷人因饮用含有致病微生物的水而生病。

这些状况对于人类健康的后果就显而易见了：贫困国家的婴儿死亡率远高于美国等富裕国家。例如，贫困的非洲国家马里的婴儿死亡率是 116，这意味着每十个孩子中有不止一个孩子在满一周岁前死亡（Population Reference Bureau，2011）。

按照美国的标准，贫困国家的预期寿命很短。与其他极端贫困的国家一样，在埃塞俄比亚，因营养不良和不安全的饮用水而产生的疾病导致有一半的儿童在十岁之前就夭折了。如此高的儿童死亡率导致埃塞俄比亚的总体预期寿命下降到 56 岁（Population Reference Bureau，2011）。在亚洲的大部分地区，人们的预期寿命 240
也只有 65 岁左右。然而，在富裕国家，人们的预期寿命要长 10 年以上。

人们死亡的方式也反映了他们的生活水平。在富裕国家，人们通常死于慢性病，如心脏病和癌症。相比之下，在贫困国家，人们通常随时有可能死于**急性病**（acute disease），即*一种突然发作的疾病*。急性病包括各种传染病和寄生虫病，

世界之窗　全球视野下的婴儿死亡率

阿富汗是世界上婴儿死亡率最高的国家。新加坡是世界上婴儿死亡率最低的国家。

对一个国家来说，衡量健康模式的好方法是婴儿死亡率：出生后未满一周岁的婴儿的死亡率。在富裕国家，通常是每 1 000 名婴儿中不超过 10 名婴儿死亡。相比之下，贫困国家的婴儿死亡率很高，在阿富汗以及其他七个非洲国家中，婴儿死亡率均超过 10%。

资料来源：Population Reference Bureau（2011）.

如疟疾、霍乱、伤寒、麻疹和腹泻。在过去的一个世纪中，这种急性病是导致美国人死亡的主要原因，但在今天，急性病很少会导致死亡。

（三）富人和穷人的对比：艾滋病的流行

调查健康模式是**社会流行病学**（social epidemiology）的工作，社会流行病学是*关于健康和疾病在整个人群中如何分布的研究*。社会流行病学家研究疾病的起源和传播，记录社会环境如何影响人们的健康。

当人们面对**流行病**（epidemic），即*一种通过人群迅速传播流行的疾病*时，社会流行病学家的工作尤其重要。从欧洲中世纪的瘟疫到近些年暴发的禽流感和猪流感，流行病危及数百万人的健康。有时候，一种流行病被称为大流行病，因
241 为在全球化时代，疾病可以迅速扩散到世界的任何一个地方。

最致命的流行病是艾滋病，这在第7章（“性”）中讨论过。艾滋病于1981年首次被发现，它是一种无法治愈的致命疾病，通过血液、精液、阴道分泌物和母乳等体液传播。我们可以首先从全球视角，然后再在美国人口中，通过追踪艾滋病的进展状况来说明财富与健康问题之间的联系。

1. 艾滋病：全球视角

非洲是世界上最贫困的大陆，拥有全球15%的人口，却有占全球69%的艾滋病病毒携带者。

在过去的十年中，多位总统如克林顿、布什以及奥巴马表示，艾滋病对许多非洲国家的政治和经济前景构成威胁。大约1/3的艾滋病病毒感染者居住在非洲南部的十个国家，而且大约1/3的新感染病例也发生在那里。艾滋病的流行已经导致非洲2 000万人丧生，使中非和南非大部分地区人口的预期寿命大幅下降到50岁左右。艾滋病破坏社会发展，使医疗设施不堪重负，摧毁家庭，留下大量的孤儿。唯一的好消息就是，在过去的十年中，接受治疗的患有艾滋病的成年人和儿童的比例从约2%增加到接近40%（Whitelaw，2003；Altman，2005；Population Reference Bureau，2011；UNAIDS，2011）。

为什么世界上许多最贫困的国家受到艾滋病的打击如此严重？正如已经提到的，由于穷人的健康状况往往较差，因此他们对艾滋病病毒感染的抵抗力较弱。另外，贫困国家投入教育和预防项目（例如，提供避孕套并教导人们使用避孕套的重要性的项目）的资源很少。但是文化模式——特别是涉及性别的文化——也是重要的影响因素。第227页的“全球视野下的社会问题”栏目对中非的艾滋病问题进行了仔细研究。

2. 美国的艾滋病流行情况

美国的艾滋病流行情况远没有南非国家那么严重。美国人口中艾滋病感染的案例占到全球的3%。尽管如此，2008年美国政府记录有16 088人死于艾滋病。感染艾滋病的人总数已经达到1 018 611人，其中594 496人已经死亡（Centers for Disease Control and Prevention，2011）。

死亡人数超过50万导致艾滋病成为一个极其严重的社会问题。艾滋病教育项目自1987年开始扩展，已经降低了高风险性行为，包括诸如多个性伴侣和不使用避孕套等行为的发生率。与此同时，卫生官员担心新一代年轻人可能不会认真对待这种致命的威胁。奥巴马政府已经要求国会每年花费超过280亿美元来对抗艾滋病，其中210亿美元经费被用于国内，70亿美元经费被用于世界各地（Kaiser Family Foundation，2011）。尽管研究人员尚未研制出治愈艾滋病的方法，但是他们已经开发出药物治疗方法，以减缓艾滋病在许多感染艾滋病病毒的人当中全面暴发。

与世界各地一样，在美国，艾滋病主要是穷人的疾病。如图9-1所示，占美国人口29%的拉美裔美国人和非拉美裔美国黑人中死于艾滋病的人数占所有艾滋病死亡人数的56%。从另一角度来看，非拉美裔美国黑人感染艾滋病的可能性是非拉美裔白人的9倍；拉美裔美国人感染艾滋病的可能性是非拉美裔白人的3倍。因为非裔美国人和拉美裔美国人的贫困率更高，所以这类人中在感染艾滋病后接受每年费用高达10万美元的治疗的人数很少。可以预见的是，少数族裔中因艾滋病而死亡的人数会较多（Centers for Disease Control and Prevention，2011）。

全球视野下的社会问题　艾滋病的社会根源：贫困、文化和性别

布里吉特·萨马卢维（Brigitte Syamaleuwe）是一位居住在非洲赞比亚的40岁女性。几年前，自从她得知自己感染了艾滋病病毒后，她的生活发生了改变。像其他人一样，她的第一个反应是，为什么会发生这样的事情？除了她的丈夫外，布里吉特从来没有与其他人发生过性行为，所以她很快得出结论：她的丈夫令她感染上了艾滋病病毒。

布里吉特很愤怒地与她丈夫对峙。他显然很震惊，但是他的反应是指责布里吉特的不忠行为。过了几个星期之后，他才愿意承认他的不忠行为导致他感染了艾滋病病毒，然后，在他知道自己感染了艾滋病病毒之前，他已经感染了他的妻子。他们都知道，艾滋病是没有办法治愈的，但是他们决定奉献自己的余生去教育其他人了解艾滋病的危害。

正如第4章（"性别不平等"）所解释的那样，低收入国家通常是强父权制国家。这些国家的女性对她们的丈夫或者男朋友所做的事情几乎没有发言权。许多男性传统上认为经常与妓女发生婚外性行为没有什么不对，即使他们现在知道这种行为让自己、妻子甚至其他女性感染艾滋病病毒的风险很高。

另一个导致艾滋病在非洲以及其他地方流行的因素是很多男性——有时甚至是一些知道自己被感染了艾滋病病毒的男性——在发生性行为时不使用避孕套。一些女性可能不会坚持让男性使用避孕套，这要么是因为她们不知道其伴侣有过不忠行为，要么是因为如果她们不按照男性的要求来做就会受到男性的暴力威胁。

更糟糕的是，在传统的法律中，男性因其妻子的不忠行为而离婚比较容易，但是女性做这样的事情却困难重重。即使可以离婚，女性通常也会再三思考，因为法院往往最终会让男性控制家庭财产。简而言之，对于女性来说，离婚常常意味着陷入贫困。

在贫困国家中，感染艾滋病病毒的后果通常是在几年内死亡。在美国，感染艾滋病病毒的富裕人群现在依赖于昂贵的药物来延长十年甚至更长时间的生命。这些药物正在变得越来越便宜，因此在贫困国家变得更容易获得。在中非，现在约25%的艾滋病病毒感染者能够接受治疗，但是对世界上大多数穷人来说，获得治疗仍然遥遥无期，他们几乎得不到任何形式的医疗关注。

可以采用什么策略来帮助世界上的贫困女性保护自己？一种可能的答案是女用避孕套，一种女性在进行性行为之前将其放入阴道的塑料制品，以保护自己免受艾滋病以及其他性传染疾病的危害。尽管女用避孕套在非洲越来越受欢迎，但是许多男性反对女用避孕套，并且女用避孕套的成本通常太高。

解决艾滋病问题的主要答案在于研究出这种致命疾病的治疗方法。此外，如果社会能够减弱父权制的影响，那么因感染艾滋病病毒而死亡的人数会下降。更强大的政治和经济力量将给予女性对性说不，坚持使用避孕套，甚至要求她们的男性伴侣对其忠诚的能力（Schoofs，1999；Singer，2001；Altman，2005；UNAIDS，2011）。

你怎么看？

1. 艾滋病在非洲的传播已经造成了2000万人死亡，这样的情况如何证实健康问题既是医学问题，也是社会问题？
2. 如果艾滋病继续不受限制地蔓延下去，那么对非洲社会的未来可能会产生什么影响？对美国可能会产生什么影响？
3. 如美国这样的富裕国家可能会采取什么措施来应对艾滋病的流行？

二、健康政策：支付医疗费用

- **运用**

医疗费用很容易超过多数人能够负担的范围。社会应该采取什么样的政策来帮助人们支付医疗费用？一个人的支付能力是否应该决定医疗保健质量？不同的国家根据其自身的政治和经济制度对这些问题提供了不同的答案。

（一）社会主义制度

在实施*社会主义经济*的社会中，政府管理着

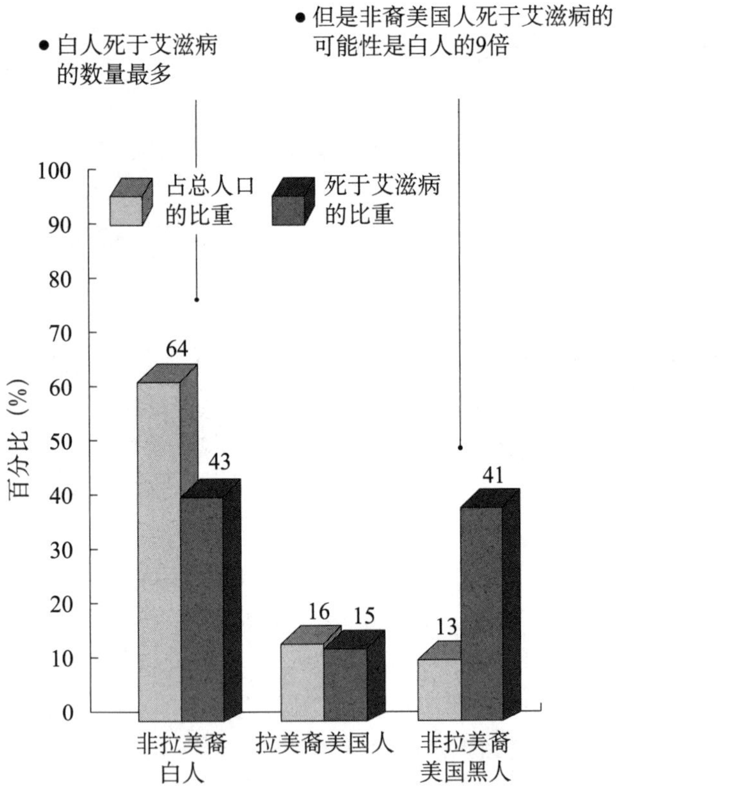

图 9-1　美国艾滋病死亡人数

注：少数族裔中死于艾滋病的人数比我们预期的要多。总的来看，拉美裔和非裔美国人占美国人口的 29%，但是却占所有艾滋病死亡人数的 56%。

资料来源：Centers for Disease Control and Prevention（2011）.

大部分经济活动。这意味着政府机构提供医疗服
242 务并运行医院和诊所；医生和其他医疗专业人员是国家雇员，并通过其提供的服务获得薪酬。中国和俄罗斯是实施社会主义医疗制度的案例。

1. 中国

中国是一个正处于工业化进程中的中等收入国家，拥有超过 13 亿的人口。在中国，政府负责管理医疗保健工作，经营着大规模的医院和诊所。此外，中国著名的"赤脚医生"游走于乡村，为数千万的中国农民提供基本医疗保健。

中国的方法将现代科学医学与包括针灸和草药在内的传统疗法相结合。在大多数地区，中国的传统性规范依然很强大，这对于这个幅员辽阔的国家（特别是远离沿海大城市的内陆地区）来说有着巨大的好处，使它在很长一段时间里逃脱了肆虐亚洲其他国家以及南半球发展中国家的艾滋病。除此之外，中国的医疗机构正面临着与吸烟有关的疾病的治疗成本上升的问题：53% 的中国男性（但只有 2% 的中国女性）吸烟，这导致了癌症和心脏病的高发病率（World Heath Organization，2011）。

2. 俄罗斯联邦

在 1991 年苏联解体之前，这个国家有一套政府控制的医疗保健制度。在苏联解体后，俄罗斯——苏联最大的加盟国独立，并一直在改变其社会主义经济，使其朝着市场经济体制的方向发展。然而其医疗保健仍然主要由政府控制，就像中国的情况一样，人们可以去政府开办的诊所接受治疗。

政府控制的一个结果就是，俄罗斯医生的报酬比美国医生的报酬少得多；俄罗斯的许多医生的收入仅仅略高于熟练的工厂工人。同样值得注意的是，俄罗斯的医生中有 72% 是女性，而美国女性医生的比例仅为 32%。

在 20 世纪 90 年代，俄罗斯经历了经济衰退，由此而产生的一个结果就是人口健康状况急剧下降，预期寿命（尤其是男性）迅速下降了大约 4 年。预期寿命虽然在过去几年中出现了反弹，但是仍然低于 1990 年的水平。这种下降使长期以来提供标准化和公共医疗服务的官僚体系更加紧张。 243

也许，随着市场改革的推进，医疗服务质量将随着生活水平的提高而提高。然而，就目前而言，俄罗斯的健康状况和医疗保健仍是一个严重的问题（Zuckerman，2006；U.S. Census Bureau，2012）。

（二）资本主义制度

以*资本主义经济*为主的社会通过市场体系向人们提供医疗保健，就像提供其他商品和服务一样。在实践中，这意味着个人可以根据自己的特殊需求和个人资源来购买医疗保健服务。但是，昂贵的医疗费用很容易超出即使是相当富裕的人的承受能力，因此，瑞典、英国、加拿大和日本等资本主义国家采取了更多的策略来帮助人们支付医疗费用。

1. 瑞典

虽然瑞典的经济主要以市场为基础，但是在一个多世纪以来，瑞典采取了社会主义的做法，

将医疗保健作为全体公民的基本权利。瑞典通过税收筹集资金来资助政府建立医疗保健体制，这使得瑞典的税收位居世界首位。大多数的医生是政府雇员，他们是从政府那里领取工资，而不是直接从病人或者保险公司那里获得工资。政府官员还负责管理全国大部分的医院。

由于这一制度类似于社会主义国家的制度，因此它通常被称为**公费医疗制度**（socialized medicine），即*一种政府拥有并运营大多数医疗设施和雇佣大量医生的医疗保健制度*。这种制度如何良好运行？联合国计算了世界各国的预期寿命指数，它是衡量人口总体健康状况的一个很好的指标。正如图 9-2 所示，瑞典人的健康水平很高，并且所有瑞典人都能够获得同等质量的医疗保健。

2. 英国

自 1938 年以来，英国也建立了一套公费医疗制度。然而，英国人并没有废除私人护理制度；相反，他们创造了一个政府与私营医疗服务并行的双重体系。政府的国民医疗服务制度是通过税收来资助其为所有的英国公民提供医疗保健服务、支付医生的工资、支付住院以及处方药费用的。同时，有能力的人可能会为私人医生和医院的服务付费。许多英国医生同时在国家卫生服务中心和私人诊所中工作。

英国的医疗保健体系在为每个人提供基本医疗保健服务方面做得相当好。然而，由于只有一些人能够负担得起最好的私人医疗服务，因此英国的医疗保健体系在某种程度有着不平等的特点。

3. 加拿大

在加拿大，政府在医疗保健制度中发挥着重要作用，但是不像瑞典或者英国那样，政府直接控制医疗保健。在加拿大，政府的运作模式更像是一个大保险公司。在这种“单一付款人”体系中，政府通过税收收入来支付医生以及医院的费用。然而，像英国一样，加拿大允许医生在政府资助的医疗体制之外工作，医生可以根据购买私人医疗服务的患者情况设置自己的收费标准。

如图 9-2 所示，加拿大人的健康水平非常高。加拿大的医疗保健制度的成本比美国的更低。支持者指出，加拿大在控制医生费用以及医院费用方面取得了成功。然而，批评者指出，较低的成本反映了一个事实：加拿大较少使用高科技药物，而且这样的医疗保健体系对人们的需求往往反应迟缓。通常人们必须等上几个月才能接受大手术。

简而言之，加拿大在为一些人提供最先进的医疗保健服务方面可能无法与美国匹敌，但是在为大多数人提供基本医疗保健服务方面，加拿大的表现要比美国好很多（Rosenthal，1991；United Nations Development Programme，2011；Macionis & Gerber，2011）。

4. 日本

在日本，医院是在市场体系下由私人经营的。与此同时，政府项目和私人健康保险相互组合支付大部分医疗费用。 *244*

图 9-2 还显示，根据预期寿命指数，日本人的健康水平是选定的国家中最高的。

现在我们来看图 9-3，在日本以及我们所调查的其他国家或地区，政府利用税收收入支付社会所有人口的大部分医疗费用，包括那些赚得多且缴税多的人。但是有一个高收入国家与众不同——美国，其虽然提供政府支持，但是主要将

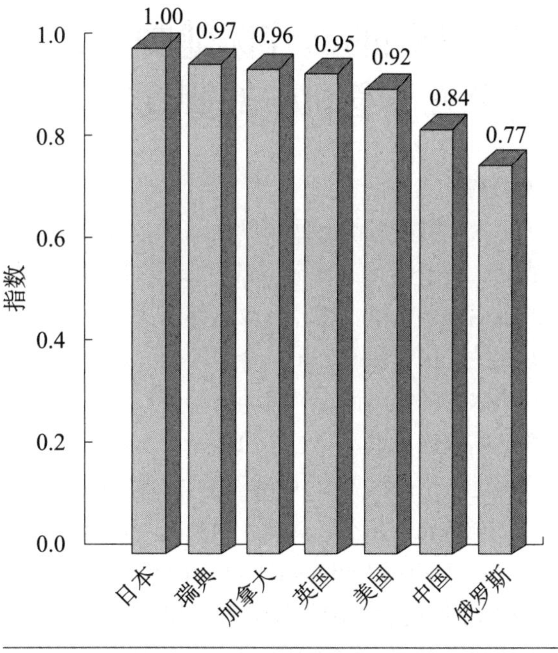

图 9-2 选定国家的预期寿命指数

注：美国的预期寿命高于典型的低收入国家，但是低于其他许多高收入国家。

资料来源：United Nations Development Programme（2011）.

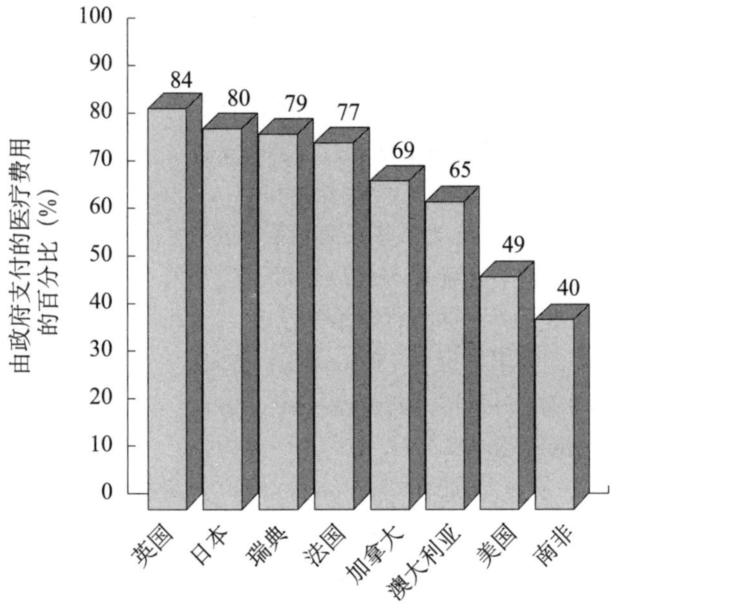

图 9-3　选定国家的公费医疗的程度

注：与其他的高收入国家相比，政府的拨款在美国医疗费用中所占的比重要小很多。

资料来源：World Bank（2011）.

医疗保健服务视为一种可以在公开市场上购买的产品。

三、美国的医疗保健制度：一个处于危机中的制度？

- **分析**

大多数人可能会回顾奥巴马政府时期推行的战略，并且认为 2010 年的医疗改革是其最大胆的国内改革举措。为什么政府部门决定以这样的方式关注医疗保健？第一个原因是，就整体人口健康水平的排名而言，美国的排名低于其他大多数的高收入国家。第二个原因是，美国的人均医疗保健支出比世界上其他任何国家都要高。

全球比较显示，美国人的预期寿命仅排名第 38 位（United Nations Development Programme，2001）。这使得美国不仅落后于加拿大和几乎所有的西欧国家，而且落后于一些不如美国富裕的国家——从拉丁美洲的古巴和哥斯达黎加到亚洲的新加坡。此外，尽管美国拥有其他国家无法匹敌的财富，但就低婴儿死亡率的国家排名来说，美国勉强能进入前 50 位（排名第 49 位）。

美国的医疗保健体系为能够支付医疗费用的人提供了最好的治疗方案。但是，对于贫困的人来说，美国做得远远不够。造成这个局面的原因是什么？美国是唯一一个依赖于**直接付费制度**（direct-fee system）的高收入国家。直接付费制度是*一种病人或者其保险公司直接支付医生和医院服务的费用的医疗保健制度*。原则上，人们可以自由购买他们能够负担得起的任何医疗服务，不同医院或医生可以相互竞争，提供各种服务和定价。

根据一些批评人士（通常是政治左派人士）的说法，美国的医疗保健体系正处于危机之中。两个最为紧迫的问题是不断上涨的费用和获得医疗保健的机会有限。

（一）费用问题

近几十年来，美国的医疗保健支出从 1950 年的约 120 亿美元猛增到 2010 年的 2.6 万亿美元。自 1950 年以来，美国的人口规模翻了一番，但医疗保健支出却增加了 200 多倍。为什么医疗费用变得如此昂贵？主要有 6 个原因。

（1）私人保险制度的发展。在第二次世界大战之前，大多数美国人是自掏腰包支付医疗费用的，所以他们只有在不得已的情况下才会去医院看病。在第二次世界大战期间，公司开始为员工提供医疗保险，部分原因是政府冻结了工资，所以公司只能用这样的方式吸引新员工。第二次世界大战后，20 世纪五六十年代，私人保险制度迅速发展。私人保险制度的发展意味着人们有了更多的医疗保险，但是它也使人们没有理由去质疑他们收到的关于处方药、就医以及住院费用的账单。在这种情况下，医生和医院可以通过提高价格来获益，他们也正是这样做的（P. Starr，1982）。

（2）专业医生的增多。随着医学知识的增长以及科学技术的进步，越来越多的医生选择专攻有限的医学领域，如内科、癌症治疗或整容手术。专家也会收取更高的费用——通常是普通医生费用的两倍。在专家的世界里，患者通常最终会因为单个问题去看几个医生，并给他们都支付费用。毫不奇怪，美国医生的平均收入很高，从儿科医生约 17.5 万美元的年收入到脊柱整形外科医生 65 万美元的年收入不等。这些数字自 1990 年以来已经大约翻了一番（Merritt Hawkins，2008）。

（3）医疗技术的提高。美国社会是一个技术型社会。人们喜欢高科技医疗手段，如使用计算机轴向断层成像（CAT）扫描，以创建内部器官的图像，使用血管成形术来打开堵塞的动脉。自 1950 年以来，医疗保健支出的增长主要是由于先进的医疗技术的发展。

由于如此专注于高科技，人们经常忽略提高健康水平的日常实践的价值，包括饮食和锻炼。这种类型的预防的成本很低，但在改善和维持健
245 康方面非常有效（Blank，1997；Andrews，2009）。

（4）预防性护理的缺乏。许多人，特别是收入有限的人，只有在面临医疗危机时才会去看医生。没有采取预防性护理，比如通过服用药物来控制高血压的人，最后往往会出现严重的问题，比如中风，需要住院的时间长且费用昂贵。

（5）人口老龄化。正如第 5 章（“老龄化和不平等”）所讲的，美国人的平均年龄呈现上升趋势。随着“婴儿潮”一代（1945—1964 年间出生的超过 7 500 万人）即将步入老年，他们更关心自己的健康状况。许多现在退休的人既有保险也有钱用于购买医疗保健服务，他们肯定会面临更多的医疗问题，并将推高医疗保健支出。

（6）更多的诉讼。我们中的许多人似乎认为，当事故或者疾病发生的时候，医生和医院总能够提供治疗。当治疗失败时，患者或者患者家属越来越有可能提起诉讼，这一趋势提高了医疗事故保险的成本，然后医生将这一成本转嫁给了患者。对诉讼的恐惧也会以另一种方式增加成本：担心被起诉的医生可能会为了保护自己而要求患者进行不必要的检查，这是一种*防御性医疗策略*（Birenbaum，1995）。

鉴于近几十年来医疗成本的迅速增长，保险公司和公众都在寻找控制医疗费用的方法，但我们可以做些什么呢？

一系列政策已经被制定出来。第一项政策是*入院前测试*。在确定患者是否需要住院治疗之前，医生要求患者进行血液检查、X 光检查和其他检查。医生没有必要仅仅为了查明病症而让人们住院。

第二项政策是实施更多的*门诊治疗*，这意味着患者可以在手术当天进出医院或诊所。小规模的手术通常可以以这种方式处理，但许多人也会在门诊接受其他手术和癌症治疗。

第三项政策是*调整住院时间*。在这种情况下，保险公司限制住院的特定条件。这可以让患者早日回家，并节省开支。但与此同时，有限的住院时间和门诊治疗给照顾患者的家庭带来了更大的负担。

这些成本控制措施有什么影响？单从数字上来看，它们并没有减少美国在医疗保健方面的支出，这一数字每年依旧在不断上升，但它们可能已经减缓了医疗保健支出的增长速度。

（二）谁来买单？

美国每年有超过 3 700 万人进入医院，他们的平均住院时间是 6 天。这项护理的总费用接近 1 万亿美元。按照人均计算，医疗费用约为 21 000 美元，再加上数千美元的医生费用（U.S. Census Bureau，2011）。显然，这样的医疗费用只有少数家庭能够负担得起。那么，最终由谁来买单？

在美国，人们要为他们大部分的医疗费用负责。为了支付费用，大多数人依赖于各种类型的健康保险。

1. 私人保险计划

私人保险公司，如蓝十字蓝盾，通常通过雇主向个人和团体出售保单。在 2010 年，大约有 1.96 亿人（占美国总人口的 64%）享受了私人医疗保险。其中，85% 的人是通过雇主（或者家庭成员）获得医疗保险的；剩下 15% 的人则自己购买了保险（U.S. Census Bureau，2011）。

大多数雇主要求人们支付一定比例的保险费用。此外，当人们提出索赔时，保险公司很少会全额支付费用；一般来说，私人保险公司能够支付的费用约占总费用的 35%。这意味着私人保险制度可以减少但并不能消除由严重事故或者疾病

带来的经济负担。

2. 健康维护组织

健康维护组织（HMOs）是*通过收取固定费用为用户提供医疗保健服务的私人保险组织*。为了控制成本，健康维护组织专注于疾病预防；它们为减肥课程、免疫接种以及帮助人们戒烟的疗
246 法买单。

但是健康维护组织也限制了患者的选择。作为一种管理式医疗，健康维护组织要求患者从参与的专业人员名单中选择他们的医疗服务提供者，这在一定程度上迫使患者使用他们不了解的医生。另外，非紧急护理必须事先经过初级护理医师的批准，初级护理医师负责诊断患者的病情，提供一些治疗，并转诊给专科医生。

简而言之，健康维护组织试图通过管理式医疗，即通过控制治疗过程来降低成本。在某些情况下，健康维护组织拒绝支付全部医疗费用。由于这个原因，健康维护组织已经引起了争议。

美国大约有7 500万人（占美国人口的25%）参加了健康维护组织（U.S. Census Bureau，2011）。大多数人对他们的健康计划怀着复杂的感情，他们担心自己会被拒绝接受必要的治疗，并且很多人担心他们的医生将根据健康维护组织所涵盖的内容而不是他们的真正需求来选择治疗方案。许多医生证实，健康维护组织的规则有时候会拒绝提供患者所需要的治疗。这些担忧已经促使一些州政府制定了一项患者“权利法案”，要求医疗保健服务提供者支付最低水平的医疗费用，并披露其所有关于向消费者支付费用的政策。

因此，健康维护组织的成功是有代价的。但大多数的雇主青睐于健康维护组织，因为它们通常比传统的私人保险计划成本低（Hicks，2006）。

3. 政府保险计划

在美国，联邦政府为某些人支付了大部分医疗费用。1965年，国会通过了医疗保险和医疗补助计划，这是为老年人、穷人和残疾人支付部分医疗费用的税收资助项目。总体而言，政府保险支付了约一半的国家医疗费用。

医疗保险是社会保障体系的一部分，服务于65岁及以上的老年人以及所有年龄段永久性完全残疾的人。2010年，超过4 400万人（占美国总人口的14.5%）参加了医疗保险，其中超过80%的人是65岁及以上的老年人。

医疗补助计划为有特殊需要的贫困人口提供服务，包括盲人、永久性残疾人、孕妇或老年人，以及生活在需要抚养子女的家庭中的人。2010年，约有4 900万人（占美国总人口的16%）参加了医疗补助计划。此外，全美1 300万退伍军人（占美国总人口的4%）可以在政府开办的医院中获得免费治疗（U.S. Census Bureau，2011）。

总的来说，大约有31%的美国公民从政府那里获得了医疗福利。然而，这些项目只能提供有限的福利（约占所有医疗费用的一半），这就是为什么许多享受福利（尤其是医疗保险）的人还会从私人保险公司那里购买额外的医疗保险。正如第233页的“社会焦点问题”中解释的那样，那些完全依赖政府项目的人可能会发现，政府项目所覆盖的范围远远不能满足他们的需要。

（三）覆盖范围问题

大多数有医疗保险的人在面临严重的状况时可能无法支付所有医疗费用。但这只是问题的一部分。更严重的是，大约有5 000万人——约占
美国人口的16%——根本没有医疗保险。 247

大量人口没有医疗保险的原因之一是雇主一直在削减向雇员提供的福利。十几年前，美国的大部分工作提供带薪休假、病假、退休福利以及医疗保险。如今，提供所有这些福利的工作越来越少，而许多工作根本不会提供任何福利。这一趋势使得许多雇员不得不自己照顾自己。

最大的问题是，美国是否应该继续做世界上唯一没有全民医疗保险计划的高收入国家。1994年，克林顿政府提出了一个全面的医疗改革计划，通过这个改革计划，政府可以确保每个人都享有医疗保险。克林顿的“管理竞争”计划要求雇主为雇员提供医疗保险，雇主可以与不同保险供应商讨价还价，以制订最好的计划。不能被这种方式覆盖的人群（包括失业者）将由政府直接提供医疗保险。

国会否决了克林顿的改革，认为这样的改革将把医疗保健支出推得比现在还高。此外，批评

社会焦点问题　生命的价格：有时高不可攀

你如何看待政府的政策——“富有的人会健康，贫困的人则不会”？这对你而言公平吗？虽然伊丽莎白·黑尔（Elizabeth Hale）认为不公平，但在她看来，这就是美国医疗保健系统的运作方式。

57岁的伊丽莎白·黑尔患有肾脏衰竭。因此，她必须每周三天躺在床上，用透析机清洗血液，完成她的肾脏无法完成的工作。黑尔已经退休了，并且在最近的经济衰退中，她的储蓄和收入在不断下降。为了支付医疗费用，她依靠医疗保险（基于她身体的残疾）和医疗补助（因为她很贫困）。

为了恢复健康并结束透析，黑尔需要一个新的肾脏。但由于她太穷了，她可能永远也没办法得到器官移植。医院工作人员解释说，政府的援助可以为手术付费，但这笔钱只够支付她后半生需要服用的抗排斥药物费用的80%。根据医院的政策，黑尔必须证明，在她的名字被列入器官接受者名单之前，她至少可以支付1 500美元的药物。黑尔摇了摇头说：“好吧，我存了一些钱，但没有那么多。事实上我很穷，谁会借给我钱呢？”

是否应该阻拦贫困的人接受必要的器官移植手术？现有的政策表示应该如此。有人认为，随着捐赠器官的供应不足，医生和医院必须对“最有可能康复的病人”进行移植手术。他们不想冒着浪费器官的风险，把器官移植到可能无法进行必要治疗的病人身上。这就排除了一些负担不起手术后所需药物费用的人。

伊丽莎白·黑尔反对说：“这似乎不正确。我需要的药物太昂贵了。如果我有钱买药，他们就会给我做器官移植手术。”简单来说，如果她不能得到需要的肾脏，她就会仅仅因为贫困而过早死亡（Kaukas，1999）。

加入博客！

您会视黑尔的处境为对穷人的歧视，还是仅仅是对有限资源的合理利用？你是否曾因为无法支付医疗费用而无法享受医疗服务？请来MySocLab加入社会学焦点博客，分享你的观点和经验，并了解其他人的想法。

者反对将健康问题置于一个新的政府官僚机构，而非医生和患者的控制之下。

在2006年赢得国会控制权后，民主党人表示希望使美国更加接近全民医保。2008年，巴拉克·奥巴马当选总统，其目标是将医疗保险覆盖范围扩大到所有人，他的努力促成了2010年医疗改革法案。

（四）2010年医疗保健法

2010年，美国国会通过了一项法律，该法律显著改变了美国医疗费用的支付方式。在之后十年内，该法律会花费近1万亿美元，而且改革会逐步实施。

以下是2012年美国最高法院支持的新法律的主要特征：

（1）所有家庭都要缴纳保险税。然而，低收入家庭将获得补贴来帮助支付保险税，高收入家庭将在其收入的基础上缴纳更高的税金以资助该项目。

（2）保险公司将既不被允许以疾病为由放弃现有客户，也不能因为先前存在的状况而在法律上拒绝为儿童提供保险。

（3）保险公司不能对它们将支付给任何个人的终身医疗费用的金额设定上限。

（4）父母可以使用他们的医疗计划，并覆盖其26岁以下的孩子。

（5）从2014年开始，保险公司将不再能够以任何投保人先前的身体状况为由，拒绝为其提供保险。

（6）从2014年开始，所有的家庭都需要购买保险。政府将会监督保险的收益和成本。

（7）从2014年开始，不购买保险的人将受到惩罚，而且惩罚会随着时间的增加而加重。

如果现行的医疗保健法仍然有效，并且没有

出现严重的衰退，那么这个项目预计将为美国目前没有医疗保障的 5 000 万人中的约 3 200 万人提供保险。奥巴马政府声称，这项法律虽然没有达到医疗保险全覆盖的目标，但仍然是向前迈出的重要一步。

（五）健康：阶级、种族和民族

美国富裕人群的健康状况是世界上最好的。但是美国的许多贫困人口并没有比低收入国家的人生活得更好。例如，南达科他州的奥格拉拉苏族印第安人是美国最贫困的人口，其女性的预期寿命仅为 66 岁，男性的预期寿命仅为 56 岁。相比之下，在亚洲低收入国家斯里兰卡，其女性的预期寿命为 78 岁，男性的预期寿命为 71 岁（Population Reference Bureau，2011）。

第 2 章（“贫困与财富”）指出，美国约有 4 600 万人（占美国总人口的 15.1%）生活在贫困线以下。大多数穷人无法负担健康的饮食。营养不良反过来又导致穷人（尤其是贫困儿童）无法抵御传染病。贫困也以其他方式危害健康。贫困的人们通常生活一个在充满压力和暴力的拥挤且不安全的环境中。他们不能获取到足够的取暖和制冷工具，可能会因接触到含铅油漆而中毒，
248 并且遭遇事故的概率更高。预期寿命是一个衡量整体健康状况的良好指标。

研究证实了阶级地位与健康之间的紧密联系。当研究人员询问生活在高收入家庭（年收入至少 10 万美元的家庭）中的人们的健康状况时，82% 的人表示“非常好”或者“很好”。相比之下，只有 52% 的低收入家庭（年收入低于 35 000 美元的家庭）中的人回答“非常好”或“很好”（Centers for Disease Control and Prevention，2011）。

这种差异有助于解释这样一个事实：非裔美国人贫困的可能性几乎是白人的三倍，且其平均寿命比白人少四年。图 9-4 中给出了在 2010 年出生的非裔美国人和白人的预期寿命数据。其中，非裔美国男性的情况最糟糕，这不仅因为由贫困而导致的健康状况不佳，而且因为身为男性，遭受暴力的风险更大。这一事实有助于解释为什么 15 ～ 34 岁的非裔美国人死亡的主要原因是他杀（Heron，2011）。为了更好地理解非裔美国人社区中暴力情况的严重性，请注意，仅在 2010 年这一年，就有 2 459 名非裔美国人被自己种族内的其他人杀害，这是伊拉克战争中非裔美国士兵死亡人数的 6 倍（Federal Bureau of

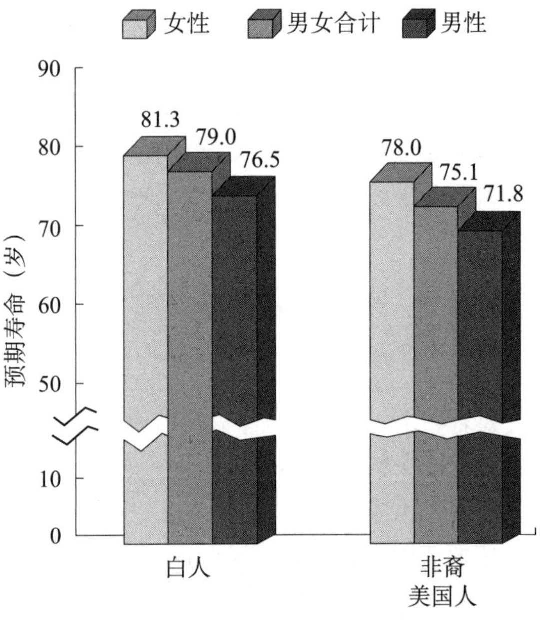

图 9-4　在 2010 年出生的美国儿童的预期寿命

注：平均而言，白人比非裔美国人预期寿命更长，女性比男性的预期寿命更长。

资料来源：National Institute of Mental Health（2012）.

美国之窗

美国各地的预期寿命

预期寿命是衡量人口整体健康状况的一个重要指标。美国各地人口的预期寿命各不相同，反映了诸如营养饮食和吸烟习惯等因素的影响。

在 MySocLab 上探索你所在的社区以及美国各地的健康模式。

Investigation，2011）。

贫困的危害甚至在出生前就有了。非裔美国人同时遭受更高的贫困率和更高的失业率，他们获得医疗保险的机会也很少。结果之一就是，非裔美国女性在怀孕期间没有**产前保健**（prenatal care），即*女性在怀孕期间的医疗保健*，以及生出死亡风险很高的体重过轻的婴儿的比例是白人女性的两倍（Martin et al.，2011）。

种族偏见甚至对并不贫困的非裔美国人的健康状况产生影响。例如，研究表明，有色人种通常比白人接受的治疗要少。一项针对向医生抱怨胸痛的男性的研究发现，与那些表现出完全相同症状的白人患者相比，医生为非裔美国人安排高级检查的可能性要低 40%，而对有色人种病患的这种种族偏见导致了有色人种更高的死亡率（J.E. white，1999a）。

（六）健康：性别的重要性

数据显示，女性比男性更具健康优势：女性的平均寿命比男性的平均寿命至少长 5 年。尽管
249 非裔美国女性的贫困程度很高，但她们的预期寿命比白人男性长。这些事实凸显了性别对人类健康状况的重要影响。

性别对男性和女性的健康状况都有影响。一个重要的因素是美国文化对男性气质的定义。美国社会鼓励男性更具个人主义和侵略性，这导致他们更容易发生意外事故、参与暴力活动以及自杀。这些因素有助于解释男性预期寿命较短的问题。

但是，性别对女性也有影响。因为女性的社会地位比男性低，所以女性往往为医学研究者所忽视。多年来，大多数关于心脏病、吸烟和药物使用的研究只在男性受试者中进行。这样的结果就是医生对女性的需求以及女性对治疗措施的反应知之甚少。这也就是为什么在 1990 年，美国国立卫生研究院（NIH）决定成立女性健康研究办公室——一个引导关注女性健康问题的政府机构（Hafner-Eaton，1994）。

一些关于性别的老旧思维方式也会扭曲医学治疗（方法）。一些批评者声称，医生将诸如更年期等正常生活事件转变成了需要长期药物治疗的医学“问题”。此外，他们认为，女性的健康问题有时并不像男性的健康问题那样受到积极对待。例如，心脏病是 45 ～ 74 岁的女性健康的第二大杀手（仅次于癌症）（Heron，2011）。然而，根据美国心脏协会的研究，针对同样的心脏病症状，医生给女性提供的护理要比给男性提供的护理少。

医生也往往很少给女性提供适当营养、锻炼以及减肥等方面的咨询。为什么呢？可能是因为许多医生将心脏病与男性相关联，从而忽略了女性在心脏病方面潜在的问题。也许这种情况的部分原因是，在美国，只有 32% 的医生是女性。但随着女医生比例的持续上升，医生和医院应该对女性的担忧做出更好的回应（U.S. Department of Labor，2011）。

解释性别在塑造健康方面的力量的一个很好的例子就是饮食失调症。在美国，多达 1 000 万人患有饮食失调症，其中约 90% 是女性（National Institute of Mental Health，2008）。

专家估计，大约有 2% 的青少年女性患有厌食症，这是一种强迫性的节食方式，会导致人们因吃得太少而无法保持健康的体重。还有 3% 的人患有贪食症，这是一种疾病，主要是暴饮暴食，一次性吃大量的食物，然后通过服用泻药或者诱导呕吐的方式来清除食物以避免体重的增加（Duffy，1999；National Institute of Mental Health，2011）。

性别与饮食失调症有什么关系？饮食失调症的社会根源在于以外表的吸引力来定义女性价值的文化。此外，女孩在成长过程中学会了评价自己的外表，并通过不现实的、基于媒体的苗条和美丽形象来评估自我价值。文化信仰如此根深蒂固，以致饮食失调症很难治愈，常常导致严重的健康问题，包括肾脏损害、骨质疏松、危及生命的感染、心脏病以及极端情况下的死亡（Duffy，1999；Lerner，1999）。

（七）残疾人

我们注意到，在美国，社会地位较低的女

性、少数族裔和贫困人口的健康问题更加严重。与医疗保健系统抗争的另一类人就是**残疾人**（disability），即*身体或心理状况影响日常活动的人*。

对医学专业人士来说，残疾是对心智和身体功能的某种损害。对社会学家来说，问题在于人们如何建构残疾的现实，即残疾人自身如何应对残疾，以及其他人是如何看待残疾人的。因此，社会学家研究了如路肩和楼梯这样的物理障碍以及如偏见和歧视这样的社会障碍是如何影响残疾人的日常生活的。

社会学家指出，身体上的残疾通常被认为是一种*主要身份*，这意味着其他人可能会忽视一个
250 人的能力，而只看到他身体上的残疾。如果有这样的认识，人们有时就会认为身体残疾的人必然会有其他的不足，例如智力低下，并采用相应的态度对待这些人。

因为对残疾没有精确的定义，所以没有确切的数据表明有多少人正遭受着这样的挑战。一份政府统计数据显示，大约 4% 的儿童、10% 的 6 ～ 64 岁的人和 37% 的老年人患有某种残疾（U.S. Census Bureau，2011）。这些数字正在增加，部分原因是医学的进步挽救了出生就有某些缺陷的婴儿——这些婴儿在几十年前是会死亡的。对于遭遇严重事故的成年人和在战斗中受伤的士兵来说同样如此。越来越多的失去肢体和遭受其他严重伤害的女性和男性现在能够幸存下来，但他们不得不与永久性残疾做斗争。更普遍的是，随着美国人的寿命越来越长，越来越多的人最终患上了慢性和致残性疾病，从关节炎（关节炎症）到阿尔茨海默病（大脑功能丧失）。

几代人以前，大多数人认为残疾人无法过上正常的生活。结果，大多数残疾人最后被关在家里，甚至卧床不起。如今，越来越多的人对残疾人持接纳态度，这种态度主要反映在轮椅坡道、电梯等被广泛使用的无障碍设施给予了残疾人更多的进入学校和工作场所等地方的机会。此外，从电动轮椅到基于计算机的通信系统等新技术使残疾人有了更好的行动能力和表达能力。

与健康问题的其他方面一样，残疾与收入有关。有严重残疾的人的贫困率（21%）几乎是没有残疾的人的贫困率（12%）的两倍（U.S. Census Bureau，2011）。

1990 年，寻求扩大残疾人权利和机会的政治组织——残疾人权利运动，成功地说服国会通过了《美国残疾人法案》（ADA）。这项法律禁止在就业方面以及包括酒店、剧院、餐馆和商店等公共场所歧视残疾人。

支持者称《美国残疾人法案》是自 1964 年颁布《民权法案》（该法案禁止基于种族和性别的歧视）以来最重要的公民权利立法。当乔治 · H. W. 布什总统将该法案签署为法律时，他表示希望通过该法案促使大多数的公共场所对残疾人开放。但是 20 年后，由于许多残疾人在乘坐公共汽车、上学、观看体育赛事甚至到餐馆就餐时都会遇到麻烦，因此国家仍有许多工作要做。

1997 年，联邦政府扩展了“残疾”的定义，不再局限于身体上的问题，加入了从精神疾病到学习障碍，再到对开放空间的恐惧等问题。因此，学校以及雇主对如何诊断残疾状况和其他状况，以及如何提供适当的住宿进行了辩论。2010 年，美国最高法院缩小了“残疾”的定义，排除了那些可以被纠正的或者不会从根本上影响日常活动的损伤情况（Fujiura，2001）。

（八）护士短缺

美国医疗保健体系面临的另一个问题是护士短缺。2010 年，美国有 270 万名注册护士（拥有注册护士学位的人），但是仍有 121 000 个空缺职位。预计到 2025 年，空缺职位将增加到 26 万个（U.S. Department of Labor，2011；Kaiser Family Foundation，2012）。

为什么美国对护士的需求日益增加？有以下几个影响因素。第一，医学技术的进步意味着可以治疗更多的疾病，这就需要更多的医学专业人员来完成这项工作。第二，医院门诊服务，例如当日手术、康复和化疗迅速发展。第三，越来越多的人关注预防保健，而不是简单地治疗疾病或者事故伤害，这意味着接受治疗的人比以往任何时候都多。第四，也是最重要的一点，美国的老龄人口正在消耗越来越多的医疗服务。正是由于

这些因素，越来越多的人来到医疗机构寻求治疗，于是，医院需要更多的护士来提供护理。

护理是一项对年轻人有持续吸引力的职业。自2004年以来，已有超过50万人开始从事护理工作。但是护士的供给仍不足，无法满足不断增长的需求。其中一个原因是护理学校没有足够的教师，这限制了毕业生的数量。更广泛地说，护理工作在很大程度上一直是女性的职业，而且与过去的几代女性相比，如今的年轻女性的工作选择范围更广。此外，护士的收入虽然呈上升趋势，但并没有像其他领域增长得那么快，从而无
251 法吸引更多的人。

现职护士年龄中位数逐渐上升的趋势表明护士行业人数短缺。现在现职护士年龄的中位数已达到46岁，许多护士现在已经接近退休年龄。最后，许多护士报告说，他们对工作环境很不满意，这项工作通常涉及大量的病人，需要加班，工作环境压力大，有时还伴随着主管、医生和医院管理者的不认可和不尊重。

鉴于对护士的高需求，护士的工资正在增加。目前，普通护士每年的收入约为62 000美元，许多拥有专业技能的护士（如护士麻醉师）每年的收入为13万美元甚至更多。许多医院和私人医师为护士提供雇佣奖金。最后，护理项目正在招募更多的少数族裔护士和男性护士，这些类型的护士目前只占注册护士人数的7%（Marquez，2006；American Association of College of Nursing，2011；U.S. Department of Labor，2011；Kaiser Family Foundation，2012）。

四、精神健康与疾病

- **运用**

精神障碍（mental disorder）是*一种涉及思维、情绪或者行为的疾病，它会导致痛苦并削弱个人在日常生活中正常活动的能力*（U.S. Department of Health and Human Services，1999: vii）。美国精神病学会识别了300多种不同的精神障碍，包括焦虑障碍、心境障碍、进食障碍、睡眠障碍、人格障碍和精神发育迟缓。

大约有4 600万名成年人（大约每5个人中有1个人）患有某种可诊断的精神疾病，近一半的美国人（1亿人）在人生的某个阶段有此经历。这些疾病中的大多数不至于危害到一个人的长期健康。

那么严重的精神疾病的状况如何？2010年，超过1 100万美国成年人（占美国成年人总数的5%）患有严重的精神疾病，而且有1/3的人称他们在人生的某个阶段曾患有严重的精神疾病。但请记住，我们的社会对精神疾病缺乏了解，可能会阻碍许多患有精神疾病的人寻求治疗，因此这些估计很可能忽视了问题的严重程度（U.S. Department of Health and Human Services，2012）。

精神疾病的症状各不相同，但可能包括极度焦虑和恐惧、狂躁地兴奋、情绪波动、恐慌发作、衰弱型抑郁，甚至幻觉。这些症状不仅会困扰个人，也会导致其他问题，从关系紧张到忽视儿童，再到彻底的暴力。

对于整个社会来说，每年由严重的精神疾病造成的损失超过3 000亿美元，主要是工作场所生产力的损失。政府估计，精神疾病给社会造成的损失远比各类癌症所造成的损失要大（U.S Department of Health and Human Services，2011）。

正如本章开头所提到的，精神疾病会引发困惑和恐惧。为什么？也许是因为一些精神疾病会促使人们去做一些意想不到的事情，这让很多人感到害怕或恐慌。的确，我们所有人，包括医生在内，对精神疾病的了解远少于对身体疾病的了解。因此，虽然人们不会因为一个人下肢残疾或者患有其他身体疾病而对其污名化，但他们往往会对那些患有精神障碍的人污名化。我们可能会给经历剧烈情绪波动的人贴上“奇怪”的标签或者给偶尔出现幻觉的人贴上“疯子”的标签。这种类型的污名会导致对个人的社会孤立，这通常会使问题变得更糟糕。

（一）精神障碍的类型

对任何疾病的有效治疗都依赖于准确的诊断。由美国精神病学会（2000）编制的最广泛用于精神障碍分类的是第四版《精神疾病诊断与统

计手册》(DSM-IV-TR)。《精神疾病诊断与统计手册》诊断和统计了各种各样的精神障碍，如表9-1所示。

一些疾病，如药物使用引起的疾病，有直接的原因。但是大多数的疾病都有多方面的原因，包括生理方面和社会方面的原因。换句话说，有些人生来就比其他人有更高或者更低的罹患某些精神疾病的风险，但是从童年开始的社会经历对塑造每个人的心理健康起着重要作用。

(二)精神疾病：一个迷思?

由于精神障碍以及造成精神障碍的原因尚不清楚，一些该领域的专家声称，它们更像是一个迷思而非真实的存在。精神病学家托马斯・沙兹(Thomas Szasz)指责人们将“精神错乱”的标签应用于他们所认为的令人不安的行为，而实际上这些行为模式只是“与众不同”而已。

想象一个人站在城市的街角，大喊着上帝告诉他世界末日即将到来，这种行为可能是不同寻常的。如果这个人一边喊一边上下跳跃，那么站在附近的人甚至可能会有点恐慌。但是谁又能说这个人错了呢?谁又能确认他是对还是错，他是精神病患者还是仅仅为了表达他坚定的宗教信仰?

沙兹认为人们的行为一旦不遵从传统规范，很快就会被谴责为“疯狂的”，他一生都在为我们应该放弃关于精神疾病的整个想法而争论(Szasz，1961，1970，1994，1995)。正如他所看到的，只有当一种疾病以我们所能看到的方式影响身体时，它才是真实的。在没有身体异常的情况下，精神“疾病”只是一个迷思。

沙兹的说法是有争议的，他在精神病学领域的大多数同事否认精神病学是虚构的观点。尽管如此，许多精神健康专家称赞沙兹指出了使用药物促进一致性的危害性。有时候，每个人的行为都会影响到其他人，但这是否给了别人强迫我们改变的权力呢?此外，用医学标签来回应“差异性”的污名化方式会对人产生极大的危害，在某种极端的情况下，这会将那些特殊的人定义为危
险的和不完整的。 252

(三)精神疾病：阶级、种族和性别

在本章发现的模式——弱势群体更容易患

表 9-1 《精神疾病诊断与统计手册》中所列出的精神障碍的类别

通常在婴儿、儿童或少年期首次诊断出的疾病	精神发育迟缓，注意缺陷多动障碍，阅读障碍，口吃，自闭症，图雷特氏综合征，以及尿床
认知障碍	谵妄与痴呆：由大脑损伤或药物滥用引起的记忆或清晰思维能力的重大改变
由医疗条件导致且未包含在其他类别中的精神障碍	诸如谵妄、痴呆、遗忘和性功能障碍等症状是另一种医学状况的直接结果
与物质有关的精神障碍	因使用酒精或其他药物，如海洛因、可卡因或安非他命而引起的中毒、依赖或戒断等疾病
精神分裂症及其他精神病性障碍	以偏执、妄想和幻觉为特征的疾病
心境障碍	重度抑郁症和双相情感障碍(躁狂抑郁症)
焦虑障碍	强迫症，以极度焦虑、恐慌或恐惧为特征的疾病
躯体形式障碍	以身体疾病的症状表现出来的疾病，如无法辨识来源的疼痛或疑病症
解离性障碍	包括正常意识分裂或分离的疾病，如健忘症或多重人格
进食或睡眠障碍	厌食症、贪食症或失眠症
性及性身份识别障碍	性欲缺失、性功能丧失、性受虐癖、性施虐癖，以及性身份识别障碍(如易性症)
冲动控制障碍	症状表现为诸如偷窃癖、纵火癖和病态赌博等的疾病
人格障碍	抵抗治疗的慢性的、不灵活的、不适应的人格特征，如过度依赖、偏执和自恋(需要不断赞美和缺乏同情心)

资料来源：American Psychiatric Association.

病——不仅适用于身体健康问题，也同样适用于精神健康问题。我们现在更深入地研究与阶级、种族和性别相关的精神健康问题。

1. 精神健康问题与阶级

最早的关于阶级地位与精神健康问题之间关系的研究记录可以追溯到第二次世界大战之前的罗伯特·E.法利斯和H. 沃伦·邓纳姆（Robert E. Faris & H. Warren Dunham，1939），他们追踪了35 000位从私人和公共心理机构获得精神治疗的居住在芝加哥的人，发现大部分患有严重障碍的人居住在最大的贫民窟中。从那以后的数十年中，贫困与精神疾病之间的关系一直被美国和其他国家的研究反复验证（Hollingshead & Redlich，1958；Srole et al.，1962；Rushing，1969；Levy & Rowitz，1973；Srole，1975；Eaton，1980；Mirowsky & Ross，1983；Ross，Mirowsky，& Cockerham，1983；Wiersma et al.，1983）。

虽然贫困与精神疾病是有联系的，但是贫困会导致精神疾病吗？还是相反呢？真相是一分为二的。我们很容易看出，精神疾病削弱了人们谋生的能力。然而，法利斯和邓纳姆记录了导致精神疾病的贫困的力量。他们解释说，贫困会滋生街头和社会孤立，而这反过来又会增加患精神障碍的风险。正如其他人所证实的那样，在美国，由贫困所带来的孤立和污名本身可能足以伤害许
253 多人的精神健康（Cockerham，2007）。

2. 精神健康问题与种族、民族

社会学家已经证明了工作机会的缺乏削弱了美国许多城市内的社区的功能。穷人在社会上因收入低和种族偏见而受到社会孤立，从而面临着高度的压力和焦虑。这是美国许多非裔美国人生活的现实（W.J. Wilson，1987；E. Anderson，1994；Feagin & Sikes，1994；Feagin & Hernán，1995）。

尽管如此，研究表明，民族和种族本身似乎并不是精神健康模式的重要组成部分。图 9-5 显示了 2010 年不同民族和种族成年人精神疾病的患病率。正如你所看到的，少数族裔的精神疾病患病率比白人要低。这可能是因为少数族裔群体不太可能因为这样的情况去寻求帮助。同时，因为大多数少数族裔的人收入通常较低，所

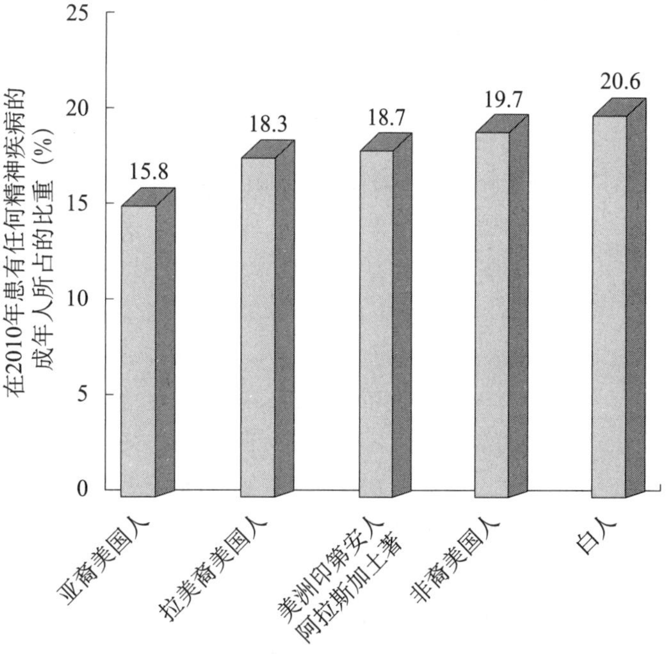

图 9-5　所选择的不同的民族和种族的人的精神健康模式

注：对于超过 18 岁的成年人来说，2010 年，少数族裔患有被报道的精神疾病的比例比白人要低。

来源：U.S. Department of Health and Human Services（2012）.

以认为他们面临更多的压力和社会孤立是合理的。总的来说，这似乎可以公平地得出结论，如果我们比较社会阶级地位大致相同的人，那么民族和种族本身对精神健康并没有产生显著影响（U.S. Department of Health and Human Services，2012）。

分析人士一直声称，强大的家庭能够支持个人的精神健康。图 9-5 中的数据显示，亚裔美国人和拉美裔美国人的精神问题发生率略低。同样，文化差异和语言障碍可能阻碍了一些亚裔和拉美裔去寻求治疗，因此他们的精神障碍问题可能会被低估。但是，在许多亚裔和拉美裔社区中，家庭关系紧密的情况很常见，这有助于维持个人的精神健康（U.S. Department of Health and Human Services，2005）。

（四）治疗策略

在中世纪的欧洲，人们普遍认为那些表现出精神疾病症状的人是被恶魔附身了或者是受到了上帝的惩罚。因此，尽管有少数的精神病患者被

容忍为“乡村白痴”，但更多的人被当作巫师而被烧死（Cockerham，2005）。

到了1600年左右，一种对待精神病患者的新策略出现了：将他们与罪犯以及穷人一起关在监狱中。那个时代，有时被称为大禁闭：患有精神疾病的人被关在黑暗、潮湿、有老鼠出没的房间中，常常没有衣服或者毯子，且常年被束缚在墙壁上或者被捆绑在床上（Foucault，1965；Cockerham，2005）。

19世纪改革的出现，很大程度上是因为美国的多萝西娅·迪克斯（Dorothex Dix）女士的努力。本页下方的“建构社会问题决定性时刻”栏目可以让我们更深入地了解迪克斯是如何改变社会对精神病患者的看法的。

迪克斯使人们普遍认可精神病患者应该接受治疗，而不是被关在监狱中这样的观点。她努力地推广了庇护所（asylum）的概念，庇护所就是一个为需要帮助的人提供庇护的场所。实际上，庇护所是当今精神病院的前身。不幸的是，需要这种帮助的人的数量远远超过可用设施的数量及其容纳能力。结果，只有少部分精神病患者得到了迪克斯所认为的他们需要的人文关怀。大部分精神病患者继续被关在拥挤不堪的监狱中，让其他人“眼不见心不烦”。

20世纪出现了几种新的治疗策略。一个重大的进步就是**心理治疗**（psychotherapy），即一种*患者与训练有素的专业人员交谈，以深入了解问题成因的促进心理健康的方法*。著名的心理学家西格蒙德·弗洛伊德（Sigmund Freud，1985—1939）在心理治疗的兴起中起到了重要作用，自此以后，其他心理学家继续从各个方面发展心理治疗。

在此期间，治疗精神障碍的医学方法也得到了重视。一个例子是电击疗法，它被发现可以暂时缓解患者的严重抑郁。但是最重要的医疗手段是开发*精神药物*，即控制精神疾病病症的有效物质。在20世纪50年代，随着这些药物进入市场，社会不再需要为了控制精神病患者而将其限制在机构中。这一事实揭示了为什么在1963年，国会通过了《社区心理健康中心法案》，该法案旨在将精神病患者从大型机构转移到社区，患者可以在当地的精神卫生中心得到门诊治疗。

这项新法案引起了**去机构化**（deinstitutionalization），即*将精神病患者从精神病院释放到当地社区*的热潮。在短短的几年时间内，成千上万的男性和女性被从精神病院释放出来，他们声称只要自己服药就能够独立生活。但不是每个人都服用药物，此外，国家还没有建立足够的精神卫生中心，因此几年内，许多以前被释放的精神病患者又回到了精神病院、监狱或者 *254*
街头生活（Roche，2000b）。第241页的“个人故事”栏目描述了一个非常典型的案例。

建构社会问题决定性时刻 多萝西娅·迪克斯：患有精神疾病的人需要我们的帮助

多萝西娅·迪克斯（1802—1887）是一位与众不同的女性。她以一种普通的方式开始了自己的职业生涯——在一所女子学校教书，后来升任学校的负责人。从那时起，迪克斯的注意力开始转向监狱。

让她感到震惊的是，监狱里不仅有罪犯，还有只是生病但并没有违法的精神病患者。迪克斯对那些无辜的人受到的漠不关心的待遇深感忧虑。她承诺要改变社会对精神病患者的看法，并将余生奉献给为精神病患者写作、演讲和游说政府官员。

1840年，当迪克斯开始她的征途时，美国只有13个医疗机构为精神病患者提供医疗服务。由于她的努力，20个州通过了法律，建立了后来被称为庇护所的地方，在那里，人们可以得到庇护和和平。到1885年，在迪克斯生命的尽头，她可以自豪地说，美国已经有125个庇护所。

今天，迪克斯作为一个向精神病患者敞开心扉的人而为人们所铭记。她并没有把这些人关在门外，而是向社会表明，无论病人的疾病是影响身体的还是影响精神的，他们都需要帮助和同情。

今天，政府报告称39%的精神病患者和61%的严重精神病患者正在接受常规治疗（U.S. Department of Health and Human Services，2012）。为什么接受治疗的比例如此低？因为大多数社区依旧缺乏足够的精神卫生中心，而且太多的人没有医疗保险。另外，很多正在挣扎的人不想承认自己存在精神健康方面的问题。

1997年，联邦政府通过将《美国残疾人法案》的覆盖范围扩大到包括精神障碍的方式来回应这类问题。该法案要求雇主做出适当的努力来照顾那些患有抑郁症、焦虑症或者其他精神障碍的工人。虽然用这种方式帮助精神病患者并不容易，但是美国社会现在更成功地给予了在个人日常生活中患有轻度精神疾病的人更多的支持。

对于大学老师来说，发现遭受心理健康问题困扰的学生越来越多这样的事实并不奇怪。根据美国大学健康协会（2012）的统计，大约有30%的美国大学生表示，他们在某段时间内会非常沮丧，以致无法完成自己的学业；86%的美国大学生承认自己不时会感到不知所措。在全美各地，大学生对心理咨询的需求急剧上升。

最严重的是自杀问题。专家估计，2011年，

个人故事　去机构化：当好心办坏事时

玛莎·莱斯特（Martha Lester）向前斜靠着装有她所有东西的购物车。天渐渐黑了，在寒冷的芝加哥街道上，这位59岁的女性紧紧拉紧外套抵御寒冷，低着头，在城市的寒风中向前走着。她正在寻找一个通风格栅，在那里她可以在不需要见到任何人的情况下尽量保持温暖。

玛莎·莱斯特在伊利诺伊州的一个工薪阶层家庭长大。她的父母工作很努力，常常对在学校可能会捣乱的女儿不耐烦。父母无法管教她，只好求助于医生。玛莎回忆说，她曾告诉医生，从记事起，她就能“听到一些声音”。医生认为玛莎患有精神疾病，并诊断她的问题为偏执型精神分裂症，症状包括偏执、焦虑和幻觉。

她的父母和医生一致认为玛莎应该被送到大型的州立精神病院，在那里，她度过了接下来的五年。每天，工作人员都给她服用强效的精神药物氯丙嗪，以让她镇静下来。玛莎回忆说，氯丙嗪消除了她的恐惧和幻觉，但是她也付出了代价：正如她所说，“我感觉自己像个僵尸”。

接着去机构化运动到来。在医院工作人员告诉所有患者他们将被释放的时候，玛莎才第一次了解到这项政策。玛莎不明白为什么，但是当一名社会工作者答应帮助她找到一间公寓、申请食物券以及政府残疾补贴时，她很高兴。社会工作者承诺每周都会去看望她。

玛莎带着新药物离开了精神病院。后来的几年，事情进展得很顺利。但是后来她的社会工作者开始缺席探访，玛莎也开始不服用药物。没过多久，“声音”又重新出现，玛莎内心充满恐慌。在恐惧的驱使下，她离开了公寓，最后住在了街上。

玛莎晚上一般住在一幢废弃的建筑物里或者汽车里。不到一个星期的时间，她就因为从商店偷窃东西而被捕。法院将她送回精神卫生保健系统，给她指定了一名新的社会工作者，并为她提供了一套新公寓，以及新的药物供应。但是几个月之后，她再一次停止服药。在和她的邻居住了一晚之后，她被赶出了公寓。就这样，整个周期不断重复循环着。

玛莎·莱斯特的故事告诉我们，以良好的意图而制定的政策有时候会带来意想不到的坏结果。去机构化的支持者希望新的精神药物能够终止精神病院监禁方式的使用。这些药物承诺能够允许精神病患者在社区中过上正常的生活。但是，预算削减和官僚主义的冷漠让太多的人不得不自谋生路，并且很多人无法独立生活。虽然一些人得到了帮助，但是另外一些人已经成为无家可归问题的一部分了（Gagné，1998）。

你怎么看？

1. 许多生活在街头的人们遭受着精神疾病的困扰，你认为社会应该为这些人提供更多的东西吗？
2. 那些可能患有精神疾病但是不愿意接受其他人帮助的人呢？他们是否有权利按照自己的意愿生活，即使是住在大街上？
3. 你能想出其他意图良好却最终导致坏结果的案例或社会政策吗？

约有 19% 的学生曾认真考虑过自杀，约有 8% 的学生尝试过自杀，尽管绝大多数没有自杀成功（American College Health Association，2012）。

是什么原因导致了校园心理健康问题的增加？大家都认为学校本身并不是造成这一趋势的主要原因。专家指出了许多其他因素，包括生活在贫困中的儿童的比例高、当今年轻人的压力不断上升，以及父母对儿童生活的参与度较低。此外，精神药物使更多有精神疾病的年轻人能够上大学。然而，一旦进入校园，他们可能无法正确
255 服用药物，或者他们会发现大学学习的要求太高。面对日益严峻的挑战，大学正努力去定位它们在为学生提供医疗保健方面的适当角色（Fujiura，2001；Kelly，2011；Shea，2002）。

五、健康与疾病的理论

- **分析**

社会学的每一种主要理论方法都有助于我们理解身心健康的问题。正如你在前面几章中看到的，每种理论方法都侧重于问题的不同方面，并提供重要的见解。

（一）结构功能分析：健康问题与社会角色

结构功能方法认为社会是一个复杂的系统，将个体置于角色和责任的网络中。当个人履行这些责任时，社会就会平稳运转。

疾病妨碍人们作为工作者和家庭成员履行责任的能力。因此，当人们因疾病而被排挤时，社会允许他们扮演**病人角色**（sick role），即*一种被定义为患病的人的行为模式*。在实践中，病人角色意味着人们不需要履行日常的职责和责任。塔尔科特·帕森斯（1951）解释说，只要没有理由认为人们应该为他们的疾病负责，社会就应允许生病的人扮演病人角色，这可以使他们免除大多数日常义务。与此同时，患者必须通过与医务人员合作来努力恢复健康。

病人角色理论有助于解释为什么美国社会的一些成员很少同情那些生活在大街上的精神病患者。如果人们生病了，那么他们应该得到帮助，但是如果他们看起来不愿意接受治疗——公众倾向于将这些人居住在大街上作为不愿意接受治疗的证据，那么这些人就不应该得到特殊的帮助。但是，要记住人们可能会走上街头是因为他们没有钱支付治疗费用；同样，拒绝与医务人员合作也可能是精神疾病的一种症状。 256

结构功能方法也解释了社会的诸多系统是相互联系的，一个系统的变化会影响到其他系统。例如，家庭已经发生了变化，越来越多的人独居，越来越多的单身人士成为父母。这些趋势意味着人们接触到其他能够为其提供照料的人的机会很少，这会损害健康。

- **评价**

有些疾病是可以预见的，病人角色是当人们从疾病中恢复过来的时候给予他们支持的一种社会策略；这一策略也鼓励患者去寻求医治。

然而，是否扮演病人角色取决于一个人是否有能力从工作中抽出时间去寻求医疗服务。结构功能方法的另一个局限性是暗示医生掌握着健康的关键。强调预防而非疾病发生后再进行治疗的趋势强调了一个事实，即人们可以通过做出选择来改善自己的健康状况。例如，人们通过均衡饮食、定期锻炼，以及避免吸烟、滥用酒精及其他药物等危险行为来促进健康。

最后，健康状况不是简单的“生病”或者“状况好”。相反，健康状况的现实情况是高度可变的，这一事实将我们带到了符号互动方法的讨论中。

学习检验 什么是病人角色？如何把病人角色作为社会应对疾病的策略？关于健康和疾病的结构功能分析的局限性是什么？

（二）符号互动分析：健康的含义

符号互动方法强调人们如何在日常生活中构建现实。例如，在世界上的低收入国家中，穷人认为营养不足和饥饿是正常生活的一部分。尽管生活在高收入国家中的人总体上更健康，但他们更容易患上肥胖症。在美国，64% 的成年人体重超标（Centers for Disease Control and Prevention，

2011）。显然，关于身体和精神的“正常状态”的界定，不仅涉及医疗事实，而且取决于不同地方、不同历史时期的文化标准。

医疗专业人员使用的不断改变的定义也表明了健康和疾病可变的事实。例如，在 20 世纪上半叶，医生将同性恋定义为一种道德上的错误，公众也认同这种观点。然而，1952 年，《精神疾病诊断与统计手册》的第一版将同性恋定义为“人格障碍”——一种精神疾病，而不再采用道德方面的定义。1974 年，当《精神疾病诊断与统计手册》将同性恋从疾病列表中删除时，同性恋的定义再次发生改变。它现在被认为只是一种性取向（Canrad & Schneider，1980；Livingston，1999）。

最后，人们如何定义健康状况实际上可能会影响他们对身体的感觉。长期以来，医生已经注意到*身心障碍*的存在，即一个人的精神状态会影响身体的健康。当人们相信自己生病了或者相信自己将会康复时，他们的信念往往便会成真。

- **评价**

符号互动方法强调人们对健康和疾病的不同理解，它往往忽略了社会阶层地位等结构因素，而这些因素在塑造人们所经历的现实中起着显著作用。同样，人们倾向于将健康状况不佳归咎于低收入人群自身，而不是质问为什么美国的医疗保健体系不能够为贫困群体提供更多服务，或者为什么美国有数千万人从一出生就是穷人。这些问题把我们带到了社会冲突方法的讨论中。

学习检验　你从对健康和疾病的符号互动分析中获得了什么见解？这种理论方法的局限性是什么？

（三）社会冲突分析：健康问题与不平等

社会冲突方法将健康问题与不平等联系起来。在美国和世界其他国家或地区发现的一个基本模式是，拥有更多财富的人拥有更健康的身体。社会冲突分析指出了美国社会不平等对健康和医疗保健的各种影响。

也许最基本的问题是获得医疗服务。因为良好的健康状况对于成为社会中有生产力的一员是必要的，所以社会应该向所有人提供医疗保健。然而，正如本章所解释的，美国在富裕国家中独树一帜，因为它是没有保证每个人都能得到医疗保障的制度的国家。简而言之，通过将医疗保健与支付能力联系起来，美国损害了数百万人的健康。

另一个问题是，在资本主义经济中，医疗实践是基于获得利润的动机之上的。这一事实在很大程度上解释了为什么美国忽视穷人（根据定义，即几乎没有钱来支付医疗费用的人）的健康。从这个角度来看，利润动机不仅是对穷人的漠视，也是对为所有人提供医疗保障的医疗实践的腐蚀。医生在诊断、决定治疗或将病患转诊到医院时，总是非常清楚自己的利益。同样，医院和保险公司关注医疗保健的底线，制药公司也会努力说服医生和公众，让他们相信，健康与否不取决于我们如何生活，而取决于我们服用的药物（Pear & Eckholm，1991；Cowley，1995）。

- **评价**

社会冲突方法表明，由于社会不平等，一些人的健康状况要好于其他人的健康状况。因此，我们既可以理解为什么生活在富裕国家的人的健康状况相对较好，也可以理解为什么美国穷人的健康状况比世界上许多低收入国家的人的健康状况好一点。

由于过度关注美国医疗保健体系的失败，社会冲突方法忽略了一个事实，即在过去的一个世纪里，美国人口的整体健康水平得到了显著改善。另一种批评是，虽然一些社会主义国家的社会不平等程度较低，但其医疗保健制度表现不佳，这通常是因为它们几乎没有为人们开发新疗法和提供新技术的动力。

学习检验　你从对健康和疾病的社会冲突分
析中获得了什么见解？这种理论方法的局限性是 257
什么？

（四）女权主义分析：健康与性别

女权主义方法是社会冲突方法的一个重要维度，它将健康模式与性别不平等联系起来。正如我们已经解释过的，健康与财富息息相关。由于女性在穷人中所占比例过高，因此女性的患病风险增加。此外，正如本章前面所解释的，女性医生只占所有医生的32%，而医学研究倾向于关注男性多于关注女性。因此，医疗专业人员不会为女性提供与男性同等水平的护理。最后，饮食失调患者中的90%是女性，这说明了身体形态和美丽的标准对女性健康的影响。

关于心理健康呢？研究表明，在人们的一生中，女性和男性患精神疾病的概率几乎相同。然而，一些社会学家认为，我们社会的成员更容易将女性定义为精神病患者。当女性违反规范时，作为弱势群体，她们被贴上越轨标签的风险更高。作为拥有更大权力的群体，男性有更多的行为自由去做自己想做的事情，而不会有人质疑他们是否存在精神健康问题。此外，考虑到社会对女性和男性生活方式的定义，我们不应该对以下事实感到惊讶：那些认为自己必须不断地为取悦他人而努力的女性患有某种轻度的精神疾病，尤其是焦虑症和抑郁症的比例更高（Schur，1984；Chesler，1989；U.S. Department of Health and Human Services，2012）。

此外，女权主义理论家指出，传统的男性行为模式自身也带有一些风险。美国文化把“真正的男人”定义为独立的、坚强的、不情绪化的，并且始终能掌控一切的。由于这种文化模式，许多男性承受着巨大的压力和社会孤立，这两者都会对心理健康产生不利影响。当男人试图控制他们的烦恼（就像“真正的男人”被教导要做的那样）时，这些烦恼很可能会变得更糟。也许这就是为什么男性患有侵犯和药物滥用等人格障碍的概率比较高（Gupta，1993；Kessler et al.，1994；U.S. Department of Health and Human Services，2012）。

- **评价**

女权主义理论解释了性别如何像社会阶层一样塑造了身体和精神健康的模式。从某种程度上来说，女性是我们社会人口的从属类别，我们可以预料到她们将为此种健康模式付出代价。

同时，我们应该记住，近几十年来，女性在社会中的地位有了显著的提高。此外，在健康的一个重要维度，即预期寿命方面，女性比男性做

理论运用　身体和精神健康

	结构功能方法	符号互动方法	社会冲突方法	女权主义方法
分析层次	宏观	微观	宏观	宏观
该方法对健康和疾病的观点是什么？	结构功能方法认为，健康是人们履行日常责任所必需的。疾病使个人无法履行日常责任，从而破坏社会的运转。	符号互动方法解释说，健康和疾病的含义因环境而异，这取决于人们对正常的定义。	社会冲突方法将健康和疾病的模式与社会不平等联系起来。总的来说，拥有更多财富的人拥有更健康的身体。经济不平等是造成数百万人健康状况不佳的主要原因。	因为女性没有与男性平等的社会地位，所以她们遭受着一些与健康问题相关的不利因素的影响。另外，关于美丽和体型的文化标准导致了年轻女性的饮食障碍。
我们如何处理作为社会问题的疾病？	通过允许人们扮演病人角色，社会减轻了人们的日常责任，并鼓励他们去寻求医疗照顾。	因为健康和疾病的现实取决于情景建构的意义，疾病（以及健康）既是一个社会问题，也是一个医学问题，它既可能会被定义为一个社会问题，也可能不被定义为一个社会问题。	在资本主义经济体制下，医疗保障体系的目标是私人利益，而不是公共福利。为了解决疾病问题，政府需要为所有人提供医疗保障。	要使医疗保障制度公平地对待女性，女性在医疗行业和整个社会中的社会地位必须与男性平等。

得要好得多。

学习检验 我们从女权主义方法中获得了哪些有关健康的见解？这一理论方法的局限性是什么？

第 244 页的“理论运用”表格总结了每种理
258 论方法对我们理解健康和医疗保健的贡献。

六、政治与健康问题：提出问题并定义解决方案

- **评价**

美国的医疗保健系统运作状况的好坏不仅是事实，也是评估者的政治观点的反映。现在我们来看看政治是如何塑造人们对健康问题的看法，以及他们提出的解决方案的。

（一）保守派：自由市场提供最佳的照料

无论是住房还是医疗保健，保守派都赞成允许个人和公司在市场体系中自由选择和自由竞争的政策。他们声称，竞争通过鼓励医生、医院和其他医疗服务提供者保持高质量和低价格来提高消费者消费的价值。此外，他们指出，如果企业的努力没有实现获得丰厚利润的承诺，它们就不会急于开发新药物和新技术（Bartlett，2000）。保守派夸口说，美国的自由市场经济体系提供了世界上最先进的医疗服务，不然为什么有那么多的世界领导人通过到美国接受治疗来应对疾病呢？

另一个应用于健康问题的保守价值观是个人责任的重要性。在保守派看来，个人健康状况反映了人们对生活方式的选择。做出正确的个人选择很重要，因为这种做法有助于预防疾病的发生。例如，选择多个性伴侣会增加感染性传播疾病的风险，而限制性伴侣的数量可以减少甚至消除这种风险。相似的是，孕妇可以通过进行产前保健和不使用酒精或者其他药物来提高生下健康婴儿的概率。同样，选择不吸烟可以降低患心脏病和癌症的风险，就像选择吃适度的健康食品对控制体重和改善整体健康状况有很大帮助一样。

考虑到他们对自由市场医疗保健的支持，以及个人对自身健康状况负责的信念，保守派支持政府在这一领域中发挥有限的作用也就不足为奇了。针对最贫困的人群，尤其是老年人或残疾人，以及曾为国家服役的退伍军人，政府应切实为他们提供成本很少或者无直接成本的医疗保健计划。但是，保守派声称，让政府为所有人负责，很有可能在医疗保健领域产生像公立学校一样的后果：降低医疗质量，并让人们对由谁来提供服务几乎没有什么选择（Gingrich，2009）。

（二）自由派：政府必须确保全民医疗

自由派认为，公平正义的社会应该努力使每个人在医疗保健等基本问题上都是平等的。正如他们所看到的，富人在自由市场体系中过得很好，而穷人则被排除在外。目前制度被打破的最有力证据是，美国有 5 000 万人仍然缺乏足够的医疗保险。

许多自由派人士认为，只要政府的项目扩大到使每个人都能得到治疗，他们就能接受医生和医院为盈利而运营的做法。自由派人士支持 2010 年医疗改革，但许多自由派人士认为，更全面的解决医疗保健问题的方法是采用一种类似于英国国家卫生服务系统或加拿大单一支付系统的国家医疗保健系统。

至少在短期内，这样的措施（的费用）肯定是昂贵的。但长期的好处是，大多数现在得不到很好服务的人的健康状况会好很多。如果所有的母亲都能进行产前保健，所有的孩子都能免费接种疫苗、定期检查和获得健康的营养，那么这个国家的婴儿死亡率肯定会大幅下降。同样重要的是，更健康的人的生产效率更高，由此带来的经济增长将会抵消这类项目的大部分成本。

（三）激进左派：资本主义是不健康的

正如我们可以预料到的，对美国医疗保健体系最强烈的批评来自激进左派。从这个角度来

从左到右　关于健康的政治观点

	激进左派观点	自由派观点	保守派观点
问题是什么？	富人的健康状况是良好的，而穷人则遭受疾病困扰。不仅医疗保健存在问题，而且医疗机构本身也被利润动机扭曲了。	美国人口的平均健康状况良好，但是弱势群体的健康状况较差；有 5 000 万人缺乏医疗保险。	美国人口的健康状况已经稳步改善，按照全球标准来看表现得非常好。个体需要为自己的健康状况承担更大的责任。
解决方案是什么？	高质量的医疗保健应该是每个人的权利。只有彻底改变经济和政治体制，以满足所有人的需要，才能结束美国人口的健康不平等。	政府必须通过实施全民医疗计划来扩大医疗保险覆盖面，使所有人都能够获得产前保健、营养和适当的医疗服务，而无论其是否有支付能力。	鼓励负责任的行为是预防疾病的关键。扩大医疗保险覆盖范围的计划是有帮助的，但是应该由雇主提供或者由自由市场中的个人支付。

参与讨论

1. 你听说过奥巴马政府在医疗保健方面的做法吗？你希望看到什么变化？
2. 为什么自由派支持国家的医疗保险计划？为什么保守派反对扩大政府在医疗保健中的作用？为什么激进左派认为即使有全民医疗计划也是远远不够的？
3. 在这三种关于医疗保健的政治分析中，你认为哪一种最有说服力？为什么？

看，医疗保健的不公平——无论是美国的穷人与富人之间的差距，还是富裕国家与贫困国家之间的差距——是由资本主义造成的。当健康被定义为像住房一样可以被购买的商品，而不是所有人
259 的基本需求时，那些拥有财富的人最终会过着健康长寿的生活，而那些收入微薄的人甚至不能确保基本的生存。激进左派声称，实际上，利润动机将医生、医院和整个医疗保健系统转变成了一个满足最富裕人群的需求的数十亿美元的产业。

从这个角度来看，解决世界医疗保健需求的办法是放弃问题的根源——资本主义，重新建立一个经济和政治体系，以符合大多数人的利益。社会主义制度的承诺在于在平等的基础上为每个人提供从安全的饮用水到基本的医疗保健等一系列福利。

“从左到右”表格概述了关于健康问题的三种政治观点。

总结与展望

- **设想**

本章的中心主题是健康不仅是医学专业人员关心的问题，也是社会学家关心的问题，因为健康模式反映了社会的运作方式。总的来说，过去两个世纪的经济增长既提高了人们的生活水平，也改善了人们的健康状况。此外，科学和医疗技术的进步极大地延长了预期寿命。

但是在贫困问题最严重的国家仍然存在着巨大的健康问题。在世界范围内，大约有 140 万人每天靠 1.25 美元的收入挣扎着生活，几乎没有或者根本无法获得基本的医疗服务。在这些地区，特别是在拉丁美洲、非洲和亚洲的乡村地区，疾病和贫困使人陷入恶性循环。贫困滋生疾病，疾病反过来又会降低人们的工作能力，因此他们和他们的孩子仍然贫困。

最严重的健康危机发生在中非，那里有许多世界上最贫困的国家。包括布隆迪、卢旺达、乌干达、肯尼亚和苏丹在内的国家面临长期饥饿和

饮用水不安全的问题，近年来由于战争，情况变得更糟。

也许最严重的是艾滋病的流行，艾滋病已经蔓延到许多非洲村庄和城镇，感染了 25% 甚至更多的年轻人。因此全球面临的挑战在于，最大的医疗需求恰恰出现在卫生保健系统最弱的国家。

与贫困国家的绝望斗争相比，拥有世界上最先进医疗技术的美国的前景要光明得多。这个国家现在面临的问题是有大约 5 000 万人没有医疗保险。正如本章所指出的，在重要的健康指标上，美国落后于其他几十个国家，包括那些平均收入比美国低得多的国家。一个世纪后，一个国家在医疗保健方面所处的位置，与其说取决于高科技实验室的状况，不如说取决于社会不平等的程度。

260 定义解决方案

我们都想要一个能让人们保持健康的社会，实现这个目标的最佳方式是什么？

人们所支持的满足我们对医疗保健的需求的方案反映了他们的政治态度和社会地位。看看下面的两种陈述，了解为人们提供医疗保健服务的两种方法。

（1）虽然也许美国提供了世界上最好的医疗服务，但自由派指出，数千万人使用着过度拥挤和昂贵的急诊室，其他一些人因为缺乏医疗保险而完全得不到医疗保健服务。从这个角度来看，问题的核心是护理的分配不平等。显著的不平等意味着，一些人几乎得不到或根本得不到医疗保健服务，这反过来也正是美国在健康指标上落后于其他高收入国家的原因。在最近关于美国医疗
261 保健的辩论中，自由派人士支持什么解决方案？

（2）你已经知道保守派非常重视个人对自身幸福的责任。这意味着要做出正确的选择，包括定期锻炼、适度地食用有营养的食物，以及定期咨询医学专家。从这个观点来看，美国拥有世界上最好的医疗服务，这在很大程度上要归功于自由市场经济。自由市场经济使几乎所有人都能享受到良好的医疗服务，政府的介入可以为某些类别的人群提供援助。在最近关于美国医疗保健的辩论中，保守派支持什么解决方案？

提示：正如自由派所看到的，解决方案是让政府参与进来，确保每个人都能获得优质的医疗服务。无论政府是开设诊所还是简单地为医疗服务付费，其目标都是推行全民医疗保险。保守派对将政府控制扩大到医疗保健领域持批评态度，认为人们应该保留选择医生和决定是否治疗的权利。激进左派认为，需要对经济进行根本的改革，以消除导致人口分化的经济不平等。在最近关于美国的医疗保健的辩论中，你听到过任何激进左派人士的声音吗？

参与：应用和练习

1. 大多数社区有由国家卫生部门管理的公共卫生诊所。预约访问诊所并与工作人员交谈。看看你能从你自己的社区中了解到什么关于身心健康保健的信息。公共卫生诊所对预防的重视程度有多大？哪些类别的人可能会依赖公共卫生诊所？
2. 访问当地有各种美国杂志当前版本的图书馆，看看广告里女性的照片。女性的理想体型是什么样的？你认为这样的图像对女性有什么影响？这些图像是如何在饮食失调问题中发挥作用的？
3. 社区为穷人和无家可归的人提供庇护所或救济厨房。参观你所在地区的此类设施，并询问主管其所服务的人中是否有精神病患者，如果有，主管们在服务此类人中扮演着什么角色。这个设施提供了什么项目来帮助使用者解决他们的问题？考虑在这里做一名志愿者。
4. 研究 20 世纪 60 年代发生在美国的针对精神病患者的去制度化运动。看看你能从这场运动的起因和结果中学到什么。

达标：可视化摘要

建构社会问题决定性时刻

多萝西娅·迪克斯：患有精神疾病的人需要我们的帮助

健康和疾病：全球视角

健康是指身体、精神和社会适应方面的完好状态。

- 人的健康状态反映了社会的运转情况，包括社会的科技水平以及社会的不平等程度。

高收入国家

- 婴儿死亡率低。
- 人均预期寿命长。
- 多数人在 75 岁之后因心脏病或者癌症等慢性病而死亡。

低收入国家

- 婴儿死亡率高。
- 人均预期寿命短。
- 多数人因疟疾、霍乱和麻疹等急性病而死亡，以及一半的儿童未满十岁就已死亡。

艾滋病的传播

- 在全世界范围内，有 3 300 万人感染了艾滋病病毒。
- 受灾最严重的地区是撒哈拉以南非洲地区，占世界艾滋病病例的 69%。
- 美国占世界艾滋病病例的约 3%。

健康：身体、精神和社会适应方面的完好状态。

婴儿死亡率：每 1 000 名出生的婴儿不满周岁死亡的数量。

人均预期寿命：一个社会中人们可以预期存活的平均年数。

慢性病：一种长期发展的疾病。

急性病：一种突然发作的疾病。

社会流行病学：关于健康和疾病在整个人群中如何分布的研究。

流行病：一种通过人群迅速传播流行的疾病。

公费医疗制度：一种政府拥有并运营大多数医疗设施和雇佣大量医生的医疗保健制度。

健康政策：支付医疗费用

在社会主义社会中，政府拥有医院并雇佣医生，将医疗保健视为每个人的基本权利。

在资本主义社会中，医生和医院是私人运营的，将医疗保健视为可以在开放市场进行购买的商品。

在所有的高收入国家中，只有美国没有全民医疗计划来帮助所有人支付医疗费用。

美国的医疗保健制度：一个处于危机中的制度？

费用问题

- 美国采用直接付费制度，大多数医生和医院以营利为运作目标。
- 美国的医疗保健支出稳步增长，2010 年达到 2.6 万亿美元。
- 推高医疗保健支出的因素包括私人保险制度、医生专业化的趋势、高技术治疗的使用增加、美国人口老龄化、缺乏预防保健以及有越来越多的医疗事故诉讼。
- 尽管美国在医疗保健方面的支出比其他任何国家都要多，但在包括预期寿命和婴儿死亡率在内的健康指标方面，美国仍落后于其他一些富裕国家。

覆盖范围问题

- 约 64% 的美国人拥有私人医疗保险。
- 25% 的医疗保险覆盖来自健康维护组织。
- 31% 的医疗保险覆盖来自政府。
- 大约有 5 000 万人——占总人口的 16%——没有任何医疗保险。
- 据预测，2010 年的医疗改革将医疗保险覆盖范围扩大到 3 200 万人。

直接付费制度：一种病人或者其保险公司直接支付医生和医院服务的费用的医疗保健制度。

健康维护组织：通过收取固定费用为用户提供医疗保健服务的私人保险组织。

产前保健：女性在怀孕期间的医疗保健。

残疾人：身体或心理状况影响日常活动的人。

健康：性别的重要性

- 平均来说，女性比男性的预期寿命约长 5 年。即便如此，女性的健康问题往往不仅得不到有效的治疗，而且为研究人员所忽视。
- 在女性中普遍存在的饮食失调说明了性别对健康的损害力量。

贫困与健康

- 贫困意味着缺乏足够的营养、医疗保健以及安全的住房；在美国有 4 600 万人生活在贫困线之下，而且其中的大多数人负担不起健康的饮食。
- 贫困也与暴力有关，尤其是在男性群体中。
- 某些类型的穷人，包括美洲印第安人和非裔美国人，在身体和精神健康问题上的风险更大。

残疾人

- 身体上的残疾通常是一种主要状态，支配着一个人身份的其他方面。
- 尽管有 1990 年的《美国残疾人法案》，残疾人仍然无法进入许多公共场所。

护士短缺

- 许多护士正在离开这个领域，理由是工作环境压力大，缺乏医院的其他工作人员的尊重。

精神健康与疾病

263

- 接近一半的美国人在人生的某个阶段会出现精神疾病的症状，1/3 的美国人在某些时候会患上严重的精神疾病。但只有不到一半的严重精神疾病患者接受过治疗。
- 贫困与压力和社会隔绝有关，使人们更容易患上精神疾病。

精神障碍：是一种涉及思维、情绪或者行为的疾病，它会导致痛苦并削弱个人在日常生活中正常活动的能力。

心理治疗：一种患者与训练有素的专业人员交谈，以深入了解问题成因并促进心理健康的方法。

去机构化：将精神病患者从精神病院释放到当地社区。

健康与疾病的理论

结构功能分析：健康与社会角色

结构功能方法强调健康对于社会的正常运行的功能。

- 疾病是一个社会问题，因为它会阻止人们扮演其社会角色。
- 患病的人扮演着病人角色，只要他们努力康复，就能减轻大多数人的社会负担。

符号互动分析：健康的含义

符号互动方法关注人们对健康和疾病的理解。

- 随着时间的推移，健康和疾病的含义会发生变化。同性恋曾被视为一种道德错误、一种精神疾病，最后，它仅仅被认为是一种性取向。
- 身心障碍的存在表明，人们定义任何健康状况的方式可能会影响他们的真实感受。

社会冲突分析：健康与不平等

社会冲突方法指出社会不平等是如何塑造健康模式的。

- 无论是在美国还是在全世界，穷人遭遇的健康问题都最多。
- 在资本主义经济中，医疗实践以利益为导向；许多美国人因无力支付医疗费用而缺乏医疗保健。

女权主义分析：健康与性别

女权主义方法指出性别不平等是如何塑造健康模式的。

病人角色：一种被定义为患病的人的行为模式。

● 女性医生在医生中所占的比例较低，且医学研究通常聚焦于男性，女性所接受的医疗保健服务因此受到影响。 ● 饮食失调显示了文化标准的力量对女性健康的危害。 ● 在违反传统规范的情况下，女性比男性更可能被视为精神病患者。 ● 无论是在美国还是在全世界，穷人遭遇的健康问题都最多。	

政治与健康问题：提出问题并定义解决方案

保守派：自由市场提供最佳的照料

- **保守派**强调个人对自身健康的责任；他们相信良好的健康状况来自对如何生活的明智决定。
- 保守派声称，自由市场的竞争将会促进高质量、低成本的医疗保健服务的提供。

自由派：政府必须确保全民医疗

- **自由派**关注的是富人和穷人所接受的医疗保健方面的不平等。
- 自由派倾向于让政府对医疗保健系统负责，以确保每个人都能获得医疗保健服务。

激进左派：资本主义是不健康的

- **激进左派**指责导致美国医疗保健不平等的利润动机。
- 激进左派呼吁摒弃资本主义制度，支持社会主义制度，为所有人提供平等的医疗保健服务。

第10章 经济与政治

264–265

学习目标：

- **记住**本章中用黑体字突出显示的关键术语的定义。
- **理解**各种经济模型如何产生和分配商品和服务。
- 将社会学的想象力**运用**于观察经济与政治是如何联系起来的。
- 运用社会学的主要理论方法**分析**财富和权力的分配。
- 从各种政治立场**评价**美国的经济和政治体系。
- **设想**应如何改变美国的经济和政治体系，使其向更具社会公正和民主的方向发展。

266 **问题的提出**

——大多数政府资金以“福利”的形式流向穷人，这是事实吗?

2008 年，政府对金融公司和汽车公司的救助大约是贫困家庭每年接受的政府援助的 50 倍。

——美国政治中的竞选资金制度是公平的吗?

如果“金钱万能”，那么我们可能会担心美国的公司能比任何其他类型的组织（包括工会、民权组织和妇女组织）给予政治运动更多的资金。

——美国是真正的民主国家吗?

在 2008 年总统选举中，仅有约 63% 的合格选民参与了投票。

章节概述

资本主义经济的优势和劣势是什么? 社会主义经济呢? 本章不仅解释了这两种经济模式是如何运作的，同时也解释了经济是如何与政治相联系的，以及权力是如何影响决策及政策制定的。在本章中，你将更好地了解美国社会经济与政治体系的运作方式。你也将更多地了解美国社会的竞选资金制度，并在比较不同解释的过程中更好地认识到为什么很多人不愿意参与投票。你将对美国的政治经济展开理论分析，并学习人们对经济及其他问题的定义，以及对解决方案的看法是如何反映他们的政治态度的。

__那个瘦高的男人走到麦克风面前，首先对他的妻子和两个幼小的孩子报以微笑，然后凝视着那一片茫茫的人海。__已是深夜时分，但绚丽的灯光使得这一刻的芝加哥格兰特公园亮如白昼。大约十万人聚集在此，为了聆听赢得竞选的新任美国总统发表第一次公开演讲。他保持着灿烂的微笑直到人群的欢呼声渐渐平息，然后开始说道：“如果仍有人怀疑美国是个一切皆有可能的国度，如果仍有人怀疑开国志士们的梦想在我们这个时代是否依然鲜活，如果仍有人质疑我们国家民主的力量，那么今晚，你就可以得到答案。”

267 *这个男人当然是巴拉克·奥巴马——一个年轻的政治人物，一个非裔美国人，一个单亲母亲的孩子——一个马上要成为第 44 届美国总统的人。对于成千上万的美国民众来说，奥巴马当选为这片土地上的最高领导者，标志着“民主制度”是有效的，标志着民主制度中的普通大众可以选择自己的领导者。不管新总统能否证明这一点，仍然有许多美国人不信任美国政府。正如大多数人可以看到的，长期以来美国的政治制度一直受到金钱的重要性的束缚，这给了“特殊利益集团”大行其道的权力。*

在美国，学校这样教育年轻人：美国是一个民主的国家，国家由人民来统治，政府只做出具体决定。但就像这一章所解释的，许多美国人不确定美国的政治制度是否很好地服务了民众。左翼政治的代表，比如“占领华尔街运动”声称政府为权势阶层，尤其是那些掌控华尔街投资银行以及跨国公司的人的利益发声。从这一点来看，普通民众在政治中几乎没有声音。右翼政治的代表，如“茶党运动”——另一个社会运动——声称政府机构愈发臃肿，开销愈发昂贵，如今甚至威胁到人们最基本的自由。

“占领华尔街运动”及“茶党运动”代表两种完全不同的政治态度，他们的支持者也不太可能彼此认同。但他们有一个共识：都声称华盛顿特区的民选官员在满足普通大众的需求方面做得并不好。

这一章将探讨政治的运作。**政治**（politics），*即一种引导社会决定如何生活的社会制度*。你将了解到，政治体制与一个国家的**经济**（economy）——*组织商品和服务的生产、分配和消费的社会制度*——有很大关系。通过研究这两种密切相关的社会制度如何运作，先由经济切入，然后转向政治，我们将对很多熟悉的问题有进一步的理解，而这些问题与美国人民的生活息息相关。

一、经济制度：定义“公正”，定义“问题”

● **理解**

“公正”是评判和理解经济的一种方式。经济体制的运作建立在关于公正的主张之上，并决定了谁将得到什么。经济的运作也与最终被定义为社会问题的事物有很大关系。

首先，我们对两种主流的经济模式——资本主义模式与社会主义模式做一个简要回顾。

（一）资本主义模式

资本主义（capitalism）是*一种经济体系，在这个体系中，自然资源以及生产商品和服务的方式是私人所有的*。在资本主义经济中，作为个体的人拥有社会的生产性财产，包括投资银行、医疗保健公司、汽车工厂、大型农场，甚至是一片阔叶林。资本主义也创造出一种特殊的文化或思考世界的方式。资本主义文化让人们认为每个人都应该按照自己的利益行事。根据苏格兰的经济学家亚当·斯密（Adam Smith，1723—1790）的说法，人们对自身利益的追求将产生广泛的益处，因为当人们为自己的利益所引导时，一个经济体最终会为大多数人创造最大的利益（1937：508，orig.1776）。

这一切是如何运作的？从理论上看，资本主义是一种市场竞争体系，在这个体系中，人们自己设定了购买和出售商品和服务的价格，经济学家将这一过程称为“供需力量”的复杂博弈。在自由市场——有时被称为*自由放任*（laissez-faire，法语单词，意指“随它去”）环境——生产者相互竞争以销售商品和服务，而消费者相互竞争以购买这些资源。每个人都想要通过自己所花的钱得到更多的好处。从生产者或销售者的角度来看，能提供物美价廉的商品和服务的企业会有更好的前景，因为它们将有许多买家；那些产品没什么价值的企业创造不了多少需求，也将很快失败。亚当·斯密认为，总体的结果是市场体系会为消费者创造出物美价廉的商品和服务。

根据亚当·斯密的说法，基于买卖双方自由交换的市场经济是非常有效的。他声称，当一个市场体系很少或完全不受**政府**（government）——*一种正式的组织形式，它指导着社会的政治生活*——管制的时候，其效率是最高的。斯密知道国家需要政府来执行一些任务，比如维护国防安全。但是他警示道：当政府通过告诉人们生产或购买什么来干预市场力量时，它不仅限制了人们的自由，还降低了生产效率，减少了价值，损害了消费者的利益。 *268*

大多数资本主义经济体（比如美国）是高生产力的，并且具有较高的整体生活水平。与此同时，资本主义也确实制造了一些问题，至少对一些人来说是这样，比如当公司遭遇困难时期，或者当生产者发现机器工作比人力更为廉价时解雇工人。换言之，对生产者来说具有经济效益的事情并不总是对工人或当地社区居民有利。

此外，正如第2章（“贫困与财富”）所述，资本主义经济通常催生出高度的经济不平等。在美国，近几十年间，经济资源的分配已更加不平等。此外，我们将会在这一章后面的部分讨论，资本主义不仅具有集中财富的趋势，也同时具有集中权力的趋势，而这将削弱民主政治。

（二）社会主义模式

与资本主义相反，**社会主义**（socialism）是*一种经济体系，在这个体系中，自然资源以及生产商品和服务的方式是集体所有的*。在社会主义经济中，政府限制个人拥有生产性财产的权利。政府拥有并运作工厂、机关及农场，并声称这样做是为了全体人民的利益。社会主义也发展出了自己的文化：与资本主义的个人取向相反，社会主义鼓励集体取向。集体取向教导人们不为个人利益所驱动，而应为服务于公共利益的渴望所驱动。社会主义经济的概念部分地产生于对资本主义经济的批评和解决资本主义经济问题的设想。这个设想是卡尔·马克思的毕生追求（Karl Marx，1964，orig.1844；1985，orig.1984），他声称资本主义经济对生产资料的私人占有是造成社会不平等的根源。通过将*生产资料*（如工厂和其他生产性财产）置于私人手中，资本主义经济服务于这些所有者的利益。也就是说，经济的运作为生产性财产的所有者服务，而不是为大多数人的利益服务。作为改变这种状况的一种方式，马克思设想了一种能够用社会目标取代私人目标的经济体系。这个体系我们称之为社会主义，它以满足每个人的需要为目标。政府，作为人民的代理人，拥有生产性财产并掌控经济生产。社会主义社会希望每个人是出于社会责任而不是个人利益去工作。

事实上，社会主义国家（诸如中国、古巴、老挝、朝鲜以及越南）的经济不平等程度远低于像美国这样的资本主义国家。与此同时，社会主义国家也有自己的问题，比如生活水平相对低下。此外，社会主义社会也被批评为是高度组织化的。

（三）混合体系

没有哪一个国家的经济模式完全是资本主义的或社会主义的。世界上大多数国家的经济模式主要是资本主义的，大约 16 个国家的经济模式主要是社会主义的，另外有 39 个国家的经济模式是资本主义与社会主义相对平衡的混合形式。（Freedom House，2009；Heritage Foundation，
269 2012）。

在一些亚洲国家（包括日本、韩国和新加坡）及中东国家（沙特阿拉伯和科威特等），存在一种被称为*国家资本主义*的混合体系，这种体系涉及政府与大型私营公司间的密切合作。虽然大多数财产是私人拥有的，但政府拥有一些大公司，如汽车生产公司、电话服务公司和航空公司。在某些情况下，通常在亚洲，这种公私合作关系旨在使大公司更具效率，以及在国际市场中更具竞争力。在中东国家，比如沙特阿拉伯，政府与私营公司之间的密切关系反映了一些截然不同的情况：王室贵族掌控着绝大多数的生产性财产。

另一种混合模式——常见于西欧，如意大利、法国、瑞典——是*福利资本主义*。在这些国家，生产性财产也多由私营企业掌控。福利资本主义社会的特点在于拥有由高税收资助的、广泛的政府福利计划。在这些国家，政府为全民提供儿童照顾、住房和医疗服务。这样做的目标是通过为劳动力提供支持，以及控制经济的不平等来保持高生产率。

美国经济是私营活动和政府活动的混合，但如图 10-1 所示，美国长期以来一直是所有国家中最具资本主义经济特征的国家。美国政府只掌握大约 19% 的经济生产力，81% 的经济生产力由私营部门掌握。尤其在经济困难时期，政府能在美国经济中扮演重要角色。作为推动经济走出从 2007 年开始的经济衰退的一项战略，奥巴马政府通过拯救那些被认为“太大以至于不能倒闭”的金融公司，以及通过将大量纳税人的钱贷款给汽车公司，大大拓展了政府在经济中的作用。其中，援助大公司时提出的条件是，这些公司要按照政府的指导方针进行重组。 270

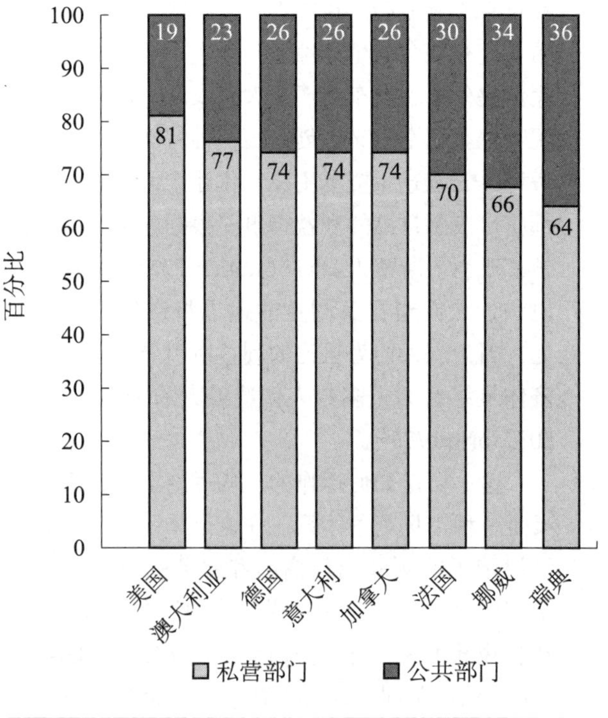

图 10-1　私营部门和公共部门的经济生产力占国内生产总值（GDP）的百分比

注：与其他高收入国家相比，美国私营部门的经济生产力在国内生产总值中占有更大份额，使这个国家更具资本主义特征。

资料来源：World Bank（2011）.

政府对美国经济的干预是社会问题还是解决方案？你的回答当然取决于你的政治态度。你越倾向于政治左翼，你就越可能将市场视为经济不平等、失业和贫困等问题的根源。从这个角度看，政府介入经济是一种解决方案，提供了一条出路。政府通过强制执行限制贪婪、欲望动机泛滥的法规，以及税收政策来减少经济不平等。与此相反，你越倾向于政治右翼，你就越可能将资本主义经济体系视为一个解决方案，因为它具有无可估量的生产力以及最高程度的个人自由。从这个角度来看，政府干预经济被视为一个社会问题，因为它对市场的监管既抑制了经济增长，也限制了个人自由。在 2012 年的美国大选中，左翼民主党将市场描述为社会问题的根源，将政府视为社会问题的解决方案。右翼共和党则恰恰相反。图 10-2 说明了这种模式。

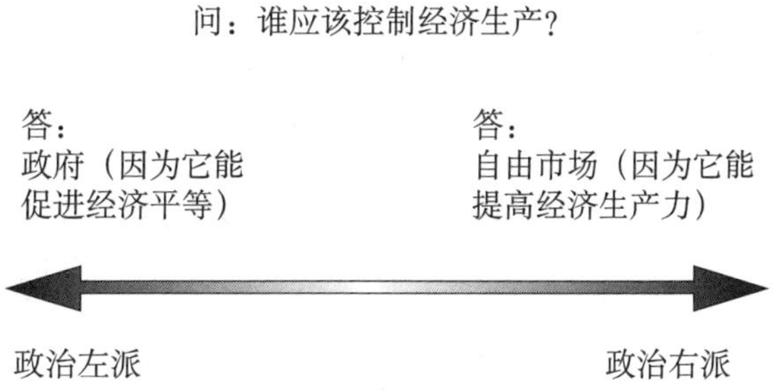

图 10-2　谁应该控制生产，是市场还是政府？

注：*在 20 世纪 80 年代，保守派总统罗纳德·里根认为，自由和繁荣是市场经济的结果，在市场经济中，人们会释放他们的才能和创造力，从而产生丰富的资源。2009 年，由于严重的经济衰退出现，自由派总统巴拉克·奥巴马声称，政府的稳定调控可以引导这个国家摆脱多年的贪婪、腐败和日益加剧的经济不平等。对于政府和市场在多大程度上控制经济的看法，反映了一个人的政治立场。*

公平地说，大多数人可能不需要花太多时间思考他们倾向于什么样的经济体系。但在过去的十年中，沃尔玛的快速发展让更多人陷入了思考。下页的“建构社会问题决定性时刻”栏目解释了这是如何发生的。

二、经济与政治

- **运用**

经济运作的方式在极大程度上反映出权力在整个社会中的分配方式。因此，分析者谈论的是整个社会的**政治经济**（political economy），即*与一个国家或地区密切相关的经济和政治生活*。

资本主义的支持者声称，政府在资本主义社会中的有限作用为人们提供了许多经济机会和广泛的政治自由（Rueschemeyer，Stephens，& Stephens，1992，Lipset，1994）。曾审视资本主义政治后果的社会学家彼得·伯格（Peter Berger，1986）指出，生活在资本主义社会中的人不仅享有投票权，还享有工作、旅行的自由，以及出于个人意志的言论自由。

社会主义的支持者做出了其他解释。他们继承了卡尔·马克思的观点，并认为，资本主义实际上降低了个人的安全度，至少对大多数人是如此（Domhoff，1970；Bergsten，Horst，& Moran，1978；Parenti，1995）。这是因为资本主义将财富和权力集中到了这样的程度：一小部分人口（马克思所说的“资本主义精英”）占有大部分财富。在资本主义社会中，争论仍在继续，金钱就是力量，这使得资本主义精英们主导着社会中的政治生活。对于普通民众来说，对塑造自己的生活有发言权，或者至少有大体上的经济平等是十分必要的，然而这不是资本主义社会中的实际情况。

政治自由的一个重要表现是**民主**（democracy），即*一种权力由全民共同行使的政治制度*。绝大多数美国人认为：美国以及其他资本主义国家是民
主的，因为它们允许人民参与投票；而社会主义 272
国家不是民主的，因为人民没有权利选择他们的领导人。这些观点中有一些是事实：前面提及的一些社会主义国家（古巴、老挝、朝鲜以及越南），其领导人不是经人民投票选举出来的。然而，近些年来，拉丁美洲的一些国家（包括尼加拉瓜、玻利维亚、委内瑞拉和厄瓜多尔）选出了支持社会主义的领导人。与此同时，虽然非洲、中东和亚洲的许多国家大多是资本主义经济体，但人民在政治上却很少有话语权。

民主的对立面是**威权主义**（authoritarianism），即*一种否认民众参与政治的政治制度*。威权国家可以拥有多种类型的经济和权力结构。缅甸，一个东南亚国家，是一个由军队管理的独裁国家；

建构社会问题 决定性时刻

商店战争：沃尔玛是问题还是解决方案？

几年前，萨拉纳克湖（纽约州北部阿迪朗达克山区的一个小镇）的选民们前所未有地来到了投票站。这不是总统大选。事实上这个投票跟任何政治领导人都一点关系也没有。这是一个关于当地镇议会是否应该让沃尔玛在小镇上开设一家新店的投票（Rosenbloom & Barbaro，2009）。

自从十年前当地的艾姆斯商店关闭以来，萨拉纳克湖的居民就没有地方可以买床单、其他床上用品、内衣或者新的牛仔裤之类的东西了。由于当地冬季气温可接近零下 25℃，因此当地人以具有顽强的自我生存能力而著称。但即使对于这样坚韧顽强的人来说，驾驶 50 英里到最近的商店也太远了。所以小镇领导开始四处寻找愿意在当地开商店的大公司。

沃尔玛对此进行了回应，并表示有兴趣在此建立一个超级购物中心。但是当人们意识到这个商店将占地 120 000 平方英尺[①]（这个规模可能会让这个小社区不堪重负，并摧毁当地企业）时，整个小镇出现了分歧。

沃尔玛确实成功地创造了纪录。到 2012 年，沃尔玛是世界上最大的零售商。在美国，其有 4 400 多家商店和 1.4 万名员工，该公司的另外 5 200 家商店遍布全球。是什么让沃尔玛如此成功？沃尔玛制订了一项能使自己以低于其他商家的价格售卖商品的商业计划。沃尔玛对人们的吸引力在于你几乎可以在其一家门店里找到所有你需要的东西，并且能以远低于预期的价格买到它。不难想象，亚当·斯密（著名古典经济学家）会很乐意有机会去沃尔玛购物。那么多货架上摆满了各种各样的商品！让人眼花缭乱的选择！如此便宜的价格！沃尔玛简直可以被画在宣传资本主义好处的海报上。

回到萨拉纳克湖，关于沃尔玛的争论开始了。莱斯利·佩蒂特（Leslie Pettit）在小镇里宣传了沃尔玛的理念。“现在，本地购物者不能在当地买到很多他们需要的东西，”她解释道，“如果你想给孩子们买衣服或者买床单，你就不得不开一个小时的车去买。”纳耶夫·皮罗（Nayef Piro）也声称沃尔玛对当地经济会有好处。“这将吸引整个区域的人们来镇里购物。他们一旦来了，就会熟识这里的城市中心、商店以及餐馆。”

但是也有人反对。杰克·凯斯勒（Jack Kessler），一个当地音乐商店的老板，不希望沃尔玛入驻小镇。“决不允许！”他激动地说，“它将夺走这个小镇的一切，却不会给这个小镇带来什么，它不会回馈任何东西。”凯斯勒和许多其他小业主担心，一旦沃尔玛开张，他们在老城区的商店将无力与之竞争，最终都将倒闭。

凯斯勒和其他反对者也对他们认为不公平的商业行为提出了质疑。沃尔玛的起薪约为每小时 7.25 美元，该公司声称其在纽约州的全职工人的平均时薪为 13.09 美元（Walmart，2011）。但批评人士表示，即使在竞争对手声称的水平上，全职工作也不会带来能支持一个家庭的足够的收入。虽然一些从小时工作开始的人最终会成为经理人并获得高薪，但批评人士声称沃尔玛的大多数工作岗位所提供的报酬太少以致无法让人跻身中产阶级。

在小镇争论的中期，发生了意想不到的事情。沃尔玛选择了放弃。该公司的管理层宣布，他们决定不在萨拉纳克湖开设门店了。有些人为之失望，有些人则如释重负。但是去哪里买内衣和寝具仍然是一个问题。

米奇·史密斯（Mickey Smith）微笑着坐在萨拉纳克湖的一个街角。他的话比当地其他居民更富哲理：“沃尔玛事件对我们来说是一个决定性时刻，对其他城镇来说其实也一样。它迫使我们决定我们到底是谁，我们到底想要镇子变成什么样，以及什么对我们来说是重要的。”正如史密斯所看到的，沃尔玛是纯粹的资本主义——商店很大，产品选择很多，折扣力度很大。但是，他也认为大公司的胜利通常以牺牲“小家伙”为代价。史密斯并不希望小镇被垄断，不希望镇子里的人们都围绕沃尔玛购物和工作。

所以萨拉纳克湖的居民们必须自己决定他们小镇的未来。经过多次讨论，他们不再争论是否邀请一家大型商店入驻，而是决定做出第三种选择：他们将会

① 约合 1.1 公顷。——译者注

开设自己的社区商店。

萨拉纳克湖的居民把主街道上的一家老餐馆变成了由当地所有和经营的社区商店。为了给新事业提供资金，他们通过以100美元——这一价格足够低，足以吸引镇上的600位居民成为部分所有者——每股的价格出售商店的股份，筹集了50万美元（平均每人投资约850美元）。任何人都不得拥有超过10万美元的公司股份。起初，这家商店有三名全职员工，他们的工资在当地平均工资水平以上，他们也享有健康福利以及带薪病假的待遇（Cortese，2011）。

在2011年10月一个凉爽的日子里，萨拉纳克湖正准备迎接一场早到的暴风雪，成千上万的人聚集起来只为看一眼落成的社区商店。镇里的消息说内衣和床上用品（以及其他很多东西）已经大卖了。

伊朗是另一个例子，这个国家是由宗教精英统治的；东南亚的马来西亚和新加坡也是威权国家，这两个国家虽然有民主选举，但权力被一党长期控制。

另一个威权国家的例子是中东地区的沙特阿拉伯，在那里，权力以**君主政体**（monarchy），即*一种由单一家族世代统治的政治体制*的形式呈现。在这个拥有2800万人口（与得克萨斯州人口相当）的盛产石油的国家里，大部分财富被掌握在有数千人口的皇室贵族手中，这些人主宰着国家的经济和政治生活。

毫无疑问，沙特阿拉伯远远达不到民主理想，民主理想意味着每个人都有政治上的发言权。那美国又是什么样的情况呢？这个国家是否像许多人所认为的那样民主？现在我们来谈谈这片“自由土地”上的一些经济和政治问题。

三、美国的政治经济问题

- **运用**

下面的内容调查了美国的政治经济。首先，我们将看看大公司的强大力量。然后，我们将探讨这个国家在何种程度上实现了其民主理想。

（一）公司的权力

在美国，大多数商品及服务是由**公司**（corporations）来生产和提供的。公司即*合法存在的企业，它有一定的权利和责任，并且这些权利和责任与其具体成员相分离*。在美国，近600万家公司（公司总数超过3 000万家）被兼并。在这些公司中，最大的100家公司是经济巨头，每家公司的年收入都超过260亿美元。这100家公司共同主导了美国的大部分企业生产，这一比例在最近几十年里一直在增加（U.S.Census Bureau，2011；Fortune，2011）。

企业的经济活动远远多于政府的经济活动。美国的地方、州和联邦政府确实在管理公共资源、修建高速公路、修复桥梁、管理图书馆和大学，以及监督公园和海滩。此外，联邦政府还管理军队。但正如我们在资本主义社会所期望的那样，大多数经济生产发生在由大公司主导的私营部门。

政府以补贴、价格控制、贷款担保和直接现金补助的形式向公司提供援助，尤其是当政府从公司的成功中看到国家利益的时候（一个典型的例子是奥巴马政府对替代性能源生产的支持）或者一个经济困难的行业被认为“太重要而不能倒闭”的时候（例如，最近政府对汽车行业的支持）（Drawbaugh，2009）。 *273*

政府在美国经济中扮演着至关重要的角色，而不仅仅是在变化或危机时期。政府一直为公司提供各种类型的金融援助。首先，联邦、州和地方政府是美国公司最大的客户。特别是在近几十年来，随着各州和地方社区试图吸引新企业入住，企业也开始期待政府的恩惠。正如第259页的“社会焦点问题”栏目所解释的那样，政府对企业的救济是很普遍的，在美国，更多纳税人的钱流向了大公司而不是穷困家庭。

美国政府确实通过规范工作场所、监控对外贸易、保护消费者和设定利率来塑造经济生活。

但在这个国家，公司所有权通常不在实际的管辖范围内。考虑到私营部门产生了美国的大部分经济产出，我们可能也会有疑问：公司是否比政府更加强大？在这种情况下，谁真正掌控着国家的运行？

（二）垄断和寡头

至少在“占领华尔街运动”出现之前，在一个整体上是资本主义的社会中，人们并不会普遍地将商业的规模和力量视为社会问题。但如果任何一家公司控制了市场，那么便构成了严重的问题。因为这样的控制会使竞争失效并瓦解市场体系。

垄断（monopoly），即*一个单一公司对整个市场的掌控和支配*。工业革命的一个结果就是19世纪最后几十年里垄断的兴起。一小部分人——有时被称作“强盗贵族”，因为他们采取了无情的商业策略，并过着像皇室一样的生活——控制了新的工业技术，建立了庞大的公司，并最终主导了整个行业。例如，安德鲁·卡内基（Andrew Carnegie，1835—1919）控制了美国的钢铁工业，约翰·D. 洛克菲勒（John D. Rockefeller，1839—1937）主导了石油生产，而J. P. 摩根（J. P. Morgan，1837—1913）则在银行业中发挥了主导作用。毫不奇怪，这些人赚了不少钱，每年收入数千万美元，且当时他们无须缴纳任何所得税，而当时普通工人的年收入只有600美元。

1890年，美国国会通过了《谢尔曼反托拉斯法案》，标志着联邦政府开始挑战垄断巨头的权力。结果之一是，洛克菲勒的标准石油公司被拆分为许多将会互相竞争的、规模较小的公司。几乎是在一个世纪之后，联邦政府打破了美国电话电报公司对长途电话服务的垄断，创建了小贝尔公司，并为威瑞森、斯普林特以及其他几十家长途电话公司提供平台，通过竞争降低了长途电话的价格。2002年，联邦政府和州政府基于反垄断法对微软公司采取了行动。

这样的行动削减了大公司的权力，但也只是一定程度上的削弱。法律禁止企业以完全垄断的方式运营，因为单一的生产者在没有竞争的情况下主导市场，会推高价格并剥削消费者。但法律并不能阻止**寡头垄断**（oligopoly），即*少数公司在市场上占据主导地位*。例如，现在早餐麦片的生产主要由家乐氏、通用磨坊和波斯特公司主导，这些公司总共占据了大约90%的销售额。同样，通用电气、菲利普斯和西凡尼亚在电灯市场占据着主导地位，固特异、普利司通和米其林在轮胎行业占据着主导地位，微软、苹果和脸谱网都在各自的行业中占据着主导地位。

（三）企业集团及其他联系

当今很多公司是规模庞大且强有力的。但随着公司发展及并购，它们会变得更加强大。**企业** 274
集团（conglomerate）是*由许多小公司组成的大公司*。企业集团的例子比如百事公司，除了作为软饮料百事可乐的生产商，该公司还拥有塔可钟、肯德基和必胜客餐厅，以及菲多利公司和其他零食和快餐公司。在过去，福特汽车公司旗下有英国汽车公司阿斯顿·马丁、瑞典汽车公司沃尔沃，现在它也仍然保留着日本公司马自达的股份。通用汽车公司旗下有德国公司欧宝和英国公司沃克斯豪尔，同时其与日本的五十铃和丰田公司、韩国的大宇公司也有合作关系。培生集团是一家大型的英国公司，在世界各地运营，经营报纸（包括伦敦的《金融时报》）和一些出版公司（如普林蒂斯－霍尔出版公司）。

企业合作的另一种方式是分享董事会成员。**连锁董事会**（interlocking directorates）是*由一些人组成的社会网络，他们同时担任多个公司的董事*。例如，高盛集团董事会的一名成员，也可能在雷曼兄弟等其他金融公司的董事会任职。世界上最大的公司通过共享董事会成员与数百家其他公司联系在一起。

虽然企业集团和连锁董事会是完全合法的，但它们可能会鼓励寡头垄断和价格操纵等非法活动。在价格操纵的情况下，不同的公司会分享定价信息，这样它们就不必在市场上通过打价格战来互相竞争。价格操纵损害了公众的利益，因为消费者最终支付的费用比在一个竞争激烈的经济体系中要多。

社会焦点问题　企业福利——政府对大公司的救济

谁是美国"福利"的最大受益者？如果你跟大多数人想的一样，那么你可能会回答大多数好处给了有需要的穷人。然而，事实上，政府项目将更多好处给了公司而不是穷人。

为什么公司会得到如此特殊的待遇？因为它们拥有巨大的财富，因而就拥有了巨大的权力。此外，在这个高失业率的时期，许多州和地方政府迫切希望推动就业。在这样的经济环境下，一家大公司所要做的就是表达重新配置的意愿，进而州和地方政府就会以低息贷款、税收减免、免费公用事业及其他福利的形式不断为其提供资源。

一些人把政府对公司的援助称为"公私合作"。他们解释说，这样的援助可能会为受到公司倒闭严重冲击的社会创造就业机会。批评者反驳说，给大公司的补贴相当于公司福利。此外，政府所提供的援助金额往往远远超过对任何新工作的承诺。例如，在1991年，印第安纳州向美国联合航空公司提供了4.51亿美元的一揽子计划，以在该州建立航空公司的一个维修设施。公司建造了这个设施并创造了6 300个新的工作岗位。一些简单的数据计算表明，这些新工作岗位的成本高达每人7.2万美金。1993年，亚拉巴马州提供了2.53亿美元，以吸引梅赛德斯－奔驰在塔斯卡卢萨建造一座汽车装配厂。该公司创造了1.5万个新工作岗位，但这些新工作岗位的平均成本为169万美元。1997年，宾夕法尼亚州向一家挪威公司提供了价值3.07亿美元的一揽子计划，以重新开放费城的部分海军造船厂。不久之后，950人被雇用，每一个新工作岗位的成本为32.3万美元。2002年，佐治亚州花费了6.7万美元来完成一项新的汽车工厂的交易。2006年，印第安纳州赢得了在印第安纳波利斯附近新建本田工厂的投标，每一个新工作岗位的成本为7.1万美元，而田纳西州的纳什维尔则完成了一项协议，将一种新的日产工厂带到了这个城市，并创造了大约750个新的工作岗位，平均每个岗位的成本为26.6万美元。同样在2006年，纽约州批准了12亿美元的减税和其他对先进微芯片的激励措施，以建立一个微芯片工厂，该措施创造了1200个新工作岗位，每个岗位的成本为100万美元（Bartlett & Steele，1998；Sachs，2009）。

在美国各地，即使是在经济繁荣时期，公司也能获得数百亿美元的补贴。在2008年和2009年，为了限制经济衰退的影响，政府对汽车行业和华尔街大型金融公司的"救助"超过了1万亿美元。这大约是政府在惠及贫困家庭的福利项目上的花费的50倍。

加入博客！

你是否支持最近政府对汽车行业和几家华尔街大型金融公司的救助？你认为政府应该通过提供金融援助来吸引新产业，从而为你的社区增加就业机会吗？请来MySocLab加入社会学焦点博客，分享你的观点和经验，并了解其他人的想法。

（四）金钱的力量

巨大的企业财富给我们带来了一个问题：金钱是如何影响政治进程的？公司并不是唯一一个在政治体系中有发言权的组织。相反，美国各地的人们联合起来，组成了许多不同的组织，寻求推进各种政治目标。美国政治体系的一个重要特
275 征是**特殊利益集团**（special-interest groups），即*对某些经济或社会议题感兴趣的人组成的政治联盟*。我们都熟悉许多特殊利益集团，如美国退休人员协会（AARP，前身为美国退休教师协会）、全美步枪协会（NRA）和美国公民自由联盟（ACLU）。

对于个人和组织来说，更多的钱意味着更多的政治影响力。用金钱购买政治权力的一种方式是**游说**（lobbying），即*特殊利益集团及其代表做出的影响政府官员的努力*。美国退休人员协会、全美步枪协会和美国公民自由联盟都在华盛顿特区及其他地区雇用说客，这些说客都全职工作，他们向国会施压，要求国会通过立法来推动他们的利益。企业也雇用说客——例如，沃尔玛在华盛顿特区的办公室里有8名说客。全美总共

有超过 12 000 名说客，他们致力于影响联邦政府的运作（Federal Election Commission，2011；Center for Responsive politics，2011）。

游说——解释为什么在某个问题上支持某一特定立场——是完全合法的。但许多说客向我们选出的领导人提供的不仅仅是信息。当选出的领导人接受金钱、其他有价值的东西，或者来自说客的个人“恩惠”时，两党很可能最终都会被指控犯罪。竞选捐款也许是游说最具争议的方面，正如我们接下来所解释的那样。

（五）竞选资金

对金钱在政治中的力量的担忧不仅涉及说客的工作，还涉及政治竞选的资金支持。在美国，政治生活的现实是，竞选公职是非常昂贵的。在 2012 年的总统大选中，巴拉克·奥巴马和米特·罗姆尼（Mitt Romney）在竞选中的花费极有可能超过了 10 亿美元。在 2012 年的国会竞选中，众议院和参议院席位的候选人也被预估花费了超过 10 亿美元。当所有的州和地方的竞选竞争白热化时，2012 年的选举共花费了超过 100 亿美元（Pickler & Sidoti，2008；Delo，2012）。

所有的钱都是从哪里来的？公司提供的竞选捐款比其他所有类型的团体（包括工会、民权组织和妇女组织）提供的都要多。政党是另一个重要的资金来源。此外，候选人可以随心所欲地支配自己的钱。相比于“普通人”，富有的人拥有巨大的优势，尽管巨大的财富并不一定能保证成功。例如，1992 年，罗斯·佩罗（Ross Perot）在总统竞选中花费了大约 6 000 万美元。在 1996 年和 2000 年，史蒂夫·福布斯（Steve Forbes）花费了 6 600 万美元来竞选总统。2008 年，共和党人米特·罗姆尼花费了 4 000 万美元来竞选总统。事实上，这些人在选举中都没有成功，这表明光靠金钱是不够的。从另一个角度来看，已经身处政府体制内，也构成竞选者筹集资金的一大优势。作为总统，巴拉克·奥巴马在为连任而做出的努力中筹集到的钱远远超过几年前他作为候选人的时候（Perry，2012）。

大多数候选人通过呼吁个人和组织做出贡献，来筹集开展政治行动所需的巨额资金。各级政府的候选人都从**政治行动委员会**（political action committees, PACs）获得资金。政治行动委员会是*由特殊利益集团组建，目的是筹集和使用资金以支持政治目标的组织*。美国目前大约有 4 700 个政治行动委员会，代表各种特殊利益集团，包括制药和烟草行业、国防工业、工会、农业企业、宗教组织、老年公民和枪支拥有者（Federal Election Commission，2012）。

在 2000 年，竞选财务法限制了政治行动委员会对竞选人的支持，任何一个政治行动委员会对每一个候选人初选的支持被限定在 5 000 美元之内，在大选中可再增加 5 000 美元。但是，政治行动委员会可以直接从捐赠者那里募集捐款，然后把钱交给候选人。这种通过高价筹款晚宴及其他策略募集到的大量的钱可以绕过竞选财务法的限制，产生几乎无限制的竞选捐款，这种钱被称为*软钱*。

此外，只要政治行动委员会没有在候选人或其竞选委员会的控制下运作（Conway & Green，1998），其可以花多少钱来帮助该候选人就是不受限制的。因此，许多政治行动委员会将其开支集中在能够帮助其所支持的候选人的特定问题上。例如，筹资支持堕胎通常更有助于自由派（通常是民主党）候选人，而筹资反对堕胎通常更有助于保守派（通常是共和党）候选人。 276

个人、公司、工会及政治行动委员会也能够向政党捐赠更多的钱。虽然个人向特定政治竞选中的候选人的捐赠不能超过 1 000 美元，但个人被允许每年向国家党派捐赠 20 000 美元，向州政党捐赠 5 000 美元（Herrnson，1998）。联邦法律规定，个人可以向所有公职候选人提供的金额为每年 25 000 美元。然而，通过多种手段的结合，很多人能轻易在政治捐助中投入更多的钱。事实上，来自捐助者的可用现金是如此之多，以至于总统候选人（包括 2008 年的巴拉克·奥巴马）经常会拒绝政府提供的竞选资金，因为它会对他们的支出施加额外的限制。

1. 2002 年改革

2002 年，美国国会通过了《两党竞选改革法案》，也就是众所周知的《麦凯恩－费恩戈德法案》。该法案规定，软钱不能再流向候选人或

美国之窗

美国选民投票率

杰克·拉科纳（Jack Lacona）在夏威夷的一所社区大学上学，这里的学生少有注册投票的。

与明尼苏达大学校园里的很多学生一样，梅·普伦蒂斯（Mae Prentice）参加了2008年总统选举的投票。

在2008年总统大选中，63%的选民参加了投票。对不同的州来说，明尼苏达州的选民投票率最高（76.1%），而夏威夷州的选民投票率最低（49.3%）。你能从整个美国的状况中看出什么？你能对此进行解释吗？

在MySocLab网站上探索与当地社区以及美国各州的选民投票率有关的各种社会模式。

资料来源：Center for the Study of the American Electorate（2009）.

政党。在任何初选或大选中，个人都被限制在对每个候选人的捐助不超过2 000美元的标准内。此外，个人的总捐助不能超过95 000美元（个人给所有候选人捐助的最高限额为37 500美元，给所有政党捐助的最高限额为57 500美元）。政治行动委员会对任何候选人的资助不能超过5 000美元，对任何政党的捐助不能超过15 000美元，但没有总额上的限制。在新系统下，政治行动委员会改变了它们的策略，由之前的直接征集资金并交给候选人及政党转向鼓励个人对候选人及政党的捐助（在前述的限制标准之内）。

2. 超级政治行动委员会的兴起

2010年，美国最高法院在*公民联合会诉联邦选举委员会案*中裁定，政府不能对工会、公司、其他组织或个人的财政捐款施加限制。该决定被支持者认为捍卫了政治言论和活动的权利，这一决定允许成立超级政治行动委员会（Super PACs），即代表候选人筹资的组织。同样，超级政治行动委员会不能直接协调候选人的活动。虽然法律继续限制组织和个人直接向候选人捐款的数额，但是，“独立支出”的超级政治行动委员会的运作实际上意味着，在今天的选举中，金钱发挥的作用是不受限制的。

为什么这么多人把竞选资金定义为一个严重的问题？答案显而易见，提供千万美元级别政治资金的，是那些特殊利益集团（如代表房地产行业、律师或工会的组织）。而它们之所以提供数额巨大的政治资助，当然是因为它们寄希望于获得资助的候选人能够支持它们的某些政治目标。换言之，很少有政府官员在出台一部法律或者进行投票时，会不考虑他们的决定会对下次竞选筹款产生何种影响。批评人士说，事实上，美国的竞选资金系统使美国的政治体系被明码标价地出售（Center for Responsive Politics，2011；Federal Election Commission，2012；Liptak，2012）。

（六）选民的冷漠

如果金钱在美国政治中扮演了如此重要的角色，以致允许特殊利益集团主导政治事件，那么出现如此多的人不愿意投票的现象也就不足为奇了。选民投票率很低，也就是说，选民参与投票的比例是令人担忧的。即使是在2008年这样一个特别令人兴奋的选举年，也只有63%的选民参加了投票，比2004年的61%和2000年的54%略有上升（Center for the Study of the American Electorate，2009）。

美国有扩大投票权的历史。1870年，美国宪法第十五条修正案将投票权扩大到非裔美国人；1920年，美国宪法第十九条修正案赋予女性投票权；1971年，美国宪法第二十六条修正案将投票年龄下限从21岁降低到18岁。

在一个将投票权扩大到越来越多的人的社会里，为什么许多人不参与投票呢？保守派认为，不参与投票是那些对现状很满意的人显现出的一种*漠不关心*的状态。自由派和激进左派持不 277
同的观点，他们认为低投票率反映了广泛的政治*疏远*。正如他们所看到的，虽然许多人对现状不满，但他们怀疑投票是否会产生影响。特别是在最近几十年里，公司诈骗事件、国会说客的丑闻、负面的竞选广告和彻头彻尾的政治腐败已经导致公众对“竞选系统”的信心下降（如图 10-3 所示）。这背后反映的实质是，考虑到金钱在美国政治生活中的力量，许多人怀疑他们这些“小人物”能否起到作用（Dye，1999；The Rolling Report，2011）。

一种方法是，也许美国应该效仿澳大利亚、比利时、意大利和其他国家的做法，这些国家已经制定了要求人们参与投票的法律。另一种方法是给人们提供更多的政治选择。在那些政党比美国更多的国家里，投票率往往也更高。而在美国，正如一些人所看到的，两个主要政党有很多共通之处。巴拉克·奥巴马、里克·桑托勒姆（Rick Santorum）和罗恩·保罗（Ron Paul）都吸引了数以百万计的新选民参加投票，这一事实表明，新面孔和新政策可能会让更多选民感到兴奋。

（七）谁在投票？阶级、年龄、种族、民族及性别

低投票率不仅削弱了美国的民主理想，而且反映了这样一个事实，即某些类别的人更有可能被排除在政治议程之外。

1. 收入

收入是一个重要因素。大多数收入高的人参与了投票，与此同时大多数收入较低的人却没有参与投票。图 10-4 显示，在 2008 年总统大选中，家庭年收入超过 10 万美元的人中有 80% 参与了投票。相比之下，家庭年收入低于 10 万美元的人中只有 49% 参与了投票（U.S. Census Bureau，2009）。

如何解释这种差异呢？富裕的人在这个竞选投票体系中拥有更大的利益。高收入人群往往也接受过更高的学校教育，大学毕业生的投票概

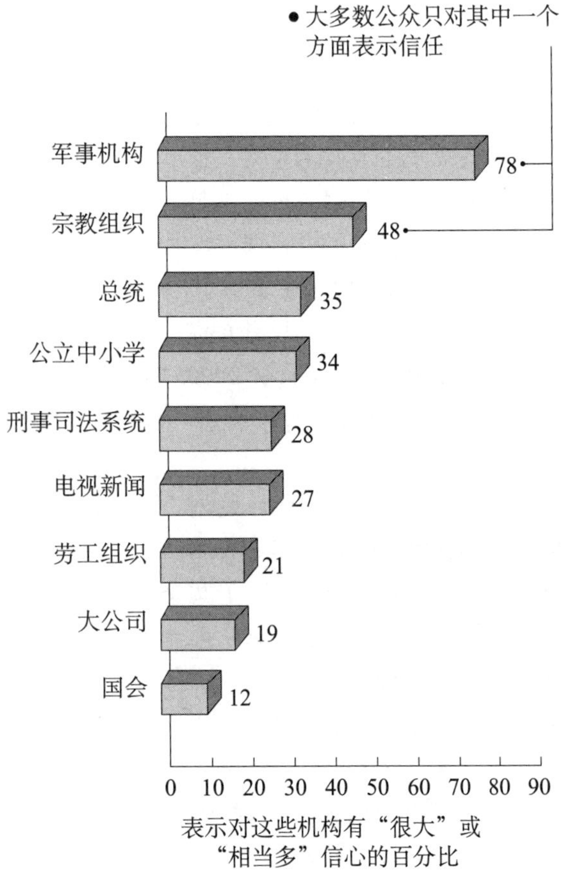

图 10-3　公众对选举制度的信心（2011 年）

注：公众对重要组织和机构的信心有所下降。你认为公众对大多数机构的信心如此之低的原因是什么？

资料来源：Gullup（2011）.

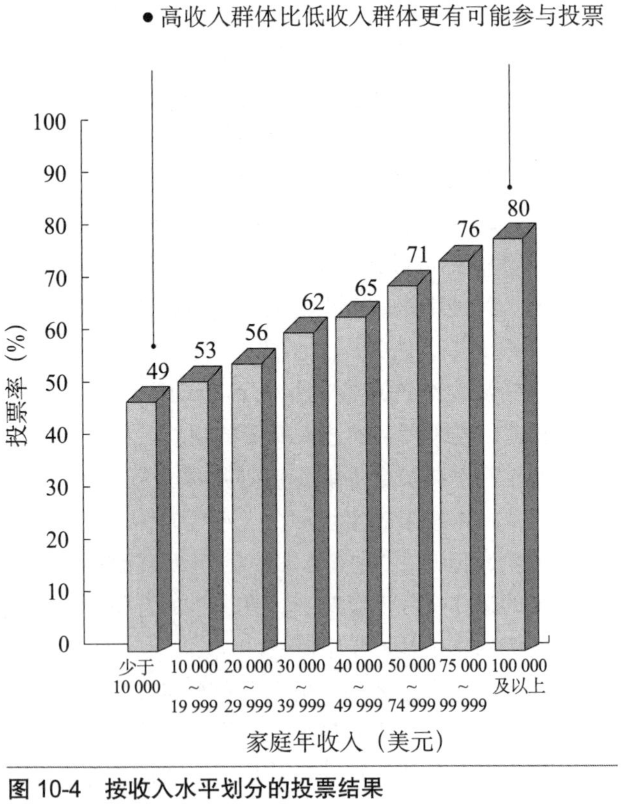

图 10-4　按收入水平划分的投票结果

注：该数据显示了参加 2008 年总统大选投票的成年人的百分比。它显示出一个清晰的模式：随着收入的增加，投票可能性有所增加。

资料来源：U.S. Census Bureau（2009）.

率是高中辍学生的两倍。此外，整体上，收入随着年龄而增长；平均而言，富裕人群年龄更大，年龄较大的人也更有可能投票。相较于正处于上大学年龄的年轻人（48.5% 的人参与了投票），65 岁以上的人更有可能参与总统选举的投票（70.3% 的人参与了投票）。而在投票意愿更低的年轻人中，甚至有很多人没有在投票系统中登记注册（U.S. Census Bureau，2009）。

2. 种族

从历史上看，种族与投票有很大关系。在 1865 年之前，没有任何有色人种可以在美国参与投票。非裔美国人在 1870 年获得了投票的权
278 利，1920 年所有种族的女性获得了投票权。在 2008 年，非裔美国人投票的可能性（65%）几乎和白人（66%）一样大。非裔美国人为民主党候选人提供了强有力的支持；2008 年，他们中超过 95% 的人投票支持奥巴马（Kohut，2008；U.S. Census Bureau，2009）。

3. 民族

拉美裔美国人不太可能投票（2008 年，只有 50% 的拉美裔选民参与了投票）。在某种程度上，这是因为拉美裔美国人的贫困率很高。此外，文化上的边缘性和英语能力的不足也可能会阻碍一些拉美裔美国人参与投票。事实上，拉美裔人口正在迅速增长，这使得吸引这类选民对赢得选举至关重要。而最近的趋势是，拉美裔美国人倾向于支持民主党候选人（Cisneros，2009；Lopez & Taylor，2009）。

4. 性别

性别问题在投票中很重要：2008 年，女性（65.7%）比男性（61.5%）更有可能投票。

此外，女性更有可能支持民主党候选人。2008 年，女性对奥巴马的支持率（56%）比对麦凯恩的高（43%）。男性通常更可能支持共和党候选人，尽管在 2008 年，他们对两党候选人的支持率很接近，对麦凯恩和奥巴马的支持率分别为 48% 和 49%（New York Times，2008）。

（八）性别差距：从不同视角看问题

在政治方面，**性别差距**（gender gap）指的是*男女在某些问题上持有不同意见以及支持不同候选人的倾向*。对于美国所面临的问题，以及应该如何应对，女性和男性往往有不同的看法。一般而言，女性比男性更有可能支持所谓的同情问题，这些问题旨在保护弱势社会成员（包括儿童、老年人和残疾人）。此外，女性更有可能支持枪支管制并反对死刑。相比之下，男性更倾向于支持强势的军队，支持拥有枪支的权利，并倾向于对犯罪做出强硬的回应，包括使用死刑。这种差异使得女性更有可能支持民主党，并促使男性支持共和党。在最近的总统选举中，有更大比例的女性支持民主党候选人，有更大比例的男性投票支持共和党候选人（除了 2008 年）。

（九）投票法——对于重罪犯而言

在如今的美国，只有一类成年公民没有投票权，即重罪犯。这些人都是被判犯有严重罪行的人。在 50 个州中，有 48 个州（除了佛蒙特州和缅因州）有禁止被关进监狱的人投票的法律。35 个州不允许人们在被判犯有严重罪行后接受缓刑。12 个州禁止那些服过刑的人参与投票——他们需要进行各种各样的上诉来恢复投票权。这些法律剥夺了美国 530 万人的投票权（Sentencing Project，2012）。

对于那些将在监狱中度日的人来说，惩罚是否应该包括丧失投票权？事实就是，美国大多数州的法律正在剥夺他们的投票权。但批评人士称，这种做法是出于政治动机，因为剥夺罪犯的投票权对选举结果具有可预见的影响。重罪犯中包括高比例的低收入人群、其他种族和少数族裔人群，这些人往往更倾向于支持民主党候选人而不是共和党候选人。鉴于此，掌权的民主党政治官员可能会审查这一政策，并采取行动来改变这一政策。

（十）社会运动：带来多少变化？

捐款和投票并不是人们在政治上活跃的唯一途径，其他的选择包括从签署请愿书到参与暴力抗议。在 20 世纪的进程中，女性、非裔美国人、男同性恋者、女同性恋者、穷人和工人的政治

活动促进了社会政策的重大变化。在20世纪早期，工人们对工业化的反应是要求有限的工作时间和组建工会的权利，并与雇主进行集体谈判。在20世纪30年代和20世纪60年代的大萧条时期，人们成功地要求政府解决贫困和无家可归等
279 问题。

在20世纪五六十年代，非裔美国人加入了民权运动，提出诉求并最终取得了胜利，结束了在学校和公共设施的隔离，并在就业、教育、住房和公共设施方面免受歧视。在20世纪六七十年代，女权运动获得了类似的歧视保护，保障女性在学校教育、体育、就业以及获得信贷和更多军事机会方面的平等机会。也正是那时，在一些州和城市，男女同性恋运动已经使得该群体在工作场所和获得住房方面获得了保护；在越来越多的州（到2012年中期有8个州），同性伴侣获得了结婚的权利。最后，在过去的一个世纪里，老年人一直致力于要求退休福利和医疗福利的改善。

毋庸置疑的是，激进主义在美国已成为一股强大的政治力量。它推动了法律的变化，并潜移默化地影响着公众态度。但事实上，上面所提及的运动都无法从根本上改变美国的政治经济。在过去的一个世纪里，财富集中的态势几乎没有改变。相反，自1980年以来，美国社会中最富裕和最贫困的成员之间的差距有所扩大。在这个国家，公司的权力也没有显著减少；更确切地说，近年来对于公司的监管有所减少，公司的规模变得比以前更大，高管的薪酬水平越来越高。当然，正是这些趋势引发了“占领华尔街运动”。但这一运动是否会对美国的政治和经济体系产生重大的长期影响还有待观察。

总而言之，“谁控制了美国的政治经济”这一问题在今天仍然和以前一样重要。分析人士对这个重要问题提出了多种看法。

四、政治和经济问题的相关理论

- **分析**

社会学的两种宏观理论方法为经济和政治问题提供了截然不同的见解。两种方法强调了不同的事实，并得出了不同的结论。

（一）结构功能分析：多数人的统治

结构功能方法认为，经济系统是一个复杂的体系，它的运行旨在为全部人口生产和分配商品和服务。这种定义与资本主义的自由放任模式有一些相似之处，因为两者都有这样的观点：经济服务于那些决定生产和消费什么的个人的需求。正如亚当·斯密指出的那样，从以自身利益为导向的个人决策来看，经济运行为最多的人创造了最大的利益。

结构功能方法对政治的看法与此大致相同。最常将政治与结构功能方法联系在一起的理论是罗伯特·达尔（Robert Dahl）的多元主义模型。

多元主义模型（pluralist model）是*一种政治体制分析模式，该模型认为权力广泛分布于不同的社会群体和组织中*。这一模型主要基于罗伯特·达尔（1961，1982）的著作，揭示了个人和组织在政治“市场”中试图通过竞争赢得人民的支持。

正如达尔所看到的，一些组织比其他组织拥有更大的影响力，但没有一个组织能够永远保持强盛。这意味着组织实现了它们的一些目标，但大多数时候，它们作为否决团体运作，努力阻止它们的对手实现其所有目标。在多元主义模型中，不同的政治组织，包括政党、特殊利益集团和政府机构，不仅要争夺公众的支持，还要相互协商，达成协议，结成联盟，制定政策。

多元主义模型将社会视为一个竞技场，其中每个组织都拥有一部分支持者。就像企业之间的竞争改善经济状况一样，政党和特殊利益集团之间的竞争也符合公众利益。因此，有这么多的组织在运作，使得美国的政治体系成为包含许多声音的合唱，最终听起来相当民主（Rothman & Black，1998）。

- **评价**

在多元主义模型的测试中，尼尔森·波尔斯比（Nelson Polsby，1959）调查了美国一些大城
市的政治决策。波尔斯比证实，权力在许多组织 280
中广泛分布。他发现，在一个城市里，任何特定的团体或组织通常只对有限的事务有一定的控制

权（例如，学校董事会在与学校政策相关的事务上有影响力，但除此之外别无其他）。在美国的历史进程中，投票权的扩大和特殊利益集团数量的增加确保了没有哪个人或组织拥有掌控一切的权力，而且几乎每个人都有一些政治发言权。

但多元主义模型的批评者声称，这种认为美国社会高度民主的看法并不能反映政治现实。一些规模大且实力强的公司——包括管理国家资金的华尔街金融公司——在整个政治体系中有着巨大的影响力。此外，某些类别的人——富人相对于穷人——显然拥有更大的政治影响力。此外，批评人士也会问，为什么这个国家有这么多的人——尤其是穷人——认为没有理由投票，有很多人甚至懒得去登记？这种关注社会不平等的批评，让我们想到了社会冲突方法。

学习检验 通过运用多元主义模型，我们对政治和政府有什么了解？这种理论方法的局限是什么？

（二）社会冲突分析：少数人的统治

社会冲突方法将经济系统视为在精英控制下运作的体系。从这个视角看，美国政治经济的运作并不能反映全体人民的意志，而只是反映了*部分*人的利益。正如经济体系能集中财富一样，政治体系能集中权力。这一结论显然挑战了多元主义者所声称的“美国是民主的”这一观点。

我们将简要考察两种社会冲突方法：米尔斯的权力精英模型和马克思主义政治经济学模型。

1. C. 赖特·米尔斯：权力精英模型

1961 年，德怀特·艾森豪威尔（Dwight D. Eisenhower）在担任了总统八年后准备离职时，在其告别演讲中警告这个国家要警惕**军工综合体**（military-industrial complex）——*联邦政府、军队和国防工业组成的紧密联合体*——日渐增长的力量。在发出这一警告时，艾森豪威尔很可能一直在思考社会学家 C. 赖特·米尔斯（C. Wright Mills，1956）所提出的**“权力精英模型”**（power-elite model）——*一种政治体制分析模型，该模型认为权力集中在少数精英阶层手中*。哪些人构成了这个精英阶层？米尔斯认为，权力精英是由包括高级军事官员、大型公司的负责人、最高政治领袖在内的个人及其家庭组成的小型网络。事实上，许多顶尖的军事、经济和政治领导者是同一群人，因为精英们经常从某一个领域流动到另一个领域。例如，艾森豪威尔从军队的最高位置转移到了政治领域的最高位置。同样，许多企业负责人在离开公司后进入政界或回到公司董事会。迪克·切尼（Dick Cheney）辞去了内阁职位，成为公司的首席执行官，后来又回到政府担任副总统。许多权力精英家庭在社会上有联 281
系，因为他们住在同一个昂贵的社区，属于同一家高级俱乐部，并把他们的孩子送到同一所私立学校。

米尔斯补充说，因为他们处在同一个社会圈子里，所以权力精英的孩子们很有可能会结婚，并把特权传给下一代。如果米尔斯今天还活着，那么他可能会指出，2012 年总统初选的所有共和党候选人都是百万富翁（从里克·桑托勒姆到米特·罗姆尼，前者身价为 200 万～300 万美元，后者身价大约为 2 亿美元）；而在竞选中连任总统的民主党领袖，其身价也可能达到 500 万美元（Riley，2012）。

基于这样的观察，权力精英模型拒绝了多元主义模型的观点（即声称权力在社会中广泛传播，各种组织彼此竞争从而阻止了彼此获得过多权力）。相反，权力精英模型得出的结论是，美国社会的财富和权力都高度集中，以致权力精英们可以随心所欲地掌控国家。

2. 卡尔·马克思：资本主义政治经济学

马克思主义政治经济学模型（Marxist political-economy model）是*一种认为社会中财富和权力的集中是资本主义的结果的分析模型*。马克思主义的方法接受了权力精英模型，即认同美国社会是不民主的，因为它是由经济和政治精英主导的。但是，马克思主义政治经济学模型并没有把重点放在某些个人的强大力量上，而是采取了一种更为激进的方式，并把重点放在了从根源上使财富和权力不断集中的制度体系上。

在马克思看来，经济是指导整个社会运作的制度。因此，财富和权力集中在少数人的手中，不是某些人的特殊能力和努力的结果，而是资本

理论运用　政治与经济

	结构功能方法	社会冲突方法
分析层次	宏观	宏观
权力是如何在美国社会中分散的?	结构功能方法认为权力在整个社会中分散。达尔的多元主义模型指出，许多不同的组织作为否决团体运作并争取民众支持，这使得几乎每个人都有一定政治话语权。	一个重要的社会冲突方法是C. 赖特·米尔斯提出的权力精英模型。这一模型认为，美国社会是由一个由政治、经济和军事领导者组成的权力精英阶层管理的。这个阶层，或称军工综合体，控制着国家的政治生活。另一个更激进的社会冲突模型是基于卡尔·马克思理论的政治经济学模型。这种分析模型认为，财富和权力的高度集中是资本主义经济体制的产物。
美国社会是民主的吗?	多元主义模型表示赞成，因为大多数组织只能处理一部分特定的事务，并且没有一个组织能够永远保持强盛。权力足够分散，以至于美国社会可以宣称自己是民主的。	权力精英模型表示否定，因为权力集中在由一小部分权力精英组成的社会网络之中。通过控制政府、经济和军事，这些权力精英有效地管理整个社会。马克思主义政治经济学模型也表示否定，因为只要美国仍采用资本主义经济，权力就始终会高度集中。这意味着只有根本性变革，而不仅仅是改良，才能使美国社会真正民主化。

主义经济日常运作的产物。从这个角度看，只要美国仍实行资本主义经济，大多数人就会被排除在政治之外，就像他们在工作场所被剥削一样。

- **评价**

社会冲突方法对“美国社会是民主的”这一观点提出了挑战，并强调了经济和政治不平等的程度。权力精英模型将矛头指向直接影响政治经济体制运作的名门望族联合体；马克思主义政治经济学模型则指出，资本主义经济集中了财富和权力。这种方法的局限性在于，它很少关注美国社会在其历史进程中为扩大经济和政治机会所取得的进步。这一进步体现为少数族裔和女性担任政治职务的人数迅速增加。此外，尽管有一些美国总统出身于上层阶级（如美国前总统乔治·W. 布什），但更多的总统则出身卑微（例如，比尔·克林顿出生在一个工人阶级家庭，巴拉克·奥巴马是一个单亲母亲的儿子）。对这种分析方法的另一种批评，尤其是对马克思主义范式的批判，基于这样的观察：在古巴和朝鲜等社会主义经济体中，精英主导着国家政治，而这些国家的领导人几乎不容忍任何反对，同一批人常常掌权数十年之久。

282

学习检验　通过运用权力精英模型和马克思主义政治经济学模型，我们对政治和政府能有怎样的理解？这些权力模型的局限各是什么？

“理论运用”表格总结了每一种理论方法教给我们的关于经济和政治的知识。

五、政治与经济：提出问题并定义解决方案

- **评价**

理论方法为思考美国的经济和政治提供了有用的信息，但对问题是什么以及如何解决的看法，则因政治立场和观点而异。在此，我们从不同的政治观点出发，探讨在政治与经济问题上的保守、自由和激进的政治立场。

（一）保守派：系统在有效运作

保守派认为，市场上的自由竞争有利于社会，有利于限制政府对经济的干预。同样，他们认为政治候选人为获得选民支持而展开的竞争，以及特殊利益集团间的竞争，都是有利于民主的。

保守派指出，尽管民主的效果取决于个人是否登记和投票，但至少美国的政治制度允许每个

成年公民（在大多数州，除了重罪犯）通过投票参与政治进程。此外，人们可以自由地加入特殊利益集团，参与竞选活动，为政党工作，参与社会运动，甚至是参加政治抗议活动。

自1788年宪法通过以来，这些权利大多一直伴随着我们。此外，从那时起，美国就稳步地将投票权扩大到几乎每一个成年人，而且在政治舞台上从来没有像今天这样有如此多的特殊利益集团。简而言之，正如保守派所看到的，我们所有人都有许多机会来表达我们的观点，并同那些与我们立场相同的人团结在一起。

因此，保守派声称，当前的经济和政治体系运行得相当不错。就像老话说的那样，虽然美国的经济和政治体系可能并不完美，但它们比其他任何东西都要好。简而言之，除了希望收缩政府规模以控制国家债务，以及促进经济生产率的提高之外，保守派认为美国政治经济中几乎没有问题。

那么最近的经济衰退呢？保守派认为，让市场自行运作是服务于公众利益的最佳方式。出于
283 这个原因，大多数保守派反对布什政府和奥巴马政府将政府的调控之手伸向经济运作的努力（Klein，2009）。

（二）自由派：改革的必要性

自由派也支持市场经济，但前提是政府要对其进行监管。正如他们所看到的，自由放任的经济将财富集中在少数人手中。那些拥有最多财富的人，反过来也能够控制政治进程，这样，政府的行动最终会使大公司等富有而强大的利益集团受益。

为了减少市场经济产生的经济不平等，自由派支持**福利国家**（welfare state）政策，即*通过一系列政策和计划将财富从富人转移到穷人，并为社会中需要帮助的人提供福利*的一系列政策。福利国家政策的一部分是累进税制，在这一政策下，收入增加，税率随之提高（回头看表2-1）。在实践中，那些收入较高的人以税金的形式提供资金，以支付那些低收入人群的福利项目。从富人到穷人的收入转移的结果是，政府能够缓解由市场造成的经济不平等，并帮助穷人。

在政治方面，自由派支持的社会政策将会减少美国最富有的公民的财富。例如，大多数自由派人士反对布什总统颁布的减税政策，并支持奥巴马总统对高收入人群增税和增加投资收益的目标。

自由派还希望限制企业精英和其他高收入人群的政治权力。为了做到这一点，自由派认为政府必须强大，并对经济和政治体系进行监管，以确保精英阶层不会掌控国家议程。自由派也致力于向普通民众赋权。一种方法是鼓励每个人投票；然而，尽管这一步很重要，但仅仅做到这个是远远不够的。他们希望通过提高最低工资、扩大儿童支持项目、扩大高等教育机会、确保人人享有医疗保健等政策来向公民赋权。自由派支持形成一个强大而积极的政府，他们相信只有政府才能为普通民众的利益服务，才能有效地抵抗大公司等特殊利益集团的巨大权力。

就最近的经济衰退而言，自由派认为金融丑闻导致了房地产市场和抵押贷款行业的崩溃，这证明了政府对经济的更多监管是十分必要的。他们通常支持奥巴马政府让政府更大程度地控制经济的努力。的确，自由派通常比保守派更支持大政府。但自由派和保守派都倾向于利用政府权力来解决他们所定义的社会问题。为了解这一点，可以看看第268页的“社会政策”栏目。

（三）激进左派：呼唤根本性变革

一般来说，你在政治态度上越偏左，你就越希望用政府对经济的控制来取代市场体系。激进左派（追随卡尔·马克思）认为资本主义市场体系本身就是一个问题，因为它把财富集中在少数人手中。政府可能会对市场进行监管，但激进左派认为这样的努力不过是在帮助资本主义经济运作，从而保护富人的财富。在资本主义的政治经济中，当富人控制社会时，大多数人几乎没有权力或金融安全。

从激进左派的角度来看，问题不在于权力精英是否成功地控制了政府。激进左派认为，只要美国存在资本主义政治经济，就不会有任何举措——比如选民选举更多的自由派候选人，或者

国会通过竞选资金改革方案——能产生较大的影响。对于激进左派来说，资本主义的财富和权力集中的唯一解决方案是资本主义本身的终结。对于一个真正民主的社会来说，所有的人在政治上都必须有平等的发言权；为了实现这一目标，必须有财富的平等。

许多人相信，激进左派肯定会认为自由派的政策比保守派的政策更可取。但是，从激进左派的视角来看，这两派都支持资本主义。对于激进左派来说，有意义的改变意味着拓展政府的控制权，并将经济完全置于政府控制之下。只有结束私人对生产性财产的所有权，人们才能平等地分享社会生产的一切（Eby，2009）。

第 269 页的“从左到右”表格展示了从不同角度对经济与政治问题的看法。 284

社会政策　谁更想要大政府？所有人！

一个普遍的假设是，自由派（通常是那些投票给民主党的人）比保守派（通常是那些投票给共和党的人）更支持大政府。这句话有几分道理。但更正确的是，不管是自由派还是保守派，他们都支持政府权力的运用，只要这些权力被用在了实现他们认为重要的目标之上。毕竟，正如政府在奥巴马总统（民主党）的领导下变大了一样，它在布什总统（共和党）的领导下也变大了。

下面的图表说明了对于大政府的不同政治态度。自由派通常用社会不平等来定义社会问题。例如，自由派通常认为富人拥有的东西太多，而穷人拥有的东西太少。因此，自由派支持累进税制，将用税收筹集的资金用于支付广泛的社会福利项目。此外，自由派支持政府采取行动来消除对女性和其他少数群体的歧视。为了帮助所有的穷人，自由派希望政府强制实行全民医疗计划。要实现这些目标，政府必须变得更大。

但保守派也支持大政府——虽然他们希望政府支持不同的东西。保守派通常用道德的术语来定义社会问题。例如，保守派认为世界各地存在对美国的威胁，因此他们更倾向于更大的政府，以拥有更强大的军备力量。同时，许多保守派反对堕胎和同性婚姻，希望政府限制堕胎，并颁布一项禁止同性婚姻的宪法修正案。最终，自由派和保守派在支持大政府方面并没有大的不同。这是因为政府权力是解决许多社会问题的一种非常有效的方式。对政府权力的承认也是政府支出高的原因之一，无论领导人是共和党人还是民主党人。但确定问题究竟是什么仍取决于你的观点。

你怎么看？

1. 列出自由派及保守派希望政府解决的三个问题。
2. 为什么在共和党总统布什的领导下，政府开支增加了？为什么在民主党总统奥巴马的领导下，政府开支再次增加？
3. 激进左派如何回应自由派和保守派的立场？

“你赞同大政府吗？”

	自由派可能说：	保守派可能说：
不平等	是的！政府应该通过扩大社会福利计划、反对歧视和支持平权运动来积极减少社会不平等。	不！政府应该保持低税率，不应该寻求扩大社会福利项目，否则会抑制个人努力和威胁自由。
道德	不！政府不应该试图通过立法来规范道德，因为这样做会削弱个人的选择并威胁自由。	是的！政府应该积极促进国家安全（通过加强军事防御）和传统道德（反对堕胎和同性婚姻）。

从左到右　关于经济与政治的政治观点

	激进左派观点	自由派观点	保守派观点
问题是什么？	资本主义经济把财富集中在少数人手中，政府服务于精英阶层的利益。总的来说，美国社会在经济和政治上都不民主。	经济是生产性的，有些人确实比另一些人要过得好；那些拥有更多财富的人在政治体系中的影响力更大。	政治和经济制度都不存在问题。经济是高效的，并能满足消费者的需求；政治制度的基础是基于个人投票的选举，各种组织通过谈判形成公共政策。
解决方案是什么？	改革资本主义政治经济的努力收效甚微，需要的是对经济和政治制度的根本变革，以反映和满足多数人的需求及利益。	政府的社会福利计划应该将财富从富人转移到穷人，以减少不平等。需要进行政治改革，以减少公司和个人财富在政治进程中的作用。	市场经济应该保持下去，因为它为大多数人提供了最大的利益。美国作为拥有广泛权利和自由的典范，在世界各国中脱颖而出。

参与讨论

1. 在你看来，美国经济的优势和不足是什么？提供具体的例子来支撑你的观点。
2. 你认为在多大程度上可以认为美国是一个政治民主的国家？你能提供什么具体依据来支持你的判断？
3. 你认为上述三种对政治经济的分析哪一种最可信？为什么？

总结与展望

- **设想**

一个多世纪以前，在工业革命期间，大公司的出现引起了国家对“大资金”的担忧。国会制定了各种法律来打击公司垄断，并限制大公司控制美国社会的权力。这些法律产生了温和的效果，大大减少了直接垄断，但允许普遍的寡头垄断。在20世纪的大部分时间里，很少有人怀疑公司拥有决定联邦政府和州政府议程的巨大权力。

在20世纪70年代，国会再次认为是时候减少公司对美国政治的影响了。1971年的《联邦选举竞选法案》是一项重要的改革，它促成了我们在这一章中讨论的政治行动委员会的成立。这项法律试图通过限制富人和大公司的竞选捐款来形成公平的竞争环境。

这项法案的结果没有达到它的承诺。首先，现在主要通过电视付费广告进行的竞选成本飙升。今天的政治候选人需要花费比以往更多的钱才能入主白宫。毫不奇怪，在过去的几十年里，政治行动委员会的数量和影响力都在增长；政治
285 行动委员会现在提供的资金是20世纪70年代的4倍多。尽管政治行动委员会代表了包括工会在内的广泛的政治利益，但公司的政治行动委员会数量远超其他类型，而且给候选人提供的钱也比任何其他类型都多。随着2010年最高法院裁决允许超级政治行动委员会无限捐助，选举年的支出在2012年达到新高。

毫无疑问，对美国政治经济体制的争论将持续下去。政治右派（本着“茶党运动”的精神）看到了一个过于膨胀的政府，他们认为政府在很多方面干涉了人们的生活，浪费了大量的资金并将会使这个国家破产。政治左派（本着“占领华尔街运动”的精神）看到了自由市场，在这个自由市场中，贪婪的逻辑支配着人们的日常，其中“1%”的人席卷了国家的一切，剩下“99%”的人挣扎着试图抓住他们所拥有的那一点点可怜的剩余物。

调查告诉我们，几乎90%的美国成年人对国会没有信心。此外，几乎有40%的美国公民没有参与投票。那些不投票的人是否认为被提名的候选人及其政策并没有给人们留下真正的选择权（就像激进左派倾向于说的那样），或者他们是否对自己的生活感到满意（就像保守派所认为的那样）。这些问题是很难回答的。

最后，也许我们需要回到一个基本的问题：我们所说的“民主”到底是什么意思？这样，我们必须面对一个更加复杂的问题：作为一个国家，我们将如何实现“民主”目标。

286 定义解决方案

经济的意义是什么？

经济的意义在于为社会中的人们提供商品和服务。这很容易理解，但最大的问题是经济应该如何运作？所有伟大的经济思想家——包括右派的亚当·斯密和左派的卡尔·马克思——都明白，这个问题的关键答案是市场经济与政府管控经济之间的平衡。通过下面的陈述，你可以看到针对一个经济体应该如何运作的问题的两个截然不同的解决方案。

（1）从政治左派的观点来看，经济运行中最重要的因素是商品和服务的分配。正如卡尔·马克思所解释的那样，资本主义市场经济分配了所有不平等的东西，从而创造出社会阶级。正如他所看到的，市场经济是问题而不是解决方案。只有通过政府对生产性财产的控制，才能平等地分配商品和服务，才能满足所有人的需要。即使在像美国这样的资本主义国家中，政府也控制着道路和其他公共基础设施的修建。 287

（2）从政治右派的观点来看，经济运行中最重要的因素是生产力。正如亚当·斯密所解释的那样，市场经济会为大多数人创造最大的利益，只要它被允许在政府干预最小的情况下运作。应该由个人决定生产什么以及消费什么。

提示：卡尔·马克思和亚当·斯密的观点都是正确的，或者至少在一定程度上是正确的。市场经济具有超凡的生产力，但它也产生了相当大的经济不平等。问题是，在生产力和经济平等之间，如何找到一个平衡点？自由也是一个问题。市场经济提供了广泛的个人自由，但这些自由对穷人的意义要小于富人。政府控制的经济确保了一定程度的自由，但它因限制个人权利而招致批评。在你看来，应该在哪里达到平衡？

参与：应用和练习

1. 访问 http: //www.cnn.com/election 并分析最近的选举结果。看看网站上提供的信息，试着去发现性别、种族、收入和其他变量是如何影响投票模式的。你能大致描绘出一个典型的民主党选民的特征吗？共和党选民呢？
2. 去杂货店，在一个清单中列出你找到的早餐麦片、罐装汤、冷冻食品、意大利面酱和薯片的品牌名称。看看每种食品分别涉及多少个制造商？
3. 你知道你在国会的代表是谁吗？找到并联系这个人，看看你能从竞选活动成本、竞选资金来源的相关信息中了解到什么。（根据法律，候选人必须向所有相关方提供财务披露声明。）
4. 在你的学校附近，找到一个以下组织的地方分会：全美妇女组织（NOW）、美国退休人员协会（AARP）或者全美有色人种协进会（NAACP）。向其解释你对社会问题研究的兴趣，并询问组织的相关议程、面临的挑战和成功之处。

288 达标：可视化摘要

建构社会问题决定性时刻

商店战争：沃尔玛是问题还是解决方案？

经济制度：定义“公正”，定义“问题”

● **经济**是组织商品和服务的生产、分配和消费的社会制度。 ● **政治**是一种引导社会决定如何生活的社会制度。 ● **政府**是一种正式的组织形式，它指导着社会的政治生活。 两大经济模式是**资本主义**和**社会主义**。 ● 资本主义是建立在对生产性财产的私有和由供需管理的市场体系的基础上的。社会主义是建立在对生产性财产的集体所有的基础上的，由政府来调控经济。	**政治**：一种引导社会决定如何生活的社会制度。 **经济**：组织商品和服务的生产、分配和消费的社会制度。 **资本主义**：一种经济体系，在这个体系中，自然资源以及生产商品和服务的方式是私人所有的。 **政府**：一种正式的组织形式，它指导着社会的政治生活。 **社会主义**：一种经济体系，在这个体系中，自然资源以及生产商品和服务的方式是集体所有的。

经济与政治

民主是一种权力由全民共同行使的政治制度。 **独裁**是一种民众没有什么发声权的政治制度。 资本主义社会一直是民主的吗？ ● 很多保守派和自由派指出，资本主义提供了很多个人自由。 ● 一些自由派及激进左派指出，资本主义催生了很多经济不平等，这威胁到民主。	**政治经济**：与一个国家或地区密切相关的经济和政治生活。 **民主**：一种权力由全民共同行使的政治制度。 **威权主义**：一种否认民众参与政治的政治制度。 **君主政体**：一种由单一家族世代统治的政治体制。

美国的政治经济问题

公司居于美国政治经济的中心。 ● 政府不仅通过购买企业产品，还通过采取各种各样的激励措施来支持公司，批评者称之为“企业福利”。 一个世纪之前，一些大公司形成了**垄断**，完全掌控了市场的某一个领域。 ● 如今，虽然政府禁止垄断，但许多大公司以**寡头**形式存在，这些大公司主宰着市场。 尽管**企业集团**和**连锁董事会**受到了一些法律约束，但它们仍可以进行一些非法活动，如价格操纵，这也会增加公司财富和权力。 **特殊利益集团**为政治候选人筹集资金，并游说政府官员实现其特殊利益。 ● 筹集竞选资金是政府官员的主要关注点，他们从个人捐赠者、政党和政治行动委员会那里寻求资金。 ● 筹集竞选资金的重要性使我们发出疑问：政府官员为谁的利益服务？ **选民的冷漠**在美国是很普遍的，只有 63% 的符合条件的人在 2008 年的总统选举中参与了投票。 ● 保守派认为，投票率低意味着大多数人对自己的生活满意。自由派和激进左派反驳说，投票率低意味着人们对自己的生活不满意，而且他们相信自己没有能力带来改变。 ● 总体而言，选民的冷漠在年轻人中更明显，尤其是那些受教育程度低、贫困的年轻人。 **社会运动**为我们提供了在政治上活跃的机会。 ● 各种运动在重要方面改变了美国社会，但并没有给美国的政治经济带来根本性的变化。	**公司**：合法存在的企业，它有一定的权利和责任，并且这些权利和责任与其具体成员相分离。 **垄断**：一个单一公司对整个市场的掌控和支配。 **寡头垄断**：少数公司在市场上占据主导地位。 **企业集团**：由许多小公司组成的大公司。 **连锁董事会**：由一些人组成的社会网络，他们同时担任多个公司的董事。 **特殊利益集团**：对某些经济或社会议题感兴趣的人组成的政治联盟。 **游说**：特殊利益集团及其代表做出的影响政府官员的努力。 **政治行动委员会**：由特殊利益集团组建，目的是筹集和使用资金以支持政治目标的组织。 **性别差距**：男女在某些问题上持有不同意见以及支持不同候选人的倾向。

289

政治和经济问题的相关理论	
结构功能分析：多数人的统治 以结构功能方法为指导，多元主义模型认为权力广泛分布在美国社会中。 • 各组织竞相争取选民支持，而且往往作为否决团体运作，没有一个组织能够主导政治体系。 • 正如经济竞争能带来最大的利益一样，组织之间的竞争及候选人对选民支持的竞争会促进产生良好的政策。	**多元主义模型**：一种政治体制分析模型，该模型认为权力广泛分布于不同的社会群体和组织中。 **军工综合体**：联邦政府、军队和国防工业组成的紧密联合体。
社会冲突分析：少数人的统治 以社会冲突方法为指导，权力精英模型指出，美国的政治系统由少部分权力精英主导，这些权力精英包括公司、军队及政府的最高领导者。 • 更激进的社会冲突分析路径是马克思主义政治经济学模型，该模型将关注点从权力精英转向资本主义体系，认为资本主义体系导致了财富和权力集中到少数人手中。	**权力精英模型**：一种政治体制分析模型，该模型认为权力集中在少数精英阶层手中。 **马克思主义政治经济学模型**：一种认为社会中财富和权力的集中是资本主义的结果的分析模型。

政治与经济：提出问题并定义解决方案	
保守派：系统在有效运作 • **保守派**声称美国的经济和政治体系运作良好。在市场和政治舞台上的竞争符合公众的利益。 • 保守派希望政府能推进实现他们所认同的道德目标，比如加强国防和限制堕胎，以及禁止同性婚姻。	
自由派：改革的必要性 • **自由派**指出，美国的经济和政治体系造成了严重的社会不平等。 • 自由派倾向于政府对经济和政治体制的更多监管；他们支持由累进税制资助的社会福利项目，通过为穷人提供各种福利来重新分配收入。	**福利国家**：通过一系列政策和计划将财富从富人转移到穷人，并为社会中需要帮助的人提供福利。
激进左派：呼唤根本性变革 • **激进左派**认为，美国政治和经济问题的根源在于资本主义的财富和权力集中。 • 激进左派认为改革不会解决这些问题，呼吁消除资本主义制度。	

第11章
工作及工作场所

290–291

学习目标：

- **记住**本章中用黑体字突出显示的关键术语的定义。
- **理解**美国历史上主要的经济变化及其影响下的工作变化。
- 将社会学的想象力**运用**于讨论有关工作及工作场所的话题。
- 运用社会学的主要理论方法**分析**与工作有关的问题。
- 从各种政治立场**评价**市场体系与政府对工作场所运转的相对重要性。
- **设想**你将如何改变我们的社会，以追求更加安全、有保障的工作场所。

——去工作如何成为一个问题？

每年，超过 100 万的美国劳动者在工作中遭遇致残事故；更严重的是，超过 4 500 人死于工伤。

——美国劳动者的工作有保障吗？

约有 22% 的美国劳动者是临时工和兼职工。在经济不景气时期，几乎每个人——尤其是临时工和兼职工——都面临着被解雇的风险。

——工作对于每个人是公平的吗？

在美国，将近 98% 的牙科保健员是女性，但只有 22% 的牙科医生是女性。

章节概述

经济如何影响人们的工作？本章着眼于主要的社会模式，包括后工业经济的增长和经济全球化是如何影响我们每个人的。你将了解到未来哪些工作可能会被提供给劳动者，以及哪些工作类型正在消失。此外，你会知道最危险的工作类型是什么，为什么许多劳动者感到工作被“异化”，以及工会的变化。最后，你会知道哪类人处于高（低）失业率状态。你将对涉及工作及工作场所的问题进行理论分析，了解人们如何识别与工作相关的“问题”，以及人们所支持的“解决方案”如何反映他们的政治态度。

爆炸声像 1 000 辆货运列车一起驶过一样隆隆地响，西弗吉尼亚州托尔曼斯维尔（Tallmansville）附近的 Sago 煤矿坍塌。一名在爆炸点附近工作的男子当场死亡。还有十多名男子被困在离矿井主井出口 2 英里处，此处距离地表至少半英里。

这些人接受过训练，他们一起转移到矿井中一个安全的地方，并将一大块布横过井道，以阻挡有毒气体在爆炸中泄露。在地面上，工人和急救人员展开了救援行动。但是救援人员遇到了高浓度的致命一氧化碳气体，在气体排出之前，他
293 们不得不离开矿井。

救援工作进展缓慢。被困人员的家人们聚集在 Sago 浸信会教堂，做着最坏的准备，但希望家人能活着出来。在漫长的两天里，救援人员努力清除气体，移动爆炸碎片、固定轴，最后找到了这些人。

尽管早期报道称有 12 人仍然活着，但当救援人员找到矿工们时，只有 1 人还活着——年龄最小的兰德尔·麦克洛伊（Randal McCloy），他需要花几个月的时间来恢复健康。后来，麦克洛伊接受采访说，矿井里的人安静地坐在一起度过了漫长的时光，尽可能节省仅存的氧气。即使当他们因不能呼吸而失去知觉的时候，他们也确信救援人员会来。

2006 年的 Sago 矿难表明了工作场所可能存在的严重问题。近年来，这起矿难因违规采矿而被作为例子引用过数百次。但这起矿难远非个例：2010 年，有 7 500 多名矿工遭遇了与工作相关的疾病或伤害，有 71 名矿工失去了生命（Levin，Frank，& Overberg，2006；Vanden Brook，& Nichols，2006；U.S. Department of Labor，2012）。

在美国的工作场所，尤其是像采矿这类高风险职业中，疾病、伤害和死亡都很常见。正如本章所述，尽管工作场所的伤亡人数长期下降，但危险依然存在。此外，与工作有关的其他问题也引起了我们的注意。近几十年来，由于计算机和机器人取代了生产线上的工人，以及旧工厂关闭，美国上百万人失去了他们在工厂的工作。而且，在经济衰退时期，如 2008 年，企业会进行裁员，不仅是工厂工人，就连管理人员和其他办公室高技能人才也面临着失业的风险（Gumbel，2009；McGeehan，2009）。

本章将调查所有关于工作及工作场所的社会

问题。我们先问一个基本问题：为什么工作很重要？显然，对于大多数美国人来说，工作提供了人们生活所需的收入。但是工作不仅仅与钱有关，工作给予许多人一种自豪感和成就感。此外，对于几乎每个人来说，工作是社会身份的重要象征。像医生、消防员、教师或木匠等，大多数人的日常生活围绕着工作展开。工作的重要性使工作场所问题显得尤为重要。要想探究工作场所问题的根源，我们应从宏观的、历史的经济趋势入手，这些趋势超出了个体控制范围，却影响着每一个个体。

一、美国经济的结构性变化

- **理解**

在美国，许多与工作有关的问题是由大规模的经济改革引起的。历史上发生过两次重大的结构性变化。第一次变化是 200 多年前开始的工业革命。第二次变化是从 20 世纪 50 年代持续至今的信息革命，它引发了非工业化和经济全球化。正如你们所看到的，两次革命不仅影响了经济，而且彻底改变了人们的生活方式。

（一）工业革命

19 世纪，大多数人生活在农村和小城镇，他们从事*第一产业*（primary sector），通过农业、渔业、牧业、采矿或伐木来生产原材料。但是随着从新英格兰到美国中西部的城市数量不断增长，工厂在新兴城市纷纷涌现，工作的性质开始发生变化。工业革命推动工人从事*第二产业*（secondary sector）——把原材料转化为成品。例如，工厂工人把木头变成家具，把铁变成铁
294 轨，之后又变成汽车。

如图 11-1 所示，到 1900 年，在工厂里工作的人和留在农场的人一样多。工厂吸引了来自农村的数百万人在大城市附近居住，许多人，尤其是那些留在城市里的人，把这次移民视为一个严重的问题，因为它使得农村小社区的人口变少，许多农村小社区因此变成“鬼城”。从这一点来看，工业革命改变了美国自殖民时期以来的传统农村生活方式。

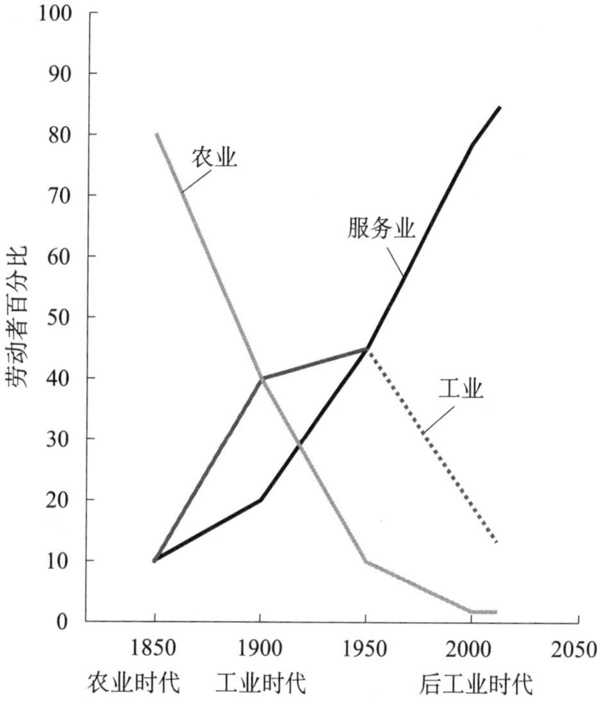

图 11-1　1850—2011 年美国工作性质的变化

注：1850 年，80% 的美国劳动者从事第一产业（农业）；今天，只有百分之几的人从事这项工作。1950 年，第二产业达到顶峰，自那时起劳动者百分比一直呈下降趋势。今天，超过 80% 的美国劳动者在从事第三产业中的服务业工作。

资料来源：U.S. Department of Labor（2012）.

工业革命通过鼓励大规模移民给工作场所带来了诸多变化。新的工厂和快速发展的城市吸引了来自欧洲和世界其他地方的数以千万计的人才。这些人来到美国寻找工作和更好的生活，尽管不是所有的新移民都受到欢迎。正如第 3 章（“种族和民族不平等”）所解释的，美国的公众舆论对外国移民的涌入持批评态度，认为他们威胁美国的传统文化。

大多数来到新工业城市追求梦想的人发现实际生活并不容易。许多人只能居住在几乎没有光照，也没有卫生设施的破旧的房子里。虽然工厂提供了工作，但是工资很低，工作时间很长，工作很累，而且通常很危险。许多工作需要在充满烟雾和震耳欲聋的噪声中重复单调的程序。管理者密切监视着工人，不容许工人有任何抱怨。总的来说，公司认为移民——尤其是那些只会说一

点英语的移民——只能从事体力劳动。但是移民家庭需要工资维持生活，工人们几乎没有能力组织起来要求更好的工作条件。他们别无选择，只能从事他们能够找到的任何工作。

20 世纪 30 年代，随着经济大萧条的到来，美国劳动者面临着更大的挑战。严重的经济崩溃使得全美 1/4 的劳动者失业，饥饿和贫困成为普遍现象。直到十年后的第二次世界大战时期，美国经济才逐渐复苏，劳动者生活水平才开始改善。

20 世纪五六十年代，美国经济繁荣。在美国，许多劳动者——或许占大多数——享受着不断增加的工资和日益提高的生活水平。正如第 14 章（“城市生活”）所解释的那样，那些没有受过多少教育的劳动者赚的钱足够租一栋位于郊区的房子，人口从中心城区向郊区日益扩散。

（二）信息革命

如图 11-1 所示，到 1950 年，经济结构再次发生变化。那时，从事工业生产的劳动者与日益增长的从事*第三产业*（tertiary sector）的劳动者所占比例相同。如今，85% 的劳动者不在工厂工作，而在办公室工作，他们在销售、咨询、法律、广告和其他领域从事*服务工作*（service work）。仅有大约 14% 的劳动者仍然从事工业生产，不到 2% 的劳动者仍然从事农业生产（U.S. Department of Labor，2012）。

服务业兴起的一个重要原因是信息革命：计算机被发明，计算机技术几乎融入人们生活的方方面面。

信息革命导致了蓝领工作岗位的减少和白领服务工作岗位的增加。这些服务人员中有一些是专业人士，包括医生、律师和大学教授，他们长期从事高薪工作。此外，广告、咨询、电脑编程方面的新专业人员的数量也在增加。但是信息革命并非对所有劳动者来说都是好消息。许多办公室工作，尤其是女性较多从事的打字工作，工资低且晋升机会少。

（三）去工业化

信息革命既标志着新的信息技术的诞生，同时也标志着**去工业化**（deindustrializations）的开始，即*1950 年后美国工业生产开始下降*。简言之，经济发展在创造出许多新的服务业岗位的同时，淘汰了许多旧的工业岗位。许多以前流水线上的工人和机器操作员发现他们的工厂倒闭了，他们不得不走出去，进入就业市场。在就业市场中，他们中的许多人最终成为文员、送货员、维修工和快餐工。几乎所有新工作的工资都比工厂工作少得多，而且新工作包含的福利更少。如图 11-1 所示，到 2020 年，86% 的工作岗位在服务业部门，只有 13% 的工作岗位在工业部门。因此，在过去几十年里，许多工人，尤其是那些有工业技能但没有大学学历的工人，生活非常窘迫。 295

例如，在最近的经济衰退期，数以万计的技术工人在汽车行业中失去了工作。随着汽车行业的复苏，一些人被重新雇用了，但另一些人却没能找到能给他们带来同等回报的工作（Read，2012）。

（四）全球化

美国的去工业化与另一趋势密切相关——经济全球化。对于经济而言，**全球化**是*跨越国界的全球经济活动的扩张*。今天，最大的公司在许多国家生产和销售产品，越来越多的产品在销售和消费之前被跨国界生产。

一个世纪以前，美国的工业生产比世界上任何其他国家都多。然而今天，其他国家较低的工资水平引发了工业“外包”现象的发生。例如，试想一下墨西哥工人的平均工资为每小时 6.23 美元，远低于美国每小时 35 美元以上的工人工资。其他国家的工资水平到底有多低？如图 11-2 所示，墨西哥、中国、韩国的工人工资远低于美国的工人工资。这也有助于解释为什么近年来，美国的工厂工作和数百万个白领职位都被转移到了墨西哥、印度和其他工资水平更低的国家（U.S. Department of Labor，2011）。

低工资水平使得在国外建造工厂和办公楼节省很多成本。此外，新的信息技术，包括计算机和卫星通信，有助于公司与其遍布在世界各地的工厂保持联系。

总而言之，全球经济的扩张对美国大多数公

司来说是有利的，它扩大了市场，增加了股东的持股比例。但同时，工业和服务业的转移对美国许多工薪家庭来说是不利的。

二、美国工作场所的其他问题

- **运用**

上班对美国的许多人来说是日常生活的一部分。除了因经济全球化而产生的挑战之外，工作场所还涉及许多其他问题，包括工资低、异化、歧视、失业，以及身体伤害、暴力甚至是死亡的危险。虽然工作场所给许多人带来了好处和满足感，但对另一些人来说并不是这样的。根据在工作场所经历的不同，社会学家划分出两大类工作。

（一）双重劳动力市场

根据薪酬和福利不同，我们可以把今天劳动力市场中的工作分为两种类型。**初级劳动力市场**（primary labor market）包括*那些为劳动者提供良好的薪酬和广泛的福利的工作*。初级劳动力市场中的工作一般兼具挑战与回报，人们享受着高薪和养老金、健康保险之类的广泛福利。此外，这类工作是安全的，并且给人们提供晋升机会。这些是人们满意并且被视为事业的工作。

在初级劳动力市场顶端的是*白领职业*，如医生、律师和大学教授等，他们接受过良好的教育，被提供优厚的薪酬和很高的声望。美国的初级劳动力市场中还包括经理人和高管、飞行员、会计师、报纸编辑、电气工程师，以及工厂中的
296 个别好工作。

美国的另外一些工作分布在**次级劳动力市场**（secondary labor market），——包括*那些为劳动者提供很低的薪酬和很少的福利的工作*。这类工作包括一些服务岗位，如饭店工作、零售销售、电话营销、建筑维护。这类工作工资低，福利有限，还有很高的失业风险，晋升机会少。在次级劳动力市场工作的劳动者经济没有保障，他们今天的收入有限，而且不知道明天是否还有工作。一般情况下，在次级劳动力市场工作的是一些受教育程度低、缺乏技能的女性和男性——简言

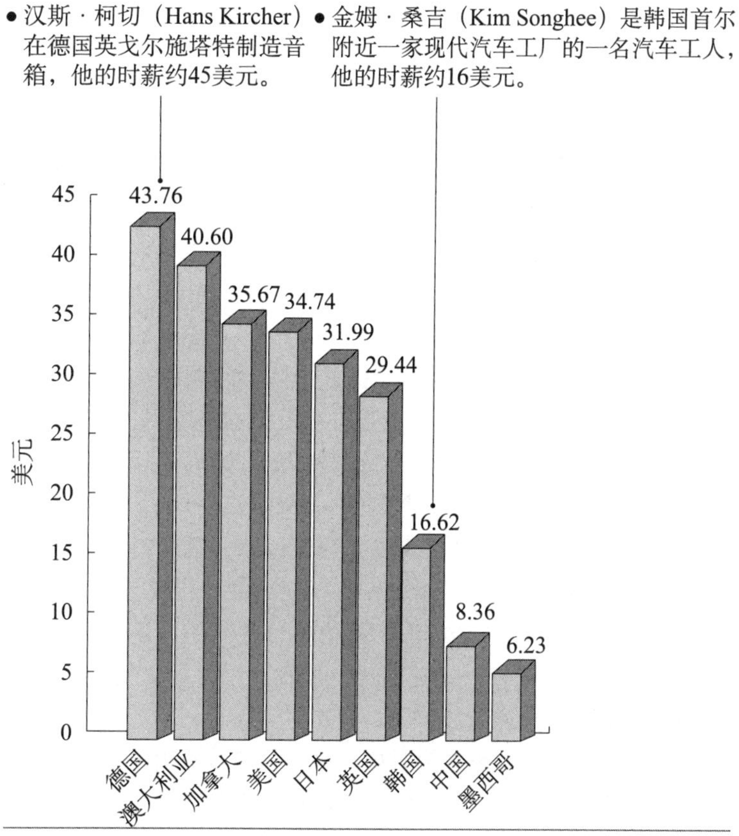

图 11-2　2010 年制造业工人的平均时薪

注：中国、墨西哥等国家的工人工资远低于美国的同行。这种差异是美国向这些国家转移工业岗位的主要原因之一。

资料来源：U.S. Department of Labor（2011）.

之，这些人面临的机会很少。第 278 页的“社会政策”栏目对处于次级劳动力市场的劳动者所面临的问题进行了深入研究。

（二）劳动者面临的危险

一个世纪以前，在工业高度发达时期，人们在炼钢厂和矿井深处劳动是很普遍的，那时人们每天都面临着严重的危险。令人惊讶的是，那时每天大约有 100 人死于煤矿、工厂、着火的大楼和商业渔船，但是雇主和政府一般不关注工人安全。矿难——正如本章开头所描述的那样——几乎每天都会发生。例如，在 1907 年初，有 3 242 名美国工人在矿难中丧生。事故不仅发生在煤矿和工厂中，也发生在美国乡村的农场中，在那里，人们使用拖拉机、联合收割机和其他动力机械，粗心大意可能导致肢体残疾甚至失去生命（Mine Safety and Health Administration，2009；

社会政策　关于美国的低薪工作

整天在沃尔玛擦地板，在汽车旅馆打扫客房，或者在小餐馆做服务员是什么感觉？低薪的工作看起来很容易，但是它真的容易吗？更重要的是，你能靠8美元或者9美元的时薪生活吗？

埃伦赖希，一个拥有博士学位的作家，多年来靠写作与社会问题，包括贫困和工作场所问题相关的文章谋生。在纽约市与一位杂志社编辑共进午餐时，她正在考虑撰写关于低薪工作的文章。她不假思索地说："人们应该去做田野研究——你知道，去那里自己试一试。"杂志社编辑突然坐了起来，简单地回答："你！"

所以，在1998年春天，埃伦赖希放弃了舒适的生活，加入了数百万在美国从事低收入工作的人群。她的计划简单但富有挑战性。她将不依靠自己的写作技能，去做她能找到的最好的工作，尽量依靠自己的收入生活，找最便宜的住房，只要它是安全的。

埃伦赖希在佛罗里达州的基韦斯特开始了她的冒险。她回复了当地报纸上的20个招聘广告，最终找到了一份女服务员的工作：下午2点到10点在一家与汽车旅馆相连的小餐馆里工作。她的工资是每小时2.43美元外加小费。上班第一天，她就上了重要的一课：做女服务员比大多数人想象的要难得多。埃伦赖希（2001）解释说，她为各种各样的要求所困扰，这些要求像蜜蜂围着她团团转——这里要多加冰的茶，那里要番茄酱，14号桌要外卖盒，门边还有等待用餐的顾客。她还需要掌握一个电子订餐系统，但它并不好用。还有她从没想过的工作，包括扫地、擦地板、切面包片、将番茄酱装满瓶子、补充餐巾纸和糖包。她在做这些的同时，助理经理一直在监视她是否有吸毒、偷盗的行为，或者是否因偷懒而放慢脚步。

加上小费（与厨房工作人员分享），埃伦赖希每小时能赚到6～10美元，这意味着通过一个月的辛勤劳动，她总共能赚到1 200美元。她能找到的最便宜的房子是一间不太大的活动房屋，到镇上需要15分钟，每月租金675美元，剩下的525美元即一天不到20美元用于吃饭、买衣服、交通费、电话费、健康需求以及其他所有事情。

在接下来的几个月里，埃伦赖希在佛罗里达州、缅因州、明尼苏达州尝试了许多低薪工作。她打扫酒店房间，打扫私人住宅，在养老院做助手，以及签约成为沃尔玛的销售助理。她发现，所有这些工作都需要很多服务技能，需要长时间的艰苦劳动。当她的冒险结束时，埃伦赖希得到了另外一个结论：通过低薪工作所赚的钱不足以维持生计。要想生活，你需要同时做两份这样的工作。如果你能做到这一点，那就根本不是生活了。

你怎么看？

1. 你同意埃伦赖希关于低薪工作比大多数人想的更困难的观点吗？为什么？
2. 全职工作的人应该生活在贫困线以下吗？如果不应该，社会应如何看待这一事实？
3. 在低薪岗位工作的人们获得成功的机会有多大？他们获得大学学历的机会如何？请举例说明。

von Drehle，2011）。

从那以后的几十年里，工厂事故变得不那么常见了，这很大程度是因为工业向服务业的转变。政府在其中也发挥了作用。1970年，联邦政府成立了美国职业安全与健康管理局（OSHA）来管理工作场所的健康与安全问题。此外，政府还成立了美国国家职业安全卫生研究所（NIOSH），主要进行工作场所危害研究，关注有毒化学物质以及由重复劳动或繁重工作引起的疾病等。

1976年，美国国会通过了《美国有毒物质控制法》，该法制定了在工作场所处理危险物质的准则。随着越来越多的化学物质在食品、服装、汽车和其他物品的生产中被使用，联邦机构面临的挑战不仅是管理对已知的危险物质的使用，还包括检验未知物质以保护劳动者免受伤害。

尽管如此，在美国，工伤事故和伤害仍然是一个严重的社会问题。2010年，约有1 200万名劳动者遭遇致残事故，不能继续工作。更严重的是，每年大约有 4 500 名劳动者在工作事故中丧生。如图 11-3 所示，农业和采矿的死亡风险最高（U.S. Department of Labor，2011）。

1. 采矿

正如本章开头所说的，采矿长期以来被列为人们从事的最危险的工作之一。矿工们在很深的地下用重型机械劳动，面临着矿井坍塌、爆炸、火灾和有毒气体的危害。

2006 年的 Sago 矿难事件成为大众传媒的头条。但是更致命的是我们很少注意到的东西——矿工们每天吸入的煤尘。年复一年，积聚在肺部的煤尘会导致许多呼吸系统疾病，最终会导致退休矿工的死亡。正如一个矿工所说的，“你要么死得快，要么死得慢，不管怎么说，你都要死”（Gup，1991：55）。

2. 农业

虽然农业机械现在比以前安全得多，但是农业生产仍然存在风险。机器作业仍可能会伤害人的生命和肢体。此外，现在的农民也使用更多的有毒化学物质。值得注意的是，美国禁止童工的法律并不适用于农业。因此，由于长期接触有毒物质，农业使儿童处于受伤或者死亡的高风险之中。

3. 有毒物质和辐射

但是危害不仅限于采矿和农业，有毒物质的广泛使用也对劳动者们构成伤害。几乎所有的工厂或者生产设施都至少含有一些已知的对健康有
297 害的化学物质。

辐射是另一种职业危害，使劳动者们有罹患白血病和其他癌症的危险。美国的 104 座核电站以及数十家生产核材料的工厂存在着辐射风险。由于人体暴露在辐射中所受到的影响需要很多年才能显现出来，因此很难对确切的危害进行记录。

但有时劳动者会采取行动。1999 年，在肯塔基州帕迪尤卡气体扩散事件中，工厂的 14 名前雇员提起了 100 亿美元的诉讼，指控该工厂存在有害辐射，而工厂向雇员和公众隐瞒了这一事实。一项政府调查表明，雇员有担心的理由：调查人员在核电站发现了潜在的辐射泄漏，并在室外发现了约 3.7 万个含铀的汽缸（Carroll，1999a，1999b）。

4. 工作场所暴力

并不是所有与工作相关的危害都涉及事故

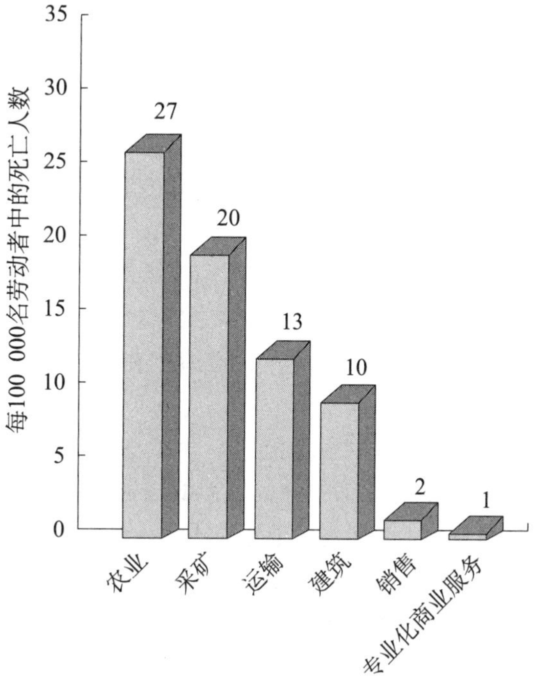

图 11-3　2010 年各类工作导致的死亡人数

注：在所有工作中，农业和采矿导致的死亡人数最多。

资料来源：U.S. Department of Labor（2011）.

或者有毒物质。工作场所的另一种危害是暴力。2010 年，全美工作场所谋杀事件夺走了 506 人的生命，其中一些人被抢劫犯杀害，另一些人被同事杀害。另外有 258 人死于由暴力引发的自杀（U.S. Department of Labor，2011）。

在职业风险方面，男性多面临采矿和农业的风险，女性多面临大多数与公众打交道的文职工作和其他服务工作的风险。因此，当一个有暴力倾向的人进入行业后，首先有危险的人通常是女性。这就是为什么对女性来说，在所有与工作相关的死亡中，谋杀排在第二位，仅次于车祸。

（三）工作场所异化

特别是在次级劳动力市场，劳动者们几乎无法决定他们做什么和怎么做。因此，对许多劳动者来说，主要的工作体验是无力感。卡尔·马克思和马克斯·韦伯对这一问题提出了不同的看法。

1. 异化：马克思的观点

早在一个多世纪以前，卡尔·马克思（1818—1883）就已经定义了**异化**（alienation），

即*因在工作场所无能为力而导致的孤独和痛苦*。在马克思看来，问题不在于工作本身。他认为工作对人类来说是自然的事情，理想上是一种令人满意的活动，人们通过工作满足自己的需求，开发自己的创造力。马克思认为异化问题源于资本主义经济体制对工作的影响。

资本主义如何导致劳动者异化？以制作大衣为例。传统上，大衣是由高技能劳动者制作的，他们负责整个服装的生产，谁销售最后的产品，
298 就能保留所有利润。

然而在资本主义制度下，大衣制作由工厂主控制，他们把工作分成各种低技能水平的作业——一些劳动者将羊毛卷成纱，一些劳动者把纱织成布，一些劳动者把布剪成版式，另外一些劳动者将其缝制成大衣。在这个系统下，工作变成了一系列简单、重复的任务，既不允许创新，也不需要技巧。当工作完成后，这件大衣就归工厂主所有，并由工厂主出售。在这个系统中，劳动者对生产什么和如何生产没有发言权。他们也不会对成品感到有任何自豪之情。

由于缺乏技能，劳动者们很容易被替换，缺乏工作保障，这就导致了他们最终因为工作与他人竞争。马克思总结说，资本主义对劳动者造成的异化体现在四个方面：劳动者与劳动产品相异化，劳动者与劳动本身相异化，人的类本质与人相异化，人与人的关系相异化。马克思指出，在资本主义经济中，劳动者对自己的工作非常不满意，只能在闲暇时间寻找快乐。第 281 页的“社会焦点问题”栏目描述了马克思所谓的异化。

2. 异化：韦伯的观点

马克斯·韦伯（Max Weber，1864—1920）同意马克思关于现代工作场所造成劳动者异化的观点，但是他提出了造成这一问题的其他原因。在韦伯看来，**异化**（alienation）*不仅是指工作场所的去人格化，而且是指由对效率的关注造成的整个社会的异化*。对于韦伯来说，异化的原因不像马克思所理解的那样是资本主义，而是更广泛的东西。异化的关键在于韦伯所认为的现代社会生活的一个特点——理性，即对效率的客观关注。

韦伯认为，工业革命是**社会合理化**（rationalization of society）的结果之一。社会合理化是指*人们对世界的典型思维方式从传统到理性和效率的历史变迁*。在中世纪，传统指导着人们的生活，所以做某事的正确方法就是简单地像过去那样做。虽然这种对传统的强调对生产效率没有起到什么作用，但它确实把人们团结在了一起，形成了牢固的家庭和紧密的社区，给予了劳动者一种归属感和使命感。

现代世界对理性的强调是不同的。它引导个人和组织在做出决定时，不是着眼于传统或者对家庭、社区的影响，而是基于对如何最有效地完成工作的冷静的计算。这样，效率目标决定了工作场所的运作，而不考虑任何政策或实践的人力成本。就像“社会焦点问题”栏目中的银行出纳员詹妮·莫兰，她只需要处理交易，而不必花时间去了解其服务对象。如果决策者认为自动取款机（ATM）可以更快或成本更低地完成这项工作，莫兰就可能丢了这份工作。虽然理性的结果可能会产生更高的生产效率，但是，韦伯担心对理性的关注会剥夺我们的基本人性。

（四）麦当劳和“麦当劳化”

虽然马克思和韦伯发现了异化的不同原因，但他们一致认为今天许多人对他们的工作不满意。马克思把异化问题的原因定义为剥削劳动人民的资本主义生产所有者。韦伯将异化问题的原因定义为理性，它使生产更有效率，但使人类失去工作。这两种观点都有助于我们理解麦当劳快餐店典型的低薪但高效的工作环境。

根据乔治·里兹（George Ritzer，1993，1998）的观点，**麦当劳化**指的是*根据效率、可预测性、一致性、自动化的原则来定义工作*。

（1）效率（efficiency）：麦当劳致力于快速、方便地提供食物。

（2）可预测性（predictability）：麦当劳每次都用固定的配方准备食物。

（3）一致性（uniformity）：麦当劳在其所有
店里提供的食物的外观和味道完全一样。 299

（4）自动化（automation）：通过自动化任务，麦当劳可以预先控制生产过程，使人工操作最少化。

里兹指出，麦当劳的四项原则不仅存在于快

社会焦点问题　专注于利润和效率的隐性成本

正如马克思的观点，现代资本主义经济只关注赚钱。这意味着每个人都要专注于以最快、最经济的方式完成工作。但是这种方式的人力成本是多少呢？它会造成什么样的社会后果呢？

1. 微观视角

首先，让我们从个体劳动者的角度去狭隘地考虑关注利润和效率的后果。为了说明这一点，让我们来看看詹妮·莫兰（Janey Moran）的例子，她是一个28岁的银行出纳员，已经工作了8年。正如你将从下面的评论中所看到的，虽然詹妮·莫兰完成了工作，但她对自己的工作并不满意：

"我的工作？我在当地银行做出纳员。出纳员做什么？我坐在银行办公室窗口里，当人们走到我的窗口前时，我需要说'早上好，需要我帮忙吗'，然后我办理一些他们需要的业务：他们给我一些钱，我把钱存入他们的账户，或者他们给我一张汇票，我从他们的账户里取出钱。拿出来，放进去。放进去，拿出来。我的工作非常简单，关键是要确保账户里的资金流向正确的地方。必须做好，并且必须快速地做。这两件事情并没有什么真正的作用。当完成交易后，我需要说'谢谢，祝你今天过得愉快'之类的话。这就是我整天做的事情。人们称之为服务工作。

"我必须准时上班，必须在8点45分之前到达银行，我们9点开门。如果我迟到了几分钟，分行经理就会大吼大叫。任何经常迟到的人都会被解雇。我在打卡后，就去金库拿我的钱，设置我的窗位，准备我的邮票和墨水台，签到以确保我的电脑进入工作页面。

"你知道什么能让这份工作更有趣吗？能够与人交谈。我喜欢对来窗口的人说'你好吗？你的孩子感觉好点了吗？我们找个时间一起吃午饭吧'之类的话。但是我所说的一切都是按规定来的，一切都是为了完成工作。如果你对别人说了一些私人的事情，那么不要让你的主管知道。他通过电脑监督我们的工作。主管知道谁是最快的，谁是慢的。如果你犯了错误，那么他也会知道。如果你太慢或者太热情，或者你搞砸了事情，那么他会解雇你。就这么简单。"

2. 宏观视角

现在让我们关注公司对利润和效率的追求。苹果公司是美国最知名、利润最丰厚的公司之一。2010年，苹果公司推出了苹果平板电脑，这款产品大获成功，到2011年年底，销量约为3 000万台。

但是，正如许多人意识到的，苹果平板电脑是在中国生产的。鉴于美国人需要好的工作机会，很多人奇怪为什么不在美国生产平板电脑。该公司表示，其在中国生产平板电脑的原因，与成千上万的其他公司在海外生产产品的原因一样——劳动力成本低廉。换句话说，将这些工作岗位外包是一种保持低制造成本的合理策略，从而可以增加苹果公司的利润。

苹果公司指出，其生产的平板电脑确实给美国创造了就业机会，包括设计产品的工程师、运送产品的卡车司机，甚至是制造运送产品的卡车的人。苹果公司在美国有5万名员工。该公司估计，总的来说，他们生产的平板电脑间接地为美国创造了50万个工作岗位（Wingfield，2012）。

加入博客！

你认为注重效率和利润是最好的策略吗？或者，企业是否应该更多地考虑其战略的社会成本？你是否从事过与詹妮·莫兰的工作类似的工作？你认为像苹果这样的公司有责任在本国保留更多的岗位吗？请来MySocLab加入社会学焦点博客，分享你的观点和经验，并了解其他人的想法。

餐企业中，也对美国所有的低技能服务部门的工作具有指导意义。结果就是产生了"麦当劳化"，即人们通过做一系列简单的任务（通常是按电脑按键或其他机器上的按钮）来完成工作，这些工作会不断重复。毫无疑问，大多数员工对这样的工作并不满意，而且员工的流动性很高。

麦当劳是一家非常成功的跨国公司，为全世界数亿人提供餐饮服务。此外，麦当劳（以及其他类似的公司）为无数人提供入门级的工作经验。据里兹估计，每15个美国劳动者中就有1

个人的第一份工作在麦当劳，每 8 个美国成年人中就有 1 个曾经在麦当劳工作过。但麦当劳不会激励人们发挥创造力和想象力，甚至不鼓励人们去思考，这样的工作将劳动者转化为机器人，每天工作 8 小时。

（五）临时工

在第二次世界大战之后，美国经济蓬勃发展。在欧洲和日本大部分地区，战争摧毁了大多数工厂，许多人失去了家园和所有财产。美国是为数不多的几个能够向参战国家和国内提供所需物资的国家之一。在战后强劲的经济形势下，大多数工作的报酬相当不错，雇主和雇员都认为，努力工作的人可以一辈子保住工作。

如今，规则已经改变。美国的去工业化——事实上是工厂关闭以及白领工作向亚洲和其他地方的“新兴经济体”转移——意味着美国越来越多的工作变成了临时性的。美国在过去十年经历的经济衰退——尤其是 2008 年开始的衰退——使工作比以往任何时候都更加缺乏保障。“临时工”现在拥有的工作被定义为临时性的。这些工作通常工资较低，劳动者们对自己的工作几乎没有发言权，他们明年甚至下个月的工作都没有保障。

“万宝盛华”和“纳斯达克”等人力资源服务机构每天都会派送 230 万人去从事临时性的工作。如果我们把所有的兼职者和公司从任何外部机构雇用的人都算进去，那么有 22% 的劳动力没有其他正式员工所享受的福利，包括退休计划、病假、医疗保险和工作保障（U.S. Department of Labor，2012）。

从哪里可以找到临时工？他们几乎无处不在。甚至大学也用兼职教员来填补将近 1/3 的教学职位，他们每年甚至每个学期都在工作，其中很多人同时在不同的学院或大学兼职（U.S. Department of Labor，2011）。虽然临时工行列包括所有类别的人，但女性和其他少数群体更可能从事这种工作，他们在最不理想的工作中所占比例最高。

并不是每个人都觉得临时工作是个问题。一些人乐于换工作。他们可能正在寻找短期的工作——比如，他们在暑假离开学校后，或者在周末找一份额外的工作去解决计划之外的开销；另一些人可能在积攒经验，尝试一种工作；还有一些人不想永远待在一个职位上。但总的来说，临时工作对雇主比对雇员更有利。通过雇用临时工，雇主可以节省培训、健康和退休福利、病假和休假费用（K. Hudson，1999）。

（六）失业

许多人在工作中没有得到他们所需要的，而另一些人却根本没有工作。2008 年 6 月，美国经济陷入衰退时期，劳动力的失业率是 5.8%，这意味着约有 900 万 16 岁以上的人没有工作。然而到 2008 年年底，又有 500 万人失去了工作。到 2009 年年底，美国失业率已飙升至 10%，有 1 540 万人失业。到 2012 年，失业率有所下降，约为 8.3%，官方统计约有 1 300 万人失业（U.S. Department of Labor，2012）。

但是官方统计的失业率并没有准确描述该问题的严重程度。要被算作失业人员，必须去失业人员办公室登记，并积极寻找工作。 300

然而，许多正在找工作的人却从未登记过。另一些人则是*气馁的劳动者*，他们尝试过找工作，却没有成功，所以最终放弃了。在这一点上，他们被官方统计数据排除在外。因此，真实的失业率要比官方数据高得多。

1. 失业原因

每个社会都有一些因为各种原因失业的人。一些是被解雇的人，一些是刚开始找工作的人，还有一些是被解雇后又在找工作的人。这就是为什么研究人员经常将 4% ～ 5% 的失业率描述为正常“充分”就业。

其他研究人员——尤其是那些政治左派人士——声称资本主义经济将失业作为降低劳动力成本和增加利润的战略。它是如何做的呢？经济发展使一些人失业，创造了一个失业劳动力储备库。人们渴望工作意味着雇主可以支付尽可能少的工资去填补岗位空缺；毕竟，如果一个人不愿意为低工资而工作，那么肯定有别人愿意。有很多人失业的另一个好处是，总有人愿意去做哪怕是最微不足道的工作。

一方面，当经济衰退时，正如 2008 年的情况，失业率上升。大多数失业者依靠失业救济金和福利过活。弗朗西斯·福克斯·皮文和理查德·克劳沃德（Fances Fox Piven & Richard Cloward，1971）认为，当经济状况不佳时，政府别无选择，只能扩大福利援助，哪怕只是为了阻止人们奋起反抗。另一方面，当经济形势好转时，正如 20 世纪 90 年代中期的情况，对劳动者的需求高涨，政府可能会削减福利，使更多人进入劳动力市场。1996 年的福利改革似乎为皮文和克劳沃德的理论提供了支持。当时，政府通过削减福利项目来应对强劲的经济势头，详细内容
301 见第 2 章（“贫困与财富”）。

失业是一个非常具有挑战性的经历。正如本章开头指出的，工作不仅是收入的来源，而且是社会身份的基本要素和自尊的来源。失业使人们失去了这些东西。此外，在美国的个人主义和竞争文化中，失业往往带着失败的耻辱，这一般被认为是失业的“隐性伤害”。

2. 谁面临失业风险？

在美国人口中，一些人比其他人面临更高的失业风险。如图 11-4 所示，2011 年，男性的失业率略高于女性。观察一下种族和民族：非裔美国人（15.8%）和拉美裔美国人（11.5%）的失业率都高于非拉美裔白人（7.9%）。

教育对失业率也起着重要作用。根据官方统计数据，高中辍学者的失业率是大学毕业生的三倍多（U.S. Department of Labor，2012）。

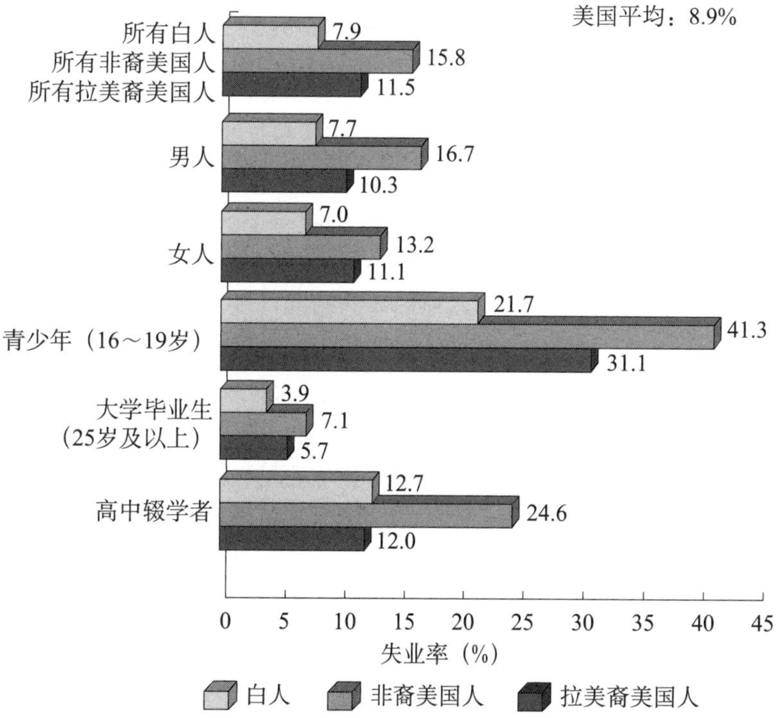

图 11-4　2011 年美国不同类型人口的失业率

注：影响失业率的因素有很多，然而，在各类型人口中，失业对非裔美国人的影响最大，其次是拉美裔美国人。

资料来源：U.S. Department of Labor（2012）.

（七）失业式复苏

美国经济的运行是循环往复的，紧随经济繁荣时期之后的是经济衰退时期，许多人称之为“繁荣和萧条”。过去，经济衰退时期的高失业率通常会随着经济复苏而有所改善，因此高失业率在几年之内就会下降。

这一次，就业市场的恢复没有那么快。虽然公司收益已恢复到经济衰退前的水平，但是美国公司的员工数量比经济衰退前减少了约 700 万。这意味着美国的失业率居高不下。造成这个问题（有时被称为“失业式复苏”）的第一个原因是，即使在经济衰退之前，企业也尽可能少地雇用劳动力维持经营。计算机技术实现了用更少的人做更多的事；在许多情况下，雇主也要求用更少的雇员做更多的工作。此外，企业越来越多地使用临时工。

失业率持续升高的第二个原因是更多的企业在国外开设了工厂和办公中心——通常是在中国、印度或者巴西，那里的工资和福利要廉价得多。例如，中国的劳动力成本只有美国的 10%。因此，许多全球企业创造了创纪录的利润，而在美国几乎没有增加任何工作岗位。

失业率持续升高的第三个原因是多年来美国的经济增长速度不够快，不能吸纳所有劳动力。这就是为什么会出现政府工作报告指出的，每一份工作都对应五个劳动力的现象。

第四个也是最后一个原因是，从全球角度来看，许多美国劳动者的价格昂贵，但技能水平又不够高，无法在当今的全球经济中取胜。或许，正如一些研究人员所说，为了使美国的失业率回到经济衰退之前的水平，必须进行大量的教育和就业培训（Faroohar，2011；Wessel，2011；Zackaria，2011）。

（八）种族、民族和性别

正如第 3 章（“种族和民族不平等”）和第 4 章（“性别不平等”）所解释的那样，在美国很长一段历史时间里，有色人种、少数族裔以及所有女性被法律禁止从事许多好的工作。直到 20 世纪 50 年代和 60 年代，社会变革才为这些人打开了大门，他们才开始能广泛参与有偿劳动。今天，虽然许多早期的障碍已经消失，但就大多数较好的工作岗位来说，女性和其他少数族裔仍然没有得到平等对待。常言道，女性和其他少数族裔往往是“最后被雇用的，第一个被解雇的”。为什么呢？资历最低的劳动者比白人被解雇的风险更大，平均来说，白人在劳动力市场中的时间更长。此外，正如前面所提到的，女性和少数族裔更有可能成为临时工或者兼职人员，从事低技能水平的工作。

然而，女性确实有一个优势：女性从事危险性职业的可能性低于男性。这就是为什么死于工作的女性比男性少。与白人相比，非裔美国人也有一个优势：他们很可能有一个工会作为代表（U.S. Bureau of Labor Statistics，2012）。原因很简单，少数族裔更有可能在工会非常强大的岗位上工作。

1. 制度性歧视

为什么一些女性和少数族裔集中在次级劳动力市场呢？一些研究者将其视为*制度性歧视*的表现，详细内容见第 3 章和第 4 章的讨论。制度性歧视指在经济、教育或其他社会机构运作中存在
302 的固有偏见。

制度性歧视并不总是使人们倾向于不公平地对待他人，尽管这是一种可能的结果。制度性歧视往往是过去不公平待遇的结果。例如，在 20 世纪的大部分时间里，校园都被认为是男性的地方，而女性不能作为学生、教授和行政人员进入。如今，多数大学希望校长拥有杰出的学术成就和丰富的学术领导经验。但由于女性在大学里消失的时间太长，合格的女性校长申请者的数量很少。这一事实有助于解释为什么 77% 的大学校长是男性。同样，有色人种在大学校长中只占 14%（Chronicle of Higher Education，2007）。

2. 玻璃天花板

过去，女性和少数族裔被完全禁止进入许多工作场所。如今，这种明目张胆的歧视是违法的，而且已经变得罕见。但不明显的歧视仍然广泛存在。

例如，大多数雇主知道，什么样的人最适合什么类型的工作。当公司雇用秘书时，几乎总是会选择女性；当公司招聘高管时，通常会雇用白人男性。

当然，任何公司或其他组织都不可能公然承认存在偏见和歧视。但如第 4 章所述，许多工作中有玻璃天花板——经常涉及制度性歧视——阻止女性和其他少数族裔在工作中升迁。

（九）工作场所的隔离

考虑一下下面这些职业，它们是美国职业资格排名靠后的职业：擦鞋工、门卫、酒店服务员和家庭保健助理。现在试着想象一下从事这些工作的大多数人的种族和民族。你认为是什么情况？大多数人会很快回答，从事这些工作的人通常是少数族裔。

或者考虑一下美国职业资格最顶端的职业：医生、律师、法官、建筑师和大学教授。从事这些工作的大多数人的种族和民族是什么？大多数人是男性还是女性？在这种情况下，大多数人会得出结论：这些人通常是白人，并且很可能是男性。

人们很容易将种族、民族和性别与各种类型的职业联系起来，因为美国的工作场所往往是高度隔离的。少数族裔主要从事最不体面的工作，白人在最理想的工作中占主导地位。图 11-5 显示了美国各种职业的种族和民族构成。数据显示，非裔美国人和拉美裔美国人在低收入工作（如儿童看护）中所占的比例过高，在高薪工作（如医生和牙医）中所占比例较低。这种工作上的差异是造成美国不同种族和民族之间收入差异的一个重要原因。在 2010 年的全职劳动者中，白人的收入中位数（男性 52 104 美元，女性 40 495 美元）远高于非裔美国人（男性 36 854 美元，女性 32 332 美元）和拉美裔美国人（男性 31 548 美元，女性 28 149 美元）（U.S. Census Bureau，2011）。

与非裔美国人和拉美裔美国人相比，女性在

美国劳动力市场中的情况稍好一点。在许多较令人满意的工作中，女性的比例较高。这是因为少数族裔大量生活在穷人或者刚刚脱贫的一代人的家庭中，而女性则分布在所有社会阶层。

说到领导职位，包括企业高管、神职人员、法官，以及国家总统，男性占主导地位。同时，女性在职场中地位低下，她们大多数担任秘书或其他办公室职务，或者担任儿童看护和教师等。

在医疗保健领域也能发现这种男女差异的显著例子：78% 的牙科医生是男性，但 98% 的牙科保健员是女性；66% 的外科医生或其他医生是男性，但 91% 的护士是女性。当然，这种工作上的差异导致了收入上的性别差异。在 2010 年的全职劳动者中，男性的收入中位数是 47 715 美元，而女性（仅为男性收入中位数的 77%）的收入中位数为 36 931 美元（U.S. Census Bureau，2011）。

最后，相比男性，女性在任何职位上都不具备优势。虽然女性占美国成年人口的 51%，但其只占全职劳动者的 42%（如果包括兼职工人，那么比例
303 为 47%）。

（十）工会

面对工作中的许多问题，劳动者能否改善自己的处境？最有效的工作策略之一就是联合起来成立**工会**（labor unions），即*通过谈判和罢工等各种策略来提高工资、改善工作条件的工人组织*。

1. 工会简史

美国工会的历史可以追溯到一个多世纪以前，第一个大型工会组织成立于 19 世纪 80 年代。当时即使是最好的工作条件也是艰苦的：人们长时间劳动，面临很多危险，工资低，几乎没有工作保障。工厂老板没有提供更好条件的理由，因为源源不断的移民进入美国，想要找工作的人非常多。

根据当时的法律，工厂老板可以直接解雇试图组建工会的工人，如果工人真的罢工了，那么老板通常能成功地通过法院命令工人重新开工。简而言之，在一个多世纪以前，所有王牌都掌握在雇主手中。

尽管面临种种挑战，但仍有许多人致力于组建工会，将其作为改善劳动人民生活的一种方式。第 286 页的“建构社会问题决定性时刻”栏目解释了尤金·德布斯是如何推动美国工会事业发展的。

随着 20 世纪 30 年代经济大萧条的到来，工人组织取得了重要的进展。经济的崩溃使美国

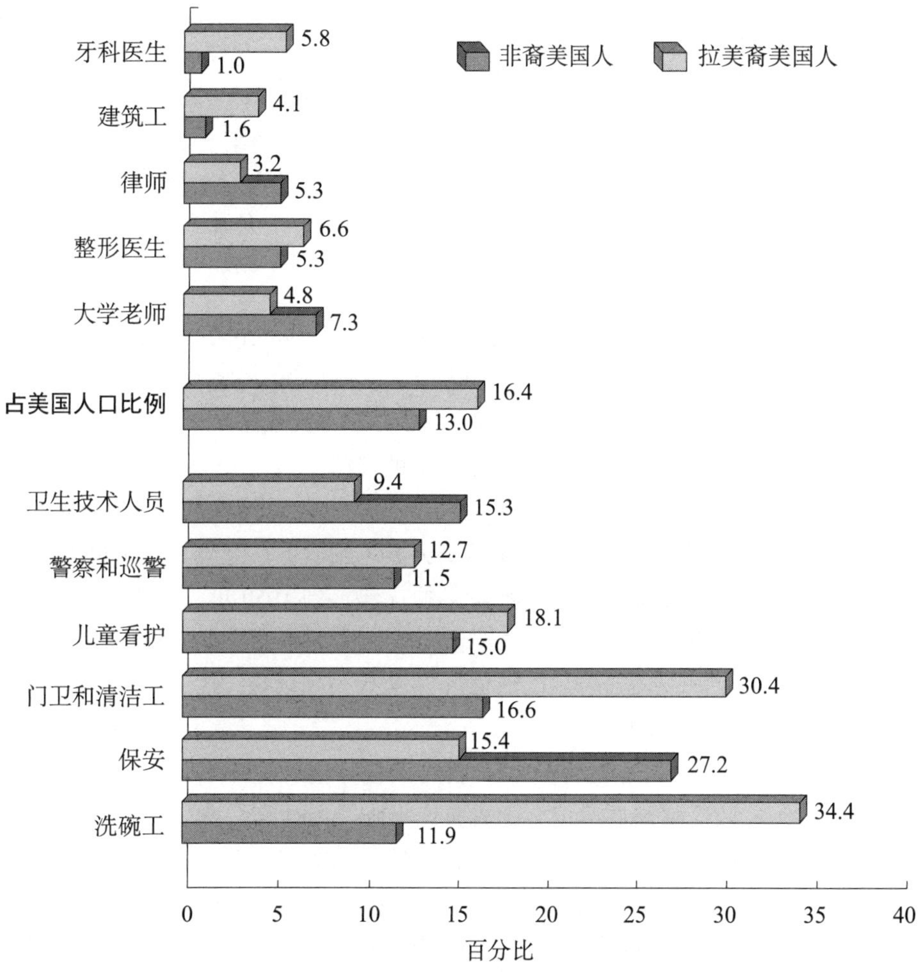

图 11-5　2011 年非裔美国人和拉美裔美国人在美国从事各种职业的百分比

注：包括非裔美国人和拉美裔美国人在内的少数族裔在收入和声望高的工作中所占比例较低，在收入和声望低的工作中所占比例较高。

资料来源：U.S. Department of Labor（2012）.

建构社会问题决定性时刻

尤金·德布斯：为工会挺身而出

在工业革命的鼎盛时期，美国的工作条件与今天大多数人的经历相去甚远。人们每天工作 10 小时、12 小时甚至更多，通常一周工作 6 天，每小时赚 15～20 美分。人们在炼钢厂的高炉附近或者在高耸的建筑物上工作，随时可能失去生命。但是，由于许多人渴望得到任何一份工作，因此许多雇主很少考虑到工人的安全。

尤金·维克多·德布斯（Eugene Victor Debs，1855—1926）在印第安纳州长大，14 岁时开始在铁路当油漆工。工作时间越长，德布斯就看到越多工人几乎无法生存，但是他能怎么改变这个现状呢？公司很强势，当时也没有法律保护工人免受剥削。德布斯意识到，一个人没有发言权，但是工人们可以一起，与老板正面交锋。

于是德布斯找到了一份新工作，开始为早期的工会组织“机车消防员兄弟会”工作。到 19 世纪 80 年代末，德布斯成了联邦国家杂志的编辑，在其他铁路工会的成立中也起到了一定作用。作为一个有经验的作家和强有力的演说家，德布斯在工会组建上倾注了他的知识和激情。德布斯的成功，很快为他赢得了声誉。

但是工会的反对力量是强大的。作为变革的推动者，德布斯陷入了充满争议的生活。他领导了铁路罢工活动，遭到警察的逮捕，并在监狱里待了几年。在他生命的最后几十年里，德布斯公开表示美国需要彻底变革。他五次当选为代表社会党的总统候选人。他最后一次竞选总统是在佐治亚州亚特兰大的联邦监狱里。

虽然德布斯在美国推行社会主义的努力没有成功，但他确实带来了真正的改变。由于他的努力，人们接受了这样一种观点：工人应该得到生活所需的工资，有权享有安全的工作条件，有权组织和成立工会。今天，德布斯在印第安纳州泰瑞豪特市的家是一个国家历史地标——一个记录早期工人斗争的博物馆。

尤金·德布斯是一位充满激情的演说家，鼓舞了他那个时代的工人们组织起来追求更好的生活。

1/4 的劳动力失业，政府也注意到了劳动人民的困境。国会通过了几项新法律（《铁路劳工法案》《诺里斯-拉瓜迪亚法案》《国家劳动关系法》），
304
来保障劳动者组织和组建工会的权利。

数百万劳动者响应了工会的号召。在整个 20 世纪 30 年代，工会成员人数急剧增加，劳动者们发现了他们在数量上的优势。到 1950 年，工会占据了整个非农劳动者的 1/3。就绝对数量而言，工会成员在 20 世纪 70 年代达到顶峰，约有 2 500 万人。

但工会的力量并没有保持下去。原因之一是政府最高层对工会的支持度下降。1981 年，作为联邦雇员的空中交通管制员开始罢工。罗纳德·里根总统的回应是命令他们回去工作。当他们拒绝的时候，里根总统解雇了他们所有人，并雇用了接替者。这一事件既是工会的一次重大失败，也反映了劳工运动的衰落。

2. 工会现状

但工会面临的更大的问题是美国经济结构的变化。正如我们所注意到的，工厂工作岗位——那些工会非常强大的工作——的数量在 1950 年之后就减少了。从那时起，大多数新的工作岗位在服务业，这种工作不太可能有非常强大的工会。因此，在 2011 年，只有 12% 的非农劳动者（1 480 万男性和女性）是工会成员——比 1950 年 33% 的比例要低得多（U.S. Department of Labor，2012）。另一个衡量劳工运动强度下降的指标是几十年来美国劳动者罢工次数的减少，如图 11-6 所示。

但这些下行趋势可能正在扭转。在过去的几年里，工会取得了进展，尤其在政府工作人员中。在 2011 年，有 37% 的公共部门的劳动者加入了工会。此外，因为今天许多服务工作提供的工资和福利水平非常低（就像一个多世纪之前的大多数工厂工作一样），所以越来越多的服务行业劳动者正在寻求工会支持，以提升其讨价还价的能力，改善其工作条件，增加其工资和福利（Greenhouse，2011；U.S. Department of Labor，2012）。

纵观历史，即使所有劳动者都表示希望成立工会，公司也没有法律义务去认可工会。提升工会化水平可以通过一项叫“多数人注册”的途径实现。通过这种途径，如果一个工厂或其他谈判
305 单位的大多数劳动者想要成立工会，工会就能成立，所有劳动者都将被要求加入工会并缴纳会费。这个政策的支持者声称工会给劳动者提供了福利，因此扩大工会的力量将惠及全美各地的劳动者。此外，他们还声称，要求所有劳动者都成为工会会员，这是避免那些从工会努力中受益但不缴纳会费的人“搭便车”的唯一途径。许多工会的领导者支持这种途径，即工会应该成立，但不是基于无记名投票，而是使用一种途径（有时被称为“登记卡”），当使用这种途径时，工会代表公开要求每个劳动者设计一张支持成立工会的卡片。

这场争议的另一方，是那些支持所谓“劳工权利”法律的人。这些人批评任何在公共场合签署劳工者协议的方式，声称工会活跃分子会恐吓许多劳动者加入他们本不想加入的工会。而且，“劳工权利”法律支持者认为，无记名投票是一项基本权利，是确保所有劳动者都有真正发言权的必要条件。

在许多州，“劳工权利”法律限制了工会要求工会成员和劳动者缴纳会费作为雇用或不进行无记名投票的条件的权力。“劳工权利”法律的支持者声称，这些法律给了劳动者一个公平的机会去投票支持或反对工会；此外，支持者认为，实行“劳工权利”法律的州吸引了更多的工业企业，从而降低了失业率，提高了平均收入水平（Dalmia，2008；Allen，2009；Dolan，2011；
306 National Conforence of State Legislatures，2012）。

3. 最近关于公职人员的争论

2011 年 3 月 8 日，新当选的俄亥俄州州长约翰·卡西奇（John Kaaich）在他的第一次“州情咨文”的演讲中称：“我们要进行政府改革。”正如他所说的，有超过 1 000 名消防员——属于国家工作人员——挤满了立法厅门外的大厅，并一致高呼：“否决议案！否决议案！否决议案！”

关于公职人员的争论就这样开始了。俄亥俄州的州政府欠了 80 亿美元的债务，而这位共和

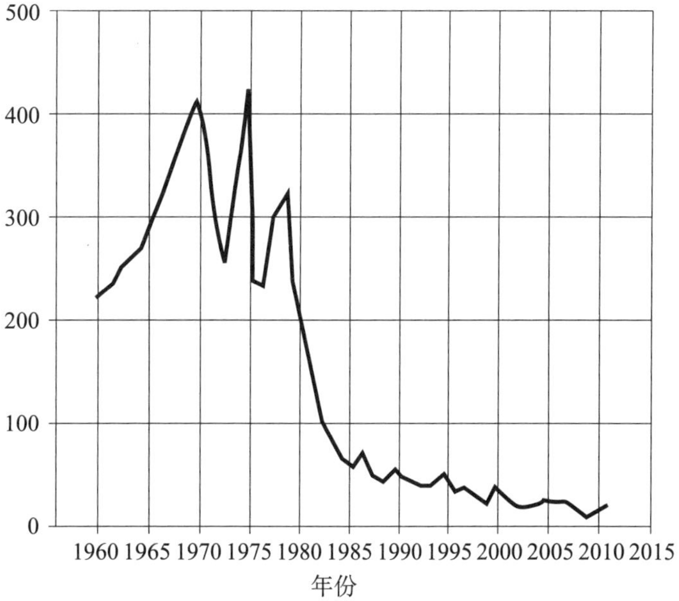

图 11-6　1960—2011 年美国劳动者罢工次数

注：近几十年来，工会在美国工作场所的权力不断下降，其中一个表现就是劳动者罢工的次数变少。

资料来源：U.S. Department of Labor（2012）.

党州长声称，造成巨额财政赤字的一个主要原因是州政府和公职人员（包括消防员、警察和教师）工会之间过去达成的协议。

正如卡西奇的观点，赋予公职人员工会过多权力的体制，可能会导致国家破产。在现行制度下，工会可以要求每一个公职人员成为工会成员，并通过扣除工资来支付高额的会费。这些会费赋予工会巨大的政治权力来选举民主党领导人，它们在过去已经与政府签署了超过私营部门劳动者收入和国家负担能力的劳动合同。卡西奇和由共和党控制的州政府实行的改革政策包括继续与公职人员工会就工资问题进行集体谈判，但不涉及工作福利问题。此外，这位州长还试图将雇员工资与绩效挂钩，而不是与资历挂钩。最后，公职人员将不被允许罢工。

代表国家消防员协会的哈罗德·谢特伯格（Harold Schaltberger）认为，“改革”不啻对工会的一场战争。他声称，这项拟进行的改革，“把我们带回了几十年前，那时还没有真正的工人权利”。

威斯康星州也出现了类型情况。2010 年斯科特·沃克（Scott Walker）当选州长，提倡削

减公职人员工会权力，进而减少该州预算赤字。2011年3月11日，他签署了该州立法机构通过的一项法案，该法案限制公职人员就工资（而非福利）进行集体谈判，限制公职人员工资上涨幅度高于通货膨胀率，并降低政府为其提供的医疗保健和退休养老金的份额。新法案还赋予了公职人员自由选择加入或不加入工会的权利。

全美有34个州允许公职人员工会为公职人员的工作环境进行集体谈判，5个州明确禁止这种做法。在大多数情况下，联邦公职人员既无权进行集体谈判，也无权罢工。许多州——以及联邦政府——正面临着巨额预算赤字。因此，关于公职人员工会权力的争论对于美国整个国家来说很重要。

俄亥俄州在2011年11月的投票过程中提出成立公职人员工会，但是被选民否决了。在威斯康星州，州长沃克在2012年6月的选举中击败了他的民主党对手（Gray，2011；Murphy，2011；Ripley，2011；Sulzberger，2011）。

三、新信息技术：崭新的工作场所

- **运用**

正如19世纪工业革命给工作场所带来了翻天覆地的变化一样，今天的工作场所正发生着信息革命。互联网技术正在全球范围内传播，尽管它的发展状况在美国和其他高收入国家比在低收入国家要好得多。

与一个多世纪前的工作相比，今天的工作需要新技能。在工业时代，人们必须学习机械制造技能才能生产东西。如今，在后工业时代，人们必须提高文字、思想、音乐和计算机代码等技能，这种技能对于创造和运用符号是必需的。

信息革命不仅改变了工作性质，而且改变了我们的工作方式和工作地点。正如以下内容所解释的，许多人认为这些变化是积极的。然而，另一些人则与一个多世纪前的工人一样，面临着新的严峻的挑战。

（一）远程办公

在工业革命前的几个世纪里，大多数人在家里或家附近工作。工业机械化发展改变了这种模式，使工人们早上离开家去工厂工作。这样，工业革命就使工作集中了起来。然而，如今的趋势正朝着相反的方向发展。有了电脑、即时通信设备、移动电话和其他信息技术，任何地方都可以是“办公室”。一种越来越受欢迎的方式是让那 307
些掌握这项新技术的人在家工作。

远程办公（telecommuting）是指*用包括电话、电脑和互联网在内的信息技术将员工与办公室联系起来*。美国只有一小部分劳动者纯粹在家工作，但多达1/5的劳动者每周至少有一段时间在家工作。远程办公有一些明显的好处，比如员工可以节省通勤的时间和费用。远程办公对那些想要工作但需要照顾小孩或年迈父母的人也有特殊的吸引力。对许多人来说，远程办公为平衡职

世界之窗　全球视野下的互联网用户

惠特尼·林内亚（Whithey Linnea）和她住在芝加哥郊区的所有高中朋友每天都在使用互联网。

伊布萨·莱恩科（Ibsaa Leenco）住在埃塞俄比亚的迪尔达瓦，他从未使用过互联网。

在大多数高收入国家中，至少有一半人使用互联网。相比之下，在低收入国家中，只有一小部分人使用互联网。就全球不平等而言，互联网技术的落后对未来有什么影响?

资料来源：International Telecommunication Union（2011）.

业目标和家庭责任提供了灵活性。

远程办公虽然解决了一些问题，但也产生了其他问题。把工作场所放在家里会模糊家庭与工作的界限，这样办公室的工作压力就会充满我们的生活。此外，在家工作的员工可能被孤立，被排除在关键决策之外，缺乏晋升机会。而且，由于远程办公更受女性欢迎（她们承担更多的家庭责任），这种模式可能会使职场中的性别不平等现象长期存在。

（二）工作场所隔离

即使是那些以传统方式上班的人也发现，信息革命正在改变他们的工作方式。在信息网络中，计算机技术大大减少了面对面交流的需求。许多员工使用电子邮件进行交流，这就减少了面对面交流甚至打电话的需求。结果，许多员工产生了一种越来越强烈的职场孤独感。

308 在今天的办公环境中，这种状况很容易见到。如今，许多办公室员工的大部分工作是在面对电脑屏幕的小隔间中进行的，他们与其他人几乎没有接触。类似地，如今的银行职员在网上收到贷款申请，使用电脑程序来审查信息，并决定是批准还是拒绝这些他们可能从未见过的客户的申请。

（三）工作场所监督

计算机技术使信息的收集和处理比以往任何时候都容易。有时，经过编码的信息可以让雇主监控员工的行为和工作效率。

例如，电话营销公司通常使用计算机监控员工的产品销售和服务情况。换句话说，主管们使用计算机技术监督他们的员工每天打多少个电话，每个电话持续多长时间，以及每个电话的结果。在许多情况下，“为了保证质量”，高科技设备会记录下实际的对话，这意味着公司可以听到员工和客户说了些什么。在此之前，企业从来没有能力控制其员工的工作。

（四）劳动者的“去技能化”

技能水平较低的劳动者早就意识到，公司可以使用新技术淘汰他们。几十年前，机器人在汽车装配线的许多工作中取代了人类。最近，我们看到银行出纳员被自动取款机取代，超市结账员被自主扫描仪取代。最新的趋势是使用新的信息技术取代经理和高管的工作。

计算机技术使管理者更容易监控员工，但它也会淘汰许多管理者。这是如何做到的呢？许多曾经由经验丰富的管理者做出的决定现在由计算机自动做出，计算机被编好程序以兼顾每一个重要的因素。例如，生产线应该生产哪些车型？只需简单输入有关盈利能力、预期利润和未来十年预计汽油价格的数据，然后让计算机来做决定。一家连锁影院应该什么时候补充爆米花、苏打水和糖果？计算机监控销售情况并自动处理其他产品的订单。只要输入正确，计算机就可以在没有人的情况下做出越来越多的决定，这就会使管理者“*去技能化*”（deskilling），从而威胁到他们的工作。最终的结果是，即使对于初级劳动力市场的劳动者来说，工作保障也会下降。

计算机能比人做出更好的商业决策吗？这个问题的答案尚不明确。回顾过去几年里大量金融公司和抵押贷款机构的破产，也许会有一种趋势——不再允许计算机管理风险，把制定商业决策的责任重新放到人类手中（Kivant，2008）。无论如何，商业对计算机的日益依赖提醒我们，新技术从来都不是社会中立的。它改变了人们在工作场所中的关系，塑造了人们的工作方式，并经常改变雇主与雇员之间的权力平衡。

四、工作及工作相关问题的理论

- **分析**

社会学的每一种主要的理论方法都有助于我们解决与工作相关的问题。每种方法都强调不同的事实，并指向不同的结论。

（一）结构功能分析：建构新的平衡

结构功能方法的一个基本原理是，不同的社会机构是相互关联的，因此，一个机构的变化会导致其他机构的调整。本章和第 10 章（“经济与政治”）解释了经济结构和劳动力的变化会给失业的人带来困难。但结构功能方法认为，旧经济模式的瓦解最终会带来新的社会秩序。这就意味着，尽管工业的衰退导致了数以百万计的工厂工作岗位消失，但其他机构——尤其是教育机构——通过开发新的学习课程为劳动者们准备了新的工作。

结构功能方法也加深了我们对于技术变革如何重塑经济的理解。工业革命是 20 世纪经济发展的推动力。同样，信息革命为 21 世纪的经济
309 发展奠定了基础。

现在正在发生的变化，就像过去发生的变化一样，将会破坏已经确立的生活方式。但我们可以期待其他的社会机构对这些变化做出反应，解决我们面临的短期问题，帮助我们改变生活。从长远看，新技术可能提高社会的生产力，这几乎对每个人都有好处。

即使是经济上的挫折——尽管在短期内是痛苦的——也可能带来更大的长期稳定。例如，许多研究人员认为，1980 年之后开始的经济快速扩张导致房价过快上涨。与此同时，家庭消费增多，储蓄减少。2008 年开始的经济衰退很可能会把这种自 1980 年以来形成的模式带回一个可持续发展的水平（K.Anderson，2009）。

- **评价**

对结构功能方法最大的批评是它最终过于乐观。它以一种非常乐观的态度看待社会以及社会能够从工作场所结构性变化所带来的破坏中恢复过来的能力。它淡化了这些破坏所造成的人类痛苦，将其描述为暂时的，并证明了技术变革甚至经济衰退从长远看都可能促进社会发展。虽然其中一些预测可能会被证明是正确的，但它们只反映了事情的一个方面。

此外，该方法将社会视为一个广泛的系统，这种宏观层面的方法，不利于人们理解现实生活中的工作问题以及个人问题。为了更好地理解个人对工作场所问题的感受，我们求助于符号互动方法。

学习检验　我们从结构功能方法中学到了什么？这种方法的局限是什么？

（二）符号互动分析：工作的意义

符号互动方法凸显了人们对周围世界赋予意义和构建日常生活现实的方式。就工作而言，这种方法让我们关注人们为他们所从事的工作所赋予的意义。

许多专业人士和其他在初级劳动力市场的人们每天都期待着去工作，并积极追求进步。他们把自己的工作视为一种*事业*。这些人不仅为自己的工作赋予了积极的意义，而且认为他们的工作能够很好地展示自己。即使在退休后，教师、医生和建筑师仍然保持着他们的工作提供给他们的积极身份。这一事实有助于解释，例如，为什么那些从大学退休的教师乐于享*受荣誉*（emeritus，拉丁语，意为“完全应得的”）教授的新身份。

与此同时，那些从事着低技能、重复性工作——无论是在工厂里还是在办公室里——的人，通常很难从他们的工作中发现积极意义。这些人可能每天都去上班，因为他们别无选择。他们一小时又一小时地听收音机，甚至可能频繁地看时间，期待着下班可以做点别的事情。这类工作很少提供晋升的机会和积极的身份。在次级劳动力市场工作的人们很少谈论他们的工作，他们工作的价值主要体现为获得的薪酬。

- **评价**

符号互动方法突出了人们对工作的不同理解，帮助我们理解了为什么有些人期待去工作，而有些人只期待“打卡下班”。

虽然人们对工作的理解因人而异，但现实中的工作与人们的社会地位息息相关。为了进一步理解工作是如何以及为什么与不平等联系在一起的，我们求助于社会冲突方法。

学习检验　我们从符号互动方法中获得了关于工作的什么见解？这种方法的局限是什么？

（三）社会冲突分析：工作和不平等

社会冲突方法的重要特征是强调社会不平等。就工作而言，这种方法强调了经济是如何运作，以及为不同人群提供不同的机会和利益的。

根据马克思的思想，资本主义经济的运作将财富和权力集中在一小部分精英手中。从这个角

度看，这一小部分劳动力实际上根本不工作，但
310 是，这些人*拥有*一切。

资本主义精英受益于经济体系，原因很简单：他们完全控制着经济体系。相比之下，大多数人的工资较低，在生产过程中几乎没有权力。因此，对大多数人来说，工作远不能令人满意，只会造成异化。

如前所述，马克斯·韦伯采取了不同的分析策略，他认为，资本主义只是定义现代社会更大的理性增长模式的一个维度。一种理性的、实事求是的世界观强调以满足人类需求为代价的效率，并将工作场所转变为高度管制的环境，在这种环境中，人们变得像机器一样。韦伯恐怕不会对当今世界出现的“麦当劳式工作”（低薪且无前途的工作）的数量感到惊讶。

韦伯和马克思都认为，对大多数人来说，工作是异化的而不是令人满意的。对马克思来说，问题的根源在于资本主义制度对劳苦大众的影响。对于韦伯来说，这是走向理性主义的历史趋势，影响着每一个人。抛开差异不谈，他们两个都驳斥了结构功能方法的观点，即工作场所的问题是由经济的暂时崩溃引起的。

也许韦伯和马克思可以预想到今天的趋势，即初级劳动力市场的就业份额下降，次级劳动力市场的就业份额上升。理性效率的目标（如韦伯所言）或者利润最大化（如马克思所言）鼓励着雇主对劳动者施加越来越多的控制，并在可能的情况下，用机器替代劳动者。越来越多的人被迫接受“麦当劳式工作”，没有人感到惊讶，反而有更多人在担心，在未来的某个时候，人们是否还有工作。

- **评价**

社会冲突方法有助于我们了解经济运行和主要的经济变化，如信息革命对社会各个层面的不同影响。也就是说，工作场所问题的根源最终落在家庭较低的社会地位上。

与此同时，这种方法的一个局限是它低估了人们在 20 世纪生活水平的实际提高。如今，在排除通货膨胀因素后，普通人的工资大约是 1900 年的五倍。就生活水平而言，典型的美国家庭拥有一所配有空调、有线电视的房子，并且至少有一辆汽车停在车库中——所有这些都是一个世纪前的工薪家庭无法想象的。不平等是事实，但从绝对意义上讲，几乎每个人的生活都比过去好得多。

学习检验　我们从社会冲突方法中获得了关于工作的什么见解？这种方法的局限是什么？

（四）女权主义分析：工作与性别

女权主义方法是一种关注性别不平等的社会冲突方法。从女权主义者的观点来看，社会围绕着性别概念组织社会生活，性别在工作中具有特殊的重要性。

想要了解性别在工作场所中的力量，最简单的方法就是考虑我们的文化是如何将某些类型的工作与某一性别联系起来的。那些助理性质的工作——如牙科保健员或接待员，绝大多数是由女
性完成的。类似地，涉及儿童的工作，包括幼教 311
或者儿童看护，也几乎完全是由女性来完成的。相比之下，有一定危险的工作，如警察工作，大多是由男性完成的。同样，涉及体力或耐力的工作，如建筑工作或长途驾驶，也大多是由男性完成的（U.S. Department of Labor，2011）。

更广泛地说，性别规范将家庭责任分配给女性，这是男性在劳动力中所占比例高于女性的一个主要原因。至于那些曾处于涉及财富和权力的位置上的人——从公司首席执行官到美国总统——男性数量远远超过女性。

- **评价**

女权主义方法有助于我们理解性别在多大程度上塑造了工作状况。在大多数情况下，我们看待一份工作，要么是“女性化的”，要么是“男性化的”，我们的社会对“男性化的”工作给予了更大的重视和回报。

与此同时，更重要的是要认识到，性别因素在塑造工作状况方面的重要性远不及以往。在一个世纪以前，女性被排除在绝大多数工作之外，如今，女性的职业地位与男性的趋同。

学习检验　我们从女权主义方法中得到了对工作的什么见解？这种方法的局限是什么？

“理论运用”表格总结了每一种理论方法对工作场所相关问题的理解。

理论运用　工作及工作场所

	结构功能方法	符号互动方法	社会冲突方法	女权主义方法
分析层次	宏观	微观	宏观	宏观
关于工作场所的认识是什么？	结构功能方法认为，工作场所与社会其他方面联系在一起。科技在塑造工作场所方面至关重要。工业革命塑造了20世纪的工作场所，信息革命塑造了21世纪的工作场所。	符号互动方法关注人们对周围世界的理解。对于工作，在初级劳动力市场中工作的人们通常会用积极的语言来定义他们的工作，并认为这份工作很好地展现了他们自己。在次级劳动力市场中工作的人们认为他们的工作没有积极的意义，仅仅把工作看成收入的来源。	社会冲突方法将工作场所与社会不平等联系起来。马克思解释说，资本主义精英根本不工作，却从别人的工作中获利。只要工作场所按照资本主义经济的规律运转，工作就是少数人对多数人的剥削。	女权主义方法解释了性别是社会（包括工作）的基本组织原则。几乎每一份工作都被普遍认为是“女性化的”或“男性化的”。
应该如何理解工作场所相关问题？	快速变化会打乱社会秩序，造成社会问题。例如，新技术导致许多传统工作岗位的流失。但教育等其他社会机构对此做出了回应，为劳动者提供了新的就业机会。	关键的问题是在次级劳动力市场工作的人们不能在他们的工作中找到很多积极的意义。因此，他们必须在工作之外寻找满足感。	马克思认为，资本主义为少数人创造财富，为劳动大众创造异化。韦伯认为，异化是一个工作场所问题，理性化是其原因。	性别主义根据性别将许多工作场所分开。与此同时，被视为“男性化的”工作提供了最多的财富和权力。相比之下，由于女性通常从事“女性化的”工作，因此她们通常处于不利地位。

五、政治与工作场所：提出问题并定义解决方案

- **评价**

虽然理论为思考工作提供了有益的方式，但是人们如何看待工作场所问题，以及如何对待工作问题，取决于他们的政治立场。在这里，我们列出了保守派、自由派和激进左派对涉及工作及工作场所的话题的观点。

（一）保守派：依靠市场

正如第10章（“经济与政治”）所指出的，保守派主张限制政府对经济的监管，认为自由竞争可以提高社会生产力和人们的生活水平。保守派支持自由市场经济，因为政府的监管最少，对大多数人的好处最大。

和其他所有人一样，保守派认为经济衰退会发生并会提高失业率，而且衰退会持续数年。他们也提出，信息革命等技术变革给一些人带来了问题，因为旧的工作岗位消失了或转移到了其他国家。但是从这个角度看，这种混乱只是暂时的问题，因为市场力量将逐渐提供解决方案和新的工作机会。

例如，2008年，一场严重的经济衰退开始。但是在经济衰退之下，家庭开始减少支出、增加储蓄，这对于家庭和经济发展都有好处。同样，房价下跌到更现实的水平，最终将稳定房地产市场。也许我们都将认识到，用更少的钱生活是有可能的，甚至可能会生活得更好。

保守派还声称，造成住房危机和经济衰退的原因不是自由市场的贪婪，而是政府对市场的干预。例如，抵押贷款巨头“联邦国民抵押贷款协会”（Fannie Mae）和“联邦住宅贷款抵押公司”（Freddie Mac）在政府授权的政策下运作，这就

要求它们和其他银行向无力偿还贷款的人提供越来越多的住房贷款。保守派认为，从长远来看，市场的运作，为银行、汽车行业和其他所有行业提供了最好的发展基础（Horwitz，2008；Anderson，2009；White，2009）。

美国的设备制造业和电视等“旧”行业的消失，导致工厂关闭，数百万人失业。但逐渐地，劳动者正在被重新培训，以适应今天经济创造的销售和服务行业。逐渐地，大多数失业的人会在技术更先进的新公司找到工作。最后，随着经济的稳定，社会中的每个人都会受益。

另一个重要的保守派原则是个人的责任。从这个观点来看，每一个身体健全的人都应该去工作，即使是一份薪酬很低的工作。总的来说，保守派认为，市场提供了很多机会，个人应该做好现有的工作。对于那些技能有限的人来说，这可能意味着他们要开始一份入门级的工作——也许是在麦当劳——随着时间的推移，在获得技能以及养成良好的工作习惯后，他们将会得到晋升。政府或许可以通过提供培训或鼓励在特定领域建立新企业，在短期内帮助人们，但人们不愿为自己做的事，永远不要指望政府来做。

这种想法有助于解释保守派对1996年福利改革的支持，该改革我们在第2章（“贫困与财富”）中讨论过。福利改革推动数百万有能力工作的人脱离政府的救济，而从雇主那里获得薪酬。同样，大多数保守派人士反对提高法定最低工资，部分原因是它是政府监管的一种形式，而且人为地提高工资会增加劳动力成本，最终会降低对劳动力的需求，提高失业率。简而言之，保守派认为自由市场的运作不是一个问题，而是一种解决方案。

（二）自由派：依靠政府

虽然自由派也支持以市场为基础的经济具有高度生产力，但他们认为，市场自身运作会造成大量工作场所问题。因此，自由派认为需要政府监管来保护每个人的利益，特别是保护低收入人
312 群、移民和其他弱势群体的利益。

自由派声称，如果没有监管，那么市场体系将使大多数人任凭富人摆布，导致诸如低工资、养老金和其他福利的流失等问题，以及产生许多工作场所安全问题——毕竟，这些问题在20世纪30年代之前的美国随处可见，当时政府在整顿经济和改善劳动人民的生活方面采取了更有力的措施。同样，自由派认为，始于2008年的经济衰退主要是由少数人失控的贪婪造成的，他们希望通过加强政府监管来保护公众（Pierson，2008）。

有句老话说，市场提供了“大致公平”。这意味着一个自由的市场会给予那些更努力工作的人，尤其是那些能够创造价值的稀缺人才更多的回报。但自由派希望政府能明确市场公平的边界，确保所有劳动者都能得到公平的对待。出于这个原因，自由派支持广泛的政府政策，包括最低工资法律（大多数自由派人士认为目前的每小时7.25美元的最低工资太低）、保护人们免受工作场所危害的法律（这样劳动者们就不会受到有毒化学物质等的伤害），以及保护劳动者加入工会的权利的法律（这样劳动者可以集体讨价还价，以获得更高的工资和更好的工作条件）。自由派也支持政府努力减少基于民族和种族的偏见和歧视，因为当劳动者以这种方式被划分时，他们失去了反抗的权利。综上所述，在一个真正符合所有人利益的经济中，市场和政府都扮演着重要角色。

自由派和保守派之间最尖锐的分歧在于政府在经济生活中所扮演的角色。例如，在2012年大选中，米特·罗姆尼和其他共和党人声称，是人民而不是政府让美国经济变得更强大。共和党人通常将政府描述为“问题”，并将国家人民的创造力和市场经济描述为“解决方案”，从这个角度看，政府应该让位，发挥人民促进经济增长的作用。巴拉克·奥巴马和其他民主党人声称，大多数人——尤其是那些需要帮助的人——希望政府确保经济良好运行。从这个角度看，政府必须进行经济监管，并提供人人都需要的教育福利、医疗保健等项目。

（三）激进左派：需要根本变革

在政治上越左的人，在经济运行中给予政府

的作用就越大。在激进左派中，人们采取激进的立场，寻求彻底消灭私营企业，将整个经济体系置于政府的控制之下。

从激进左派的观点来看，自由市场造成了许多严重的问题。问题是如何造成的？经济被掌握在私人手中，个人拥有工厂和其他公司等个人财产，经济运行有利于少数人而不是多数人。只以私人利润为目标的公司将支付尽可能低的工资，对员工福利和工作场所安全的关注也最少。因此，低工资、工作场所危害和失业是私营资本主义经济运行的可预测结果。

这种消极的观点认为市场是社会问题的根源，激进左派反对保守派声称的自由市场符合"最多数人的最大利益"。他们也不认为自由派要求的政府监管市场是一个有效的解决方案。激进左派转向了他们所认为的问题的真正根源，呼吁用别的政治和经济体系取代资本主义经济，使人民而不是利润成为被最优先考虑的问题。

这种变化如何发生？卡尔·马克思声称，劳动人民在苦难的驱使下，会联合起来反对压迫他们的资本主义，从而最终推翻资本主义制度。正如马克思所说，资本主义不能满足大多数人的需要，从而播下了它走向灭亡的种子。只有当劳动者拥有并管理工作场所时，他们才能从一天的劳动中获得应有的回报。

"从左到右"表格概括了关于工作和工作场所的三种政治观点。 313

从左到右　关于工作及工作场所的政治观点

	激进左派观点	自由派观点	保守派观点
问题是什么？	资本主义市场制度是许多经济问题，包括低工资、工作场所危害和失业的根源。资本主义不能满足大多数人的经济需要，因为它把利润放在了人前面。	虽然市场体系具有生产力，但它不能保障所有人的福利。低工资、失业、基于种族和民族的歧视都是在美国存在的工作场所问题。	市场经济运行效率高、生产效率高。然而政府的管制降低了市场的生产力。因此，政府应该尽可能少地调控经济。
解决方案是什么？	劳动者应该拥有并控制经济生产的手段。为了全体人民的利益而采取行动的政府应该对经济政策负责。	在允许市场力量发挥作用的同时，政府机构必须管控经济以确保劳动者获得足够生活的工资、安全的工作场所，以及不受歧视。	如果允许市场力量自由运作，最多数人将获得最大利益。经济在自我调节方面做得很好，能够将劳动者从旧工业岗位转移到新类型的工作岗位。

参与讨论

1. 每个政治派别是如何理解始于 2008 年的经济衰退的？
2. 总的来说，你认为美国的工作状况在 20 世纪得到改善了吗？原因是什么？21 世纪劳动者们面临的新问题是什么？
3. 在关于工作和工作场所的三种政治分析中，你认为哪一种最令人信服？为什么？

总结与展望

- **设想**

在 20 世纪早期，从美国东北部和中西部大城市的烟囱里冒出的黑烟表明，美国经济正在蓬勃发展，美国正在成为世界上经济实力强劲的国家。

这个新的工业帝国的主人住在可以与欧洲君主的城堡媲美的豪宅里，但对大多数工人来说，工资很低，情况并不理想。每年有成千上万的工人在工厂和矿井中受伤或死亡，工人们几乎没有机会组织起来改善他们的工作条件。

20 世纪 30 年代，经济大萧条迫使工厂倒闭，无力偿还贷款的农民失去了土地。那时候，失业和贫困的问题似乎不能更糟了。在如此严重的苦难的驱使下，对从根本上改变资本主义制度的政治支持正在上升。

但随着1939年第二次世界大战的爆发，美国的注意力转向了国际问题。战争给苦苦挣扎的经济提供了巨大的推动力，因此随着1945年和平的回归，美国进入了一个经济繁荣时期。

从那时起，美国经济就一直起伏不定。但美国的经济总体是上升的。尽管最近经济低迷，但历史趋势表明，这个国家的生产力从未如此之高，这个国家当中的许多人也从未过得如此之好。但不可否认的是，有许多人富裕，也有许多人贫困。正如第2章（“贫困与财富”）所提到的，近年来那些本就富裕的人的收入大幅增加，但近几十年来，数千万工薪家庭几乎没有收益和收入，且最贫困的人群的收入实际上仍在下降。此外，数以百万计的工作岗位——工厂的蓝领工作和办公室的白领工作——已经消失。新创造出的大多数服务岗位，工资低、福利少、没有工会代表。大多数家庭现在依赖于至少两个人的收入。随着失业人数的增加，经济不安全——甚至有些家庭流离失所——仍然是美国的一个主要问题。

在可预见的未来，美国似乎很有可能继续依赖市场经济，因为市场经济已经创造出了如此多的财富。但美国面临的挑战是其政治和经济体系是否可以运作起来，使所有人（而不仅仅是一部分人）都能得到经济保障。我们看到奥巴马政府寻求政府更多地参与市场，不仅在“救助”和监管方面，而且在医疗保健和其他政府福利方面。在2012年的选举中，民主党支持“大政府”，而共和党支持“大市场”，这场选举的结果在很大程度上可表明这两种社会机制的相对优势。

虽然本章聚焦于美国，但我们应该记住，在其他国家，贫困问题要严重得多。正如第15章（“人口和全球不平等”）所解释的，全世界每天有10亿人为了生存而拼命挣扎。从长远看，包括美国在内的全球的稳定和安全很可能取决于人类满足每个人的需要的能力。

314 定义解决方案

劳动者要有好工作就必须有工会吗？

正如本章所解释的，工会发展一直较为艰难，工会的成员减少，因为经济已经从工业（高度工会化）转向服务业（通常没有工会）。工会能够复兴吗？这对这个国家的劳动者有好处吗？看看下面的陈述，有两种方法可以回答这些问题。

（1）有些工作是高度工会化的。大多数政府工作人员和几乎所有的公立学校教师都是工会成员。从大多数教师都认同的工会观点来看，劳动者集体行动可以提高他们的工资和工作条件，而个人独立行动几乎是不可能的。如果你工作的地
315 方可以选择，那么你想加入工会吗？

（2）正如在沃尔玛能看到的那样，这家大公司做得很好。沃尔玛创造了150万个工作岗位，每年的收入接近3 000亿美元。据该公司称，销售助理的工资平均每小时超过10美元。沃尔玛还声称，它的员工们有很多东西值得高兴，而加入工会没有什么好处。作为让员工保持微笑的一部分，每天早上，5 000多家分公司的经理们都会带领员工参加沃尔玛的庆祝活动。你期望看到像这样的公司有工会吗？

提示：在当今的服务型经济中，许多公司（包括沃尔玛）强烈反对工会。员工自己呢？有一些人在努力组织沃尔玛员工加入工会，但迄今为止，员工加入工会并没有什么意义。也许（如公司所声称的）这是因为员工们得到了他们想要的东西，也许（如工会所声称的）这是因为员工们害怕如果他们组织起来就会失去他们的工作。大多数人认同的一点是，在当今的服务型经济中，工会成功的关键是把员工组织在像沃尔玛这样的大卖场里。

参与：应用和练习

1. 联系你所在大学的人力资源部，询问员工的健康保险、退休养老金、假期和病假等福利。兼职教师和全职教师享受的福利相同吗？将提供给教学人员的薪酬和福利与提供给后勤服务人员的薪酬和福利进行比较。
2. 在互联网上搜索共和党和民主党在2012年总统选举中的演讲。是否有证据表明，在市场是应该自行运作还是应该受到政府监管的问题上，双方的立场存在反差？这两个主要政党在对“问题”和“解决方案”的定义上有什么不同？
3. 在你的校园里观察教师、秘书、工作人员、门卫和清洁工的种族和性别。你能看到什么模式？
4. 在当地的打折卖场如沃尔玛和凯马特做一些实地调查。观察各种产品——电子产品、照相机、家庭用品和衣服——是在哪些国家生产的。你的发现是否支持美国去工业化的观点？

316

达标：可视化摘要

建构社会问题决定性时刻

尤金·德布斯：为工会挺身而出

美国经济的结构性变化	
19世纪，**工业革命**开始改变工作性质，人们从生产原材料的第一产业转向将原材料转化为成品的第二产业。 1950年之后，**信息革命**再次改变了工作性质，这次是通过一个去工业化的过程，使人们进入第三产业，即服务业。 **去工业化**导致许多工厂倒闭。许多失去工厂工作的人最终从事工资更低和福利更少的服务业。 今天的经济**全球化**与美国的去工业化有关： ● 许多美国公司把制造业工厂转移到国外，以支付更低的工资。近年来，许多白领工作也被转移到了低收入国家。	**去工业化**：1950年后美国工业生产开始下降。 **全球化**：跨越国界的全球经济活动的扩张。

美国工作场所的其他问题	
双重劳动力市场 **初级劳动力市场**提供丰厚的工作报酬和福利，而**次级劳动力市场**不是这样。 ● 今天的服务型经济创造的大部分工作在次级劳动力市场。 工作场所存在**影响健康与福祉的危险**，尤其是在采矿、农业和建筑业。 ● 虽然过去一个世纪美国工作场所的死亡率一直在下降，但是每年仍有4 500名劳动者死于工作。 **异化**是一种常见的工作场所经历。马克思将异化与资本主义经济中工人的能力缺乏联系起来。韦伯将异化与现代理性联系起来。效率至上的理念导致了工作场所的去人格化。 **麦当劳化**从效率、可预测性、一致性和通过自动化控制劳动者等方面来定义工作。这种简化、重复的职业可以被描述为“麦当劳式工作”，类似于一个世纪前的低技能工厂工作。 **临时工作** 算上临时工、合同工和兼职员工，22%的美国劳动力缺乏工作保障，而且几乎没有福利，比如由雇主资助的医疗保险。这种模式通过降低雇主支付的工资和福利而使雇主受益。 有些失业是正常的，因为有些人初次加入劳动力大军或正在换工作。然而，失业也是由经济本身造成的。	**初级劳动力市场**：那些为劳动者提供良好的薪酬和广泛的福利的工作。 **次级劳动力市场**：那些为劳动者提供很低的薪酬和很少的福利的工作。 **异化（马克思）**：因在工作场所无能为力而导致的孤独和痛苦。 **异化（韦伯）**：不仅是指工作场所的去人格化，而且是指由对效率的关注造成的整个社会的异化。 **社会合理化（韦伯）**：人们对世界的典型思维方式从传统到理性和效率的历史变迁。

- 2012 年美国官方公布的失业率为 8.3%，约为 1 300 万人。

种族、民族和性别

尽管现在女性和少数族裔拥有更广泛的就业机会，但少数族裔仍主要从事低薪工作。

- 制度上的偏见和歧视导致了工作场所的隔离，限制了少数群体的发展。这种非正式的、通常看不见的障碍被称为“玻璃天花板”。

工会的衰落

- 20 世纪，工会随着工业经济的发展而壮大起来，到 1950 年，美国 1/3 的非农劳动者加入了工会。

由于工业化程度的降低和服务型工作的增多，工会会员人数有所下降。今天，只有 12% 的美国非农劳动者是工会会员。

麦当劳化：根据效率、可预测性、一致性、自动化的原则来定义工作。

工会：通过谈判和罢工等各种策略来提高工资、改善工作条件的工人组织。

317 **新信息技术：崭新的工作场所**

计算机和其他新信息技术正在重新定义美国的工作：

- 随着越来越多的人不在办公室工作，**远程办公**越来越普遍。
- 计算机技术不仅使劳动者隔离开，也使得雇主更容易控制员工的活动。
- 计算机技术也使得许多工作，包括管理者的工作“去技能化”。

远程办公：用包括电话、电脑和互联网在内的信息技术将员工与办公室联系起来。

工作及工作相关问题的理论

结构功能分析：建构新的平衡

结构功能方法研究工作对经济运行的重要性。

- 变化（尤其是新技术带来的变化）会破坏现有的工作模式，造成失业等问题。
- 但是其他机构，如教育部门，将重新培训劳动者从事新的工作，帮助恢复社会的平衡。

符号互动分析：工作的意义

符号互动方法强调了人们依附于工作的意义。

- 一般来说，初级劳动力市场的人们会赋予他们的工作以积极的意义，他们的工作是他们社会身份的重要组成部分。
- 次级劳动力市场的人们认为他们的工作缺乏积极的意义，他们只看重工作提供的收入。

社会冲突分析：工作和不平等

社会冲突方法关注财富和权力如何塑造工作场所。

- 一项马克思主义分析认为，由于工厂和其他生产性财产都是私有的，因此大多数人是无能为力的，并且出现了工作的异化。
- 马克斯·韦伯补充说，现代理性将效率作为一个重要的目标，这样工作场所就会变得没有人情味，劳动者们就会变得像机器一样。

女权主义分析：工作与性别

女权主义方法关注性别如何塑造涉及工作和工作场所的社会模式。

- 一项女权主义方法分析指出，社会把不同类型的工作与不同性别的人联系在一起。
- 一般来说，女性在涉及权力和声望较少、薪酬较少的工作中占主导地位。

政治与工作场所：提出问题并定义解决方案

保守派：依靠市场

- **保守派**认为，一个政府监管最少的自由的市场经济，将为最多的人带来最大的好处。
- 保守派坚信，尽管新技术和经济低迷会造成暂时的破坏，但随着时间的推移，市场会解决这些问题。

自由派：依靠政府

- **自由派**指出，自由市场经济虽然富有成效，但并不能满足每个人的需求。相反，市场体系会带来问题，包括危险的工作环境、失业和低工资。
- 自由派支持政府对经济和工作场所的监管，以增进所有人的福利。

激进左派：需要根本变革

- **激进左派**将自由市场体系视为问题的根源。从这个角度看，资本主义只关心利润，不关心人民的福利。
- 激进左派认为，仅仅改革不能解决这个问题，资本主义制度必须为一种符合全体劳动者利益的经济制度所取代。

第12章
家庭生活

318–319

学习目标：

- **记住**本章中用黑体字突出显示的关键术语的定义。
- **理解**家庭变化的过程及原因。
- 将社会学的想象力**运用**于看待家庭生活的议题。
- 运用社会学的主要理论方法**分析**家庭生活。
- 从各种政治立场**评价**美国现在的家庭状况。
- **设想**应如何改变美国的社会现状以提高家庭生活质量。

320 ## 问题的提出

——婚前同居是考验双方关系的好办法吗？

很多人会选择婚前同居，然而，研究显示，婚前同居大大增加了婚后离婚的可能性。

——婚姻会天长地久吗？

如今，约有3/10的婚姻以离婚告终。

——美国孩子的家庭关系有多紧密？

2011年，有69%的孩子与父母同住，但一半的美国孩子在成年前的某个时段有过与父母中的一方单独生活的经历。

章节概述

什么是家庭？在最近几十年内家庭是如何变化的？本章将阐述家庭对社会的重要性，并探讨与家庭相关的诸多有争议的话题。你将了解不同的家庭形式并评估其优缺点。你将更加了解近期同性婚姻的法律变化。你将开展针对家庭议题的理论分析并理解家庭生活中的人们是如何看待这些“问题”的，以及相应的每一种“解决方案”所反映出的政治态度。

当法官们回到法庭时，包括记者在内的众人都安静地坐了下来，此时法官开始宣布裁决结果：准许离婚。激动的情绪瞬间席卷了整个房间，记者们争先恐后地冲出房间，想要在第一时间报道这一新闻。

这场离婚案有什么特别之处吗？当然，因为新娘只有8岁。这个年幼的女孩住在沙特阿拉伯，一年前，她父亲以13 000美元的价格将其卖给了一个55岁的男人。包办婚姻在世界上许多地方非常普遍，而且沙特阿拉伯政府目前尚未立法规定最低结婚年龄。

允许离婚的决议在沙特阿拉伯受到自由派的欢迎，因为这对于沙特阿拉伯这样的限制妇女和儿童权利的国家而言，象征着一大进步。然而，即使女孩如此幼小，沙特阿拉伯的保守派仍然坚持支持包办婚姻，因为他们不仅把包办婚姻当作一种传统，即允许家庭控制自己的子女，也将其视为确保女孩长大后不搞“非法”关系的策略
321 *（Al-Shalchi，2009）。*

在沙特阿拉伯地区，对婚姻与家庭生活变化的讨论仍在继续。同样，美国的婚姻和家庭生活也在不断变化，并引起争议。美国政府曾发表声明谴责沙特阿拉伯地区的童婚现象。同时，值得注意的是，与沙特阿拉伯相比，美国的离婚现象更为普遍。

世界各地的婚姻和家庭情况都在不断发生变化。在美国社会中，越来越多的人独自生活，越来越多的人非婚生育，越来越多的家庭由同性伴侣组成，越来越多的孩子与单亲父母、两个爸爸或两个妈妈住在一起。

本章从定义基本术语开始，探讨美国家庭生活的趋势和问题。

一、什么是家庭？

- **理解**

家庭（family）是*一种将包括儿童在内的个人联合成相互关心的合作团体的社会制度*。**亲属关系**（kinship）是与家庭相关的概念，指的是*一种以血缘、婚姻或收养为基础并将个人与家庭联系起来的社会纽带*。自有历史记载以来，家庭就已存在，但家庭的形式随着时间的推移而变化，就像今天在不同地方所展示的一样。在像美国这样的现代高收入国家中，大多数人认为家庭的形式就是**核心家庭**（nuclear family），即*由一个或两个父母及其子女组成的家庭*。然而，在世界上的低收入国家，人们通常比较认可**扩大家庭**（extended family），即*父母、孩子、祖父母、叔叔阿姨、堂兄弟姐妹们居住在一起的家庭*。

不管特定的家庭形式如何，家庭都是在**婚姻**（marriage）——*一种通常包含经济合作、性生活和生育的法律关系*——的基础上形成的。人们把婚姻和生育联系起来，这就解释了为什么“婚姻”（matrimony）这个词来自拉丁文的“母性”（motherhood）。未婚妈妈生下的孩子有时被当作“没有合法身份的人”，原因就在于婚姻与生育之间的传统联系。正如我们接下来解释的，单亲家庭在美国和其他国家变得越来越普遍，虽然较多美国人关注这种模式所造成的社会影响，但是目前单亲家庭不太可能被定义为社会问题（Morin，2011）。

（一）关于定义的争论

家庭的变化如此之大，自然也促使人们对“家庭应该是什么样子的”持有不同的看法。55年前，大多数美国人持有传统的家庭观念，认为家庭由已婚夫妇和子女组成。而现在，仅有不到1/4的人仍坚持传统观点。越来越多的人更认同范围更广泛的**亲和家庭**（families of affinity），即*不管有无法律或血缘关系，只要他们认可彼此，就可以组成一个家庭*。这对我们如何定义家庭有影响吗？当然，因为这个问题既能引起理论方面的担忧，如哪些类型的关系被视为道德正确或错误的，也能引起实践方面的担忧，如是否所有想要结婚或收养孩子的人都有权利这样做。本章将探讨这些问题。

（二）解决家庭问题的社会学方法

当大多数人说起“家庭问题”时，他们通常会考虑个人之间的冲突，或者是可能遭受酒精或其他药物问题困扰的家庭成员的状况。

社会学看到的不仅是家庭中的个人，还包括社会地位及社会制度是如何形塑家庭生活的。例如，现如今，拥有大学学历和高收入的群体很有可能与没有大学学历的低收入群体结婚（Pew Research Center，2010）。此外，社会成员在争论是否应该利用先进的基因技术去筛选未出生孩子的身体特征。而在多数女性与男性一样工作谋生的社会中，我们还要努力平衡工作与家庭责任的关系，并寻找优质的可负担的托儿服务。

二、关于家庭生活的争论

- **运用**

美国家庭发生了什么变化？变化趋势包括：规模不断扩大的未婚同居群体、晚婚群体和由单亲妈妈抚养的孩子；越来越多的女性加入劳动力大军，以至于越来越多的幼童被送去托儿所；离婚率远高于55年前；由再婚带来的混合家庭的数量不断攀升；男女同性恋者不断争取同性婚姻合法化；提供惊人的生殖可能性的新医疗技术不断产生与发展。上述的所有变化都引发了争议，在接下来的部分，我们依次研究这些趋势。 322

（一）同居：我们需要结婚吗？

55年前，大多数人理所当然地认为情侣婚后才可以住在一起。然而，最近的趋势倾向于**同居**（cohabitation），即*未婚情侣共享家庭生活*。从1970年开始，情侣同居的数量从50万增长到如今的超过680万（其中，包括620万异性恋情侣和60万同性恋情侣）。总的来说，情侣同居的比例占所有家庭类型的6%（U.S.Census Bureau，2011）。

在某些国家和地区，尤其是瑞典和斯堪的纳维亚地区，同居现象非常普遍，甚至有些人在生了孩子后仍然保持同居。但是在像意大利这样的较为传统的国家（包括罗马天主教徒），同居现象非常少见。在美国25～44岁的群体中，48%的人（51%的女性和45%的男性）有过同居经历，40%的同居情侣至少养育了一个18岁以下的孩子（Hamilton et al.，2010；U.S. Census Bureau，2011）。

同居的反对者，尤其是政治保守派人士，认为结婚比同居要好，因为婚姻能够在抚养孩子方面提供更为稳定的条件。一方面，情侣同居时的怀孕大多是意外发生的；另一方面，美国情侣同居关系一般只能维持一年多。这些事实放在一起，让我们很容易理解，为什么研究表明仅有

5% 左右的同居情侣生下来的孩子在 18 岁之前与父母双方居住在一起，而与此同时，70% 的已婚夫妻的孩子在 18 岁以前与父母双方居住在一起（M. Phillips，2001；Manlove，2012）。

一旦没有婚姻的约束，男性会更容易离开女性和儿童。不过同居也会给男性带来风险，当非正式的同居关系解除后，男性更易失去抚养孩子的法定权利。调查显示，60% 的同居情侣最终分道扬镳，仅有 26% 的同居情侣以结婚的形式稳定下来，仅有 13% 的同居情侣维持同居状态。除此之外，研究人员强调同居会削弱婚姻关系的持续性，原因在于同居情侣习惯了有限承诺的关系（Popenoe & Whitehead，1999；U.S. Census Bureau，2011；U.S. Department of Health and Human Services，2011）。

同居的支持者一般是自由派人士，他们认为，性关系属于私人事务，应该留给个人去解决。此外，支持者还谈到，我们不能奢望只通过一种婚姻形式——一夫一妻制——就能满足社会大众多样化的需求。相反，某些人称同居更好地反映出美国文化中的选择和自由价值，且通常会鼓励建立两性之间更平等的关系。当谈到儿童福利时，支持者强调，无论结婚与否，所有分开的父母都有责任去照顾他们的孩子（Brines & Joyner，1999；Scommegna，2002）。

（二）推迟结婚

同居总是与推迟结婚密切相关，美国人一般都会延迟结婚。在 20 世纪 50 年代的美国，女性初婚年龄的中位数为 20.3 岁，男性则为 22.8 岁。到 2011 年，美国初婚年龄的中位数增长了大约 6 岁：女性为 26.5 岁，男性则为 28.7 岁（U.S.
323 Census Bureau，2011）。

为什么人们结婚越来越晚？首先，一个重要的原因是大量的年轻人接受了本科和研究生教育。其次，在毕业后，大量的女性进入了劳动力市场。再次，近期不稳定的经济环境使得多数年轻人难以独自生存。如今，在 18 ~ 24 岁的年轻人中，55% 的人仍与父母生活在一起。最后，生育控制技术的进步和堕胎的合法化也发挥着重要作用。与 20 世纪 50 年代不同的是，如今一对情侣即使面临意外怀孕，也感觉不到结婚的压力。

推迟结婚的趋势本身是个问题吗？答案是不确定的，但是它确实带来了一些严重的后果。一方面，对于两性，尤其是女性来说，晚婚降低了成功生育孩子的概率。即使一对夫妻成功地生下了孩子，他们也将成为“大龄”父母，对比那些比他们年轻 10 ~ 20 岁的父母，他们没有那么充沛的精力。但另一方面，大龄父母一般有更多的时间、知识和金钱抚养孩子（Chandler，Kamo，& Werbel，1994）。

延迟结婚的趋势伴随着整体生育水平的下降。美国女性平均生育数量从 1976 年的 3 个降至 2010 年的 1.9 个。与延迟结婚相关的还有日益增多的不生孩子的情侣（从 1970 年的 9% 增长到 2010 年的 19%），以及不断攀升的单身人数（从 1950 年的 11% 增长到 2010 年的 28%）（U.S. Census Bureau，2011）。

延迟结婚的另一后果是，等到考虑结婚的时候，人们已经更加独立于父母。此时，在选择伴侣时父母的影响程度降低，人们更容易建立以往不被鼓励的关系，如同性或跨种族婚姻。

（三）育儿：一个父亲或母亲就够了吗？

在 2011 年，约 1/3 的 18 岁以下的儿童在单亲环境中长大，这一比例相比于 1970 年翻了一番。大约 1/3 的美国儿童与单亲父母生活在一起；其中，有一半以上的美国儿童在 18 岁以前一直保持这样的生活。

毫无疑问，大多数单亲家庭中的孩子被证明能良好地成长；相应地，双亲抚养并不一定能确保孩子健康成长。但是，美国仍有很大比例的成年人相信由双亲抚养的儿童会得到更好的照顾（Pew，2011）。研究证据增加了这一观点的可信度，一些研究表明，父亲和母亲对孩子社会发展的贡献不同，因此，单亲养育无法与双亲养育的好处相提并论。此外，显而易见的是，当其他所有条件都一样时，与生活在单亲家庭的儿童相比，生活在双亲家庭的儿童确实能得到更多的关注。

但是对于单亲家庭，尤其是 78% 的单亲母亲家庭而言，其面临的最大问题是贫困。平均来看，在单亲家庭长大的孩子当中，43% 的人陷入贫困，教育水平低且收入不高。这样的劣势往往会发展为恶性循环，即单亲家庭的孩子自身也会变成单亲父母（Popenoe，1993a；Kantrowitz & Wingert，2001；Pew Research Center，2007；U.S. Census Bureau，2011）。

（四）家庭、种族和贫困

很多原因导致儿童与单亲父母居住在一起。对于白人家庭而言，离婚是常见的原因；对于非裔美国家庭而言，大多数单亲母亲根本就没有结过婚。尽管这两种情况都会增加贫困的风险，不过非裔美国儿童更有可能陷入贫困。在美国，24% 的白人单亲母亲家庭处于贫困状态；39% 的非裔美国单亲母亲家庭处于贫困状态，这就导致 1/3 的非裔美国青少年在贫困中长大（U.S. Census Bureau，2011）。

1. 莫伊尼汉的报告

1965 年，一位名叫丹尼尔·帕特里克·莫伊尼汉（Daniel Patrick Moynihan）的参议员——同时他也是一名社会科学家——发现，越来越多的父亲离开家庭，让单亲母亲独自抚养孩子，因此他发出了非裔美国家庭处于危机中的警告。莫伊尼汉认为，单亲母亲的出现可能会进一步加剧贫困的代际传递，这也成为非裔美国社区面临的问题。

在莫伊尼汉发出警告的时候，还只有 20% 的非裔美国儿童由单亲母亲抚养。此后，这一数字逐步攀升到 73%（Hamilton et al.，2011）。今天，大多数的成年人，包括 74% 的非裔美国人认为单亲父母的存在对社会来说是“不好的事
324 情”（Pew Research Center，2010）。

但是，当时的情况就和现在一样，并不是所有人都同意莫伊尼汉的观点。批评家指出他的担忧反映了双亲家庭的传统观点，这种观点拒绝所有不同的事物并将这些不同的事物称为“功能失调的”。批评家还指出，由女性主导的家庭不存在问题，至少不存在充足的收入无法解决的问题（Norton，1985；Angelo，1989）。

自由主义批评家也指出，对非裔美国人而言，相比于*经济和种族偏见*问题，单亲家庭和贫困很难称得上是*家庭*问题。埃莉诺·霍姆斯·诺顿（Eleanor Holmes Norton，1985）表示，长期的种族主义导致了非裔美国家庭的破裂，由此带来了就业、教育和住房歧视等问题。社会学家威廉·朱利叶斯·威尔逊（1987，1996a）进一步强调，非裔美国人在城市中处于弱势的“下层阶级”，这些人缺乏充足的工作机会来养活家庭。所以，如果说非裔美国人自己选择了他们的家庭模式（更不用说选择贫困），这就相当于在责备受害者（Hewlett & West，1998）。

2. 非裔美国家庭近观

社会对于非裔美国家庭有许多的刻板印象。多年来，“福利母亲”的形象总是未婚非裔美国女性，但是这种刻板印象并不正确，如第 2 章（“贫困与财富”）所阐述的，在美国接受公共援助的多为白人。第 305 页的“多样性：种族、阶级和性别”栏目展示了五种针对非裔美国家庭的普遍但非常错误的刻板印象。

与其他种族分类中的家庭一样，非裔美国家庭也有很多形式，难以用单一的词语去描述。在美国，不管是白人还是黑人家庭、贫困还是富裕家庭，都比人们意识到的更富有多样性。

3. 非裔美国家庭的优势

毫无疑问，非裔美国家庭面临着比白人家庭更多的挑战，如低收入、种族歧视和偏见。但是研究显示，非裔美国家庭，尤其是与贫困做斗争的家庭，也具有优势。这些家庭通过各种方式去适应现状，如建立紧密的亲属关系、从传统宗教信仰中汲取力量、组成三代同堂家庭以利用祖辈资源（尤其是祖母）。另外，许多贫困家庭在互助网络中团结起来，这种互助网络能够帮助人们适应生活（Stack，1975；Little John-Blake & Darling，1993；Clemetson，2000）。

（五）工作与家庭生活的冲突

长期以来，在农场的共同劳作与生活促使美国人将工作与家庭生活联系起来。工业革命后，男性离家去工厂打工，这就将家庭（以女性为主）与工作场所（以男性为主）分离开来。在 20 世纪 50 年代初期，随着大量女性进入劳动力

市场，女性开始感受到工作与家庭生活之间的矛盾。今天，大多数美国家庭，即使是孩子年龄很小的家庭，父母双方都在工作赚钱。一般来说，现在女性外出工作赚钱，回到家中还要做另一份全职工作——家务活（Lewin，2000；England，2001；U.S. Census Bureau，2011）。这种“双重责任”导致多数女性过度劳累。

正如第 11 章（“工作及工作场所”）所论述的，信息革命改变了工作性质，现在 1/5 的美国人每周在家工作。在某种程度上，在家工作可以缓解工作与家庭之间的紧张关系。与此同时，随着越来越多的人在家工作，工作场所的活动和关注点也会逐渐渗透到家庭生活中（Macionis，2011）。

（六）儿童照料

一个世纪以前，大多数家庭认为照料儿童是在家忙碌的母亲的责任。现如今，59% 的美国女性进入劳动力市场赚钱谋生，大多数母亲有工作。其中，57% 的新生婴儿的母亲、64% 的学龄前儿童的母亲、77% 的学龄儿童的母亲有工作。这一比例在单亲母亲、寡妇、离婚女性和分居女性中更高。

随着越来越多的男性和女性将时间投入工作，社会开始把儿童照料当作重要的议题。谁应该为职业母亲的孩子提供照料？图 12-1 给出了答案，48% 的儿童得到家庭的照顾——来源于父母（占比 23%）、祖父母或其他亲属（25%），24% 的儿童参加日间照护计划或上幼儿园，10% 的照料来自非亲属家庭，3% 来自保姆，15% 没有常
325 规的安排（U.S. Census Bureau，2011）。

为儿童提供的照料选择范围与家庭收入有很大关系。高收入的父母可以负担得起送儿童去参加关注学习和幼儿早期发展的保育项目。相反，低收入的父母寻求亲戚朋友的帮助，或随便找一个保姆，或把儿童送到成本较低的保育中心——那里的工作人员没有接受过很多培训，并且很少关注到每个儿童。当然，年龄较大的儿童一般在学校度过一天，但在放学后，大约 460 万儿童（12% 的儿童处于 5 ～ 14 岁）是“钥匙儿童”，即需在父母下班回家前自己照顾自己（U.S. Census Bureau，2011）。有些儿童放学后能够适应独处，变得独立且自立，但是在贫困的街区，不受监管的儿童处于毒品、犯罪或性剥削等问题的高风险中。

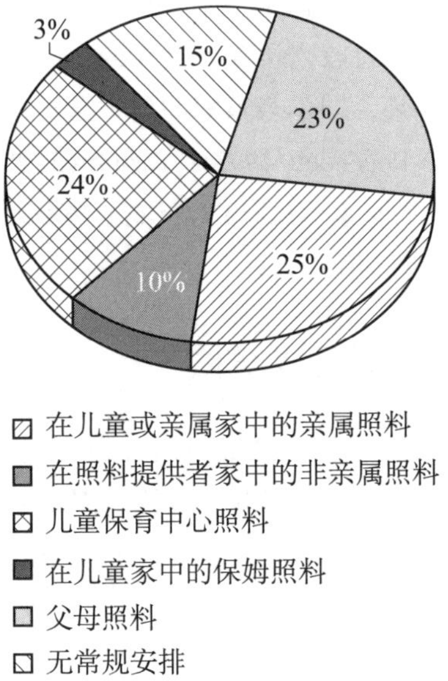

图 12-1　职业母亲的育儿安排

注：50% 的职业母亲的幼儿得到来自父母、外祖父母或其他亲属的照顾。

资料来源：U.S. Census Bureau（2011）.

政府在确保满足儿童照料需求的过程中应扮演什么角色？在美国以外的大多数高收入国家，政府利用税收经营儿童保育中心。美国政府以所得税抵免的方式来间接帮助在职父母。此外，美国各州还为有儿童照料需求的贫困家庭提供财政援助，但由于美国文化重视自给自足，因此政府尚未提供大规模免费或有补贴的儿童保育项目。

有些人主张扩大政府儿童保育项目。他们指出，许多低收入家庭会欢迎这些援助，而且更多的儿童会得到很好的照顾。此外，大多数的儿童保育中心仅在周一至周五的工作日对外开放，无法满足上夜班或每周轮班的父母的需求。

现如今，越来越多的用人单位提供就地儿童保育项目。大多数雇主为此买单，一些雇主将此项服务当作员工福利。这类项目通常品质较佳且包含两个额外的好处：一是父母可以在工作间隙探访儿童，二是提供儿童照料场所的企业在吸引和留住人才方面占据优势。

多样性：种族、阶级和性别　现实检验：关于非裔美国家庭的五种错误的刻板印象

在美国，很多人对非裔美国家庭持有错误的、固化的刻板印象。在此，我们通过现实检验来了解关于非裔美国家庭的五种广泛的刻板印象（U.S. Census Bureau，2010，2011）。

刻板印象 1：非裔美国人不能组成强大的家庭。历史研究表明，即使是在奴隶制时期，大多数的非裔美国人仍与父母居住在一起，这种强大的家庭格局一直较好地持续到 20 世纪。自 1960 年以来，种族隔离（困扰着许多内陆城市的非裔美国人）和经济衰退（意味着许多内陆城市失去大量工作机会）共同导致非裔美国人结婚率的下降以及单亲孩子出生率的上升。但是在 2011 年，即使这些影响因素依旧存在，44% 的非裔美国家庭仍是双亲家庭。

刻板印象 2：非裔美国男性不能当一个好丈夫和好父亲。这一刻板印象基于非裔美国家庭男性的缺席比例（46%）远高于拉美裔（26%）、白人（13%）或亚裔（12%），并假设这一比例反映了人们的选择。但是，许多非裔美国社区并不能为男性提供供养家庭所需要的工作（W.J. Wilson，1996b）。

刻板印象 3：非裔美国家庭实行母权制，即女性主导家庭生活。历史表明，非裔美国男性在家庭和社区中都扮演着关键的领导角色。更重要的是，在非裔美国家庭中，男性或两性占主导地位的比例为 54%。

刻板印象 4：非裔美国女性通常是为了获得更多福利而生育很多孩子。不考虑种族的因素，接受公共援助的贫困女性确实比没有接受公共援助的女性拥有更多的孩子，但是这一现象同样适用于黑人和白人女性。总体来说，黑人女性的生育率仅比非拉美裔白人女性高出 17%。

刻板印象 5：如今，非裔美国人拥有和其他人一样的机会。许多白人理所当然地认为，种族偏见和歧视已是过去时。然而，证据表明，非裔美国男性和女性，无论是穷人、中产阶级还是富人，都仍面临种族歧视壁垒。

你怎么看？

1. 你认为对非裔美国家庭的刻板印象广泛存在的原因是什么？你还能想到其他的刻板印象吗？
2. 社会学家在回应上述刻板印象的过程中应如何发挥作用？
3. 联邦或州政府可能需要采取哪些政策去为非裔美国家庭提供更多支持？并给出解释。

（七）离婚

当人们结婚时，很多人会许下誓言要永远在一起，“不至死亡，永不分离”。然而现实却是，不用等到死亡，离婚就可以结束婚姻。如今，美国的离婚率为 30%，而非裔美国人的离婚率高达 60%。总体来看，在 15 岁以上的美国成年人中，
326 10% 的人离过婚。

在一个世纪前，离婚率仅为现在的 1/4，原因在于：首先，以前的家庭成员，尤其是近半数在农场工作生活的美国家庭成员之间互相依靠，这种经济依赖将结了婚的人联系起来。其次，女性尚未大量进入劳动力市场，除非她们可以得到亲戚的支持，否则离婚通常意味着生活贫困。最后，由于以前的文化将离婚视为罪孽和个人失败的象征，因此道德压力也有利于夫妻在一起，而不管他们的婚姻是否幸福。

在整个 20 世纪，进入劳动力市场的女性比例不断攀升，生育孩子的数量则不断下降，这一趋势使得离婚成为更为现实的选择，并且公众也逐渐接受了离婚的现实（Etzioni，1993；Schoen et al.，2002）。

正如图 12-2 所示，在第二次世界大战期间，离婚率急剧上升，因为战争使得成千上万的夫妻分居。1960—1980 年，离婚率迎来了另一个平稳的上升期，此后，离婚率缓慢下降。

1. 无过错离婚

如果说经济独立给予了女性从不幸婚姻中走出来的机会，那么法律的变化则使得离婚变得更简单。1969 年，加利福尼亚州率先在美国实施

个人故事　死于家庭寄养

特雷尔·彼得森（Terrell Peterson）无可选择地出生在了这个世界上。他是由吸毒成瘾的母亲所生，从未得到过所需的照料，也没有人可以求助。他的生活风雨飘摇。

他与母亲和其他三个孩子生活在一起，每个孩子的父亲都不一样。芝加哥的儿童服务行政人员预感到这个家庭可能会有的困境，因此，在特雷尔出生不久之后，便将他列入了“观察名单”。五年来，他们一直监控着他的生活，最后才断定现在的家庭环境对于特雷尔而言很不安全。此时，行政人员将他带离母亲身边并送到了寄养家族。因为没有亲属可以提供照料，特雷尔被安置在异父同母的兄弟的祖母家中。

法利娜·彼得森（Pharina Peterson）可能是最应该负有责任的那个人。回想当时，她很清楚自己并不想收留这个孩子，收留他只是为了获得每月的儿童抚养费。正如芝加哥行政人员后来发现的，特雷尔受到严重虐待，证据表明他快要被饿死，并被拴在楼梯上挨打。

在被安置在这个家中的一年内，特雷尔·彼得森死了。在他过世时，这个六岁男孩的体重只有29磅，他的身体遍布伤痕，以至于法医都无法一一列举。

警察调查了这一死亡事件，并将法利娜·彼得森以谋杀罪逮捕。但是，不难想到看护照料系统也应为男孩的死负有一定的责任。看护照料系统的首要任务就是保护像特雷尔这样的孩子，然而很显然整个系统在这一案例中并未发挥作用。一些人指出这一系统已经处于危机中，而可怕的事实是，特雷尔·彼得森并不是唯一一个滑入深渊的孩子。一项研究表明，在3年时间内，仅在芝加哥，就已经有513个寄养家庭的孩子死亡。

在整个美国，有40.8万个孩子生活在寄养家庭，这一数据是十年前的2倍。家庭寄养一年的花费是4.6亿美元，相当于每个孩子花费1.1万美元。在大多数情况下，生活在寄养家庭的孩子过得比之前好。但是批评者指出，与跟双亲共同生活的孩子相比，寄养家庭的孩子受到更多的忽视和虐待。根据数据可以对虐待寄养儿童的情况做出推断：在2010年，1 892个虐童案被报道出来，但是实际数量应该是被报道数量的2倍。对寄养家庭进行更多监管可能是一种解决方案。政府机构通常将儿童安置在寄养家庭中，然后在数年之后就逐渐失去了对这些孩子的关注和追踪，这种情况再常见不过了。儿童倡导组织的负责人马西娅·罗宾逊·劳里（Marcia Robinson Lowry）说道，“这些系统是国家的丑闻”，“所有州几乎都没有问责制”（Roche，2000b：75；Polgreen & Worth，2003；U.S.Department of Health and Human Services，2011）。

你怎么看？

1. 联邦政府是否应该把家庭寄养当作社会问题？原因是什么？
2. 美国社会可以做些什么来减少无法得到爱心照顾的寄养儿童数量？
3. 你认为家庭是否应该支付照顾孩子的费用？原因是什么？

《无过错离婚法》，到1985年，美国的所有州都已实施该法。

什么是无过错离婚？在这则法律生效前，一对夫妻只有在一方或双方在法庭上声称另一方因过错而导致婚姻失败时才可以离婚，典型的过错情况包括自杀、通奸及身体或情感伤害。社会将婚姻归入道德范畴，一旦发生离婚事件，就必然是由于婚姻中的一方做了错事。在这场“指责游戏”中，很多事情会受到影响，因为法院会在分配夫妻共同财产和判决儿童监护权时将过错考虑在内，“坏人”总是会失去一切。

《无过错离婚法》废除了以上整个程序。因为婚姻最开始只被当作夫妻之间的“协议”，没有人必须承担由婚姻失败所带来的指责。相反，夫妻只是宣告他们的婚姻因“不可调和的分歧”而结束。法院公平分配财产，并把孩子安排在能得到最好的照顾的地方。此外，法院根据监护父母的需要、非监护父母的支付能力以及父母双方的工作能力分配子女抚养费。无过错离婚很少涉及**赡养费**（child support），即*前配偶所承担的定期向另一方支付的经济补助*。 327

通过极大减少赡养费的支付，无过错离婚终

结了男性应该照顾女性这一由来已久的观点，但是新情况并不意味着女性总是过得很好。研究人员发现，离婚后，男性的生活标准一般会提高，与此同时，女性及其孩子的生活标准则会下降（Weitzman，1985，1996；Faludi，1991；Holden & Smock，1991）。为什么会这样呢？艾伦·帕克曼（Allen Parkman，1992）做出了解释：无过错离婚对女性不利，因为它忽视了包括有助于提高赚钱能力的技能和学习能力在内的文化资本。在传统婚姻中，妻子可能会花费较少的时间或者不花时间在有报酬的工作上，却总是致力于帮助丈夫发展他的事业。只有当婚姻一直维持且丈夫的成功惠及妻子时，妻子对丈夫的投入才有意义。离婚后，丈夫仍然有自己的工作，但是在大多数情况下，全职太太一般缺乏工作技能，同时又面临着抚养孩子的压力。

许多人支持无过错离婚，并将其视为解决不幸婚姻的方法。支持者还强调，这一法律规定将男性与女性置于平等的地位，反映出大多数两性可以通过工作谋生这一事实。不过有些人将无过错离婚视为问题，因为其对女性是不利的；并指出了男性仍比女性赚取更多的收入这一事实。批评者还谈到，我们应该恢复赡养费制度，以便赚钱能力更强的一方（一般为男性）帮助前配偶（一般为女性）。

如果离婚具有不确定性，那么夫妻是否应该做好准备？许多夫妻尝试通过制定婚前协议来详细列出将来的离婚条款，第 309 页的“社会焦点问题”栏目对此有较为详细的介绍。

2. 出现了大量离婚现象？

就像每个人所意识到的那样，离婚也许比困在糟糕的关系中要好一些。但是如今的离婚率是否过高？以全球化的视角来看，美国是世界上离婚率最高的国家。如图 12-3 所示，美国的离婚率比加拿大高约 50%，是低离婚率国家如意大利的 4 倍（European Union，2011；Organization for Economic Cooperation and Development [OECD]，2011）。在美国，自由派并不把离婚当作社会问题，他们倾向于选择简单的离婚方式，以此作为

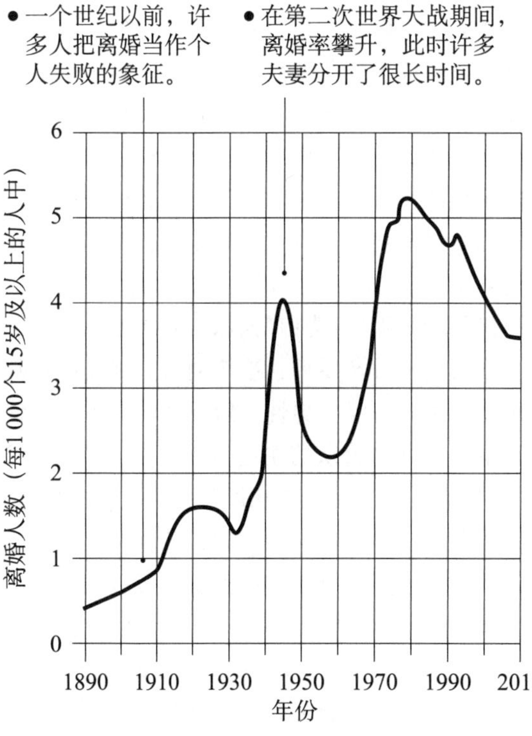

图 12-2　1890—2010 年的美国离婚率

注：自 1890 年以来，美国的离婚率急速攀升，尤其是在第二次世界大战期间，即 1939—1945 年间。在经历了 20 世纪 50 年代的下降后，离婚率在 20 世纪 50 年代末再次上升，此后一直在下降。

资料来源：Centers for Disease Control and Prevention（2012）.

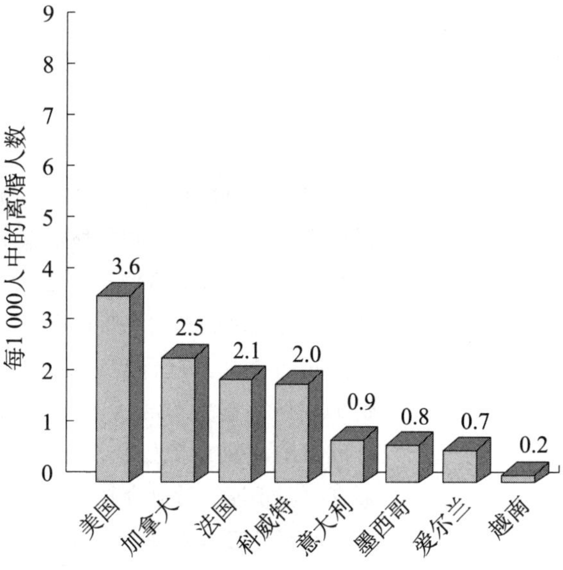

图 12-3　部分国家的离婚率

资料来源：OECD（2011），European Union（2011），Centers for Disease Control and Prevention（2012），United Nations（2012）.

美国之窗

美国各地的离婚情况

2010 年，美国各州的离婚率（每 1 000 人中的离婚人数）统计显示：靠近西海岸地区，尤其是实行自由婚姻法的内华达州，离婚现象较为普遍；而离婚在东部城市并不是很普遍，在中部的乡村地区则较为少见。研究显示，年纪较轻、宗教信仰较弱以及搬离父母所在地区的群体更容易离婚。

到 MySocLab 上查看你所在的社区及美国各州的单亲家庭情况。

资料来源：U.S. Census Bureau（CDC），U.S. Census Bureau（2012）.

女性摆脱不幸或虐待关系的方式。保守派则批判高离婚率，指出：首先，家庭很可能会因为“个人至上”的态度变得脆弱，这种态度将个人需求凌驾于对他人的责任之上（Whitehead，1997；Popenoe，1999）。其次，离婚对孩子也有影响。最后，虽然离婚的成本和收益因人而异，但是证据表明，牵涉到孩子的离婚案很难做出判决
328 （Amato & Sobolewski，2001）。

所以，美国当前的离婚率是否称得上问题呢？公众对此有不同的看法，约一半的人对此表示担忧。在一项全国性的调查中，当人们被问到现在离婚是否容易时，21% 的美国成年人对离婚程序本身很满意，32% 的美国成年人认为离婚很难，41% 的美国成年人则认为离婚很容易，剩下 6% 的美国成年人未对此发表看法（NORC，2011：408）。

1997—2001 年间，3 个相对保守的州——阿肯色州、亚利桑那州和路易斯安那州实施了*契约婚姻法案*以应对高离婚率，这些法律允许人们结婚时在传统婚姻模式和难以解散的契约婚姻模式之间进行选择。选择契约婚姻的夫妻如果面临婚姻问题，首先可寻求婚姻咨询的帮助，且夫妻间享有有限的离婚权利，只有当婚姻中出现通奸、犯重罪、被抛弃超过 1 年以及分居 2 年以上、习惯性吸毒或酗酒、对配偶或孩子进行身体或性虐待时，双方才可离婚。契约婚姻不赞同一方不想保持婚姻状态就应该离婚的观点（Nock，Wright，& Sanchez，1999；National Conference of State Legislatures，2012）。

在 2000 年和 2001 年，美国另外的 12 个州提出了契约婚姻法案，但是其他州没有通过类似法案。在多数情况下，立法者只决定通过一项法律或解决方案，鼓励夫妻进行婚前咨询。更有甚者，在实行契约婚姻法案的三个州，也只有小部分人选择这种婚姻模式。因此，我们可以得出结论：契约婚姻并未被广泛视为解决高离婚率的方法。

（八）儿童抚养

在夫妻离婚后，许多儿童无法得到足够的经济支持。造成美国儿童高贫困率的原因之一是没有监护权的父母不会支付孩子的抚养费。

在夫妻分居或离婚后，法律一般会要求未获得监护权的父母帮忙抚养孩子。这类法院指令是针对 51% 的离婚夫妻的子女签发的，但在本该收到抚养费的孩子中，59% 的孩子只收到部分甚至根本没有收到任何抚养费（U. S. Census Bureau，2011）。

当夫妻双方离婚后，法律通常会将监护权判给母亲，由此可见，男性一般不抚养孩子，这就可以解释为什么公众的注意力会转向“赖账的父亲”。然而，与无法支付法院规定的 38% 的抚养费的未获得监护权的父亲相比，未获得监护权的母亲更不可能支付孩子的抚养费（无法支付法院规定的 45% 的抚养费），原因可能是单身女性的收入低于单身男性（U. S. Census Bureau，2011）。 329

我们可以对不抚养孩子的父母做些什么？当儿童抚养成为社会问题时，联邦政府出台了法案，要求雇主从未支付子女抚养费的父母的收入中扣除抚养费。即便如此，一些父母通过搬家或者更换工作来逃避抚养的责任。1998 年，美国国会出台了《赖账父母惩罚法案》，将拒绝向居住在另

社会焦点问题　你应该准备婚前协议吗？

如今，但凡考虑过结婚的情侣都会面对一个事实，即在未来的某一时刻，他们之间的关系可能以离婚告终。因此，律师和其他人都认为准备一份婚前协议很有必要。这样一份婚前协议应包含哪些内容呢？答案取决于个人和个人在婚姻中所投入的财产数量。

1. 财产

首先列出你的资产和负债。你是保留现有财产（*包括房产、家具、珠宝、现金、汽车和投资*）的独立所有权，还是把所有东西当成共同财产？你是保留自己的储蓄和支票账户还是重新建立一个新的共同账户？你是否对两个人现有的债务，如大学生贷款或汽车贷款负责？那么你在婚姻中积累的财产呢？当离婚或者伴侣死亡时，所有的财产将如何处理？如果你们中的一个人带着孩子结婚，那么孩子的财产权又将如何处理？

2. 收入

你知道自己和伴侣的收入吗？这些收入该如何用于家庭支出、储蓄和投资以及未来采购，如买一辆车？谁应该对支付账单负责？谁应该对抚养孩子负责？

3. 孩子

你有孩子吗？你计划婚后生育孩子吗？你如何划分抚养孩子的责任？伴侣双方管教孩子的态度是什么样的？是否应该让孩子信仰宗教？前一段婚姻关系中的孩子是否拥有与新伴侣所生孩子相同的继承权？

4. 家务活

有多少家务活需要做？为了回答这样的问题，需要考虑家庭的规模和住房的大小。你会如何划分家务活的责任？

5. 一旦离婚

如果你离婚了，那么你会如何划分财产？哪些婚后财产将被出售？如何处理在婚姻过程中升值的资产，如房子或投资？如何划分孩子的监护权和抚养责任？两人的收入份额的多少作为孩子的抚养费是合理的？双方是否都有责任支付孩子的大学费用？你或者你的伴侣期望收到赡养费吗？如果期望的话，期望收到多少？多长时间收到一次？

当人们深爱彼此时，提出上述问题可能看起来太商业化了。这些事实让某些人怀疑一对情侣是否在通过准备婚前协议来避免冲突。也许吧，但是这些讨论和对婚姻的书面陈述很可能会降低以后发生冲突的概率，并且增加婚姻幸福的可能性。

加入博客！

你是否曾经准备过一份婚前协议？你认为这种协议是好事还是坏事？请来 MySocLab 加入社会学焦点博客，分享你的观点和经验，并了解其他人的想法。

一个州的儿童提供抚养费或为了避免支付此类抚养费而迁往另一个州的行为视为严重犯罪。此外，许多州已经开始在广告牌或报纸上发布拖欠抚养费的父母名单，希望这种公示会让他们感到羞愧。

（九）再婚：混合家庭的问题

美国的离婚现象非常普遍，因此社会上的再婚情况也较多。事实上，3/4 的人离婚后选择再婚，且多数人会在四年内再婚。在全美范围内，超过 1/3 的婚姻是再婚，即至少有过一个配偶（U.S. Census Bureau，2011）。

当伴侣带着上一段婚姻关系中的孩子再婚时，他们就组成了**混合家庭**（blended families），即*孩子与亲生父母和继父母生活在一起的家庭*。在美国，1/5 的白人家庭和 1/3 的非裔美国家庭是混合家庭。

混合家庭面临着特殊的挑战。一方面，成为混合家庭成员的孩子必须学习新的家庭规则，并与新的兄弟姐妹建立良好的关系。另一方面，继父母们也需要做出调整，与新的配偶及不熟悉的孩子建立关系，大多数再婚夫妻也不得不与孩子的另一亲生父亲或母亲甚至是他们的新配偶保持联系。

大多数的混合家庭试图解决这些挑战，但是研究表明，这类家庭成员也会带来新的风险：对孩子来说，在继父母家庭中，更容易发生身体和性虐待现象；对配偶来说，年轻时选择再婚的人群离婚的可能性远高于初婚人群（Fleming，Mullen，& Bammer，1997；McLanahan，2002）。

（十）同性恋家庭

并非所有的情侣都有结婚的权利。2004年，马萨诸塞州成为美国首个将同性婚姻合法化的州。本页下方的“建构社会问题决定性时刻”栏目可以帮助我们详细了解马萨诸塞州的决定。自此，康涅狄格州、佛蒙特州、爱达荷州、新罕布什尔州、纽约州、华盛顿州、马里兰州和哥伦比亚特区也都改变了以往的法律，开始承认同性婚姻。在其他的几个州，包括新泽西州、俄勒冈州和伊利诺伊州，民事结合为同性恋者提供了大部分或所有权利。而大多数的州出台了禁止同性婚姻的法律，同时也拒绝承认其他州实施的同性婚姻法。 330

在美国各州，大约有90万对同性伴侣已经形成了坚定的伴侣关系，包括35万对合法结婚的伴侣和55万对未合法结婚的伴侣。在所有的同性伴侣中，23%的伴侣抚养着18岁以下的孩子。一般而言，这些孩子大都来自他们的上一段异性婚姻，尽管也有许多同性伴侣领养了孩子（National Conference of State Legislatures，2012；U.S. Census Bureau，2011）。

不管是同性恋者还是异性恋者，很多人认为同性婚姻合法化是衡量社会对同性恋取向的接受程度的重要标准。除了象征意义外，同性婚姻也具备实用价值，因为合法的婚姻会使同性伴侣在 331
医院探视权、医疗保险和儿童监护等方面受益。

建构社会问题决定性时刻　同性婚姻：马萨诸塞州的决议

希拉里（Hillary）和朱莉·古德里奇（Julie Goodridge）有一个愿望。三年前，她们的女儿安妮问她们为什么不结婚，为了回答这个问题，这两位女性决定将她们的情况反映给法院，以获得结婚的权利。法院支持了她们的请求，在2004年5月17日，这两位女性的愿望实现了，因为她们成了合法配偶。

马萨诸塞州同性婚姻合法化是由古德里奇和其他六对同性伴侣推动的。这些人的诉讼可以归结为一个简单的问题：为什么要以同性恋取向为理由剥夺别人结婚的权利？在古德里奇等人诉公共卫生部的案件中，马萨诸塞州最高法院以4∶3的票数做出如下裁定：歧视同性恋者是不对的。法院的决议如下：如果一个人因为与同性组成亲密的、排他的婚姻联盟而被剥夺了民事婚姻的保护、福利和义务，这就相当于被任意剥夺了我们社会中最值得称赞和珍视的成员资格。这种排他性与宪法的“在法律下，尊重个人的自主和平等”的原则不相容。

这一决定平息了关于马萨诸塞州是否允许同性结婚的争论，但是争论并未停止。当时的民意调查显示，马萨诸塞州的大多数人并不支持同性婚姻。基于此，在批评家看来，很多人批评“激进的法官”把他们的自由政治强加给了其他人。当时的总统布什也反对这一决议，他将婚姻描述为一个男人和一个女人之间神圣的制度，并承诺联邦政府将“保护婚姻的神圣性”。根据美国的“完全信仰和信用”条款，在一个州执行的任何条款（包括婚姻条款）都必须在所有州得到承认，所以任何一个州颁布同性婚姻法的意义都很重大。因此，1996年，反对同性婚姻的国会议员通过了《婚姻保护法案》，该法案规定婚姻必须涉及一男一女，并且任何州或其他管辖区都不得承认其他州或者管辖区颁布的同性婚姻法。到2012年，美国30个州通过了一些将婚姻限制在两性之间的法律，或者不承认其他地方通过的承认同性婚姻的法律。然而，2011年，奥巴马政府宣布不再为之前政府的《婚姻保护法案》辩护。

但是同性恋人权斗士在其他州试图改变婚姻法。截至2012年年中，康涅狄格州、艾奥瓦州、新罕布什尔州、纽约州、马里兰州以及哥伦比亚特区也承认了同性婚姻。

虽然还有多少个州会追随马萨诸塞州的决定仍有待观察，但是2004年将同性婚姻合法化的决议是社会看待婚姻和家庭生活方式的决定性时刻。

世界之窗

全球视野下的合法同性婚姻和注册伴侣关系

自从丹麦在1989年认可了同性伴侣关系后，另外33个国家也出台了类似的法律。然而只有12个国家，且几乎都是高收入国家，承认同性婚姻合法化。

资料来源：Bruni（2011），European Union（2011），Freedomtomarry.org（2012），Pew Forum on Religion and Public Life（2009）.

1989年，丹麦是第一个允许同性伴侣通过结成注册伴侣关系享有所有的婚姻合法权利的国家。自此，另外33个国家参考了丹麦的做法，但是仅有12个国家无论是在名义中还是在实际生活中，均扩大了婚姻的范围，将同性伴侣包含在婚姻范围内，这些国家有：荷兰（2001年）、比利时（2003年）、加拿大（2005年）、西班牙（2005年）、南非（2006年）、挪威（2009年）、瑞典（2009年）、葡萄牙（2010年）、冰岛（2010年）、阿根廷（2010年）、巴西（2011年）和丹麦（2011年）。

关于同性婚姻的争论带来了如何定义家庭的问题。一般来看，社会保守派认为同性婚姻破坏了运行几千年的家庭定义，同时，这类家庭并不能提供抚养孩子的绝佳条件（Knight，1998）。大多数社会自由派则认为，人们——不论是同性恋者还是异性恋者——都想要分享生活并希望别人能够认可其关系，这使自由派支持同性婚姻。然而，对于同性婚姻的争论并没有明确划定政治路线，一些社会保守派认可"家庭价值"的重要性并支持同性婚姻，声称所有人都应该从婚姻中受益，而不管他们的性取向如何。

在美国，超过20万的同性恋者在抚养幼童。因此，美国家庭的多样性不仅体现为由单亲父母和双亲父母组成的家庭，而且体现为由两个爸爸或两个妈妈组成的家庭。同性恋父母是一个矛盾的存在，虽然这一做法并未打破联邦或者州的任何法律，但是在监护权纷争中，法院可能认为由
332 异性恋父母抚养孩子会更好。

公众对同性恋父母是否对孩子成长有帮助持不同的看法。约1/3的美国成年人反对这种家庭模式，一些人担心与同性恋父母同住的孩子会面临更高的性虐待风险。然而，并未有研究证据支持这一观点。恰恰相反，研究表明，同性恋父母能够提供与异性恋父母相同的支持和有效的教育。而且也没有证据显示，由同性恋父母抚养长大的孩子以后会更可能变成同性恋者。总之，同性恋家庭面临着问题，但是问题更多来自对同性恋的歧视而不是家庭形式本身（Peterson，1992；Gates et al.，2007；Morin，2011）。

（十一）勇敢的新家庭

1. 高科技生育

1978年，路易斯·布朗（Louise Brown）成为世界上第一个"试管婴儿"，她并非通过传统的生育方式，而是在英国的实验室中被孕育出来的。在实验室里，医生将从母亲体内获取的卵子和从父亲体内获取的精子置于玻璃皿上使其受精，再将胚胎移植回母亲子宫内。

试管婴儿的重要性不仅在于他们是用独特的方式孕育出来的，而且在于科学家可以用医学筛查去"设计"基因图谱，这就使得父母可以选择有特定的容貌和皮肤颜色的孩子。然而，先进的生殖技术在为家庭提供新选择的同时也引发了新的争议。

2. 体外受精

所谓的试管婴儿来自**体外受精**（in vitro fertilization）即*在实验室中将精子与卵子结合在一起*，一旦受精胚胎产生，医生就可以将其植入女性的体内，或者将其冷冻以备后用。

体外受精为无法通过正常方式拥有孩子的300万美国夫妻提供了机会。然而，这一费用非常昂贵，因此实际上每年只有14.6万对夫妻通过体外受精来生育，每年约有6 000名宝宝是通过这样的方式降临的（Centers for Disease Control and Prevention，2011）。虽然那些最终能够拥有

孩子的人认为这个过程是不可思议的，但是批评家们指出体外受精的费用难以为大多数人所接受。此外，由于新的生殖技术允许父母选择孩子的身体甚至精神特质，我们必须面对一种令人不安的可能性，即创造出一种由基因决定儿童的"超级种族"。

3. 代孕母亲

新生殖技术所引发的争议之一是**代孕母亲**（surrogate motherhood）——*代替另一个女性生育孩子的女性*。1986 年，著名的"美国代孕母亲案"使得代孕母亲引起了全美的关注。在此案中，由于妻子无法生育孩子，威廉·斯特恩（William Stern）同意付钱给玛丽·贝丝·怀特海德（Mary Beth Whitehead），让她用人工授精的方式怀孕。尽管怀特海德是孩子的亲生母亲，但是她同意放弃对孩子的所有权利。

怀孕按照计划进行，怀特海德生下了一个健康的婴儿。但在那时，她改变了主意，想要抚养这个孩子。斯特恩夫妻拿出签署的协议，并向法院提起诉讼以获得对婴儿的监护权。1988 年，新泽西州高等法院宣布代孕合同在该州是没有法律效力的，随后，法院宣布依据合同，生母（本案指的是怀特海德）应该拥有对孩子的监护权。然而，其他州承认类似合同，所以美国的政策并不统一。最近几年，这一问题引起的关注相对较少。

代孕母亲案也引发了儿童养育责任的问题。在加利福尼亚，约翰·巴泽卡（John Buzzanca）和卢安·巴泽卡（Luanne Buzzanca）是一对无法生育孩子的夫妻，他们招募了一个女性作为代孕母亲。在此案中，精子和卵子都来自不知名的捐赠者。1995 年，代孕母亲生下一个与她和巴泽卡夫妻都没有生物联系的孩子。不过，在孩子出生前的一个月，约翰与卢安协议离婚了，卢安获得了对孩子的监护权并想要从约翰那里获取抚养费，但是约翰拒绝了她，他说他并不是孩子的父亲。

随后法院审理了此案，加利福尼亚的法院规定，尽管约翰和卢安不是孩子的亲生父母，但他们是孩子的"受赠父母"。因此，法院规定，聘用代孕母亲的夫妻二人都有责任抚养以代孕方式生下来的孩子，最后，卢安·巴泽卡获得了孩子的监护权，约翰·巴泽卡被要求按月支付孩子的抚养费。

此类案件表明，尽管新生殖技术为一些夫妻带来了明显的好处，但是美国社会尚未制定出指导其使用的明确规则。

这是被社会学家称为文化滞后现象的一个很好的例子，指的是科学发现的变迁速度远快于通过可接受的方式利用科学发现的观念的变迁速度，其结果就是有些在科学上可行的做法在道德上可能并不被认为是正确的。

三、家庭和家庭问题相关理论

- **分析**

我们可以通过社会学家的主要理论方法来加深对家庭问题的理解，这些理论方法包括结构功能方法、符号互动方法、社会冲突方法和女权主义方法，第 314 页的"理论运用"表格总结了接下来的讨论内容。

（一）结构功能分析：家庭是基础

结构功能方法将家庭视为社会组织最为重要的单元。乔治·默多克（George Murdock，1949）提出，家庭存在于世界各地，因为家庭履行了对社会运作至关重要的四项主要任务。

第一，就像第 7 章（"性"）所论述的，家庭是社会调节生育的方式，鼓励合法夫妻生育孩子。第二，家庭为孩子创造了稳定而温暖的成长环境。第三，家庭是配偶和其他亲属之间的经济合作共同体。第四，家庭成员在冷漠甚至危险的世界中互相寻求情感支持。

上述功能非常重要，因此，结构功能方法强调家庭是社会良好运行的基础，并将本章所讨论的众多趋势看作影响社会稳定的潜在威胁，如同居、单亲父母和高离婚率。

- **评价**

毫无疑问，家庭确实很重要。研究表明，与在双亲家庭长大的孩子相比，在单亲家庭长大的孩子受教育程度更低，贫困风险更高。而且，很难评估其他社会制度如何介入以发挥现在家庭所发挥的各种功能。

同时，正如第 6 章（“犯罪、暴力和刑事司法系统”）所讨论的，结构功能方法因忽略了家庭矛盾和暴力的程度而受到批评。批评家还指出，如今的家庭通常支持男性对女性的主导，并通过将财富和特权传递给下一代延续着阶级不平等，这就造成了社会不平等。此外，结构功能方法运用宏观视角，将家庭看作一个系统，很少论述个人是如何体验作为日常生活一部分的家庭的，符号互动方法则关注这些。

学习检验 通过将结构功能方法运用到家庭生活中，我们可以学到什么？这个理论方法的局限性在哪儿？

（二）符号互动分析：家庭与学习

符号互动方法不把家庭当作社会制度，而将其视为个人不间断的互动。基于此，我们可以看到孩子在家庭中形成自我形象。在友爱和稳定的父母指导下成长的孩子会形成积极的自我形象，也更有可能在生活中自信地做决定。相反，总是从父母那里得到批评的孩子可能会陷入自我怀疑。

符号互动方法也聚焦于人们如何理解自己和伴侣。在理想状态下，婚姻帮助情侣建立亲密关系（“亲密”源于拉丁语“摆脱恐惧”），意思是每对情侣在彼此的存在中寻求安慰和支持，并自由地分享个人的担忧，但是同样提供亲密承诺的婚姻关系可以反过来影响男性和女性的行为，结果导致两性难以建立个人身份认同和表达个人感情（Macionis，1978）。生活中性别的重要性在于帮助我们理解两性对婚姻的不同看法
334 （Bernard，1982）。

最后，符号互动方法提醒我们，每个人具有的家庭生活经验因时、因人而异。客观来说，无论是哪种家庭状态，家庭成员对于主观现实的感受都可能会因家庭成员而异。

- **评价**

符号互动方法展示了个人理解家庭生活的多样方式。一般而言，丈夫、妻子和孩子对家庭的感知是不一样的。类似地，家庭生活的经历可能会随着时间的推移而改变，就像会随着地点的改变而改变一样。

这个理论方法的局限性在于：尽管家庭生活是多种多样的，但是很多家庭模式是普遍存在的，例如，社会阶层极大地影响了家庭生活。社会冲突方法就提供了将家庭与社会不平等维度联系起来的视角。

学习检验 通过将符号互动方法运用到家庭生活中，我们可以学到什么？这个理论方法的局限性在哪儿？

（三）社会冲突分析：家庭与社会阶级

作为宏观的分析方法，社会冲突方法和结构功能方法都认为家庭在社会运行中扮演着重要角色，但是社会冲突方法指出了家庭是如何与社会不平等联系起来的，尤其是家庭如何运作以使某些人受益同时使某些人处于不利地位，而非强调家庭生活使个人受益的方式。

早期关于家庭生活的社会冲突方法来自弗里德里希·恩格斯（Friedrich Engels，1902，orig. 1884）。正如恩格斯所看到的，家庭制度实际上是在富人之间形成的，以便能够将财产进行代际传递。他还强调，家庭制度与法律制度一样，存在的意义在于保护遗产。正如富人家庭的财产代代相传，其他家庭则进行着贫困的代际传递，一个社会的阶级体系在每个新生代中不断复制。

- **评价**

社会冲突方法认为，实现社会平等的路径就是消除家庭，至少消除目前的家庭形式。不过，这种观点忽视了美国大多数人从家庭生活中获得极大满足感的事实（NORC，2011：2353）。对社会来说，消除家庭也许是促进社会公平的策略之一，但是目前还不清楚，在没有家庭的情况下，在友爱的环境中照顾儿童这么重要的任务该如何完成。

学习检验 通过将社会冲突方法运用到家庭生活中，我们可以学到什么？这个理论方法的局限性在哪儿？

335 （四）女权主义分析：家庭与性别

关注性别的女权主义方法是社会冲突分析视角的重要维度。该理论方法关注家庭如何与男性凌驾于女性之上的性别分层联系起来。

将家庭与阶层不平等联系起来的弗里德里希·恩格斯也阐释了家庭与性别不平等的关系。首先，男性占据家庭的领导地位，家庭的发展是男性获得凌驾于女性之上的权力的重要途径。其次，家庭财富实际上是男性的财富，当他们想要传递他们所拥有的东西时，需要确切知道自己的孩子是谁。继承的基础便在于此，从实践的角度来看，这指的是父亲将财富转移给儿子。

但是因为男性必须确定孩子是亲生的，所以男性必须控制女性，尤其是女性的性关系。这一事实在很大程度上解释了传统的关注点，即女性在结婚前是处女，且在结婚后继续维持忠诚的妻子形象。

最后，当男性离家工作时，他们期望女性照顾家庭和孩子。综上所述，恩格斯得出结论，即家庭使得女性在性和经济财产方面依附于男性。

- **评价**

女权主义方法解释了家庭不仅延续了阶层不平等，而且延续了性别不平等。我们可以看到，阶层不平等和性别分层在家庭中共同存在。

这一理论方法的局限性在于，在过去的一个多世纪里，男性和女性在家庭角色方面变得越来越平等，妻子和丈夫共同为家庭提供经济支持。人们发现，家庭生活可以为亲密关系提供最愉快的环境，而不一定是恩格斯所描述的冲突的竞技场。

学习检验　通过将女权主义理论运用到家庭生活中，我们可以学到什么？这个理论方法的局限性在哪儿？

四、政治和家庭：提出问题并定义解决方案

- **评价**

虽然理论加深了我们对于家庭的理解，但是人们对家庭问题的定义以及他们认为应该如何处理家庭问题都属于政治范畴。在本章的末尾，我们将保守派、自由派和激进左派的观点应用在家庭和家庭生活的议题中。

（一）保守派：传统的“家庭价值”

保守派将价值看作社会的核心，因为价值是

理论运用　　家庭生活

	结构功能方法	符号互动方法	社会冲突方法	女权主义方法
分析层次	宏观	微观	宏观	宏观
家庭对社会的重要性体现在哪儿？	将家庭视为社会的基础，因为家庭有几大重要功能，如调节生育，为孩子提供稳定的生活条件，同时，为家庭成员提供经济支持。	强调成员在家庭生活中的互动模式。例如，在友爱和稳定的指导中成长的孩子会形成积极的自我形象。性别可以作为婚姻生活中的脚本，会减少情侣的亲密关系。	聚焦社会不平等。恩格斯指出，家庭是代际转移财富并复制阶级结构的系统。	论述了家庭的发展是如何使得男性凌驾于女性之上的，尤其是在控制女性的性行为方面。
与家庭有关的问题是什么？	因为强调家庭对社会运行的重要性，所以任何威胁到家庭稳定的因素都可能会被视为社会问题，如离婚率攀升、单亲父母数量上升。	强调个人体验家庭生活。每个人都会以自己的方式体验家庭生活，并主观地定义一些情况，不管在客观情况下这些情况是否是问题。因此，我们不能对家庭问题做出广泛的概括。	主要问题是社会不平等，这是由家庭造成的。家庭是延续社会不平等的系统。	家庭的主要问题在于这种社会制度是性别分层的基础，这就限制了女性权利。

把人们团结起来并定义生活的方式。家庭是最重要的社会场所，因为家庭可以传播基本价值观。为此，保守派通过强调抚养孩子的重要性来支持他们所谓的“家庭价值”，这种价值观需要已婚、对配偶和子女做出承诺，以及不赞成离婚的群体来维系。

此外，保守派指出，婚姻不仅使成人受益，也对孩子有帮助。与不结婚的人相比，结了婚的人更快乐，经济实力更强，甚至被报道有更多的性行为（Waite & Gallagher，2000；R.W. Simon，2002）。

从保守派的观点来看，任何威胁传统家庭的现象都有可能被定义为社会问题。未婚同居者数量的增加便是一个典型案例，保守派称同居为社会带来了麻烦。许多保守派人士并不支持同居，因为这样的关系缺少合法婚姻的承诺。在他们看来，同居的流行标志着“个人优先”的价值观，即人们认为个人主义优于承诺。在这种文化转变中，最大的受害者往往是孩子，他们更有可能在单亲家庭中长大，从而增加贫困风险和未来离婚的风险（Popenoe & Whitehead，1999；Glenn &
336 Sylvester，2005）。

保守派认为，自20世纪60年代以来的高离婚率是一个严重的问题，他们中的许多人反对在全美范围内推广无过错离婚政策，认为这一政策使得离婚更容易。更广泛地说，保守派敦促我们转变思维方式，即从倾向于同居和简单地离婚的个人主义文化转向倾向于承诺和婚姻的文化。而且，承诺而非个人独立使得两性享有更好的精神状态，并在重要的人生阶段为孩子提供更稳定的生活。支持“家庭价值”也意味着父母花费更多的时间在孩子身上。保守派批评父母与孩子度过很短的“美好时光”的流行观点，认为这种观点是让孩子无法获得足够优先权的借口。虽然保守派承认许多家庭依靠父母双方的收入维持，但是他们建议年幼孩子的父母考虑减少工作时间，将一周的工作时间控制在60个小时以内，以便满足孩子的需求（Broude，1996；Whitehead，1997；Popenoe，1998，1993a，1999）。

（二）自由派：多种家庭类型

自由派支持个人自由，因此，他们对于当今家庭和家庭问题的理解与保守派完全不同。自由派认为，保守派只意识到真实家庭的一种类型并认为这种家庭类型对于每个人来说都是最好的。但是，对于自由派来说，这是强加道德的不公正行为。不同的人会选择不同的家庭类型，有些人甚至可能根本就不会组成家庭。他们指出，美国历史上存在着多种类型的家庭，而家庭的多样性至今仍存在（Kain，1990；Koontz，1992）。

自由派支持家庭多样性。他们认为，人们有权利选择不同的家庭类型，包括同居、单亲家庭、混合家庭、同性恋家庭和单身。在自由派尤其是女权主义者看来，那些保守派认为是问题的家庭模式反而是家庭问题的解决方案。从自由派的视角来看，将人们局限在“传统家庭”会让很多人不快乐。同样重要的是，女权主义者认为传统家庭限制了女性谋生的机会，使女性受困于虐待关系中。因此，自由派将贫困和家庭暴力视为最严重的家庭问题。

从自由派的视角来看，家庭形式的多样性实际上是解决家庭中的女性受控于男性这一历史问题的办法（Stacey，1990，1993）。面对单亲母亲陷入贫困的概率更大这一事实，自由派的解决办法是：增加儿童照料项目，以便更多的母亲可以工作。此外，政府应该行动起来消除性别歧视，以便工作的女性获得与男性一样多的收入。更广泛地来说，自由派的“支持家庭”的议程包括提高最低工资，甚至可能将设置最低工资标准作为强化家庭的政策。

（三）激进左派：取消家庭

激进左派的观点始于家庭与社会不平等的紧密关系。从激进左派的视角来看，现在的家庭形式至少在三个方面延续了社会不平等。

首先，弗里德里希·恩格斯提出了家庭形成并延续阶级分层的观点，即借助家庭，个人私有财产的代际传递维系了阶级结构的再生产。

其次，恩格斯还指出，家庭维系了性别分层。根据女权主义的观点，男性必须控制女性的性生活，目的是知道自己的亲生子女是谁。此外，当男性因为工作离开家庭后，女性必须扮演家庭主妇和母亲的角色。

最后，尽管近年来有重大的变化，但在除 7 个州以外的所有州，合法婚姻仍然仅限于异性伴侣。因此，总的来说，美国现今的家庭体系并不接受同性伴侣，而是将他们推向社会边缘，这就意味着家庭也延续着基于性取向的分层。

337 综上所述，这些论点使得激进左派为了实现社会平等而支持取消家庭。但是他们对于家庭“问题”的解决方案是什么呢？为了消除阶级不平等，社会必须以同样的方式对待所有的孩子，也就是使儿童照顾成为集体产业。同样，为了消除性别不平等，社会必须将婚姻重新定义为家务与收入责任共享的合作关系。最后，正如第 4 章（“性别不平等”）所论述的，激进的女权主义者设想了一种未来，即新的生殖技术使女性能够打破需要怀孕的生物学束缚。

“从左到右”表格分别从三种政治立场来看待家庭问题和解决方案。

从左到右　关于家庭生活的政治观点

	激进左派观点	自由派观点	保守派观点
问题是什么？	家庭生活与不平等现象紧密相关，家庭支持基于阶级、性别和性取向的不平等，所有这些都是不公平的。	在当今社会中，对多样的家庭模式没有足够的宽容；强加任何“理想家庭”模式的努力限制了人们的选择；女性和儿童的贫困是一个严重的问题。	传统家庭正在瓦解——离婚、单亲家庭和未婚同居都是“个人优先”文化的表现，这些现象损害了家庭并将儿童置于风险中。
解决方案是什么？	只有通过彻底取消家庭，社会平等才有可能实现；社会应该考虑对家务和照顾孩子的安排。	鼓励对各种家庭模式的宽容，包括同性恋家庭。增加女性的经济机会将使儿童受益。执行所有反歧视法律，并扩大可负担的儿童照料项目。	加快婚姻文化变革的速度；使契约婚姻更为广泛地被应用；取消《无过错离婚法》；阻止未婚同居。

参与讨论

1. 在家庭案例中，你的问题通常可能是别人的解决方案，用本章讨论的几个问题说明这一观点。
2. 支持这三种政治立场的人如何定义“家庭”？请你找出他们一致和存在分歧的地方。
3. 对美国家庭的哪种政治分析最让你信服？请说明原因。

总结与展望

- **设想**

过去的一个世纪见证了美国家庭的非凡变化。1900 年，女性平均生育 5 个孩子，没有工作和选举权，即女性完全依赖男性。如今，女性平均生育两个孩子，生育是可选择的，大多数女性有工作，并且在越来越多的岗位上为获得收入而工作，女性也有了越来越多的政治权利。总之，尽管大多数男性和女性仍然在家庭中生活，但是女性远比男性更独立。

在未来的几十年内，家庭仍将不断发生变化。我们预计，为获得收入而工作的女性比例将继续上升，出生率将略微下降。这些趋势将使得男性与女性的生活更相似，这也是婚姻和家庭生活的传统观念正在让位于更加多样化的两性关系的一个关键原因。

尽管离婚率近来延续了下跌的趋势，但对大多数人来说，婚姻似乎不再是一生的承诺。许多婚姻家庭模式，如传统婚姻、同居、独居、混合家庭、未婚抚养孩子，都将成为美国社会的一部分。

美国的贫困儿童依然是争论的焦点议题。保

守派和自由派都将此定义为社会问题，尽管两派支持不同的解决方案。保守派认为，对贫困儿童的解决方案是回到更为传统的双亲家庭；而自由派认为，贫困儿童问题的解决与政府政策有关，尤其是增加低收入劳动者的工资，并扩大女性的工作机会。

第二个重要议题是同性恋者获得合法婚姻的进度。对于那些支持所有公民不管性取向如何均享有合法婚姻权利的人来说，7 个州的同性婚姻合法化政策已然是重大胜利。但与此同时，其他州并没有效仿，大多数的州已经采取措施阻止承认同性婚姻的合法性。民意调查显示，美国成年人在是否支持同性婚姻合法化的问题上分庭抗礼。数十年来的发展趋势不断提升了公众对同性婚姻的接受度，因此我们有充分的理由期待这种趋势继续下去。同性婚姻合法化的最强烈的反对者是老年人；约 60% 的年轻人支持所有人都可以结婚，而不管他们的性取向如何（Morin，2011）。

最后一个议题是关于新生殖技术带来的可能性必然会扩大，此处的挑战在于确保我们理解使用类似基因工程技术的后果。总之，伦理评估与科学进步保持同步非常关键。

上述原因使得家庭生活的问题与解决方案的争论仍会继续。从现在开始的一个世纪里，当试图回答“什么是家庭”这一问题时，人们依然持有不同的观点。

338 定义解决方案

大众传媒是从保守还是自由的角度来呈现家庭的？

也许这样问会更好一点：当今的大众传媒真实呈现了美国家庭的多样性吗？看看下面的陈述，你能获得关于家庭生活的深刻见解，就像从大众传媒上所看到的那样。

1. 情景喜剧《中产家庭》讲述了赫克一家的日常生活冒险故事，包括弗兰基·赫克、迈克·赫克及他们的三个孩子。赫克一家住在印第安纳州的中西部小镇，这个家庭在很多方面带着“中”字，如属于中产阶级、住在中西部、父母在人生中途组建家庭、孩子从中途生活在一起直到成年。赫克家的人都面临着挑战，但是电视剧聚焦于家庭生活的积极影响。从这个角度看，传统家庭成为很多人生问题的解决方案，这也是被保守派广泛接受的观点。你认为这个喜剧是否是现实主义的？你赞同它呈现家庭生活的方式吗？

2. 在《半路奶爸》这一电视剧中，23 岁且社会经验并不丰富的詹姆斯·吉米·钱斯与勒克·克莱尔发生一夜情后，对方生下了他的女儿霍普，随后克莱尔因谋杀案被判处死刑，吉米独自抚养这个孩子。如今很多电视节目基于非家庭角色或者很多非传统的家庭角色，就像这类情景喜剧所传递的那样。自由派认为，婚姻和家庭可能并不完全是问题，但其也并非人们追求美好生活的必需品。

提示：就美国的家庭生活而言，赫克一家更接近于传统家庭，而钱斯一家可能属于大众传媒描绘的高度多样化的非传统家庭。从这两个情景喜剧中，我们会了解到许多人在家庭生活中遇到的优势和挑战，同时它们也提醒我们家庭具有多样性。

参与：应用和练习 339

1. 查找当地社区的卫生和公共服务的部门网站或者当地的其他社会服务机构，了解该组织为帮助家庭而提供的服务的范围，找寻参与帮助当地家庭的机会。
2. 几乎每个人都有生活在混合家庭的朋友，问问他们和继父母及继兄弟姐妹一起生活的挑战和回报。
3. 家庭生活几乎在所有的政治运动中都扮演着角

色。关注国家机构候选人的演讲和发言，并记录他们对家庭问题的看法。民主党认为家庭问题是什么？共和党又是如何认为的呢？他们的解决方案有何不同？

4. 种族和民族会影响人们对家庭生活的看法。回顾本章旨在展示种族和民族塑造家庭形式和家庭生活方式的内容。

340

达标：可视化摘要

建构社会问题决定性时刻

同性婚姻：马萨诸塞州的决议

什么是家庭？

• **家庭**是将个人团结成为合作团体以照顾成员、规范性关系和监管抚养孩子的社会制度。 • **亲属关系**是一种以血缘、婚姻或收养为基础并将个人与家庭联系起来的社会纽带。 • 在包括美国在内的高收入国家，人们的生活围绕着**核心家庭**展开。 • 在世界上的许多低收入国家中，大多数人生活在**扩大家庭**。 • 在最近几十年内，越来越多的人拓宽了家庭的定义，将**亲和家庭**包括在内，亲和家庭由认可彼此的个人组成。	**家庭**：一种将包括儿童在内的个人联合成相互关心的合作团体的社会制度。 **亲属关系**：一种以血缘、婚姻或收养为基础并将个人与家庭联系起来的社会纽带。 **核心家庭**：由一个或两个父母及其子女组成的家庭。 **扩大家庭**：父母、孩子、祖父母、叔叔阿姨、堂兄弟姐妹们居住在一起的家庭。 **婚姻**：一种通常包含经济合作、性生活和生育的法律关系。 **亲和家庭**：不管有无法律或血缘关系，只要他们认可彼此，就可以组成一个家庭。

关于家庭生活的争论

同居 680 万美国情侣处于同居状态，占比 6%。 • 很多年轻人将同居看作尝试一段关系的明智之举。 • 证据表明，同居阻碍了婚姻并增加了单亲父母的比例。 **推迟结婚** 自 1950 年以来，推迟初婚成为一种趋势；目前，女性的初婚年龄为 26.5 岁，男性的初婚年龄为 28.7 岁。 **单亲父母** • 大约 1/3 的儿童与单亲父母生活在一起；大约有一半的人在 18 岁以前的某个阶段与单亲父母生活在一起。 • 由单亲父母抚养的儿童更容易陷入贫困，并且自身也更有可能成为单亲父母。 **家庭、种族和贫困** • 在白人家庭中，单亲家庭通常由离婚所致；在非裔美国家庭中，73% 的儿童由未婚妈妈所生。 • 研究表明，在非裔美国家庭中，工作机会的缺乏是单亲家庭贫困产生的主要原因之一。 • 非裔美国家庭具有显著的优势：能建立紧密的亲属关系、能利用宗教信仰、有帮助抚养孩子的祖辈。 **工作与家庭生活的冲突** 大多数女性与男性一样为获得收入而工作，因此家庭生活与工作的需求之间的矛盾总是存在，尤其是对女性而言，因为她们承担着更多的做家务和照料孩子的责任。 **儿童照料** 可负担的儿童照料对数百万家庭来说是个严重问题，尤其是对于低收入家庭而言。	**同居**：未婚情侣共享家庭生活。 **混合家庭**：孩子与亲生父母和继父母生活在一起的家庭。 **体外受精**：在实验室中将精子与卵子结合在一起。 **代孕母亲**：代替另一个女性生育孩子的女性。

离婚

如今约 1/3 的婚姻以离婚收场，美国现在的离婚率为一个世纪前的四倍。

随着越来越多的女性实现了经济独立，以及《无过错离婚法》的颁布，离婚变得更容易。

儿童抚养

法院命令夫妻中的一方在离婚后向孩子（占 51%）提供经济支持。然而这部分孩子中的 59% 只收到部分抚养费或者根本就没有收到抚养费。

再婚

- 大约 3/4 的人离婚后会选择再婚，因此现今超过 1/3 的婚姻是再婚，即至少有过一个配偶。
- 再婚现象创造了混合家庭，这种家庭面临着一些特殊的挑战，如与继父母和继兄弟姐妹建立新的关系。

同性恋家庭 341

世界上的大部分地区和国家禁止同性伴侣建立合法婚姻关系。在美国，90 万对同性伴侣形成了坚定的伴侣关系，这些伴侣正在逐步获得更多的法定权利和社会认可。

体外受精和其他**新生殖技术**帮助很多不能生育的夫妻拥有了自己的孩子。但是新生殖技术也带来了关于创造“定制”孩子的伦理问题。

家庭和家庭问题相关理论

结构功能分析：家庭是基础

结构功能方法指出家庭在社会平稳运行中扮演的角色。

- 通过调节性行为、监督年轻人的社会化、建立经济合作关系和寻求亲属的情感支持，家庭为社会的运行做出了突出贡献。
- 该方法认为，任何威胁到家庭稳定的情况都会被界定为社会问题。

符号互动分析：家庭与学习

符号互动方法将家庭生活看作个人的互动。

- 儿童的自我形象和伴侣的亲密程度都不是固定的，而是持续互动的结果。
- 家庭生活的经历因人因时而异。

社会冲突分析：家庭与社会阶级

社会冲突方法强调家庭与社会不平等之间的联系。

- 弗里德里希・恩格斯将家庭的兴起看作家庭将财产从一代传给下一代的策略。
- 家庭的运作再生出阶级结构。

女权主义分析：家庭与性别

女权主义理论强调女性与性别不平等之间的联系。

- 相对于女性而言，通过让男性占据主导地位，家庭给予男性更多的权力。
- 家庭的产生使得男性控制女性，尤其是女性的性行为。

政治和家庭：提出问题并定义解决方案

保守派：传统的“家庭价值”

- **保守派**将传统的家庭视为良性社会的基础，因此将同居、高离婚率、单亲父母视为社会问题。
- 支持重返传统的“家庭价值”，认为承诺比个人主义更重要。他们强烈要求父母花更多的时间在孩子身上。

自由派：多种家庭类型

- **自由派**认为家庭多样性是积极的，因此支持个人选择家庭形式。
- 自由派害怕将人们局限在“传统家庭”中会限制女性获得谋生能力，并使一些女性受困于虐待关系。

激进左派：取消家庭

- **激进左派**认为传统的家庭在阶级、性别和性取向方面支持了不平等。
- 激进左派支持取消我们熟知的家庭，儿童照料应该形成集体产业，婚姻应该是基于共同分担家务与收入责任的伙伴关系。

第13章 教育

342–343

学习目标：

- **记住**本章中用黑体字突出显示的关键术语的定义。
- **理解**世界不同地区的学校教育类型和美国学校教育随着时间的发展发生了怎样的变化。
- 将社会学的想象力**运用**于观察不同民族、阶级、性别在学校教育中的影响。
- 运用社会学的主要理论方法**分析**美国的学校教育。
- 从各种政治立场**评价**美国学校教育体系。
- **设想**你将如何改变社会以提高学校教育质量。

344 **问题的提出**

——你能想象如何在不会阅读和书写的情况下度过一天吗？

全球有超过 8 亿女性和男性没有接受过学校教育。

——美国的学校教育机会公平吗？

就公办学校教育来说，在最贫困的地区，每年每个学生大约花费5 000美元，而在最富有的地区，每年每个学生的花费超过了 20 000 美元。

——社会地位真的会影响一个孩子的受教育经历吗？

来自最贫困的 25% 的美国家庭的孩子的辍学概率比最富有的 25% 的美国家庭的孩子高 6 倍。

章节概述

20世纪，美国社会推动学校教育发生转变的关键因素是什么？本章将解释所有的变化趋势。你将从本章中了解到美国的平均教育水平以及本科教育增长率都是在逐渐提高的。与此同时，美国社会在学校教育方面依然面临着很多争议，包括美国学校教育中的低学业成绩、高辍学率、种族隔离的持久性，以及如何更好地对新一代移民开展学校教育。你将把社会学的理论方法应用到学校教育问题上，并了解到人们如何定义“问题”和“解决方案”，及其背后所反映的政治态度。

1954 年 5 月 17 日，这是一个有望永远改变美国的一天。那一天距离现在已经有 60 多年的时间了，在那场众所周知的布朗诉托皮卡教育局案中，美国最高法院做出了具有里程碑意义的判决。借助这次判决，最高法院宣布从此废除种族隔离学校，这种曾在美国常见的学校从此不再具有法律效力。

当这项决定被宣布时，一个高个子男人正站在华盛顿特区最高法院大楼的台阶上。他是瑟古德·马歇尔（D.C. Thurgood Marshall），曾是美国全国有色人种协进会（NAACP）的首席律师，该组织帮助有色人种向最高法院提起诉讼。马歇尔后来成了最高法院的法官，并对记者和整个国家发表了讲话。他很快意识到，法院的任何声明都不会立刻带来改变。相反地，他注意到，美国的学校还需要做更多的工作。但是他向全美保证，由于最高法院的裁决，美国学校的种族隔离将在 5 年内消失（A. Cohen，2004）。 345

这个事件发生在 60 多年前，然而如今美国的学校和当年一样，仍实行种族隔离。正如本章所解释的，白人孩子依然在绝大多数都是白人的学校里学习，黑人孩子依然在几乎都是黑人的学校里学习。同样的现象也出现在拉美裔孩子身上，他们所读的学校招收的几乎都是跟他们一样的孩子。

在现代的学校里面，种族隔离只是其中一个问题。其他的问题包括不公平的助学基金、落后的教学质量、高辍学率、校内犯罪等。

所有这些问题都涉及**教育**（education），即*社会向其成员传递知识——包括基本常识和工作技能，以及文化习俗和价值观——的一种社会制度*。本章从一个简要的有关世界各地教育的调查开始，然后评估美国的学校在帮助年轻人为成年后的更好的生活做准备方面做得如何。

一、教育问题：全球视角

- **理解**

世界各地的父母和社区的邻居们都组织起来教授年轻人重要的知识和技能。其中一个重要的教育类型就是**学校教育**（schooling），即*由受过专业培训的教师来执行的正式的教导*。这是一种随处可见的教育形式。学校教育极广泛地适用于生活在世界高收入地区的年轻人，但是在低收入地区生活的年轻人却在学校教育方面受到限制。

（一）低收入国家：有限的学校教育

美国接受学校教育的孩子数量非常庞大。但是那些低收入国家的孩子中的很多却没有接受学校教育的机会。在非洲中部和亚洲西部收入最低的地区，大约有 1/4 的年轻人从来没有进过教室。世界上多数孩子至少接受过初级教育——1 ～ 5 年级或 1 ～ 6 年级的教育水平。然而，中等教育较少普及。在非洲大部分地区和拉丁美洲、亚洲部分地区，有一半的孩子没有接受过中等教育（World Bank，2012）。

为什么低收入国家的学校教育如此有限？低收入国家的农业（农耕）经济占大部分，约有一半的人民生活在乡村地区。按照这种传统的设置，父母承担着教授子女日常生活所需的知识和技能的最大责任。父母通过把子女留在家中获得经济利益，因为子女留在家里可以通过工作去供养其他家庭成员。

为了推动经济增长，用工业、服务业代替农业，低收入国家的政府努力提高**读写能力**（literacy）即*阅读和写作的能力*。人们需要文化技能，从而在工厂和办公室获得工作。一个高素质的人才能够帮助一个国家吸引国外投资，促进经济发展，并创造更多的工作岗位。

不过，提高读写能力并没有那么容易。那些还在挣扎于填饱人民肚子的国家，是没有足够的钱去投资学校教育的。这就是世界上有超过 8 亿的成年人（约占总人口的 1/6）依然是文盲的主要原因（World Bank，2012）。低收入国家没有读写能力的人所占比例较高，常常高达 50%。

在全球的文化教育模式中，性别也扮演了重要的角色。在那些最贫困的国家，女性学习识字的可能性远小于男性。例如，在尼泊尔这个贫困的亚洲国家，约有不到一半的女性有阅读能力，相比之下，却有近 3/4 的男性有阅读能力（World Bank，2012）。

性别差距虽然正在缩小，但依然存在，因为在一些父权社会，父母更有可能送男孩去学校。许多低收入国家不仅是典型的父权社会（男人拥有的权力超过女人），而且属于从夫居（一对新婚夫妻和丈夫的父母一起居住）。因为新娘要离开她的父母与她丈夫的父母一起生活，所以这些 *346*
女孩的父母认为将女儿送到学校学习是用有限的资源做一种无回报的投资。因为儿子在长大和结婚之后依然会与家庭保持亲密关系，所以父母更愿意为儿子的教育投资。当女儿还年轻并且居住在家里的时候，父母可以从她们那里得到的回报，通常就是她们通过劳作换来的工资。这些事实解释了为什么在世界上绝大多数的童工是女孩子（International Labor Organization，2010）。

高文盲率意味着世界上有数以亿计的女性生活质量较差。此外，缺少学校教育也会导致其他的问题。缺乏阅读能力的母亲，受困于为孩子提供启蒙教育和健康照顾，也较少会有高薪职业的工作机会。那些缺少经济机会的女性最后会有更多的孩子，也会增加国家的负担。这种情况不仅伤害女性自己，还将减缓整个国家经济发展的进度。

世界之窗　　全球视野下的文盲

米盖尔·米里奇奥（Miguel Milicchio），17 岁，居住在阿根廷首都布宜诺斯艾利斯，他希望明年进入大学学习。

什雷拉·狄波（Shreela Deeble），14 岁，居住在坦桑尼亚的姆万扎，他家距离学校 4 公里，他是他家第一个学习阅读与书写的人。

美国和其他高收入国家中的文盲通常是穷人。但是在一些低收入国家，有一半或者一多半的人不会阅读和书写。

*资料来源：*United Nations Development Programme（2011）.

（二）高收入国家：不公平的学校教育

在高收入国家中，大部分工作要求人们有文化和专业技能，人们认为学校教育可以使孩子成为有用的人。事实上，高收入国家中的绝大多数年轻人完成了初级学校教育和中等学校教育。在美国，有 88% 的超过 25 岁的成年人已经完成了高等学校教育（U.S. Census Bureau，2012）。

高收入国家也有能力送一大批人进入大学。美国成年人的大学完成率居世界第二（位居挪威之后）：30% 的 25 ～ 64 岁的美国人已经获得学士学位（U.S. Census Bureau，2012）。

但是，美国在学校教育的范围和质量方面并非对每个人都公平。甚至在大部分人进入大学的
347 同时，美国仍存在大规模的文盲群体。

尽管美国政府官方宣布，只有极小比例的成年人是文盲，但是估计有 3 000 万人（占总人口的 14%）只有一点或者根本没有文化技能（U.S. Department of Education，2011）。

简而言之，在过去的一个世纪里，美国面向所有国民扩大学校教育范围。与此同时，本章后面的部分将做出解释，以说明为什么学校教育的范围和质量对每个人来说并不一样。另外，美国对文盲的划分标准高于其他大部分高收入的西方国家（OECD，2011）。

（三）美国教育的历史进程

早期的民族领袖，包括托马斯·杰斐逊（Thomas Jefferson），指出文化能力是实现美国政治民主的关键。在那个时候，新生的美国非常贫困，并且大部分人是文盲。

文盲，而且特别是某些人口群体中的文盲，并没有被广泛界定为一个社会问题。例如，大部分人认为，没必要去教育家庭妇女。白人认为非裔美国人毫无接受教育的必要，因为他们生活得像奴隶一样；白人害怕读写能力的提升将会鼓励奴隶的集体叛乱。在内战结束后，奴隶制被废除，美国学校的大门才向非裔美国人开放。然而，在绝大部分的案例中，这些学校与招收白人的学校是隔离的，且教育质量不如白人学校。

直到 19 世纪后期，工业革命增加了对受过教育的工人的需求，美国社会才开始将文盲定义为社会问题。工厂里对复杂机器的操作要求劳动者掌握阅读、拼写和算术方面的基本技能。另一个担忧是，每年大约有 100 万移民进入美国，美国社会希望公立学校不仅能给这些新移民提供工作所需的技能，还能对他们进行文化教育——尤其是帮助他们掌握英语——来协助他们成为“美国化”的公民。

因此，20 世纪初，各州纷纷建立更多公立学校、制定法律，要求孩子们在一年的大部分时间里上学。大多数人支持公共教育以解决文盲和文化差异问题。然而，不是所有的移民都愿意把他们的孩子送到公立学校，特别是天主教移民。在他们看来，美国是一个主要信奉新教的国家，他们不想失去自己的传统和信仰。天主教会对此做出回应，建立了天主教学校，这些学校至今仍在美国各地存在。

到 1918 年，美国每个州都颁布了一项强制性教育法，要求孩子在 16 岁之前必须上学或至少读到 8 年级。如图 13-1 所示，从那以后，美国人口的受教育程度稳步提升。1920 年，只有 16.4% 的美国成年人完成了高中学业，只有 3.3% 的美国成年人拥有大学学历。但到 2011 年，有 88% 的美国成年人是高中毕业生，30% 的美国成年人拥有大学学历（U.S. Census Bureau，2012）。

20 世纪是美国学校教育发生巨大变化的时代。现在，我们期待年轻人进入学校。尽管正规的教育已成为他们每天生活的一部分，但是今天的学校仍面临一系列严重的问题。事实上，很多人认为，美国的公共教育处于一种危机状态。

二、美国教育问题

- **运用**

要了解美国学校面临的挑战，就要考察它们的任务范围。纵观全美，有超过 5 500 万学生在 133 000 所公立的、教区的和私立的学校就读，他们会说超过 100 种不同的语言（U.S. Department of Education，2011）。

注册的公立学校中的学生占到 90%，其财政预算超过了 6 000 亿。然而，美国的许多人对公立学校并不满意。调查显示，在美国成年人中，给当地学校打了 C 或者以下分数的人，与打 A 或者 B 的人基本各占一半（Bushaw & Lopez，2011）。在下文中，我们调查了美国学校的表现，并围绕美国学校教育来讨论一系列问题和争论。

（一）美国学校的学业表现

世界上只有一个国家（挪威）拥有大学学历的人口比例高于美国。但就阅读、数学和科学方面而言，美国的大学排名低于日本、英国、加拿大、捷克以及大约 25 个其他国家（OECD，
348 2011）。

另一个衡量学习成绩的著名标准是美国高中生的大学入学考试。美国学术能力评估考试（SAT）同时针对语言和数学能力进行测评，从该项考试的成绩表现来看，美国教育在过去的 40 年里几乎没有什么变化。1967 年，美国学生在数学考试中的平均分为 516 分（满分为 800 分），在语言考试中的平均分为 543 分。到 2011 年，数学平均分下降了 2 分，降到了 514 分，语言平均分降到了 497 分（College Board，2011）。

如果说美国学生的平均成绩有所下降，那么社会弱势学生的成绩更是一个严重的问题。有证据表明，美国学校辜负了所有美国人的期望。

在 SAT 中，尽管亚裔美国学生平均比白人学生高出约 60 分，拉美裔美国学生平均比非拉美裔白人学生高出约 200 分，但非裔美国学生平均比白人学生低约 300 分（College Board，2011）。

是什么导致了这些差异？有许多因素在起作用。亚裔美国人在强调学业成就的家庭环境中花更多时间做功课，并从中受益。相比之下，非裔美国年轻人更有可能与单亲父母生活在一起，他们通常很少接触书籍、博物馆、旅游和其他学习资源。此外，有色人种中的年轻人不得不面对种族成见，这些成见让他们怀疑自己的语言能力，有时甚至开始自我怀疑。

许多拉美裔美国年轻人在开始学业时几乎没有多少英语能力。假设你只会英语这一种语言，想象一下如果你进入一所讲西班牙语的学校，并且你周围几乎所有人都操着地道的西班牙语，你会如何表现。虽然大多数美洲原住民在上学时讲英语，但他们中的很多人将学校视为外来文化。拉美裔美国人和美洲原住民是最不可能完成大学教育的人群——只有约 14% 的人可以完成（U.S. Census Bureau，2012）。

对所有人来说，贫困的风险越高，教育成就会越低。拉美裔美国儿童（35%）、非裔美国儿童（39%）和美洲原住民儿童（35%）的贫困率远高于亚裔美国儿童（12%）和非拉美裔白人儿童（12%）（U.S. Census Bureau，2011）。收入影响教育质量的一个重要途径是资金。与低收入社区的学校相比，招收富裕学生的学校在每个学生身上花的钱更多。这意味着来自富裕家庭的孩子可以接触到更好的老师、更小的班级和更多的教材。不出意料的是，来自高收入家庭的学生最终在成绩测试中表现更好。平均而言，来自年收入超过 20 万美元的家庭的高中生在 SAT 考试中的综合分数要比那些年收入低于 2 万美元的家庭中的高中生高出 398 分（Collgeg Board，2011）。

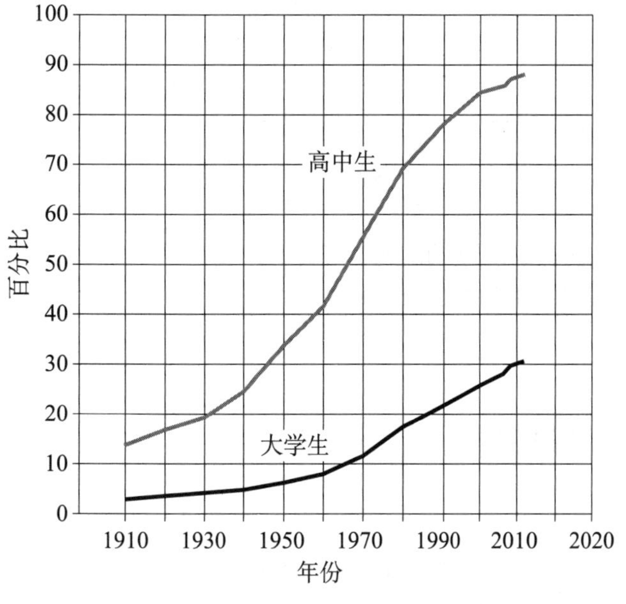

图 13-1　美国学校（1910—2011 年）

注：如今，美国成年人完成大学学业的比例是 1910 年完成高中学业的比例的两倍多。

资料来源：U.S. Census Bureau（2012）.

（二）家庭和学校的影响

来自低收入家庭的孩子面临着双重负担：家庭教育优势减少、上学机会减少。最近的一项研究能帮助我们了解这两个因素是如何影响美国学生的学习成绩的。道格·唐尼（Doug Downey）领导的一个研究小组计算出，那些在暑假和寒假休息，其他时间每天上学 6 ～ 7 个小时、每周上学 5 天的学生，他们醒着的时间只有 13% 是在学校度过的。因此，研究人员得出结论，我们应该认识到家庭环境的重要性，因为学生们的大部分时间是在家庭中度过的（Downey，von Hipple，& Bron，2004）。

研究小组接着考察了高收入和低收入家庭的儿童对阅读和数学方面技能的掌握速度。他们收集了全年学校表现的数据，可以肯定的是，高收入家庭的孩子和低收入家庭的孩子在学习成绩上有很大的差异。通过更仔细的观察，他们发现，在一个学年内，高收入家庭的孩子比低收入家庭的孩子学得更快。但是最大的差距出现在夏季的几个月里，这段时间孩子们在家里度过的时间最多。这一研究得出的结论是：家庭环境比学校环境更重要。另一种说法是，虽然学校缩小了一些由家庭社区的差异造成的学习差距，但学校并没有像我们有时认为的那样，让富裕和贫困的孩子“公平竞争”。

（三）辍学

不管上学对美国年轻人有什么好处，事实是他们中的一些人根本没有上学。辍学——在获得高中文凭之前从学校退出——是这个国家中一个非常严重的问题。

349 辍学有多普遍？官方统计数据显示，在美国 16 ～ 24 岁的人口中，有 8.1% 的人（超过 300 万人）辍学了。好消息是，近几十年来，辍学的现象越来越少：1960 年，这一比例为 14%。但是，在美国的某些人群中，辍学现象仍然出现得过于频繁。图 13-2 显示，非拉美裔白人的辍学率为 5.2%，非裔美国人的辍学率为 9.3%，拉美裔美国人的辍学率为 17.6%，美洲原住民的辍学率为 13.2%（U.S. Department of Education，2011）。

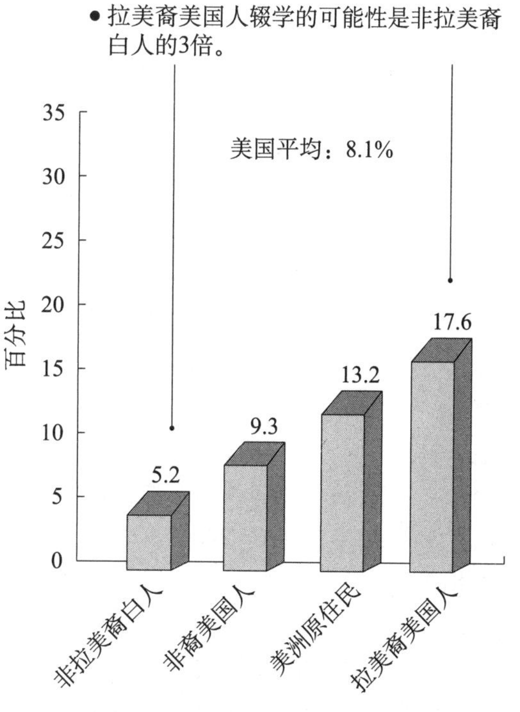

图 13-2　美国 16 ～ 24 岁不同类别人口的辍学比例

注：辍学对各类人来说都是一个问题，但是拉美裔美国人和美洲原住民的辍学比例尤其高。

资料来源：U.S. Department of Education（2011）.

收入差距是造成这种局面的主要原因。家庭收入在 10 万美元以上的年轻人的辍学率低于 3%；对于那些家庭收入低于 25 000 美元的年轻人而言，辍学率超过 15%（U.S. Department of Education，2011）。

文化也是决定是否辍学的一个因素。在那些母语不是英语的人，包括最近的移民中，辍学率特别高。例如，在美国以外出生的拉美裔美国学生中，有 31% 辍学。高辍学率也在那些美洲原住民群体中被发现，他们传统上不愿意把孩子送到由“外人”经营的学校学习。

此外，学生决定离开学校可能是由于意外怀孕，或者一个家庭出现经济问题需要学生去工作，或者仅仅是学生对校园生活厌倦了。学生决定离开学校的原因有很多种，并且很少是简单的原因。但是事实表明，辍学风险最高的是那些面临最大挑战的人——少数族裔和穷人（Hodkinson & Bloomer，2001；Roscigno & Crowley，2001）。在第 327 页的“社会政策”栏目中，我们仔细观察了内布拉斯加州的一所学校，该校正努力让学生留在教室里。

人们很容易认为辍学是学生自己的选择。但在整个美国，令人吃惊的事实是，只有52%的高中生在高中四年后“按时”毕业。在数百所学校里——尤其是在大城市里——大多数学生根本就没有毕业。辍学现象如此普遍，是学生辜负了学校的期望，还是学校辜负了学生的期望？简而言之，如果美国几乎一半的学生在四年后没有毕业，那么把学校制度本身视为问题的一部分似乎更有意义。

在全美范围内，有1 634所学校很可能被称为“辍学工厂”，因为在高中四年后，这些学校中60%或更多的学生没有毕业。事实上，对于整个美国来说，在高中四年之后，只有52%的学生毕业（U.S. Department of Education，2011）。

我们如何解释如此之高的辍学率？保守派通常指向反应迟钝的教育官僚机构和教师工会，因为这些组织以牺牲学生的利益来维持现状。自由派通常认为，贫困、偏见和歧视是限制弱势群体接受教育的因素。但无论是什么原因，辍学都会带来严重后果。没有完成学业会增加失业、吸毒、被捕和贫困的终生风险。例如，辍学者占所有接受福利援助的人的一半以上，占美国监狱人数的80%（Christle，Jolivette，& Nelson，2007）。因此，缺乏教育可能是代际循环的一部分。在这种循环中，在缺乏教育的环境中长大的弱势成年人，可能将他们的处境传递给自己的子女。

（四）功能性文盲

很多学校表现不佳的事实有助于解释这样的现象，即14%的美国成年人（约3 000万名男性和女性）缺乏识字技能，以致他们被称为功能性文盲。**功能性文盲**（functional illiteracy）是指*不能很好地读、写或做基本的算术，从而不能履行日常职责的人*。

350 对功能性文盲来说，现代社会中的许多日常活动是真正的挑战，如阅读食品标签、支付账单、理解孩子从学校带回家的信件、阅读报纸、弄懂课本上的表格和图标。这些事情都是功能性文盲无法做到的（U.S. Department of Education，2008）。

对于那些缺乏读写能力的人们来说，这个问题超出了他们能够应对的范围，功能性文盲也是个人尴尬和羞愧的来源。更重要的是，在一个每年都需要越来越多读写技能的世界里，功能性文盲是获得一份好工作的障碍，这使得缺乏读写能力的人们被迫从事低工资的工作或失业，通常还会陷入贫困。在美国的劳动力中，有相当一部分人不能读写，这也浪费了人才，降低了美国在全球经济中的竞争力。

（五）学校隔离和校车接送

在美国内战之前，很少有非裔美国人上学。随着那场战争的结束和1865年奴隶制的废除，非裔美国人在教室中占据了一席之地，但他们处在一种完全隔离的学校体系中。1896年，在普莱西诉弗格森案中，美国最高法院确认了种族隔离的原则，声称如果被认为是“平等的”，那么黑人和白人的设施可以分开。当然，在现实中，“隔离但平等”的原则是虚假的，每个人都知道这一点。大多数白人孩子上的学校有现代化的建筑、训练有素的教师和最新的教科书。相比之下，大多数非裔美国儿童就读于破旧的学校，学校里的教职工没有受过良好的训练，学校里的教科书也是过时的。

这种类型的种族隔离在南北战争后的美国南方是普遍现象。美国北方也有种族隔离的学校，主要是因为几乎所有的非裔美国人都被迫生活在当地学校建设资金不足的黑人社区。

直到20世纪50年代，民权运动取得进展，积极分子挑战了种族隔离学校的制度。他们在堪萨斯州托皮卡的一个9岁女孩琳达·布朗（Linda Brown）的案子上团结起来。第328页的“建构社会问题决定性时刻”栏目讲述了她的故事。

在最高法院裁定黑人和白人的隔离教育违宪之后，一些地方政府确实试图克服学校的种族隔离。但是，如果黑人和白人生活在不同的社区里，一个城市或城镇如何能在学校里实现种族平等呢？在20世纪60年代出现的一种解决办法是，为了实现种族平等，将学生从一个社区送到另一个社区。但尤其是当校车接送白人孩子的时候，白人父母表示强烈反对，他们反对孩子们花

社会政策

辍学：有时是流行病

托德·切斯莫（Todd Chessmore）知道，当他决定在内布拉斯加州的小镇梅西担任学校主管时，他就接受了一项挑战。他工作的一个重要部分是监督奥马哈国家公立学校，那里几乎所有的学生都是美洲原住民（Belluck，2000）。

切斯莫面临的第一个问题是，许多学生逃学。逃学现象很普遍，尤其是在春天。一旦阳光使寒冷的内布拉斯加州变暖，学校里的大多数学生就开始了逃学。一个可以预见的结果是，奥马哈国家公立学校的学生的学习成绩在该州排名垫底。在任何一年里，都有一半的学生甚至因为逃学而没有参加成绩测试，当提到这个现象时，切斯莫不住地摇头。虽然有少数的学生能考上大学，但是有一半学生甚至无法毕业。这一数字远比美洲原住民辍学率的全美平均水平还要糟糕，目前美洲原住民的辍学率为16.6%。

切斯莫努力工作，去提高奥马哈国家公立学校的学生出勤率。他首先改善了学校建筑的物理环境——工人们清洗了地板、粉刷了墙壁，并更换了数百个烧坏的灯泡。他雇用了更多的美洲原住民教师，并为非美洲原住民教师开设了文化敏感性课程，帮助他们了解学生的文化传统和面临的问题。除了这些“胡萝卜”外，他还增加了一根“大棒”：雇用了几名逃学管理员来追踪那些没有上学的学生，并在必要时，威胁要对他们的家人采取法律行动。

切斯莫还做了一件事：他决定取消圣诞假期和春天的休息期，这样学生们就有了更多的上学时间。结果是什么？一个重要的表现是，切斯莫成功了：他的措施减少了逃学现象。但到目前为止，毕业率几乎没有变化。

你怎么看？

1. 你赞成托德·切斯莫在这所学校采取的措施吗？为什么？
2. 你能提出什么政策来解决奥马哈国家公立学校的问题？你认为它们能发挥多大的作用？
3. 如本部分所描述的状况，是学生不合格还是学校不合格？为什么？请说明原因。

很长时间在校车上，反对孩子们一到学校就接受糟糕的教育。黑人父母对校车的态度褒贬不一：一些人希望这项政策能改善他们孩子的受教育机会，而另一些人则反对他们的孩子在路上花费太多时间。

随着“平等教育”的自由派支持者和“社区学校”的保守派支持者之间的持续辩论，很明显，校车在整合城市学校方面永远不会成功。在20世纪60年代，许多白人家庭从市中心搬到郊区——一种被称为“白人大迁移”的模式——把他们的孩子安置在校车计划无法企及的地方（S.J.L.Taylor，1998）。如第14章（“城市生活”）
351 所述，城市人口减少意味着税收减少，因此，在市中心的学校事实上变得比以前更加糟糕。

在20世纪90年代，法院终于叫停了校车接送。因为大多数社区仍然居住着大多数相同种族的人，所以今天学校的种族隔离情况仍然和20世纪60年代一样。图13-3提供了一项研究结果，该研究表明，在当今的学校里，种族隔离仍然很严重。

最后，市中心学校招收少数族裔学生，郊区学校招收非少数族裔学生的模式正在改变。郊区的人口正在增加，随着越来越多的人离开市中心，郊区的种族和民族多样性不断增加。如今，许多郊区学校有多样的学生群体。然而，几十年来，许多郊区学校与市中心学校一样，一直存在着种族隔离。正如研究人员所报道的，大多数郊区白人学生就读的学校里大多是白人学生，2/3的非裔郊区学生和3/4的拉美裔郊区学生在非白人学生占多数的学校就读（Tefera et al.，2011）。

（六）学校资助

美国各地的学校不仅在种族构成上存在差异，而且在提供给学生的资源上存在差异。为什么？一般来说，学校系统的资金不仅来自各州，

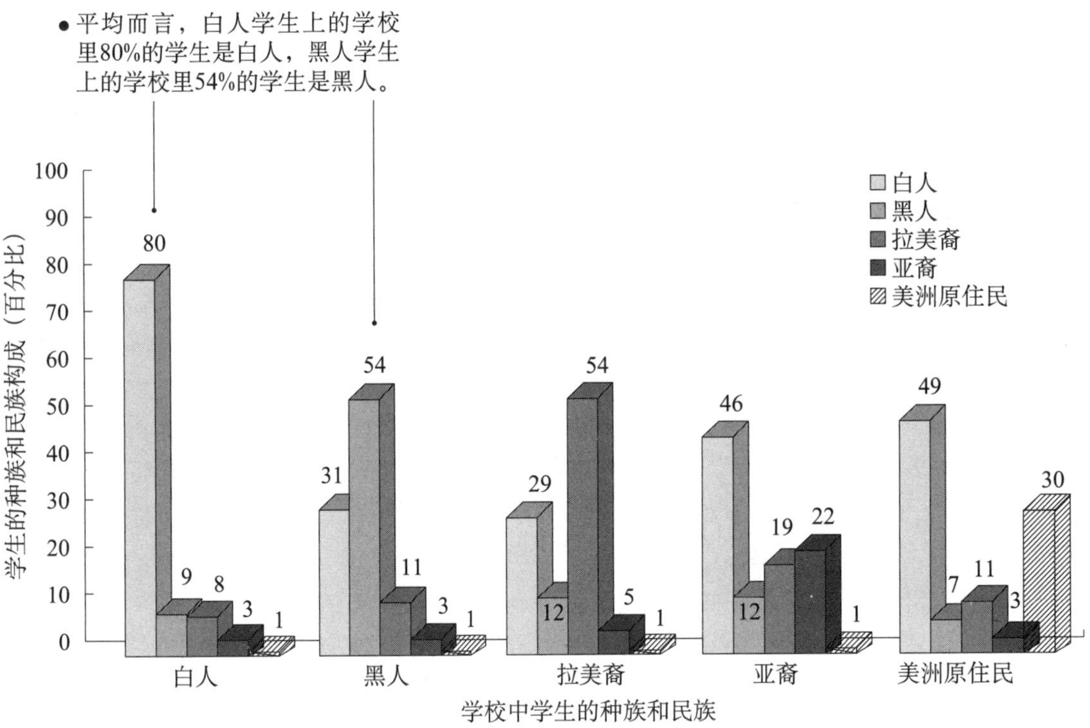

图 13-3　按种族和民族划分的普通学生学校的种族构成

注：研究表明，在美国大多数学生就读的学校里，大多数学生的种族和民族背景是一样的。

资料来源：Drfield & Lee（2007）.

建构社会问题 决定性时刻　琳达·布朗：为废除学校种族隔离而斗争

60 多年前，在堪萨斯州的托皮卡，一位牧师和他 9 岁的女儿手拉手走到离他们家四个街区远的公立小学。女儿琳达·布朗想上 4 年级，但被校方拒绝了，他们让布朗牧师带女儿去两英里外的另一所学校入学。为什么？托皮卡的公立学校，就像美国大部分地区的公立学校一样，存在种族隔离。因为琳达·布朗是非裔美国人，所以她必须去“有色”儿童学校上学。

琳达·布朗的父母认为这项政策不公平。他们并不是在独自抗争。一场民权运动正在美国各地展开，布朗一家很快就成了改变美国学校教育这一关键时刻的中心。他们代表琳达和其他非裔美国人提起诉讼，挑战为黑人和白人儿童提供“隔离但平等”的学校的法律。

1954 年，美国最高法院审理了此案。同年 5 月 17 日，大法官们做出了历史性裁决。在布朗诉托皮卡教育局案中，法院认为种族隔离的学校为非裔美国人提供了劣质的教育，并且宣布这种做法是没有法律效力的，从而推翻了最高法院早前在 1896 年普莱西诉弗格森案中提出的“隔离但平等”的教育原则。

但是，在美国，种族隔离学校的现实在布朗案裁决后的 60 多年里仍在继续。为什么？

原因很简单，由于收入的不同和种族偏见，黑人和白人通常生活在不同的社区。在美国，通常的做法是让孩子们去离家不远的学校上学。因此，居住隔离使学校里的孩子几乎全是同一种族的。但是，琳达·布朗和她的父亲将作为美国学校种族平等运动的先驱者而长期受到人们的赞扬。

还来自居住在当地社区的人们缴纳的财产税。

但是，有些社区比其他社区富裕得多，税收
352 收入的差异将导致学校预算严重不平等。如今，在全美范围内，对每个学生的资助范围从贫困社区的5 000美元，如犹他州阿尔卑斯山社区，到高收入社区的差不多20 000美元，如弗吉尼亚州阿灵顿（U.S. Department of Education，2011）。资金上的差异对学校教育产生了巨大的影响。一个坐落在贫困地区的学校，因为缺乏图书馆和科学设施、教室拥挤、师资缺乏，可能会被淘汰。第330页的“多样性：种族、阶级和性别”栏目更深入地研究了乔纳森·科佐对美国教育的“野蛮不平等”的描述。

有可能实现教育公平吗？要做到这一点，就需要在富裕和贫困的社区里实现学校资金的均等化。1998年，佛蒙特州颁布了一项名为《60法案》的政策。这项法案结合了全州的学校税收，并在学生数量的基础上重新分配资金。这意味着对于那些出身于更富裕社区、缴纳更高税金的家庭中的学生而言，他们在学校获得的资助会和贫困家庭的学生一样多。这些政策——被称为“罗宾汉”法律，因为其从富人那里获取并给予穷人——确实使资金更加平等。但这是有争议的，该项法案在贫困的社区得到了支持，但在富裕的社区被批评（T.M.Edwards，1998；Shlaes，1998；Goodman，1999）。

资金不是学校间的唯一差别。即使所有学校都能在每个孩子身上花同样的钱，富裕和贫困孩子的教育表现仍然是不平等的。这是因为，如前所述，孩子们在家里有不同的经历。收入较高的父母能够给他们的孩子更多的*文化资本*，这些经验和机会塑造了孩子在学校和其他地方学习的能力。

高收入家庭的父母更有可能拥有一栋宽敞、安静、配有个人电脑和网络设备的房子。接受过更多的学校教育、富裕的父母更有可能通过定期和孩子一起阅读来教授孩子语言技能。低收入家庭的父母更有可能拥有一个更小、更拥挤的家，也不太可能拥有电脑、书籍和其他学习材料。他们接受过较少的学校教育（在家说英语以外的语言的可能性更大），在孩子做功课时仅能提供较少的帮助（Coleman，1966，1988；McNeal，1999）。

一个家庭给予孩子的文化资本与家庭收入水平有很大关系，这一点经常被政治自由派提出。但文化资本也包括普通民众对学校教育和学业成就的重视，这一点经常被政治保守派提出。例如，阿比盖尔和斯蒂芬·瑟斯特罗姆（Abigail & Stephan Thernstrom，2003）认为，父母（以及学校）必须培养出一种“成功文化”，以便让孩子们做得更好。他们的研究表明，平均而言，黑人父母对孩子的期望比白人父母要低，而亚裔父母对孩子的期望最高。这种文化差异解释了为什么亚裔美国人——在纽约市人口中占一小部分——在纽约市最具竞争力的高中（仅根据考试成绩录取学生）占了大多数。此外，根据瑟斯特罗姆的研究，一种不同的文化资本可以帮助低收入白人
家庭的孩子在学业上胜过高收入黑人家庭的孩子。 353

（七）分流

学校教育不平等不仅表现在学校或社区之间，由于实行分班制，一个学校内部也存在不平等现象——**分流**（tracking），即*让学生和其他能力相近的学生一起上课*。这样，不合格的学生就不会在课堂上不知所措，合格的学生就不会在课堂上停滞不前。简而言之，分流基于学校适应每个孩子的能力和兴趣的目标（Brantlinger，1993；Loveless，1999）。

分流政策的批评者反驳说，这项政策相当于一种制度歧视，因为任何学生的能力都与社会地位有很大关系。批评者说，在实践中，分流为富裕孩子提供了最好的学校，让低收入家庭的孩子接受了二等教育。简而言之，由于家庭背景影响孩子在学校表现的好坏，分流将社会优势转化为教育优势（Bowles & Gintis，1976；Oakes，1985；Cloud，2003）。

在通常情况下，处于较高的轨道上的学生参加的课程会让他们快速前进，教学强调批判性思维和创造力。在较低的轨道上的学生很可能进展得更慢，教学的重点是教授基本技能和强调遵循方向的重要性。

多样性：
种族、阶级和性别

美国学校教育的“野蛮不平等”

“对不起，”一个人在车里大声问道，“你知道公立学校 261 在哪儿吗？”“当然，”在人行道上提着购物篮的两个女人中的一个回答道，“再过两个街区，公立学校 261 就在左边。找殡葬师的办公室。”

殡葬师的办公室？乔纳森·科佐（Jonathan Kozol，1991）在学校对面寻找停车位时摇了摇头。就整个邻里街区而言，这里存在一些致命的东西：破旧的建筑、散落在空地上的垃圾、墙上到处可见的涂鸦，以及头顶轨道上轰隆隆驶过的轻轨列车发出的震耳欲聋的声音。

在这个城市的中心，坐落着纽约的公立学校 261。你是无法从外面看出它是一所学校的，因为学校没有标志。科佐走进大楼，向一位老师介绍了自己，这位老师提到这栋大楼以前是一个溜冰场。

科佐接着去了校长办公室。校长解释说，这所学校服务于北布朗克斯的一个少数族裔社区，因此学校中 90% 的学生是非裔美国人或拉美裔美国人。她接着说，学校的正式招生人数为 900 人，但实际招生人数约为 1 300 人。城市教育指导方针规定，一所学校的一间教室的学生不能超过 32 人。而科佐看到这所学校的一间教室的学生多达 40 人。自助餐厅似乎很小，它用三班倒的方式给孩子们提供食物。学校也没有操场，所以午饭后，老师们尽量让孩子们坐在食堂，直到他们该回教室上课。直到走出学校，科佐只看到一个带窗户的教室。

一位老师抱怨教室里的温度，说冬天可能有 55 华氏度（约为 12.8 摄氏度），夏天可能有 90 华氏度（约为 32.2 摄氏度）。科佐接着问她，孩子们对学校有什么看法。她回答说，他们对此谈论得不多。但她补充说，他们都有电视，他们知道学校应该是什么样子的。

几个月后，科佐参观了另一所学校。公立学校 24 坐落在纽约富裕的布朗克斯区的里弗代尔社区。和这个高档社区的其他建筑一样，这所学校也得到了很好的修缮，并且道路被一片绿色的草坪阻挡着。在学校的左边，科佐注意到了一个为最小的孩子准备的游乐场；在后面更远的地方，孩子们在操场上开展着集体运动。

科佐会见了校长，校长骄傲地解释说，许多家长很乐意支付里弗代尔社区高昂的住房费用，以便能够送他们的孩子到这样的学校学习。几乎所有的班级都招收不到 30 名学生。科佐在大厅里到处观察，只见大部分学生是白人，还有少数亚裔、拉美裔和非裔美国学生。他发现学校里的建筑都是很棒的学习设施：明亮而吸引人的教室、一个大图书馆，甚至还有一个天文馆。

在一天结束的时候，科佐和一群孩子一起参加了一个为天才学生开设的班级。他问他们那天学了什么，一个衣着讲究的自称劳瑞的年轻女孩解释说，她的班级正在解决一些问题，一个叫大卫的心地善良的高个子男孩插言说，他知道很多问题不止有一个好的答案。科佐问孩子们解决问题是否是他们与生俱来的技能，孩子们回答说他们在上学后才了解了一些事情。但是，大部分时候，他们已经学会了如何去思考。

你怎么看？

1. 有人声称，地方社区有权花他们想花的钱来教育他们的孩子，尽管有些学校会比其他学校得到更多的资助。你是否同意？为什么？
2. 如果你能决定如何资助不同的学校，那么你会怎么做？
3. 如果所有孩子都能平等地进入学校，那么你认为所有孩子的教育表现会是相同的吗？为什么？

354 为了说明分流产生差异的原因，想象一下在两个不同轨道上的学生们正在研究民权运动。处于较高的轨道上的学生们的老师可能会要求学生们识别行动者用来改变现状的策略，并找出每个学生的长处和短处，然后老师可能会要求学生们将经验应用到当今力求获得更多的经济保障和更大的政治话语权的移民斗争中。处于较低的轨道上的学生们的老师可能只要求学生们识别民权运动的领导者，并突出重点事件。

我们现在知道，分流可以引发一种**自我实现**

的预言（self-fulfilling prophecy）——*一种以某种方式被定义的人最终会像被定义的那样去思考和行动的情况*。在这个案例中，学校对孩子的定义会影响孩子对自己的看法。在较高轨道上的孩子学会把自己看成是聪明能干的，这就会鼓励他们努力工作，把事情做好。处于较低轨道上的孩子会产生较低的自尊，质疑他们自己的能力，最后做事也不够好。鉴于对分流的争论，全美各地的学校现在更谨慎地将孩子分配到不同的项目中，并允许孩子们在不同的轨道间有更多的流动性（Kozel，1991；Gamoran，1992；Loveless，1999；Olin，2003）。

（八）性别不平等

性别不平等也影响美国人的教育。几代人以来，男女两性都遵循着不同的学习计划。学校让男孩们学习木工和机械等课程，为他们将来从事工业工作做准备。女孩们被带领学习家庭经济学、打字和速记等课程，为她们成为家庭主妇或者在办公室从事文员工作做好准备。在大学里，男孩们被鼓励去学习科学，包括物理、化学、生物和数学。女孩们主要学习英语、基础教育、外语和社会科学。

学校的教科书也反映了对男女角色的刻板印象，书中一般描述女人从事家庭工作，男人从事带薪工作（Spender，1989；Basow，1992；Wood & Chesser，1993）。甚至连学校这个组织本身也提供了大量关于性别的课程。一代又一代的学生发现，大多数教师（尤其是低年级教师）是女性，而大多数校长和高级管理人员是男性（Richardson，1988；U.S. Department of Labor，2006）。

随着20世纪过去，女性与男性在学校里的地位越来越平等。最重要的一步就是，在1972年，国会通过了《教育法第九修正案》、《民权法案》修正案。《教育法第九修正案》禁止教育中的性别歧视，并要求接受联邦资助的学校为男女学生提供平等的教育项目。今天，由于这些努力，女孩和男孩一样有可能被安排到天才学生的班级，且更多的年轻女性比年轻男性更适应高中的高级课程，而这些课程为上大学提供了保障。十多年来，这个国家的大学校园中的女性人数超过了男性，如今，女性占所有本科生的57%。2011年，女性获得了51%的专业学位和博士学位（U.S. Department of Education，2011）。

然而，并不是所有的门都为女性敞开。女性仍然集中在许多传统意义上属于女性的专业，如健康（包括护理和理疗）、教学、平面艺术、办公技术、语言、戏剧和舞蹈（U.S. Department of Education，2011）。

（九）移民：增加多样性

美国学校面临的另一个挑战是每年有超过100万移民进入美国。正如第3章（“种族和民族不平等”）所描述的那样，这些移民展现了超过100种文化和语言。与过去一样，这些新来者希望公立学校能够为他们的孩子提供获得好工作所需的知识和技能。

1. 英语浸入式教学和双语教学

许多年轻的移民和移民的孩子在学校表现很好。但在18岁以下的人群中，有22%在家里不说英语。学校应如何应对不懂英语的学生的挑战？有两种对立的政策正在展开激烈的辩论。第一种政策是**英语浸入式教学**（English immersion），即*对母语非英语的学生进行英语教学*。在许多情况下，在课堂上，英语被作为第二门语言，是用学生的母语由母语老师教授的。

第二种政策是**双语教学**（bilingual education），即*在为大部分年级的学生提供母语教学的同时也提供英语教学*。在这种情况下，学校必须聘请许多不仅掌握一门专业还要精通一门非英语技能的 355
老师。在学校区域，学生可能讲几十种不同的语言——在加利福尼亚州及另一些州比较常见——为他们提供双语教学是一项巨大的挑战。

对英语浸入式教学和双语教学的争论，部分是关于学生如何学习的。英语浸入式教学的支持者声称，在短期内，用学生的母语教学，学生的学习速度确实更快，但是专注于英语有助于学生长期的学习。

但双语教学的支持者指出，有证据表明，在年轻时掌握双语有助于整体认知的发展。也就是说，用母语和英语发展语言技能的孩子在成绩测试中表现得比仅掌握一种语言的学生好。此外，毫无疑问，在当今的全球化经济中，获得双语技能具有极大的价值（Portes，2002）。

不过，还有更多的风险存在。这两种政策有不同的政治和文化目标。将英语作为中心语言，并将其作为主流文化，是为了使学生能够实现“美国化”。而双语教学以学生的母语教学，使所有的文化背景处于平等地位，并鼓励各种生活方式的交流。在第 333 页的“社会焦点问题”栏目中，我们可以更深入地了解这场辩论背后的政治因素。

2. 残疾人教育

关于学校能否满足学生的需要的争论已经扩展到各个阶层、不同肤色、不同文化的人以及有精神或身体残疾的人。2009 年，650 万不具备学习能力的学生被纳入公立学校的特殊教育项目，其花费超过 160 亿美元（U.S. Department of Education，2011）。

纵观美国历史，几乎没有残疾儿童接受过任何教育。1975 年，国会通过了《所有残疾儿童教育法》，要求各州对所有残疾儿童进行教育。这项法律还指导学校将残疾学生安置在“无障碍环境”中，这意味着学校应该像对待其他人一样对待残疾学生，同时满足他们的特殊需要。

这一将残疾学生纳入正规学校项目的要求，导致了“*将学生的特殊需求整合到整个教育计划中*”这一**主流政策**（mainstreaming）的产生。主流政策的支持者认为，参加正规课程可以让残疾学生接受更好的教育。另外，没有残疾的学生需要学习如何与跟他们不同的人交流。

主流政策的批评者指出，几乎没有确凿的证据表明这项政策改善了任何人的学术素养。相反，他们认为，许多残疾学生发现很难甚至不可能参加正规课程。另一种选择是**特殊教育**（special education），即*让有身体或精神残疾的儿童在单独的课堂中接受教育，由受过专门训练的老师授课*。

一般来说，哪个政策最好，取决于学生。对有身体或精神残疾的人来说，如果他们的活动没有受到太大的限制，那么他们很容易被主流接纳。那些面临更严重挑战的学生通常需要特殊的课程，这些课程是比较昂贵的。在美国，一半以上的残疾学生被主流化，另外不到一半的残疾学生则把部分或全部时间花在了特殊课程上（U.S. Department of Education，2011）。

3. 教师短缺

美国公立学校教育的另一个问题是不能雇用足够的教师开展教学。全美每年约有 40 万个教师岗位空缺，其中公立学校约有 32.8 万个，私立学校约有 7.2 万个。展望未来，到 2020 年，美国将需要 390 万名教师的服务（U.S. Department of Education，2011）。在实践方面，教师数量的短缺意味着班级规模的扩大，现有教师的负担更重。

为什么会出现教师短缺？调查显示，近 90% 的现任教师对自己的工作感到满意（Primary Sources，2012）。但低工资是人们不愿从事这一职业的一个因素：许多学区支付的工资太少而无 *356*
法吸引到许多优质的教师。

但学校教育问题涉及的不仅仅是钱。有些人离开教学岗位，是由于对官僚主义的不满，这种官僚主义拉长了教学过程，并对课程的教学方式强加了严格的规定。一些持有教育学位的人很难在特定领域，比如数学、生物学或英语通过国家认证考试。由于学校的纪律和暴力问题，越来越多的人放弃了教学工作。

美国必须确保学校教室里有优秀的教师。实现这一目标的一种策略是，迫使素质较低的教师接受必要的培训，以保住自己的工作。解决方案的第二步就是吸引新的高质量的人才进入学校。

美国之窗　美国各地公立学校教师的薪酬

在美国，教师的薪酬近年来增长缓慢，许多学区面临裁员和解雇问题。在全美范围内，一些州教师的平均薪酬远远高于其他州，薪酬收入差距逐渐扩大。

通过 MySocLab，探讨一下你所在的当地社区和整个国家没有受过高中教育的人所占的比例是多少。

资料来源：National Education Association（2011）.

社会焦点问题　不仅仅是说：双语教学政策

学校教育不只是教孩子们读书写字，也是让来自不同社会背景的孩子在美国社会中找到一席之地的一种方式。一个世纪前，随着美国移民的激增，美国扩大了教育的范围：教授移民如何在新土地上生活，并教他们英语。

教授英语的目标如此重要，以至于很多州通过了一项法律（1919 年，内布拉斯加州第一个通过了这项法律），要求公立学校的所有教师至少在学生 9 年级之前都要教学生英语。公众强烈支持这项法律，因为在第一次世界大战之后，人们担心，如果战争再次爆发，那么保留母语的美国移民可能会对美国不忠。但也有人反对这项法律，称支持这项法律的人心胸狭隘，缺少对文化多样性的包容。这个问题最终在法庭上得以解决，1923 年，美国最高法院审理了迈耶诉内布拉斯加州案，并宣布所有的规定只讲英语这一种语言的法律都是违宪的。

快进到 1971 年，当时的旧金山学校系统有 2 800 名华裔学生，但没有提供中文课程，一群家长聚在一起，把这种情况定义为一个问题，并决定起诉学区。该诉讼声称，学校缺少中文课程违反 1964 年的《民权法案》，该法案禁止学校接受任何基于民族、种族和国籍歧视的联邦资金。这一案件由美国最高法院审理，美国最高法院根据**劳诉尼克尔斯案**（1974）的判决裁定，所有的学生都有权学习他们能理解的语言。学校管理者认为，公立学校必须制订计划，为所有儿童提供母语教学，无论是英语还是其他语言。那时，英语浸入式教学政策被双语教学政策取代。

双语教学的支持者们对所有语言一视同仁，并尊重不同的语言。双语教学的批评者称，双语教学鼓励文化分裂，而不是强调大多数人共有的文化模式。

1998 年，加利福尼亚州选民通过了第 227 号提案，该提案禁止双语教学，支持英语浸入式教学。在此后的 14 年里，使用双语教学模式的学校数量大幅度减少。尽管加利福尼亚州各地的学校报告说，它们采用了多种方法，以实现向大约 150 万在家里说西班牙语或其他语言的学生教授英语的目标。测试结果表明，英语学习者取得了进步；但测试也表明，这些学生仍然远远落后于母语为英语的学生（Portes，2002；Winerip，2007；Garland，2011）。关于如何应对近年来美国移民的高流入问题的争论，将在未来几年成为新闻头条。

加入博客！

你对英语浸入式教学和双语教学的使用有什么看法？你或你社会学课程中的其他成员经历过这些政策吗？关于学校语言教学的争论是否对学生有益？该争论是对人们的文化单一性还是文化多样性有益？请来 MySocLab 加入社会学焦点博客，分享你的观点和经验，并了解其他人的想法。

近年来，学校系统制定了新的招聘策略。一些学校利用更高的工资和签约奖金等激励手段来吸引那些已经在其他领域事业有成的人。还有些学校则通过鼓励社区大学提供更多的项目来帮助人们成为教师。最后，许多学区正在走向全球，积极地在诸如西班牙、印度和菲律宾等国家招兵买马，引入那些渴望在美国的教室中贡献自己力量的优秀教育者（Lord，2001；Evelyn，2002；Ripley，2008）。

（十）校园暴力

近年来，美国各地的学校发生了致命的暴力事件。在 2000—2010 年间，有 201 名年轻人在学校内被谋杀。算上所有的死亡人数——包括自杀和涉及警察的暴力事件——十年内一共有 431 人死在学校的大楼里。

严重的暴力不仅限于杀人，还包括严重的人身攻击和强奸，后面两种情况更为常见。根据联邦政府的数据，在 2009—2010 学年，有 74% 的公立学校至少发生过一起暴力犯罪案件（U.S. Department of Education，2011）。

一般来说，学校越大，暴力犯罪率就越高。相较于较小的乡村学校，较大的城市或郊区学校发生严重暴力的风险更大。在 2009—2010 学年，对于规模超过 1 000 名学生的学校而言，95% 以

上的学校至少发生过一次暴力事件。贫困地区发生暴力事件的风险也很高，尤其是那些以中学
357 生为主的学校。研究表明，非裔美国学生和拉美裔美国学生在学校受到威胁或受伤的可能性是白人学生的两倍。同样，男性在这方面受到威胁的可能性是女性的两倍（U.S. Department of Education，2012）。

学校能如何应对呢？最近的一项政策是零容忍政策，根据这项政策，学校行政人员会严厉惩罚或开除任何携带武器、酒精或毒品到学校的学生。在美国，95% 的学校现在采取枪支零容忍政策，85% 的高中安装了安全摄像头，60% 的学校用缉毒犬随机检查学校财产，50% 的学校雇用了保安，5% 的学校要求学生进入教学楼时通过金属探测器的检测（U.S. Department of Education，2012）。

另一项政策是颁布一项着装规定，禁止学生穿带有帮派色彩的衣服、戴带有帮派色彩的徽章，因为它们是可能引发暴力的象征。大约 20% 的美国中小学要求学生穿校服。约 10% 的美国高中已经采取了这一政策（U.S. Department of Education，2012）。

许多学校使用的最终策略是解决冲突方案。在这样的方案中，教师指导学生以和平的方式解决冲突，现在这种方案被广泛应用于公立学校（U.S. Department of Education，2012）。

这些政策有效吗？政府数据显示，在 1992—2010 年间，学校暴力犯罪的受害率从 5.3% 下降到了 1.4%。同样，财产犯罪的受害率从 10.1% 下降到了 1.8%（U.S. Department of Education，2012）。但“变强硬”的零容忍政策因种族偏见而受到批评，据称，该政策让少数族裔学生受到了比白人学生更严厉的搜查和惩罚。此外，批评者称，将那些行为不端的学生踢出学校，虽然可能会降低学校的犯罪率，但是不利于帮助那些陷入困境的学生重返校园，并最终使他们面临更大的犯罪风险（Skiba，2000；Ballantine，2001）。

三、教育理论和教育相关问题

- **分析**

社会学的每一种主要理论方法都为学校教育的目的和问题提供了深刻的见解。我们从结构功能方法开始。

（一）结构功能分析：学校教育的功能

结构功能方法指出，现代社会的顺利运行依赖于学校教育。学校教育可以向年轻人传授广泛的知识和技能，使他们成为有用的人。从传统意义上讲，照顾、教育孩子是父母的责任。然而，随着美国经济从简单的农业经营转向更复杂的工业生产，培养年轻人的责任从父母转移到受过专门培训的教师。

学校教育也是社会安置的重要制度。社会指望学校帮助人们发展他们的才华和能力，这样他们才能在劳动力市场中找到自己的位置。学校教育帮助人们评估自己的能力和兴趣。对几乎所有人来说，学校教育增加了他们的就业机会。纵观美国历史，学校教育一直是人们为追求更好生活而向上流动的主要途径。

考虑到美国人的文化多样性，学校还具有教授普适的共享文化信仰和价值观的附加功能。例如，美国学校教育年轻人成功的重要性和公平竞争的规则。另外，美国社会依靠学校来帮助人们参与国家政治和经济体系。简而言之，学校帮助来自不同文化背景的个人融入一个统一的国家社区中（Fine，1993；Ballantine，2001）。

最后，学校教育也有许多潜在的或者说不太为人所知的功能。例如，学校为在职父母提供儿童保育。学校也可以为那些可能找不到工作或者可能会犯罪的年轻人提供照顾。鉴于学校教育对现代社会运作的重要性，我们很容易理解为什么许多人把教学质量差、辍学和校园暴力等问题视为严重的社会问题（Fuller，Elmore，& Orfield，1996；C.N.Stone，1998）。

- **评价**

结构功能方法指出，社会教育制度对美国社会的影响是多方面的。但批评者指出，现实是，
学校教育因人而异，有些人会发现自己的学校经 358
历比其他人的积极得多。为了解人们如何体验学校，我们转向了符号互动方法。这一理论方法强

调学生和学校人员之间的互动。

359 **学习检验** 通过将结构功能方法运用到学校教育中，我们可以学到什么？这种理论方法的局限性是什么？

（二）符号互动分析：学校中的标签

符号互动方法提供了一个微观层面上的观察，看个体是如何体验学校系统的。在这个层面上，我们看到学校工作人员使用的标签如何在定义每个学生的学术能力方面起着重要作用。

通过根据课堂成绩和标准化考试成绩衡量学生表现，学校给学生贴上了“有天赋”“一般”或“有缺陷”的标签。虽然这些标签反映了学生在课堂中的表现，但是包括社会阶层、种族等在内的其他因素可能在每一个学生的表现中起到了一定的作用。

这些标签不仅是评估，还会影响教师对学生的看法以及学生对自己的看法。那些被学校工作人员贴上“聪明过人”或“学得慢”标签的学生，随着时间的推移，很可能会以相应的方式看待自己并表现出相应的行为。因此，符号互动分析表明，分流政策和其他形式的标签可能会开启自我实现的预言。

教师、教练和辅导员传递给学生的语言或非语言信息也可以塑造学生的未来。例如，如果学校工作人员认为一些领域适合男孩，另一些领域适合女孩，或者如果他们相信某些专业或荣誉课程会在某些种族和民族类别的学生中达到效果，在其他背景的学生中没有效果，很容易就会发现学生最终被隔离在不同的研究领域（Sadker & Sadker，1994；Sadker，1999；Ballantine，2001）。

- **评价**

符号互动方法的优势在于提供了一个微观视角来看待学生和学校工作人员如何在互动中建构现实。然而，与此同时，在任何社会环境中，参与者并不都是平等的，而符号互动方法没有涉及社会不平等因素。例如，教师比学生有更大的力量来塑造课堂的真实性。同样，更大的社会力量——比如社会阶级——会影响不同的学生在同一所学校的经历，并在不同的学校产生不同的现实。这些差异把我们带向了社会冲突方法。

学习检验 通过将符号互动方法运用到学校教育中，我们可以学到什么？这种理论方法的局限性是什么？

（三）社会冲突分析：学校教育与不平等

社会冲突方法强调了学校教育与美国社会不平等的关系。如前所述，美国学校教育是非常不平等的，对某些类别的学生有利，对某些类别的学生不利。有些学生在美国学校表现很好；有些学生被美国的教育制度甩在后面，这并不是那些学生的错。

之前提到的一个重要差异是学校资助，一些学校从每个学生那里得到的钱比其他学校多得多。可以预见的结果是，一些学校设备齐全，维护良好，而且配备了训练有素、干劲十足的教师；另一些学校则破败不堪，缺乏基础设施，教师们缺乏训练，在课堂上效率低下。

此外，一方面，在任何一所学校里，分流政策都规定，学校所能提供的最好的条件应该被给予那些已经有很多优势的学生——那些来自上层社会的学生。另一方面，那些一开始就被社会忽视的学生发现，学校只会重新肯定他们的二等公民身份（Oakes，1985；Kozol，1991，2005，2007）。

运用社会冲突方法来看，美国学校教育系统相当于一个社会控制系统。教育制度使所有学生都成为温顺的、听话的劳动者和爱国的公民。我们可以将这些信息描述为学校的**隐性课程**（hidden curriculum），即*在课堂上对支持现状的政治或文化思想的明确而微妙的表达*。持有这种思想的例子包括：教育学生相信社会问题反映了个人的个别缺陷；现有的经济和政治制度是“正确的”或“自然的”。简而言之，大多数学生学习的不是批判性和创造性思维——尤其是关于社会公正——而是听从指示，尊重权威人士，并融入社会体系（Bowles & Gintis，1976；Kozol，1991；McLaren & Giarell，1995）。

- **评价**

社会冲突方法强调了学校教育是如何反映和延续社会不平等的。但是也有人批评这种理论方法，其中的一个问题是，社会冲突方法忽略了美国社会在 20 世纪推动普及教育走了多远，尤其是让越来越多的人有了上大学的机会。此外，学校教育为包括移民在内的各种社会背景的人提供了向上流动的通道。最后，尽管学校传递支持现状的理念和价值观，但学校也接纳了有着不同文化和阶级地位的人，这一事实表明，学校教育也是一种变革的力量。

学习检验 通过将社会冲突方法运用到学校教育中，我们可以学到什么？这种理论方法的局限性是什么？

（四）女权主义分析：学校教育与性别

女权主义方法是社会冲突方法的一个维度，它强调性别不平等。几乎在社会的方方面面，与工作相关的工资和威望越高，男性从事该工作的可能性就越大。在教育的例子中，这种模式有一定道理，因为教学是一份涉及培养年轻人的工作。在小学阶段，教学涉及照顾幼儿，91% 的教师是女性；在中学教师中，71% 是女性；在高中教师中，56% 是女性。最后，在回报最高的大学教师中，大多数（53%）是男性。在那些获得终身教职的人中，72% 是男性，28% 是女性（Primary Sources，2012）。

正如性别塑造了教学的专业一样，它也塑造了学生的学习。正如本章所解释的那样，在历史上，学校教育曾被认为是男性专有的，女性的学习往往被忽视。尽管女性在课堂上所占的比例稳步上升，但她们选修的课程仍受到性别的影响。在另一种分流方式中——这次涉及性别而非课堂——中小学和大学为两性提供不同的指导。

正如我们已经解释的，学校教育既反映又维持了基于阶级的社会不平等。女权主义方法增进了我们的理解，向我们展示了学校教育同样是基于性别不平等的。

- **评价**

女权主义方法向我们展示了性别像塑造所有其他社会制度一样，也塑造了美国的教育制度。包括幼儿教育在内的教师岗位受到了女性的青睐，不过从事高等教育岗位的往往男性居多。通过性别，社会也对人们进行了分类，并根据分类给每类人分配相应的教育方式。

女权主义的批评者指出，美国社会在向女性提供教育方面取得了稳步和相当显著的进步。事实上，在现在高中毕业的学生中，女性的比例要高于男性，而在全美范围内，大学毕业的女性数量也超过男性。根据这些事实，一些批评者认为，在教育这一社会制度中，女性能顺利地获得主导地位。

学习检验 通过将女权主义方法运用到学校教育中，我们可以学到什么？这种理论方法的局限性是什么？

第 337 页的“理论运用”表格总结了我们从每种理论方法中学到的知识点。

四、政治与教育：提出问题并定义解决方案

- **评价**

正如我们在前几章中所发现的，人们对社会问题及政策的看法，也展现了他们的政治态度。在这里，我们考察了保守派、自由派和激进左派对美国教育状况的看法。

（一）保守派：增加竞争

保守派不支持学校教育的现状。相反，他们就美国公共教育问题直言不讳地发表批判。 360

正如他们看到的，国家公立学校体系的糟糕表现已经成为一种丑闻。他们指出，许多大城市的公立学校的一半的学生未能毕业，这对整个国家和全体人民来说都是一场悲剧。当然，有些学校要好很多。但保守派称，在整个美国，教育水平在下降。

保守派称，学校教育出现问题的原因，是政府对公共教育系统的垄断控制。正因为垄断，国家公立学校不需要为生源而竞争。无论学校的表现如何，都能得到税收资助，而生活在贫困地区的父母几乎没有选择的余地。这种缺乏竞争的状

理论运用　教育

	结构功能方法	符号互动方法	社会冲突方法	女权主义方法
分析层次	宏观	微观	宏观	宏观
教育对社会的重要性是什么?	结构功能方法揭示，学校教育有助于美国社会运转。它发挥着多种功能，包括向学生传授知识和技能，根据学生的才能和兴趣为他们以后工作做好准备，通过教授共同的价值观和信仰团结大众。学校也有很多潜在的功能，比如在学生的父母上班的时候监督学生。	符号互动方法关注的是人们在日常社会交往中所构建的意义和理解。 这种方法认为，每个人的学校教育的经历在某些方面可能都是不同的，学校给一个特定的学生贴上特定的标签，如“聪明过人”“学得慢”，可能会影响这个学生的学校经历。	社会冲突方法将学校教育与社会不平等联系在一起。这种理论方法并没有展示学校教育是如何帮助整个社会运转的，而是强调了学校教育如何反映社会分歧。 学校教育既反映了社会不平等的模式，又通过将这些差异从一代传给下一代，使这种不平等持续下去。	学校教育是一个培养学生承担成人责任的制度。 如果社会把男性和女性定义为不同类型的人，那么男女受教育的程度和内容会有所不同。
什么是重要的教育问题?	由于学校教育对社会运行的重要性，任何威胁学校效能的事情——包括教学质量差、校园暴力、辍学——都可能被定义为社会问题。	给学生贴标签会产生问题，因为标签对我们来说是真实的，并且会产生真实的后果。所以，学校决定给学生贴上某种标签会产生一种自我实现的预言，学生们可能会根据学校教师使用的标签来看待自己，并产生相应的行为。	教育问题包括资金上的不平等使一些学校远远好于其他学校。分流政策经常将富裕家庭的学生放在最好的班级和项目中，而来自贫困家庭的学生被放在最差的班级和项目中。	教育不平等也包括性别不平等，女性长期被排除在高等教育之外。虽然今天女性通过接受更多的学校教育获得了权利，但在收入和权力方面，女性仍然处于相对不利的地位。

况催生了僵化的官僚主义，其捍卫现状，积极阻碍创新和鼓励卓越的政策。例如，公共教育没有把教师的工资和学生的学习收获联系在一起，而是把教师的工资和资历联系起来（Thernstrom & Thernstrom，2003）。

垄断公司是不会因为竞争压力而为消费者提供高价值服务的。因此，保守派认为，我们应该期望这种“单一提供者系统”表现不佳。解决学校问题的办法是提高学校教育的竞争性。如果公立学校必须为生源展开竞争，它们就会努力做好工作，不然就会倒闭。

增加竞争性是*学校选择*策略的核心。一个旨在增加可选择性的政策是创建**特许学校**（charter schools），即*可以自由地尝试新的政策和项目的公立学校*。与普通公立学校相比，特许学校受到的监管较少，只需要保证学生的表现高于平均水平。在美国的 40 个州以及华盛顿特区已经建立了大约 4 700 所特许学校，并且已招收了大约 140 万名学生。这些学校教授不同类型的学生——61% 为非白人——其中许多学校已经创造了高学业成绩的纪录（U.S. Department of Education，2011）。

一些学区也采取了类似的策略，建立了**磁石学校**（magnet school），即*提供特殊设施的公立学校和旨在追求教育卓越性的项目*。现在美国大约有 3 000 所磁石学校提供特殊教育，包括科学 361
和外语。虽然磁石学校的入学人数只是公立学校的 4.7%，但是其在很大程度上提高了学生的学习能力（U.S. Department of Education，2011）。

保守派也支持通过营利性公司进行营利教育来提高学校的竞争性。私立学校当然不是什么新鲜事：现在几乎有 34 000 所私立学校在美国运营。这里的重点是让营利性公司接管低效公立学校的运作。这是因为保守派认为让营利性公司来运作学校比让政府官僚来运作学校更为高效。许多美国城市，包括巴尔的摩、迈阿密、哈特福德和波士顿，曾尝试过营利教育，但最终却决定回到传统的公立学校系统。最近，当费城的学校系统有 1/3 的学生没有毕业时，国家接管了学校系统，并引进了营利性公司来经营大部分学校。虽然学生成绩有所改善，但学校工作人员对结果仍然不够满意，因此，在 2010 年，学校求助于作为非营利组织运作的独立公司。当每个人都试图帮助那些陷入困境的学生时，双方对学校营利问题的情绪就都高涨了起来（Sanchez，2003；Garland，2007；Richburg，2008）。

最后一个保守的政策是**学校教育券计划**（school voucher program），即*为父母提供他们可以在公立学校或他们选择的私立学校使用的资金的计划*。实际上，学校教育券计划就是“你有权把你的税金交到你的孩子想去上学的地方”。教育券在低收入家庭中尤其流行，这些家庭在寻找其他学校以替代他们社区中的贫困学校。许多有宗教背景的人选择把他们的孩子送到教会学校，这些学校通常由一个教会（大部分是罗马天主教会）来经营，那里纪律更严格，干扰更少，学习内容更丰富，辍学学生更少。美国的许多城市，包括克利夫兰、印第安纳波利斯、明尼阿波利斯、密尔沃基、芝加哥和华盛顿特区，近几年一直在试验选择方案。2002 年，美国最高法院判定克利夫兰的教育券计划是合法的（Lord，2002；Morse，2002）。第 339 页的“个人故事”栏目更详细地展现了一个家庭使用教育券的经历。

保守派支持选择学校及考核教师，因为这样可以迫使所有公立学校和私立学校都更加负责。2002 年，布什总统签署了一项教育法案，这个法案被通俗地称为“不让一个孩子掉队”，该法案要求所有 3 ～ 8 年级的公立学校学生学习语言艺术、数学和科学。这项法律得到了保守派的广泛支持。学生学业成绩表现不佳的那些学校，需要在未来几年提高自己的教育水平。如果它们不这样做，家长就会选择把他们的孩子转到另一所学校。到了 2012 年，虽然学生成绩有所改善，但 48% 的公立学校被贴上了“失败”的标签。这个严峻的现实使得对“不让一个孩子掉队”法案的支持率下降。然而保守派仍然致力于衡量学生的表现，并认为公立学校必须对学生的表现负责（Wallis & Steptoe，2007；Dillon，2010，2012）。

（二）自由派：增加投资

自由派认为公立学校是美国社会的重要组成部分。学校教育对每个人来说都是必要的资源；因此，确保所有人都能上好的学校，是政府的一项重要职责。尽管自由派承认有些学校做得不太好，但他们认为学校陷入困境是更广泛的社会问题的征兆，包括种族歧视和经济不平等问题。鉴于一些学校每年获得的资助比其他学校多得多，我们是否需要对一些学生落后感到惊讶呢？此外，考虑到美国社会中显著的阶级差异，一些学生从家庭的丰厚的文化资本中受益，从他们上学的第一年起，他们的未来就比其他人有更多的可能性。此外，许多年轻人面临着说除了英语以外的第一语言的挑战。 362

克服所有这些挑战需要政府的全力支持。出于这个原因，自由派人士支持政府资助的项目，比如“启智计划”，该计划为最需要早期教育的孩子提供丰富的教育。

一些自由派人士支持选择学校的想法（尤其是特许学校和磁石学校，因为它们仍然是公立学校），但改善学校状况的主要自由主义政策是在所有学校投入更多的税款，这样它们就能更好地满足所有学生的需求。民意调查显示，白人同样支持少数族裔贫困儿童拥有与富裕白人儿童同样的教育资源的政策（Close，2004）。

在各级学校教育中，自由派都强烈支持双语教学项目，而保守派则反对。自由派声称，双语教学不仅能让学生在学习英语的同时在其他学科上取得进步，而且能帮助学生认识和重视在美国发现的各种各样的文化多样性（Ochoa，1999，Portes，2002）。

最后，自由派主张，无论是在学校期间还是在放学后，都应该投资于课外项目，让学生更深入地参与到学校生活中来。这些涉及音乐、科学或体育运动的项目的另一个好处是，它们减少了诸如药物滥用和暴力等问题发生的可能性（Hawkins，Farrington，& Catalano，1998；

个人故事　学校选择：一个家庭的视角

公立学校的糟糕表现，特别是在大城市，是一个有争议的话题。但是，对于那些生活在贫困社区，只有贫困学校可上的人们来说，真正的问题只在于他们想要过得更好一点。

每天早晨，德沃兰德·莎士比亚（Delvoland Shakespeare）走出他在俄亥俄州克利夫兰的房子，把他的两个儿子扔进他灰色的福特车的后座并扣好安全带，开车送他们到一所圣母和平天主教学校。莎士比亚认为到学校学习是他的儿子所拥有过的最好的机会。8岁的兰德尔已经学会使用电脑，5岁的艾赛亚正在学习阅读。在把孩子们送走后，莎士比亚停了车，看着他的儿子们排队进入学校。他咧嘴笑着说："看到他们去了一所好学校上学，我觉得很棒。"

在兰德尔准备上幼儿园时，莎士比亚和他的妻子查理恩决定做一些调查。他们知道，就像在其他城市一样，他们城市的公立学校存在严重的问题，包括超过半数的学生达不到毕业要求。因此，他们打算去他们附近的公立学校参观考察。

在学校周围的几个角落，他们发现了毒贩和妓女。在校园里，他们发现书本的情况很糟糕——有些书没有封面，很多书不是正版的而只是影印本。当莎士比亚进入男厕时，一名年轻人试图向他兜售大麻，他最担心的事情得到了证实（Shlaes，1998）。

几天的"田野调查"足以让莎士比亚相信，他们必须竭尽全力为他们的孩子找到一所更好的学校。他们削减开支，努力攒够孩子去私立学校上学的费用。但是，私立学校的学费很高，而且他们根本无法负担两个孩子的学费。然后，他们听说了一个新的试验——"选择"计划：低收入家庭通过抽奖，有机会获得价值2 500美元的教育券，这些钱足以让他们选择一所学校。当兰德尔拿到学校的教育券时，他们很高兴。三年后，当艾赛亚准备上幼儿园时，他也获得了一份教育券。

和大多数生活在大城市的低收入家庭一样，莎士比亚强烈支持选择学校政策。原因很简单，他们认为选择学校对他们的孩子有很多好处。但并不是每个人都认为学校教育券计划是一个好主意。有些人反对对任何学校的选择，认为这削弱了国家对公共教育的承诺。另一些人反对给宗教学校资金，认为这违反了政教分离的宪法原则。还有一些人则认为，教育券正吸引着公立学校里最优秀的学生，而把最差的学生甩在了后边。最后，一些人反对教育券，仅仅是因为他们认为，真正的解决方案应该是修复我们的公立学校，而不是放弃它们。

你怎么看？

1. 年龄较大的学生长期以来一直利用政府的赠款和贷款进入教区学校和大学。年幼的学生是否可以使用教育券进入教会学校？为什么？
2. 在美国公立学校表现不佳的情况下，你会选择使用什么样的政策来改变现状？请说明原因。
3. 总的来说，你认为学校教育券计划能不能改善公共教育？为什么？

Samples & Abner，1998）。

自由派支持国家扩大对于教育的投资，并为上述这些策略提供资金。他们声称，现在为好学校支付的费用远比以后为解决差学校造成的问题而支付的费用低得多，这些问题包括犯罪、滥用毒品和功能性文盲。

（三）激进左派：抨击结构性不平等

激进左派认为，许多社会问题，包括教育问题，是由社会整体的政治经济结构缺陷导致的。只要财富和权力高度集中，这个国家就不可能为所有人提供良好的教育。从激进左派的观点来看，学校不是问题的根源，资本主义经济才是问题的根源。但是，学校确实让问题变得更糟，因为它们把糟糕的学业表现作为个人的缺点，而不是美国结构性不平等的结果。

激进左派同意自由派的观点，即公立学校需要更多的资金。他们认为，至少，我们需要消除富裕地区的学校与不太富裕地区的学校之间的资金差距。朝着这一方向迈步的是佛蒙特州在1998年的行动，该州为全州内学校的每个学生提供同等的教育资助。各州可以效仿佛蒙特州的做法，通过为每个学校的每个学生提供同等数额
363 的资助，以增加教育公平性。

然而，佛蒙特州的计划也只能走这么远。即使对每个学校的每个学生的资助都是一样的，一些学生仍然会因为他们的社会背景而比其他人有更大的优势。激进左派得出的结论是，让所有人都接受良好教育的唯一途径，是消除整个社会中存在的显著不平等。这种革命性的想法需要对资本主义经济和现有的政治体制进行根本变革。

“从左到右”的表格总结了保守派、自由派和激进左派对美国学校状况的看法。

从左到右　关于教育的政治观点

	激进左派观点	自由派观点	保守派观点
问题是什么？	学校是在一个以财富和权力的显著不平等为特征的社会体系中运作的，它们使美国大部分人失望，并使阶级差异长期存在。	尽管学校教育的年轻人比以往任何时候都多，但它们缺乏资金和项目来满足某些人群的需求。	学校是政府的垄断力量，既不能有效地运作，也不负责任。学校未能教育相当一部分年轻人。
解决方案是什么？	平衡对所有学校的资助；最终解决之道在于彻底改变经济和政治体制，建立一个更加平等的社会。	增加政府对学校的资助，特别是在弱势地区扩大学前教育和双语教学，以改善少数族裔和低收入儿童的教育。	各种各样的策略，如学校营利教育和使用教育券，将迫使公立学校变得更有竞争力；所有学校都必须对自己的表现负责。

参与讨论

1. 所有的政治观点都认同一件事：美国的学校做得并不好。鉴于这一事实，你认为为什么近几十年来学校几乎没有什么变化？
2. 利用这三种政治观点，回应以下论断：“美国的学校教育通过提供一个符合学生能力和兴趣的学习项目来努力实现机会平等的目标。”
3. 如上所述，在有关美国学校教育的三种政治分析中，你认为哪一种最有说服力？为什么？

总结与展望

- **设想**

最近的调查显示，在华盛顿特区，2/3的美国成年人声称改善教育质量应该是美国国家领导人的首要任务之一。人们认为教育是打开经济机遇大门的关键，一份高中文凭或大学学历（也可能是研究生学历）有助于找到一份更好的工作或者拿到更高的收入（NORC，2007；Pew，2012）。因此，我们想说，学校不仅要为每个学生提供基本的学习机会，而且要为他们提供发现个人兴趣和发展个人能力的机会。

近几十年来，随着信息革命提高了读写能力的重要性，学校教育变得比以往任何时候都更加重要。然而，正如本章所显示的，美国公立学校存在缺陷，衡量学生表现的标准并不取决于他们过去是什么样子的，很多年轻人（在一些大城市超过一半）在高中毕业前就辍学了。

变化的前景是什么？政界人士一致认为，必须做出改变，但对于问题和解决方案究竟是什么，人们的看法却大相径庭。

保守派关注的是学校制度本身。他们认为政府没有很好地管理学校教育，特别是当政府几乎垄断了这一过程的时候。美国社会必须提供更多的教育选择和竞争，才能提高学生的学习成绩。

自由派关注政府增加学校资助的行动。自由派强烈支持政府应该建设高质量的学校，而公众应该承担成本的观点。他们反驳说，选择学校的政策可能会帮助一些学生——尤其是那些有父母参与的学生——但会让其他学生落后。自由派也

注意到，在未来的几十年里，这个国家的学生将会变得更加多元化，这强调了双语和多元文化项目的重要性。

激进左派也可能影响学校教育的未来。佛蒙特州已经通过了一项大胆而有争议的计划，以确保所有学校系统的每个学生都能得到平等的资助。十多年后，其他州的政府还没有采取类似的计划。类似的计划会在未来的岁月里出现吗？由于平等资助的想法挑战了长期以来对学校控制的做法，因此这一方向的改变可能是缓慢而激烈的。然而，鉴于本章指出的学校资金不平等程度，公众对更平等的政策的支持很可能会增加。

当谈到美国的学校时，几乎每个人都赞成变革。但是，确切地说，即将发生的变化是一个政治决定，它将在今天的学生成年后做出。

364 定义解决方案

为解决美国大城市的公立教育问题，我们应该怎么做？

正如这一章所解释的，公众对于美国城市的学校是否在发挥作用存在分歧。官方数据显示，在全美 1 634 所公立学校中，至少有 60% 的学生未能毕业，这一事实无疑令人担忧。看看下面的两种陈述，了解解决这个问题的两种方法。

（1）一般来说，自由派将糟糕的表现与学校资金不足联系起来。但是，越来越多的自由派人士认为令人窒息的官僚主义是问题的一部分，并支持特许学校的扩张。特许学校作为公立学校运行，但不受公立学校系统严格的规章制度的约束。特许学校在组织、安排和教学方面可以自由地发挥创造性。因为对自由派来说，在公共教育中创造卓越是至关重要的，他们认为特许学校是一种很有前途的方法。你在多大程度上支持特许
365 学校？

（2）从保守派的观点来看，公立学校运作不好的主要原因是缺乏竞争。简而言之，保守派希望看到这样一个教育市场，在那里，父母和他们的孩子可以选择能为他们创造最大价值的学校。将这种选择最大化的政策是教育券，这意味着父母可以用公共资源来支付他们孩子想上的任何学校的费用——无论是公立学校还是私立学校。你认为学校教育券计划的优点和缺点是什么？

提示：你对城市学校问题的立场取决于你对公共教育理念的态度。教育券可以让纳税人的钱进入任何一所学校，而无论这所学校是公立的还是私立的。教育券虽然可以创造最多的选择，但最终很可能会在表现最好的和最差的学校之间造成更大的差距。由于这个原因，城市政府（这些政府几乎都是民主党占压倒性优势）只允许非常有限的学校教育券计划。特许学校可能代表了政治妥协的机会，因为它们既提供了一些选择，同时也保留了在公共教育中保留税收的想法。然而，激进左派不太可能签署协议，因为他们希望看到更大的改变——建立一个资金均等的公共教育体系。

参与：应用和练习

1. 大多数社区提供训练志愿者教成年人阅读的项目。要想在你所在的地区找到一个类似项目，可以询问当地学校或图书馆的扫盲计划，或者打电话给社会服务机构，看看你可以如何帮助别人学习阅读。
2. 启智计划是一个帮助弱势儿童在学校取得成功的政府项目。联系你所在地区的政府，向你所在地区的志愿者寻求帮助。
3. 与帮助有特殊需要学生的学校办公室联系。你的学校如何对待有学习障碍的学生？你的学校对残疾人的服务怎么样？
4. 上网查询你所在地区的学区，了解当地高中毕业生的比例，你能从自己的社区中学到哪些成功或富有挑战性的经验？

达标：可视化摘要

建构社会问题决定性时刻

琳达·布朗：为废除学校种族隔离而斗争

教育问题：全球视角

• **教育**是社会向其成员传递知识——包括基本常识和工作技能，以及文化习俗和价值观——的一种社会制度。 • 随着社会的工业化，年轻人被要求进入学校，由受过专业培训的教师来教导。 • 在高收入国家，大部分人完成了中学教育，有一部分人完成了大学教育。 • 在低收入国家，很多年轻人尤其是女孩，极少甚至没有接受过学校教育。世界上大约有 1/6 的成年人是文盲。 **美国教育的历史进程** • 直到奴隶制废除，大量的非裔美国人才得以上学。 • 随着工业化的发展和移民的增加，所有州都在 1918 年通过了强制性的教育法。 • 随着女性在 20 世纪进入劳动力市场，她们也开始进入大学学习。	**教育**：社会向其成员传递知识——包括基本常识和工作技能，以及文化习俗和价值观——的一种社会制度。 **学校教育**：由受过专业培训的教师来执行的正式的教导。 **读写能力**：阅读和写作的能力。

美国教育问题

学业表现 • 在所有工业化国家中，美国的成年人拥有大学学历的比例（30%）位居世界第二，但是在读写能力和科学技能的测试中，美国的学生落后于其他高收入国家的学生。 • 在标准化考试中，贫困家庭的学生的分数低于富裕家庭的学生。 **辍学** • 2009 年，8.1% 的年轻人（超过 300 万）在高中毕业前就辍学了。 • 非裔美国人（9.3%）、拉美裔美国人（17.6%）和美洲原住民（13.2%）的辍学率高于白人（5.2%）。 • 辍学会加大学生吸毒、被逮捕、失业和贫困的风险。 **功能性文盲** • 功能性文盲在美国是一个严重的问题。在日常工作中，大约有 14% 的成年人不能很好地阅读或书写。 **学校隔离和校车接送** • “隔离但平等”的概念是在 1896 年的美国最高法院确立的（普莱西诉弗格森案）。 • 1954 年，法院改变了立场，宣布种族隔离的学校都是违宪的（布朗诉托皮卡教育局案）。 • 当校车被用来整合学校时，“白人大迁移”使得许多白人家庭搬到郊区。这就导致，今天的公立学校仍然和 20 世纪 60 年代的种族隔离学校差不多。	**功能性文盲**：不能很好地读、写或做基本的算术，从而不能履行日常职责的人。 **分流**：让学生和其他能力相近的学生一起上课。 **自我实现的预言**：一种以某种方式被定义的人最终会像被定义的那样去思考和行动的情况。 **英语浸入式教学**：对母语非英语的学生进行英语教学。 **双语教学**：在为大部分年级的学生提供母语教学的同时也提供英语教学。 **主流政策**：将学生的特殊需求整合到整个教育计划中。 **特殊教育**：让有身体或精神残疾的儿童在单独的课堂中接受教育，由受过专门训练的老师授课。

分流

- 分流是学校的一项政策，将孩子分配到不同的项目中。
- 支持者称，分流为学生提供了符合他们兴趣和能力的学校教育。
- 批评者称，分流通常是根据社会背景来实行的，所以富裕家庭的学生受益，而弱势的学生受到伤害。

性别不平等

- 如今，大多数（57%）大学生是女性。
- 然而，性别仍然是一种分流方式，引导女性和男性进入不同的专业。

移民与文化的多样性

- 文化的多样性是美国学校面临的又一挑战，让母语非英语的学生参加英语浸入式教学更好，还是使用双语教学政策更好，是这场争论的焦点所在。 367

残疾人教育

- 美国学校大约有650万残疾学生，将这些学生纳入主流教育更好还是为他们提供单独的专业课程更好，是一个长期存在的问题。

校园暴力

- 暴力犯罪是美国学校的一个严重问题，因此，大多数学校对校园暴力和带武器到学校这种行为采取零容忍政策。

教育理论和教育相关问题

结构功能分析：学校教育的功能

结构功能方法强调了学校对社会整体运作的重要性。

- 学校教育帮助年轻人为就业做好准备，并可以作为一种向上流动的手段，因为学生获得了从事工作所需的知识和技能。
- 学校教育向学生传递了一个社会的主流文化价值观。
- 学校教育的一个**潜在功能**是为在职父母提供儿童照料。

符号互动分析：学校中的标签

符号互动方法关注的是学生和学校工作人员的互动如何构建现实，包括学生如何看待自己。

- 学校给学生贴上有天赋或有缺陷的标签可能会产生一种**自我实现的预言**，会对学生对自己的期望产生重要影响。

隐性课程：在课堂上对支持现状的政治或文化思想的明确而微妙的表达。

社会冲突分析：学校教育与不平等

社会冲突方法强调了学校教育和社会不平等之间的联系。

- 从对不同学校的不平等资助以及在任何单一学校内的分流政策中，我们都会发现世代之间的阶级差异持续存在。
- 学校的**隐性课程**使学生学会尊重权威，而不是挑战现状。

女权主义分析：学校教育与性别

女权主义方法强调了学校教育与性别不平等之间的联系。

- 从小学到大学校园，教学工作的回报越大，课堂教师中男性的数量就越多。
- 就我们的社会将女性和男性定义为不同类别的人而言，性别问题涉及接受教育的人以及接受教育的内容。

政治与教育：提出问题并定义解决方案	
保守派：增加竞争 ● **保守派**批评美国的公立学校效率低下，对它们应该服务的人不负责任。 ● 保守派建议通过采用特许学校、磁石学校、营利性学校和学校教育券计划，让父母选择把孩子送到哪里上学，从而使教育更具竞争力。 **自由派：增加投资** ● **自由派**认为，学校问题的根源是社会。 ● 自由派支持加大对学校，特别是在学前教育和双语教学等项目上的投资，以增加弱势学生的文化资本。 **激进左派：抨击结构性不平等** ● **激进左派**认为，美国学校的问题是美国社会不平等的结果。 ● 激进左派呼吁将所有学校用于学生的资金均等化。最终，根本目标是在美国经济和政治平等的方向上实现基本改变。	**特许学校**：可以自由地尝试新的政策和项目的公立学校。 **磁石学校**：提供特殊设施的公立学校和旨在追求教育卓越性的项目。 **学校教育券计划**：为父母提供他们可以在公立学校或他们选择的私立学校使用的资金的计划。

第14章 城市生活

368-369

学习目标：

- **记住**本章中用黑体字突出显示的关键术语的定义。
- **理解**美国历史上城市发展的地点和原因。
- 将社会学的想象力**运用**于展示城市和城市生活如何反映更大社会的技术、文化和经济。
- 运用社会学的主要理论方法**分析**城市和城市生活。
- 从各种政治立场**评价**美国城市的状况。
- **设想**你将如何改变我们的社会，以提高城市生活的质量。

370 **问题的提出**

——什么是城市扩张？

城市扩张指的是城市快速发展的过程。亚特兰大是美国扩张最快的城市之一，每周都要新占用500英亩的空地。

——城市中不是有很多工作吗？

是的，但在美国许多大城市的市中心地区，大多数的成年人在当地社区找不到工作。

——在美国，无家可归是多大的问题？

在一年的时间里，美国至少有160万人无家可归。

章节概述

你能想象美国没有大城市会是什么样子吗？本章将探讨城市生活，解释城市是如何在美国发展起来的。你将了解到许多城市问题，包括金融危机中的城市、越来越多的被法院拍卖的房屋、城市地区的向外扩张、不合标准的住房、种族隔离，以及无家可归。你将对城市问题进行理论分析，了解人们如何将某些城市现象定义为“问题”，以及人们所支持的“解决方案”如何反映他们的政治态度。

玛丽·萨卡西奥（Mary Saccacio）慢慢地走进客厅。她右手拿着信封，左手拿着晨间咖啡。她的丈夫弗农（Vernon）坐在沙发上看电视新闻。“这是银行寄来的。”玛丽说话温柔，声音颤抖。

当玛丽和弗农在佛罗里达南部买下这座不大不小的房子时，他们知道这是一笔大买卖。一开始，每月的房贷还款额很低，他们这两位退休教师还负担得起。佛罗里达南部的房价每年都在快速上涨，他们认为自己最终会在贷款还清之前死去。

但随后房地产泡沫破灭了。他们很快就被“淹没”了，这意味着他们的这座房子的价值比他们申请的抵押贷款的价值要低得多。更糟糕的是，在36个月后，他们签署的抵押协议提高了他们的贷款利率，这增加了他们每月支付的费用。并且由于他们已经拖欠了几个月的还款，银
371 行已经宣布要拍卖他们的房子了。

当玛丽在读信时，弗农低头看着地板。之后将会有一个法庭听证会，如果他们不能拿出欠银行的钱或者与银行协商解决，他们就会被驱逐。然后，房子将在拍卖会上卖给出价最高的竞拍者（Saporito，2008；El Boghdady & Cohen，2009；Von Drehle，2009）。

随着2008年和2009年经济衰退的加剧，一场房地产危机在美国蔓延开来。到2012年，多达600万的房屋丧失了抵押品赎回权。

家园的丧失和工作岗位的消失显然证明美国的城市中并不是一切都好。美国的城市中有美丽的建筑、灯火辉煌的购物区、著名的大学、迷人的博物馆和许多其他的文化中心。但城市也是贫困、住房不足、无家可归和犯罪的集中地。

美国是一个城市国家，有82%的人口居住在城市地区（United Nations，2010）。这意味着美国社会所面临的许多问题是城市和城市生活的问题。本章将考察美国的城市，并简要介绍世界各地的城市状况。为了了解城市的现状，我们首先简单地看看在历史进程中城市是如何发展和变化的。

一、城市：过去和现在

- **理解**

难以想象在美国这个国家中，如果没有纽约、亚特兰大、芝加哥或洛杉矶这样的大城市，那将会是什么样子的。四个世纪以前——在这片土地被称为美国之前——这片大陆上居住着数百万美洲原住民，他们几乎没有永久的定居地。从一个海岸到另一个海岸，既没有高大的建筑物，也没有平坦的道路。

(一)殖民地村庄：1565—1800年

第一批城市是由欧洲人建立的，这些欧洲人对所谓的“新世界”进行了殖民统治。1565 年，西班牙人在佛罗里达州的圣·奥古斯丁建立了第一个定居点。1607 年，英国人建立了弗吉尼亚州的詹姆斯敦。1624 年，荷兰人在曼哈顿岛南端建立了新阿姆斯特丹，后来改名为纽约。1630 年，英国人定居波士顿。

所有这些定居点最初都是小村庄的样子：狭窄的土路、小房子和仅有的几百名居民。小村庄为定居者在一个新的陌生世界中提供了庇护所。生活在这些小村庄的大多数人努力工作，设法生存下来。

1776 年，当美国宣布独立时，大约 5% 的人口居住在城市。这个新国家最大的城市是费城，费城当时拥有 42 000 人，与今天费城地区的约 400 万人相去甚远。

（二）西进运动：1800—1860年

1800 年以后，人们开始沿着新的运输路线向西推进，包括国家公路（1818 年）、巴尔的摩—俄亥俄铁路（1825 年）、伊利运河（1825 年）。沿着这些路线，移民们建立了定居点，并将其发展为中西部的大城市，包括布法罗、克利夫兰、底特律和芝加哥。在此期间，*城市化*不断拓展，人口稳步从农村向城市流动。到 1860 年南北战争时，全美大约有 20% 的人口是城市居民。

（三）工业大都市：1860—1950年

美国内战的爆发，催生了许多制造武器的新工厂，吸引了更多的人从农村来到城市。此外，每年大约有 100 万移民进入美国，其中大部分来自欧洲，他们几乎都在城市定居。这种工厂和人口的混合创造了*大都会*（metropolis）（源自希腊语，意为“母城”）。到 1900 年，芝加哥有 200 万人口，纽约市有 400 万人口，超过了 1790 年全美人口的总和。

城市不仅在人口数量上有所增长，而且在空间上有所扩张。新的火车和电车路线允许城市
边界进入周围的乡村。钢梁取代了砖木，迎来 372
了摩天大楼的时代，高楼大厦里的电梯可以让人们上下移动。到了 1930 年，纽约已经扩展到了曼哈顿岛之外，并建造了高达 102 层的帝国大厦。

工业化改变了城市，扩大了城市规模，城市人口也逐渐多元化。到 1900 年，许多人将城市视为社会问题的根源。造成这种不良印象的一个原因是大量移民的涌入。当时，居住在十个最大城市中的 2/3 的人要么出生在国外，要么是移民的子女（Gaab，1963）。这种文化的多样性既助长了种族偏见，也助长了反城市偏见。特别是对大多数在乡村社区生活了几代人的人来说，“城市人”被认为不如“真正的美国人”。

大多数城市居民很清楚这种偏见。但他们面对的最紧迫的问题主要集中在住房等基本需求上。1900 年，超过 1/3 的纽约人住在廉价公寓里，许多小公寓几乎没有窗户，只有共用浴室。廉价公寓成了新移民的家，这些移民都非常贫困。

更糟的是，在工业城市，空气被工厂的烟雾污染，污水流入街道，最终汇入提供饮用水的河流和湖泊。孩子们在肮脏的和无人监管的街道上跑来跑去，流行病在贫困的居民区肆虐，暴力犯罪猖獗。成千上万的人（包括那些贫困的孩子）遭受着极大的痛苦，除了在桥下或楼梯下，他们根本没有地方居住。

在这些工业城市，虽然有很多工作机会，但大多数要求工人每天工作 10 个小时以上，工资也很低。随着 1929 年“大萧条”的开始，情况变得更糟；在最糟糕的时候，1/4 的美国工人被驱离了工作岗位，因此他们失去了所有的收入。无家可归、排队领面包和街头乞讨在美国随处可见。直到第二次世界大战（1939—1945 年）开始，美国才摆脱了“大萧条”。当第二次世界大战结束时，一个繁荣的新时代即将开始。但正如你将看到的，这些“美好时光”对城市来说只是喜忧参半。

（四）后工业城市和郊区：1950 年至今

工业大都市的人口在 20 世纪 40 年代末达到高峰。在 1945 年第二次世界大战结束后，士兵们回到了家，许多夫妻开始组建家庭。众所周知的
373 “婴儿潮”开始了，它很快地改变了城市的面貌。

战后的“婴儿潮”推动了美国出生率的飙升，迫使许多家庭寻找新的住房。随着经济的发展，许多人的收入比以往任何时候都多，这意味着许多家庭至少可以拥有一辆汽车。联邦政府也在努力建设州际公路系统，包括中央城市附近的环城公路。新的住房、繁荣的经济和更大的流动性这些要素结合起来，不断吸引着越来越多的人从市中心搬到**郊区**（suburbs），即*超出城市政治边界的城市区域*。

20 世纪 50 年代，几乎所有新的住房都建在郊区。联邦贷款计划帮助家庭以小额首付的方式购买新房，一些新的开发项目以令人难以抗拒的低价提供独栋房屋。1948 年，在纽约长岛，一个名为莱维敦（Levittown）的开发项目将新房的价格定在 8 000 美元左右（约等于今天的 45 000 美元）。许多人取笑莱维敦的又小（720 平方英尺[①]）又千篇一律的模板化的房子。但是亚伯拉罕·莱维特（Abraham Levitt）很快就卖掉了他在莱维敦的第一期全部 17 447 栋房子，然后在费城郊区又开始了两个大型的开发项目（Wattel，1958）。在全美各地，开发商毫不费力地将新房卖给那些渴望拥有绿树成荫的郊区房的家庭。

在 20 世纪 60 年代和 70 年代，经济变化帮助郊区发展得更好。大城市是由工业发展带来的，它把人口集中在工厂和交通枢纽所在的城市。但在 20 世纪 60 年代之后，一种新的后工业经济出现了，其特征是服务业的发展和计算机技术的应用。后工业经济把工作从旧的市区工厂迁移到写字楼，并且其中大部分写字楼不是在市中心，而是在郊区。简而言之，后工业经济分散了人口。到 1970 年，美国大部分的“城市”人口不是居住在市中心，而是居住在郊区；到 2010 年，全美 52% 的人口居住在郊区（U.S. Census Bureau，2011）。

① 约合 67 平方米。——译者注

二、今天的城市问题

- **运用**

人口从市中心向郊区的迁移造成了许多城市问题，包括财政问题、城市扩张和市中心的高贫困发生率。

（一）财政问题

一个城市有可能破产吗？在 20 世纪 70 年代，美国的许多城市濒临破产，其中一个是纽约——美国最大的城市，人口超过了 800 万。问题在于，随着城市地区向外扩张，人们跨越城市边界而到偏远郊区居住。1970—1980 年，纽约的人口实际上减少了 86 万人，减少的人口超过了波士顿的总人口。随着工业从市中心工业区转移到郊区工业园区，纽约不仅失去了大量的人口，还失去了 50 万个工作岗位。公司合并和裁员进一步减少了对工业劳动者和上班族的需求。

这些趋势为财政危机埋下了伏笔。人口的流失和公司的减少意味着这座城市的税收基础更薄弱。更糟糕的是，从城市迁出的人平均来说比留在城市的人更富有，受教育程度也更高，留下来的则主要是穷人和失业者，其中许多人的生存要依赖社会服务项目。到 20 世纪 70 年代中期，社会服务项目的成本不断增加，城市雇员的工资也在不断上涨，这对纽约来说实在难以承受，以致纽约处于破产边缘。在美国东北和中西部工业地区的许多其他城市，情况大致相同（Johnson & Lueck，1996；U.S. Census Bureau，2011）。

纽约和其他工业大都市，如克利夫兰和底特律最终并没有崩溃。新的融资渠道将新的资金注入了城市的金库，工会合同以及福利支出的修改削减了开支。

而对新的后工业经济的努力适应成为旧工业城市发展的最大推动力。当老旧的工业工厂关门时，许多工作岗位消失了。但是，数百万个新的

工作岗位已经出现。这些新工作都在服务业，包括娱乐、销售、金融服务、法律、咨询、出版和计算机行业。纽约的市中心曾是工业区，但如今已经转变为后工业金融和商业中心。

帮助城市复苏的第二个因素是移民数量的增加。1980 年之后，纽约再次开始吸引移民，就像一个世纪以前吸引来自欧洲的移民一样。许多来自拉丁美洲和亚洲的移民来到这里，寻找经济机会。这些移民大多在餐馆、酒店和医院从事服务工作，他们工作时间很长，工资很低，为美国的经济产出创造了数十亿美元（Martin & Mideley，2003）。

过去的几年对大多数主要城市来说是困难的，对整个国家来说也一样。经济大萧条削减了就业机会，降低了财产的价值，减少了税收。此外，工厂和办公室工作都在继续向海外转移，因为那里的成本更低。到 2012 年，美国经济呈现出缓慢复苏的迹象。但是许多城市——比如失业率高达 20%，并且十年前的大部分工作岗位已经消失了的底特律——不太可能恢复到以前的状态（Sullivan，2009；U.S. Department of Labor，2012）。

（二）城市扩张

内陆城市有过艰难时期的事实并不意味着大
374 城市没有继续扩张。20 世纪 50 年代，城市开始向外扩张，这使城市区域扩大。法国地理学家简·戈特曼（Jean Gottman，1961）创造了“**大都市**”（megalopolis）这个词，指的是*一个包含许多城市及其周边郊区的广阔的城市区域*。

在晴朗的夜晚从波士顿沿着东海岸向南飞行，你可以俯视一条没有缺损的灯光带，这条灯光带穿过新英格兰，一直蔓延到 700 英里外的弗吉尼亚北部。同样的超级城市模式从克利夫兰向西延伸到芝加哥，沿着佛罗里达州的整个东海岸，在美国西海岸的大部分地区上下延伸。

这种模式是人们从市中心迁移到郊区的结果，他们中的许多人是在郊区的办公园区里找到工作的。城市扩张也源于政府的一些具体政策。一个是第二次世界大战后由美国联邦政府建立的州际公路系统。这些高速公路是在经济繁荣时期修建的，当时很多家庭购买了汽车，公路系统通过对城市“外部地带”的服务来推动郊区的蓬勃发展。另一个是政府提供的低成本住房贷款，它使得数百万人迅速离开市中心，前往日益扩张的郊区。

这种城市人口的分散化导致了**城市扩张**（urban sprawl），*在城市的边缘地带出现了无计划的低密度发展*。城市扩张是一种新型的，包括道路、房屋、学校和购物区的混合模式。

毫无疑问，许多人热衷于投资这些开发项目。但多数分析人士认为，城市扩张是一个严重的问题。为什么？原因之一是城市景观千篇一律（Kunstle，1996）。在整个北美地区，大量住宅项目和大型购物中心没有区域特色，装饰往往也不令人赏心悦目。观察亚特兰大周边的城市扩张，你可以在俄亥俄州的哥伦布市、俄勒冈州的波特兰市、科罗拉多州的丹佛市或者其他大城市看到许多同样风格的房子和商店。

一个更严重的问题是，无序扩张的城市的发展密度较低（每英亩人口相对较少），因此它们以让人头疼的速度消耗着土地。1990—2010 年，纽约大都市地区的人口增长了 15%，但在同样的 20 年中，该地区的人口占据了 60% 的土地。亚特兰大是美国发展速度最快的城市之一，其面积约为 135 平方英里①，是 20 年前的两倍多。整个亚特兰大市区每周都要吞噬 500 英亩的土地和农田，现在这个区域大约有 8 500 平方英里。同样，菲尼克斯现在占地 517 平方英里，而菲尼克斯大都市区域现在已扩展到 14 600 平方英里，比马里兰州还大（U.S. Census Bureau，2011）。尽管随着最近经济的衰退，城市扩张的速度确实放缓了，但是在未来的 50 年里，加利福尼亚州的农业中心地带，预计大约会有 350 万英亩的土地被开发。在全美范围内，住宅、购物中心、停车场、高尔夫球场和高速公路的建设每年可能继续消耗多达 100 万英亩的空地（Cheslow，2006；Davis，2009；U.S. Census Bureau，2011）。

城市扩张导致的另一个问题是，在这些广阔的城市地区，出行的唯一方式是汽车，而开车上

① 1 平方英里约合 2.6 平方千米。——译者注

下班既缓慢又费钱。大多数郊区家庭需要有几辆汽车，他们把大部分收入花在了汽车、保险和汽油上。此外，今天的郊区居民的大部分时间花费在了路上。在达拉斯，一般人们每天上下班开车往返 25 英里；在亚特兰大，一般是 26 英里；在洛杉矶，一般是 29 英里；在费城，一般是 32 英里（U.S. Census Bureau，2011）。由于开车的大部分时间在交通堵塞的情况下，因此他们的通勤时间经常一天超过 1 或 2 个小时。城市扩张的全部后果包括通勤的高成本、个人时间的损失、交通堵塞的压力，以及空气污染的增加。

最后，从乡村的角度来看，城市扩张威胁着这个国家的农田。根据美国农田信托基金会统计的数据（2012 年），美国 78% 的蔬菜和 90% 的水果是在城市附近种植的。农业生产成了摆在城市扩张之路上的一道难题。

许多人说，解决这些问题的办法是修建越来越多的高速公路，帮助人们走得越来越远、越来越快。但是，修建更多的高速公路究竟是会帮助解决问题还是会让情况变得更糟？我们修建的公路越多，就越鼓励人们依赖汽车，我们的城市地
375 区就越有可能向外扩张。

商业从市中心的转移创造了*边缘城市*——远离旧市中心的商业中心。与主要由住宅组成的郊区不同，边缘城市主要是商业开发项目，包括企业办公大楼、购物中心、酒店和娱乐综合体。在郊区，人口在晚上达到高峰；在边缘城市，工作日的人口是最多的。

现在美国的大多数主要城市包含一个或多个边缘城市，如泰森角（位于弗吉尼亚州，华盛顿特区附近）、普鲁士王（位于费城的西北部）和拉斯科林纳斯（靠近达拉斯－沃斯堡机场）。许多边缘城市没有明确的边界，某些边缘城市甚至没有名字，人们通常用穿过该地的高速公路来称呼这些地方，例如，在新泽西州普林斯顿附近的 1 号公路和波士顿附近的 128 号公路（Davis，2009；Macionis & Parrillo，2013）。

（三）贫困

离开市中心的人通常比那些留下的人更富有。郊区的生活成本高昂，以汽车为基础的生活将大多数穷人阻挡在外。随着更多的工作机会转移到偏远地区，城市居民的工作机会减少了。这也是在市中心存在高度贫困的原因之一。

20 世纪 50 年代之后，新泽西州卡姆登市中心的公司开始迁往郊区。一些人——尤其是那些更年轻、受教育程度更高、经济状况更好的人——随着公司从市中心外流。卡姆登市中心的人口数量从 1950 年的 12.5 万下降到今天的约 7.7 万。超过 1/3 的未外流的家庭（以及一半有孩子的家庭）生活贫困（U.S.Census Bureau，2011）。卡姆登的孩子们的未来是暗淡的，因为一旦繁忙的街道空空荡荡，成千上万的房屋就会被封锁或拆毁。 376

卡姆登并不是唯一一个面临此类问题的城市。在美国，每个大城市都有低收入的社区。通常，低收入社区的居民是非裔美国人、拉美裔美国人或其他弱势群体。这些社区中有许多曾经是繁荣的工业区，有零售商店、专业办公室、中产阶级和工人阶级居民。今天，许多市中心的社区里只有穷人，他们失去了经济机会，正如第 351 页的“社会焦点问题”栏目所解释的那样。

2010 年，美国所有城市地区的贫困率为 14.9%。但市中心的贫困率为 19.7%，而郊区的贫困率仅为 11.8%。近年来，郊区在阶级、种族和民族方面变得更加多样化。但是，市中心和郊区之间仍然存在明显的经济差异（Fry，2009）。

城市的贫困程度是不均衡的。然而，城市地区的表现比乡村地区要好。在乡村地区，贫困率甚至更高，高达 16.5%，且就业机会更少。虽然城市确实有贫困人口高度聚集的地区，但城市地区通常能比乡村地区提供更多的经济机会（U.S. Census Bureau，2011）。

（四）住房问题

就像人们需要工作一样，人们也需要居住的地方。由于美国社会把住房定义为一种可以在公开市场上买卖的产品，因此家庭收入决定了住房的质量。美国社会的经济不平等造成了巨大的住房差距，这是美国城市历史上显而易见的一个事实。

社会焦点问题　当工作消失时：我们能否拯救市中心？

美国最有影响力的社会科学家威廉·朱利叶斯·威尔逊指出，市中心的大部分问题可以归结为一个主要因素：缺少工作岗位（Wilson，1996a，1996b）。近几十年来，美国国家领导人很少关注到工作机会正在从市中心消失的趋势。1996年，当国会通过旨在将穷人由单纯享受福利转变为通过工作获取福利的福利改革计划时，很少有人提到这些穷人要去哪里找工作。

威尔逊解释说，1950年，当工业城市的人口达到高峰时，芝加哥华盛顿公园的非裔美国人社区的大多数成年人从事着能够获取足够收入来养家的工作。到了20世纪90年代，在工作岗位从市中心流失后，2/3的人失业了。威尔逊在从纽约到洛杉矶的其他贫民区发现了这样的现实。

1953年，一名年轻女性搬到了华盛顿公园。如今已是老妇人的她向威尔逊解释说，当她搬到自己的社区时，那里有很多漂亮的房子，有些甚至是小别墅，还有很多商店、酒店，甚至还有医生的办公室。她解释说，那是一个中产阶级社区。但是，随着岁月的流逝，华盛顿公园变成了一个低收入人群聚居的地方，一个被许多人称为"贫民窟"的地方。

为什么这个社区和其他与之类似的社区会衰落？通过对华盛顿公园近8年的研究，威尔逊指出了一个严峻的现实：在这些社区中几乎找不到工作。失去工作促使一些人离开或者将留下的那些人推向极度贫困。经济衰退削弱了家庭的经济来源，迫使人们依赖于社会福利。

在华盛顿公园附近的另一个芝加哥社区伍德朗，1950年时有超过800家公司在运营，而当威尔逊调查这一地区时，他发现只剩下了100家。在20世纪60年代后期，包括西电公司和国际收割机公司在内的一些大雇主关闭了他们的工厂。当大雇主关闭了其在市中心的工厂后，市中心简直就要崩溃瓦解了。

威尔逊相信，我们可以通过创造就业机会来拯救市中心。但如何来做呢？第一步是政府雇用人们做各种需要的工作，如清理贫民窟和建造低收入住房。这一策略模仿了美国公共事业振兴署（WPA）在大萧条时期于1935年颁布的政策，它可以让人们从福利机构转到工作岗位，并在此过程中创造出他们急需的希望。

第二步是改善城市学校。要做到这一点，需要筹集必要的资金，吸引优秀的教师，并期望学生达到具有挑战性的学术标准，学习在后工业经济中取得成功所需的语言和计算机技能。

第三步是改善区域公共交通。没有汽车的劳动者需要火车和地铁才能到达郊区的工作地点。

最后，劳动者们需要负担得起的儿童保育计划，这项计划可以帮助父母在履行父母责任的同时保住一份工作。

为什么还没采取这些措施？威尔逊解释说，许多人错误地认为在市中心有大量的工作，而穷人根本就不想工作。威尔逊提出的另一个值得关注的问题是，实行这些措施至少在短期内需要政府的巨额支出，而这比继续向失业者提供福利援助要昂贵得多。

然而，从长远来看，让大城市部分地区衰落的代价是什么？我们能让我们的后代一代又一代地在绝望和充满暴力的环境中长大吗？在这些环境中，孩子们加入了那些没有工作的、不安分的、常常愤怒的人的行列。

加入博客！

你支持威尔逊的改革建议吗？为什么？在未来十年左右的时间里，你预计芝加哥和底特律这样的城市会发生什么变化？

如果美国政府愿意花数十亿美元救助大型金融公司，那么政府是否也应该花这笔钱来拯救城市？请来MySocLab加入社会学焦点博客，分享你的观点和经验，并了解其他人的想法。

1. 公寓住房

今天的大多数人只能想象早期工业大都市的住房问题。在19世纪的最后几十年里，开发商建造了公寓，以便在最小的空间里容纳最多的家庭。这种公寓不仅面积很小，而且大多数没有窗户，通风也很差，甚至有多达六个家庭共用一间浴室。公寓的隔热性能很差，房间在夏天可能会热得令人窒息，而在冬天则会很冷。

由于在每年进入美国的100万移民中，大多数是穷人，所以公众认为租房是一种必然的结果。但是有些人有勇气站出来对这种恶劣的环境大声说不。一个世纪前，廉价公寓的主要反对者是雅各布·里斯（Jacob Riis），他单枪匹马地影响了公众舆论，“建构社会问题决定性时刻”讲述了他的故事。

在美国，数百万人居住在廉价公寓里，但拥有这些产业并控制着国家财政生活的精英们享受着奢华的生活。这些家族的名字至今仍为大多数人所熟知，包括纽约的范德比尔特（铁路公司）、摩根（金融公司）、洛克菲勒（石油公司），底特律的福特（汽车公司），以及芝加哥的阿玛和斯威夫特（肉类加工业公司），他们都住在有着几十名仆人的宽敞豪宅里。

尽管公众的反对声越来越强烈，但这种为少数人提供豪宅、为多数人提供廉租公寓的住房模式却持续了几十年。直到20世纪30年代，美国住房质量才开始得到改善。作为富兰克林·罗斯福（Franklin Roosevelt）总统新政的一部分，联邦政府提高了税收，为新住房建设提供资金，并开始提供贷款帮助人们购买住房。此外，美国各城市都颁布了住房法规，目的是消除最恶劣的住房条件。尽管做出了这些努力，但1940年美国联邦政府报告表明，城市地区40%的房屋存在严重的缺陷，如水管不足或缺乏自来水。

2. 城市更新

在第二次世界大战后，随着人们从市中心迁移到新郊区，许多市中心的社区开始衰败。为了应对这种情况，1949年联邦政府通过了《1949年住房法》，这标志着*城市更新*（urban renewal）的开始。城市更新赋予了地方政府接管一个衰败社区的权力，迫使住在那里的家庭只能得到象征性的住房补偿。然后，地方政府把这些房产出售给开发商，由开发商拆掉剩下的房子并进行市区重建。由于开发商对利润感兴趣，因此他们建造不是提供给低收入家庭的住房，而是提供给有钱人的联排别墅和公寓，以前住在那里的居民很少能得到市区重建所建造的住房。

随着这项政策在美国的各个城市实施，许多所谓的贫民窟地区以中产阶级的标准被重建了，以吸引高收入人群回到城市。但城市更新未能为最需要的人提供住房。实际上，城市更新作为“城市清理”的一种形式，在没有提供住房替代方案的情况下将穷人赶了出去。许多被城市更新驱逐的穷人挤进了剩余的低成本住房，这个过程又创造出更多的贫民窟（Macionis & Parrillo，2013）。

建构社会问题决定性时刻

雅各布·里斯：揭露公寓租户的悲惨境遇 377

1870年，一个21岁的年轻人从他的祖国丹麦启航前往美国，希望过上更好的生活。雅各布·里斯（Jacob Riis，1849—1914）与成千上万的男男女女一样怀揣着梦想到达了美国，并定居在纽约市里士满山区的一个几乎全是移民的廉价公寓社区。

里斯最早的工作是一名摄影记者。在无数的夜晚，里斯在纽约最贫困的街区散步，收集故事，拍摄城市生活的照片，这成了他写作的基础。他希望他的文章，尤其是他的照片能引起公众对纽约公寓和其他贫民窟家庭所遭受的苦难的关注。他做到了！对于那些从未涉足过这些地方的富人来说，这些照片让他们大开眼界、震惊，甚至反感。

里斯举办了数百次公开讲座，并撰写了许多图书，书中有数以千计的照片，其中许多在今天仍然广为流传。他毕生致力于让社会把廉租公寓定义为城市生活中的一个严重问题。

3. 公共住房

随着一个又一个街区的城市更新完成，城市官员逐渐认识到，许多流离失所的穷人无处可去。为了安置这些人，建造**公共住房**（public housing）——*为穷人建造的高密度公寓*——刻不容缓。

从一开始，公共住房就受到了所有人的批评。自由派人士认为它是用贴创可贴的方法来解决城市几乎没有经济适用住房的问题。此外，他们还认为公共住房实际上比城市更新期间被推土机夷为平地的社区更糟糕。

保守派人士反对政府进入公共住房领域。他们声称政府经营住房不会比政府运作学校的情况更好。

但对公共住房批评最多的还是穷人自己。考
378 虑到拥有住房对于定义社会成功有多么重要，很少有人会为住在政府拥有的公寓里而感到自豪。相反，许多人抱怨生活在公共住房“项目”里是一种耻辱。此外，公共住房通常是不良住房。几乎所有大城市的公共住房都被建造得很廉价，而且大部分很快就被废弃了。更糟糕的是，公共住房中充斥着非法药物滥用、犯罪和暴力。

4. 建筑的重要性

最后一个问题是涉及建筑师和城市规划者的关于公共住房的设计问题。起初，由于政府想在尽可能小的空间里为穷人提供住所，因此其喜欢建造高层建筑。然而，这些高层建筑中的犯罪行为很快就变得猖獗起来。这类建筑设计是否与犯罪有关？

1972 年，奥斯卡·纽曼（Oscar Newman）给出了一个答案。在对纽约公共住房项目的研究中，纽曼比较了设计不同但是居住着同一类型居民的建筑。纽曼的报告显示，高层建筑（六层以上）中的犯罪率要比低层建筑（六层以下）中的高得多。总之，建筑物越高，犯罪率就越高。纽曼还指出，大多数犯罪事件不是发生在人们的公寓，而是发生在包括停车场、建筑入口、走廊、楼梯和电梯在内的公共场所。

是什么导致了犯罪率的差异？纽曼认为，高层建筑中的犯罪率较高，是因为其滋生了匿名性。在远离地面的地方，居民们很可能会感到与周围的环境相脱离。相比之下，较低的建筑则鼓励人们有更大的社区意识，促使人们了解自己的邻居，关注公共空间，并非正式地“保卫”自己的社区。

鉴于这些调查结果以及早期公共房屋项目中人的生活质量总体较差，公共住房很快被定义为一个社会问题。这产生的结果有时是爆炸性的。1972 年，圣路易斯市炸毁了普鲁特－艾格公共住房综合体的几座高层建筑，这是一个明显的事实，表明这种类型的公共住房对人们来说是不健康的。几十年后，芝加哥市拆除了另一个有大量犯罪的公共住房项目——卡夫里尼－格林。

在许多城市，公共住房项目仍然存在。但最近的社会政策已从开发建设大规模住房转向为家庭在私人住房市场租用公寓提供财政援助。第 8 项计划出台于 1974 年，它将联邦政府的补贴给予那些修复现有租赁住房或建造新住房的开发商。为了得到这种补贴，开发商同意将一部分住房分配给低收入家庭。

当低收入家庭搬进这些住房的时候，他们会拿出总收入的 30% ～ 40% 来支付房租，而政府会弥补房租差额。这项计划的好处包括给低收入家庭一些选择，让他们选择住在哪里，从而避免了居住在同一个社区里的所有居民都很贫困的情况。

第 8 项计划确实增加了低收入家庭住房的可获得性，但还不足以满足所有人的需求。在美国的一些大城市，有成千上万的人在等待第 8 项计划抵用券，这表明还有更多的工作需要去做（Thigpen，2002；U.S. Department of Hosing and Urban Development，2012）。

（五）种族隔离

在美国的各个城市中，穷人——尤其是贫困的有色人种——被隔离在主流社会之外。在一项经典的研究中，道格拉斯·梅西和南希·丹顿（Douglas Massey & Nancy Denton，1988，1989）研究了美国的各大城市，并记录了他们所谓的*超隔离*（hypersegregation）的存在：城市的一块区域（通常被称为“**贫民区**”）只居住着贫困的非裔美国人，这些人在多个方面被隔离在主流社会之外。贫困的少数族裔城市居民不仅在空间上是孤立的——这意味着他们高度集中在某些社区，通常在市中心——而且在社会上是孤立的。他们几乎完全生活在这些社区，很少冒险到其他社区去。同样，
379 城市其他地区的富人很少进入这些社区。

超隔离有多普遍？梅西和丹顿估计，大约有1/5的非裔美国人的生活与主流社会隔离。相反，在同等收入条件下，超隔离在拉美裔美国人和白人中只占百分之几（Jagarowsky & Bane，1990）。

事实上，除了非裔美国人之外，少有其他种族的人经历过超隔离，这表明种族不平等是美国城市问题的一个关键因素。美国的城市仍然存在种族分裂；事实上，过去五六十年的城市分化在很大程度上是由于白人希望与有色人种保持距离。这种趋势还在继续：美国100个最大城市的白人人口比例从1990年的52%下降到2010年的40%（U.S. Census Bureau，2011）。在整个美国，大部分白人住在郊区，大部分非裔美国人住在市中心的格局依然存在。

（六）无家可归

在一个世纪以前，美国的每个大城市都有数以万计的无家可归的人。事实上，住在巷子里、街道上的成年人和儿童是城市景观的一部分，以至于当时许多人认为无家可归是城市生活的正常组成部分，而不是一个严重的社会问题。

虽然现在无家可归的人数比一个世纪前有所减少，但我们希望每个人都有一个安全的地方可以居住。因此，无家可归现在被广泛视为美国的一个社会问题。有人可能会说，无家可归在今天是一个更大的悲剧，因为现在的美国比一个世纪前富裕得多。

目前美国还没有针对无家可归人口进行的确切统计。2010年，美国住房和城市发展部调查了全美各地的城镇，以估算当年一段时间内无家可归的人数。他们调查了大约65万人，包括住在街头、住在收容所和过渡住房中的人。基于这一调查，美国住房和城市发展部估计美国有多达160万人可能在一年当中的某一段时间内无家可归；激进派认为这个数字可能更大（Ohlemacher，2007；U.S. Department of Housing and Urban Development，2011）。

无家可归主要是一个城市问题。与此同时，随着整个城市地区的社会多元化程度越来越高，官员们注意到，居住在郊区、要求获得住房援助的人数在不断增加。在一项研究中，美国住房和城市发展部（U.S. Department of Housing and Urban Development，2011）的研究人员采访了全美400多个社区中的居民——其中大多数人当时无家可归，研究报告称，64%的人居住在市中心，36%的人居住在郊区或附近的乡村地区。

美国住房与城市发展部的这项研究表明，无家可归的人是穷人中最穷的那部分。调查显示，30%的无家可归者表示没有收入来源，40%的无家可归者表示每月收入不足1 000美元，25%的无家可归者每月收入为1 000～2 000美元，只有5%的无家可归者每月收入超过2 000美元。收入如此之低，就很容易理解人们为什么买不起房子了。

2010年，美国政府开始实施无家可归人员预防和快速安置计划。在这个项目中，联邦政府向州政府和地方政府提供15亿美元，目的是为那些面临失去住房、住在收容所或住在街头的人提供快速援助。

研究还显示，尽管有20%的无家可归者至少有一份兼职工作，但整体上无家可归者大多数是不工作的（U.S. Conference of Mayors，2010）。有些人，尤其是典型的保守派人士指出，无家可归者没有工作，他们应该对自己的处境负责。此外，1/3的无家可归者是吸毒人员，1/4的无家可归者患有精神疾病（U.S. Conference of Mayors，2010；U.S. Department of Housing and Urban Development，2007，2011）。

而自由派认为社会要为无家可归者负责。在他们看来，这些人无家可归的主要原因是工资低、就业机会少和缺乏经济适用房（Kozol，1988；L. Kaufman，2004）。这一立场的支持者认为，近年来经济呈下降趋势，无家可归的人数有所上升，尽管他们并没有做错什么。

不管我们如何定义这个问题，无家可归者显然需要更多的收入。但更重要的是，许多无家可归者还需要社会支持以及对个人问题解决的帮

助，因为包括抑郁和滥用药物在内的一些问题本身就是露宿街头的结果。但在其他情况下，这些问题源于儿童时期，起因是身体或精神残疾，或
380 者是遭受虐待。

因此，解决无家可归问题面临着许多挑战。然而，相关研究也提供了解决的措施。在接受身心健康服务和药物滥用治疗后，75% 的有自己家庭的无家可归者和 60% 的独身的无家可归者能够搬到政府官员所说的“经过改善的生活环境”中去。

在某些情况下，安全生活的关键是**保障性住房**（supportive housing），这是*一个将低收入住房与现场社会服务结合在一起的服务项目*。有药物滥用问题的人、精神残疾的人，以及那些仅仅是生活贫困、露宿街头的人，都能在这个项目的帮助下独立生活并找到工作。

这个项目虽然昂贵，但长远来看，它最终的结果很可能是省钱的。为一个人提供经济适用房和社会服务每年可能要花费 1.5 万美元，但供养一个囚犯的费用大约是这个费用的 3 倍。

但是美国对待无家可归者的社会政策并不总是以帮助他人为导向。特别是在 20 世纪 90 年代，公众舆论对无家可归者持批评态度。美国几十个城市制定了反流浪法律，并针对一系列行为，包括睡在过道、在公共场所乞讨，或携带已经打开的酒水给无家可归者开罚单。许多城市还在夜间进行“警察扫荡”，让无家可归者离开街道。在过去几年的经济困难时期，美国对无家可归者（包括成千上万因丧失抵押品赎回权而失去房屋的人）的态度似乎有所软化。

（七）阳光地带城市和冰雪带城市

美国的人口一直在从市中心向较大的城市带迁移，但这一迁移对城市的影响在两个地区有所不同。

请看一下美国十大城市的变化清单，如表 14-1 所示。1950 年，排名前十的城市中有八个位于美国东北部和中西部，这一地区通常被称为“冰雪带”。然而，到 2010 年，在排名前十的城市中，有七个分布在美国南部和西部，也就是通常所说的“阳光地带”（U.S. Census Bureau，2011）。

在后工业时代，随着人口和公司从城市分散到郊区，冰雪带城市的人口有所减少。但在阳光地带就不一样了，那里的城市人口正在迅速增长。在某种程度上，这是因为美国人口正在向南部和西部转移。1940 年，60% 的美国人口居住在冰雪带城市；今天，阳光地带城市拥有 60% 的美国人口。

为什么城市的去中心化没有伤害到阳光地带城市？答案是它们政治地理的不同。一个世纪以前，冰雪带城市在政治上被认为是独立的郊区；随着城市的去中心化，城市人口减少。但新的阳光地带城市没有这样的独立郊区圈；随着人口的不断增长，它们只是向外扩张，并在扩张的同时吞并土地。由于这个原因，阳光地带城市在地理上要比老的工业城市大得多。例如，佛罗里达州的杰克逊维尔市占地 750 平方英里，是俄亥俄州哥伦布市占地面积的 3 倍多，尽管这两个城市都有大约 80 万人口。随着人口和就业机会向外转移，阳光地带城市扩大了城市范围，以维持其税收基数。

（八）贫困国家的城市

正如我们在前几章中一再阐述的那样，在美国出现的许多社会问题在世界上的贫困国家中更加严重，这些城市问题包括贫困、住房不足和卫

表 14-1　1950—2010 年美国的十大城市

1950 年			2010 年		
排序	城市	人口	排序	城市	人口
1	纽约	7 892 000	1	纽约	8 175 133
2	芝加哥	3 621 000	2	洛杉矶	3 792 621
3	费城	2 072 000	3	芝加哥	2 695 598
4	洛杉矶	1 970 000	4	休斯敦	2 099 451
5	底特律	1 850 000	5	费城	1 526 006
6	巴尔的摩	950 000	6	菲尼克斯	1 445 632
7	克利夫兰	915 000	7	圣安东尼奥	1 327 407
8	圣路易斯	857 000	8	圣地亚哥	1 307 402
9	波士顿	801 000	9	达拉斯	1 197 816
10	旧金山	775 000	10	圣荷西	945 942

注：带有阴影的城市位于冰雪带，没有阴影的城市位于阳光地带。
资料来源：U.S. Census Bureau（2011）.

381 生条件差等。

本页下方的“全球视野下的社会问题”栏目提供了世界主要城市之一菲律宾首都马尼拉惊人的贫困状况。

全球超过 75% 的富裕国家的人口居住在城市及其周边地区。相反，在最贫困的国家，只有 1/3 的人居住在城市。但在世界各地，城市居民的数量正在增加。到 2008 年，世界上有更多人（共 35 亿人）有史以来第一次生活在城市（United Nations，2010；World Bank，2012）。

正如第 15 章（“人口和全球不平等”）所阐述的那样，2011 年世界人口为 70 亿，每年增加约 8 300 万人。世界上的城市人口正在以两倍的速度增长。这是因为在拉丁美洲、非洲和亚洲，人们正从农村向城市迁移，以寻求更多的经济机会、更好的教育和更高的生活质量。正如表 14-2 所示，2010 年，世界十大城市中有八个在发展中国家，只有纽约这一个城市在美国。根据目前的预测，到 2025 年，世界十大城市中的大部分将变得更大。

孟买、上海、墨西哥城和其他上榜城市正在成为真正的超级大城市，其人口比历史上任何时候都要多。即使像美国这样的富裕国家，要满足扩张后纽约城市地区那么多人的住房、交通和卫生等方面的需求，也是一个严峻的挑战。那么，那些收入低得多的国家，如孟加拉国和墨西哥，该如何支持它们不断飙升的城市人口呢？

纵观历史，城市为人们提供了更好的生活。但是城市并没有为社会问题提供解决方案。支持这一结论的证据可以在一直存在的棚户区中找

全球视野下的社会问题

世界级贫困：马尼拉烟雾山

吸引我目光的是她是多么干净——一个不到七八岁的女孩，头发梳得整整齐齐，穿着新洗过的衣服。当我们走过的时候，她的目光跟随着我们；在这个世界上最贫困的地区之一，带着摄像机的美国人站在这里非常显眼。

在马尼拉巨大的垃圾场——烟雾山（Smokey Mountain），由分解的垃圾释放的甲烷引发的大火从未熄灭过。烟雾像浓雾一样笼罩着垃圾山。但是烟雾山不仅仅是一个垃圾场。这里也是一个社区，一个被成千上万人称为家的地方。

烟雾山的居民是穷人中最穷的，人们很难想象如何在这样一个不利于人类生存的环境下生活。在烟雾和垃圾的包围下，男人和女人尽其所能地生存下去，他们从城市的垃圾中捡起塑料袋并在河里清洗，打捞起纸板箱并堆放在自家的胶合板小屋旁。

整个烟雾山周边都是孩子——一定是已意识到他们面临的巨大困难的孩子。当然，我们看到的男孩和女孩是幸运的。但是，生活在每天赚 1 ～ 2 美元的家庭里，他们能有什么机会呢？他们几乎没有上学的机会。年复一年，他们只能呼吸这样的空气。在这样悲惨的条件下，一个可爱的小女孩穿上一件新洗过的衣服出去玩……

驶离烟雾山，我们的出租车穿过拥挤的车流，向马尼拉的另一边驶去。对比是惊人的：隔绝了垃圾场的烟雾和气味，我们看到了如同在迈阿密或洛杉矶看到的一样美丽的社区。在远处的海湾上，一群游艇静静地停泊着。现在，我们安静地沿着不再有车辙的林荫大道行驶，林荫大道两旁停着昂贵的日本汽车。街道两边都是购物广场、高档酒店和高层写字楼。每个街区或者每个高档住宅区的入口，都有保安和武装警卫站岗。在这里，马尼拉的富人们住在宽敞的空调房里，许多穷人也在这里工作。

你怎么看？

1. 你们班有来自低收入国家的学生吗？如果有，邀请他们分享他们的经历。
2. 作为一个来自美国的旅行者，看到这些景象，你会有什么感受？为什么？
3. 在 http: //www.jkfoto.nl/manilla/manilla.html 网站上观看烟雾山的照片。

资料来源：作者本人 1994 年 10 月访问马尼拉的经历。

表 14-2　1950 和 2010 年世界十大城市

1950 年			2010 年		
排序	城市地区	人口（百万）	排序	城市地区	人口（百万）
1	日本 东京 - 横滨地区	36.7	1	日本 东京 - 横滨地区	37.1
2	印度 新德里	22.2	2	印度 新德里	28.6
3	巴西 圣保罗	20.3	3	印度 孟买	25.8
4	印度 孟买	20.0	4	巴西 圣保罗	21.7
5	墨西哥 墨西哥城	19.5	5	墨西哥 墨西哥城	20.9
6	美国 纽约 - 纽瓦克地区	19.4	6	美国 纽约	20.7
7	中国 上海	16.6	7	印度 加尔各答	20.6
8	印度 加尔各答	15.6	8	中国 上海	20.1
9	孟加拉国 达卡	14.6	9	孟加拉国 达卡	20.0
10	巴基斯坦 卡拉奇	13.1	10	巴基斯坦 卡拉奇	18.7

资料来源：United Nations（2011）.

到。在这些棚户区，人们用他们能找到的任何材料建造临时住房，而大多数人没有清洁的饮用水和污水处理系统。一个紧迫的问题是，到目前为止，那些尚未满足千百万人口需求的城市，是否
382 有能力满足千百万人口的需求。

三、城市化和城市问题的理论

- **分析**

现在让我们把社会学的主要理论方法应用到城市问题上。每一种理论方向都提供了关于城市化如何改变人们的生活的洞见。

（一）结构功能分析：城市化理论

结构功能方法对我们理解城市的主要贡献是城市化理论。这一理论出现在两位欧洲社会学家费迪南德·滕尼斯、埃米尔·迪尔凯姆和美国社会学家路易斯·沃斯的著作中。

1. 费迪南德·滕尼斯：礼俗社会和法理社会

滕尼斯（Tönnies，1855—1937）生活在工业革命时期。他试图解释当工业大都市的乡村生活被取代时，社会生活是如何变化的。他围绕着*礼俗社会*和*法理社会*这两个术语构建了他的理论。

礼俗社会（Gemeinschaft）是一个德语单词（大体上可翻译为“社区”），意思是*人们因血缘*

世界之窗　**全球视野下的城市化**

雷蒙·费尔南德斯（Ramon Fernandez）生活在布宜诺斯艾利斯。和大多数阿根廷人一样，他一直生活在城市里。

卜拉欣·艾哈迈德（Brahim Ahmad）是乍得的居民。这个国家的大多数人生活在乡村。

世界上一半以上的人现在居住在城市。一个国家的城市居民比例取决于其经济发展水平。在美国和加拿大等高收入国家，超过 3/4 的人生活在城市。相比之下，在非洲和亚洲等地的低收入国家，只有 1/3 的人生活在城市。即便如此，低收入国家的大城市数量仍在快速增长。

资料来源：Population Reference Bureau（2011）.

和传统紧密联系在一起的一种社会组织。生活在小乡村，人们有一种强烈的基于血缘和共同传统的社区意识。滕尼斯认为，在最好的情况下，乡村生活是由所有人的需求而不是人们追求自身利益的需求引导的。

然而，在工业城市中，传统的社区已经消失，生活近似于**法理社会**（Gesellschaft）（大体上可翻译为“社团”），这是*人们在自身利益的基础上相互作用的一种社会组织*。滕尼斯解释说，在城市里，一个人通常只关注社区的福利。一般来说，人们主要“为自己着想”。

2. 埃米尔·迪尔凯姆：机械团结和有机团结

法国社会学家埃米尔·迪尔凯姆（1858—1917）同意滕尼斯的观点，即城市的崛起为社会组织带来了变化。迪尔凯姆将乡村地区的社会联系定义为**机械团结**（mechanical solidarity），即*一种基于共同情感和共同道德价值的社会纽带*。迪尔凯姆的机械团结概念与滕尼斯的礼俗社会概念类似。

383 迪尔凯姆同意工业城市的崛起削弱了机械团结。但是城市生活也创造了人与人之间新的联系。**有机团结**（organic solidarity）包含*一种基于专业化和相互依存的社会纽带*。在城市里，人们从事不同类型的工作，在背景和兴趣方面没有什么共同点。与此同时，日益增长的经济专业化使城市居民相互需要。作为城市居民，我们希望其他人能满足我们的所有日常需求，从公共交通到管理街道，再到在学校对我们孩子的教育。简而言之，乡村社会是由相似性维系的，而城市社会是由差异性维系的。

迪尔凯姆对城市生活的看法比滕尼斯更为积极。迪尔凯姆认为，尽管人们在城市化过程中可能会失去一些东西，但与生活在乡村地区的人相比，居住在城市里的人更能从个人选择、道德宽容和个人隐私中受益。

3. 路易斯·沃斯：城市化是一种生活方式

美国社会学家路易斯·沃斯（Louis Wirth，1897—1952）从滕尼斯和迪尔凯姆的观点出发，发展出了一套正式的生活方式理论。沃斯（1938）首先把城市定义为一个大型的、密集的、社会多样化人口聚居的地区。这些特质使得城市内部的社会联系转瞬即逝，没有人情味。因为城市居民被数百万人包围着，所以他们甚至连每天擦肩而过的人都不认识。 384

当城市居民确实认同他人时，通常不是因为*他们是谁*（who they are），而是因为*他们做了什么*（what they do）。换句话说，城市居民仅仅认识公共汽车司机、学校校长、巡逻的警察、街角杂货店的老板，但对他们都了解得很少。这种对他人的有限了解，与城市的社会多样性结合，使得城市居民比乡村居民更加包容。

- **评价**

关于城市，结构功能方法的主要论点是，它们产生了城市化，这是一种独特的社会生活形式。我们可以理解人们对城市的普遍看法——认为城市是一个冷酷无情的地方，并理解为什么许多城市居民似乎缺乏社区意识。从这个角度来看，城市地区出现社会问题的一个原因是城市鼓励人们对社会环境采取“我不在乎”的态度。

但沃斯的城市化理论正确吗？赫伯特·甘斯（Herbert Gans，1968）认为，城市所包含的社会多样性比沃斯的理论所暗示的要多得多。甘斯也同意，有些人确实有沃斯所描述的那种超然、开明的态度。但是居住在传统社区的“少数族裔居民”又如何呢？20世纪早期存在于纽约下东区的意大利社区和波兰社区，以及今天存在于费城和洛杉矶的韩国社区和越南社区，都有许多与乡村生活非常类似的私人关系和悠久传统。甘斯的研究提醒我们，由阶级、种族、民族和年龄构成的城市组合，远比任何单一的“城市人”所能呈现的要复杂得多。

克劳德·费舍尔（Claude Fischer，1975）指出，城市也创造了新的社会群体，因为城市的规模允许几乎所有类型的人达到临界数量。举例来说，尽管每个小镇都有一些男同性恋者和女同性恋者，但是，只有像纽约和旧金山这样的大城市才有包含成千上万居民的同性恋社区，以及由同性恋报纸、同性恋酒吧和同性恋剧院支持的独特亚文化。

学习检验　解释沃斯的城市化理论。对这种理论的批判有哪些？

385 （二）符号互动分析：体验城市

在微观层面上，个人的体验构成了城市生活的现实。人们如何在城市社会建构现实？

1. 齐美尔：城市刺激与选择性

德国社会学家齐美尔（Georg Simmel，1858—1918）解释说，生活在城市中的人会经历强烈的刺激。城市生活的景象、声音和气味——更不用说大量的人了——对人们的感官造成重重压力。换句话说，城市中的个体周边发生的事情太多了，以至于他们就算愿意，也无法对其中的大部分事情做出反应。齐美尔的研究结果表明，城市居民在“忽视”周围许多事情时，会养成一种*消极的态度*（a blasé attitude）。

齐美尔解释说，在城市过度刺激的过程中，人们会形成一种消极的生活态度，并将其作为一种生存策略。这并不是说人们缺乏对他人的关心，相反，城市居民只会有选择地回应特定的人和事情，把时间和精力集中在真正重要的事情上。

2. 利奥·斯罗尔：大城市的心理健康

如果人们为了在城市生存而不得不忽视周围发生的事情，那么城市是不是一个不健康的环境呢？多年来，许多研究人员在试图回答这个问题，他们的结论普遍是，城市不会对人们的心理健康造成伤害。

在一项规模最大的研究中，利奥·斯罗尔（Leo Srole，1972）在20世纪50年代和70年代初对纽约人的心理健康进行了监测。斯罗尔发现，生活在纽约的人（尤其是女性）的心理健康状况实际上比生活在乡村地区的人要好一点。后来的研究证实了这个结果（Fisher，1973；Hackler，1979；Weisner，1981；Kadushin，1983）。城市居民的生活虽然可能伴随着更多刺激，但不会导致心理疾病。相反，人们可以接触到许多其他的人和活动，并且可以选择生活的环境以及生活方式。

- **评价**

在微观层面上，我们发现，在人们通常经历的刺激程度上，城市确实不同于乡村。然而，我们从齐美尔（以及滕尼斯）那里得到了相反的结果——城市变成了相对健康的地方。

但这个乐观的结论有一个很大的局限性，即忽略了一些城市居民的生活比其他人要好得多。任何有关城市生活质量的一般性结论都必须考虑到社会不平等，这就引出了社会冲突方法。

学习检验 齐美尔是如何描述城市生活体验的？有证据表明城市生活对人的心理健康有害吗？

（三）社会冲突分析：城市与不平等

正如前几章所述，社会冲突方法关注社会不平等。以此为视角，问题在于美国社会分层如何影响城市和城市生活。

1. 城市政治经济

社会冲突方法在城市中的应用——城市政治经济——不同于滕尼斯和沃斯的理论。滕尼斯和沃斯仅仅根据城市的规模、密度和社会多样性来定义城市。社会冲突方法并没有将城市作为主体来定义，而是去探究社会的经济和政治结构如何塑造城市，并引发城市问题。

在卡尔·马克思的支持下，这种方法断言社会阶级在定义城市化中扮演着重要角色。想想看，在任何一座城市，富人的生活都不同于工人阶级，更不同于穷人和无家可归者。在另一个层面上，这一方法试图解释城市发展如何反映了私有财产和利润在资本主义经济中占据核心地位。

2. 大卫·哈维：对巴尔的摩的研究

大卫·哈维（David Harvey）对巴尔的摩的研究表明，城市地区的发展和衰落与资本投资过程有很大关系。 386

哈维（1973）发现，银行对贷款给住在巴尔的摩市中心的人没有兴趣。因此，穷人不得不通过自己的储蓄或者政府项目为自己的房子提供资金。在这样的条件下，这个城市的这个地区仍然贫困落后。

相比之下，银行喜欢贷款给巴尔的摩富裕地区的人。中产阶级和中上层阶级在获得住房抵押贷款方面几乎没有什么困难，银行认为这是一项不错的投资。

哈维提出，即使是政府项目，最终也会为投资者的利益服务。在巴尔的摩和其他地方，城市更新原本是一项清除贫民窟计划，即目的是赶走贫困，但到最后，穷人往往居住在比他们以前的住房更糟糕的地方。城市把他们的旧住房移交给了追求利益的开发商，开发商建造了新住房和购物中心，以吸引有钱人。简言之，投资模式——为人们提供资金——对解释城市地区不同人群的财富状况有很大的帮助。

- **评价**

旧的结构功能方法指出，人口规模和密度等因素定义了城市生活。新的城市政治经济理论指出，资本主义及其对利润的追求是城市生活的决定因素。金钱的力量不仅在市中心的社区兴衰中发挥作用，而且在人口的去中心化方面发挥作用，因为投资从工业生产转移到了新的信息公司。

经济体系很可能会塑造我们的城市。与此同时，正如沃斯和其他人指出的，城市和乡村的社会模式的确有很多不同。对社会冲突方法的另一个批评是，资本投资对城市生活的影响并不总是显而易见的。投资太少可能导致社区衰落，但投资过多也可能导致过度建设和城市扩张。

学习检验 把社会冲突方法应用到城市和城市生活中，我们能学到什么？对这种理论方法的批评是什么？

四、政治与城市生活：提出问题并定义解决方案

- **评价**

有人说，我们的大城市正获得新生；另一些人则认为，我们的城市正处于危机之中。为了更好地理解人们是如何解决城市问题的——以及他们所认为的解决方案——我们必须从不同的政治观点出发，来看待当今的城市问题。 387

（一）保守派：市场与道德

在评估我们的城市状况时，保守派人士会让我们考虑城市过去的状况以及如今我们已经走了多远。一个世纪以前，当雅各布·里斯在纽约下东区的街道和小巷里散步时，1/3 的纽约人生活在绝望的环境中，许多家庭挤在阴暗的公寓房间里。当时公寓的卫生环境也是极差的，在这样的公寓中诞生的孩子每十个中有两个甚至活不过一年。这样的婴儿死亡率水平是世界上最贫困的地方即撒哈拉以南非洲地区的 2.5 倍（Population Reference Bureau，2011）。

今天城市居民的寿命要长得多，大多数人认

理论运用　城市生活

	结构功能方法	符号互动方法	社会冲突方法
分析层次	宏观	微观	宏观
我们如何理解城市生活？	通过结构功能分析，滕尼斯、迪尔凯姆和沃斯提出了城市化理论，对比了城市和乡村的社会生活。 沃斯提出，一个庞大的、密集的、多元化的群体产生了一种独特的生活方式，这种生活方式以非个人关系和容忍为特征。	符号互动方法关注我们体验城市生活的方式。 齐美尔提出，城市生活使我们暴露在强烈刺激下，导致城市居民产生一种消极的态度。城市居民实际上忽视了他们周围发生的许多事情。 然而，斯罗尔和其他人发现，城市生活不会损害人们的心理健康。	社会冲突方法认为，城市的自我界定不是以人口众多、密度大、人口多样化为基础的，城市实际上是在政治经济的影响下形成的。 马克思以资本主义及其创造的社会阶级差异定义了现代城市生活。 哈维提出，对利润的追求将政府和银行的行为导向富人的利益，并对穷人造成不利影响。
城市生活是一个问题吗？	在滕尼斯看来，城市生活是一个问题，因为法理社会基于个人利益，缺乏礼俗社会的那种更广泛的社会关系。	人们对城市居民的普遍看法是冷漠无情的，这是基于城市居民的反应是有选择的这样一个事实。然而，与此同时，现代城市生活中没有什么必然会给人们的日常生活带来问题。	社会冲突方法支持一种激进的观点，即城市问题是由政治经济问题造成的。解决与社会不平等类似的问题，需要改变资本主义经济体制。

为拥有安全的住房、可靠的管道、使电灯和家用电器运作的电力，以及更好的医疗服务是理所当然的。是什么带来了这种进步？保守派将其归功于经济扩张。随着美国社会成为一个工业社会，经济提供了越来越多的产品和服务，因此城市发展了，每个人的生活水平也提高了。

最近，城市的起起伏伏也反映了经济的发展趋势。服务经济的兴起推动了人们从旧的市中心向不断扩张的郊区转移。同样的趋势导致了中部城市的经济衰退，尤其是那些位于美国冰雪带的城市。事实上，今天这些地区有时也被称为“铁锈地带”，因为所有过时的工厂现在仍矗立在这里，都是空的和生锈的。

保守派接受市场经济的运作。他们认为内城的衰落虽然是不幸的，但不是永久的。如前所述，后工业经济的扩张已经把许多老工业区变成了商业中心或艺术和娱乐中心。在克利夫兰的湖滨地区、巴尔的摩内港开发区和新奥尔良的河滨地区，我们都能找到这种内城东山再起的例子。随着时间的推移，即使是像底特律这样的仍在因工业生产损失而举步维艰的城市，也将被改造。

如果经济塑造城市，那么政府能做什么？保守派支持设立**企业区**（enterprise zones），即*在内城划定的以减税来吸引新公司的地域*。在这样的计划下，政府会对迁移到需要工作岗位的经济萧条地区的公司实行税收减免。这种激励将公司吸引到城市中存在大量失业待业人员的地方（Kemp，1994）。

然而，除了支持这些有限的政策外，保守派反对20世纪60年代的政府社会福利项目的扩大。例如，在1943年，当后来的纽约市参议员丹尼尔·帕特里克·莫伊尼汉毕业于该市一所高中时，他就考虑了这个问题：

> 到1943年，（纽约市享受福利的人数）下降至73 000人……1943年，纽约市全城发生了44起枪杀案……1943年，非婚生育率是3%。1942年，非婚生育率是45%。50年前，我们的城市穷得多，但是稳定得多。（Moynihan，1993：119-120）

50年后，当莫伊尼汉写他的报告时，纽约市的人口数实际上减少了，但许多城市问题变得更糟。大约有100万人（每7个纽约人中就有1个人）靠救济生活，每年被谋杀的人数上升至近2 000人。到2010年，靠救济生活的有587 000人，被谋杀的有536人，且37%的婴儿是由未婚妈妈生下的。

在保守派看来，福利国家的扩张导致了公共援助的长期增加，间接导致了犯罪和暴力的逐渐增加。每个人都认为，扩大政府社会福利项目的目的在于帮助人们。但是正如查尔斯·克劳萨默（Charles Krauthammer，1995：15）所言：“福利国家规模和权力的扩张是社会中志愿者协会、地方政府、教会，最重要的是家庭衰落的主要原因……”保守派将街头暴力和贫困等问题与家庭破裂联系在一起；他们将今天家庭的衰落归咎于数年来为那些能够工作但选择不工作的人提供资金的福利政策，以及给单亲妈妈提供育儿支持的政策。

保守派也直接批评其他人群。最近的经济衰退在很大程度上是因为华尔街和美国公司董事会多年来贪婪地追求“投资回报”，以及各个阶段、各种收入水平的家庭支大于收的消费习惯。 *388*

简言之，保守派认为，一个城市和整个社会的力量，部分依赖于它的经济繁荣，主要依赖于它的人民的道德品质。从保守派的观点来看，几十年来，美国的经济指标逐渐上升，但是道德指标却在下降（D. G. Myers，2000；Andersen，2009）。

（二）自由派：政府改革

从自由派的观点来看，美国城市正在为许多严重的社会问题所困扰。正如第2章（“贫困与财富”）所解释的那样，美国的经济不平等正在加剧。正如“占领华尔街运动”所声称的，1%的人更富有，而99%的人缺乏经济保障。在大城市——从纽约到洛杉矶，从底特律到休斯敦——我们发现数以千万计的穷人、许多有着低质量住房的社区，以及没有有效教育学生的城市学校。

自由派认为，这些问题的根源在于社会不平等。他们希望政府采取措施。执行反歧视法是自由派解决城市问题的方法之一。法律必须确保，在住房预算的范围内，任何肤色、种族、性别或性取向的人都能生活在他们所选择的地方。

更广泛地说，自由派指望政府来稳定经济。几十年来毫无限制的自由市场政策导致经济失衡。因此，在某种程度上，自由派解决经济不安全的措施是加大政府对经济的监管力度。此外，自由派希望能减少目前造成社会分化的收入和财富差距。自由派支持给富人增税，因为富人从生活中获益最多。从根本上说，改革包括一系列的社会支持项目，以增加经济支持，特别是针对住在市中心的人。自由派声称，私营部门对美国的内陆城市并没有什么帮助，因此，政府必须介入，创造必要的就业岗位，并为郊区和其他就业机会更充足的边远地区提供交通工具。

总而言之，自由派反对保守派的观点，即反对美国城市随着经济力量的变化而起落。保守派认为政府是"问题的一部分"，而自由派认为政府是"解决方案的一部分"。

（三）激进左派：根本变革的必要性

激进左派比自由派更相信美国的城市确实处于危机之中。激进左派认为，经济不平等如此严重，种族主义如此严重，政府改善现状的努力如此有限，以至于只有基本的经济和政治体制改革才能解决城市问题。激进左派断然否定保守派依赖市场体制推动城市发展的观点。他们声称，依赖市场力量的随意控制，美国只会让贫困、犯罪和城市扩张等城市问题变得更糟。与此同时，自由派提出的改革不可能有效，因为在激进左派看来，自由派的改革建立在资本主义经济基础之上。

要运用激进的方法，请回忆一下美国城市的历史。政府制定了城市更新计划，目的是扭转市中心的实际衰退。但是，这项计划并没有为穷人提供他们最需要的更好的住房，而把穷人社区转给了私人开发商。这些开发商利用土地为更富裕的人修建了购物中心和住房，以此谋取私利。这一过程表明，在资本主义制度下，政府为私营部门和资产阶级服务。此外，由于私营部门关心的不是人民，而是利润，因此它永远不会愿意满足低收入人口对住房的需求。

根据马克思主义理论，资本主义经济的运行是为了资产阶级的利益，而不是大多数人的利益。今天，就像一个世纪前一样，美国的经济运行对那些拥有生产资料的人有利。美国的大多数精英现在住在郊区，在郊区或城市周边工作，穷人在市中心为生存而挣扎。贫困在纽约、底特律、圣路易斯、休斯敦、洛杉矶以及美国所有其他主要城市仍然存在。

约翰·洛根和哈维·莫洛奇（John Logan & Harvey Molotch，1978）认为，新的全球经济使大公司和它们的股东受益，但普通人的生活水平在逐渐下降。例如，当跨国公司向贫困国家输出工业工作时，城市中的穷人会越来越多。在过去的一个世纪里，社会福利项目可能有所扩张，但它们并没有改变不平等的基本模式。正如曼纽尔·卡斯特尔（Manuel Castells，1977，1983，1989）指出的，从反面来看，它们只有助于"扩张"资本主义——也就是说，它们阻止了资本主义体系的彻底崩溃。

因此，激进左派声称，在现行体制下，永远找不到解决办法。他们寻求美国社会经济基础的根本变革。只有当美国的基本机构为多数人而非少数人的利益而运作时，城市问题才有可能解决。

第 363 页的"从左到右"表格从三种政治角度总结了美国城市的状况。

总结与展望

- **设想**

城市似乎引发了争议。这是因为我们中的许多人生活在城市地区，如此多的社会变化涉及城市的成长和衰落。一个多世纪以前，工业革命主要发生在城市，那时和现在一样，大多数美国移民在城市定居。

同样重要的是，城市在任何社会中都有一种强化好与坏的方式。一方面，最好的医院和大学、最著名的博物馆和最受欢迎的大众传播媒介都是属于城市的。城市还提供了最广泛的生活选择、最多的工作机会以及最大的经济机会。

另一方面，城市也暴露了美国社会的缺陷。 *389*

从左到右　关于城市生活的政治观点

	激进左派观点	自由派观点	保守派观点
问题是什么？	城市正处于危机之中。在资本主义制度下，城市的运作是为了支持和造福少数拥有生产性财产的人，而忽视了大多数人的需求：城市贫困、犯罪和城市扩张都已失控。	城市受到社会不平等的影响；穷人和少数族裔在住房、学校教育和其他资源方面遭受着较差的对待。	城市生活比一个世纪前好得多，因为人们的生活水平提高了。1950年后，随着经济力量的转移和工业的转型升级，市中心衰落了，但后工业经济正在使其复兴。
解决方案是什么？	无论是私营经济还是政府项目，都无法带来必要的改变；资本主义本身必须转变为一个满足多数人而不是少数人需求的系统。	政府必须通过执行反歧视法来打击种族歧视，减少收入不平等，为贫困人口最多的市中心带来更多的经济机会。	城市的改善源于这个国家的生产性市场经济。有必要的话，政府可以通过设“企业区”来刺激经济发展。

参与讨论

1. 从各种政治视角来看，美国的城市在多大程度上陷入了困境？
2. 从每一种政治视角来看，市场在满足城市居民需求方面的作用是什么？政府应该扮演什么样的角色？
3. 在这三种对城市生活的政治分析中，你认为哪一种最有说服力？为什么？

贫困几乎无处不在，但贫困人口最集中的地方是市中心。就犯罪、不合标准的住房和低质量的学校来说，情况也差不多。

近一个世纪以来，美国一直是一个城市国家，毫无疑问，城市将成为美国人未来生活的中心。从保守派的观点来看，塑造未来城市的主要力量应该是市场经济。今天，后工业经济正在促使城市区域在美国各地蔓延。自由派认为，仅仅以市场为基础的经济无法解决许多困扰美国人的问题，比如日益严重的不平等、民族和种族冲突，政府必须发挥重要作用。正如激进左派所宣称的，资本主义经济永远不会是解决之道，而实际上是问题的核心。从这个角度来看，美国只要还是城市经济形态，就排除了任何有意义的解决方案。

那么，未来的主要问题是：政府在塑造城市和城市生活方面应该发挥多大的作用？随着城市不断扩张，污染问题日益严重，社会不平等日益加剧，或许我们应该考虑一下，我们希望我们的下一代生活在什么样的城市中。

把那些想要限制政府权力、让市场力量塑造城市生活的人（通常是保守派）和那些想要赋予政府改革权力的人（通常是自由派），以及那些想要彻底改造城市的人（通常是激进左派）放在一起讨论。这场讨论的结果是未来城市发展的关键。

390
定义解决方案

美国为提高大城市生活质量所做出的努力是否奏效？

谁受益最多？看看下面的陈述，了解更多关于城市更新政策的信息。在第二次世界大战后，城市更新政策导致许多市中心的社区被重新开发。

（1）20世纪50年代，包括巴尔的摩在内的大型工业城市实施了城市更新政策。一些人认为“贫民窟”是一种“问题”（城市更新将是解决之道）。“贫民窟”指的是存在破旧房屋的低收入社区，在这些社区，会出现很多暴力犯罪、贩毒和其他与贫困有关的问题。然而，对许多自由派人士来说，问题不仅在于住房质量不达标，还在于更深层的贫困。你能明白为什么吗？

（2）巴尔的摩拆除了一片片“贫民窟”，并 391
把这片土地变成了内港开发区，这是一个将时尚商店、高档餐厅和昂贵住宅相结合的项目。费城、波士顿和其他的老工业城市也有类似的重建开发项目，这些项目吸引了富人回到城市，增加了税收，并赢得了大量的公众支持。为什么保守派会支持这项政策？为什么自由派对此持批评态度？

提示：通过解决住房方面的“贫民窟”问题，政客们（在开发商的热情帮助下）将解决方案定义为建设新的、更昂贵的商业和住宅的开发项目。像巴尔的摩内港开发区这样的项目肯定很受欢迎，它们使城市和开发商都赚到了钱。因此，保守派称赞这项政策显示了市场在改善城市建设方面的力量。与此同时，自由派反驳说，这些城市更新“项目”只会把穷人赶走，并没有解决更基本的贫困问题。

参与：应用和练习

1. 你所在的城市中的无家可归问题有多严重？联系当地的社会服务机构或市政府办公室，询问相关信息或进行访谈，看看有什么方案可以帮助无家可归的人。其他人能做些什么来提供帮助呢？
2. 要了解一个世纪前数百万纽约人所面临的困境，你可以去当地的图书馆借阅一本《雅各布·里斯：摄影师和公民》，作者是亚历山大·阿兰德。这本书的内容非常有教育意义，你还可以在书中看到几百张照片，它们是一个多世纪前在纽约的公寓里拍摄的。
3. 当你带着一种社会学的视角在当地徒步、骑自行车或开车旅行时，你会得到启发。在你的社区里四处走走，一边走一边画一张社会学地图，注意标记商业区、工业区和住宅区。按照住房的大小和质量，标记富裕的社区和贫困的社区。富人和穷人居住的地方离商业区或工业区有多远？谁分别住在这个地区的地势较高和地势较低的区域？富人和穷人的居住距离有多远？
4. 上网或与当地的图书馆联系，了解你所在城市或社区的贫困率。你能从历史上看出贫困的趋势吗？

392
达标：可视化摘要

建构社会问题决定性时刻

雅各布·里斯：揭露公寓租户的悲惨境遇

城市：过去和现在	
1700 ← 1900 → 2010 美国城市是从东海岸的小村庄发展而来的。1800 年后，随着国家向西推进，新的城市涌现出来。美国内战催生了工业大都市的崛起。 19 世纪末，随着工业城市中移民的大量涌入，反城市偏见越来越严重。到 1920 年，大多数美国人住在城市中。 1950 年之后，城市分散化迅速扩大了郊区，现在郊区人口占美国人口的一半以上。人口向外流动的一个后果是市中心的财政危机，尤其是在冰雪带。	**郊区**：超出城市政治边界的城市区域。

今天的城市问题

财政问题

- 不断下降的税收基数，加上社会服务需求的上升，导致一些城市在 20 世纪 70 年代濒临破产。
- 自 20 世纪 70 年代以来，随着后工业经济的发展，城市出现了反弹。数百万城市居民，尤其是来自拉丁美洲和亚洲的移民，从事着工资较低的服务工作。

城市扩张

城市的去中心化导致了城市的扩张。这种迅速的、计划外的发展造成了三个问题：

- 城市景观千篇一律，十分单调。
- 公共空间和农田迅速消失。
- 人们对汽车更加依赖，消耗资源，污染空气，造成个人压力。

贫困

随着越来越多的公司向郊区转移，留在市中心的城市贫困人口发现，他们所在社区的就业机会更少了。

- 失去工作是市中心贫困率为郊区贫困率的两倍的主要原因。

住房问题

住房不足一直是美国一些城市的问题。

- 在早期工业大都市，至少有 1/3 的人住在拥挤的公寓里。
- 直到 20 世纪 30 年代的新政，联邦政府才采取行动改善城市住房。
- 城市更新始于 1949 年，旨在改善日益衰落的市中心社区。但实际上，城市更新占据了贫困者和工薪阶层的社区，并将土地卖给了开发商，开发商为富人建造了有利可图的商业区和住宅区。
- 城市公共住房——通常被称为“项目”——是用来安置因城市更新而流离失所的穷人的。吸毒和犯罪的问题在公共住房中广泛存在，尤其是那些高层公共住房，它们阻碍了社区参与。

种族隔离

- 超隔离影响了 1/5 的非裔美国人，他们生活在城市贫民窟，与社会隔绝。

无家可归

- 据估计，在任何一个特定的夜晚，美国大约有 65 万人无家可归；在美国，每年在某一个时期内至少有 160 万人无家可归。
- 研究表明，无家可归是一个城市问题，有 64% 的无家可归者生活在市中心，36% 的无家可归者生活在郊区或乡村地区。

阳光地带城市和冰雪带城市

- 美国人口现在不太集中在冰雪带城市（东北部和中西部），而更集中在阳光地带城市（南部和西部）。
- 冰雪带城市在政治上有独立的郊区且有固定的边界。
- 阳光地带城市已经吞并了周围的土地以扩大规模。

贫困国家的城市

地球上一半的人口居住在城市地区。世界上最大的城市大多数位于贫困国家，而这些城市的人口正在猛增。这些城市无法满足人口激增所带来的需求。

大都市：一个包含许多城市及其周边郊区的广阔的城市区域。

城市扩张：在城市的边缘地带出现了无计划的低密度发展。

公共住房：为穷人建造的高密度公寓。

保障性住房：一个将低收入住房与现场社会服务结合在一起的服务项目。

393 **城市化和城市问题的理论**

结构功能分析：城市化理论

结构功能方法对比了城市生活和乡村生活。

- 在欧洲，滕尼斯运用了**礼俗社会**和**法理社会**的概念对比了城市生活和乡村生活。
- 迪尔凯姆提出了类似的**机械团结**和**有机团结**的概念。
- 在美国，沃斯提出了一种城市化理论，认为人口的规模、密度和多样性会产生同质性和包容。

符号互动分析：体验城市

符号互动方法从微观层面审视城市生活的现实。

- 齐美尔认为城市让人们受到强烈的刺激。为了应对这种情况，城市居民会形成一种消极的态度，不去理会周围发生的事情。
- 尽管人们普遍认为城市会威胁人的心理健康，但研究显示，城市居民的心理健康状况要比乡村居民好。

社会冲突分析：城市与不平等

社会冲突方法关注的是社会不平等如何影响城市和城市生活。

- 经济不平等使得美国各个城市都产生了不同的社区。
- 政府的政策和经济投资都有利于富人，却忽视了低收入人群的需求。

礼俗社会：人们因血缘和传统紧密联系在一起的一种社会组织。

法理社会：人们在自身利益的基础上相互作用的一种社会组织。

机械团结：一种基于共同情感和共同道德价值的社会纽带。

有机团结：一种基于专业化和相互依存的社会纽带。

政治与城市生活：提出问题并定义解决方案

保守派：市场与道德

- **保守派**将福利国家的扩张与暴力和传统家庭的崩溃等问题联系在一起，而这些问题又反过来导致了城市的恶化。
- 保守派声称，大多数改善城市生活的政府项目是无效的或适得其反的。他们指望市场经济的运作能把破旧的城市变成繁荣的城市中心。

自由派：政府改革

- **自由派**指出，美国的经济不平等正在加剧。美国的城市导致数百万人不得不住在低质量的房子里，上质量差的学校。
- 自由派赞扬政府通过减少收入不平等、提供就业机会和打击歧视来努力提高城市生活的质量。

激进左派：根本改革的必要性

- **激进左派**指责市场经济造成了贫困、犯罪和城市扩张等城市问题。他们以城市更新的历史为例，说明将利润置于人之上的后果十分严重。
- 激进左派声称，只有资本主义经济的基础性变革，才有可能使大多数人过上更好的生活。

企业区：在内城划定的以减税来吸引新公司的地域。

第15章 人口和全球不平等

394–395

学习目标：

- **记住**本章中用黑体字突出显示的关键术语的定义。
- **理解**在近几个世纪里，地球人口为何急剧增加。
- 将社会学的想象力**运用**于分析日益严重的全球贫困问题，尤其是贫困对女性和儿童的影响。
- 运用社会学的主要理论方法**分析**全球经济不平等的原因。
- 从各种政治立场**评价**当今世界经济不平等的状况。
- **设想**你将如何改变我们的世界以追求更大的社会正义。

396 问题的提出

——人口增加是个问题吗？

到 2012 年，全球人口超过了 70 亿，比一个世纪前的四倍还要多。

——在一个富裕的世界里，人们真的还会挨饿吗？

全世界有 9 亿 2500 万人——约 1/6 的人仍在挨饿。

——性别是如何进入对全球贫困的讨论的？

全世界面临着危及生命的贫困的人当中，有 70% 是女性。

章节概述

为什么全球人口数量是一个需要重点关注的问题？本章介绍人口统计学、人口研究及其一些重要的概念，如生育率、死亡率和移民。你将了解全球人口增加最快的地方以及人口趋势如何与全球不平等联系在一起。你将运用社会学的理论方法来解决全球的不平等问题，了解人们对问题及解决方案的定义和理解是如何反映其政治态度的。

法蒂玛·明特·马马杜（Fatma Mint Mamadou）环顾环绕着她的沙子和草地。夜幕降临，她正清点着骆驼的数量，就像她每天所做的那样。

马马杜是生活在北非的毛里塔尼亚伊斯兰共和国的一个年轻女性。她从未上过学，也不会读书写字。当你问起她的年龄时，她只是微笑着摇摇头，她也不知道自己是什么时候出生的。

她所有的时间都被用来照顾骆驼、放牧绵羊、搬运水袋、扫地和斟茶递水。她没有从这些工作中获得任何报酬。她是一个属于别人的奴隶。这个年轻的女性是毛里塔尼亚伊斯兰共和国约 9 万个奴隶中的 1 个。马马杜之所以能接受这样的状况，主要是因为她从来不知道别的事情。她毫不气愤地解释说，她是个像她母亲和她的外祖母一样的奴隶。正如上帝创造了一只骆驼来作为一只骆驼一样，她耸耸肩说："他创造了我来作为一个奴隶。"

这个年轻的女性和她的两个孩子、她的母亲、她的兄弟姐妹在毛里塔尼亚伊斯兰共和国首都努瓦克肖特的一个棚户区定居，他们的住所是一个用建筑工地上的木头碎片和其他材料搭建起来的长 9～12 英尺的小房子。屋顶是一块布，屋里既没有水管，也没有家具。最近的水来自 1 英里以外的井。

最后一个问题是更私人的："你和其他女孩曾经被强奸过吗？"马马杜犹豫了一下，没有一丝情绪波动地回答道："当然，在男人来滋养我们的那晚。那是你所说的强奸吗？"（Burkett，1997）

这个年轻人的生活是世界上社会不平等程度 397
的有力证据。生活在一个富裕的社会，我们认为去上学、有足够的食物，以及选择如何生活是理所当然的。但在世界上的许多地方，人们为了生存而挣扎，某些人对另一些人的剥削既令人震惊又非常常见。

本章着眼于全球范围内的问题，着眼于发达国家和贫困国家的对比。我们从人口问题开始，世界上大多数低收入地区的人口正在迅速增加。随后，我们把焦点转向人口增加的原因以及为什么地球上的人口膨胀被普遍认为是一个严重的问题。

本章转向全球不平等。在调查全球贫困和饥饿问题之后，我们研究了世界各地发现的各种不平等现象，并评估了这些问题的可能解决方案。

一、全球人口增长

全球人口并不总是令人担忧的问题。在人类历史的大部分时间里，全球人口数量既少又稳定。只有在工业革命之后，全球人口才开始增长。但它一旦开始增长，就无法阻挡。

（一）人口数量

大约 12 000 年前，当我们的远祖第一次建立永久性定居点时，整个世界的人口只有 500 万，这比今天的纽约人口还少。那时人口增长非常缓慢，公元 1 年全球人口约为 3 亿，这大致等于当今美国人口的数量。

大约在 1750 年，正值欧洲开始工业革命，美国殖民地开始向脱离英国的独立战争迈进的时候，世界人口开始急剧增长。如图 15-1 显示，在 1800 年，世界人口达到了 10 亿，到 1930 年，即一个多世纪后，世界人口已达到了 20 亿。在那时候，不仅人口在增长，增长率也在不断增长，就像汽车的油门踏板被越来越用力地踩下一样。到了 1962 年，也就是 32 年后，全球人口突破了 30 亿大关；到 1974 年，仅仅又过了 12 年，全球人口就达到了 40 亿。难怪在这个时候，人们开始谈论人口过剩是一个严重的问题。

到了 1970 年，尽管增长率开始放缓，但全球人口仍在飞速增长。仍用汽车来打比方，虽然汽车的行驶加速度越来越慢，但行驶速度依然越来越快。在 1987 年，全球人口突破了 50 亿大关，1999 年突破了 60 亿大关。这意味着在 20 世纪，全球人口数量翻了两番。在 2011 年，世界上有 70 亿人口（Population Reference Bureau，2011）。

在全球每年新增的 8 300 万人口中，绝大多数生活在贫困国家，这些国家的贫困问题已经极其严重。联合国预计，到 2023 年，全球人口将超过 80 亿，到 2050 年将上升到大约 93 亿（Population Reference Bureau，2011；United Nations，2011）。地球能否养育超过 90 亿人是我们当今面临的最严肃的问题之一（Smail，2007）。

（二）影响人口增长的因素

人口统计学（demography）——*研究人口的学科*——重点关注人口增长的趋势。人口统计学（其希腊语的意思是“关于人的写作”）是社会学的一个分支，它不仅测量人口水平，而且试图解释人口水平为何起起落落。人口统计学家指出了当前人口增长的两个基本原因：高生育率和低死亡率。

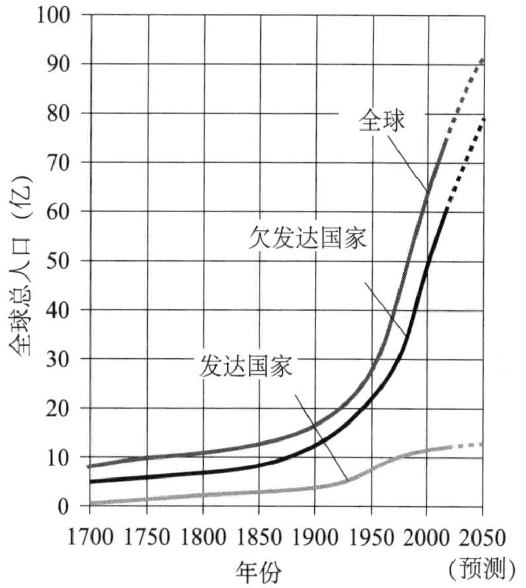

图 15-1　全球视野下的人口增长（1700—2050）

注：全球人口在 1800 年以后开始快速增长。虽然增长率正在下降，但在 2050 年，全球人口可能超过 90 亿。

资料来源：United Nations（2011）.

1. 高生育率

生育率（fertility）是指*一个国家的人口出生率*。人口统计学家利用**粗出生率**（crude birth rate），即*一年中每 1 000 个新生儿中的活产数*来衡量一个社会的生育率。粗出生率是通过将一年内出生并存活的人口数量除以社会总人口数量的结果乘以 1 000‰ 计算出的。2010 年，在美国，3.09 亿人口中有 400 万个存活的婴儿，粗出生率约为 13‰（Hamiton，Martin，& Ventura，2011）。 398

人口统计学家把这一标准称为“粗略估计”，因为它基于整个人口，而不仅仅是生育年龄的女性。但是粗出生率是衡量一个社会生育率的好方法。图 15-2 显示了世界主要地区的粗出生率。

当所有其他因素都一样时，一个国家的生育率越高，人口增长的速度就越快。对于全球来说，粗出生率为 21‰。美国的粗出生率是低于全球的粗出生率平均水平的。贫困国家的粗出生率最高，如菲律宾（25‰）；世界上最贫困的国家的粗出生率最高，包括在亚洲的阿富汗（44‰）、在中非的安哥拉（43‰）、在中东的巴基斯坦（33‰）和在拉丁美洲的危地马拉（30‰）（Population Reference Bureau，2011）。第

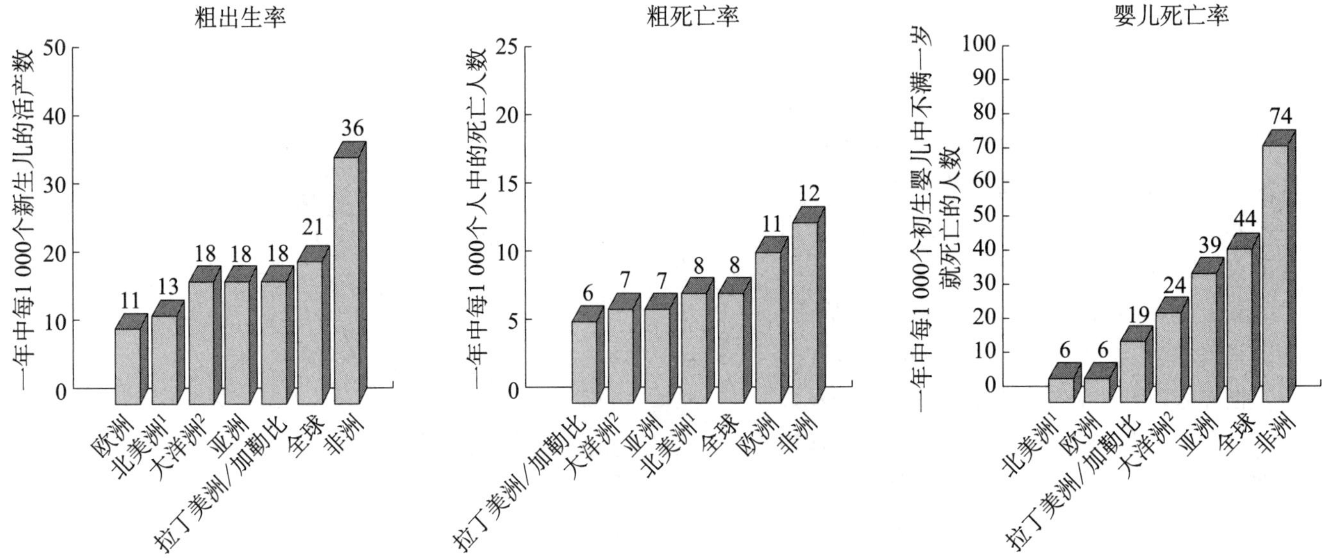

图 15-2　世界主要地区的三项人口统计

注：这些数据提供了世界主要地区的粗出生率、粗死亡率和婴儿死亡率的比较。

[1] 美国和加拿大。

[2] 澳大利亚、新西兰和南太平洋岛国。

资料来源：Population Reference Bureau（2011）.

371 页的“多样性：种族、阶级和性别”栏目解释了缺乏有效的避孕措施如何导致了贫困国家的高出生率。

2. 低死亡率

全球人口猛增的一个更重要的因素是**死亡率**（mortality），即*一个国家人口死亡的发生率*的下降。人口统计学家利用**粗死亡率**（crude death rate），即*一年中每 1 000 个人中的死亡人数*进行追踪。其计算方式是将一年中死亡的人数除以总人口数并乘以 1 000‰。在 2010 年，美国 3.09 亿人口中有 250 万人口死亡，粗死亡率约为 8‰（Murphy，Xu & Kochanek，2012）。

在其他因素相同的情况下，一个国家的死亡率越低，其人口增长的速度就越快。对于全球来说，粗死亡率是 8‰，美国的粗死亡率达到了全球平均水平。

为什么美国的死亡率不比全球平均水平低多少？要回答这个问题，首先要注意的是，全球死亡率的情况比出生率更复杂。常识表明，死亡率越低，社会越健康，这一点是正确的。一些非常贫困的国家，如摩尔多瓦（10‰）和马里（15‰）的死亡率就比较高。但贫困国家的人口，就平均而言，是非常年轻的。这归因于我们所讨论过的高出生率。像美国这样的富裕国家，人口平均年龄要大得多。由于这个原因，美国的死亡率比预期的要高。一个社会的平均年龄也有助于解释为什么一些贫困国家的死亡率要低于预期，如马来西亚（5‰）和尼加拉瓜（5‰）（Population Reference Bureau，2011）。图 15-2 显示了世界主要地区的粗死亡率。

衡量一个国家的生活质量的最好方法就是**婴儿死亡率**（infant mortality rate），即*一年中每 1 000 个初生婴儿中不满一岁就死亡的人数*。婴儿死亡率的计算方法是，一年内一岁以下儿童的死亡数除以活产婴儿数再乘以 1 000‰。在 2010 年，美国有 400 万个活产婴儿，其中 24 500 个婴儿死亡，将第二个数除以第一个数，并将结果 399
乘以 1 000‰，得出婴儿死亡率为 6.1‰（Murphy，Xu & Kochanek，2012）。

对于全球来说，婴儿死亡率是 44‰，所以美国的生活质量是相当高的。然而，美国婴儿死亡率仍然高于大多数其他富裕国家，包括英国（4.5‰）、澳大利亚（3.9‰）、日本（2.6‰）和瑞典（2.5‰）（Population Reference Bureau，2011）。如何解释美国在这方面的落后呢？一方面，美国的社会不平等比其他大多数工业国家要严重；另

多样性：种族、阶级和性别　女性、权利和避孕：控制人口的关键

在 1960 年，贫困国家对计划生育几乎一无所知，即使在美国，人们对计划生育的了解也不那么普遍。今天，随着女性对她们的生活拥有更多的控制权，人口出生率就下降了。在美国，约 3/4 的夫妻在生育期使用某种形式的避孕措施。然而，父权制在世界范围内仍然很强大，只有大约 55% 的女性能获得有效的避孕药具（Population Reference Bureau，2011）。

不使用避孕措施的原因包括宗教信仰，以及女性缺乏社会力量（尤其是在低收入国家）。而另一个重要的原因是贫困：生活在贫困社会的女性支付不起避孕所需的钱，有些女性甚至没有听说过这项技术。

图 15-3 清楚地表明了避孕节育在降低生育率方面的作用。纵轴显示了女性使用避孕措施的百分比，横轴显示了女性一生中平均生育的孩子数量。图中的 159 个点中，每个点都代表着世界上的一个国家。点在两个变量之间表现出很强的相关性和关联性。回归线是总结这种线性关系常用的统计方法。在一些国家，女性生育了 5 个或更多的孩子。这就很容易想象每种模式对人口增长的影响（Population Reference Bureau，2011）。

你怎么看？

1. 在 1900 年的美国，每个女性平均有 5 个孩子，而现在这个数据下降到了 2 个。你认为原因是什么？
2. 纵观世界，生活在能给女性更多选择权的社会中的女性，更可能使用避孕方法。这说明有必要提高女性的社会地位吗？
3. 如果世界各地的妇女都有 5 个孩子，那么整个地球会有什么样的变化？

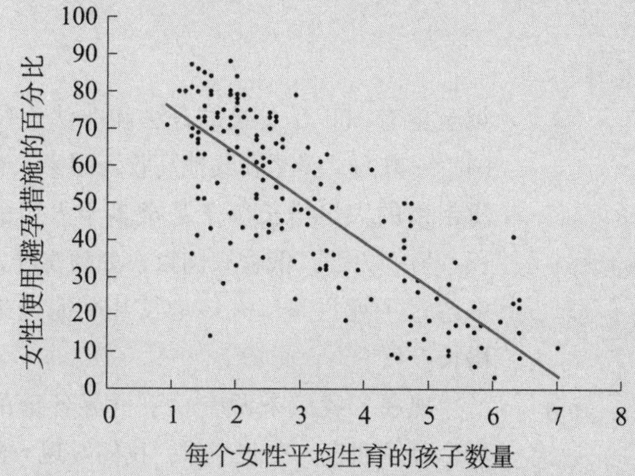

图 15-3　159 个国家的避孕措施使用和生育情况

注：图中所显示的回归线呈现负相关，即随着女性使用避孕措施的比例上升，女性平均生育的孩子数量减少。

一方面，美国是唯一一个没有提供全民医疗保险的发达国家。

在贫困国家，婴儿死亡率很高。尼加拉瓜（19‰）、柬埔寨（58‰）、安哥拉（102‰）和阿富汗（131‰）的婴儿死亡率反映了这些国家的人民缺乏足够的营养和安全饮用水的事实，这些国家的人民很少或根本不能获得高质量的医疗服务（Population Reference Bureau，2011）。

（三）对人口增长的测量

人口学家可以通过结合生育率和死亡率来计算一个社会的*自然增长率*（natural growth rate）。要做到这一点，只需从粗出生率中减去粗死亡率。在美国，粗出生率为 13‰，减去粗死亡率 8‰，自然增长率为 5‰，即每 1 000 人中的自然增长人口为 5 或年增长率为 0.5%。

就全球来看，人口以每年 1.2% 的速度增长。北美洲（0.5%）、欧洲（0）和大洋洲（1.2%）的人口增长缓慢，它们都是世界上较富裕的区域。

年增长率可以被用来计算一个国家人口翻一番的时间：简单地将数字 70 除以年增长率再乘以 100。美国中部人口的年增长率为 1.6%，因此人口在 44 年内将翻一番。中非人口以 2.7% 的年增长率在 26 年内将翻一番。很显然，一个难以养活这么多人口的国家现在几乎无法让人口在一代人内翻一番。

仅仅基于自然增长，美国人口将在 140 年内翻一番（70 除以 0.5）。但是另一个因素在这个国家的人口增长率中扮演着重要的角色。正如第 3 章（“种族和民族不平等”）所解释的那样，每

世界之窗　全球视野下的人口增长

阿马特·约尔迪（Amat Al-Sharafi），35 岁，有四个孩子，生活在出生率高、人口增长迅速的也门。

艾米丽·布沙尔（Amélie Bouchard），34 岁，生活在出生率低、人口增长缓慢的加拿大。

包括美国、加拿大和欧洲国家在内的世界上最富裕的国家的人口增长率低于 1%。拉丁美洲和亚洲的国家的人口增长率通常在 1.5% 左右，这些国家在 47 年内人口将翻一番。非洲的总体增长率为 2.4%（尽管在艾滋病发病率很高的国家只有很小的增长），它将人口翻一番的时间缩短到了 30 年。从全球的角度来看，我们发现社会福利标准与人口增长率密切相关：世界上人口增长最快的地区最不可能是获得社会福利较多的地区。

资料来源：Population Reference Bureau（2011）.

年至少有 100 万人通过合法和非法途径进入美国。一方面，美国和其他高收入国家一样，移民所带来的人口增长等于甚至多于人口的自然增长。另一方面，低收入国家，如阿富汗，其出生率超过了死亡率，人口增长几乎完全来自自然增长。

400 现在，我们来调查一下世界各地的人口格局。总体而言，在北半球，我们发现大部分高收入国家的人口增长最缓慢。但在南半球，人口增长率非常高，南半球包括了世界上大多数的低收入国家。

（四）北半球的低增长

当工业革命开始时，西欧人口增长率上升到每年 3% 左右。从那以后，西欧人口增长率稳步下降。现在欧洲、美国和加拿大的出生率都低于每名女性 2.1 个孩子的更替水平。人口学家称这个点为**零人口增长**（zeropopulationgrowth），即*维持稳定状态的人口增长水平*。超过 80 个国家——几乎全都是高收入国家——人口增长率已降至这个点以下（Population Reference Bureau，2011；United Nations，2011）。

如何解释人口增长的大幅度下降？重要因素包括：高昂的抚养费、避孕措施和堕胎技术的广泛使用、晚婚的趋势、独居的日益普遍，以及现在一个典型的家庭基本有两个人在工作。

总之，在美国这样的高收入国家，人口增长并不是一个严重的问题。事实上，25 个欧洲国家预计从现在到 2050 年间，其人口数量将不断 401
下降。一些分析人士认为，这些国家未来可能面临人口不足的问题，因为在这些国家，将有越来越少的年轻人照顾和赡养越来越多的老年人（United Nations，2011）。在美国，尽管出生率很低，但高移民率几乎保证了美国在未来几十年人口将继续增长。

（五）南半球的高增长

人口增长对许多位于南半球的贫困国家来说已经是一个严重的问题，如果不是因为很多低收入国家已经成功实现了计划生育，那么这个问题肯定会更严重。由于这些努力，全球女性平均生育数量从 1950 年的 6 个孩子下降到现在的 2.4 个孩子。

但是降低出生率只能控制人口增长。在 20 世纪，随着医疗技术的进步，死亡率大幅度地下降。要记住的一个重要事实是，近几十年来大多数人口增长不是由于高生育率，而是由于死亡率下降。如今大多数贫困国家的出生率很高，但死亡率在下降。虽然儿童和成年人的死亡率下降无疑是个好消息，但其结果是人口数量不断增长，最终会威胁到每个人的生存能力。

在世界范围内，低收入国家现在拥有全球人口的 82%。此外，几乎全球所有的人口增长都发生在南半球的低收入国家（United Nations，2011）。

（六）女性的社会地位

大多数人口学家认为，控制全球人口增长的一个关键因素是提高女性的地位。更广泛地普及生育控制技术是很重要的，但是只要文化定义了女性抚养孩子的主要责任，人口就会继续增长。

纳菲斯·萨迪克（Nafis Sadik）博士，一位来自埃及的女性，负责联合国人口控制工作，她总结了一个新方法：只要给女性更多生活上的选择权，她们就会生育更少的孩子。一个有机会接受教育并获得工作的女性可以决定是否以及何时结婚，生孩子不再是一件别无选择的事情。在这些条件下，证据显示，女性生育孩子的数量较少（Axinn & Barber，2001；Population Reference Bureau，2009，2011）。

（七）解释人口问题：马尔萨斯理论

托马斯·罗伯特·马尔萨斯（Thomas Robert Malthus，1766—1834）是英国经济学家、牧师和开拓性的人口统计学家，他生活在全球人口数量急剧上升的时期。马尔萨斯（1926，orig. 1798）对人口增长进行了简单的数学分析，得出了一个令人不安的结论。他预测，全球人口数量将以数学家所称的*几何级数*（如数列 2、4、8、16、32）增长。以这样的速度，全球人口很快就会失去控制。

马尔萨斯预测，全球食物产量也会增长，但只以*算术级数*（如数列 2、3、4、5、6）增长。这是因为无论人们发明了什么新技术，都只有这么多的耕地来种植粮食。

马尔萨斯得出结论：把这两种模式结合在一起，人们的繁殖很快就会超过这个星球可以承受的范围，导致饥饿和社会混乱。“建构社会问题决定性时刻”栏目更详细地展现了马尔萨斯发出的警告。

- **评价**

如果马尔萨斯的结论是正确的，那么我们可能不会在这里讨论他的想法。马尔萨斯没有意识到，工业革命的到来，释放出了推动生育率下降的力量。生育率下降的原因是，一旦不再需要孩子耕种土地，抚养孩子就变得非常昂贵。此外，许多人开始使用避孕措施。最后，马尔萨斯低估了人类最终会生产多少食物，新技术以灌溉、化肥和杀虫剂的形式增加的农业产量远远超出他的想象。

但马尔萨斯完全错了吗？因为好的土地、干

建构社会问题决定性时刻　托马斯·罗伯特·马尔萨斯：人口是一个问题

历史上没有人比托马斯·罗伯特·马尔萨斯更关注人口增长问题了。马尔萨斯出生于 1766 年，生在一个富裕且受过高等教育的家庭，他是这个家庭八个孩子中的第二个，这样的家庭在那个时代很普遍。

马尔萨斯做过牧师，后来成了一名大学教授。他因为 1798 年出版的《人口论》（全称为《论影响社会改良前途的人口原理以及对戈德温先生、孔多塞先生和其他作家推测的评论》）而为人们所铭记。

也许是因为感觉到了会引发的争议，马尔萨斯最初匿名地发表了他的作品。五年后，他用自己的名字重新出版了这部作品，并扩大了出版的范围。他的论述的关键是：人口以几何级数增长，而生活资料以算术级数增长。

还有任何希望吗？马尔萨斯指出，“犯罪、疾病、战争和罪恶”可能会减缓人口增长。但他拒绝生育控制，理由既有宗教立场，也有对人们不太可能放弃性生活的看法（马尔萨斯自己只有三个孩子）。最后，马尔萨斯认为人们逃脱不了充满“饥荒、痛苦、浩劫和沮丧”的未来。

两个多世纪以后，我们可以庆幸马尔萨斯至少在一定程度上错了。特别是在高收入国家，出生率在最近几十年急剧下降，并且技术进步、粮食生产远远超过马尔萨斯的想象。但事实仍然是，全球人口在持续增长。马尔萨斯的噩梦难道永远不会发生吗？还是只是推迟了而已？

净的水和新鲜的空气都是有限的资源，所以人口不可能无限地增长。简而言之，没有任何人口增长水平能够永远持续下去。为了避免造成马尔萨斯预测的可怕的结局，人类必须想出办法控制人口的数量。

学习检验 解释马尔萨斯对世界人口未来的
402 预测。对他的预言有什么样的批评？

（八）最新方法：人口转变理论

对人口变迁的最新分析是**人口转变理论**（demographic transition theory），即*将人口变迁与社会技术发展水平联系起来的理论*。图 15-4 显示了在四个技术发展水平下的社会人口动态。工业化前的农业社会——1750 年前，几乎全球都属农业社会——处于第一阶段。这些社会的出生率很高，因为家庭依赖于孩子的劳动，而且几乎没有有效的避孕措施。但是这个阶段死亡率也很高，因为穷人对健康和疾病了解甚少。鼠疫和其他传染病的周期性暴发抵消了出生率的增加，因此人口的上下波动在相当长的一段时间内保持稳定。

第二阶段，随着工业化开始，人口开始转型。由于有了更高的生活水平（包括更好的营养）和科学、医学的发展，死亡率有所下降。马
尔萨斯生活在欧洲第二阶段，这就解释了他对这 403
个世界的未来的悲观看法。今天，世界上最贫困的国家正处于人口快速增长阶段。

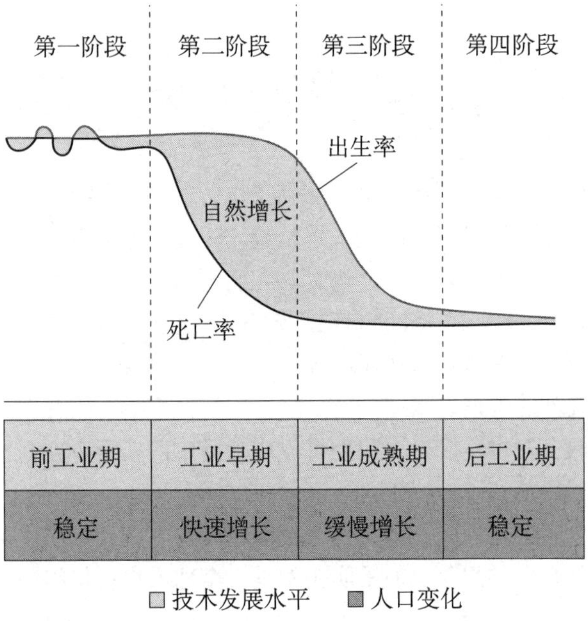

图 15-4 人口转变的阶段

注：人口转变理论展示了社会从高出生率和高死亡率（第一阶段）到低出生率和低死亡率的过程（第四阶段）。

第三阶段，在一个成熟的工业经济体中，出生率与死亡率成正比，人口增长率减缓。生育率下降，部分原因是家庭不再必须生育很多孩子以确保他们中的一些可以活到成年。另外，成熟的工业社会将儿童从经济资产（为家庭收入做出贡献的人）转变为经济负债（儿童教育和其他需求会使家庭经济状况紧张）。有效的避孕措施得到了广泛运用，限制家庭规模对于想外出工作的女性而言很重要。

第四阶段对应的是后工业经济，它再一次促进了人口规模稳定。出生率和死亡率都很低，所以人口规模很少有或者没有自然增长。正如前面所述，现在西欧和日本大部分地区处于这一阶段（Population Reference Bureau，2011）。

- **评价**

与马尔萨斯惊人的预测相比，人口转变理论为我们的人口前景提供了一个乐观的看法。在这一分析中，先进的技术首先激发人口增长，然后使人口得到控制，同时提高人们的生活水平。

但是贫困的社会能否在经济上发展到出生率下降的程度？如果它们仍然贫困，世界将几乎没有机会控制不断增长的人口。如图 15-5 所示，即使出生率下降，贫困国家（如肯尼亚）非常年轻的人口结构意味着大多数人还没有生育。因此，至少一些国家的人口增长是不可避免的，至少在未来几十年是如此。

学习检验 用你自己的话去陈述人口转变理论的意义。对这种理论的评价是什么？

二、全球不平等

你已经看到人口增长在世界的某些地区比其他地区要严重。在贫困和饥饿方面也是如此。正如你所猜测的，最严重的人口增长和饥饿的问题是在世界的同一地区出现的。

第 2 章（“贫困与财富”）解释了美国人被分

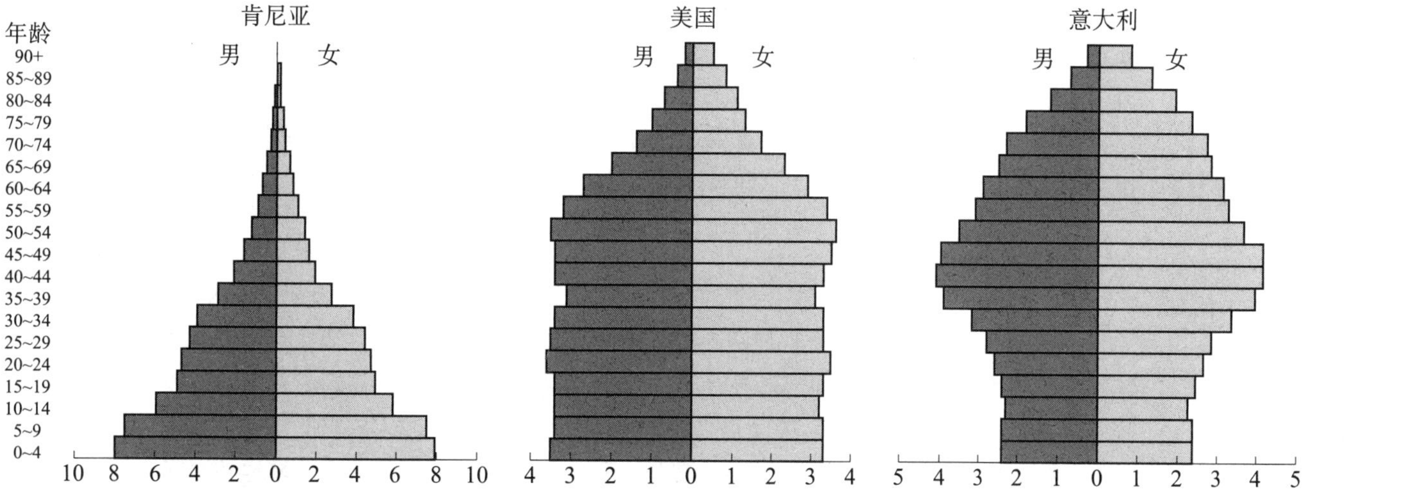

图 15-5　人口金字塔：肯尼亚、美国和意大利（2012 年）

注：人口金字塔是根据性别（男性和女性）和年龄（从出生到 90 岁及以上）制作的人口图示。在肯尼亚这样一个非常贫困的国家，最年轻的人占了人口的最大比例，这就意味着随着年轻人到达生育年龄，人口将继续增长。平均来看，美国的人口金字塔更像一个盒子的形状，因为其人口结构更加老龄化（美国的平均年龄大约为 37 岁，相比之下，肯尼亚约为 19 岁）。意大利是有轻微人口下降记录的国家之一。意大利的年轻人比例越来越低，老年人比例越来越高。意大利的平均年龄是 44 岁，并且还在上升。

资料来源：U. S. Census Bureau（2012）.

为两个阶级，有些人比其他人拥有更多的财富、收入、声望和权力。如果把我们的观点扩大到不仅包括美国人民，而且包括全世界的人民，那么社会分层就更严重了。

图 15-6 将全球总收入按人们的收入层级分为五个部分。作为比较，回忆一下，美国最富有的 20% 的人口占据了国民收入的 47.8%；然而，世界上最富有的 20% 的人口获得了全球收入的 77%。在美国，最贫困的 20% 的人口占据了国民收入的 3.8%；在全球范围内，相同比例的人口用全球收入的 2% 挣扎求生。

如图 15-6 第二部分所示，全球财富的分布甚至更不平等。世界上最富有的 20% 的人口拥有全球财富的至少 84%。大约有一半的全球财富是由世界上最富有的 5% 的人口拥有的；最富有的 1% 的人口掌握着大约 32% 的全球财富。同时，全球最贫困的一半人口拥有全球财富的 3%。就拿美元而言，世界上约一半的家庭拥有的总财富不到 8 600 美元，远低于美国典型家庭的财富 120 000 美元（Bucks et al，2009；Davies et al，2009）。

由于全球收入和财富的不平衡分配，在美国居住的即使是穷人也要比世界上大多数人生活得好。与此同时，富裕国家的富裕人口生活得如此之好，以至于许多人很难理解世界上的一些人的困境到底有多严重。世界上最富有的三个人——墨西哥的卡洛斯·斯利姆·赫鲁（Carlos

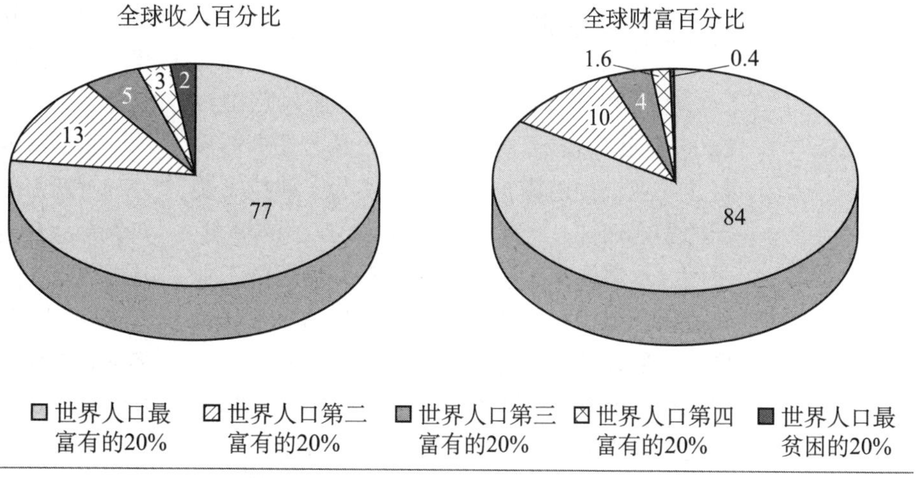

图 15-6　全球收入和财富分布

资料来源：Davies et al.（2009）and Milanovic（2009，2011）.

slim helú）、美国的比尔·盖茨（Bill Gates）和沃伦·巴菲特（Warren Buffett）——的财富超过500亿美元，这大致相当于世界195个国家中122个国家所有人的财富总和（Forbes，2011；
404 World Bank，2011）。

（一）高收入国家

正如一个社会中的人有不同阶级一样，全球体系下的不平等也产生了高收入、中等收入和低收入国家的分别。世界上有72个高收入国家，包括美国、加拿大、墨西哥、阿根廷、智利、西欧各国、俄罗斯联邦、以色列、沙特阿拉伯、日本、韩国、澳大利亚和新西兰等。

世界上的高收入国家得益于由先进技术带来的生产力。这些国家从两个世纪前的工业革命开始就在稳步提高生产力。先进技术带来的生产力的差异有多大？西班牙这个高收入国家的产量超过了以农业为主的撒哈拉以南非洲地区。小国意大利的土地只有大国印度的1/10，但意大利的产量却超过了印度（World Bank，2011）。

2011年，高收入国家约有16亿人口，占全球人口的23%。即使是在高收入国家中排在最后的国家（如土耳其），人们每年的收入也至少为1.3万美元；世界上最富裕国家（如美国和新加坡）的人均收入是这个数字的三倍多。总的来说，72个高收入国家的人民的收入占全球收入的75%。

（二）中等收入国家

生活在中等收入国家的人的收入范围在2 500美元（如拉丁美洲的尼加拉瓜、非洲的佛得角、亚洲的越南）到10 000美元（如拉丁美洲的委内瑞拉、欧洲的保加利亚、亚洲的伊朗）之间。这些国家（70个）虽然都有显著的工业化迹象，但仍有超过45%的人口生活在乡村地区，从事着农业。一般来说，乡村地区的人们与居住在城市的人们相比，接触到好的教育、医疗保健、好的住房和安全用水的机会更少。

近年来，印度和中国都进入了中等收入国家的行列。总之，这个中间类别包括了大约42亿人，即全球人口的61%。总的来说，他们占据了全球收入的23%。

（三）低收入国家

世界上53个低收入国家的人口基本上都从事农业，并且都很贫困。这些国家大部分分布在中非或亚洲。在贫困国家，大约有64%的人像他们的祖先那样生活在乡村和农场。其余的人住在城市或郊区，许多人在工厂工作。由于工业技术有限，低收入国家的生产力不高，这是这些国家饥饿、疾病、糟糕的教育和不安全的住房如此普遍的一个原因。

在2011年，约16%的全球人口，即超过10亿人口生活在低收入国家，并且他们的总收入仅占全球收入的2%。生活在富裕国家的人们每赚一美元，这些人只能赚几美分。我们现在需要仔
细研究全球贫困和饥饿的问题。 405

（四）全球贫困问题

贫困在世界上比在美国更普遍，全球大约有925万人没有足够的东西吃。随着时间的推移，饥饿会导致营养不良、工作困难，也会增加患疾病的风险（United Nations，2011）。

从更科学的角度来看，像美国这样的富裕国家中的典型成年人每天大约摄入3 750卡路里，这是很不利于健康的。这种高摄入量的结果就是这个国家大约有2/3的人超重。在低收入国家，从事大量体力劳动的成年人一天仅仅摄入2 100卡路里。这也是很不利于健康的，尤其对那些从事大量体力劳动的人而言，其结果是饥饿和营养不良。

长期贫困的影响是致命的。在阅读本章的这一部分所需要的十分钟内，世界上约有100人因饥饿而生病与衰弱，并且将会死去。换算一下，这相当于每天约有25 000人，或每年约有900万人受到贫困的致命威胁。全球饥饿是当今世界面临的最严重的社会问题之一（United Nations Development Programme，2008）。

美国的大多数贫困是*相对贫困*（relative poverty），指的是大多数人认为理所当然的资源匮乏。然而，从全球的角度来看，我们面临着*绝*

对贫困（absolute poverty）问题，指的是危及生命的贫困。

处于绝对贫困的人缺乏健康和长期生存所必需的营养。不可否认的是，在美国也存在着一些绝对贫困的现象。但遭受如此严重的危及生命的贫困的人口只占美国总人口的一小部分。相比之下，被联合国评为“严重贫困”的低收入国家中绝对贫困的人口比例约为40%。在像美国这样的富裕国家，死亡常发生于75岁以上。然而，当绝对贫困广泛出现以后，死亡将会提前到来。在一些非常贫困的国家，如亚洲的阿富汗、非洲的几内亚比绍和乍得等国，1/5的儿童在他们成年之前就死了。

（五）贫困与儿童

贫困扭曲了年轻人的生活，甚至是那些幸运地存活下来的人。在贫困国家，数以千万计的儿童为了给他们的家庭提供所需的收入而去乞讨、偷窃、进行性交易和贩毒。这些儿童错失了上学的机会，很可能成为疾病和暴力的牺牲品。许多年轻的女孩怀孕，这是一个儿童生育儿童的问题。

拉丁美洲面临着贫困、无家可归的重大问题：巴西报道称数百万儿童靠他们自己生活，营养不良且缺乏教育，并经常用嗅胶或其他廉价药物来麻痹痛苦（UNICEF，2006；Leopold，2007；Levinson & Bassett，2007；Consortium for Street Children，2011）。

（六）贫困与女性

正如第4章（“性别不平等”）所解释的，富裕的社会会通过多种方法给男性更多的权力，结果就是女性可能比男性有更高的贫困风险。

在贫困国家，性别分层更加明显。因为传统社会往往是父权制的，女性机会很少、教育资源有限、经济机会很少。其结果就是70%的成年女性面临着绝对贫困（Moghadam，2005；United Nations，2010）。

（七）奴隶制

世界上最严重的与贫困有关的制度就是奴隶制。许多人认为奴隶制是存在于过去的罪恶：英
帝国在1833年禁止奴隶制，美国也在1865年废 *406*
除了奴隶制。但是国际劳工组织（2011）的数据显示，目前约有1 230万男性、女性和儿童从事着强迫劳动或以其他方式生活在相当于奴隶制的条件下；还有2亿人（几乎占全球人口总数的3%）在接近奴隶制的条件下生活和工作。

开篇故事讲述了当今世界的奴隶制。法蒂玛·明特·马马杜的案例代表了动产奴隶制度，其中一个人受另一个人控制。没有人确切知道到底有多少动产奴隶存在，因为买卖人口的行为违反了世界各地的法律。但这种做法在亚洲、中东和非洲的许多国家有所记载，涉及数十万人。贩卖人口是世界各地有组织的犯罪集团最有利

世界之窗

全球视野下的经济发展

全球所有人的总收入的分配是非常不均的，最富有的20%的人拥有全球收入的77%，拥有全球财富的84%。

整体上看，高收入国家——包括美国、加拿大、智利、阿根廷、西欧各国、以色列、沙特阿拉伯、澳大利亚和日本等——是为人们提供丰富物质的高生产率的经济体。中等收入国家——包括大部分拉丁美洲和亚洲国家——经济生产力较低，生活水平与全球平均水平相当，但远低于美国的水平。这些国家也有相当一部分穷人几乎无法养活自己。在世界上的低收入国家，贫困是严重和普遍的。尽管少数精英在最贫困的国家生活得很好，但在美国，大多数人也只是靠一小部分普通收入勉强度日。

资料来源：United Nations Development Programme（2011）.

可图的犯罪形式之一（仅次于出售枪支和毒品）
407 （Orhant，2002）。

第二种奴隶制是国家强加的奴役。在这种类型的奴隶制中，政府强迫人们进行劳动，作为对犯罪行为的惩罚，或者仅仅是因为国家需要劳动力。

第三种奴隶制是儿童奴隶，极度贫困的家庭可能会将孩子送到街头以赚取收入。许多生活在拉丁美洲的贫困国家的数以百万计儿童属于这一类。

第四种奴隶制是债务束缚，在这种束缚中，雇主通过支付工人极少的工资以致他们无法偿还债务的方式来奴役各个年龄段的工人。在世界各地的血汗工厂，工人们确实得到了工资，但这些工资不足以支付他们的雇主提供的食物和住房。由于他们永远无法偿还债务，因此从实际情况来看，他们是奴隶，因为他们从来没有离开的自由。

第五种奴隶制是婚姻的奴役形式。在印度、泰国和一些非洲国家，女性家庭违背女性的意愿将女性嫁出去。许多女性最终成为为丈夫的家庭工作的奴隶；在其他情况下，女性被迫卖淫。

1948 年，联合国发布了《世界人权宣言》，其中写道："任何人不得被奴隶或奴役；禁止一切形式的奴隶制和奴隶贸易。"尽管奴隶制在道德上是错误的，而且违反了法律，但它仍然是全球贫困悲惨故事的一部分。

三、全球不平等理论

社会学宏观层面的理论方法提供了对全球贫困的解释和对人口增长问题的看法。

（一）结构功能分析：现代化进程

现代化理论（modernization theory）是*经济和社会发展的一个模型，它从社会之间的技术和文化差异的角度解释了全球不平等*。现代化理论首先指出，两个世纪以前，世界上的每个国家都很穷。工业革命在逐渐改变欧洲国家和美国之后不久，也在越来越多的社会中逐渐开始兴起。起初，新的工业财富只惠及了少数人。但工业技术如此富有成效，以至于即使是最贫困的人们的生活标准也开始逐渐上升。

在过去的一个世纪里，包括美国在内的高收入国家的生活水平跃升了五倍。这意味着住房质量、营养和重要的健康措施都得到了显著改善。此外，人们从电动家用电器、汽油汽车、微电子计算机和其他将我们与整个世界联系起来的设备中获益。工业化也改变了当今亚洲和拉丁美洲的大多数中等收入国家，那里人们的生活水平也已经提高。但在工业技术缺乏的低收入国家，人们
仍然贫困。 408

在这一点上，你可能想知道为什么不是每个社会都简单地采用了工业技术。现代化理论的回答是这样的：每个社会都在某种程度上进行了工业化，但是一些社会并不愿意牺牲传统而转向追求更高的生活水平。按照这样的方式，原宗教信仰的形式往往是经济发展最大的障碍。在那些有着强大的家庭和教育人们尊重过去的社会中，传统文化起着锚定作用，它阻止人们探索新的生活方式。由于为传统所束缚，人们并不采用新的技术或者接受可能改善他们生活的教育。

当今社会，有许多反对现代化的社会的例子，包括北美的阿米什人、马来西亚的塞米伊人，以及伊朗、阿富汗等国。通常，这些社会排斥工业技术和现代文化的其他元素，他们认为这威胁到了他们的家庭关系、风俗和宗教信仰。

而世界上最愿意接受变革的地区往往生活水平提高最快。接近中世纪末，社会学家马克斯·韦伯（1958，1904-05）解释：西欧的文化环境非常开放，随着新教宗教信仰（尤其是加尔文主义）控制了欧洲部分地区，一种以进步为导向的生活方式应运而生。在这种情况下，一种新的个人伦理逐渐取代了传统对亲属关系和社区的强调。这样的文化信仰使人们采用新的技术，这些因素共同推动社会产生工业革命。不久，文化和技术成功地使西欧摆脱了贫困，创造了广泛的繁荣。

现代化理论借鉴了马克斯·韦伯的著作，以及在第 14 章（"城市生活"）中讨论的滕尼斯和埃米尔·迪尔凯姆的思想。但正是沃尔特·惠特曼·罗斯托（Walt Whitman Rostow，1960，

1978）将现代化理论表述为以下几个更容易理解的阶段。

（1）传统的阶段。生活在传统农业社会的人们会让他们的孩子回顾过去，尊重旧的生活方式。这样的人很难想象生活会与他们所知道的完全不同。因此，他们在自己的家庭和当地社区周围建立自己的生活，遵循自己祖先的生活方式，几乎没有个人选择或者独立自主的自由。这样的社会提供了一种精神上富有但物质上贫乏的生活。

在几个世纪以前，世界上大部分地区处于经济发展的初级阶段。今天，像孟加拉国、尼日尔和索马里这样的国家仍然停留在传统的阶段，并且仍然和几个世纪以前一样贫困。

（2）起飞阶段。随着社会开始摆脱文化传统，允许人们发挥他们的才能和想象力，经济开始增长。当人们生产商品不仅是为了消费，也是为了与他人进行贸易以获取利润时，市场便形成了。极强盛的个人主义、愿意冒险和对物质的渴望都是促进物质繁荣的力量，虽然它们削弱了家庭关系和历史悠久的规范及价值观。

英国和美国在19世纪初到达起飞阶段。泰国是东亚的一个中等收入国家，目前正处于这一阶段。实现起飞有时候受益于富裕国家的积极影响，包括对外援助、出口先进技术和投资资本，以及邀请外国学生接受本国的先进教育。

（3）推动技术成熟阶段。随着这一阶段的开始，人们将贫困定义为一个问题，并将进步和经济增长视为解决方案。工业化正在顺利进行；随着新产品的发明和市场的扩大，经济开始增长和变得多样化。人们认识到他们的新生活方式正在削弱传统家庭和当地社区的生活，但他们很快就放弃了过去的生活方式，并将之视为“过时”的。英国在1840年左右到达了这一阶段，1860年美国也到达了这一阶段。今天，墨西哥、美国波多黎各自治邦和波兰是朝着技术成熟阶段迈进的国家。

一旦社会进入第三阶段，绝对贫困就会大大减少。离开乡村涌向城市的人只是为了寻找更好的工作和教育。职业专业化使人际关系不再那么个人化。个人自由和社会平等的重要性日益上升，引发了让包括女性在内的所有人享有更大政治权利的社会运动。政府通过法律要求所有人去上学，而且有很大一部分人继续上大学或参加其他高级培训。 409

（4）高消费阶段。在这一阶段，工业技术普及，经济增长迅速，生活水平稳步提高。各种各样的新产品和新服务的大规模生产促进了大量消费的产生。人们认为富裕是理所当然的，并学会了“需要”他们的祖先从未想过的东西。

美国、日本和其他富裕国家大约在1900年左右进入了这一发展阶段。最近进入这一阶段的是由英国实行殖民统治的两个地方，现在它们是亚洲东部繁荣的小社会：香港（1997年中国对香港恢复行使主权）和新加坡（1965年独立）。

罗斯托解释说，富裕国家在帮助贫困国家走过四个阶段方面发挥了重要作用。富裕国家可以向贫困国家出口高科技的农业方法，以帮助贫困国家提高农业产量。这种技术通常被称为绿色革命，包括杂交种子、现代化的灌溉方式、化学肥料和用于控制昆虫的杀虫剂。贫困国家也指望富裕国家提供工业技术、计算机技术和其他新信息技术。

如果贫困国家不控制人口增长，那么即使是经济的发展也不会提高生活水平。富裕国家可以通过提供节育技术和教育项目来帮助贫困国家限制人口增长。同样，根据现代化理论，一旦经济发展在进行中，出生率就会像工业化国家一样下降，因为儿童不再是一种经济资产，而是一种经济负债（Lino，2011）。

- **评价**

现代化理论自20世纪50年代首次出现以来，塑造了美国和其他富裕国家的外交政策。支持者指出，世界上大部分国家或地区，尤其是韩国、中国台湾、新加坡和中国香港等亚洲国家或地区经济的快速发展，证明西欧和北美的富裕程度是所有国家或地区都能达到的（Parsons，1966；Moore，1977，1979；Bauer，1981；Berger，1986；Firebaugh & Beck，1994；Firebaugh，1996；Firebaugh & Sandu，1998）。

但批评者认为，现代化理论只不过是对资本主义的一种辩护。第一，如果现代化理论是正确的，那么他们会问：为什么世界上大部分地区仍然贫困？为什么许多国家（包括拉丁美洲的海地和尼加拉瓜，以及非洲的苏丹、加纳和卢旺达）的生活水平非但没有提高，反而在某些情况下变得比 1960 年更糟（United Nations Development Programme，2008）？

第二，评论家指出，现代化理论对富裕国家如何阻止贫困国家发展几乎没有说明。几个世纪以前，欧洲国家建立了一套对世界大部分地区进行殖民统治的制度，这使欧洲征服者受益，却牺牲了世界上大多数人的利益。这种剥削一直延续到今天，这一章后面的部分会对此进行详细解释。

第三，现代化理论将世界上最发达的国家作为世界其他国家的标准，好像发达国家没有什么需要向其他国家学习。这种种族中心主义（文化上的自我意识）偏见可能会产生有害的后果。西方的观念鼓励了对其他国家的剥削，也助长了浪费。而浪费，对地球的物理环境造成了伤害，这是第 16 章（“技术与环境”）的重点。

第四，也是最后，批评者拒绝了现代化理论认为贫困社会应该对自己的贫困负责的隐含意义。批评者不责备受害者，而把注意力转移到富裕国家的行为上。

这种担忧指向了理解全球不平等的第二种主要方法，即“世界体系理论”。第 382 页的“理论运用”表格总结了我们从这两种方法中学到的东西。

学习检验　用你自己的话解释构成现代化理论的基本思想。罗斯托所表述的现代化阶段有哪些？对这种理论方法有哪些批评？

（二）社会冲突分析：世界经济体系

全球不平等的社会冲突方法以**世界体系理论**（world system theory）为中心，这是*一种经济发展模式，解释了全球不平等的原因是富裕国家对贫困国家的历史剥削*。几个世纪以来，富裕国家利用资本主义的全球经济在剥削贫困国家的过程中使自己受益。

这种理论拒绝了贫困国家仅仅在经济发展竞争中落后于其他国家的观点。在这种分析中，一
410 些国家变得富裕只是因为其他国家变得贫困了。

资本主义世界经济的起源可以追溯到 5 世纪，那时欧洲人开始建立殖民地，最终包括了美洲西部、非洲南部和亚洲东部。**殖民主义**（colonialism）是*通过对其他国家政治和经济的控制来推动自身发展的过程*。英国在世界各地建立了众多的殖民地，到了 1900 年，这个国家控制着世界上大约 1/4 的土地，而且可以夸耀：“太阳永远照耀着大英帝国。”美国本身就曾是英国早期的一个殖民地，它推动了整个欧洲大陆西进，购买了阿拉斯加，并获得了对海地、波多黎各、关岛、菲律宾、夏威夷群岛以及巴拿马和古巴部分地区的控制。

19 世纪中期，正式的殖民主义开始衰落。今天，殖民主义几乎已经从世界上消失了。然而，根据世界体系理论，剥削以**新殖民主义**（neocolonialism）的形式继续存在（neo 意为“新”）。新殖民主义是*一种新的经济剥削形式，它涉及跨国公司的运作，而非外国政府的直接控制*。在过去，殖民国家直接统治其殖民地。今天，富裕国家继续利用跨国公司在世界各地的贫困国家开展业务（Bonanno，Constance & Lorenz，2000）。

伊曼纽尔·沃勒斯坦（Immanuel Wallerstein，1974，1979，1983，1984）解释说，“资本主义世界经济”已经运行了 500 多年，以今天的富裕国家为中心。这些高收入国家是世界经济的核心。这些国家因建立殖民地并系统地从其他国家搜刮黄金、白银和其他原材料而变得富有。由此产生的财富帮助它们开始了工业革命。如今，跨国公司主导着全球经济，并继续从世界各地聚集财富到北美、西欧、澳大利亚和日本。在沃勒斯坦的分析中，低收入国家处在世界经济的*边缘*。贫困国家通过殖民剥削被拉入世界经济，并继续以两种方式支持富裕国家。第一，贫困国家提供廉价劳动力。第 381 页的“全球视野下的社会问题”栏目向我们展示了一种我们熟
悉的剥削形式——血汗工厂。回顾一下前面的章 411
节，跨国公司从美国向菲律宾和其他劳动力成本低的国家“出口”工作。第二，贫困国家为以富裕国家为基础的公司销售的工业产品提供了广阔的市场。

在“富国”和“穷国”之间的其余国家处在

全球视野下的社会问题　血汗工厂的安全问题：生命值多少钱？

穷人对于吃什么、住在哪里或在哪里工作几乎没有选择权。血汗工厂存在是因为世界上数以百万计的穷人别无选择，只能从事他们能找到的任何工作。最糟糕的血汗工厂每小时只付给工人 50 美分。然而，它们毫不费力就找到了愿意每天工作 8 小时，每周工作 6 天或者全年工作的人，这些人每年大概能赚到 1 200 美元，但没有任何带薪假期或其他福利。正如下面的事件所表明的，许多血汗工厂甚至缺乏基本的安全保护。

2002 年 4 月 12 日，孟加拉国首都达卡附近的小镇诺尔辛迪的一家服装厂有 1 000 多人在工作。在这栋大楼的四楼，男男女女挤在缝纫机前制作 T 恤，他们每天持续工作 10 个小时，每周都如此。

4 月 12 日这天以悲剧告终。当一名工人对着沾有污渍的织物喷洒去污剂时，她惊恐地看见机器迸出的火花飞进了一罐易燃的清洁液。一瞬间，整个桌子燃起火焰。十几名同事赶到现场，试图用衬衫熄灭火焰，但火焰迅速蔓延。在几分钟之内，这个充满高度易燃物质的房间就被火焰吞没了。

为了逃避烟雾和大火，工人们形成了一股人浪，冲向通往街道的陡峭狭窄的楼梯。但是当工人们到达底部时，他们撞到了一个折叠的金属门——它在工作时间一直锁着，以防止工人离开。第一批到达大门的人惊慌失措，试图转身却被数百人压倒。在不到一分钟的时间里，52 人被踩死。

像这样的血汗工厂是孟加拉国的大企业，在这里，制衣业占该国经济出口总额的 77%。从孟加拉国运来的服装中约有 60% 最终进入了美国的服装店。那些在服装店货架上寻找便宜货的人很少会停下来思考价格低廉的原因很可能是制造这些服装的世界各地的工人每天只被支付几美分工资。

这个特殊的工厂为坦维尔·乔杜里家族所有，他们在火灾后向记者抱怨："这场火灾让我损失了 586 373 美元，这还不包括 7 万美元的机器费和 2 万美元的家具费。我承诺要在最后期限前完成任务，但我仍然有最后期限。我现在需要支付的空运价格是 10 美元一打，而我本可以以 87 美分一打的价格从海上运输。"

由于火灾，乔杜里还需支付另外一笔费用。为了解决家属对失去亲人的抗议，他最终同意每名死者赔偿 1 952 美元。在孟加拉国，生命——像劳动力一样——是便宜的（Bearak，2001；Amin & Karim，2008；Bajaj，2010；Bangladesh Garment Manufacturers & Exporters Association，2011；World Bank，2011）。

你怎么看？

1. 一些人认为国外纺织厂支付的工资是"低收入国家的现行工资水平"，其他人则认为这是对穷人的剥削。哪个更接近你的观点？为什么？
2. 孟加拉国的大部分纺织品被出口到美国。美国的消费者对这个栏目所描述的情况是否负有部分责任？为什么？
3. 将现代化理论和依附理论应用于诸如此类的工厂。这两种理论如何得出不同的结论？

世界经济的*半边缘*。它们包括中等收入国家，如巴西、洪都拉斯，以及与全球经济核心有着密切联系的印度尼西亚等。

根据沃勒斯坦和其他秉持这种理论的人（Frank, 1981; Delacroix & Ragin, 1981; Bergesen, 1983；Dixon & Boswell，1996；Kentor，1998，2001），世界经济不仅压榨贫困国家的人民，而且将低收入国家置于依赖高收入国家的位置。出于这种原因，这种理论也被称为依附理论。这种依附性表现在以下三个方面：

（1）贫困国家是狭隘的、出口导向型的经济体。贫困国家生产的作物较少，且将这些作物出口到富裕国家。例如，拉丁美洲的咖啡和水果、尼日利亚的石油、菲律宾的硬木和马来西亚的棕榈油，这些作物都被富裕国家的富人消耗掉了。跨国公司对生产的控制也使得这些贫困国家很难发展自己的工业。

（2）贫困国家缺乏工业生产。由于缺乏工业基础，贫困国家依靠富裕国家购买廉价的原材料。与此同时，贫困国家反而向富裕国家购买更

理论运用　全球不平等

	结构功能方法：现代化理论	社会冲突方法：世界体系理论
在过去的几个世纪里，世界是怎样变化的？	在工业技术开始提高生活水平之前，世界各地的人们都很贫困；尽管一些国家的生产力比其他国家要高，但现如今世界上所有国家的生产力都比几百年前要高。	世界各地的人们曾经是大体上平等的，直到殖民主义开始。殖民主义使得一些国家富有，一些国家贫困。
哪里有全球不平等？	文化和技术的差异是最主要的原因：尽管有一些国家渴望去改变，但是还有一些国家比较传统。美国和其他富裕国家是全球不平等问题的解决方案的一部分，因为它们帮助贫困国家发展经济。	殖民主义造成了不平等，而以跨国公司为主导的世界资本主义制度继续以牺牲一些国家为代价来发展另一些国家。美国和其他富裕国家都是全球不平等问题的一部分，因为它们受益于资本主义世界经济，并使其他国家变得贫困。
这种理论的政治特征是什么？	尽管自由派支持现代化理论攻击传统理论的方式，但是这种方式在支持资本主义经济的保守派那里得到了最大的支持。	这一理论受到马克思主义者和其他政治左派的青睐：它要求对世界资本主义制度进行根本性变革，以支持一个更加平等的经济体制。

昂贵的产品。例如：英国殖民者鼓励印度人民种植棉花，但是阻止他们织布。英国运输印度棉花到伯明翰和曼彻斯特的纺织工厂，再把成品运回印度出售。在今天，这样的模式同样适用于农产品。现代化理论者把绿色革命称为贫困国家向富裕国家出售廉价原材料，反过来又从那些富裕国家那里购买昂贵的肥料、杀虫剂和机械设备。富裕国家从这样的贸易中比贫困国家获得更多的收益。

（3）贫困国家负债累累。鉴于这种不平等的贸易模式，那些贫困国家已经负债累累。总的来看，世界上的贫困国家欠富裕国家 4 万亿美元。如此惊人的债务使贫困国家几乎没有足够的资金来发展经济，带来的结果是高失业率和高通货膨胀率（World Bank，2012）。

正如沃勒斯坦和其他社会冲突理论家所看到的那样，全球贫困的原因是资本主义经济和发达国家的政策。现代化理论者们声称，富裕国家通过资本投资和技术创新产生财富，而贫困国家通过与富裕国家做生意，采取积极的增长政策和更加高效的生产技术，也会创造更多的财富和繁荣。相比之下，世界体系理论者们强调了全球经济如何分配财富。他们认为，世界经济体系仅仅让富裕国家更为富裕，贫困国家几乎没有任何提高生活水平的机会。简而言之，经济全球化让一些富裕国家*过度发展*，而世界上其他国家或地区则处于一种*欠发展*的状态。

412

从这个角度来看，全球人口增长的问题很有可能持续下去。只要世界上许多国家依然贫困，它们的生育率就仍将保持较高的水平。直到世界向着更加平等的财富和资源分配迈进时，才有机会控制人口增长以及确保经济安全。

- **评价**

世界体系理论或者说依附理论的中心点是：没有一个国家能在孤立中发展或者发展得很好。全球经济体系决定了所有国家的命运。例如，依附理论的支持者认为，在发达国家和资本、跨国公司主导的现行市场体制下，拉丁美洲、非洲以及世界其他贫困地区不可能有任何发展。

但是批评者却不同意。第一，他们认为这一主要主张是不正确的，因为没有一个国家变得更富有是在另外一个国家变得更贫困的情况下发生的。他们还指出，无论是在发达国家还是在欠发达国家，在农场、小企业和大公司工作的有进取心的个人能够通过辛勤工作、想象力和技术的使用创造出新的财富。这正是自 1950 年以来世界财富整体增长十倍的原因。

第二，批评者质疑富裕国家应该为全球贫困负责的说法。作为这一论断的证据，他们指出世界上许多最贫困的国家（如埃塞俄比亚）与发达国家几乎没有任何联系。而与富裕国家有着悠久贸易历史的国家或地区，像斯里兰卡、新加坡、中国香港以及最近的印度则日益繁荣（E.F.

Vogel，1991；Firebaugh，1992；Zakaria，2004）。

第三，批评者说，通过引用单一因素——世界资本主义——作为全球不平等的原因，世界体系理论把贫困社会视为对自己的状况不负任何责任的被动的受害者（Worsley，1990）。他们注意到，尽管阿富汗与其他国家和人民之间的经济联系很少，但那里仍然穷困不堪。同样，包括巴拿马、海地、刚果、菲律宾、埃及、伊拉克、扎伊尔、津巴布韦和利比亚在内的许多国家遭受了独裁者对国家财富的掠夺。这些国家的经济停滞不应该归咎于资本主义社会。

第四，批评者认为，世界体系理论宣称的全球贸易总会使得富裕国家更加富裕、贫困国家更加贫困的言论是错误的。在2011年，美国的贸易逆差达到了7 390亿美元，这意味着美国的进口额比出口额高出7 500亿美元。美国当前最大的债务国是中国（3 000亿美元），而那些与美国等富裕国家进行互利共赢合作的国家，如今已经被推入了中等收入国家的行列（United Nations，2011；U.S. Census Bureau，2012）。

学习检验 用你自己的语言来陈述世界体系理论最基本的观点。这个理论有什么不足？

四、政治与全球不平等：提出问题并定义解决方案

人们定义问题和解决方案的方式反映了他们的政治态度。本章总结了关于全球贫困的三种政治观点及其提出的解决方案。

（一）保守派：市场的力量

彼得·伯格（Peter Berger，1986：36）在对工业资本主义进行研究后得出结论：工业资本主义产生了人类历史上最大的生产力。迄今为止，还没有其他社会经济系统能够产生可以与之相比的生产力。这一陈述为保守派的全球不平等观点提供了坚实的基础。

保守派认为贫困是世界上的一个严重问题。但他们提醒我们，今天的问题比过去几个世纪要小得多。在几个世纪之前，世界上绝大多数人营养不良，住在原始的避难所里，接受很少的教育，几乎没有医疗保障。总的来说，今天的人们比以往任何时候都活得更久、更好。世界人口中有近一半（大约30亿人）享有比他们祖先能想象的更长久、更健康和更舒适的生活。另外30多亿人虽然不那么富裕，但仍然比那些生活在工业革命前的普通人过得更加安全和舒适。 413

与现代化理论相一致，保守派认为解决全球贫困的办法在于允许工业资本主义的生产力继续发挥其魔力，这是提高大多数人的生活水平的重要力量。他们指出，联合国的一项研究（United Nations Development Programme，1994，1996，1998，2003，2005，2008，2011）表明，全球正在朝着更好的生活迈进。人们每天的能量摄入和平均寿命都在增加，安全用水的普及率以及成人的受教育水平比以往任何时候都更高。在世界范围内，婴儿死亡率已经下降到1960年的一半。近几十年来，世界上许多贫困国家（包括墨西哥、巴西、韩国、新加坡、印度等）都出现了令人震惊的经济发展。

（二）自由派：政府必须行动

自由派同意资本主义市场体系高度发达的事实。然而，他们不同于保守派。他们宣称解决全球贫困问题的途径不仅仅是独立运行的资本主义市场。此外，自由派希望政府帮助穷人。

政府帮助穷人很重要的第一个原因是现代化的影响，如高科技的使用还没有普及很多低收入国家，尤其是它们的极度贫困的农村地区。自由派声称富裕国家是从全球经济生产中获益最多的，因此富裕国家的政府有道德义务向贫困国家和地区提供经济援助，并帮助它们提高医疗保健和教育水平。

第二个原因是许多在低收入国家运营的国家企业和跨国公司，通常会通过使用廉价劳工来增加它们的收益。例如，有报道称，在中国组装苹果产品的工人，不仅他们的工资只相当于美国工人工资的一小部分，而且他们的工作时间被延长了，此外，他们被置于不安全的工作条件之中

（Boudreau & May，2012）。自由派认为，无论是富裕国家还是贫困国家，政府都应该消除此类企业剥削行为。

经济剥削的情况更糟的是那些血汗工厂。最典型的是美国制造业工人每小时能赚到 35 美元；但在美国南部边境的墨西哥，这个数字约为 6 美元；而在世界上最贫困的国家，每小时的工资低于 1 美元（U.S Department of Labor，2011）。血汗工厂不仅支付给工人的工资很少，而且其工作场所极其危险。第 381 页的“全球视野下的社会问题”栏目展现了一个致命的例子。

最后一个原因是，在世界各地，数以百万计的农民没有自己的土地。例如，在巴西，有 3/4 的耕地被掌握在富人手里，而这些土地的所有者不到巴西总人口的 5%（Galano，1998）。因此，作为减少全球贫困的一步，自由派支持政府让工薪阶层有机会拥有土地的行动。

（三）激进左派：终结全球资本主义

激进左派认为，全球贫困是全球资本主义经济运行的结果。饥饿活动家弗朗西丝·摩尔·拉普（Frances Moore Lappé）和洛瑟夫·柯林斯（Joseph Collins）（Lappé，Collins，& Kinley，1981；Lappé & Collins，1986）声称，越来越多的美国人认为全球贫困是自然灾害（如干旱、洪 414
水）和“落后社会”缺乏人口控制的必然结果。

然而，从激进左派的观点来看，全球贫困是悲惨的，因为它不是不可避免的。拉普和柯林斯指出，世界已经为每个人生产了充足的食物。事实上，如果世界上所有的食物都被分配和消费，那么地球上的每一个人都会很快地发胖。即使是像非洲南部这样的贫困地区实际上也*出口*食物，尽管这些地区的许多人在挨饿。

那么，我们如何解释贫困的存在呢？拉普和柯林斯将贫困问题看作资本主义经济下发达国家为了利益而非为了人民进行粮食生产。在贫困国家，公司通常生产大量的经济作物，例如咖啡等在美国和其他发达国家销售时会带来高额利润的产品。但是越来越多的经济作物出口也导致了当地生产豆类和玉米等粮食的农场主减少。贫困国家的政府官员也赞成扩大出口，因为他们需要足够的钱来支付外债。如果要摆脱这种恶性循环，资本主义全球经济就必须有所改变。

从这个角度来看，短期内全球贫困问题可能会变得更糟。世界上一些最贫困的国家已经负债累累。从激进左派的角度来看，解决之道是全球资本主义向更具社会意识的经济体系转型。至少，贫困国家应该要求取消现有债务和终止与跨国公司的经济关系；此外，贫困国家的政府应该

从左到右　关于全球不平等的政治观点

	激进左派观点	自由派观点	保守派观点
问题是什么？	世界上的一些国家过度发展，而大部分国家处于欠发展的状态之中，世界财富主要集中在极少数的发达国家手里。	发达国家的大多数人的生活水平超过了其实际需要，但是世界上还有 14 亿人口吃不饱，缺少住房，得不到良好的教育。	虽然世界上还有 14 亿贫困人口，但是世界上超过 50 亿人口比几个世纪前他们的祖先过得好得多。
解决方案是什么？	用一个人的价值高于利益的系统来取代资本主义世界经济，取消跨国公司，利用土地种植粮食作物供当地消费，并取消外债。	世界上的富人必须以对外援助的形式分享他们的财富，以改善贫困人口的健康、教育和住房状况，反对血汗工厂，支持土地改革。	今天和过去一样，贫困国家可以通过发展市场生产力来提高居民的生活水平，因此，鼓励对贫困国家进行资本投资和将技术转移到贫困国家。

参与讨论

1. 从这三种观点来看，像美国这样的发达国家在解决全球贫困和饥饿问题方面有什么作用？
2. 每种政治视角对政府的重要性是如何界定的？对自由市场的重要性呢？
3. 在对于全球不平等的三种政治分析中，你认为哪一种最有说服力？为什么？

对那些在本土的外资公司国有化（即控制），并拥有这些公司设施的所有权。近年来，南美洲许多国家的左派领导人做到了这一点。当然，这样的行动触及了全球权力结构的根基，但从激进左派的观点来看，没有比这更能奏效的措施了。

上页的“从左到右”表格概括了解决全球贫困的三种政治方法。

社会焦点问题　日益增长的人口：是成功的故事还是最大的危机？

未来我们的地球会发生什么？我们能继续允许人口以目前的速度增长吗？可以放任人口增长吗？

想想看：在你读完这个栏目中的内容的时间里，地球上将有超过 1 000 个婴儿出生。每天全球新生儿数量超过 38 万。当前，如表 15-1 所示，地球上每有 2 个人死亡，就有 4 个人出生，每年世界人口增长近 8 300 万，即全球每年人口增长数相当于德国一整国的人口数。

难怪许多人口学家和环保人士对未来深感忧虑。地球当前的人口数前所未有：自 1974 年以来，地球新增人口数超过了 30 亿，这个数字也超过了 1900 年时的地球总人口数。像这样的数字会让你觉得托马斯·马尔萨斯关于人口过剩会把世界推向战争和苦难的预言是正确的。

莱斯特·布朗（Lester Brown）和其他*新马尔萨斯主义者*预测，如果我们不改变，就将产生世界性的危机。布朗（1995）承认马尔萨斯未能想象出有多少技术（特别是化肥技术和植物遗传技术）可以提高农业产出。但是，他仍然认为地球上越来越多的人口正在迅速地消耗着有限的资源。在许多低收入国家，家庭几乎找不到可用的柴火；而在高收入国家，人们正开采着石油，消耗着干净的水资源，大量的废物污染着地球。这些主张导致一些分析家认为，目前的人口已经超过了地球的“人口承载力”。因此，我们需要控制，甚至减少全球人口，以确保我们的长期生存（Brown，1995；Scanlon，2001；Smail，2007）。

但*反马尔萨斯主义者*等其他分析人士持更积极的观点。朱利安·西蒙（Julian Simon，1995）指出，在马尔萨斯预言灾难的两个世纪之后，地球却承受住了六倍于当时的人口数量，并且现在的人口比以往任何时候都要健康，平均寿命也比以往任何时候都更长。随着技术越来越先进，人们不仅想出许多提高生产率的方法，而且在尝试减缓人口的增长。正如西蒙所说，这些趋势是值得庆祝的。足智多谋的人类证明了预言者是错误的，西蒙打赌这种情况还会继续下去（Population Reference Bureau，2011；U.S. Census Bureau，2011）。

加入博客！

你站在哪一边？你认为地球能支持 80 亿人口还是 100 亿人口呢？对于全球人口增长，你认为应该怎么做？请来 MySocLab 加入社会学焦点博客，分享你的观点和经验，并了解其他人的想法。

表 15-1　全球人口增长（2011 年）

	出生人口	死亡人口	净增长
每年	139 558 000	56 611 000	82 947 000
每月	11 629 833	4 717 583	6 912 250
每日	382 351	155 099	227 252
每小时	15 931	6 462	9 469
每分钟	266	108	158
每秒	4.4	1.8	2.6

总结与展望

世界人口的增加仍然是人类面临的最严重的问题之一。20 世纪，全球人口猛增，从长远来看，尽管人口增长率将放缓，但预计 21 世纪地球上仍将增加十多亿人口。第 385 页的“社会焦
415 点问题”栏目追踪了对未来的预测。

未来几十年全球人口将继续增长的主要原因是，人口增长率高的国家中有一半人口尚未到达生育年龄。预计的增长将对低收入国家有限的资源提出更高的要求，使得提高生活水平的任务更加艰巨。为此，联合国和其他组织正致力于抑制全球人口增长。一些分析人士认为，我们还需要进一步研究。他们认为，如果想要确保世界上每个人都有安全舒适的生活环境（Smail，2007），我们就必须减少一半的地球人口。

全球不平等问题同样具有挑战性。事实上，世界上的财富分布非常不均衡，只有很少的一部分人（包括那些居住在美国、加拿大、日本和欧洲各国的人）享受着大部分商品和服务，并消耗着地球的大部分资源。

正如本章所言，尽管几乎所有人都认为情况是严重的，但对于如何应对人们却存在分歧。美国的官方政策与现代化理论相当接近：政府领导人早就宣称贫困国家可以像富裕国家过去那样发展经济。为了帮助贫困国家实现经济上的进步，美国对世界上的其他国家和地区每年提供大约 380 亿美元的援助（加上额外的 150 亿美元的军事援助）。此外，美国支持扩大与其他国家的贸易，包括制定北美自由贸易协定（NAFTA）等政策。美国认为增加市场活动对所有国家都有利。

北美自由贸易协定的批评者指责美国制造业的就业机会正在逐渐减少（这伤害了美国工人的利益），而且大多数制造业被转移到了低收入国家（低收入国家工人的工资很低）。正如他们所看到的，相关自由贸易政策更能激励公司而非劳动人民的市场活动。

当前全球经济趋势是什么？好消息是，在过去的一个世纪里，世界上大多数人的生活水平在提高。即使是世界上最贫困的 25% 的人口，他们的经济产出在过去 100 年里也几乎增加了 3 倍。这意味着世界上每天收入不足 1.25 美元的人数从 1981 年的大约 19 亿人下降到 2005 年的大约 14 亿人（Chen & Ravallion，2008）。世界上绝大多数人的生活比以往任何时候都要好。

但是还是有一些令人不安的消息。尽管富裕国家和贫困国家的经济产出都有所增长，但这种增长是不平衡的。尽管全球各地的生活水平在 2010 年都处于上升的状态，但是 2010 年富裕国家和贫困国家的*相对*贫富差距几乎是 1900 年的 6 倍（United Nations Development Programme，2010）。正如图 15-7 所示，世界上最贫困的人们

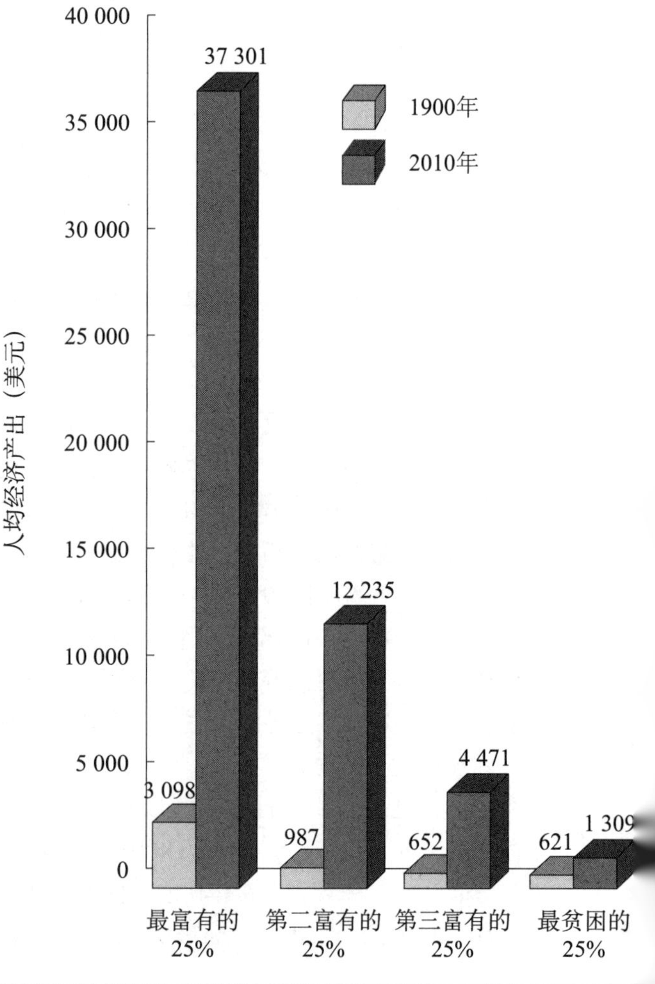

图 15-7　世界经济不平等程度加剧

注：2010 年，世界上最富有和最贫困的人之间的差距几乎是 1900 年的 6 倍。

资料来源：United Nations Development Programme（2010）。

远远被甩在了后面。

从世界的特定地区来看，世界上贫困人口减少最多的地区是亚洲。在1980年，全球每天收入不足1.25美元的人口的80%在亚洲。但是在2005年，这个比例下降到了17%。同样重要的是，印度和中国都进入了中等收入国家行列。近几十年来，印度和中国的经济增长已经大到足以减少全球经济不平等，因为财富已经从北美洲和欧洲转移到亚洲（Sala-i-Martin，2002；Chen & Ravallion，2008；Davies et al.，2008）。

在拉丁美洲，情况是复杂的。在20世纪70年代，拉丁美洲经济增长显著，但是到了20世纪八九十年代，其经济总体上并没有什么改善。全球每天收入不足1.25美元的人口的3%在拉丁美洲，略高于1981年的2%（Sala-i-Martin，2002；Chen & Ravallion，2008）。

在非洲，报告显示大约一半的国家经济在不断增长。与此同时，在许多国家，尤其是撒哈拉以南非洲国家，贫困率仍然很高。在1981年，撒哈拉以南非洲拥有全球每天收入不足1.25美元人口的11%。到了2005年，世界上其他地区的贫困率有所下降，而撒哈拉以南非洲的贫困率却上升到了28%（Sala-i-Martin，2002；Chen & Ravallion，2008）。

地球上每天大约有9亿2 500万人遭受着饥饿，这足以构成全球采取行动的理由。那么更大的问题是：除非世界发生改变，否则人们不可能有安全的生存环境。我们能期待世界上所有国家和平相处吗？

416 定义解决方案

我们应该如何应对我们地球人口的迅速增长呢？

正如本章所言，在过去的200年里，地球人口增长了7倍之多，以至于许多分析人士指出了人口的危机。看看下面的两种陈述，我们可以看到用来解决这个问题的两种不同的方法。

（1）从政治左派的角度来看，社会问题的解决方案通常是政府的行动。例如，中国面临人口的快速增长，中国政府于1979年颁布了独生子女政策。中国政府认为计划生育政策是解决人口问题的办法，并声称计划生育政策能够减少约2亿5 000万人口。你认为这种政策的利弊是
417 什么？

（2）从政治右派的角度来看，保守派声称市场经济体系将促进经济的发展，与此同时将抑制人口的增长。随着经济发展，孩子的抚养成本将越来越昂贵，将有越来越多的女性参加到工作中来。因此，出生率下降并不是政府强硬政策的结果。

提示：中国政府的政策确实减少了该国人口的增长，但这种政策也遭到不少人的批评。对于保守派的解决方案，在允许人口攀升的情况下，经济发展可能需要数十年。此外，自由市场解决方案允许经济富裕的家庭比贫困家庭拥有更多的孩子，这引发了大量的公平问题。关于人口问题，你支持哪种解决方案呢？

参与：应用和练习

1. 关注那些被提及的低收入国家的大众传媒广告（比如说，来自哥伦比亚的咖啡的销售广告或到印度度假的广告）。广告中所呈现的低收入国家的生活景象是什么样的？结合这一章所呈现的事实，你认为这些景象是否准确？
2. 数以百万计的留学生在美国大学里学习。在你的校园里分别找到一名在贫困国家长大的男性和女性。接近他们，告诉他们你正在学习全球不平等的相关内容，并询问他们的国家的生活是什么样的。最后，询问他们对美国经济机会和不平等的印象。
3. 尝试找出与世界上最富裕和最贫困的国家相

关的社会模式（例如，有多少妇女儿童，以及他们的预期寿命、文化程度以及其他因素等），同时运用现代化理论和世界体系理论来解释你发现的模式。

4. 在互联网上做一些研究来探讨一些低收入国家女性的地位。一个很好的资源是《人类发展报告》，它是由联合国（http: //www. undp.org）发布的。贫困国家与美国这样的富裕国家相比，男女不平等更加严重。它们在哪些方面男女不平等？为什么会出现男女不平等？

418

达标：可视化摘要

建构社会问题决定性时刻

托马斯·罗伯特·马尔萨斯：人口是一个问题

全球人口增长

影响人口增长的因素

高生育率：由**粗出生率**衡量

- 低收入国家的出生率最高，低收入国家对节育的限制有限，女性对拥有几个孩子几乎没有选择。

低死亡率：由**粗死亡率**衡量

- 一个国家死亡率越低，人口增长速度越快。
- 贫困国家的婴儿死亡率很高，贫困国家的人们缺乏足够的营养和安全的水资源，几乎得不到高质量的医疗保健。

在全球范围内，美国人口增长速度较慢。

- 从历史上看，全球人口增长缓慢是因为高出生率为高死亡率所抵消了。
- 大约 1750 年以后，世界人口急剧增长，这个转变主要是因为死亡率下降。
- 在 1798 年，托马斯·罗伯特·马尔萨斯曾警告说，当人口的增长超过粮食的生产时，在世界范围内将发生饥饿和社会混乱。
- 最近，**人口转变理论**认为，技术进步逐渐放缓了人口增长。

人口统计学：研究人口的学科。

生育率：一个国家的人口出生率。

粗出生率：一年中每 1 000 个新生儿的活产数。

死亡率：一个国家人口死亡的发生率。

粗死亡率：一年中每 1 000 个人中的死亡人数。

婴儿死亡率：一年中每 1 000 个初生婴儿中不满一岁就死亡的人数。

零人口增长：维持稳定状态的人口增长水平。

人口转变理论：将人口变迁与社会技术发展水平联系起来的理论。

全球不平等

世界上的社会不平等问题与美国相比总体上更加严重。

- 世界上大约有 23% 的人口生活在像美国这样的高收入国家，他们的收入占到了全球收入的 75%。
- 世界上大约有 61% 的人口生活在中等收入国家，他们的收入占到了全球收入的 23%。
- 世界上剩余 16% 的人口生活在低收入国家，这些国家尚未完成工业化，他们的收入仅仅占到了全球收入的 2%。

虽然*相对贫困*随处可见，但是贫困国家普遍存在着威胁生命的*绝对贫困*。

- 从全球范围来看，由于营养不良，世界上约 9 亿 2 500 万人口的生命处于危险之中。
- 每年大约有 900 万人，其中大部分是儿童，死于各种原因带来的饥饿和缺乏足够的营养。

几乎在世界上的任何地方，女性都比男性更加贫困。在陷入绝对贫困的人中，70% 的成年人是女性。

- 在贫困社会里，性别分层最为明显，且倾向于严格的父权制。
- 大约有 1 230 万名男性、女性和儿童生活在可以被称为奴隶制的环境中。

全球不平等理论

全球不平等理论	
结构功能分析：现代化进程 在**现代化理论**的经济发展模型中，可以看到**结构功能分析**解释了社会在技术水平和文化模式方面的差异所导致的全球不平等。 ● 现代化理论认为，经济发展依赖于打破传统文化模式去寻求物质繁荣和科技进步。 ● 现代化理论家罗斯托确定了发展的四个阶段：传统的阶段、起飞阶段、推动技术成熟阶段和高消费阶段。 **社会冲突分析：世界经济体系** **社会冲突分析**是以**世界体系理论**为中心的，这是一种经济发展模式，解释了富裕国家对贫困国家的历史剥削造成的全球不平等。 ● 世界体系理论（也称“依附理论”）认为全球财富和贫困是资本主义世界经济的历史产物，这一过程从殖民主义开始，随着跨国公司的运作而持续。 ● 伊曼纽尔·沃勒斯坦认为高收入国家是资本主义世界经济的绝对核心，中等收入国家处于世界经济的半边缘，而贫困国家处于世界经济的边缘。经济关系使得贫困国家的发展依赖于富裕国家。 ● 现代化理论的批评者认为，那些富裕国家不但没有支持全球经济的发展，反而抑制了全球经济的发展。因此，他们认为贫困国家不能走发达国家几百年前发展的老路。 ● 世界体系理论的批评者认为，这种方法忽视了自1950年以来，世界财富超过六倍的增长。此外，世界上最贫困的国家并不是那些与富裕国家联系最紧密的国家。	**现代化理论**：经济和社会发展的一个模型，它从社会之间的技术和文化差异的角度解释了全球不平等。 **世界体系理论（依附理论）**：一种经济发展模式，解释了全球不平等的原因是富裕国家对贫困国家的历史剥削。 **殖民主义**：通过对其他国家政治和经济的控制来推动自身发展的过程。 **新殖民主义**：一种新的经济剥削形式，它涉及跨国公司的运作，而非外国政府的直接控制。

政治与全球不平等：提出问题并定义解决方案

保守派：市场的力量

- **保守派**认为贫困是世界范围内存在的问题，他们关注的是近几个世纪来所取得的进步。
- 保守派认为工业资本主义的生产力最终将解决全球贫困问题。

自由派：政府必须行动

- **自由派**声称富裕国家的政府有责任为贫困国家提供援助，特别是在健康和教育领域。
- 自由派希望富裕国家和贫困国家的政府都能消灭血汗工厂的剥削。

激进左派：终结全球资本主义

- **激进左派**指责发达国家的政策导致了贫困国家的贫困，并使它们陷入巨额债务之中。
- 激进左派认为贫困国家应该对本国的外资企业进行国有化，并要求发达国家取消现有的债务。

第16章 技术与环境

420–421

学习目标：

- **记住**本章中用黑体字突出显示的关键术语的定义。
- **理解**自然环境状况如何反映社会的组织方式。
- 将社会学的想象力**运用**于看待强大的技术对自然环境的影响。
- 运用社会学的主要理论方法**分析**环境问题。
- 从各种政治立场**评价**地球的自然环境未来将会如何。
- **设想**你将如何改变我们的世界，以实现环境可持续发展。

422 ## 问题的提出

——垃圾是一个社会问题吗？

美国人每天会产生 14 亿磅固体垃圾，我们该如何处理它们？

——生活得更好会以破坏环境为代价吗？

生活在美国的普通人每年消耗的汽油和塑料是生活在孟加拉国的普通人的数百倍。

——我们为什么要保护地球的雨林？

在许多方面给予我们帮助的雨林每年减少 21 000 平方英里。

章节概述

自然环境状况是如何成为一个社会问题的？影响环境的最大因素是人类组织社会生活的方式，这是最简单的答案。本章着眼于人口增长、物质富裕、技术和文化模式等具体因素，这些因素都对环境产生影响。你将了解到包括固体垃圾、供水不足、空气和水污染以及全球变暖等在内的环境问题。你将运用社会学的理论方法来解决环境问题，并了解人们所看到的环境“问题”以及他们所赞成的“解决方案”和政策是如何反映他们的政治态度的。

马西奥尼斯奶奶从来不会扔掉任何东西。莉莲·马西奥尼斯（Lillion Macionis）出生在立陶宛——一个“古老的国家”。她在一个贫困的村庄长大，这段经历甚至影响了她的整个生活，即便她在年轻的时候就来到了美国。

对于其他家庭成员而言，她的生日是一个有趣的时刻。在打开礼物后，她会小心翼翼地将礼盒放在一边重新折叠包装纸，然后卷起缎带，这样所有这些东西都可以被重复使用。包装对她来说就像礼物本身一样重要——甚至可能更重要，因为据我们所知，马西奥尼斯奶奶从未穿过我们给她买的任何新衣服。马西奥尼斯奶奶过着简单的生活，她相信她已经拥有的东西足够满足她的需要。

因此，尽管她感激这种象征着爱的礼物，但物质世界中的任何新东西在她看来似乎都是不必
423 要和浪费的。

马西奥尼斯奶奶的厨房里的刀具经过十年的使用已经被磨坏了，她拥有的每一件家具都陪伴着她直到生命的尽头。（继承了家族的传统，我仍然在一张圆形的橡木桌子上吃饭，马西奥尼斯奶奶把这张桌子摆在这里已经有将近 90 年了。）

孙辈们总是对马西奥尼斯奶奶充满好奇，她所接触的文化塑造了她。她成长的年代是在一个世纪之前，那时社会很少产生“垃圾”。如果袜子破了，人们就会一次又一次地缝补。当衣服磨损得无法修复时，人们会将它们用作抹布或将它们与其他旧衣服缝在一起制成被子。对于像马西奥尼斯奶奶这样的人来说，一切都有价值，总有一种方式使它们存在价值。

马西奥尼斯奶奶从不认为自己是一个环保人士。但她的确是：她消耗很少的资源，并且几乎没有产生任何固体垃圾。对于今天在美国的大多数人来说，以这种方式生活可能看起来很奇怪或十分过时。毕竟，我们大多数人似乎都是通过消费来衡量社会地位的。而我们现代的生活方式也偏爱“便利”，这种价值观念让我们用一次性的杯子购买早餐咖啡，出行依靠私家车而不是公共交通工具。正如这一章表明的那样，我们的生活方式显示出一种物质主义的、快节奏的文化，我们把这种生活视为“美好的生活”。但这种生活给我们的自然环境带来了很大的压力。

一、生态学：研究自然环境

生态学（Ecology）是*研究生物有机体如何与自然环境相互作用的学科*。因为生态学涉及人类社会和物理世界，所以这个领域将社会科学和自然科学联系起来。在本章中，我们将重点放在

与社会学概念和问题相关的生态学方面。

自然环境（natural environment）是指*地球表面和大气层，包括空气、水、土壤和维持生物体生存所需的其他资源*。与其他所有生物一样，人类也依靠自然环境生存。

然而，在文化能力上，人类与其他物种是不同的。这意味着我们是唯一根据我们的兴趣和欲望审慎地采取行动来重塑世界的物种。要做到这一点，我们需要依靠**技术**（technology），即*人们在物理环境中生活时所应用的知识*。不管结果好坏，随着技术变得越来越复杂和强大，人类逐渐获得改变世界的能力。

（一）社会学的角色

与环境有关的问题包括大量的固体垃圾、各种类型的污染、酸雨的影响、全球逐渐变暖，以及生物物种的减少。这些问题中没有一个是由自然界自行运作造成的。它们都是人类社会生活的产物。因此，环境问题是社会问题。

社会学家研究人们如何消耗自然资源并追踪人们产生的垃圾量和污染量。社会学家追踪着公众对从天然气“水力压裂”到全球变暖等问题的看法，并鉴定不同类别的人对不同环境问题的支持情况。但是，社会学家所做的最重要的贡献是论证我们社会的技术、文化模式以及具体的政治和经济安排是如何影响自然环境的。

（二）全球维度

正如第 15 章（“人口和全球不平等”）所讨论的人口增长和世界饥饿问题一样，环境问题在范围上是全球性的。为什么？因为无论国家如何划分，我们的星球都是一个单一的**生态系统**（ecosystem）——*所有生物与其自然环境的互动*。

“eco”的希腊语意思是“房子”，它提醒我们地球是我们的家，在这里，生物与自然环境相互联系。自然环境的任何部分的变化都会波及整个生态系统。

这些联系可以通过人们使用氯氟烃（CFCs，商品名为氟利昂）来说明。氯氟烃曾经常被作为气溶胶喷雾罐中的推进剂以及冰箱和空调中的气体。氯氟烃便宜、易于使用、无毒、有效。但是，氯氟烃一旦被释放到环境中，就会积聚在高层大气中，在那里它们与阳光反应形成氯原子。氯会破坏臭氧层，即能够过滤有害紫外线辐射的大气层。这一过程在南极洲上空的大气中形成了一个巨大的空洞，会导致人类皮肤癌发病率的增加和对动植物的伤害。为了保护臭氧层，美国和许多其他国家已经禁止使用氯氟烃，转而使用对环境更安全的替代品。

（三）人口增长

社会学家提出了一个简单的模式：$I= PAT$。即环境影响（I）取决于社会的人口（P）、社会的富裕程度（A）及社会的技术水平（T）。简而言之，社会中的人口越多，社会越富裕，技术越复杂，社会对环境的影响越大。

让我们首先考虑人口因素。根据第 15 章所说，2 000 年以前，世界上有大约 3 亿人，这比今天的美国人口还要少（Population Reference Bureau，2011）。

后来人类发展了工业技术和与之相关的医学 424
科学，并使得西欧的生活水平得到提高，死亡率大幅下降，显而易见的结果就是世界人口急剧上升。到 1800 年，全球人口已猛增至 10 亿。

在接下来的几十年里，人口增长得越来越快，1930 年，世界人口达到 20 亿，1962 年达到 30 亿，1974 年达到 40 亿，1987 年达到 50 亿，1999 年达到 60 亿。截至 2011 年年末，世界人口已经突破了 70 亿大关。尽管人口的增长速度已经放缓，但我们每年仍有 8 300 万人（每天超过 225 000 人）加入世界人口的行列（Population Reference Bureau，2011）。

一个众所周知的谜题可以说明失控的增长会如何对自然环境造成严重破坏（Milbrath，1980：10）：

池塘里长着一株睡莲。睡莲的体积每天翻一番。在第 30 天，睡莲覆盖了整个池塘。那么睡莲在哪一天覆盖了半个池塘？

容易想到的答案是第 15 天，这个答案是错误的。睡莲不会每天增加相同的体积，它的体积是翻倍增加的。正确的答案是，就在第 30 天的前一天，即第 29 天，睡莲覆盖了半个池塘。重点是，在很长一段时间里，睡莲的大小似乎是可以控制的。只有在第 29 天的时候，当睡莲覆盖了一半的池塘时，人们才终于看到了问题，但那时已经来不及采取任何措施了，第二天，睡莲就把整个池塘的其他生命都驱逐了出去。

大多数专家预测，到 2050 年世界人口将增加到约 93 亿（United Nations Population Reference Division，2011 年）。人口增长最快的是世界上最贫穷的地区。总的来说，非洲国家的人口正以每年 2.4% 的速度增加，到 2050 年将增加一倍（Population Reference Bureau，2011）。

（四）贫困和富裕

快速增长的人口使得贫困问题恶化。这是因为人口的增长抵消了生产力的提高，因此人们的生活条件并没有得到改善。如果一个社会的人口翻倍，那么经济生产力翻倍并不会带来生活水平上的任何改善。

此外贫困也使得环境问题恶化。为了生存，穷人别无选择，只能不顾长期环境后果，去消耗他们拥有的资源。

但世界的长期趋势是朝着更富裕的方向发展。人口增长和财富增加所带来的环境后果是什么？

简单地说，如果全世界的人都能过上美国人那种自以为是理所当然的富足生活，自然环境就会迅速崩溃。从环保人士的观点来看，我们的地球可能会受到其他国家经济过度发展的影响。

（五）技术

想想科技的发展历史，我们最早的祖先是靠狩猎动物和采集植物为生的。使用这种简单的技术，对环境影响很小。我们的祖先适应了自然的节奏，随着动物的迁徙和季节的变化，随着火灾、洪水和干旱等自然事件的发生，从一个地方搬到另一个地方。

那些使用园艺（小规模耕作）、畜牧（放牧）或农业（用动物犁地）技术的社会更有能力影响环境。但是这些技术依靠肌肉力量来获取能量，对环境的影响仍然十分有限。

工业革命改变了一切，用燃烧煤炭和石油等化石燃料的内燃机取代了肌肉力量。通过工业技术，人类能够根据自己的意愿改变自然环境，穿过山脉，拦截河流，灌溉沙漠，在海底钻探石油。在这个过程中，我们消耗更多的能源，并释放更多的污染物进入大气层。新技术的总体结果是，在过去的两个世纪里，人类给地球环境带来的变化比在那之前我们的祖先带来的全部变化都要多。

富裕的、技术发达的国家消耗了世界上的大量能源。虽然这些国家的人口仅占全球总人口的 23%，但他们却占世界能源消耗的一半。换句话说，美国成年人每年消耗的能源大约是世界上最贫困国家的普通成年人平均水平的 300 倍（York，Rosa & Deitz，2002；International Emergy Agency，2012）。

同样重要的是，工业和后工业社会的成员生产的产品量是农业社会的 100 倍。我们生产的很多东西（比如包装材料）根本就没有被消费，而只是被丢弃了，从而产生了大量的固体垃圾。 425

对人类历史的这一简短介绍告诉了我们一个重要的教训：人口的增加、全球富裕程度的提高，以及使用更强大的技术都会产生积极的结果，但也会给后代的生存带来风险。越来越多的证据表明，我们的社会正经历着**环境赤字**（environmental deficit），即*由于人类关注短期的物质富裕而对环境造成的严重的长期危害*（Bormann，1990）。

重视环境赤字是很重要的，原因有三。首先，它提醒我们，环境质量是一个社会问题，反映了人们对使用什么技术、养育多少孩子以及进行多少消费的选择。其次，它表明，对环境的破坏往往是无意的。通过关注短期利益，比如砍伐森林或使用一次性包装，我们满足了对物质商品和便利的渴望。然而与此同时，我们没有看到这种行为对环境产生着长期的、有害的影响。最后，在某些方面，环境赤字是可逆的。社会可以解决人们造成的许多（但并非全部）环境问题。

世界之窗

全球视野中的能源消耗

马克·拉姆森（Mark Ramson）住在佐治亚州亚特兰大附近，拥有一座大房子和两辆越野汽车。

达瓦·丹增（Dawa Dainzin）住在中国西藏农村，借助动物的力量来耕种土地。

相较于生活在贫困国家的人们，生活在高收入国家的人们消耗更多的资源。通常来讲，一个美国人每年消耗的资源相当于 113 个埃塞俄比亚人或 152 个中非共和国人消耗的资源。这意味着经济上最具生产力的国家相应地也给自然环境带来最大的负担。事实上，近年来，美国对资源的需求已经超过了可用的资源的供给。

资料来源：Central Intelligence Agency（2012）.

（六）文化模式：增长与极限

我们的生活方式是由文化引导的。我们的文化观念，尤其是我们如何看待“美好生活”，对自然环境有着重要的影响。

1. 增长逻辑

为什么我们的社会将特定区域指定为公园或野生动物保护区？潜在的信息是，除了这些特殊区域外，人们可以自由地利用地球及其资源来实
426 现自己的目的（N. Myers，1991）。我们社会的大多数成员对自然环境有这种积极的态度。这种想法从何而来？

在美国，人们的生活方式基于对物质享受的追求。大多数人认为金钱和它所购买的商品丰富了我们的生活。我们大多数人也相信进步，认为未来将比现在更好，相信科学，通过寻找专家和新技术来改善我们的生活。总的来说，这些文化价值观形成了一种被环境学家称为增长逻辑的观点。

增长逻辑植根于人们对世界的乐观看法。简单来说，这种思维方式相当于相信“物质是好的”“人是聪明的”“生活会改善”。

当然，即使是乐观主义者也意识到了进步有时会导致意想不到的问题。例如，世界上越来越多的机动车可能在许多方面使生活更美好，但它也有可能耗尽地球的石油储备。增长逻辑认为，人，尤其是科学家和其他专家是有创造力的，他们会找到解决任何问题的方法。当石油供应短缺时（可能在 21 世纪末），科学家将会发现和利用氢气、电力、太阳能、核能或一些尚未知的动力，以使人们摆脱石油依赖。

增长逻辑与美国文化密切相关。然而，环保人士指出了这一思路中的几个缺陷（Milbrath，1989）。首先，这种思路错误地假设，石油、清洁的空气、淡水和表土等自然资源永远是丰富的。但是，这些都是有限的资源，这意味着它们可以并且终将被用尽，当人们不惜一切代价追求增长时，这种结果将会更快地发生。

其次，环保人士怀疑人类的聪明才智能否解决任何物质匮乏的问题。认为人类的智慧没有极限，是傲慢和危险的。此外，技术越强大、越复杂——比如使用核反应堆而不是汽油发动机，或者在海底而不是陆地开采石油——误判或事故的潜在（或许是无意的）后果就越严重。因此，环保人士认为，人们在提高生活水平的过程中，会耗尽有限的资源、破坏环境并损害人类自己。

2. 增长的极限

环保人士认为，人类无法通过发明创造解决增长逻辑带来的问题，因此人类需要另一种思考世界的方式。他们声称，如果增长不能无限期地持续下去，那么增长必须有限度。简单地说，限制增长的论点是，人类必须限制人口增长和对有限资源的使用，以避免最终的环境崩溃。

1972 年，一本名为《*增长的极限*》的书帮助人们发起了环保运动。在书中，德内拉·梅多斯和她的同事（Meadows，1972；Meadows，Randers，& Meadows，2004）设计了一个计算机模型，计算了可用资源、人口增长率、可耕种土地面积、工业和粮食生产水平，以及释放到大

气中的污染物数量。根据历史趋势，该模型对21世纪末进行了预测。作者承认，这种长期预测在某种程度上是猜测。一些评论家认为这种预测是完全错误的（J. Simon，1981）；但最近的其他研究表明，由耗尽有限资源而导致的全球经济崩溃可能在短短20年内发生（Strauss，2012）。如图16-1所示，无论对或错，梅多斯的结论都值得认真考虑。

根据有限增长理论，人类（尤其是那些使用工业技术的人）正在快速消耗地球上的有限资源。石油、天然气和其他能源的供应已经急剧下降，并将继续下降，这取决于富裕国家的政策和其他国家工业化的速度。全球人口数量可能会在21世纪上半叶上升，之后逐渐下降。在这一点上，由人口过多和粮食分配不均引起的世界饥饿将会增加，并将很可能达到危机的程度。不久，世界将耗尽至关重要的资源，并减少工业产出。

支持有限增长理论的环保人士有时被称为新马尔萨斯主义者，就像在第15章（“人口和全球不平等”）中讨论过的那样，他们像托马斯·罗伯特·马尔萨斯一样，对人类的未来感到悲观。他们相信当前的生活方式在21世纪是不可持续的。他们得出的结论是，我们面临着一个基本的选择：要么我们对生活方式进行有意识的改变，要么未来的危机将迫使我们改变。

二、环境问题

环保人士对人类的未来表示严重担忧。大多数美国成年人表示他们对环境有共同的担忧；他们将污染和其他相关的问题定义为“危险”问题
427 （Kluger，2001；NORC，2011：2140）。这代表了从50年前开始公众舆论的转变，当时只有少数人将环境问题定义为问题。第396页的“建构社会问题决定性时刻”栏目会更仔细地审视第一批这样做的人。

今天的自然环境状况如何？下面简要介绍几个环境问题，特别聚焦于美国的问题。

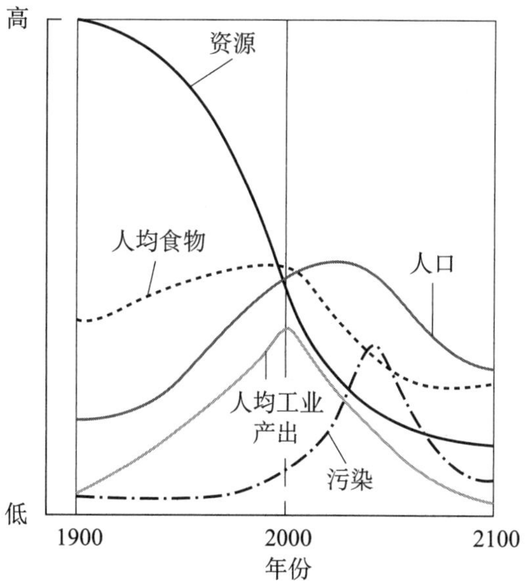

图16-1 增长的极限（预测）

注：这个计算机模型预测人类将在一个世纪内消耗掉地球上的大部分资源。尽管人们对此预测的细节意见不一，但大多数人认为，为了避免环境灾难，人们需要做出重要的改变。

资料来源：Meadows et al.（1972）.

（一）固体垃圾：“一次性”社会

浪费——或者更准确地说，浪费太多——是一个环境问题。在美国，人们平均每天丢弃大约4.4磅的纸、金属、塑料和其他一次性材料；在一个人的一生中，这一数字将达到64吨。整个美国每天产生14亿磅固体垃圾（U.S. Environmental Protection Agency，2011）。图16-2显示了美国垃圾的构成。

固体垃圾的问题源于美国文化的一个简单事实：人们生活在一个“一次性”的社会中。美国文化不仅重视物质上的舒适，而且重视效率。因此，美国消耗的产品比地球上的任何其他国家都多，而且这些产品中的大多数带有额外的包装，可以方便销售并让人们享受便利。最常见的例子是人们买快餐带来的纸板、塑料和泡沫塑料容器，通常人们在吃完饭后就会扔掉它们。无数其他产品，从胶卷到鱼钩，从化妆品到光驱，都被精心包装，以吸引顾客，并防止被盗取或篡改。制造商用方便的铝罐、玻璃罐和塑料容器盛放用

建构社会问题
决定性时刻

蕾切尔·卡逊：敲响环境警钟

在美国，20世纪50年代是繁荣的十年。在这些“好时光”中，大多数人认为“成长”对每个人都有好处。很少有人认为环境变化是一个问题。蕾切尔·卡逊（Rachel Carson，1907—1964）的看法有所不同。卡逊在宾夕法尼亚州西部的一个农场社区长大，在那里她对自然产生了毕生的热情。大学毕业后，她获得了动物学硕士学位。然后她去美国渔业局工作，负责准备关于保护的小册子。卡逊还写了有关自然的书，获得了作为自然学家的声誉。1952年，她离开美国渔业局，开始全职写作。

在接下来的几年里，卡逊的注意力转向了迅速增加的农药使用。在第二次世界大战后，市场上出现了许多新的化学杀虫剂，大多数人认为它们可以解决昆虫对农作物造成的损害问题。美国杀虫剂的使用急剧增加，但没有人考虑到这些化学物质对环境的危害。

1962年，卡逊出版了《寂静的春天》一书，这本书真正给人们敲响了警钟。这本书解释了诸如二氯二苯三氯乙烷（DDT）等杀虫剂的使用是如何毒害美国的河流和湖泊的。卡逊的书引发了化学公司的激烈争论，化学公司试图阻止人们从图书馆和商店获得这本书。但卡逊的话对定义化学杀虫剂起了很大作用，与化学公司所说的不同，她把化学杀虫剂定义为威胁地球的问题。她毫不留情地问道：“谁能相信，在埃拉特河中投放这么多毒药，会使它更适合所有人的生活呢？”

在做这样的陈述时，她挑战了一个普遍的观点，即科学永远是一种有益的力量。在这个过程中，她在现代环境运动中起到了决定性的作用。

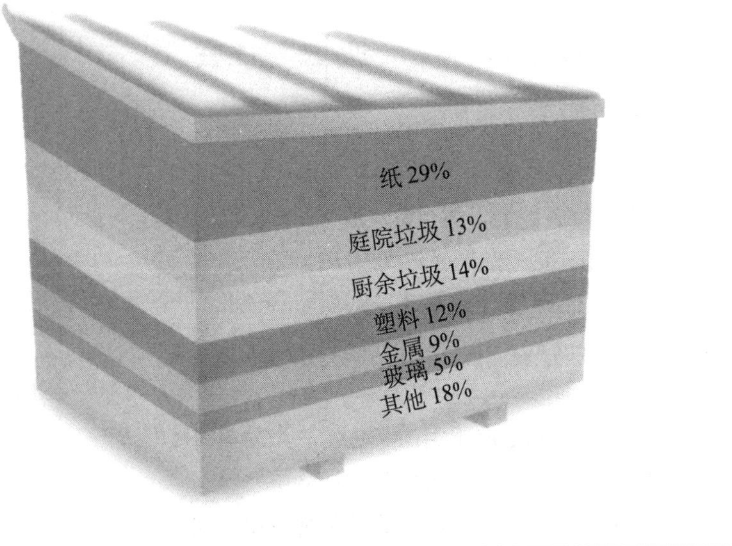

图 16-2 家庭中日常垃圾的组成

注：这是美国社会每天产生的垃圾的大致分类——每天总计14亿磅重。
资料来源：U.S. Environmental Protection Agency（2011）.

于销售的饮料、啤酒和果汁；然而，所有这些包
428 装既会消耗有限的资源，又会产生堆积如山的固体垃圾。此外，公司也有意开发和销售无数的一次性用品：钢笔、剃须刀、手电筒、电池，甚至是相机。其他产品，从电脑到汽车，都被设计得使用寿命很短。人们创造的很多东西最终都变成了不必要的垃圾。

生活在一个富裕的社会里的美国人平均消耗的能源、塑料、木材和其他资源要比生活在像孟加拉国或坦桑尼亚这样的低收入国家的人多得多。与此同时，美国人的消费水平也是生活在日本或瑞典等其他高收入国家的人的数倍。这种高水平的消费意味着，美国人不仅不成比例地使用着地球上的自然资源，而且产生了世界上大部分的固体垃圾（United Nations，2011）。

我们很经常地“把东西扔掉”。但只有一半的固体垃圾被焚烧或回收，剩下的一半（2010年约1.36亿吨）永远不会“消失”，它们最终被填埋（U.S. Environmental Protection Agency，2011）。

这些垃圾填埋场对自然环境造成了一些威胁。第一，全美各地的垃圾填埋场都被填满了，美国已经有许多城市将垃圾运往其他国家进行丢弃。第二，最终被填埋在这里或国外的材料造成了水污染。尽管大多数地方制定了法律来规范垃圾填埋场的情况，但美国国家环境保护局已经在美国境内发现了1 302个垃圾填埋场，这些垃圾填埋场中含有的有害物质污染了地上和地下的水。第三，进入垃圾填埋场的垃圾可能最终会在那里停

留几个世纪。轮胎、尿布和塑料餐具不易分解，数千万的此类垃圾将成为后代不欢迎的环境负担。

环保人士认为，我们应该像马西奥尼斯奶奶和我们的许多祖先那样，把“垃圾”变成一种资源，以此来解决固体垃圾的问题。这是循环利用背后的基本理念，否则我们就会丢弃这些资源。在日本和许多其他国家，回收是一种常见的做法，这种做法在美国也越来越普遍，美国现在回收了大约 1/3 的废料。并且随着越来越多的州通过法律，要求人们将硬币存放在玻璃瓶或铝罐里，或要求人们回收这些材料，这一比例正在上升。此外，随着越来越多的人开始循环利用，循环利用的业务也越来越受到关注。第 398 页的“全球视野下的社会问题”栏目提供了埃及的一个成功回收的案例。

（二）保持清洁的水

海洋、湖泊和溪流是全球生态系统的命脉。人类依靠水来饮用、洗澡、冷却、烹饪、娱乐和开展许多其他活动。根据科学家所称的*水文循环*，地球会自然地使水循环，并使土地焕然一新。这一过程始于太阳的热量使水（其中 97% 的水位于地球的海洋中）蒸发并形成云。接下来，云层将雨水带回陆地，雨水流入溪流和河流，汇入大海。水文循环不仅更新了水的供给，而且净化了水源。由于水的蒸发温度低于大多数污染物，因此从海洋中上升的水蒸气是纯净的，蒸发的过程将污染物分离出来。虽然海洋中的污染物在不断增加，但水文循环以降雨的形式产生清洁的水。

与水有关的两个主要问题是：供水不足和水污染。

1. 供水不足

早在中国、埃及和罗马的古代文明中，水权就是法律的重要组成部分，这反映了水在任何社会中的重要性。世界上的一些地区，特别是热带地区，享有充足的水供应。然而，在北美和亚洲的大部分地区，人们是从河流而不是雨水中获得水的，这使得供水成为一个问题。在美国的一些地区，主要的水源是地下水——为水井和泉水提供水源的位于地面下的水。在许多地区，水供应正在减少。例如，奥加拉拉含水层横跨 7 个州，从南达科他州到得克萨斯州。现在它的消耗速度如此之快，以至于一些专家担心它会在几十年内干涸。

在中国，深层含水层水位正在迅速下降。在中东，供水已达到临界水平，伊朗正在首都实行限水政策。在埃及，人们今天能消耗的尼罗河水只有 1900 年的 1/6。分析人士预测，到 2050 年，将有 39 亿人（占世界人口的 40%）生活在缺水地区（OECD，2012）。

人口激增只是问题的一部分。复杂的技术，特别是制造和发电设施方面的技术，使水问题变得更糟。为什么？现代高科技，尤其是冷却本身就需要使用水，这大大增加了水的消耗。全球用水（估计每年 1 000 万亿加仑）的增长速度甚至比世界人口的增长速度还要快。世界各国的地下水位正在迅速下降（United Nations Environmental Programme，2008；OECD，2012）。 429

考虑到这些趋势，我们必须面对这样的现实：水是一种有限的资源。个人更多地节约用水会产生不同的效果——目前，美国人一生中平均消耗 280 万桶水。然而，在世界范围内，个人用水仅占总用水量的 5% ～ 10%。更重要的是限制工业的用水量，其占全球用水总量的 20%，农业灌溉用水量占全球用水总量的 70% 以上。供水危机正在迅速蔓延到世界主要农业区域，包括中国东北部、印度西北部、美国中西部和加利福尼亚中部山谷（OECD，2012）。

更有效的灌溉技术可能会减少未来的用水需求。但在这里，我们再次看到人口增长、技术进步和经济扩张如何共同对地球资源造成压力（United Nations Environmental Programme，2012）。

2. 水污染

在墨西哥城等大城市，缺乏新鲜、安全的水迫使人们每天饮用受污染的水。结果，水中的微生物导致了传染病，包括腹泻、肠道寄生虫病、伤寒、霍乱和痢疾，这些疾病在这些人群中迅速传播。其结果是每年有数百万人死亡，这使得*水质*问题和*供水*问题一样严重。

按照全球标准，美国的水质总体良好。然而，即使在这里，水污染问题也日渐严重。环保活动组织塞拉俱乐部（2012）称，美国每年生产

全球视野下的社会问题 扭转局势：回收埃及的固体垃圾

从埃及首都开罗市中心出发，半小时后，满载美国学生的大巴在一条土路上颠簸行驶，然后猛地停了下来。11月的那个早晨，天还没完全破晓，穆斯林很快就爬上了开罗众多清真寺的尖塔，我们把这些穆斯林称为晨祷者。司机十分困惑地转过身来，面对着我们。“为什么？”他用生涩的英语问道，“在午夜的时候你们想待在这儿吗？”

这是个好问题。我们——一名社会学家和几十名学生刚一下车，就闻到了以前从未遇到过的恶臭味。我们眯起眼睛，用手绢捂住鼻子和嘴，慢慢地向绵延数英里的垃圾山走去。

这是开罗垃圾场，世界上最大的城市之一开罗的2 000万人口的垃圾的最终归宿。我们弯下腰，小心翼翼地走着，我们被周围燃烧着的火堆发出的亮光指引着。前方，透过浓烟，我们看到一堆堆燃烧着的垃圾，当地人正在那里取暖和交谈。

当我们走近时，火在人们的脸上投射出一种奇怪的光。我们与他们隔着一段距离，被巨大的文化和环境鸿沟隔开，但微笑拉近了我们与他们之间的距离，很快我们分享了火的舒适。这时，全城的人都在祈祷。

巴林人被称为“垃圾人”，数量约为2.5万，是一个以穆斯林为主的社会中的宗教少数派——科普特基督徒。由于宗教上的歧视，巴林人被禁止从事很多工作，因此他们使用驴车和小卡车来捡拾开罗的垃圾，并将其运到这里。黎明时分，数百名巴林人聚集在垃圾场，成群结队地寻找有价值的东西。

在这次访问中，我们看到了男人、女人和孩子们在开罗的垃圾场中捡垃圾，篮子里装着金属碎片、丝带，甚至是食物残渣。时不时地，有人会兴高采烈地展示一些珍贵的发现，这些发现可以在城里带来相当于几美元的收入。在沉默中，我们敏锐地意识到我们脚上结实的鞋子和身上温暖的衣服，以及我们的手表和照相机的价值比大多数的巴林人一年挣的钱都要多。

20年后，开罗的巴林人仍然在城市的街道上收集垃圾。但许多事情已经发生了变化，那里现在是世界上环境改善的例子之一。巴林人通过履行合法的合同来完成他们的工作，并在垃圾场附近建立了一个大型回收中心。数十名工人操作巨大的粉碎机，将废弃的布料变成填充物，以填充家具、汽车座椅和枕头。其他工人将塑料和金属分拣出来放入大型垃圾箱以待清洁和销售。巴林人利用世界银行的启动贷款和他们自己的聪明才智，成为商人。

根据美国的标准，巴林人仍然很穷。但他们正在蓬勃发展，现在也拥有了生活和工作的土地，甚至建造了一个带电和自来水的公寓大楼。许多国际环保组织希望以他们为榜样来激励其他地方的人（Garwood，2003；Stack，2009）。

你怎么看？

1. 为什么在大多数社会中，回收的数量如此有限？
2. 回收会成为美国的大生意吗？为什么？
3. 在你的校园里回收利用的情况如何？你能做些什么来参与其中？

数亿磅的有毒物质（包括农田肥料、除草剂和其他化学物质），它们最终流入河流和溪流。

（三）空气污染

工业技术的普及（尤其是工厂和机动车的普及）导致了空气质量的下降。一个世纪前，工厂烟囱里一天24个小时都在冒出浓重的黑烟，这让工业城市的居民感到恐慌。到了1950年，汽车排放的尾气笼罩着洛杉矶等城市，即使这些城市已经度过了工业发展早期阶段。

在伦敦，工厂排放的废气、汽车排放的尾气，以及用于取暖的煤炭所产生的烟雾共同造成了致命的雾霾，英国人戏称其为“豌豆汤”。在1952年的五天里，伦敦市上空覆盖了一层厚厚的烟雾，造成了4 000人死亡（Clarke，1984）。 430

自那时以来，我们在防治空气污染方面取得了巨大进展。法律现在禁止使用高污染的供暖方

美国之窗　美国各地空气污染导致的癌症风险

乡村地区的空气质量要好于城市地区。因此，在大城市及其周边地区，空气污染导致癌症的风险更大。在全美范围内，拥有大城市和众多工业区的地区（包括洛杉矶和纽约大都市区）空气污染导致癌症的风险最大。

资料来源：U.S.Environmental Protection Agency（2011）.

式，包括让伦敦人窒息而死的煤炭，烟囱式的“过滤器”已经减少了工厂的有害气体产出。从20世纪70年代早期开始的无铅汽油的使用，再加上发动机设计和排气系统的改变，大大减少了汽车的有害气体排放。尽管如此，仅在美国就有超过2.4亿辆汽车，保持空气清洁仍然是个挑战。

正如第11章（“工作及工作场所”）所解释的那样，世界上富裕的国家已进入后工业时代，计算机技术正在取代工业技术。由于这种生产方式更清洁，这些国家的空气质量一直在提高。清洁空气的好处是显而易见的：专家估计，过去几十年美国空气质量的改善使人们的平均寿命增加了近半年（Chang，2009）。

美国人呼吸到的空气可能更干净了，但随着海外工厂生产的增加，贫困地区的空气污染问题日益严重。此外，低收入国家的许多人仍然依赖木材、煤炭、泥炭或其他“脏”燃料来获取热量。今天，许多低收入国家非常渴望短期工业发展，忽视了空气污染的长期危害。因此，拉丁美洲、东欧和亚洲的许多城市的空气污染与五六十年前的伦敦一样糟糕。

（四）酸雨

在纽约州北部的阿迪朗达克纽约州立公园的600万处区域，有400个湖泊和池塘被宣布“死亡”，因为它们的酸性太强，无法维持鱼类或植物的生存。到2050年，这种致命的趋势可能会导致另外1 000个湖泊和池塘消失。

造成这一问题的原因是**酸雨**（acid rain），即*因空气污染而呈酸性，会危害植物和动物的生命的降水*。造成酸雨和酸雪的复杂反应源于发电厂燃烧石油和煤炭等化石燃料来发电。这种燃烧释放出硫和氮氧化物到空气中。这些气体被风带入大气层，与空气发生反应，形成硫酸和硝酸，使大气中的水呈酸性。图16-3展示了这个过程。

导致酸雨的过程是一种污染引起另一种污染。在这种情况下，烟囱产生的空气污染最终会污染掉落进湖泊和溪流中的雨水。酸雨是一种全球性的现象，因为许多遭受酸雨有害影响的地区距离污染源有数千英里。 431

在美国南部和中西部的发电设施威胁着整个英国。英国电厂的高大烟囱造成的酸雨摧毁了挪威和瑞典的森林和鱼类。

（五）正在消失的雨林

雨林（rain forest）*是树林密集的地区，其中大部分位于接近赤道的地方*。最大的雨林分布在南美洲、中非和东南亚。总的来说，世界上的雨林覆

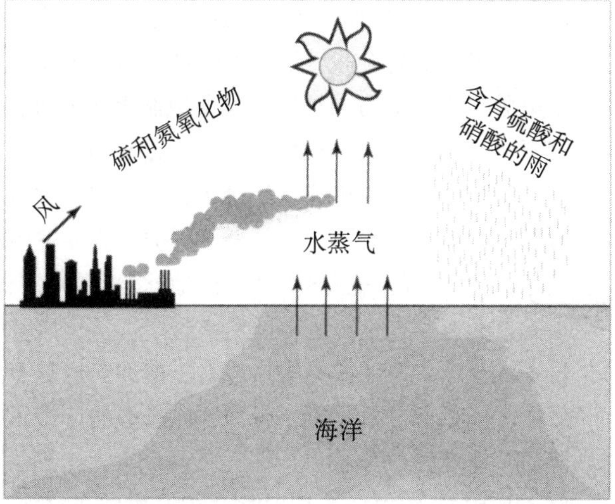

图16-3　酸雨的形成

注：这个图展示了酸雨的形成过程，酸雨威胁着世界上许多地方的动植物的生命。

盖了大约 30 亿英亩的土地，占地球总陆地面积的 10%。

与其他全球资源一样，雨林正成为满足人类日益增长的需求的牺牲品。例如，为了满足北美对牛肉的需求，拉丁美洲的牧场主为了获得更多的牧场而砍伐森林。木材公司也在砍伐森林以生产硬木，这些硬木最终被用于高收入国家的家具、木地板和镶板、豪华游艇，甚至高档棺材。在这种经济压力下，世界上的雨林现在只有原来的一半大小，而且每年继续减少大约 1%（2.1 万平方英里）。如果这种破坏速度仍未得到控制，那么这些森林将在大约 250 年内消失，并破坏地球上动植物的生物多样性（United Nations，2011）。

（六）全球变暖

科学家们记录了全球平均气温正在上升的事实，这一趋势被称为*全球变暖*。在过去的两个世纪里，随着社会中工业技术的发展，工厂和汽车排放到大气中的二氧化碳（CO_2）含量急剧上升。专家估计，目前大气中的二氧化碳浓度比 150 年前高出 40%。海洋吸收了一定量的二氧化碳。植物也是如此，它们吸收空气中的二氧化碳并排出氧气，这一过程是雨林对我们的星球如此重要的原因之一。但是二氧化碳的浓度增加了，而地球上植物的数量却减少了。最终的结果是，大气中的二氧化碳浓度在稳步上升。

正如一些人所看到的，这种变化已经将地球推向了一个危险的境地，我们物种的未来受到了威胁。大气中的二氧化碳如何威胁我们？随着二氧化碳在大气层中积聚，它很像温室的玻璃屋顶，让太阳的热量传递到地球上，同时防止大部分热量从地球反射回去。这个过程被称为*温室效应*。保持太阳的一些热量是保持地球温暖的必要条件，尤其是在夜晚。但随着大气中二氧化碳浓度不断上升，地球保持的热量不断增加。这是全球变暖的根源。科学家报告说，在过去的一个世纪里，地球的平均温度上升了 1.5 华氏度，达到了 58.1 华氏度（约为 14.5 摄氏度）。在 21 世纪末之前，他们预计地球的平均气温将上升 2 华氏度或以上（Gore，2006；Kluger，2008；NASA，2012）。

这种变暖的趋势将融化极地冰盖的大部分。冰是反光能力非常强的，能将大部分太阳的热量带回太空。随着冰盖融化，地球将变得更加温暖。此外，融化的冰盖会升高海平面，淹没世界各地的低洼地。低洼国家——包括印度洋的马尔代夫群岛和孟加拉国——将完全被海水覆盖。这样的灾难将引发大约 1 亿“气候变化难民”的大规模迁移。美国大部分沿海地区也将被淹没，大西洋海面的上升会淹没华盛顿特区的白宫台阶。

天气模式也会发生变化。位于美国中西部的大平原，目前是世界上生产力最高的农业区之一，它可能会失去较多的降雨，作物的生长也会受到影响（Gillis，2011；McMahon，2011；Reed，2011）。

一些专家提醒我们，全球温度变化在以往一直都存在，与雨林的状况没有密切联系。但科学家们正在逐渐认识到全球变暖是对地球的严重威胁（Gore，2006；Kluger，2006；S.F.Singer，2007；International Panel on Climate Change，2012）。

（七）生物多样性减少

担心雨林消失的另一个原因是地球*生物多样性*的减少。这个星球上有大约 3 000 万种不同的生物，包括从细菌到植物和动物的所有生命形式。每天都有数十种植物和动物灭亡。但考虑到生物物种数量如此之多，为什么生物多样性减少成为一个问题呢？

一共有四个原因。第一，地球的生物多样性在供养世界人民方面起着重要作用。通过将熟悉的作物与更多的外来植物杂交，农业科学家使作物更丰富，同时增加了作物对昆虫和疾病的抵抗力。某些生物物种对我们的食物供应至关重要。例如，蜜蜂执行为植物授粉的任务。然而，今天美国的蜂群减少了 1/3——可能是由于新杀虫剂的使用——蜜蜂的减少威胁着未来的粮食供应。 *432*

第二，地球的生物多样性是一种重要的遗传资源。医学和药物研究人员研究地球上所有的动物和植物，在这个过程中他们发现可以治愈疾病和提高生活质量的化合物。例如，口服避孕药是墨西哥薯蓣植物研究的产物，太平洋紫杉是一种被广泛用于治疗乳腺癌的药物的基础。

第三，随着所有物种的死亡——从一只小黑

蚂蚁到美丽的加利福尼亚秃鹰，再到可爱的中国熊猫——我们失去了自然环境的美丽和复杂性。警示标志已经贴出：在世界上10 000种鸟类中有3/4的数量正在减少，在21世纪将有超过1 000种鸟类消失（Youth，2003）。保护雨林对于维持地球生物多样性至关重要，因为它们是一半生物的家园。

第四，物种的灭绝是不可逆的。我们是否有权力给未来的人们提供一个贫瘠的世界（E.O. Wilson，1991；Brown et al.，1993；Stevens，2003；Kluger，2006）？

三、环境理论与环境问题

社会学的两种宏观层面的理论方法可以帮助我们更深入地了解环境问题。

（一）结构功能分析：强调联系

结构功能方法把环境问题与社会的整体运行联系起来。这种方法提供了三个重要的启示。

第一，技术对环境有强大的影响。如前所述，一个社会的技术越强大，该社会改变环境的能力就越大。这给出了环境问题不是在技术简单的社会中，而是在使用工业技术的社会中产生的原因。

第二，文化影响环境状况。结构功能分析指出价值观和信念是如何指导人类行为的。因此，环境的状况反映了我们对自然世界的态度。工业社会的成员普遍认为自然环境是满足我们需要的资源（一种早先被描述为“增长逻辑”的观点）。正是这一观点促使我们的祖先砍伐森林以获得农田，拦截河流以获得灌溉和水动力，用沥青和混凝土覆盖大片土地，建造高楼大厦和城市。此外，因为美国文化是物质的，所以人们去寻找一些东西（如家庭或精神信仰）来作为舒适和幸福的源泉。社会学家所说的“炫耀性消费”使得我们购买东西并不是因为我们真的需要它们，而仅仅是为了炫耀我们的社会地位（Veblen，1953，orig.1899）。在这些价值观的指引下，人们的行动为环境压力奠定了基础。

第三，结构功能方法指出了所有社会模式的相互联系。例如，美国人推崇效率和独立性的观念，在很大程度上解释了美国人对私家车的迷恋。制造和运营数亿辆汽车，反过来又给石油等资源带来了巨大压力，同时带来了大气污染。

鉴于自然环境与社会运作之间的联系，环境问题的解决方案很复杂。例如，在全球人口每天增加227 000人的情况下，是否有可能控制人类消耗地球资源的速度？反过来，限制人口增长在一定程度上依赖于扩大女性可获得的职业和教育机会的范围，使她们有更多的选择，而不是待在家里生儿育女。

没有人怀疑解决环境问题的困难程度。但结构功能分析提供了乐观的理由，因为它认为系统会适应不断变化的条件。以空气污染为例，随着各国发展工业技术，空气质量急剧下降。但逐渐地，欧洲和北美社会认识到这个问题，制定了新法律，并开发了更多新技术来净化空气。简而言之，我们只要关注地球并保持创造力，就可以做出必要的改变，以确保宜居的环境。

- **评价**

结构功能方法表明，自然环境问题是由社会自身的运作造成的。但如前所述，批评者指责结构功能分析很少关注社会不平等。这意味着，在这一理论方法的指导下，我们可能会认识到环境问题，但我们忽略了这样一个事实：环境污染和资源稀缺的负担不成比例地落在社会力量较小的
人——穷人和少数族裔身上。 433

批评人士还质疑结构功能方法的乐观观点，即社会可以解决大多数环境问题。一方面，许多人，特别是那些经营大公司的人，能够在维持过去那种生产经营方式的情况下拥有既得利益，即使他们威胁到公众的福祉。另一方面，许多环境问题，特别是人口迅速增长，完全无法控制，无法证明前景是乐观的。

学习检验 通过将结构功能方法应用于环境问题，我们学到了什么？对这种理论方法的批评是什么？

（二）社会冲突分析：强调不平等

社会冲突方法正好强调了结构功能方法倾向

于忽视的问题：权力和不平等。社会冲突理论家声称，自然环境问题远非不可避免，而是由社会不平等引起的。换句话说，社会精英直接或间接地使环境问题更加恶化，因为他们倾向于满足自身的利益。

1. 马克思主义阶级冲突理论

从马克思主义阶级冲突理论来看，美国社会的等级组织赋予了一小部分人对社会的控制权。正如第 10 章（“经济与政治”）所描述的，美国的资本主义经济体系将财富和权力集中在一个制定国家议程的小精英群体身上。

随着工业革命的开始，早期的资本家通过急速地消耗地球资源来运营他们的工厂而获得巨大的利润。正如他们对自己行为的社会后果不甚重视一样，他们也很少关注对自然环境的影响。此外，资本家及其管理者受到法律的保护，虽然公司造成环境污染被法律视为白领犯罪，正如第 6 章（“犯罪、暴力和刑事司法系统”）所述，但其通常导致公司支付罚款，而不是个人入狱。出于这个原因，下令倾倒有毒废料的企业高管很少会因自己的行为而被追究个人责任。

持马克思主义观点的社会冲突理论家将资本主义本身视为对环境的威胁。一方面，资本主义要求追求利润，这实际上意味着持续的经济扩张——这正是增长逻辑的基础。另一方面，实现利润最大化的策略可能包括设计使用寿命有限的产品，这一概念被称为*“计划性淘汰”*。这些政策可能在短期内增加利润，但从长期来看，它们会消耗自然资源，产生大量的固体垃圾。

马克思主义阶级冲突理论提出的第二个问题涉及全球不平等。富裕国家的人消耗了地球上的大部分资源，并造成了大部分的空气、水和土地污染。换句话说，富裕国家的人不仅通过剥削贫困国家的穷人来维持富裕的生活，而且在这一过程中毒害了世界的空气和水。

总而言之，马克思主义阶级冲突理论的分析路径谴责富裕国家的过度发展和过度消费。正如第 15 章（“人口和全球不平等”）所解释的，这种社会冲突分析表明，在当今资本主义世界经济下，生活在贫困社会的大多数人永远无法提高他们的生活水平。但从环境的角度来看，这甚至是不可取的。我们需要的是在所有人民中更公平地分配世界上的现有财富，这将实现更大的社会正义并更好地保护自然环境。

2. 环境种族主义理论

社会冲突方法中的另一种理论将环境问题与种族联系起来。**环境种族主义**（environmental racism）*揭示了一种具有歧视意味的模式，即环境对穷人尤其是少数族裔的危害最大*。该理论指出，历史上，造成污染的工厂位于穷人和有色人种社区的隔壁或附近。为什么？在某种程度上，这种模式的存在是因为工厂吸引了穷人，他们正在寻找工作。然后，一旦被雇用，低收入人群就经常发现他们能买得起的唯一房屋就处在他们工作的工厂附近的阴暗处。

当然，没有人愿意住在工厂或垃圾场旁边，但是穷人有什么选择呢？多年来，最严重的环境危害发生在新泽西州纽瓦克周围，而不是高端的卑尔根县；发生在芝加哥的南部，而不是富裕的加利福尼亚州森林湖；发生在美国西部或附近的美洲印第安人保留区，而不是丹佛或菲尼克斯的富裕郊区（Commission for Ricial Justice，1994；Bohon & Humphrey，2000）。 434

- **评价**

社会冲突方法提出了一个重要的问题，即谁制定了社会议程，以及谁从社会运行方式中受益，谁从社会运行方式中受害。从这个观点来看，环境问题在一个国家内部是由社会内部的阶级结构和种族不平等造成的，在全球范围内是由世界各国的等级制度造成的。

这种方法的批评者指出，美国的历史表明，保护自然环境的法律正在稳步发展。在过去的半个世纪里，美国的空气和水质获得了显著的改善。一些分析人士还声称，环境种族主义理论的证据并不能令人信服（Boerner & Lambert，1995；Yandle & Burton，1996）。

当我们说资本主义本身特别敌视自然世界的时候，我们指责的是什么？毫无疑问，资本主义支持增长逻辑，这种思维方式确实会给环境带来压力。但北美和欧洲的资本主义社会已经表明它们能够向环境保护迈进。同样重要的是，社会主义社会的一些环境记录非常糟糕。当欧洲被西方

理论运用　技术和环境

	结构功能方法	社会冲突方法
分析层次	宏观	微观
如何理解技术和环境?	结构功能方法强调了社会运作与其对自然环境的压力之间的联系。复杂的技术带来了对环境的破坏威胁，鼓励技术发展、物质享受和经济增长的文化价值观也是如此。	社会冲突方法将技术和环境与社会不平等联系起来。马克思主义阶级冲突理论认为，资本主义把工业技术置于一小撮精英的控制之下，这些人在开发人力资源的同时，也在开发和利用自然资源。环境种族主义理论认为，少数族裔和穷人受到的环境危害最大。
如何应对环境问题?	社会的技术和文化会对环境产生影响，这些力量可以通过适应来减少环境问题。简而言之，技术和文化可能会带来问题，但它们也可以提供解决方案。	资本主义对经济增长和利润的需求是环境问题的主要根源，对少数族裔和穷人来说，环境问题更为严重。解决环境问题的关键在于国内更加平等，以及对过度发达国家和欠发达国家重新分配资源。

资本主义国家和东方社会主义国家分割时，对当地环境质量差的最强烈抱怨不是来自西欧的资本主义国家，而是来自东欧的社会主义国家，如波兰和苏联（Dunlap，Gallup，& Gallup，1992）。

学习检验　通过将社会冲突方法应用于环境问题，我们学到了什么？对这种理论方法的批评是什么？

“理论运用”表格总结了我们可以从这些关于环境问题的理论方法中学到的东西。

四、政治与环境：提出问题并定义解决方案

政治态度如何塑造人们看待环境问题和定义解决方案的方式？保守派通常支持自由市场体系，并指出环境问题正在改善的证据。自由派往往更多地批评美国的经济体系，并强调需要采取更多的政府行动来保护环境。激进左派认为，阻止环境崩溃的唯一方法是对资本主义制度进行根本性的改变。

（一）保守派：乐观的理由

和其他人一样，保守派关注的是环境问题。但他们乐观地认为，社会能够意识到环境问题，并采取行动解决这些问题。

保守派指出了所有后工业社会中提高环保意识的趋势（Pakulski，1993；Jenkins & Wallace，1996）。特别是当工业生产从烟雾工厂转向使用清洁信息技术时，社会就会意识到环境问题，并采取行动解决这些问题。

朱利安·西蒙（Julian Simon，1995）在谈到近期环境崩溃的警告时问道：“为什么悲观绝望？”他解释说，自从马尔萨斯基于人口增长将消耗世界资源的观念预测社会将陷入混乱以来，人们就预测社会会崩溃。但是地球上现在的人口数量是马尔萨斯生活时的7倍，平均来说，他们比以前活得更好、更久。在西蒙看来，这些事实不是令人沮丧的，而是值得庆祝的。 435

为什么世界可以处理得这么好？西蒙指出了人类的聪明才智。的确，更强大的技术增加了社会对自然环境的潜在影响。但是，新形式的能源和新的生产技术的发展对环境来说可能是好消息。最新的汽车和最现代化的工厂比旧的要干净得多。更广泛地说，今天的经济是以信息技术为基础的，它比它正要取代的工业技术更加环保。展望未来，我们有充分的理由乐观地认为，高科技将继续减少汽车和烟囱的污染，这对环境来说是个好消息（Dunlop，2006）。

因为持这种乐观的观点的人反对马尔萨斯的悲观预测，所以他们经常被称为*“反马尔萨斯主义者”*。这种乐观的观点与前面描述的增长逻辑的观点相似，是保守的，因为它表达了对现状的支

持，认为对于人们制造的问题，人们可以解决。

（二）自由派：担心的理由

不是每个人都像朱利安·西蒙那样乐观。大多数环保人士对诸如人口增长、资源消耗和各种污染等问题深感担忧。许多人公开预测如果人类不改变生产和生活方式，就会发生灾难（Bright，2003；Gore，2006；Kluger，2006）。考虑到这个预测，很容易理解为什么这些激进分子有时被称为新马尔萨斯主义者，他们是那些现在仍同意马尔萨斯在两个世纪前提出的警告的分析人士，他们支持本章前面描述的限制增长的立场。

新马尔萨斯主义者意识到，人类已经能够发展出新的、更高效的技术，这远远超出了马尔萨斯的想象。利用这些技术，世界现在生产的食品和其他商品比以往任何时候都多。但是这些资源的不平等分配意味着有些人比其他人受益更多。随着生产力的发展和人口的增长，人们正在稳步消耗地球有限的资源。在许多贫困国家，做饭或取暖用的柴火很少。中东大部分地区的水供应已经不足。地球上的富人正在迅速消耗地球上的石油和天然气。此时这些物资供应是不确定的，但是毫无疑问的是，有一天它们会被耗尽。不断增加的人口也给地球上的雨林和其他未开发的土地带来了更大的压力，这些土地的面积将会继续减少。

同样，地球吸收污染的能力是有限的。随着人口和产量的增加，我们可以预期环境质量会下降。许多分析人士认为，我们已经超过了地球的承载能力，即社会可以长期承载的人口数量。事实上，有些人认为我们的自然环境可能只能支撑世界上一半的人口（Smail，2007）。

面对这种预测，自由派呼吁在许多方面进行改革。重要的步骤包括实施保护措施，如实行强制性回收计划，以及限制清洁的水等自然资源的消耗。这些措施在富裕国家尤其重要，因为富裕国家是大部分消费发生的地方。

实际上，自由派要求富裕国家的人为了更好的自然环境而牺牲自己的生活水平。解决方案的最后一个步骤是通过加大努力来减少污染。其中包括为汽车、发电厂和工厂开发更清洁的燃料和发动机，制造更轻和更省油的汽车，并制定减少固体垃圾的策略。简而言之，自由派指望政府颁布新的政策和法律来保护环境。

（三）激进左派：根本变革的理由

激进左派不赞同保守派对人类在地球上的现

从左到右　　**关于技术与环境的政治观点**

	激进左派观点	自由派观点	保守派观点
问题是什么？	由于资本主义不断增长的发展和利润需求，自然环境正处于严重危险之中。在目前的经济和政治体制下，美国社会不太可能正视问题的严重程度。	自然环境处于危险之中。污染和对包括淡水在内的自然资源的快速利用都威胁着现在的人们，并将对后代造成更大的威胁。	没有解决不了的严重问题。尽管人类制造了环境污染问题，并对自然资源过度开发，但人类已经表明自己有能力设计出新的、清洁的“技术和替代能源”。
解决方案是什么？	健康的环境需要具有社会意识的经济体系，以确保今天和明天人民的福祉。富裕国家的过度消费必须停止，全球财富必须更加平等地分配。	政府必须制定新的政策并执行法律，以防止美国的进一步环境破坏。个人必须保护环境、循环利用垃圾，并支持全球保护剩余雨林的努力。	允许市场体制开发新技术。人类的聪明才智和鼓励创新的经济体制将继续使人类活得更久、更健康和更富裕。

参与讨论

1. 纵观与环境问题相关的三种政治立场，你认为它们在哪些方面是一致的？
2. 从这三种政治立场中的每一种来看，为了保护地球的未来，美国应该做出什么改变？
3. 在这三种对自然环境的政治分析中，你认为哪一种最有说服力？为什么？

状的乐观态度。虽然激进左派支持自由议程，但他们相信依靠自由改革还远远不足以解决环境问题。

那些遵循马克思主义理论的人认为，在资本主义制度下，重大的环境变化是不可能发生的，因为资本主义制度把利润置于所有其他问题之上。但这并不意味着我们必须放弃先进的技术。大多数激进左派认为，如果技术处于代表全体人民利益的经济和政治制度的指导之下，它就是一种有用的工具。

对于激进左派来说，解决环境问题的关键是取代资本主义经济。这必须是一个世界性的过程，因为在许多激进左派人士看来，世界的一个关键目标是减少全球阶级分层的程度。他们说，富裕国家的经济已经过度发达。为了社会正义和环境
安全，财富必须在世界各地更公平地重新分配。 *436*

没有任何政治立场认为事情应该保持现状。每个人都意识到了环境问题，区别主要在于人们认为为此需要做出多大的改变去解决这些问题。第 404 页的“从左到右”的表格总结了依循这三种政治立场的论点。

总结与展望

印度伟大领袖圣雄甘地曾宣称，社会必须“满足人们的需要，而不是满足人们的贪婪”。“从环境的角度来看，这意味着只有今天的人们减缓对石油、硬木和水等有限资源的消耗，地球才能养活后代。”人们也不能使当前水平的空气、水和土壤继续受到污染。人们如果要保护全球气候，就必须停止砍伐雨林。最后，人们不能再冒着风险，继续以每年 8 300 万人的速度增加人口（Population Reference Bureau，2011）。

回想一下公式 $I = PAT$，它告诉我们社会对环境的影响是社会的人口、富裕程度和技术水平的函数。在世界范围内，人口在不断增长，生活水平在不断提高，技术也在不断发展。可预测的结果是对环境产生更大的影响。我们这个星球的环境赤字正在增加。实际上，我们目前的生活方式挪用了我们的子女及其子女未来的福利。从全球的角度来看，富裕社会的成员现在消耗了大量的地球资源，他们正在危害整个地球。

无论政治如何发展，本章所描述的所有环境问题的解决办法都必须是人类以一种不会使环境赤字变得更大的方式生活。我们需要发展出一种**生态可持续性发展文化**（ecologically sustainable culture）——*一种既能满足当代人的需要，又不会威胁到后代的环境的生活方式*。

为了发展可持续的生活方式，我们必须采取三个基本策略。第一，我们必须*保护有限的资源*，以负责任的眼光来确定我们目前的需要。保护包括更有效地利用资源，寻找替代资源，以及在某些情况下，学会用更少的资源生活。

第二，减少浪费。减少浪费的最好办法是减少使用。此外，世界各地的社会需要通过教育和立法来扩大回收项目。

第三，控制世界人口的增长。我们目前超过 70 亿的人口已经使自然环境变得紧张。世界人
口越多，环境问题就越严重。控制人口增长需要 *437*
在增长率最高的世界贫困地区立即采取行动。

解决环境问题可能有赖于发展一种新的观点。以自我为中心的观点在当今的发达国家很常见，就是满足不断扩大的个人需求。但是一个可持续的环境所需要的以自我为中心的观点，更强调我们所做的选择对环境的影响。这种思维方式对那些有幸生活在富裕国家的人来说尤为重要，它提醒人们，今天的行动塑造了明天的世界。

此外，我们不能把人类看得比其他生命形式更优越，并假定人类有权统治地球。我们必须记住，所有生命形式都是相互依存的。忽视这一事实不仅会威胁到地球上动植物的多样性，而且最终将损害我们自己的福祉。

最后，实现一个可持续的生态系统需要全球合作。这个星球上的富裕国家和贫困国家在利益、文化和生活水平方面有很大的不同。保护和减少浪费等政策对极度贫困的人几乎没有影响。在解决世界环境问题的任何努力中，最困难的部分将是全球不平等。大多数环保人士认为，世界上的富裕国家已经过度开发，使用的资源超出了地球长期持续的水平。与此同时，贫困国家不发

社会焦点问题　与环境和谐共处：你怎么看？

本章假设自然环境的状况取决于我们如何选择生活方式。最后，我们对生活方式的选择决定了我们对环境问题的不同立场。

创造一种环境可持续的生活方式的关键是节约有限的资源。你愿意为实现这个目标而在生活中做出选择吗？开一辆更轻便、更高效的汽车怎么样？乘坐公共交通工具、骑自行车，或者更经常地步行怎么样？

减少浪费也很重要。要想更好地了解你制造了多少垃圾，一个简单的方法是随身携带一个塑料袋几天，然后把你要扔掉的所有东西都装进去。你愿意尝试吗？如何避免快餐和其他需要大量包装的消费品呢？你会回收任何你能回收的东西吗？

最后，要记住富国和穷国在消耗地球资源方面的巨大差距。许多环保人士认为，生活在富裕国家的人必须改变他们的生活方式，你愿意通过接受一个更低的生活标准来追求更安全的自然环境吗？

加入博客

在这个板块里提出的问题都很重要，我们通过选择某种生活方式来回答这些问题。请来 MySocLab 加入社会学焦点博客，分享你的观点和经验，并了解其他人的想法。

达，无法满足许多人的基本需要。建立一个可持续的生态系统将有赖于大胆的全球合作新计划。本页上方的“社会焦点问题”栏目可以帮助你思考美国社会是否应该发展环境可持续的生活方式。

尽管挑战是巨大的，但与不应对日益增长的环境赤字的最终后果相比，挑战是微不足道的。可以肯定的是，未来世界的状况取决于我们今天所做的选择（Brown et al.，1993；Bright，2003）。

438
定义解决方案

解决自然环境问题的最好方法是什么？

看看下面的陈述，了解解决环境问题的两种不同方法。

（1）从自由派的观点来看，市场体系的内部是一切照旧的，因此市场不太可能引导国家形成环境可持续的生活方式。从这个政治角度来看，解决办法是政府通过立法改变人们的生活方式。持同样观点的人最近聚集在美国国会大厦附近，敦促联邦政府采取大胆行动，限制空气污染和能源消费。你在多大程度上支持这种解决方案？为
439 什么？

（2）保守派的做法基于这样的信念：市场体系确实能够应对环境挑战。保守派认为，通过发挥人类的聪明才智，借助新技术的优势，人们现有的系统将为许多环境问题找到新的解决方案。比如，2009 年，通用汽车（General Motors）推出了新款雪佛兰 Volt（Chevrolet Volt）电动汽车，据称这款汽车行使 230 英里只消耗 1 加仑汽油。你对依靠我们的市场体系和创新技术解决环境问题有多大信心？

提示：保守派声称我们现有的制度能够“摆脱”我们目前的问题，至少部分是正确的。正如保守派所指出的那样，随着时间的推移，我们的社会已经使空气更加清洁，因为汽车使用的燃料更少，排出的污染物更少。与此同时，保守派对未来可能太过乐观。毕竟，自由派提醒我们，正是我们现在的制度让我们陷入了这种境地。政府能做得更好吗？也许这需要政府来做决定——比如鼓励人们驾驶小型汽车，或者用更少的能源。作为消费者，我们不太可能自己做出决定。在这个问题上你的立场是什么？

参与：应用和练习

1. 随身携带一个塑料垃圾袋一整天，把你要扔掉的东西都装进去。你一天制造的垃圾重量有多少？你对自己制造了多少垃圾感到惊讶吗？
2. 在《创世记》中，上帝指示人类："要生养众多，遍满地面，治理这地；也要管理海里的鱼、空中的鸟，和地上各样行动的活物……我将遍地上一切结种子的菜蔬，和一切树上所结有核的果子，全赐给你们做食物。"你认为这句话赋予了人类在他们认为合适时利用环境的权力吗？它是否赋予了人类照顾环境的责任？阐述你的观点。
3. 做一些关于美国社会的汽油消费的研究，尽管最近油价上涨，但是美国的汽油价格相对于其他国家来说较低。考虑到耗尽世界石油储备的危险，你认为汽油的税率应该更高吗？
4. 在你的校园里，找到关注自然环境的社会科学和自然科学教师。在办公时间访问他们，并询问他们认为的最危急的环境问题是什么，以及他们对如何解决环境问题有什么建议。

达标：可视化摘要 440

建构社会问题决定性时刻

蕾切尔·卡逊：敲响环境警钟

生态学：研究自然环境	
自然环境的状态反映了人类如何组织社会生活。 • 生态学家因此研究生物如何与环境相互作用。 • 分析环境问题需要一个全球视角。 • 生态系统的所有部分，包括空气、土壤和水，都是相互联系的。世界上某个地方的变化会影响其他地方的自然环境。	**生态学**：研究生物有机体如何与自然环境相互作用的学科。 **自然环境**：地球表面和大气层，包括空气、水、土壤和维持生物体生存所需的其他资源。 **技术**：人们在物理环境中生活时所应用的知识。 **生态系统**：所有生物与其自然环境的互动。

影响环境的因素	
人口增长影响自然环境。 • 尽管人口增长速度正在放缓，但世界人口仍有可能对现有资源造成很大压力。 **富裕**及对物质丰富的重视导致环境污染和对能源资源的快速消耗。 • 无论是好是坏，**技术**发展使社会对自然环境有更大的控制。 • 关注短期利益而忽视其生活方式带来的长期后果，导致社会形成了**环境赤字**。 **贫困**也会导致自然资源枯竭。 • 受生存困扰，穷人别无选择，只能消耗稀缺的资源。 **文化模式**——社会的生活方式和人们的价值观——也会影响环境。 • *增长逻辑*支持经济发展，并断言人们可以解决任何可能出现的环境问题。 • *有限增长理论*指出，社会别无选择，只能遏制发展，以避免环境崩溃。	**环境赤字**：由于人类关注短期的物质富裕而对环境造成的严重的长期危害。

环境问题

固体垃圾

- 作为“一次性”社会，美国每天产生 14 亿磅固体垃圾，其中一半最终被填埋。

保持清洁的水

- 世界各地的用水量正在迅速增加。世界上大部分地区，尤其是非洲和中东地区，正面临供水危机。

空气污染

- 自 1950 年以来，富裕国家在减少空气污染方面取得了显著进展。在贫困国家，特别是在城市，空气污染仍然是一个严重的问题，因为家庭和工厂仍燃烧“脏”燃料。

酸雨

- 酸雨是大部分来自工业烟囱的大气污染物的产物，污染了数千英里之外的土地和水。

正在消失的雨林

- 雨林通过净化大气中的二氧化碳和维持地球生物多样性来为地球服务。由于木材公司和牧场主每年砍伐数百万棵树，全球雨林现在已经减少了一半，而且每年继续减少约 1%。

全球变暖

- 全球变暖是地球平均温度上升，这是由工厂和汽车发动机制造并排放到大气中的二氧化碳含量增加造成的。摧毁雨林会使问题变得更糟，因为植物可以吸收二氧化碳。

酸雨：因空气污染而呈酸性，会危害植物和动物的生命的降水。

雨林：树林密集的地区，其中大部分位于接近赤道的地方。

441 ## 环境理论与环境问题

结构功能分析：强调联系

结构功能方法着眼于环境问题、技术和文化之间的联系。

- 正如环境问题是由社会运行所造成的一样，社会也有能力适应变化或改善环境问题。

社会冲突分析：强调不平等

社会冲突方法强调了不平等在环境问题中的作用。

- **马克思主义阶级冲突理论**认为，资本主义经济危害环境，因为精英们为了追求更高的个人利益而提高经济生产力。
- **环境种族主义理论**认为，穷人——尤其是少数族裔——最容易受到环境问题的影响，这种模式被称为**环境种族主义**。

环境种族主义：揭示了一种具有歧视意味的模式，即环境对穷人尤其是少数族裔的危害最大。

生态可持续性发展文化：一种既能满足当代人的需要，又不会威胁到后代的环境的生活方式。

政治与环境：提出问题并定义解决方案

保守派：乐观的理由

- **保守派**承认环境问题的现实，但他们认为，人类可以通过利用他们的聪明才智和技术来解决这些问题，不需要政府监管。
- 由于保守派对未来持乐观态度，因此他们被称为反马尔萨斯主义者。

自由派：担心的理由

- **自由派**认为，政府必须进行改革，如强制性回收、减少固体垃圾和开发清洁燃料等，以避免最终的环境崩溃。
- 由于他们对未来持悲观看法，因此自由派人士有时被称为新马尔萨斯主义者。

激进左派：根本变革的理由

- **激进左派**对自由派认为改革足以解决世界环境问题的看法持怀疑态度。
- 激进左派认为，资本主义经济把利润看得比其他一切都重要，因此必须用一种保护环境、造福于所有人的制度来取代它。

第17章 战争与恐怖主义

442–443

学习目标：

- **记住**本章中用黑体字突出显示的关键术语的定义。
- **理解**为何随着人类历史的发展，战争的破坏性急剧增长。
- 将社会学的想象力**运用**于看待为什么服兵役已经成为只占人口总数 1% 的工人阶级的责任。
- 运用社会学的主要理论方法**分析**战争和恐怖主义活动的原因。
- 从各种政治立场**评价**美国的军事和恐怖主义。
- **设想**你将如何改变我们的世界，以实现更大的和平与人类安全的目标。

444 **问题的提出**

——战争的经济成本是多少？

每年，世界各国至少花费1.5万亿美元用于军事目的。

——在战争中死亡的只有士兵吗？

战争的大部分伤亡人员是普通居民。

——世界范围的军队里包含儿童吗？

世界范围内约有300 000名儿童是士兵，其中一些只有6岁，而且很多参加了武装斗争。

章节概述

为什么国家之间会发生战争？本章将把社会结构与战争、和平、恐怖主义联系起来进行讨论。你不仅会了解到战争爆发的各种原因，而且会发现战争的破坏性剧增的原因。你会理解为什么恐怖主义不同于传统战争，以及为什么核武器时代的战争有难以想象的危险。你会有能力列出数条促进和平的策略技巧。你会把社会学的主要理论方法应用到战争和恐怖主义中，你会学习到人们定义为“问题”的全球性问题和被他们称为“解决方案”的政策是如何反映人们的政治态度的。

这是那些有时发生在宿舍的深夜讨论之一——争执了很久，但是以没有结果告终。*正如布兰登（热忱的民主党派人士）所认为的，奥巴马总统令这个国家和它的人民更加安全了。他大声地喊出：“由于奥巴马，这个世界开始重新尊重我们了，我们正在与我们的盟友合作，而不是像布什和切尼执政时那样单独行动。我们使用的是外交手段而不是海军陆战队。这就是为什么我要为奥巴马工作并帮助他连任。”*

但是爱玛和扎克（热忱的共和党派人士）却是另一种态度。“奥巴马是一个软弱的领导人，”扎克说，“他并没有以一种牺牲是值得的方式结束伊拉克战争，他现在正计划从阿富汗撤军，不
445 *管我们能否打败塔利班。”*

“当然，他得到了本拉登，”爱玛补充道，“但那是他唯一真正的成功。你认为这是一个能赢得世界尊重的记录吗？”

我们一直在那里反复地争论这个国家是否更安全，美国是做了正确的事情还是让事情变得更糟，这些都是反映人们的政治价值观和态度的难题。与此同时，这样的讨论提出了关于战争的重要问题：为什么国家会陷入战争？武装冲突能否解决任何问题？此外，每个人都认识到，恐怖主义已经变得非常普遍，往往是一种新型的战争。

在2012年，虽然美国已经退出了在伊拉克的军事行动，但美国仍在阿富汗作战。此外，美国领导人正在设法解决世界各地可能导致战争的十几个其他冲突。另外，美国在大约20个国家部署了军事侦察部队。

考虑到战争的普遍性和争议性，我们很可能会想，国家为什么会爆发战争？一些分析人士认为，人类，尤其是男性，天生具有攻击性（Chagnon，1997）。如果是这样的话，我们似乎没有什么办法可以阻止战争。但在进行了几十年关于武装冲突起因的研究之后，大多数社会科学家拒绝了这个观点，并认为战争的根源在于社会本身。在这种情况下，更多地了解战争的社会原因应该有助于美国领导人制定促进和平的有效战略。

一、战争与和平：基本定义

战争（war）是*国家或有组织的团体之间的暴力冲突*。**和平**（peace），一个相反的概念，即*没有暴力冲突*。许多人认为和平是国家事务正常的状态。然而战争一直是人类历史的一部分。如图17-1所示，美国参与了许多大规模战争，且在格林纳达、巴拿马、海地、索马里和波斯尼亚等地发生过更多的小规模冲突。在20世纪，世界各地无时无刻不在发生武装冲突。近几十年来，一个国家的内战是最常见的战争类型。在过去十年的29次重大军事冲突中，只有2次是一个国家试图从另一个国家夺取领土；而在这29次冲突中的27次，交战双方是为了争取对国家的控制权（Stockholm International Peace Research Institute，2011）。

（一）战争日益增长的毁灭性

几个世纪以来，与战争有关的暴力水平急剧上升。这种变化很大程度上是由于社会将更强大的技术应用于战争。1000年前，一个人在战斗中所能做的最多的事，就是挥动剑、投掷长矛或射出箭，一次能杀死一个人。在12世纪初，使用黑色火药的枪支的发展使杀人的效率大大提高，但仍旧一次只能结束一个生命。到了16世纪早期，黑色粉末被注入大炮，这些大炮能够发射重型炮弹，摧毁石墙，有时一次能同时杀死几个人。不久大炮就被可以引爆的炮弹取代，炮弹一次能杀死更多的人。1861—1865年的美国内战是这个国家最血腥的一场战争，部分原因是士兵们彼此站得很近，枪支和大炮比以前的武器更有力、更精准。

武器越来越致命的趋势一直持续到20世纪。单发步枪为后来被称为“机枪”的自动武器所取代。此外，军队装备了化学武器和威力更大的炸弹。第一次世界大战把飞机引入了军事战斗，飞机和导弹的作用在第二次世界大战中得到了扩展，当时这种技术让士兵们能对数英里之外的城
446 市进行猛烈的毁灭性打击。美国在日本投放了两

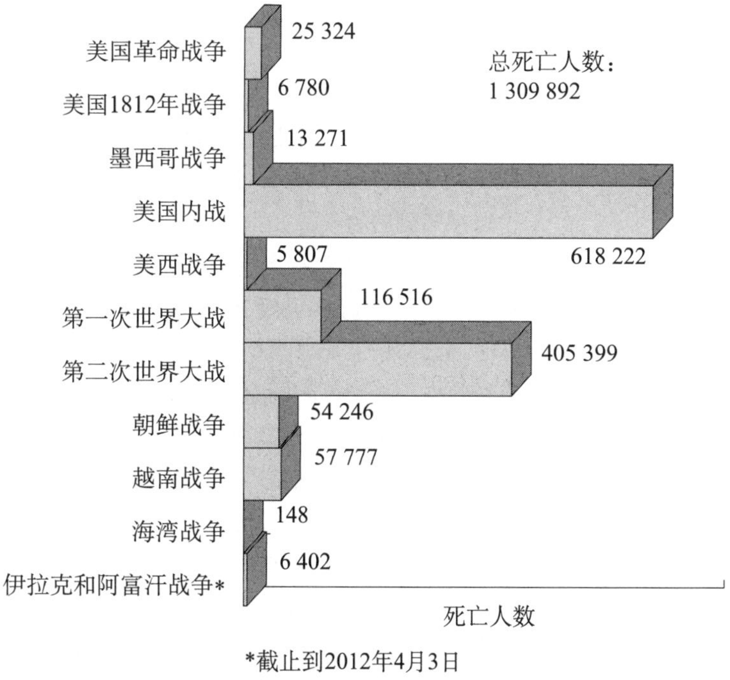

图17-1　11场战争中美国人的死亡人数

注：在战争中死亡的美国人当中，几乎有一半死于1861—1865年的内战。

资料来源：由马里斯·维诺维斯基和本书作者编辑的各种资料。

颗原子弹，结束了第二次世界大战。每次爆炸都瞬间将整座城市夷为平地，造成了10多万人的死亡。

简而言之，20世纪，人们发明了**大规模杀伤性武器**（weapons of mass destruction），即*一次可以杀死成千上万人的武器*。这种武器以两种方式增加了战争的破坏性：第一，它们具有更大的破坏力；第二，它们针对平民。随着武器的致命潜力的增加和越来越多的国家获得了大规模杀伤性武器，战争变得越来越危险。

世界之窗　全球视野下的和平（2012年）

2012年，经济与和平研究所（the Institute for Economics and Peace）为世界各国制定了“和平指数”。最和平的国家不仅没有军事冲突，而且很少或根本没有恐怖主义，军事开支低，几乎没有基于毒品贩卖或其他原因的暴力。总的来说，高收入国家比低收入国家更和平。

资料来源：Institute for Economics and Peace（2012）.

（二）战争的原因

战争为什么会爆发？社会学家已经确定了导致战争爆发的七个因素（Q. Wright，1987；Kaldor，1999；Van Evera，1999）：

1. 感知到威胁

社会会动员其武装力量以应对可能的威胁。1962 年，在得知苏联已经在仅距佛罗里达州 90 英里的古巴岛屿上部署了核导弹后，美国就准备向苏联开战。直到苏联同意移除导弹之后，两国才从战争的边缘退了回来。近年来，在黎巴嫩南部的火箭弹袭击杀死大量以色列民众后，以色列入侵了黎巴嫩南部。

2. 文化和宗教差异

另一个引起战争的原因是文化和宗教差异。这些差异往往会被夸大，因为社会教会他们的成员“妖魔化”其他国家或群体的成员——也就是说，他们认为某些类别的人不仅是“另一类”，而且是邪恶的。在极端情况下，一种人可能会试图在整个地理区域中消灭另一种人。在 20 世纪 90 年代的巴尔干冲突中，塞族人围捕了数十万克罗地亚人、穆斯林和阿尔巴尼亚人，或将他们驱逐出境，或把他们关进集中营，或干脆在“种
447 族清洗”的过程中杀死他们。

3. 政治目标

政治目标可能是战争的一个潜在因素。对一个国家来说，定期展示武力是在世界上确立领导地位的一种方式。例如，美国 1982 年入侵格林纳达，1991—1992 年在波斯湾战争中部署军队，1999 年轰炸塞尔维亚，2001 年入侵阿富汗，2003 年入侵伊拉克。

4. 道德目标

国家可能为了达到道德目标而发动战争。例如，美国领导人认为伊拉克战争是合理的，部分原因在于其道德目标是结束伊拉克统治者萨达姆·侯赛因（Saddam Hussein）的统治，并鼓励伊斯兰世界发展民主。2011 年，美国参加了多国部队，结束了利比亚领导人卡扎菲的统治。

5. 追求财富、权力和全球地位

国家可能会为了增加财富和权力而发动战争。这就是为什么伊拉克领导人萨达姆·侯赛因在 1990 年入侵盛产石油的邻国科威特，从而引发了波斯湾战争。即使是战争的威胁也可能给一个国家带来好处。例如，在过去的几年里，朝鲜因发展核武器和远程导弹引起了全世界的关注。

6. 社会问题

领导人有时会利用武装冲突来转移人们对国内社会问题的注意力。国家把人民的注意力集中在外部威胁上，鼓励人民团结起来对抗共同的敌人，而不是直接指责本国政府的问题。

7. 缺乏选择

最后，各国会由于缺乏选择而陷入战争。一个国家发动战争可能只是因为没有外交手段来结束威胁或完成其政治或道德目标。

在通常情况下，领导人在宣称需要采取军事行动时，会利用其中的许多因素。当然，参战几乎总是有争议的。领导人可能会为军事行动辩护，比如，声称仅仅作为对于感知到的威胁的回应或对于道德目标的追求。然而，批评人士可能会以完全不同的方式来定义军事行动，比如，将其定义为一种政治策略或获取财富和权力的手段。

（三）军国主义的经济代价

每年，世界各国用于军事的花费超过 1.5 万亿美元，相当于在一个有着 10 亿极度贫困人口的星球上，每个人都能得到超过 230 美元（Stockholm International Peace Research Institute，2011）。

2012 年，美国国防预算接近 7 380 亿美元，大约相当于每个公民 2 400 美元。总的来说，军事支出约占联邦预算的 20%。在军事上，美国是目前世界上最强大的国家，其在军事上的投入比排在它后面的 20 个国家加起来还要多（Stockholm International Peace Research Institute，2011；U.S. Office of Management and Budget，2012）。

在过去的几十年里，美国经济一直在增长，军事支出在所有经济活动中所占的比重（现在约为 5%）比第二次世界大战期间（当时达到 40%）要小。但就美国而言，军事支出水平仍然相当

高。在第二次世界大战结束后的几十年里，美国与苏联之间的紧张关系被称为冷战。在此期间，这两个世界超级大国进行了一场军备竞赛，在这场竞赛中，双方都担心对方可能会获得军事优势，从而将军事支出推得更高。然而，在1991年苏联解体后，美国的军事支出仅略有下降。从2001年9月11日的恐怖袭击开始的反恐战争，以及美国在阿富汗和伊拉克的军事行动表明，这个国家的军事支出仍将持续走高。

一些分析人士声称，美国——或者更具体地说，美国国内的一个强大的精英阶层——得益于高水平的军事支出。他们认为美国为一个**军工联合体**（military-industrial complex），即*联邦政府、军队和国防工业的紧密联合*所主导（Marullo，1987）。从这个角度来看，美国的军国主义不仅关乎国防和国家安全，也关乎国家权力精英的利益和影响力（见第10章“经济与政治”）。

（四）战争的经济代价

战争的经济代价不仅仅是军事支出。战争也摧毁一个社会的*基础设施*：住房和工作场所、供水系统、电气和通信网络、道路、桥梁、铁路、港口和机场。到第二次世界大战结束时，欧洲大部分地区已成为废墟，不得不花费数千亿美元进行重建。

特别是在经济困难时期，许多人怀疑这个国家是否有能力在军事上花这么多钱。毕竟，花在战争上的钱使经济资源从改善人们的医疗保健、营养和教育的项目中流失。放眼全球，如果所有国家都能利用目前用于军国主义和战后重建的资金来帮助穷人，这个星球就能在很大程度上解决全球饥饿和疾病问题。

（五）战争的人类代价

尽管战争的经济代价是巨大的，但最大的损失是用人来衡量的。如前所述，战争的历史表明
448 武装冲突已经变得更加致命。

就死亡人数来说，美国内战的死亡人数约为60万。50年后，第一次世界大战夺走了近1 000万人的生命。在第一次世界大战的30年后，第二次世界大战的死亡人数超过了5 000万。造成这一增长的主要原因是大规模杀伤性武器的发展。这样的武器不仅杀死了更多的士兵，也杀死了很多平民。在19世纪末以前，战争是涉及职业军人的武装冲突。有时，平民会被杀，但在大多数情况下，这是无意造成的。

1. 全面战争战略

20世纪见证了一种新的、更致命的**全面战争**（total war）战略的发展，它是*一场针对人口中心和军事目标的致命冲突*。有了飞机和炸弹，军方领导人不仅有能力杀死敌方的士兵，而且能把整个城市夷为平地。为了减少武器的使用，军方领导人决定拆除敌方的工厂，在此过程中，工厂的工人和在附近居住的平民被杀死。例如，在第二次世界大战期间，德国和盟军在袭击中多次轰炸敌方的城市，削弱了敌方的战斗能力。由于这个原因，大多数在第二次世界大战中死亡的人不是士兵，而是平民。显然，全面战争战略模糊了士兵和平民之间的界限，使所有人都处于危险之中（Renner，1993；Ehrenreich，1997）。

2. 集中营

从第二次世界大战开始，一些国家建立了**集中营**（concentration camps），即*以国家安全、剥削、惩罚或处决的名义关押囚犯的营地*。1942—1944年间，美国监禁了大约10万名日裔美国人，这些营地是在日本偷袭珍珠港发生后的一年之内建立起来的，目的是控制一部分被认为对美国国家安全构成威胁的美国人。在欧洲，集中营承担了一项致命的任务。德国领导人阿道夫·希特勒曾强迫囚犯们在集中营里工作。食物如此之少，以致大多数囚犯最终死于饥饿和由纯粹的饥饿带来的疾病。在第二次世界大战期间，希特勒的纳粹分子运作了无数的死亡集中营，包括那些在奥斯维辛和布痕瓦尔德的集中营，在那里，他们系统地消灭了大约600万犹太人，还有数以百万计的政治犯、天主教徒、吉卜赛人、同性恋者，以及任何被认为不受欢迎的人。

3. 战争罪

尽管看起来很奇怪，但战争是有规则的。这些规则包括个别国家自己的战争规则，以及

1864—1949 年间在瑞士日内瓦举行的谈判所达成的一系列正式协议，即《日内瓦公约》。违反这些规则就构成**战争罪**（war crime），即*违反国际协定和国际法规定的战争法的罪行*。在第二次世界大战之后，《日内瓦公约》承认三类战争罪。反对和平的罪行包括准备发动或发动对另一个国家的不公正战争。传统的战争罪包括谋杀、强奸、酷刑、驱逐出境，或在任何被占领土上对人进行的其他虐待。反人类罪包括政治、种族或宗教迫害，以及在战争期间对任何平民进行有计划的杀戮。第二次世界大战后，一个国际战争罪法庭在德国纽伦堡审判了 24 名纳粹领导人，其中 19 名被判处犯战争罪。另一个法庭审判了 25 名
449 日本领导人。每起案件的判决从长期监禁到死刑不等。

最近，联合国国际刑事法庭起诉了一些在卢旺达和前南斯拉夫犯下战争罪的军官。然而，由于该法庭的权力取决于个别国家的政治合作以及它们是否愿意协助逮捕被指控的罪犯，因此许多可能犯下了战争罪行的军事领导人设法逃脱了起诉（R.J. Newman，2002）。

4. 与战争相关的残疾

许多战争幸存者患有精神和身体残疾。在越南战争之后，士兵们一直在谈论“战斗疲劳”或“炮弹休克”，大约 15% 的士兵经历过创伤后应激障碍（posttraumatic stress disorder，PTSD），这是一种由在战争中受到创伤或压力的折磨而导致的精神残疾。创伤后应激障碍的症状包括噩梦、注意力不集中、睡眠困难、闪回、神经敏感和高度警觉、对生存充满愧疚感，以及有与他人分离的感觉（American Psychiatric Association，2002）。一个日常性的事件，比如听到发动机的轰鸣声，或者看到直升机从头顶飞过，就会引发创伤后应激障碍的发作，让人回想起战争的恐怖。

随着对重伤士兵可用的医疗技术的进步，更多在战场上受伤的男女士兵活了下来，但许多人留下了严重的残疾。总而言之，大约有 340 万美国退伍军人因在军队服役期间受伤而残疾。其中，约有 32.3 万人完全残疾。为了照顾伤残退伍军人，美国退伍军人事务部在全美各地开办了 152 家医院、133 家生活中心和 802 家门诊诊所，为以前战争的战俘、因服役而受伤或残疾的人，以及收入低于贫困线的退伍军人免费提供医疗服务。国家尽量保证成千上万的退伍军人能接受基本治疗（Moakley，1999；U.S. Department of Veterans Affairs，2012）。

与退伍军人的疾病和残疾有关的一个问题是，他们难以找到工作，或者即使能找到工作也难以保证不被很快开除。这是 140 万退伍军人收入低于贫困线的原因之一。一个退伍军人组织声称，在任何时候，都有 67 000 名退伍军人无家可归，而在任何一年的某个时候，无家可归者的人数都是这个数字的两倍左右（National Coalition for Homeless Veterans，2012）。

5. 战争和儿童

最后，战争也给儿童造成了巨大创伤。在 20 世纪，每一场大战都产生了大量的孤儿。成千上万儿童在爆炸和其他袭击中丧生。儿童甚至实际上参与了战斗。在第 415 页的“个人故事”栏目中，我们已详细地展开了这部分内容。

（六）社会阶级和军队

在全球冲突的第二次世界大战中，3/4 的美国人在 20 多岁的时候参军。这些人要么是自愿的，要么是被政府征召入伍的。每一个男人都必须参军。只有那些身体或精神上有缺陷的人才可以免除这项义务。

今天，美国已经不再强制征兵了；这项政策于 1973 年结束，并为志愿参军所取代。但是，考虑到与社会阶级有关的生活机会的不确定性，并不是美国社会中的每一名成员都同样有可能去志愿参军。最近的一项研究得出结论，军队里既很少有富有的年轻人，也很少有非常贫困的年轻人。更确切地说，参军已经成为工薪阶层的一份工作，他们希望赚些钱去上大学，或者只是想找到一条离开他们成长的小镇的路。就地区而言，最大比例（超过 40%）的年轻入伍者来自美国南方，那里的当地文化更支持参军，而且大多数军事基地设在美国南方。最小比例（12%）的年轻入伍者来自美国东北部（Department of Defense，2012）。正如两位分析人士所言，“美国军队似

乎更像是伯明翰或比洛克西城外的一所两年制通勤或贸易学校，而不是贫民窟、大城市郊区或波士顿的四年制大学”（Halbfinger & Holmes，2003：1）。

在如今不确定的经济形势下，军方发现越
450 来越多的男性和女性对参军感兴趣。对一些人来说，吸引他们的是培训和以后上大学要用的钱；而对于另一些人来说，他们几乎找不到其他工作。无论如何，美国现在有一支“工薪阶层军队”（Glater，2005）。第416页的“社会焦点问题”栏目引发了这样一个思考：美国现在是否有一个工薪阶层的“战士阶层”？

（七）大众传媒与战争

我们通过大众传媒提供的故事和图片来了解这个世界，当然，战争新闻并不是什么新鲜事。但是伊拉克战争是第一次有电视摄制组与美国军队同行的战争，摄制组报道了军事行动的进展。几年来，有线电视频道每天24小时、每周7天播放有关战争的实况报道。

大众传媒不仅报道事件，而且对事件进行建构，引导观众的理解和解读。批评伊拉克战争的媒体，特别是阿拉伯新闻频道“AL- Jazeera”，倾向于报道冲突的缓慢进程，夸大美国和盟军的伤亡人数，并详细报道伊拉克平民的伤亡情况。所有这些信息以及随之而来的“引导”意在增加结束战争的压力。支持伊拉克战争的媒体——包括美国的大多数新闻机构——倾向于报道战争的快速进展，关注萨达姆·侯赛因军队的伤亡，并将对伊拉克平民的伤害轻描淡写，认为这些伤亡

个人故事　战争中的孩子：不会因为太小而不杀人

人们叫他“TS”。对某些人来说，他可能看起来像一个12岁的男孩。他的脸庞比他的实际年龄要苍老得多。TS是一名有六年战斗经验的士兵。他在西非的塞拉利昂——一个饱受战争蹂躏的国家——的前线作战。在对边境村庄的突袭中，TS杀害了许多人。他见到的暴力太多，以致难以入睡，经常尿床。

这个男孩士兵的故事开始于反抗军入侵TS的村庄。士兵们杀死了他的父母，绑架了这个当时只有6岁的男孩，并告诉他，他现在是一名自由战士。TS加入了塞拉利昂数千名儿童兵的行列。

绑架儿童的军队通常会诱导他们反对自己的亲戚和邻居，这一策略让儿童无处可去。被社会孤立的儿童很容易被塑造成战士，许多儿童对军队产生了对家庭的忠诚。许多儿童很容易服从命令开枪杀人，甚至充当人体炸弹。

据瑞士组织“停止使用儿童兵联盟”称，在南美、非洲和亚洲大约30个低收入国家，多达30万名儿童当了士兵。这么年轻的人应该穿上军装吗？的确，在许多低收入国家，成年开始的时间比美国要早得多。许多六七岁的儿童为了收入而工作；在13或14岁时，许多儿童结婚并扮演成人角色。但大多数成为士兵的儿童在这个问题上几乎没有选择。在当了一年的兵后，他们会被社会化而过着一种暴力的生活，并可能会很难以其他方式生活。

那么富裕国家呢？一些批评人士说，它们也剥削儿童。例如，在英国，海军招募16岁的年轻人，而17岁的年轻人加入了其他军队。美国军方还允许17岁的年轻人在征得父母同意的情况下参军。联邦政府估计，美国的武装部队中目前有多达6 800名17岁的青少年（Hermes，2005；Coalition to Stop the Use of Child Soldiers，2008）。

你怎么看？

1. 在贫困国家，大多数儿童为了收入而工作。鉴于这一事实，参军与做别的工作有什么不同吗？解释你的观点。
2. 大多数高收入国家立法禁止儿童参军，但许多低收入国家要么没有这些法律，要么不执行。其他国家应该如何帮助被迫服兵役的儿童？
3. 在伊拉克服役的美国士兵只有18岁，履行这种义务的公民是否太年轻了？理由是什么呢？

社会焦点问题　我们的志愿军已经变成战士阶层了吗？

海军陆战队中士亚历克斯·雷蒙斯（Alex Lemons）在完成了三次在伊拉克的任务后，于2008年回到了和妻子在犹他州的家中。他很高兴把战斗抛诸脑后。但他回到美国的感觉并不像回家。“我在这里感觉像在伊拉克一样陌生。”雷蒙斯坐在自己家的客厅里说。雷蒙斯解释说，当他回来后，他在任何地方都找不到这个国家被卷入战争的证据。大多数人对美国一直在伊拉克作战这一事实并不怎么在意。雷蒙斯认为这是一个主要的问题：美国社会中的绝大多数人不再直接参与军事行动。

情况并非总是如此。在第二次世界大战期间，大约9%的美国人在军队服役。几乎所有待在家里的人都参与了战争：他们在国防工厂工作，参与对重要物资的配给，购买债券为战争提供资金。相比之下，今天美国军队人口只占美国总人口的0.5%，大多数家庭没有人在军队服役。自2001年9月恐怖袭击以来，在军队服役的18岁以上的人只占美国总人口的1%，这就使得99%的人没有直接参与到兵役中。这一不平等程度与“占领华尔街运动”的动员程度相同——然而，在这种情况下，“1%”的人做了所有的工作。

现在服兵役的人口只占美国总人口的一小部分，原因有很多。最重要的因素是，在1973年，随着越南战争的结束，强制征兵政策为志愿参军政策所取代。第二个因素是性别，当今84%的军人是男性。第三，军队绝大多数驻扎在这个国家的某些地区——美国南方有大量的代表。事实上，半数现役军人只驻扎在五个州：弗吉尼亚州、北卡罗来纳州、佐治亚州、得克萨斯州和加利福尼亚州。除此之外，还有其他因素也在起作用：大多数人因有犯罪记录或体重超标而没有资格参军。

当把所有的因素综合在一起时我们发现，今天的军人大都是来自乡村和小城镇的男性，他们生活在比较传统的地区，坚守荣誉、纪律和爱国主义等军事价值观。虽然这些人几乎没有一个是在贫困中长大的，但大多数人来自工薪阶层家庭。通常，他们认为服兵役是获得有经济保障的工作经历的一种途径。

服兵役的负担落在美国社会越来越“薄”的那部分人身上。这个事实在越南战争后的美国国家领导层中也很明显：当时几乎80%的国会议员是退伍军人，而如今，这一比例已降至22%。至于在大众传媒，包括报纸、电视和电影工作的人，几乎没有人有军事经验。鉴于此，我们很容易理解一位住在华盛顿州、丈夫在阿富汗作战的军人妻子的沮丧。她回忆道：“塔利班上周炸毁了一辆公共汽车，导致17人丧生，但我对此一无所知，因为新闻上没有这一消息。这让我觉得没人在乎。人们在乎的是类似卡戴珊姐妹离婚之类的事情——这经常出现在新闻中——但是我们的士兵们正在死去，而你却没有听说过。”（Thompson，2011）

加入博客！

你认为服兵役的责任应该由1%的成年人来承担吗？你是否支持恢复强制征兵，并将其作为在整个阶层结构中分散这种责任的一种手段？请来MySocLab加入社会学焦点博客，分享你的观点和经验，并了解其他人的想法。

是最小的和无意造成的。显然，这种“引导”是为了鼓励对战争的支持。

从任何角度来看，现在的大众传媒都在为全球范围内的武装冲突提供有选择性的信息。塑造我们所感知到的现实的力量意味着，电视和其他媒体对于冲突结果的重要性，几乎与正在进行实际战斗的军队一样。

（八）核时代的战争

在20世纪40年代中期，随着**核武器**（nuclear weapons）的发展，战争变得更加致命。核武器是*一种利用原子反应产生巨大破坏力的炸弹*。核武器只有两次被用于战争。1945年，在第二次世界大战即将结束时，美国向日本投下了两枚原子弹。第一次爆炸发生在广岛，第二次爆炸发生在长崎。每一次爆炸都立即造成10万人死亡，整座城市被夷为平地。今天，据估计全世界大约有20 500枚核武器，其中5 000多枚是可使用的。这些核武器中大多数的威力是在日本投下的原子弹的数千倍（Stockholm International Peace Research Institute，2011）。

1. 核武器的增加和扩散

第二次世界大战后的军备竞赛导致美国和苏联建立了大量的核武器库。自第二次世界大战结束以来，这两个超级大国已经制造了大约12.5万枚核弹；在20世纪60年代冷战期间，两国的核武器数量达到了顶峰，当时核武器的规模是消灭地球上所有生命所需的武器规模的许多倍。

1991年苏联解体后，俄罗斯联邦和美国逐渐减少了其核武器储备。到2011年，两国拥有约6 800件核武器（美国2 150件，俄罗斯联邦4 650件）。双方通过了一项减少核武器数量的协议，规定每个国家拥有不超过1 550枚作战弹头，并允许双方通过一个视察系统核查对方的作战弹头数量。

但是这些超级大国并不是唯一拥有核武器的国家。美国、英国、法国、俄罗斯、以色列、印度、巴基斯坦、中国，可能还有朝鲜，都是拥有强大核能力的国家。

近几十年来，全球出现了**核扩散**，即*越来越多的国家获得了核武器技术*。核扩散增加了地区冲突的可能性，比如2002年印度和巴基斯坦之间的紧张局势，或者2012年以色列和伊朗之间的紧张局势，都可能引发核武器的使用（Fellow，2012）。使用核武器不仅会造成巨大的伤亡，而且很可能会把其他国家卷入冲突。

一些国家——阿根廷、巴西、南非和利比亚——决定停止发展核武器。在未来几十年里，世界上可能有多达50个国家至少拥有一些核武器。因此，核扩散不仅增加了地区冲突演变成全球战争的可能性，也增加了“松散的核武器”落入恐怖分子手中的可能性（Stockholm International Peace Research Institute，2011；Zenko，2012）。

2. 核战争的影响

核武器的威力超出我们的想象。美国投放在广岛的原子弹是一种“原始”的1.5万吨的炸弹，这意味着它拥有1.5万吨TNT炸药的爆炸力。 451
那颗炸弹足以摧毁一座大城市。世界核武库中的许多弹头的当量相当于5 000万吨TNT炸药的当量，是广岛原子弹的3 000倍。

即使是一个相对较小的百万吨级的核弹，一旦被引爆，其温度也会超过太阳表面的温度。这样的热量将瞬间蒸发附近1英里范围内的任何东西，由此产生的大火将烧尽10英里范围内的所有东西。核弹还会产生向外扩散的冲击波，摧毁沿途的一切，其碎片将飞到空中并形成巨大的蘑菇云。在随后的日子里，放射性碎片将像雨点一样落在大片区域里（Sagan & Turco，1990）。

一些科学家声称，即使是一次爆炸几枚核弹，也会有足够多的碎片和尘埃进入大气层，从而在数月甚至数年内阻挡太阳射线到达地球表面。这一事件将引发核冬天，使地球大气冷却50华氏度（10摄氏度）。由此产生的昏暗和极寒，加上核辐射，可能会杀死地球上大部分的植物和动物。如果在战争中多次使用核弹，地球上的所有生命都可能消失（Sagan & Turco，1990）。

（九）和平的策略

考虑到核时代难以想象的战争恐怖，世界各国必须寻求和平。但这是怎么发生的呢？维持和平有几种策略，包括威慑、高科技防御、军备控制和解决潜在冲突。

1. 威慑

威慑（deterrence）是*一种以报复相威胁的维持和平的战略*。威慑的逻辑——也被称为确保相互毁灭（mutual assured destruction，MAD）——已经帮助防止了60多年的全面战争。尽管取得了这一成功，但威慑作为通向和平的道路有三个缺点。第一，核军备竞赛的成本非常高，拿走了很多本应用于教育、住房、营养和医疗保健项目的钱。第二，今天的潜射导弹能够在几分钟内运
送核弹头。如果一个国家的领导人认为自己受到 452
了攻击，那么他们几乎没有时间来决定是否发动报复性袭击——或者也许他们的电脑会帮他们决定。在这种情况下，犯错以及被卷入一场意外的战争的风险是很高的。第三，威慑不能控制核扩

世界之窗　全球视野中的核武器

2011 年，世界上有 9 个国家拥有核武器。一些国家，尤其是高收入国家，虽然有能力制造核武器，但选择不制造。你认为 2050 年将有多少国家拥有核武器？

资料来源：Stockholm International Peace Research Institute（2011）.

散。随着越来越多的国家发展核武器，核武器被用于战争或被恐怖分子利用的风险也不断增加（Kugler & Organski，1989）。

2. 高科技防御

维持和平的第二个策略是使用包括卫星在内的新技术来防御核攻击。1981 年里根政府首次提出的“星球大战”计划（Strategic Defense Initiative，SDI）就是这样一个项目。理论上，这样的系统可以在敌人的导弹发射后立即探测到它们，并在它们重新进入大气层之前用激光和粒
453 子束摧毁它们。

但这种方法存在问题。第一，在花费了超过 1 000 亿美元之后，“星球大战”计划的初步测试并没有显示出多大的成效（Hsin，2003）。第二，如果一个国家部署这样的系统，那么其他国家可能会将这种努力视为准备开战的信号。到 2012 年，奥巴马政府已经放弃了“星球大战”计划，转而支持在欧洲安装导弹防御系统，该系统基于精密雷达和火箭，以防范从伊朗向欧洲发射的任何核导弹。

3. 军备控制

维持和平的第三个战略是**军备控制**（arms control），即*关于发展、试验、生产和部署武器的国际协定*。自第二次世界大战以来，军备控制的重点一直是限制美国和苏联的核武器储备。在 20 世纪 70 年代，两国进行了战略武器限制谈判，这导致双方达成协议，冻结各自持有的核武器数量，并限制发展反导防御系统。在 20 世纪 80 年代和 90 年代，美国和苏联（1991 年后为俄罗斯联邦）参加了战略武器限制谈判，这使两国都减少了其可操作的核武器的数量（Norris & Kristensen，2012）。

军备控制有一定的局限性。第一，以现有武器为重点的条约可能无助于减缓武器更新甚至是更强大的武器的发展。第二，即使进行检查，也很难核实各国是否遵守了军备控制协议。第三，尽管最近在军备控制方面取得了进展，但仍有足够的核武器可以摧毁整个地球。因此，更重要的问题是解决可能导致核武器的使用的潜在冲突。

4. 解决潜在冲突

维持和平的最有效的途径是通过*外交*（diplomacy）策略解决冲突。和平取决于国家领导人和派驻各国的大使的努力，以及联合国等国际机构的工作。近年来，外交官们用“和平进程”一词来指冲突各方之间的反复谈判，包括每一方为结束敌对行动以换取理想的目标而采取的步骤。和平谈判总是困难的，并不是每一个参与冲突的人都想要和平，至少不是所有人都会同意所有的条款。例如，中东和平进程已经持续了几十年，但以色列和巴勒斯坦之间的暴力冲突仍在继续。

当今世界各地，由于领土争端、种族、宗教、意识形态和不平等等原因，国家和民族内部存在着数百起冲突。人类能够解决所有这些冲突似乎是一种一厢情愿的想法。事实仍然是，世界各地在战争武器上的花费远远超过在和平战略上的花费（Dedrick & Yinger，1990；Kaplan & Schaffer，2001）。

有些人已经对追求和平做出了一生的承诺。最具影响力的人物之一是印度领导人甘地（Mohandas Gandhi，1869—1948），他的经验在第 419 页的“建构社会问题决定性时刻”栏目中得到了描述。

二、恐怖主义

恐怖主义（terrorism）是指*非法的，通常是*

建构社会问题
决定性时刻

莫汉达斯·甘地：传达和平的信息

莫汉达斯·甘地（Mohandas K. Gandhi）是一个身材矮小却传递出强有力的信息的人。他把自己的生活建立在这样一种理念之上：实现和平与正义最有效的途径不是战争，而是非暴力。

甘地的主要目标是把他的祖国印度从英国的殖民统治下解放出来。他主张非暴力不合作策略，鼓励每个人礼貌但坚定地拒绝与他们认为是错误的系统合作，而不是诉诸军事手段或自杀式炸弹袭击，以及其他当今世界常见的恐怖主义形式。

这是他最有效的策略之一。甘地敦促印度人民自己做衣服，而不是购买英国生产的衣服——这些衣服是剥削性殖民经济体系的一部分。纺车成了他反抗的象征，印度人民虔诚地称他“圣雄”（“伟大的灵魂”）。

甘地面临着许多挑战，他一生中多次被捕。但在1947年，他创立的运动成功地结束了英国的殖民统治。不幸的是，在仅仅一年后，这个追求和平的人被一个疯狂的对手开枪打死了。但是他的影响仍然存在，并且他的理念为包括美国民权领袖马丁·路德·金在内的许多人所接受。

由个人、团体或政府为实现政治目标而采取的随机的暴力行为和暴力威胁。每天，世界上总有某些地方会发生一些重大的恐怖主义行为（U.S. Department of State，2011）。

战争涉及一场通常遵循国际法和公约的持续冲突。而恐怖主义包括零星和不可预测的暴力行为，它们能引起广泛的恐惧。恐怖主义行为，包括爆炸、劫持和暗杀，通常被个人或团体用来对
454 付更强大的敌人。

有些恐怖分子是个别的激进分子，而另一些恐怖主义则是受政府支持的。**国家支持的恐怖主义**（state-sponsored terrorism）是*一国政府向在另一国从事暴力活动的恐怖分子提供资金、武器和训练的行为*。例如，当塔利班政权控制阿富汗时，当地政府为“基地”组织成员提供军事训练和其他支持，这些成员后来对美国和其他国家发动了恐怖袭击。2001年9月11日恐怖袭击后的十多年里，美国一直在阿富汗从事军事行动，目的是把塔利班赶下台，削弱“基地”组织网络。美国政府声称，伊朗、古巴、苏丹、叙利亚和其他一些国家也支持恐怖主义（U.S. Department of State，2011）。

任何关于恐怖主义的讨论都可能涉及争端双方。各组织可能会利用恐怖主义将全世界的注意力集中在它们声称是“公平的”和“好的”议题和要求上。他们将暴力行为定义为对某些不公正行为的合法政治回应。出于这个原因，人们是谴责还是庆祝恐怖主义行为取决于他们处于争端的哪一方。例如，美国政府谴责“基地”组织从事恐怖主义活动，“基地”组织领导人对美国的看法也大同小异。美国还声称，伊朗存在国家支持的恐怖主义，以支持黎巴嫩境内经常与以色列交战的真主党武装分子。伊朗反驳说，以色列在美国的支持下，对邻国发动恐怖主义活动。简而言之，我们给这些行动者贴上“恐怖分子”还是“自由战士”的标签反映了我们的政治立场（Sheehan，2000；J.C.Jenkins，2003；U.S. Department of State，2011）。

政府也对自己的人民使用恐怖主义。**国家压制的恐怖主义**（repressive state terrorism）是指*政府在本国境内使用暴力镇压政治反对派*。许多国家的政府会利用绑架、酷刑、强奸和大规模谋杀来掌权。阿道夫·希特勒在纳粹时期使用秘密警察和一个集中营系统来控制或杀死任何他认为有威胁的人。20世纪70年代，波尔布特对柬埔寨人民发动了一场镇压性的国家恐怖主义运动。在被美国军队推翻之前，萨达姆·侯赛因牢牢地控制着伊拉克人民。自2011年以来，巴沙尔·阿萨德（Bashar al-Assad）利用暴力手段在叙利亚继续掌权。

（一）恐怖主义的范畴

在2010年，全世界有超过11 600起恐怖袭击，共有13 186人（包括7 313名平民）丧生，其中包括15名美国公民。恐怖主义对37 000多人造成严重伤害。这些袭击大多发生在伊拉克和阿富汗，但主要的恐怖袭击发生在其他国家，包括巴基斯坦、索马里和印度（U.S. Department of State，2011）。

1. 恐怖主义：一个全球视角

在至少一个世纪以来，恐怖主义在结束世界许多国家殖民统治的努力中发挥了作用。例如，1916年，反对英国统治的爱尔兰人组建了爱尔兰共和军，目的是迫使英国人离开爱尔兰。1922年，英国人放弃了对爱尔兰大部分地区的主权，但仍然控制着被称为北爱尔兰的三个郡。在那之后的几十年里，爱尔兰共和军也把恐怖主义作为夺回北爱尔兰控制权的一种手段。

世界各地发生了许多其他的恐怖主义活动。第二次世界大战后，犹太复国主义运动的一个激进派别试图在中东建立一个犹太国家，利用恐怖主义把英国人从巴勒斯坦赶走。1954年，一个名为茅茅的组织利用恐怖主义迫使英国殖民者离开了非洲国家肯尼亚。同一年，阿尔及利亚恐怖分子开始在本国对法国公民发动暴力袭击，这在1962年结束法国对阿尔及利亚的殖民统治中发挥了作用。近几十年来，致力于在以色列控制的土地上建立巴勒斯坦国的组织已经使以色列成为恐怖主义的目标（U.S. Department of State，2003，2008，2011）。

近年来，世界上有相当数量的恐怖主义指向美国。1993年，“基地”组织成员在纽约市中心商业区的世贸中心引爆了一辆装满炸药的卡车，造成了6人死亡，1 000多人受伤（Hughes，1998）。1998年，同一组织在坦桑尼亚和肯尼亚的美国大使馆引爆了炸弹，杀死了257人，并使5 000多人受伤。美国历史上最致命的恐怖袭击发生在2001年，“基地”组织恐怖分子劫持了两架满载乘客和燃料的客机，分别撞向纽约世界贸易中心的双塔和华盛顿的美国国防部五角大楼，带走了3 000多人的生命。在另一架被劫持的飞机上，乘客曾与恐怖分子作战，飞机最终坠毁在宾夕法尼亚州的郊区。 455

以美国为目标反映了美国在世界上的军事、经济和政治实力。此外，包括“基地”组织在内的一些激进组织将美国定义为世界上的邪恶势力（Thomas & Hirsh，2000；U.S. Department of State，2011）。

2. 美国历史上的恐怖主义

虽然在美国，很多人认为恐怖分子是来自其他国家的人，但美国本土的恐怖主义历史悠久。在废除奴隶制之后，三K党和其他组织使用焚烧十字架、殴打、私刑和爆炸来阻止非裔美国人行使他们新获得的政治权利。历史学家估计，在美国内战结束后的一个世纪里，有5 000多名黑人被白人至上主义暴徒处以私刑（Williams，2000）。

20世纪初，许多公司——有时在警察的支持下——使用暴力来阻止工会的组织和行动。一些劳工组织进行了反击。激进左派工会组织世界产业工人联盟（Industrial Workers of the World，IWW）开始了一场反对资本主义的战争行动，包括暴力罢工、爆炸和暗杀（Lukas，1997）。在20世纪60年代，一些激进左派学生成立了“地下天气”（Weather Underground）组织，该组织致力于通过摧毁国家经济和军事体制来建立一个无阶级社会。该组织实施了一系列暴力袭击，包括1975年对美国国防部五角大楼的轰炸（Finlayson，1998）。 456

1995年4月19日，退伍军人蒂莫西·麦克维（Timothy McVeigh）在俄克拉何马城的默拉联邦大楼前停了一辆装满炸药的卡车。他作为一名激进右派人士，这次行动是为了报复美国联邦政府在爱达荷州的鲁比里奇对兰迪·韦弗采取的行动，以及在得克萨斯州韦科的大卫教派大院采取的行动。这次爆炸造成168人死亡，数百人受伤，其中许多是儿童。麦克维于2001年因犯罪而被处决。

（二）恐怖主义的代价

恐怖主义的一个巨大代价是生命的损失和人身的伤害：近年来，全世界有成千上万的人被恐怖主义杀害或伤害（U.S. Department of State，

2011）。人质和其他恐怖袭击的幸存者，比如遭受战场创伤的士兵，很可能会经历创伤后应激障碍。同样重要的是，这种行为引起了广泛的恐惧。在2001年9月11日恐怖袭击发生后，每个美国人都能回想起那天发生的事件所带来的恐惧和焦虑。对于生活在伊拉克的人来说，恐惧和焦虑几乎每天都存在。

恐怖袭击的经济代价是无法估量的，但可能高达数千亿美元。除了财产的直接损失之外，恐怖袭击对整个经济的影响也是巨大的。在“9·11”恐怖袭击发生后，纽约世界贸易中心附近整片区域的经济瘫痪了好几年。同样，在劫机事件发生之后，航空旅行急剧减少，迫使几家航空公司破产。

如果我们计算一下美国“反恐战争”的全部费用（包括支持它的所有军事支出），那么总数肯定会达到数万亿美元。如此巨额的资金是难以想象的，但很明显这么大的一笔钱可以轻易终结这个世界上任何一个地方的贫困。

（三）作为战争的恐怖主义

恐怖主义已成为一种新型战争。与战争一样，恐怖主义是武装冲突的一种形式，但它与常规战争在四个主要方面有所不同（Ratnesar，2003；Jenkins，2012）。

1. 冲突各方的情况并不清楚

战争通常发生在相互了解的国家之间。恐怖主义是由有组织的团体进行的，其身份、领导、成员和地点可能不为人所知。在美国发动反恐战争多年后，关于“基地”组织还有很多需要了解的地方。

2. 恐怖组织的目标没有明确说明

战争通常有明确的目标，比如获得领土。相比之下，恐怖组织的目标可能并不明确。尽管“基地”组织显然有伤害美国的意图，但“9·11”恐怖袭击和其他恐怖主义行为的确切目标从未得到明确表述。

3. 恐怖主义是不对称的

传统的战争是对称的，敌对双方将其军队投入战斗。相比之下，恐怖主义是一种不对称的或者说不平衡的冲突，在这种冲突中，少数攻击者利用恐怖活动和他们自己的死亡意愿来对抗一个强大得多的敌人。

4. 恐怖主义没有明确的开始和结束

根据布赖恩·迈克尔·詹金斯的说法，美国人通常认为冲突有明确的开始和结束日期。但是，他解释说，“基地”组织认为目前与美国的冲突是信仰者和无信仰者之间长期历史斗争的延续。因此，虽然具体的恐怖袭击可能会在特定的时间发生，但更大的冲突可能会持续几代人。

（四）应对恐怖主义的策略

应对恐怖主义的五项策略是美国官方政策的一部分：不做让步、起诉或杀死恐怖分子、实施经济制裁、动用军事力量，以及防范恐怖主义。除了这些策略外，各国还必须解决恐怖主义的根源，以打击恐怖主义（Tucker，1998）。

1. 不做让步

许多国家领导人表示，他们永远不会向恐怖组织屈服。这一策略基于这样一种逻辑，即给予恐怖分子他们想要的东西（通过支付赎金、交出土地或释放囚犯等方式），只会鼓励他们进一步的暴力行为。一些国家表示，它们甚至不会与恐 457
怖分子谈判。

但批评人士称，不做让步的策略对恐怖主义几乎没有影响。他们指出，许多恐怖组织并不是在寻求妥协，它们只是希望尽可能地造成破坏。此外，研究表明，不做让步后的恐怖袭击数量与让步后大致相同。

2. 起诉或杀死恐怖分子

对付恐怖分子的第二项策略是刑事起诉。美国联邦政府成功地起诉了麦克维，因为他在2001年造成了俄克拉何马城爆炸案。2006年，在2001年9月11日恐怖袭击中被指控的第二十名劫机者扎卡里亚斯·穆萨维（Zacarias Moussaoui）被判处终身监禁。在某些情况下，美国军方试图杀死恐怖组织领导人。2006年，美军成功地追捕并击毙了伊拉克“基地”组织头目阿布·穆萨布·扎卡维（Abu Musab al-

Zarqawi）。2011 年，美军成功地在巴基斯坦追捕并击毙了包括本拉登在内的几名“基地”组织高级头目。

3. 实施经济制裁

美国对一些被认为支持恐怖主义的国家实施了经济制裁或贸易限制，其中包括利比亚、叙利亚、伊拉克、朝鲜和伊朗。经济制裁可能会对另一个国家造成伤害，但如果真的发生了，那么想要消除这种经济制裁造成的影响可能需要数年时间。此外，经济制裁可能会伤害一个国家的平民，而对领导人的影响很小。例如，对古巴的制裁可能损害了普通民众的生活水平，但没有对该国领导人菲德尔·卡斯特罗和劳尔·卡斯特罗的权力构成威胁。

4. 动用军事力量

惩罚恐怖分子及其支持者的第四项策略是直接动用军事力量。1986 年，在欧洲的美国公民遭到恐怖袭击，随后美国轰炸了利比亚。波斯湾战争后，美国轰炸了伊拉克，因为伊拉克攻击了库尔德人。2001 年 9 月 11 日之后，美国发动了阿富汗战争。2003 年，美国入侵伊拉克并驱逐其领导人，声称这些领导人计划参与针对美国的恐怖主义活动。2011 年，多国部队将利比亚的奥马尔·穆阿迈尔·卡扎菲赶下了台。

当然，使用任何武力都是有风险的，因为它可能引发进一步的恐怖袭击。此外，参战几乎总是有争议的，美国公众和世界其他各国领导人对美国在伊拉克使用武力的负面反应就清楚地表明了这一点。

5. 防范恐怖主义

第五项策略是让恐怖主义更难实施。25 年来，美国政府采取了各种各样的安全措施来保护机场、建筑物和民众。此外，政府收集情报数据是为了识别恐怖组织，监控它们的活动，防止它们的袭击。在 2001 年 9 月 11 日恐怖袭击后不久，美国国会通过了《美国爱国者法案》（USA PATRIOT Act），该法案极大地扩大了政府官员监督美国民众行为的权力。美国国会在 2005 年更新了该法案，在 2011 年又更新了该法案的条款。

美国政府领导人声称《美国爱国者法案》起到了作用，防止了新的袭击。批评人士回应说，赋予政府如此广泛的权力会威胁到公民的自由，这可能比恐怖主义本身对国家的危害更大。第 423 页的“社会政策”栏目对这一争议进行了更深入的研究。

6. 解决恐怖主义的根源

最后一个问题可能是最重要的，但它通常很少受到关注。它指出，有必要首先审视促使人们参与恐怖主义的根本冲突和条件。

这种观点既不假定恐怖分子的主张是正确的，也不宽恕恐怖分子对无辜人民使用暴力。但它确实帮助我们看到，恐怖主义是弱势群体的一种狂热信念，是他们受到了不公平的对待后产生的症状。如果这些人有更多的机会表达他们的不满，如果世界强国对全球不平等表现出更大的兴趣，并对实力较弱者的文化表现出更大的尊重，那么恐怖主义行为可能会减少。 458

三、战争和恐怖主义理论

理论涉及组织事实以获得理解。接下来的内容首先考虑了生物理论的价值，然后将社会学的各种理论方法应用于战争和恐怖主义研究。

（一）生物理论的冲突

战争和暴力的倾向是人类的天性吗？一些生物学家声称是这样。康拉德·劳伦兹（Konrad Lorenz，1966, 1981）声称，就像有些动物会保卫巢穴或洞穴一样，人类也会诉诸战争来保卫自己的家园。

爱德华·威尔逊（Edward Wilson，1975）认为，人类某些类型的行为，包括战争和侵略，是雄性在繁殖过程中相互竞争的结果。在大多数动物中，雄性动物为了获得与雌性动物的性接触而相互争斗。然而，就人类而言，这一过程更为复杂。威尔逊认为，更具攻击性的男性通常会获得更高的社会地位，而这反过来又会吸引女性。威尔逊继续说，平均而言，好斗的男性比不那么好斗的男性更有可能繁衍后代。经过数百代人的

社会政策 《美国爱国者法案》：我们是更安全了，还是更不自由了？

《美国爱国者法案》由美国国会通过，并在2001年10月底，也就是“9·11”恐怖袭击后不到两个月，由乔治·W. 布什总统签署颁布为法律。美国国会于2005年重新授权该法案，并在2011年更新了该法案的条款。

美国国会通过这项法案的依据是，美国很可能成为未来恐怖袭击的目标，美国需要更好地保护自己。实际上，该法案赋予了美国执法官员和在海外工作的情报机构更大的权力，使他们能够更有效地打击恐怖分子。

根据这项法案，执法部门可以通过监视电子邮件、检查对可疑网站的访问、窃听电话和密切检查银行账户来追踪恐怖嫌疑人。该法案的支持者——民意调查显示，大多数美国成年人支持这一法案，但支持者比例正在下降——认为，该法案使美国更加安全，并指出，自法案通过以来的几年里，美国本土从未发生过重大的恐怖袭击。

批评人士不同意。首先，一些批评人士怀疑这些新势力对于打击恐怖主义是否是必要的。其次，大多数批评人士声称，扩大政府权力有一个严重后果是限制公民的自由。一位前共和党国会议员说：“我们都想与恐怖主义作斗争并赢得战争，但绝对没有必要牺牲公民的自由。”政府监控全美人民的电话、电子邮件、网站访问和银行账户的想法引起了许多自由派人士和一些保守派人士的极大关注。一些国会议员声称，如果公众知道政府机构在多大程度上监控了美国公民的私人生活，那么他们一定会感到“震惊”和“恐慌”。许多人担心法律赋予了政府过多的权力，使政府可以压制合法的异议。

2011年，国会只更新了《美国爱国者法案》的某些条款。也许这一政策的支持者和反对者的看法都有一部分是正确的。这项法律很可能有助于官员们保护国家不受恐怖主义的侵害。但是任何赋予政府更大权力的法律都会减少公民的个人自由（Center for Constitutional Rights，2003；Stolberg，2006；Savage，2012）。

你怎么看？

1. 捍卫国家安全需要放弃一些个人自由吗？你的理由是什么？
2. 你介意政府官员阅读你的电子邮件或检查你的银行账户以寻找你可能计划从事恐怖主义活动的证据吗？解释你的立场。
3. 《美国爱国者法案》的支持者数量比以前减少了。你认为这一趋势反映的事实是美国没有发生任何额外的恐怖袭击吗？这是否反映了美国民众政治态度的转变？解释你的观点。

努力，这一过程确保了有利于攻击的遗传性状在人类物种中更加普遍。

- **评价**

大多数社会学家倾向于否定人类天生具有攻击性的说法。他们指出，人类自己在行动上做出选择，并且人类不像动物那样完全受生物本能的引导。社会学家指出，文化和社会结构是对人类行为影响最大的因素，这并不奇怪。这些因素，而不是生物性，使得一些社会比另一些社会更好战。如果战争对人类来说是自然发生的，那么为什么国家要竭尽全力说服其人民去打仗呢（Montagu，1976）？

学习检验 生物学家是如何解释他们所看到的人类行为的侵略性倾向的？为什么社会学家反对这个论点？

（二）结构功能分析：冲突的功能

结构功能方法强调了战争和其他冲突对社会的作用。虽然战争在生命和财产损失方面有明显的代价，但它可能实现重要的目标。

在两个世纪前，普鲁士军事理论家卡尔·冯·克劳塞维茨（Carl von Clausewitz，1780—1831）研究了战争的功能。他总结道，战争只是通过其他方式进行的政治活动。国家为了实现政治目标，例如获得土地或提高国际威望而进行战争。克劳塞维茨（1968，orig.1832）总结道，如果国家预计战争的收益会超过可能的代价——当然，前提是国家领导人确定这是一场能赢的战
459 争——*那么，战争可能是一个好策略*。

历史告诉我们，战争往往不是一种成功的战略，许多发动战争的国家最终以失败告终。但今天的社会学家指出，战争仍有重要的政治结果。世界上的大部分领土边界是通过战争划定的。同样，战争甚至恐怖主义在建立包括美国在内的新国家中发挥了重要作用。在整个 20 世纪，战争和恐怖主义一直是少数族裔和宗教少数派寻求建立自己的民族国家的一种战略。如前所述，恐怖主义可以作为一个团体或国家对抗强大得多的敌人的有效策略。

战争和恐怖主义的一个重要功能是团结一个国家的人民，将他们团结在一个爱国事业周围。与生活方式不同的国家或群体的冲突也有助于澄清和加强社会的文化价值。军事行动还创造了数万个就业机会，极大地促进了经济的发展。此外，我们今天认为理所当然的许多技术发展，包括州际公路、高速飞机、移动电话和互联网，都是军事研究的产物。

最后，战争在改善女性和其他少数族裔的社会地位方面发挥了作用。例如，在第二次世界大战期间，非裔美国人和各种肤色的女性第一次在生产战争装备的工厂里获得了好工作（Flexner，1975；Chafe，1977；Galbraith，1985）。第 425 页的“多样性：种族、阶级和性别”栏目介绍了当今军队中女性的地位。

- **评价**

首先，结构功能方法的批评者要问的是，当战争武器威胁到整个国家，甚至可能毁灭整个地球时，我们如何能把战争看成是具有积极影响的。其次，在指出战争和其他暴力冲突的积极作用的同时，这种理论方法低估了战争的巨大代价，包括生命和财产的损失以及对环境的破坏。再次，战争的代价和好处对每个人来说都不一样。政治和军事领导人以及生产和销售战争武器的人可能会从冲突中获益，但真正参与战斗的普通人通常会付出高昂的代价。最后，冲突的现实始终是人们如何定义它的问题，这就引出了符号互动方法。

学习检验 通过把结构功能方法应用到战争和恐怖主义中，我们学到了什么？对这种理论方法有哪些批评？

（三）符号互动分析：冲突的意义

符号互动方法关注的是人们对战争和其他类型的暴力冲突赋予的意义。当该方法指出一方的“恐怖分子”（问题的一部分）很可能是另一方的“自由战士”（解决方案的一部分）时，意义的重要性就被提出了。

一般来说，国家领导人使用象征和意义，以特定的方式“编造”战争的现实。人们倾向于把自己国家的事业定义为正义的，宣称其士兵“与上帝同在”。此外，人们用各种符号和意义妖魔化敌人。一代人之前，罗纳德·里根总统在为扩大军费支出辩护时，曾将苏联描绘成一个对整个世界构成威胁的“邪恶帝国”。近些年，美国总统布什将伊朗、伊拉克和朝鲜称为“邪恶轴心”。伊朗总统回敬了美国，称美国是“大撒旦”。

在军队里，新兵接受的训练是把敌人定义为非人类。例如，在越南战争中，许多美国士兵学会了把越南士兵视为“傻瓜”。当然，以这种方式使士兵失去人性，会让杀死敌人变得更容易（Said，1981；Aditjondro，2000）。

- **评价**

符号互动方法告诉我们，战争是一场不仅用枪，而且用语言和其他手段——将自己定义为正义的，而将对手定义为非正义的——进行的对抗。但这一理论方法并没有说明权力在国际冲突中的作用。事实证明，“正确”的一方通常是军事实力更强的一方。此外，在一个社会中，有些人会宣战，而另一些人则应战。有些人从军事行动中赚钱，有些人则失去一切。为了进一步了解不平等如何塑造战争，我们求助于社会冲突方法。

学习检验 通过把符号互动方法应用到战争和恐怖主义中，我们学到了什么？这种理论方法有哪些局限性？

多样性：种族、阶级和性别　军队里的女性：有平等的杀人权利？

尽管大多数人认为军队是男人的世界，但女性自殖民时期以来一直在美国军队服役。在第二次世界大战开始时，女性占美国军队的 2%。如今，女性在美国军队中约占 14%，在伊拉克和阿富汗战争中阵亡的 6 300 多名士兵中，女性约占 2%（U.S. Department of Defense，2012）。

尽管如此，在战斗中服役的女性仍然有些不安。一些反对女性参战的人指出，平均而言，女性的体力不如男性。其他人则反驳说，在当今的高科技战争中，体力在武装冲突中所起的作用越来越小。对今天的士兵来说，精神力量可能更重要，数据显示，与男性士兵相比，女性士兵受教育程度更高，也更聪明。

同样重要的是，在这个高科技时代，战斗人员和非战斗人员之间的界限很难划清。例如，一个在敌方阵地发射导弹的战斗士兵可能离真正的爆炸只有几英里远。与此同时，一支使用直升机的非战斗小组可能会因在战场上携带伤员而遭到攻击。

也许反对让更多女性参与战斗的最大力量是传统观念，即女性是给予他人生命和帮助的养育者。只要美国文化以这种方式定义女性，军方就很可能会抵制将女性置于危险之中。

你怎么看？

1. 在今天的军队里，女性的体力比男性弱这一事实重要吗？你的理由是什么？
2. 你认为有更多的女性在军队服役会改变军队的文化吗？如果会，为什么？怎么改变？
3. 那么，女性在战斗中可能成为战俘的事实又如何呢？你认为敌军士兵对待女战俘的态度会与对待男战俘有所不同吗？请解释一下。

（四）社会冲突分析：不平等与冲突

社会冲突方法强调了战争和社会不平等之间的联系。促进社会冲突方法发展的卡尔·马克思认为，政治领袖是资产阶级的仆人，是拥有生产资料的人。资本家想要不断增加的利润，他们通过寻找新的原材料来源、生产新产品，并在新的市场上销售的方式来获得利润。在马克思的时代，资本家通过殖民世界来完成所有这些事情，这导致了欧洲的富裕国家征服和控制其他国家。

正式殖民主义的形式现在基本上已成为过去式，但外国控制的模式仍然存在。包括美国在内的富裕国家，利用其军事力量保护和扩张全球资本主义经济（Wallerstein，1979；M.C. Hudson，1992；Tabb，1992）。从这个角度来看，伊拉克战争并不是为了帮助中东国家和其他国家获得自由和正义，而是确保石油的流通和向跨国公司开放更大的世界。在美国国内，富人是战争的主要受益者，而参加战斗的士兵和水手大多是普通人（Halbfinger & Holmes，2003）。

正如本章前面所指出的，武器和其他军需产品的生产有助于加速资本主义经济的增长，提高企业利润。一代人以前的军备竞赛或今天的反恐战争可能会也可能不会使国家更安全，但是开发和生产新的武器和军事技术对于那些控制美国经济的人来说无疑是非常有利可图的（Mills，1956）。

那么恐怖主义呢？从历史上看，贫困国家无法与殖民它们的国家对抗。因此，反对殖民统治的团体经常在既定的政治制度之外行事。如前所述，恐怖主义可以是让不那么强大的人把全世界的注意力集中在他们认为不公正的事情上的一个有效的方式。简而言之，战争是强国主宰世界的一种方式，恐怖主义是弱者反击的一种方式（B. Hoffman，1998；Kaldor，1999；Stern，1999；Zanini，1999）。

- **评价**

通过将战争和恐怖主义与社会不平等联系起来，社会冲突方法有助于解释在和平时期美国对军国主义的持续支持。认为资本主义是战争的主要原因的观点的局限性在于社会主义国家也参与战争。例如，在第一次世界大战结束后，苏联使用军事力量获得并保持对东欧的控制。另外，纵观历史，战争的爆发不仅有经济上的原因，也是宗教信仰和民族自豪感的结果。

学习检验　通过把社会冲突方法应用到战争和恐怖主义中，我们能学到什么？这种理论方法有哪些局限性？

“理论运用”表格总结了我们可以从社会学的三种主要理论方法中学到的关于战争和恐怖主义的知识。

461

四、政治和战争：提出问题并定义解决方案

虽然理论方法提供了关于战争和恐怖主义的有用的见解，但是人们认为对“问题”的定义和他们所支持的作为“解决方案”的政策反映了他们的政治态度。下面的部分将讨论保守派、自由派和激进左派对战争和恐怖主义的观点。

（一）保守派：通过强权实现和平

保守派认为美国代表着世界的美好；与此同时，他们认识到其他一些国家或他们的领导人威胁着这一美好的现实。由于意识到美国在海外有敌人，因此大多数保守派人士倾向于将军事力量作为维持和平的最佳武器。正如保守派认为需要有一支强大的警察队伍来打击国内的犯罪一样，他们也认为一支强大的军队可以保护国家利益不受境外敌对势力的侵害。出于这个原因，大多数保守派支持美国的海外军事行动——至少当国家利益处于危险的时候——这有助于解释为什么这个国家目前在 20 个国家驻派军队。

在冷战期间（从第二次世界大战结束到 1991 年苏联解体），保守派支持增加军事支出，因为他们相信面对反对人类自由的核心价值的敌人，美国的自由正处于危险之中。由于反恐战争，总统乔治・布什推高了军事支出，并声称强大的美国军事力量存在于世界上是至关重要的，对确保美

理论运用　**战争和恐怖主义**

	结构功能方法	符号互动方法	社会冲突方法
分析层次	宏观	微观	宏观
我们怎样理解战争和恐怖主义？	结构功能方法认为战争是一种策略，社会可以通过战争来建立它的独立性、保卫它的生活方式或达到其他目标。恐怖主义是集团或国家用来对抗强大得多的敌人的策略。冲突有助于团结社会，加强社会的核心价值观。军国主义有助于扩张经济。许多改善我们生活的技术进步，包括互联网，是通过军事研究发展起来的。	符号互动方法关注的是人们对冲突的理解。国家领导人不仅用符号来说服人民他们的事业是正义的，也用符号来妖魔化敌人。	社会冲突方法把战争与社会不平等联系在一起。马克思把军国主义解释为资本主义精英通过殖民主义获取不断增加的利润的努力，今天战争的目标是保卫和扩大资本主义全球经济。强国利用战争主宰世界，弱者使用恐怖主义还击。
这种理论方法认为战争和恐怖主义是什么问题？	像所有社会模式一样，战争也是有好处和代价的。一场特定的冲突最终是否会被定义为一个问题与结果有很大关系，虽然结果在短期内可能不太明显。	现实是被社会建构出来的。任何军事行动是被认为是英勇的还是被谴责为不公正的，取决于如何定义。冲突双方可能会以非常不同的方式看待相同的情况，因此一方的“问题”是另一方的“解决方案”。	这些问题是谁的问题？精英们经常从军国主义和战争中获益，普通人则承受了大部分痛苦和损失。

国人民安全和拓展缺乏民主的国家中的人民自由是有意义的。近些年，总统奥巴马结束了美国在伊拉克的军事行动，与此同时，他进一步对阿富汗做出了军事承诺，计划从阿富汗撤军。

保守派也对恐怖主义采取强硬立场。总的来说，他们把那些对无辜人民使用暴力的人描绘成反对自由、阻碍美国经济发展的罪犯。右派人士认为，美国应该采取一切必要措施，查明恐怖主义的肇事者，并将他们绳之以法。他们为 2011 年击毙奥萨马·本·拉登而鼓掌。

在 2012 年的总统大选中，共和党总统候选人米特·罗姆尼（Mitt Romney）表达了“以实力谋和平”的保守立场。罗姆尼指责奥巴马总统“为美国道歉”的行为，并在竞选中承诺会彰显
462 这个国家的伟大（Friedman，2012）。

（二）自由派：防止军国主义的危险

自由派同意保守派的观点，即美国需要能够保护自己不受攻击。出于这个原因，自由派也支持美国的军事力量。然而，自由派通常倾向于比保守派略低的军费支出水平。一个原因是，正如自由派所看到的，美国并不总是明智地使用其军事力量。民主党在 2006 年的议会选举和 2008 年的总统选举中获胜，在很大程度上是由于选民认为伊拉克战争已经改变了世界对美国的看法，并鼓励了恐怖主义。

第二个分歧集中在一个社会如何使用其有限的资源。保守派倾向于把军事支出作为首要任务，但自由派敏锐地意识到，军事支出会使用于教育、医疗和其他重要项目的资金流失。简而言之，自由派认为军国主义消耗了本可以用来提供全民医疗保险、减少贫困、改善破旧学校的资源。因此，自由派通常大力支持削减军费支出。

当涉及国家间的紧张关系和恐怖主义时，自由派认为，美国的第一反应应该是外交和斡旋，而不是部署军队。出于这个原因，自由派强调国际努力建设和平（包括联合国的工作）的重要性。奥巴马总统决定支持而不是领导国际力量来推翻利比亚独裁者卡扎菲，这表明奥巴马的策略比他的前任更加自由——如果是布什总统的话，他更愿意“单干”。

（三）激进左派：通过平等实现和平

激进左派认为，战争、恐怖主义和军国主义的根源是不平等。考虑到世界上富人和穷人之间巨大的鸿沟，他们会问：为什么所有人都应该期望人们生活在和平之中？激进左派声称，美国向军国主义注入资金，不是为了国防，而是为了建设一支全球警察力量，扩大美国的影响力，并且在世界范围内扩大资本主义的力量。

实际上，当任何其他国家或组织威胁到世界资本主义经济的运行时，美国都会采取军事行动。激进左派指出，美国在古巴 1959 年社会主义革命后对其进行了经济抵制；20 世纪 80 年代，对尼加拉瓜的社会主义者桑地诺抱有敌意；1991 年，当伊拉克威胁到美国在科威特的石油供应时，美国发动了海湾战争；2003 年，美国发动了伊拉克战争和规模更大的反恐战争：它们都被视为稳定世界和扩大联邦影响力的努力。激进左派声称，美国政府可能会基于道德理由为战争辩护，但真正的动机无非是贪婪。激进左派更倾向于将美国（尤其是布什政府时期）视作问题的一部分，而不是世界问题的解决方案的一部分。激进左派对奥巴马的支持度略高，他们认为奥巴马的政策更加自由，但与前一届政府的政策仍非常相似。

考虑到激进左派对美国社会运作方式的批判性看法，他们经常对世界各地寻求变革的势力表示同情也就不足为奇了。从这个角度来看，恐怖主义是对无能为力的一种政治回应。只要有少数强国统治世界，我们就应该期待一些受压迫的团体进行反击。

总而言之，激进左派认为战争和恐怖主义将继续下去，直到社会更加平等。因此，激进左派呼吁在国内和国际重新分配财富，以有利于大多数穷人。“从左到右”表格总结了保守派、自由派以及激进左派对战争和恐怖主义的看法。

从左到右　关于战争与恐怖主义的政治观点

	激进左派观点	自由派观点	保守派观点
问题是什么？	最根本的问题是资本主义，它鼓励军国主义，以扩大国内公司的利润，保护世界各地的资本主义经济。	国防是有必要的，但军国主义本身可能是个问题，因为军备增加会引发冲突；核扩散增加了核战争的风险；恐怖主义对美国构成了威胁。	问题是一些国家和团体对美国的价值观和成就怀有敌意；这些国家发展核武器威胁着美国的安全；恐怖分子对美国进行着周期性的恐怖袭击。
解决方案是什么？	解决军国主义的办法是结束富裕国家对世界的统治，消灭资本主义将结束持续的对军国主义和恐怖主义的需要。	合理的军事力量是必要的，但美国应该寻求削减军备，并尽可能依靠外交手段。解决弱势群体的不满会减少恐怖主义。	保持军事力量和强有力的反恐措施将打败那些企图毁灭美国的敌人，促进和平，确保美国的安全。

参与讨论

1. 纵观关于战争和恐怖主义的三种政治观点，你认为有什么共同点吗？如果有，共同点是什么？
2. 从这三种政治观点的角度来看，美国军队在世界上应该扮演什么样的角色？
3. 在这三种政治观点中，你认为哪一种最有说服力？为什么？

总结与展望

阿尔伯特·爱因斯坦（Albert Einstein）在物理学上的发现推动了核武器的发展。他曾说过："原子释放出来的能量改变了除了我们思维方式外的一切，因此我们走向了空前的灾难。"考虑到人类战争的历史和今天地球上的核武器储备，我们在没有核战争的情况下度过 21 世纪的可能性有多大？没有人可以给出肯定的答复，但是这一章似乎支持这样的结论：比起学会创造持久和平的技能，世界更快地学会了制造战争的技能。当我们展望未来时，越来越多的国家将拥有核武器和其他大规模杀伤性武器，这意味着即使是局部冲突也可能威胁到整个地球。

在我们前进的道路上，赢得和平很可能依赖于三项策略。第一，世界各国必须在军备控制方面做出重大努力，目标是大大减少大规模杀伤性武器的数量。美国和俄罗斯联邦已经取得了良好的进展。这一目标面临的挑战是，朝鲜等一些国家几乎可以确定拥有一枚或多枚核武器，而且它们不允许其他国家检查它们的武器生产设施。

第二，控制核技术的传播同样重要。只要核武器继续在世界各地扩散，任何国家就都不可能安全。伊朗似乎正在发展可能产生核武器的核技术，爆发旨在阻止伊朗完成这项工作的军事冲突的可能性很高。即便如此，下一个是哪个国家？我们如何才能确保所有核武器不被恐怖组织获得？

第三项也是最后一项战略——显然也是最困难的一项——是解决战争和恐怖主义的根本原因。在某种程度上，这要求所有国家的领导人，无论贫富，都表现出对世界各地人民，特别是穷人的福祉的真正关切。此外，世界各国必须愿意参加一些论坛——无论是联合国还是其他一些组织举办的——在这些论坛中，各国领导人可以聚集在一起，讨论他们的目标和不满，以谈判和外交取代暴力。这是否过于理想主义？当然。但最终，这是必要的。

最后，地球的和平前景可能取决于*减少富人对穷人的剥削*能否真正实现。在通往和平的道路上的最大挑战可能是贫困和饥饿这一巨大问题——本书第 15 章（"人口和全球不平等"）所关注的。目标必须是在目前广泛的苦难妨碍了政治稳定的世界各区域实现经济发展。我们有充分的理由认为，只要有成功的意愿，世界领导人就能实现这一目标。世界如何应对这一挑战将影响我们所有人的生活。

464 定义解决方案

你对美国军队的看法如何？世界上军国主义的程度如何？

军国主义长期以来一直是美国社会的一个有争议的部分，引发了激烈的批评与热情的拥护。看看下面的陈述，它暗示了两种军事手段。

（1）你越转向政治左派，你对美国军方的批评就越强烈。自由派虽然支持保卫国家不受侵略者侵略的想法，但对于使用国家的军事力量持谨慎和批评态度。激进左派几乎反对美国使用任何军事力量，他们认为美国的军事力量支持资本主义。在美国入侵伊拉克六周年之际，成千上万的示威者聚集在林肯纪念堂后面，呼吁结束美国在伊拉克的军事行动。从他们表现出的迹象来看，
465 这些人愿意用更多钱来支持军队吗？

（2）从政治权利上来说，美国军队有必要保护这个国家不受其他国家或组织的威胁。此外，一些保守派认为，美国的军事力量应该被用来给世界各国带来政治自由。从这个角度来看，军队是值得支持的。

提示：对一些人来说，军队是一个问题；对另一些人来说，军队是一个解决方案。政治左派支持美国的男女军人，但对军国主义的支持通常仅限于保卫这个国家不受攻击。除此之外，大多数自由派人士更愿意看到大量的钱不是被花费在武器上，而是被用于学校、创造就业机会，以及其他的社会服务。对于政治右派而言，爱国主义是一个更受欢迎的概念，美国的大多数军事部署有广泛的支持力量。那么，对于许多年轻人来说——不管他们的政治观点如何——参军是一个解决方案，因为它是一种获得稳定收入的方法，或许还能通过它为未来上大学攒点钱。

参与：应用和练习

1. 和几个你认识的人谈谈他们的军事经历。对于那些参加过战斗的人，问问他们的经历如何改变了他们，是否改变了他们对战争的态度。
2. 联系你所在地区的军事招募人员，了解一下哪些人最有可能参军（考虑性别、年龄、种族、民族和社会阶层）。
3. 看几部冷战时期的电影。《奇幻核子战》和《末日来临》可以让你更好地了解美国和苏联之间的军备竞赛。《奇爱博士》（又名《我如何学会停止担忧并爱上炸弹》）从幽默但富有洞察力的角度表现了对军备竞赛以及核战争危机的看法。
4. 学校内或学校附近有哪些学生或社区组织反对战争？找出其中的一两个，并试着去了解这些组织是做什么的。它们对恐怖主义的立场是什么？

达标：可视化摘要 466

建构社会问题决定性时刻

莫汉达斯·甘地：传达和平的信息

战争与和平：基本定义

战争贯穿人类历史发展的始终。

- 在20世纪，大规模杀伤性武器的发展使战争的致命性远高于以前。

战争的原因

- 感知到威胁。
- 文化和宗教差异。
- 政治目标。
- 道德目标。
- 追求财富、权力和全球地位。
- 想要把人们的注意力从国内社会问题上转移开。
- 缺乏选择。

军国主义和战争的经济代价

- 2012年，全球每年在军国主义上的支出为1.6万亿美元，美国的军事支出约为7 380亿美元。
- 军备竞赛和现在的反恐战争已经把美国的军费支出推高了。
- 战争破坏了整个社会的基础设施——道路、桥梁、机场、供水系统、电力和通信网络。
- 花在战争上的钱是从医疗保健、教育和其他有利于人口的项目中抽出的。

战争的人类代价

- 更致命武器的发展和全面战争战略大大增加了平民的伤亡人数。
- 在战争结束后，军人以创伤后应激障碍的形式继续遭受战争的痛苦。总之，340万美国退伍军人患有与战争相关的残疾；其中，约有32.3万人完全残疾。
- 战争使大量的儿童成为孤儿。今天许多儿童经常被迫参加世界各地的战争。

核时代的战争

随着第二次世界大战结束时核武器的发展，战争带来的危险急剧增加。

- 一颗原子弹就能摧毁一座城市。
- 即使是经过了军备削减，目前也仍有5 000多枚可使用的核武器，其破坏力足以终结地球上的所有生命。

和平的策略

考虑到全面战争的恐怖，人类必须采取和平策略，包括：

- 威慑。
- 高科技防御。
- 军备控制。
- 解决潜在冲突。

战争：国家或有组织的团体之间的暴力冲突。

和平：没有暴力冲突。

大规模杀伤性武器：一次可以杀死成千上万人的武器。

军工联合体：联邦政府、军队和国防工业的紧密联合。

全面战争：一场针对人口中心和军事目标的致命冲突。

集中营：以国家安全、剥削、惩罚或处决的名义关押囚犯的营地。

战争罪：违反国际协定和国际法规定的战争法的罪行。

核武器：一种利用原子反应产生巨大破坏力的炸弹。

核扩散：越来越多的国家获得了核武器技术。

威慑：一种以报复相威胁的维持和平的战略。

军备控制：关于发展、试验、生产和部署武器的国际协定。

恐怖主义

在追求政治目标时，恐怖主义涉及非法和典型的暴力行为。

- 2010 年，全世界发生了 11 600 多起恐怖袭击，造成了 13 186 人（包括 7 313 名平民）死亡，37 000 多人受伤。
- 防范恐怖主义除了经济代价之外，还可能会减少人们的个人自由。

恐怖主义是一种新型战争。

恐怖主义是武装冲突的一种形式，但它与常规战争不同。

- 冲突各方的情况并不清楚。
- 恐怖组织的目标没有明确说明。
- 恐怖主义是不对称的。
- 恐怖主义没有明确的开始和结束。

应对恐怖主义的策略包括：

- 不做让步。
- 起诉或杀死恐怖分子。
- 实施经济制裁。
- 动用军事力量。
- 防范恐怖主义。
- 解决恐怖主义的根源。

恐怖主义：非法的，通常是由个人、团体或政府为实现政治目标而采取的随机的暴力行为和暴力威胁。

国家支持的恐怖主义：一国政府向在另一国从事暴力活动的恐怖分子提供资金、武器和训练的行为。

国家压制的恐怖主义：政府在本国境内使用暴力镇压政治反对派。

战争和恐怖主义理论

结构功能分析：冲突的功能 467

结构功能方法着眼于战争和其他类型的冲突对社会的作用。

- 战争是一种追求政治目标的战略。
- 战争通常使人们团结起来，鼓励经济增长和技术创新。

符号互动分析：冲突的意义

符号互动方法关注的是人们对战争的理解。

- 人们用符号和意义来将其事业定义为正义的，并妖魔化敌人。
- 在个人层面上，学习非人化敌人使杀戮更容易。

社会冲突分析：不平等与冲突

社会冲突方法强调战争和恐怖主义是如何与社会不平等联系在一起的。

- 卡尔·马克思认为军国主义在美国国内推动了资本主义经济发展，并扩大了资本主义在海外的影响。
- 从战争中受益的是一个国家的精英阶层；作战的士兵通常来自下层阶级。

政治和战争：提出问题并定义解决方案

保守派：通过强权实现和平

- 保守派支持对世界上对美国怀有敌意的势力进行强有力的防御。
- 保守派支持军备竞赛，支持通过军事力量实现和平。
- 保守派认为恐怖主义是反对自由的犯罪行为。

自由派：防止军国主义的危险

- 自由派支持美国的军事防御，但他们警告说，军事集结可能会引发它原本打算防止的冲突。
- 自由派指出，在军国主义上的支出会挪走造福民众的社会项目中的资金。
- 自由派通常支持通过外交手段解决导致恐怖主义的问题。

激进左派：通过平等实现和平

- 激进左派将战争和军国主义与社会不平等联系在一起。
- 激进左派认为，美国和其他富裕国家利用其军事力量捍卫自己的经济利益，支持全球资本主义经济的发展。
- 激进左派把恐怖主义看作一种反叛形式，这是穷人和无权无势的人将自己的苦难公之于众并促进改变的一种方式。 468

例　题

第1章　社会学：研究社会问题

单项选择题

1. 社会学的想象力帮助我们认识到社会问题：
   A. 是有些人糟糕决策的结果
   B. 是社会运作的结果
   C. 只会伤害一小部分人
   D. 在今天和在以前表现得一样
2. 社会建构主义方法表明：
   A. 客观地说，人们定义为问题的东西对每个人都是有害的
   B. 人们受到自己造成的问题的困扰
   C. 当人们把某种状况定义为不受欢迎的并需要改变时，社会问题就产生了
   D. 大多数人认为严重的问题实际上伤害的人很少
3. 试图说服公众将某种状况定义为一种社会问题的过程被称为：
   A. 宣示主张
   B. 宣传
   C. 出现
   D. 聚集
4. 从全球角度看待社会问题的原因在于：
   A. 许多问题威胁着全球
   B. 许多问题在其他国家比在美国更严重
   C. 许多问题是全球性的，涉及许多国家
   D. 以上都正确
5. 马克思主义理论属于哪种理论方法？
   A. 结构功能方法
   B. 社会冲突方法
   C. 符号互动方法
   D. 女权主义方法
6. 最有可能揭示因果关系的社会学研究方法是：
   A. 调查
   B. 二次分析
   C. 实验研究
   D. 田野调查
7. 如果你正在评估一个犯罪控制项目，那么你可能会问以下哪个问题？
   A. 我们如何定义成功？
   B. 这个项目的费用是多少？
   C. 这个项目应该针对哪些人？
   D. 以上都正确
8. 从政治角度来看，美国成年人中最大的一部分倾向于：
   A. 在中间
   B. 在中心的左边
   C. 在中心的右边
   D. 在一个极端或另一个极端
9. 以下哪一种说法符合社会保守派？
   A. 他们支持高税收
   B. 他们支持女权主义
   C. 他们在堕胎争议中是支持“反堕胎”的
   D. 他们支持提高最低工资
10. 一般来说，以下哪类人最有可能包括经济自由主义者？
   A. 高收入人群
   B. 低收入人群
   C. 中等收入人群
   D. 前“1%”人群

答案： 1（B）；2（C）；3（A）；4（D）；5（B）；6（C）；7（D）；8（A）；9（C）；10（B）。

论述题

1. 解释“社会问题是由社会建构的”这一观点。在你的回答中要包括对主张过程的讨论。
2. 政治光谱是什么？请描述美国成年人在政治光谱上的分布情况。社会问题和经济问题的区别是什么？对于那些在各种问题上倾向于自由和保守的人，你能说些什么呢？

第 2 章 贫困与财富

单项选择题

1. 美国最富有的 20% 的家庭占有了多大份额的国民财富?
   A. 15%
   B. 20%
   C. 近 50%
   D. 超过 85%
2. 累进税是一种政策,意思是:
   A. 与高收入人群相比,低收入人群的税收占他们收入的比例更高
   B. 低收入者不纳税
   C. 所有人都以同样的税率纳税
   D. 收入越高,需纳税的收入比例越大
3. 2010 年,美国政府界定了美国人口中有多少人是穷人?
   A. 15%
   B. 25%
   C. 35%
   D. 45%
4. 在以下年龄组中,哪一年龄组的贫困率最高?
   A. 老年人
   B. 儿童
   C. 中年人
   D. 20 多岁的人
5. 在美国,贫困意味着你可能会经历以下哪一种情况?
   A. 健康状况不佳
   B. 住房不足
   C. 有限的学校教育
   D. 以上都正确
6. 1996 年的福利改革:
   A. 刚好结束了美国的贫困
   B. 使美国的贫困水平上升
   C. 减少了靠福利救济生活的人数,但几乎没有减少贫困
   D. 创造了一种依赖福利的模式
7. 女权主义理论关注以下哪一个问题?
   A. 人们如何定义穷人
   B. 美国社会赋予男人对女人的权力
   C. 贫困不仅涉及金钱问题,也涉及文化资本问题
   D. 事实上,少数种族和族裔的贫困风险很高
8. 个人应该对自己的社会地位承担大部分责任的观点通常属于:
   A. 保守派
   B. 自由派
   C. 激进左派
   D. 以上都正确
9. 支持形成"社会安全网"的政府援助项目的通常是:
   A. 保守派
   B. 自由派
   C. 激进左派
   D. 以上都正确
10. 下面哪个选项将是激进左派解决贫困问题的方案?
    A. 取代资本主义经济体制
    B. 为有需要的人提供社会保障
    C. 鼓励人们为自己的幸福负责
    D. 提高最低工资

答案: 1(C); 2(D); 3(A); 4(B); 5(D);
6(C); 7(B); 8(A); 9(B); 10(A)。

论述题

1. 根据本章提供的信息,美国的穷人对他们的贫困负有多大的责任?提出具体的证据来支持你的主张。
2. 讨论保守派、自由派和激进左派构建贫困问题的独特方式。从每个政治立场来看,问题的原因是什么?解决方案是什么?

第 3 章 种族和民族不平等

单项选择题

1. 种族包括被社会认为很重要的__________,而民族指特定的__________。
   A. 生物学特征;文化特质
   B. 文化特质;生物学特征
   C. 社会地位的差异;信仰和态度
   D. 生活方式;宗教
2. 以下哪个类别的人群在美国人口中的比例最大?
   A. 阿拉伯裔美国人
   B. 拉美裔美国人
   C. 亚裔美国人
   D. 非裔美国人
3. 少数族裔被定义为:
   A. 有使他们与众不同的生理或文化特征
   B. 人口少于社会人口的一半
   C. 不同的和有缺点的

D. 收入低于平均水平的

4. 社会学家声称种族：

A. 只是肤色的问题

B. 和民族一样

C. 是一个误导性的概念，不太符合社会现实

D. 与社会分层无关

5. 美国并不是真正的多元化国家，因为：

A. 大多数人生活在“民族聚居地”

B. 不同的种族和民族在社会地位上是不平等的

C. 这个国家有奴隶制的历史

D. 以上都正确

6. 下列哪个词正确地描述了来自危地马拉的移民来到美国并学习说英语的过程？

A. 同化

B. 种族隔离

C. 种族灭绝

D. 多元主义

7. 大多数阿拉伯裔美国人与世界上哪个地区有文化联系？

A. 南美洲和中美洲

B. 非洲南部

C. 亚洲

D. 中东和北非

8. 下面哪个是制度歧视的例子？

A. 一个学生不希望有一个有一定民族背景的室友

B. 警察更有可能拦下某一特定种族的驾驶员

C. 因为种族，经理拒绝提拔一个雇员

D. 以上都正确

9. 马克思的阶级理论和多元文化理论属于哪种理论方法？

A. 结构功能方法

B. 符号互动方法

C. 社会冲突方法

D. 以上都不正确

10. 一般来说，哪一类人会对平权行动政策表现出最强烈的支持？

A. 所有政治派别的人

B. 激进派

C. 保守派

D. 自由派

答案：1（A）；2（B）；3（C）；4（C）；5（B）；6（A）；7（D）；8（B）；9（C）；10（D）。

论述题

1. 解释下面这句话：“种族不是简单的肤色问题，而是属于社会建构的范畴。”

2. 定义偏见和歧视。偏见和歧视如何相互强化？生物自卑感和社会自卑感的主张是如何相互强化的？

第4章 性别不平等

单项选择题

1. 性别不仅是男女生活差异的问题，也是一个关于________的问题。

A. 权力

B. 财富

C. 声望

D. 以上都正确

2. 从全球角度来看，在世界哪个地区，女性的社会地位相对于男性而言最低？

A. 北美洲

B. 拉丁美洲

C. 非洲

D. 亚洲

3. 性别歧视问题之所以重要，主要是因为：

A. 男性优越感是所有的社会制度所固有的

B. 有些男性对女性有偏见

C. 有些人歧视女性，有些人歧视男性

D. 以上都正确

4. 在美国，有多少女性为了获得收入而工作？

A. 80%

B. 60%

C. 40%

D. 20%

5. 在美国的劳动力中：

A. 男性和女性做着同样的工作

B. 男性和女性的工资是一样的

C. 女性仍然集中在几种类型的工作中

D. 女性比男性赚钱多

6. 下面哪个词指的是一种微妙的歧视（这种歧视虽然很难证明，但往往会让女性远离职场高层）？

A. 性别分层

B. 玻璃天花板

C. 可比进步

D. 性别隔离

7. 在美国，全职工作的男性每赚 1 美元，全职工作的女性能赚到多少钱？
   A. 77 美分
   B. 87 美分
   C. 97 美分
   D. 99 美分

8. 2011 年，女性在国会中占有多少席位？
   A. 17%
   B. 25%
   C. 44%
   D. 66%

9. 下面哪一项是女权主义思想的关键部分？
   A. 改变的重要性
   B. 消除父权制
   C. 结束对女性的暴力行为
   D. 以上都正确

10. 性别平等削弱家庭的论点，是由以下哪一个政治派别的人提出的？
   A. 激进派
   B. 自由派
   C. 保守派
   D. 以上都正确

答案： 1（D）；2（C）；3（A）；4（B）；5（C）；6（B）；7（A）；8（A）；9（D）；10（C）。

论述题

1. “性”和“性别”的含义有何不同？性别是社会分层的一个方面吗？
2. 保守派、自由派和激进派的言论中涉及性别的问题是什么？他们针对问题各有什么解决方案？

第 5 章　老龄化和不平等

单项选择题

1. 以下哪个概念与老龄化及老年人相关？
   A. 社会
   B. 老年学
   C. 人口统计学
   D. 老年人政治

2. 相对于年轻人，工业化对社会中的老年人的社会地位有什么影响？
   A. 老年人的社会地位下降了
   B. 没有什么影响
   C. 老年人的相对社会地位上升了
   D. 男性的相对社会地位上升了，女性的则下降了

3. 美国的老龄化是指以下哪一种趋势？
   A. 65 岁以上的女性而非男性的数量正在增加
   B. 65 岁以上的女性数量正在减少
   C. 65 岁以上的美国人口比例正在增加
   D. 事实是人们都在变老

4. 社会隔离对以下哪类人来说是最严重的问题？
   A. 即将退休的人
   B. 城市居民
   C. 老年人
   D. 老年女性

5. 大多数关于年龄歧视的抱怨来自哪些人？
   A. 40 岁的人
   B. 65 岁以上的人
   C. 20 多岁的人
   D. 工作成功的人

6. 以下哪一类人提供了大部分老年人照顾服务？
   A. 养老院的护理人员
   B. 医院卫生工作者
   C. 其他老年人
   D. 女性

7. 哪个年龄段人群的平均收入是最低的？
   A. 40 ～ 49 岁
   B. 50 ～ 59 岁
   C. 60 ～ 64 岁
   D. 65 岁及以上

8. 结构功能方法对老龄化的看法包括：
   A. 脱离理论
   B. 活跃理论
   C. 社会不平等
   D. 以上都正确

9. 关于“死亡权利”的辩论，下列哪一种说法是正确的？
   A. 今天美国的大多数人是在医生的帮助下死去的
   B. 主动安乐死，而不是被动安乐死，在美国是合法的
   C. 在俄勒冈州和华盛顿特区，医生协助自杀是合法的
   D. 美国联邦法律允许医生协助自杀

10. 在现有的政治制度下，持有哪种政治立场的人支持大幅增加政府对老年人的援助？

A. 保守派

B. 自由派

C. 激进派

D. 以上都正确

答案： 1（B）；2（A）；3（C）；4（D）；5（A）；6（D）；7（D）；8（A）；9（C）；10（B）。

论述题

1. 每个人都知道衰老是生命的生物学事实。衰老也是一个文化问题吗？
2. 根据本章所提供的信息，在美国是否应该将老年人视为少数群体？为什么应该或为什么不应该呢？

第 6 章　犯罪、暴力和刑事司法系统

单项选择题

1. 犯罪的定义是：

A. 违反联邦、州或地方政府制定的刑法的行为

B. 任何违反规定的行为都会受到惩罚

C. 涉及暴力或暴力威胁的犯罪

D. 通过社会政治制度正式建立的规范

2. 以下哪种严重罪行最常见？

A. 抢劫

B. 强奸

C. 盗窃

D. 机动车盗窃

3. 联邦调查局收集犯罪数据，基于：

A. 导致犯罪的犯罪行为

B. 警察通过逮捕澄清的犯罪行为

C. 警方发现的犯罪行为

D. 发生的所有犯罪行为

4. C. 亨利·肯普博士在家庭暴力史上很重要，因为他将以下哪一项定义为社会问题？

A. 针对女性的暴力行为

B. 虐待儿童

C. 虐待老年人

D. 药物忽视

5. 在美国，因暴力犯罪而被捕的大多数人属于哪个种族？

A. 亚裔美国人

B. 非裔美国人

C. 白种人

D. 拉美裔美国人

6. 下面哪个例子是无受害人的犯罪？

A. 谋杀

B. 自杀

C. 偷自行车

D. 赌博

7. 以下哪个是社会惩罚罪犯最古老的理由？

A. 报复

B. 社会保护

C. 威慑

D. 康复

8. 埃米尔·迪尔凯姆解释说犯罪：

A. 由富人界定，可能导致逮捕穷人

B. 不仅对受害者有害，而且对整个社会有害

C. 很可能导致公共道德的崩溃

D. 在每个社会中都存在

9. 当萨沙的朋友们开始叫她“小偷”时，她离开了这个团体，找到了一些喜欢去商店行窃的新朋友。不久，萨沙就变得非常擅长偷窃，并靠偷窃生活。埃德温·勒默特会说萨沙的转变是一个什么样的例子？

A. 主要异常

B. 正在形成的次级亚文化

C. 正在形成的越轨亚文化

D. 退却主义的开始

10. 对犯罪问题的保守分析可能会指向以下哪一种？

A. 谁有钱和权力，谁没有钱和权力

B. 经济有多强劲

C. 家庭对孩子的养育不够

D. 资本主义经济的运行

答案： 1（A）；2（C）；3（B）；4（B）；5（C）；6（D）；7（A）；8（D）；9（B）；10（C）。

论述题

1. 社会学的每一种理论方法——结构功能方法、符号互动方法、社会冲突方法、女权主义方法——教给了我们关于犯罪的什么知识？
2. 写一篇短文，解释保守派、自由派和激进左派如何理解犯罪的原因。对于犯罪问题的解决方案，每一种政治派别是怎么认为的？

第 7 章　性

单项选择题

1. 性革命从什么时候开始改变美国社会？

A. 20 世纪 60 年代

B. 20 世纪 40 年代

C. 19 世纪 90 年代

D. 19 世纪 60 年代

2. 以下哪位是最早研究人类性行为的科学家？

A. C. 亨利・肯普

B. 阿尔弗雷德・金赛

C. 彼得・伯杰

D. 格洛丽亚・斯泰纳姆

3. 以下哪个概念指对两性都有性吸引力？

A. 异性恋

B. 双性恋

C. 同性恋

D. 无性恋

4. 美国第一个将同性婚姻合法化的州是？

A. 夏威夷州

B. 加利福尼亚州

C. 马萨诸塞州

D. 佛蒙特州

5. 在美国，对色情作品反对的是：

A. 保守派

B. 自由派

C. 无论是保守派还是自由派都不反对

D. 无论是保守派还是自由派都反对，但原因不同

6. 与 1950 年相比，今天的美国青少年怀孕率：

A. 更高

B. 相同，但选择怀孕的青少年变少了

C. 相同，但是有更多怀孕的青少年结婚了

D. 更低

7. 以下关于艾滋病病毒和艾滋病的哪种说法是正确的？

A. 在美国，艾滋病正在成为穷人的疾病

B. 世界上大多数艾滋病病例是在美国发现的

C. 使用乳胶避孕套不能防止艾滋病病毒的传播

D. 在世界范围内，大多数艾滋病病毒感染者是通过同性性接触感染的

8. 以下哪种行为会使人感染艾滋病病毒的风险很高？

A. 肛交

B. 共用针头

C. 吸毒

D. 以上都正确

9. 酷儿理论反对我们生活方式中的哪一种模式？

A. 父权制

B. 异性恋主义

C. 多元文化主义

D. 阶级不平等

10. 如果你声称人们应该容忍别人表达他们的性取向，那么你是从哪种政治立场出发的？

A. 激进左派

B. 保守派

C. 自由派

D. 以上都正确

答案： 1（A）；2（B）；3（C）；4（C）；5（D）；6（D）；7（A）；8（D）；9（B）；10（C）。

论述题

1. 用性骚扰的案例来解释社会问题产生的过程。
2. 解释一下保守派、自由派和激进左派是如何用不同的方式定义社会问题的。提供几个具体的问题示例及其解决方案。

第 8 章　酒精和其他药物

单项选择题

1. 这一章将药物定义为：

A. 我们吃的、喝的、呼吸的任何东西

B. 除了水和食物之外能影响大脑或身体的任何化学物质

C. 任何违反法律使用或销售的化学物质

D. 医生依法提供的任何处方药

2. 一个社会对药物的看法受到什么影响？

A. 在特定时间的法律

B. 哪些种族和民族与药物有公共联系

C. 与药物有关的文化态度和做法

D. 以上都正确

3. 下列哪一种药物在美国使用最广泛？

A. 海洛因

B. 大麻

C. 酒精

D. 迷幻药或其他致幻剂

4. 说某人滥用（而不是简单地使用）一种药物，在哪种情况下适用？

A. 这个人遭受身体、心理或社会的伤害

B. 这种药是非法的

C. 该药物已被常规使用一年或更长时间

D. 这个人负担不起这种药物的费用

5. 下列哪一种物质可被归类为兴奋剂？

A. 一种抗精神病药物

B. 镇痛药物

C. 咖啡因

D. 大麻

6. "相互依赖"的概念指的是：

A. 大多数人在群体中使用药物

B. 一种能够帮助药物滥用者继续滥用药物的他人行为

C. 药物滥用与许多其他社会问题有关

D. 大众传媒经常以积极的态度报道药物的使用

7. 在美国，以下哪项控制非法药物的政策受到最广泛支持？

A. 起诉

B. 治疗

C. 教育

D. 禁止

8. 在美国监狱里，有多少人被判违反药物法？

A. 10%

B. 25%

C. 33%

D. 50%

9. 社会冲突方法向我们表明了：

A. 对哪些药物合法、哪些药物非法的判断与社会力量有很大关系

B. 许多药物有助于促进社会交往

C. 药物的使用是习得的，就像其他行为模式一样

D. 社会建立了规范使用有副作用的药物的方法

10. 如果你声称药物的使用应该是个人选择的问题，政府在这个问题上不应该有发言权，那么你是从哪种政治立场出发的？

A. 保守派

B. 激进右派，即自由论者

C. 激进左派，即社会主义者

D. 自由派

答案： 1（B）；2（D）；3（C）；4（A）；5（C）；6（B）；7（D）；8（D）；9（A）；10（B）。

论述题

1. 提供至少三个例子，说明种族和民族如何影响了社会对药物合法或非法的定义。
2. 使用非法药物是否会使其他社会问题变得更糟？提供相关和具体的事实来支持你的回答。

第9章　身心健康

单项选择题

1. 这一章将健康定义为：

A. 一个国家的婴儿死亡率

B. 没有严重的疾病

C. 身体、精神和社会适应方面的完好状态

D. 无慢性疾病

2. 以下哪一个是慢性疾病的例子？

A. 心脏病

B. 癌症

C. 中风

D. 以上都正确

3. 生活在低收入国家的人很可能因为以下哪一项而死亡？

A. 急性疾病，如在生命中的任何时候都可能有的疟疾

B. 老年慢性疾病

C. 饮食过量的影响

D. 运动太少导致的疾病

4. 世界上哪个区域艾滋病流行最严重？

A. 北美洲

B. 非洲

C. 亚洲

D. 欧洲

5. 社会主义经济体制的国家通过什么为人民提供医疗保健？

A. 政府的运作

B. 自由市场体系

C. 私人购买的健康保险

D. 雇主福利

6. 以下哪个因素推高了美国的医疗成本？

A. 更多的专业医生

B. 更多地使用高科技

C. 人口老龄化

D. 以上都正确

7. 以下哪个国家不保证所有人都能得到医疗保健？

A. 瑞典

B. 中国

C. 美国

D. 以上都正确

8. 1990年通过的《美国残疾人法案》：

A. 保证每个残疾人都有工作

B. 禁止在就业和公共设施方面歧视残疾人

C. 保证公立医院为所有残疾人提供医疗保健

D. 以上都正确

9. 使精神病患者从精神病院转移到当地社区的去制度化运动是由什么推动的？

A. 声称精神疾病是虚假神话的新观点

B. 精神病患者的需求

C. 精神药物的发展

D.《美国残疾人法案》

10. 如果你声称健康在很大程度上反映了人们对如何生活所做的个人选择，那么你是从哪种政治立场出发的？

A. 保守派

B. 自由派

C. 激进左派

D. 以上都不正确

答案：1（C）；2（D）；3（A）；4（B）；5（A）；6（D）；7（C）；8（B）；9（C）；10（A）。

论述题

1. 提供证据支持健康不仅是生物学或医学事实的问题，也反映了社会运行。

2. 美国人如何支付医疗费用？你认为这个国家为什么没有制订任何政府计划来保障每个人的健康？

第10章　经济与政治

单项选择题

1. 是什么引导社会决定如何生活？

A. 家庭

B. 经济

C. 政治

D. 政府

2. 亚当·斯密认为，资本主义经济体系的运行是以什么为基础的？

A. 利益

B. 传统

C. 社会的集体福利

D. 政府

3. 通常，造成经济不平等程度最低的经济体系是：

A. 资本主义

B. 社会主义

C. 混合系统

D. 以上都不正确

4. 哪个词指的是由少数公司主导市场？

A. 连锁董事会

B. 垄断

C. 企业集团

D. 寡头垄断

5. 在2008年的总统选举中，有多少美国选民参加了投票？

A. 13%

B. 43%

C. 63%

D. 93%

6. 以下哪类人在美国最不可能投票？

A. 老年人

B. 中等收入的人

C. 大学生

D. 白人

7. 哪一种模型声称权力在美国人口中广泛分布？

A. 多元主义模型

B. 权力精英模型

C. 马克思主义政治经济学模型

D. 军工综合体

8. 哪一种模型声称解决美国社会的政治和经济问题不需要改革，而需要根本性的变革？

A. 多元主义模型

B. 权力精英模型

C. 马克思主义政治经济学模型

D. 军工综合体

9. 支持福利国家作为解决经济问题（如贫困）的一种方式的观点来自：

A. 保守派

B. 自由派

C. 激进左派

D. 以上都正确

10. 如果你声称一个市场体系在为大多数人提供服务方面做得很好，那么你是从哪种政治立场出发的？

A. 保守派

B. 自由派

C. 激进左派

D. 以上都不正确

答案：1（C）；2（A）；3（B）；4（D）；5（C）；6（C）；7（A）；8（C）；9（B）；10（A）。

论述题

1. 政治和经济有什么关系？从不同的政治立场来考虑这个问题。

2. 为什么在原则上，自由派比保守派倾向于更大的政府，这是正确的吗？为什么说在实践中，保守派和自由派都支持大政府呢？

第 11 章 工作及工作场所

单项选择题

1. 工作对人们来说是哪一方面的重要来源？

A. 自尊

B. 收入

C. 社会认同

D. 以上都正确

2. 工业革命引起了哪些地方城市人口的急剧下降？

A. 美国东北部的城市

B. 美国南部的城市

C. 美国中西部的城市

D. 全美的乡村地区

3. 今天，下列哪一种工作在美国劳动力中所占的比例最小？

A. 农业工作

B. 工业工作

C. 服务业工作

D. 以上都不正确

4. 在工作场所中死亡和受伤的劳动力数量减少的最重要的原因是什么？

A. 对违反工作场所规定的行为给予更高的惩罚

B. 人们工作类型的变化

C. 劳动力减少

D. 以上都正确

5. 以下哪一项对女性的伤害比对男性更大？

A. 矿难

B. 农业事故

C. 工作场所暴力

D. 建筑工地暴力

6. 根据卡尔·马克思的说法，工作场所的异化源于：

A. 无能为力

B. 理性

C. 竞争

D. 大量的移民在找工作

7. 以下哪类人的失业率最高？

A. 女性

B. 大学毕业生

C. 高中辍学的人

D. 青少年

8. 与 1950 年相比，今天我们发现工会成员所占的比例：

A. 上升

B. 下降

C. 在男性中上升，在女性中下降

D. 变化不大

9. 在对工作进行社会冲突分析之后，随着时间的推移，我们会期待看到：

A. 更多的员工被机器取代

B. 员工们接受的教育越来越多

C. 更多的员工成为公司的所有者

D. 以上都正确

10. 如果你声称市场提供了“大致公平”，但政府需要“明确市场公平的边界”，那么你是从哪种政治立场出发的？

A. 保守派

B. 自由派

C. 激进左派

D. 以上都不正确

答案：1（D）；2（D）；3（A）；4（B）；5（C）；6（A）；7（D）；8（B）；9（A）；10（B）。

论述题

1. 计算机技术在哪些方面改变了工作的性质？并讨论人们的工作类型和他们在哪里工作。

2. 什么样的工作可能被定义为“麦当劳化的工作”？美国经济的变化是这类工作兴起的原因吗？

第12章 家庭生活

单项选择题

1. 在美国这样的高收入国家，当人们提到“家庭”时，通常指的是哪一类家庭？

A. 核心家庭

B. 扩大家庭

C. 亲和家庭

D. 同居

2. 在什么样的情况下，孩子在18岁之前和亲生父母住在一起的概率最大？

A. 同居

B. 同居，然后在孩子出生后结婚

C. 在孩子出生前结婚

D. 不结婚

3. 在最近几十年里，一个23岁的美国人结婚的概率：

A. 上升

B. 下降

C. 保持不变

D. 几乎消失了

4. 对美国儿童最普遍的照顾模式是：

A. 儿童自己照顾自己

B. 把儿童送到儿童照顾中心

C. 由保姆来照看儿童

D. 父母、祖父母或其他亲属在家中提供照顾

5. 自1980年以来，美国的离婚率如何变化？

A. 下降

B. 上升

C. 稳定

D. 是世界上最低的

6. “混合家庭”的特点包括：

A. 丈夫和妻子有着不同的社会背景

B. 父母中的一方或双方有滥用药物的问题

C. 孩子与亲生父母和继父母生活在一起

D. 父母双方都至少离过一次婚

7. 美国第一个将同性婚姻合法化的州是：

A. 佛蒙特州

B. 马萨诸塞州

C. 加利福尼亚州

D. 夏威夷州

8. 哪一种理论方法认为家庭是“社会的支柱”？

A. 结构功能方法

B. 符号互动方法

C. 社会冲突方法

D. 女权主义方法

9. 弗里德里希·恩格斯声称，婚姻是作为一种什么策略发展起来的？

A. 防止“不合法”的诞生

B. 阻止政府抚养人们的孩子

C. 在人口中更平等地分享财富

D. 允许富人把财富传给他们的儿子

10. 如果你接受家庭作为一种社会制度，但又想鼓励对各种家庭形式的宽容，那么你是从哪种政治立场出发的？

A. 保守派

B. 自由派

C. 激进左派

D. 以上都不正确

答案： 1（A）；2（C）；3（B）；4（D）；5（A）；6（C）；7（B）；8（A）；9（D）；10（B）。

论述题

1. 重点强调过去一个世纪美国家庭生活的变化。是什么因素导致了家庭发生这种变化？
2. 概述三种政治立场——保守派、自由派和激进左派——对家庭问题的定义。他们提出了什么解决方案？

第13章 教育

单项选择题

1. 全球的教育表明：

A. 男孩接受的教育比女孩多

B. 女孩接受的教育比男孩多

C. 更多教育流向成人，而不是儿童

D. 世界上几乎90%的孩子从未上过学

2. 以下哪个国家的人拥有大学学位的比例最高？

A. 葡萄牙

B. 瑞典

C. 美国

D. 加拿大

3. 通常来自高收入家庭的学生：

A. SAT成绩低于全美平均水平

B. SAT成绩等于全美平均水平

C. SAT成绩高于全美平均水平

D. 不参加SAT考试

4. 以下哪个类别的美国人辍学率最高?

A. 亚裔美国人

B. 拉美裔美国人

C. 非拉美裔白人

D. 母语为英语的人

5. 功能性文盲的一个合适的定义是:

A. 无法胜任一份工作

B. 缺乏最新的计算机技能

C. 未完成大学学业

D. 不能很好地读、写或做基本的算术，从而不能履行日常职责

6. 在美国的大学校园里，女性在所有本科生中所占的比例是多少?

A. 57%

B. 46%

C. 36%

D. 26%

7. 主要用学生的母语而不是英语教学的政策叫:

A. 英语浸入式教学

B. 主流政策

C. 特殊教育

D. 双语教学

8. 哪一种理论方法指出学校是如何通过教授共同的价值观和信仰来帮助美国这个种族多元化的社会团结起来的?

A. 结构功能方法

B. 符号互动方法

C. 社会冲突方法

D. 女权主义方法

9. 教育中的自我实现预言指的是这样一个事实:

A. 全民教育的国家目标刚刚实现

B. 富裕的家庭通常为他们的孩子提供最好的教育

C. 学校给学生贴上的标签会影响他们的实际表现

D. 学校教授支持现状的价值观

10. 如果你声称要对美国的学校教育做出有意义的改变，就必须改变经济和政治结构，那么你是从哪种政治立场出发的?

A. 保守派

B. 自由派

C. 激进左派

D. 进步主义者

答案： 1（A）；2（C）；3（C）；4（B）；5（D）；6（A）；7（D）；8（A）；9（C）；10（C）。

论述题

1. 学校如何帮助我们的社会运转？学校如何使社会不平等持续下去?
2. 概述一下三种政治立场——保守派、自由派和激进左派——是如何定义美国糟糕的学校教育的？他们分别提出了什么解决方案?

第 14 章　城市生活

单项选择题

1. 工业大都市是伴随着什么出现的?

A. 18 世纪晚期新国家的建立

B. 大约在 1860 年之后的工业革命

C. 20 世纪 30 年代的大萧条

D. 1960 年之后后工业经济的崛起

2. 许多美国大城市面临财政问题，甚至濒临破产，这是因为什么?

A. 市中心人口不断增长

B. 郊区衰落

C. 人口从市中心分散到郊区

D. 以上都正确

3. 批评家认为，城市扩张导致了:

A. 整个地区的建筑看起来都差不多

B. 开发正在迅速消耗开阔的土地和农田

C. 人们花在汽车上的时间越来越多

D. 以上都正确

4. 下述哪个区域有最高的贫困率?

A. 市中心

B. 郊区

C. 乡村地区

D. 边缘城市

5. 下面哪一个关于城市更新的描述是正确的?

A. 城市更新使许多穷人搬离了公共住房

B. 城市更新大大增加了美国低收入家庭的住房数量

C. 城市更新把许多低收入社区改造为富人住宅区和购物区

D. 城市更新导致市中心贫民窟迅速增加

6. 超隔离是哪一个群体面临的问题?

A. 富人

B. 贫困的非裔美国人

C. 住在专属社区的郊区居民

D. 贫困的白人

7. 无家可归的问题主要存在于：

A. 城市地区

B. 乡村地区

C. 阳光地带城市

D. 冰雪带城市

8. 在低收入国家，城市：

A. 比美国小得多

B. 并没有出现很多问题

C. 发展迅速，比美国的城市大得多

D. 几乎不存在

9. 费迪南德·滕尼斯曾经把现代城市生活阐述为：

A. 礼俗社会

B. 法理社会

C. 机械团结

D. 有机团结

10. 如果你声称经济的增长已经改善了美国的城市生活，并且改变将会持续进行，那么你是从哪种政治立场出发的？

A. 保守派

B. 自由派

C. 激进左派

D. 上述都不正确

答案： 1（B）；2（C）；3（D）；4（A）；5（C）；6（B）；7（A）；8（C）；9（B）；10（A）。

论述题

1. 考虑城市的大小、形状，以及人们的生活质量，工业革命是如何改变美国的城市的？

2. 概述三种政治立场——保守派、自由派和激进左派——是如何定义美国城市问题的原因的？他们提出了什么解决方案？

第 15 章 人口和全球不平等

单项选择题

1. 世界人口从何时开始快速增长？

A.1500 年

B.1750 年

C.1900 年

D.2000 年

2. 世界上哪个地区的出生率和婴儿死亡率最高？

A. 拉丁美洲

B. 欧洲

C. 亚洲

D. 非洲

3. 全球研究表明，女性获得避孕的机会越多，则：

A. 女性的孩子越少

B. 上学的女性越少

C. 长大成人的孩子越少

D. 为获得收入而工作的女性越少

4. 人口增长率最高的是：

A. 北半球

B. 南半球

C. 美国和其他富裕国家

D. 日本和其他人口平均年龄正在增长的国家

5. 马尔萨斯说过：

A. 人口呈几何级数增长

B. 食物产量呈算术级数增长

C. 世界最终将耗尽粮食和其他资源

D. 以上都正确

6. 从全球的角度来看，最富有的 20% 的人占据全球百分之多少的收入？

A. 60

B. 20

C. 40

D. 80

7. 在中非最贫困的国家，有 1/4 的人死于多少岁？

A. 65 岁以前

B. 50 岁以前

C. 30 岁以前

D. 青少年期结束以前

8. 在罗斯托的现代化的各个阶段中，哪个阶段的国家已经大大减少了绝对贫困，并要求所有的儿童上学？

A. 传统的阶段

B. 起飞阶段

C. 推动技术成熟阶段

D. 高消费阶段

9. 根据沃勒斯坦的理论，全球不平等的主要原因是：

A. 缺乏现代技术

B. 资本主义的全球经济

C. 传统文化阻碍了一些国家的发展

D. 政府对经济的无效率的控制

10. 在政治光谱上越靠右，意味着越将什么视为解决全球不平等问题的方法？

A. 政府行动

B. 市场经济

C. 当地工业国有化

D. 联合国和其他全球组织

答案： 1（C）；2（D）；3（A）；4（B）；5（D）；6（D）；7（A）；8（C）；9（B）；10（B）。

论述题

1. 马尔萨斯的人口理论是什么？人口转变理论如何导致对世界未来的不同结论？

2. 对比现代化理论和世界体系理论，它们对于全球不平等的原因以及解决方案有何不同理解。

第 16 章　技术与环境

单项选择题

1. 下面哪个问题是自然世界独立运作的结果，而与社会运行的影响无关？

A. 污染

B. 酸雨

C. 全球变暖

D. 以上都不正确

2. 一般来说，一个社会的技术越复杂：

A. 它对自然环境的影响越大

B. 造成环境问题的可能性越小

C. 人们对环境的关注越少

D. 人们消耗的资源越少

3. 环境赤字指的是：

A. 我们要花多少钱来清洁环境

B. 世界在任何时候都能养活的人口

C. 由于人类关注短期的物质富裕而对环境造成的长期危害

D. 一种鼓励越来越多的经济增长的思维方式

4. 有限增长理论表明了：

A. 人类的聪明才智将使越来越多的人活得更好、更长

B. 人类必须控制人口的增长，限制资源的消耗，以避免环境的崩溃

C. 富国必须让穷国在经济发展方面赶上来

D. 新资源的发现必须跟上我们对已知资源的使用

5. 世界上面临最大的淡水供应危机的地区是：

A. 北美洲

B. 热带雨林

C. 欧洲

D. 中东

6. 以下哪种关于酸雨的说法是正确的？

A. 它对植物和动物都有害

B. 它可以危害距离污染源数千英里的地区

C. 它是由燃烧化石燃料引起的

D. 以上都正确

7. 地球上现存物种的数量有什么变化？

A. 正在增加

B. 几个世纪以来几乎保持不变

C. 正在减少

D. 预计会随着全球变暖而上升

8. 结构功能方法指出下列哪一种对自然环境的影响最大？

A. 社会的技术水平

B. 社会不平等的程度

C. 一个国家人口的种族构成

D. 以上都正确

9. 一般来说，哪一种政治立场对自然环境的未来状况最乐观？

A. 激进左派

B. 自由派

C. 保守派

D. 所有的政治立场都是乐观的

10. 大多数新马尔萨斯主义者通常支持哪一派？

A. 激进左派

B. 自由派

C. 保守派

D. 以上都不正确

答案： 1（D）；2（A）；3（C）；4（B）；5（D）；6（D）；7（C）；8（A）；9（C）；10（B）。

论述题

1. 技术在哪些方面影响着自然环境的状况？文化价值呢？生态上可持续的文化与人们自己的生活方式有何不同？

2. 环境种族主义的问题是什么？解决这个问题的策略或政策可能是什么？

第 17 章 战争与恐怖主义

单项选择题

1. 几个世纪以来，战争造成的破坏：

A. 急剧增多

B. 变化不大

C. 下降了，因为现在很少有战争

D. 下降了，因为科技的进步

2. 下面哪个是爆发战争的常见原因?

A. 对感知到的威胁的反应

B. 文化和宗教差异

C. 转移公众对国内社会问题的注意力

D. 以上都正确

3. 20 世纪见证了全面战争怎样的发展?

A. 地球上的每个国家都被卷入了一场战争

B. 大规模杀伤性武器摧毁了整座城市

C. 各国决定避免以任何人口中心为战争目标

D. 关于如何发动战争已经没有任何规则了

4. 只有一个国家遭受过针对主要城市的原子弹袭击，它是哪个国家?

A. 苏联

B. 中国

C. 日本

D. 印度

5. 到目前为止，在军国主义上花费最多的国家是：

A. 中国

B. 美国

C. 俄罗斯联邦

D. 朝鲜

6. 以下哪一种观点对恐怖主义描述得最恰当?

A. 弱国组织攻击强国

B. 强大的组织攻击弱小的国家

C. 弱国攻击弱国

D. 强国攻击强国

7. 下面关于恐怖主义的哪些说法是正确的？

A. 美国社会的恐怖主义由来已久

B. 针对美国人民的恐怖主义一直是其他国家的人所为

C. 美国发生的第一起恐怖主义事件发生在 1995 年的俄克拉何马城

D. 美国从未在自己的国土上经历过恐怖主义

8. 一个国家的“恐怖分子”很可能是另一个国家的“自由战士”，这是一个有意义的问题——这是哪一种理论方法得出的见解?

A. 生物学理论

B. 结构功能方法

C. 符号互动方法

D. 社会冲突方法

9. 战争是强国主宰世界的一种方式，恐怖主义是弱者反击的一种方式，这是一种关于社会不平等的说法。它与哪种理论方法有关?

A. 生物学理论

B. 结构功能方法

C. 符号互动方法

D. 社会冲突方法

10. 如果你认为美国在世界上不再是一股“善”的力量，那么你是从哪种政治立场出发的?

A. 保守派

B. 自由派

C. 激进左派

D. 以上都不正确

答案： 1(A); 2(D); 3(B); 4(C); 5(B); 6(A); 7(A); 8(C); 9(D); 10(C)。

论述题

1. 运用社会学的理论方法对军国主义和战争进行分析，举例说明从每种理论方法中得出的具体见解。
2. 恐怖主义是一种特殊类型的战争吗? 恐怖主义与常规战争有什么不同?

参考文献

*Blue type denotes reference citations new to this fifth edition.

Chapter 1 References

Anderson, Elijah. 1999. *Code of the Street: Decency, Violence, and the Moral Life of the Inner City*. New York: Norton.

Barro, Robert, and Jong-Wha Lee. "Educational Attainment in the World, 1950–2010." National Bureau of Economic Research. May 18, 2010. Available at http://www.nber.org/papers/w15902

Benjamin, Lois. 1991. *The Black Elite: Facing the Color Line in the Twilight of the Twentieth Century*. Chicago: Nelson-Hall.

Blumer, Herbert G. 1969. "Collective Behavior." In Alfred McClung Lee, (ed.), *Principles of Sociology*, 3rd ed. (pp. 65–121). New York: Barnes & Noble.

CDC (Centers for Disease Control and Prevention), National Center for Health Statistics. "Marriage and Divorce Data." 2011. [Online] Available at http://www.cdc.gov/nchs/nvss/marriage_divorce_tables.htm

Central Intelligence Agency. *The World Factbook*. 2011 (updated biweekly). [Online] Available at https://www.cia.gov/library/publications/the-world-factbook/index.html

Chen, Shaohua, and Martin Ravallion. "The Developing World Is Poorer Than We Thought, But No Less Successful in the Fight against Poverty." August 2008. Available at http://go.worldbank.org/C9GR27WRJ0

Cohen, Joshua T., and John D. Graham. 2003. "A Revised Economic Analysis of Restrictions on the Use of Cell Phones while Driving." *Risk Analysis*. Vol. 23, No. 1 (February): 5–17.

Davis, Nanette J. 1980. *Sociological Constructions of Deviance: Perspectives and Issues in the Field*, 2nd ed., Dubuque, IA: Brown.

———. 2000. "From Victims to Survivors: Working with Recovering Street Prostitutes." In Ronald Weitzer, (ed.), *Sex for Sale: Prostitution, Pornography, and the Sex Industry* (pp. 139–55). New York: Routledge.

Ehrenreich, Barbara. 2001. *Nickel and Dimed: On How (Not) to Get By in America*. New York: Holt.

Faris, Robert E. L. 1967. *Chicago Sociology, 1920–1932*. Chicago: University of Chicago Press.

Gallup. "U.S. Satisfaction Up Slightly at Start of 2012, to 18%." 2012. [Online]. Available at http://www.gallup.com/poll/151979/National-Satisfaction-Slightly-Start-2012.aspx

Goldman, Henry. 1991. "The Plight of the Black Child." *Philadelphia Inquirer* (February 10): 5E.

Governors Highway Safety Association. "State Cell Phone Driving Laws." 2012. [Online] Available at http://www.ghsa.org/html/stateinfo/laws/cellphone_laws.html

Hamilton, Brady E., Joyce A. Martin, and Stephanie J. Ventura. "Births: Preliminary Data for 2010." *National Vital Statistics Reports*, Vol. 60, No. 2. December, 2011. Available at http://www.cdc.gov/nchs/data/nvsr/nvsr60/nvsr60_02.pdf

Haney, Craig, W. Curtis Banks, and Philip G. Zimbardo. 1973. "Interpersonal Dynamics in a Simulated Prison." *International Journal of Criminology and Penology*. Vol. 1, No. 1: 69–95.

Mauss, Armand L. 1975. *Social Problems of Social Movements*. Philadelphia: Lippincott.

Milanovic, Branko. "Global Income Inequality: New Results and Implications for 21st Century Policy." World Bank. Spring 2011. [Online] Available at http://siteresources.worldbank.org/EXTABCDE/Resources/7455676-1292528456380/ 7626791-1303141641402/7878676-1306699356046/Parallel-Sesssion-6-Branko-Milanovic.pdf

———. "More or Less." *Finance & Development*, Vol. 48, No. 3, International Monetary Fund. September 2011. Available at http://www.imf.org/external/pubs/ft/fandd/2011/09/milanovic.htm

Mills, C. Wright. 1959. *The Sociological Imagination*. New York: Oxford University Press.

National Highway Traffic Safety Administration, National Center for Statistics and Analysis. "2007 Traffic Safety Annual Assessment—Alcohol-Impaired Driving Fatalities." August 2008. [Online] Available at http://www-nrd.nhtsa.dot.gov/Pubs/811016.PDF

National Highway Traffic Safety Administration, National Center for Statistics and Analysis. "NHTSA Policy and FAQs on Cellular Phone Use While Driving." March 18, 2009. [Online] Available at http://www.nhtsa.dot.gov/portal/site/nhtsa/template.

National Highway Traffic Safety Administration, National Center for Statistics and Analysis. "Fatality Analysis Reporting System (FARS)." 2011. [Online] Available at http://www-fars.nhtsa.dot.gov/Main/index.aspx

New York Times. "Election Results 2008." November 5, 2008. [Online] Available at http://elections.nytimes.com/2008/results/president/exit-polls.html

NORC. *General Social Surveys, 1972–2010: Cumulative Codebook*. Chicago: National Opinion Research Center, 2011. [Online] Available at http://www.norc.org/GSS+Website

Park, Robert E., and Ernest W. Burgess. 1970 (orig. 1921). *Introduction to the Science of Sociology*. Chicago: University of Chicago Press.

Population Reference Bureau. "2011 World Population Data Sheet." July 2011. [Online] Available at http://www.prb.org/Publications/Datasheets/2011/world-population-data-sheet/data-sheet.aspx

Population Reference Bureau. "Datafinder." 2012. [Online] Available at http://www.prb.org/DataFinder.aspx

Tilly, Charles. 1978. *From Mobilization to Revolution*. Reading, MA.: Addison-Wesley.

UNESCO (United Nations Educational, Scientific, and Cultural Organization). "Data Centre." 2011. [Online] Available at http://www.uis.unesco.org/Pages/default.aspx

United Nations Development Programme. *Human Development Report 2011*. Statistical Tables. [Online] Available at http://hdr.undp.org/en/statistics/data/

U.S. Census Bureau (Kreider, Rose M., and Renee Ellis). "Number, Timing, and Duration of Marriages and Divorces: 2009." *Current Population Reports*, P70-125, U.S. Census Bureau. 2011. Available at http://www.census.gov/prod/2011pubs/p70-125.pdf

U.S. Census Bureau. "Current Population Survey." September 2011. [Online] Available at http://www.census.gov/cps/

U.S. Department of Justice, Federal Bureau of Investigation, Criminal Justice Information Services Division. "Crime in the United States, 2010." 2011. [Online] Available at http://www.fbi.gov/about-us/cjis/ucr/crime-in-the-u.s/2010/crime-in-the-u.s.-2010

U.S. Department of Labor, Bureau of Labor Statistics. "Labor Force Statistics from the Current Population Survey." 2010. [Online] Available at http://www.bls.gov/cps/home.htm

Welch, Sandy, Myrna Dawson, and Annette Nierobisz. 2002. "Legal Factors, Extra-Legal Factors, or Changes in the Law? Using Criminal Justice Research to Understand the Resolution of Sexual Harassment Complaints." *Social Problems*. Vol. 49, No. 4 (November): 605–23.

Wilson, William Julius. 1996a. *When Work Disappears: The World of the New Urban Poor*. New York: Knopf.

World Bank. "Data: Poverty." 2011. [Online] Available at http://data.worldbank.org/topic/poverty

Zimbardo, Philip G. 1972. "Pathology of Imprisonment." *Society*. Vol. 9 (April): 4–8.

Chapter 2 References

Adams, Patricia F., Michael E. Martinez, Jackline L. Vickerie, and Whitney K. Kirzinger. "Summary Health Statistics for the U.S. Population: National Health Interview Survey, 2010." *Vital Health Stat*. Vol. 10, No. 251, National Center for Health Statistics. 2011. [Online] Available at http://www.cdc.gov/nchs/data/series/sr_10/sr10_251.pdf

Adler, Jerry, and Maggie Malone. 1996. "Toppling Towers." *Newsweek* (November 4): 70–72.

America's Promise Alliance. "Cities in Crisis 2009: Closing the Graduation Gap." 2010. [Online] Available at http://www.americaspromise.org/Our-Work/Dropout-Prevention/Cities-in-Crisis.aspx

ANDERSON, ELIJAH. 1999. Code of the Street: Decency, Violence, and the Moral Life of the Inner City. New York: Norton.
BASS, FRANK. 2005. "Katrina's Victims Poorer than U.S. Average." *Yahoo News.* [Online] Available September 24, 2006, at http://news.yahoo.com
BENNETT, WILLIAM J. 1995. "Redeeming Our Time." *Imprimis.* Vol. 24, No. 11 (November). Available January 14, 2007, at http://www.hillsdale.edu/imprimis/1995/11
BORK, ROBERT H. 2008. *A Time to Speak.* Wilmington, Del.: Intercollegiate Studies Institute, 2008.
BOURDIEU, PIERRE, AND JEAN-CLAUDE PASSERON. 1977. *Reproduction in Society, Education, and Culture.* Thousand Oaks, Calif.: Sage.
BUCKS, BRIAN K., ARTHUR B. KENNICKELL, TRACI L. MACH, and KEVIN B. MOORE. "Changes in U.S. Family Finances from 2004 to 2007: Evidence from the Survey of Consumer Finances." February 2009. [Online] Available at http://www.federalreserve.gov/pubs/bulletin/2009/pdf/scf09.pdf
CENTER ON HUNGER AND POVERTY. 2000. *Paradox of Our Times: Hunger in a Strong Economy.* Medford, Mass: Tufts University Press.
CHRISTIE, LES. "Foreclosures Fall in Most U.S. Cities." CNN Money. July 28, 2011. Available at: http://money.cnn.com/2011/07/28/real_estate/metro_area_foreclosures/index.htm
CONGRESSIONAL BUDGET OFFICE. "Growing Disparities in Life Expectancy." April 17, 2008. [Online] Available at http://www.cbo.gov/ftpdocs/91xx/doc9104/04-17-LifeExpectancy_Brief.pdf
CONNERLY, WARD. 2000. "The Content of Our Children's Character." *Imprimis.* Vol. 29, No. 2 (February): 1–3, 5.
CORPORATE LIBRARY, THE. "Executive Compensation." 2011. [Online] Available at http://www.thecorporatelibrary.com/info.php?idxy=60#ec
CRESWELL, JULIE. "Even Funds That Lagged Paid Richly." *New York Times.* March 31, 2011. [Online] Available at http://www.nytimes.com/2011/04/01/business/01hedge.html?_r=1
ECONOMIC POLICY INSTITUTE. "State of Working America 2011." Washington, DC: Economic Policy Institute. 2011. http://www.stateofworkingamerica.org/
EHRENREICH, BARBARA. 2001. *Nickel and Dimed: On How (Not) to Get By in America.* New York: Holt.
FEDERAL RESERVE SYSTEM. "2007 Survey of Consumer Finances, Tables Based on the Internal Data and Tables Based on the Public Data." 2010. [Online] Available at http://www.federalreserve.gov/econresdata/scf/scf_2007.htm
FORBES. "Lists and Profiles." 2011. [Online] Available at http://www.forbes.com/lists/
FRANK, ROBERT. "Will the Crisis Hit the Rich Like 1990 or 1929?" *The Wealth Report—WSJ.com.* November 19, 2008. [Online] Available August 2012 at http://blogs.wsj.com/wealth/2008/11/19/will-the-crisis-hit-the-rich-like-1990-or-1929/
FURSTENBERG, FRANK F., JR., and ANDREW CHERLIN. 1991. *Divided Families: What Happens to Children When Parents Part.* Cambridge, Mass.: Harvard University Press.
GANS, HERBERT J. 1971. "The Uses of Poverty: The Poor Pay All." *Social Policy.* Vol. 2, No. 4 (July–August): 20–24.
HARRINGTON, MICHAEL. 1962. *The Other America: Poverty in the United States.* Baltimore: Penguin.
HELMAN, CHRISTOPHER. "America's 25 Highest-Paid CEOs." *Forbes.* October 12, 2011. Accessed at: http://www.forbes.com/sites/christopherhelman/2011/10/12/americas-25-highest-paid-ceos/
HOEFER, MICHAEL, NANCY RYTINA, and BRYAN C. BAKER. "Estimates of the Unauthorized Immigrant Population Residing in the United States: January 2010." Population Estimates U.S. Dept. of Homeland Security, Office of Immigration Statistics. February 2011. [Online] Available at http://www.dhs.gov/xlibrary/assets/statistics/publications/ois_ill_pe_2010.pdf
INTERNAL REVENUE SERVICE. "Statistics of Income." 2011. [Online] Available at http://www.irs.gov/taxstats/indtaxstats/article/0,,id=133521,00.html
JOHNSTON, DAVID CAY. 2005. "Richest Are Leaving Even the Rich Far Behind." New York Times (June 5): 1, 27.
KATZ, MICHAEL B. 1990. *The Undeserving Poor: From the War on Poverty to the War on Welfare.* New York: Pantheon.
———. 1996. *In the Shadow of the Poorhouse.* New York: Basic Books.
KAUFMAN, LESLIE. 2004. "Surge in Homeless Families Sets Off Debate on Cause." New York Times (June 29).
KEISTER, LISA A. 2000. *Wealth in America: Trends in Wealth Inequality.* Cambridge: Cambridge University Press.
KEISTER, LISA A., and STEPHANIE MOLLER. 2000. "Wealth Inequality in the United States." *Annual Review of Sociology.* Vol. 26: 63–81.
KILGORE, SALLY B. 1991. "The Organizational Context of Tracking in Schools." *American Sociological Review.* Vol. 56, No. 2 (April): 189–203.
KOHUT, ANDREW. "Public and Occupy Wall Street Movement Agree on Key Issues." Pew Research Center. October 19, 2011. Accessed at: http://www.people-press.org/2011/10/19/haves-and-have-nots/
KOZOL, JONATHAN. 1991. *Savage Inequalities: Children in America's Schools.* New York: Crown.
LIAZOS, ALEXANDER. 1982. *People First: An Introduction to Social Problems.* Needham Heights, Mass.: Allyn & Bacon.
LICHTER, DANIEL T., and MARTHA L. CROWLEY. 2002. "Poverty in America: Beyond Welfare Reform." Population Bulletin. Vol. 57, No. 2 (June): 3–34.
LICHTER, DANIEL T., and RUKMALIE JAYAKODY. 2002. "Welfare Reform: How Do We Measure Success?" *Annual Review of Sociology.* Vol. 28: 117–41.
LUHBY, TAMI. "Class Warfare: Who Pays Fair Share of Taxes?" *Yahoo News.* October 14, 2011. Available at: http://finance.yahoo.com/news/Class-warfare-Who-pays-fair-cnnm-46718926.html?x=0&sec=topStories&pos=9&asset=&ccode=
MARTIN, DEANNA. 2009. "Mayor to Indiana Governor: Send Stimulus Cash Fast." *MSNBC* (March 19). [Online] Available March 22, 2009, at http://www.msnbc.msn.com/id/29771876
MASSEY, DOUGLAS S., and NANCY A. DENTON. 1989. "Hypersegregation in U.S. Metropolitan Areas: Black and Hispanic Segregation along Five Dimensions." *Demography.* Vol. 26, No. 3 (August): 373–91.
MILANOVIC, BRANKO. "Global Inequality: From Class to Location, from Proletarians to Migrants." *World Bank Policy Research* working paper, No. WPS 5820, September 2011. [Online] Available at http://go.worldbank.org/PWVINQBEH0
MOORE, STEPHEN, and LINCOLN ANDERSON. 2005. "Great American Dream Machine." *Wall Street Journal* (December 21): A18.
MORIN, RICH. "Rising Share of Americans See Conflict Between Rich and Poor." *Pew Research Center.* January 11, 2012. Available at: http://www.pewsocialtrends.org/2012/01/11/rising-share-of-americans-see-conflict-between-rich-and-poor/
MOUW, TED. 2000. "Job Relocation and the Racial Gap in Unemployment in Detroit and Chicago, 1980 to 1990." *American Sociological Review.* Vol. 65, No. 5 (October): 730–53.
MURRAY, CHARLES. 1984. *Losing Ground: American Social Policy, 1950–1980.* New York: Basic Books.
MURRAY, HARRY. 2000. "Deniable Degradation: The Finger-Imaging of Welfare Recipients." *Sociological Forum.* Vol. 15, No. 1 (March): 39–63.
NATIONAL COALITION FOR THE HOMELESS. "How Many People Experience Homelessness? (NCH Fact Sheet #2)" 2008. [Online] Available at http://www.nationalhomeless.org/publications/facts/How_Many.pdf
NEW YORK TIMES. "Obamas Report $1.7 Million in Income for 2010." April 18, 2011. [Online] Available at http://www.nytimes.com/interactive/2011/04/19/us/politics/19obama-doc.html
NORC. *General Social Surveys, 1972–2010: Cumulative Codebook.* Chicago: National Opinion Research Center. 2011. [Online] Available at http://www.norc.org/GSS+Website/
NORD, MARK, MARGARET ANDREWS, and STEVEN CARLSON. 2002. *Household Food Security in the United States, 2001.* Washington, D.C.: Economic Research Service, U.S. Department of Agriculture.
O'HARE, WILLIAM P. 2002. "Tracking the Trends in Low-Income Working Families." *Population Today.* Vol. 30, No. 6 (August-September): 1–3.
O'TOOLE, MOLLY. "White House to Pay $37 Million in Salaries for 2011." *Reuters.* July 4, 2011. Accessed at: http://news.yahoo.com/white-house-pay-37-million-salaries-2011-041621213.html
OHLEMACHER, STEPHEN. "Fact Check: Are Rich Taxed Less than Secretaries?" *Associated Press.* September 20, 2011. Available at: http://news.yahoo.com/fact-check-rich-taxed-less-secretaries-070642868.html
POWELL, COLIN L., and JOSEPH E. PERSICO. 1995. *My American Journey.* New York: Random House.
ROTH, ZACHARY. "Labor: Lavish CEO Pay Still Rising." *The Lookout.* April 20, 2011. Accessed at: http://news.yahoo.com/s/yblog_thelookout/20110420/ts_yblog_thelookout/labor-lavish-ceo-pay-still-rising
RYAN, WILLIAM. 1976. Blaming the Victim, rev. ed. New York: Vintage Books.
SAEZ, EMMANUEL and THOMAS PIKETTY, "Income Inequality in the United States, 1913–1998" *The Quarterly Journal of Economics,* Vol. 118(1), 2003. Tables and Figures Updated to 2008 [Online] Available at http://www.econ.berkeley.edu/~saez/

Saint Jean, Yanick, and Joe R. Feagin. 1998. *Double Burden: Black Women and Everyday Racism.* Armonk, N.Y.: Sharpe.

Samuelson, Robert J. 2003. "The Rich and Everyone Else." *Newsweek* (January 27): 57.

Singh, Gopal K. "Child Mortality in the United States, 1935–2007: Large Racial and Socioeconomic Disparities Have Persisted Over Time." Rockville, MD: U.S. Department of Health and Human Services. 2010. [Online] Available at http://www.hrsa.gov/healthit/images/mchb_child_mortality_pub.pdf

Stanley, William D., and Thomas J. Danko. 1996. *The Millionaire Next Door: The Surprising Secrets of America's Wealthy.* New York: Pocket Books.

Tavernise, Sabrina. "Survey Finds Rising Perception of Class Tension." *New York Times.* January 11, 2012. Available at: http://www.nytimes.com/2012/01/12/us/more-conflict-seen-between-rich

Thornburgh, Nathan. 2006. "Dropout Nation." *Time.* Vol. 167, No. 16 (April 17): 30–40.

Trattner, Walter I. 1980. "Social Welfare." In Glenn Porter, ed., Encyclopedia of American Economic History, Vol. 3 (pp. 1155–67). New York: Scribner.

U.S. Census Bureau. "American Community Survey." 2011. [Online] Available at http://www.census.gov/acs/www

U.S. Census Bureau. "Current Population Survey." September 2011. [Online] Available at http://www.census.gov/cps/

U.S. Census Bureau. "Families and Living Arrangements." 2012. [Online] Available at http://www.census.gov/population/www/socdemo/hh-fam.html

U.S. Census Bureau. "Small Area Income & Poverty Estimates (SAIPE)." 2012. [Online] Available at http://www.census.gov/hhes/www/saipe/

U.S. Census Bureau. "Statistical Abstract of the United States: 2012," 131st ed., 2011. [Online] Available at http://www.census.gov/statab/www

U.S. Census Bureau. "Voting and Registration." 2009. [Online] Available at http://www.census.gov/hhes/www/socdemo/voting/index.html

U.S. Conference of Mayors. "A Status Annual Report on Hunger and Homelessness in America's Cities." December 2010. [Online] Available at http://usmayors.org/pressreleases/uploads/2010HungerHomelessnessReportfinalDec212010.pdf

U.S. Department of Agriculture. "Food Security in the United States: Key Statistics and Graphics." 2011. [Online] Available at http://www.ers.usda.gov/Briefing/FoodSecurity/stats_graphs.htm

U.S. Department of Agriculture. "Characteristics of Supplemental Nutrition Assistance Program Households [Annual]." 2012. [Online] Available at http://www.fns.usda.gov/ORA/menu/Published/SNAP/SNAP.htm

U.S. Department of Health and Human Services, Administration for Children and Families, Office of Family Assistance. "Characteristics and Financial Circumstances of TANF Recipients." Last updated on 7/20/2011. [Online] Available at http://www.acf.hhs.gov/programs/ofa/character/index.html

U.S. Department of Homeland Security, Office of Immigration Statistics. "Yearbook of Immigration Statistics 2010." 2011. [Online] Available at http://www.dhs.gov/files/statistics/publications/yearbook.shtm

U.S. Department of Housing and Urban Development, Office of Community Planning and Development. "The Annual Homeless Assessment Report to Congress." 2011. [Online] Available at http://www.hudhre.info/index.cfm?do=viewResource&ResourceId=4450

U.S. Department of Labor, Wage and Hour Division. 2012. http://www.dol.gov/whd/flsa/index.htm

U.S. Social Security Administration. "The 2011 Annual Report of the Board of Trustees of the Federal Old-Age and Survivors Insurance and Federal Disability Insurance Trust Funds." 2011. [Online] Available at http://www.ssa.gov/OACT/TRSUM/index.html

Western, Bruce. 2002. "The Impact of Incarceration on Wage Mobility and Inequality." American Sociological Review. Vol. 67, No. 4 (August): 526–46.

Wilson, William Julius. 1996a. When Work Disappears: The World of the New Urban Poor. New York: Knopf.

Wolff, Edward N. "Recent Trends in Household Wealth in the U.S., Update to 2007: Rising Debt and the Middle Class Squeeze." March 2010. [Online] Available at http://www.levyinstitute.org/publications/?docid=1235

Zagorsky, Jay. 2006. "Divorce Drops a Person's Wealth by 77 Percent." Press release (January 18). [Online] Available January 19, 2006, at http://www.eurekalert.org/pub_releases/2006-01/osu-dda011806.php

Zogby, John. "What American Dream?" *Forbes.* [Online] Available March 18, 2010, at http://www.forbes.com/2010/03/17/american-dream-economy-depression-opinions-columnistsjohn-zogby.html

Chapter 3 References

Adorno, T. W., et al. 1950. *The Authoritarian Personality.* New York: Harper.

Albon, Joan. 1971. "Retention of Cultural Values and Differential Urban Adaptation: Samoans and American Indians in a West Coast City." *Social Forces.* Vol. 49, No. 3 (March): 385–93.

Benjamin, Lois. 1991. *The Black Elite: Facing the Color Line in the Twilight of the Twentieth Century.* Chicago: Nelson-Hall.

Bogardus, Emory S. 1925. "Social Distance and Its Origins." *Sociology and Social Research.* Vol. 9 (July–August): 216–25.

———. 1967. *A Forty-Year Racial Distance Study.* Los Angeles: University of Southern California Press.

Bonilla-Silva, Eduardo. 1999. "The Essential Social Fact of Race." American *Sociological Review.* Vol. 64, No. 6 (December): 899–906.

Boza, Tanya Golash. 2002. "Proposed American Sociological Association Statement on Race." [Online] Available October 24, 2002, at http://www.unc.edu/~tatiana

Brodkin, Karen B. 2007. "How Did Jews Become White Folks?" In John J. Macionis and Nijole V. Benokraitis, eds., *Seeing Ourselves: Classic, Contemporary, and Cross-Cultural Readings in Sociology,* 7th ed. (pp. 274–83). Upper Saddle River, N.J.: Prentice Hall.

Camara, Evandro. *Personal communication,* 2000.

Carter, Stephen. 1991. *Reflections of an Affirmative Action Baby.* New York: Basic Books.

Chua-Eoan, Howard. 2000. "Profiles in Outrage." *Time.* Vol. 156, No. 13 (September 25): 38–39.

CNN. "U.N.: 100,000 more dead in Darfur than reported." April 22, 2008. [Online] Available at http://www.cnn.com/2008/WORLD/africa/04/22/darfur.holmes/index.html?eref=rss_topstories

Dobyns, Henry F. 1966. "An Appraisal of Techniques with a New Hemispheric Estimate." *Current Anthropology.* Vol. 7, No. 4 (October): 395–446.

Dollard, John, et al. 1939. *Frustration and Aggression.* New Haven, Conn.: Yale University Press.

Du Bois, W. E. B. 2001 (orig. 1903). "The Souls of Black Folk." In John J. Macionis and Nijole V. Benokraitis, eds., *Seeing Ourselves: Classic, Contemporary, and Cross-Cultural Readings in Sociology,* 5th ed. (pp. 226–30). Upper Saddle River, N.J.: Prentice Hall.

Emerson, Michael O., George Yancey, and Karen J. Chai. 2001. "Does Race Matter in Residential Segregation? Exploring the Preferences of White Americans." *American Sociological Review.* Vol. 66, No. 6 (December): 922–35.

Ewers, Justin. 2008. "Saving Symbols of Shame." *U.S. News & World Report.* Vol. 144, No. 7 (March 10): 31.

Fineman, Howard, and Tamara Lipper. 2003. "Spinning Race." *Newsweek* (January 27): 26–29.

Fordham, Signithia, and John U. Ogbu. 1992. "Black Students' School Success: Coping with the Burden of 'Acting White.'" In John J. Macionis and Nijole V. Benokraitis, eds., *Seeing Ourselves: Classic, Contemporary, and Cross-Cultural Readings in Sociology,* 2nd ed. (pp. 287–303). Englewood Cliffs, N.J.: Prentice Hall.

Franklin, John Hope. 1967. *From Slavery to Freedom: A History of Negro Americans,* 3rd ed. New York: Vintage Books.

Gamboa, Suzanne. 2003. "INS: 7 Million Illegal Immigrants in U.S." *Yahoo News.* [Online] Available January 31, 2003, at http://www.yahoonews.com

Gilbertson, Greta A., and Douglas T. Gurak. 1993. "Broadening the Enclave Debate: The Dual Labor Market Experiences of Dominican and Colombian Men in New York City." *Sociological Forum.* Vol. 8, No. 2 (June): 205–20.

Gilder, George. 1980. "The Myths of Racial and Sexual Discrimination." *National Review.* Vol. 32, No. 23 (November 14): 1381–90.

Glaab, Charles N., and A. Theodore Brown. 1967. *A History of Urban America.* New York: Macmillan.

Harrell, Eben. "How We See Immigration—And Why We're Wrong." *Time* online. February 3, 2011. Available at: http://www.time.com/time/world/article/0,8599,2045932,00.html

Harris, David R., and Jeremiah Joseph Sim. 2002. "Who Is Multiracial? Assessing the Complexity of Lived Race." *American Sociological Review.* Vol. 67, No. 4 (August): 614–27.

Herrnstein, Richard J., and Charles Murray. 1994. *The Bell Curve: Intelligence and Class Structure in American Life.* New York: Free Press.

Hoefer, Michael, Nancy Rytina, and Bryan C. Baker. "Estimates of the Unauthorized Immigrant Population Residing in the United States: January

2010." *U.S. Dept. of Homeland Security, Office of Immigration Statistics.* February 2011. [Online] Available at http://www.dhs.gov/xlibrary/assets/statistics/publications/ois_ill_pe_2010.pdf

IGNATIEV, NOEL. 1995. *How the Irish Became White.* New York: Routledge.

JOHNSON, JACQUELINE, SHARON RUSH, and JOE R. FEAGIN. 2000. "Doing Anti-Racism: Toward an Egalitarian American Society." *Contemporary Sociology.* Vol. 29, No. 1 (January): 95–110.

KANTROWITZ, BARBARA, and PAT WINGERT. 2003. "What's at Stake." *Newsweek* (January 27): 30–7.

KEISTER, LISA A. 2003. "Religion and Wealth: The Role of Religious Affiliation and Participation in Early Adult Asset Accumulation." *Social Forces.* Vol. 82, No. 1 (September): 173–205.

KINKEAD, GWEN. 1992. *Chinatown: A Portrait of a Closed Society.* New York: HarperCollins.

KOZOL, JONATHAN. 2005. *The Shame of the Nation: The Restoration of Apartheid Schooling in America.* New York: Crown.

KRYSAN, MARIA. 2002. "Community Undesirability in Black and White: Examining Racial Residential Preferences through Community Perceptions." *Social Problems.* Vol. 49, No. 4 (November): 521–43.

LEWIS, OSCAR. 1966. *La Vida.* New York: Random House.

LIAZOS, ALEXANDER. 1982. *People First: An Introduction to Social Problems.* Needham Heights, Mass.: Allyn & Bacon.

LOPEZ, MARK HUGO, ANA GONZALEZ-BARRERA, and SETH MOTEL. "As Deportations Rise to Record Levels, Most Latinos Oppose Obama's Policy." December 28, 2011. *Pew Hispanic Center.* [Online] Available at http://www.pewhispanic.org/2011/12/28/as-deportations-rise-to-record-levels-most-latinos-oppose-obamas-policy/

MARTIN, DOUGLAS. 1997. "The Medicine Woman of the Mohegans." *New York Times* (June 4): B1, B7.

MARX, KARL, and FRIEDRICH ENGELS. 1959 (orig. 1893). *Marx and Engels: Basic Writings on Politics and Philosophy,* ed. Lewis S. Feurer. Garden City, N.Y.: Anchor.

MARZÁN, GILBERT, ANDRÉS TORRES, and ANDREW LUECKE. "Puerto Rican Outmigration from New York City: 1995–2000." Centro de Estudios Puertorriqueños, Hunter College (CUNY), *Policy Report,* Vol. 2, No. 2 (2008). [Online] Available at http://www.centropr.org/documents/working_papers/Outmigration091108.pdf

MASSEY, DOUGLAS S., and NANCY A. DENTON. 1989. "Hypersegregation in U.S. Metropolitan Areas: Black and Hispanic Segregation along Five Dimensions." *Demography.* Vol. 26, No. 3 (August): 373–91.

MATHER, MARK, and KELVIN POLLARD. "U.S. Population Projected to Hit 400 Million in 2039." *Population Reference Bureau.* August 2008. [Online] Available at http://www.prb.org/Articles/2008/us400million.aspx

MATTHIESSEN, PETER. 1984. *Indian Country.* New York: Viking.

MONGER, RANDALL, and JAMES YANKEY. "U.S. Legal Permanent Residents: 2010." Annual Flow Report U.S. Department of Homeland Security, Office of Immigration Statistics. March 2011. [Online] Available at http://www.dhs.gov/xlibrary/assets/statistics/publications/lpr_fr_2010.pdf

MURRAY, CHARLES. 1984. *Losing Ground: American Social Policy, 1950–1980.* New York: Basic Books.

NAGEL, JOANE. 1996. *American Indian Ethnic Renewal: Red Power and the Resurgence of Identity and Culture.* New York: Oxford University Press.

NORC. *General Social Surveys, 1972–2006: Cumulative Codebook.* Chicago: National Opinion Research Center. 2007. [Online] Available March 19, 2008, at http://publicdata.norc.org/41000/gss/Documents/Codebook/FINAL%202006%20CODEBOOK.pdf

NORC. *General Social Surveys, 1972–2010: Cumulative Codebook.* Chicago: National Opinion Research Center. 2011. [Online] Available at http://www.norc.org/GSS+Website/

OWEN, CAROLYN A., HOWARD C. ELSNER, and THOMAS R. MCFAUL. 1977. "A Half-Century of Social Distance Research: National Replication of the Bogardus Studies." *Sociology and Social Research.* Vol. 66, No. 1: 80–98.

PARRILLO, VINCENT N. 2003. *Strangers to These Shores,* 7th ed. Boston: Allyn & Bacon.

PARRILLO, VINCENT N., and CHRISTOPHER DONOGHUE. 2005. "Updating the Bogardus Social Distance Studies: A New National Survey." *Social Science Journal.* Vol. 42, No. 2 (April): 257–71.

PASSEL, JEFFREY, and D'VERA COHN. "Unauthorized Immigrant Population: National and State Trends, 2010." *Pew Hispanic Center.* February2011. [Online] Availableathttp://www.pewhispanic.org/2011/02/01/unauthorized-immigrant-population-brnational-and-state-trends-2010/

PEW RESEARCH CENTER FOR THE PEOPLE & THE PRESS. "Poll Database." [Online] Available at http://www.people-press.org/question-search/

SALE, KIRKPATRICK. 1990. *The Conquest of Paradise: Christopher Columbus and the Columbian Legacy.* New York: Knopf.

SMITH, RYAN A. 2002. "Race, Gender, and Authority in the Workplace: Theory and Research." *Annual Review of Sociology.* Vol. 28: 509–42.

SOWELL, THOMAS. 1981. *Ethnic America.* New York: Basic Books.

———. 1987. "Preferential Treatment," in Thomas Sowell, *Compassion versus Guilt and Other Essays* (pp. 197–99). New York: Morrow.

———. 1990. *Preferential Policies: An International Perspective.* New York: Morrow.

———. 1994. *Race and Culture.* New York: Basic Books.

———. 1995. "Ethnicity and IQ." In Steven Fraser, ed., *The Bell Curve Wars: Race, Intelligence and the Future of America* (pp. 70–79). New York: Basic Books.

STATISTICS CANADA. *Canada Year Book.* 2011. [Online] Available at http://www.statcan.gc.ca/pub/11-402-x/index-eng.htm

STEELE, SHELBY. 1990. *The Content of Our Character: A New Vision of Race in America.* New York: St. Martin's Press.

STONE, BRAD LOWELL. 2000. "Robert Nisbet on Conservative Dogmatics." *Society.* Vol. 37, No. 3 (March-April): 68–74.

STOUT, DAVID. 2003. "Supreme Court Splits on Diversity Efforts at University of Michigan." *Yahoo News.* [Online] Available June 23, 2003, at http://www.yahoo.com/news

TANNENBAUM, FRANK. 1946. *Slave and Citizen: The Negro in the Americas.* New York: Vintage Books.

TUMULTY, KAREN. 2006. "Should They Stay or Should They Go?" *Time.* Vol. 167, No. 15 (April 10): 30–40.

TYLER, S. LYMAN. 1973. *A History of Indian Policy.* Washington, D.C.: Bureau of Indian Affairs, U.S. Department of the Interior.

U.S. CENSUS BUREAU, NEWSROOM. "An Older and More Diverse Nation by Midcentury" August 14, 2008. [Online] Available at http://www.census.gov/newsroom/releases/archives/population/cb08-123.html

U.S. CENSUS BUREAU. "American Community Survey." 2011. [Online] Available at http://www.census.gov/acs/www/

U.S. CENSUS BUREAU. "Census 2010." 2011. [Online] Available at http://factfinder2.census.gov

U.S. CENSUS BUREAU. "Current Population Survey." September 2011. [Online] Available at http://www.census.gov/cps/

U.S. CENSUS BUREAU. "Families and Living Arrangements." 2012. [Online] Available at http://www.census.gov/population/www/socdemo/hh-fam.html

U.S. CENSUS BUREAU. "Population Estimates." 2012. [Online] Available at http://www.census.gov/popest/estimates.html

U.S. DEPARTMENT OF EDUCATION, NATIONAL CENTER FOR EDUCATION STATISTICS. "U.S. Digest of Education Statistics 2010." 2011. [Online] Available at http://nces.ed.gov/programs/digest/2010menu_tables.asp

U.S. DEPARTMENT OF LABOR, BUREAU OF LABOR STATISTICS. "International Labor Comparisons." 2012. [Online] Available at http://www.bls.gov/fls/

U.S. DEPARTMENT OF LABOR, BUREAU OF LABOR STATISTICS. "Labor Force Statistics from the Current Population Survey." 2011, 2012. [Online] Available at http://www.bls.gov/cps/home.htm

WELCH, WILLIAM M. "English Language Legislation Gathers Steam across the USA." *U.S. News and World Report.* June 19, 2008. [Online] Available at http://www.usatoday.com/news/nation/2008-06-18-English-laws_N.htm

WEST, CORNEL. 2008. "The Obama Moment." *U.S. News & World Report* (November 17): 29.

WILKES, RIMA, and JOHN ICELAND. "Hypersegregation in the Twenty-First Century." *Demography,* Vol. 41, No. 1 (February 09, 2004):23–26.

WILSON, WILLIAM JULIUS. 1996a. *When Work Disappears: The World of the New Urban Poor.* New York: Knopf.

WOODWARD, C. Vann. 1974. *The Strange Career of Jim Crow.* 3rd rev. ed. New York: Oxford University Press.

ZUBERI, TUKUFU. 2001. *Thicker than Blood: How Racial Statistics Lie.* Minneapolis: University of Minnesota Press.

Chapter 4 References

AMERICAN BAR ASSOCIATION. "Legal Education Statistics." 2010. [Online] Available at http://www.abanet.org/legaled/statistics/charts/stats%20-%206.pdf

ARMSTRONG, ELIZABETH. 2002. *The Retreat from Organization: U.S. Feminism Reconceptualized.* Albany: State University of New York Press.

Arrighi, Barbara A., ed. 2001. *Understanding Inequality: The Intersection of Race/Ethnicity, Class, and Gender.* Lanham, Md.: Rowman & Littlefield.

Association of American Law Schools. "2008–2009 AALS Statistical Report on Law Faculty." 2010. http://www.aals.org/resources_statistical.php

Barry, Kathleen. 1983. "Feminist Theory: The Meaning of Women's Liberation." In Barbara Haber, ed., *The Women's Annual, 1982–1983* (pp. 35–78). Boston: Hall.

Baydar, Nazli, and Jeanne Brooks-Gunn. 1991. "Effect of Maternal Employment and Child-Care Arrangements on Preschoolers' Cognitive and Behavioral Outcomes: Evidence from Children from the National Longitudinal Survey of Youth." *Developmental Psychology.* Vol. 27, No. 6 (November): 932–45.

Bellas, Marcia L., and Barbara Thomas Coventry. 2001. "Salesmen, Saleswomen, or Sales Workers? Determinants of the Sex Composition of Sales Occupations." *Sociological Forum.* Vol. 16, No. 1 (March): 73–98.

Benokraitis, Nijole V., and Joe R. Feagin. 1995. *Modern Sexism: Blatant, Subtle, and Overt Discrimination,* 2nd ed. Upper Saddle River, N.J.: Prentice Hall.

Bernard, Jessie. 1982. *The Future of Marriage,* 2nd ed. New Haven, Conn.: Yale University Press.

Bernstein, David E. 2001. "Casey Martin Ruling Is Par for the Course." *Wall Street Journal* (May 30). [Online] Available May 18, 2006, at http://www.mason.gmu.edu/~dbernste/caseymartin.htm

Blankenhorn, David. 1995. *Fatherless America: Confronting Our Most Urgent Social Problem.* New York: HarperCollins.

Catalyst. "U.S. Women in Business." 2011. [Online] Available at http://www.catalyst.org/publication/132/us-women-in-business

Catalyst. "Women CEOs of the Fortune 1000." 2011. [Online] Available at http://www.catalyst.org/publication/271/women-ceos-of-the-fortune-1000

Ceci, Stephen J., and Wendy M. Williams. "Understanding Current Causes of Women's Underrepresentation in Science." *The Proceedings of the National Academy of Sciences.* 2011. [Online] Available at http://www.human.cornell.edu/hd/loader.cfm?csModule=security/getfile&PageID=60893

Center for American Women and Politics. "Women in Elective Office." 2011. http://www.cawp.rutgers.edu/fast_facts/index.php

Chaker, Anne Marie, and Hilary Stout. 2004. "After Years Off, Women Struggle to Revive Careers." *Wall Street Journal* (May 5): A1, A8.

College Board. "2011 College-Bound Seniors: Total Group Profile Report." 2011. [Online] Available at http://professionals.collegeboard.com/profdownload/cbs2011_total_group_report.pdf

Cortese, Anthony J. 1999. *Provocateur: Images of Women and Minorities in Advertising.* Lanham, Md.: Rowman & Littlefield.

Dworkin, Andrea. 1987. *Intercourse.* New York: Free Press.

Ehrenreich, Barbara. 1983. *The Hearts of Men: American Dreams and the Flight from Commitment.* Garden City, N.Y.: Anchor Doubleday.

———. 1999. "The Real Truth about the Female Body." *Time.* Vol. 153, No. 9 (March 15): 56–65.

Engels, Friedrich. 1902 (orig. 1884). *The Origin of the Family.* Chicago: Kerr.

England, Paula. 1992. *Comparable Worth: Theories and Evidence.* Hawthorne, N.Y.: Aldine de Grutyer.

England, Paula, Joan M. Hermsen, and David A. Cotter. 2000. "The Devaluation of Women's Work: A Comment on Tam." *American Journal of Sociology.* Vol. 105, No. 6 (May): 1741–60.

Freedman, Estelle B. 2002. *No Turning Back: The History of Feminism and the Future of Women.* New York: Ballantine.

Frias, Sonia M., and Ronald J. Angel. 2007. "Stability and Change in the Experience of Partner Violence among Low-Income Women." *Social Science Quarterly.* Vol. 88, No. 5 (May): 1281–1306.

Giele, Janet Z. 1988. "Gender and Sex Roles." In Neil J. Smelser, ed., *Handbook of Sociology* (pp. 291–323). Thousand Oaks, Calif.: Sage.

Goetting, Ann. 1999. *Getting Out: Life Stories of Women Who Left Abusive Men.* New York: Columbia University Press.

Goffman, Erving. 1979. *Gender Advertisements.* New York: Harper Colophon.

Goldberg, Steven. 1974. *The Inevitability of Patriarchy.* New York: Morrow.

Hacker, Helen Mayer. 1951. "Women as a Minority Group." *Social Forces.* Vol. 30, No. 1 (October): 60–69.

Hadley, Janet. 1996. *Abortion: Between Freedom and Necessity.* Philadelphia: Temple University Press.

Hamilton, Brady E., Joyce A. Martin, and Stephanie J. Ventura. "Births: Preliminary Data for 2010." *National Vital Statistics Reports,* Vol. 60, No. 2. December, 2011. http://www.cdc.gov/nchs/data/nvsr/nvsr60/nvsr60_02.pdf

Henley, Nancy, Mykol Hamilton, and Barrie Thorne. 1992. "Womanspeak and Manspeak: Sex Differences in Communication, Verbal and Nonverbal." In John J. Macionis and Nijole V. Benokraitis, eds., *Seeing Ourselves: Classic, Contemporary, and Cross-Cultural Readings in Sociology,* 2nd ed. (pp. 10–15). Englewood Cliffs, N.J.: Prentice Hall.

Herman, Dianne F. 2001. "The Rape Culture." In John J. Macionis and Nijole V. Benokraitis, eds., *Seeing Ourselves: Classic, Contemporary, and Cross-Cultural Readings in Sociology,* 5th ed. (pp. 38–46). Upper Saddle River, N.J.: Prentice Hall.

Hewlett, Sylvia Ann. "As Careers Paths Change, Make On-Ramping Easy." 2009. [Online] Available at http://blogs.hbr.org/hbr/hewlett/2010/07/as_careers_paths_change_make_o.html

Hewlett, Sylvia Ann, and Carolyn Buck Luce. "Off-Ramps and On-Ramps: Keeping Talented Women on the Road to Success." *Harvard Business Review* Vol. 83, Issue 3 (March 2005):43–54.

Huffman, Matt L., Steven C. Velasco, and William T. Bielby. 1996. "Where Sex Composition Matters Most: Comparing the Effects of Job versus Occupational Sex Composition of Earnings." *Sociological Focus.* Vol. 29, No. 3 (August): 189–207.

Inter-Parliamentary Union. "Women in National Parliaments." 2011. [Online] Available at http://www.ipu.org/english/home.htm

Jackson, Sheri, and Sue Scott, eds. 1996. *Feminism and Sexuality: A Reader.* New York: Columbia University Press.

Jagger, Alison. 1983. "Political Philosophies of Women's Liberation." In Laurel Richardson and Verta Taylor, eds., *Feminist Frontiers: Rethinking Sex, Gender, and Society.* Reading, Mass.: Addison-Wesley.

Johnson, Cathryn. 1994. "Gender, Legitimate Authority, and Leader-Subordinate Conversations." *American Sociological Review.* Vol. 59, No. 1 (February): 122–35.

Karjane, Heather M., Bonnie S. Fisher, and Francis T. Cullen. "Sexual Assault on Campus: What Colleges and Universities Are Doing about It." *U.S. Department of Justice, National Institute of Justice, Office of Justice Programs.* December 2005. http://www.ncjrs.gov/pdffiles1/nij/205521.pdf

Kaufman, Walter. 1976. *Religions in Four Dimensions: Existential, Aesthetic, Historical, and Comparative.* Pleasantville, N.Y.: Reader's Digest Press.

Kristof, Nicholas, and Sheryl Wu Dunn. *Half the Sky: Turning Oppression into Opportunity for Women Worldwide.* New York: Alfred A. Knopf, 2009.

Lengermann, Patricia Madoo, and Ruth A. Wallace. 1985. *Gender in America: Social Control and Social Change.* Englewood Cliffs, N.J.: Prentice Hall.

Lewin, Tamar. "Girls' Gains Have Not Cost Boys, Report Says." *New York Times* (May 20, 2008). [Online] Available at http://www.nytimes.com/2008/05/20/education/20girls.html

Lindsay, Linda. 1994. *Gender Roles,* 2nd ed. Englewood Cliffs, N.J.: Prentice Hall.

Maccoby, Eleanor Emmons, and Carol Nagy Jacklin. 1974. *The Psychology of Sex Differences.* Stanford, Calif.: Stanford University Press.

McDowell, Margaret A., Cheryl D. Fryar, Cynthia L. Ogden, and Katherine M. Flegal. "Anthropometric Reference Data for Children and Adults: United States, 2003–2006." *National Health Statistics Reports,* No. 10. (October 22, 2008). [Online] Available at http://www.cdc.gov/nchs/data/nhsr/nhsr010.pdf

Nielsen Media Research. "State of the Media 2011." 2012. [Online] Available at http://blog.nielsen.com/nielsenwire/mediauniverse/

NORC. *General Social Surveys, 1972–2010: Cumulative Codebook.* Chicago: National Opinion Research Center, 2011. [Online] Available at http://www.norc.org/GSS+Website

Ohlemacher, Stephen. 2006. "Study Finds That Marriage Builds Wealth." *Yahoo News.* [Online] Available January 18, 2007, at http://news.yahoo.com

Parsons, Talcott. 1942. "Age and Sex in the Social Structure of the United States." *American Sociological Review.* Vol. 7, No. 4 (August): 604–16.

———.1951. *The Social System.* New York: Free Press.

———. 1954. *Essays in Sociological Theory.* New York: Free Press.

Phillips, Anne, ed. 1987. *Feminism and Equality.* New York: New York University Press.

Popenoe, David. 1993a. "American Family Decline, 1960–1990: A Review and Appraisal." *Journal of Marriage and the Family.* Vol. 55, No. 3 (August): 527–55.

———. 1993b. "Parental Androgyny." *Society.* Vol. 30, No. 6 (September-October): 5–11.

Purcell, Piper, and Lara Stewart. 1990. "Dick and Jane in 1989." *Sex Roles.* Vol. 22, Nos. 3–4 (February): 177–85.

REILAND, RALPH. 1998. "Selecting Targets." *Free Market.* Vol. 16, No. 1 (January). [Online] Available May 15, 2006, at http://www.mises.org

SHEA, RACHEL HARTIGAN. 2002. "The New Insecurity." *U.S. News & World Report.* Vol. 132, No. 9 (March 25): 40.

SMITH-LOVIN, LYNN, and CHARLES BRODY. 1989. "Interruptions in Group Discussions: The Effects of Gender and Group Composition." *American Journal of Sociology.* Vol. 54, No. 3 (June): 424–35.

SMOLOWE, JILL. 1994. "When Violence Hits Home." *Time.* Vol. 144, No. 1 (July 4): 18–25.

SOMMERS, CHRISTINA HOFF. 2003. Lecture at Kenyon College (April 7).

STACEY, JUDITH. 1990. *Brave New Families: Stories of Domestic Upheaval in Late-Twentieth-Century America.* New York: Basic Books.

STEINHAUSER, JENNIFER. "Birth Control Is Covered and G.O.P. Vows a Fight." *New York Times.* February 8, 2012. Available at http://www.nytimes.com/2012/02/09/us/politics/boehner-vows-to-fight-contraception-rule.html?_r=1

TAVRIS, CAROL, and CAROL WADE. 2001. *Psychology in Perspective,* 3rd ed. Upper Saddle River, N.J.: Prentice Hall.

TAYLOR, FRANK. 2003. "Content Analysis and Gender Stereotypes in Children's Books." *Teaching Sociology,* Vol. 31, No. 3 (July):300–11.

UDRY, J. Richard. 2000. "Biological Limitations of Gender Construction." *American Sociological Review.* Vol. 65, No. 3 (June): 443–57.

———. 2001. "Feminist Critics Uncover Determinism, Positivism, and Antiquated Theory." *American Sociological Review.* Vol. 66, No. 4 (August): 611–18.

UNICEF. "Child Info Statistics by Area: Child Protection, Female Genital Mutilation/Cutting." November 2009. [Online] Available at http://www.childinfo.org/protection.html

UNITED NATIONS DEVELOPMENT PROGRAMME. *Human Development Report 2011.* Statistical Tables. [Online] Available at http://hdr.undp.org/en/statistics/data/

U.S. CENSUS BUREAU. "Census 2010." 2011. [Online] Available at http://factfinder2.census.gov

U.S. CENSUS BUREAU. "Current Population Survey." September 2011. [Online] Available at http://www.census.gov/cps/

U.S. CENSUS BUREAU. "International Data Base." 2012. [Online] Available at http://www.census.gov/ipc/www/idb/

U.S. CENSUS BUREAU. "Population Estimates." 2012. [Online] Available at http://www.census.gov/popest/estimates.html

U.S. DEPARTMENT OF THE ARMY. "Physical Fitness Training." Appendix A: Physiological Differences between the Sexes. 1992. http://www.usma.edu/dpe/testing/FM21-20/Appa.pdf

U.S. DEPARTMENT OF DEFENSE. "Military Personnel Statistics." 2012. [Online] Available at http://siadapp.dmdc.osd.mil/personnel/MILITARY/Miltop.htm

U.S. DEPARTMENT OF EDUCATION, NATIONAL CENTER FOR EDUCATION STATISTICS. "U.S. Digest of Education Statistics 2010." 2011. [Online] Available at http://nces.ed.gov/programs/digest/2010menu_tables.asp

U.S. DEPARTMENT OF JUSTICE, BUREAU OF JUSTICE STATISTICS. "Criminal Victimization in the United States, 2010—Statistical Tables." September 15, 2011. [Online] Available at http://bjs.ojp.usdoj.gov/index.cfm?ty=pbdetail&iid=2224

U.S. DEPARTMENT OF JUSTICE, FEDERAL BUREAU OF INVESTIGATION. "Crime in the United States 2010." September 2011. [Online] Available at http://www.fbi.gov/about-us/cjis/ucr/crime-in-the-u.s/2010/crime-in-the-u.s.-2010

U.S. DEPARTMENT OF JUSTICE, NATIONAL INSTITUE OF JUSTICE. "Sexual Assault on Campus." 2012. [Online] Available at http://www.nij.gov/nij/topics/crime/rape-sexual-violence/campus/welcome.htm

U.S. DEPARTMENT OF LABOR, BUREAU OF LABOR STATISTICS. "American Time Use Survey." 2012. [Online] Available at http://www.bls.gov/tus/

U.S. DEPARTMENT OF LABOR, BUREAU OF LABOR STATISTICS. "Employment Situation." 2012. [Online] Available at http://www.bls.gov/news.release/empsit.toc.htm

U.S. DEPARTMENT OF LABOR, BUREAU OF LABOR STATISTICS. "Highlights of Women's Earnings in 2010." 2011. [Online] Available at http://www.bls.gov/cps/cpswom2010.pdf

U.S. DEPARTMENT OF LABOR, BUREAU OF LABOR STATISTICS. "Labor Force Statistics from the Current Population Survey." 2011, 2012. [Online] Available at http://www.bls.gov/cps/home.htm

U.S. DEPARTMENT OF LABOR, BUREAU OF LABOR STATISTICS. "Women in the Labor Force: A Databook." 2011. [Online] Available at http://www.bls.gov/cps/wlf-databook2011.htm

VAN DER LIPPE, TANJA, and LISET VAN DIJK. 2002. "COMPARATIVE RESEARCH ON WOMEN'S EMPLOYMENT." *Annual Review of Sociology.* Vol. 28: 221–41.

VOGEL, LISE. 1983. *Marxism and the Oppression of Women: Toward a Unitary Theory.* New Brunswick, N.J.: Rutgers University Press.

WAITE, LINDA J., and MAGGIE GALLAGHER. 2000. *The Case for Marriage: Why Married People Are Happier, Healthier, and Better Off Financially.* New York: Doubleday.

WOLF, NAOMI. 1990. *The Beauty Myth: How Images of Beauty Are Used against Women.* New York: Morrow.

WOLFINGER, NICHOLAS H., MARY ANN MASON, and MARC GOULDEN. "Problems in the Pipeline: Gender, Marriage, and Fertility in the Ivory Tower." *Journal of Higher Education,* Vol. 79, Issue 4, (July/August 2008)388–405.

WORLD HEALTH ORGANIZATION, DEPARTMENT OF REPRODUCTIVE HEALTH AND RESEARCH. "Eliminating Female Genital Mutilation: An Interagency Statement—OHCHR, UNAIDS, UNDP, UNECA, UNESCO, UNFPA, UNHCR, UNICEF, UNIFEM, WHO." 2008. http://www.who.int/reproductive-health/publications/fgm/9789241596442/en/index.html

Chapter 5 References

AARP PUBLIC POLICY INSTITUTE. "CAREGIVING IN THE U.S.: A Focused Look at Caring for Someone Age 50 or Older." 2009. [Online] Available at http://assets.aarp.org/rgcenter/il/caregiving_09.pdf

ARIAS, ELIZABETH. "United States Life Tables, 2007." *National Vital Statistics Reports,* Vol. 59, No. 6. 2011. [Online] Available at http://www.cdc.gov/nchs/data/nvsr/nvsr59/nvsr59_09.pdf

ARIÈS, PHILIPPE. 1974. *Western Attitudes toward Death: From the Middle Ages to the Present.* Baltimore, Md.: Johns Hopkins University Press.

ATCHLEY, ROBERT C. 1982. "Retirement as a Social Institution." *Annual Review of Sociology.* Vol. 8: 263–87.

BARNETT, OLA W., CINDY L. MILLER-PERRIN, and ROBIN D. PERRIN. 1997. *Family Violence across the Lifespan: An Introduction.* Thousand Oaks, Calif.: Sage.

BENDICK, M. F. 1992. "Reaching the Breaking Point: Dangers of Mistreatment in Elder Caregiving Situations." *Journal of Elder Abuse and Neglect.* Vol. 4, No. 3 (Fall): 39–59.

BENJAMIN, BERNARD, and CHRIS WALLIS. 1963. "The Mortality of Widowers." *Lancet.* Vol. 2 (August): 454–56.

BINSTOCK, ROBERT H. 1996. "Shelter and Care for the Elderly Population: Reasons for Cynicism." *Gerontologist.* Vol. 36, No. 3 (June): 410–13.

BOSWORTH, BARRY, and GARY BURTLESS. 1998. "Population Aging and American Economic Performance." In Barry Bosworth and Gary Burtless, eds., *Aging Societies: The Global Dimension* (pp. 267–310). Washington, D.C.: Brookings Institution.

BUTLER, ROBERT N. 1975. *Why Survive? Being Old in America.* New York: Harper & Row, 1975.

———. 1994. "Dispelling Ageism: The Cross-Cutting Intervention." In Dena Shenk and W. Andrew Achenbaum, eds., *Changing Perceptions of Aging and the Aged.* New York: Springer.

CDC (CENTERS FOR DISEASE CONTROL AND PREVENTION), NATIONAL CENTER FOR HEALTH STATISTICS. "Health Data Interactive." [Online] Available at http://www.cdc.gov/nchs/hdi.htm

COHEN, ELIAS. 2001. "The Complex Nature of Ageism: What Is It? Who Does It? Who Perceives It?" *Gerontologist.* Vol. 41, No. 5 (October): 576–78.

CORLISS, RICHARD, and MICHAEL D. Lemonick. 2004. "How to Live to Be 100.". *Time.* Vol. 165, No. 9 (March 3): 40–48.

CUMMING, ELAINE, and WILLIAM E. HENRY. 1961. *Growing Old: The Process of Disengagement.* New York: Basic Books.

DEATH WITH DIGNITY NATIONAL CENTER. "Death with Dignity around the U.S." 2011. [Online] Available at http://www.deathwithdignity.org/advocates/national/

ECONOMIST. "Hiring Grandpa." April 7, 2011. [Online] Available at http://www.economist.com/node/18474681?story_id=18474681

FEDERAL INTERAGENCY FORUM ON AGING-RELATED STATISTICS. "Older Americans 2010: Key Indicators of Well-Being." Updated January 2011. [Online] Available at http://www.agingstats.gov/agingstatsdotnet/Main_Site/Data/2010_Documents/Docs/OA_2010.pdf

FETTO, JOHN. 2003. "Drug Money." *American Demographics.* Vol. 25, No. 2 (March): 48.

GALL, TERRY L., DAVID R. EVANS, and JOHN HOWARD. 1997. "The Retirement Adjustment Process: Changes in the Well-Being of Male Retirees across Time." *Journal of Gerontology, Series B: Psychological Sciences.* Vol. 52B, No. 3 (May): 110–17.

GENDELL, MURRAY. 2002. "Boomers' Retirement Wave Likely to Begin in Just Six Years." *Population Today.* Vol. 30, No. 3 (April): 1–2.

———. "Older Workers: Increasing Their Labor Force Participation and Hours of Work." *Monthly Labor Review*. 2008. [Online] Available at http://bls.gov/opub/mlr/2008/01/art3full.pdf

Gillon, Raanan. 1999. "Euthanasia in the Netherlands: Down the Slippery Slope?" *Journal of Medical Ethics*. Vol. 25, No. 1 (February): 3–4.

Greenberg, Jan R., Martha McKibben, and Jane A. Raymond. 1990. "Dependent Adult Children and Elder Abuse." *Journal of Elder Abuse and Neglect*. Vol. 2, Nos. 1–2 (Spring–Summer): 73–86.

Havinghurst, Robert J., Bernice L. Neugarten, and Sheldon S. Tobin. 1968. "Disengagement and Patterns of Aging." In Bernice L. Neugarten, ed., *Middle Age and Aging: A Reader in Social Psychology* (pp. 161–72). Chicago: University of Chicago Press.

Himes, Christine L. 2001. "Elderly Americans." *Population Bulletin*. Vol. 56, No. 4 (December).

Hinrichsen, Gregory A., N. A. Hernandez, and S. Pollack. 1992. "Difficulties and Rewards in Family Care of Depressed Older Adults." *Gerontologist*. Vol. 32, No. 4 (August): 486–92.

Holmes, Ellen Rhoads, and Lowell D. Holmes. 1995. *Other Cultures, Elder Years*, 2nd ed. Thousand Oaks, Calif.: Sage.

Kaiser Family Foundation. "Medicare Chartbook, 4th ed." 2010. [Online] Available at http://facts.kff.org/chartbook.aspx?cb=58

Kleinman, Arthur. 1997. "Intimations of Solidarity? The Popular Culture Responds to Assisted Suicide." *Hastings Center Report* (September–October): 34–36.

Kontos, Pia C. 1998. "Resisting Institutionalization: Constructing Old Age and Negotiating Home." *Journal of Aging Studies*. Vol. 12, No. 2 (Summer): 167–84.

Kosterlitz, Julie. 1997. "When We're 64." *National Journal*. Vol. 29, No. 39 (September 27): 1882–85.

Labaton, Stephen. 2000. "You Don't Have to Be Old to Sue for Age Discrimination." *New York Times* (February 16): A7.

Lee, Felicia R. 2002. "Long Buried, Death Goes Public Again." *New York Times* Online. [Online] Available November 2, 2002, at http://www.researchnavigator.com

Leff, Lisa. 2008. "California Gay Marriage Vote Still Undecided." *Yahoo News* (November 5). [Online] Available November 5, 2008, at http://news.yahoo.com/s/ap/20081105/ap_on_el_ge/ballot_measures

Lund, Dale A. 1989. "Conclusions about Bereavement in Later Life and Implications for Interventions and Future Research." In Dale A. Lund, ed., *Older Bereaved Spouses: Research with Practical Applications* (pp. 217–31). London: Taylor & Francis/Hemisphere.

———. 1993. "Caregiving." *In Encyclopedia of Adult Development* (pp. 57–63). Phoenix, Ariz.: Oryx Press.

Manheimer, Ronald J., ed. 1994. *Older Americans Almanac: A Reference Work on Seniors in the United States*. Detroit: Gale Research.

Medina, John J. 1996. *The Clock of Ages: Why We Age, How We Age, Winding Back the Clock*. Cambridge: Cambridge University Press.

Morris, David C. 1997. "Older Adults' Perceptions of Dr. Kevorkian in Middletown, U.S.A." Omega. Vol. 35, No. 4: 405–12.

Murphy, Sherry L., Jiaquan Xu, and Kenneth D. Kochanek. "Deaths: Preliminary Data for 2010." *National Vital Statistics Reports*. Vol. 60, No. 4. 2012. [Online] Available at http://www.cdc.gov/nchs/data/nvsr/nvsr60/nvsr60_04.pdf

Myerhoff, Barbara. 1979. *Number Our Days*. New York: Dutton.

National Center on Elder Abuse. "Elder Abuse Prevalence and Incidence." March 31, 2005. [Online] Available at http://www.ncea.aoa.gov/ncearoot/Main_Site/pdf/publication/FinalStatistics050331.pdf

National Center on Elder Abuse. "Abuse of Adults Aged 60+: The 2004 Survey of Adult Protective Services." 2006. [Online] Available at http://www.ncea.aoa.gov/NCEAroot/Main_Site/pdf/2-14-06%2060FACT%20SHEET.pdf

National Hospice and Palliative Care Association. "NHPCO Facts and Figures: Hospice Care in America." January 2012. http://www.nhpco.org/files/public/Statistics_Research/2011_Facts_Figures.pdf

Neugarten, Bernice L. 1996. "Retirement in the Life Course." In Dale A. Neugarten, ed., The Meanings of Age: Selected Papers of Bernice L. Neugarten (pp. 221–37). Chicago: University of Chicago Press.

New York Times. "Times Topics: Assisted Suicide." [Online] Available at http://topics.nytimes.com/top/reference/timestopics/subjects/e/euthanasia/assisted_suicide/index.html

NORC. *General Social Surveys, 1972–2010: Cumulative Codebook*. Chicago: National Opinion Research Center, 2011. [Online] Available at http://www.norc.org/GSS+Website

OECD (Organisation for Economic Co-operation and Development). "Pensions at a Glance 2011: Retirement-Income Systems in OECD and G20 Countries." 2011. [Online] Available at http://www.oecd.org/els/social/pensions/PAG

Ogden, Russel D. 2001. "Nonphysician-Assisted Suicide: The Technological Imperative of the Deathing Counterculture." *Death Studies*. Vol. 25, No. 5 (July): 387–402.

Oregon Public Health Division. "Death with Dignity Act Annual Report." 2011. [Online] Available at http://www.oregon.gov/DHS/ph/pas/index.shtml

Palmore, Erdman B. 1979. "Predictors of Successful Aging." *Gerontologist*. Vol. 19, No. 5 (October): 427–31.

———. 1998. "Ageism." In David E. Redburn and Robert P. McNamara, eds., *Social Gerontology* (pp. 29–41). Westport, Conn.: Auburn House.

Pear, Robert. "Violations Reported at 94% of Nursing Homes." *New York Times*. September 29, 2008. [Online] Available at http://www.nytimes.com/2008/09/30/us/30nursing.html

Pew Research Center for the People & the Press. "Strong Public Support for Right to Die. More Americans Discussing—and Planning—End-of-Life Treatment." 2006. [Online] Available at http://people-press.org/report/266/strong-public-support-for-right-to-die

Pew Research Center for the People & the Press. "Coping with End-of-Life Decisions: Few Have Living Wills." 2009. [Online] Available at http://pewresearch.org/pubs/1320/opinion-end-of-life-care-right-to-die-living-will

Phillipson, Chris. 1982. *Capitalism and the Construction of Old Age*. London: Macmillan.

Pitt, David. 2009. "Economy Dampens Hope of a Comfortable Retirement." *Yahoo News* (April 14) [Online] Available April 14, 2009, at http://news.yahoo.com/s/ap/20090414/ap_on_bi_ge/retirement_confidence

Population Reference Bureau. "Datafinder." 2011, 2012. [Online] Available at http://www.prb.org/DataFinder.aspx

Powell, Lawrence Alfred, Kenneth J. Branco, and John B. Williamson. 1996. The Senior Rights Movement: Framing the Policy Debate in America. New York: Twayne.

Reuters. "Factbox: Status of Euthanasia, Assisted Suicide in Europe." *2010*. [Online] Available at http://www.reuters.com/article/2010/06/25/us-germany-court-suicide-factbox-idUSTRE65O2OI20100625?pageNumber=2

Riche, Martha Farnsworth. 2000. "America's Diversity and Growth: Signposts for the 21st Century." *Population Bulletin*. Vol. 55, No. 2 (June).

Rimer, Sara. 1998. "Blacks Carry Load of Care for Their Elderly." New York Times (March 15): 1, 22.

Robinson, John P., Perla Werner, and Geoffrey Godbey. 1997. "Freeing Up the Golden Years." *American Demographics*. Vol. 19, No. 10 (October): 20–24.

Smart, Tim. 2001. "Not Acting Their Age." *U.S. News & World Report*. Vol. 130, No. 22 (June 4): 54–60.

Sommers, Christina Hoff. 2003. Lecture at Kenyon College (April 7).

Spillman, Brenda C. 2002. "New Estimates of Lifetime Nursing Home Use: Have Patterns of Use Changed?" *Medical Care*. Vol. 40, No. 10 (October): 965–1006.

Spitzer, Steven. 1980. "Toward a Marxian Theory of Deviance." In Delos H. Kelly, ed., *Criminal Behavior: Readings in Criminology* (pp. 175–91). New York: St. Martin's Press.

Strom, Stephanie. 2000. "In Japan, the Golden Years Have Lost Their Glow." *New York Times* (February 16): A7.

Tagliabue, John. 2008. "Woman Who Sought Euthanasia Dies." *New York Times* (March 21). [Online] Available January 18, 2009, at http://query.nytimes.com/ gst/fullpage.html?res=9A0DE1D61130F932A15750C0A96E9C8B63&sec=&spon=&partner=permalink&exprod=permalink

Thompson, Mark. 1998. "Shining a Light on Abuse." *Time*. Vol. 152, No. 5 (August 3): 42–43.

U.S. Census Bureau. "American Community Survey." 2011, 2012. [Online] Available at http://www.census.gov/acs/www/

U.S. Census Bureau. "Census 2010." 2011, 2012. [Online] Available at http://factfinder2.census.gov

U.S. Census Bureau. "Current Population Survey." September 2011. [Online] Available at http://www.census.gov/cps/

U.S. Census Bureau. "International Data Base." 2012. [Online] Available at http://www.census.gov/ipc/www/idb/

U.S. Census Bureau. "2008 National Population Projections: Tables and Charts." 2008. [Online] Available at http://www.census.gov/population/www/projections/

U.S. Census Bureau. "Population Estimates." 2012. [Online] Available at http://www.census.gov/popest/estimates.html

U.S. Census Bureau. "Statistical Abstract of the United States: 2012," 131st ed., 2011. [Online] Available at http://www.census.gov/statab/www

U.S. Census Bureau. "Voting and Registration." 2008, 2009. [Online] Available at http://www.census.gov/hhes/www/socdemo/voting/index.html

U.S. Department of Health and Human Services, Office of Inspector General. "Trends in Nursing Home Deficiencies and Complaints." 2008. [Online] Available at http://oig.hhs.gov/oei/reports/oei-02-08-00140.pdf

U.S. Department of Housing and Urban Development and U.S. Census Bureau. "American Housing Survey for the United States." 2011. [Online] Available at http://www.census.gov/hhes/www/housing/ahs/ahs09/ahs09.html

U.S. Department of Housing and Urban Development. "A Picture of Subsidized Households—2000." 2000. [Online] Available at http://www.huduser.org/picture2000/index.html

U.S. Department of Labor, Bureau of Labor Statistics. "Labor Force Statistics from the Current Population Survey." 2010. [Online] Available at http://www.bls.gov/cps/home.htm

U.S. Equal Employment Opportunity Commission. "Enforcement & Litigation Statistics." 2012. [Online] Available at http://www1.eeoc.gov/eeoc/statistics/enforcement/

U.S. House of Representatives. Minority Staff, Special Investigations Division, Committee on Government Reform. 2001. Abuse of Residents Is a Major Problem in U.S. Nursing Homes. Washington, D.C.: U.S. Government Printing Office.

Wise, David A. 1997. "Retirement against the Demographic Trend: More Older People Living Longer, Working Less, and Saving Less." Demography. Vol. 34, No. 1 (February): 83–95.

Wyatt, Edward. 2000. "Tenure Gridlock: When Professors Choose Not to Retire." New York Times (February 16): D11.

Xu, Jiaquan, Kenneth D. Kochanek, Sherry L. Murphy, and Betzaida Tejada-Vera. "Deaths: Final Data for 2007." *National Vital Statistics Reports*. Vol. 58, No. 19. 2010. [Online] Available at http://www.cdc.gov/nchs/data/nvsr/nvsr58/nvsr58_19.pdf

Chapter 6 References

Akers, Ronald L., Marvin D. Krohn, Lonn Lanza-Kaduce, and Marcia Radosevich. 1979. "Social Learning and Deviant Behavior." American Sociological Review. Vol. 44, No. 4 (August): 636–55.

American Gaming Association. "2011 State of the States: the AGA Survey of Casino Entertainment." 2011. [Online] Available at http://www.americangaming.org/files/aga/uploads/docs/sos/aga-sos-2011.pdf

American Gaming Association. "Fact Sheet: States with Gaming." May 2009. [Online] Available at http://www.americangaming.org/Industry/factsheets/general_info_detail.cfv?id=15

American Medical Association. 1997. [Online] Available March 4, 1997, at http://www.ama-assn.org

Amnesty International. "The Death Penalty in 2010." 2011. [Online] Available at http://www.amnesty.org/en/death-penalty

Anderson, Elijah. 1994. "The Code of the Streets." Atlantic Monthly. Vol. 273 (May): 81–94.

———. 2002. "The Ideologically Driven Critique." American Journal of Sociology. Vol. 197, No. 6 (May): 1533–50.

Anti-Defamation League. "State Hate Crimes Statutory Provisions." 2011. [Online] Available at http://www.adl.org/99hatecrime/state_hate_crime_laws.pdf

Antlfinger, Carrie. "Homicides Down in Some Large U.S. Cities." *Yahoo News*. January 3, 2009. [Online] Available Jaunary 3, 2009 at http://news.yahoo.com/s/ap/20090103/ap_on_re_us/urban_homicides

Babwin, Dohn. 2003. "Illinois Governor to Commute Death-Row Sentences." Yahoo News. [Online] Available January 11, 2003, at http://dailynews.yahoo.com

Becker, Howard S. 1966. Outside: Studies in the Sociology of Deviance. New York: Free Press.

Brady Campaign to Prevent Gun Violence. 2012. [Online] Available at http://www.bradycampaign.org/

Calabresi, Massimo, and Bill Saporito. "The Street Fighter." *Time*. Vol. 179, No. 6 (February 13, 2012):22–27.

CAP Index (2011). www.capindex.com

Chiricos, Ted, Ranee McEntire, and Marc Gertz. 2001. "Perceived Racial and Ethnic Composition of Neighborhood and Perceived Risk of Crime." *Social Problems*. Vol. 48, No. 3 (August): 322–40.

Cloward, Richard A., and Lloyd E. Ohlin. 1966. *Delinquency and Opportunity: A Theory of Delinquent Gangs*. New York: Free Press.

Cole, George F., and Christopher E. Smith. 2002. *Criminal Justice in America*, 3rd ed. Belmont, Calif.: Wadsworth.

Daly, Kathleen, and Meda Chesney-Lind. 1988. "Feminism and Criminology." *Justice Quarterly*. Vol. 5, No. 4 (December): 497–583.

Death Penalty Information Center. "Exoneration Statistics." 2012. [Online] Available at http://www.deathpenaltyinfo.org/innocence-and-death-penaltyinn-yr-rc

Death Penalty Information Center. "Outlaw Death Penalty to Save Lives and Cash." November 8, 2010. Available at: http://www.deathpenaltyinfo.org/editorials-illinois-outlaw-death-penalty-save-lives-and-cash

DeFina, Robert H., and Thomas M. Arvanites. 2002. "The Weak Effect of Imprisonment on Crime, 1971–1998." *Social Science Quarterly*. Vol. 83, No. 3 (September): 635–53.

Deslatte, Melinda. 2003. "Serial Killing Suspect Returns to Louisiana." San *Francisco Examiner* (July 3). [Online] Available July 3, 2003, at http://www.examiner.com

Dinitz, Simon, F. R. Scarpitti, and Walter C. Reckless. 1962. "Delinquency and Vulnerability: A Cross-Group and Longitudinal Analysis." *American Sociological Review*. Vol. 25, No. 4 (August): 555–58.

Durkheim, Emile. 1964a (orig. 1895). *The Division of Labor in Society*. New York: Free Press.

———. 1964b (orig. 1893). *The Rules of Sociological Method*. New York: Free Press.

FCC (Federal Communications Commission). "Violent Television Programming and Its Impact On Children." April 17, 2007. [Online] Available at http://hraunfoss.fcc.gov/edocs_public/attachmatch/FCC-07-50A1.pdf

Gallup. "Americans Evenly Divided on Morality . . ." 2008. [Online] Available at http://www.gallup.com/poll/108115/Americans-Evenly-Divided-Morality-Homosexuality.aspx

Gelles, Richard J. 1997. *Intimate Violence in Families*, 3rd ed. Thousand Oaks, Calif.: Sage.

Gelles, Richard J., and Murray A. Straus. 1988. *Intimate Violence: The Causes and Consequences of Abuse in the American Family*. New York: Touchstone.

Gibbs, Nancy, and Timothy Roche. 1999. "The Columbine Tapes." *Time*. Vol. 154, No. 25 (December 20): 40–51.

Glaze, Lauren E. "Correctional Population in the United States, 2010." *U.S. Department of Justice, Bureau of Justice Statistics*. December 2011. [Online] Available at http://bjs.ojp.usdoj.gov/content/pub/pdf/cpus10.pdf

Glaze, Lauren E., and Thomas P. Bonczar. "Probation and Parole in the United States, 2010." *U.S. Department of Justice, Bureau of Justice Statistics*. November 2011. [Online] Available at http://bjs.ojp.usdoj.gov/content/pub/pdf/ppus10.pdf

Glueck, Sheldon, and Eleanor Glueck. 1950. *Unraveling Juvenile Delinquency*. New York: Commonwealth Fund.

Goffman, Erving. 1963. *Stigma: Notes on the Management of Spoiled Identity*. Englewood Cliffs, N.J.: Prentice Hall.

Groves, Betsy McAlister. 1997. "Growing Up in a Violent World: The Impact of Family and Community Violence on Young Children and Their Families." *Topics in Early Childhood Special Education*. Vol. 17, No. 1 (Spring): 74–101.

Herpertz, Sabine C., and Henning Sass. 2000. "Emotional Deficiency and Psychopathy." *Behavioral Sciences and the Law*. Vol. 18, No. 5 (September–October): 567–80.

Hill, John. "2009. Wong a Regular at Store's Gun Counter." *USA Today* (April 6): 4A.

Hirschi, Travis. 1969. *Causes of Delinquency*. Berkeley: University of California Press.

Hixon, Allen L. 1999. "Preventing Street Gang Violence." *American Family Physician*. Vol. 59, No. 8 (April 15): 2121–24.

Holmes, Ronald M., and Stephen T. Holmes. 1993. *Murder in America*. Thousand Oaks, Calif.: Sage.

———. 1998. *Serial Murder*, 2nd ed. Thousand Oaks, Calif.: Sage.

Inciardi, James A., ed. 2000. *Elements of Criminal Justice*, 2nd ed. New York: Oxford University Press.

International Centre for Prison Studies, University of Essex. "World Prison Brief." 2012. [Online] Available at http://www.prisonstudies.org/info/worldbrief/

Jenkins, Philip. 1994. *Using Murder: The Social Construction of Serial Homicide*. Hawthorne, N.Y.: Aldine de Gruyter.

JENNESS, VALERIE. 1993. *Making It Work: The Prostitutes' Rights Movement in Perspective.* Hawthorne, N.Y.: Aldine de Gruyter.
JENNESS, VALERIE, and RYKEN GRATTET. 2001. *Making a Hate Crime: From Movement to Law Enforcement.* New York: Russell Sage Foundation.
JOHNSON, KEVIN. 2000. "Serious Crime Down Again: 7% Dip in '99." *USA Today* (May 8): A1.
KANTOR, GLENDA KAUFMAN, and JANA L. JASINSKI. 1998. "Dynamics and Risk Factors in Partner Violence." In Jana L. Jasinski and Linda M. Williams, eds., *Partner Violence: A Comprehensive Review of 20 Years of Research* (pp. 1–43). Thousand Oaks, Calif.: Sage.
KEMPE, C. HENRY, et al. 1962. "The Battered Child Syndrome." *Journal of the American Medical Association.* Vol. 181 (July 7): 17–24.
KITMAN, JAMIE. 2003. "Tort Reform for Dummies." *Automobile* (April): 145.
KROMAR, MARINA, and PATTI M. VALKENBURG. 1999. "A Scale to Assess Children's Moral Interpretations of Justified and Unjustified Violence and Its Relationship to Television Viewing." *Communication Research.* Vol. 26, No. 5 (October): 608–35.
LAFREE, GARY. 1998. *Losing Legitimacy: Street Crime and the Decline of Social Institutions in America.* Boulder, Colo.: Westview Press.
LANGBEIN, LAURA, and ROSEANA BESS. 2002. "Sports in School: Source of Amity or Antipathy?" *Social Science Quarterly.* Vol. 83, No. 2 (June): 436–54.
LAVELLA, MARIANNA. 2002. "Payback Time." *U.S. News & World Report.* Vol. 132, No. 7 (March 11): 36–40.
LAW CENTER TO PREVENT GUN VIOLENCE (FORMERLY, LEGAL COMMUNITY AGAINST VIOLENCE). 2012. "Summary of State CCW Laws." [Online] Available at http://smartgunlaws.org/concealed-weapons-permitting-policy-summary/
LEMERT, EDWIN M. 1951. *Social Pathology.* New York: McGraw-Hill.
———. 1972. *Human Deviance, Social Problems, and Social Control,* 2nd ed. Englewood Cliffs, N.J.: Prentice Hall.
LEMONICK, MICHAEL D. 2003. "The Search for a Murder Gene." *Time.* Vol. 164, No. 3 (January 20): 100.
LIPTAK, ADAM. "More Than 1 in 100 Adults Are Now in Prison in U.S." *New York Times* (February 28, 2008): A14.
LITTLE, CRAIG, and ANDREA RANKIN. 2001. "Why Do They Start It? Explaining Reported Early-Teen Sexual Activity." *Sociological Forum.* Vol. 16, No. 4 (December): 703–29.
LOMBROSO, CESARE. 1911 (orig. 1876). *Crime: Its Causes and Remedies,* trans. H. P. Horton. Boston: Little, Brown.
LOTT, JOHN R., Jr. 2000. *More Guns, Less Crime: Understanding Crime and Gun Control Laws,* 2nd ed. Chicago: University of Chicago Press.
LOWNEY, KATHLEEN S., and JOEL BEST. 1995. "Stalking Strangers and Lovers: Changing Media Typifications of a New Crime Problem." In Joel Best, ed., *Images of Issues: Typifying Contemporary Social Problems,* 2nd ed. (pp. 33–57). Hawthore, N.Y.: Aldine de Gruyter.
MARTIN, JOYCE A., BRADY E. HAMILTON, STEPHANIE J. VENTURA, MICHELLE J. K. OSTERMAN, SHARON KIRMEYER, T. J. MATHEWS, and ELIZABETH WILSON. "Births: Final Data for 2009." *National Vital Statistics Reports;* vol. 60, no. 1. 2011. http://www.cdc.gov/nchs/data/nvsr/nvsr60/nvsr60_01.pdf
MAUER, MARC. 1999. *The Crisis of the Young African American Male and the Criminal Justice System.* Report prepared for U.S. Commission on Civil Rights, Washington, D.C., April 15–16. [Online] Available January 8, 2007, at http://www.sentencingproject.org/Admin/Documents/publications/rd_crisisoftheyoung.pdf
MERTON, ROBERT K. 1938. "Social Structure and Anomie." *American Sociological Review.* Vol. 3, No. 6 (October): 672–82.
———. 1968. *Social Theory and Social Structure.* New York: Free Press.
MILLER, WILLIAM J., and RICK A. MATTHEWS. 2001. "Youth Employment, Differential Association, and Juvenile Delinquency." *Sociological Focus.* Vol. 34, No. 3 (August): 251–68.
NATIONAL CONFERENCE OF STATE LEGISLATURES. "Stateline." January 2011. [Online] Available at http://www.ncsl.org/magazine/stateline-january-2011.aspx
NORC. *General Social Surveys, 1972–2010: Cumulative Codebook.* Chicago: National Opinion Research Center, 2011. [Online] Available at http://www.norc.org/GSS+Website
PADGETT, TIM. "Day of the Dead." *Time.* Online edition. June 30, 2011. Available at: http://www.time.com/time/world/article/0,8599,2080608,00.html
PARLER, KAREN F., and MATTHEW V. PRUITT. 2000. "Poverty, Poverty Concentration, and Homicide." *Social Science Quarterly.* Vol. 81, No. 2 (June): 555–70.
PETERSILIA, JOAN. 1997. "Probation in the United States: Practices and Challenges." *National Institute of Justice Journal.* No. 233 (September): 4.
PEW CENTER ON THE STATES. "One in 31: The Long Reach of American Corrections." March 2009. [Online] Available at http://www.pewcenteronthestates.org/uploadedFiles/PSPP_1in31_report_FINAL_WEB_3-26-09.pdf
PEW CENTER ON THE STATES. "Prison Count 2010." 2010. [Online] Available at http://www.pewcenteronthestates.org/uploadedFiles/Prison_Count_2010.pdf?n=880
PEW CENTER ON THE STATES. "State of Recidivism: The Revolving Door of America's Prisons." April 2011. [Online] Available at http://www.pewcenteronthestates.org/uploadedFiles/Pew_State_of_Recidivism.pdf
PEW RESEARCH CENTER FOR THE PEOPLE & THE PRESS. "Support for Tougher Indecency Measures, But Worries About Government Intrusiveness." 2005. [Online] Available at http://www.people-press.org/2005/04/19/support-for-tougher-indecency-measures-but-worries-about-government-intrusiveness/
PINKER, STEVEN. 2003. "Are Your Genes to Blame?" *Time.* Vol. 164, No. 3 (January 20): 98–100.
PIQUERO, ALEX R., JOHN M. MACDONALD, and KAREN F. PARKER. 2002. "Race, Local Life Circumstances, and Criminal Activity." *Social Science Quarterly.* Vol. 83, No. 3 (September): 654–70.
PITTMAN, DAVID. 2001. "Memories of Rape." [Online] Available April 13, 2001, at http://www.1gc.apc.org/spr
QUILLIAN, LINCOLN, and DEVAH PAGER. 2001. "Black Neighbors, Higher Crime? The Role of Racial Stereotypes in Evaluations of Neighborhood Crime." *American Journal of Sociology.* Vol. 107, No. 3 (November): 717–67.
RECKLESS, WALTER C. 1973. *The Crime Problem.* New York: Appleton-Century-Crofts.
RECKLESS, WALTER C., and SIMON DINITZ. 1972. *The Prevention of Juvenile Delinquency.* Columbus: Ohio State University Press.
RECKLESS, WALTER C., SIMON DINITZ, and E. MURRAY. 1956. "Self Concept as an Insulator against Delinquency." *American Sociological Review.* Vol. 21, No. 5 (October): 744–56.
———. 1957. "The 'Good Boy' in a High-Delinquency Area." *Journal of Criminal Law, Criminology, and Police Science.* Vol. 48, No. 1 (June-July): 18–25.
REIMAN, JEFFREY. 1998. *The Rich Get Richer and the Poor Get Prison: Ideology, Class, and Criminal Justice.* Boston: Allyn & Bacon.
RIDEOUT, VICTORIA. "Parents, Children & Media, a Kaiser Family Foundation Survey." June 2007. [Online] Available at http://www.kff.org/entmedia/upload/7638.pdf
RIDEOUT, VICTORIA J., ULLA G. FOEHR, and DONALD F. ROBERTS. "Generation M2: Media in the Lives of 8- to 18-Year-Olds." *Kaiser Family Foundation.* January 2010. [Online] Available at http://www.kff.org/entmedia/8010.cfm
RITTER, MALCOLM. 2003. "Children-TV Violence Link Has Effect." *Yahoo News.* [Online] Available March 9, 2003, at http://www.yahoonews.com
SARCHE, JON. 2006. "Colorado Man Says He Committed 48 Murders." *Yahoo News.* [Online] Available July 28, 2006, at http://news.yahoo.com
SAVAGE, CHARLIE. "Trend to Lighten Harsh Sentences Catches On in Conservative States." *New York Times.* August 12, 2011. Available online at: http://www.nytimes.com/2011/08/13/us/13penal.html?_r=1
SEGE, R., and W. DIETZ. 1994. "Television Viewing and Violence in Children: The Pediatrician as Agent for Change." *Pediatrics.* Vol. 94, pp. 600–07.
SHELDON, WILLIAM H., EMIL M. HARTL, and EUGENE MCDERMOTT. 1949. *Varieties of Delinquent Youth.* New York: Harper.
SIMPSON, SALLY S. 1989. "Feminist Theory, Crime, and Justice." *Criminology.* Vol. 27 (November): 605–31.
SINGER, STEPHEN, and JOHN CHRISTOFFERSEN. "Police: Gunman at Beer Warehouse Targeted Managers." *Associated Press.* August 4, 2010. Available at: http://news.yahoo.com/s/ap/20100804/ap_on_re_us/us_beer_distributor_shootings
SINGER, STEPHEN, and MARK SCOLFORO. "Conn. Shooter Told Police He 'Handled the Problem'." *Associated Press.* August 5, 2010. Available at: http://news.yahoo.com/s/ap/20100805/ap_on_re_us/us_beer_distributor_shootings
SMITH, DOUGLAS A. 1987. "Police Response to Interpersonal Violence: Defining the Parameters of Legal Control." *Social Forces.* Vol. 65, No. 3 (March): 767–82.
SMITH, DOUGLAS A., and CHRISTY A. VISHER. 1981. "Street-Level Justice: Situational Determinants of Police Arrest Decisions." *Social Problems.* Vol. 29, No. 2 (December): 167–77.
STATISTICS CANADA. *Canada Year Book.* 2011. [Online] Available at http://www.statcan.gc.ca/pub/85-002-x/85-002-x2008002-eng.pdf
SULLIVAN, ANDREW. 2002. Lecture given at Kenyon College.
SUTHERLAND, EDWIN H. 1940. "White Collar Criminality." *American Sociological Review.* Vol. 5, No. 1 (February): 1–12.

Taylor, Lawrence. 1984. *Born to Crime: The Genetic Causes of Criminal Behavior.* Westport, Conn.: Greenwood.

Thornberry, Terrance, and Margaret Farnsworth. 1982. "Social Correlates of Criminal Involvement: Further Evidence on the Relationship between Social Status and Criminal Behavior." *American Sociological Review.* Vol. 47, No. 4 (August): 505–18.

Tjaden, Patricia. 1997. "The Crime of Stalking: How Big Is the Problem?" *National Institute of Justice Research Preview.* Washington, D.C.: U.S. Department of Justice.

Tjaden, Patricia, and Nancy Thoennes. 1998. *Stalking in America: Findings from the National Violence against Women Survey.* Washington, D.C.: U.S. Department of Justice.

U.S. Census Bureau. "Current Population Survey." September 2011. [Online] Available at http://www.census.gov/cps/

U.S. Census Bureau. "Population Estimates." 2012. [Online] Available at http://www.census.gov/popest/estimates.html

U.S. Department of Health and Human Services, Administration on Children, Youth and Families. "Child Maltreatment (annual)." 2011. [Online] Available at http://www.acf.hhs.gov/programs/cb/pubs/cm10/

U.S. Department of Justice, Bureau of Justice Statistics. "Capital Punishment." 2011. [Online] Available at http://bjs.ojp.usdoj.gov/index.cfm?ty=pbse&sid=1

U.S. Department of Justice, Bureau of Justice Statistics. "Criminal Victimization in the United States—Statistical Tables." September 15, 2011. [Online] Available at http://bjs.ojp.usdoj.gov/index.cfm?ty=pbdetail&iid=2224

U.S. Department of Justice, Bureau of Justice Statistics. "Federal Justice Statistics Resource Center." 2012. http://bjs.ojp.usdoj.gov/fjsrc/

U.S. Department of Justice, Bureau of Justice Statistics. "Homicide Trends in the United States, 1980–2008." 2011. [Online] Available at http://bjs.ojp.usdoj.gov/index.cfm?ty=pbdetail&iid=2221

U.S. Department of Justice, Bureau of Justice Statistics. "Stalking Victimization in the United States." 2009. [Online] Available at http://bjs.ojp.usdoj.gov/index.cfm?ty=pbdetail&iid=1211

U.S. Department of Justice, Federal Bureau of Investigation. "Crime in the United States 2010." 2011. [Online] Available at http://www.fbi.gov/about-us/cjis/ucr/crime-in-the-u.s/2010/crime-in-the-u.s.-2010

U.S. Department of Justice, Federal Bureau of Investigation. "Hate Crime Statistics (annual)." November 2011. [Online] Available at http://www.fbi.gov/about-us/cjis/ucr/hate-crime/2010/index

U.S. Department of Justice, Office of Juvenile Justice and Delinquency Prevention. "Highlights of the 2009 National Youth Gang Survey." June 2011. [Online] Available at https://www.ncjrs.gov/spotlight/gangs/Summary.html

U.S. Office of National Drug Control Policy. "Arrestee Drug Abuse Monitoring Program (ADAM II) Annual Report." 2011. [Online] Available at http://www.whitehouse.gov/ondcp/arrestee-drug-abuse-monitoring-program

Valdez, A. 1997. "In the Hood: Street Gangs Discover White-Collar Crime." *Police.* Vol. 21, No. 5 (May): 49–50, 56.

Vito, Gennaro F., and Ronald M. Holmes. 1994. *Criminology: Theory, Research, and Policy.* Belmont, Calif.: Wadsworth.

Warf, Barney, and Cynthia Waddell. 2002. "Heinous Spaces, Perfidious Places: The Sinister Landscapes of Serial Killers." *Social and Cultural Geography.* Vol. 3, No. 3 (September): 323–46.

Wolfgang, Marvin E., Terrence P. Thornberry, and Robert M. Figlio. 1987. *From Boy to Man, from Delinquency to Crime.* Chicago: University of Chicago Press.

Zimring, Franklin E. 1998. *American Youth Violence.* New York: Oxford University Press.

Chapter 7 References

Alan Guttmacher Institute. "Facts on Induced Abortion in the United States." August 2011. [Online] Available at http://www.guttmacher.org/pubs/fb_induced_abortion.html6

Alan Guttmacher Institute. "State Policies in Brief: An Overview of Abortion Laws." February 1, 2012. [Online] Available at http://www.guttmacher.org/statecenter/spibs/spib_OAL.pdf

Alan Guttmacher Institute. "U.S. Teenage Pregnancies, Births and Abortions: National and State Trends and Trends by Race and Ethnicity." January 2010. [Online] Available at http://www.guttmacher.org/pubs/USTPtrends.pdf

Angier, Natalie. 1992. "Scientists, Finding Idiosyncrasy in Homosexuals' Brains, Suggest That Orientation Is Physiological." *New York Times.* (August 1): A7.

Attorney General's Commission on Pornography (Meese Commission). 1986. *Final Report.* Washington, D.C.: U.S. Department of Justice.

Bearman, Peter S., and Hannah Brückner. 2002. "Opposite-Sex Twins and Adolescent Same-Sex Attraction." *American Journal of Sociology.* Vol. 107, No. 5 (March): 1179–1205.

Blackwood, Evelyn, and Saskia Wieringa, eds. 1999. *Female Desires: Same-Sex Relations and Transgender Practices across Cultures.* New York: Columbia University Press.

Boyer, Debra. 1989. "Male Prostitution and Homosexual Identity." *Journal of Homosexuality.* Vol. 17, Nos. 1–2 (January–February): 151–84.

CDC (Centers for Disease Control and Prevention). "HIV/AIDS Surveillance Report, 2009." 2011. [Online] Available at http://www.cdc.gov/hiv/topics/surveillance/

CDC (Centers for Disease Control and Prevention). "Seroprevalence of Herpes Simplex Virus Type 2 among Persons Aged 14–49 Years, United States, 2005–2008." *Morbidity and Mortality Weekly Report*, Vol. 59, No. 15 (April 23, 2010):456-459.

CDC (Centers for Disease Control and Prevention). "Sexually Transmitted Diseases Surveillance, 2010." 2011. [Online] Available at http://www.cdc.gov/std/stats10/tables.htm

CDC (Centers for Disease Control and Prevention). "Youth Risk Behavior Survey 2009." *Morbidity and Mortality Weekly Report*, Vol. 59, No. SS-5 (June 2010). [Online] Available at http://www.cdc.gov/HealthyYouth/yrbs/index.htm

Chandra, Anjani, William D. Mosher, Casey Copen, and Catlainn Sionean. "Sexual Behavior, Sexual Attraction, and Sexual Identity in the United States: Data from the 2006–2008 National Survey of Family Growth." March 3, 2011. [Online] Available at http://www.cdc.gov/nchs/data/nhsr/nhsr036.pdf

Chauncey, George. 1994. *Gay New York: Gender, Urban Culture, and the Making of the Gay Male World, 1890–1940.* New York: Basic Books.

COYOTE (Call Off Your Old Tired Ethics). Access date 2/23/2012. http://www.coyotela.org/what_is.html

Davis, Kingsley. 1971. "Sexual Behavior." In Robert K. Merton and Robert Nisbet, eds., *Contemporary Social Problems*, 3rd ed. (pp. 313–60). New York: Harcourt Brace Jovanovich.

Dworkin, Andrea. 1987. *Intercourse.* New York: Free Press.

———. 1991. "Against the Male Flood: Censorship, Pornography, and Equality." In Robert M. Baird and Stuart E. Rosenbaum, eds., *Pornography: Private Right or Public Menace?* (pp. 56–61). Buffalo, N.Y.: Prometheus.

Estes, Richard J. 2001. "The Commercial Sexual Exploitation of Children in the U.S., Canada, and Mexico." Reported in "Study Explores Sexual Exploitation." *Yahoo News.* [Online] Available September 10, 2001, at http://dailynews.yahoo.com

Foucault, Michel. 1990. *A History of Sexuality, Part 1.* New York: Vintage Books.

Gamble, Sonya B., Lilo T. Strauss, Wilda Y. Parker, Douglas A. Cook, Suzanne B. Zane, and Saeed Hamdan. "Abortion Surveillance—United States, 2005." *Morbidity and Mortality Weekly Report*, Vol. 57(SS13). November 28, 2008. [Online] Available at http://www.cdc.gov/mmwr/preview/mmwrhtml/ss5713a1.htm?s_cid=ss5713a1_e

Gave, Eleni N. 2005. "In the Indigenous Muxe Culture of Mexico's Oaxaca State, Alternative Notions of Sexuality Are Not Only Accepted, They're Celebrated." *Travel and Leisure* (November). [Online] Available June 15, 2009, at http://travelandleisure.com/articles/stepping-out/page/2/print

Gelman, David. 1992. "Born or Bred?" *Newsweek* (February 24): 46–53.

Grady, Denise. 1992. "The Brains of Gay Men." *Discover.* Vol. 13, No. 1 (January): 29.

Hamer, Dean, and Peter Copeland. 1994. *The Search for the Gay Gene and the Biology of Behavior.* New York: Simon & Schuster.

Herdt, Gilbert H. 1993. "Semen Transactions in Sambian Culture." In David N. Suggs and Andrew W. Miracle, eds., *Culture and Human Sexuality* (pp. 298–327). Pacific Grove, Calif.: Brooks/Cole.

Herek, Gregory M. 1991. "Myths about Sexual Orientation: A Lawyer's Guide to Social Science Research." *Law and Sexuality.* Vol. 1: 133–72.

Herman, Dianne F. 2001. "The Rape Culture." In John J. Macionis and Nijole V. Benokraitis, eds., *Seeing Ourselves: Classic, Contemporary, and Cross-Cultural Readings in Sociology*, 5th ed. (pp. 38–46). Upper Saddle River, N.J.: Prentice Hall.

Human Rights Watch. "A Decade On, Progress on Same-Sex Marriages." 2011. [Online] Available at http://www.hrw.org/news/2011/03/14/decade-progress-same-sex-marriages

Isay, Richard A. 1989. *Being Homosexual: Gay Men and Their Development.* New York: Farrar, Straus & Giroux.

Janus, Christopher G. 1996. "Slavery Abolished? Only Officially." *Christian Science Monitor* (May 17): 18.

Kapstein, Ethan B. "The New Global Slave Trade." *Foreign Affairs*, Vol. 85 Issue 6, November/December 2006.

Kinsey, Alfred, Wardell Baxter Pomeroy, and Clyde E. Martin. 1948. Sexual Behavior in the Human Male. Philadelphia: Saunders.

Kinsey, Alfred, Wardell Baxter Pomeroy, Clyde E. Martin, and Paul H. Gebhard. 1953. *Sexual Behavior in the Human Female.* Philadelphia: Saunders.

Kotz, Deborah. 2008. "Sex, Health, and Happiness." *U.S. News & World Report* (September 15): 50–53.

Lacey, Marc. 2008. "A Distinct Lifestyle: The Muxe of Mexico." New York *Times* (December 7), p. 4.

Laumann, Edward O., John H. Gagnon, Robert T. Michaels, and Stuart Michaels. 1994. *The Social Organization of Sexuality: Sexual Practices in the United States.* Chicago: University of Chicago Press.

Lee, Deborah. 2000. "Hegemonic Masculinity and Male Feminisation: The Sexual Harassment of Men at Work." *Journal of Gender Studies.* Vol. 9, No. 2 (July): 141–55.

LeVay, Simon. 1993. *The Sexual Brain.* Cambridge, Mass.: MIT Press.

Luker, Kristen. 1984. *Abortion and the Politics of Motherhood.* Berkeley: University of California Press.

MacKinnon, Catharine A. 2001. "Pornography: Not a Moral Issue." In John J. Macionis and Nijole V. Benokraitis, eds., *Seeing Ourselves: Classic, Contemporary, and Cross-Cultural Readings in Sociology,* 5th ed. (pp. 294–301). Upper Saddle River, N.J.: Prentice Hall.

Martinez, Gladys, Casey Copen, and Joyce Abma. "Teenagers in the United States: Sexual Activity, Contraceptive Use, and Childbearing, 2006–2010 National Survey of Family Growth." National Center for Health Statistics. Vital Health Stat 23(31). 2011. [Online] Available at http://www.cdc.gov/nchs/data/series/sr_23/sr23_031.pdf

Millet, Kate. 1970. *Sexual Politics.* Garden City, N.Y.: Doubleday.

Miracle, Tina S., Andrew W. Miracle, and Roy F. Baumeister. 2003. *Human Sexuality: Meeting Your Basic Needs.* Upper Saddle River, N.J.: Prentice Hall.

Monto, Martin. 2001. "Prostitution and Fellatio." *Journal of Sex Research.* Vol. 38, No. 2 (May): 140–46.

National Campaign to Prevent Teen and Unplanned Pregnancy. "By the Numbers: The Public Costs of Teen Childbearing." June 2011. [Online] Available at http://www.thenationalcampaign.org/costs/default.aspx

National Coalition of Anti-Violence Programs. "Hate Violence against Lesbian, Gay, Bisexual, Transgender, Queer and HIV-Affected Communities in the United States in 2011." 2011. [Online] Available at http://www.avp.org/publications.htm

National Conference of State Legislatures. "Same-Sex Marriage, Civil Unions and Domestic Partnerships." 2012. http://www.ncsl.org/issues-research/human-services/same-sex-marriage.aspx

NORC. *General Social Surveys, 1972–2010: Cumulative Codebook.* Chicago: National Opinion Research Center, 2011. [Online] Available at http://www.norc.org/GSS+Website

Pew Research Center on People and the Press. 2008. "August 2008 Religion and Public Life Survey." [Online] Available April 29, 2009, at http://people-press.org/report/?pageid=1364

Pew Forum on Religion and Public Life. "Gay Marriage around the World." 2009. [Online] Available at http://www.pewforum.org/Gay-Marriage-and-Homosexuality/Gay-Marriage-Around-the-World.aspx

Pew Research Center for the People & the Press. "Fewer Are Angry at Government, But Discontent Remains High." 2011. [Online] Available at http://www.people-press.org/files/legacy-pdf/3-3-11%20Political%20Release.pdf

Pew Research Center for the People & the Press. "Support For Same-Sex Marriage Edges Upward." 2010. [Online] Available at http://www.people-press.org/2010/10/06/support-for-same-sex-marriage-edges-upward/.

Population Reference Bureau. "Datafinder." 2011. [Online] Available at http://www.prb.org/DataFinder.aspx

Rankin, Susan R. "Campus Climate for Gay, Lesbian, Bisexual, and Transgender People: A National Perspective." The National Gay and Lesbian Task Force Policy Institute, 2003. [Online] Available at http://thetaskforce.org/reports_and_research/campus_climate

Renton, Alex. "Learning the Thai Sex Trade." *Prospect.* Issue 110 (May 21, 2005). Available at http://www.prospectmagazine.co.uk/2005/05/learningthethaisextrade/

Ritter, Karl. 2008. "World Takes Notice of Swedish Prostitute Laws." Independent (March 17). [Online] Available April 24, 2009, at http://www.independent.co.uk/news/world/europe/world-takes-notice-of-swedish-prostitute-laws-796793.html

Rosenberg, Mica. 2008. "Mexican Transvestite Fiesta Rocks Indigenous Town." Reuters (November 23). [Online] Available June 15, 2009, at http://www.reuters.com/article/lifestyleMolt/idUSTRE4AM1PB20081123

Schmalz, J. 1993. "Poll Finds an Even Split on Homosexuality's Cause." *New York Times* (March 5): A14.

Smith, Tom W. "American Sexual Behavior: Trends, Socio-Demographic Differences, and Risk Behavior." Version 6.0. *Chicago: National Opinion Research Center.* March, 2006. [Online] Available at http://www3.norc.org/NR/rdonlyres/2663F09F-2E74-436E-AC81-6FFBF288E183/0/AmericanSexualBehavior2006.pdf

Sommers, Christina Hoff. 2003. Lecture at Kenyon College (April 7).

Steinhauer, Jennifer. "Sex Sells, So Legislator Urges State to Tax It." *New York Times* (May 26, 2008). [Online] Available November 9, 2008, at http://www.nytimes.com/2008/05/26/us/26porn.html

Strong, Bryan, and Christine DeVault. 1994. *Human Sexuality.* Mountain View, Calif.: Mayfield.

Sullivan, Andrew. 2002. Lecture given at Kenyon College.

Tannahill, Reay. 1992. *Sex in History.* Chelsea, Mich.: Scarborough House.

Thomas, Evan. 2003. "The War over Gay Marriage." *Newsweek* (July 7): 38–44.

Thompson, William E., and Jackie L. Harrod. 1999. "Topless Dancers: Managing Stigma in a Deviant Occupation." In Henry N. Pontell, ed., *Social Deviance: Readings in Theory and Research,* 3rd ed. (pp. 277–87). Upper Saddle River, N.J.: Prentice Hall.

UNAIDS. "2010 Report on the Global AIDS Epidemic." 2011. [Online] Available at http://www.unaids.org/globalreport/

UNAIDS. "Fast Facts about HIV Prevention." 2008. [Online] Available at http://www.unaids.org/en/KnowledgeCentre/Resources/FastFacts/

UNICEF. 2006. Violence against Children in the Community. New York: United Nations. [Online] Available April 28, 2009, at http://www.unicef.org/media/media_45451.html

U.S. Department of Justice, Child Exploitation and Obscenity Section. 2012. [Online] Available at http://www.justice.gov/criminal/ceos/sextour.html

U.S. Department of Justice, Federal Bureau of Investigation. "Crime in the United States 2010." 2011. [Online] Available at http://www.fbi.gov/about-us/cjis/ucr/crime-in-the-u.s/2010/crime-in-the-u.s.-2010

U.S. Department of Justice, Federal Bureau of Investigation. "Hate Crime Statistics (annual)." November 2011. [Online] Available at http://www.fbi.gov/about-us/cjis/ucr/hate-crime/2010/index

U.S. Equal Employment Opportunity Commission. 2006. "Sexual Harassment Charges." [Online] Available January 8, 2007, at http://www.eeoc.gov/stats/harass.html

U.S. Equal Employment Opportunity Commission. "Sexual Harassment." 2012. [Online] Available at http://www.eeoc.gov/eeoc/statistics/enforcement/sexual_harassment.cfm

Ventura, Stephanie J., Joyce C. Abma, William D. Mosher, and Stanley K. Henshaw. "Estimated Pregnancy Rates for the United States, 1990–2005: An update." *National Vital Statistics Reports*, Vol. 58, No. 4. October 14, 2009. [Online] Available at http://www.cdc.gov/nchs/data/nvsr/nvsr58/nvsr58_04.pdf

Waite, Linda, Edward O. Laumann, Aniruddha Das, and L. Philip Schumm. "Sexuality: Measures of Partnerships, Practices, Attitudes, and Problems in the National Social Life, Health, and Aging Study." *The Journals of Gerentology: Social Sciences.* Vol. 64, No. 1 (2009):56–66.

Wallis, Claudia. 2005. "A Snapshot of Teen Sex." *Time.* Vol. 166, No. 6 (February 7): 58.

Weinrich, James D. 1987. *Sexual Landscapes: Why We Are What We Are, Why We Love Whom We Love.* New York: Scribner.

Whitelaw, Kevin. 2003. "In Death's Shadow." *U.S. News & World Report.* Vol. 135, No. 2 (July 21): 17–20.

WILLIAMSON, CELIA, and TERRY CLUSE-TOLAR. 2002. "Pimp-Controlled Prostitution: Still an Integral Part of Street Life." *Violence against Women.* Vol. 8, No. 9 (September): 1074–93.

WOMEN'S JUSTICE CENTER. 2009. "Sweden's Prostitution Solution: Why Hasn't Anyone Tried This Before?" [Online] Available April 23, 2009, at http://www.justicewomen

WORLD HEALTH ORGANIZATION. "Progress Report 2011: Global HIV/AIDS Response." 2011. [Online] Available at http://www.who.int/hiv/pub/progress_report2011/en/index.html

ZICKLIN, G. 1992. "Re-Biologizing Sexual Orientation: A Critique." Paper presented at the annual meeting of the Society for the Study of Social Problems, Pittsburgh (August).

ZOGBY INTERNATIONAL. 2001. Poll reported in Sandra Yin, "Race and Politics." *American Demographics.* Vol. 23, No. 8 (August): 11–13.

Chapter 8 References

ABADINSKY, HOWARD. 1989. *Drug Abuse: An Introduction.* Chicago: Nelson Hall.

ALTER, JONATHAN. 2001. "The War on Addiction." *Newsweek* (February 12): 36–39.

BAUM, ALICE S., and DONALD W. BURNES. 1993. *A Nation in Denial: The Truth about Homelessness.* Boulder, Colo.: Westview Press.

BECKER, HOWARD S. 1966. *Outside: Studies in the Sociology of Deviance.* New York: Free Press.

BEGLEY, SHARON. 2001. "How It All Starts inside Your Brain." *Newsweek* (February 12): 40–42.

BERTRAM, EVA, MORRIS BLACHMAN, KENNETH SHARPE, and PETER ANDREAS. 1996. *Drug War Politics: The Price of Denial.* Berkeley: University of California Press.

BLUMENSON, ERIC D. 1998. "The Drug War's Hidden Economic Agenda: Corrupting Effects of Financing Police Departments by Asset Forfeitures in Drug Cases." *Nation.* Vol. 266 (March 9): 1–12.

BOWERSOX, JOHN A. 1995. "Buprenorphine May Soon Be Heroin Treatment Option." NIDA Notes (January–February). [Online] Available May 3, 1999, at http://www.nih.gov/NIDANotes/NNVol10N1/Bupren.html

BRUPPACHER, BALZ. 2008. "Swiss Approve Pioneering Legal Heroin Program." [Online] Available November 30, 2008, at http://news.yahoo.com/s/ap/20081130/ap_on_re_eu/eu_switzerland_heroin_vote

CAVE, DAMIEN. "Mexico Updates Death Toll in Drug War to 47,515, but Critics Dispute the Data." *New York Times.* January 12, 2012. Available at: http://www.nytimes.com/2012/01/12/world/americas/mexico-updates-drug-war-death-toll-but-critics-dispute-data.html

———. "Mexico Seizes Record Amount of Methamphetamine." *New York Times.* February 9, 2012. Available at: http://www.nytimes.com/2012/02/10/world/americas/mexico-15-tons-of-methamphetamine.html

CDC (CENTERS FOR DISEASE CONTROL AND PREVENTION). "Alcohol and Public Health." Available at http://www.cdc.gov/alcohol/fact-sheets/mens-health.htm

CDC (CENTERS FOR DISEASE CONTROL AND PREVENTION). "Excessive Drinking Costs U.S. $223.5 Billion" 2011. Available at http://www.cdc.gov/Features/AlcoholConsumption/

CDC (CENTERS FOR DISEASE CONTROL AND PREVENTION). "Fetal Alcohol Spectrum Disorders." Available at http://www.cdc.gov/ncbddd/fasd/index.html

CDC (CENTERS FOR DISEASE CONTROL AND PREVENTION). "Quitting Smoking Among Adults—United States, 2001–2010" *Morbidity and Mortality Weekly Report* (MMWR). November 11, 2011. [Online] Available at http://www.cdc.gov/mmwr/preview/mmwrhtml/mm6044a2.htm

CDC (CENTERS FOR DISEASE CONTROL AND PREVENTION). "Smoking and Tobacco Use." [Online] Available at http://www.cdc.gov/tobacco/data_statistics/tables/index.htm

CDC (CENTERS FOR DISEASE CONTROL AND PREVENTION). "Smoking-Attributable Mortality, Years of Potential Life Lost, and Productivity Losses—United States, 2000–2004." *Morbidity and Mortality Weekly Report* (MMWR). November 14, 2008. [Online] Available at http://www.cdc.gov/tobacco/data_statistics/mmwrs/byyear/2008/mm5745a3/highlights.htm

CDC (CENTERS FOR DISEASE CONTROL AND PREVENTION). "State Tobacco Activities Tracking and Evaluation (STATE) System." 2012. [Online] Available at http://apps.nccd.cdc.gov/statesystem

COMMON SENSE FOR DRUG POLICY. 1999. "Drug War Facts: The Netherlands and the United States." [Online] Available May 10, 1999, at http://www.csdp.org/factbook/thenethe.htm

CRATTY, CAROL. "New Rules Slashing Crack Cocaine Sentences Go into Effect." *CNN.* November 2, 2011. Available at: http://www.cnn.com/2011/11/01/justice/crack-cocaine-sentencing/

CLOUD, JOHN. 1998. "Harassed or Hazed? Why the Supreme Court Ruled That Men Can Sue Men for Sex Harassment." *Time.* Vol. 151, No. 10 (March 16): 55.

COWLEY, GEOFFREY. 2001. "New Ways to Stay Clean." Newsweek (February 12): 44–7.

DILLER, LAWRENCE J. 1998. *Running on Ritalin.* New York: Bantam Doubleday Dell.

ELDREDGE, DIRK CHASE. 1998. *Ending the War on Drugs: A Solution for America.* Lanham, Md.: National Book Network.

FORBES. "Lists and Profiles." 2011. http://www.forbes.com/lists/

GALLUP. "Illegal Drugs." 2009, 2012. [Online] Available at http://www.gallup.com/poll/1657/Illegal-Drugs.aspx

GELLES, RICHARD J. 1997. *Intimate Violence in Families,* 3rd ed. Thousand Oaks, Calif.: Sage.

GELLES, RICHARD J., and MURRAY A. STRAUS. 1988. *Intimate Violence: The Causes and Consequences of Abuse in the American Family.* New York: Touchstone.

GLASS, STEPHEN. 1997. "Don't You D.A.R.E." *New Republic.* Vol. 216, No. 9 (March 3): 18–25.

GOLDSTEIN, AVRAM. 1994. *Addiction: From Biology to Drug Policy.* New York: Freeman.

GOMBY, DEANNA S., and Patricia H. Shiono. 1991. "Estimating the Number of Substance-Exposed Infants." *Future of Children.* Vol. 1, No. 1 (Spring): 17–25.

GÓMEZ, LAURA E. 1997. *Misconceiving Mothers: Legislators, Prosecutors, and the Politics of Prenatal Drug Exposure.* Philadelphia: Temple University Press.

GOODE, ERICH. 1993. *Drugs in American Society,* 4th ed. New York: McGraw-Hill.

GOVTRACK.us "H.R. 2306: Ending Federal Marijuana Prohibition Act of 2011." 2011. Available at: http://www.govtrack.us/congress/bill.xpd?bill=h112-2306

GRIMM, MATTHEW. 2002. "A Dubious Pitch." *American Demographics.* Vol. 24, No. 5 (May): 44–46.

HANANEL, SAM. 2006. "Meth Still No. 1 Drug Problem, Study Finds." *Yahoo News.* [Online] Available July 18, 2006, at http://news.yahoo.com

HENDERSON, DAMIEN. 2003. "Cannabis Cafés Face Ban on Smoking." *Glasgow Herald* (May 29). [Online] Available September 4, 2003, at http://www.theherald.co.uk

HINGSON, RALPH, TIMOTHY HEEREN, MICHAEL WINTER, and HENRY WECHSLER. 2005. "Magnitude of Alcohol-Related Mortality and Morbidity among U.S. College Students Ages 18–24: Changes from 1998 to 2001." [Online] Available May 5, 2009, at http://www.collegedrinkingprevention.gov/NIAAACollegeMaterials/magandprev.aspx

HINGSON, RALPH W. "Magnitude and Prevention of College Drinking and Related Problems." *NIAA Alcohol Research & Health.* Vol. 33, Nos. 1 & 2. 2010. [Online] Available at http://pubs.niaaa.nih.gov/publications/arh40/toc33-1_2.htm

HOGE, WARREN. 2002. "Britain to Stop Arresting Most Private Users of Marijuana." *New York Times* (July 11). [Online] Available September 4, 2003, at http://www.researchnavigator.com

HUBER, CHRISTIAN. 1994. "Needle Park: What Can We Learn from the Zurich Experience?" *Addiction.* Vol. 89, No. 5 (May): 413–517.

HUNT, GEOFFREY, and ANNA XIAO DONG SUN. 1998. "The Drug Treatment System in the United States: A Panacea for the Drug War?" In Harold Klingemann and Geoffrey Hunt, eds., *Drug Treatment Systems in an International Perspective: Drugs, Demons, and Delinquents* (pp. 3–19). Thousand Oaks, Calif.: Sage.

INCIARDI, JAMES A., ed. 1996. *Drug Control and the Courts.* Thousand Oaks, Calif.: Sage.

JACKLER, ROBERT K., ROBERT N. PROCTOR, LAURIE M. JACKLER, and RACHEL JACKLER. "Not a Cough in a Carload: Images from the Tobacco Industry Campaign to Hide the Hazards of Smoking." Stanford University, Lane Medical Library & Knowledge Management Center. [Online] Available at http://lane.stanford.edu/tobacco/index.html

JOHNSTON, LLOYD D., PATRICK M. O'MALLEY, JERALD G. BACHMAN, and JOHN E. SCHULENBERG. "Monitoring the Future Study." Institute for Social Research, The University of Michigan. 2011. [Online] Available at http://www.monitoringthefuture.org/index.html

KIRN, WALTER. 1998. "Crank." *Time.* Vol. 153, No. 24 (June 22): 25–32.

LASSETER, TOM. "U.N.: Afghan Opium Is Top Killer, Finances Taliban Violence." *McClatchy.* October 21, 2009. Available at: http://www.mcclatchydc.com/2009/10/21/77535/killer-crop-afghan-opium-fuels.html

LEGER, DONNA. "More Teens Using Synthetic Drugs." *USA Today.* December 15, 2011:A1.

Leinwand, Donna. 2001. "A Strange New World of Teenage Drug Use." *USA Today* (August 28): 6D, 7D.

Léons, Madeline Barbara, and Harry Sanabria. 1997. "Coca and Cocaine in Bolivia: Reality and Policy Illusion." In Madeline Barbara Léons and Harry Sanabria, eds., *Coca, Cocaine, and the Bolivian Reality* (pp. 1–46). Albany: State University of New York Press.

Lupton, Chuck, Larry Burd, and Rick Harwood. "Cost of Fetal Alcohol Spectrum Disorders." *American Journal of Medical Genetics*, Part C: Seminars in Medical Genetics, Vol. 127C, No. 1 (2004):42–50.

MacCoun, Robert J. 2001. "American Distortion of Dutch Drug Statistics." *Society*. Vol. 38, No. 3 (March-April): 23–26.

Mancall, Peter C. 1995. *Deadly Medicine: Indians and Alcohol in Early America*. Ithaca, N.Y.: Cornell University Press.

Meyer, Josh. 2009. "Obama Administration Urges Equal Penalties for Crack, Powder Cocaine Dealers." *Los Angeles Times* (April 30). [Online] Available May 3, 2009, at http://www.latimes.com/news/nationworld/nation/la-na-crack30-2009 apr30,0,2194990.story

Milkman, Harvey, and Stanley Sunderwirth. 1995. "Doorway to Excess." In James A. Inciardi and Karen McElrath, eds., *The American Drug Scene: An Anthology* (pp. 12–22). Los Angeles: Roxbury.

Ministry of Health, Welfare and Sport. 1998. "Policy on Soft Drugs and Coffee Shops." *Drug Policy in the Netherlands: Continuity and Change*. [Online] Available May 10, 1999, at http://www.thc.nl/Countries/nl/VWSdrugs.htm

Mohamed, A. Rafik, and Erik D. Fritsvold. 2011. *Dorm Room Dealers: Drugs and the Privileges of Race and Class*. Boulder, CO: Rienner.

Moise, Katie. "200 Million People Use Illicit Drugs, Study Finds." *ABC News*. January 6, 2012. Accessed at http://gma.yahoo.com/blogs/abc-blogs/200-million-people-illicit-drugs-study-finds-120123343--abc-news.html

Mumola, Christopher, and Jennifer C. Karberg. "Drug Use and Dependence, State and Federal Prisoners, 2004." U.S. Department of Justice. October 2006. [Online] Available at http://bjs.ojp.usdoj.gov/content/pub/pdf/dudsfp04.pdf

Murphy, Sherry L., Jiaquan Xu, and Kenneth D. Kochanek. "Deaths: Preliminary Data for 2010." *National Vital Statistics Reports*, Vol. 60, No. 4. 2012. [Online] Available at http://www.cdc.gov/nchs/data/nvsr/nvsr60/nvsr60_04.pdf

Nadelmann, Ethan. 1995. "Switzerland's Heroin Experiment." *National Review*. Vol. 47, No. 13 (July 19): 46–47.

National Conference of State Legislatures. "Stateline." January 2011. [Online] Available at http://www.ncsl.org/magazine/stateline-january-2011.aspx

National Highway Traffic Safety Administration. "Traffic Safety Facts 2009." 2010. [Online] Available at http://www-nrd.nhtsa.dot.gov/Pubs/811392.pdf

National Institute of Mental Health. "Science Update: Global Use of ADHD Medications Rises Dramatically." 2007. [Online] Available at http://www.nimh.nih.gov/science-news/2007/global-use-of-adhd-medications-rises-dramatically.shtml

Nightengale, Bob. 2007. "Some of Sport's Top Stars Implicated." *USA Today* (December 14): 1A.

NORC. *General Social Surveys, 1972–2010: Cumulative Codebook*. Chicago: National Opinion Research Center, 2011. [Online] Available at http://www.norc.org/GSS+Website

Padgett, Tim. 2002. "Taking the Side of the Coca Farmer." *Time*. Vol. 160, No. 6 (August 5): 8.

Padgett, Tim, and Ioan Grillo. 2008. "Cocaine Capital." *Time* (August 25): 37–38.

Pew Research Center for the People & the Press, Question Search. 2010, 2011. Available at http://www.people-press.org/question-search/?qid=1781229&pid=51&ccid=51top

Pleck, Elizabeth. 1987. *Domestic Tyranny: The Making of Social Policy against Family Violence from Colonial Times to the Present*. New York: Oxford University Press.

Ramo, Joshua Cooper. 2001. "America's Shadow Drug War." *Time*. Vol. 157, No. 18 (May 7): 36–44.

Rand, Michael, William J. Sabol, Michael Sincliar, and Howard N. Snyder. "Alcohol and Crime: Data From 2002 to 2008." *U.S. Department of Justice, Bureau of Justice Statistics*. September 3, 2010. [Online] Available at http://bjs.ojp.usdoj.gov/index.cfm?ty=pbdetail&iid=2313

Recer, Paul. 1999. "Teenage Smoking Harms Lungs Forever, Study Says." *Louisville Courier-Journal* (April 7): A8.

Roosevelt, Margot. 2001. "The War against the War on Drugs." *Time*. Vol. 157, No. 18 (May 7): 46–47.

Rosenbaum, Dennis. "Just Say No to D.A.R.E.," Available February 29, 2012 at http://dare.procon.org/

Stanner, Peter. "Legal Marijuana Gets One Step Closer." *Copenhagen Post*. November 21, 2011. Available at: http://www.cphpost.dk/news/local/legal-marijuana-gets-one-step-closer

Stobbe, Mike. "Cancer to Be World's Top Killer by 2010, WHO says." *Associated Press*. December 12, 2008.

Tandy, Karen P. 2009. "Myth: Legalization of Marijuana in Other Countries Has Been a Success." About.com (March 23). [Online] Available May 3, 2009, at http://alcoholism.about.com/od/pot/a/bldea050426_3.htm

Tierney, John. 2009. "Obama's Drug Policy." *New York Times* (May 3). [Online] Available May 3, 2009, at http://tierneylab.blogs.nytimes.com/2009/03/12/obamas-drug-policy

Trebach, Arnold S., and James A. Inciardi. 1993. *Legalize It? Debating American Drug Policy*. Lanham, Md.: University of America Press.

Unrau, William E. 1996. White Man's Wicked Water: The Alcohol Trade and Prohibition in Indian Country, 1802–1892. Lawrence: University of Kansas Press.

U.S. Bureau of Justice Statistics. 2002. *Drugs and Crime Facts*. [Online] Available January 8, 2007, at http://www.ojp.usdoj.gov/bjs/dcf/contents.htm

U.S. Department of Health and Human Services. 2005. *NIDA InfoFacts: Steroids* (Anabolic—Androgenic). Washington, D.C.: National Institute on Alcohol Abuse and Alcoholism.

U.S. Department of Health and Human Services. 2006. Results from the *2005 National Survey on Drug Use and Health: National Findings*. Rockville, Md.: Substance Abuse and Mental Health Services Administration.

U.S. Department of Health and Human Services. 2008. "Mental Disorders Cost Society Billions in Unearned Income." Press release (May 7). [Online] Available May 18, 2009, at http://www.nimh.nih.gov/science-news/2008/mental-disorders-cost-societybillions-in-unearned-income.shtml

U.S. Department of Health and Human Services, National Institutes of Health, National Institute on Alcohol Abuse and Alcoholism. "A Snapshot of Annual High-Risk College Drinking Consequences." 2010. [Online] Available at http://www.collegedrinkingprevention.gov/Stats Summaries/snapshot.aspx

U.S. Department of Health and Human Services, National Institutes of Health, National Institute on Drug Abuse. "Drugs of Abuse." Available at http://www.drugabuse.gov/drugs-abuse

U.S. Department of Health and Human Services, Substance Abuse and Mental Health Services Administration (SAMHSA). "Results from the 2010 National Survey on Drug Use and Health: National Findings." 2011. http://oas.samhsa.gov/NSDUHlatest.htm

U.S. Department of Justice, Bureau of Justice Statistics. "Prisoners in 2010." December 2011. [Online] Available at http://bjs.ojp.usdoj.gov/content/pub/pdf/p10.pdf

U.S. Department of Justice, Bureau of Justice Statistics. "Drugs and Crime Facts" 2012. [Online] Available at http://www.bjs.gov/content/dcf/duc.cfm

U.S. Department of Justice. 1993. *Drug Enforcement Administration*. Briefing Book. Washington, D.C.: U.S. Government Printing Office.

———. 2000. *Compendium of Federal Justice Statistics, 1998*. Washington, D.C.: U.S. Government Printing Office.

U.S. Department of Justice, Federal Bureau of Investigation. "Crime in the United States 2010." 2011. [Online] Available at http://www.fbi.gov/about-us/cjis/ucr/crime-in-the-u.s/2010/crime-in-the-u.s.-2010

U.S. Office of National Drug Control Policy (ONDCP). "National Drug Control Strategy Data Supplement 2011." July 2011. [Online] Available at http://www.whitehouse.gov/ondcp/2011-national-drug-control-strategy

U.S. Office of National Drug Control Policy (ONDCP). "Strategy to Combat Transnational Organized Crime." July 2011. [Online] Available at http://www.whitehouse.gov/sites/default/files/Strategy_to_Combat_Transnational_Organized_Crime_July_2011.pdf

van den Hurk, Arie A. 1999. "Europe: Drugs, Prisons, and Treatment." In THCi: The Netherlands Law.

Weil, Andrew T., and Winifred Rosen. 1983. *Chocolate to Morphine: Understanding Mind-Active Drugs*. Boston: Houghton Mifflin.

Weiss, Roger D., Margaret L. Griffin, and Steven M. Mirin. 1992. "Drug Abuse as Self-Medication for Depression: An Empirical Study." *American Journal of Alcohol Abuse*. Vol. 18, No. 1 (February): 121–29.

White, Jason M. 1991. *Drug Dependence*. Englewood Cliffs, N.J.: Prentice Hall.

World Health Organization. "WHO Report on the Global Tobacco Epidemic, 2011." 2011. [Online] Available at http://www.who.int/tobacco/global_report/2011/en/index.html

Wren, Christopher S. 1996. "Study Poses a Medical Challenge to Disparity in Cocaine Sentences." *New York Times* (November 20): A1.

Zernike, Kate. 2001. "Antidrug Program Says It Will Adopt a New Program." *New York Times* (February 15): A1, A23.

Chapter 9 References

American Association of Colleges of Nursing (AACN). "Fact Sheet: Nursing Shortage." 2011. [Online] Available at http://www.aacn.nche.edu/media-relations/fact-sheets/nursing-shortage

American Association of Colleges of Nursing (AACN). "Race/Ethnicity of Students Enrolled in Generic (Entry-Level) Baccalaureate, Master's, and Doctoral (Research-Focused) Programs in Nursing, 2000–2009." 2010. [Online] Available at http://www.aacn.nche.edu/research-data/EthnicityTbl.pdf

American College Health Association. "National College Health Assessment (ACHA-NCHA-II) Reference Group Data Report." 2012. [Online] Available at http://www.acha-ncha.org/pubs_rpts.html

American Medical Group Association. "Total Compensation." 2011. [Online] Available at https://www.cms.gov/AcuteInpatientPPS/Downloads/AMGA_08_template_to_09.pdf

American Psychiatric Association. 2000. *Diagnostic and Statistical Manual of Mental Disorders,* 4th ed. (DSM-IV-TR). Arlington, Va.: American Psychiatric Association.

Anderson, Elijah. 1994. "The Code of the Streets." *Atlantic Monthly.* Vol. 273 (May): 81–94.

Andrews, Michelle. 2009. "The State of America's Health." *U.S. News & World Report* (February): 9–12.

Bartlett, Bruce. 2000. "Death, Wealth, and Taxes." *Public Interest.* Vol. 141 (Fall): 55–67.

BBC News. "Russia looks to its fathers." March 31, 2006. [Online] Available at http://news.bbc.co.uk/2/hi/europe/4845164.stm

Birenbaum, A. 1995. *Putting Health Care on the National Agenda.* Westport, Conn.: Praeger.

Blank, Robert H. 1997. *The Price of Life: The Future of American Health Care.* New York: Columbia University Press.

Brault, Matthew. "Americans with Disabilities: 2005." *Current Population Reports: Household Economic Studies.* December 2008. [Online] Available at http://www.census.gov/prod/2008pubs/p70-117.pdf

CDC (Centers for Disease Control and Prevention), National Center for Health Statistics. "NCHS Data on Eating Behaviors." November 2008. [no longer available online]

CDC (Centers for Disease Control and Prevention), National Center for Health Statistics. "Summary Health Statistics for the U.S. Population: National Health Interview Survey, 2010." 2011. [Online] Available at http://www.cdc.gov/nchs/data/series/sr_10/sr10_251.pdf

CDC (Centers for Disease Control and Prevention), National Center for Health Statistics. "Prevalence of Obesity among Children and Adolescents: United States, Trends 1963–1965 through 2007–2008." 2010. [Online] Available at http://www.cdc.gov/nchs/data/hestat/obesity_child_07_08/obesity_child_07_08.htm

CDC (Centers for Disease Control and Prevention), National Center for Health Statistics. "Health, United States, 2009 with Chartbook." 2010. [Online] Available at http://www.cdc.gov/nchs/hus.htm

CDC (Centers for Disease Control and Prevention). "Behavioral Risk Factor Surveillance System." 2011, 2012. [Online] Available at http://www.cdc.gov/brfss/index.htm

CDC (Centers for Disease Control and Prevention). "HIV/AIDS Surveillance Report, 2009." 2011. [Online] Available at http://www.cdc.gov/hiv/surveillance/resources/reports/2009report/index.htm

CDC (Centers for Disease Control and Prevention). "Youth Risk Behavior Survey 2009." 2008. [Online] Available at http://www.cdc.gov/HealthyYouth/yrbs/index.htm

Centers for Medicare and Medicaid Services. "National Health Expenditure Data." 2012. [Online] Available at http://www.cms.gov/NationalHealthExpendData/01_Overview.asp

Chesler, Phyllis. 1989. *Women and Madness.* New York: Harcourt Brace Jovanovich.

Cockerham, William C. 2005. *Sociology of Mental Disorders,* 7th ed. Upper Saddle River, N.J.: Prentice Hall.

———. 2007. *Medical Sociology,* 10th ed. Upper Saddle River, N.J.: Prentice Hall.

Conrad, Peter, and Joseph W. Schneider. 1980. *Deviance and Medicalization: From Badness to Sickness.* Saint Louis, Mo.: Mosby.

Cowley, Geoffrey. 1995. "The Prescription That Kills." *Newsweek* (July 17): 54.

Duffy, Tom. 1999. "Campus Crusader: Dartmouth College Nutritionist Gives Students Food for Thought." *People.* Vol. 51, No. 13 (April 12): 71–72.

Eaton, William W., Jr. 1980. "A Formal Theory of Selection for Schizophrenia." *American Journal of Sociology.* Vol. 86, No. 1 (July): 149–58.

Faris, Robert E. L., and H. Warren Dunham. 1939. *Mental Disorders in Urban Areas.* Chicago: University of Chicago Press.

Feagin, Joe R., and Vera Hernán. 1995. *White Racism: The Basics.* New York: Routledge.

Feagin, Joe R., and Melvin P. Sikes. 1994. *Living with Racism: The Black Middle-Class Experience.* Boston: Beacon Press.

Foucault, Michel. 1965. *Madness and Civilization: A History of Insanity in the Age of Reason.* New York: Pantheon.

Fujiura, Glenn T. 2001. "Emerging Trends in Disability." *Population Today.* Vol. 29, No. 6 (August–September): 10–11.

Gagné, Patricia. 1998. *Battered Women's Justice: The Movement for Clemency and the Politics of Self-Defense.* New York: Twayne.

Gingrich, Newt. 2009. "The Market Can Fix the Healthcare Problem." *U.S. News & World Report* (January 27): 7.

Gupta, Giri Raj. 1993. *Sociology of Mental Health.* Needham Heights, Mass.: Allyn & Bacon.

Hafner-Eaton, Chris. 1994. "When the Phoenix Rises, Where Will She Go? The Women's Health Agenda." In Pauline Vaillancourt Rosenau, ed., *Health Care Reform in the Nineties* (pp. 236–56). Thousand Oaks, Calif.: Sage.

Heron, Melonie. "Deaths: Leading Causes for 2007." *National Vital Statistics Reports,* Vol. 59, No. 58. 2011. [Online] Available at http://www.cdc.gov/nchs/data/nvsr/nvsr59/nvsr59_08.pdf

Hollingshead, August B., and Frederich C. Redlich. 1958. Social Class and Mental Illness: A Community Study. New York: Wiley.

Kaiser Family Foundation. "U.S. Federal Funding for HIV/AIDS: The President's FY 2012 Budget Request." October 2011. [Online] Available at http://www.kff.org/hivaids/upload/7029-07.pdf

Kaiser Family Foundation. "AIDS Drug Assistance Programs (ADAPs)." April 2009. [Online] Available at http://www.kff.org/hivaids/upload/1584_10.pdf

Kaiser Family Foundation. "Nursing Workforce." 2012. [Online] Available at http://www.kaiseredu.org/Issue-Modules/Addressing-the-Nursing-Shortage/Background-Brief.aspx_edn4

Kaukas, Dick. 1999. "The Poor Struggle for Transplants." *Louisville Courier-Journal* (June 6): A1, A14.

Kelly, Kate. 2001. "Lost on the Campus." *Time.* Vol. 157, No. 2 (January 15): 51–53.

Kessler, Ronald C., et al. 1994. "Lifetime and 12-Month Prevalence of DSM-III-R Psychiatric Disorders in the United States: Results from the National Comorbidity Survey." *Archives of General Psychiatry.* Vol. 51, No. 1 (January): 8–19.

Kochanek, Kenneth D., Jiaquan Xu, Sherry L. Murphy, Arialdi M. Miniño, and Hsiang-Ching Kung. "Deaths: Preliminary Data for 2009." *National Vital Statistics Reports.* Vol. 59, No. 4. [Online] 2011. Available at http://www.cdc.gov/nchs/data/nvsr/nvsr59/nvsr59_04.pdf

Lerner, Sharon. 1999. "Insurers Shortchange Bulimics and Anorexics." *Village Voice.* Vol. 44, No. 15 (April 20): 25.

Levy, Leo, and Louis Rowitz. 1973. *The Ecology of Mental Disorders.* New York: Behavioral Publications.

Livingston, Ken. 1999. "Politics and Mental Illness." *Public Interest.* Vol. 143 (Winter): 105–09.

Marquez, Laura. 2006. "Nursing Shortage: How It May Affect You." *ABC News* (January 21). [Online] Available April 1, 2008, at http://abcnews.go.com/WNT/Health/story?id=1529546

Martin, Joyce A., Brady E. Hamilton, Stephanie J. Ventura, Michelle J. K. Osterman, Sharon Kirmeyer, T. J. Mathews, and Elizabeth Wilson. "Births: Final Data for 2009." *National Vital Statistics Reports.* Vol. 60, No. 1 [Online] 2011. Available at http://www.cdc.gov/nchs/data/nvsr/nvsr60/nvsr60_01.pdf

Merritt Hawkins and Associates. 2009. *2008 Review of Physician and CRNA Recruiting Incentives.* [Online] Available February 6, 2009, at http://www.merritthawkins.com/pdf/mha-2008-incentive-survey.pdf

Murphy, Sherry L., Jiaquan Xu, and Kenneth D. Kochanek. "Deaths: Preliminary Data for 2010." *National Vital Statistics Reports.* Vol. 60, No. 4.

[Online] 2012. Available at http://www.cdc.gov/nchs/data/nvsr/nvsr60/nvsr60_04.pdf

National Institute of Mental Health. "Eating Disorders." 2011, 2012. [Online] Available at http://www.nimh.nih.gov/health/publications/eating-disorders/complete-publication.shtml

National Institute of Mental Health. "Statistics." 2012. [Online] Available at http://www.nimh.nih.gov/statistics/index.shtml

National Institute of Mental Health. "Mental Disorders Cost Society Billions in Unearned Income." 2008. [Online] Available at http://www.nimh.nih.gov/science-news/2008/mental-disorders-cost-society-billions-in-unearned-income.shtml

O'Leary, Patrick, Natalia Wharton, and Thomas Quinlan. "Job Satisfaction of Physicians in Russia." *International Journal of Health Care Quality Assurance*, Vol. 22, No. 3 (2009):221–231.

Parsons, Talcott. 1951. *The Social System.* New York: Free Press.

Pear, Robert, and Erik Eckholm. 1991. "When Healers Are Entrepreneurs: A Debate over Costs and Ethics." *New York Times* (June 2): 1, 17.

Population Reference Bureau. "Datafinder." 2011, 2012. [Online] Available at http://www.prb.org/DataFinder.aspx

Roche, Timothy. 2000. "The Crisis of Foster Care." *Time.* Vol. 156, No. 20 (November 13): 74–82.

Rosenthal, Elizabeth. 1991. "Canada's National Health Plan Gives Care to All, with Limits." *New York Times* (April 30): A1, A16.

Ross, Catherine E., John Mirowsky, and William C. Cockerham. 1983. "Social Class, Mexican Culture, and Fatalism: Their Effects on Psychological Distress." *American Journal of Community Psychology.* Vol. 11: 383–99.

Rushing, W. 1969. "Two Patterns in the Relationship between Social Class and Mental Hospitalization." *American Sociological Review.* Vol. 34, No. 4 (August): 533–41.

Schoofs, Mark. 1999. "The Deadly Gender Gap." *Village Voice.* Vol. 63, No. 53 (January 15): 34–36.

Schur, Edwin M. 1984. *Labeling Women Deviant: Gender, Stigma, and Social Control.* Philadelphia: Temple University Press.

Shea, Rachel Hartigan. 2002. "The New Insecurity." *U.S. News & World Report.* Vol. 132, No. 9 (March 25): 40.

Singer, Rena. 2001. "A Sadly Mounting Ritual." *U.S. News & World Report.* Vol. 130, No. 16 (April 23): 34.

Srole, Leo. 1975. "Measurements and Classification in Socio-Psychiatric Epidemiology: Midtown Manhattan Study I (1954) and Midtown Manhattan Study II (1974)." *Journal of Health and Social Behavior.* Vol. 16, No. 4 (December): 347–64.

Srole, Leo, et al. 1962. *Mental Health in the Metropolis: The Midtown Manhattan Study.* New York: McGraw-Hill.

Starr, Paul. 1982. The Social Transformation of American Medicine. New York: Basic Books.

Szasz, Thomas S. 1961. *The Manufacturer of Madness: A Comparative Study of the Inquisition and the Mental Health Movement.* New York: Dell.

———. 1970. *The Myth of Mental Illness: Foundations of a Theory of Personal Conduct.* New York: Harper & Row.

———. 1994. "Mental Illness Is Still a Myth." *Society.* Vol. 31, No. 4 (May-June): 34–39.

———. 1995. "Idleness and Lawlessness in the Therapeutic State." *Society.* Vol. 32, No. 4 (May-June): 30–35.

UNAIDS. "2010 Report on the Global AIDS Epidemic." 2011. [Online] Available at http://www.unaids.org/globalreport/

UNAIDS. "Funding Estimates for AIDS Research and Development." 2007. [Online] Available at http://www.unaids.org/en/Resources/PressCentre/Featurestories/2007/August/20070830fundingestimatesRandD/

United Nations Development Programme. *Human Development Report 2011.* Statistical Tables. [Online] Available at http://hdr.undp.org/en/statistics/data/

United Nations, Population Division. "World Population Prospects: The 2010 Revision." 2011. [Online] Available at http://esa.un.org/unpd/wpp/unpp/panel_population.htm

U.S. Census Bureau, Household Economic Studies. "Americans with Disabilities: 2005." December 2008. [Online] Available at http://www.census.gov/prod/2008pubs/p70-117.pdf

U.S. Census Bureau. "American Community Survey." 2011. [Online] Available at http://www.census.gov/acs/www/

U.S. Census Bureau. "Current Population Survey." September 2011. [Online] Available at http://www.census.gov/cps/

U.S. Census Bureau. "International Data Base." 2012. [Online] Available at http://www.census.gov/ipc/www/idb/

U.S. Census Bureau. "Statistical Abstract of the United States: 2012," 131st ed. 2011. [Online] Available at http://www.census.gov/statab/www

U.S. Department of Defense. "Military Casualty Information." 2012. [Online] Available at http://siadapp.dmdc.osd.mil/personnel/CASUALTY/castop.htm

U.S. Department of Health and Human Services. "Community Health Status Indicators (CHSI)." 2009. [Online] Available at http://www.communityhealth.hhs.gov/

U.S. Department of Health and Human Services, Health Resources and Services Administration. "The Registered Nurse Population 2008 Survey." 2010. [Online] Available at http://bhpr.hrsa.gov/healthworkforce/rnsurveys/rnsurveyfinal.pdf

U.S. Department of Health and Human Services, Substance Abuse and Mental Health Services Administration (SAMHSA). "Results from the 2010 National Survey on Drug Use and Health: Mental Health Findings." 2012. [Online] Available at http://www.samhsa.gov/data/NSDUH/2k10MH_Findings/2k10MHResults.pdf

U.S. Department of Justice, Federal Bureau of Investigation. "Crime in the United States 2010." 2011. [Online] Available at http://www.fbi.gov/about-us/cjis/ucr/crime-in-the-u.s/2010/crime-in-the-u.s.-2010

U.S. Department of Labor, Bureau of Labor Statistics. "Labor Force Statistics from the Current Population Survey." 2011. [Online] Available at http://www.bls.gov/cps/home.htm

U.S. Department of Labor, Occupational Employment Statistics (OES). "Occupational Employment and Wages, May 2011." 2011. [Online] Available at http://data.bls.gov/oes/search.jsp

U.S. Department of Labor, Women's Bureau. "Quick Facts on Registered Nurses (RNs)." 2008. [Online] Available at http://www.dol.gov/wb/factsheets/Qf-nursing-08.htm

White, Jack E. 1999. "Prejudice? Perish the Thought." *Time.* Vol. 152, No. 8 (March 8): 36.

Whitelaw, Kevin. 2003. "In Death's Shadow." *U.S. News & World Report.* Vol. 135, No. 2 (July 21): 17–20.

Wiersma, D., R. Giel, A. DeJong, and C. Slooff. 1983. "Social Class and Schizophrenia in a Dutch Cohort." *Psychological Medicine.* Vol. 13, No. 1 (February): 141–50.

Wilson, William Julius. 1987. *The Truly Disadvantaged: The Inner City, the Underclass, and Public Policy.* Chicago: University of Chicago Press.

World Bank. "Health, Nutrition and Population Statistics." 2011, 2012. [Online] Available at http://data.worldbank.org/data-catalog/health-nutrition-and-population-statistics

World Health Organization. 1946. *Constitution of the World Health Organization.* New York: World Health Organization Interim Commission.

World Health Organization. "The Global Burden of Disease: 2004 Update, Summary Tables." October 2008. [Online] Available at http://www.who.int/healthinfo/global_burden_disease/estimates_regional/en/index.html

World Health Organization. "WHO Report on the Global Tobacco Epidemic, 2011." 2011. [Online] Available at http://www.who.int/tobacco/global_report/2011/en/index.html

Zuckerman, Mortimer B. 2006. "The Russian Conundrum." *U.S. News & World Report* (March 13): 64.

Chapter 10 References

Bartlett, Donald L., and James B. Steele. 1998. "Corporate Welfare." *Time.* Vol. 152, No. 19 (November 9): 36–54.

Berger, Peter L. 1986. *The Capitalist Revolution: Fifty Propositions about Prosperity, Equality, and Liberty.* New York: Basic Books.

Bergsten, C. Fred, Thomas Horst, and Theodore Moran. 1978. *American Multinationals and American Interests.* Washington, D.C.: Brookings Institution.

Center for Responsive Politics. "Lobbying Database." 2011. [Online] Available at http://www.opensecrets.org/lobby/index.php

Center for Responsive Politics. "Politicians and Elections." 2008. [Online] Available at http://www.opensecrets.org/pres08/index.php

Center for the Study of the American Electorate. "2008 Election Turnout Data." 2009. [Online] Available at http://www.american.edu/spa/cdem/upload/2008pdfoffinaledited.pdf

Cisneros, Henry. 2009. "A Fence Can't Stop the Future." *Newsweek* (January 26). [Online] Available January 28, 2009, at http://www.newsweek.com/id/180037/output/print

CONWAY, M. MARGARET, and JOANNE CONNOR GREEN. 1998. "Political Action Committees and Campaign Finance." In Allan J. Cigler and Burdett A. Loomis, eds., *Interest Group Politics*, 5th ed. (pp. 193–214). Washington, D.C.: CQ Press.

CORTESE, AMY. "A Town Creates Its Own Department Store." *New York Times.* November 12, 2011. Available at: http://www.nytimes.com/2011/11/13/business/a-town-in-new-york-creates-its-own-department-store.html

DAHL, ROBERT. 1961. *Who Governs?* New Haven, Conn.: Yale University Press.

———. 1982. *Dilemmas of Pluralist Democracy.* New Haven, Conn.: Yale University Press.

DELO, COTTON. "Super PACs Could Drive Total 2012 Election Spending to $9.8B." *AdAge Blogs.* March 7, 2012. Available at: http://adage.com/article/campaign-trail/total-2012-election-spending-hit-9-8b/233155/

DOMHOFF, G. WILLIAM. 1970. *Higher Circles: The Governing Class in America.* New York: Random House.

DRAWBAUGH, KEVIN. 2009. "U.S. House Approves Crackdown on Financial Bailout." *Reuters* (January 21). [Online] Available May 6, 2009, at http://uk.reuters.com/article/americasRegulatoryNes/idUKN2150024420090121

DYE, THOMAS R. 1999. *Politics in America,* 3rd ed. Upper Saddle River, N.J.: Prentice Hall.

EBY, JOHN. 2009. "Ironies Abound as Obama Called Not Radical Enough." *Niles Daily Star* (March 10) [Online] Available May 6, 2009, at http://www.nilesstar.com/articles/2009/03/10/columnists/ndcolumn03.txt

FEDERAL ELECTION COMMISSION. "PAC Count—1974 to Present." January 2012. [Online] Available at http://www.fec.gov/press/cf_summaries.shtml

FEDERAL ELECTION COMMISSION. "Congressional Candidates Raised $1.42 Billion in 2007–2008." December 29, 2009. [Online] Available at http://www.fec.gov/press/press2009/2009Dec29Cong/2allhistory2008.pdf

FORTUNE. "Rankings." 2011. http://money.cnn.com/magazines/fortune/rankings/

FREEDOM HOUSE. "Freedom in the World Comparative and Historical Data." 2009. [Online] Available at http://www.freedomhouse.org/report-types/freedom-world

GALLUP. "Americans Most Confident in Military, Least in Congress." June 23, 2011. [Online] Available at http://www.gallup.com/poll/148163/Americans-Confident-Military-Least-Congress.aspx

HERITAGE FOUNDATION. "2012 Index of Economic Freedom." [Online] Available at http://www.heritage.org/index/Default.aspx

HERRNSON, PAUL S. 1998. "Parties and Interest Groups in Postreform Congressional Elections." In Allan J. Cigler and Burdett A. Loomis, eds., *Interest Group Politics,* 5th ed. (pp. 145–68). Washington, D.C.: CQ Press.

INTERNAL REVENUE SERVICE. "Statistics of Income." 2010. [Online] Available at http://www.irs.gov/taxstats/indtaxstats/article/0,,id=133521,00.html

KLEIN, PHILIP. 2009. "Obama's Big Government Gamble." *American Spectator* (April 15). [Online] Available May 5, 2009, at http://spectator.org/blog/2009/04/15/obamas-big-government-gamble

KOHUT, ANDREW. "Post-Election Perpsectives." *Pew Research Center.* 2008. [Online] Available at http://pewresearch.org/pubs/1039/post-election-perspectives

LIPSET, SEYMOUR M. 1994. "The Social Requisites of Democracy Revisited: Presidential Address." *American Sociological Review.* Vol. 59, No. 1 (February): 1–22.

LIPTAK, ADAM. "Campaign Finance (Super PACs)" *New York Times: Times Topics.* Updated February 27, 2012. [Online] Available at http://topics.nytimes.com/top/reference/timestopics/subjects/c/campaign_finance/index.html

LOPEZ, MARK HUGO, and PAUL TAYLOR. "Dissecting the 2008 Electorate: Most Diverse in U.S. History." *Pew Research Center.* 2009. [Online] Available at http://pewhispanic.org/files/reports/108.pdf

MARX, KARL. 1964 (orig. 1844). *Economic and Philosophic Manuscripts of 1844.* New York: International Publishers.

MILLS, C. Wright. 1956. *The Power Elite.* New York: Oxford University Press.

NATIONAL CONFERENCE OF STATE LEGISLATURES. "Same-Sex Marriage, Civil Unions and Domestic Partnerships." 2012. http://www.ncsl.org/issues-research/human-services/same-sex-marriage.aspx

NEW YORK TIMES. "Election Results 2008." November 5, 2008. [Online] Available at http://elections.nytimes.com/2008/results/president/exit-polls.html

PARENTI, MICHAEL. 1995. *Democracy by the Few,* 6th ed. New York: St. Martin's Press.

PERRY, MITCH. "Mitt Romney has Spent $41.9 Million Less of His Own Money in This Campaign." *Daily Loaf.* February 22, 2012. Available at: http://cltampa.com/dailyloaf/archives/2012/02/22/mitt-romney-has-spent-419-million-less-of-his-own-money-in-this-campaign

PICKLER, NEDRA, and LIZ SIDOTI. 2008. "Campaigns Unleash Massive Get-Out-Vote Drives." *Yahoo News* (November 2). [Online] Available November 2, 2008, at http://news.yahoo.com/s/ap/20081102/ap_on_el_pr/campaign_rdp

POLLING REPORT. "Major Institutions." 2011, 2012. [Online] Available at http://www.pollingreport.com/institut.htm

POLSBY, NELSON W. 1959. "Three Problems in the Analysis of Community Power." *American Sociological Review.* Vol. 24, No. 6 (December): 796–803.

POPULATION REFERENCE BUREAU. "Datafinder." 2012. [Online] Available at http://www.prb.org/DataFinder.aspx

RILEY, CHARLES. "Election 2012: How Rich Are These Guys?" *Money.* January 14, 2012. Accessed at: http://finance.yahoo.com/news/election-2012--how-rich-are-these-guys.html

ROSENBLOOM, STEPHANIE, and MICHAEL BARBARO. "Green-Light Specials, Now at Wal-Mart." *New York Times.* January 24, 2009. [Online] Available at http://www.nytimes.com/2009/01/25/business/25walmart.html

ROTHMAN, STANLEY, and AMY E. Black. 1998. "Who Rules Now? American Elites in the 1990s." *Society.* Vol. 35, No. 6 (September–October): 17–20.

RUESCHEMEYER, DIETRICH, EVELYN H. STEPHENS, and JOHN D. STEPHENS. 1992. *Capitalist Development and Democracy.* Chicago: University of Chicago Press.

SACHS, JEFFREY D. 2009. "The Case for Bigger Government." *Time* (January 19): 34–36.

SENTENCING PROJECT, THE. "Felony Disenfranchisement Laws in the United States." 2012. [Online] Available at http://sentencingproject.org/doc/publications/fd_bs_fdlawsinusDec11.pdf

SMITH, ADAM. 1937 (orig. 1776). *An Inquiry into the Nature and Causes of the Wealth of Nations.* New York: Modern Library.

U.S. CENSUS BUREAU. "International Data Base." 2012. [Online] Available at http://www.census.gov/ipc/www/idb/

U.S. CENSUS BUREAU. "Voting and Registration." 2009. [Online] Available at http://www.census.gov/hhes/www/socdemo/voting/index.html

U.S. CENSUS BUREAU. "Statistical Abstract of the United States: 2012," 131st ed. 2011. [Online] Available at http://www.census.gov/statab/www

U.S. DEPARTMENT OF STATE. "Background Notes/Country Fact Sheets." 2012. [Online] Available at http://www.state.gov/r/pa/ei/bgn/index.htm

WALMART STORES INC. "Corporate and Financial Facts." August 2011. [Online] Available at http://walmartstores.com/media/factsheets/fs_2230.pdf

WALMART STORES INC. "Data Sheet: Worldwide Unit Details." January 2011. [Online] Available at http://walmartstores.com/pressroom/news/10532.aspx

WAYNE, LESLIE. "Campaign '08: Most Expensive Ever." *New York Times, The Caucus.* October 24, 2008. [Online] Available at http://thecaucus.blogs.nytimes.com/2008/10/24/campaign-08-most-expensive-ever/

WORLD BANK. "World Development Indicators." [Online] Available at http://data.worldbank.org/data-catalog/world-development-indicators

Chapter 11 References

ALLEN, MIKE. 2009. "Card Check Battle Starts Tomorrow." *Politico.* [Online] Available May 8, 2009, at http://www.politico.com/news/stories/0309/19786.html

ANDERSEN, KURT. 2009a. "Don't Pretend We Didn't See This Coming for a Long, Long, Time." *Time* (April 6): 34–38.

———. 2009b. "That Was Then . . . and This Is Now." *Time* (April 6): 32–33.

CARROLL, JAMES R. 1999a. "Three Congressional Panels Probe Uranium Plant." *Louisville Courier-Journal* (September 14): 4B.

———. 1999b. "U.S. Warns of Uranium, Officials Cite Problems Linked to Waste Storage." *Louisville Courier-Journal* (September 15): 1A.

CHRONICLE OF HIGHER EDUCATION. "A Profile of College Presidents, 1986 and 2006." February 26, 2007. [Online] Available at http://chronicle.com/stats/acesurvey/data.htm#share

DALMIA, SHIKHA. 2008. "Obama and Big Labor." Forbes (October 29). [Online] Available May 8, 2009, at http://www.forbes.com/2008/10/28/obama-card-check-oped-cx_sd_1029dalmia.html

DOLAN, MATTHEW. "UAW Set a Strategy on Foreign Car Plants." *Wall Street Journal.* January 3, 2011:B1, B5.

EHRENREICH, BARBARA. 2001. *Nickel and Dimed: On How (Not) to Get By in America.* New York: Holt.

GRAY, STEPHEN. "In Ohio, an Era Nears Its End." *Time.* Vol. 177, No. 11 (March 21, 2011):15.

GREENHOUSE, STEVEN. 2000. "Despite Defeat on China Bill, Labor Is on the Rise." *New York Times* (May 20): A1, A18.

GUMBEL, PETER. 2009. "A World of Troubles." *Time* (April 6): 24–25.

GUP, TED. 1991. "The Curse of Coal." *Time.* Vol. 138, No. 18 (November 4): 54–64.

HORWITZ, STEVEN. 2008. "Government Regulation, Not Free-Market Greed, Caused This Crisis." *Christian Science Monitor* (October 22). [Online]

Available May 8, 2009, at http://www.csmonitor.com/2008/1022/p09s01-coop.html

Hudson, Ken. 1999. No Shortage of "Nonstandard" Jobs: Nearly 30% of Workers Employed in Part-Time, Temping, and Other Alternative Arrangements. Economic Policy Institute Briefing Paper. [Online] Available December 10, 2000, at http://www.epinet.org/briefingpapers/hudson/hudson.html

International Telecommunication Union. "ICT Statistics Database." 2011. [Online] Available at http://www.itu.int/ITU-D/ICTEYE/Indicators/Indicators.aspx

Kivant, Barbara. 2008. "Reassessing Risk." *Time* (November 17): Global 1–4.

Levin, Alan, Thomas Frank, and Paul Overberg. 2006. "Mine Had Hundreds of Violations." *USA Today* (January 4). [Online] Available July 27, 2009, at http://www.usatoday.com/news/nation/2006-01-04-mine-violations_x.htm

McGeehan, Patrick. 2009. "Adding to Recession's Pain, Thousands to Lose Job Benefits." *New York Times* (January 11). [Online] Available January 12, 2009, at http://www.nytimes.com/2009/01/12/nyregion/12benefits.html

Mine Safety and Health Administration. 2006. "Fatality Information." [Online] Available July 21, 2009, at http://www.msha.gov

Murphy, Mike. "The Real Stakes in Wisconsin." *Time*. Vol. 177, No. 10 (March 14, 2011):24.

National Conference of State Legislatures. "State Right-to-Work Laws." February 2012.

Pierson, David. 2008. "Americans Want More Regulation of Economy, Poll Finds." Los Angeles Times (October 15). [Online] Available May 8, 2009, at http://articles.latimes.com/2008/oct/15/business/fi-econpoll15

Piven, Frances Fox, and Richard A. Cloward. 1971. *Regulating the Poor: The Functions of Public Welfare.* New York: Vintage Books.

Read, Richard. "GM Announces Big Profits; First Time Detroit's Been in the Black Since 2004." *Washington Post*. February 16, 2012. Available at: http://www.washingtonpost.com/cars/gm-announces-big-profits-first-time-detroits-been-in-the-black-since-2004/2012/02/16/gIQAC5dpHR_story.html

Ripley, Amanda. "Meet Your Government Workers." *Time*. Vol. 177, No. 9 (March 7, 2011):40–44.

Ritzer, George. 1993. *The McDonaldization of Society: An Investigation into the Changing Character of Contemporary Social Life.* Thousand Oaks, Calif.: Pine Forge Press.

———. 1998. *The McDonaldization Thesis: Explorations and Extensions.* Thousand Oaks, Calif.: Sage.

Sulzberger, A. G. "Union Bill Is Law, but Debate Is Far From Over." *New York Times*. [Online] Available March 11, 2011, at http://www.nytimes.com/2011/03/12/us/12wisconsin.html

U.S. Census Bureau. "Current Population Survey." September 2011. [Online] Available at http://www.census.gov/cps/

U.S. Department of Labor, Bureau of Labor Statistics. "Census of Fatal Occupational Injuries (CFOI)." 2010. [Online] Available at http://www.bls.gov/iif/oshcfoi1.htm

U.S. Department of Labor, Bureau of Labor Statistics. "Contingent and Alternative Employment Arrangements. 2005. [Online] Available at http://www.bls.gov/news.release/conemp.toc.htm

U.S. Department of Labor, Bureau of Labor Statistics. "Employment Situation." 2012. [Online] Available at http://www.bls.gov/news.release/empsit.toc.htm

U.S. Department of Labor, Bureau of Labor Statistics. "Injury, Illness, and Fatality Data." 2012. [Online] Available at http://www.bls.gov/iif/#tables

U.S. Department of Labor, Bureau of Labor Statistics. "International Labor Comparisons." 2011. [Online] Available at http://www.bls.gov/fls/

U.S. Department of Labor, Bureau of Labor Statistics. "Labor Force Statistics from the Current Population Survey." 2011. [Online] Available at http://www.bls.gov/cps/home.htm

U.S. Department of Labor, Bureau of Labor Statistics. "Major Work Stoppages in 2011." February 8, 2012. [Online] Available at http://www.bls.gov/news.release/pdf/wkstp.pdf

U.S. Department of Labor, Bureau of Labor Statistics. "Union Member, 2011." 2012. [Online] Available at http://www.bls.gov/news.release/union2.nr0.htm

U.S. Department of Labor, Bureau of Labor Statistics. "Work at Home in 2004." 2005. [Online] Available at http://www.bls.gov/news.release/pdf/homey.pdf

U.S. Department of Labor, Mine Safety and Health Administration. "Mine Injury and Worktime, Quarterly." 2011. [Online] Available at http://www.msha.gov/Stats/Part50/WQ/MasterFiles/MIWQ%20Master_20105.pdf

U.S. Department of Labor, Mine Safety and Health Administration. "Mine Safety and Health at a Glance." January 27, 2012. [Online] Available at http://www.msha.gov/MSHAINFO/FactSheets/MSHAFCT10.HTM

U.S. Department of Labor. "Occupational Outlook Handbook, 2010–11 Edition." 2011. [Online] Available at http://www.bls.gov/oco/

U.S. Nuclear Regulatory Commission. "2011–12 Information Digest (Section 3)" August 2011. [Online] Available at http://www.nrc.gov/reading-rm/doc-collections/fact-sheets/#gab

Vanden Brook, Tom, and Bill Nichols. 2006. "Tragic Turn Stuns Families." *USA Today* (January 4). [Online] Available July 27, 2009, at http://www.usatoday.com/news/nation/2006-01-04-mine-cover_x.htm

von Drehle, David. "The Fire Next Time. *Time*. Vol. 177, No. 13 (April 4, 2011):78.

White, Joseph B. 2009. "How Detroit's Automakers Went from King of the Hill to Roadkill." *Imprimis*. Vol. 38, No. 2 (February): 1–7.

Wingfield, Nick. "Apple's Job Creation Data Spurs an Economic Debate." *New York Times*. March 5, 2012. Available at: http://finance.yahoo.com/news/apple-job-creation-data-spurs-145604450.html

Chapter 12 References

Al-Shalchi, Hadeel. 2009. "8-Year-Old Girl Divorces 50-Year-Old Husband." Yahoo News (April 30). [Online] Available May 9, 2009, at http://news.yahoo.com/s/ap/20090501/ap_on_re_mi_ea/ml_saudi_child_marriage

Amato, Paul R., and Juliana M. Sobolewski. 2001. "The Effects of Divorce and Marital Discord on Adult Children's Psychological Well-Being." *American Sociological Review*. Vol. 66, No. 6 (December): 900–21.

Angelo, Bonnie. 1989. "The Pain of Being Black" (an interview with Toni Morrison). *Time*. Vol. 133, No. 21 (May 22): 120–22.

Bernard, Jessie. 1982. *The Future of Marriage*, 2nd ed. New Haven, Conn.: Yale University Press.

Brines, Julie, and Kara Joyner. 1999. "The Ties That Bind: Principles of Cohesion in Cohabitation and Marriage." *American Sociological Review*. Vol. 64, No. 3 (June): 333–55.

Broude, Gwen J. 1996. "The Realities of Day Care." *Public Interest*. No. 125 (Fall): 95–105.

Bruni, Frank. "One Country's Big Gay Leap." *New York Times*. October 8, 2011.

CDC (Centers for Disease Control and Prevention), National Center for Health Statistics. "Marriage and Divorce Data." 2012. [Online] Available at http://www.cdc.gov/nchs/nvss/marriage_divorce_tables.htm

CDC (Centers for Disease Control and Prevention), National Center for Health Statistics. "National Survey of Family Growth (NSFG)." 2011. [Online] Available at http://www.cdc.gov/nchs/nsfg.htm

CDC (Centers for Disease Control and Prevention), National Center for Health Statistics. "Cohabitation, Marriage, Divorce, and Remarriage in the United States." 2002. [Online] Available at http://www.cdc.gov/nchs/data/series/sr_23/sr23_022.pdf

CDC (Centers for Disease Control and Prevention). "Assisted Reproductive Technology (ART) National Summary Reports." Novemb r 2011. [Online] Available at http://www.cdc.gov/art/ARTReports.htm

Chandler, Timothy D., Yoshinori Kamo, and James D. Werbel. 1994. "Do Delays in Marriage and Childbirth Affect Earnings?" *Social Science Quarterly*. Vol. 75, No. 4 (December): 838–53.

Clemetson, Lynette. 2000. "Grandma Knows Best." *Newsweek* (June 12): 60–61.

Engels, Friedrich. 1902 (orig. 1884). *The Origin of the Family*. Chicago: Kerr.

England, Paula. 2001. "Three Reviews on Marriage." *Contemporary Sociology*. Vol. 30, No. 6 (November): 564–65.

Etzioni, Amitai. 1993. "How to Make Marriage Matter." *Time*. Vol. 142, No. 10 (September 6): 76.

European Union, Europa.eu. "Couples: Registered Partnerships." December, 2011. [Online] Available at http://europa.eu/youreurope/citizens/family/couple/registered-partners/index_en.htm

European Union, European Communities Statistical Office. "Eurostat." 2011. [Online] Available at http://epp.eurostat.ec.europa.eu/portal/page/portal/population/data/database

Faludi, Susan. 1991. *Backlash: The Undeclared War against American Women.* New York: Crown.

Fleming, Jillian, Paul Mullen, and Gabriele Bammer. 1997. "A Study of Potential Risk Factors for Sexual Abuse in Childhood." *Child Abuse and Neglect*. Vol. 21, No. 1 (January): 49–58.

FREEDOMTOMARRY.org. "International Progress Toward the Freedom to Marry." 2012. [Online] Available at http://www.freedomtomarry.org/pages/international-progress-toward-the-freedom-to-marry

GATES, GARY J., M. V. LEE BADGETT, JENNIFER EHRLE MACOMBER, and KATE CHAMBERS. 2007. "Adoption and Foster Care by Gay and Lesbian Parents in the United States." [Online] Available July 23, 2009, at http://www.law.ucla.edu/williamsinstitute/publications/FinalAdoptionReport.pdf

GLENN, NORVAL, and THOMAS SYLVESTER. 2005. *The Denial: Downplaying the Consequences of Family Structure for Children.* New York: Institute for American Values.

HAMILTON, BRADY E., JOYCE A. MARTIN, and STEPHANIE J. VENTURA. "Births: Preliminary Data for 2010." *National Vital Statistics Reports*, Vol. 60, No. 2. December, 2011. [Online] Available at http://www.cdc.gov/nchs/data/nvsr/nvsr60/nvsr60_02.pdf

HEWLETT, SYLVIA ANN, and CORNEL WEST. 1998. *The War against Parents.* Boston: Houghton Mifflin.

HOLDEN, KAREN C., and PAMELA J. SMOCK. 1991. "The Economic Costs of Marital Dissolution: Why Do Women Bear a Disproportionate Cost?" *Annual Review of Sociology.* Vol. 17: 51–78.

KAIN, EDWARD L. 1990. *The Myth of Family Decline: Understanding Families in a World of Rapid Social Change.* Lexington, Mass.: Lexington Books.

KANTROWITZ, BARBARA, and PAT WINGERT. 2001. "Unmarried with Children." *Newsweek* (May 28): 46–52.

KNIGHT, ROBERT H. 1998. "How Domestic Partnerships and 'Gay Marriage' Threaten the Family." In Robert T. Francoeur and William J. Taverner, eds., *Taking Sides: Clashing Views on Controversial Issues in Human Sexuality,* 6th ed. (pp. 196–206). New York: Dushkin/McGraw-Hill.

KOONTZ, STEPHANIE. 1992. *The Way We Never Were: American Families and the Nostalgia Trap.* New York: Basic Books.

KREIDER, ROSE M., and RENEE ELLIS. "Number, Timing, and Duration of Marriages and Divorces: 2009." *Current Population Reports,* P70-125 U.S. Census Bureau. 2011. [Online] Available at http://www.census.gov/prod/2011pubs/p70-125.pdf

LAUGHLIN, LYNDA. "Who's Minding the Kids? Child Care Arrangements: Spring 2005/Summer 2006." Household Economic Studies, Current Population Reports. 2010. [Online] Available at http://www.census.gov/prod/2010pubs/p70-121.pdf

LEWIN, TAMAR. 2000. "Now a Majority: Families with Two Parents Who Work." New York Times (October 24): A20.

LITTLEJOHN-BLAKE, SHEILA M., and CAROL ANDERSON DARLING. 1993. "Understanding the Strengths of African American Families." *Journal of Black Studies.* Vol. 23, No. 2 (June): 460–71.

MACIONIS, JOHN J. 1978. "Intimacy: Structure and Process in Interpersonal Relationships." *Alternative Lifestyles.* Vol. 1, No. 1 (February): 113–30.

———. 2001. "Welcome to Cyber-Society." In John J. Macionis and Nijole V. Benokraitis, eds., *Seeing Ourselves: Classic, Contemporary, and Cross-Cultural Readings in Sociology,* 5th ed. (pp. 62–67). Upper Saddle River, N.J.: Prentice Hall.

MANLOVE, JENNIFER. Cited in Rana Foroohar, "For Richer or Poorer." *Time.* Vol. 179, No. 10 (March 12, 2012):23.

MCLANAHAN, SARA. 2002. "Life without Father: What Happens to the Children?" *Contexts.* Vol. 1, No. 1 (Spring): 35–44.

MORIN, RICH. "The Public Renders a Split Verdict on Changes in Family Structure." *Pew Research Center.* February 16, 2011. Available at: http://www.pewsocialtrends.org/files/2011/02/Pew-Social-Trends-Changes-In-Family-Structure.pdf

MURDOCK, GEORGE PETER. 1949. *Social Structure.* New York: Free Press.

NATIONAL CONFERENCE OF STATE LEGISLATURES. "Marriage." 2012. [Online] Available at http://www.ncsl.org/issues-research/human-services/marriage-issues-family-law.aspx#covmar

NATIONAL CONFERENCE OF STATE LEGISLATURES. "Same-Sex Marriage, Civil Unions and Domestic Partnerships." 2012. [Online] Available at http://www.ncsl.org/issues-research/human-services/same-sex-marriage.aspx

NOCK, STEVEN L., JAMES D. WRIGHT, and LAURA SANCHEZ. 1999. "America's Divorce Problem." *Society.* Vol. 36, No. 4 (May-June): 43–52.

NORC. *General Social Surveys, 1972–2010: Cumulative Codebook.* Chicago: National Opinion Research Center, 2011. [Online] Available at http://www.norc.org/GSS+Website

NORTON, ELEANOR HOLMES. 1985. "Restoring the Traditional Black Family." *New York Times* Magazine (June 2): 43–98.

OECD (ORGANIZATION FOR ECONOMIC CO-OPERATION AND DEVELOPMENT). "Society at a Glance 2011: OECD Social Indicators." 2011. [Online] Available at http://www.oecd.org/els/social/indicators/SAG

PEW FORUM ON RELIGION AND PUBLIC LIFE. "Gay Marriage around the World." 2009. [Online] Available at http://www.pewforum.org/Gay-Marriage-and-Homosexuality/Gay-Marriage-Around-the-World.aspx

PEW RESEARCH CENTER FOR THE PEOPLE & THE PRESS. "The Generation Gap and the 2012 Election (Section 8: Domestic and Foreign Policy Views)." 2011. [Online] Available at http://www.people-press.org/2011/11/03/section-8-domestic-and-foreign-policy-views/

PEW RESEARCH CENTER, SOCIAL AND DEMOGRAPHIC TRENDS. "As Marriage and Parenthood Drift Apart, Public Is Concerned about Social Impact." July 1, 2007. [Online] Available at http://pewsocialtrends.org/pubs/526/marriage-parenthood

PEW RESEARCH CENTER. "The Decline of Marriage and Rise of New Families." November 18, 2010. Available at: http://www.pewsocialtrends.org/files/2010/11/pew-social-trends-2010-families.pdf

PHILLIPS, MELANIE. 2001. "What about the Overclass?" *Public Interest.* No. 145 (Fall): 38–43.

POLGREEN, LYDIA, AND ROBERT F. Worth. 2003. "Children with Foster Parents Found Starving in New Jersey." *International Herald Tribune Online* (October 28). [Online] Available October 28, 2003, at http://www.ith.com/articles/115312.html

POPENOE, DAVID. 1988. *Disturbing the Nest: Family Change and Decline in Modern Societies.* Hawthorne, N.Y.: Aldine de Gruyter.

———. 1993a. "American Family Decline, 1960–1990: A Review and Appraisal." *Journal of Marriage and the Family.* Vol. 55, No. 3 (August): 527–55.

———. 1999. *Life without Father: Compelling New Evidence That Fatherhood and Marriage Are Indispensable for the Good of Children and Society.* Cambridge, Mass.: Harvard University Press.

POPENOE, DAVID, and BARBARA DAFOE WHITEHEAD. 1999. *Should We Live Together? What Young Adults Need to Know about Cohabitation before Marriage.* New Brunswick, N.J.: National Marriage Project.

RAMOS, CHRISTOPHER, NAOMI G. GOLDBERG, and M. V. LEE BADGETT. "The Effects of Marriage Equality in Massachusetts: A Survey of the Experiences and Impact of Marriage on Same-Sex Couples." The Williams Institute, UCLA School of Law. May 2009. [Online] Available at http://www.law.ucla.edu/williamsinstitute/publications/Effects_FINAL.pdf

ROCHE, TIMOTHY. 2000. "The Crisis of Foster Care." *Time.* Vol. 156, No. 20 (November 13): 74–82.

SCHOEN, ROBERT, et al. 2002. "Women's Employment, Marital Happiness, and Divorce." *Social Forces.* Vol. 81, No. 2 (December): 643–83.

SCOMMEGNA, PAOLA. 2002. "Increased Cohabitation Changing Children's Family Settings." *Population Today.* Vol. 30, No. 7 (July): 3, 6.

SIMON, ROGER W. 2002. "Revisiting the Relationship among Gender, Marital Status, and Mental Health." *American Journal of Sociology.* Vol. 107, No. 4 (January): 1065–96.

STACEY, JUDITH. 1990. *Brave New Families: Stories of Domestic Upheaval in Late-Twentieth-Century America.* New York: Basic Books.

———. 1993. "Good Riddance to 'The Family': A Response to David Popenoe." *Journal of Marriage and the Family.* Vol. 55, No. 3 (August): 545–47.

STACK, CAROL B. 1975. *All Our Kin: Strategies for Survival in a Black Community.* New York: Harper & Row.

TEJADA-VERA, BETZAIDA, and PAUL D. SUTTON. "Births, Marriages, Divorces, and Deaths: Provisional Data for 2008." *National Vital Statistics Reports;* Vol. 57, No. 19. Hyattsville, MD: National Center for Health Statistics. 2009. Available at http://www.cdc.gov/nchs/data/nvsr/nvsr57/nvsr57_19.pdf

UNITED NATIONS STATISTICS DIVISION. "Demographic Statistics: Marriage and Divorce." 2012. [Online] Available at http://unstats.un.org/unsd/demographic/sconcerns/mar/default.htm

U.S. CENSUS BUREAU. "American Community Survey." 2010, 2011. [Online] Available at http://www.census.gov/acs/www/

U.S. CENSUS BUREAU. "Current Population Survey." September 2011. [Online] Available at http://www.census.gov/cps/

U.S. CENSUS BUREAU. "Families and Living Arrangements." 2011. [Online] Available at http://www.census.gov/population/www/socdemo/hh-fam.html

U.S. CENSUS BUREAU. "Survey of Income and Program Participation (SIPP)." 2011. [Online] Available at http://www.census.gov/hhes/childcare/index.html

U.S. DEPARTMENT OF HEALTH AND HUMAN SERVICES, ADMINISTRATION FOR CHILDREN AND FAMILIES. "Adoption and Foster Care Statistics." 2011. [Online] Available at http://www.acf.hhs.gov/programs/cb/stats_research/index.htm

U.S. DEPARTMENT OF HEALTH AND HUMAN SERVICES, ADMINISTRATION FOR CHILDREN AND FAMILIES. "Child Maltreatment (annual)." 2011. [Online] Available at http://www.acf.hhs.gov/programs/cb/pubs/cm10/

U.S. Department of Labor, Bureau of Labor Statistics. "Employment Characteristics of Families in 2010." March 24, 2011. [Online] Available at http://www.bls.gov/news.release/pdf/famee.pdf

U.S. Office of Management and Budget. "The Budget for Fiscal Year 2012." 2011. [Online] Available at http://www.gpo.gov/fdsys/browse/collection-GPO.action?collectionCode=BUDGET

Waite, Linda J., and Maggie Gallagher. 2000. *The Case for Marriage: Why Married People Are Happier, Healthier, and Better Off Financially.* New York: Doubleday.

Weitzman, Lenore J. 1985. *The Divorce Revolution: The Unexpected Social and Economic Consequences for Women and Children in America.* New York: Free Press.

———. 1996. "The Economic Consequences of Divorce Are Still Unequal: Comment on Peterson." *American Sociological Review.* Vol. 61, No. 3 (June): 537–38.

Whitehead, Barbara Defoe. 1997. *The Divorce Culture.* New York: Knopf.

Williams Institute, UCLA. "Census Snapshot: United States." December 2007. [Online] Available at http://www.law.ucla.edu/williamsinstitute/publications/USCensusSnapshot.pdf

Wilson, William Julius. 1987. *The Truly Disadvantaged: The Inner City, the Underclass, and Public Policy.* Chicago: University of Chicago Press.

———. 1996a. *When Work Disappears: The World of the New Urban Poor.* New York: Knopf.

———. 1996b. "Work." *New York Times Magazine* (August 18): 26–31, 40, 48, 52, 54.

Chapter 13 References

Balfanz, Robert, John M. Bridgeland, Joanna Hornig-Fox, and Laura Moore. "Building a Grad Nation: Progress and Challenge in Ending the High School Dropout Epidemic." AmericasPromise.org. 2011. [Online] Available at http://www.americaspromise.org/Our-Work/Grad-Nation/Building-a-Grad-Nation.aspx

Ballantine, Jeanne H. 2001. *The Sociology of Education: A Systematic Analysis,* 5th ed. Upper Saddle River, N.J.: Prentice Hall.

Basow, Susan A. 1992. *Gender Stereotypes and Roles,* 3rd ed. Pacific Grove, Calif.: Brooks/Cole.

Belluck, Pam. 2000. "Indian Schools, Long Failing, Press for Money and Quality." *New York Times.* (May 18): A1.

Bowles, Samuel, and Herbert Gintis. 1976. Schooling in Capitalist America: Educational Reform and the Contradictions of Economic Life. New York: Basic Books.

Brantlinger, Ellen A. 1993. *The Politics of Social Class in Secondary School: Views of Affluent and Impoverished Youth.* New York: Teachers College Press.

Bushaw, William J., and Shane J. Lopez. "Betting on Teachers." *Phi Delta Kappan.* Vol. 93, No. 1 (September 2011): 9–26. September 2011.

Christle, Christine, Kristine Jolivette, and C. Michael Nelson. "School Characteristics Related to High School Dropout Rates." *Remedial and Special Education,* Vol. 28, No. 6, 325–339 (2007).

Close, Ellis. 2004. "A Dream Deferred." *Newsweek* (May 17): 52–59.

Cloud, John. 2003. "Inside the New SAT." *Time.* Vol. 162, No. 17 (October 27): 48–56.

Cohen, Adam. 2004. "The Supreme Struggle." *New York Times* (January 18): sec. 4A, 22–24, 38.

Coleman, James S. 1966. *Equality of Educational Opportunity.* Washington, D.C.: U.S. Government Printing Office.

———. 1988. "Social Capital in the Creation of Human Capital." *American Journal of Sociology.* Vol. 94, No. 1 (July): 95–120.

College Board. "2011 College-Bound Seniors: Total Group Profile Report." 2011. [Online] Available at http://professionals.collegeboard.com/prof-download/cbs2011_total_group_report.pdf

Dillon, Sam. "Failure Rate of Schools Overstated, Study Says." *New York Times.* December 15, 2011. [Online] Available at http://www.nytimes.com/2011/12/15/education/education-secretary-overstated-failing-schools-under-no-child-left-behind-study-says.html

———. "Most Public Schools May Miss Targets, Education Secretary Says." *New York Times.* March 9, 2011. [Online] Available at http://www.nytimes.com/2011/03/10/education/10education.html

Downey, Douglas B., Paul T. von Hippel, and Beckett A. Broh. 2004. "Are Schools the Great Equalizer? Cognitive Inequality during the Summer Months and School Year." *American Sociological Review.* Vol. 69, No. 5 (October): 613–35.

Edwards, Tamala M. 1998. "Revolt of the Gentry." *Time.* Vol. 151, No. 23 (June 15): 34–35.

Evelyn, Jamilah. 2002. "Community Colleges Play Too Small a Role in Teacher Education, Report Concludes." *Chronicle of Higher Education Online.* [Online] Available October 24, 2002, at http://chronicle.com/daily/2002/10/2002102403n.htm

Fine, Melinda. 1993. "'You Can't Just Say That the Only Ones Who Can Speak Are Those Who Agree with Your Position': Political Discourse in the Classroom." *Harvard Educational Review.* Vol. 63, No. 4 (Winter): 421–33.

Fuller, Bruce, Richard F. Elmore, and Gary Orfield. 1996. "Policy-Making in the Dark: Illuminating the School Choice Debate." In Bruce Fuller, Richard F. Elmore, and Gary Orfield, eds., *Who Chooses? Who Loses? Culture, Institutions, and the Unequal Effects of School Choice* (pp. 1–24). New York: Teachers College Press.

Gamoran, Adam. 1992. "The Variable Effects of High School Tracking." *American Sociological Review.* Vol. 57, No. 6 (December): 812–28.

Garland, Sarah. 2007. "Study Backs Results of For-Profit Schools." New York Sun Online (April 11). [Online] Available March 31, 2008, at http://www2.nysun.com/article/52198

———. "English Learners Still Far Behind under English-Only Law." *The Hechinger Report.* October 24, 2011. Available at: http://hechingerreport.org/content/english-learners-still-far-behind-under-english-only-methods_6590/

Goodman, David. 1999. "America's Newest Class War." *Mother Jones.* Vol. 24, No. 5 (September–October): 68–75.

Hawkins, J. David, David P. Farrington, and Richard F. Catalano. 1998. "Reducing Violence through the Schools." In Delbert S. Elliott, Beatrix A. Hamburg, and Kirk R. Williams, eds., *Violence in American Schools: A New Perspective* (pp. 180–216). New York: Cambridge University Press.

Hodkinson, Paul, and Martin Bloomer. 2001. "Dropping Out of Further Education: Complex Causes and Simplistic Policy Assumptions." *Research Papers in Education.* Vol. 16, No. 2 (July): 117–41.

International Labor Organization. "Global Child Labour Developments: Measuring Trends from 2004 to 2008." 2010. [Online] Available at http://www.ilo.org/ipecinfo/product/viewProduct.do?productId=13313

Keigher, Ashley. "Teacher Attrition and Mobility: Results from the 2008–09 Teacher Follow-up Survey (NCES 2010-353)." U.S. Department of Education, National Center for Education Statistics. 2010. [Online] Available at http://nces.ed.gov/pubs2010/2010353.pdf

Kozol, Jonathan. 1991. *Savage Inequalities: Children in America's Schools.* New York: Crown.

———. 2005. *The Shame of the Nation: The Restoration of Apartheid Schooling in America.* New York: Crown.

———. 2007. *Letters to a Young Teacher.* New York: Crown.

Lord, Mary. 2001. "Good Teachers the Newest Imports." *U.S. News & World Report.* Vol. 130, No. 13 (April 9): 54.

———. 2002. "A Battle for Children's Futures." *U.S. News & World Report.* Vol. 132, No. 6 (March 4): 35–36.

Loveless, Tom. 1999. "Will Tracking Reform Promote Social Equity?" *Educational Leadership.* Vol. 56, No. 7 (April): 28–32.

McLaren, Peter L., and James M. Giarelli, eds. 1995. *Critical Theory and Educational Research.* Albany: State University of New York Press.

McNeal, Ralph B., Jr. 1999. "Parental Involvement as Social Capital: Differential Effectiveness on Science Achievement, Truancy, and Dropping Out." *Social Forces.* Vol. 78, No. 1 (October): 117–44.

Morse, Jodie. 2002. "Learning while Black." *Time.* Vol. 159, No. 21 (May 27): 50–52.

National Education Association. "Rankings & Estimates: Rankings of the States 2011 and Estimates of School Statistics 2012." Washington, DC: National Education Association. December 2011. [Online] Available at http://www.nea.org/assets/docs/NEA_Rankings_And_Estimates_FINAL_20120209.pdf

NORC. 2007. *General Social Surveys, 1972–2006: Cumulative Codebook.* Chicago: National Opinion Research Center. [Online] Available March 19, 2008, at http://publicdata.norc.org/41000/gss/Documents/Codebook/FINAL%202006%20CODEBOOK.pdf

NORC. *General Social Surveys, 1972–2010: Cumulative Codebook.* Chicago: National Opinion Research Center, 2011. [Online] Available at http://www.norc.org/GSS+Website

Oakes, Jeannie. 1985. *Keeping Track: How Schools Structure Inequality.* New Haven, Conn.: Yale University Press.

Ochoa, Rachel. 1999. "Bilingual Education Challenged Again." *Hispanic.* Vol. 12, No. 10 (October): 12–13.

OECD (Organization for Economic Co-operation and Development). "Education at a Glance 2010: OECD Indicators." 2011. [Online] Available at http://www.oecd.org/edu/eag2010

OECD (Organization for Economic Co-operation and Development). "Stat. Extracts." 2011, 2012. [Online] Available at http://stats.oecd.org/index.aspx

Ohio Department of Education. "Cleveland Metropolitan School District 2009–2010 School Year Report Card." 2011. [Online] Available at http://ilrc.ode.state.oh.us/Districts/Default.asp

Olin, Dirk. 2003. "The Tracking System." *New York Times* (September 28). [Online] Available October 12, 2003, at http://www.researchnavigator.com

Orfield, Gary, and Chungmei Lee. 2007. *Racial Transformation and the Changing Nature of Segregation*. Cambridge, MA.: Civil Rights Project at Harvard University.

Pew Research Center for the People & the Press. "Poll Database." 2012. [Online] Available at http://www.people-press.org/question-search/

Portes, Alejandro. 2002. "English Only Triumphs, but the Costs Are High." *Contexts*. Vol. 1 No. 1 (Spring): 10–15.

Primary Sources, 2012. America's Teachers on the Teaching Profession. Scholastic. 2012. Available at: http://www.scholastic.com/primarysources/pdfs/Gates2012_full.pdf

Richardson, Laurel. 1988. *The Dynamics of Sex and Gender: A Sociological Perspective*, 3rd ed. New York: HarperCollins.

Richburg, Keith B. 2008. "School Privatization Plan Sputters." *Washington Post* (June 29). [Online] Available February 3, 2009, at http://www.boston.com/news/education/k_12/articles/2008/06/29/school_privatization_plan_sputters

Ripley, Amanda. 2008. "Can She Save Our Schools?" *Time* (December 8): 36–44.

Roscigno, Vincent J., and Martha L. Crowley. 2001. "Rurality, Institutional Disadvantage, and Achievement/Attainment." *Rural Sociology*. Vol. 66, No. 2 (June): 268–92.

Sadker, David. 1999. "Gender Equity: Still Knocking at the Classroom Door." *Educational Leadership*. Vol. 56, No. 7 (April): 22–26.

Sadker, David, and Myra Sadker. 1994. *Failing at Fairness: How America's Schools Cheat Girls*. New York: Scribner.

Samples, Faith, and Larry Abner. 1998. "Evaluations of School-Based Violence Prevention Programs." In Delbert S. Elliott, Beatrix A. Hamburg, and Kirk R. Williams, eds., *Violence in American Schools: A New Perspective* (pp. 217–52). New York: Cambridge University Press.

Sanchez, Claudio. 2003. "Philadelphia Schools." *National Public Radio Online* (April 16). [Online] Available July 15, 2006, at http://www.npr.org/templates/story/ story.php?storyId=1234147

Shlaes, Amity. 1998. "A Chance to Equip My Child." *Wall Street Journal* (February 23): A22.

Skiba, Russell. 2000. "No to Zero Tolerance." *Louisville Courier-Journal* (January 16): D3.

Spender, Dale. 1989. *Invisible Women: The Schooling Scandal*. London: Women's Press.

Stone, Clarence N. 1998. "Linking Civic Capacity and Human Capital Formation." In Marilyn J. Gittell, ed., *Strategies for School Equity: Creating Productive Schools in a Just Society* (pp. 163–76). New Haven, Conn.: Yale University Press.

Taylor, Steven J. L. 1998. *Desegregation in Boston and Buffalo: The Influence of Local Leaders*. Albany: State University of New York Press.

Tefera, Adai, Erica Frankenberg, Genevieve Siegel-Hawley, and Gina Chirichigno. *Integrating Suburban Schools: How to Benefit from Growing Diversity and Avoid Segregation*. Civil Rights Project. University of California, Los Angeles, 2011.

Thernstrom, Abigail, and Stephan Thernstrom. 2003. *No Excuses: Closing the Racial Gap in Learning*. New York: Simon & Schuster.

UNESCO Institute of Statistics. "Data Centre." 2012. [Online] Available at http://stats.uis.unesco.org

United Nations Development Programme. *Human Development Report 2011*. Statistical Tables. [Online] Available at http://hdr.undp.org/en/statistics/data/

U.S. Census Bureau. "American Community Survey." 2011. [Online] Available at http://www.census.gov/acs/www

U.S. Census Bureau. "Current Population Survey: Educational Attainment." 2012. [Online] Available at http://www.census.gov/hhes/socdemo/education/data/cps/index.html

U.S. Census Bureau. "Families and Living Arrangements." 2011. [Online] Available at http://www.census.gov/population/www/socdemo/hh-fam.html

U.S. Census Bureau. "International Data Base." 2012. [Online] Available at http://www.census.gov/ipc/www/idb/

U.S. Department of Education, National Center for Education Statistics. "U.S. Digest of Education Statistics 2010." April 2011. [Online] Available at http://nces.ed.gov/programs/digest/2010menu_tables.asp

U.S. Department of Education, National Center for Education Statistics. "The Condition of Education." May 2011. [Online] Available at http://nces.ed.gov/programs/coe/

U.S. Department of Education, National Center for Education Statistics. "2003 National Assessment of Adult Literacy." 2008. [Online] Available at http://nces.ed.gov/naal/index.asp

U.S. Department of Education, National Center for Education Statistics. "Projections of Education Statistics to 2020." 2011. [Online] Available at http://nces.ed.gov/programs/projections/projections2020/tables.asp

U.S. Department of Education, National Center for Education Statistics. "Trends in High School Dropout and Completion Rates in the United States: 1972–2009, Compendium Report." October 2011. [Online] Available at http://nces.ed.gov/pubs2012/2012006.pdf

U.S. Department of Education, National Center for Education Statistics. "Trends in International Mathematics and Science Study (TIMSS)." 2010. [Online] Available at http://nces.ed.gov/timss/index.asp

U.S. Department of Education, National Center for Education Statistics. "Indicators of School Crime and Safety: 2011." February 2012. [Online] Available at http://nces.ed.gov/programs/crimeindicators/crimeindicators2011/tables.asp

Wallis, Claudia, and Sonja Steptoe. 2007. "How to Fix No Child Left Behind." *Time* (June 4): 34–41.

Winerip, Michael. 2007. "Diversity as Normal as Speaking Chinese." *New York Times* (October 7). [Online] Available May 21, 2009, at http://www.nytimes.com/2007/10/07/nyregion/nyregionspecial2/07Rparenting.html?_r=1

Wood, Peter B., and Michelle Chesser. 1993. "Black Stereotyping in a University Population." *Sociological Focus*. Vol. 27, No. 1 (January): 17–34.

World Bank. "Education Statistics." 2012. [Online] Available at http://data.worldbank.org/data-catalog/ed-stats

Chapter 14 References

American Farmland Trust. "Threatened Farmland." 2012. [Online] Available at http://www.farmland.org

Andersen, Kurt. 2009a. "Don't Pretend We Didn't See This Coming for a Long, Long, Time." *Time* (April 6): 34–38.

———. 2009b. "That Was Then . . . and This Is Now." *Time* (April 6): 32–33.

Castells, Manuel. 1977. *The Urban Question*. Cambridge, Mass.: MIT Press.

———. 1983. *The City and the Grass Roots*. Berkeley: University of California Press.

———. 1989. *The Informational City*. Oxford: Blackwell.

Cheslow, Jerry. 2006. "Loving the Landscape but Not the Sprawl." *New York Times Online*. [Online] Available July 17, 2006, at http://www.researchnavigator.com

Davis, Lisa Selin. 2009. "A (Radical) Way to Fix Urban Sprawl." *Time* (June 22): 54–57.

ElBoghdady, Dina, and Sarah Cohen. 2009. "The Growing Foreclosure Crisis." Washington Post (January 17). [Online] Available May 13, 2009, at http://www.washingtonpost.com/wp-dyn/content/article/2009/01/16/AR2009011604724.html

Fischer, Claude. 1973. "Urban Malaise." *Social Problems*. Vol. 52, No. 2 (May): 221–35.

———. 1975. "Toward a Subcultural Theory of Urbanism." *American Journal of Sociology*. Vol. 80, No. 6 (May): 1319–41.

Fry, Richard. "Sharp Growth in Suburban Minority Enrollment Yields Modest Gains in School Diversity." *Pew Research Center*. March 31, 2009. Available at http://www.pewhispanic.org/2009/03/31/sharp-growth-in-suburban-minority-enrollmentbryields-modest-gains-in-school-diversity/

Gans, Herbert J. 1968. *People and Plans: Essays on Urban Problems and Solutions*. New York: Basic Books.

Gibson, Campbell. "Population of the 100 Largest Cities and Other Urban Places in the United States: 1790 to 1990." *U.S. Census Bureau*. June 1998. [Online] Available at http://www.census.gov/population/www/documentation/twps0027/twps0027.html

Glaab, Charles N. 1963. *The American City: A Documentary History*. Homewood, Ill.: Dorsey.

GOTTMANN, JEAN. 1961. *Megalopolis*. New York: Twentieth Century Fund.
HACKLER, TIM. 1979. "The Big City Has No Corners on Mental Illness." *New York Times Magazine* (December 19): A1.
HARVEY, DAVID. 1973. *Social Justice and the City*. Baltimore: Johns Hopkins University Press.
JAGAROWSKY, PAUL A., and MARY JO BANE. 1990. *Neighborhood Poverty: Basic Questions*. Discussion Paper Series H-90-3. John F. Kennedy School of Government. Cambridge, Mass.: Harvard University Press.
JOHNSON, KIRK, AND THOMAS L. LUECK. 1996. "Region's Economy in Fundamental Shift." *New York Times* (February 19): A1.
KADUSHIN, CHARLES. 1983. "Mental Health and the Interpersonal Environment." *American Sociological Review*. Vol. 48, No. 2 (April): 188–98.
KAUFMAN, LESLIE. 2004. "Surge in Homeless Families Sets Off Debate on Cause." *New York Times* (June 29).
KEMP, JACK. 1994. "A Cultural Renaissance." *Imprimis*. Vol. 23, No. 8 (August): 1–5.
KOZOL, JONATHAN. 1988. *Rachel and Her Children: Homeless Families in America*. New York: Fawcett Columbine.
KRAUTHAMMER, CHARLES. 1995. "A Social Conservative Credo." *Public Interest*. Vol. 121 (Fall): 15–22.
KUNSTLER, JAMES HOWARD. 1996. "Home from Nowhere." *Atlantic Monthly*. Vol. 278 (September): 43–66.
LOGAN, JOHN, AND HARVEY MOLOTCH. 1987. *Urban Fortunes: The Political Economy of Place*. Berkeley: University of California Press.
MACIONIS, JOHN J., and VINCENT R. PARRILLO. *Cities and Urban Life* (6th ed.). Upper Saddle River: Pearson, 2013.
MARTIN, PHILIP, and ELIZABETH MIDGLEY. 2003. "Immigration: Shaping and Reshaping America." *Population Bulletin*. Vol. 58, No. 2 (June). Washington, D.C.: Population Reference Bureau.
MASSEY, DOUGLAS S., and NANCY A. DENTON. 1988. "Suburbanization and Segregation in U.S. Metropolitan Areas." *American Journal of Sociology*. Vol. 94, No. 3 (November): 592–626.
———. 1989. "Hypersegregation in U.S. Metropolitan Areas: Black and Hispanic Segregation along Five Dimensions." *Demography*. Vol. 26, No. 3 (August): 373–91.
MONTGOMERY, MARK. "Urban Poverty and Health in Developing Countries." May 2009. [Online] Available at http://www.prb.org/Publications/PopulationBulletins/2009/urbanization.aspx
MOYNIHAN, DANIEL PATRICK. 1993. "Toward a New Intolerance." *Public Interest*. No. 112 (Summer): 119–22.
MYERS, DAVID G. 2000. *The American Paradox: Spiritual Hunger in an Age of Plenty*. New Haven, Conn.: Yale University Press.
NATIONAL COALITION FOR THE HOMELESS. "How Many People Experience Homelessness? (NCH Fact Sheet #2)." July 2009. [Online] Available at http://www.nationalhomeless.org/factsheets/How_Many.html
OHLEMACHER, STEPHEN. 2007. "Official Count: 754,000 People Believed Homeless in U.S." *Seattle Times* (February 28). [Online] Available March 9, 2007, at http://seattletimes.nwsource.com/html/nationworld/2003592874_homeless28.html
POPULATION REFERENCE BUREAU. "Datafinder." 2012. [Online] Available at http://www.prb.org/DataFinder.aspx
POPULATON REFERENCE BUREAU. "World Population Data Sheet (annual)." 2011. [Online] Available at http://www.prb.org/Publications/Datasheets/2011/world-population-data-sheet.aspx
REALTYTRAC, INC. "Foreclosure Market Reports." 2009. [Online] Available at http://www.realtytrac.com/content/foreclosure-market-report
SAPORITO, BILL. 2008. "Is Housing Nearing the Floor?" *Time* (November 10): 56–57.
SROLE, LEO. 1972. "Urbanization and Mental Health: Some Reformulations." *American Scientist*. Vol. 60: 576–83.
SULLIVAN, AMY. 2009. "Postcard from Detroit." *Time* (April 30). [Online] Available May 14, 2009, at http://www.time.com/time/magazine/article/0,9171,1894943,00.html
THIGPEN, DAVID E. 2002. "The Long Way Home." *Time*. Vol. 160, No. 6 (August 5): 42–44.
UNITED NATIONS, POPULATION DIVISION OF THE DEPARTMENT OF ECONOMIC AND SOCIAL AFFAIRS. "World Population Prospects: The 2010 Revision." 2011. [Online] Available at http://esa.un.org/unpd/wpp/unpp/panel_population.htm
UNITED NATIONS, POPULATION DIVISION OF THE DEPARTMENT OF ECONOMIC AND SOCIAL AFFAIRS. "World Urbanization Prospects: The 2009 Revision." April 9, 2010. [Online] Available at http://esa.un.org/unpd/wup/index.htm
U.S. CENSUS BUREAU. "American Community Survey." 2011. [Online] Available at http://www.census.gov/acs/www/
U.S. CENSUS BUREAU. "Census 2010." 2011. [Online] Available at http://factfinder2.census.gov/faces/nav/jsf/pages/index.xhtml
U.S. CENSUS BUREAU. "County and City Data Book: 2007 (14th ed.)." November 2007. [Online] Available at http://www.census.gov/prod/www/abs/ccdb07.html
U.S. CENSUS BUREAU. "Current Population Survey." September 2011. [Online] Available at http://www.census.gov/cps/
U.S. CENSUS BUREAU. "Population Division." *Population Estimates*. 2011. [Online] Available at http://www.census.gov/popest/estimates.html
U.S. CENSUS BUREAU. "State and County QuickFacts." 2011. [Online] Available at http://quickfacts.census.gov/qfd/states/00000.html
U.S. CONFERENCE OF MAYORS. "A Status Annual Report on Hunger and Homelessness in America's Cities." December 2010. [Online] Available at http://usmayors.org/pressreleases/uploads/2010HungerHomelessnessReportfinalDec212010.pdf
U.S. DEPARTMENT OF HOUSING AND URBAN DEVELOPMENT, OFFICE OF COMMUNITY PLANNING AND DEVELOPMENT. "The Annual Homeless Assessment Report to Congress." June 2011. [Online] Available at http://www.hudhre.info/index.cfm?do=viewResource&ResourceId=4450
U.S. DEPARTMENT OF HOUSING AND URBAN DEVELOPMENT. "Housing Choice Vouchers Fact Sheet." 2012. Available at: http://portal.hud.gov/hudportal/HUD?src=/topics/housing_choice_voucher_program_8
U.S. DEPARTMENT OF JUSTICE, FEDERAL BUREAU OF INVESTIGATION. "Crime in the United States 2010." 2011. [Online] Available at http://www.fbi.gov/about-us/cjis/ucr/crime-in-the-u.s/2010/crime-in-the-u.s.-2010
U.S. DEPARTMENT OF LABOR, BUREAU OF LABOR STATISTICS. "Local Area Unemployment Statistics." 2012. [Online] Available at http://www.bls.gov/lau/
VON DREHLE, DAVID. 2009a. "House of Cards." *Time* (March 9): 22–29.
———. 2009b. "The Moment: 4/5/09, New York." *Time* (April 20): 11.
WATTEL, H. 1958. "Levittown: A Suburban Community." In William Dobriner, ed., *The Suburban Community* (pp. 287–313). New York: Putnam.
WEISNER, THOMAS S. 1981. "Cities, Stress, and Children." In Ruth H. Moore, Robert I. Monroe, and Beatrice B. Whiting, eds., *Handbook of Cross-Cultural Human Development* (pp. 783–803). New York: Garland.
WILSON, WILLIAM JULIUS. 1996a. *When Work Disappears: The World of the New Urban Poor*. New York: Knopf.
———. 1996b. "Work." *New York Times Magazine* (August 18): 26–31, 40, 48, 52, 54.
WIRTH, LOUIS. 1938. "Urbanism as a Way of Life." *American Journal of Sociology*. Vol. 44, No. 1 (July): 1–24.
WORLD BANK. "World Development Indicators." [Online] Available at http://data.worldbank.org/data-catalog/world-development-indicators

Chapter 15 References

AMIN, AASHA, and ELITA KARIM. 2008. "Nailing the 'If' Factor." *Daily Star* (April 4). [Online] Available December 3, 2008, at http://www.thedailystar.net/magazine/2008/04/01/index.htm
AXINN, WILLIAM G., and JENNIFER S. BARBER. 2001. "Mass Education and Fertility Transition." *American Sociological Review*. Vol. 66, No. 4 (August): 481–505.
BAJAJ, VIKAS. "Bangladesh Garment Workers Awarded Higher Pay." *New York Times*. July 28, 2010. [Online] Accessed at http://www.nytimes.com/2010/07/29/business/global/29garment.html
BANGLADESH GARMENT MANUFACTURERS & EXPORTERS ASSOCIATION. Available March 24, 2011 at http://www.bgmea.com.bd/home/pages/TradeInformation
BAUER, P. T. 1981. *Equality, the Third World, and Economic Delusion*. Cambridge, Mass.: Harvard University Press.
BEARAK, BARRY. 2001. "Lives Held Cheap in Bangladesh Sweatshops." *New York Times* (April 15): A1, A12.
BERGER, PETER L. 1986. The Capitalist Revolution: Fifty Propositions about Prosperity, Equality, and Liberty. New York: Basic Books.
BERGESEN, ALBERT, ed. 1983. *Crises in the World-System*. Thousand Oaks, Calif.: Sage
BONDREAU, JOHN, and PATRICK MAY. "New Report Finds Worker Abuses at Apple's Supplier in China." MercuryNews.com March 30, 2012. Available at: http://www.mercurynews.com/business/ci_20286152/apple-china-worker-abuses-audit-factories-ipad-iphone
BONNANO, ALESSANDRO, DOUGLAS H. CONSTANCE, and HEATHER LORENZ. 2000. "Powers and Limits of Transnational Corporations: The Case of ADM." *Rural Sociology*. Vol. 65, No. 3 (September): 171–90.

Bucks, Brian K., Arthur B. Kennickell, Traci L. Mach, and Kevin B. Moore. "Changes in U.S. Family Finances from 2004 to 2007: Evidence from the Survey of Consumer Finances." February 2009. [Online] Available at http://www.federalreserve.gov/pubs/bulletin/2009/pdf/scf09.pdf

Burkett, Elinor. 1997. "'God Created Me to Be a Slave.'" *New York Times Magazine* (October 12): 56–60.

Central Intelligence Agency. *The World Factbook*. 2011, 2012 (updated biweekly). [Online] Available at https://www.cia.gov/library/publications/the-world-factbook/index.html

Chen, Shaohua, and Martin Ravallion. "The Developing World Is Poorer Than We Thought, But No Less Successful in the Fight against Poverty." August 2008. [Online] Available at http://go.worldbank.org/C9GR27WRJ0

Consortium for Street Children. "Street Children Statistics." 2011. [Online] Available at http://www.streetchildren.org.uk/_uploads/resources/Street_Children_Stats_FINAL.pdf

Davies, James B., Susanna Sandstrom, Anthony Shorrocks, and Edward N. Wolff. "The Level and Distribution of Global Household Wealth." September 2009. [Online] Available at http://economics.uwo.ca/centres/epri/wp2009/Davies_Sandstrom_Shorrocks_Wolff_01.pdf

Delacroix, Jacques, and Charles C. Ragin. 1981. "Structural Blockage: A Cross-National Study of Economic Dependency, State Efficacy, and Underdevelopment." *American Journal of Sociology*. Vol. 86, No. 6 (May): 1311–47.

Dixon, William J., and Terry Boswell. 1996. "Dependency, Disarticulation, and Denominator Effects: Another Look at Foreign Capital Penetration." *American Journal of Sociology*. Vol. 102, No. 2 (September): 543–62.

Firebaugh, Glenn. 1992. "Growth Effects of Foreign and Domestic Investment." *American Journal of Sociology*. Vol. 98, No. 1 (July): 105–30.

———. 1996. "Does Foreign Capital Harm Poor Nations? New Estimates Based on Dixon and Boswell's Measures of Capital Penetration." *American Journal of Sociology*. Vol. 102, No. 2 (September): 563–75.

Firebaugh, Glenn, and Frank D. Beck. 1994. "Does Economic Growth Benefit the Masses? Growth, Dependence, and Welfare in the Third World." *American Sociological Review*. Vol. 59, No. 5 (October): 631–53.

Firebaugh, Glenn, and Dumitru Sandu. 1998. "Who Supports Marketization and Democratization in Post-Communist Romania?" *Sociological Forum*. Vol. 13, No. 3 (September): 521–41.

Forbes. "Lists and Profiles." 2011. [Online] Available at http://www.forbes.com/lists/

Frank, André Gunder. 1981. *Reflections on the World Economic Crisis*. New York: Monthly Review Press.

Galano, Ana Maria. "Land Hungry in Brazil." UNESCO Courier. July–August, 1998. [Online] Available at http://www.unesco.org/courier/1998_08/uk/somm/intro.htm

Hamilton, Brady E., Joyce A. Martin, and Stephanie J. Ventura. "Births: Preliminary Data for 2010." *National Vital Statistics Reports*, Vol. 60, No. 2. December, 2011. [Online] Available at http://www.cdc.gov/nchs/data/nvsr/nvsr60/nvsr60_02.pdf

Hoefer, Michael, Nancy Rytina, and Bryan C. Baker. "Estimates of the Unauthorized Immigrant Population Residing in the United States: January 2010." Population Estimates U.S. Dept. of Homeland Security, Office of Immigration Statistics. February 2011. [Online] Available at http://www.dhs.gov/xlibrary/assets/statistics/publications/ois_ill_pe_2010.pdf

International Labour Organization. "Forced Labour." 2011. [Online] Available at http://www.ilo.org/global/topics/forced-labour/lang--en/index.htm

International Monetary Fund. 2000. *World Economic Outlook: Asset Prices and the Business Cycle* (May). [Online] Available October 9, 2004, at http://www.imf.org/external/pubs/ft/weo/2000/01/index.htm

International Monetary Fund. "World Economic Outlook Database." September 2009. [Online] Available at http://www.imf.org/external/pubs/ft/weo/2011/02/weodata/index.aspx

Kentor, Jeffrey. 1998. "The Long-Term Effects of Foreign Investment Dependence on Economic Growth, 1940–1990." *American Journal of Sociology*. Vol. 103, No. 4 (January): 1024–46.

———. 2001. "The Long-Term Effects of Globalization on Income Inequality, Population Growth, and Economic Development." *Social Problems*. Vol. 48, No. 4 (November): 435–55.

Lappé, Frances Moore, and Joseph Collins. 1986. *World Hunger: Twelve Myths*. New York: Grove Press/Food First Books.

Lappé, Frances Moore, Joseph Collins, and David Kinley. 1981. *Aid as Obstacle: Twenty Questions about Our Foreign Policy and the Hungry*. San Francisco: Institute for Food and Development Policy.

Leopold, Evelyn. 2007. "Sudan's Young Endure 'Unspeakable' Abuse: Report." [Online] Available April 19, 2007, at http://www.news.yahoo.com

Levinson, F. James, and Lucy Bassett. 2007. "Malnutrition Is Still a Major Contributor to Child Deaths." [Online] Available December 4, 2008, at http://www.prb.org/pdf07/Nutrition2007.pdf

Lino, Mark. "Expenditures on Children by Families, 2010." Miscellaneous Publication Number 1528-2009, U.S. Department of Agriculture, Center for Nutrition Policy and Promotion. 2011. [Online] Available at http://www.cnpp.usda.gov/Publications/CRC/crc2010.pdf

Malthus, Thomas Robert. 1926 (orig. 1798). *First Essay on Population 1798*. London: Macmillan.

Milanovic, Branko. "Global Inequality Recalculated: The Effect of New 2005 PPP Estimates on Global Inequality." *World Bank*. 2009. Available at http://siteresources.worldbank.org/INTDECINEQ/Resources/Global_Inequality_Recalculated.pdf

———. "Global Inequality: From Class to Location, from Proletarians to Migrants." Policy Research Working Paper 5820. The World Bank. September 2010. Accessed at: http://www-wds.worldbank.org/external/default/WDSContentServer/IW3P/IB/2011/09/29/000158349_20110929082257/Rendered/PDF/WPS5820.pdf

Moghadam, Valentine M. "The 'Feminization of Poverty' and Women's Human Rights." UNESCO, Gender Equality and Development Section. July 2005. [Online] Available at http://portal.unesco.org/shs/en/files/8282/11313736811Feminization_of_Poverty.pdf

Moore, Wilbert E. 1977. "Modernization as Rationalization: Processes and Restraints." In Manning Nash, ed., *Essays on Economic Development and Cultural Change in Honor of Bert F. Hoselitz* (pp. 29–42). Chicago: University of Chicago Press.

———. 1979. *World Modernization: The Limits of Convergence*. New York: Elsevier.

Murphy, Sherry L., Jiaquan Xu, and Kenneth D. Kochanek. "Deaths: Preliminary Data for 2010." *National Vital Statistics Reports*. Vol. 60, No. 4. 2012. [Online] Available at http://www.cdc.gov/nchs/data/nvsr/nvsr60/nvsr60_04.pdf

Orhant, Melanie. 2002. "Human Trafficking Exposed." *Population Today*. Vol. 30, No. 1 (January): 1, 4.

Parsons, Talcott. 1966. *Societies: Evolutionary and Comparative Perspectives*. Englewood Cliffs, N.J.: Prentice Hall.

———. 2009b. *2009 World Population Data Sheet*. Washington, D.C.: Population Reference Bureau.

Population Reference Bureau. "Datafinder." 2011. [Online] Available at http://www.prb.org/DataFinder.aspx

Population Reference Bureau. "World Population Data Sheet (annual)." 2011. [Online] Available at http://www.prb.org/Publications/Datasheets/2011/world-population-data-sheet.aspx

Rostow, Walt W. 1960. *The Stages of Economic Growth: A Non-Communist Manifesto*. Cambridge: Cambridge University Press.

———. 1978. *The World Economy: History and Prospect*. Austin: University of Texas Press.

Sala-i-Martin, Xavier. 2002. *The World Distribution of Income*. Working Paper No. 8933. Cambridge, Mass.: National Bureau of Economic Research.

Simon, Julian. 1981. *The Ultimate Resource*. Princeton, N.J.: Princeton University Press.

———. 1995. "More People, Greater Wealth, More Resources, Healthier Environment." In Theodore D. Goldfarb, ed., *Taking Sides: Clashing Views on Controversial Environmental Issues*, 6th ed. Guilford, Conn.: Dushkin.

Smail, J. Kenneth. 2007. "Let's Reduce Global Population!" In John J. Macionis and Nijole V. Benokraitis, eds., *Seeing Ourselves: Classic, Contemporary, and Cross-Cultural Readings in Sociology*, 7th ed. Upper Saddle River, N.J.: Prentice Hall.

Thomas de Benitez, Sarah. "State of the World's Street Children: Research." *Consortium for Street Children*, 2011. [Online] Available at http://www.streetchildren.org.uk/_uploads/publications/State_of_the_Worlds_Street_Children_Research_final_PDF_online.pdf

UNICEF. 2006. *Violence against Children in the Community*. New York: United Nations. [Online] Available April 28, 2009, at http://www.unicef.org/media/media_45451.html

UNICEF. "ChildInfo Statistics by Area: Child Survival and Health." [Online] Available at http://www.childinfo.org/

United Nations, Population Division of the Department of Economic and Social Affairs. "World Population Prospects: The 2010

Revision." 2011. [Online] Available at http://esa.un.org/unpd/wpp/unpp/panel_population.htm
United Nations, Population Division of the Department of Economic and Social Affairs. "World Urbanization Prospects: The 2009 Revision." April 9, 2010. [Online] Available at http://esa.un.org/unpd/wup/index.htm
United Nations Development Programme. 1994. *Human Development Report 1994.* New York: Oxford University Press.
United Nations Development Programme. 1996. *Human Development Report 1996.* New York: Oxford University Press.
United Nations Development Programme. 1998. *Human Development Report 1998.* New York: Oxford University Press.
United Nations Development Programme. 2003. *Human Development Report 2003.* New York: Oxford University Press.
United Nations Development Programme. 2005. *Human Development Report, 2005.* New York: Oxford University Press.
United Nations Development Programme. "International Human Development Indicators." 2010. [Online] Available at http://hdrstats.undp.org/en/indicators/20206.html
United Nations Development Programme. *Human Development Report 2011.* Statistical Tables. [Online] Available at http://hdr.undp.org/en/statistics/data/
United Nations Statistics Division. "The World's Women 2010: Trends and Statistics." 2010. [Online] Available at http://unstats.un.org/unsd/demographic/products/Worldswomen/WW2010pub.htm
United Nations Statistics Division. "UNDATA." 2012. [Online] Available at http://data.un.org/Browse.aspx?d=ILO
United Nations World Food Programme. "Undernutrition: Women and Children Paying the Price." October 9, 2008. [Online] Available at http://www.wfp.org/english/?n=37
United Nations, Food and Agriculture Organization (FAO). "The State of Food Insecurity in the World." Rome: Food and Agriculture Organization of the United Nations. 2011. [Online] Available at http://www.fao.org/publications/sofi/en/
United Nations, Food and Agriculture Organization, Statistics Division. "Prevalence of Undernourishment in Total Population." 2011. [Online] Available at http://www.fao.org/economic/ess/ess-fs/fs-data/ess-fadata/en/
U.S. Agency for International Development (USAID). "U.S. Overseas Loans and Grants." 2012. [Online] Available at http://gbk.eads.usaidallnet.gov/
U.S. Census Bureau, Foreign Trade Division. "2011 Trade Highlights." 2011. [Online] Available at http://www.census.gov/foreign-trade/index.html
U.S. Census Bureau. "Census 2010." 2011. [Online] Available at http://factfinder2.census.gov/faces/nav/jsf/pages/index.xhtml
U.S. Census Bureau. "International Data Base." 2012. [Online] Available at http://www.census.gov/ipc/www/idb/
U.S. Census Bureau. "Population Estimates." 2011. [Online] Available at http://www.census.gov/popest/estimates.html
U.S. Census Bureau. "Statistical Abstract of the United States: 2012," 131st ed., 2011. [Online] Available at http://www.census.gov/statab/www
U.S. Department of Homeland Security, Office of Immigration Statistics. "Yearbook of Immigration Statistics 2010." 2011. [Online] Available at http://www.dhs.gov/files/statistics/publications/yearbook.shtm
U.S. Department of Labor, Bureau of Labor Statistics. "International Labor Comparisons." 2011. [Online] Available at http://www.bls.gov/fls/
U.S. Department of Labor. "List of Goods Produced by Child Labor or Forced Labor." 2011. [Online] Available at http://www.dol.gov/ilab/programs/ocft/PDF/2011TVPRA.pdf
Vogel, Ezra F. 1991. *The Four Little Dragons: The Spread of Industrialization in East Asia.* Cambridge, Mass.: Harvard University Press.
Wallerstein, Immanuel. 1974. *The Modern World-System: Capitalist Agriculture and the Origins of the European World-Economy in the Sixteenth Century.* New York: Academic Press.
———. 1979. *The Capitalist World-Economy.* New York: Cambridge University Press.
———. 1983. "Crises: The World Economy, the Movements, and the Ideologies." In Albert Bergesen, ed., *Crises in the World-System* (pp. 21–36). Beverly Hills, Calif.: Sage.
———. 1984. *The Politics of the World Economy: The States, the Movements, and the Civilizations.* Cambridge: Cambridge University Press.
Weber, Max. 1958 (orig. 1904–05). *The Protestant Ethic and the Spirit of Capitalism.* New York: Scribner.
World Bank. "World Development Indicators." 2011, 2012. [Online] Available at http://data.worldbank.org/data-catalog/world-development-indicators
World Health Organization. "The Top 10 Causes of Death." 2011. [Online] Available at http://www.who.int/mediacentre/factsheets/fs310/en/index.html
Worsley, Peter. 1990. "Models of the World System." In Mike Featherstone, ed., *Global Culture: Nationalism, Globalization, and Modernity* (pp. 83–95). Newbury Park, Calif.: Sage.
Zakaria, Fareed. 2004. "Bigger than Both of Them." *Newsweek* (January 19): 39.

Chapter 16 References

Adam, David. 2008. "World CO2 Levels at Record High, Scientists Warn." *Guardian* (May 12). [Online] Available July 16, 2008, at http://www.guardian.co.uk/environment/2008/may/12/climatechange.carbonemissions
Boerner, Christopher, and Thomas Lambert. 1995. "Environmental Injustice." *Public Interest.* Vol. 118 (Winter): 61–82.
Bohon, Stephanie A., and Craig R. Humphrey. 2000. "Courting LULUs: Characteristics of Suitor and Objector Communities." *Rural Sociology.* Vol. 65, No. 3 (September): 376–95.
Bright, Chris. 2003. "A History of Our Future." In *Worldwatch Institute, State of the World, 2003* (pp. 3–13). New York: Norton.
Brown, Lester R., et al., eds. 1993. *State of the World, 1993: A Worldwatch Institute Report on Progress toward a Sustainable Society.* New York: Norton.
Carson, Rachel. 1995 (orig. 1962). "Silent Spring." In John J. Macionis and Nijole V. Benokraitis, eds., *Seeing Ourselves: Classic, Contemporary, and Cross-Cultural Readings in Sociology*, 3rd ed. (pp. 407–10). Upper Saddle River, N.J.: Prentice Hall.
Central Intelligence Agency. *The World Factbook.* 2011, 2012 (updated biweekly). [Online] Available at https://www.cia.gov/library/publications/the-world-factbook/index.html
Chang, Alicia. 2009. "Study: Cleaner Air Adds 5 Months to U.S. Life Span." *Yahoo News* (January 21). [Online] Available April 10, 2009, at http://www.newsvine.com/_news/2009/01/21/2339450-study-cleaner-air-adds-5-months-to-us-life-span
Clarke, Robin. 1984. "Atmospheric Pollution." In Sir Edmund Hillary, ed., Ecology 2000: *The Changing Face of the Earth* (pp. 130–48). New York: Beaufort.
Commission for Racial Justice, United Church of Christ. 1994. *CRJ Reporter.* New York: Commission for Racial Justice, United Church of Christ.
Dunlap, Riley E., George H. Gallup Jr., and Alec M. Gallup. 1992. *The Health of the Planet Survey.* Princeton, N.J.: George H. Gallup International Institute.
Dunlop, Becky Norton. 2006. "Conservation Ethics." *Society.* Vol. 43, No. 3 (March–April): 13–18.
Garwood, Paul. 2003. "Garbage Collectors Trash Governor's Plan." *Middle Eastern Times.* [Online] Available November 29, 2003, at http://www.metimes.com/2K1/issue2001-20/eq/garbage_collectors_trash.htm
Gillis, Justin. "Sea-Level Science." *Conservation.* Vol. 12, No. 1 (Spring 2011):44–45.
Gore, Al. 2006. *An Inconvenient Truth.* Emmaus, Pa.: Rodale Books.
Intergovernmental Panel on Climate Change (IPCC). "Special Report on Managing the Risks of Extreme Events and Disasters to Advance Climate Change Adaptation." 2012. [Online] Available at http://www.ipcc-wg2.gov/SREX/
International Energy Agency. "Key World Energy Statistics 2011." 2012. [Online] Available at http://www.iea.org/textbase/nppdf/free/2011/key_world_energy_stats.pdf
Jenkins, J. Craig, and Michael Wallace. 1996. "The Generalized Action Potential of Protest Movements: The New Class, Social Trends, and Political Exclusion Explanations." *Sociological Forum.* Vol. 11, No. 2 (June): 183–207.
Kluger, Jeffrey. 2001. "A Climate of Despair." *Time.* Vol. 157, No. 14 (April 9): 30–36.
———. 2006. "The Tipping Point." *Time.* Vol. 167, No. 14 (April 3): 34–42.
McMahon, Bucky. "Vanishing Point." *Conservation.* Vol. 12, No. 1 (Spring 2011):40–48.
Meadows, Donella H., Dennis L. Meadows, Jorgen Randers, and William W. Behrens III. 1972. *The Limits to Growth: A Report on the Club of Rome's Project on the Predicament of Mankind.* New York: Universe.
Meadows, Donella H., Jorgen Randers, and Dennis L. Meadows. 2004. *Limits to Growth: The 30-Year Update.* White River Junction, Vt.: Chelsea Green.

MILBRATH, LESTER W. 1989. *Envisioning a Sustainable Society: Learning Our Way Out.* Albany: State University of New York Press.
MYERS, NORMAN. 1991. "Biological Diversity and Global Security." In F. Herbert Bormann and Stephen R. Kellert, eds., *Ecology, Economics, and Ethics: The Broken Circle (pp. 11–25).* New Haven, Conn.: Yale University Press.
NASA GODDARD INSTITUTE FOR SPACE STUDIES. "GISS Surface Temperature Analysis (GISTEMP)." 2012. [Online] Available at http://data.giss.nasa.gov/gistemp/
NATIONAL OCEANIC & ATMOSPHERIC ADMINISTRATION (NOAA). "Trends in Atmospheric Carbon Dioxide, Mauna Loa." [Online] Available at http://www.esrl.noaa.gov/gmd/ccgg/trends/
NORC. *General Social Surveys, 1972–2010: Cumulative Codebook.* Chicago: National Opinion Research Center, 2011. [Online] Available at http://www.norc.org/GSS+Website
OECD (ORGANISATION FOR ECONOMIC CO-OPERATION AND DEVELOPMENT). "Environmental Outlook to 2050: The Consequences of Inaction." 2012. [Online] Available at www.oecd.org/environment/outlookto2050
OECD (ORGANISATION FOR ECONOMIC CO-OPERATION AND DEVELOPMENT). "Stat.Extracts." 2012. [Online] Available at http://stats.oecd.org/index.aspx
PACIFIC INSTITUTE. "World's Water." 2010. [Online] Available at http://www.worldwater.org/data.html
PAKULSKI, JAN. 1993. "Mass Social Movements and Social Class." *International Sociology.* Vol. 8, No. 2 (June): 131–58.
POPULATION REFERENCE BUREAU. "Datafinder." 2011. [Online] Available at http://www.prb.org/DataFinder.aspx
POPULATION REFERENCE BUREAU. "World Population Data Sheet (annual)." 2011. [Online] Available at http://www.prb.org/Publications/Datasheets/2011/world-population-data-sheet.aspx
REED, BRIAN. "Could People from Kiribati Be 'Climate Change Refugees'?" *The Two-Way.* National Public Radio news blog. [Online] Available February 17, 2011, at http://www.npr.org/templates/archives/archive.php?thingId=131216964
SIERRA CLUB. "Clean Water." 2012. [Online] Available at http://www.sierraclub.org/watersentinels/
SIMON, JULIAN. 1981. *The Ultimate Resource.* Princeton, N.J.: Princeton University Press.
———. 1995. "More People, Greater Wealth, More Resources, Healthier Environment." In Theodore D. Goldfarb, ed., *Taking Sides: Clashing Views on Controversial Environmental Issues,* 6th ed. Guilford, Conn.: Dushkin.
SINGER, S. FRED. 2007. "Global Warming: Man-Made or Natural?" *Imprimis.* Vol. 36, No. 8 (August): 1–5.
SMAIL, J. KENNETH. 2007. "Let's Reduce Global Population!" In John J. Macionis and Nijole V. Benokraitis, eds., *Seeing Ourselves: Classic, Contemporary, and Cross-Cultural Readings in Sociology,* 7th ed. Upper Saddle River, N.J.: Prentice Hall.
STACK, LIAM. "For Egypt's Christians, Pig Cull Has Lasting effects." *Christian Science Monitor.* September 3, 2009. Available at: http://www.csmonitor.com/World/Middle-East/2009/0903/p17s01-wome.html
STEVENS, HELEN. 2003. Declining Biodiversity and Unsustainable Agricultural Production: Common Cause, Common Solution? Research Paper No. 2, 2001–2002. Department of the Parliamentary Library, Australia. [Online] Available October 31, 2003, at http://www.aph.gov.au/library/pubs/rp/2001-02/02RP02.pdf
STRAUSS, MARK. "Looking Back on the Limits of Growth." *Smithsonian.* April, 2012. Available at: http://www.smithsonianmag.com/science-nature/Looking-Back-on-the-Limits-of-Growth.html
UNESCO WORLD WATER ASSESSMENT PROGRAMME. "World Water Development Report 4: Managing Water under Uncertainty and Risk." March 2012. [Online] Available at http://www.unesco.org/new/en/natural-sciences/environment/water/wwap/wwdr/wwdr4-2012/
UNITED NATIONS, POPULATION DIVISION OF THE DEPARTMENT OF ECONOMIC AND SOCIAL AFFAIRS. "World Population Prospects: The 2010 Revision." 2011. [Online] Available at http://esa.un.org/unpd/wpp/unpp/panel_population.htm
UNITED NATIONS ENVIRONMENT PROGRAMME (UNEP). "Vital Water Graphics—An Overview of the State of the World's Fresh and Marine Waters," (2nd ed.). 2008. [Online] Available at http://www.unep.org/dewa/vitalwater/index.html
UNITED NATIONS ENVIRONMENT PROGRAMME (UNEP). "Climate Neutral Network." [Online] Available April 2012 at http://www.unep.org/climateneutral/
UNITED NATIONS STATISTICS DIVISION. "Environmental Indicators." 2012. [Online] Available at http://unstats.un.org/unsd/ENVIRONMENT/qindicators.htm
UNITED NATIONS, FOOD AND AGRICULTURE ORGANIZATION (FAO). "Global Forest Resources Assessment." 2010. [Online] Available at http://www.fao.org/forestry/fra/fra2010/en/
UNITED NATIONS, FOOD AND AGRICULTURE ORGANIZATION (FAO). "The State of Forests in the Amazon Basin, Congo Basin and Southeast Asia." June 2011. [Online] Available at http://www.fao.org/forestry/fra/70893/en/
UNITED NATIONS, FOOD AND AGRICULTURE ORGANIZATION (FAO), WATER DEVELOPMENT AND MANAGEMENT UNIT. AQUASTAT database. [Online] Available April, 2012 at http://www.fao.org/nr/water/aquastat/main/index.stm
U.S. DEPARTMENT OF THE INTERIOR, U.S. GEOLOGICAL SURVEY. "Estimated Use of Water in the United States." 2010. [Online] Available at http://water.usgs.gov/watuse/
U.S. DEPARTMENT OF TRANSPORTATION, FEDERAL HIGHWAY ADMINISTRATION. "Highway Statistics 2010." January 2012. [Online] Available at http://www.fhwa.dot.gov/policyinformation/statistics/2010/
U.S. ENVIRONMENTAL PROTECTION AGENCY, OFFICE OF WATER. "Estimated per Capita Water Ingestion and Body Weight in the United States—An Update." 2004. [Online] Available at http://www.epa.gov/waterscience/criteria/drinking/percapita/2004.pdf
U.S. ENVIRONMENTAL PROTECTION AGENCY. "2005 National-Scale Air Toxics Assessment (NATA)." 2011. [Online] Available at http://www.epa.gov/ttn/atw/nata2005/tables.html
U.S. ENVIRONMENTAL PROTECTION AGENCY. "Municipal Solid Waste (MSW) in the United States: Facts and Figures." 2011. [Online] Available at http://www.epa.gov/epawaste/nonhaz/municipal/msw99.htm
U.S. ENVIRONMENTAL PROTECTION AGENCY. "National Priorities List (NPL): Superfund Sites." [Online] Available March 30, 2012 at http://www.epa.gov/superfund/sites/npl/current.htm
VEBLEN, THORSTEIN. 1953 (orig. 1899). *The Theory of the Leisure Class.* New York: New American Library.
WILSON, EDWARD O. 1975. *Sociobiology: The New Synthesis.* Cambridge, Mass.: Belknap Press.
———. 1991. "Biodiversity, Prosperity, and Value." In F. Herbert Bormann and Stephen R. Kellert, eds., *Ecology, Economics, and Ethics: The Broken Circle* (pp. 3–10). New Haven, Conn.: Yale University Press.
WORLD BANK. "World Development Indicators." [Online] Available at http://data.worldbank.org/data-catalog/world-development-indicators
WORLD RESOURCES INSTITUTE. "EarthTrends: Environmental Information: Population, Health and Human Well-Being." 2005, 2007. [Online] Available at http://earthtrends.wri.org
YANDLE, TRACY, AND DUDLEY BURTON. 1996. "Reexamining Environmental Justice: A Statistical Analysis of Historical Hazardous Waste Landfill Siting in Metropolitan Texas." *Social Science Quarterly.* Vol. 77, No. 3 (September): 477–92.
YORK, RICHARD, EUGENE A. ROSA, and THOMAS DEITZ. 2002. "Bridging Environmental Science with Environmental Policy: Plasticity of Population, Affluence, and Technology." *Social Science Quarterly.* Vol. 83, No. 1 (March): 18–34.
YOUTH, HOWARD. 2003. "Watching Birds Disappear." In Worldwatch Institute, *State of the World, 2003* (pp. 14–37). New York: Norton.

Chapter 17 References

ADITJONDRO, GEORGE J. 2000. "Ninjas, Nanggalas, Monuments, and Mossad Manuals: An Anthropology of Indonesian State Terror in East Timor." In Jeffrey A. Sluka, ed., *Death Squad: The Anthropology of State Terror* (pp. 158–88). Philadelphia: University of Pennsylvania Press.
AMERICAN PSYCHIATRIC ASSOCIATION. 2002. "Practice Guideline for the Treatment of Patients with Eating Disorders." In Facts about Eating Disorders and the Search for Solutions. Arlington, Va.: American Psychiatric Association.
CENTER FOR CONSTITUTIONAL RIGHTS. 2003. [Online] Available November 19, 2003, at http://www.ccr-ny.org
CENTRAL INTELLIGENCE AGENCY. *The World Factbook.* 2011, 2012 (updated biweekly). [Online] Available at https://www.cia.gov/library/publications/the-world-factbook/index.html
CHAFE, WILLIAM. 1977. *Women and Equality: Changing Patterns in American Culture.* New York: Oxford University Press.
CHAGNON, NAPOLEON A. 1997. *Yanomamö.* Fort Worth, Tex.: Harcourt Brace.

Clausewitz, Carl von. 1968 (orig. 1832). On War. Ed. Anatol Rapaport. Baltimore: Penguin.
Coalition to Stop the Use of Child Soldiers. "Global Report 2008." 2008. [Online] Available at http://www.childsoldiersglobalreport.org/content/facts-and-figures-child-soldiers
Dedrick, Dennis K., and Richard E. Yinger. 1990. "MAD, SDI, and the Nuclear Arms Race." Unpublished manuscript. Georgetown, Ky.: Georgetown College.
Ehrenreich, Barbara. 1997. *Blood Rites: Origins and History of the Passions of War.* New York: Holt.
Fallows, James. "An Exchange with Jeffrey Goldberg on 'Bluffing,' Israel, and Iran." March 21, 2012. Available at: http://www.theatlantic.com/international/archive/2012/03/an-exchange-with-jeffrey-goldberg-on-bluffing-israel-and-iran/254895/
Finlayson, John. 1998. "Student Terror: The Weathermen." In *Encyclopedia of World Terrorism.* Vol. 3 (pp. 534–35). Armonk, N.Y.: Sharpe.
Flexner, Eleanor. 1975. *Century of Struggle: The Women's Rights Movement in the United States,* rev. ed. Cambridge, Mass.: Belknap Press.
Friedman, Emily. "Romney on President Obama: Instead of Apologizing FOR America, Apologize TO America." Fox Nation. March 24, 2012. Available at: http://nation.foxnews.com/mitt-romney/2012/03/24/romney-president-obama-instead-apologizing-america-apologize-america
Galbraith, John Kenneth. 1985. *The New Industrial State,* 4th ed. Boston: Houghton Mifflin.
Glater, Jonathan D. 2005. "Blue Collars in Olive Drab." *New York Times* (May 22). [Online] Available June 12, 2009, at http://www.nytimes.com/2005/05/22/national/class/MILITARY-FINAL.html
Global Zero. "New Worldwide Poll Shows Overwhelming Support for Getting to Zero Nuclear Weapons." 2008. [Online] Available at http://www.globalzero.org/press-release/
Halbfinger, David M., and Steven A. Holmes. 2003. "Military Mirrors Working-Class America." *New York Times on the Web* (March 30). [Online] Available September 8, 2003, at http://www.resrearchnavigator.com/content/nyt/2003/03/30/82.htm
Hermes, Will. 2005. "Straight Out of Sudan: A Child Soldier Raps." *New York Times Online.* [Online] Available July 27, 2006, at http://www.researchnavigator.com
Hoffman, Bruce. 1998. *Inside Terrorism.* New York: Columbia University Press.
Hsin, Honor. 2003. "Episode II." *Harvard International Review.* Vol. 25, No. 3 (Fall): 15–16.
Hudson, Michael C. 1992. "The Middle East under Pax Americana: How New, How Orderly?" *Third World Quarterly.* Vol. 13, No. 2 (February–March): 301–16.
Hughes, Matthew. 1998. "The World Trade Center Bombing." In *Encyclopedia of World Terrorism.* Vol. 3 (pp. 540–41). Armonk, N.Y.: Sharpe.
Institute for Economics and Peace. "Global Peace Index." 2012. [Online] Available at http://economicsandpeace.org/research/iep-indices-data/global-peace-index
Jenkins, J. Craig. 2003. *Images of Terror: What We Can and Can't Know about Terrorism.* Hawthorne, N.Y.: Aldine de Gruyter.
Jenkins, Brian Michael. "Al Qaeda in Its Third Decade: Irreversible Decline or Imminent Victory?" Santa Monica, CA: Rand Corporation. 2012.
Kaldor, Mary. 1999. *New and Old Wars: Organized Violence in a Global Era.* Stanford, Calif.: Stanford University Press.
Kaplan, David E., and Michael Schaffer. 2001. "Losing the Psywar." *U.S. News & World Report* (October 8): 46.
Kugler, Jacek, and A. F. K. Organski. 1989. "The Power Transition: A Retrospective and Prospective Evaluation." In Manus I. Midlarskky, ed., *Handbook of War Studies* (pp. 171–94). Boston: Unwin Hyman.
Lorenz, Konrad. 1966. *On Aggression.* New York: Harcourt Brace.
———. 1981. *The Foundations of Ethology.* New York: Springer-Verlag.
Lukas, J. Anthony. 1997. *Big Trouble.* New York: Simon & Schuster.
Marullo, Sam. 1987. "The Functions and Dysfunctions of Preparations for Fighting Nuclear War." *Sociological Focus.* Vol. 20, No. 2 (April): 135–53.
Mills, C. Wright. 1956. *The Power Elite.* New York: Oxford University Press.
Moakley, Terry. 1999. "The Thanks of a Grateful Nation? The Numbers Don't Lie When It Comes to VA Shortfalls." *WE Magazine.* Vol. 3, No. 5 (September–October): 106.
Montagu, Ashley. 1976. *The Nature of Human Aggression.* New York: Oxford University Press.
National Coalition for Homeless Veterans. "Background & Statistics." 2012. [Online] Available at http://www.nchv.org/background.cfm
Newman, Richard J. 2002. "Hunters and Hunted." *U.S. News & World Report.* Vol. 132, No. 2 (January 21): 30.
Norris, Robert S., and Hans M. Kristensen. "Nuclear Pursuits, 2012." *Bulletin of the Atomic Scientists.* Vol. 68, No. 1, (January/February 2012):94–98.
Nuclear Threat Initiative (NTI). "Country Profiles." 2012. [Online] Available at http://www.nti.org/country-profiles/
Ratnesar, Romesh. 2003. "Al-Qaeda's New Home." *Time* (September 15). [Online] Available May 23, 2009, at http://www.time.com/time/magazine/article/0,9171,1005665,00.html
Renner, Michael. 1993. *Critical Juncture: The Future of Peacekeeping.* Washington, D.C.: Worldwatch Institute.
Sagan, Carl, and Richard Turco. 1990. *A Path Where No Man Thought: Nuclear Winter and the End of the Arms Race.* New York: Random House.
Said, Edward. 1981. *Covering Islam: How the Media and the Experts Determine How We See the Rest of the World.* New York: Pantheon.
Savage, Charlie. "Democratic Senators Issue Strong Warning about Use of the Patriot Act." *New York Times.* March 16, 2012. Available at: http://www.nytimes.com/2012/03/16/us/politics/democratic-senators-warn-about-use-of-patriot-act.html
Sheehan, Michael A. 2000. "Post-Millenium Terrorism Review." Speech at the Brookings Institution, Washington, D.C. (February 10). [Online] Available March 13, 2000, at http://www.state.gov/www/policy_remarks/2000/000210_sheehan_brookings.html
Stern, Jessica. 1999. *The Ultimate Terrorists.* Cambridge, Mass.: Harvard University Press.
Stockholm International Peace Research Institute. "SIPRI Military Expenditure Database." 2012. [Online] Available at http://milexdata.sipri.org/
Stockholm International Peace Research Institute. "SIPRI Yearbook 2010." 2011. [Online] Available at http://www.sipri.org/yearbook
Stolberg, Sheryl Gay. 2006. "Patriot Act Revisions Pass House, Sending Measure to President." *New York Times Online* (March 8). [Online] Available July 28, 2006, at http://www.researchnavigator.com
Tabb, William K. 1992. "Vampire Capitalism." *Socialist Review.* Vol. 22, No. 1 (January): 81–93.
Thomas, Evan, and Michael Hirsh. 2000. "The Future of Terror." *Newsweek* (January 10): 34–37.
Thompson, Mark. "The Other 1%." *Time.* Vol. 178, No. 20 (November 1, 2011): 33–39.
Tucker, David. 1998. "Responding to Terrorism." *Washington Quarterly.* Vol. 21, No. 1 (Winter): 103–17.
U.S. Census Bureau. "American Community Survey." 2011. [Online] Available at http://www.census.gov/acs/www/
U.S. Department of Defense. "Military Personnel Statistics." 2012. [Online] Available at http://siadapp.dmdc.osd.mil/personnel/MILITARY/Miltop.htm
U.S. Department of Defense. "Population Representation in the Military Services." 2012. [Online] Available at http://prhome.defense.gov/RFM/MPP/ACCESSION%20POLICY/poprep.aspx
U.S. Department of State. 2003. *Patterns of Global Terrorism, 2002.* [Online] Available December 26, 2006, at http://www.usis.usemb.se/terror/rpt2002/index.html
U.S. Department of State. "Country Reports on Terrorism." 2011. [Online] Available at http://www.state.gov/j/ct/rls/crt/2010/index.htm
U.S. Department of State, National Counterterrorism Center. "2011 Report on Terrorism." 2011. [Online] Available at http://www.nctc.gov/docs/2011_NCTC_Annual_Report_Final.pdf
U.S. Department of Veterans Affairs, Veterans Benefits Administration. "Annual Benefits Report, Fiscal Year 2011." 2012. [Online] Available at http://www.vba.va.gov/REPORTS/abr/2011_abr.pdf
U.S. Department of Veterans Affairs, Veterans Health Administration. [Online] Available April 2012 at http://www.va.gov/vetdata/
U.S. Office of Management and Budget. "The Budget for Fiscal Year 2012." 2012. [Online] Available at http://www.gpo.gov/fdsys/browse/collection-GPO.action?collectionCode=BUDGET
U.S. Special Inspector General for Iraq Reconstruction. "Quarterly Report to the United States Congress." January 2012. [Online] Available at http://www.sigir.mil/publications/quarterlyreports/index.html
Van Evera, Stephen. 1999. *Causes of War: Power and the Roots of Conflict.* Ithaca, N.Y.: Cornell University Press.

WALLERSTEIN, IMMANUEL. 1979. *The Capitalist World-Economy.* New York: Cambridge University Press.

WILLIAMS, PATRICIA J. 2000. "Without Sanctuary." *Nation.* Vol. 270, No. 6 (February 14): 9.

WILSON, EDWARD O. 1975. *Sociobiology: The New Synthesis.* Cambridge, Mass.: Belknap Press.

WORLD BANK. "World Development Indicators." [Online] Available at http://data.worldbank.org/data-catalog/world-development-indicators

WRIGHT, QUINCY. 1987. "Causes of War in the Atomic Age." In William M. Evan and Stephen Hilgartner, eds., *The Arms Race and Nuclear War* (pp. 7–10). Englewood Cliffs, N.J.: Prentice Hall.

ZANINI, MICHELE. 1999. "Middle Eastern Terrorism and Netwar." *Studies in Conflict and Terrorism.* Vol. 22, No. 3 (July–September): 247–56.

ZENKO, MICAH. "The 2012 Nuclear Security Summit: Obama's Work in Progress." Blog. March 27, 2012. Available at: http://blogs.cfr.org/zenko/2012/03/27/the-2012-nuclear-security-summit-obamas-work-in-progress/

译后记

我主编的《社会问题》2011 年在中国人民大学出版社出版第一版，2015 年出版第二版。该书入选“十二五”普通高等教育本科国家级规划教材，陆续被一些高校社会学、社会工作专业使用。为丰富“社会问题”课程的教学内容，中国人民大学出版社建议我翻译麦休尼斯的《社会问题》，作为“社会问题”课程的配套资料。我觉得这是一件有意义的事情，2015 年 3 月开始组织人员翻译，2018 年 7 月底完成初译，经多轮审校后，2019 年 7 月提交给出版社。经过出版社的细致编辑，今天终于与读者见面了。

麦休尼斯是美国凯尼恩学院的社会学教授，主要从事社会学理论、社会问题等方面的研究。曾出版《社会学（第 14 版）》《社会问题》等著作。麦休尼斯试图运用社会学想象力，以及社会学理论和方法来研究社会问题。他以美国为研究对象，系统研究了美国社会广泛存在的各种社会问题，如贫困、种族与民族不平等、性别不平等、老龄化与不平等、犯罪、暴力、酒精及药物滥用、性、战争与恐怖主义等，分析了各种社会问题的表现、产生的原因及社会后果，探讨了人口、教育、城市生活、家庭生活、经济与政治、技术与环境等要素对社会问题的影响，这为读者了解美国社会问题及其根源提供了丰富的材料。

在翻译本书的过程中，我们秉持“客观性介绍和批判性引导”的态度，客观介绍资本主义制度下各种社会问题的表现，让读者全面了解资本主义制度下社会问题产生的必然性及其深刻影响。

本书各章翻译人员如下：第一章，田北海；第二章，向雪琪；第三章，宋雯；第四章，李鑫；第五章，田丰韶；第六章，王雪岩；第七章，王艺蓉；第八章，钱雯；第九章，王维；第十章，向凯；第十一章，丁旭洁；第十二章，殷秋艳；第十三章，刘风；第十四章，杨铭；第十五章，程玲；第十六章，李小鹏；第十七章，王欢。参与统稿的人员有田北海、宋雯、王维、刘风、华汛子，参与审校的人员有向德平、梅莹莹、华汛子、向凯。向凯还承担了索引的整理以及大量的组织与联络工作。

感谢中国人民大学出版社人文分社的潘宇社长，感谢策划编辑盛杰老师和责任编辑赵海迪、黄超老师，正是因为有你们的信任、支持与督促，这本书才得以顺利出版！

图书在版编目（CIP）数据

社会问题：第 5 版 /（美）约翰 · J. 麦休尼斯（John J. Macionis）著；向德平等译 . -- 北京：中国人民大学出版社，2022.4

（社会学译丛）

ISBN 978-7-300-30435-9

Ⅰ . ①社… Ⅱ . ①约… ②向… Ⅲ . ①社会问题 – 研究 – 美国 Ⅳ . ① D771.28

中国版本图书馆 CIP 数据核字（2022）第 044068 号

社会学译丛

社会问题（第5版）

［美］约翰 · J. 麦休尼斯（John J. Macionis） 著

向德平 等 译

Shehui Wenti

出版发行	中国人民大学出版社		
社　　址	北京中关村大街31号	**邮政编码**	100080
电　　话	010–62511242（总编室）		010–62511770（质管部）
	010–82501766（邮购部）		010–62514148（门市部）
	010–62515195（发行公司）		010–62515275（盗版举报）
网　　址	http:www.crup.com.cn		
经　　销	新华书店		
印　　刷	北京联兴盛业印刷股份有限公司		
规　　格	215mm × 275mm　16开本	**版　　次**	2022年4月第1版
印　　张	30.5　插页2	**印　　次**	2022年4月第1次印刷
字　　数	840 000	**定　　价**	119.00元

Pearson

尊敬的老师：

您好！

为了确保您及时有效地申请培生整体教学资源，请您务必完整填写如下表格，加盖学院的公章后传真给我们，我们将会在2-3个工作日内为您处理。

请填写所需教辅的开课信息：

采用教材			□中文版 □英文版 □双语版
作　者		出版社	
版　次		**ISBN**	
课程时间	始于　年　月　日	学生人数	
	止于　年　月　日	学生年级	□专 科　□本科 1/2 年级 □研究生　□本科 3/4 年级

请填写您的个人信息：

学　校			
院系/专业			
姓　名		职　称	□助教 □讲师 □副教授 □教授
通信地址/邮编			
手　机		电　话	
传　真			
official email(必填) (eg:XXX@ruc.edu.cn)		email (eg:XXX@163.com)	
是否愿意接受我们定期的新书讯息通知：　□是　□否			

系 / 院主任：__________（签字）

（系 / 院办公室章）

___年___月___日

资源介绍：

--教材、常规教辅（PPT、教师手册、题库等）资源：请访问 www.pearsonhighered.com/educator；　（免费）

--MyLabs/Mastering 系列在线平台：适合老师和学生共同使用；访问需要 Access Code；　（付费）

100013　北京市东城区北三环东路 36 号环球贸易中心 D 座 1208 室
电话：(8610)57355003　　传真：(8610)58257961

Please send this form to：郭笑男（Amy）**copub.hed@pearson.com**/Tel:5735 5086